HACHETTE & De Agostini

Dictionnaire de poche

FRANÇAIS-ITALIEN
ITALIEN-FRANÇAIS

par
Enea Balmas
avec la collaboration de
Daniela Boccassini

Annexes établies par J.-Ch. Vegliante

DeAGOSTINI

Maquette de couverture : LAURENT CARRÉ
Composition des pages II à LIX : Typo-Virgule
Cartographie : Hachette Éducation

© 1993 Istituto Geografico De Agostini, Novara.

© 2005 Hachette Livre, 43 Quai de Grenelle 75905 Paris Cedex 15, pour la version destinée au marché francophone.

ISBN 978-2-01-280573-6
www.hachette-education.com

TABLE DES MATIÈRES

Le présent dictionnaire s'adresse aux élèves des collèges et à tous ceux – touristes, hommes d'affaires, etc. – qui recherchent un dictionnaire en format de poche, clair et pratique à consulter, en voyage comme dans la vie professionnelle. Son vocabulaire, réactualisé avec soin, fait une large part à l'évolution du monde moderne ; vous y trouverez notamment le vocabulaire de l'informatique.

Enfin ce dictionnaire propose de nombreuses annexes, parmi lesquelles l'utilisateur trouvera aussi bien un rappel des grandes lignes de la grammaire italienne (formation du pluriel des noms, liste des verbes irréguliers, etc.) que des éléments de prononciation de l'italien et des expressions utiles pour communiquer (exprimer l'heure, savoir compter, comprendre les abréviations les plus courantes, etc.), pour écrire une lettre ou téléphoner en italien.

baladin *sm* saltimbanco.
balafre *sf* sfregio (*m*).
balafrer *v tr* sfregiare.
balai *sm* scopa (*f*); (*élec*) spazzola (*f*) ◊ **petit balai** scopino; **balais d'essuie-glace** spazzole del tergicristallo.
balance *sf* bilancia; (*écon*) bilancia; bilancio (*m*), pareggio (*m*) ◊ **balance à bascule** bascula; **balance romaine** stadera; **être en balance** essere incerto.
balancement *sm* oscillazione (*f*), dondolìo; (*fig*) equilibrio ◊ **le balancement d'un navire** il rollio di una nave.
balancer *v tr* dondolare, far oscillare; (*fig*) soppesare, valutare; (*familier*) gettare, sbarazzarsi di ◊ *v intr* esitare ◊ *v réfl* dondolarsi ◊ **balancer le pour et le contre** valutare il pro e il contro.
balancier *sm* bilanciere.
balançoire *sf* altalena.
balayage *sm* scopatura (*f*), pulizia (*f*).
balayer *v tr* spazzare, scopare; (*fig*) spazzar via.
balayeur (**-euse**) *sm* spazzino.
balbutier *v tr/intr* balbettare.
balcon *sm* balcone; (*au théâtre*) balconata (*f*), galleria (*f*).

entrata
entrée

traduzione
traduction

definizione grammaticale
catégorie grammaticale

cambio di genere
changement de genre

registro linguistico
niveau de langue

cambio di categoria grammaticale
changement de catégorie grammaticale

fraseologia
phraséologie

accezioni particolari
acceptions particulières

femminili o plurali irregolari
féminins ou pluriels irréguliers

V

PARTIE ITALIEN-FRANÇAIS

aer	aeronautica		**inv**	invariabile
aff	affermativo		**lett**	letteratura
agg	aggettivo		**ling**	linguistica
agr	agricoltura		**loc**	locuzione
anat	anatomia		**m**	maschile
arch	architettura		**mar**	marina
art	articolo, articolato		**mat**	matematica
astr	astronomia, astrologia		**med**	medicina
aut	automobilismo		**metall**	metallurgia
avv	avverbio, avverbiale		**meteor**	meteorologia
biol	biologia		**milit**	militare
bot	botanica		**mus**	musica
bur	burocratico		**naut**	nautica
card	cardinale		**neg**	negazione, negativo
	(di numerazione)		**num**	numerale
chim	chimica		**ogg**	oggetto
chir	chirurgia		**ord**	ordinale
cine	cinema		**ott**	ottica
coll	collettivo		**part**	particella
comm	commercio		**pers**	personale
comp	comparativo		**pl**	plurale
compl	complemento		**pol**	politica
cong	congiuntivo,		**pop**	popolare
	congiunzione		**pos**	possessivo
costr	costruzioni		**pref**	prefisso
cuc	cucina, culinario		**prep**	preposizione
det	determinativo		**pron**	pronome, pronominale
dim	dimostrativo		**pubbl**	pubblicità
dir	diritto		**qc**	qualcuno, qualcosa
eccl	ecclesiastico		**recipr**	reciproco
econ	economia		**rel**	relativo
edil	edilizia		**relig**	religione
elettr	elettricità		**rifl**	riflessivo
escl	esclamazione		**s**	sostantivo
est	estensione		**scol**	scolastico
euf	eufemismo		**sf**	sostantivo femminile
f	femminile		**sing**	singolare
farm	farmacia		**sm**	sostantivo maschile
ferr	ferrovia, ferroviario		**sogg**	soggetto
fig	figurato		**spec**	specialmente
fin	finanza		**spreg**	spregiativo, peggiorativo
fis	fisica e fisiologia		**sup**	superlativo
fot	fotografia		**teatr**	teatrale
geogr	geografia		**tecn**	tecnica
geol	geologia		**tel**	telecomunicazioni
giur	giurisprudenza		**tip**	tipografia
gramm	grammatica		**tr**	transitivo
h	H aspirata		**v**	verbo
imp	impersonale		**V**	vedi
ind	indiretto		**veter**	veterinaria
indef	indefinito		**v intr**	verbo intransitivo
indet	indeterminato		**volg**	volgarmente
inf	infinito		**v pron**	verbo pronominale
inform	informatica		**v rifl**	verbo riflessivo
inter	interiezione		**v tr**	verbo transitivo
interr	interrogativo		**zool**	zoologia
intr	intransitivo			

PARTIE FRANÇAIS-ITALIEN

adj	adjectif		**m**	masculin
adv	adverbe		**mar**	marine
aff	affirmatif		**math**	mathématiques
agr	agriculture		**mec**	mécanique
anat	anatomie		**méd**	médecine
arch	architecture		**métall**	métallurgie
art	article, articulé		**météo**	météorologie
astr	astronomie, astrologie		**mil**	militaire
autom	automobilisme		**mus**	musique
bât	bâtiment		**naut**	nautique
biol	biologie		**nég**	négation, négatif
bot	botanique		**num**	numéral
bur	administration		**obj**	objet
card	cardinal		**opt**	optique
	(de numéraux)		**ord**	ordinal
ch de fer	chemin de fer		**part**	particule
chim	chimie		**péj**	péjoratif
chir	chirurgie		**pers**	personnel
ciné	cinéma		**pharm**	pharmacie
coll	collectif		**phot**	photographie
comm	commerce		**phys**	physique
comp	comparatif		**pl**	pluriel
compl	complément		**pol**	politique
conj	conjonction		**pop**	populaire
constr	construction		**pos**	possessif
cuis	cuisine		**prép**	préposition
dém	démonstratif		**pron**	pronom, pronominal
dét	déterminatif		**publ**	publicité
dr	droit		**récipr**	réciproque
eccl	ecclésiastique		**réfl**	réfléchi
écon	économie		**rel**	relatif
élec	électricité		**relig**	religion
euph	euphémisme		**s**	substantif
excl	exclamation		**scol**	scolaire
ext	extension		**sf**	substantif féminin
f	féminin		**sing**	singulier
fig	figuré		**sm**	substantif masculin
géog	géographie		**spéc**	spécialement
géol	géologie		**subj**	subjonctif
gramm	grammaire		**suj**	sujet
gymn	gymnastique		**sup**	superlatif
h	h aspiré		**tech**	technique
imp	impersonnel		**télé**	télécommunications
ind	indirect		**tr**	transitif
indéf	indéfini		**typ**	typographie
inf	infinitif		**v**	verbe
inform	informatique		**V**	voir
inter	interrogatif		**vétér**	vétérinaire
interj	interjection		**v intr**	verbe intransitif
intr	intransitif		**v pron**	verbe pronominal
inv	invariable		**v réfl**	verbe réfléchi
jur	juridique		**v tr**	verbe transitif
ling	linguistique		**vulg**	vulgaire
litt	littérature		**zool**	zoologie
loc	locution			

ALPHABET PHONÉTIQUE

VOYELLES

[a]	p*a*ne, m*a*ni
[e]	l*é*gno, v*é*tro
[ɛ]	b*è*llo, t*è*rra
[i]	r*i*ga, n*i*do
[o]	m*ó*ndo, s*ó*lo
[ɔ]	f*ò*ro, t*ò*rto
[u]	t*u*bo, l*u*na.

SEMI-CONSONNES

[j]	p*i*ano, f*i*ore
[w]	b*u*ono, q*u*ale

CONSONNES

[b]	*b*ar, *b*anana
[d]	*d*ono, sol*d*ato
[(d)dz]	gar*z*a, a*zz*ardo
[(d)dʒ]	*g*iro, ma*gg*io
[f]	*f*ila, *f*ata
[g]	*g*allo, *g*ara
[k]	*c*asa, *q*uale
[l]	*l*una, *l*ira
[(ʎ)ʎ]	fo*gli*o, pa*gli*a
[m]	*m*are, *m*oglie
[n]	*n*eve, *n*ano
[ŋ]	ba*gn*o, pi*gn*a
[p]	*p*apà, *p*alla
[r]	ca*r*o, *r*ima
[s]	*s*uono, co*s*a
[(ʃ)ʃ]	*sci*roppo, fa*sci*a
[t]	*t*ela, *t*enda
[(t)ts]	a*z*ione, timide*zz*a
[(t)tʃ]	*c*ena, bra*cci*a
[v]	*v*iso, ca*v*a
[z]	ro*s*a, o*s*are

PRONONCIATION DE L'ITALIEN

L'alphabet italien, de 26 lettres (dont 21 seulement sont très employées), permet de transcrire les 30 sons de cette langue, plus quelques mots étrangers. Les cinq voyelles, *u* (prononcez : <u>ou</u>) *o*, *a*, *e* (jamais muet) *i* - de la gorge vers l'avant de la bouche - ont un rôle essentiel dans la formation des terminaisons variables des mots.

Les seules difficultés, par rapport au français, concernent quelques sons particuliers (le [ts] et le [dz], le [tʃ] et le [dʒ]: **zio**, **garza**, **ciao**, **già**), la palatale [ʎ] (comme dans **paglia** - prononcez entre pai<u>ll</u>e et pâ<u>l</u>e) et le [s] sourd en position intervocalique (**riso**, **casa**, **Pisa** - comme dans su<u>s</u>urrer). Les doubles consonnes doivent être marquées (on distinguera ainsi [kasa] de [kazo] mais aussi de [kassa]: **casa**, **caso**, **cassa**) ; le *chemin* **cammino** n'a rien à voir avec la *cheminée* **camino**. Dans certains cas, la fermeture des voyelles *e* et *o* (**é-è**, **ó-ò**) est également distinctive : **vénti** (20) mais **vènti** (*vents*).

Certains sons du français n'existent pas (le **ü** de *une*, le **g** de *jour* par exemple), ou sont très rares (le *x*). À l'inverse, il n'y a pas en italien de réels problèmes d'orthographe : grossièrement, on peut dire que toutes les lettres se prononcent. Parmi les voyelles (**é-è**, *i*, **ó-ò**, *u* [u], *a*), seul le *i* peut n'être pas prononcé lorsqu'il sert à palataliser le *c*, le *g*, le *gl* en [tʃ], [dʒ], [ʎ], ainsi que le *sc* en [ʃ]: **cado**, **gala**, **palla**, **scala**, mais **ciao** [tʃao], **già** [dʒa], **paglia** [paʎʎa], **sciala** [ʃala] ; inversement, on ajoute un *h* (orthographique) pour revenir aux sons [k] et [g], comme dans **chiama** [kjama], **ghisa** [giza], **dischi** [diski]...

Mais surtout, il est difficile d'aborder l'italien sans bien distinguer (et marquer) l'accent tonique. Il est pratiquement impossible de le deviner pour un mot inconnu (cas des noms propres!), et son déplacement entraîne ou un effet comique ou une incompréhension - voire un autre sens :

	papa	*le pape*
mais	*papà*	*papa*
	canto	*je chante*
mais	*cantò*	*il (elle) chanta*

Certaines accentuations sont difficiles à respecter :

	capitano	*(ils) se produisent*
(rien à voir avec un **capitano**)		
	telefonano	*ils (elles ; ça, on) téléphone(nt)*
	indicamelo	*indique-le-moi*

Comme en français, les *i* [j] et *u* [w] particuliers que l'on a dans *pied*, *iode*, *quoi*, *trois* sont des semi-consonnes liées à la voyelle qui suit (**piede**, **più**, **iota**, **può**, **quando**), et ne peuvent par conséquent être isolés [kwando].

LES DÉTERMINANTS

■ DÉTERMINANTS OBLIGATOIRES

Placés devant un substantif - ou un autre mot qu'ils nominalisent - ces éléments grammaticaux introduisent celui-ci dans un discours ; ils peuvent prendre la forme ø (c'est-à-dire l'absence de déterminant) : **soldi** (*des sous*) ou s'appuyer sur le nom ainsi déterminé (en perdant à son profit leur accent tonique) et modifier leur morphologie selon son initiale.

• Articles définis

	sing.	pl.
masc.	*il* piede *lo* zio *l'*aereo	*i* piedi *gli* zii *gli* aerei
fém.	*la* palla *l'*arte	*le* palle *le* arti

Les formes élidées et le féminin ne posent pas de problème particulier (mais la non élision, surtout au féminin, est toujours possible et peut marquer une distance, une mise en relief, comme une sorte de "guillemet" phonétique : **la eco**) ; le masculin connaît l'alternance **il/lo** (pl. **i/gli**) d'après l'initiale du mot suivant.

On a : **lo** devant *z*, *s* + consonne (dit *s* "impur"), quelques groupes rares comme *ps* ou *pn* ou encore *gn* et *gl* palatalisés, *x*, et le *i* semi-consonne (**lo iodio**, encore que l'élision puisse être préférée dans ce dernier cas) ; le *sc* palatalisé [ʃ] se comporte comme un *s* "impur" (**lo sci**).

Mais : **il** dans tous les autres cas (**il flusso, il tè**)... sauf pour les expressions figées **per lo più**, **per lo meno** et quelques régionalismes, simples survivances d'un état de langue ancien.

> *Il papa, la pappa, lo psicologo, lo spunto, l'orco, l'acqua, lo gnu, L'Aia (La Haye) ; gli italiani* (parfois encore *gl'italiani*, à l'ancienne)*, gli zanni, gli orchi, gli dei* (survivance de l'ancien *gl'iddei*).

Les mots étrangers sont actualisés d'après leur prononciation :
> *lo chef, il jazz, lo yoga...* mais *lo/il/l'jiddish* (ou *yiddisch*).

• Articles indéfinis

masc.	**un porco** **uno** za̲ino	(pas de pl.)
fém.	**una (un')** eccezione	

Au masculin ils suivent, en le simplifiant, le même principe d'alternance : on ne sera donc surpris ni par **uno iogurt** ni par **uno gnocco**, **uno schema** [skèma], **uno scemo** [ʃémo].

Au pluriel, ce n'est que dans certains cas que l'on choisira le "partitif" (voir plus loin), par exemple **delle eccezioni**. Il est toujours possible d'avoir la forme ø (**porci, eccezioni**), laquelle est même seule permise après une négation :

> **Non vedo zaini.** Je ne vois pas de sacs.

après certaines prépositions :

> **da amici** par des amis, chez des amis

Pour simplifier, on peut dire que le déterminant indéfini n'a pas de pluriel.

Autres exemples :

> **un amico, un'amica, un fiore, un trauma, una rosa, uno zoo, uno gnocco, un hangar.**

• Non emploi (absence d'article)

Devant les noms propres qui contiennent déjà une détermination bien définie (voir plus loin), devant les possessifs suivis d'un nom de parenté proche (**suo padre**), devant **papa** ou **re** (**papa Giovanni**, *le pape Jean XXIII*) et dans quelques expressions idiomatiques (**a casa** *à la maison*, **a teatro** *au théâtre*, **a nord di** *au nord de*, **per mano** *par la main*...).

En fait, le substantif italien peut presque toujours se passer de déterminant exprimé : ainsi, on dira **voglio pane**, *je veux du pain* (et non *de bonnes paroles*, par ex.), aussi bien que **voglio il pane/del pane** (*du pain*, à table).

• Formes prépositionnelles

De même qu'en français *à*+*le* devient *au* (*au théâtre*), les prépositions italiennes courantes se contractent avec l'article défini pour donner lieu à des prépositions articulées, dont la morphologie suit évidemment celle des articles.

	IL	LO (L')	LA (L')	I	GLI	LE
DI	del	dell(o)	dell(a)	dei	degli	delle
A	al	all(o)	all(a)	ai	agli	alle
DA	dal	dall(o)	dall(a)	dai	dagli	dalle
IN	nel	nell(o)	nell(a)	nei	negli	nelle
SU	sul	sull(o)	sull(a)	sui	sugli	sulle
CON	(col)			(coi)		
PER				(pei)		

Emploi : à **lo zaino** correspondra **metti nello zaino**, à **la campagna** : **vieni dalla campagna**, etc. (**vado al cinema**).

Ces formes, parfois obligatoires (au point que devant des guillemets on préférera par ex. avec la prép. **di**, **titolo de** "**La Repubblica**" *titre de "La Repubblica"*, à **titolo di** "**La...**"), sont en tout cas d'un emploi généralisé, même si la langue actuelle évite certaines combinaisons peu élégantes avec **per** et **con** (**pel**, *par le*, ressemble trop à **pel** ou **pelo** *poil* ; **colla**, malgré son *o* fermé, évoque la **côlla** *colle*, etc.).

• Les partitifs

Les formes articulées de la préposition **di** (ci-dessus) peuvent avoir pour fonction d'indiquer *une partie*, *une certaine quantité*, et sont proches d'autres déterminants quantitatifs signifiant *un peu de*, *quelque(s)*. Avec des noms de type dénombrable, elles servent donc de partitifs.

À ce titre, au pluriel, ces formes peuvent souligner aussi la détermination indéfinie vue plus haut :

	abbiamo ospiti	*des invités*
ou	*abbiamo degli ospiti*	*des invités... en certain nombre, qui sont des hôtes*

de préférence si elles ne sont pas précédées elles-mêmes d'une préposition :

	in acqua	*dans de l'eau*

Emploi :

	del pane (ou *un po' di pane*)	*du pain (un peu de pain)*
	Degli uomini mi seguono.	*Des hommes (un groupe d'hommes) me suivent.*
	Comprami delle cartoline.	*Achète-moi des cartes postales.*

On pourra nuancer :

	Non vedo fumo.	*Je ne vois pas de fumée (du tout).*
et	*Non vedo del fumo.*	*Je ne vois pas de la fumée (mais autre chose).*

■ AUTRES DÉTERMINANTS

Il s'agit d'éléments, surtout grammaticaux (c'est-à-dire peu signifiants tout seuls), qui ont aussi pour fonction d'introduire le substantif dans un discours ; ils ont en général une morphologie variable de même que les articles. À bien des égards, les distinctions entre eux sont floues, différentes selon les grammaires et en partie redondantes.

• Précédant l'article (quantifiants)

Il s'agit de quelques déterminants de nombre, qui désignent une totalité ou l'ensemble de deux : **tutto** (terminaisons régulières, voir plus bas les noms et adjectifs), **ambo** (**ambedue** invariable) ou **entrambi** (fém. **-e**).

> *tutto il giorno*, *tutti gli uomini*, *ambo le mani* les deux mains, *entrambi i libri*, *entrambe le volte* les deux fois, *ambedue le amiche...*
> (et éventuellement avec un démonstratif, inclusif de l'article : *ambedue quegli zii*).

L'ancien *onne* de toute espèce est devenu distributif (**ogni**). À l'inverse, **tutto** permet de transformer les cardinaux en quantifiants (et donc de les attirer devant l'article) : **tutti e tre gli amici** *les trois amis, ensemble...*

• Inclusifs de l'article

- Distributifs

Parfois confondus avec les indéfinis, ces déterminants sont proches des pré-articles quantifiants mais suffisent seuls à introduire des noms en les considérant un par un (valeur distributive) : **ogni** (invariable) *chaque*, **alcuno** *aucun*, *quelque*, **nessuno** *aucun* négatif, **ciascuno** *chaque* qui suivent la morphologie de l'article indéfini **uno**, et les désuets **niuno**, **cad(a)uno** (souvent pronominal), **nullo**.

ogni giorno, nessuno studente manca (non manca nessuno), 500 lire cadauno (l'un, chacun), ciascun libro è controllato, se per alcuna ragione, si pour quelque raison...

– Démonstratifs

D'un emploi délicat, ces déterminants sont à mi-chemin d'un usage ancien, commandé par la personne considérée dans le discours (à *je* correspondait **questo**, à *tu* **codesto**, à *il/elle* **quello**), et d'une actualisation spatio-temporelle comparable à celle du français. L'opposition essentielle est entre **questo** (qui est proche dans l'espace, le temps, ou le discours) et **quel(lo)**, loin de *nous* à tous égards.

sing.		pl.	
masc.	*fém.*	*masc.*	*fém.*
quest(o)	quest(a)	questi	queste
codesto	codesta	codesti	codeste
quel(lo)	quell(a)	quei, quegli	quelle

La morphologie de **quel, quello** suit en tous points celle de l'article défini ci-dessus.
> **quel ragazzo, quell'uomo, quello zio, quei professori, quell'arte, quelle palle,** etc.

Questo s'élide au singulier devant une voyelle.

Codesto d'un usage limité aujourd'hui (et parfois légèrement péjoratif)
> **Chi è codesto ragazzo?**   Qui est ce garçon qui est avec toi ?

peut également s'élider.

Pour le reste, suivre les terminaisons régulières des noms et adjectifs.

Les démonstratifs servant aussi à rappeler ce dont on a déjà parlé, on peut considérer **tale** (indéfini) de la même façon :
> **dette tali parole...**   ayant dit ces mots...

– Interrogatifs/exclamatifs

Ces déterminants informent sur la qualité, l'entité, l'importance des termes auxquels ils s'appliquent. Ils peuvent s'utiliser dans des questions, des interrogatives indirectes, des phrases exclamatives.

Che invariable (**che ora è?**), **quale** (parfois coupé, au singulier devant une voyelle ou une consonne simple : **qual padre!**), et **quanto** (variable selon les règles des noms et adjectifs : **quanta gente**), recouvrent les emplois de l'interrogatif français *quel* et d'expressions comme *que de, combien de* :

> **Quante persone ci sono?**   Combien de personnes y a-t-il ?
> **Che occasione!**   Quelle occasion !
> **Quali libri conosci?...**   Quels livres connais-tu ?...
> **Che uomo sei!**   Quel homme tu es !
> **Quale pezzo voglio?**   Quel morceau je préfère ?
> **Quanti anni hai?**   Quel âge as-tu ?

et même **Che bello!**   Que (c'est) beau !

• Placés après l'article

– Quantitatifs

Ces déterminants ont une valeur plus ou moins définie (les nombres) ou non définie (quantificateurs proprement dits), mais peuvent toujours être précédés de l'article défini (ou de certains déterminants inclusifs de l'article) :

i tre cavalieri	les trois cavaliers
ogni venti metri	tous les vingt mètres
i molti presenti	les nombreux présents
le troppe città	le trop grand nombre de villes
questa poca vita	ce peu de vie

– Les cardinaux, ou noms de nombre - de même que *un* (indéfini), *zéro*, *million* ou *milliard* (substantifs) - ne sont déterminants que lorsqu'ils modifient un autre nom. Ils sont invariables, à l'exception précisément de ces quelques cas particuliers et de **mille** (pl. **mila**, à la latine) :

un re	un roi
undici cavalli	onze chevaux
ventotto soldati	vingt-huit soldats
i quattro compagni	les quatre copains
due milioni	deux millions
milletrecentottantatré	1383
tremila	3000
cento e una pagina ou *centuno* (ou *centouno*) *pagine*	101 pages

Employés comme noms ou comme pronoms, les cardinaux peuvent signifier

l'heure :	*sono le cinque*	il est 5 h
l'année :	*nel 1993, il duemila*	en 1993, l'an 2000
le siècle :	*il 700*	le XVIIIe siècle
l'âge :	*tra i 40 e i 50*	entre 40 et 50 ans

– Les quantitatifs non définis se divisent eux aussi en déterminants proprement dits (les quantificateurs **poco, molto, troppo, parecchio, tanto**) et déterminatifs provenant d'autres catégories (adv. **più**, adj. **vario** ou **diverso**); seul **più** est invariable et suivi forcément d'un pluriel ; les autres s'emploient au singulier pour des noms non dénombrables, au pluriel pour des noms dénombrables :

di varia specie	de différentes sortes
molta pazienza	beaucoup de patience
molti amici	de nombreux amis
parecchie ore	plusieurs heures
tanti difetti	tellement de défauts
più libri	plusieurs livres

– Identifiants

On distingue ici les déterminants qui introduisent le nom en indiquant son identité (de ressemblance ou de différence). Comme en français, ils peuvent avoir une simple valeur de renforcement :

me stesso	moi-même
noi altri	nous autres

L'opposition du *même* et de l'*autre* se fait entre **altro** et **stesso** ou **medesimo** (tous trois régulièrement variables) :

l'altr'anno	*l'année passée*
il medesimo autore	*le même auteur*
lo stesso treno	*le même train*
l'altra macchina	*l'autre voiture*

(Voir plus loin **proprio** et **altrui**.)

Mais ce système peut être enrichi par d'autres types de déterminants comme **uno** dans un ensemble double (**l'un... l'altro...**) :

mi interessano l'uno e l'altro libro	*l'un et l'autre, tous les deux*
	(sens de **entrambi**, en fait)

ou par des adjectifs sémantiquement proches (**diverse** et **vario** en fonction qualificative) :

È una cosa diversa	*C'est autre chose.*

Tous ces déterminants - sauf absurdité sémantique - peuvent être substantivés :
il che, il questo e il quello, il quanto, l'altro, gli uni *les uns...* et même **un ambo**, *combinaison de deux* ou **ambe** dans certains jeux.

■ ADJECTIFS

Ces éléments lexicaux déterminent aussi des substantifs, soit en leur ajoutant une "qualité", soit en les spécifiant (de manière déterminative) sous tel ou tel aspect. Ils s'accordent en genre et en nombre avec le terme dont ils dépendent, sans avoir vraiment de forme variable au-delà des terminaisons ; toutefois, certains adjectifs qualificatifs très fréquents, employés comme simples épithètes, connaissent (de même qu'en français *beau* ou *bon*) une véritable variation morphologique.

• Adjectifs de spécification

- Possessifs

Les possessifs sont, en italien, des adjectifs comme les autres. Le groupe *nom + possessif* a généralement besoin d'être actualisé : sauf l'exception limitée des noms indiquant une parenté proche (au singulier, sans autre spécification, et seulement avec les possessifs des personnes du singulier et des deux premières du pluriel : **mio, tuo, suo, nostro, vostro**), ce groupe doit donc recevoir un déterminant. On dira :

il mio amico	*mon ami*
i tuoi fratelli	*tes frères (et sœurs)*
le vostre vacanze	*vos vacances*
un suo libro	*un de ses livres*
quella nostra abitudine	*cette habitude que nous avons*
ogni loro sbaglio	*chacune de leurs erreurs*
il vostro secondo fratello	*votre deuxième frère*

Mais : **tuo marito, sua sorella, nostro padre, suo nonno** (ou **il suo nonno**, suivant que l'on considère plutôt le sens neutre de *grand-père* ou la nuance affective de *grand-papa*).

		sing.		pl.	
		masc.	*fém.*	*masc.*	*fém.*
sing.	1ʳᵉ pers.	mio	mia	miei	mie
	2ᵉ pers.	tuo	tua	tuoi	tue
	3ᵉ pers.	suo	sua	suoi	sue
pl.	1ʳᵉ pers.	nostro	nostra	nostri	nostre
	2ᵉ pers.	vostro	vostra	vostri	vostre
	3ᵉ pers.	loro	loro	loro	loro

La présence d'un déterminant - obligatoire sauf dans quelques expressions figées où le possessif est d'ailleurs en général postposé : **in vita mia, per colpa sua** *de sa faute...* - permet, en jouant sur les différentes déterminations, d'affiner les significations de façon extrêmement précise et dirigée : on pourra distinguer **il mio amico** *mon ami* de **un mio amico** *un ami à moi* ; mais aussi **questo tuo libro** *ce livre-ci qui est à toi* de **quel nostro libro** *ce livre-là (loin, ou ancien) qui est (était) à nous*, **codesto suo libro** *ce livre près de toi* (ou *auquel tu tiens*) *qui est à lui (elle)*, etc.

Inversement, c'est la nature différente du possessif français qui explique l'absence d'autre déterminant devant <u>Monsieur</u> ou <u>Madame</u> ; par contre : **il signor Rossi, la signora Bianchi**, et logiquement **il signor direttore** *Monsieur le Directeur*.

On rapproche souvent des possessifs **proprio** et **altrui**, qui permettent de rapporter la possession à la personne identifiée par le discours : la même que celui-ci, ou au contraire une autre.

– **Proprio** s'emploie comme le possessif **suo**, qu'il remplace obligatoirement dans les constructions impersonnelles :

> **Tutti hanno la propria opinione.**   *Tous ont leur opinion.*

mais peut aussi avoir un simple rôle de renforcement :

> *i miei propri occhi*   *mes propres yeux*

– **Altrui**, invariable (comme en français, ancien cas régime de *l'autre*), se place généralement après le nom :

> **Non desiderare la roba altrui.**   *Ne désire pas le bien d'autrui.*

Autres exemples :

> **mio padre, un suo errore, il loro babbo** *papa*, **tua moglie, la tua ragazza** *ton amie*, **le tue figlie, quale vostra casa?** *laquelle de vos maisons?...*
> **Paolo parla con Pietro del proprio lavoro** *(de son travail, à lui-même,* Paul)

– Indéfinis

Sous cette catégorie, on regroupe les adjectifs qui servent à spécifier de manière imprécise l'individualité du substantif, un peu à la façon de l'article **un** (dit, justement, indéfini), ou des quantificateurs (non définis) vus plus haut. Il est prévisible qu'ils soient précédés plutôt du déterminant indéfini, ou de sa forme ø :

> **un qualche oggetto**   *quelque objet (que ce soit)*
> **un certo signor Rossi**   *un certain monsieur Rossi*
> **in qualsiasi momento**   *à n'importe quel moment*

Tale, déjà rencontré comme démonstratif, peut avoir la même valeur d'indéfinition :

> **un tale signor Rossi**   *un certain monsieur Rossi*

Comme en français, il peut aussi être adjectif qualificatif, exprimant la similitude et employé éventuellement en corrélation soit avec lui-même soit avec **quale** :

  Tale il padre, tale il figlio.   *Tel père, tel fils.*

Qualche, qualunque, qualsiasi ou **qualsivoglia** (anciennes phrases figées), sont invariables ; **certo** prend les terminaisons régulières des noms et adjectifs.

Les uns et les autres peuvent être postposés, avec une valeur qualificative de véritables adjectifs :

  il partito dell'uomo qualunque   *le parti des gens communs, ordinaires*

Qualche, toujours singulier, est également employé comme quantificateur (non défini) :

  fra qualche ora   *dans quelques heures*
  C'è qualche errore.   *Il y a quelques erreurs.*

Autres exemples :

  Fréquenta certi ambienti.   *Il fréquente des milieux*
                                   particuliers (de ces milieux!)
  Digli qualsiasi cosa...   *Dis-lui (-leur) n'importe quoi...*

Non hai sentito qualche grido? *tu n'as pas entendu quelque cri (aucun, le moindre, un quelconque) ?*, ou *n'as-tu pas entendu quelques cris (deux ou trois) ?*, illustre bien la proximité entre indéfinis de qualité et de quantité.

– Numéraux

Il s'agit des adjectifs rattachés directement (**quarto, quinto, sesto** : ordinaux) ou indirectement (**primo, ultimo** superlatifs, **seconde** *deuxième* mais d'abord *second*) aux noms de nombres vus plus haut; on peut leur ajouter l'expression des fractions (**mezzo** *demi*, **terzo** *tiers*, même mot que l'ordinal *troisième*), des qualificatifs comme **unico** et **solo** (**una sol volta**) et les multiplicatifs (**doppio, triplo, quadruplo**... ou les véritables qualificatifs correspondants : **duplice, triplice**, etc.).

On trouve parfois sous cette rubrique les expressions nominales des collectifs : **paio** *paire*, **centinaio** *centaine*, **migliaio** *millier* (pluriels neutres en *-a* : **le paia**...), ou encore **coppia** *couple*, **dozzina, ventina**, etc.

De **primo** à **decimo**, les numéraux se trouvent dans le dictionnaire; à partir de 11, on ajoute le suffixe *-esimo* au quantitatif cardinal, après lui avoir enlevé sa dernière voyelle (non accentuée) :

  undicesimo, dodicesimo, diciannovesimo, centesimo *centième* ou *centime*, **ventitreesimo** (auquel on préférera dans certains cas **ventesimoterzo** ; de même : *Luigi Decimosesto Louis XVI, il secolo decimoottavo*, etc.).

Autres exemples :

  mezza porzione, sono le cinque e mezza (ou : *e mezzo*) *; un (minuto) primo e un (minuto) secondo une minute et une seconde ; il problema ha un duplice aspetto, l'ennesima volta la enième fois ; poche centinaia di spettatori centaines* (et : *paio paire, dozzina douzaine*, etc.).

• Qualificatifs

Les adjectifs qualificatifs sont distingués en simples caractérisants (*bleu, intelligent*), qui peuvent n'être que des épithètes facultatives, et dérivés indiquant une relation (*familial, sidérurgique*) ; ces derniers sont d'un emploi moins souple (toujours postposés par exemple : **industria siderurgica, carne ovina, elezioni politiche**) et n'ont pas de degrés (**meno intelligente**, mais non **meno annuale** ou **più francese**).

Comme en français, les adjectifs prennent le genre et le nombre du substantif qu'ils déterminent ; quelques-uns n'ont pas une terminaison variable (**pari** et **impari** ou **dispari** ; mots d'origine étrangère sans voyelle finale : **snob, pop**...), ou sont invariables parce que formés avec un nom ou une expression adverbiale (**rosa, viola, perbene** *comme il faut* : **è gente perbene** *ce sont des gens bien*). Dans la majorité des cas, les adjectifs qui ont le masculin en -*o* font le féminin en -*a*, ceux qui se terminent par -*e* ne changent pas au féminin : **ricco, -a** ; mais **fertile** ou **felice** aux deux genres.

La formation du pluriel suit le même système que celle des substantifs : la voyelle finale est fermée et avancée dans son articulation (le -*a* devient -*e*, le -*e* devient -*i*, le -*o* devient -*i*, le -*i* n'est pas modifiable). Mais le genre intervient dans le cas du -*a* masculin, imposant un -*i* au pluriel (**belga, belgi** ; fém. **belghe**).

	sing.	pl.
masc.	ricco realista fertile	ricchi realisti fertili
fém.	ricca (realista fertile	ricche realiste) fertili

Autres exemples :

> *un vestito rosa, due gonne* (jupes) *rosa, le vesti verdi ; 7 e 3 sono numeri dispari impars, conosco un francese e una francese* (substantivés comme en français) *; Pino è progressista, Pietro e Paolo sono progressisti, Anna e Maria sono progressiste ; la scienza matematica, discipline geografiche; due fiori blu* deux fleurs bleues, *due occhi neri* deux yeux noirs

Dans l'usage courant de **bello, buono, grande** et **santo** simples épithètes, on observe un certain nombre de variations morphologiques qui rappellent celles des déterminants non autonomes, en particulier des articles : **buono** est aligné sur **un** (**uno**, etc.), **bello** sur **il** (voir : **del** ou **nel**), **grande** et **santo** ont des élisions et coupures parallèles, que l'on trouverait du reste également dans d'autres mots placés avant le nom (**fra** et **suor** devant des noms de religieux : **fra Angelico**).

Exemples :

> *un buon amico, buon giorno, la buona donna, buon'azione, un buono stadio, i buoni sciatori, buone feste, il bel regalo* le beau cadeau, *un bell'uomo, che bella giornata!, bello stile, tanti begli amici, i bei film, belle donne, bel colpo! un gran bel libro, il suo grande amico, che grande storico!, le grandi artiste, una grand'idea, faremo grandi cose, san Francesco, sant'Andrea, santo Stefano, sant'Eulalia.*

L'adjectif peut avoir plusieurs degrés, relativement à d'autres entités (comparaison) ou dans l'absolu (superlatif) :
- **la tua casa è più bella della mia** (comparatif de supériorité)
- **la sua macchina è la più veloce di tutte** (superlatif relatif)
- **il suo standard è altissimo, molto alto** (superlatif absolu).

Le second terme de la comparaison est introduit par la préposition **di** (éventuellement articulée) s'il s'agit d'un nom, d'un pronom ou d'un adverbe (non précédés d'une autre préposition), par la conjonction **che** dans les autres cas ; par les adverbes **quanto** ou **come** dans le cas d'une égalité ; parfois aussi par la préposition **fra** (ou **tra**) si le terme est collectif : **L'uomo più ricco fra tutti.**

Sei meno alto di lui.	*Tu es moins grand* (taille) *que lui.*
È più caro che bello.	*C'est plus cher que beau.*
Meglio fare che dire.	*Mieux vaut faire que dire.*
Non era onesto come il padre.	*Il n'était pas aussi honnête que son père.*
Sono capace quanto te.	*Je suis aussi capable que toi.*
Siamo i meno ricchi del quartiere.	*Nous sommes les moins riches du quartier.*

Quelques formes sont restées proches du latin : **esteriore** et **estremo**, **inferiore** et **infimo**, **superiore** et **supremo** (ou **sommo**) - qui peuvent servir de comparatifs et de superlatifs respectivement à **esterno**, **basso**, **alto** - ; même chose pour **ultimo** déjà vu ci-dessus... On emploie aussi les comparatifs et les superlatifs latins suivants :

positif	comparatif (supér.)	superlatif	
		relatif	absolu
buono	**migliore**	**il migliore**	**ottimo**
cattivo	**peggiore**	**il peggiore**	**pessimo**
grande	**maggiore**	**il maggiore**	**massimo**
piccolo	**minore**	**il minore**	**minimo**

Il existe encore d'autres formes inhabituelles, en *-errimo* et *-entissimo* (voir le dictionnaire : **miserrimo**, **acerrimo**, **benevolentissimo**), ainsi que les formations avec suffixe (**iper**, **super**, etc. comme **sopraffino**, **ipersensibile**, **ultrareazionario**, **supercampione**)...

Comme les déterminants, les adjectifs peuvent toujours être substantivés ou transformés en pronoms (voir plus loin) :

il mio	*mon bien*
i tuoi	*ta famille*
qualunque	*n'importe lequel*
il vero	*le vrai, la vérité*
i ricchi e i poveri	*les riches et les pauvres*

LES SUBSTANTIFS

■ Noms communs

Comme en français, ils peuvent être individuels (**un uomo, la casa**) ou collectifs (**popolo, la gente**), ces derniers permettant parfois un accord d'après le sens :

> *La folla, di operai arrabbiati*   La foule...
>
> *e di studenti si misero a gridare.*   ...se mit à crier.

et passer du concret à l'abstrait (**l'uomo** en général).

• Le genre

Pour les êtres animés, le genre est à peu près aligné sur le sexe (**il ragazzo, la giraffa**), avec la même imprévisibilité qu'en français :

> *la sentinella, la spia* l'espion, *la volpe* le renard

Pour les noms de choses, à plus forte raison s'ils proviennent d'un neutre, il faut consulter le dictionnaire :

> *il fico* la figue, *la gang, la hall, il mare* la mer, *il pianeta* la planète, *il mitra* la mitraillette, *le belle arti, gli affari, le scarpe* les souliers

Pour certains mots dérivés, le genre est parfois prévisible :

les suffixes avec *-ore* sont masculins (**il rossore**) de même que d'autres noms en *-ore* (**un fiore** *une fleur*, **un errore, il valore**), cependant que *-eria, -ezza, -ia, -izia,* etc. forment des noms féminins :

> *la fantasticheria* l'imagination, *la saggezza, l'allegria, la pigrizia* la paresse

les noms en *-o*, à l'exception de **mano** et **eco** (et de certains mots abrégés : **radio, moto**...), sont masculins.

Il existe presque toujours un féminin régulier pour les noms de métier, les titres :

> *impiegato/impiegata, infermiere/infermiera, professore/professoressa, pittore/pittrice, autore/autrice...*

et des formes différentes dans certains cas particuliers :

> *duca/duchessa, dio/dea, gallo/gallina* coq/poule, *genero/nuora* gendre/bru, *cane/cagna,* etc.

• Le nombre

Comme pour les adjectifs, le pluriel des noms se forme généralement en modifiant leur voyelle finale. Si celle-ci n'existe pas (**lo sport**), si elle appartient en fait au radical du nom (mot coupé ou abrégé : **il cinema, la città, la virtù, il mitra, la radio**), à une forme verbale (**il vaglia** *le mandat*, du verbe *valoir*) ou à un terme étranger (**il pigiama, lo gnu**), le nom ne prend pas la marque italienne du pluriel :

> *gli sport*, éventuellement *gli sports, i ticket, i computers*

À l'exception de la **moglie / le mogli** (*femme, épouse*), les noms en *-ie* (dont le *i* est souvent purement orthographique) sont également invariables :

> *la specie / le specie, la serie / le serie* (mais *effigie*, ou *effige*, fait *le effigi* les effigies)

Quelques noms particuliers ont un pluriel particulier :

> *l'uomo/gli uomini, (il) dio/gli dei, il bue/i buoi boeufs*

ainsi que **l'ala**, **l'arma** qui changent de terminaison pour des raisons historiques (**le ali**, **le armi** ont remplacé **le arme**), **l'eco** (fém.) qui change de genre (**gli echi**), etc.

Les monosyllabes restent invariables (**il re, i re**) sous peine de n'être plus reconnus. Le *-i* orthographique n'est évidemment pas conservé au pluriel :

> *grigio, grigia / grigi, grige ;* et voir ci-dessus.

Dans l'énorme majorité des cas, le pluriel se forme en fermant et en avançant d'un degré l'articulation de la voyelle finale. Le *-u* (impossible en italien comme terminaison) n'est jamais concerné par cette formation régulière. On aura par conséquent : $o \rightarrow i, a \rightarrow e, e \rightarrow i, i$ (non modifiable).

Exemples :

> *caso -i, palla -e, miele -i, crisi -i,* quel que soit le genre de ces mots.

Ainsi encore :

> *la mano/le mani, il molo/i moli, l'alba/le albe, l'alluce/gli alluci gros orteil, la rete/le reti réseau, filet, l'allarme/le allarmi, l'analisi/le analisi, il brindisi/i brindisi toasts.*

Attention à l'accent tonique dans des mots comme **addio** (pl. **addii**), alors que **fischio**, **episodio** (**fischi, episodi**) n'ont en fait qu'une semi-consonne [j] devant le *-o* :

> *l'impari giudizio / gl(i) impari giudizi   les jugements inégaux*

quant à **foglio** ou **personaggio**, leur *i* orthographique n'apparaîtra plus au pluriel : **fogli, personaggi**.

Toutefois, le genre intervient pour les masculins en *-a*, qui passent directement au *-i* (comme ceux terminés par *-o*) :

> *il poeta / i poeti, l'artista / gli artisti*

Ce qui permet de les distinguer de leurs homologues du féminin :

> *l'artista* (fém.) / *le artiste*, alors que le masculin ferait *gli artisti*.

Ainsi encore :

> *il socialista, la socialista / i socialisti, le socialiste ; l'automobilista* (masc. ou fém.) */ gli automobilisti, le automobiliste,* etc...

Un dernier cas concerne, pour des pluriels collectifs (ou "internes") de substantifs masculins, la survivance d'un pluriel neutre latin en *-a*. La terminaison est donc *-a*, le genre (italien) adapté au féminin. Il s'agit, sauf peut-être dans le cas de *riso /* (le) *risa* (et des numéraux vus plus haut), de doublets d'une forme régulière (en *-i*) toujours possible :

> *il muro, i muri* (pl. distributif) */ le mura* (pl. collectif)
> *l'osso, gli ossi* (séparément) */ le ossa* (d'un corps)
> *l'uovo, gli uovi* (rares) */ le uova* (de poule)
> *il braccio, i bracci* (d'un engin) */ le braccia* (humains)
> *il dito, i diti* (idem) */ le dita* (de la main)
> *il filo / i fili* (sens propre) ou *le fila* (du raisonnement, du complot...),
> *il labbro / i labbri* (d'une blessure) ou *le labbra* (de la bouche)...

Pour les noms composés, seul le dictionnaire peut donner des indications précises : **pomodoro** *tomate* deviendra **pomodori, pomidoro** ou **pomidori** ; **grattacielo** fera par contre **grattacieli**...

Le pluriel des noms en *-co* et *-go* pose un problème différent du fait de la prononciation des consonnes concernées lorsque l'on passe du *-o* au *-i* (dans un cas au moins, **belga** *belge* masc., la question surgit aussi pour *-ga*). La même remarque concerne aussi les adjectifs (**storico, -ci**).

En général, on conserve la prononciation (en ajoutant un *h*, voir plus haut) pour les mots accentués sur l'avant-dernière syllabe :

> **buco/buchi** *trou*, **lombrico/lombrichi, fungo/funghi** *champignon*

mais

> **amico/amici, nemico/nemici, porco/porci, greco/greci, meteco/meteci, belga/belgi**

et c'est l'orthographe qui l'emporte dans les autres cas :
> **medici, teologi, lubrici** ou **sindaci** *maires*...

(mais les hésitations sont nombreuses : voir le dictionnaire).

Par contre, le féminin ne pose pas de problèmes (le son est toujours conservé) :
> **amica/amiche, belga** (fém.)**/belghe, (cure) mediche** *médications*, **liriche** *poésies*, etc.

■ NOMS PROPRES

Bien qu'un nom propre contienne par définition une détermination (définie), il est possible de le surdéterminer, en italien, lorsqu'on veut le distinguer : **la Magnani** (grande actrice), **il Manzoni** (écrivain fameux), **il Flaubert**, mais aussi **il Rossi** (dont on a déjà parlé avant : renvoi anaphorique). Dans le langage courant, on désigne également ainsi **la Gina** ou **il Mario** au sein d'un groupe (que l'on connaît bien).

LES PRONOMS

■ Pronoms personnels

Selon qu'ils conservent ou non leur accent tonique (autonome), on les appellera "forts" (**dillo a me**) ou "faibles" (**dimmelo** *dis-le-moi*).

Le pronom personnel correspondant à la 3e personne du pluriel, que nous avons déjà distinguée à propos des possessifs, ne connaît qu'une forme "forte" (**dico loro**, comme **dico a loro** : *c'est à eux que je parle*).

• Pronoms sujets

Ils ne sont jamais obligatoires en italien, où les formes verbales conjuguées se suffisent à elles-mêmes (cf. l'exemple **dico** ci-dessus, et comparer avec les déterminants grammaticaux vus plus haut : **voglio pane** *Je veux du pain*). Si l'on choisit de les exprimer, soit par insistance soit pour distinguer le genre d'une 3e personne par exemple, ils renvoient effectivement (sauf parfois **esso/essa**) à des « personnes » ; jamais en tout cas à des impersonnels (*il neige* : **nevica**).

		FAIBLES		FORTS
sing.	1re pers.		io	
	2e pers.		tu	
	3e pers.	egli / lei		lui / lei
		esso / essa		
			ella	
		(masc. / fém.)		*(masc. / fém.)*
pl.	1re pers.		noi	
	2e pers.		voi	
	3e pers.	essi / esse		loro

Exemples :

> *io lavoro e tu ti diverti,* toi, tu t'amuses ; *egli non vuole ; lo dico io ; essi arrivano domani,* ils arrivent demain ; *lei è d'accordo, lui no ; ecco il compito : esso va fatto subito,* voici votre devoir : il doit être fait tout de suite ; *noi siamo fratelli ; dillo a tua moglie, se essa non lo sa ancora ; e voi, che ne dite?... ma voi non siete loro,* vous n'êtes pas eux

L'emploi du pronom est donc souvent l'indice d'un choix volontaire. Dans certains cas, on recourt même aux formes fortes des compléments, en particulier lorsque le pronom a une valeur prédicative : **ma tu non sei me, povero te !** etc.
D'autres formes de renforcement sont **stesso**, **altro** (**noialtri** *nous autres*), ou les adjectifs **solo, tutto**... (**tutti noi** *nous tous*).

• Compléments

		FAIBLES		FORTS
		compl. directs	compl. indirects	
sing.	1ʳᵉ pers.	mi		me
	2ᵉ pers.	ti		te
	3ᵉ pers. *masc.*	lo	gli	lui, esso
	fém.	la	le	lei, essa
pl.	1ʳᵉ pers.	ci		noi
	2ᵉ pers.	vi		voi
	3ᵉ pers. *masc.*	li	(ø)	essi ⎫ loro
	fém.	le	(ø)	esse ⎭

Aux troisièmes personnes du singulier et du pluriel, il existe aussi une forme réfléchie unique : **si** (faible), **sé** (forte) :

> *Pe̱nsano a sé.*   *Ils pensent à eux-mêmes.*

Cette dernière, de même que les autres compléments "forts", peut être renforcée :

> *sé* (ou *se*) *stesso / stessa / stessi / stesse soi (lui)-même, eux (elles)-mêmes*

d'où :

> *son contento di me stesso ; conosci te stesso ; pensa a se stesso, voi stesse, loro stessi*, etc.

Exemples :

> *mi guarda, mi parla (parla a me), ti vede, ti cerca (cerca te), ti telefona, lo vedo, gli ordino (a lui) je lui commande, gli parli, la salutiamo, le volete bene vous l'aimez (a lei), ecco un tram : partiamo con esso, ci dite la verità? (a noi), vi se̱ntono (se̱ntono voi), dicevo a voi, li conservo (resto con essi), le voglio (voglio esse,* ou *: loro), parli loro à eux (elles) (parli a loro : a essi / esse), dicevo loro di venire je leur disais de venir (dicevo di venire a loro, non a voi)...*

Vu le problème que pose l'absence d'un pronom complément "faible" correspondant à notre *leur*, l'italien contemporain tend de plus en plus à employer **gli** à cette place : **gli parli** *tu leur parles*. Ainsi, **Pietro gli parla** pourra signifier, suivant le contexte, *Pierre lui parle* (à lui, par opposition à **Pietro le parla**) ou *Pierre leur parle* (à eux ou à elles). En langage très familier, on pourra même trouver **Pietro ci parla** (ci étant là pronom-adverbe neutre) : *il y (leur) cause.*

• Pronoms groupés

De même qu'en français, la succession de plusieurs pronoms "faibles" se fait d'après l'usage. De plus, la voyelle finale varie : **mi, ti, gli/le, ci, vi** et **si** deviennent, devant les autres pronoms faibles **lo, la, li, le** et le pronom-adverbe **ne**, respectivement : **me lo** (**me la...**), **te lo** (**te li...**), **glieli** (**gliele, gliene...**), **ce la** (**ce lo...**), **ve ne** (**ve le...**) et **se lo** (**se la...**). Encore plus que le simple **gli**, les formes groupées **gliene, glielo**, etc. (où le genre est neutralisé) peuvent renvoyer aussi à un pluriel :

> *gliela prendo*   *je la lui (masc. ou fém.)/la leur prends.*

• Formes allocutives

Lorsqu'on s'adresse à quelqu'un directement, on peut le faire soit de façon amicale ou familière (tutoiement), soit en employant une personne plus formelle, dite de politesse. En italien, celle-ci peut être le **voi**, comme en français, mais plus souvent une 3ᵉ personne de genre féminin (penser à *Sa majesté* sous l'Ancien Régime) : **ella** ou mieux **lei**, que l'on écrira volontiers avec une majuscule (**Lei**).

Si le verbe est à un temps composé, l'accord du participe se fait toutefois généralement non avec le **lei** grammatical mais avec la personne réelle :

Lei, direttore, è invitato...	*Vous êtes invité, M. le Directeur...*
Lei è troppo buono.	*Vous êtes trop gentil.*
Voi, zio, venite con noi.	*Vous, oncle, vous venez avec nous.*
La prego.	*Je vous prie.*
Nell'attesa, Le porgo distinti saluti.	*En attendant, recevez mes salutations distinguées.*
Mi scusi.	*Veuillez m'excuser. (3ᵉ pers. du subjonctif)*
Sì, li sto ascoltando.	*Mais oui, je vous (plusieurs) écoute.*
Loro sanno tutto.	*Vous (plusieurs) savez tout.*

• Pronoms adverbes

On nomme ainsi les formes neutres **ci, vi, ne**, correspondant à peu près à *y* et *en*, qui peuvent à la fois remplacer des pronoms comme on l'a vu ci-dessus, prendre une valeur démonstrative (**ci fa caso** : *il y prend garde*), ou avoir un véritable rôle d'adverbe (**ci va** : *il y va*).

Non ci capisco nulla.	*Je n'y comprends rien.*
Che ci fai ?	*Qu'est-ce que tu fais avec (ça, lui, eux...) ?*
Vi sono tipi strani.	*Il y a des gens bizarres.*
Che ne dici ?	*Qu'en dis-tu ?*
Ne era innamorato.	*Il en était amoureux.*
Me ne vado.	*Je m'en vais.*

Les pronoms compléments (faibles) se suffixent aux formes verbales non conjuguées (infinitif, gérondif, participes) :

ti parlo mais **devo parlarti, parlandoti ho capito che...**

■ PRONOMS POSSESSIFS

Les possessifs, ainsi que d'autres pronoms (ci-dessous), ont des formes quasiment semblables à celles des différents adjectifs vus plus haut. En fait, il suffit de faire précéder un adjectif possessif (y compris **proprio** ou **altrui**) d'un déterminant pour avoir le pronom correspondant :

la tua macchina (la tua) ; mio figlio, il mio ; il nostro notre ami ou celui dont nous nous occupons (un auteur par ex.) ; vi ho portato i compiti : ognuno prenda il proprio que chacun prenne le sien ; abbiamo il nostro denaro, essi hanno il loro; soffre dell'altrui infelicità il souffre du malheur des autres/d'autrui...

■ DÉMONSTRATIFS

Ni **questo**, ni **quel(lo)** ou **codesto** ne présentent d'originalité par rapport aux adjectifs correspondants ; par contre, **questi**, **quegli** sujets (masc. sing. pour des personnes), **costui/costei/costoro** ou **colui/colei/coloro** sujets ou compléments (personnes, souvent avec une nuance péjorative), et **ciò** sujet ou complément (neutre), n'existent que comme pronoms.

Exemples :

> *Questo non è possibile, ciò non mi riguarda, voglio quello (non questi),*
> *quella è bella ; fatto ciò... cela étant fait, Dante e Petrarca entrambi*
> *grandi : questi lirico, quegli più epico ; chi è costui? qui est ce type*
> *(celui-là) ?, non dimenticare coloro che ti hanno aiutato...*

On trouve parfois **tale** dans le même sens :
> *Tali sono le loro condizioni.*   *Voilà quelles sont leurs conditions.*

Quanto (neutre) est à la fois démonstratif et relatif :
> *Per quanto mi riguarda.*   *En ce qui me concerne.*
> *Quanti vogliono venire.*   *Tous ceux qui veulent venir.*
> *Prendine quante ne vuoi.*   *Prends-en autant que tu veux.*

On verra plus loin qu'à sa forme invariable, il peut aussi être adverbe et conjonction.

■ INDÉFINIS

On peut regrouper ici les distributifs, les quantitatifs et les véritables "indéfinis", pourvu qu'ils aient en commun une certaine idée d'imprécision. Ainsi, **alcuno** ou **tale**, déjà rencontrés, **uno** à valeur de nominal impersonnel (le *on* français), **chiunque** *n'importe qui*, vont rejoindre **altro** ou **altri** (masc. sing. pour une personne), **niente** et **nulla**. Ces derniers, de même que **molto** ou **troppo** sous leur forme invariable, peuvent être aussi des adverbes, que nous retrouverons plus loin.

Au pluriel, **alcuni** perd son sens distributif pour signifier *quelques-uns*, à côté de **certi**, **qualcuno** et **qualcosa**, et des quantitatifs **molto**, **parecchio**, **tanto**, **troppo**, etc.

> *Alcuni mancano.*   *Certains manquent.*
> *Conosco una che ti conosce.*   *Je connais une fille qui te connaît.*
> *Si amano l'un l'altro.*   *Ils s'aiment l'un l'autre.*
> *Qualcuno ti chiama.*   *Quelqu'un t'appelle.*
> *Ognuno è responsabile delle*   *Chacun est responsable*
> *proprie azioni.*   *de ses actions.*
> *Qualcosa manca?*   *Quelque chose manque ?*
> *- non manca nulla...*   *- il ne manque rien...*

mais aussi   *C'è un tale che ti vuole.*   *Il y a quelqu'un qui te demande.*
> *Altri non è d'accordo con ciò.*   *Un autre (auteur) est en désaccord.*
> *Qualcheduno direbbe che...*   (ironique) *Quelqu'un d'original*
>   *pourrait dire...*

■ RELATIFS-INTERROGATIFS (OU EXCLAMATIFS)

Les pronoms **che** et **quale**, et leurs équivalents, peuvent à la fois remplacer une proposition entière : **Che vedi?** signifie *Quelle est la chose que tu vois?* (français *qu'est-ce que*), et relier deux propositions entre elles : **Vedi l'uomo che passa** équivaut à *Tu vois un homme*, et *cet homme passe.*

À **chi** (invariable, seulement interrogatif/exclamatif pour des êtres animés), **che**, **quale** et **il/la... quale** (pl. **quali**), **cui** (complément indirect), on ajoute **quanto**, régulièrement variable, déjà vu comme adjectif :

> **quanti mancano?** de même que **quali mancano, chi manca, che (cosa) manca,** etc.

Dans une langue soutenue, **il quale** peut aussi être adjectif, servant en particulier à lever l'imprécision des formes invariables **che** et **cui** :

> **Mio nonno mi raccontava**   *Mon grand-père me racontait*
> **molte favole tanti anni fa**   *beaucoup de fables,*
> **le quali storie (favole)**   *et ces histoires*
> **mi aiutavano ad addormentarmi.**   *m'aidaient à m'endormir.*

(plus clair que *...che mi aiutavano*).

Quelques adverbes de la famille de **ove/dove** *où* (voir plus loin) peuvent également remplir ce rôle de relatif-interrogatif (exclamatif).

Autres exemples :

> **i ragazzi che hanno studiato hanno un voto positivo** *au-dessus de la moyenne* ; **è lei la donna che amo** ; **chi vuole partire? ecco la casa dalla quale sono partiti gli spari** *les coups de feu* ; **dalla quale? da quella in cui è entrato il poliziotto** ; **è la persona cui ci siamo rivolti** *à qui nous nous sommes adressés* ; **a che (cosa) pensi?... quanta roba persa!** *que de (quel) gâchis* ! **a chi lo dici** ! *à qui le dis-tu* !...

LES ADVERBES

Ces mots ou locutions, invariables, modifient le verbe en lui ajoutant une circonstance, un jugement, ou encore en formulant une interrogation à son propos.

■ ADVERBES CIRCONSTANCIELS

• Adverbes de manière

Ce sont en fait des qualificatifs du verbe (à **buon oratore** correspond **parla bene**) ; beaucoup sont formés, comme en français, à partir d'un adjectif : adverbialisé tel quel (**parla chiaro**), ou en ajoutant l'élément **-mente** (= *d'une manière*) au féminin de l'adjectif (**caloroso** → **calorosamente**).

> *vengo volentieri* je viens volontiers, **hai fatto male** tu as mal fait, *veramente, cantava allegramente, parla semplicemente, è leggermente stonato* faux, déplacé, *resta là penzoloni* les bras (ou les jambes) ballants (ou pendantes), *tentoni cercò la luce* à tâtons, *concretamente si fa così* concrètement, on fait comme ça...

Les adjectifs terminés en **-le** ou **-re** perdent leur voyelle finale devant **-mente** :
> *possibilmente, singolarmente...* mais aussi **ridicolmente**, et noter *parimenti* de même, **altrimenti** (voir dictionnaire).

• Adverbes de lieu

Qui, qua et **lì, là** (de même que les plus rares **costì** et **costà**) correspondent aux démonstratifs vus plus haut ; les pronoms-adverbes **ci, vi**, et **ne** sont aussi à rappeler.

D'autres adverbes se trouvent dans le dictionnaire : **laggiù, dentro, fuori, altrove, in su**... ; **dove** *où* et **onde** *d'où* servent également, à la place de **in cui** et **da cui**, de liaison relative entre deux propositions (*la casa dove abito*).
C'è (pl. **ci sono**) correspond à il y a :

c'è tempo	on a le temps
c'era una volta	il était une fois

• Adverbes de temps

Ora et **adesso** sont en concurrence pour exprimer le temps présent (**mo'** est ancien ou dialectal dans le même sens); les autres adverbes de temps se trouvent dans le dictionnaire : **oggi, ieri, stamane, stasera, ancora, presto, tardi, già**, etc.
> *Verremo più tardi.*   Nous viendrons plus tard.

• Adverbes de quantité

Molto, poco, troppo, etc. vus plus haut peuvent également être adverbes (invariables bien sûr), de même que **nulla** ou **niente** ; **affatto** signifie *tout à fait*, mais vient souvent renforcer une négation :
> *Non ho affatto voglia di venire.*   Je n'ai pas du tout envie de venir.

voire prendre le sens d'un adverbe de jugement (négatif : *absolument pas*).
Noter aussi des expressions comme **press'a poco, all'incirca** *à peu près*.

■ ADVERBES DE JUGEMENT

Ils affirment, nient, ou apportent une restriction. Les simples **sì** et **no** remplacent en fait toute une phrase, et ne sont pas proprement des adverbes (on peut les remplacer par **già** et **niente**, **affatto**, etc. vus plus haut).

En italien, la négation **non** se suffit à elle-même :

> *Non vengo.* *Je ne viens pas.*

sauf lorsqu'elle annonce un autre mot négatif (**nessuno**, **nulla**), ou un adverbe de négation comme **nemmeno**, **neppure** ou **neanche** *même pas* :

> *Non viene nessuno. Non voglio neanche parlarne. Neppure lui* *pas même lui.* (Comparer : *non dice, niente dice, non dice niente.*)

Non précède toujours les verbes :

> *Non dà.* *Il/elle ne donne pas.*
> *Non ha dato,* *Il/elle n'a pas donné,*
> *non vuole dare.* *il/elle ne veut pas donner.*

Autres exemples :

> *Partirà probabilmente, è deciso appunto a partire* il est justement décidé ; *sì (di sicuro!) ; ma non sono mica convinto* mais je ne suis pas (du tout) convaincu.

On trouve parfois **punto**, employé à peu près comme *point* en français, avec la même nuance désuète : *Non ci vedo punto*. La conjonction *né* inclut l'adverbe de négation (= **e non**).

■ INTERROGATIFS

La question peut porter sur toutes les circonstances vues jusqu'ici - manière (**come?**), lieu (**dove?**), etc. - mais aussi sur la cause : **perché?** *pourquoi*. Dans les interrogations indirectes, ces adverbes servent de conjonctions de subordination, par exemple :

> *Quando vieni?* et *Dimmi quando vieni.*
> *Quanto costa?* et *Chiedo quanto costa.* Je demande combien ça coûte.

Certaines formes ne correspondent pas toujours à leurs équivalents français : **come** est à la fois *comme* et *comment*, **perché** recouvre l'adverbe *pourquoi* et la conjonction *parce que*...

D'autres conjonctions, dont on ne traite pas spécifiquement ici, sont semblables aux adverbes : **quindi** *puis*, *donc*, **così** *ainsi*, *aussi*, **quando** au sens de *puisque*, etc.

■ DEGRÉS, ALTÉRATIONS

Comme les adjectifs, les adverbes connaissent le comparatif et le superlatif :

> *Viene più tardi.* *Il/elle vient plus tard.*
> *Viene molto tardi* ou *tardissimo*...

avec les mêmes types de compléments :

> *Abita più lontano di te.* *Il/elle habite plus loin que toi.*

Formation : **parla forte** (adjectif adverbialisé), ou **parla fortemente** → **parla più forte(mente)**, **parla fortissimamente**.

Quelques formes modifiées sont héritées du latin :

bene	meglio	benissimo (ottimamente)
male	peggio	malissimo
molto	più	moltissimo
poco	meno	pochissimo

Les adverbes peuvent recevoir des altérations du même type que celles des noms et adjectifs (voir plus loin) : **poco** → **pochino**, **male** → **maluccio**, **bene** → **benone**...

LES VERBES

Comme en français, les verbes peuvent être un élément suffisant à former une phrase (**andiamo** *allons*) - et nous avons vu qu'ils n'ont même pas besoin en italien d'un pronom exprimé (**dico** *je dis*) -, ou sont un simple lien entre un sujet et le prédicat qui s'y rapporte (**Paolo è grande**). Ces derniers, où le sens est peu autonome, servent généralement aussi d'auxiliaires - c'est-à-dire d'indicateurs du temps et de la personne - pour les formes composées (**Paolo è venuto**).

D'autres distinctions, par exemple entre transitifs et intransitifs, réfléchis et réciproques (**si guarda allo specchio** *soi-même*, **si guardano**... *l'un l'autre*), actifs et passifs, sont les mêmes qu'en français.

(Toutefois, l'italien possède un certain nombre de verbes qui peuvent servir d'auxiliaires occasionnels, soit pour exprimer une idée particulière (l'obligation par exemple : **va fatto** *cela doit être fait*), soit pour remplacer les auxiliaires principaux **essere** et **avere** (**stare** en particulier, sert de participe passé à **essere** : **è stato** *il/elle/ça a été*).
Tel est le cas dans la forme de durée progressive :

Sto parlando.	*Je suis en train de parler.*
Va dicendo.	*Il/elle dit (en ce moment partout à la ronde).*

■ LES CONJUGAISONS

L'italien a trois groupes de verbes, donc trois conjugaisons régulières, suivant la terminaison des infinitifs *-are*, *-ere*, et *-ire*. Le troisième groupe peut être distingué en deux types : **dormire — dormo** (1), mais **capire — capisco** (2).

Tous les verbes, à l'exception de **essere** qui fait (**voi**) **siete**, forment régulièrement leur deuxième personne du pluriel sur l'infinitif :
andare/andate, dire/dite, avere/avete, volere/volete, capire/capite, etc...

Les voyelles « caractéristiques » des trois conjugaisons sont essentielles pour marquer le mode du doute (subjonctif), par opposition à celui de l'objectivité (indicatif) : en effet, au *a* du 1er groupe s'opposera un *i* :
ama *il/elle aime*, **ami** *que je/tu/il/elle aime*
et inversement un *a* remplacera le *e* ou le *i* des 2e et 3e conjugaisons :
vedere ⇢ veda, dormire ⇢ dorma et capire ⇢ capisca.

Autres exemples :
> **scusare ⇢ mi scuso** *je m'excuse*, **scusami** *excuse-moi*, **mi scusi** *excusez-moi* (= *qu'elle m'excuse*, voir plus haut l'allocutif de politesse)
> **partire ⇢ parti** *tu pars*, **parta** *qu'il/elle parte* ou *partez !*, **voglio che tu parta** *je veux que tu partes*
> **credere ⇢ crede** *il/elle croit*, mais **creda** *qu'il/elle croie* ou *croyez !* **credete** *vous* (= plusieurs, ou forme respecteuse) *croyez* mais **crediate** *croyez bien* ou *que vous croyiez*...

• Modèle des conjugaisons aux temps simples

AMARE	CREDERE	PARTIRE
Mode indicatif		
Présent		
(io) amo	credo	parto
(tu) ami	credi	parti
(lui) ama	crede	parte
(noi) amiamo	crediamo	partiamo
(voi) amate	credete	partite
(loro) amano	credono	partono
Imparfait		
(io) amavo	credevo	partivo
(tu) amavi	credevi	partivi
(lui) amava	credeva	partiva
(noi) amavamo	credevamo	partivamo
(voi) amavate	credevate	partivate
(loro) amavano	credevano	partivano
Passé simple (parfait)		
(io) amai	credei (credetti)	partii
(tu) amasti	credesti	partisti
(lui) amò	credè (credette)	partì
(noi) amammo	credemmo	partimmo
(voi) amaste	credeste	partiste
(loro) amarono	crederono (credettero)	partirono
Futur		
(io) amerò	crederò	partirò
(tu) amerai	crederai	partirai
(lui) amerà	crederà	partira
(noi) ameremo	crederemo	partiremo
(voi) amerete	crederete	partirete
(loro) ameranno	crederanno	partiranno
Mode conditionnel		
Présent		
(io) amerei	crederei	partirei
(tu) ameresti	crederesti	partiresti
(lui) amerebbe	crederebbe	partirebbe
(noi) ameremmo	crederemmo	partiremmo
(voi) amereste	credereste	partireste
(loro) amerebbero	crederebbero	partirebbero

Mode subjonctif		
Présent		
(io) ami	creda	parta
(tu) ami	creda	parta
(lui) ami	creda	parta
(noi) amiamo	crediamo	partiamo
(voi) amiate	crediate	partiate
(loro) amino	credano	partano
Imparfait		
(io) amassi	credessi	partissi
(tu) amassi	credessi	partissi
(lui) amasse	credesse	partisse
(noi) amassimo	credessimo	partissimo
(voi) amaste	credeste	partiste
(loro) amassero	credessero	partissero
Mode impératif		
ama! (non amare)	credi! (non credere)	parti! (non partire)
amiamo!	crediamo!	partiamo!
amate!	credete!	partite!

Aux personnes de politesse, ne pas oublier que la 3e personne, inexistante à l'impératif, sera forcément celle du subjonctif :
(Lei) ami! - **(Loro) amino!** et de même **creda! parta! dormano!** etc. D'où **Scusi!** *Pardon, excusez-moi.*

Modes non conjugués		
Gérondif		
amando	credendo	partendo
Participe		
amante (pl. -i)	credente (-i)	partente (-i)
amato (-a, -i, -e)	creduto (-a, -i, -e)	partito (-a, -i, -e)

Le type des verbes en *-isc* (3e groupe), fera respectivement :
- **capisco, capisci, capisce, capiamo, capite, capiscono**
- **capivo, capivi...** (régulier)
- **capii, capisti, capì...**
- **capirò, capirai...**
- **capirei, capiresti...**
- **capisca..., capiate, capiscano**
- **capissi...** (régulier)
- **capisci! capiamo! capite!** (et : **capisca! capiscano!** aux formes allocutives)...
- **capendo**, etc...

• Temps composés

Comme en français, ils se forment avec le participe passé précédé de l'auxiliaire (**avere** ou **essere**) qui leur donne le temps et la personne voulus. On aura ainsi : **ho amato, hai creduto, è partito (-a) ; avevamo amato, avrai creduto, fu partito (-a) ; esse (loro) furono partite**, etc.

Le conditionnel, ainsi que le subjonctif et le gérondif, ont également des temps composés : **non avrei creduto, (non penso) che lui sia partito, se avesse capito..., avendo amato...**

Les auxiliaires sont des verbes irréguliers comme les autres (du deuxième groupe) ; mais il est utile d'en donner ici une conjugaison complète :

	AVERE	ESSERE
Indicatif présent	ho hai ha abbiamo avete hanno	sono sei è siamo siete sono
Imparfait	avevo ... (régulier)	ero eri era eravamo eravate erano
Passé simple (parfait)	ebbi avesti ebbe avemmo aveste ebbero	fui fosti fu fummo foste furono
Futur	avrò avrai avrà avremo avrete avranno	sarò sarai sarà saremo sarete saranno
Conditionnel présent	avrei avresti avrebbe avremmo avreste avrebbero	sarei saresti sarebbe saremmo sareste sarebbero

	AVERE	ESSERE
Subjonctif présent	abbia abbia abbia abbiamo abbiate abbiano	sia sia sia siamo siate siano
Subjonctif imparfait	avessi (régulier)	fossi fossi fosse fossimo foste fossero
Impératif	abbi ! (non avere !) (Lei) abbia ! abbiamo ! abbiate !	sii ! (non essere !) (Lei) sia ! siamo ! siate !
Gérondif	avendo	essendo
Participe	avente avuto (-a)	— stato (-a)

Aux temps composés, **avere** se conjugue avec lui-même : **ho avuto**..., ainsi que **essere** qui emprunte son participe passé à **stare** : **sono stato** ; **esse sono state contente**, etc.

■ LES VERBES IRRÉGULIERS

À côté de certaines irrégularités de conjugaison, dont **avere** et **essere** sont des exemples, il existe un certain nombre de verbes "réguliers" mais avec un radical différent à l'infinitif (donc au présent, imparfait, etc.) et au parfait/participe passé. On peut distinguer ainsi : **andare** (irrégulier, mais ne changeant pas de radical au parfait : **andai**...), **temere** (régulier, un seul radical), **dire** ou **volere** (irréguliers, changeant de radical) : ces derniers, appelés parfois "verbes forts", posent évidemment le plus de problèmes.

- Verbes réguliers avec plusieurs radicaux

Voici les principaux verbes à radical variable :

accendere accesi acceso
accludere acclusi accluso
accorger(si) accorsi accorto
alludere allusi alluso
appendere appesi appeso
ardere arsi arso
assumere assunsi assunto
attendere attesi atteso
attingere attinsi attinto
chiedere chiesi chiesto
chiudere chiusi chiuso
cingere cinsi cinto
comprimere compressi compresso
concedere concessi (concedei)
    concesso (conceduto)
concludere conclusi concluso
confondere confusi confuso
conoscere conobbi (conosciuto)
correggere corressi corretto
correre corsi corso
costringere costrinsi costretto
crescere crebbi (cresciuto)
decidere decisi deciso
deludere delusi deluso
difendere difesi difeso
dipingere dipinsi dipinto
dirigere diressi diretto
discutere discussi discusso
disperdere dispersi disperso
dissuadére dissuasi dissuaso
distinguere distinsi distinto
distruggere distrussi distrutto
dividere divisi diviso
emergere emersi emerso
erigere eressi eretto
escludere esclusi escluso
esplodere esplosi esploso
esprimere espressi espresso
evadere evasi evaso
figgere fissi fitto
fingere finsi finto
fondere fusi fuso
friggere frissi fritto
giungere giunsi giunto
illuder(si) illusi illuso

incidere incisi inciso
infliggere inflissi inflitto
invadere invasi invaso
leggere lessi letto
mettere misi messo
mordere morsi morso
mungere munsi munto
muovere mossi mosso
nascere nacqui nato
nascondere nascosi nascosto
offendere offesi offeso
percuotere percossi percosso
perdere persi (perdei, -etti)
    perso (perduto)
persuadére persuasi persuaso
piangere piansi pianto
porgere porsi porto
prendere presi preso
proteggere protessi protetto
radere rasi raso
recidere recisi reciso
redigere redassi redatto
reggere (voir *correggere*)
rendere resi reso (renduto)
reprimere repressi represso
ridere risi riso
rispondere risposi risposto
rodere rosi roso
rompere ruppi rotto
scendere scesi sceso
scorgere (voir *accorgere*)
scrivere scrissi scritto
scuotere scossi scosso
sorgere sorsi sorto
spargere sparsi sparso
spegnere spensi spento
spendere spesi speso
spingere spinsi spinto
sporgere (voir *porgere*)
stringere strinsi stretto
succedere (voir *concedere*)
tendere tesi teso
uccidere uccisi ucciso
vincere vinsi vinto
volgere volsi volto

Tous ces verbes ont l'accent tonique sur l'avant-avant-dernière syllabe à l'infinitif, aussi avons-nous marqué l'accent *piano* des deux seules exceptions : **dissuadere** et **persuadere**.

1er groupe

	ANDARE	DARE	STARE
Ind. présent	io vado	do	sto
— —	tu vai	dai	stai
— —	lui va	dà	sta
— —	noi andiamo	diamo	stiamo
— —	voi andate	date	state
— —	loro vanno	danno	stanno
— *imparfait*	andavo	davo	stavo
— *passé simple*	andai	diedi	stetti
— —	andasti	desti	stesti
— *futur*	andrò	darò	starò
Cond. présent	andrei	darei	starei
Subj. présent	vada	dia	stia
— —	andiamo	diamo	stiamo
— —	vadano	diano	stiano
— *imparfait*	andassi	dessi	stessi
Impératif	vai (va')	dai (da')	stai (sta')
— —	andate	date	state
Participe	andante	—	stante
— —	andato	dato	stato
Gérondif	andando	dando	stando

2e groupe

	BERE	CADERE	COGLIERE
Ind. présent	io bevo	cado	colgo
— —	tu bevi	cadi	cogli
— —	lui beve	cade	coglie
— —	noi beviamo	cadiamo	cogliamo
— —	voi bevete	cadete	cogliete
— —	loro bevono	cadono	colgono
— *imparfait*	bevevo	cadevo	coglievo
— *passé simple*	bevvi	caddi	colsi
— —	bevesti	cadesti	cogliesti
— *futur*	berrò	cadrò	coglierò
Cond. présent	berrei	cadrei	coglierei
Subj. présent	beva	cada	colga
— —	beviamo	cadiamo	cogliamo
— —	bevano	cadano	colgano
— *imparfait*	bevessi	cadessi	cogliessi
Impératif	bevi	cadi	cogli
— —	bevete	cadete	cogliete
Participe	bevente	cadente	cogliente
— —	bevuto	caduto	colto
Gérondif	bevendo	cadendo	cogliendo

	DIRE	DOVERE	FARE
Ind. présent	dico	devo	faccio
— —	dici	devi	fai
— —	dice	deve	fa
— —	diciamo	dobbiamo	facciamo
— —	dite	dovete	fate
— —	dicono	devono	fanno
— imparfait	dicevo	dovevo	facevo
— passé simple	dissi	dovetti (dovei)	feci
— futur	dirò	dovrò	farò
Cond. présent	direi	dovrei	farei
Subj. présent	dica	debba	faccia
— —	diciamo	dobbiamo	facciamo
— —	dicano	debbano	facciano
— imparfait	dicessi	dovessi	facessi
Impératif	di'	—	fa'(fai)
— —	dite	—	fate
Participe	dicente	—	facente
— —	detto	dovuto	fatto
Gérondif	dicendo	dovendo	facendo

	PIACERE	PORRE	POTERE
Ind. présent	piaccio	pongo	posso
— —	piaci	poni	puoi
— —	piace	pone	può
— —	piacciamo	poniamo	possiamo
— —	piacete	ponete	potete
— —	piacciono	pongono	possono
— imparfait	piacevo	ponevo	potevo
— passé simple	piacqui	posi	potei
— futur	piacerò	porrò	potrò
Cond. présent	piacerei	porrei	potrei
Subj. présent	piaccia	ponga	possa
— —	piacciamo	poniamo	possiamo
— —	piacciano	pongano	possano
— imparfait	piacessi	ponessi	potessi
Impératif	piaci	poni	—
— —	piacete	ponete	—
Participe	piacente	ponente	—
— —	piaciuto	posto	potuto
Gérondif	piacendo	ponendo	potendo

	RIDURRE	**RIMANERE**	**SAPERE**
Ind. présent	riduco	rimango	so
— —	riduci	rimani	sai
— —	riduce	rimane	sa
— —	riduciamo	rimaniamo	sappiamo
— —	riducete	rimanete	sapete
— —	riducono	rimangono	sanno
— *imparfait*	riducevo	rimanevo	sapevo
— *passé simple*	ridussi	rimasi	seppi
— *futur*	ridurrò	rimarrò	saprò
Cond. présent	ridurrei	rimarrei	saprei
Subj. présent	riduca	rimanga	sappia
— —	riduciamo	rimaniamo	sappiamo
— —	riducano	rimangano	sappiano
— *imparfait*	riducessi	rimanessi	sapessi
Impératif	riduci	rimani	sappi
— —	riducete	rimanete	sappiate
Participe	riducente	rimanente	sapiente
— —	ridotto	rimasto	saputo
Gérondif	riducendo	rimanerido	sapendo

	SCEGLIERE	**SCIOGLIERE**	**SEDERE**
Ind. présent	scelgo	sciolgo	siedo
— —	scegli	sciogli	siedi
— —	sceglie	scioglie	siede
— —	scegliamo	sciogliamo	sediamo
— —	scegliete	sciogliete	sedete
— —	scelgono	sciolgono	siedono
— *imparfait*	sceglievo	scioglievo	sedevo
— *passé simple*	scelsi	sciolsi	sedetti (sedei)
— *futur*	sceglierò	scioglierò	siederò
Cond. présent	sceglierei	scioglierei	siederei
Subj. présent	scelga	sciolga	sieda
— —	scegliamo	sciogliamo	sediamo
— —	scelgano	sciolgano	siedano
— *imparfait*	scegliessi	sciogliessi	sedessi
Impératif	scegli	sciogli	siedi
— —	scegliete	sciogliete	sedete
Participe	scegliente	sciogliente	sedente
— —	scelto	sciolto	seduto
Gérondif	scegliendo	sciogliendo	sedendo

	TACERE	**TENERE**	**TOGLIERE**
Ind. présent	taccio	tengo	tolgo
— —	taci	tieni	togli
— —	tace	tiene	toglie
— —	taciamo	teniamo	togliamo
— —	tacete	tenete	togliete
——	tacciono	tengono	tolgono
— *imparfait*	tacevo	tenevo	toglievo
— *passé simple*	tacqui	tenni	tolsi
— *futur*	tacerò	terrò	toglierò
Cond. présent	tacerei	terrei	toglierei
Subj. présent	taccia	tenga	tolga
— —	taciamo	teniamo	togliamo
——	tacciano	tengano	tolgano
— *imparfait*	tacessi	tenessi	togliessi
Impératif	taci	tieni	togli
— —	tacete	tenete	togliete
Participe	tacente	tenente	togliente
— —	taciuto	tenuto	tolto
Gérondif	tacendo	tenendo	togliendo

	TRARRE	**VEDERE**	**VIVERE**	**VOLERE**
Ind. présent	traggo	vedo	vivo	voglio
— —	trai	vedi	vivi	vuoi
— —	trae	vede	vive	vuole
— —	traiamo	vediamo	viviamo	vogliamo
— —	traete	vedete	vivete	volete
— —	traggono	vedono	vivono	vogliono
— *imparfait*	traevo	vedevo	vivevo	volevo
— *passé simple*	trassi	vidi	vissi	volli
— *futur*	trarrò	vedrò	vivrò	vorrò
Cond. présent	trarrei	vedrei	vivrei	vorrei
Subj. présent	tragga	veda	viva	voglia
— —	traiamo	vediamo	viviamo	vogliamo
— —	traggano	vedano	vivano	vogliano
— *imparfait*	traessi	vedessi	vivessi	volessi
Impératif	trai	vedi	vivi	—
— —	traete	vedete	vivete	vogliate
Participe	traente	vedente	vivente	volente
— —	tratto	visto	vissuto	voluto
Gérondif	traendo	vedendo	vivendo	volendo

3ᵉ groupe

	RIEMPIRE	SALIRE	UDIRE
Ind. présent	riempio	salgo	odo
— —	riempi	sali	odi
— —	riempie	sale	ode
— —	riempiamo	saliamo	udiamo
— —	riempite	salite	udite
— —	riempiono	salgono	odono
— *imparfait*	riempivo	salivo	udivo
— *passé simple*	riempii	salii	udii
— —	riempisti	salisti	udisti
— *futur*	riempirò	salirò	udrò
Cond. présent	riempirei	salirei	udrei
Subj. présent	riempia	salga	oda
— —	riempiamo	saliamo	udiamo
— —	riempiano	salgano	odano
— *imparfait*	riempissi	salissi	udissi
Impératif	riempi	sali	odi
— —	riempite	salite	udite
Participe	riempiente	salente	udiente
— —	riempito	salito	udito
Gérondif	riempiendo	salendo	udendo

	USCIRE	VENIRE
Ind. présent	esco	vengo
— —	esci	vieni
— —	esce	viene
— —	usciamo	veniamo
— —	uscite	venite
— —	escono	vengono
— *imparfait*	uscivo	venivo
— *passé simple*	uscii	venni
— *futur*	uscirò	verrò
Cond. présent	uscirei	verrei
Subj. présent	esca	venga
— —	usciamo	veniamo
— —	escano	vengano
— *imparfait*	uscissi	venissi
Impératif	esci	vieni
— —	uscite	venite
Participe	uscente	veniente
— —	uscito	venuto
Gérondif	uscendo	venendo

Sur **porre** se conjugue aussi **imporre** ; sur **ridurre, tradurre**; sur **uscire, riuscire**...

■ EMPLOI DES TEMPS

Il ne pose pas de problèmes particuliers. Le "parfait", beaucoup plus employé que notre passé simple, s'oppose effectivement à l'imparfait ; les temps du subjonctif sont très courants (le subjonctif imparfait, par exemple, n'est pas "difficile"),

Le **se** italien n'entraîne aucune modification des temps verbaux, contrairement à ce qui se passe en français. Ainsi, le futur s'utilise normalement dans la subordonnée de condition (**se verrai, sarò contento**), de même que le subjonctif "irréel" (imparfait) avec une principale au conditionnel :

> *Se (tu) venissi, sarei contento (se fossi venuto, sarei stato contento)* Si tu venais... et ainsi de suite.

La concordance des temps est plus stricte qu'en français ; ainsi, le "futur dans le passé" (conditionnel-temps), puisque la principale est au passé, s'exprime au conditionnel passé :

> *Mi dicevi che saresti venuta.*   Tu me disais que tu viendrais.

Dans des subordonnées au subjonctif, cette règle de concordance est rigoureuse : à **Voglio che tu venga** correspond obligatoirement **Volevo che (tu) venissi** *Je voulais que tu viennes.*

Autres exemples :

> *Bisognerà che (io) parta.*   *Il faudra que je parte.*
> *Vorrei che (tu) partissi.*   *Je voudrais que tu partes.*
> *Gli avevo scritto affinché venisse.*   *Je lui avais écrit pour qu'il vienne.*

■ VOIX PASSIVE

L'auxiliaire **essere** (mais aussi **venire**) suivi du participe passé, sert à la forme passive. Le complément d'agent (soit : le sujet de la forme active correspondante) est introduit par la préposition **da**, qui peut être "articulée" (voir plus haut).
À **Il lettore legge un libro** correspondra ainsi : **Un libro è** (ou **viene**) **letto dal lettore**.

En italien, l'emploi du réfléchi **si**, dit "passif, permet une expression impersonnelle qui correspond à peu près à notre *on* (mais sans qu'il y ait de sujet réel exprimé) :

> *Si vede il mare.*   *On voit la mer.*
> *Si vedono le onde.*   *On voit les vagues.* (accord grammatical)
> *Si parla italiano.*   *On parle italien.*

■ LES MODES NON CONJUGUÉS

Alors que le participe passé peut avoir une valeur verbale :

> *Detto ciò, uscì.*   *Ayant dit cela, il sortit.*

le participe présent est un adjectif, éventuellement substantivé :

> *i ragazzi concorrenti, i concorrenti...*

Le gérondif, invariable, est au contraire une forme verbale. Il sert à donner la durée progressive d'une action :

> *sta uscendo, stai leggendo, va raccontando...* (voir plus haut)

ou à indiquer une simultanéité :

> *passando, lo saluterò ; fuggiva urlando,* etc.

toujours "sur" le même sujet que celui de la principale : **Lo vidi entrando** ne peut signifier que : *Je le vis en entrant.* (Par contre, *je le vis qui entrait* pourra être exprimé par un participe : **lo vidi entrante**, ou : **che entrava**, comme en français.)

L'infinitif peut très facilement être substantivé :
> *Il dire è facile, il mangiare l'alimentation* (ou *l'art de la table*, ou *de la nourriture*), *il tradurre la traduction*, etc.

Aux modes non conjugués, ainsi qu'à l'impératif, les pronoms personnels "faibles" se suffixent :
> *Parlargli è facile, dicendolo ho capito che sbagliavo*, et même *fattosi coraggio lo affrontò*

Lorsque ces formes dépendent directement d'un verbe conjugué, le pronom peut se placer soit avant l'ensemble *verbe conjugué + mode non conjugué*, soit après (suffixe par conséquent) :

> *Ti volevo dire* ou *volevo dirti.*   *Je voulais te dire.*
> *Lo andava cercando* ou *andava cercandolo.*   *Il ne cessait de le chercher.*
> (ou d'essayer de le contacter)
> *Non lo posso più vedere* ou *non posso più vederlo.*   *Je ne peux plus le voir.*

Comparer : **te lo do** et **te lo voglio dare/voglio dartelo.**

FORMATION DES MOTS

■ Dérivation

L'italien connaît une grande richesse de suffixes, dont on a vu plus haut des exemples. De **ragazzo** on passera à **ragazzino** *petit garçon*, **ragazzotto** *petit garçon robuste*, ou *courtaud* ou *un peu rude*, **ragazzaccio** *mauvais garçon*, **ragazzone** *gros garçon*, etc. Ces suffixes s'appliquent aussi aux noms propres : **Luigi** devient **Luigino**, et s'abrège en **Gino**, qui peut à son tour être suffixe en **Gigetto**, et ainsi de suite... (Musset : *Lorenzaccio*).

Certains domaines, comme celui des petits d'animaux, ont des formes particulières : **orsacchiotto** (de **orso**) *ourson*, **pulcino** *poussin*, **asinello** *ânon*...

D'autres dérivations permettent de former
– des verbes : **verde → verdeggiare**, **fianco → fiancheggiare**
– des noms : **ronzare → ronzio** *bourdonnement*
– des noms collectifs : **pollo → pollame** *la volaille*
– des résultats d'actions : **salire → salita**, **nevicare → nevicata**
– des adjectifs : **mare → marino**, etc.
(Se reporter au dictionnaire.)

Certains mots, comme en français, sont faussement altérés, ou ont été depuis longtemps lexicalisés :
les **manette** ne sont pas de *petites mains* mais des *menottes* ; **rosone** n'est pas une *grosse rose* mais une *rosace* ; **un pollone** est un *rejeton*, etc.

La préfixation fonctionne un peu différemment, dans la mesure où elle ne modifie pas la catégorie du mot concerné :
sur **pasto** *repas* on aura **antipasto** *hors-d'œuvre*,
sur **abbondante**, **sovrabbondante** (sorte de superlatif),
sur **possibile**, **impossibile** (comme en français), etc.

Là encore, les possibilités sont quasiment infinies :
> **supercampione, iperallergico, semiautomatico, extrafino**
(voir plus haut, altérations des qualificatifs).

■ Composition

Les mots composés posent des problèmes particuliers, par exemple pour leur mise au pluriel (on a vu plus haut les trois formes possibles du pluriel de **pomodoro**). On distingue les composés à base verbale : **tritacarne** *hachoir à viande* ; à base nominale : **terraferma, pellerossa, ferrovia** ; ou à base complexe : **dormiveglia** *somnolence, demi-sommeil*, **un nonsoché** *un je-ne-sais-quoi*, **un tiramisu** *gâteau*. Ces derniers cas sont logiquement invariables.
Des expressions figées se rattachent à ce type de formation :

sala da pranzo	*salle à manger*
tavola rotonda, etc.	*table ronde*, etc.

NOMS DE PAYS ET DE LEURS HABITANTS

Afghànistan *m*	Afghanistan	**afgano**
Àfrica *f*	Afrique	**africano**
Albanìa *f*	Albanie	**albanese**
Algerìa *f*	Algérie	**algerino**
Amèrica *f*	Amérique	**americano**
Antille *fpl*	Antilles	**antillano**
Aràbia Saudita *f*	Arabie Saoudite	**arabo saudita**
Argentina *f*	Argentine	**argentino**
Àsia *f*	Asie	**asiatico**
Austràlia *f*	Australie	**australiano**
Àustria *f*	Autriche	**austriaco**
Bèlgio *m*	Belgique	**belga**
Bielorùssia *f*	Biélorussie	**biélorusso**
Birmània *f*	Birmanie	**birmano**
Bòsnia *f*	Bosnie	**bosniaco**
Brasile *m*	Brésil	**brasiliano**
Bulgarìa *f*	Bulgarie	**bulgaro**
Cambògia *f*	Cambodge	**cambogiano**
Càmerun *m*	Cameroun	**camerunese**
Cànada *m*	Canada	**canadese**
Ciad *m*	Tchad	**ciadiano**
Cile *m*	Chili	**cileno**
Cina *f*	Chine	**cinese**
Cipro *m*	Chypre	**cipriota**
Città del Vaticano *f*	Cité du Vatican	—
Corèa (del Nord, del Sud) *f*	Corée (du Nord, du Sud)	**coreano**
Costa d'Avòrio *f*	Côte d'Ivoire	**ivoriano**
Croàzia *f*	Croatie	**croato**
Cuba *f*	Cuba	**cubano**
Danimarca *f*	Danemark	**danese**
Ecuadòr *m*	Équateur	**ecuadoriano**
Egitto *m*	Égypte	**egiziano**
Etiòpia *f*	Éthiopie	**etiopico**
Europa *f*	Europe	**europeo**
Filippine *fpl*	Philippines	**filippino**
Finlàndia *f*	Finlande	**finlandese**
Frància *f*	France	**francese**
Geòrgia *f*	Géorgie	**georgiano**
Germània *f*	Allemagne	**tedesco**
Giamàica *f*	Jamaïque	**giamaicano**
Giappone *f*	Japon	**giapponese**
Gibilterra *f*	Gibraltar	—
Gran Bretagna *f*	Grande-Bretagne	**britannico**
Grècia *f*	Grèce	**greco**
Guadalupa *f*	Guadeloupe	
Guatemala *m*	Guatemala	**guatemalteco**
Haiti *f*	Haïti	**haitiano**
India *f*	Inde	**indiano**
Indocina *f*	Indochine	**indocinese**
Indonèsia *f*	Indonésie	**indonesiano**
Inghilterra *f*	Angleterre	**inglese**
Irak *m*	Irak	**iracheno**

Iran *m*	Iran	iraniano
Irlanda *f*	Irlande	irlandese
Islanda *f*	Islande	islandese
Israele *m*	Israël	israeliano
Itàlia *f*	Italie	italiano
Iugoslàvia *f*	Yougoslavie	iugoslavo
Lìbano *m*	Liban	libanese
Libèria *f*	Libéria	liberiano
Lìbia *f*	Libye	libico
Lussemburgo *m*	Luxembourg	lussemburghese
Malèsia *f*	Malaisie	malese
Malta *f*	Malte	maltese
Marocco *m*	Maroc	marocchino
Martinica *f*	Martinique	martinicano
Mèssico *m*	Mexique	messicano
Mozambico *m*	Mozambique	—
Nicaràgua *m*	Nicaragua	nicaraguense
Nigèria *f*	Nigéria	nigeriano
Norvègia *f*	Norvège	norvegese
Nuova Zelanda *f*	Nouvelle Zélande	neozelandese
Oceània *f*	Océanie	oceaniano
Olanda *f*	Hollande	olandese
Paesi Balti *mpl*	Pays Baltes	baltico
Paesi Bassi *mpl*	Pays Bas	—
Pàkistan *m*	Pakistan	pakistanese
Paraguay *m*	Paraguay	paraguayano
Perù *m*	Pérou	peruviano
Polònia *f*	Pologne	polacco
Portogallo *m*	Portugal	portoghese
Principato di Mònaco *m*	Principauté de Monaco	monegasco
Regno Unito *m*	Royaume-Uni	
Repùbblica Cèca *f*	République Tchèque	cèco
Repùbblica Centrafricana *f*	République centrafricaine	centrafricano
Repùbblica del Sudàfrica *f*	République Sudafricaine	sudafricano
Romanìa *f*	Roumanie	romèno
Rùssia *f*	Russie	russo
Sènegal *m*	Sénégal	senegalese
Sèrbia *f*	Serbie	serbo
Sìria *f*	Syrie	siriano
Slovàcchia *f*	Slovaquie	slovacco
Slovènia *f*	Slovénie	sloveno
Spagna *f*	Espagne	spagnolo
Stati Uniti d'Amèrica *mpl*	États-Unis d'Amérique	statunitense
Sudan *m*	Soudan	sudanese
Svèria *f*	Suède	svedese
Svìzzera *f*	Suisse	svizzero
Tailàndia *f*	Thaïlande	tailandese
Tunisìa *f*	Tunisie	tunisino
Turchìa *f*	Turquie	turco
Ucràina *f*	Ukraine	ucraino
Uganda *m*	Ouganda	ugandese
Ungherìa *f*	Hongrie	ungherese
Venezuela *m*	Venezuela	venezuelano
Vìetnam *m*	Vietnam	vietnamita
Zaìre *m*	Zaïre	zairese
Zàmbia *f*	Zambie	zambiano

PRÉNOMS MASCULINS ET FÉMININS

■ PRÉNOMS MASCULINS

Adriano
Alberto
Aldo
Alessandro
Alfredo
Andrea
Àngelo
Antònio
Bruno
Carlo
Cèsare
Clàudio
Daniele
Dàvide
Diego
Emanuele
Emìlio
Enrico
Enzo (diminutif de
Lorenzo, Vincenzo)

Eugènio
Fàbio
Fabrìzio
Federico
Filippo
Francesco
Franco
Gabriele
Giàcomo
Gianni (diminutif de
Giovanni)
Giovanni
Giuliano
Giuseppe
Guido
Lorenzo
Luca
Luciano
Luigi
Marco

Màrio
Màssimo
Maurìzio
Michele
Nicola
Orlando
Pàolo
Piero, Pietro
Raffaele
Renato
Roberto
Salvatore
Sandro
Sebastiano
Sergio
Sìlvio
Stèfano
Vincenzo
Vittòrio
Walter

■ PRÉNOMS FÉMININS

Alessandra
Alice
Àngela
Anna
Bàrbara
Beatrice
Benedetta
Carla
Chiara
Clàudia
Cristina
Daniela
Donatella
Élena
Elisabetta
Emanuela
Federica

Franca
Francesca
Gabriella
Gina
Giovanna
Giuliana
Giuseppina
Gràzia
Isabella
Làura
Loredana
Lorenza
Lucìa
Luisa
Marìa
Marina
Michela

Mònica
Nicoletta
Pàola
Patrìzia
Raffaella
Roberta
Rosa
Sandra
Silvana
Sofia
Sìlvia
Stefània
Susanna
Teresa
Valèria

ABRÉVIATIONS USUELLES

AA.VV	autori vari
a.C.	avanti Cristo (*avant J.C.*)
A.C.I.	Automobile Club d'Italia
all.	allegato (*inclus*)
A.M.	Aeronautica Militare
A.N.SA.	Agenzia Nazionale Stampa Associata
art.	articolo
avv.	avvocato (*Me*)
B.E.I.	Banca Europea per gli Investimenti
B.I.	Banca d'Italia
BOT, bot	Buono Ordinario del Tesoro
BTP	Buono del Tesoro Poliennale
B.U.	Bollettino Ufficiale
c	circa
°C	grado Celsius (*degré centigrade*)
c.a.	corrente alternata ; corrente anno
C.A.I.	Club Alpino Italiano
CAP	Codice di Avviamento Postale
cav.	cavaliere
CC	Carabinieri ; Corte costituzionale
c/c, c.c.	conto corrente ; corrente continua
C.C.E.	Commissione per le Comunità Europee
CCT	Certificato di Credito del Tesoro
C.E.	Consiglio d'Europa
C.E.E.	Comunità Economica Europea
C.E.R.N.	Comitato Europeo di Ricerche Nucleari
cf., cfr.	confronta
C.G.I.L.	Confederazione Generale Italiana del Lavoro
C.ia	Compagnia
CIF	(*Cost Insurance and Freight*) Costo Assicurazione e Nolo
C.I.O.	Comitato Internazionale Olimpico
C.I.S.L.	Confederazione Italiana Sindacati Lavoratori
C.I.T.	Compagnia Italiana Turismo
c.m.	corrente mese
C.N.E.N.	Comitato Nazionale per l'Energia Nucleare
C.N.R.	Consiglio Nazionale delle Ricerche
c/o	(*care of*) presso (*aux bons soins de*)
cod.	codice
colf	collaboratrice familiare (*femme de ménage*)
com.	comunale ; comandante
C.O.N.I.	Comitato Olimpico Nazionale Italiano
cons.	consiglio
CP	Casella Postale
C.R.I.	Croce Rossa Italiana
C.S.M.	Consiglio Superiore della Magistratura
C.T.	Commissario Tecnico
CV	Cavallo Vapore
d.C.	dopo Cristo (*après J. C.*)
D.G.	Direzione Generale

DIGOS	Divisione Investigazioni Generali e Operazioni Speciali (della Polizia di Stato)
dipl.	diploma
D.L.	Decreto Legge
D.M.	Decreto Ministeriale
D.O.C.	Denominazione di Origine Controllata
doc.	documento
dott.	dottore (*titre universitaire*)
dott.ssa	dottoressa (*titre universitaire*)
D.P.	Decreto Presidenziale
D.P.R.	Decreto del Presidente della Repubblica
E.	Est
E/C	Estratto Conto
ecc.	eccetera (*etc.*)
ECU	(*European Currency Unit*) Unità di Conto Europea
éd.	edizione
Egr.	egregio
E.I.	Esercito Italiano
ENEL	Ente Nazionale per l'Energia Elettrica
ENI	Ente Nazionale Idrocarburi
E.N.I.T.	Ente Nazionale Italiano per il Turismo
E.P.T.	Ente Provinciale per il Turismo
EURATOM	Comunità Europea dell'Energia Atomica
FAO	(*Food and Agriculture Organization*) Organizzazione per l'Alimentazione e l'Agricoltura
fatt.	fattura
F.E.S.	Fondo Europeo di Sviluppo
FF.AA.	Forze Armate
FF.SS.	Ferrovie dello Stato
fig.	figura
F.lli	Fratelli
FM	(*Frequency Modulation*) Modulazione di frequenza
F.M.I.	Fondo Monetario Internazionale
FOB	(*Free-On Board*) Franco Bordo
FS	Ferrovie dello Stato
f.to	firmato
g.	grammo; giorno
G.A.T.T.	(*General Agreement on Tariffs and Trade*) Accordo Generale sulle Tariffe e sul Commercio
G.d.F.	Guardia di Finanza
GU	Gazzetta Ufficiale
I.C.E.	Istituto (Nazionale) per il Commercio Estero
Ill.mo	illustrissimo
ILOR	Imposta Locale sui Redditi
INA	Istituto Nazionale Assicurazioni
INPS	Istituto Nazionale per la Previdenza Sociale
IOR	Istituto per le Opere di Religione (*Banque du Vatican*)
I.R.I.	Istituto per la Ricostruzione Industriale

IRPEF	Imposta sul Reddito delle Persone Fisiche
IRPEG	Imposta sul Reddito delle Persone Giuridiche
IVA	Imposta sul Valore Aggiunto (*T. V. A.*)
l	litro
Min.	ministro ; ministero
min.	minuto ; minimo
M.M.	Marina Militare
N.	Nord
NATO	(*North Atlantic Treaty Organization*) Organizzazione del Trattato Nord Atlantico (*OTAN*)
NB	Nota Bene
N.d.A.	Nota dell'Autore
N.d.R.	Nota della Redazione
N.d.T.	Nota del Traduttore
NN	di padre ignoto (*nescio nomen*)
ns.	nostro
0.	Ovest
OCSE	Organizzazione per la Cooperazione e lo Sviluppo Economico (*OCDE*)
O.M.S.	Organizzazione Mondiale della Sanità
on.	onorevole (*député*)
ONU	Organizzazione delle Nazioni Unite
OPEC	(*Organization of Petroleum Exporting Countries*) Organizzazione dei Paesi Esportatori di Petrolio
p.	pagina
p.es.	per esempio
P.F.	per favore
P.I.L.	Prodotto Interno Lordo
P.I.N.	Prodotto Interno Netto
pp.	pagine
Preg.	pregiatissimo
P.S.	Pubblica Sicurezza ; postscriptum
P.T.	Posta e Telegrafi
p.v.	prossimo venturo
Q.G.	Quartier Generale
QI	quoziente d'intelligenza
R.	raccomandata ; (treno) rapido
RAI-TV	Radio televisione italiana
R.C.A.	Responsabilità civile autoveicoli
Rh	Rhesus
R.I.	Repubblica Italiana
S.	Sud
seg.	seguente

SIAE	Società Italiana Autori ed Editori
Sig.	signore
Sigg.	signori
Sig.na.	signorina
Sig.ra	signora
SIP	Società Italiana per l'esercizio telefonico
s.l.m.	sul livello del mare
S.M.	Sua Maestà ; Stato Maggiore
SME	Sistema Monetario Europeo
Soc.	società
S.p.A.	Società per Azioni
Spett.	spettabile
S.P.M.	Sue Proprie Mani (*en mains propres*)
S.r.l.	Società a Responsabilità Limitata
TAC	Tomografia Assiale Computerizzata
TAR	Tribunale Amministrativo Regionale
T.C.I.	Touring Club Italiano
T.I.R.	(*Transports Internationaux Routiers*) Trasporti Internazionali su Strada
T.M.G.	Tempo Medio di Greenwich
TV	televisione
UFO	(*Unidentified Flying Objects*) Oggetti volanti non identificati
U.I.L.	Unione Italiana del Lavoro
UNESCO	(*United Nations Educational, Scientific and Cultural Organization*) Organizzazione delle Nazioni Unite per l'Educazione, la Scienza e la Cultura
UNICEF	(*United Nations International Children's Emergency Fund*) Fondo Internazionale di Emergenza per l'infanzia delle Nazioni Unite
u.s.	ultimo scorso
U.S.L.	Unità Sanitaria Locale
v.	vedi
V.F.	Vigili del Fuoco
vol.	volume
vs.	vostro
W.L.	carrozza letto
W.R.	carrozza ristorante

NOMBRES, FRACTIONS, CALCULS, POURCENTAGES

■ LES NOMBRES

1	**uno**	*un*	22	**ventidue**	*vingt-deux*
2	**due**	*deux*	23	**ventitré**	*vingt-trois*
3	**tre**	*trois*	24	**ventiquattro**	*vingt-quatre*
4	**quattro**	*quatre*	25	**venticinque**	*vingt-cinq*
5	**cinque**	*cinq*	26	**ventisei**	*vingt-six*
6	**sei**	*six*	27	**ventisette**	*vingt-sept*
7	**sette**	*sept*	28	**ventotto**	*vingt-huit*
8	**otto**	*huit*	29	**ventinove**	*vingt-neuf*
9	**nove**	*neuf*	30	**trenta**	*trente*
10	**dieci**	*dix*	31	**trentuno**	*trente et un*
11	**undici**	*onze*	40	**quaranta**	*quarante*
12	**dodici**	*douze*	50	**cinquanta**	*cinquante*
13	**tredici**	*treize*	60	**sessanta**	*soixante*
14	**quattordici**	*quartoze*	70	**settanta**	*soixante-dix*
15	**quindici**	*quinze*	80	**ottanta**	*quatre-vingts*
16	**sedici**	*seize*	90	**novanta**	*quatre-vingt-dix*
17	**diciassette**	*dix-sept*	100	**cento**	*cent*
18	**diciotto**	*dix-huit*	101	**centouno**	*cent un*
19	**diciannove**	*dix-neuf*	102	**centodue**	*cent deux*
20	**venti**	*vingt*	130	**centotrenta**	*cent trente*
21	**ventuno**	*vingt et un*			

■ LES FRACTIONS

1/2	**mezzo, a**	*un(e) demi(e)*
1$^{1/2}$	**uno e mezzo**	*un et demi*
2$^{1/2}$	**due e mezzo**	*deux et demi*
1/3	**un terzo, la terza parte**	*un tiers*
1/4	**un quarto, la quarta parte**	*un quart*
3/4	**tre quarti**	*trois quarts*
1/5	**un quinto**	*un cinquième*
4/5	**quattro quinti**	*quatre cinquièmes*
1/100	**un centesimo**	*un centième*
1/1000	**un millesimo**	*un millième*

semplice	*simple*	**quadruplo** }	
doppio }	*double*	**quadruplice** }	*quadruple*
duplice }		**quintuplo**	*quintuple*
triplo }	*triple*		
triplice }			

■ LES CALCULS

6 + 3 = 9	**sei più tre fa nove**	*six plus trois égalent neuf*
10 - 2 = 8	**dieci meno due fa otto**	*dix moins deux égalent huit*
2 x 4 = 8	**due per quattro fa otto**	*deux fois quatre égalen: huit*
30 : 6 = 5	**trenta divise sei fa cinque ;**	*trente divisé par six égalent cinq*
	il sei nel trenta ci sta cinque volte	

■ LES POURCENTAGES

10 %	**il dieci per cento**	*dix pour cent*
20 % di...	**il venti per cento di...**	*vingt pour cent de...*

EXPRESSION DU TEMPS

■ L'HEURE

Che ora è ? *Che ore sono ?* }	*Quelle heure est-il ?*
È la una, è l'una.	*Il est une heure.*
È mezzogiorno/mezzanotte.	*Il est midi/minuit.*
Sono le due.	*Il est deux heures.*
Sono quasi le dieci.	*Il est presque dix heures.*
alle cinque in punto	*à cinq heures précises*
Sono le sei (del mattino/del pomeriggio).	*Il est six heures (du matin/de l'après-midi).*
alle tre e dieci	*à trois heures dix*
alle tre meno dieci	*à trois heures moins dix*
alle sei e un quarto	*à six heures et quart*
È l'una e mezza.	*Il est une heure et demie.*
Sono le quattro e mezzo (ou mezza).	*Il est quatre heures et demie.*
fra venti minuti	*dans vingt minutes*
venti minuti fa	*il y a vingt minutes*
venti minuti prima	*vingt minutes avant (auparavant)*

■ LA DATE

Che giorno è oggi ?	*Quel jour sommes-nous aujourd'hui ?*
Che data è oggi ?	*Quelle est la date aujourd'hui ?*
Quanti ne abbiamo oggi ?	*Le combien sommes-nous aujourd'hui ?*
Oggi è lunedì.	*Aujourd'hui nous sommes lundi.*
Oggi è il 20 marzo 2005.	*Aujourd'hui nous sommes le 20 mars 2005.*
il 1° (primo) maggio	*le 1er (premier) mai*
Arriva il 15.	*Il arrive le 15.*
È nato in giugno.	*Il est né en juin.*
nel febbraio del'45	*en février 45*
tra (fra) quattro giorni	*dans quatre jours*
tre giorni fa	*il y a trois jours*
tre giorni prima	*trois jours avant (auparavant)*

POIDS ET MESURES

■ MISURE DI LUNGHEZZA – MESURES DE LONGUEUR

mm	millimetro	*millimètre*
cm	centimetro	*centimètre*
dm	decimetro	*décimètre*
m	metro	*mètre*
km	chilometro	*kilomètre*

■ MISURE DI SUPERFICIE – MESURES DE SURFACE

mm², mmq	millimetro quadrato (quadro)	*millimètre carré*
cm², cmq	centimetro quadrato (")	*centimètre carré*
dm², dmq	decimetro quadrato (")	*décimètre carré*
m², mq	metro quadrato (")	*mètre carré*
km², kmq	chilometro quadrato (")	*kilomètre carré*
a	ara (f)	*are (m)*
ha	ettaro	*hectare*

■ MISURE DI VOLUME – MESURES DE VOLUME

mm³, mmc	millimetro cubo	*millimètre cube*
cm³, cmc	centimetro cubo	*centimètre cube*
m³, mc	metro cubo	*mètre cube*
TSL	tonnellata di stazza lorda	*tonne de jauge brute*

■ MISURE DI CAPACITÀ – MESURES DE CAPACITÉ

cl	centilitro	*centilitre*
dl	decilitro	*décilitre*
l	litro	*litre*
hl	ettolitro	*hectolitre*

■ PESI – POIDS

mg	milligrammo	*milligramme*
cg	centigrammo	*centigramme*
dg	decigrammo	*décigramme*
g	grammo	*gramme*
kg	chilogrammo	*kilogramme*
q	quintale	*quintal*
t	tonnellata	*tonne*
100 g	un etto	*cent grammes*
	(ettogrammo)	*(un hectogramme)*

QUESTIONS

Comme en français, la question peut être fermée (réponse par **sì**, **già**, **no**, **affatto**... voir plus haut), ou ouverte, introduite par un mot interrogatif : **come**, **chi**, **perché**, **dove**, etc.

1. *Come ti chiami ?*	*Comment t'appelles-tu?*
2. *Quanti anni hai ?*	*Quel âge as-tu ?*
3. *Dove vai ?*	*Où vas-tu ?*
4. *Cosa (che cosa) fai ?*	*Que fais-tu ?*
5. *Chi sei (Chi sei, tu) ?*, etc.	*Qui es-tu (donc) ?, etc.*

Les informations les plus courantes portent sur :

- une personne **CHI, QUALE**

6. *Chi è quella ?*	*Qui est cette (fille) ?*
7. *Quale amico preferisce ?*	*Quel ami préférez-vous ?*

- un objet **CHE**

8. *Che c'è ?*	*Qu'y a-t-il ?*
9. *Che libri (quali libri) leggi ?*	*Quels livres lis-tu ?*

- une activité **CHE, QUALE**

10. *Che (quale) mestiere fai ?*	*Quel métier exerces-tu ?*
11. *Che (cosa) stai combinando ?*	*Qu'est-ce que tu fabriques ?*

- la raison **PERCHÉ**

12. *Perché non andate con loro ?*	*Pourquoi n'allez-vous pas avec eux ?*
(Per quale ragione...)	

- la circonstance **COME, DOVE, QUANDO, QUANTO**...

13. *Come stai ?*	*Comment vas-tu ?*
14. *Come è venuta ?*	*Comment est-elle venue ?*
15. *Dove vanno ?*	*Où vont-ils ? (allez-vous, pers. de politesse pl.)*
16. *Di (da) dove vieni ?*	*D'où viens-tu ?*
17. *Quando partirà (Lei) ?*	*Quand partirez-vous ?*
18. *Quanto pesa ? quanto costa ?*	*Combien cela pèse ? combien ça coûte ?*
19. *Quanto viene ? quant'è ?*	*Combien (prix) cela fait ?*
20. *Quanti sono ?*	*Combien sont-ils ?*

- le possesseur **DI CHI**

21. *Di chi è ?*	*À qui est-ce ?*

- la durée **PER / DA QUANTO (tempo)**

22. *Per quanto si trattiene ?*	*Combien de temps comptez-vous rester ?*
23. *Da quanti giorni siamo qui ?*	*Depuis combien de jours sommes-nous ici ?*

- la date, l'heure **CHE (ora, giorno, mese...)**

24. *Che ora è ? che ore sono ?*	*Quelle heure est-il ?*
25. *Che giorno è, oggi ?*	*Quel jour est-ce, aujourd'hui ?*
26. *Quanti ne abbiamo ?*	*Quel jour (date) ? le combien sommes-nous ?*
27. *In che anno è successo ?*	*En quelle année est-ce arrivé ?*

QUELQUES RÉPONSES

Nous reprenons les informations demandées ci-contre :

1. *Mi chiamo Paolo, lei è Silvia.* — Je m'appelle Paolo, elle (c'est) Silvia.

2. *Abbiamo diciannove e ventun anni.* — Nous avons dix-neuf et vingt et un ans.

3. *Io vado a teatro, lei resta a casa.* — Je vais au théâtre, elle reste chez elle.

4. *Controllo l'orario.* — Je vérifie l'heure.

5. *Sono suo fratello.* — Je suis son frère.

6. *Una conoscenza* — Une connaissance.

7. *Mi piace di più quell'altro.* — J'aime mieux l'autre (celui dont nous avons parlé).

8. *Niente, non c'è assolutamente niente.* — Rien, il n'y a absolument rien.

9. *Leggo solo romanzi gialli.* — Je ne lis que des romans noirs (policiers).

10. *Faccio l'insegnante.* — Je suis enseignant(e).

11. *Sto pensando ai fatti miei.* — Je pense (en ce moment) à mes affaires.

12. *...perché non ci va di andarci.* — ...parce que nous n'avons pas envie d'y aller (d'aller avec eux).

13. *Benone.* — Fort bien.

14. *E' venuta a piedi.* — Elle est venue à pied.

15. *Vanno (andiamo) da zio Nicola.* — Ils vont (nous allons) chez l'oncle Nicolas.

16. *Vengo da scuola.* — Je viens de l'école.

17. *Prenderò il treno dell'una.* — Je prendrai le train de une heure.

18. *Sono tre etti, e costa venti euro.* — Il y a trois cents grammes, et cela fait vingt euros.

19. *Sono centotrenta euro.* — C'est cent trente euros.

20. *Sono in quattro.* — Ils sont quatre.

21. *E' mia.* — C'est à moi (pour un fém.).
    Sono miei. — C'est à moi (pour un pl. masc.).
    E' vostro. — C'est à vous.

22. *Starò qui due nottate.* — Je reste ici (pour) deux nuits.

23. *Noi siamo qui da una settimana.* — Nous, nous sommes ici depuis une semaine.

    Ci siamo dal 4 aprile. — Nous y sommes depuis le 4 avril.

24. *E' mezzogiorno, è l'una, sono le cinque, sono le tre di notte.* — Il est midi, une heure, cinq heures, trois heures du matin.

25. *Oggi è mercoledì.* — C'est mercredi.

26. *Ne abbiamo quindici.* — C'est le 15 (du mois).

27. *E' stato nel'92,* — Ça s'est passé en 1992,
    nel 1927, — en 1927,
    l'anno scorso. — l'année dernière.

LES INTERROGATIONS INDIRECTES

L'italien emploie parfois le futur dans un sens dubitatif :

Saranno le nove.   *Il doit être (à peu près) neuf heures.*

et volontiers le subjonctif dans les subordonnées :

Mi chiedo che ora è (sarà).   *Je me demande quelle heure
il peut bien être.*

Non so se sia tardi.   *Je ne sais pas s'il est tard.*
Vorrei sapere quanto costa.   *Je voudrais savoir combien ça coûte.*
Vorrei essere sicuro che venga.   *Je voudrais être sûr qu'il vienne.*
Mi dica dove si trova la stazione.   *Dites-moi où se trouve la gare.*
Forse mi saprebbe indicare dov'è   *Peut-être sauriez-vous
la fermata.*   *m'indiquer où est l'arrêt.*

FORMULES DE POLITESSE

La personne de politesse la plus naturelle en italien est la 3ᵉ personne, formellement de genre féminin (voir plus haut).

Mi scusi	*Excusez-moi*
Per favore	*S'il vous plaît*
Mi farebbe il favore di...	*Me feriez-vous la courtoisie de...*
Le sarei grato se...	*Je vous serais reconnaissant si (de)...*
Gradisca	*Veuillez agréer*
La saluto	*Je vous salue*
Ma di nulla	*Mais de rien*
Si figuri	*Pensez-vous (ce n'est rien)*
Ci mancherebbe	*C'est bien normal*
	(il serait anormal de n'avoir pas rendu ce service)
La prego, mi stia a sentire...	*Je vous en prie, écoutez-moi...*
Per piacere, mi può indicare	*S'il vous plaît, pouvez-vous m'indiquer*
la direzione giusta ?	*la (bonne) direction ?*
Mi congratula con Lei.	*Congratulations.*
Mi saluti Sua madre.	*Saluez pour moi votre mère.*
Non mancherò.	*Je n'y manquerai pas.*
Se vogliono accomodarsi...	*Si vous (plusieurs) voulez prendre place...*
Buon appetito... Altrettanto	*Bon appétit... Pareillement*

ÉCRIRE UNE LETTRE

Une lettre comprend, dans l'ordre : l'en-tête et la date (**intestazione**), le message (**corpo**), les formules finales (**saluti**).

Au début d'une lettre officielle, on indique généralement aussi l'adresse du destinataire (**indirizzo**).

La personne employée est le **Lei** (voir plus haut), sauf dans la correspondance commerciale où l'ancien **Voi** est conservé :

E vi prego di...	*Et je vous prie de...*
Dobbiamo comunicarVi che...	*Nous devons vous communiquer que...*

La date s'écrit comme en français (**Roma, 12 marzo 2005**, ou **'05**), mais dans les lettres formelles on emploie encore la forme ancienne de l'article pluriel **li** (**Terni, li 12-III-2005**).

Les titres honorifiques, ou de déférence, sont toujours utilisés:

Spettabile Ditta	*Messieurs (de telle firme),*
Onorevole	*Monsieur (le député),*
Egregio Professore	*Monsieur le professeur,*
Gentilissima Signora	*Madame (chère madame),*

■ QUELQUES FORMULES

In risposta alla Sua (alla pregiata Vostra)	*En réponse à votre (estimée)*
del 12 corrente...	*du... courant*
Mi affretto a...	*Je m'empresse de...*
Ci pregiamo mandarVi acclusa...	*Nous avons l'honneur de vous joindre...*
In attesa di Vostre (V.) notizie,	*Dans l'attente de vos nouvelles,*
Vi prego di accogliere i nostri	*je vous prie d'agréer (Monsieur)*
distinti saluti	*l'assurance de nos salutations distinguées*
Devoto...	*Votre dévoué...*
Mi creda, Suo X...	*Croyez-moi, votre X...*
Saluti e baci.	*Je vous (te) salue et (t')embrasse.*
Tanti baci	*Bonnes bises*
Con una cordiale stretta di mano	*Avec une cordiale poignée de mains*
Abbracciami la zia.	*Embrasse ta tante pour moi.*
Vorrei stringerti forte.	*Je voudrais te serrer dans mes bras.*
A molto presto spero.	*J'espère à très bientôt.*

TÉLÉPHONER

La formule générale pour établir le contact est **Pronto** (affirmatif : *je suis prêt(e)*, ou interrogatif : *quelqu'un est-il prêt à m'entendre ?*) ; la réponse de même (**pronto !**).
Dès que la communication est établie, on se présente (**Sono X...**) ou l'on demande qui est au bout du fil (**Chi parla ?**) ; on peut vérifier aussi que l'on est bien chez son interlocuteur :

Casa Rossi ?   *Je suis bien chez les Rossi ?*

■ QUELQUES PHRASES

Pronto, sono Paolo, c'è Marina ?   *Allô, ici Paolo, Marine est là ?*
Buongiorno, signora.   *Bonjour, madame,*
vorrei parlare con Mario,   *j'aurais voulu parler à Mario.*
Oh, mi scusi, avrò sbagliato   *Désolé, j'ai dû*
numero,   *me tromper de numéro.*
Senta, è saltata la linea, mi   *Écoutez, nous avons été coupés,*
potrebbe ripassare l'avvocato ?   *pourriez-vous me repasser Maître X ?*
Questa è la segreteria telefonica   *Vous êtes sur le répondeur de X,*
di X, può lasciare un messaggio   *parlez après le bip sonore.*
dopo il segnale.
Il professore è uscito : se mi lascia   *Le professeur est sorti ;*
un numero, richiamerà.   *si vous me laissez un numéro,*
                                                        il vous rappellera...

FRANÇAIS - ITALIEN
FRANCESE - ITALIANO

A

à (*au*, *aux*) *prép* a; (*lieu*, *temps*) a, in; (*attribution*) di; (*devant un infinitif*) da ◊ **aller à Rome** andare a Roma; **aller à la mer**, **à la montagne** andare al mare, in montagna; **au mois de janvier** nel mese di gennaio; **au printemps** in primavera; **ce stylo est à moi** questa penna è mia; **n'avoir rien à faire** non aver niente da fare.

abaissement *sm* abbassamento, calo.

abaisser *v tr* abbassare; diminuire, ridurre ◊ *v réfl* abbassarsi ◊ **abaisser quelqu'un** umiliare.

abandon *sm* abbandono; (*sport*) ritiro ◊ **à l'abandon** in stato d'abbandono.

abandonner *v tr* abbandonare, lasciare ◊ *v intr* rinunciare ◊ *v réfl* abbandonarsi, lasciarsi andare ◊ **abandonner le navire** abbandonare la nave ◊ **abandonner la lutte** rinunciare alla lotta.

abasourdir *v tr* assordare, stordire; (*fig*) stupire, sbalordire.

abasourdissement *sm* stordimento; (*fig*) stupore, sbalordimento.

abâtardir *v tr* imbastardire ◊ *v réfl* imbastardirsi.

abat-jour *sm inv* paralume.

abats *sm pl* frattaglie (*f*).

abattage *sm* abbattimento ◊ **l'abattage des bœufs** l'abbattimento, la macellazione dei buoi.

abattement *sm* abbattimento, spossatezza (*f*); (*fig*) prostrazione (*f*); (*comm*) riduzione (*f*) ◊ **un abattement de 10%** una riduzione del 10%.

abattoir *sm* mattatoio.

abattre *v tr* abbattere ◊ *v réfl* abbattersi ◊ **abattre du bétail** abbattere, macellare il bestiame ◊ **abattre son jeu** scoprire le carte.

abbatial (*pl* **-aux**) *adj* abbaziale.

abbaye *sf* abbazia.

abbé *sm* abate; sacerdote.

abcès *sm* ascesso.

abdication *sf* abdicazione.

abdiquer *v tr* rinunciare a; abdicare a.

abdomen *sm* addome.

abécédaire *sm* abbecedario.

abeille *sf* ape.

aberration *sf* aberrazione.

abêtir *v tr* istupidire ◊ *v réfl* istupidirsi.

abhorrer *v tr* aborrire.

abîme *sm* abisso ◊ **être au bord de l'abîme** essere sull'orlo del precipizio; **un abîme de science** un pozzo di scienza.

abîmer *v tr* rovinare, sciupare, guastare ◊ *v réfl* rovinarsi.

abjection *sf* abiezione.

ablution *sf* abluzione.

abnégation *sf* abnegazione.

aboiement *sm* latrato.

abois *sm pl* latrati ◊ **être aux abois** essere allo stremo, agli estremi.

abolir *v tr* abolire.

abolition *sf* abolizione.

abomination *sf* abominio (*m*), abominazione.

abondance *sf* abbondanza ◊ **en abondance** in abbondanza; **parler avec abondance** parlare con eloquenza; **parler d'abondance** improvvisare; **corne d'abondance** cornucopia.

abonder *v intr* abbondare ◊ **abonder en** abbondare di (in).

abonné *adj, sm* abbonato; *(familier)* abituato.

abonnement *sm* abbonamento.

abonner *v tr* abbonare ◊ *v réfl* abbonarsi, fare l'abbonamento.

abord *sm* approccio, approdo ◊ *pl* dintorni ◊ **aux abords de** nei dintorni di; **au premier abord, de prime abord** a prima vista, di primo acchito; **être d'un abord facile** essere facilmente accessibile; **d'abord** dapprima, innanzitutto.

abordable *adj* accessibile, abbordabile.

abordage *sm* arrembaggio; speronamento, collisione *(f)*.

aborder *v intr* approdare, attraccare ◊ *v tr* abbordare, avvicinare; *(fig)* affrontare ◊ **aborder un navire** speronare una nave.

abouchement *sm* abboccamento.

aboucher *v tr* abboccare, congiungere ◊ *v réfl* avere un abboccamento, entrare in rapporto.

aboutir *v intr* terminare, sfociare; *(fig)* portare a, condurre a; avere buon esito.

aboutissant *adj* che fa capo, che sbocca ◊ **les tenants et les aboutissants** gli annessi e i connessi.

aboutissement *sm* risultato, esito; *(d'un projet)* realizzazione *(f)*.

aboyer *v intr* abbaiare; *(fig)* inveire, urlare.

abrasif (-ive) *adj, sm* abrasivo.

abrasion *sf* abrasione.

abrégé *sm* riassunto, compendio ◊ **en abrégé** in breve.

abréger *v tr* abbreviare, accorciare; riassumere.

abreuver *v tr* abbeverare; *(fig)* colmare, riempire ◊ *v réfl* abbeverarsi.

abreuvoir *sm* abbeveratoio, fontanile.

abréviation *sf* abbreviazione ◊ **par abréviation** in breve.

abri *sm* riparo; rifugio ◊ **sans abri** senza tetto; **se mettre à l'abri** ripararsi; **à l'abri de tout soupçon** al di sopra di ogni sospetto.

abricot *sm* albicocca *(f)* ◊ *adj inv (couleur)* albicocca.

abricotier *sm* albicocco.

abriter *v tr* riparare, proteggere; dare alloggio, ospitare ◊ *v réfl* ripararsi, mettersi al sicuro.

abroger *v tr* abrogare.

abrupt *adj* ripido, scosceso; *(fig)* brusco, rude.

abruti *adj, sm (familier)* idiota *(m/f)*, cretino.

abrutir *v tr* istupidire, rimbecillire ◊ *v réfl* rimbecillirsi.

abrutissement *sm* istupidimento, abbrutimento.

abruzzain *adj, sm* abruzzese *(m/f)*.

absence *sf* assenza, mancanza ◊ **absence de mémoire** amnesia; **en l'absence de** in assenza, in mancanza di.

absent *adj, sm* assente *(m/f)*.

absentéisme *sm* assenteismo.

absenter (s') *v réfl* assentarsi.

abside *sf* abside.

absinthe *sf* assenzio *(m)*.

absolu *adj, sm* assoluto ◊ **dans l'absolu** in assoluto.

absolument *adv* assolutamente; completamente, del tutto ◊ **il est absolument interdit d'entrer** è rigorosamente vietato entrare.

absolution *sf* assoluzione.

absolutisme *sm* assolutismo.

absorber *v tr* assorbire; ingerire ◊ *v réfl* immergersi, essere assorto.

absoudre *v tr* assolvere; perdonare.

abstenir (s') *v réfl* astenersi.

abstention *sf* astensione.

abstinence *s f* astinenza.

abstraction *sf* astrazione.

abstraire *v tr* astrarre ◊ *v réfl* astrarsi.

abstrait *adj, sm* astratto ◊ **dans l'abstrait** in astratto.

absurde *adj, sm* assurdo.

absurdité *sf* assurdità.

abus *sm* abuso ◊ **abus de confiance** abuso di fiducia.

abuser *v intr* abusare ◊ *v tr* ingannare ◊ *v réfl* ingannarsi ◊ **si je ne m'abuse** se non erro.

abysse *sm* abisso.

acabit *sm (péjoratif)* genere, risma *(f)* ◊ **du même acabit** della stessa risma.

acacia *sm* acacia *(f)*.

académicien (-ienne) *sm* accademico.

académie *sf* accademia ◊ **l'Académie Française** l'Accademia di Francia.

académique *adj* accademico.

acadien *adj, sm* acadiano.

acajou *sm* mogano.

acanthe *sf* (*bot*) acanto (*m*).

acariâtre *adj* scontroso, bisbetico.

accablement *sm* prostrazione (*f*), abbattimento.

accabler *v tr* opprimere, prostrare; sovraccaricare, subissare ◊ **accabler d'injures** coprire d'insulti.

accalmie *sf* bonaccia; (*fig*) tregua, calma.

accaparer *v tr* accaparrare, fare incetta (di); (*fig*) impadronirsi (di) ◊ **accaparer l'attention** monopolizzare l'attenzione.

accéder *v intr* accedere, avere accesso; acconsentire, aderire.

accélérateur (**-trice**) *adj* di accelerazione, accelerativo ◊ *sm* acceleratore.

accélération *sf* accelerazione.

accélérer *v tr/intr* accelerare.

accent *sm* accento ◊ **mettre l'accent sur** mettere l'accento su.

accentuation *sf* accentazione; accentuazione.

accentuer *v tr* accentare, mettere l'accento (su); accentuare ◊ *v réfl* accentuarsi, aumentare.

acceptable *adj* accettabile.

acceptation *sf* accettazione ◊ **donner son acceptation** dare il proprio consenso.

accepter *v tr* accettare, acconsentire; sopportare.

acception *sf* accezione, senso (*m*).

accès *sm* accesso; (*méd*) accesso, attacco ◊ **avoir, donner accès à** avere, dare accesso a; **accès à distance** accesso remoto.

accessible *adj* accessibile; (*fig*) sensibile.

accession *sf* accesso (*m*); adesione ◊ **accession à l'indépendance** conquista dell'indipendenza; **accession au trône** ascesa al trono.

accessoire *adj, sm* accessorio ◊ **tout à fait accessoire** del tutto secondario.

accident *sm* caso, accidente; incidente ◊ **accident du travail** infortunio sul lavoro; **accidents de terrain** asperità del terreno; **par accident** per caso.

accidentel (**-elle**) *adj* accidentale, casuale.

acclamation *sf* acclamazione.

acclamer *v tr* acclamare.

acclimater *v tr* acclimatare; ambientare; (*fig*) introdurre, diffondere ◊ *v réfl* ambientarsi, acclimatarsi.

accointances *sf pl* conoscenze, relazioni; appoggi (*m*).

accolade *sf* abbraccio (*m*); (*signe graphique*) graffa ◊ **se donner l'accolade** abbracciarsi.

accoler *v tr* accostare; unire.

accommodant *adj* accomodante, conciliante.

accommodation *sf* adeguamento (*m*), adattamento (*m*).

accommodement *sm* accomodamento ◊ **agir par voie d'accommodement** agire per transazione.

accommoder *v tr* adattare, adeguare; (*cuis*) preparare, condire ◊ **s'accommoder à** adattarsi a; **s'accommoder de** accontentarsi di.

accompagnateur (**-trice**) *sm* accompagnatore.

accompagnement *sm* accompagnamento; scorta (*f*); seguito; (*cuis*) contorno.

accompagner *v tr* accompagnare ◊ *v réfl* accompagnarsi, essere accompagnato.

accompli *adj* compiuto, finito ◊ **un garçon accompli** un ragazzo come si deve.

accomplir *v tr* compiere, adempiere ◊ *v réfl* compiersi, realizzarsi.

accomplissement *sm* compimento, adempimento.

accord *sm* accordo ◊ **d'accord!** d'accordo!; **tomber d'accord** essere d'accordo; **donner son accord** dare il proprio consenso; **être en accord avec** concordare con.

accordéon *sm* fisarmonica (*f*).

accorder *v tr* accordare ◊ *v réfl* accordarsi, mettersi d'accordo ◊ **je vous l'accorde** ve lo concedo.

accostage *sm* attracco, accostamento.

accoster *v tr* abbordare, avvicinare; (*mar*) attraccare.

accotement *sm* banchina (*f*).

accouchement *sm* parto.

accoucher *v intr* partorire ◊ *v tr* far partorire, aiutare a partorire.

accoucheur (-euse) *adj, sm* ostetrico.

accouder (s') *v réfl* appoggiarsi (con i gomiti).

accoudoir *sm* bracciolo.

accoupler *v tr* accoppiare, abbinare ◊ *v réfl* accoppiarsi.

accourcir *v tr* accorciare ◊ *v réfl* accorciarsi.

accourir *v intr* accorrere.

accoutrement *sm* abbigliamento ridicolo o bizzarro.

accoutumance *sf* abitudine; (*méd*) assuefazione.

accoutumer *v tr* abituare, assuefare ◊ *v réfl* abituarsi, assuefarsi ◊ **être accoutumé à** essere avvezzo a.

accréditer *v tr* accreditare; avvalorare ◊ *v réfl* trovar credito.

accroc *sm* strappo; (*fig*) ostacolo, difficoltà (*f*).

accrochage *sm* scontro; (*familier*) battibecco; l'appendere.

accrocher *v tr* appendere, attaccare; agganciare; urtare; (*fig*) attirare l'attenzione ◊ *v réfl* aggrapparsi; impigliarsi; tener duro, resistere.

accroissement *sm* crescita (*f*); aumento, accrescimento; incremento.

accroître *v tr* accrescere, aumentare ◊ *v réfl* accrescersi, aumentare (*intr*).

accroupir (s') *v réfl* accoccolarsi, accovacciarsi.

accrue *sf* accrescimento (*m*), espansione.

accueil *sm* accoglienza (*f*).

accueillant *adj* accogliente, ospitale.

accueillir *v tr* accogliere.

acculer *v tr* spingere; costringere.

accumulateur *sm* accumulatore.

accumulation *sf* accumulazione, accumulo (*m*); mucchio (*m*), cumulo (*m*).

accumuler *v tr* accumulare ◊ *v réfl* ammassarsi, accumularsi.

accusateur (-trice) *sm* accusatore.

accusation *sf* accusa ◊ **chef d'accusation** capo d'accusa; **mettre en accusation** mettere sotto accusa, incolpare.

accusé *sm* imputato ◊ *adj* accentuato, marcato ◊ **accusé de réception** ricevuta di ritorno.

accuser *v tr* accusare, incolpare; rivelare, mostrare ◊ *v réfl* accusarsi, incolparsi ◊ **accuser réception de** accusare ricevuta di.

acéré *adj* affilato, appuntito; (*fig*) tagliente, caustico.

acéton *sf* (*chim, méd familier*) acetone (*m*).

achalandé *adj* (*commerce*) ben fornito; molto frequentato.

achalander *v tr* rifornire, approvvigionare; procurare clienti (a).

acharné *adj* accanito.

acharnement *sm* accanimento.

acharner (s') *v réfl* accanirsi.

achat *sm* acquisto, compera (*f*) ◊ **faire l'achat d'une chose** acquistare una cosa.

acheminement *sm* (*d'une lettre*) inoltro, avviamento.

acheminer *v tr* inoltrare, istradare ◊ *v réfl* avviarsi, incamminarsi.

acheter *v tr* comp(e)rare, acquistare.

acheteur (-euse) *sm* compratore, acquirente.

achèvement *sm* completamento, ultimazione (*f*).

achever *v tr* terminare, finire; completare; dare il colpo di grazia ◊ *v réfl* terminare, volgere al termine.

achoppement *sm* inciampo, intoppo ◊ **pierre d'achoppement** ostacolo, scoglio.

acide *adj, sm* acido.

acidifier *v tr* (*chim*) acidificare.

acidité *sf* acidità.

acidulé *adj* acidulo.

acier *sm* acciaio ◊ **un cœur d'acier** un cuore di pietra.

aciérie *sf* acciaieria.

acné *sf* acne.

acompte *sm* acconto, anticipo.

à-côté *sm* aspetto secondario; spesa (*f*), guadagno extra.

à-coups *sm* sobbalzo, scossa (*f*) ◊ **par à-coups** saltuariamente.

acoustique *adj* acustico ◊ *sf* acustica.

acquéreur *sm* acquirente (*m/f*), compratore.

acquérir *v tr* acquistare; acquisire ◊ *v réfl* guadagnarsi ◊ **il reste acquis que...** sta di fatto che....

acquiescer *v intr* acconsentire.

acquis *adj* acquisito ◊ *sm* acquisizione (*f*); conquista (*f*); esperienza (*f*) acquisita ◊ **considérer comme acquis** dare per scontato.

acquisition *sf* acquisto (*m*); acquisizione.

acquit *sm* quietanza (*f*) ◊ **pour acquit** per quietanza; **par acquit de conscience** per scrupolo di coscienza.

acquittement *sm* pagamento; (*jur*) assoluzione (*f*), proscioglimento.

acquitter *v tr* pagare; quietanzare; (*jur*) assolvere, prosciogliere; ◊ *v réfl* sdebitarsi; adempiere a ◊ **acquitter ses impôts** pagare le tasse; **s'acquitter d'un devoir** compiere un dovere.

âcre *adj* acre.

âcreté *sf* asprezza; (*fig*) acredine, acrimonia.

acrobate *sm* acrobata.

acrobatie *sf* acrobazia; (*fig*) virtuosismo (*m*).

acte *sm* atto ◊ **faire acte de** dar prova di.

acteur (**-trice**) *sm* attore.

actif (**-ive**) *adj, sm* attivo.

action *sf* azione ◊ **mettre en action** mettere in funzione; (*fig*) mettere in atto; **être en action** essere in movimento, in attività; **sous l'action de** per effetto di.

activer *v tr* attivare, accelerare ◊ *v réfl* darsi da fare, attivarsi.

activité *sf* attività.

actualité *sf* attualità ◊ *pl* le notizie, il telegiornale (*m sing*).

actuel (**-elle**) *adj* attuale ◊ **à l'heure actuelle** al momento attuale.

acuité *sf* acutezza, acuità.

acuminé *adj* acuminato.

adage *sm* adagio, massima (*f*).

adaptation *sf* adattamento (*m*) ◊ **adaptation cinématographique** riduzione cinematografica.

adapter *v tr* adattare, adeguare ◊ *v réfl* adattarsi, adeguarsi.

additif (**-ive**) *adj, sm* additivo.

addition *sf* addizione, aggiunta; (*au ˌ staurant*) conto (*m*).

additionner *v tr* aggiungere, addizionare.

adduction *sf* derivazione; (*anat*) adduzione ◊ **réseau d'adduction d'eau** rete idrica.

adepte *sm* adepto, seguace; appassionato.

adéquat *adj* adatto, adeguato.

adéquation *sf* adeguatezza, adeguamento (*m*).

adhérence *sf* aderenza.

adhérent *adj* aderente ◊ *sm* socio.

adhérer *v intr* aderire.

adhésif (**-ive**) *adj* adesivo.

adhésion *sf* adesione.

adieu *interj* addio ◊ **faire ses adieux** accomiatarsi.

adipeux (**-euse**) *adj* adiposo.

adjacent *adj* adiacente.

adjectif *adj* aggettivale ◊ *sm* aggettivo.

adjoindre *v tr* aggiungere; affiancare ◊ *v réfl* associarsi, prendere come socio.

adjoint *sm* vice, assistente ◊ **l'adjoint au maire** il vicesindaco.

adjonction *sf* aggiunta; (*de personnes*) ammissione.

adjudant *sm* maresciallo.

adjudicataire *sm* (*jur*) aggiudicatario.

adjudication *sf* aggiudicazione; (*jur*) appalto (*m*).

adjuger *v tr* aggiudicare ◊ *v réfl* aggiudicarsi.

adjurer *v tr* supplicare, scongiurare.

admettre *v tr* ammettere, riconoscere; accettare.

administrateur (**-trice**) *sm* amministratore.

administratif (**-ive**) *adj* amministrativo.

administration *sf* amministrazione.

administrer *v tr* amministrare; somministrare; (*jur*) produrre.

admirable *adj* mirabile; stupendo.

admirateur (**-trice**) *sm* ammiratore.

admiration *sf* ammirazione.

admirer *v tr* ammirare.

admissible *adj* ammissibile ◊ **candidats admissibles** candidati ammessi.

admission *sf* ammissione; (*douanes*) introduzione, importazione.

admonester *v tr* ammonire.

admonition *sf* ammonimento (*m*), ammonizione.

adolescence *sf* adolescenza.

adolescent *adj, sm* adolescente (*m/f*).

adonner (s') *v réfl* darsi, dedicarsi.

adopter *v tr* adottare ◊ **adopter un parti** aderire a un partito; **adopter un projet de loi** approvare un disegno di legge.

adoptif (-ive) *adj* adottivo.

adoption *sf* adozione.

adorable *adj* adorabile, delizioso.

adoration *sf* adorazione.

adorer *v tr* adorare; (*familier*) andar matto per.

adosser *v tr* addossare, appoggiare ◊ *v réfl* appoggiarsi.

adoucir *v tr* addolcire; ammorbidire; (*fig*) moderare, mitigare ◊ *v réfl* addolcirsi; mitigarsi.

adoucissant *adj, sm* emolliente; ammorbidente.

adresse *sf* indirizzo (*m*), recapito (*m*); destrezza, abilità ◊ **un discours à l'adresse des enfants** un discorso rivolto ai bambini.

adresser *v tr* indirizzare, inviare; rivolgere ◊ *v réfl* rivolgersi ◊ **adresser à** mandare da; **adresser la parole** rivolgere la parola; **adresser des compliments** fare dei complimenti.

adroit *adj* abile, accorto, avveduto.

adroitement *adv* abilmente; con accortezza.

adulation *sf* adulazione.

adulte *adj, sm* adulto.

adultère *adj, sm/f* adultero ◊ *sm* adulterio.

adultérer *v tr* adulterare, alterare.

advenir *v impersonnel* accadere, succedere ◊ **quoi qu'il advienne** qualunque cosa accada.

adverbe *sm* avverbio.

adversaire *sm* avversario.

adversité *sf* avversità.

aération *sf* aerazione.

aérer *v tr* aerare ◊ *v réfl* prendere aria.

aérien (-ienne) *adj* aereo ◊ *sm* aereo, antenna (*f*).

aérobic *sm* aerobica (*f*).

aérodrome *sm* aerodromo.

aérodynamique *adj* aerodinamico ◊ *sf* aerodinamica.

aérogare *sf* aerostazione.

aéromodélisme *sm* aeromodellismo.

aéronautique *adj* aeronautico ◊ *sf* aéronautique.

aéronaval (pl -als) *adj* aeronavale.

aérophagie *sf* aerofagia.

aéroport *sm* aeroporto.

affabilité *sf* affabilità.

affadir *v tr* rendere insipido, insulso ◊ *v réfl* perdere sapore.

affaiblir *v tr* indebolire, attenuare ◊ *v réfl* indebolirsi.

affaiblissement *sm* indebolimento; attenuazione (*f*).

affaire *sf* affare (*m*), faccenda; azienda; ditta; (*jur*) processo (*m*), caso (*m*) ◊ *pl* affari (*m*), faccende; (*familier*) effetti personali, cose, roba (*sing*) ◊ **c'est une affaire de goût** è una questione di gusto; **c'est l'affaire d'une seconde** è questione di un attimo; **avoir affaire à** avere a che fare con; **faire son affaire à quelqu'un** fare la festa a qualcuno, dare a qualcuno quel che si merita; **se tirer d'affaire** trarsi d'impaccio; **centre d'affaires** centro direzionale.

affairé *adj* indaffarato, affaccendato.

affaissement *sm* cedimento ◊ **affaissement de terrain** cedimento del terreno.

affaisser *v tr* far cedere ◊ *v réfl* cedere, abbassarsi; (*personne*) accasciarsi.

affaler *v tr* (*mar*) calare ◊ *v réfl* lasciarsi cadere, accasciarsi.

affamé *adj, sm* affamato; (*fig*) avido.

affectation *sf* ostentazione; destinazione, assegnazione.

affecter *v tr* destinare, assegnare; stanziare; addolorare, affliggere; fingere, simulare ◊ *v réfl* addolorarsi, affliggersi.

affectif (-ive) *adj* affettivo.

affection *sf* affetto (*m*); (*méd*) affezione ◊ **avoir de l'affection pour quelqu'un** nutrire dell'affetto per qualcuno.

affectionner *v tr* prediligere, preferire.

affectueux (-euse) *adj* affettuoso.
afférent *adj* attinente; afferente.
affermir *v tr* rafforzare, consolidare ◊ *v réfl* rafforzarsi, consolidarsi.
affichage *sm* affissione (*f*).
affiche *sf* cartellone (*m*), manifesto (*m*) ◊ **rester à l'affiche** tenere il cartellone.
afficher *v tr* affiggere; pubblicare, bandire; (*fig*) ostentare ◊ *v réfl* mostrarsi in pubblico con ◊ **défense d'afficher** divieto di affissione.
affilée ◊ **d'affilée** di fila, di seguito, senza interruzione.
affiler *v tr* affilare, arrotare.
affilier *v tr* affiliare, associare ◊ *v réfl* affiliarsi, associarsi.
affiner *v tr* affinare (*aussi fig*) ◊ *v réfl* affinarsi.
affinité *sf* affinità.
affirmatif (-ive) *adj* affermativo; (*personne*) categorico, chiaro ◊ *sf* risposta affermativa ◊ **répondre par l'affirmative** rispondere affermativamente; **dans l'affirmative** in caso affermativo.
affirmation *sf* affermazione, asserzione.
affirmer *v tr* affermare, sostenere ◊ *v réfl* affermarsi, imporsi.
affleurer *v tr* livellare ◊ *v intr* affiorare.
affliction *sf* afflizione.
affliger *v tr* affliggere, addolorare ◊ *v réfl* affliggersi ◊ **être affligé de** essere afflitto da.
affluence *sf* affluenza ◊ **heures d'affluence** ore di punta.
affluent *adj*, *sm* affluente.
affluer *v intr* affluire.
afflux *sm* afflusso.
affolement *sm* sgomento, panico.
affoler *v tr* sconvolgere, spaventare, far impazzire ◊ *v réfl* perdere la testa, essere sconvolto.
affranchir *v tr* affrancare; liberare ◊ *v réfl* affrancarsi, liberarsi.
affranchissement *sm* affrancatura (*f*); affrancamento, liberazione (*f*).
affréter *v tr* noleggiare, prendere a nolo.
affreux (-euse) *adj* orribile, orrendo.
affront *sm* affronto.

affrontement *sm* scontro.
affronter *v tr* affrontare ◊ *v réfl* affrontarsi, scontrarsi.
affubler *v tr* vestire (qualcuno) in modo ridicolo ◊ *v réfl* vestirsi in modo ridicolo, conciarsi ◊ **affubler quelqu'un d'un surnom** affibbiare un soprannome a qualcuno.
affût *sm* (*chasse*) posta (*f*) ◊ **être à l'affût de** essere a caccia di.
affûter *v tr* affilare.
afin *conj* **afin de** per, allo scopo di; **afin que**, affinché, perché.
africain *adj*, *sm* africano.
agaçant *adj* seccante, snervante.
agacer *v tr* dare ai nervi, infastidire.
âge *sm* età (*f*); (*période historique*) tempo, epoca (*f*) ◊ **le bel âge** la giovinezza; **quel âge as-tu?** quanti anni hai?; **entre deux âges** di mezza età; **le Moyen Âge** il Medioevo.
âgé *adj* vecchio, anziano ◊ **être âgé de trente ans** avere trent'anni.
agence *sf* agenzia ◊ **agence de voyages** agenzia di viaggi; **agence immobilière** agenzia immobiliare.
agencement *sm* disposizione (*f*), sistemazione (*f*) ◊ **l'agencement d'un récit** la struttura di un racconto.
agencer *v tr* disporre, sistemare; congegnare.
agenda *sm* agenda (*f*).
agenouiller (s') *v réfl* inginocchiarsi.
agent *sm* agente.
agglomérat *sm* agglomerato.
agglomération *sf* agglomerazione; agglomerato (*m*) urbano.
agglomérer *v tr* agglomerare, ammassare.
agglutiner *v tr* agglutinare ◊ *v réfl* agglutinarsi; (*fig*) accalcarsi.
aggravation *sf* aggravamento (*m*), l'aggravarsi.
aggraver *v tr* aggravare ◊ *v réfl* aggravarsi, peggiorare.
agile *adj* agile.
agilité *sf* agilità; **agilité d'esprit** prontezza, vivacità della mente.
agir *v intr* agire; comportarsi ◊ *v impersonnel* trattarsi ◊ **de quoi s'agit-il?** di cosa si tratta?; **s'agissant de** trattandosi di.

agitation *sf* agitazione, animazione.

agiter *v tr* agitare; turbare, mettere in agitazione; dibattere, discutere ◊ *v réfl* agitarsi.

agneau (*pl* -eaux) *sm* agnello.

agonie *sf* agonia.

agoniser *v intr* agonizzare.

agrafe *sf* gancio (*m*), fermaglio (*m*); graffa, graffetta; punto (*m*) metallico.

agrafer *v tr* agganciare; mettere una graffetta; pinzare.

agrafeuse *sf* cucitrice.

agraire *adj* agrario.

agrandir *v tr* ingrandire, ampliare ◊ *v réfl* ingrandirsi, ampliarsi; estendersi ◊ **agrandir une ouverture** allargare un'apertura.

agrandissement *sm* ampliamento; (*phot*) ingrandimento.

agrandisseur *sm* ingranditore.

agréable *adj* piacevole, gradevole; gradito.

agréer *v tr* gradire; accettare ◊ *v intr* essere gradito a.

agrégation *sf* aggregazione; esame per ottenere il titolo di "agrégé".

agrégé *sm* professore abilitato all'insegnamento nella scuola superiore.

agréger (s') *v réfl* aggregarsi.

agrément *sm* consenso, autorizzazione (*f*); piacere; attrattiva (*f*), fascino.

agrémenter *v tr* abbellire, ornare.

agrès *sm pl* attrezzi (ginnici).

agresser *v tr* aggredire.

agresseur *sm* aggressore.

agressif (-ive) *adj* aggressivo.

agression *sf* aggressione.

agressivité *sf* aggressività.

agricole *adj* agricolo.

agriculteur (-trice) *sm* agricoltore.

agriculture *sf* agricoltura.

agripper *v tr* acchiappare, ghermire ◊ *v réfl* aggrapparsi.

agronomie *sf* agronomia.

agrumes *sm pl* agrumi.

aguerrir *v tr* aguerrire; temprare ◊ *v réfl* agguerrirsi; temprarsi.

aguet *sm* ◊ **aux aguets** in agguato.

aguicher *v tr* (*familier*) provocare, adescare.

ahuri *adj* attonito, inebetito ◊ *sm* babbeo, idiota.

ahurir *v tr* sbalordire, sconcertare.

ahurissement *sm* sbalordimento, sbigottimento.

aide *sf* aiuto (*m*) ◊ *sm* aiuto, assistente ◊ **à l'aide de** servendosi di; **donner aide** aiutare; **appeler à l'aide** gridare aiuto ◊ **aide familiale** aiuto domestico.

aider *v tr* aiutare ◊ *v intr* contribuire ◊ *v réfl* aiutarsi (con), servirsi (di).

aïeul (*pl* aïeuls, aïeux) *sm* avo, antenato.

aigle *sm* aquila (*f*).

aiglon *sm* aquilotto.

aigre *adj* acido; agro, aspro; (*fig*) pungente ◊ **tourner à l'aigre** diventare acido; inasprirsi.

aigre-doux (-douce) *adj* agrodolce.

aigrette *sf* (*zool*) egretta; ciuffo (*m*); pennacchio (*m*).

aigreur *sf* acidità; (*fig*) asprezza, acredine, astio (*m*) ◊ **aigreurs d'estomac** acidità di stomaco.

aigrir *v tr/intr* inacidire ◊ *v réfl* inacidirsi.

aigu (-guë) *adj* acuto; aguzzo.

aigue-marine *sf* acquamarina.

aiguillage *sf* (*ferr*) scambio (*m*); (*fig*) orientamento (*m*), indirizzo (*m*).

aiguille *sf* ago (*m*); (*d'une horloge*) lancetta; guglia; picco (*m*) ◊ **tirer l'aiguille** cucire; **aiguille à tricoter** ferro da calza.

aiguiller *v tr* (*ferr*) deviare; (*fig*) indirizzare.

aiguillon *sm* pungolo; pungiglione, aculeo.

aiguillonner *v tr* pungolare; (*fig*) spronare.

aiguiser *v tr* affilare; stimolare ◊ **aiguiser l'appétit** stuzzicare l'appetito.

ail (*pl* ails, aulx) *sm* aglio.

aile *sf* ala; (*de moulin, d'hélice*) pala; (*aut*) parafango (*m*) ◊ **voler de ses propres ailes** camminare con le proprie gambe.

aileron *sm* (*d'un oiseau*) estremità (*f*) dell'ala; (*de poisson*) pinna (*f*); (*d'avion, de voiture*) alettone.

ailette *sf* (*tech*) aletta.

ailleurs *adv* altrove ◊ **d'ailleurs** del resto, d'altronde; **par ailleurs** per altro;

partout ailleurs in qualsiasi altro posto.

aimable *adj* gentile, cortese.

aimant *adj* affettuoso ◊ *sm* calamita (*f*).

aimer *v tr* amare, voler bene a; (*apprécier*) piacere ◊ *v réfl* amarsi, volersi bene ◊ **bien aimer quelqu'un** avere della simpatia per qualcuno ◊ **aimer mieux** preferire.

aine *sf* inguine (*m*).

aîné *adj, sm* maggiore (*m/f*) (di età); primogenito.

ainsi *adv, conj* così ◊ **ainsi que** così come; **pour ainsi dire** per così dire; **et ainsi de suite** e via di seguito.

air *sm* aria (*f*); aspetto ◊ **en l'air** per aria; campato in aria; **par air** per via aerea; **en plein air** all'aria aperta; **au grand air** in mezzo alla natura; **avoir l'air de** sembrare, aver l'aspetto di; **il n'a l'air de rien, mais...** non sembra, ma...; **sans en avoir l'air** senza darlo a vedere, facendo finta di niente.

airain *sm* bronzo ◊ **front d'airain** faccia di bronzo.

aire *sf* area; aia ◊ **aire d'influence** sfera d'influenza.

aisance *sf* agiatezza; spigliatezza, disinvoltura ◊ **aisance matérielle** sicurezza economica.

aise *sf* agio (*m*) ◊ **être à l'aise** essere a proprio agio; **se mettre à l'aise** mettersi comodo, a proprio agio; **mettre quelqu'un à l'aise** mettere qualcuno a proprio agio; **être mal à l'aise** essere a disagio; **en prendre à son aise** prendersela comoda.

aisé *adj* agiato; facile, agevole ◊ **style aisé** stile scorrevole.

aisselle *sf* ascella.

ajonc *sm* (*bot*) ginestrone.

ajour *sm* traforo; ricamo a giorno.

ajournement *sm* aggiornamento, rinvio.

ajourner *v tr* aggiornare, rinviare.

ajouter *v tr* aggiungere ◊ *v intr* aumentare, accrescere ◊ *v réfl* aggiungersi ◊ **ajouter foi à** prestar fede a.

ajustage *sm* (*tech*) aggiustaggio; verifica (*f*).

ajustement *sm* adattamento, adeguamento; sistemazione (*f*).

ajuster *v tr* adattare, applicare; regolare, sistemare; mirare a ◊ *v réfl* adattarsi.

alambic *sm* alambicco.

alambiqué *adj* lambiccato, contorto.

alanguir *v tr* illanguidire, indebolire ◊ *v réfl* illanguidirsi, infiacchirsi.

alarmant *adj* allarmante, preoccupante.

alarme *sf* allarme (*m*).

alarmer *v tr* allarmare, preoccupare ◊ *v réfl* allarmarsi, preoccuparsi.

albanais *adj, sm* albanese (*m/f*).

albâtre *sm* alabastro.

albigeois *adj, sm* albigese (*m/f*).

album *sm* album.

albumen *sm* albume.

albumine *sf* albumina.

alcalin *adj* alcalino.

alchimie *sf* alchimia.

alchimiste *sm/f* alchimista.

alcool *sm* alcool; bevanda (*f*) alcoolica ◊ **teneur en alcool** gradazione alcoolica.

alcoolique *adj* alcoolico ◊ *sm* alcoolizzato.

alcoolisme *sm* alcoolismo.

alcootest *sm* alcoltest.

alcôve *sf* alcova.

aléa *sm* rischio, alea (*f*).

aléatoire *adj* aleatorio.

alentour *adv* intorno ◊ *sm pl* dintorni, paraggi ◊ **aux alentours de** dalle parti di; **aux alentours de midi** verso mezzogiorno.

alerte *adj* vivace ◊ *sf* allarme (*m*) ◊ **une démarche alerte** un'andatura spedita.

alerter *v tr* avvertire; dare l'allarme a.

aléser *v tr* alesare.

alexandrin *adj, sm* alessandrino.

algarade *sf* ramanzina; litigata, sfuriata.

algèbre *sf* algebra.

algérien (-**enne**) *adj, sm* algerino.

algorithme *sm* algoritmo.

algue *sf* alga.

alibi *sm* alibi ◊ **servir d'alibi** servire come alibi.

aliénation *sf* alienazione.
aliéner *v tr* alienare; rinunciare a.
alignement *sm* allineamento.
aligner *v tr* allineare ◊ *v réfl* allinearsi.
aliment *sm* alimento, cibo.
alimentaire *adj* alimentare.
alimentation *sf* alimentazione ◊ **magasin d'alimentation** negozio di alimentari.
alimenter *v tr* alimentare, nutrire ◊ *v réfl* alimentarsi.
alinéa *sm* capoverso; (*jur*) comma.
alitement *sm* lo stare, il mettersi a letto (*maladie*).
aliter (s') *v réfl* mettersi a letto (*un malade*).
alizé *sm* aliseo.
allaitement *sm* allattamento.
allaiter *v tr* allattare.
allant *sm* brio, vitalità (*f*); vivacità (*f*).
alléchant *adj* allettante, attraente; invitante.
allécher *v tr* allettare, attirare.
allée *sf* viale (*m*) ◊ **allées et venues** andirivieni (*m*), viavai (*m*).
allégation *sf* allegazione; asserzione (gratuita).
allégé *adj* alleggerito; dietetico.
alléger *v tr* alleggerire; alleviare.
allégorie *sf* allegoria.
allégorique *adj* allegorico.
allègre *adj* allegro, vivace.
allégresse *sf* esultanza, allegrezza.
alléguer *v tr* allegare, addurre.
allemand *adj*, *sm* tedesco.
aller *v intr* andare; (*état de santé, vêtements*) stare, andare; stare per ◊ **aller chercher** andare a prendere; **aller dire** star per dire; **il va faire beau** sta per venire il sole; **cela va sans dire** va da sé; **y aller** andarci; **s'en aller** andarsene, partire.
aller *sm* andata (*f*) ◊ **un aller simple** (biglietto di) sola andata; **un aller (et) retour** (biglietto di) andata e ritorno.
allergie *sf* allergia.
allergique *adj* allergico.
alliage *sm* (*métal*) lega (*f*).
alliance *sf* alleanza; (*bague*) fede, vera ◊ **établir une alliance** arrivare a un accordo.

allié *adj*, *sm* alleato ◊ **parents et alliés** parenti e affini.
allier *v tr* alleare, unire; legare ◊ *v réfl* allearsi, unirsi; legarsi.
alligator *sm* alligatore.
allitération *sf* allitterazione.
allô! *interj* (*au téléphone*) pronto!
allocation *sf* assegnazione, sussidio (*m*); indennità ◊ **allocations familiales** assegni familiari.
allocution *sf* allocuzione.
allonge *sf* prolunga; aggiunta.
allonger *v tr* allungare; stendere ◊ *v réfl* allungarsi; stendersi.
allouer *v tr* assegnare, attribuire; concedere; stanziare.
allumage *sm* accensione (*f*).
allumer *v tr* accendere ◊ *v réfl* accendersi, illuminarsi.
allumette *sf* fiammifero (*m*).
allumeur *sm* (*aut*) spinterogeno.
allure *sf* andatura, velocità; passo (*m*) ◊ **à toute allure** a tutta velocità; **à cette allure** di questo passo; **prendre une mauvaise allure** prendere una brutta piega.
allusif (-ive) *adj* allusivo.
allusion *sf* allusione ◊ **faire allusion à** alludere a.
alluvion *sf* alluvione ◊ *sf pl* depositi (*m*) alluvionali.
almanach *sm* almanacco, lunario.
aloi *sm* lega (*f*) ◊ **de bon, de mauvais aloi** di buona, di cattiva qualità; **plaisanterie de mauvais aloi** scherzo di cattivo gusto.
alors *adv* allora ◊ **alors que** mentre.
alouette *sf* allodola.
alourdir *v tr* appesantire ◊ *v réfl* appesantirsi.
aloyau (*pl* -aux) *sm* lombo, lombata (*f*).
alpage *sm* alpeggio.
alpestre *adj* alpestre.
alphabet *sm* alfabeto.
alphabétique *adj* alfabetico.
alpin *adj*, *sm* alpino.
alpinisme *sm* alpinismo.
alpiniste *sm/f* alpinista.
alsacien (-enne) *adj*, *sm* alsaziano.
altérable *adj* alterabile.

altération *sf* alterazione; falsificazione.

altercation *sf* alterco (*m*).

altérer *v tr* alterare, deteriorare; far venire sete a ◊ *v réfl* alterarsi, deteriorarsi; andare a male.

alternateur *sm* alternatore.

alternatif (-ive) *adj* alternativo; alternato ◊ **courant alternatif** corrente alternata.

alterne *adj* alterno.

alterner *v tr* avvicendare ◊ *v intr* alternarsi.

altier (-ère) *adj* altero.

altimètre *sm* altimetro.

altitude *sf* altitudine, quota.

alto *sm* (*mus*) contralto; viola (*f*).

altruisme *sm* altruismo.

aluminium *sm* alluminio.

alunir *v intr* allunare.

alvéole *sm* alveolo.

amabilité *sf* gentilezza, amabilità.

amadou *sm* esca (*f*).

amadouer *v tr* ammansire, rabbonire.

amaigrir *v tr* far dimagrire, assottigliare ◊ *v intr* dimagrire ◊ **régime amaigrissant** dieta (dimagrante).

amaigrissement *sm* dimagramento.

amalgame *sm* amalgama; (*fig*) miscuglio.

amalgamer *v tr* amalgamare ◊ *v réfl* amalgamarsi.

amande *sf* mandorla ◊ **yeux en amande** occhi a mandorla.

amandier *sm* mandorlo.

amant *sm* amante (*m/f*).

amarre *sf* ormeggio (*m*).

amarrer *v tr* ormeggiare, attraccare.

amas *sm* ammasso, mucchio ◊ **un amas de ruines** un cumulo di macerie.

amasser *v tr* ammassare, accumulare ◊ *v réfl* ammassarsi.

amateur *sm* amatore, conoscitore; dilettante (*m/f*) ◊ **en amateur** da dilettante.

amateurisme *sm* dilettantismo.

amazone *sf* amazzone.

ambassade *sf* ambasciata, rappresentanza diplomatica.

ambassadeur (-drice) *sm* ambasciatore.

ambiance *sf* ambiente (*m*); atmosfera ◊ **musique d'ambiance** sottofondo musicale.

ambiant *adj* ambiente, ambientale.

ambidextre *adj*, *sm* ambidestro.

ambigu (-guë) *adj* ambiguo.

ambiguïté *sf* ambiguità.

ambitieux (-euse) *adj*, *sm* ambizioso.

ambition *sf* ambizione.

ambitionner *v tr* ambire (a).

ambivalent *adj* ambivalente.

ambre *sm* ambra (*f*).

ambroisie *sf* ambrosia.

ambulance *sf* ambulanza.

âme *sf* anima; animo (*m*) ◊ **l'âme sœur** l'anima gemella.

amélioration *sf* miglioramento (*m*); miglioria.

améliorer *v tr* migliorare ◊ *v réfl* migliorare (*intr*).

amen *sm inv* amen.

aménagement *sm* sistemazione (*f*); ristrutturazione ◊ **plan d'aménagement** piano regolatore.

aménager *v tr* sistemare; ristrutturare; pianificare.

amende *sf* ammenda, multa ◊ **faire amende honorable** riconoscere i propri torti, fare ammenda.

amendement *sm* emendamento; (*agr*) ammendamento.

amender *v tr* emendare; correggere ◊ *v réfl* emendarsi, correggersi.

amener *v tr* condurre, portare con sé; indurre; causare, arrecare ◊ **être amené à** essere costretto a.

aménité *sf* amabilità; affabilità ◊ *pl* parole offensive ◊ **sans aménité** duramente.

amenuiser *v tr* assottigliare.

amer (-ère) *adj* amaro ◊ **être très amer** essere molto amareggiato.

américain *adj*, *sm* americano.

amerrir *v intr* ammarare.

amertume *sf* amarezza.

améthyste *sf* ametista.

ameublement *sm* mobilia (*f*), arredamento.

ameuter *v tr* mettere in subbuglio; aizzare, sollevare ◊ *v réfl* affollarsi, ammassarsi.

ami *adj*, *sm* amico.

amiable *adj* amichevole ◊ **à l'amiable** in via amichevole.

amiante *sm* amianto.

amical (*pl* **-aux**) *adj* amichevole.

amidon *sm* amido.

amidonner *v tr* inamidare.

amincir *v tr* assottigliare, snellire ◊ *v réfl* assottigliarsi, snellirsi.

amiral (*pl* **-aux**) *adj*, *sm* ammiraglio.

amirauté *sf* ammiragliato (*m*).

amitié *sf* amicizia ◊ *pl* cari saluti (*m*) ◊ **se prendre d'amitié pour quelqu'un** prendere qualcuno a benvolere; **faire les amitiés de** portare i saluti di.

ammoniaque *sf* ammoniaca.

amnésie *sf* amnesia.

amnistie *sf* amnistia.

amnistier *v tr* amnistiare.

amoindrir *v tr* sminuire, diminuire ◊ *v réfl* ridursi.

amoindrissement *sm* diminuzione (*f*), riduzione (*f*); indebolimento.

amollir *v tr* ammollire; (*fig*) rammollire ◊ *v réfl* (*fig*) rammollirsi, infiacchirsi.

amonceler *v tr* ammucchiare, accumulare ◊ *v réfl* accumularsi.

amoncellement *sm* mucchio, cumulo.

amont (en) *loc adv* a monte (di).

amoral (*pl* **-aux**) *adj* amorale.

amorce *sf* esca; detonatore (*m*), innesco (*m*); (*fig*) avvio (*m*), inizio (*m*) ◊ **pistolet à amorces** pistola scacciacani.

amorcer *v tr* innescare; pasturare; avviare, incominciare.

amorphe *adj* amorfo.

amortir *v tr* smorzare, attutire; (*écon*) ammortizzare.

amortisseur *sm* ammortizzatore.

amour *sm* amore.

amouracher (s') *v réfl* incapricciarsi, infatuarsi.

amourette *sf* amoretto (*m*), flirt (*m*).

amoureux (**-euse**) *adj* innamorato; amoroso ◊ *sm* innamorato; amatore, appassionato ◊ **tomber amoureux** innamorarsi; **amoureux de la nature** amanti della natura.

amour-propre *sm* amor proprio.

amovible *adj* amovibile.

ampère *sm* ampère.

amphibie *adj*, *sm* anfibio.

amphithéâtre *sm* anfiteatro.

amphitryon *sm* anfitrione.

amphore *sf* anfora.

ample *adj* ampio ◊ **un ample récit** un racconto esauriente; **de plus amples détails** maggiori particolari.

ampleur *sf* ampiezza; importanza, portata.

amplificateur *sm* amplificatore.

amplification *sf* amplificazione; ingrandimento (*m*).

amplifier *v tr* amplificare, ingrandire ◊ *v réfl* amplificarsi.

amplitude *sf* amplitudine, ampiezza; (*température*) escursione.

ampoule *sf* ampolla, fiala; lampadina; (*sur la peau*) vescica, bolla.

ampoulé *adj* ampolloso.

amputation *sf* amputazione; (*fig*) mutilazione.

amputer *v tr* amputare; (*fig*) mutilare.

amulette *sf* amuleto (*m*).

amusant *adj* divertente ◊ *sm* il lato divertente, buffo.

amuse-gueule (*pl* **amuse-gueules**) *sm* salatino, stuzzichino.

amusement *sm* divertimento; distrazione (*f*).

amuser *v tr* divertire, distrarre ◊ *v réfl* divertirsi; perder tempo, indugiare ◊ **amuser le tapis** intrattenere la compagnia; **amuser l'adversaire** distrarre l'avversario.

amusette *sf* distrazione, passatempo (*m*).

amygdale *sf* tonsilla.

an *sm* anno ◊ **bon an mal an** in media; **le nouvel an, le jour de l'an** il capodanno.

anabaptiste *adj*, *sm/f* anabattista.

anachronique *adj* anacronistico.

anachronisme *sm* anacronismo.

anagramme *sf* anagramma (*m*).

anal (*pl* **-aux**) *adj* anale.

analgésique *adj*, *sm* analgesico.

analogie *sf* analogia.

analogue *adj* analogo.

analphabète *adj*, *sm* analfabeta (*m/f*).

analyse *sf* analisi.

analyser *v tr* analizzare.

analyste *sm/f* analista.

analytique *adj* analitico.

ananas *sm* ananas, ananasso.

anarchie *sf* anarchia.

anarchiste *adj, sm/f* anarchico (*m*).

anathème *sm* anatema.

anatomie *sf* anatomia.

anatomique *adj* anatomico.

ancestral (*pl* **-aux**) *adj* ancestrale, atavico.

ancêtre *sm* antenato, avo.

anchois *sm* acciuga (*f*), alice (*f*).

ancien (**-enne**) *adj, sm* antico, vecchio; (*personne*) anziano, vecchio.

anciennement *adv* anticamente; un tempo.

ancienneté *sf* antichità; anzianità.

anconitain *adj, sm* anconetano.

ancrage *sm* ancoraggio; (*fig*) il radicarsi, l'affermarsi.

ancre *sf* ancora ◊ **lever l'ancre** levare l'ancora, andarsene.

ancrer *v tr* ancorare; (*fig*) radicare ◊ *v réfl* ancorarsi; (*fig*) radicarsi, fissarsi.

andouille *sf* salsicciotto (*m*) di trippa; (*fig familier*) salame (*m*), sciocco (*m*).

androlologue *sm* (*méd*) andrologo.

âne *sm* asino ◊ **têtu comme un âne** testardo come un mulo; **dos d'âne** dosso, cunetta (stradale).

anéantir *v tr* annientare (*aussi fig*) ◊ *v réfl* annientarsi; annullarsi.

anéantissement *sm* annientamento.

anecdote *sf* aneddoto (*m*).

anémie *sf* anemia.

anémique *adj* anemico.

anémone *sf* anemone (*m*).

ânerie *sf* asineria, asinata; stupidaggine.

anesthésie *sf* anestesia.

anesthésier *v tr* anestetizzare.

anesthésique *adj, sm* anestetico.

anévrisme *sm* aneurisma.

anfractuosité *sf* anfratto (*m*), anfrattuosità.

ange *sm* angelo ◊ **ange gardien** angelo custode; **être aux anges** toccare il cielo con un dito.

angélique *adj* angelico.

angine *sf* angina.

anglais *adj, sm* inglese (*m/f*) ◊ **filer à l'anglaise** svignarsela.

angle *sm* angolo ◊ **sous un certain angle** da un certo punto di vista.

anglican *adj, sm* anglicano.

anglo-saxon (*f* **anglo-saxonne** *pl m* **anglo-saxons**) *adj, sm* anglosassone (*m/f*).

angoissant *adj* angoscioso; angosciante.

angoisse *sf* angoscia.

angoisser *v tr* angosciare.

angora *adj* d'angora.

anguille *sf* anguilla ◊ **il y a anguille sous roche** gatta ci cova.

angulaire *adj* angolare.

anguleux (**-euse**) *adj* angoloso; (*fig*) spigoloso.

animal (*pl* **-aux**) *adj, sm* animale.

animateur (**-trice**) *sm* animatore.

animation *sf* animazione ◊ **animation culturelle** promozione culturale.

animé *adj* animato, vivace ◊ **dessin animé** cartone animato.

animer *v tr* animare ◊ *v réfl* animarsi.

animosité *sf* animosità.

anis *sm* anice.

anisette *sf* anisetta.

ankyloser *v tr* anchilosare ◊ *v réfl* anchilosarsi.

annales *sf pl* annali (*m*).

anneau (*pl* **-eaux**) *sm* anello.

année *sf* anno (*m*), annata.

annexe *adj* annesso; allegato ◊ *sf* edificio secondario, dipendenza; allegato (*m*).

annexer *v tr* annettere; allegare ◊ *v réfl* (*familier*) accaparrarsi.

annexion *sf* annessione.

annihiler *v tr* annichilire; annullare.

anniversaire *sm* anniversario, ricorrenza (*f*); compleanno.

annonce *sf* annuncio (*m*), notizia; (*dans un journal*) inserzione ◊ **petites annonces** annunci economici.

annoncer *v tr* annunciare; preannunciare, promettere ◊ *v réfl* annunciarsi; preannunciarsi.

annonceur *sm* inserzionista.

annonciateur (**-trice**) *adj* annunciatore, foriero ◊ *sm* (*élec, tech*) spia (*f*).

annonciation *sf* annunciazione.
annotation *sf* annotazione.
annoter *v tr* annotare.
annuaire *sm* annuario ◊ **annuaire (du téléphone)** elenco telefonico.
annualité *sf* annualità, carattere (*m*) annuale; (*comm*) rata annuale.
annuel (-elle) *adj* annuale.
annuité *sf* annualità; stipendio (*m*) annuo.
annulaire *adj, sm* anulare.
annulation *sf* annullamento (*m*).
annuler *v tr* annullare; disdire ◊ *v réfl* annullarsi.
anoblissement *sm* nobilitazione (*f*).
anodin *adj* anodino.
anomalie *sf* anomalia.
anonymat *sm* anonimato.
anonyme *adj* anonimo.
anorak *sm* giacca (*f*) a vento.
anormal (*pl* -aux) *adj* anormale.
anse *sf* ansa, manico (*m*); insenatura.
antagonisme *sm* antagonismo.
antagoniste *adj, sm/f* antagonista.
antan (d') *loc adj* di una volta, di un tempo.
antarctique *adj* antartico.
antécédent *adj, sm* antecedente (*m/f*), precedente (*m/f*) ◊ *sm pl* (*jur*) precedenti.
antenne *sf* antenna.
antérieur *adj* anteriore.
antériorité *sf* anteriorità.
anthologie *sf* antologia.
anthracite *sm* antracite (*f*).
anthropologie *sf* antropologia.
anthropomorphe *adj* antropomorfo.
anthropomorphisme *sm* antropomorfismo.
anthropophagie *sf* antropofagia.
antibiotique *adj, sm* antibiotico.
antibrouillard *adj, sm* antinebbia.
anticellulite *adj* anticellulite.
antichambre *sf* anticamera.
anticipation *sf* anticipazione ◊ **par anticipation** in anticipo; **roman, film d'anticipation** romanzo, film di fantascienza.
anticiper *v tr* anticipare ◊ **anticiper sur** fare anticipazioni su.
anticonceptionnel (-elle) *adj, sm* anticoncezionale.

anticonformiste *adj, sm/f* anticonformista.
anticryptogamique *adj* (*chim*) anticrittogamico.
anticyclone *sm* anticiclone.
antidater *v tr* antidatare, retrodatare.
antidémocratique *adj* antidemocratico.
antidépresseur *adj, sm* (*méd*) antidepressivo.
antidérapant *adj* antislittamento, antisdrucciolo.
antidote *sm* antidoto.
antienne *sf* antifona.
antigel *adj, sm* antigelo.
antihistaminique *adj, sm* (*méd*) antistaminico.
antilope *sf* antilope.
antimoine *sm* antimonio.
antinomie *sf* antinomia.
antipathie *sf* antipatia.
antipathique *adj* antipatico.
antipodes *sm pl* antipodi.
antipyrétique *adj, sm* (*méd*) antipiretico.
antiquaille *sf* anticaglia.
antiquaire *sm* antiquario.
antique *adj* antico; antiquato ◊ **à l'antique** all'antica.
antiquité *sf* antichità.
antirides *adj, sm* antirughe.
antirouille *adj, sm* antiruggine.
antisémitisme *sm* antisemitismo.
antiseptique *adj, sm* antisettico.
antithèse *sf* antitesi.
antivenimeux *adj* (*méd*) antiofidico.
antivol *sm inv* antifurto.
antonomase *sf* antonomasia.
antre *sm* antro, grotta (*f*).
anus *sm* ano.
anxiété *sf* ansia, ansietà.
anxieux (-euse) *adj* ansioso ◊ **être anxieux de** essere impaziente di, non vedere l'ora di.
aorte *sf* aorta.
août *sm* agosto.
apaisement *sm* acquietamento; tregua (*f*); rassicurazione (*f*).
apaiser *v tr* placare, calmare ◊ *v réfl* placarsi, calmarsi.
apanage *sm* appannaggio, prerogativa (*f*).

aphorisme *sm* conversazione appartata ◊ **en aparté** a parte.
apathie *sf* apatia.
apatride *adj*, *sm/f* apolide.
apercevoir *v tr* scorgere; intravedere ◊ *v réfl* accorgersi, rendersi conto; scorgersi.
aperçu *sm* idea (*f*), cenno; saggio ◊ **donner un aperçu de la situation** fare il quadro della situazione.
apéritif *sm* aperitivo.
à-peu-près *adv* all'incirca, pressoché ◊ *sm inv* approssimazione (*f*).
apeuré *adj* impaurito, spaventato.
aphasie *sf* afasia.
aphone *adj* afono.
aphorisme *sm* aforisma.
aphrodisiaque *adj*, *sm* afrodisiaco.
aphte *sm* afta (*f*).
apiculteur (**-trice**) *sm* apicoltore.
apiculture *sf* apicoltura.
apitoiement *sm* compassione (*f*), commiserazione (*f*); l'impietosirsi.
apitoyer *v tr* impietosire ◊ *v réfl* impietosirsi, provar pietà (per).
aplanir *v tr* spianare, appianare (*aussi fig*).
aplatir *v tr* appiattire, schiacciare ◊ *v réfl* (*fig familier*) strisciare (*intr*).
aplomb *sm* appiombo; sicurezza (*f*); sfrontatezza (*f*) ◊ **d'aplomb** a piombo; in equilibrio; **se sentir d'aplomb** sentirsi in forma; **remettre d'aplomb** rimettere in sesto.
apocalypse *sf* apocalisse.
apogée *sm* apogeo, apice.
apologie *sf* apologia.
apologue *sm* apologo.
apoplexie *sf* apoplessia.
apostat *sm* apostata.
apostolat *sm* apostolato.
apostrophe *sf* apostrofo (*m*); apostrofe, invettiva.
apostropher *v tr* apostrofare ◊ *v réfl* apostrofarsi, ingiuriarsi.
apothéose *sf* apoteosi.
apothicaire *sm* farmacista (*m/f*), speziale (*m/f*) ◊ **comptes d'apothicaire** conti complicati e minuziosi.
apôtre *sm* apostolo.
apparaître *v intr* apparire; (*fig*) sembrare ◊ **il apparaît que** risulta che.

apparat *sm* pompa (*f*), gala (*f*); apparato ◊ **discours d'apparat** discorso ufficiale.
appareil *sm* apparecchio; apparato.
appareillage *sm* apparecchiatura (*f*), attrezzatura (*f*); (*mar*) il salpare.
appareiller *v tr* accoppiare, appaiare; (*mar*) attrezzare, armare; salpare.
apparemment *adv* apparentemente.
apparence *sf* aspetto (*m*); apparenza ◊ **en apparence** in apparenza; **selon toute apparence** con ogni probabilità.
apparenter *v tr* imparentare, apparentare ◊ *v réfl* imparentarsi con.
appariteur *sm* usciere.
apparition *sf* apparizione, comparsa ◊ **l'apparition d'un phénomène** il manifestarsi di un fenomeno.
appartement *sm* appartamento.
appartenance *sf* appartenenza.
appartenir *v intr* appartenere ◊ *v impersonnel* spettare, toccare a ◊ *v réfl* disporre di sé.
appât *sm* esca (*f*); miraggio, attrattiva (*f*).
appâter *v tr* adescare, allettare.
appauvrir *v tr* impoverire.
appauvrissement *sm* impoverimento.
appel *sm* richiamo, chiamata (*f*); appello ◊ **faire l'appel** fare l'appello; **faire appel à** fare appello a, ricorrere a; **appel d'offres** gara d'appalto.
appelé *sm* soldato di leva, coscritto.
appeler *v tr* chiamare; richiedere, esigere ◊ *v réfl* chiamarsi ◊ **en appeler à** fare appello a.
appellatif (**-ive**) *adj*, *sm* appellativo.
appellation *sf* denominazione ◊ **vin d'appellation d'origine contrôlée** (**A.O.C.**) vino a denominazione di origine controllata (**D.O.C.**).
appendice *sm* appendice (*f*).
appendicite *sf* appendicite.
appentis *sm* tettoia (*f*) (*contre un mur*).
appesantir *v tr* appesantire ◊ *v réfl* appesantirsi ◊ **s'appesantir sur** dilungarsi su, insistere.
appétissant *adj* appetitoso.
appétit *sm* appetito ◊ **ouvrir l'appétit, mettre en appétit** mettere appetito; **appétit de** desiderio di.

applaudir *v tr/intr* applaudire.
applaudissement *sm* applauso.
applicable *adj* applicabile.
applicage *sm (tech)* applicazione (*f*).
application *sf* applicazione ◊ **application d'une somme** destinazione di una cifra; **mettre en application** attuare.
applique *sf* lampada a muro, applique.
appliquer *v tr* applicare ◊ *v réfl* applicarsi.
appoint *sm* spiccioli (*pl*); completamento, integrazione (*f*); (*fig*) contributo, apporto ◊ **faire l'appoint** pagare con denaro contato.
appointements *sm pl* stipendio (*sing*), retribuzione (*f sing*).
appontement *sm* pontile.
apport *sm* apporto.
apporter *v tr* portare; dare ◊ **apporter du soin à** porre cura nel; **apporter des raisons** addurre ragioni.
apposer *v tr* apporre ◊ **apposer une clause** inserire una clausola.
apposition *sf* apposizione.
appréciation *sf* stima, valutazione; giudizio (*m*), osservazione ◊ *pl* note caratteristiche.
apprécier *v tr* valutare, stimare; apprezzare ◊ *v réfl* (*fin*) rivalutarsi.
appréhender *v tr* temere, paventare; (*jur*) arrestare.
appréhension *sf* apprensione; timore (*m*).
apprendre *v tr* apprendere, imparare; insegnare; comunicare, annunciare.
apprenti *sm* apprendista, principiante.
apprentissage *sm* apprendistato, tirocinio ◊ **entrer en apprentissage** andare a bottega; **faire l'apprentissage de** formarsi all'esperienza di.
apprêt *sm* appretto; apprettatura (*f*); base (*f*), primo strato; (*fig*) ricercatezza (*f*).
apprêter *v tr* preparare; apprettare (*f*), ◊ *v réfl* accingersi, apprestarsi.
apprivoisement *sm* addomesticamento.
apprivoiser *v tr* addomesticare; (*fig*) ammansire ◊ *v réfl* ammansirsi.
approbateur (-trice) *adj* approvatore

◊ **un murmure approbateur** un mormorio di approvazione.
approbation *sf* approvazione.
approchant *adj* somigliante, simile ◊ **rien d'approchant** nulla di simile.
approche *sf* avvicinamento (*m*), l'approssimarsi; approccio (*m*) ◊ *pl* vicinanze ◊ **aux approches de** nelle vicinanze, nei pressi di; **travaux d'approche** manovre di avvicinamento.
approcher *v tr* avvicinare, accostare ◊ *v réfl* avvicinarsi (a), accostarsi (a).
approfondir *v tr* approfondire.
approfondissement *sm* approfondimento.
appropriation *sf* appropriazione.
approprier *v tr* adattare, adeguare ◊ *v réfl* appropriarsi, impadronirsi di; adattarsi.
approuver *v tr* approvare.
approvisionnement *sm* approvvigionamento, rifornimento ◊ *pl* provviste (*f*).
approvisionner *v tr* rifornire, approvigionare ◊ *v réfl* rifornirsi.
approximatif (-ive) *adj* approssimativo.
approximativement *adv* approssimativamente, all'incirca.
appui *sm* appoggio, sostegno; (*de fenêtre*) davanzale ◊ **point d'appui** punto d'appoggio; **à hauteur d'appui** ad altezza di gomito; **à l'appui de** a sostegno di; **pièces à l'appui** pezze giustificative.
appuyer *v tr* appoggiare; sostenere; (*fig*) fondare ◊ *v intr* premere; (*fig*) insistere ◊ *v réfl* appoggiarsi ◊ **appuyer à droite** spostarsi a destra.
âpre *adj* aspro ◊ **être âpre au gain** essere avido di guadagno.
après *prép* dopo; dietro ◊ *adv* dopo, poi ◊ **courir après quelqu'un** correre dietro a qualcuno; **après tout** dopo tutto, alla fine; **après coup** a cose fatte; **d'après** secondo; **un dessin d'après nature** un disegno dal vero.
après-midi *sm/f inv* pomeriggio (*m*).
après-rasage (*pl* **après-rasages**) *sm* dopobarba.
après-ski (*pl* **après-skis**) *sm* doposci.

après-soleil (*pl* **après-soleils**) *sm* doposole.
âpreté *sf* asprezza, durezza.
à-propos *sm inv* opportunità (*f*); momento opportuno ◊ **avoir l'esprit d'à-propos** avere il senso dell'opportunità; **répondre avec beaucoup d'à-propos** rispondere proprio a tono.
aptitude *sf* attitudine, disposizione; capacità, talento (*m*).
aquarelle *sf* acquarello (*m*).
aquarium *sm* acquario.
aquatique *adj* acquatico.
aqueduc *sm* acquedotto.
aqueux (**-euse**) *adj* acquoso; acqueo.
aquilin *adj* aquilino.
arabe *adj, sm* arabo.
arabesque *sf* arabesco (*m*).
arabisant *sm* arabista (*m/f*).
arachide *sf* arachide.
araignée *sf* ragno (*m*) ◊ **toile d'araignée** ragnatela.
arbitrage *sm* arbitraggio.
arbitraire *adj* arbitrario.
arbitre *sm* arbitro.
arbitrer *v tr* arbitrare.
arborer *v tr* inalberare; sfoggiare, ostentare.
arboriculteur (**-trice**) *sm* arboricoltore; frutticoltore.
arbre *sm* albero.
arbrisseau *sm* arboscello; arbusto.
arbuste *sm* arbusto.
arc *sm* arco ◊ **en arc de cercle** ad arco, a semicerchio; **arc en plein cintre** arco a tutto sesto.
arcade *sf* arcata ◊ *pl* portici (*m*) ◊ **arcade sourcilière** arcata sopraccigliare.
arc-boutant (*pl* **arcs-boutants**) *sm* arco rampante.
arc-bouter *v tr* (*arch*) rinforzare con un arco di spinta ◊ *v réfl* inarcarsi.
arceau (*pl* **-eaux**) *sm* arco; archetto.
arc-en-ciel (*pl* **arcs-en-ciel**) *sm* arcobaleno.
archaïsme *sm* arcaismo.
arche *sf* arca; (*pont*) arcata, arco (*m*).
archéologie *sf* archeologia.
archéologue *sm* archeologo.
archer *sm* arciere.
archet *sm* (*mus*) archetto.

archevêché *sm* arcivescovado.
archevêque *sm* arcivescovo.
archipel *sm* arcipelago.
architecte *sm* architetto.
architecture *sf* architettura.
archives *sf pl* archivio (*m sing*).
archiviste *sm/f* archivista.
arçon *sm* arcione.
arctique *adj* artico.
ardemment *adv* ardentemente; vivamente.
ardent *adj* ardente.
ardeur *sf* ardore (*m*).
ardoise *sf* ardesia; lavagna.
ardu *adj* arduo.
arène *sf* arena ◊ *pl* arena (*sing*), anfiteatro (*m sing*) ◊ **les arènes de Nîmes** l'arena di Nîmes; **descendre dans l'arène** scendere in lizza.
arête *sf* lisca; spigolo (*m*) ◊ **arête du toit** colmo del tetto; **voûte d'arête** volta a crociera.
argent *sm* argento; denaro, soldi (*pl*) ◊ **argent de poche** denaro per le piccole spese.
argenté *adj* argenteo; argentato.
argenter *v tr* argentare.
argenterie *sf* argenteria.
argentin *adj, sm* argentino.
argile *sf* argilla.
argot *sm* gergo ◊ **argot du milieu** gergo della malavita.
argotique *adj* gergale.
arguer *v tr* arguire, dedurre ◊ *v intr* prendere a pretesto.
argument *sm* argomento, argomentazione (*f*).
argumenter *v intr* argomentare, discutere.
argus *sm* (*zool*) argo; persona perspicace; rivista specializzata.
argutie *sf* sottigliezza, cavillo (*m*).
aride *adj* arido.
aridité *sf* aridità.
aristocrate *adj, sm* aristocratico.
aristocratie *sf* aristocrazia.
arithméticien (**-enne**) *sm* aritmetico.
arithmétique *adj* aritmetico ◊ *sf* aritmetica.
arlequin *sm* arlecchino.
armateur *sm* armatore.

armature 20

armature *sf* armatura; (*fig*) ossatura, struttura.

arme *sf* arma ◊ **arme à feu** arma da fuoco; **rendre, déposer les armes** deporre le armi; **compagnon d'armes** compagno d'armi.

armée *sf* esercito (*m*) ◊ **armée de l'air** aviazione militare.

armement *sm* armamento ◊ **société d'armement** società armatrice.

armer *vt* armare; (*fig*) preparare ◊ *v réfl* armarsi ◊ **armer un appareil photo** caricare la macchina fotografica.

armistice *sm* armistizio.

armoire *sf* armadio (*m*) ◊ **armoire à glace** armadio a specchio; (*fig*) persona grande e grossa.

armoiries *sf pl* (*héraldique*) arme (*sing*).

armure *sf* armatura.

armurier *sm* armaiolo, armiere.

arnaquer *vtr* (*familier*) imbrogliare.

arobase *sf* (*inform*) chiocciola, at.

aromate *sm* pianta (*f*) aromatica ◊ *pl* aromi, spezie (*f*).

aromatique *adj* aromatico.

aromatiser *v tr* aromatizzare.

arôme *sm* aroma.

arpège *sm* arpeggio.

arpentage *sm* il misurare (terreni); agrimensura (*f*).

arpenter *v tr* misurare (terreni); (*fig*) percorrere in su e in giù.

arquebuse *sf* archibugio (*m*).

arrachage *sm* sradicamento, estirpazione (*f*); estrazione (*f*).

arrache-pied ◊ **d'arrache-pied** di lena, senza sosta; **travailler d'arrache-pied** lavorare senza sosta.

arracher *v tr* strappare; estirpare, sradicare ◊ **s'arracher de** staccarsi da; **s'arracher quelque chose** contendersi qualcosa.

arraisonner *v tr* ispezionare (una nave).

arrangement *sm* sistemazione (*f*), disposizione (*f*); arrangiamento, accordo.

arranger *v tr* sistemare, disporre; accomodare, aggiustare; convenire ◊ *v réfl* sistemarsi; aggiustarsi; accordarsi ◊

s'arranger pour fare in modo da; **s'arranger de** accontentarsi.

arrestation *sf* (*jur*) arresto (*m*); fermo (*m*).

arrêt *sm* fermata (*f*), sosta (*f*); arresto, sospensione (*f*); (*jur*) sentenza (*f*) ◊ **sans arrêt** senza posa; **temps d'arrêt** battuta d'arresto; **mandat d'arrêt** mandato di cattura.

arrêté *sm* (*jur*) decreto, ordinanza (*f*).

arrêter *v tr* fermare, bloccare; arrestare; fissare, stabilire ◊ *v intr* fermarsi, smettere ◊ *v réfl* fermarsi ◊ **arrêter le bilan, un compte** chiudere il bilancio, un conto.

arrhes *sf pl* caparra (*sing*).

arrière *sm* parte (*f*) posteriore; (*au football*) terzino ◊ *pl* retrovie (*f*) ◊ *adj inv* posteriore ◊ **à l'arrière** dietro; **faire marche arrière** fare marcia indietro; **en arrière** indietro, all'indietro; **en arrière de** dietro a.

arriéré *adj* arretrato; ritardato ◊ *sm* arretrato, arretrati (*pl*).

arrière-boutique (*pl* **arrière-boutiques**) *sf* retrobottega (*m*).

arrière-garde (*pl* **arrière-gardes**) *sf* retroguardia.

arrière-goût (*pl* **arrière-goûts**) *sm* retrogusto.

arrière-grand-mère (*pl* **arrière-grands-mères**) *sf* bisnonna.

arrière-grand-père (*pl* **arrière-grands-pères**) *sm* bisnonno.

arrière-pays *sm inv* entroterra, retroterra.

arrière-pensée (*pl* **arrière-pensées**) *sf* pensiero (*m*) recondito, secondo fine (*m*).

arrière-plan (*pl* **arrière-plans**) *sm* sfondo ◊ **être à l'arrière-plan** essere in secondo piano.

arrière-saison (*pl* **arrière-saisons**) *sf* autunno (*m*) avanzato; fine stagione.

arrière-train (*pl* **arrière-trains**) *sm* retrotreno; (*d'un quadrupède*) treno posteriore.

arrimer *v tr* stivare.

arrivage *sm* arrivi (*pl*) (di merci).

arrivée *sf* arrivo (*m*); traguardo (*m*).

arriver *v intr* arrivare, giungere; riuscire; capitare ◊ *v impersonnel* accade-

re, succedere ◊ **il arrive que** succede
che; **il lui arrive de** gli capita di; **arriver à ses fins** raggiungere il proprio
scopo.

arrogance *sf* arroganza.

arrogant *adj* arrogante.

arroger (s') *v réfl* arrogarsi.

arrondir *v tr* arrotondare ◊ *v réfl* arro-
tondarsi ◊ **arrondir les angles** smussare gli angoli.

arrondissage *sm* arrotondamento.

arrondissement *sm* (*en France*) circoscrizione amministrativa di una grande città o distretto.

arrosage *sm* annaffiatura (*f*), irrigazione (*f*).

arroser *v tr* annaffiare, bagnare, irrigare.

arrosoir *sm* annaffiatoio.

arsenal (*pl* -**aux**) *sm* arsenale; (*familier*) armamentario.

arsenic *sm* arsenico.

art *sm* arte (*f*) ◊ **dans les règles de l'art**
a regola d'arte; **les beaux-arts** le belle arti.

artère *sf* arteria.

artériel *adj* arterioso.

artériosclérose *sf* arteriosclerosi.

arthrite *sf* artrite.

arthrose *sf* artrosi.

artichaut *sm* carciofo.

article *sm* articolo.

articulation *sf* articolazione.

articuler *v tr* articolare; (*jur*) enunciare
◊ *v réfl* articolarsi.

artifice *sm* artificio ◊ **user d'artifice**
agire d'astuzia; **feu d'artifice** fuoco
d'artificio.

artificiel (-elle) *adj* artificiale; artificioso, artefatto.

artificier *sm* artificiere.

artillerie *sf* artiglieria.

artilleur *sm* artigliere.

artisan *sm* artigiano; (*fig*) artefice (*m/f*).

artisanal (*pl* -**aux**) *adj* artigiano, artigianale.

artisanat *sm* artigianato.

artiste *sm/f* artista.

artistique *adj* artistico.

as *sm* asso.

ascendant *adj*, *sm* ascendente.

ascenseur *sm* ascensore.

ascension *sf* ascensione; scalata; (*fig*)
ascesa.

ascète *sm/f* asceta.

ascétique *adj* ascetico ◊ *sf* ascetica.

aseptique *adj* asettico.

aseptiser *v tr* rendere asettico, disinfettare.

asexué *adj* asessuato.

asiatique *adj*, *sm* asiatico.

asile *sm* asilo, rifugio; ospizio; ricovero
◊ **asile (d'aliénés)** manicomio; **asile
de nuit** dormitorio pubblico.

aspect *sm* aspetto.

asperge *sf* asparago (*m*).

asperger *v tr* spruzzare, aspergere.

aspérité *sf* asperità; (*fig*) asprezza.

aspersion *sf* aspersione.

asphalte *sm* asfalto.

asphyxie *sf* asfissia.

asphyxier *v tr* asfissiare ◊ *v réfl* asfis-
siarsi.

aspic *sm* (*zool*) aspide; (*bot*) spigo.

aspirant *adj* aspirante ◊ *sm* aspirante;
(*milit*) allievo ufficiale.

aspirateur *sm* aspirapolvere.

aspiration *sf* aspirazione.

aspirer *v tr/intr* aspirare.

aspirine *sf* aspirina.

assagir *v tr* render saggio, far rinsavire ◊ *v réfl* mettere giudizio, rinsavire.

assaillant *sm* assalitore.

assaillir *v tr* assalire ◊ **assaillir de questions** subissare di domande.

assainir *v tr* risanare, disinfettare;
(*l'eau*) depurare.

assaisonnement *sm* condimento.

assaisonner *v tr* condire.

assassin *sm* assassino.

assassinat *sm* assassinio.

assassiner *v tr* assassinare.

assaut *sm* assalto ◊ **prendre d'assaut**
prendere d'assalto.

assécher *v tr* prosciugare.

assemblage *sm* riunione (*f*), raccolta (*f*);
(*tech*) assemblaggio, collegamento;
(*personnes, choses*) insieme.

assemblée *sf* assemblea, riunione ◊ **la
Haute Assemblée** il Senato (francese); **l'Assemblée nationale** la Camera (francese).

assembler *v tr* mettere insieme, riunire; radunare; (*tech*) assemblare, collegare, montare ◊ *v réfl* riunirsi.

assener *v tr* assestare (*un coup*).

assentiment *sm* consenso, assenso; approvazione (*f*).

asseoir *v tr* mettere a sedere, far sedere; (*fig*) consolidare, rafforzare ◊ *v réfl* sedersi.

assertion *sf* asserzione.

asservir *v tr* asservire, assoggettare ◊ *v réfl* sottomettersi.

asservissement *sm* asservimento.

assesseur *sm* assessore.

assez *adv* abbastanza, a sufficienza ◊ **en avoir assez** averne abbastanza; **c'est assez! basta!**

assidu *adj* assiduo.

assiduité *sf* assiduità.

assiéger *v tr* assediare.

assiette *sf* piatto (*m*); equilibrio (*m*), assetto (*m*); (*jur*) imponibile (*m*) ◊ **assiette plate** piatto piano; **assiette creuse** piatto fondo; **ne pas être dans son assiette** non sentirsi bene.

assignation *sf* assegnazione; (*jur*) citazione ◊ **assignation à résidence** soggiorno obbligato.

assigner *v tr* assegnare, attribuire; (*jur*) citare.

assimilation *sf* assimilazione.

assimiler *v tr* assimilare; paragonare, equiparare ◊ *v réfl* assimilarsi, integrarsi.

assis *adj* seduto; (*fig*) stabile, solido.

assise *sf* base, fondamento (*m*) ◊ *pl* (*jur*) assise ◊ **cour d'assises** corte d'assise.

assistance *sf* assistenza; uditorio (*m*), assemblea pubblica ◊ **prêter assistance à quelqu'un** prestare aiuto a qualcuno.

assister *v tr/intr* assistere ◊ **assister quelqu'un** aiutare qualcuno.

association *sf* associazione; società.

associé *adj* associato ◊ *sm* socio.

associer *v tr* associare; unire, mettere insieme ◊ *v réfl* associarsi.

assoiffé *adj* assetato.

assombrir *v tr* oscurare; (*fig*) amareggiare ◊ *v réfl* oscurarsi, rabbuiarsi.

assommer *v tr* accoppare; stordire, tra-

mortire; (*fig, familier*) scocciare, seccare.

assommoir *sm* manganello, randello; bettola (*f*), osteria (*f*).

assomption *sf* assunzione.

assonance *sf* assonanza.

assortiment *sm* assortimento; (*de couleur*) accostamento.

assortir *v tr* assortire, intonare; rifornire (*un magasin*) ◊ *v réfl* intonarsi ◊ **ne pas s'assortir** non andare d'accordo; **s'assortir de** essere accompagnato da, completarsi con.

assoupir *v tr* assopire; (*fig*) sopire ◊ *v réfl* assopirsi ◊ **assoupir une douleur** placare un dolore.

assouplir *v tr* ammorbidire; (*fig*) mitigare ◊ *v réfl* ammorbidirsi.

assourdir *v tr* assordare, stordire; attutire, smorzare.

assourdissant *adj* assordante.

assouvir *v tr* saziare; (*fig*) appagare ◊ *v réfl* saziarsi.

assouvissement *sm* appagamento, soddisfacimento.

assujettir *v tr* assoggettare, sottomettere.

assumer *v tr* assumere, assumersi; accettare ◊ *v réfl* accettarsi.

assurance *sf* sicurezza, certezza; assicurazione.

assuré *adj* sicuro, certo; assicurato ◊ *sm* assicurato ◊ **assuré social** avente diritto alla mutua e alla pensione.

assurément *adv* certamente, sicuramente.

assurer *v tr* assicurare; garantire ◊ *v réfl* assicurarsi; accertarsi.

assureur *sm* assicuratore.

astérisque *sm* asterisco.

asthmatique *adj* asmatico.

asthme *sm* asma (*f*).

asticot *sm* verme (*utilisé comme appât*).

astiquer *v tr* lustrare, lucidare.

astre *sm* astro.

astreindre *v tr* costringere, obbligare; sottoporre ◊ *v réfl* sottoporsi, assoggettarsi.

astringent *adj, sm* astringente.

astrologie *sf* astrologia.

astrologue *sm* astrologo.

astronaute *sm* astronauta.
astronautique *sf* astronautica.
astronef *sm* astronave (*f*).
astronome *sm* astronomo.
astronomie *sf* astronomia.
astuce *sf* astuzia, stratagemma (*m*) ◊ **les astuces du métier** i trucchi del mestiere.
astucieux (-euse) *adj* astuto, scaltro.
asymétrie *sf* asimmetria.
atelier *sm* laboratorio, officina (*f*); (*d'artiste*) studio, atelier ◊ **chef d'atelier** capofficina, caporeparto.
athée *adj, sm* ateo.
athéisme *sm* ateismo.
athlète *sm* atleta.
athlétique *adj* atletico.
athlétisme *sm* atletica (*f*).
atlantique *adj* atlantico.
atlas *sm* atlante.
atmosphère *sf* atmosfera.
atmosphérique *adj* atmosferico.
atome *sm* atomo.
atomique *adj* atomico.
atomiseur *sm* nebulizzatore, atomizzatore.
atours *sm pl* ornamenti femminili, fronzoli ◊ **dans ses plus beaux atours** tutta in ghingheri.
atout *sm* (*aux cartes*) briscola (*f*); atout.
âtre *sm* focolare.
atroce *adj* atroce; (*familier*) spaventoso, orribile.
atrocité *sf* atrocità.
atrophie *sf* atrofia.
atrophier *v tr* atrofizzare ◊ *v réfl* atrofizzarsi.
attabler (s') *v réfl* mettersi a tavola.
attachant *adj* avvincente; (*personne*) simpatico, che si fa voler bene.
attache *sf* legame (*m*); correggia; fermaglio (*m*) ◊ *pl* relazioni, legami (*m*) ◊ **point d'attache** inserzione (*d'un muscle*).
attachement *sm* attaccamento.
attacher *v tr* attaccare; legare ◊ *v réfl* attaccarsi; (*fig*) affezionarsi; (*fig*) applicarsi ◊ **attacher ses regards sur** fissare lo sguardo su; **attacher un sens à** dare un significato a;

attacher de l'importance à attribuire importanza a.
attaque *sf* attacco (*m*) ◊ **être d'attaque** essere in forma; **une attaque (d'apoplexie)** un colpo (apoplettico).
attaquer *v tr* attaccare; aggredire; intaccare, corrodere ◊ *v réfl* attaccarsi; affrontare ◊ **attaquer une difficulté** affrontare una difficoltà; **s'attaquer à quelqu'un** affrontare qualcuno; **s'attaquer aux préjugés** combattere i pregiudizi; **attaquer quelqu'un en justice** intentare causa a qualcuno.
attarder (s') *v réfl* attardarsi, trattenersi.
atteindre *v tr* raggiungere; arrivare a; colpire ◊ **atteindre son but** raggiungere lo scopo; **atteindre au vif** colpire nel vivo.
atteinte *sf* danno (*m*); (*fig*) offesa, oltraggio (*m*) ◊ **être hors d'atteinte** essere fuori tiro, fuori portata; **porter atteinte à** attaccare, recare danno a.
attelage *sm* tiro (*de chevaux*); attacco, aggiogamento (*de bœufs*).
atteler *v tr* attaccare (*des chevaux*); aggiogare (*des bœufs*) ◊ *v réfl* impegnarsi (in), dedicarsi (a).
attelle *sf* (*méd*) stecca.
attenant *adj* attiguo, contiguo.
attendre *v tr* aspettare, attendere ◊ *v réfl* aspettarsi, attendersi ◊ **je m'y attendais** me l'aspettavo; **il faut s'attendre à tout** bisogna aspettarsi di tutto; **en attendant** intanto, nel frattempo; **en attendant que** nell'attesa che, fino a che.
attendrir *v tr* rendere tenero; (*fig*) intenerire, commuovere ◊ *v réfl* commuoversi.
attendrissement *sm* commozione (*f*).
attendu *adj* atteso ◊ **attendu que** visto che, dato che.
attentat *sm* attentato.
attente *sf* attesa ◊ **contre toute attente** contro ogni aspettativa.
attenter *v intr* attentare ◊ **attenter à ses jours** suicidarsi.
attentif (-ive) *adj* attento.
attention *sf* attenzione ◊ **faire attention à** badare a.

attentionné *adj* premuroso, pieno di attenzioni.

attentivement *adv* attentamente.

atténuation *sf* attenuazione, diminuzione ◊ **atténuation de la peine** riduzione della pena.

atténuer *v tr* attenuare, mitigare ◊ *v réfl* attenuarsi, mitigarsi.

atterrer *v tr* sconvolgere, costernare.

atterrir *v intr* atterrare.

atterrissage *sm* atterraggio.

attestation *sf* attestato (*m*); certificato (*m*).

attester *v tr* attestare.

attifer *v tr* agghindare, conciare ◊ *v réfl* agghindarsi.

attirail (*pl* -**ails**) *sm* armamentario.

attirance *sf* attrattiva, fascino (*m*).

attirant *adj* attraente.

attirer *v tr* attirare, attrarre ◊ *v réfl* attirarsi ◊ **s'attirer des ennuis** procurarsi delle noie.

attiser *v tr* attizzare.

attitré *adj* autorizzato, accreditato; abituale.

attitude *sf* atteggiamento (*m*); modo di fare.

attouchement *sm* tocco, carezza (*f*).

attraction *sf* attrazione; attrattiva ◊ **parc d'attractions** parco dei divertimenti.

attrait *sm* fascino, attrattiva (*f*) ◊ *pl* grazie (*f*), attrattive (*f*) ◊ **éprouver de l'attrait pour** essere attratto da.

attrape *sf* scherzo (*m*) ◊ *pl* oggetti con cui si fanno scherzi.

attraper *v tr* acchiappare, acciuffare; prendere ◊ *v réfl* (*fam*) bisticciare ◊ **attraper un rhume** buscarsi un raffreddore; **se laisser attraper** cascarci, cadere in trappola.

attrayant *adj* seducente, attraente.

attribuer *v tr* attribuire, assegnare; conferire ◊ *v réfl* attribuirsi.

attribut *sm* attributo.

attribution *sf* assegnazione, attribuzione ◊ *pl* attribuzioni, competenze ◊ **complément d'attribution** complemento di termine.

attrister *v tr* rattristare ◊ *v réfl* rattristarsi.

attroupement *sm* assembramento.

attrouper (**s'**) *v réfl* radunarsi, assembrarsi.

au *prép* v. **à**.

aubaine *sf* fortuna insperata.

aube *sf* alba; (*fig*) albori (*m pl*).

aubépine *sf* biancospino (*m*).

auberge *sf* locanda ◊ **auberge de jeunesse** ostello della gioventù.

aubergine *sf* melanzana.

aubergiste *sm* oste, locandiere; albergatore.

aucun *adj* alcuno, nessuno ◊ *pron* (*phrase négative*) nessuno; qualcuno ◊ **sans aucun doute** senza dubbio alcuno; **plus qu'aucun autre** più di chiunque altro.

aucunement *adv* affatto, in nessun modo.

audace *sf* audacia; insolenza.

audacieux (**-euse**) *adj*, *sm* audace (*m/f*).

au-delà *sm* aldilà, oltretomba ◊ *adv* al di là, oltre.

au-dessous *adv* sotto, al di sotto.

au-dessus *adv* sopra, al di sopra.

au-devant *prep* incontro a ◊ **aller au-devant des désirs de quelqu'un** prevenire i desideri di qualcuno.

audible *adj* udibile.

audience *sf* udienza; uditorio (*m*).

audiovisuel (**-elle**) *adj*, *sm* audiovisivo.

auditeur (**-trice**) *sm* uditore, ascoltatore ◊ *pl* pubblico (*sing*).

audition *sf* audizione, ascolto (*m*); udito (*m*).

auditoire *sm* uditorio, pubblico.

auditorium *sm* auditorium.

auge *sf* trogolo (*m*), abbeveratoio (*m*).

augmentation *sf* aumento (*m*).

augmenter *v tr* aumentare.

augure *sm* augurio, auspicio; augure, auspice ◊ **de bon, de mauvais augure** di buono, di cattivo augurio.

augurer *v tr* augurare; presagire.

aujourd'hui *adv* oggi.

aumône *sf* elemosina.

aumônier *sm* cappellano.

auparavant *adv* prima, innanzi.

auprès ◊ **auprès de** vicino a, accanto a; presso; in confronto a.

auquel *pron* v. **lequel**.

auréole *sf* aureola.

auriculaire *adj* auricolare ◊ *sm* dito mignolo.

aurore *sf* aurora.

ausculter *v tr* auscultare.

auspices *sm pl* auspici ◊ **sous d'heureux auspices** sotto buoni auspici.

aussi *adv* così, tanto; anche, pure ◊ *conj* quindi, perciò ◊ **aussi.. que** tanto.. quanto, così.. come; **aussi vite que possible** il più presto possibile.

aussitôt *adv* subito ◊ **aussitôt que** non appena; **aussitôt dit aussitôt fait** detto fatto.

austère *adj* austero.

austérité *sf* austerità.

austral (*pl* -strals, -aux) *adj* australe.

australien (-enne) *adj*, *sm* australiano.

autant *adv* tanto; altrettanto ◊ **autant...autant** tanto... quanto; **autant que** di altrettanto; **autant que** tanto quanto; **d'autant que** visto che; **d'autant plus que** tanto più che; **pour autant** tuttavia, non per questo.

autarcie *sf* autarchia.

autel *sm* altare ◊ **maître-autel** altar maggiore.

auteur *sm* autore; autrice (*f*).

authenticité *sf* autenticità; sincerità, verità.

authentifier *v tr* autenticare.

authentique *adj* autentico.

auto *sf* automobile, macchina.

auto- *préfixe* auto-.

autobiographie *sf* autobiografia.

autobus *sm* autobus.

autocar *sm* corriera (*f*), pullman.

autochtone *adj* autoctono.

autodidacte *adj*, *sm* autodidatta.

auto-école (*pl* **auto-écoles**) *sf* autoscuola, scuola guida.

autographe *adj*, *sm* autografo.

automate *sm* automa.

automatique *adj* automatico.

automa(tisa)tion *sf* automazione.

automatiser *v tr* automatizzare.

automatisme *sm* automatismo.

automne *sm* autunno.

automobile *adj* automobile, automobilistico ◊ *sf* automobile.

automobilisme *sm* automobilismo.

autonome *adj* autonomo.

autonomie *sf* autonomia.

autopsie *sf* autopsia.

autorisation *sf* autorizzazione.

autoriser *v tr* autorizzare ◊ *v réfl* basarsi, fondarsi su.

autoritaire *adj* autoritario.

autoritarisme *sm* autoritarismo.

autorité *sf* autorità ◊ **faire autorité** far testo; **de sa propre autorité** di propria iniziativa.

autoroute *sf* autostrada.

auto-stop *sm inv* autostop.

autour *adv* intorno; (*fam*) circa ◊ **autour de** intorno a; **tout autour** tutt'intorno.

autre *adj*, *pron* altro ◊ **autre chose** un'altra cosa, altro; **entre autres** fra l'altro; **rien d'autre** nient'altro; **de temps à autre** di quando in quando; **d'autre part** d'altronde.

autrefois *adv* una volta, un tempo.

autrichien (-enne) *adj*, *sm* austriaco.

autruche *sf* struzzo (*m*).

autrui *pron* altro, altri ◊ **d'autrui** altrui.

auvent *sm* tettoia (*f*), pensilina (*f*).

aux *prép* v. **à**.

auxiliaire *adj* ausiliario; ausiliare ◊ *sm* ausiliare, aiuto ◊ **auxiliaires médicaux** personale paramedico.

auxquels *pron* v. **lequel**.

aval ◊ **en aval** a valle di.

avalanche *sf* valanga.

avaler *v tr* inghiottire, mandar giù (*aussi fig*); trangugiare, divorare.

avance *sf* avanzata; vantaggio (*m*), distacco (*m*); anticipo (*m*) ◊ **à l'avance, d'avance, en avance** in anticipo; **faire des avances** fare delle proposte, delle profferte.

avancé *adj* avanzato; inoltrato; anticipato.

avancée *sf* sporgenza.

avancement *sm* avanzamento (*aussi fig*); progresso.

avancer *v tr* far avanzare, spostare in avanti; (*fig*) avanzare, presentare; anticipare; prestare ◊ *v intr* avanzare, andare avanti; sporgere ◊ *v réfl* venire avanti; spingersi avanti.

avant *prép* prima di, innanzi a ◊ *adv* (*dans le temps*) prima; (*dans l'espa-*

ce) avanti ◊ **avant le temps** prima del tempo; **se mettre en avant** farsi avanti; **avant tout** innanzitutto.

avant *sm* parte (*f*) anteriore, davanti; (*sport*) attaccante ◊ **aller de l'avant** avanzare.

avantage *sm* vantaggio ◊ **prendre l'avantage sur quelqu'un** avere il sopravvento su qualcuno; **avoir avantage à** aver interesse a.

avantager *v tr* avvantaggiare, favorire ◊ **cette couleur l'avantage** quel colore le dona.

avantageux (-euse) *adj* vantaggioso, conveniente; lusinghiero; presuntuoso ◊ **un ton avantageux** un tono di sufficienza.

avant-bras *sm inv* avambraccio.

avant-corps *sm inv* avancorpo.

avant-coureur (*pl m* **avant-coureurs**) *adj, sm* precursore, anticipatore.

avant-dernier (*f* **avant-dernière** *pl m* **avant-derniers**) *adj* penultimo.

avant-garde (*pl* **avant-gardes**) *sf* avanguardia.

avant-goût (*pl* **avant-goûts**) *sm* assaggio; saggio.

avant-hier *adv* l'altro ieri.

avant-poste (*pl* **avant-postes**) *sm* avamposto.

avant-première (*pl* **avant-premières**) *sf* anteprima.

avant-projet (*pl* **avant-projets**) *sm* progetto di massima.

avant-propos *sm inv* prefazione (*f*); avvertenza (*f*).

avant-scène (*pl* **avant-scènes**) *sf* proscenio (*m*) ◊ *pl* palchi (*m*) di proscenio.

avant-toit (*pl* **avant-toits**) *sm* gronda (*f*).

avant-veille (*pl* **avant-veilles**) *sf* antivigilia.

avare *adj, sm* avaro.

avarice *sf* avarizia.

avarie *sf* avaria.

avatar *sm* trasformazione (*f*), mutamento; (*fam*) contrattempo.

avec *prép* con; (*opposition*) con, contro ◊ **d'avec** da.

avenant *adj* affabile; attraente, avvenente ◊ **à l'avenant** altrettanto, allo stesso modo; **à l'avenant de** in armonia, in conformità con.

avènement *sm* avvento, ascesa (*f*); venuta (*f*).

avenir *sm* avvenire, futuro ◊ **à l'avenir** d'ora in poi; **d'avenir** di sicuro avvenire.

avent *sm* (*relig*) avvento.

aventure *sf* avventura ◊ **à l'aventure** alla ventura; **vivre à l'aventure** vivere alla giornata; **d'aventure, par aventure** per caso; **dire la bonne aventure** predire il futuro.

aventureux (-euse) *adj* avventuroso.

aventurier (-ère) *sm* avventuriero.

avenue *sf* viale (*m*); (*fig*) strada, via d'accesso.

avérer (s') *v réfl* dimostrarsi, rivelarsi.

averse *sf* acquazzone (*m*), rovescio (*m*).

aversion *sf* avversione, antipatia.

averti *adj* esperto, avveduto; avvertito, avvisato.

avertir *v tr* avvertire, avvisare.

avertissement *sm* avvertimento; ammonizione (*f*); prefazione (*f*), avvertenza (*f*).

avertisseur (-euse) *sm* avvisatore, segnalatore; claxon.

aveu *sm* confessione (*f*) ◊ **de l'aveu de tout le monde** secondo il parere di tutti; **passer aux aveux** finire col confessare.

aveugle *adj, sm* cieco ◊ **à l'aveugle** alla cieca.

aveuglement *sm* ottenebramento; (*fig*) accecamento, cecità.

aveuglément *adv* ciecamente.

aveugler *v tr* accecare.

aveuglette ◊ **à l'aveuglette** a tentoni, alla cieca.

aviateur (-trice) *sm* aviatore.

aviation *sf* aviazione.

avide *adj* avido.

avidité *sf* avidità, bramosia.

avilir *v tr* avvilire; svilire, svalutare ◊ *v réfl* avvilirsi; svilirsi, degradarsi.

avilissement *sm* avvilimento, svilimento; degradazione (*f*).

aviné *adj* avvinazzato.

avion *sm* aereo ◊ **avion à réaction** jet;

avion gros porteur jumbo jet; **par avion** per via aerea.

aviron *sm* remo; (*sport*) canottaggio.

avis *sm* opinione (*f*), parere; avviso, annuncio ◊ **à mon avis** secondo me; **jusqu'à nouvel avis** fino a nuovo ordine; **avis de réception** ricevuta di ritorno; **avis au lecteur** avvertenza al lettore.

avisé *adj* avveduto, accorto.

aviser *v tr* avvisare, avvertire; scorgere, avvistare ◊ *v réfl* rendersi conto, accorgersi; **s'aviser de** osare, permettersi di.

aviver *v tr* ravvivare; (*fig*) inasprire.

avocat *sm* avvocato; (*fruit*) avocado.

avoine *sf* avena.

avoir *v tr* avere ◊ **avoir à faire** avere da fare; **en avoir assez** averne abbastanza; **en avoir contre quelqu'un** avercela con qualcuno; **y avoir** esserci; **il n'y a pas de quoi** non c'è di che.

avoir *sm* averi (*pl*); avere, entrata (*f*); ricevuta (*f*) di credito.

avoisinant *adj* vicino, attiguo.

avoisiner *v tr* essere attiguo a; (*fig*) sfiorare, rasentare.

avortement *sm* aborto.

avorter *v intr* abortire.

avorton *sm* aborto.

avouer *v tr* riconoscere, ammettere; confessare ◊ *v réfl* riconoscersi; confessarsi.

avril *sm* aprile.

avulsion *sf* avulsione.

axe *sm* asse ◊ **les grands axes (d'un pays)** le direttrici stradali, le grandi vie di comunicazione (di un paese).

axillaire *adj* ascellare.

axiome *sm* assioma.

ayant droit (*pl* **ayants droit**) *sm/f* (*jur*) avente diritto.

azalée *sf* azalea.

azimut *sm* azimut ◊ **tous azimuts** in ogni direzione.

azote *sm* azoto.

aztèque *adj*, *sm* azteco.

azur *adj*, *sm* azzurro.

azurer *v tr* azzurrare.

azyme *adj* azzimo.

B

baba *adj inv* stupefatto ◊ **en rester baba** restarci di stucco.

baba *sm* (*cuis*) babà.

babel *sf* babele.

babillage *sm* cicaleccio, chiacchierio.

babiller *v intr* ciarlare, cianciare; cinguettare.

babines *sf pl* labbra ◊ **s'en lécher les babines** leccarsi i baffi.

babiole *sf* ninnolo (*m*); (*fig*) inezia, sciocchezza.

bâbord *sm* (*mar*) babordo.

babouin *sm* babbuino.

bac *sm* traghetto, chiatta (*f*); tinozza (*f*), vaschetta (*f*); (*tech*) vasca.

baccalauréat *sm* (esame di) maturità, licenza (*f*) liceale.

bâche *sf* telone (*m*), copertone (*m*); serbatoio (*m*) (per l'acqua).

bâcher *v tr* coprire (con un telone impermeabile).

bachot *sm* (*mar*) burchiello.

bacille *sm* bacillo.

bâcler *v tr* (*familier*) abborracciare, raffazzonare; sprangare (*una porta*).

bactéricide *adj*, *sm* battericida.

bactérie *sf* batterio (*m*).

badaud *sm* bighellone, sfaccendato.

badigeon *sm* intonaco di calce.

badigeonner *v tr* intonacare, imbiancare; (*méd*) spennellare.

badin *adj* scherzoso, faceto.

badinage *sm* scherzo.

badiner *v intr* scherzare.

baffe *sf* (*familier*) schiaffo (*m*), scapaccione (*m*).

bafouer *v tr* beffare, schernire.

bafouillage *sm* (*familier*) discorso sconnesso, balbettio.

bafouiller *v intr* (*familier*) farfugliare.

bâfrer *v tr* (*familier*) sbafare ◊ *v intr* abbuffarsi.

bagage *sm* bagaglio ◊ **plier bagage** far fagotto; **partir avec armes et bagages** andarsene con armi e bagagli.

bagarre *sf* rissa, tafferuglio (*m*) ◊ **chercher la bagarre** attaccar briga.

bagarrer (se) *v réfl* (*familier*) litigare, azzuffarsi.

bagatelle *sf* bazzecola, inezia.
bagne *sm* bagno penale, penitenziario; (*fig*) galera (*f*).
bagnole *sf* (*familier*) macchina, auto.
bagout *sm* (*familier*) parlantina (*f*).
bague *sf* anello (*m*).
baguenauder *v intr* bighellonare.
baguette *sf* bacchetta; (*pain*) sfilatino (*m*) ◊ **mener quelqu'un à la baguette** comandare qualcuno a bacchetta; **marcher à la baguette** obbedire senza discutere.
bahut *sm* madia (*f*), credenza (*f*).
baie *sf* baia, insenatura; vano (*m*), apertura (*de porte, fenêtre*); (*bot*) bacca ◊ **baie vitrée** vetrata.
baignade *sf* bagno (*m*) ◊ **baignade interdite** divieto di balneazione.
baigner *v tr* bagnare; fare il bagno a ◊ *v intr* essere immerso ◊ *v réfl* fare il bagno (*dans la mer, rivière, etc.*).
baignoire *sf* vasca da bagno.
bail (*pl* **baux**) *sm* affitto; contratto di locazione ◊ **donner à bail** dare in affitto; **ça fait un bail!** è da un sacco di tempo, da un pezzo!
bâillement *sm* sbadiglio.
bâiller *v intr* sbadigliare; (*porte, fenêtre*) essere socchiuso.
bailleur (**-resse**) *sm* locatore.
bâillon *sm* bavaglio.
bâillonner *v tr* imbavagliare.
bain *sm* bagno ◊ **prendre un bain** fare un bagno; **bain de pieds** pediluvio; **être dans le bain** essere immischiato; essere addentro; **envoyer quelqu'un au bain** mandare qualcuno a quel paese.
baïonnette *sf* baionetta ◊ **une ampoule à baïonnette** una lampadina con attacco a baionetta.
baisemain *sm* baciamano.
baiser *v tr* baciare; (*volgare*) scopare.
baiser *sm* bacio.
baisse *sf* abbassamento (*m*), calo (*m*); diminuzione, ribasso (*m*) ◊ **en baisse** in ribasso.
baisser *v tr* abbassare; ribassare ◊ *v intr* diminuire, calare ◊ *v réfl* abbassarsi, chinarsi.

bal *sm* ballo; sala (*f*) da ballo.
balade *sf* (*familier*) passeggiata, gita.
balader *v tr* (*familier*) portare a spasso ◊ *v réfl* andare a spasso.
baladeur (**-euse**) *adj* mobile ◊ *sm* walkman.
baladeuse *sf* lampada portatile.
baladin *sm* saltimbanco.
balafre *sf* sfregio (*m*).
balafrer *v tr* sfregiare.
balai *sm* scopa (*f*); (*élec*) spazzola (*f*) ◊ **petit balai** scopino; **balais d'essuie-glace** spazzole del tergicristallo.
balance *sf* bilancia; (*écon*) bilancia; bilancio (*m*), pareggio (*m*) ◊ **balance à bascule** bascula; **balance romaine** stadera; **être en balance** essere incerto.
balancement *sm* oscillazione (*f*), dondolìo; (*fig*) equilibrio ◊ **le balancement d'un navire** il rollio di una nave.
balancer *v tr* dondolare, far oscillare; (*fig*) soppesare, valutare; (*familier*) gettare, sbarazzarsi di ◊ *v intr* esitare ◊ *v réfl* dondolarsi ◊ **balancer le pour et le contre** valutare il pro e il contro.
balancier *sm* bilanciere.
balançoire *sf* altalena.
balayage *sm* scopatura (*f*), pulizia (*f*).
balayer *v tr* spazzare, scopare; (*fig*) spazzar via.
balayeur (**-euse**) *sm* spazzino.
balbutier *v tr/intr* balbettare.
balcon *sm* balcone; (*au théâtre*) balconata (*f*), galleria (*f*).
balconnet *sm* reggiseno a balconcino.
baldaquin *sm* baldacchino.
baleine *sf* balena ◊ **les baleines d'un parapluie** le stecche dell'ombrello.
balise *sf* (*aéronautique, mar*) segnale (*m*) di rotta.
baliser *v tr* munire di segnali.
balistique *adj* balistico ◊ *sf* balistica.
baliverne *sf* stupidaggine, sciocchezza.
balkanique *adj* balcanico.
ballade *sf* ballata.
ballant *adj* penzolante, ciondolante.

ballast *sm* (*ferr*) massicciata (*f*); (*mar*) zavorra (*f*).

balle *sf* palla, pallina; pallottola, proiettile (*m*) ◊ **saisir la balle au bond** prendere la palla al balzo; **se renvoyer la balle** scambiarsi accuse.

ballerine *sf* ballerina.

ballet *sm* balletto ◊ **maître de ballet** direttore del corpo di ballo.

ballon *sm* pallone; pallone aerostatico ◊ **ballon dirigeable** dirigibile.

ballonner *v tr* gonfiare, dilatare.

ballot *sm* pacco; (*familier*) stupido, imbecille (*m/f*).

ballottage *sm* ballottaggio.

ballottement *sm* sballottamento.

ballotter *v tr* sballottare ◊ *v intr* ballonzolare ◊ **être ballotté entre** essere combattuto fra.

balluchon *sm* fagotto.

balnéaire *adj* balneare.

balourd *adj* zotico; goffo ◊ *sm* zoticone.

balte *adj* baltico.

balustrade *sf* balaustra; ringhiera, parapetto (*m*).

balustre *sm* colonnina (*f*).

bambin *sm* bimbo.

bamboche *sf* pupazzo (*m*); (*familier*) bisboccia, baldoria ◊ **faire bamboche** fare bisboccia.

bambou *sm* bambù.

ban *sm* bando ◊ **bans de mariage** pubblicazioni (di matrimonio).

banal *adj* banale.

banalité *sf* banalità.

banane *sf* banana; (*petit sac*) marsupio.

bananier *sm* banano; (*cargo*) bananiera (*f*).

banc *sm* banco; panca (*f*) ◊ **banc public** panchina; **banc de sable** banco di sabbia; **banc de poissons** banco di pesci.

bancaire *adj* bancario.

bancal (*pl* **-als**) *adj* sbilenco, storto.

bandage *sm* fasciatura (*f*), bendaggio.

bande *sf* fascia, striscia; benda; (*inform, tech*) nastro (*m*); (*de personnes*) banda, truppa ◊ **bande magnétique** nastro magnetico; **bande sonore** colonna sonora; **bande dessinée** fumetto; **faire bande à part** far gruppo a parte.

bandeau (*pl* **-eaux**) *sm* benda (*f*).

bander *v tr* bendare, fasciare; tendere.

banderole *sf* banderuola; striscione (*m*).

bandit *sm* bandito, delinquente (*m/f*).

bandothèque *sf* nastroteca.

bandoulière *sf* bandoliera ◊ **en bandoulière** a tracolla.

banjo *sm* banjo.

banlieue *sf* periferia.

banni *adj* bandito; esiliato ◊ *sm* esule.

bannière *sf* insegna, stendardo (*m*).

bannir *v tr* bandire.

bannissement *sm* bando; espulsione (*f*), esilio.

banque *sf* banca; (*dans les jeux de hasard*) banco (*m*) ◊ **banque de données** banca dati.

banqueroute *sf* bancarotta.

banquet *sm* banchetto.

banquette *sf* (*voiture, train*) sedile (*m*); sgabello (*m*), panchina; (*le long d'une route*) banchina (*f*).

banquier *sm* banchiere.

banquise *sf* banchisa.

baptême *sm* battesimo.

baptiser *v tr* battezzare.

baptistère *sm* battistero.

baquet *sm* mastello, tinozza (*f*).

bar *sm* bar, caffè.

baragouin *sm* linguaggio incomprensibile.

baragouiner *v tr/intr* (*familier*) farfugliare.

baraque *sf* baracca.

baraquement *sm* baraccamento.

barbare *adj, sm* barbaro.

barbarie *sf* barbarie.

barbe *sf* barba; cavallo (*m*) berbero ◊ **barbe à papa** zucchero filato; **à la barbe de...** in barba a...; **rire dans sa barbe** ridere sotto i baffi.

barbelé *adj* spinato ◊ **fil de fer barbelé** filo spinato.

barber *v tr* (*familier*) seccare, annoiare ◊ *v réfl* annoiarsi.

barbiche *sf* barbetta, pizzo (*m*).

barboter *v intr* sguazzare ◊ *v tr* (*familier*) fregare, rubare.

barboteuse *sf* (*vêtement*) pagliaccetto (*m*).
barbouiller *v tr* imbrattare, sporcare; scarabocchiare.
barbu *adj* barbuto.
barda *sm* (*familier*) equipaggiamento; armamentario, roba (*f*).
barde *sm* bardo; (*armure du cheval*) barda (*f*); (*cuis*) lardello.
barder *v tr* bardare; (*cuis*) lardellare.
barème *sm* prontuario; tariffario.
barillet *sm* barilotto; bariletto (*d'horloge*) ◊ **le barillet d'une serrure** il cilindro di una serratura.
bariolé *adj* variopinto, variegato.
barman *sm* barista (*m/f*).
baromètre *sm* barometro.
baron (**-nne**) *sm* barone.
baroque *adj, sm* barocco.
barque *sf* barca ◊ **conduire la barque** mandare avanti la baracca; **bien mener sa barque** gestire bene i propri affari.
barrage *sm* sbarramento; diga (*f*) ◊ **barrage de police** posto di blocco.
barre *sf* sbarra, spranga; barra; lineetta ◊ **une barre d'or** un lingotto d'oro; **barre d'outils** barra degli strumenti; **barres parallèles** parallele; **coup de barre** stangata; **avoir un coup de barre** essere molto stanco.
barreau (*pl* **-eaux**) *sm* sbarra (*f*); traversa (*f*); collegio degli avvocati, foro.
barrer *v tr* sbarrare; depennare, cancellare; (*mar*) tenere il timone ◊ *v réfl* (*familier*) tagliar la corda, svignarsela
barrette *sf* fermaglio (*m*) per capelli; spilla.
barricade *sf* barricata.
barricader *v tr* barricare ◊ *v réfl* barricarsi.
barrière *sf* barriera; steccato (*m*).
barrique *sf* botte.
barrir *v intr* barrire.
baryton *sm* baritono.
bas *sm* calza (*f*) ◊ **avoir un bas de laine** avere dei risparmi.
bas (**basse**) *adj* basso; inferiore ◊ *sm* basso, parte (*f*) inferiore ◊ **au bas de** in fondo a; **des hauts et des bas** degli alti e bassi.
bas *adv* in basso ◊ **en bas** giù, in basso; **par en bas** dal disotto, da giù; **plus bas** più giù; **à bas** abbasso; **parler tout bas** parlare sottovoce.
basalte *sm* basalto.
basané *adj* abbronzato; bruno.
basaner *v tr* abbronzare.
bas-côté (*pl* **bas-côtés**) *sm* navata (*f*) laterale; banchina (*f*) pedonale.
bascule *sf* bascula; altalena ◊ **fauteuil à bascule** sedia a dondolo.
basculer *v intr* ribaltarsi, rovesciarsi ◊ *v tr* capovolgere, rovesciare.
base *sf* base ◊ **à base de** a base di; **base de données** database.
baser *v tr* basare ◊ *v réfl* basarsi.
bas-fond (*pl* **bas-fonds**) *sm* bassofondo; secca (*f*) ◊ *pl* bassifondi.
basilic *sm* basilico.
basilique *sf* basilica.
basket(-ball) *sm* pallacanestro (*f*).
baskets *sm pl* scarpe (*f*) da ginnastica.
basoches *sf pl* (*péjoratif*) legulei (*m*).
basque *adj, sm* basco.
bas-relief (*pl* **bas-relief**) *sm* bassorilievo.
basse *sf* (*mus*) basso (*m*); bassofondo.
basse-cour (*pl* **basses-cours**) *sf* cortile (*m*).
bassin *sm* catino, bacinella (*f*); vasca (*f*); bacino (*aussi anat*).
bassine *sf* bacinella, catino (*m*).
bastide *sf* (*fortification*) bastia; (*en Provence*) casa di campagna, cascina.
bastille *sf* (*fortification*) bastia ◊ **la Bastille** la Bastiglia.
bastingage *sm* (*mar*) parapetto.
bastion *sm* bastione, baluardo.
bastonnade *sf* bastonatura.
bas-ventre (*pl* **bas-ventres**) *sm* basso ventre.
bât *sm* basto ◊ **c'est là que le bât (le) blesse** quello è il suo punto debole.
bataille *sf* battaglia ◊ **en bataille** di traverso, in disordine; **stationnement en bataille** parcheggio a pettine.
batailleur (**-euse**) *adj* battagliero.
bataillon *sm* battaglione; (*fig*) folla (*f*), esercito.

bâtard *adj*, *sm* bastardo.

bateau (*pl* -**eaux**) *sm* barca (*f*), battello, nave (*f*) ◊ **bateau de plaisance** imbarcazione da diporto.

bateau-mouche (*pl* **bateaux-mouches**) *sm* battello sulla Senna.

batelier (-**ère**) *sm* barcaiolo, batteliere.

bâter *v tr* mettere il basto a, imbastare.

bat-flanc *sm inv* battifianco (*chevaux*); tramezzo.

bâti *sm* telaio, intelaiatura (*f*); imbastitura (*f*) ◊ *adj* costruito (*aussi fig*) ◊ **un garçon bien bâti** un ragazzo ben piantato.

batifoler *v intr* (*familier*) folleggiare, divertirsi.

bâtiment *sm* edificio; edilizia (*f*); (*mar*) bastimento.

bâtir *v tr* costruire, edificare; (*couture*) imbastire.

bâtisse *sf* fabbricato (*m*); casermone (*m*).

bâton *sm* bastone; bastoncino; bacchetta (*f*) ◊ **parler à bâtons rompus** saltare di palo in frasca.

battage *sm* battitura (*f*); trebbiatura (*f*); (*fig*) clamore, pubblicità (*f*) (chiassosa ed esagerata).

battant *adj* battente ◊ *sm* batacchio; battente ◊ **ouvrir une porte à deux battants** spalancare una porta; **le cœur battant** col batticuore.

battement *sm* battito; intervallo, pausa (*f*) ◊ **battements de cœur** batticuore; **battements de mains** battimano.

batterie *sf* batteria.

batteur *sm* (*mus*) batterista (*m/f*); (*sport*) battitore; (*cuis*) frullino.

batteuse *sf* trebbiatrice.

battoir *sm* mestola (*f*) (*des blanchisseuses*).

battre *v tr* battere; picchiare; sconfiggere; sbattere; mischiare (*un jeu de cartes*) ◊ *v intr* battere; sbattere ◊ *v réfl* picchiarsi; battersi ◊ **battre en retraite** battere in ritirata; **battre son plein** essere nel pieno (del fervore); **battre la mesure** segnare il tempo; **battre la semelle** battere i piedi per terra (per riscaldarsi).

battue *sf* battuta (di caccia).

baudet *sm* somaro, ciuco.

baume *sm* balsamo ◊ **mettre du baume au cœur** consolare, confortare.

bavard *adj*, *sm* chiacchierone, ciarlone.

bavardage *sm* chiacchierio, pettegolezzo.

bavarder *v intr* chiacchierare; (*péjoratif*) spettegolare.

bave *sf* bava.

baver *v intr* sbavare ◊ **en baver** passarne di cotte e di crude.

bavette *sf* bavaglino (*m*); pettorina.

bavure *sf* sbavatura ◊ **sans bavures** impeccabile.

bazar *sm* bazar, emporio; (*familier*) baraonda (*f*); (*familier*) armamentario.

bazarder *v tr* (*familier*) sbarazzarsi di.

béant *adj* aperto, spalancato.

béat *adj*, *sm* beato.

béatification *sf* beatificazione.

béatitude *sf* beatitudine.

beau (**bel** *f* **belle** *pl* **beaux belles**) *adj*, *sm* bello ◊ **il fait beau** (**temps**) è bel tempo; **au beau milieu** nel bel mezzo; **bel et bien** veramente; **l'échapper belle** scamparla bella; **avoir beau dire** avere un bel dire.

beaucoup *adv* molto ◊ **beaucoup de** molto, molta; molti, molte; **de beaucoup** di molto, di gran lunga; **beaucoup trop** veramente troppo.

beau-fils (*pl* **beaux-fils**) *sm* genero; figliastro.

beau-frère (*pl* **beaux-frères**) *sm* cognato.

beau-père (*pl* **beaux-pères**) *sm* suocero; patrigno.

beauté *sf* bellezza.

beaux-arts *sm pl* belle arti (*f*).

beaux-parents *sm pl* suoceri.

bébé *sm* bimbo, neonato.

bec *sm* becco; beccuccio; (*mus*) bocchino, imboccatura (*f*) ◊ **une prise de bec** un battibecco; **un fin bec** un buongustaio ◊ **se défendre bec et ongles** difendersi con le unghie e coi denti; **rester le bec dans l'eau** essere nei guai, nelle peste.

bécane *sf* (*familier*) bici.

bécasse *sf* beccaccia; (*fig*) oca.

bec-de-lièvre *sm* labbro leporino.

bêche *sf* vanga, badile (*m*).

bêcher *v tr* vangare.

bécoter *v tr* (*familier*) sbaciucchiare ◊ *v réfl* sbaciucchiarsi.

becquée *sf* imbeccata ◊ **donner la becquée** imbeccare.

becqueter *v tr* beccare, becchettare.

bedaine *sf* (*familier*) pancia, pancione (*m*), trippa.

bedonnant *adj* panciuto.

beffroi *sm* campanile, torre (*f*) campanaria.

bégaiement *sm* balbuzie (*f*).

bégayer *v intr* balbettare.

bègue *adj*, *sm* balbuziente.

béguin *sm* cuffia (*f*); (*familier*) passioncella (*f*), cotta (*f*) ◊ **avoir le béguin pour quelqu'un** avere un debole per qualcuno.

beige *adj* beige.

beignet *sm* frittella (*f*).

bel *adj* v. **beau**.

bêlement *sm* belato.

bêler *v intr* belare.

belette *sf* donnola.

belge *adj*, *sm* belga (*m/f*).

bélier *sm* montone; ariete.

bellâtre *sm* bellimbusto.

belle *adj* v. **beau**.

belle-fille (*pl* **belles-filles**) *sf* nuora; figliastra.

belle-mère (*pl* **belles-mères**) *sf* suocera; matrigna.

belle-sœur (*pl* **belles-sœurs**) *sf* cognata.

belligérant *adj*, *sm* belligerante (*m/f*).

belliqueux (**-euse**) *adj* bellicoso ◊ **esprit belliqueux** spirito battagliero.

belvédère *sm* belvedere.

bémol *adj*, *sm* bemolle.

bénédictin *adj*, *sm* benedettino.

bénédiction *sf* benedizione.

bénéfice *sm* beneficio, vantaggio; utile, profitto ◊ **au bénéfice de** a favore di.

bénéficiaire *sm* beneficiario.

bénéficier *v intr* beneficiare.

benêt *sm*, *adj* babbeo, sciocco.

bénévole *adj* volontario, non retribuito.

bénin (**-igne**) *adj* benigno.

bénir *v tr* benedire.

bénitier *sm* acquasantiera (*f*) ◊ **grenouille de bénitier** baciapile.

benjamin *sm* il minore (*tra fratelli*); beniamino.

benne *sf* benna, vagonetto.

béotien (**-enne**) *adj*, *sm* beota.

béquille *sf* gruccia, stampella.

bercail *sm sing* ovile.

berceau (*pl* **-eaux**) *sm* culla (*f*); pergolato ◊ **voûte en berceau** volta a botte.

bercer *v tr* cullare ◊ *v réfl* cullarsi.

berceuse *sf* ninnananna; sedia a dondolo.

berge *sf* argine (*m*), ripa; sponda.

berger (**-ère**) *sm* pastore.

bergerie *sf* ovile (*m*); (*litt*) poema (*m*) pastorale.

berline *sf* berlina.

berlingot *sm* caramella (*f*); (*emballage*) tetrapak.

berlue *sf* barbaglio (*m*) ◊ **avoir la berlue** avere le traveggole.

berne *sf* ◊ **drapeau en berne** bandiera a mezz'asta.

berner *v tr* prendere in giro, schernire.

besace *sf* bisaccia.

besogne *sf* lavoro (*m*) pesante, penoso.

besogner *v intr* sgobbare, sfacchinare.

besoin *sm* bisogno; esigenza (*f*), necessità (*f*) ◊ **au besoin** all'occorrenza.

bestialité *sf* bestialità.

bestiaux *sm pl* bestiame (*sing*).

bestiole *sf* bestiola; insetto (*m*).

bétail *sm inv* bestiame ◊ **bétail de boucherie** animali da macello.

bête *sf* bestia; animale (*m*) ◊ *adj* stupido.

bêtise *sf* stupidità; sciocchezza, stupidaggine.

béton *sm* calcestruzzo ◊ **béton armé** cemento armato.

bétonnière *sf* betoniera.

betterave *sf* barbabietola ◊ **betterave sucrière** barbabietola da zucchero.

beugler *v intr* muggire; sbraitare, urlare.

beurre *sm* burro.

beurrer *v tr* imburrare.

beuverie *sf* bevuta, sbevazzata.

bévue *sf* cantonata, grosso errore (*m*); topica.

biais *sm* linea (*f*) obliqua, sbieco; (*fig*)

verso, lato; espediente, scappatoia (*f*)
◊ **en biais** di sbieco.
biaiser *v intr* (*fig*) tergiversare.
bibelot *sm* ninnolo, soprammobile.
biberon *sm* poppatoio, biberon.
bible *sf* bibbia.
bibliographie *sf* bibliografia.
bibliophilie *sf* bibliofilia.
bibliothécaire *sm* bibliotecario.
bibliothèque *sf* biblioteca.
biblique *adj* biblico.
bicarbonate *sm* bicarbonato.
biceps *sm* bicipite.
biche *sf* cerva, cerbiatta.
bichonner *v tr* agghindare; coccolare ◊
v réfl agghindarsi.
bicolore *adj* bicolore.
bicoque *sf* bicocca.
bicorne *sm* bicorno, feluca (*f*).
bicyclette *sf* bicicletta.
bidet *sm* bidè; ronzino.
bidon *sm* bidone, latta (*f*); (*familier*)
bugia (*f*), menzogna (*f*) ◊ *adj* fasullo,
simulato.
bielle *sf* (*mécanique*) biella.
bien *adv* bene; molto; (*insistance*) ben,
proprio, molto; (*concession*) pure ◊
bien du, de la, des molto, molta,
molti, molte; **ou bien** oppure; **bien
que** sebbene; **tant bien que mal** alla
meno peggio; **merci bien** grazie mille.
bien *sm* bene; beni (*pl*) ◊ **faire du
bien** far bene; **faire le bien** fare del
bene; **mener à bien** portare a buon
fine; **dire du bien** parlar bene (di).
bien-aimé (*pl* **bien-aimés**) *adj, sm* di-
letto, beneamato.
bien-être *sm inv* benessere.
bienfaisance *sf* beneficenza.
bienfait *sm* beneficio, vantaggio.
bienfaiteur (**-trice**) *sm* benefattore.
bien-fondé *sm* fondatezza (*f*).
bienheureux (**-euse**) *adj, sm* beato.
bienséance *sf* (buona) creanza, buone
maniere (*pl*).
bientôt *adv* presto ◊ **à bientôt** a presto.
bienveillance *sf* benevolenza, benignità.
bienvenu *adj, sm* benvenuto ◊ *sf* benvenuto (*m*) ◊ **souhaiter la bienvenue**
dare il benvenuto.

bière *sf* birra; bara, cassa da morto ◊ **ce
n'est pas de la petite bière** non è roba da poco.
biffer *v tr* cancellare, depennare.
bifteck *sm* bistecca (*f*).
bifurcation *sf* biforcazione, bivio
(*m*).
bifurquer *v intr* biforcarsi; deviare.
bigamie *sf* bigamia.
bigarré *adj* variegato, screziato; (*fig*)
eterogeneo, vario.
bigarrure *sf* screziatura; (*fig*) varietà,
molteplicità.
bigot *adj, sm* bigotto.
bigoterie *sf* bigotteria.
bigoudi *sm* bigodino.
bijou (*pl* **-oux**) *sm* gioiello.
bijouterie *sf* gioielleria; gioielli
(*m pl*).
bijoutier (**-ière**) *sm* gioielliere.
bilan *sm* bilancio ◊ **déposer son bilan**
dichiarare fallimento.
bilatéral (*pl* **-aux**) *adj* bilaterale.
bile *sf* bile ◊ **se faire de la bile** farsi cattivo sangue, mangiarsi il fegato.
biliaire *adj* biliare ◊ **vésicule biliaire**
cistifellea.
bilingue *adj* bilingue.
billard *sm* biliardo ◊ **c'est du billard!**
è facile; **passer sur le billard** subire
un'operazione.
bille *sf* bilia; (*tech*) sfera; ceppo (*de
bois*).
billet *sm* biglietto; ricevuta (*f*), scontrino ◊ **billet de livraison** buono di consegna.
billetterie *sf* biglietteria; sportello (*m*)
bancomat.
billot *sm* ceppo.
bimensuel (**-elle**) *adj* bimensile, quin-
dicinale.
bimestriel (**-elle**) *adj* bimestrale.
bimoteur *adj, sm* bimotore.
binaire *adj* binario.
binôme *sm* binomio.
biodégradable *adj* biodegradabile.
bioéthique *sf* bioetica.
biographie *sf* biografia.
biologie *sf* biologia.
biologique *adj* biologico.
biologiste *sm/f* biologo (*m*).

biparti *adj* (*bot*) bipartito; (*polit*) bipartitico.

bipartition *sf* bipartizione.

bipède *adj*, *sm* bipede.

bique *sf* capra.

biquet *sm* capretto.

birman *adj*, *sm* birmano.

bis *adv*, *sm* bis.

bis *adj* bigio.

biscornu *adj* sbilenco; (*fig*, *familier*) strambo, strampalato.

biscotte *sf* fetta biscottata.

biscuit *sm* biscotto, galletta (*f*); biscuit, porcellana (*f*) bianca opaca.

bise *sf* tramontana; (*familier*) bacio (*m*) ◊ **faire la bise** dare un bacino; **se faire la bise** baciarsi sulla guancia; rappacificarsi.

biseau (*pl* -**eaux**) *sm* taglio obliquo, smusso.

biseauter *v tr* ugnare, smussare.

bison *sm* bisonte.

bissectrice *sf* (*mat*) bisettrice.

bisser *v tr* bissare; chiedere il bis a.

bissextile *adj* bisestile.

bissexuel (-**elle**) *adj* bisessuato.

bistouri *sm* bisturi.

bistre *sm* bistro ◊ *adj* color bistro.

bistrot *sm* caffè, bar; osteria (*f*).

bitume *sm* bitume, asfalto.

bivouac *sm* bivacco.

bivouaquer *v intr* bivaccare.

bizarre *adj* bizzarro, strano.

blafard *adj* livido, smorto.

blague *sf* fandonia, frottola; scherzo (*m*); borsa del tabacco.

blaguer *v intr* (*familier*) raccontare storie; scherzare ◊ *v tr* (*familier*) canzonare, prendere in giro.

blaireau (*pl* -**eaux**) *sm* (*zool*) tasso; pennello da barba.

blâme *sm* biasimo.

blâmer *v tr* biasimare.

blanc (**blanche**) *adj*, *sm* bianco ◊ **bulletin blanc** scheda bianca; **blanc d'œuf** chiara d'uovo; **blanc de poulet** petto di pollo; **magasin de blanc** negozio di biancheria; **tirer à blanc** sparare a salve; **passer une nuit blanche** passare la notte in bianco; **de but en blanc** di punto in bianco.

blanc-bec (*pl* **blancs-becs**) *sm* sbarbatello, pivello.

blancheur *sf* biancore (*m*).

blanchir *v tr* sbiancare; imbiancare; pulire, lavare; scagionare ◊ *v intr* incanutire.

blanchissage *sm* lavaggio, pulitura.

blanchisserie *sf* lavanderia, stireria.

blanc-seing (*pl* **blancs-seings**) *sm* firma (*f*) in bianco.

blaser *v tr* rendere indifferente, disincantare ◊ *v réfl* diventare indifferente, stancarsi.

blason *sm* blasone.

blasonner *v tr* blasonare.

blasphème *sm* bestemmia (*f*).

blasphémer *v tr/intr* bestemmiare; insultare.

blatte *sf* scarafaggio (*m*).

blé *sm* grano, frumento.

bled *sm* (*familier*) luogo sperduto.

blême *adj* livido.

blêmir *v intr* impallidire, illividire.

blessant *adj* offensivo, oltraggioso.

blessé *adj*, *sm* ferito.

blesser *v tr* ferire ◊ *v réfl* ferirsi ◊ **blesser au vif** toccare nel vivo.

blessure *sf* ferita.

blet (**blette**) *adj* troppo maturo, vizzo.

bleu *adj* blu; azzurro, celeste ◊ *sm* blu; azzurro, celeste; livido, ammaccatura; (*familier*) recluta, matricola ◊ **bleu clair** celeste; **disque bleu** disco orario; **bifteck bleu** bistecca al sangue; **contes bleus** racconti di fate; **bleu (de travail)** tuta; **bleu de Bresse**, **d'Auvergne** formaggio erborinato.

bleuâtre *adj* bluastro.

bleuet *sm* fiordaliso.

blindage *sm* blindatura; (*tech*) schermatura (*f*).

blinder *v tr* blindare; schermare; (*fig*) rendere meno vulnerabile.

bloc *sm* blocco ◊ **en bloc** in blocco; **à bloc** a fondo, completamente.

blocage *sm* bloccaggio, blocco; (*construction*) pietrisco.

bloc-notes (*pl* **blocs-notes**) *sm* blocco per appunti, bloc-notes.

blond *adj*, *sm* biondo.

bloquer *v tr* bloccare ◊ *v réfl* bloccarsi.

blottir (se) *v réfl* rannicchiarsi, accoccolarsi.

blouse *sf* blusa; camicetta (*de femme*);
camice (*m*).

blouson *sm* giubbotto.

blue-jeans *sm pl* blue-jeans.

bluff *sm* bluff.

boa *sm* (*zool*) boa.

bobard *sm* (*familier*) frottola (*f*), balla
(*f*).

bobèche *sf* (*de chandelier*) padellina.

bobine *sf* bobina; (*familier*) faccia.

bocage *sm* boschetto.

bocal (*pl* **-aux**) *sm* barattolo, vaso (di
vetro).

bock *sm* boccale da birra.

body *sm* (*lingerie féminine*) body.

bœuf (*pl* **bœufs**) *sm* bue; (*cuis*) manzo.

bohème *sf* bohème, scapigliatura ◊ **une
vie de bohème** una vita da artista, da
anticonformista.

bohémien *sm* zingaro, gitano.

boire *v tr* bere ◊ **boire la tasse** bere (nuo-
tando); **il y a à boire et à manger** c'è
del buono e del cattivo.

bois *sm* bosco; legno; legna (*f*); legname ◊ *pl* (*zool*) corna (*f*), palchi (*de
cerfs, etc.*); (*mus*) i legni ◊ **toucher
du bois** toccar ferro.

boisement *sm* imboschimento.

boiser *v tr* imboschire; rivestire in legno; (*tech*) armare.

boisson *sf* bevanda, bibita.

boîte *sf* scatola; barattolo (*m*), lattina;
(*familier*) stabilimento (*m*), posto
(*m*) di lavoro ◊ **en boîte** in scatola;
boîte aux lettres buca delle lettere;
boîte de courrier électronique casella di posta elettronica; **boîte de
vitesses** cambio; **boîte (de nuit)** locale notturno; **mettre quelqu'un en
boîte** prendere in giro qualcuno.

boiter *v intr* zoppicare.

boiteux (**-euse**) *adj* zoppo, claudicante;
(*fig*) zoppicante.

boîtier *sm* cassetta (*f*), contenitore a
scomparti ◊ **boîtier de montre** cassa
di orologio.

bol *sm* scodella (*f*), ciotola (*f*); tazza (*f*)
◊ **prendre un bol d'air** prendere una
boccata d'aria.

bolet *sm* (*bot*) boleto.

bolide *sm* bolide.

bolivien (**-enne**) *adj*, *sm* boliviano.

bolonais *adj*, *sm* bolognese (*m/f*).

bombance *sf* bisboccia, baldoria.

bombardement *sm* bombardamento.

bombarder *v tr* bombardare; (*fig*) bersagliare.

bombardier *sm* bombardiere ◊ **chasseur bombardier** cacciabombardie-
re.

bombe *sf* bomba ◊ **attentat à la bombe** attentato dinamitardo.

bombé *adj* convesso, bombato.

bomber *v tr* rendere convesso ◊ *v intr*
diventare convesso ◊ *v réfl* inarcarsi.

bon (**bonne**) *adj*, *sm* buono ◊ **le bon
moment** il momento giusto; **il est
bon que** è opportuno che; **il y a du
bon** c'è del buono; **il fait bon ici** si
sta bene qui; **bon à savoir** buono da
sapersi; **bon à manger** buono da
mangiare; **sentir bon** profumare; **tenir bon** tener duro; **pour de bon** realmente, per davvero.

bonbon *sm* caramella (*f*).

bonbonnière *sf* bomboniera.

bond *sm* balzo; salto ◊ **faire faux bond**
mancare a un impegno.

bondé *adj* gremito, stipato.

bondir *v intr* balzare; saltare (*aussi
fig*).

bonheur *sm* felicità (*f*); fortuna (*f*) ◊
par bonheur fortunatamente; **au petit bonheur** a caso.

bonhomie *sf* bonomia, bonarietà.

bonhomme (*pl* **bonshommes**) *sm* tipo,
tizio; buonuomo ◊ **un bonhomme de
neige** un pupazzo di neve.

bonification *sf* bonifica; abbuono (*m*);
bonifico (*m*).

bonifier *v tr* bonificare ◊ *v réfl* migliorare.

boniment *sm* imbonimento ◊ **pas de
boniments!** non contar frottole!

bonjour *sm* buongiorno ◊ **dire
bonjour** salutare; **simple comme
bonjour** facile come bere un bicchier
d'acqua.

bon marché *adj inv* a buon mercato,
conveniente.

bonne *sf* domestica, cameriera ◊ **bonne
d'enfants** bambinaia.

bonnement *adv* semplicemente, francamente; alla buona.

bonnet *sm* berretto, cuffia (*f*) ◊ **un gros bonnet** un pezzo grosso.

bonneterie *sf* maglieria; maglificio (*m*).

bonsoir *sm* buonasera (*f*).

bonté *sf* bontà; cortesia, gentilezza.

bord *sm* bordo; orlo; riva (*f*), sponda (*f*); ciglio ◊ **le bord du lit** la sponda del letto; **les bords du chapeau** le falde del cappello; **tableau de bord** cruscotto; **monter à bord** salire a bordo; **au bord de la ville** ai margini della città; **sur les bords** appena appena.

bordage *sm* bordatura (*f*), orlatura (*f*).

bordeaux *adj inv* bordò ◊ *sm* (*vin*) bordeaux.

bordée *sf* bordata.

border *v tr* fiancheggiare, costeggiare; bordare, orlare ◊ **border le lit** rincalzare le coperte.

bordereau (*pl* **-eaux**) *sm* (*comm*) borderò, distinta (*f*).

bordure *sf* bordura; orlo (*m*) ◊ **en bordure** sul bordo, sul margine.

boréal (*pl* **-als, -aux**) *adj* boreale.

borgne *adj, sm* cieco da un occhio, guercio.

borne *sf* cippo (*m*); termine (*m*); (*familier*) chilometro (*m*) ◊ *pl* confini (*m*), limiti (*m*) ◊ **borne (kilométrique)** pietra miliare; **dépasser les bornes** oltrepassare i limiti.

borné *adj* limitato, ristretto (*aussi fig*).

borner *v tr* delimitare; (*fig*) limitare, contenere ◊ *v réfl* limitarsi.

bosniaque, bosnien (-enne) *adj* bosniaco.

bosquet *sm* boschetto.

bosse *sf* gobba; bernoccolo (*m*); bozza; cunetta ◊ **avoir la bosse de** avere il bernoccolo per.

bosselage *sm* (*tech*) sbalzo.

bosseler *v tr* sbalzare, lavorare a sbalzo; ammaccare ◊ *v réfl* ammaccarsi.

bosser *v intr* (*familier*) sgobbare, lavorare.

bossu *adj, sm* gobbo.

botanique *adj* botanico ◊ *sf* botanica.

botte *sf* mazzo (*m*), fascio (*m*); stivale (*m*); (*escrime*) botta ◊ **en avoir plein les bottes** averne piene le tasche; **pousser une botte** fare una domanda imbarazzante.

botter *v tr* prendere a calci.

bottier *sm* calzolaio; stivalaio.

bottine *sf* stivaletto (*m*).

bouc *sm* capro, becco ◊ **bouc émissaire** capro espiatorio.

boucan *sm* (*familier*) baccano.

bouchage *sm* otturazione (*f*); tappatura (*f*) (*de bouteilles*) ◊ **bouchage hermétique** chiusura ermetica.

bouche *sf* bocca ◊ **bouche d'égout** tombino; **bouche d'incendie** idrante; **bouches de métro** entrate della metropolitana; **la bouche d'un fleuve** la foce di un fiume; **avoir l'eau à la bouche** avere l'acquolina in bocca.

bouché *adj* tappato; ostruito; (*familier*) stupido, ottuso.

bouchée *sf* boccone (*m*).

boucher *v tr* tappare, turare; ostruire ◊ *v réfl* tapparsi; otturarsi ◊ **se boucher les oreilles** tapparsi le orecchie.

boucher *sm* macellaio.

boucherie *sf* macelleria; (*fig*) carneficina.

bouche-trou (*pl* **bouche-trous**) *sm* (*fig*) tappabuchi.

bouchon *sm* tappo, turacciolo; ingorgo; (*pêche*) galleggiante.

bouchonner *v tr* strofinare, sfregare con la paglia ◊ *v intr* formare un ingorgo.

boucle *sf* fibbia, borchia; ricciolo (*m*) (*de cheveux*); ansa (*d'un fleuve*) ◊ **boucle (d'oreille)** orecchino.

boucler *v tr* allacciare; chiudere; arricciare; (*familier*) chiudere, rinchiudere ◊ *v intr* essere riccioluto ◊ **boucler son budget** far quadrare il bilancio.

bouclier *sm* scudo.

bouddhisme *sm* buddismo.

bouder *v intr* tenere il broncio, fare il muso ◊ *v tr* tenere il broncio a.

boudeur (-euse) *sm* musone ◊ *adj* imbronciato.

boudoir *sm* salottino, boudoir.

boue *sf* fango (*m*), melma ◊ **prendre des bains de boue** fare i fanghi.
bouée *sf* boa luminosa ◊ **bouée de sauvetage** salvagente.
boueux (-euse) *adj* fangoso ◊ *sm* netturbino, spazzino.
bouffe *adj* buffo ◊ *sf* (*familier*) abbuffata, scorpacciata.
bouffée *sf* folata, soffio (*m*); (*odeur*) zaffata; (*de cigarette*) boccata; (*fig*) accesso (*m*).
bouffer *v tr* (*familier*) mangiare, abbuffarsi di.
bouffi *adj* gonfio (*aussi fig*).
bouffir *v tr* gonfiare ◊ *v intr* gonfiarsi.
bouffon (-onne) *adj* buffo, comico ◊ *sm* buffone.
bouffonnerie *sf* buffoneria.
bougeoir *sm* bugia (*f*); piccolo candeliere.
bouger *v intr* muoversi ◊ *v tr* spostare, muovere.
bougie *sf* candela.
bougonner *v intr* (*familier*) brontolare.
bougre *sm* tipo, individuo ◊ **pauvre bougre** povero diavolo.
bouillabaisse *sf* zuppa di pesce.
bouillant *adj* bollente; (*fig*) ardente.
bouilli *adj, sm* bollito.
bouillie *sf* pappa, poltiglia.
bouillir *v intr* bollire; (*fig*) ribollire.
bouilloire *sf* bollitore (*m*).
bouillon *sm* brodo; bollore; fiotto ◊ **bouillon en cube** dado per brodo; **au premier bouillon** al primo bollore; **à gros bouillons** a fiotti.
bouillonner *v intr* ribollire (*aussi fig*).
bouillotte *sf* borsa dell'acqua calda.
boulanger (-ère) *sm* panettiere.
boulangerie *sf* panificio (*m*), panetteria.
boule *sf* palla; boccia; (*familier*) testa ◊ **avoir les boules** essere giù di corda; **se mettre en boule** andare in collera; **perdre la boule** perdere la testa; **faire boule de neige** crescere, aumentare a valanga.
bouleau (*pl* **-eaux**) *sm* betulla (*f*).
bouledogue *sm* bulldog.
boulet *sm* palla (*f*) di cannone; palla (*f*) al piede (*aussi fig*).
boulette *sf* pallina, pallottolina; (*cuis*)

polpetta; (*familier*) gaffe, errore (*m*) grossolano.
boulevard *sm* viale ◊ **boulevard extérieur** circonvallazione.
bouleversement *sm* sconvolgimento, rivolgimento.
bouleverser *v tr* mettere sottosopra, scompigliare; (*fig*) sconvolgere.
boulier *sm* pallottoliere.
boulimie *sf* bulimia.
boulon *sm* bullone.
boulot *sm* (*familier*) lavoro.
bouquet *sm* mazzo; boschetto; (*d'un vin*) aroma, bouquet ◊ **c'est le bouquet!** è il colmo!
bouquetin *sm* stambecco.
bouquin *sm* (*familier*) libro.
bouquiniste *sm/f* venditore (*m*) di libri d'occasione.
bourbe *sf* melma, fango (*m*).
bourbier *sm* pantano; (*fig*) impiccio; pasticcio.
bourde *sf* errore (*m*), sproposito (*m*).
bourdon *sm* calabrone; grossa campana (*f*), campanone ◊ **faux bourdon** fuco.
bourdonnement *sm* ronzio, brusìo.
bourdonner *v intr* ronzare.
bourg *sm* borgo.
bourgade *sf* borgata.
bourgeois *adj, sm* borghese (*m/f*).
bourgeoisie *sf* borghesia.
bourgeon *sm* gemma (*f*), germoglio.
bourgeonner *v intr* germogliare.
bourlinguer *v intr* navigare in tutti i mari; (*familier*) vagabondare.
bourrade *sf* spintone (*m*), pacca.
bourrage *sm* riempimento; imbottitura (*f*) ◊ **bourrage de crâne** lavaggio del cervello.
bourrasque *sf* bufera, burrasca di vento.
bourratif (-ive) *adj* (*familier*) troppo nutriente, che riempie.
bourreau (*pl* **-eaux**) *sm* carnefice (*m/f*), boia.
bourrelet *sm* parafreddo, cuscinetto imbottito; cuscinetto (*de graisse*).
bourrer *v tr* riempire, imbottire; (*familier*) rimpinzare ◊ *v réfl* (*familier*) rimpinzarsi ◊ **bourrer une pipe** caricare la pipa.

bourrique *sf* asina ◊ **têtu comme une bourrique** testardo come un mulo.

bourru *adj* ruvido; (*personne*) burbero.

bourse *sf* borsa; borsa di studio; (*comm*) Borsa.

boursier (-ère) *sm* borsista (*m/f*); operatore di Borsa ◊ *adj* di Borsa.

boursouflé *adj* gonfio; (*fig*) ampolloso.

bousculade *sf* calca, ressa.

bousculer *v tr* urtare, spingere; sollecitare, far premura a; mettere a soqquadro ◊ *v réfl* urtarsi, spingersi; (*familier*) sbrigarsi, spicciarsi.

bouse *sf* sterco (*m*) bovino.

bousiller *v tr* (*familier*) scassare, mettere fuori uso.

boussole *sf* bussola.

bout *sm* capo, estremità (*f*); pezzo; fine (*f*) ◊ **au bout de** in capo a; **jusqu'au bout** fino in fondo; **être à bout de forces** essere stremato; **pousser quelqu'un à bout** esasperare qualcuno; **en venir à bout** venirne a capo; **du bout des lèvres** a fior di labbra.

boutade *sf* battuta di spirito.

boute-en-train *sm inv* allegrone, animatore.

bouteille *sf* bottiglia; bombola.

boutique *sf* bottega, negozio (*m*).

boutiquier (-ère) *sm* bottegaio, negoziante (*m/f*).

bouton *sm* bottone; pulsante; pomello, manopola (*f*); (*bot*) bocciolo, gemma (*f*); foruncolo.

boutonner *v tr* abbottonare ◊ *v réfl* abbottonarsi ◊ *v intr* germogliare.

boutonnière *sf* asola, occhiello (*m*).

bouture *sf* talea.

bouvier *sm* bovaro, bifolco.

bouvreuil *sm* (*zool*) ciuffolotto.

bovin *adj*, *sm* bovino.

box (*pl* **boxes**) *sm* box; gabbia (*f*) (*des accusés*).

boxe *sf* pugilato (*m*).

boxer-short *sm* (*sous-vêtement masculin*) boxer (*sm pl*).

boxeur *sm* pugile.

boyau (*pl* **-aux**) *sm* budello; cunicolo; tubolare (*de vélo*).

boycottage *sm* boicottaggio.

boycotter *v tr* boicottare.

bracelet *sm* braccialetto, bracciale; cinturino (*de montre*).

braconner *v intr* cacciare di frodo.

braconnier *sm* bracconiere.

brader *v tr* svendere, liquidare.

braderie *sf* liquidazione, svendita.

braguette *sf* brachetta.

brailler *v intr* sbraitare, strillare, urlare.

braiment *sm* raglio.

braire *v intr* ragliare.

braise *sf* brace.

braiser *v tr* (*cuis*) brasare.

bramer *v intr* bramire.

brancard *sm* barella (*f*); stanga (*f*) (*de charrette*).

brancardier *sm* barelliere.

branchage *sm* rami (*pl*), fronde (*f pl*) ◊ *pl* ramaglie.

branche *sf* ramo (*m*) (*aussi fig*); (*lunettes*) stanghetta.

branché *adj* (*familier*) alla moda.

branchement *sm* diramazione (*f*), allacciamento.

brancher *v tr* allacciare, collegare ◊ *v réfl* sintonizzarsi (su).

branchies *sf pl* branchie.

brandebourgeois *adj*, *sm* brandeburghese (*m/f*).

brandir *v tr* brandire, impugnare.

brandon *sm* tizzone ◊ **brandon de discorde** pomo della discordia.

branlant *adj* traballante, vacillante.

branle *sm* oscillazione (*f*); (*fig*) spinta (*f*), impulso ◊ **donner le branle à** dare il via a; **se mettre en branle** mettersi in moto.

branle-bas *sm* trambusto, scompiglio.

branler *v tr* scuotere, scrollare ◊ *v intr* traballare.

braquer *v tr* puntare; bloccare ◊ *v intr* sterzare ◊ *v réfl* impuntarsi.

bras *sm* braccio; bracciolo ◊ **à bras** a braccia; **à tour de bras** a tutta forza; **en bras de chemise** in maniche di camicia; **bras dessus bras dessous** a braccetto; **avoir quelqu'un sur les bras** avere qualcuno a carico; **avoir le bras long** arrivare dappertutto; **baisser les bras** rinunciare.

brasier *sm* braciera.

brasiller *v intr* scintillare, luccicare.

brassage *sm* mescolanza (*f*).

brassard *sm* bracciale (di stoffa).
brasse *sf* (*mesure de longueur*) braccio (*m*); (*natation*) bracciata ◊ **nager la brasse** nuotare a rana; **brasse papillon** (nuoto a) farfalla.
brassée *sf* bracciata.
brasser *v tr* mescolare; maneggiare; fare la birra ◊ **brasser l'eau** smuovere l'acqua.
brasserie *sf* fabbrica di birra; birreria; ristorante (*m*) (*per un pasto veloce*).
brasseur *sm* birraio; (*sport*) ranista (*m/f*) ◊ **brasseur d'affaires** affarista, faccendiere.
brassière *sf* camicino (*m*); coprifasce (*m*) ◊ **brassière de sauvetage** giubbotto di salvataggio.
bravade *sf* bravata, spacconata.
brave *adj* coraggioso; (*devant le nom*) bravo.
braver *v tr* sfidare.
bravo *interj* bravo ◊ *sm* applauso.
bravoure *sf* coraggio (*m*).
brebis *sf* pecora ◊ **brebis galeuse** pecora nera.
brèche *sf* breccia.
bredouille *adj* sconfitto; a mani vuote.
bredouiller *v tr/intr* farfugliare.
bref (brève) *adj* breve ◊ *adv* in breve ◊ **à bref délai** a breve scadenza; **d'un ton bref** bruscamente.
breffage *sm* briefing; comunicato.
breloque *sf* ciondolo (*m*).
brésilien (-enne) *adj*, *sm* brasiliano.
bretelle *sf* spallina, bretella; (*d'un fusil*) tracolla; (*de l'autoroute*) raccordo (*m*).
breton (-onne) *adj*, *sm* bretone (*m/f*).
breuvage *sm* beveraggio, intruglio.
brevet *sm* brevetto; diploma ◊ **brevet d'invention** brevetto industriale.
breveter *v tr* brevettare.
bréviaire *sm* breviario.
brévité *sf* brevità.
bribe *sf* briciola, frammento (*m*) ◊ **par bribes** a spizzichi.
bric-à-brac *sm inv* cianfrusaglie (*f pl*), anticaglie (*f pl*); bottega (*f*) di rigattiere.
bricolage *sm* fai da te, bricolage.
bricole *sf* inezia, sciocchezza; (*harnais du cheval*) pettorale (*m*); cinghia.

bricoler *v intr* fare piccoli lavori manuali ◊ *v tr* riparare alla bell'e meglio.
bride *sf* briglia ◊ **à bride abattue** a briglie sciolte; **tenir en bride** tenere a freno.
brider *v tr* imbrigliare; (*fig*) tenere a freno, trattenere; (*vêtement*) stringere, andar stretto.
brièvement *adv* brevemente, in breve.
brièveté *sf* brevità, concisione.
brigade *sf* brigata.
brigadier *sm* brigadiere.
brigand *sm* brigante.
brigandage *sm* brigantaggio.
briguer *v tr* brigare per, sollecitare.
brillant *adj* brillante ◊ *sm* brillante, diamante; splendore, lucentezza (*f*).
briller *v intr* brillare.
brimade *sf* angheria; scherzo (*m*) pesante.
brimer *v tr* angariare, maltrattare.
brin *sm* filo; fuscello; (*fig*) briciolo.
brindille *sf* ramoscello (*m*).
brioche *sf* brioche; (*familier*) pancia.
brique *sf* mattone (*m*).
briquer *v tr* lustrare.
briquet *sm* accendino.
brise *sf* brezza.
brise-glace *sm inv* rompighiaccio.
brise-lames *sm inv* frangiflutti.
briser *v tr* spezzare, rompere; (*fig*) stroncare ◊ *v réfl* frantumarsi; (*les vagues*) infrangersi.
brise-vent *sm inv* frangivento.
brisure *sf* rottura, incrinatura.
britannique *adj*, *sm* britannico.
broc *sm* brocca (*f*).
brocante *sf* commercio (*m*) di anticaglie.
brocanteur (-euse) *sm* rigattiere.
broche *sf* spiedo (*m*); spilla.
brocher *v tr* rilegare in brossura; broccare (*un tissu*); ferrare (*un cheval*).
brochet *sm* luccio.
brochette *sf* spiedino (*m*).
brochure *sf* brossura; opuscolo (*m*).
broder *v tr/intr* ricamare (*aussi fig*).
broderie *sf* ricamo (*m*).
bromure *sm* bromuro.
broncher *v intr* brontolare, protestare.
bronchite *sf* bronchite.
bronzant *adj* abbronzante.

bronze *sm* bronzo.

bronzer *v tr* bronzare; abbronzare ◊ *v intr* abbronzarsi.

brosse *sf* spazzola; grosso pennello (*m*) ◊ **brosse à dents** spazzolino da denti; **un coup de brosse** una spazzolata.

brou *sm* mallo (di noce).

brouette *sf* carriola.

brouhaha *sm* vocìo, brusìo.

brouillard *sm* nebbia (*f*).

brouiller *v tr* confondere, mescolare; offuscare, appannare; mettere in disaccordo ◊ *v réfl* offuscarsi, annebbiarsi; litigare ◊ **brouiller les œufs** strapazzare le uova.

brouillon (**-onne**) *adj* confusionario ◊ *sm* scombinato; brutta copia (*f*).

broussailles *sf pl* sterpaglia (*sing*) ◊ **cheveux en broussaille** capelli arruffati.

brousse *sf* boscaglia.

brouter *v tr* brucare ◊ *v intr* (*d'un moteur*) funzionare in modo irregolare.

broutille *sf* inezia.

broyer *v tr* triturare, frantumare; stritolare ◊ **broyer du noir** vedere tutto nero.

bru *sf* nuora.

bruine *sf* pioggerella, acquerugiola.

bruiner *v intr* piovigginare.

bruire *v intr* frusciare, stormire.

bruissement *sm* fruscio.

bruit *sm* rumore; notizia (*f*), diceria (*f*).

bruitage *sm* effetti (*pl*) sonori.

brûlage *sm* (*agr*) debbio; bruciatura (*f*) (*de la pointe des cheveux*).

brûlant *adj* bollente; ardente.

brûle-pourpoint ◊ **à brûle-pourpoint** a bruciapelo.

brûler *v tr* bruciare; scottare ◊ *v intr* bruciare, ardere ◊ *v réfl* bruciarsi, scottarsi ◊ **brûler de** morire dalla voglia di; **brûler un feu rouge** passare col rosso.

brûleur *sm* bruciatore.

brûlure *sf* scottatura, ustione; bruciatura.

brume *sf* foschia, nebbiolina.

brumeux (**-euse**) *adj* nebbioso.

brun *adj* bruno, scuro ◊ *sm* bruno.

brunir *v tr* scurire ◊ *v intr* abbronzarsi; scurirsi ◊ *v réfl* abbronzarsi.

brusque *adj* brusco.

brusquement *adv* bruscamente, all'improvviso.

brusquer *v tr* strapazzare, trattare bruscamente; affrettare, precipitare.

brusquerie *sf* rudezza, sgarbo (*m*).

brut *adj* grezzo, greggio; (*comm*) lordo ◊ **champagne brut** champagne secco; **à l'état brut** allo stato brado.

brutal (*pl* **-aux**) *adj* brutale.

brutaliser *v tr* maltrattare.

brutalité *sf* brutalità.

brute *sf* bruto (*m*).

bruyant *adj* rumoroso.

bruyère *sf* (*bot*) erica; brughiera.

buanderie *sf* (*local*) lavanderia.

buccal (*pl* **-aux**) *adj* boccale, orale.

bûche *sf* ceppo (*m*); (*familier*) zuccone (*m*), stupido (*m*).

bûcher *sm* rogo; legnaia (*f*).

bûcher *v tr/intr* (*familier*) sgobbare.

bûcheron *sm* boscaiolo, taglialegna.

bûchette *sf* legna minuta.

bucolique *adj* bucolico.

budget *sm* bilancio preventivo.

budgétaire *adj* di bilancio.

buée *sf* vapore (*m*), condensa.

buffet *sm* credenza (*f*).

buffle *sm* bufalo.

buis *sm* (*bot*) bosso.

buisson *sm* cespuglio ◊ **faire buisson creux** fare un buco nell'acqua.

buissonnier (**-ère**) *adj* che sta nei cespugli ◊ **faire l'école buissonnière** marinare la scuola.

bulbe *sm* bulbo; (*arch*) cupola (*f*).

bulgare *adj*, *sm* bulgaro.

bulle *sf* bolla; fumetto (*m*) ◊ **papier bulle** carta da imballaggio.

bulletin *sm* bollettino; (*comm*) bolla (*f*); (*scolaire*) pagella (*f*) ◊ **bulletin de vote** scheda elettorale; **bulletin de naissance** certificato di nascita.

bureau (*pl* **-eaux**) *sm* scrivania (*f*), scrittoio; studio, ufficio ◊ **bureau de poste** ufficio postale; **bureau des douanes** dogana; **bureau de tabac** rivendita di tabacchi; **bureau de vote** seggio elettorale; **bureau de change** agenzia di cambio.

bureaucrate *sm/f* burocrate.
bureaucratie *sf* burocrazia.
burette *sf* ampolla; (*tech*) oliatore (*m*).
burin *sm* (*tech*) bulino.
buriner *v tr* (*tech*) bulinare.
burlesque *adj, sm* burlesco.
bus *sm inv* autobus.
buse *sf* (*zool*) poiana.
busqué *adj* arcuato.
buste *sm* busto.
but *sm* bersaglio; scopo; meta (*f*), obbiettivo; (*sport*) porta (*f*) ◊ **gardien de but** portiere; **dans le but de** con lo scopo di; **de but en blanc** di punto in bianco.
butane *sm* butano.
buter *v tr/intr* inciampare; appoggiare ◊ *v tr* puntellare ◊ *v réfl* imbattersi in, scontrarsi con; ostinarsi.
butin *sm* bottino.
butiner *v tr/intr* (*abeilles*) bottinare ◊ *v tr* (*fig*) raccogliere.
butor *sm* (*zool*) tarabuso; (*familier*) cafone.
butte *sf* collinetta ◊ **être en butte à** essere esposto a.
buvard *sm* carta (*f*) assorbente.
buvette *sf* chiosco (*m*), posto (*m*) di ristoro.
buveur (-euse) *sm* bevitore.
byzantin *adj, sm* bizantino.

C

ça *pron* ciò, questo ◊ **ça alors!** questa poi!; **ça dépend** dipende; **ça suffit!** basta!; **ça va?** va bene?; **ça par exemple!** questa poi!; **sans ça** altrimenti; **c'est ça** proprio così.
çà *adv* ◊ **çà et là** qua e là ◊ *interj* insomma!
cabale *sf* cabala.
caban *sm* (*veste*) cerata (*f*); giaccone.
cabane *sf* capanna ◊ **cabane à lapins** coniglaia; (*fig*) topaia.
cabanon *sm* capanno, casotto.
cabaret *sm* cabaret.
cabas *sm* borsa (*f*) della spesa, sporta (*f*).
cabillaud *sm* merluzzo.
cabine *sf* cabina.

cabinet *sm* stanzino; studio; gabinetto, governo ◊ *pl* gabinetto ◊ **cabinet de toilette** bagno; **cabinet d'avocat** studio legale.
câble *sm* cavo, fune (*f*); cablogramma.
cabosser *v tr* ammaccare.
cabotage *sm* cabotaggio.
cabotin *adj, sm* gigione, esibizionista (*m/f*).
cabrer *v tr* far impennare; (*fig*) aizzare ◊ *v réfl* impennarsi.
cabri *sm* capretto.
cabriole *sf* capriola.
cacah(o)uète *sf* arachide, nocciolina americana.
cacao *sm* cacao.
cache *sm* nascondiglio; (*tech, phot*) maschera (*f*), mascherina (*f*).
cache-cache *sm inv* (*jeu*) nascondino, rimpiattino.
cache-nez *sm inv* sciarpa (*f*).
cache-pot *sm inv* portavaso.
cacher *v tr* nascondere ◊ *v réfl* nascondersi ◊ **je ne m'en cache pas** non lo nascondo; **se cacher de quelqu'un** agire di nascosto da qualcuno.
cachet *sm* sigillo; timbro, bollo; (*fig*) impronta (*f*); compenso; (*méd*) cialda (*f*), cachet.
cacheter *v tr* sigillare.
cachette *sf* nascondiglio (*m*) ◊ **en cachette** di nascosto.
cachot *sm* cella (*f*), segreta (*f*).
cachotterie *sf* piccolo segreto (*m*).
cactus *sm* cactus.
cadastre *sm* catasto.
cadavre *sm* cadavere.
cadeau (*pl* **-eaux**) *sm* regalo, dono ◊ **faire cadeau de quelque chose** regalare qualcosa.
cadenas *sm* lucchetto.
cadenasser *v tr* chiudere col lucchetto.
cadence *sf* cadenza ◊ **en cadence** a ritmo cadenzato.
cadet (-ette) *adj* cadetto, minore ◊ *sm* (*d'une famille*) cadetto, ultimogenito; (il) minore ◊ **c'est le cadet de mes soucis** è l'ultima delle mie preoccupazioni.
cadran *sm* quadrante ◊ **cadran solaire** meridiana.

42

cadre *sm* cornice (*f*); (*fig*) ambiente; (*tech*) telaio ◊ **dans le cadre de** nel quadro, nell'ambito di; **figurer sur les cadres** figurare in organico; **les cadres supérieurs** i dirigenti.
cadrer *v intr* quadrare, collimare ◊ *v tr* (*ciné*, *phot*) inquadrare.
caduc (-que) *adj* caduco; antiquato, sorpassato.
cafard *sm* scarafaggio; (*familier*) tristezza (*f*), malinconia (*f*).
café *sm* caffè ◊ **café crème** cappuccino.
caféine *sf* caffeina.
cafetière *sf* caffettiera.
cage *sf* gabbia ◊ **cage d'escalier** tromba delle scale.
cageot *sm* cassetta (*f*) (*de fruits, légumes*).
cagibi *sm* (*familier*) sgabuzzino.
cagneux (-euse) *adj* con le gambe storte (a X).
cagnotte *sf* (*au jeu*) piatto (*m*); cassa comune.
cagoule *sf* passamontagna (*m*).
cahier *sm* quaderno ◊ **cahier de textes** diario scolastico; **cahier des charges** capitolato d'appalto.
cahin-caha *adv* (*familier*) così così.
cahot *sm* sobbalzo, scossa (*f*).
cahoter *v tr* sballottare ◊ *v intr* sobbalzare.
caïd *sm* cadì; (*familier*) capo, boss.
caille *sf* quaglia.
cailler *v tr/intr* (*far*) cagliare.
caillot *sm* coagulo, grumo.
caillou (*pl* **-oux**) *sm* ciottolo, sasso.
caillouteux (-euse) *adj* sassoso.
caisse *sf* cassa ◊ **grosse caisse** grancassa.
caissier (-ère) *sm* cassiere.
caisson *sm* cassone; (*arch*) cassettone.
cajoler *v tr* vezzeggiare, coccolare.
cal (*pl* **-als**) *sm* callo.
calabrais *adj*, *sm* calabrese (*m/f*).
calamité *sf* calamità; disgrazia, flagello (*m*).
calandre *sf* calandra.
calanque *sf* calanco (*m*).
calcaire *adj* calcareo ◊ *sm* calcare.
calciner *v tr* calcinare; carbonizzare.
calcium *sm* (*chim*) calcio.
calcul *sm* calcolo.

calculateur (-trice) *adj*, *sm* calcolatore.
cale *sf* stiva; bacino (*m*); scalo (*m*); (*en bois*) zeppa ◊ **cale sèche** bacino di carenaggio.
calé *adj* (*familier*) ferrato, bravo.
caleçon *sm* mutandoni (*f pl*) (*pour homme*); fuseaux (*pl*) (*pour femme*).
calembour *sm* gioco di parole.
calendrier *sm* calendario.
calepin *sm* taccuino.
caler *v tr* rincalzare (*avec une cale*); assestare, rendere stabile; (*mar*) ammainare ◊ *v intr* bloccarsi, arrestarsi; (*familier*) arrendersi.
calfeutrer *v tr* sigillare, tappare le fessure di ◊ *v réfl* tapparsi, chiudersi.
calibre *sm* calibro.
calibrer *v tr* calibrare.
calice *sm* calice.
califourchon ◊ **à califourchon** a cavalcioni.
câlin *adj* affettuoso, coccolone ◊ *sm* coccola (*f*).
câliner *v tr* coccolare, vezzeggiare.
calleux (-euse) *adj* calloso.
calligraphie *sf* calligrafia.
calmant *adj*, *sm* calmante.
calme *adj* calmo ◊ *sm* calma (*f*), quiete (*f*) ◊ **calme plat** bonaccia, calma assoluta.
calmer *v tr* calmare; placare ◊ *v réfl* calmarsi.
calomnie *sf* calunnia.
calomnier *v tr* calunniare.
calorie *sf* caloria.
calorifère *adj* calorifico.
calorifuge *adj*, *sm* coibente.
calotte *sf* calotta; papalina, zucchetto (*m*); (*familier*) scappellotto (*m*).
calque *sm* calco; (*fig*) imitazione (*f*).
calquer *v tr* ricalcare; (*fig*) imitare, copiare.
calvaire *sm* calvario.
calvitie *sf* calvizie.
camaïeu *sm* (*arte*) pittura monocroma ◊ **décoration en camaïeu** decorazione monocromatica.
camarade *sm* compagno.
camaraderie *sf* cameratismo (*m*).
cambouis *sm* morchia (*f*).

cambrer *v tr* inarcare ◊ *v réfl* inarcarsi; inarcare la schiena.

cambriolage *sm* furto con scasso; svaligiamento.

cambrioler *v tr* svaligiare.

cambrioleur (**-euse**) *sm* scassinatore, svaligiatore.

cambrure *sf* curvatura ad arco ◊ **cambrure du pied** arco plantare.

camée *sm* cammeo.

caméléon *sm* camaleonte.

camélia *sm* camelia (*f*).

camelot *sm* venditore ambulante.

camelote *sf* merce scadente, paccottiglia.

caméra *sf* cinepresa; telecamera ◊ **caméra vidéo** videocamera.

caméscope *sm* (*marque déposée*) videocamera.

camion *sm* autocarro.

camion-citerne (*pl* **camions-citernes**) *sm* autocisterna (*f*).

camionnage *sm* autotrasporto.

camionnette *sf* camioncino (*m*).

camionneur *sm* camionista (*m/f*); autotrasportatore.

camisole *sf* camiciola ◊ **camisole de force** camicia di forza.

camomille *sf* camomilla.

camoufler *v tr* camuffare; mimetizzare.

camp *sm* campo, accampamento; gruppo ◊ **feux de camp** fuochi da bivacco; **lever le camp** levare il campo; **ficher le camp** tagliare la corda.

campagnard *adj*, *sm* campagnolo.

campagne *sf* campagna ◊ **en rase campagne** in aperta campagna; **faire campagne pour** fare propaganda per; **se mettre en campagne** mettersi alla ricerca di qualcosa.

campement *sm* accampamento.

camper *v intr* mettere il campo; campeggiare ◊ *v réfl* mettersi, piantarsi.

campeur (**-euse**) *sm* campeggiatore.

camphre *sm* canfora (*f*).

camping *sm* campeggio ◊ **faire du camping** andare in campeggio.

camping-car (*pl* **camping-cars**) *sm* camper.

camus *adj* camuso.

canadien (**-enne**) *adj*, *sm* canadese (*m/f*).

canaille *sf* canaglia.

canal (*pl* **-aux**) *sm* canale ◊ **par le canal de** per mezzo di, attraverso.

canalisation *sf* canalizzazione; tubazione, conduttura.

canaliser *v tr* canalizzare; (*fig*) incanalare.

canapé *sm* divano; (*cuis*) canapè.

canard *sm* anatra (*f*) maschio; zolletta (*f*) di zucchero imbevuta nel caffè; (*familier*) notizia (*f*) falsa, fandonia (*f*); (*familier*) giornale; (*mus*) stecca (*f*) ◊ **un froid de canard** un freddo cane.

canari *sm* canarino.

cancan *sm* pettegolezzo, chiacchiera (*f*).

cancanier (**-ère**) *adj* pettegolo.

cancer *sm* cancro.

cancéreux (**-euse**) *adj*, *sm* canceroso.

cancre *sm* (*familier*) scolaro pigro, scaldabanchi (*m/f*).

candélabre *sm* candelabro.

candeur *sf* candore (*m*).

candi *adj*, *sm* candito.

candidat *sm* candidato.

candidature *sf* candidatura.

candide *adj* candido; ingenuo.

cane *sf* anatra femmina.

caneton *sm* anatroccolo.

canette *sf* bottiglia di birra; bobina (*de machine à coudre*).

canevas *sm* canovaccio.

caniche *sm* barboncino.

canicule *sf* canicola.

canif *sm* temperino, coltellino.

canin *adj* canino.

caniveau (*pl* **-eaux**) *sm* canaletto di scolo.

canne *sf* canna; bastone (*m*) da passeggio ◊ **canne à pêche** canna da pesca; **canne à sucre** canna da zucchero.

cannelé *adj* scanalato.

canneler *v tr* scanalare.

cannelle *sf* cannella.

cannibale *adj*, *sm* cannibale (*m/f*).

canoë *sm* canoa (*f*).

canon *sm* cannone; canna (*f*) (*de fusil, pistolet*); cannello; canone.

canoniser *v tr* canonizzare.

canonnade *sf* cannoneggiamento (*m*).
canonnière *sf* (*mar*) cannoniera.
canot *sm* canotto ◊ *sf* (*au Canada*) canoa ◊ **canot de sauvetage** scialuppa di salvataggio.
canotage *sm* canottaggio.
canotier *sm* (*sport*) canottiere; (*chapeau*) paglietta (*f*).
cantate *sf* (*mus*) cantata.
cantatrice *sf* cantante lirica.
cantine *sf* mensa; refettorio (*m*); cassa, baule (*m*).
cantique *sm* cantico.
canton *sm* cantone (*en Suisse*); distretto.
cantonade *sf* (*théâtre*) quinte (*pl*) ◊ **parler, crier à la cantonade** parlare, gridare ai quattro venti.
cantonal (*pl* -**aux**) *adj* cantonale.
cantonnement *sm* (*milit*) accantonamento, quartiere.
cantonner *v tr* (*milit*) acquartierare; (*fig*) isolare, relegare ◊ *v intr* (*milit*) acquartierarsi ◊ *v réfl* isolarsi, relegarsi.
cantonnier *sm* cantoniere.
caoutchouc *sm* cauccïù; gomma (*f*) ◊ **caoutchouc mousse** gommapiuma.
cap *sm* capo; rotta (*f*) ◊ **mettre le cap sur** fare rotta verso.
capable *adj* capace.
capacité *sf* capacità; capienza.
cape *sf* cappa ◊ **rire sous cape** ridere sotto i baffi; **film, roman de cape et d'épée** film, romanzo di cappa e spada.
capillaire *adj* capillare ◊ *sm* capillare; (*bot*) capelvenere ◊ **lotion capillaire** lozione per i capelli.
capitaine *sm* capitano.
capital (*pl* -**aux**) *adj*, *sm* capitale.
capitale *sf* capitale; (lettera) maiuscola.
capitaliser *v tr* capitalizzare.
capitalisme *sm* capitalismo.
capitaliste *adj* capitalistico ◊ *sm/f* capitalista.
capiteux (-**euse**) *adj* inebriante, che dà alla testa.
capitonner *v tr* imbottire (*chaises, canapés*).
capituler *v intr* capitolare.
caporal (*pl* -**aux**) *sm* caporale.

capot *sm* cofano; (*mar*) cappa (*f*).
capote *sf* cappotto (*m*), patrano (*d'un militaire*); capote (*de voiture*).
capoter *v intr* capovolgersi, cappottare.
câpre *sm* cappero.
caprice *sm* capriccio.
capricieux (-**euse**) *adj* capriccioso.
capricorne *sm* capricorno.
capsule *sf* capsula.
capter *v tr* captare; attirare ◊ **capter la confiance** conquistare la fiducia.
captif (-**ive**) *adj*, *sm* prigioniero.
captiver *v tr* avvincere, appassionare.
captivité *sf* cattività; prigionia.
capturer *v tr* catturare.
capuche *sf* (*habillement*) cappuccio (*m*).
capuchon *sm* cappuccio.
capucine *sf* (*bot*) cappuccina, nasturzio (*m*).
caquet *sm* coccodé, chiocciolio; (*fig*) chiacchiera (*f*), ciarla (*f*).
caqueter *v intr* chiocciare; (*fig*) chiacchierare, ciarlare.
car *conj* giacché, poiché ◊ *sm* pullman.
carabine *sf* carabina.
caractère *sm* carattere.
caractériel (-**elle**) *adj*, *sm* caratteriale (*m/f*).
caractériser *v tr* caratterizzare ◊ *v réfl* caratterizzarsi, distinguersi.
caractéristique *adj* caratteristico ◊ *sf* caratteristica.
carafe *sf* caraffa.
carafon *sm* piccola caraffa (*f*).
caraïbe *adj* caribico.
carambolage *sm* tamponamento a catena.
caramel *sm* caramello, zucchero caramellato.
carapace *sf* guscio (*m*); corazza.
carat *sm* carato.
caravane *sf* carovana; caravan (*m*), roulotte (*f*).
carbone *sm* carbonio ◊ (**papier**) **carbone** carta carbone.
carbonique *adj* carbonico ◊ **gaz carbonique** anidride carbonica; **neige carbonique** ghiaccio secco.
carboniser *v tr* carbonizzare.
carburant *sm* carburante.
carburateur *sm* carburatore.

carburation *sf* carburazione.
carcan *sm* gogna (*f*); (*fig*) peso, costrizione (*f*).
carcasse *sf* carcassa.
cardage *sm* cardatura (*f*).
carder *v tr* cardare.
cardiaque *adj* cardiaco ◊ *sm* cardiopa-
tico.
cardinal (*pl* **-aux**) *adj*, *sm* cardinale.
cardiologue *sm* cardiologo.
carême *sm* quaresima (*f*).
carence *sf* carenza.
carène *sf* carena.
caressant *adj* carezzevole.
caresse *sf* carezza.
caresser *v tr* accarezzare.
cargaison *sf* carico (*m*).
caricature *sf* caricatura.
caricaturer *v tr* fare la caricatura di.
carie *sf* carie.
carillon *sm* carillon; scampanio.
carillonner *v intr* scampanare, suonare
a festa; scampanellare.
carlingue *sf* carlinga.
carnage *sm* carneficina (*f*).
carnassier (**-ère**) *adj*, *sm* carnivoro.
carnaval (*pl* **-als**) *sm* carnevale.
carnet *sm* taccuino ◊ **carnet de chèques** libretto di assegni; **carnet d'a-
dresses** rubrica; **carnet de tickets**
blocchetto di biglietti.
carnivore *adj*, *sm* carnivoro.
carotte *sf* carota.
carpe *sf* (*zool*) carpa.
carré *adj* quadrato, quadro ◊ *sm* quadrato; fazzoletto da collo, foulard ◊
mètre carré metro quadrato; **porter
un nombre au carré** elevare un numero al quadrato; **carré d'agneau,
de porc** lombata.
carreau (*pl* **-eaux**) *sm* piastrella (*f*),
mattonella (*f*); vetro; quadro, quadretto; (*cartes*) quadri (*pl*) ◊ **rester
sur le carreau** lasciarci la pelle; **se
tenir à carreau** stare in guardia.
carrefour *sm* crocicchio, incrocio;
(*fig*) bivio.
carrelage *sm* pavimentazione (*f*) a piastrelle.
carreler *v tr* piastrellare.
carrément *adv* decisamente, francamente.

carrer *v tr* squadrare, quadrare; elevare
al quadrato ◊ *v réfl* sistemarsi, mettersi comodo.
carrière *sf* (*lieu*) cava; (*profession*)
carriera.
carriole *sf* carretta.
carrossable *adj* carrozzabile.
carrosse *sm* carrozza (*f*).
carrosserie *sf* carrozzeria.
carrossier *sm* carrozziere.
carrousel *sm* carosello; giostra (*f*).
carrure *sf* larghezza (di spalle); (*fig*)
levatura.
cartable *sm* cartella (*f*).
carte *sf* biglietto (*m*); cartoncino (*m*);
carta (*à jouer*); tessera; lista, menu;
carta (geografica), cartina ◊ **carte
d'abonnement** tessera d'abbonamento; **carte de visite** biglietto da visita; **carte d'électeur** certificato elettorale; **carte de crédit** carta di credito; **carte de téléphone** scheda telefonica; **carte bancaire** bancomat; **car-
te grise** libretto di circolazione; **carte
postale** cartolina; **manger à la carte**
mangiare alla carta, a scelta; **jouer
cartes sur table** giocare a carte sco-
perte.
cartel *sm* cartello.
carter *sm* (*mecc*) carter ◊ **carter d'huile** coppa dell'olio.
carte-vue *sf* (*en Belgique*) cartolina.
cartilage *sm* cartilagine (*f*).
cartographie *sf* cartografia.
cartomancien (**-enne**) *sm* cartomante
(*m/f*).
carton *sm* cartone; scatolone; cartoncino.
cartonnage *sm* cartonaggio.
carton-pâte (*pl* **cartons-pâtes**) *sm* cartapesta (*f*).
cartouche *sf* cartuccia; ricarica; stecca
(*de cigarettes*) ◊ *sm* cartiglio.
cas *sm* caso ◊ **en cas de** in caso di; **au
cas où** nel caso in cui, qualora; **en
tout cas** ad ogni modo; **faire grand
cas de** dare molta importanza a.
casanier (**-ère**) *adj* casalingo.
casaque *sf* casacca.
cascade *sf* cascata ◊ **en cascade** a catena.

cascadeur (**-euse**) *sm* controfigura (*f*), cascatore.

case *sf* casella; scomparto (*m*); capanna.

caser *v tr* sistemare; ordinare ◊ *v réfl* sistemarsi.

caserne *sf* caserma.

casier *sm* casellario; scaffale, scomparto ◊ **casier à bouteilles** portabottiglie; **casier judiciaire** fedina penale.

casino *sm* casinò.

casque *sm* (*de moto*) casco; (*de baladeur*) cuffia (*f*) ◊ **écouter au casque** ascoltare in cuffia.

casquette *sf* berretto (*m*) con visiera.

cassant *adj* fragile.

cassation *sf* cassazione.

casse *sf* rottura; cocci (*m pl*) ◊ **payer la casse** pagare i danni; **vendre à la casse** vendere come rottame.

casse-cou *sm inv* scavezzacollo (*m/f*).

casse-croûte *sm inv* spuntino.

casse-noix *sm inv* schiaccianoci.

casse-pieds *sm inv* (*familier*) rompiscatole.

casser *v tr* rompere; (*jur*) annullare, cassare; degradare, esonerare ◊ *v intr* rompersi ◊ **casser les pieds** rompere le scatole, scocciare; **casser les oreilles** rompere i timpani; **casser la croûte** fare uno spuntino; **à tout casser** straordinario, sensazionale.

casserole *sf* casseruola, pentola.

casse-tête *sm inv* rompicapo.

cassette *sf* cassetta, cofanetto (*m*); cassetta (*audio*) ◊ **cassette vidéo** videocassetta.

cassis *sm* ribes nero.

cassonade *sf* zucchero raffinato una volta sola.

cassoulet *sm* (*cuis*) stufato di carne con fagioli bianchi.

cassure *sf* spaccatura.

castagnettes *sf pl* nacchere.

caste *sf* casta.

castor *sm* castoro.

castrat *sm* castrato.

castrer *v tr* castrare.

casuel (**-elle**) *adj* casuale.

cataclysme *sm* cataclisma.

catacombes *sf pl* catacombe.

catalan *adj*, *sm* catalano.

catalogue *sm* catalogo.

cataloguer *v tr* catalogare.

catalyseur *sm* catalizzatore.

catalytique catalitico ◊ **pot catalytique** marmitta catalitica.

cataphote *sm* catarifrangente.

cataplasme *sm* cataplasma.

catapulter *v tr* catapultare.

cataracte *sf* cateratta.

catarrhe *sm* catarro.

catastrophe *sf* catastrofe ◊ **en catastrophe** in fretta e furia.

catéchisme *sm* catechismo.

catégorie *sf* categoria.

catégorique *adj* categorico.

cathédrale *sf* cattedrale.

cathode *sm* catodo.

catholicisme *sm* cattolicesimo.

catholique *adj*, *sm* cattolico.

cauchemar *sm* incubo.

cause *sf* causa ◊ **mettre en cause** chiamare in causa; **et pour cause** a ragion veduta, giustamente; **avoir gain de cause** averla vinta.

causer *v tr* causare, provocare ◊ *v intr* discorrere, conversare.

causerie *sf* conversazione, chiacchierata.

causette *sf* chiacchieratina.

causeur (**-euse**) *adj* loquace, chiacchierone ◊ *sm* parlatore.

caustique *adj* caustico.

cauteleux (**-euse**) *adj* subdolo, sornione.

cautériser *v tr* cauterizzare.

caution *sf* cauzione; garanzia ◊ **sujet à caution** poco attendibile.

cautionner *v tr* garantire; avallare.

cavalcade *sf* cavalcata; (*fig*) corsa precipitosa.

cavalerie *sf* cavalleria.

cavalier (**-ère**) *adj* insolente; sgarbato ◊ *sm* cavaliere, cavallerizzo ◊ **faire cavalier seul** agire da solo.

cave *sf* cantina ◊ *adj* incavato, infossato.

caveau (*pl* **-eaux**) *sm* tomba (*f*), cripta (*f*).

caverne *sf* caverna.

caverneux (-euse) *adj* cavernoso.
caviar *sm* caviale.
cavité *sf* cavità.
CD *sm* compact disc, CD.
ce (cet *f* **cette** *pl* **ces)** *adj* questo; quello ◊ *pron* ciò, quello ◊ **ce qui, ce que** ciò che; **ce dont** ciò di cui; **en ce que** in quanto; **qui est-ce?** chi è?; **c'est à moi** è mio; **à ce que** affinché; **n'est-ce pas (vrai)?** non è vero?
ceci *pron* questo, ciò.
cécité *sf* cecità.
céder *v tr/ intr* cedere.
cédille *sf* cediglia.
cèdre *sm* cedro.
ceindre *v tr* cingere.
ceinture *sf* cintura; cintola, vita; cinta (muraria); circonvallazione ◊ **ceinture de sécurité** cintura di sicurezza; **se serrer la ceinture** tirare la cinghia.
ceinturer *v tr* cingere; (*sport*) cinturare.
cela *pron* ciò, questo; quello ◊ **c'est cela** proprio così; **à cela près** pressappoco; **comment cela?** ma come?; **n'est-ce que cela?** è tutto qui?
célèbre *adj* celebre.
célébrer *v tr* celebrare.
célébrité *sf* celebrità.
céleri *sm* sedano.
célérité *sf* celerità.
céleste *adj* celeste; celestiale.
célibat *sm* celibato.
célibataire *adj* celibe, scapolo; (*femme*) nubile ◊ *sm* celibe, scapolo ◊ *sf* nubile.
celle, celles *pron* v. **celui**.
cellophane *sm* cellofan.
cellulaire *adj* cellulare ◊ **téléphone cellulaire** telefono cellulare.
cellule *sf* cellula; cella.
cellulite *sf* cellulite.
cellulose *sf* cellulosa.
celtique *adj* celtico.
celui (*f* **celle** *pl* **ceux celles)** *pron* quello; colui ◊ **celui-ci**, questo (qui); **celui-là** quello (là).
cendre *sf* cenere ◊ *pl* le ceneri.
cendré *adj* cenere, cenerino ◊ **blond cendré** biondo cenere.
cendrier *sm* portacenere.
cène *sf* (*relig*) Cena, Ultima Cena.

censé *adj* supposto, presunto ◊ **je suis censé le savoir** sono tenuto a saperlo.
censeur *sm* censore; (*d'un lycée*) responsabile (*m/f*) della disciplina.
censure *sf* censura.
censurer *v tr* censurare.
cent *adj, sm* cento ◊ **trois cents** trecento; **trois cent dix** trecentodieci; **dix pour cent de** dieci per cento di; **cent mille** centomila; **cent millième** cento millesimo.
centaine *sf* centinaio (*m*) ◊ **par centaines** a centinaia.
centaure *sm* centauro.
centenaire *adj, sm* centenario.
centennal (*pl* **-aux)** *adj* centennale.
centième *adj, sm/f* centesimo (*m*).
centigrade *adj* centigrado.
centigramme *sm* centigrammo.
centilitre *sm* centilitro.
centime *sm* centesimo.
centimètre *sm* centimetro.
centrafricain *adj, sm* centrafricano.
central (*pl* **-aux)** *adj* centrale.
centrale *sf* centrale.
centraliser *v tr* centralizzare.
centraméricain *adj, sm* centroamericano.
centre *sm* centro ◊ **centre commercial** centro commerciale.
centrer *v tr* centrare.
centrifuge *adj* centrifugo.
centripète *adj* centripeto.
centuple *adj, sm* centuplo.
cep *sm* ceppo.
cépage *sm* vitigno.
cèpe *sm* (*fungo*) porcino.
cependant *conj* tuttavia, però; eppure, ciononostante.
céramique *sf* ceramica.
céramiste *sm/f* ceramista.
cercle *sm* cerchio; circolo; (*fig*) cerchia (*f*) ◊ **cercle vicieux** circolo vizioso.
cercueil *sm* bara (*f*), feretro.
céréale *sf* cereale (*m*).
cérébral (*pl* **-aux)** *adj* cerebrale.
cérémonie *sf* cerimonia ◊ **faire des cérémonies** fare cerimonie.
cerf *sm* cervo.
cerfeuil *sm* (*bot*) cerfoglio.
cerf-volant (*pl* **cerfs-volants)** *sm* cervo volante; aquilone.

cerise *sf* ciliegia.

cerisier *sm* ciliegio.

cerne *sm* occhiaia (*f*); livido.

cerner *v tr* accerchiare; circondare; (*fig*) circoscrivere.

certain *adj* sicuro, certo ◊ *pron pl* certi, taluni, alcuni.

certainement *adv* certo, certamente.

certes *adv* certo, certamente.

certificat *sm* certificato; diploma ◊ **certificat d'aptitude professionnelle** diploma della scuola professionale; **certificat de scolarité** attestato di frequenza.

certifier *v tr* certificare, attestare; (*jur*) autenticare.

certitude *sf* certezza.

cerveau (*pl* **-eaux**) *sm* cervello (*aussi fig*).

cervelle *sf* cervello (*m*); (*cuis*) cervella.

cervical (*pl* **-aux**) *adj* cervicale.

ces *adj* v. **ce**

césarienne *sf* taglio (*m*) cesareo.

cessation *sf* cessazione.

cesse *sf* sosta, tregua ◊ **sans cesse** senza posa.

cesser *v intr* cessare ◊ *v tr* smettere, sospendere.

cession *sf* cessione.

c'est-à-dire *adv* cioè, vale a dire.

cet (**cette**) *adj* v. **ce**.

ceux *pron* v. **celui**.

chacal (*pl* **-als**) *sm* sciacallo.

chacun *pron* ciascuno, ognuno.

chagrin *sm* dispiacere; tristezza (*f*) ◊ *adj* triste ◊ **avoir du chagrin** essere triste.

chagriner *v tr* addolorare, rattristare.

chahut *sm* baccano, cagnara (*f*).

chahuter *v intr* far baccano ◊ *v tr* impedire di parlare a (*facendo baccano*).

chai *sm* cantina (*f*).

chaîne *sf* catena; (*TV*) canale (*m*) ◊ **chaîne stéréo** impianto stereofonico; **chaîne (de fabrication)** catena di montaggio.

chair *sf* carne; (*d'un fruit*) polpa ◊ **en chair et en os** in carne e ossa; **avoir la chair de poule** avere la pelle d'oca.

chaire *sf* pulpito (*m*); cattedra.

chaise *sf* sedia ◊ **chaise longue** sedia a sdraio.

chaland *sm* chiatta (*f*).

châle *sm* scialle.

chalet *sm* chalet.

chaleur *sf* calore (*m*), caldo (*m*).

chaleureux (**-euse**) *adj* caloroso.

chaloupe *sf* scialuppa.

chalumeau (*pl* **-eaux**) *sm* cannello.

chalutier *sm* motopeschereccio.

chamailler (**se**) *v réfl* (*familier*) accapigliarsi, bisticciare (*intr*).

chambranle *sm* stipite.

chambre *sf* camera ◊ **chambre à coucher** camera da letto; **chambre d'amis** camera degli ospiti; **chambre d'hôte** camera per ospiti paganti (presso un privato); **femme de chambre** cameriera; **chambre à air** camera d'aria; **chambre noire** camera oscura.

chambrer *v tr* portare (il vino) a temperatura ambiente.

chameau (*pl* **-eaux**) *sm* cammello.

chamois *sm* camoscio ◊ **peau de chamois** pelle di daino.

champ *sm* campo ◊ **sur-le-champ** immediatamente; **à tout bout de champ** a ogni piè sospinto.

champagne *sm* champagne.

champêtre *adj* campestre.

champignon *sm* fungo ◊ **champignon de couche, de Paris** champignon, fungo coltivato.

champion (**-onne**) *sm* campione.

championnat *sm* campionato.

chance *sf* fortuna, sorte ◊ *pl* probabilità, possibilità ◊ **avoir de la chance** essere fortunato; **bonne chance!** buona fortuna!.

chanceler *v intr* vacillare, barcollare.

chancelier *sm* cancelliere.

chanceux (**-euse**) *adj* fortunato.

chancre *sm* (*méd*) ulcera (*f*).

chandail *sm* maglione.

Chandeleur *sf* Candelora.

chandelier *sm* candeliere.

chandelle *sf* candela.

change *sm* cambio ◊ **bureau de change** ufficio cambio.

changeant *adj* mutevole; (*couleur*) cangiante.

changement *sm* cambiamento, mutamento ◊ **changement de vitesse** cambio (di velocità).

changer *v tr/ intr* cambiare ◊ *v réfl* cambiarsi ◊ **changer d'avis** cambiare idea.

chanson *sf* canzone.

chansonnier *sm* chansonnier (autore ed esecutore di canzoni comiche o satiriche).

chant *sm* canto.

chantage *sm* ricatto ◊ **faire du chantage** ricattare.

chanter *v tr/intr* cantare ◊ **faire chanter quelqu'un** ricattare qualcuno.

chanteur (-euse) *sm* cantante (*m/f*).

chantier *sm* cantiere.

chantonner *v tr/intr* canticchiare, canterellare.

chanvre *sm* canapa (*f*).

chaos *sm* caos.

chaotique *adj* caotico.

chaparder *v tr* (*familier*) rubacchiare.

chapeau (*pl* **-eaux**) *sm* cappello; (*de champignon*) cappella (*f*) ◊ **chapeau melon** bombetta; **chapeau!** tanto di cappello!

chapelet *sm* rosario; serie (*f*), sfilza (*f*).

chapelle *sf* cappella ◊ **chapelle ardente** camera ardente.

chapelure *sf* pangrattato (*m*).

chapiteau (*pl* **-eaux**) *sm* capitello; tendone (*cirque*).

chapitre *sm* capitolo; argomento, materia (*f*) ◊ **avoir voix au chapitre** aver voce in capitolo.

chapon *sm* cappone.

chaque *adj inv* ogni; ciascuno.

char *sm* carro ◊ **char d'assaut** carro armato.

charabia *sm* (*familier*) linguaggio incomprensibile.

charade *sf* sciarada.

charbon *sm* carbone ◊ **charbon de terre** carbon fossile; **charbon de bois** carbonella; **aller au charbon** rimboccarsi le maniche.

charcuterie *sf* salumeria; salumi (*m pl*) affettati.

charcutier (-ère) *sm* salumiere.

chardon *sm* cardo.

charge *sf* carico (*m*); peso; incarico (*m*); (*jur*) indizio (*m*) ◊ *pl* spese ◊ **bêtes de charge** bestie da soma; **charges sociales** oneri sociali; **témoin à charge** testimone a carico; **prendre quelque chose en charge** farsi carico di qualcosa; **à charge de revanche** a buon rendere; **être à la charge de** essere a carico di.

chargé *adj* carico ◊ *sm* incaricato ◊ **chargé de cours** professore incaricato.

chargement *sm* carico.

charger *v tr* caricare; incaricare; (*jur*) imputare ◊ *v réfl* incaricarsi, occuparsi.

chariot *sm* carrello; carro ◊ **le grand, le petit Chariot** l'Orsa maggiore, minore.

charitable *adj* caritatevole.

charité *sf* carità ◊ **vente de charité** vendita di beneficenza.

charivari *sm* (*familier*) cagnara (*f*), schiamazzo.

charlatan *sm* ciarlatano.

charmant *adj* seducente; affascinante.

charme *sm* fascino, attrattiva (*f*); incantesimo.

charmer *v tr* affascinare, incantare.

charmeur (-euse) *sm* incantatore; persona affascinante.

charnel (-elle) *adj* carnale.

charnière *sf* cerniera.

charnu *adj* carnoso.

charogne *sf* carogna.

charpente *sf* struttura, intelaiatura.

charpenter *v tr* squadrare; (*fig*) strutturare.

charpentier *sm* carpentiere.

charrette *sf* carretta, carretto (*m*).

charrier *v tr* trasportare; (*fig, familier*) prendere in giro ◊ *v intr* scherzare; esagerare.

charrue *sf* aratro (*m*).

charte *sf* carta ◊ **École nationale des chartes** Scuola di Paleografia di Parigi.

charter *sm* (*avion*) charter.

chartreuse *sf* certosa.

chas *sm* cruna (*f*).

chasse *sf* caccia ◊ **chasse d'eau** sciacquone.

châsse *sf* reliquiario (*m*); montatura (*lunettes*).

chassé-croisé (*pl* **chassés-croisés**) *sm* (*danse*) passo incrociato; il rincorrersi, l'incrociarsi.

chasse-neige *sm inv* spazzaneve.

chasser *v tr* cacciare; cacciar via, scacciare ◊ *v intr* (*roue*) slittare.

chasseur (-euse) *sm* cacciatore; aeroplano da caccia; nave (*f*) da caccia.

châssis *sm* intelaiatura (*f*), telaio (*m*).

chaste *adj* casto.

chasteté *sf* castità.

chat *sm* gatto ◊ **jouer à chat perché** giocare a rialzo; **il n'y a pas un chat** non c'è un cane.

châtaigne *sf* castagna.

châtaignier *sm* castagno.

châtain *adj* castano.

château (*pl* **-eaux**) *sm* castello ◊ **château fort** roccaforte; **château d'eau** serbatoio d'acqua.

châtier *v tr* castigare.

châtiment *sm* castigo, punizione (*f*).

chaton *sm* gattino.

chatouiller *v tr* fare il solletico, solleticare; (*fig*) stuzzicare, provocare.

chatouilleux (-euse) *adj* sensibile al solletico; (*fig*) suscettibile.

châtrer *v tr* castrare.

chatte *sf* gatta.

chatter *v intr* (*inform*) chattare.

chaud *adj, sm* caldo ◊ **il fait chaud** fa caldo; **on a eu chaud!** l'abbiamo vista brutta!

chaudière *sf* caldaia.

chaudron *sm* paiolo.

chauffage *sm* riscaldamento.

chauffe-bain (*pl* **chauffe-bains**) *sm* scaldabagno.

chauffe-plats *sm inv* scaldavivande.

chauffer *v tr* scaldare, riscaldare ◊ *v réfl* scaldarsi, riscaldarsi.

chauffeur *sm* autista (*m/f*).

chaume *sm* stoppia (*f*); paglia (*f*).

chaumière *sf* capanna.

chaussée *sf* carreggiata; argine (*m*) ◊ **chaussée défoncée** fondo stradale dissestato.

chausse-pied (*pl* **chausse-pieds**) *sm* calzascarpe.

chausser *v tr/intr* calzare; mettere le scarpe (a) ◊ *v réfl* mettersi le scarpe ◊ **chausser du trente-cinq** calza il trentacinque.

chaussette *sf* calzino (*m*), calza.

chausson *sm* pantofola (*f*), babbuccia (*f*).

chaussure *sf* scarpa, calzatura.

chauve *adj* calvo.

chauve-souris (*pl* **chauves-souris**) *sf* pipistrello (*m*).

chauvin *adj, sm* sciovinista (*m/f*).

chaux *sf* calce.

chavirer *v intr* (*mar*) rovesciarsi, scuffiare; capovolgersi.

chef *sm* capo; chef, capocuoco ◊ **chef d'orchestre** direttore d'orchestra; **commandant en chef** comandante in capo.

chef-d'œuvre (*pl* **chefs-d'œuvre**) *sm* capolavoro.

chef-lieu (*pl* **chefs-lieux**) *sm* capoluogo.

chemin *sm* cammino; strada (*f*); via (*f*) ◊ **grand chemin** strada maestra; **se mettre en chemin** incamminarsi; **chemin faisant** strada facendo; **faire son chemin** fare, farsi strada.

cheminée *sf* camino (*m*); caminetto (*m*); comignolo (*m*); (*d'un navire*) fumaiolo (*m*); (*d'usine*) ciminiera.

cheminement *sm* camminata (*f*); (*fig*) il progredire, l'avanzare.

cheminer *v intr* avanzare (*a fatica*); (*fig*) progredire.

cheminot *sm* ferroviere.

chemise *sf* camicia; cartella, cartelletta (*en carton*).

chemisier *sm* camicetta (*f*) (*pour femme*); camiciaio.

chenal (*pl* **-aux**) *sm* canale.

chêne *sm* quercia (*f*).

chenil *sm* canile.

chenille *sf* (*zool*) bruco (*m*); (*tech*) cingolo (*m*).

chenu *adj* canuto.

chèque *sm* assegno ◊ **chèque sans provision** assegno a vuoto; **chèque barré** assegno sbarrato.

chéquier *sm* libretto degli assegni.

cher (-ère) *adj, adv* caro ◊ **chère Madame** gentile signora; **payer cher** pagar caro; **ne pas valoir cher** essere poco raccomandabile.

chercher *v tr* cercare ◊ **chercher à** cercare di; **chercher à ce que** fare in modo che; **chercher querelle** attaccar briga; **chercher du secours** cercare aiuto; **aller chercher** andare a prendere.

chercheur (-euse) *sm* cercatore; ricercatore.

chéri *adj, sm* caro, adorato, prediletto ◊ **ma chérie, mon chéri** tesoro mio.

chérir *v tr* amare teneramente ◊ *v réfl* volersi bene.

chétif (-ive) *adj* gracile; minuto.

cheval (*pl* **-aux**) *sm* cavallo ◊ **faire du cheval** fare equitazione; **monter à cheval** andare a cavallo.

chevalerie *sf* cavalleria.

chevalet *sm* cavalletto.

chevalier *sm* cavaliere.

chevalière *sf* anello (*m*) (*con monogramma o stemma*).

chevalin *adj* equino.

chevauchée *sf* cavalcata.

chevauchement *sm* accavallamento, sovrapposizione (*f*).

chevaucher *v tr/intr* cavalcare ◊ *v réfl* accavallarsi, sovrapporsi.

chevelu *adj* capelluto.

chevelure *sf* capigliatura, chioma.

chevet *sm* capezzale; (*d'église*) abside (*f*) ◊ **table de chevet** comodino da notte; **livre de chevet** libro prediletto.

cheveu (*pl* **-eux**) *sm* capello ◊ **se faire des cheveux (blancs)** farsi cattivo sangue.

cheville *sf* caviglia; perno (*m*); tassello (*m*).

chèvre *sf* capra.

chevreau (*pl* **-eaux**) *sm* capretto.

chèvrefeuille *sm* caprifoglio.

chevreuil *sm* capriolo.

chevron *sm* (*arch*) puntone (di capriata).

chevronné *adj* di provata esperienza.

chevrotant *adj* tremulo.

chevrotine *sf* pallettone (*m*).

chez *prep* da, presso; in ◊ **chez soi** a casa propria.

chic *adj inv* elegante; (*familier*) simpatico, gentile ◊ *sm* eleganza (*f*), classe (*f*);

abilità (*f*), dono ◊ *interj* (*familier*) benone!, fantastico!

chicane *sf* briga, lite; cavillo (*m*); passaggio (*m*) a zig-zag.

chicaner *v intr* cavillare ◊ *v tr* attaccar briga con ◊ *v réfl* litigare (*intr*).

chiche *adj* avaro, parco ◊ *interj* (*familier*) scommetti!, scommettiamo!

chicorée *sf* cicoria.

chien (-enne) *sm* cane ◊ **un caractère de chien** un pessimo carattere; **se regarder en chiens de faïence** guardarsi in cagnesco; **dormir en chien de fusil** dormire raggomitolati; **entre chien et loup** all'imbrunire; (*au Canada*) **chien chaud** hot dog.

chiendent *sm* gramigna (*f*).

chier *v intr* (*vulgaire*) cacare.

chiffon *sm* straccio.

chiffonner *v tr* spiegazzare, sgualcire.

chiffonnier (-ère) *sm* straccivendolo.

chiffre *sm* cifra (*f*), numero ◊ **chiffre rond** cifra tonda.

chiffrer *v tr* valutare, calcolare; cifrare.

chignon *sm* crocchia (*f*), chignon.

chimère *sf* chimera.

chimie *sf* chimica.

chimique *adj* chimico.

chimiste *sm/f* chimico (*m*).

chinois *adj, sm* cinese (*m/f*).

chinoiserie *sf* cineseria.

chiot *sm* cucciolo.

chipoter *v intr* fare storie; mercanteggiare ◊ **chipoter sur le prix** tirare sul prezzo.

chips *sf pl* patatine fritte.

chiquenaude *sf* buffetto (*m*).

chiromancien (-enne) *sm* chiromante.

chirurgical (*pl* **-aux**) *adj* chirurgico.

chirurgie *sf* chirurgia.

chirurgien (-enne) *sm* chirurgo.

c(h)ypriote *adj, sm* cipriota (*m/f*).

chlore *sm* cloro.

chloroforme *sm* cloroformio.

choc *sm* urto, scontro; colpo, shock ◊ **choc en retour** colpo di rimbalzo, contraccolpo; **prix choc** prezzo eccezionale.

chocolat *sm* cioccolato, cioccolata (*f*); cioccolatino.

chœur *sm* coro ◊ **en chœur** in coro; **enfant de chœur** chierichetto.

choisir *v tr* scegliere.

choix *sm* scelta (*f*) ◊ **au choix** a scelta; **de choix** di prima scelta.

choléra *sm* colera.

chômage *sm* disoccupazione (*f*); inattività (*f*) ◊ **chômage technique** cassa integrazione.

chômer *v intr* essere disoccupato ◊ **ne pas chômer** darsi da fare.

chômeur (-euse) *sm* disoccupato.

chope *sf* boccale (*m*) (*de bière*).

choquant *adj* scioccante.

choquer *v tr* scioccare; urtare.

choral (*pl -aux*) *adj* corale.

chorégraphie *sf* coreografia.

choriste *sm/f* corista.

chorus *sm* coro.

chose *sf* cosa (*f*) ◊ **autre chose** altro; **peu de chose** poco; **ce n'est pas la même chose** non è lo stesso.

chou (*pl -oux*) *sm* cavolo; (*familier*) cocco, tesoro ◊ **chou à la crème** bigné.

choucroute *sf* (*cuis*) crauti (*m pl*).

chouette *sf* civetta ◊ *adj* (*familier*) carino, simpatico ◊ *interj* che bello!, evviva!

chou-fleur (*pl choux-fleurs*) *sm* cavolfiore.

choyer *v tr* coccolare, vezzeggiare.

chrétien (-enne) *adj, sm* cristiano.

chrétienté *sf* cristianità.

christianisme *sm* cristianesimo.

chromatique *adj* cromatico.

chrome *sm* cromo ◊ *pl* parti (*f*) cromate (*de voiture, moto*).

chromer *v tr* cromare.

chromosomique *adj* cromosomico.

chronique *adj* cronico ◊ *sf* cronaca.

chroniqueur *sm* cronista (*m/f*).

chronologie *sf* cronologia.

chronomètre *sm* cronometro.

chrysalide *sf* crisalide.

chrysanthème *sm* crisantemo.

chuchoter *v tr/intr* bisbigliare, sussurrare.

chuinter *v intr* fischiare, sibilare.

chute *sf* caduta (*aussi fig*) ◊ **chute d'eau** cascata; **chute de tension** abbassamento di tensione.

ci *adv* qui, qua ◊ **de ci, de là** di qua, di là; **ce livre-ci** questo libro; **ne prends pas ce livre-là prends celui-ci** non prendere quel libro prendi questo.

ci-après *adv* più avanti, di seguito.

cible *sf* bersaglio (*m*).

ciboulette *sf* erba cipollina.

cicatrice *sf* cicatrice.

cicatriser *v tr* cicatrizzare.

ci-contre *adv* a lato, a fianco.

ci-dessous *adv* qui sotto.

ci-dessus *adv* qui sopra.

cidre *sm* sidro.

ciel (*pl ciels, cieux*) *sm* cielo.

cierge *sm* cero.

cigale *sf* cicala.

cigare *sm* sigaro.

cigarette *sf* sigaretta.

cigogne *sf* cicogna.

ciguë *sf* cicuta.

ci-joint *adj, adv* accluso, allegato.

cil *sm* ciglio.

cime *sf* cima, sommità.

ciment *sm* cemento.

cimenter *v tr* cementare.

cimetière *sm* cimitero.

cinéaste *sm* cineasta (*m/f*).

cinéma *sm* cinema.

cinéraire *adj* cinerario.

cinglant *adj* sferzante, tagliente.

cingler *v tr* sferzare.

cinq *adj, sm* cinque ◊ **cinq cents** cinquecento; **cinq centième** cinquecentesimo.

cinquantaine *sf* cinquantina.

cinquante *adj, sm* cinquanta.

cinquantième *adj, sm/f* cinquantesimo (*m*).

cinquième *adj, sm/f* quinto (*m*).

cintre *sm* gruccia (*f*), appendiabiti; (*arch*) curvatura (*di arco, volta*); centina (*f*).

cintrer *v tr* (*un vêtement*) stringere in vita, sciancrare; incurvare; centinare.

cirage *sm* lucido (*à chaussures*); inceratura (*f*), lucidatura (*f*).

circoncision *sf* circoncisione.

circonférence *sf* circonferenza.

circonflexe *adj* circonflesso.

circonscription *sf* circoscrizione.

circonscrire *v tr* circoscrivere.

circonspect *adj* circospetto.

circonstance *sf* circostanza.

circonstancié *adj* circostanziato, particolareggiato.
circonvenir *v tr* circuire, raggirare.
circonvolution *sf* circonvoluzione.
circuit *sm* circuito; giro.
circulaire *adj* circolare.
circulation *sf* circolazione; traffico (*m*).
circuler *v intr* circolare.
cire *sf* cera; ceralacca ◊ **cire à épiler** ceretta (depilatoria).
cirer *v tr* incerare; lucidare, lustrare.
cirque *sm* circo.
cirrhose *sf* cirrosi.
cisailles *sf pl* cesoie.
ciseau (*pl* **-eaux**) *sm* scalpello ◊ *pl* forbici (*f*).
ciseler *v tr* cesellare.
citadelle *sf* cittadella.
citadin *adj, sm* cittadino.
citation *sf* citazione.
cité *sf* città ◊ **la Cité** parte antica della città; **cité universitaire** quartiere universitario.
citer *v tr* citare.
citerne *sf* cisterna.
cithare *sf* cetra.
citoyen (**-enne**) *sm* cittadino.
citron *sm* limone (*frutto*).
citronnelle *sf* (*bot*) citronella, limoncina.
citronnier *sm* limone (*pianta*).
citrouille *sf* zucca.
civet *sm* (*cuis*) salmì.
civière *sf* barella.
civil *adj, sm* civile (*m/f*) ◊ **habillé en civil** vestito in borghese.
civilisation *sf* civiltà, civilizzazione.
civiliser *v tr* civilizzare.
civilité *sf* cortesia, educazione.
civique *adj* civico; civile.
civisme *sm* civismo.
claie *sf* graticcio (*m*).
clair *adj* chiaro, luminoso; limpido ◊ *sm, adv* chiaro ◊ **clair de lune** chiaro di luna; **tirer au clair** mettere in chiaro; **le plus clair de son temps** la maggior parte del tempo.
clairière *sf* radura.
clairon *sm* tromba (*f*).
clairsemé *adj* rado.

clairvoyance *sf* chiaroveggenza, lungimiranza.
clameur *sf* clamore (*m*).
clandestin *adj* clandestino.
clapoter *v intr* sciabordare.
clapotis *sm* sciabordio.
claquage *sm* (*méd*) stiramento.
claque *sf* schiaffo (*m*), sberla.
claquer *v intr* battere; sbattere; (*familier*) spaccarsi, rompersi ◊ *v tr* sbattere (*une porte, une fenêtre*); (*familier*) schiaffeggiare; (*familier*) stancare, sfinire ◊ *v réfl* sfiancarsi ◊ **faire claquer sa langue** far schioccare la lingua; **claquer des doigts** schioccare le dita; **se claquer un muscle** stirarsi un muscolo.
clarification *sf* chiarificazione; (*fig*) chiarimento (*m*).
clarifier *v tr* chiarificare; (*fig*) chiarire.
clarinette *sf* clarinetto (*m*).
clarté *sf* chiarezza; chiarore (*m*), luce.
classe *sf* classe; lezione (*à l'école*) ◊ **faire la classe** fare lezione; **aller en classe** andare a scuola; **classe de mer** gita scolastica al mare; **classe de neige** settimana bianca con la scuola; **première/seconde classe** prima/seconda classe.
classement *sm* classifica (*f*); graduatoria (*f*); catalogazione (*f*), classificazione (*f*).
classer *v tr* classificare; archiviare ◊ *v réfl* classificarsi.
classeur *sm* classificatore; raccoglitore.
classifier *v tr* classificare.
classique *adj, sm* classico.
clause *sf* clausola.
claustration *sf* clausura.
claustrophobie *sf* claustrofobia.
clavecin *sm* clavicembalo.
clavicule *sf* clavicola.
clavier *sm* tastiera (*f*).
clé, clef *sf* chiave ◊ **prendre la clé des champs** svignarsela.
clémence *sf* clemenza.
clément *adj* clemente.
clémentine *sf* clementina, mandarancio (*m*).
cleptomanie *sf* cleptomania.

clerc *sm* chierico; (*de notaire, avocat*) impiegato.

clergé *sm* clero.

clérical (*pl* **-aux**) *adj* clericale.

cliché *sm* (*typographie*) cliché; (*fig*) luogo comune; (*phot*) negativo.

client *sm* cliente (*m/f*).

clientèle *sf* clientela.

cligner *v tr/intr* strizzare ◊ **cligner de l'œil** fare l'occhiolino.

clignotant *adj* lampeggiante, intermittente ◊ *sm* (*aut*) lampeggiatore.

clignoter *v intr* lampeggiare ◊ **clignoter des yeux** sbattere le palpebre.

climat *sm* clima.

climatisation *sf* climatizzazione, condizionamento (*m*) (*de l'air*).

climatiseur *sm* condizionatore (*d'air*).

clin d'œil *sm* ammiccamento ◊ **faire un clin d'œil** fare l'occhiolino; **en un clin d'œil** in un batter d'occhio.

clinquant *adj* sgargiante, vistoso ◊ *sm* lustrino.

clip *sm* videoclip.

clique *sf* cricca, combriccola.

cliquer *v tr/intr* (*inform*) cliccare.

cliqueter *v intr* tintinnare; ticchettare.

clitoris *sm* clitoride.

clivage *sm* sfaldatura (*f*); (*fig*) scissione (*f*), separazione (*f*).

clochard *sm* vagabondo, barbone.

cloche *sf* campana; (*familier*) rimbambito (*m*), tonto (*m*) ◊ **cloche à fromage** copriformaggio; **sonner les cloches à quelqu'un** dare una lavata di capo a qualcuno.

clocher *sm* campanile ◊ **esprit de clocher** campanilismo.

clocher *v intr* zoppicare (*aussi fig*).

clocheton *sm* guglia (*f*), piccolo campanile.

clochette *sf* campanella.

cloison *sf* tramezzo (*m*), muro (*m*) divisorio.

cloisonner *v tr* tramezzare; dividere (*par des cloisons*).

cloître *sm* chiostro.

cloîtrer *v tr* rinchiudere in un chiostro; (*fig*) isolare ◊ *v réfl* farsi monaco o suora di clausura; segregarsi.

clopin-clopant *adv* (*familier*) zoppicando.

cloque *sf* (*méd*) bolla, vescica.

clore *v tr* chiudere.

clos *adj* chiuso ◊ *sm* vigneto; podere, terreno cintato.

clôture *sf* recinto (*m*), recinzione; chiusura.

clôturer *v tr* recintare; chiudere.

clou *sm* chiodo; clou, attrazione (*f*) principale.

clouer *v tr* inchiodare.

clouté *adj* chiodato ◊ **passage clouté** strisce pedonali.

clown *sm* clown, pagliaccio.

club *sm* club, circolo; mazza (*f*) da golf.

coagulant *adj, sm* coagulante.

coaguler *v intr* coagulare ◊ *v réfl* coagularsi.

coaliser (se) *v réfl* coalizzarsi.

coalition *sf* coalizione.

coasser *v intr* gracidare.

cobaye *sm* cavia (*f*), porcellino d'India.

cocagne *sf* cuccagna ◊ **mât de cocagne** albero della cuccagna.

cocaïne *sf* cocaina.

cocarde *sf* coccarda.

cocasse *adj* ridicolo, strampalato.

coccinelle *sf* (*zool*) coccinella.

cocher *sm* vetturino, cocchiere.

cocher *v tr* spuntare.

cochère *adj* ◊ **porte cochère** portone.

cochon *sm* maiale, porco; (*fig*) sporcaccione ◊ **un tour de cochon** un tiro mancino.

cochonnaille *sf* (*familier*) salumi (*m pl*).

cochonnet *sm* porcellino; (*aux boules*) boccino, pallino.

coco *sm* ◊ **noix de coco** noce di cocco.

cocon *sm* bozzolo.

cocotier *sm* palma (*f*) da cocco.

cocotte *sf* pentola (*en fonte*); (*langage enfantin*) gallina ◊ **cocotte en papier** uccello di carta.

cocotte-minute (*pl* **cocottes-minute**) *sf* pentola a pressione.

cocu *adj, sm* (*vulgaire*) cornuto.

code *sm* codice ◊ *pl* (*auto*) anabbaglianti ◊ **code confidentiel** codice (personale) segreto; **code postal** codice postale.

code-barres (*pl* **codes-barres**) *sm* codice a barre.

coder *v tr* cifrare; codificare.

codifier *v tr* codificare.

coefficient *sm* coefficiente.

co-entreprise *sf* (*écon*) joint-venture.

cœur *sm* cuore; (*fig*) centro; (*fam*) stomaco; (*cartes à jouer*) cuori (*pl*) ◊ **le cœur du sujet** il nocciolo della questione; **avoir bon cœur** avere cuore; **avoir mal au cœur** avere la nausea; **tenir à cœur** stare a cuore; **de bon cœur** volentieri; **par cœur** a memoria.

coffrage *sm* (*bâtiment*) armatura (*f*), cassaforma (*f*).

coffre *sm* baule, cassone; cassaforte (*f*); (*aut*) cofano, bagagliaio.

coffre-fort (*pl* **coffres-forts**) *sm* forziere, cassaforte (*f*).

coffrer *v tr* (*argot*) schiaffar dentro.

coffret *sm* cofanetto.

cognac *sm* cognac.

cognée *sf* scure, ascia.

cogner *v tr/intr* picchiare, battere ◊ *v réfl* sbattere ◊ **se cogner la tête** sbattere la testa.

cohabiter *v intr* convivere

cohérence *sf* coerenza.

cohérent *adj* coerente.

cohue *sf* calca, ressa.

coi (**coite**) *adj* quieto, tranquillo.

coiffe *sf* cuffia.

coiffer *v tr* pettinare; coprire il capo (a); coprire, ricoprire ◊ *v réfl* pettinarsi; coprirsi il capo.

coiffeur (**-euse**) *sm* parrucchiere.

coiffure *sf* pettinatura, acconciatura.

coin *sm* angolo; cuneo, zeppa (*f*); conio ◊ **du coin de l'œil** con la coda dell'occhio; **vivre dans un coin** vivere in disparte.

coincer *v tr* incastrare; bloccare, immobilizzare ◊ *v réfl* rimanere incastrato; incepparsi.

coïncidence *sf* coincidenza.

coïncider *v intr* coincidere.

coït *sm* coito.

cokoteur *sm* (*en Belgique*) coinquilino, studente che condivide un appartamento con un altro.

col *sm* collo, colletto; (*en montagne*) valico, passo, colle.

colère *sf* collera, ira.

coléreux (**-euse**) *adj* irascibile, collerico.

colimaçon *sm* lumaca (*f*), chiocciola (*f*) ◊ **escalier en colimaçon** scala a chiocciola.

colin *sm* merluzzo.

colique *sf* colica.

colis *sm* pacco, collo.

collaborateur (**-trice**) *sm* collaboratore.

collaboration *sf* collaborazione; collaborazionismo (*m*).

collaborer *v intr* collaborare.

collagène *sm* collagene.

collant *adj* adesivo; appiccicoso; aderente ◊ *sm* collant, calzamaglia (*f*).

collation *sf* merenda, spuntino (*m*).

colle *sf* colla; (*familier*) domanda difficile, quesito (*m*); (*familier*) ore (*pl*) supplementari di scuola (*punition*).

collecte *sf* colletta.

collecteur (**-trice**) *adj*, *sm* collettore.

collection *sf* collezione, raccolta; collana (*de livres*).

collectionner *v tr* collezionare.

collectionneur (**-euse**) *sm* collezionista (*m/f*).

collectivité *sf* collettività.

collège *sm* collegio; scuola (*f*) media.

collégien (**-enne**) *sm* collegiale (*m/f*); studente (*di scuola media*).

collègue *sm/f* collega.

coller *v tr* incollare, appiccicare; (*familier*) appioppare; (*familier*) punire (con ore supplementari di scuola); bocciare (a un esame) ◊ *v intr* incollarsi, appiccicarsi (*aussi fig*).

collet *sm* colletto, bavero; collo, (*d'animaux*) collottola; (*d'animaux*) laccio ◊ **être collet monté** essere una persona solenne e austera.

collier *sm* collana (*f*); (*d'animal*) collare.

colline *sf* collina.

collision *sf* collisione.

colloque *sm* convegno, seminario.

colmater *v tr* turare, tappare.

colombe *sf* colomba.

colon *sm* colono.

colonel *sm* colonnello.

colonial (*pl* -aux) *adj* coloniale.

colonialisme *sm* colonialismo.

colonie *sf* colonia.

colonisateur (-trice) *adj*, *sm* colonizzatore.

colonisation *sf* colonizzazione.

coloniser *v tr* colonizzare.

colonne *sf* colonna.

colorant *adj*, *sm* colorante.

coloration *sf* colorazione.

colorer *v tr* colorare.

colorier *v tr* colorare, colorire.

coloris *sm* colorito, tinta (*f*); carnagione (*f*), incarnato.

colossal (*pl* -aux) *adj* colossale.

colosse *sm* colosso.

colporter *v tr* fare commercio ambulante di; divulgare, diffondere.

colporteur *sm* venditore ambulante; divulgatore, propagatore.

colza *sm* colza (*f*).

coma *sm* coma.

comateux (-euse) *adj* (*méd*) comatoso.

combat *sm* combattimento; lotta (*f*) (*aussi fig*).

combattant *adj*, *sm* combattente (*m/f*) ◊ ancien combattant reduce.

combattre *v tr/intr* combattere.

combien *adv* quanto, come ◊ *pron* quanto, quanta, quanti, quante ◊ combien êtes-vous? in quanti siete?; combien ça coûte? quanto costa? combien de temps faut-il? quanto tempo ci vuole?

combinaison *sf* combinazione; sottoveste; tuta da lavoro.

combiné *sm* ricevitore, cornetta (*f*).

combiner *v tr* combinare.

comble *adj* colmo, pieno ◊ *sm* colmo; sommità (*f*) ◊ de fond en comble da cima a fondo.

combler *v tr* colmare; (*fig*) appagare, soddisfare.

combustible *adj*, *sm* combustibile.

combustion *sf* combustione.

comédie *sf* commedia.

comédien (-enne) *sm* attore; (*fig*) commediante.

comestible *adj* commestibile ◊ *sm pl* commestibili, generi alimentari.

comète *sf* cometa.

comique *adj*, *sm* comico.

comité *sm* comitato ◊ en petit comité in pochi (intimi); comité d'entreprise consiglio di fabbrica.

commandant *sm* comandante; (*milit*) maggiore.

commande *sf* ordinazione, ordine (*m*); (*tech*) comando (*m*) ◊ de commande di rigore, d'obbligo.

commandement *sm* comando; comandamento.

commander *v tr/intr* ordinare; comandare.

commandeur *sm* commendatore.

comme *adv* come ◊ *conj* come; mentre, quando; siccome, poiché ◊ comme vous voulez come volete; comme il faut come si deve; comme ci comme ça così così; c'est tout comme è proprio come; comme quoi il che dimostra.

commémoration *sf* commemorazione.

commémorer *v tr* commemorare.

commencement *sm* inizio, principio.

commencer *v tr/intr* cominciare, iniziare ◊ commencer à cominciare a; commencer par cominciare da, con.

comment *adv* come, in che modo ◊ comment allez-vous? come sta?; n'importe comment in qualche modo; comment donc! come no!

commentaire *sm* commento.

commentateur (-trice) *sm* commentatore; cronista.

commenter *v tr* commentare.

commérage *sm* pettegolezzo.

commerçant *adj* commerciale ◊ *sm* commerciante.

commerce *sm* commercio; negozio ◊ être dans le commerce fare il commerciante.

commercial (*pl* -aux) *adj* commerciale.

commercialiser *v tr* commercializzare.

commère *sf* comare, donna pettegola.

commettre *v tr* commettere.

commis *sm* commesso.

commisération *sf* commiserazione.

commissaire *sm* commissario ◊ commissaire aux comptes revisore dei conti.

commissariat *sm* commissariato.

commission *sf* commissione; provvigione ◊ *pl* spesa (*sing*) ◊ **faire les commissions** fare la spesa.

commode *adj* comodo; semplice, facile ◊ *sf* cassettone (*m*), comò (*m*).

commotion *sf* (*méd*) commozione; (*fig*) scossa, colpo (*m*).

commuer *v tr* (*jur*) commutare.

commun *adj* comune; ordinario ◊ **en commun** in comune; **nom commun** nome comune; **lieu commun** luogo comune; **hors du commun** fuori dal comune.

communal (*pl* **-aux**) *adj* comunale.

communauté *sf* comunità; comunanza, comunione.

commune *sf* comune (*m*), municipio (*m*).

communicatif (**-ive**) *adj* comunicativo.

communication *sf* comunicazione.

communier *v intr* fare la comunione; essere in comunione (*en idées, esprit*).

communion *sf* comunione.

communiquer *vt/intr* comunicare ◊ *v réfl* scambiarsi; trasmettersi.

communisme *sm* comunismo.

communiste *adj*, *sm/f* comunista.

commutateur *sm* commutatore, interruttore.

compact *adj* compatto ◊ *sm* compact (disc).

compagnie *sf* compagnia ◊ **en compagnie de** in compagnia di; **fausser compagnie à** quelqu'un piantare in asso qualcuno; **compagnie aérienne** compagnia aerea.

compagnon *sm* compagno.

comparable *adj* paragonabile.

comparaison *sf* paragone (*m*), confronto (*m*).

comparaître *v intr* comparire.

comparer *v tr* paragonare, confrontare.

comparse *sm/f* comparsa (*f*); complice.

compartiment *sm* (*ferr*) scompartimento; scomparto, casella (*f*).

comparution *sf* comparizione.

compas *sm* compasso.

compassé *adj* compassato.

compassion *sf* compassione.

compatible *adj* compatibile.

compatir *v intr* compatire, avere compassione per.

compatissant *adj* compassionevole.

compatriote *sm/f* compatriota, connazionale.

compensation *sf* compenso (*m*); compensazione.

compenser *v tr* compensare ◊ *v réfl* compensarsi.

compère *sm* compare; complice.

compétence *sf* competenza ◊ **être de la compétence de** essere di competenza di.

compétent *adj* competente.

compétition *sf* competizione, gara.

compilation *sf* compilazione.

compiler *v tr* compilare.

complainte *sf* lamento (*m*); cantilena.

complaire *vtr/ intr* compiacere (a) ◊ *v réfl* divertirsi; compiacersi.

complaisance *sf* gentilezza; compiacenza, compiacimento (*m*) ◊ **ayez la complaisance de…** abbia la gentilezza di…

complaisant *adj* compiacente; premuroso.

complément *sm* complemento ◊ **complément alimentaire** integratore alimentare.

complémentaire *adj* complementare; supplementare.

complet (**-ète**) *adj*, *sm* completo; pieno ◊ **c'est complet** è tutto esaurito; **pain complet** pane integrale.

compléter *v tr* completare ◊ *v réfl* completarsi.

complexe *adj*, *sm* complesso.

complexion *sf* temperamento (*m*), carattere (*m*).

complication *sf* complicazione.

complice *adj*, *sm/f* complice.

complicité *sf* complicità.

compliment *sm* complimento ◊ *pl* omaggi, saluti.

compliqué *adj* complicato.

compliquer *v tr* complicare ◊ *v réfl* complicarsi.

complot *sm* complotto.

comploter *v tr/ intr* complottare.

comportement *sm* comportamento.

comporter *v tr* comportare; comprendere ◊ *v réfl* comportarsi.

composant

58

composant *adj, sm* componente.
composer *v tr* comporre ◊ *v intr* venire a patti ◊ *v réfl* essere composto da.
composite *adj* composito; (*fig*) eterogeneo.
compositeur (-trice) *sm* compositore.
composition *sf* composizione; tema (*m*), compito (*m*) in classe.
composteur *sm* obliteratrice (*f*), perforatrice (*f*) (*de billets*).
compote *sf* (*cuis*) composta.
compréhensible *adj* comprensibile.
compréhension *sf* comprensione.
comprendre *v tr* comprendere, capire ◊ *v réfl* capirsi.
compresse *sf* compressa (*de gaze*).
compresseur *adj, sm* compressore.
compression *sf* compressione; riduzione.
comprimé *adj* compresso ◊ *sm* compressa (*f*).
comprimer *v tr* comprimere; (*fig*) reprimere, trattenere.
compromettre *v tr* compromettere ◊ *v réfl* compromettersi.
compromis *adj, sm* compromesso.
comptabilité *sf* contabilità.
comptable *adj* contabile ◊ *sm* ragioniere, contabile (*m/f*).
comptant *adj, sm* contante ◊ **payer comptant** pagare in contanti.
compte *sm* conto; calcolo ◊ **compte à rebours** conto alla rovescia; **à bon compte** a buon mercato; **rendre compte de** rendere conto di; **se rendre compte** rendersi conto; **tout compte fait** a conti fatti.
compter *v tr/intr* contare ◊ **compter faire quelque chose** contare di fare qualcosa; **compter avec** fare i conti con; **à compter de** a partire da.
compte rendu *sm* rendiconto, resoconto.
compteur *sm* contatore ◊ **compteur (de vitesse)** tachimetro; **compteur (kilométrique)**, contachilometri.
comptoir *sm* banco, bancone.
comte *sm* conte.
comtesse *sf* contessa
concave *adj* concavo.
concéder *v tr* concedere.

concentration *sf* concentrazione; concentramento (*m*).
concentré *adj, sm* concentrato.
concentrer *v tr* concentrare ◊ *v réfl* concentrarsi.
concentrique *adj* concentrico.
concept *sm* concetto.
conception *sf* concezione; concepimento (*m*).
concerner *v tr* concernere, riguardare ◊ **en ce qui concerne** per quanto riguarda.
concert *sm* concerto.
concerter *v tr* concertare ◊ *v réfl* consultarsi; accordarsi.
concertiste *sm/f* concertista.
concession *sf* concessione.
concessionnaire *sm* concessionario.
concevoir *v tr* concepire.
concierge *sm* portinaio, custode (*m/f*).
conciergerie *sf* portineria.
concile *sm* concilio.
conciliabule *sm* conciliabolo.
conciliation *sf* conciliazione.
concilier *v tr* conciliare.
concis *adj* conciso.
concision *sf* concisione.
concitoyen (-enne) *sm* concittadino.
concluant *adj* concludente.
conclure *v tr/intr* concludere; dedurre ◊ **conclure que** dedurre che.
conclusion *sf* conclusione.
concombre *sm* cetriolo.
concordance *sf* concordanza.
concordat *sm* concordato.
concorder *v intr* concordare.
concourir *v intr* concorrere.
concours *sm* concorso ◊ **prêter son concours** offrire il proprio aiuto.
concret (-ète) *adj, sm* concreto.
concrétiser *v tr* concretizzare ◊ *v réfl* concretizzarsi.
concubinage *sm* concubinaggio.
concurrence *sf* concorrenza.
concurrent *adj, sm* concorrente (*m/f*).
condamnation *sf* condanna.
condamner *v tr* condannare.
condensateur *sm* condensatore.
condenser *v tr* condensare ◊ *v réfl* condensarsi.
condescendance *sf* condiscendenza.

condescendre *v intr* accondiscendere, acconsentire.
condiment *sm* condimento.
condisciple *sm* condiscepolo.
condition *sf* condizione ◊ **sans conditions** incondizionatamente; **en bonne, mauvaise condition** in buono, cattivo stato; **à condition de, que** a condizione di, che.
conditionnel (-elle) *adj, sm* condizionale.
conditionnement *sm* condizionamento; confezione (*f*), condizionatura (*f*).
conditionner *v tr* condizionare; confezionare (*marchandises*).
condoléances *sf pl* condoglianze.
conducteur (-trice) *sm* conducente (*m/f*), guidatore.
conduire *v tr* condurre; guidare ◊ *v réfl* comportarsi.
conduit *sm* condotto.
conduite *sf* condotta, comportamento (*m*); guida; (*tech*) conduttura.
cône *sm* cono.
confection *sf* confezione; preparazione.
confectionner *v tr* confezionare; preparare.
confédération *sf* confederazione.
conférence *sf* conferenza ◊ **conférence de presse** conferenza stampa.
conférer *v tr* conferire.
confesser *v tr* confessare ◊ *v réfl* confessarsi.
confession *sf* confessione.
confetti *sm* coriandolo.
confiance *sf* fiducia ◊ **avoir confiance en** aver fiducia in; **faire confiance à** fidarsi di.
confiant *adj* fiducioso.
confidence *sf* confidenza.
confidentiel (-elle) *adj* confidenziale.
confier *v tr* affidare; confidare ◊ *v réfl* confidarsi (con).
configuration *sf* configurazione.
confiner *v intr* confinare (con); (*fig*) rasentare (qualcosa).
confins *sm pl* confini.
confirmation *sf* conferma; cresima.
confirmer *v tr* confermare; cresimare.
confiserie *sf* dolciumi (*m pl*); negozio (*m*) di dolciumi.

confisquer *v tr* confiscare.
confit *adj* candito; (*légumes, etc.*) conservato sott'olio, sott'aceto ◊ *sm* (*cuis*) carne (*f*) cotta conservata nel grasso di cottura.
confiture *sf* marmellata.
conflit *sm* conflitto.
confluent *sm* confluenza (*f*).
confluer *v intr* confluire.
confondre *v tr* confondere ◊ *v réfl* confondersi ◊ **se confondre en excuses** profondersi in scuse.
conforme *adj* conforme.
conformer *v tr* conformare ◊ *v réfl* conformarsi, uniformarsi.
conformisme *sm* conformismo.
conformité *sf* conformità ◊ **en conformité avec** in conformità con.
confort *sm* comodità (*f*), agi (*pl*).
confortable *adj* confortevole, comodo.
confrère *sm* confratello; collega.
confrérie *sf* confraternita.
confrontation *sf* confronto (*m*).
confronter *v tr* confrontare; mettere a confronto.
confus *adj* confuso; imbarazzato.
confusion *sf* confusione; imbarazzo.
congé *sm* congedo; ferie(*f pl*) ◊ **être en congé** essere in ferie; **prendre congé** congedarsi; **donner congé** licenziare; sfrattare.
congédier *v tr* congedare; licenziare; disdettare.
congélateur *sm* congelatore.
congeler *v tr* congelare.
congénital (*pl* -aux) *adj* congenito.
congestion *sf* congestione.
congestionner *v tr* congestionare.
congolais *adj, sm* congolese (*m/f*).
congrès *sm* congresso.
conifère *sm* conifera (*f*).
conique *adj* conico.
conjecture *sf* congettura.
conjecturer *v tr* congetturare.
conjoint *adj* congiunto ◊ *sm* coniuge.
conjonction *sf* congiunzione.
conjonctivite *sf* congiuntivite.
conjoncture *sf* congiuntura.
conjugaison *sf* coniugazione.
conjugal (*pl* -aux) *adj* coniugale.
conjuguer *v tr* coniugare; congiungere.

conjuré *sm* congiurato.

conjurer *v tr* tramare; scongiurare ◊ *v intr* congiurare, cospirare.

connaissance *sf* conoscenza; conoscente (*m*) ◊ *pl* conoscenze, cognizioni ◊ **faire connaissance avec** fare conoscenza con; **perdre connaissance** svenire; **en connaissance de cause** con cognizione di causa.

connaisseur (**-euse**) *sm* intenditore, esperto.

connaître *v tr* conoscere ◊ *v réfl* conoscersi ◊ **s'y connaître** essere esperto; intendersi (di).

connecter (**se**) *v réfl* (*inform*) connettersi.

connecteur *sm* connettore.

connexion *sf* connessione.

connivence *sf* connivenza ◊ **être de connivence avec** essere in combutta con.

connu *adj* conosciuto, noto.

conquérant *adj, sm* conquistatore.

conquérir *v tr* conquistare.

conquête *sf* conquista.

consacrer *v tr* consacrare; dedicare ◊ *v réfl* consacrarsi, dedicarsi.

consanguin *adj, sm* consanguineo.

conscience *sf* coscienza ◊ **avoir mauvaise conscience** avere la coscienza sporca.

consciencieux (**-euse**) *adj* coscienzioso.

conscient *adj* cosciente; conscio, consapevole.

conscrit *sm* coscritto.

consécration *sf* consacrazione.

consécutif (**-ive**) *adj* consecutivo ◊ **consécutif à** conseguente a.

conseil *sm* consiglio; consulente (*m/f*) ◊ **conseil juridique** consulente legale.

conseiller (**-ère**) *sm* consigliere; consulente (*m/f*) ◊ **conseiller d'orientation** consulente per l'orientamento

conseiller *v tr* consigliare.

consentement *sm* consenso; assenso.

consentir *v intr* acconsentire, dare il proprio consenso ◊ *v tr* consentire, autorizzare.

conséquence *sf* conseguenza ◊ **de con-**

séquence importante; **en conséquence** in conformità.

conséquent *adj* conseguente; coerente ◊ **par conséquent** quindi.

conservateur (**-trice**) *adj, sm* conservatore.

conservation *sf* conservazione.

conservatoire *sm* conservatorio.

conserve *sf* conserva ◊ **en conserve** in scatola.

conserver *v tr* conservare ◊ *v réfl* conservarsi.

considérable *adj* considerevole.

considération *sf* considerazione; stima, rispetto (*m*).

considérer *v tr* osservare; considerare ◊ *v réfl* considerarsi.

consigne *sf* consegna, ordine (*m*); deposito (*m*) bagagli; deposito (*m*), cauzione.

consigner *v tr* consegnare; depositare; annotare.

consistance *sf* consistenza.

consistant *adj* consistente.

consister *v intr* consistere in; essere costituito da.

consœur *sf* consorella; collega.

consolateur (**-trice**) *adj, sm* consolatore.

consolation *sf* consolazione.

console *sf* mensola; consolle.

consoler *v tr* consolare ◊ *v réfl* consolarsi.

consolider *v tr* consolidare ◊ *v réfl* consolidarsi.

consommateur (**-trice**) *sm* consumatore; cliente (*m/f*).

consommation *sf* consumazione; consumo (*m*).

consommé *adj* consumato; (*fig*) esperto ◊ *sm* brodo ristretto.

consommer *v tr* consumare.

consonance *sf* consonanza.

consonne *sf* consonante.

consortium *sm* consorzio.

conspirateur (**-trice**) *sm* cospiratore.

conspiration *sf* cospirazione, congiura.

conspirer *v intr* cospirare.

constamment *adv* costantemente, ininterrottamente.

constance *sf* costanza.

constat *sm* constatazione (*f*).

constater *v tr* constatare.
constellation *sf* costellazione.
consterner *v tr* costernare.
constipation *sf* stitichezza.
constipé *adj* stitico; (*familier*) imbarazzato.
constituer *v tr* costituire ◊ *v réfl* costituirsi.
constitution *sf* costituzione.
constructeur (-trice) *sm* costruttore.
construction *sf* costruzione.
construire *v tr* costruire.
consul *sm* console.
consulat *sm* consolato.
consultation *sf* consultazione; visita (*médicale*).
consulter *v tr* consultare ◊ *v intr* ricevere, visitare (*i pazienti*).
consumer *v tr* consumare; (*fig*) divorare, logorare ◊ *v réfl* consumarsi.
contact *sm* contatto ◊ **au contact de** a contatto con; **mettre, couper le contact** stabilire, interrompere il contatto; **verres de contact** lenti a contatto.
contacter *v tr* contattare.
contagieux (-euse) *adj* contagioso.
contagion *sf* contagio (*m*).
contaminer *v tr* contaminare.
conte *sm* racconto, novella (*f*) ◊ **conte de fées** fiaba (*f*).
contempler *v tr* contemplare.
contemporain *adj, sm* contemporaneo.
contenance *sf* contegno (*m*); capacità, capienza ◊ **perdre contenance** perdere la calma, confondersi.
contenir *v tr* contenere; (*fig*) reprimere ◊ *v réfl* dominarsi.
content *adj* contento.
contentement *sm* contentezza (*f*), soddisfazione (*f*).
contenter *v tr* accontentare ◊ *v réfl* accontentarsi.
contentieux (-euse) *adj, sm* contenzioso.
contenu *sm* contenuto.
conter *v tr* raccontare, narrare.
contestation *sf* contestazione.
conteste ◊ **sans conteste** senza dubbio, incontestabilmente.
conteur (-euse) *sm* narratore.
contexte *sm* contesto.
contigu (-uë) *adj* contiguo.

continent *sm* continente.
contingences *sf pl* circostanze ◊ **les contingences de la vie** i casi della vita.
contingent *adj, sm* contingente.
continu *adj* continuo, continuato ◊ **journée continue** orario continuato
continuel (-elle) *adj* continuo.
continuer *v tr/intr* continuare, proseguire.
continuité *sf* continuità.
contorsion *sf* contorsione.
contour *sm* contorno.
contourner *v tr* contornare; aggirare, girare intorno a.
contraceptif (-ive) *adj, sm* contraccettivo.
contraception *sf* contraccezione.
contracter *v tr* contrarre ◊ *v réfl* contrarsi.
contraction *sf* contrazione.
contractuel (-elle) *adj* contrattuale.
contradiction *sf* contraddizione.
contradictoire *adj* contraddittorio.
contraindre *v tr* costringere ◊ *v réfl* dominarsi; costringersi a.
contraint *adj* costretto; impacciato, imbarazzato.
contrainte *sf* costrizione; obbligo (*m*) ◊ **sous contrainte** per costrizione; **sans contrainte** senza ritegno, liberamente.
contraire *adj, sm* contrario ◊ **au contraire** al contrario.
contrarier *v tr* contrariare.
contraste *sm* contrasto.
contraster *v intr* contrastare ◊ *v tr* mettere in contrasto.
contrat *sm* contratto.
contre *prép, adv, sm* contro ◊ **contre toute attente** contro ogni aspettativa; **par contre** invece; **le pour et le contre** il pro e il contro.
contre-attaque (*pl* **contre-attaques**) *sf* contrattacco (*m*).
contrebande *sf* contrabbando (*m*).
contrebas ◊ **en contrebas** più in basso, a un livello inferiore.
contrebasse *sf* contrabbasso (*m*).
contrebattre *v tr* controbattere.
contrecarrer *v tr* contrastare, ostacolare.

contrecœur ◊ **à contrecœur** a malincuore, controvoglia.

contrecoup *sm* contraccolpo.

contre-courant (*pl* **contre-courants**) *sm* controcorrente (*f*).

contredire *v tr* contraddire ◊ *v réfl* contraddirsi.

contrée *sf* contrada, regione.

contre-épreuve (*pl* **contre-épreuves**) *sf* controprova.

contrefaçon *sf* contraffazione.

contrefaire *v tr* contraffare; imitare, simulare.

contrefait *adj* contraffatto; deforme.

contrefort *sm* contrafforte.

contre-haut ◊ **en contre-haut** più in alto; a un livello superiore.

contre-indication (*pl* **contre-indications**) *sf* controindicazione.

contre-jour *sm inv* controluce ◊ **à contre-jour** in controluce.

contremaître *sm* caporeparto; capomastro.

contrepartie *sf* contropartita ◊ **en contrepartie** in compenso.

contre-pied (*pl* **contre-pieds**) *sm* contrario; (*sport*) contropiede ◊ **à contre-pied** al contrario; **être pris à contre-pied** essere sorpreso in contropiede.

contreplaqué *adj*, *sm* (legno) compensato.

contrepoids *sm* contrappeso.

contrer *v intr* (*bridge*) contrare ◊ *v tr* (*familier*) opporsi a, contrastare.

contresens *sm* senso contrario; controsenso ◊ **à contresens** a rovescio, al contrario; **rouler à contresens** andare contromano; **faire un contresens** fraintendere.

contresigner *v tr* controfirmare.

contretemps *sm* contrattempo ◊ **à contretemps** a sproposito.

contre-torpilleur (*pl* **contre-torpilleurs**) *sm* cacciatorpediniere.

contrevenir *v intr* contravvenire, trasgredire.

contribuable *sm* contribuente.

contribuer *v intr* contribuire.

contribution *sf* contributo (*m*); imposta, contribuzione.

contrit *adj* contrito.

contrôle *sm* controllo.

contrôler *v tr* controllare ◊ *v réfl* controllarsi.

contrôleur (**-euse**) *sm* controllore.

contrordre *sm* contrordine.

contumace *sf* contumacia ◊ *adj*, *sm* contumace (*m/f*).

contusion *sf* contusione.

convaincre *v tr* convincere.

convalescence *sf* convalescenza.

convalescent *adj*, *sm* convalescente (*m/f*).

convenable *adj* conveniente; opportuno; (*personne*) corretto.

convenir *v intr* convenire; ammettere; essere d'accordo; essere opportuno ◊ **convenir à** andar bene a, essere adatto a; **comme convenu** come d'accordo.

convenance *sf* convenienza ◊ *pl* buone maniere.

convention *sf* convenzione; accordo (*m*) ◊ **de convention** convenzionale.

conventionné *adj* convenzionato.

conventionnel (**-elle**) *adj* convenzionale.

convergence *sf* convergenza.

converger *v intr* convergere; (*fig*) concorrere.

conversation *sf* conversazione ◊ **faire la conversation avec quelqu'un** chiacchierare con qualcuno.

conversationnel (**-elle**) *adj* (*inform*) interattivo.

converser *v intr* conversare.

conversion *sf* conversione.

convertible *adj* convertibile.

convertir *v tr* convertire ◊ *v réfl* convertirsi.

convexe *adj* convesso.

conviction *sf* convinzione ◊ **pièces à conviction** corpo del reato.

convier *v tr* invitare.

convive *sm* commensale (*m/f*), convitato.

convocation *sf* convocazione.

convoi *sm* convoglio ◊ **convoi funèbre** corteo funebre.

convoiter *v tr* bramare, agognare.

convoitise *sf* cupidigia, brama.

convoquer *v tr* convocare.

convoyer *v tr* scortare.

convoyeur (**-euse**) *adj* di scorta ◊ *sm*

(*tech*) convogliatore, trasportatore; agente di scorta ◊ **navire convoyeur** nave (*f*) scorta.

convulsion *sf* convulsione.

coopération *sf* cooperazione.

coopérative *sf* cooperativa.

coopérer *v intr* cooperare.

coordonner *v tr* coordinare.

copain (**-ine**) *sm* (*familier*) amico, compagno.

copeau (*pl* **-eaux**) *sm* truciolo.

copie *sf* copia; compito (*m*); foglio (*m*) protocollo.

copier *v tr/intr* copiare ◊ **copier sur quelqu'un** copiare da qualcuno.

copieux (**-euse**) *adj* copioso, abbondante.

copiste *sm/f* copista.

copropriétaire *sm* comproprietario, condomino.

coq *sm* gallo ◊ **coq de bruyère** gallo cedrone; **sauter du coq à l'âne** saltare di palo in frasca.

coque *sf* guscio (*m*); (*mar*) scafo (*m*) ◊ **œuf à la coque** uovo alla coque.

coquelicot *sm* papavero.

coqueluche *sf* pertosse; (*fam*) idolo (*m*), cocco (*m*).

coquet (**-ette**) *adj* civettuolo, frivolo; carino, grazioso.

coquetier *sm* portauovo.

coquetterie *sf* civetteria.

coquillage *sm* conchiglia (*f*); mollusco ◊ **manger des coquillages** mangiare frutti di mare.

coquille *sf* conchiglia; guscio (*m*); (*typographie*) refuso (*m*).

coquin *adj*, *sm* birichino.

cor *sm* (*mus*) corno ◊ **cor anglais** corno inglese; (*anat*) callo.

corail (*pl* **-aux**) *sm* corallo ◊ **trains corail** treni francesi a lunga percorrenza diurna.

corbeau (*pl* **-eaux**) *sm* corvo.

corbeille *sf* cestino (*m*), canestro (*m*) ◊ **corbeille à papier** cestino della carta straccia.

corbillard *sm* carro funebre.

corde *sf* corda ◊ **cordes vocales** corde vocali.

cordeau (*pl* **-eaux**) *sm* cordicella (*f*) ◊

tirer au cordeau tracciare una linea (con la cordicella), allineare.

cordée *sf* cordata.

cordial (*pl* **-aux**) *adj*, *sm* cordiale (*m/f*).

cordon *sm* cordone ◊ **cordon ombilical** cordone ombelicale.

cordon-bleu (*pl* **cordons-bleus**) *sm* cuoco provetto.

cordonnerie *sf* calzoleria.

cordonnier (**-ère**) *sm* calzolaio.

coréen (**-éenne**) *adj*, *sm* coreano.

coriace *adj* coriaceo.

cormoran *sm* cormorano.

corne *sf* corno (*m*).

cornée *sf* cornea.

cornemuse *sf* cornamusa.

corner *v intr* suonare (*corne ou trompe*); strombettare ◊ *v tr* fare le orecchie (*les pages d'un livre*).

cornet *sm* cartoccio; (*de glace*) cono ◊ **cornet à pistons** cornetta.

corniche *sf* cornicione (*m*) ◊ (**route en**) **corniche** strada panoramica (a picco).

cornichon *sm* cetriolo (sott'aceto).

cornue *sf* (*chim*) storta.

corolle *sf* corolla.

corporation *sf* corporazione.

corporel (**-elle**) *adj* corporeo, corporale.

corps *sm* corpo ◊ **à corps perdu** a corpo morto; **prendre corps** prendere forma.

corpulent *adj* corpulento.

corpus *sm* corpus, raccolta (*f*).

correct *adj* corretto ◊ **prix correct** prezzo ragionevole; **hôtel correct** albergo dignitoso.

correcteur (**-trice**) *sm* correttore; bianchetto.

correction *sf* correzione; correttezza; punizione (corporale).

correctionnel (**-elle**) *adj* correzionale.

corrélation *sf* correlazione.

correspondance *sf* corrispondenza; concordanza; (*transports en commun*) coincidenza.

correspondre *v intr* corrispondere; essere comunicante; (*transports en commun*) essere in coincidenza.

corridor *sm* corridoio.

corriger *v tr* correggere; castigare, punire.

corroborer *v tr* corroborare; (*fig*) avvalorare.

corrompre *v tr* corrompere.

corrosion *sf* corrosione.

corruption *sf* corruzione.

corsage *sm* corpetto, corpino; camicetta (*f*).

corsaire *sm* corsaro, pirata.

corsé *adj* forte, robusto; saporito, piccante (*aussi fig*) ◊ **vin corsé** vino corposo.

cortège *sm* corteo.

corvée *sf* sfacchinata, faticata, corvé.

cosmétique *adj, sm* cosmetico.

cosmique *adj* cosmico.

cosmonaute *sm/f* cosmonauta.

cosmopolite *adj, sm* cosmopolita.

cosmos *sm* cosmo.

cosse *sf* baccello (*m*).

cossu *adj* ricco, facoltoso; sontuoso.

costume *sm* costume; vestito, abito (*d'homme*).

costumé *adj* travestito ◊ **bal costumé** ballo in maschera.

cote *sf* quotazione; quota; altitudine; livello (*m*); (*d'un livre*) segnatura ◊ **cote d'alerte** livello di guardia; **avoir la cote** essere stimato.

côte *sf* costola; pendio (*m*), china; costa ◊ **côte à côte** fianco a fianco; **à mi-côte** a mezza costa.

côté *sm* fianco; lato; parte (*f*) ◊ **mettre, laisser de côté** mettere, lasciare da parte; **rester aux côtés de quelqu'un** stare al fianco di qualcuno; **à côté (de)** accanto (a); **du côté de** dalla parte di.

coteau (*pl* **-eaux**) *sm* collinetta (*f*); costa (*f*), pendio.

côtelé *adj* a coste.

côtelette *sf* costoletta.

coter *v tr* quotare; catalogare; valutare ◊ *v intr* valere.

coterie *sf* combriccola, cricca.

côtier (**-ère**) *adj* costiero, rivierasco.

cotisation *sf* quota; contributo (*m*).

cotiser *v intr* pagare la propria quota (*à une association, un organisme, etc.*) ◊ *v réfl* quotarsi, fare una colletta.

coton *sm* cotone ◊ **coton (hydrophile)** cotone idrofilo.

cou *sm* collo.

couche *sf* strato (*m*); pannolino (*m*) (*de nouveau-né*) ◊ *pl* parto (*m sing*) ◊ **fausse couche** aborto spontaneo.

coucher *v tr* mettere a letto; coricare, adagiare; piegare, inclinare ◊ *v intr* dormire ◊ *v réfl* coricarsi, andare a letto; (*d'un astre*) tramontare; piegarsi, inclinarsi.

coucher *sm* l'andare a letto; tramonto ◊ **l'heure du coucher** l'ora di coricarsi; **au coucher du soleil** al tramonto; **le coucher et la nourriture** il vitto e l'alloggio.

couchette *sf* cuccetta.

coucou *sm* cuculo.

coude *sm* gomito ◊ **jouer des coudes** sgomitare; **coude à coude** gomito a gomito.

coudée *sf* cubito (*m*).

coudre *v tr* cucire.

couenne *sf* cotenna, cotica.

coulant *adj* scorrevole, fluido; (*personne*) accomodante, indulgente ◊ **nœud coulant** nodo scorsoio.

coulée *sf* colata.

couler *v intr* scorrere, fluire; colare; liquefarsi ◊ *v tr* versare; colare, fondere; mandare a fondo ◊ *v réfl* insinuarsi; rovinarsi ◊ **couler un mot à l'oreille** sussurrare una parola all'orecchio; **se la couler douce** spassarsela; **couler (à pic)** colare a picco.

couleur *sf* colore (*m*); tinta; (*cartes à jouer*) seme (*m*) ◊ *pl* bandiera (*f*); colorito (*m sing*) ◊ **sous couleur de** col pretesto di; **changer de couleur** impallidire; **prendre des couleurs** prendere un bel colorito.

couleuvre *sf* biscia ◊ **avaler des couleuvres** ingoiare bocconi amari.

coulisse *sf* scanalatura, guida di scorrimento; (*couture*) guaina, coulisse ◊ *pl* (*théâtre*) quinte ◊ **porte à coulisse** porta scorrevole.

coulisser *v intr* scorrere (*sur un rail*).

couloir *sm* corridoio ◊ **couloir aérien** corridoio aereo; **couloir d'autobus** corsia preferenziale.

coup *sm* colpo; botta (*f*), percossa (*f*) ◊

coup de poing pugno; **coup de pied** calcio; **coup de fusil** sparo; **coup de téléphone**, **coup de fil** telefonata; **coup de théâtre** colpo di scena; **boire un coup** bere un bicchiere; **être dans le coup** essere al corrente, partecipare all'impresa; **valoir le coup** valere la pena; **après coup** a cose fatte; **coup sur coup** uno dopo l'altro; **du premier coup** al primo tentativo; **sur le coup** sul momento; **tout à coup** d'un tratto.

coupable *adj*, *sm* colpevole.

coupe *sf* coppa; (*de cheveux, d'un vêtement*) taglio (*m*); (*en dessin*) sezione, spaccato (*m*); (*dans une phrase, un vers*) pausa.

coupe-papier *sm inv* tagliacarte.

couper *v tr* tagliare; interrompere ◊ *v intr* tagliare; (*familier*) sfuggire (a qualcosa) ◊ *v réfl* tagliarsi ◊ **couper son vin** annacquare il vino; **couper la parole** togliere la parola; **couper court** tagliar corto; **couper à** sfuggire a; **couper par** tagliare per, prendere una scorciatoia.

couple *sm* coppia (*f*).

coupler *v tr* accoppiare, abbinare.

couplet *sm* strofa (*f*).

coupole *sf* cupola.

coupon *sm* tagliando, buono; (*de tissu*) scampolo.

coupure *sf* taglio (*m*); interruzione; (*billet*) banconota.

cour *sf* corte; cortile (*m*) ◊ **faire la cour** corteggiare.

courage *sm* coraggio ◊ **perdre courage** scoraggiarsi; **travailler avec courage** lavorare con passione.

courageux (-euse) *adj* coraggioso.

couramment *adv* correntemente; frequentemente.

courant *adj* corrente; comune ◊ *sm* corrente (*f*) ◊ **tenir au courant** tenere al corrente, informare puntualmente; **contre le courant** contro corrente; **dans le courant de** nel corso di.

courbature *sf* indolenzimento (*m*).

courbe *sf* curva ◊ *adj* curvo.

courber *v tr* piegare, curvare ◊ *v réfl* curvarsi, piegarsi; chinarsi ◊ **courber la tête** piegare la testa.

coureur (-euse) *sm* corridore ◊ **coureur automobile** pilota; **coureur cycliste** ciclista; **coureur de filles** donnaiolo.

courge *sf* zucca.

courgette *sf* zucchina.

courir *v intr* correre; (*fleuve*) scorrere ◊ *v tr* correre; percorrere; frequentare (*assidûment*); inseguire ◊ **le bruit court** corre voce; **courir après (a)**; **courir le monde** girare il mondo; **courir sa chance** tentare la sorte.

couronne *sf* corona.

couronner *v tr* incoronare, coronare; far corona a; premiare.

courrier *sm* posta (*f*); corriere ◊ **par retour du courrier** a stretto giro di posta; **faire son courrier** sbrigare la corrispondenza; **courrier électronique** posta elettronica.

courroie *sf* cinghia.

courroux *sm* corruccio, sdegno; ira (*f*).

cours *sm* corso ◊ **l'année en cours** il corrente anno; **donner libre cours à** dare libero sfogo a; **au cours du marché** al prezzo di mercato; **en cours de route** strada facendo; **au cours de** durante.

course *sf* corsa; commissione, compera ◊ **faire les courses** fare le commissioni; **garçon de courses** fattorino.

court *adj*, *adv* corto ◊ *sm* campo da tennis ◊ **avoir la mémoire courte** avere la memoria corta; **couper court** a tagliar corto; **être à court de** essere a corto di; **prendre de court** cogliere di sorpresa; **tout court** semplicemente.

court-circuit (*pl* **courts-circuits**) *sm* cortocircuito.

courtier (-ère) *sm* mediatore; agente venditore.

courtiser *v tr* corteggiare.

courtois *adj* cortese.

courtoisie *sf* cortesia.

cousin *sm* cugino.

cousine *sf* cugina.

coussin *sm* cuscino ◊ **coussin d'air** cuscinetto d'aria.

cousu *adj* cucito ◊ **cousu (à la) main**

66

fatto a mano; **cousu d'or** ricco sfondato.
coût *sm* costo, prezzo.
coûtant *adj* ◊ **à prix coûtant** a prezzo di costo.
couteau (*pl* -eaux) *sm* coltello ◊ **être à couteaux tirés** essere ai ferri corti.
coûter *v tr/ intr* costare ◊ **coûte que coûte** ad ogni costo.
coûteux (-euse) *adj* costoso.
coutume *sf* costume (*m*), abitudine; consuetudine.
coutumier (-ère) *adj* abituale, solito; consueto.
couture *sf* cucitura; cucito (*m*) ◊ **la haute couture** l'alta moda; **sous toutes les coutures** da cima a fondo.
couturier (-ère) *sm* sarto d'alta moda.
couvée *sf* covata, nidiata.
couvent *sm* convento.
couver *v tr/intr* covare.
couvercle *sm* coperchio.
couvert *adj* coperto ◊ *sm* posata (*f*); (*place à table*) coperto ◊ **mettre le couvert** apparecchiare; **à couvert** al riparo.
couverture *sf* coperta; (*de livre, cahier*) copertina; copertura.
couveuse *sf* chioccia ◊ **couveuse (artificielle)** incubatrice.
couvre-chef (*pl* couvre-chefs) *sm* copricapo.
couvre-feu (*pl* couvre-feux) *sm* coprifuoco.
couvre-lit (*pl* couvre-lits) *sm* copriletto.
couvrir *v tr* coprire (*aussi fig*) ◊ *v réfl* coprirsi.
crabe *sm* granchio.
crachat *sm* sputo.
cracher *v tr/ intr* sputare.
craie *sf* gesso (*m*).
craindre *v tr/intr* temere, aver paura (di) ◊ **craindre le froid** temere il freddo; **je crains qu'il ne soit trop tard** temo che sia troppo tardi; **je crains de ne plus le voir** temo di non vederlo più.
crainte *sf* timore (*m*), paura ◊ **de crainte que** per paura che.
craintif (-ive) *adj* pauroso, timoroso.
cramoisi *adj, sm* (colore) cremisi ◊ **devenir cramoisi** diventare rosso, arrossire.
crampe *sf* crampo (*m*).
crampon *sm* rampone ◊ **chaussures à crampons** scarpe con ramponi.
cramponner (se) *v réfl* attaccarsi, aggrapparsi.
cran *sm* tacca (*f*); (*de ceinture*) buco; (*familier*) coraggio ◊ **avoir du cran** aver fegato; **couteau à cran d'arrêt** coltello a serramanico.
crâne *sm* cranio.
crâner *v intr* (*familier*) fare lo spaccone.
crapaud *sm* rospo.
crapule *sf* mascalzone (*m*), canaglia.
craquelure *sf* screpolatura.
craquement *sm* scricchiolio.
craquer *v intr* scricchiolare; cedere, scoppiare; (*fig*) crollare ◊ **une valise pleine à craquer** una valigia piena da scoppiare.
crasse *sf* sporcizia, sudiciume (*m*).
cratère *sm* cratere.
cravache *sf* frustino (*m*).
cravate *sf* cravatta.
crayon *sm* matita (*f*) ◊ **crayon de couleur** matita colorata.
crayon-feutre (*pl* crayons-feutre) *sm* pennarello.
créancier (-ère) *sm* creditore.
créateur (-trice) *adj, sm* creatore.
création *sf* creazione (*aussi fig*); creato.
créature *sf* creatura.
crèche *sf* mangiatoia, greppia; presepio (*m*); asilo (*m*) nido.
crédibilité *sf* credibilità.
crédit *sm* credito; considerazione (*f*), stima (*f*) ◊ **acheter quelque chose à crédit** comperare qualcosa a credito; **payer à crédit** pagare a rate.
créditer *v tr* accreditare.
créditeur (-trice) *adj, sm* creditore.
credo *sm inv* credo; principio, caposaldo.
crédule *adj* credulone.
créer *v tr* creare ◊ **créer un spectacle** mettere in scena uno spettacolo.
crémaillère *sf* cremagliera.
crémation *sf* cremazione.
crème *sf* crema; panna; (*fig*) il fior fio-

re (*m*) ◊ *adj inv* (*couleur*) crema ◊ **crème au chocolat** crema al cioccolato; (**café**) **crème** caffè macchiato (con latte o panna liquida); **crème fouettée, crème Chantilly** panna montata.

crémerie *sf* latteria.

créneau (*pl* **-eaux**) *sm* (*de forteresse*) merlo; (*les feritoia* (f) ◊ **faire un créneau** parcheggiare tra due auto.

créole *adj, sm* creolo.

crêpe *sf* (*cuis*) crêpe, crespella ◊ *sm* (*tissu*) crespo (*soie, laine*); fascia (*f*) da lutto; para (*f*) ◊ **porter un crêpe** portare il lutto.

crêper *v tr* increspare (*un tissu*); cotonare (*les cheveux*).

crépi *sm* intonaco.

crépitement *sm* crepitio.

crépiter *v intr* crepitare, scoppiettare.

crépu *adj* crespo.

crépuscule *sm* crepuscolo.

crescendo *sm, adv* (*mus*) crescendo.

cresson *sm* crescione.

crête *sf* cresta ◊ **la crête du toit** il colmo del tetto.

crétin *adj, sm* cretino.

creuser *v tr* scavare; (*fig*) approfondire ◊ **se creuser la tête** spremersi il cervello.

creuset *sm* crogiolo.

creux (-euse) *adj* vuoto; cavo, incavato ◊ *sm* vuoto; incavo, cavità (*f*) ◊ **assiette creuse** piatto fondo; **heures creuses** ore di poco traffico; **mois creux** mesi di bassa stagione; **creux de la main** palmo della mano; **avoir un creux à l'estomac** avere un buco nello stomaco.

crevaison *sf* (*pneu*) foratura, scoppio (*m*).

crevasse *sf* crepa; crepaccio (*m*); screpolatura (*sur la peau*).

crever *v intr* scoppiare; (*familier*) morire, crepare ◊ *v tr* far scoppiare; bucare, forare (*un pneu*); (*familier*) spossare, stancare ◊ *v réfl* (*familier*) ammazzarsi.

crevette *sf* gamberetto (*m*).

cri *sm* grido, strillo; (*d'animal*) verso ◊ **pousser les hauts cris** protestare violentemente; **le dernier cri** l'ultima moda.

criard *adj* che strilla, che urla; (*son*) stridente, stridulo; (*couleur*) chiassoso, vistoso.

crible *sm* setaccio, vaglio ◊ **passer au crible** passare al setaccio, vagliare.

cribler *v tr* **cribler de** setacciare, vagliare; crivellare di; **cribler du sable** setacciare la sabbia; **criblé de coups** crivellato di colpi; **être criblé de dettes** essere coperto di debiti.

cric *sm* cric.

crier *v intr* gridare, urlare ◊ *v tr* gridare.

crieur (-euse) *sm* ◊ **crieur de journaux** strillone; **crieur public** banditore.

crime *sm* crimine, delitto.

criminel (-elle) *adj, sm* criminale (*m/f*).

crin *sm* crine.

crinière *sf* criniera.

crique *sf* cala, piccola baia.

criquet *sm* cavalletta (*f*).

crise *sf* crisi.

crisper *v tr* raggrinzare; contrarre; (*familier*) irritare, innervosire ◊ *v réfl* contrarsi; irritarsi.

crisser *v intr* stridere; scricchiolare.

cristal (*pl* **-aux**) *sm* cristallo.

cristallin *adj, sm* cristallino.

cristalliser *v tr/intr* cristallizzare ◊ *v réfl* cristallizzarsi.

critère *sm* criterio.

critique *adj, sm* critico ◊ *sf* critica; recensione.

critiquer *v tr* criticare; recensire.

croasser *v intr* gracchiare.

croate *adj, sm* croato.

croc *sm* gancio, uncino; dente, zanna (*f*).

croc-en-jambe (*pl* **crocs-en-jambe**) *sm* sgambetto.

croche *sf* (*mus*) croma.

crochet *sm* gancio, uncino; uncinetto ◊ **faire un crochet par** fare un giro, una puntatina a; **vivre aux crochets de quelqu'un** vivere alle spalle di qualcuno.

crocheter *v tr* scassinare.

crochu *adj* adunco, uncinato.

crocodile *sm* coccodrillo.

crocus *sm* (*bot*) croco.

croire *v tr/intr* credere ◊ *v réfl* credersi ◊ **croire que** credere che; **croire en** credere in, avere fiducia in; **ne pas en croire ses yeux, ses oreilles** non credere ai propri occhi, alle proprie orecchie.

croisade *sf* crociata.

croisé *adj* incrociato ◊ *sm* crociato.

croisement *sm* incrocio ◊ **feux de croisement** (*fari*) anabbaglianti.

croiser *v tr/intr* incrociare ◊ *v réfl* incrociarsi ◊ **croiser les jambes** accavallare le gambe.

croiseur *sm* (*mar*) incrociatore.

croisière *sf* crociera.

croissance *sf* crescita.

croissant *adj* crescente ◊ *sm* cornetto, croissant; falce (*f*) (di luna).

croître *v intr* crescere.

croix *sf* croce ◊ **en croix** in croce.

croque-monsieur *sm inv* toast di prosciutto e formaggio.

croque-mort (*pl* **croque-morts**) *sm* (*familier*) becchino.

croquer *v tr* sgranocchiare; abbozzare ◊ *v intr* crocchiare ◊ **croquer une fortune** sperperare, far fuori un patrimonio.

croquis *sm* schizzo, abbozzo.

crosse *sf* (*relig*) pastorale (*m*); (*d'arme à feu*) calcio; (*sport*) mazza (da hockey).

crotte *sf* sterco (*m*), escremento (*m*) ◊ **crotte de chocolat** cioccolatino ripieno.

crotter *v tr* inzaccherare, infangare.

crottin *sm* sterco di cavallo.

crouler *v intr* crollare (*aussi fig*).

croupe *sf* groppa ◊ **monter en croupe** salire in groppa (dietro al cavaliere).

croupier *sm* croupier.

croupir *v intr* (*eaux stagnantes*) imputridire; (*fig*) marcire.

croustillant *adj* croccante; (*fig*) salace.

croûte *sf* crosta; incrostazione ◊ **casser la croûte** mangiare; **gagner sa croûte** guadagnarsi il pane.

croûton *sm* tozzo di pane; crostino.

croyant *adj*, *sm* credente (*m/f*).

cru *adj* crudo ◊ *sm* vigneto, podere.

cruauté *sf* crudeltà.

cruche *sf* brocca; (*familier*) persona stupida ◊ **quelle cruche!** è proprio un'oca!

crucial (*pl* **-aux**) *adj* cruciale.

crucifier *v tr* crocifiggere.

crucifix *sm* crocifisso.

crudité *sf* crudità, crudezza ◊ *pl* verdure crude.

crue *sf* piena.

cruel (**-elle**) *adj* crudele; atroce, pazzesco.

crustacé *sm* crostaceo.

crypte *sf* cripta.

cubage *sm* cubatura (*f*).

cubain *adj*, *sm* cubano.

cube *sm* cubo.

cueillette *sf* raccolta.

cueillir *v tr* cogliere, raccogliere; (*familier*) beccare, pizzicare.

cuiller, cuillère *sf* cucchiaio (*m*) ◊ **cuillère à café**, **petite cuillère** cucchiaino (*m*).

cuillerée *sf* cucchiaiata.

cuir *sm* cuoio; pelle (*f*) ◊ **cuir chevelu** cuoio capelluto.

cuirasse *sf* corazza.

cuirassé *adj* corazzato.

cuire *v intr* cuocere; bruciare ◊ *v tr* cuocere.

cuisant *adj* cocente; pungente.

cuisine *sf* cucina ◊ **faire la cuisine** cucinare.

cuisiner *v intr* cucinare ◊ *v tr* preparare (*un plat*).

cuisinier (**-ère**) *sm* cuoco.

cuisinière *sf* cucina economica.

cuisinette *sf* cucinino (*m*); angolo (*m*) cottura.

cuisse *sf* coscia.

cuisson *sf* cottura.

cuivre *sm* rame ◊ *pl* (*mus*) ottoni.

cul *sm* (*familier*) culo ◊ **cul de bouteille** fondo di bottiglia.

culasse *sf* (*d'arme à feu*) culatta; (*moteur*) testata.

culbute *sf* capriola; capitombolo (*m*).

culbuter *v tr* rovesciare, ribaltare ◊ *v intr* rovesciarsi, ribaltarsi.

culbuteur *sm* (*mécanique*) bilanciere; apparecchio di ribaltamento.

cul-de-lampe (*pl* **culs-de-lampe**) *sm* (*typographie*) finalino; (*art gothique*) peduccio.

cul-de-sac (*pl* **culs-de-sac**) *sm* vicolo cieco, strada (*f*) senza uscita.

date

culot *sm* culatta (*f*); fondello; (*d'ampoule*) zoccolo; (*familier*) faccia (*f*) tosta; sfacciataggine (*f*).
culotte *sf* pantaloncini (*m pl*) (*pour homme*); mutandine (*pl*) (*pour femme*).
culpabilité *sf* colpevolezza.
culte *sm* culto.
cultivateur (-trice) *sm* coltivatore.
cultivé *adj* coltivato; (*fig*) colto.
cultiver *v tr* coltivare.
culture *sf* coltivazione agricola, coltura; cultura.
culturisme *sm* culturismo.
cumin *sm* (*bot*) cumino.
cumul *sm* cumulo.
cumuler *v tr* cumulare, accumulare.
cupidité *sf* cupidigia.
curage *sm* pulitura (*f*).
cure *sf* cura; parrocchia.
curé *sm* parroco, curato.
cure-dent (*pl* **cure-dents**) *sm* stuzzicadenti.
curer *v tr* pulire.
curetage *sm* (*méd*) raschiamento.
curie *sf* curia.
curieux (-euse) *adj, sm* curioso.
curiosité *sf* curiosità.
cutané *adj* cutaneo.
cuve *sf* tino (*m*); tinozza, vasca; cisterna.
cuvette *sf* bacinella.
cyanure *sm* cianuro.
cybernétique *adj* cibernetico ◊ *sf* cibernetica.
cyclamen *sm* ciclamino.
cycle *sm* ciclo; bicicletta (*f*).
cyclisme *sm* ciclismo.
cycliste *adj* ciclistico ◊ *sm/f* ciclista.
cyclone *sm* ciclone.
cygne *sm* cigno.
cylindre *sm* cilindro.
cymbales *sf pl* (*mus*) piatti (*m*).
cynique *adj, sm* cinico.
cynisme *sm* cinismo.
cyprès *sm* cipresso.
cystite *sf* (*méd*) cistite.
cytise *sm* (*bot*) citiso.

D

dactylo *sf* dattilografa.
dactylographie *sf* dattilografia.
dada *sm* (*familier*) pallino, idea (*f*) fissa; (*art*) dada, dadaismo.
dague *sf* daga; (*du sanglier*) zanna.
dahlia *sm* dalia (*f*).
daigner *v intr* degnarsi di.
daim *sm* daino; pelle (*f*) scamosciata.
dais *sm* baldacchino.
dallage *sm* lastricatura (*f*), pavimentazione (*f*).
dalle *sf* pietra, lastra.
daltonien (-enne) *adj, sm* daltonico.
damas *sm* damasco.
dame *sf* signora, dama; (*échecs*) regina ◊ *pl* (*jeu*) dama (*sing*) ◊ **dame de cœur** donna di cuori.
damer *v tr* (*tech*) spianare ◊ **damer une piste** battere una pista (da sci); **damer le pion à quelqu'un** avere la meglio su qualcuno.
damier *sm* damiera (*f*); scacchiera (*f*) ◊ **tissu en damier** stoffa a scacchi.
damné *adj, sm* dannato.
damner *v tr* dannare ◊ *v réfl* dannarsi.
dandiner (se) *v réfl* dondolarsi; ondeggiare (camminando).
dandysme *sm* dandismo.
danger *sm* pericolo.
dangereux (-euse) *adj* pericoloso.
danois *adj, sm* danese (*m/f*).
dans *prép* (*lieu*) in, dentro; (*manière*) in; (*temps*) in, fra, entro; circa, su ◊ **dans la rue** per la strada; **dans le but de** allo scopo di; **dans un an** fra un anno; **cela coûte dans les trente euros** costa intorno ai trenta euro.
danse *sf* danza; ballo (*m*).
danser *v tr/intr* ballare.
danseur (-euse) *sm* ballerino ◊ **danseur de corde** acrobata; **pédaler en danseuse** pedalare sollevandosi dalla sella.
dard *sm* pungiglione, aculeo.
darder *v tr* dardeggiare.
dare-dare *adv* (*familier*) in fretta e furia.
date *sf* data ◊ **date limite** scadenza; **dernier en date** ultimo in ordine di

tempo; **faire date** fare epoca; **de longue date** da lunga data.

dater *v tr* datare ◊ *v intr* decorrere, datare ◊ **dater de** risalire a; **à dater de** a decorrere da; **cela ne date pas d'hier** è cosa vecchia.

datte *sf* dattero (*m*).

dattier *sm* palma (*f*) da dattero.

daube *sf* (*cuis*) stufato (*m*), stracotto (*m*) ◊ **bœuf en daube** stufato di manzo.

dauphin *sm* (*zool*) delfino.

dauphinois *adj* del Delfinato.

daurade *sf* (*zool*) orata.

davantage *adv* (*quantité*) di più; (*temps*) più a lungo, oltre.

de (**du, des**) *prep* di, da; (*temps*) da, durante; (*cause*) di, da, per; (*manière*) di, con ◊ **trembler de froid** tremare dal freddo; **d'un mouvement de la tête** con un cenno della testa; **il est difficile de savoir** è difficile sapere; **boire du vin** bere del vino; **acheter des journaux** comperare dei giornali; **voir beaucoup de monde** vedere molta gente; **de jour, de nuit** durante il giorno, durante la notte; **de nos jours** ai giorni nostri.

dé *sm* dado ◊ **dé (à coudre)** ditale; **un coup de dés** un'impresa rischiosa.

débâcle *sf* disfatta, ritirata; crollo (*m*), tracollo (*m*).

déballer *v tr* sballare, disimballare; (*familier*) spifferare, vuotare il sacco.

débandade *sf* sbandamento (*m*), fuggifuggi (*m*).

débander *v tr* sbendare, sfasciare; allentare.

débarbouiller (se) *v réfl* lavarsi la faccia; ripulirsi.

débarcadère *sm* imbarcadero.

débarder *v tr* (*mar*) scaricare; portar via.

débarquement *sm* sbarco.

débarquer *v tr* sbarcare; scaricare (*marchandises*) ◊ *v intr* sbarcare; (*familier*) capitare all'improvviso.

débarras *sm* ripostiglio ◊ **bon débarras!** che sollievo!

débarrasser *v tr* sgombrare, sbaraz-

zare; sparecchiare ◊ *v réfl* sbarazzarsi, disfarsi.

débat *sm* dibattito; discussione (*f*).

débattre *v tr* dibattere ◊ *v réfl* dibattersi.

débauche *sf* dissolutezza; orgia (*aussi fig*).

débauché *adj, sm* dissoluto, debosciato.

débile *adj* debole, fragile ◊ *sm* ritardato.

débiliter *v tr* debilitare.

débit *sm* smercio; rivendita (*f*); erogazione (*f*) (*d'eau, de gaz, etc.*); dizione (*f*); debito; (*comm*) addebito.

débiter *v tr* vendere al dettaglio, smerciare; erogare; recitare, raccontare; addebitare.

débiteur (-trice) *sm* debitore.

déblayage *sm* sgombero.

déblayer *v tr* sgomberare; sterrare ◊ **déblayer le terrain** sgombrare il campo.

déboires *sm pl* delusioni (*f*); insuccessi.

déboiser *v tr* diboscare.

déboîter *v tr* togliere, sfilare ◊ *v intr* uscire dalla fila ◊ *v réfl* (*méd*) lussarsi, slogarsi.

débonnaire *adj* bonario.

débordé *adj* sovraccarico ◊ **débordé par les événements** sopraffatto dagli eventi.

débordement *sm* straripamento; (*fig*) torrente, valanga (*f*).

déborder *v intr* straripare, traboccare (*aussi fig*) ◊ *v tr* oltrepassare, superare.

débouché *sm* sbocco, prospettiva (*f*).

déboucher *v tr* stappare, sturare ◊ *v intr* sboccare, sfociare.

débourser *v tr* sborsare.

debout *adv* in piedi ◊ **se mettre debout** alzarsi in piedi; **tenir debout** stare in piedi.

déboutonner *v tr* sbottonare ◊ *v réfl* sbottonarsi; (*fig*) confidarsi.

débraillé *adj* (*personne*) trasandato, sbracato; (*manières*) sguaiato, scomposto.

débrayer *v tr* disinnestare (la frizione)

◊ *v intr* (*familier*) staccare, smontare; sospendere il lavoro.

débris *sm* coccio, frammento.

débrouillard *adj* sveglio, disinvolto ◊ *sm* persona piena di risorse.

débrouiller *v tr* sbrogliare ◊ *v réfl* cavarsela; arrangiarsi.

débusquer *v tr* stanare, snidare.

début *sm* inizio, esordio ◊ **faire ses débuts** debuttare.

débutant *adj, sm* principiante (*m/f*).

débuter *v intr* cominciare; esordire; debuttare.

deçà *adv* da questa parte, di qua ◊ **en deçà de** al di qua di.

décacheter *v tr* aprire (*enveloppe, lettre*).

décade *sf* decade.

décadence *sf* decadenza, declino (*m*).

décaféiné *adj, sm* (caffè) decaffeinato.

décalage *sm* spostamento; (*fig*) differenza, scarto (*f*) ◊ **décalage horaire** differenza di orario.

décaler *v tr* spostare; sfasare, ritardare.

décalogue *sm* decalogo.

décalquer *v tr* ricalcare, decalcare.

décamper *v intr* (*mil*) levare il campo; (*familier*) scappare, svignarsela.

décanter *v tr* decantare; (*fig*) chiarire ◊ *v réfl* decantarsi; (*fig*) chiarirsi.

décaper *v tr* decapare; raschiare.

décapiter *v tr* decapitare.

décéder *v intr* decedere.

déceler *v tr* scoprire, svelare; rivelare.

décembre *sm* dicembre.

décence *sf* decenza.

décennal (*pl* -**aux**) *adj* decennale.

décent *adj* decente.

déception *sf* delusione.

décerner *v tr* assegnare, conferire; (*jur*) emettere, spiccare.

décès *sm* decesso.

décevant *adj* deludente.

décevoir *v tr* deludere.

déchaîner *v tr* scatenare ◊ *v réfl* scatenarsi.

décharge *sf* scarica; scarico (*m*); discarica.

décharger *v tr* scaricare; liberare, sollevare; (*jur*) prosciogliere.

décharné *adj* scarno.

déchausser *v tr* togliere le scarpe ◊ *v*

réfl togliersi le scarpe; (*dent*) scalzarsi.

déchéance *sf* decadenza.

déchet *sm* scarto, rifiuto.

déchiffrer *v tr* decifrare.

déchiqueter *v tr* fare a brandelli; dilaniare.

déchirant *adj* straziante.

déchirement *sm* lacerazione (*f*), strappo; (*fig*) strazio.

déchirer *v tr* lacerare, strappare; straziare, dilaniare ◊ *v réfl* strapparsi; squarciarsi (*aussi fig*).

déchirure *sf* strappo (*m*) ◊ **déchirure musculaire** strappo muscolare.

déchoir *v intr* decadere; scadere.

déchu *adj* decaduto.

décidé *adj* deciso; (*personne*) risoluto.

décidément *adv* davvero, proprio; indubbiamente.

décider *v tr* decidere, stabilire; convincere ◊ *v intr* decidere, prendere una decisione ◊ *v réfl* decidersi, risolversi.

décigramme *sm* decigrammo.

décilitre *sm* decilitro.

décimal (*pl* -**aux**) *adj* decimale.

décimale *sf* (numero) decimale (*m*).

décimer *v tr* decimare.

décimètre *sm* decimetro.

décisif (-**sive**) *adj* decisivo.

décision *sf* decisione.

déclamation *sf* declamazione; enfasi.

déclamer *v tr* declamare.

déclaration *sf* dichiarazione ◊ **déclaration d'impôts** dichiarazione dei redditi.

déclarer *v tr* dichiarare; denunciare ◊ *v réfl* pronunciarsi; manifestarsi, rivelarsi.

déclasser *v tr* mettere in disordine; spostare; declassare.

déclenchement *sm* avvio, scatto; (*fig*) scoppio.

déclencher *v tr* azionare, attivare; (*fig*) scatenare, provocare.

déclic *sm* (*mécanisme, bruit*) scatto.

déclin *sm* declino, il declinare.

déclinaison *sf* declinazione.

décliner *v tr/intr* declinare.

déclivité *sf* declivio (*m*), pendenza.

décocher *v tr* scoccare; (*fig*) lanciare.

décoiffer *v tr* spettinare.

décollage *sm* decollo.

décollement *sm* scollamento, distacco.

décoller *v tr* scollare, staccare ◊ *v intr* decollare ◊ *v réfl* scollarsi, staccarsi.

décolleté *adj* scollato ◊ *sm* scollatura (f).

décolleter *v tr* scollare (*vêtement*); (*agric*) scollettare.

décoloniser *v tr* decolonizzare.

décolorer *v tr* scolorire; decolorare ◊ *v réfl* scolorirsi, schiarirsi.

décombres *sm pl* macerie (f); rovine (f), ruderi.

décommander *v tr* annullare, disdire ◊ *v réfl* declinare, disdire un invito, un appuntamento.

décomposer *v tr* decomporre; scomporre; (*fig*) alterare ◊ *v réfl* decomporsi, deteriorarsi; (*fig*) alterarsi.

décomposition *sf* decomposizione; scomposizione.

décompression *sf* decompressione; (*fig*) calo di tensione.

décompte *sm* detrazione (f); sconto.

décompter *v tr* detrarre, dedurre; scontare.

déconcerter *v tr* sconcertare, sconvolgere.

déconfiture *sf* (*familier*) disastro (m), rovina; (*jur*) dissesto (m), insolvenza.

décongeler *v tr* scongelare.

déconnecter (**se**) *v réfl* (*inform*) disconnettersi.

déconseiller *v tr* sconsigliare.

déconsidérer *v tr* screditare ◊ *v réfl* screditarsi.

décontenancer *v tr* sconcertare, confondere.

décontracter *v tr* rilassare, distendere ◊ *v réfl* rilassarsi, distendersi.

déconvenue *sf* delusione; disappunto (m).

décor *sm* scena (f), scenario; (*fig*) cornice (f), sfondo; arredo, arredamento ◊ **aller dans le décor** uscire di strada.

décorateur (**-trice**) *sm* decoratore; arredatore; scenografo.

décoration *sf* decorazione, addobbo (m); arredamento (m).

décorer *v tr* decorare, addobbare; arredare; conferire una onorificenza a.

décortiquer *v tr* sgusciare; sbucciare; scortecciare.

découcher *v intr* dormire fuori (casa).

découdre *v tr* scucire ◊ *v réfl* scucirsi ◊ **en découdre** venire alle mani.

découler *v intr* conseguire, derivare.

découpage *sm* taglio, ritaglio; (*cinéma*) copione (di montaggio).

découper *v tr* tagliare, trinciare; ritagliare ◊ *v réfl* stagliarsi (contro).

découpler *v tr* sguinzagliare.

découpure *sf* ritaglio (m); frastagliatura.

découragement *sm* scoraggiamento.

décourager *v tr* scoraggiare ◊ *v réfl* scoraggiarsi.

décousu *adj* scucito; (*fig*) sconnesso, sconclusionato.

découvert *adj*, *sm* scoperto ◊ **à découvert** allo scoperto.

découverte *sf* scoperta.

découvrir *v tr* scoprire; svelare, rivelare ◊ *v réfl* scoprirsi; (*ciel*) schiarirsi, rasserenarsi.

décrasser *v tr* pulire, scrostare.

décrépit *adj* decrepito.

décret *sm* decreto.

décréter *v tr* decretare; decidere, stabilire.

décrier *v tr* denigrare; screditare.

décrochement *sm* sganciamento.

décrocher *v tr* sganciare, staccare (*familier*) ottenere ◊ **décrocher le téléphone** alzare la cornetta.

décroissant *adj* decrescente.

décroître *v intr* decrescere, diminuire.

décrue *sf* ritiro (m), calo (m) (*eaux, glaciers*).

décrypter *v tr* decifrare; decodificare.

déçu *adj* deluso.

déculotter *v tr* togliere i pantaloni, le mutande a ◊ *v réfl* togliersi i pantaloni, le mutande.

décupler *v tr/intr* decuplicare (*aussi fig*).

dédaigner *v tr* disdegnare; disprezzare ◊ **dédaigner de** non degnarsi di.

dédaigneux (**-euse**) *adj* sprezzante, sdegnoso.

dédain *sm* disprezzo.

dédale *sm* dedalo.

dedans *adv* dentro ◊ *sm* l'interno ◊ **de**

dedans, **par dedans** dall'interno, dal di dentro; **en dedans** in dentro; all'interno.

dédicace *sf* dedica.

dédicacer *v tr* fare, scrivere una dedica su.

dédier *v tr* dedicare.

dédire *v tr* disdire ◊ *v réfl* ritrattarsi, smentirsi.

dédit *sm* ritrattazione (*f*); (*jur*) recesso, disdetta (*f*); penale (*f*).

dédommagement *sm* risarcimento, indennizzo.

dédommager *v tr* risarcire; (*fig*) ripagare.

dédouaner *v tr* sdoganare; (*fig*) discolpare, scagionare.

dédoublement *sm* sdoppiamento.

dédoubler *v tr* sdoppiare ◊ *v réfl* sdoppiarsi.

déduction *sf* deduzione; detrazione.

déduire *v tr* dedurre; detrarre.

déesse *sf* dea.

défaillance *sf* debolezza, cedimento (*m*); svenimento (*m*), mancamento (*m*); (*tech*) guasto (*m*), anomalia.

défaillant *adj* vacillante, che viene meno; (*jur*) inadempiente.

défaillir *v intr* venir meno; svenire; indebolirsi.

défaire *v tr* disfare; slacciare ◊ *v réfl* disfarsi; liberarsi ◊ **défaire un nœud** sciogliere un nodo.

défaite *sf* sconfitta, disfatta.

défalquer *v tr* defalcare.

défaut *sm* mancanza (*f*); assenza (*f*); difetto; errore ◊ **à défaut de** in mancanza di; **faire défaut** mancare; **prendre en défaut** cogliere in fallo.

défaveur *sf* sfavore (*m*); discredito (*m*).

défavorable *adj* sfavorevole.

défection *sf* defezione ◊ **faire défection** defezionare.

défectueux (-euse) *adj* difettoso.

défendeur (-eresse) *sm* (*jur*) convenuto.

défendre *v tr* difendere; vietare, proibire ◊ *v réfl* difendersi; negare ◊ **à son corps défendant** suo malgrado.

défense *sf* difesa; divieto (*m*), proibizione; (*zool*) zanna ◊ **sans défense** in-

difeso; **défense de fumer** vietato fumare.

défenseur *sm* difensore.

défensive *sf* difensiva.

déférence *sf* deferenza, rispetto (*m*).

déférer *v tr* (*jur*) deferire ◊ *v intr* cedere, sottomettersi.

déferler *v intr* infrangersi; (*fig*) dilagare, riversarsi.

déferrer *v tr* sferrare (*un cheval*).

défi *sm* sfida (*f*).

défiance *sf* diffidenza.

déficient *adj*, *sm* deficiente (*m/f*).

déficit *sm* deficit, disavanzo.

défier *v tr* sfidare (*aussi fig*) ◊ *v réfl* non fidarsi, diffidare.

défigurer *v tr* sfigurare; (*fig*) alterare, snaturare.

défilé *sm* sfilata (*f*), corteo; gola (*f*), stretta (*f*).

défiler *v tr/intr* sfilare ◊ *v réfl* (*familier*) defilarsi; svignarsela.

définir *v tr* definire.

définitif (-ive) *adj* definitivo ◊ **en définitive** in definitiva, alla fin fine.

définition *sf* definizione.

déflagration *sf* deflagrazione.

déflation *sf* deflazione.

déflorer *v tr* deflorare; (*fig*) sciupare, rovinare.

défoncer *v tr* sfondare ◊ *v réfl* (*familier*) farsi (*drogue*), bucarsi.

déformation *sf* deformazione.

déformer *v tr* sformare, deformare ◊ *v réfl* sformarsi, deformarsi.

défraîchir (se) *v réfl* sciuparsi; (*couleur*) sbiadire.

défrayer *v tr* spesare ◊ **défrayer quelqu'un de ses dépenses** rimborsare le spese a qualcuno.

défricher *v tr* dissodare.

défroque *sf* abito (*m*) smesso.

défroquer (se) *v réfl* spretarsi.

défunt *adj*, *sm* defunto.

dégagé *adj* libero, scoperto; disinvolto, spigliato.

dégagement *sm* sgombero (*aussi fig*); (*arch*) disimpegno; (*tech*) emanazione (*f*), fuoriuscita (*f*).

dégager *v tr* liberare (*aussi fig*); emanare, sprigionare; (*fig*) trarre, cogliere ◊ *v réfl* liberarsi (*aussi fig*); sprigio-

dégainer 74

narsi, emanare; (*fig*) emergere ◊ **dégager l'idée essentielle** cogliere l'idea essenziale; **le ciel se dégage** il cielo si rischiara.

dégainer *v tr* sguainare, sfoderare (*un'arma*).

dégarnir *v tr* sguarnire, vuotare ◊ *v réfl* sguarnirsi, vuotarsi; (*les arbres*) sfrondarsi; (*le front*) stempiarsi.

dégât *sm* danno.

dégel *sm* disgelo.

dégeler *v tr* disgelare, sciogliere; sbloccare ◊ *v intr* liberarsi dal gelo ◊ *v réfl* (*fig*) disgelarsi, distendersi.

dégénérer *v intr* degenerare.

dégingandé *adj* (*familier*) dinoccolato.

dégivrer *v tr* sbrinare.

déglutir *v tr* deglutire.

dégonfler *v tr* sgonfiare ◊ *v réfl* sgonfiarsi; (*fig*) perdersi d'animo, tirarsi indietro.

dégorgement *sm* sgorgo, scarico; spurgo; (*vin*) sboccatura (*f*).

dégorger *v tr* stasare (*évier*); vomitare; riversare, scaricare ◊ *v intr* sboccare, riversarsi ◊ **faire dégorger** far spurgare.

dégouliner *v intr* colare, sgocciolare.

dégourdi *adj* (*familier*) svelto, sveglio.

dégourdir *v tr* sgranchire; (*fig*) scaltrire, sveltire; intiepidire (*l'eau*) ◊ *v réfl* sgranchirsi; (*fig*) svegliarsi, scaltrirsi.

dégoût *sm* disgusto.

dégoûtant *adj* disgustoso, schifoso.

dégoûter *v tr* disgustare, ripugnare ◊ *v réfl* disgustarsi; stancarsi (di).

dégradation *sf* degradazione; deterioramento (*m*), degrado (*m*).

dégrader *v tr* deteriorare; degradare; destituire; sfumare (*couleur*); scalare (*cheveux*) ◊ *v réfl* degradarsi; deteriorarsi.

dégrafer *v tr* slacciare ◊ *v réfl* slacciarsi.

dégraisser *v tr* sgrassare; ripulire; smacchiare.

degré *sm* grado; scalino, gradino (*aussi fig*) ◊ **par degrés** gradualmente, a gradi.

dégressif (-ive) *adj* decrescente ◊ **tarif**, **intérêt dégressif** tariffa, interesse scalare.

dégrever *v tr* sgravare (*charge fiscale*).

dégringoler *v intr* cadere, ruzzolare; (*fig*) andare a rotoli, crollare ◊ *v tr* scendere a precipizio.

dégriser *v tr* far smaltire la sbornia disilludere, disincantare.

dégrossir *v tr* sgrossare; sbozzare; (*fig*) dirozzare, ingentilire ◊ *v réfl* (*fig*) dirozzarsi, ingentilirsi.

déguenillé *adj* cencioso ◊ *sm* straccione.

déguerpir *v intr* sloggiare; svignarsela, darsela a gambe.

déguisement *sm* travestimento.

déguiser *v tr* travestire, mascherare; contraffare ◊ *v réfl* travestirsi, mascherarsi.

dégustation *sf* degustazione.

déguster *v tr* gustare, assaporare; degustare.

déhanchement *sm* ancheggiamento.

déhancher (se) *v réfl* ancheggiare.

dehors *adv* fuori ◊ *sm* l'esterno, il di fuori; (*pl*) le apparenze (*f*) ◊ **de dehors, par dehors** dal di fuori; **en dehors** in fuori; **en dehors de** al di fuori di; **mettre quelqu'un dehors** cacciare fuori, mettere alla porta qualcuno; **venir du dehors** venire dal di fuori.

déisme *sm* deismo.

déité *sf* divinità.

déjà *adv* già ◊ **d'ores et déjà** fin da ora.

déjeter *v tr* incurvare, piegare; deformare.

déjeuner *v intr* pranzare; fare (la prima) colazione.

déjeuner *sm* colazione (*f*), pranzo ◊ **petit déjeuner** prima colazione, **prendre son petit déjeuner**, fare la prima colazione.

déjouer *v tr* sventare, far fallire; eludere.

déjuger (se) *v réfl* ricredersi.

delà *adv*, *prep* di là ◊ **par delà** al di là di; **au delà (de)** al di là di, oltre.

délabrer *v tr* rovinare, danneggiare ◊ *v réfl* rovinarsi, andare in rovina.

délacer *v tr* slacciare.

délai *sm* termine, limite (di tempo); dilazione (*f*), proroga (*f*) ◊ **à bref délai**

75 — déménagement
a breve scadenza; **sans délai** immediatamente.

délaissement *sm* abbandono.

délaisser *v tr* trascurare.

délasser *v tr* rilassare, distendere ◊ *v réfl* rilassarsi, distendersi.

délateur (-trice) *sm* delatore.

délation *sf* delazione.

délavé *adj* sbiadito.

délaver *v tr* sbiadire; impregnare, inzuppare (d'acqua).

délayer *v tr* diluire, stemperare.

délecter (se) *v réfl* dilettarsi, deliziarsi.

délégation *sf* delegazione; delega ◊ **délégation syndicale** consiglio di fabbrica; **par délégation** per delega.

délégué *adj*, *sm* delegato.

déléguer *v tr* delegare.

délester *v tr* alleggerire (*d'un poids*); togliere la corrente ◊ **délester quelqu'un de son portefeuille** alleggerire qualcuno del portafoglio.

délibération *sf* delibera, deliberazione; attento esame (*m*).

délicatesse *sf* delicatezza; finezza; squisitezza; fragilità.

délice *sm* delizia (*f*), gioia (*f*) ◊ *f pl* delizie, piaceri (*m*) ◊ **faire ses délices de** andare pazzo per.

délicieux (-euse) *adj* delizioso.

délié *adj* slegato, sciolto; (*fig*) agile, sciolto, disinvolto ◊ **esprit délié** ingegno acuto.

délier *v tr* slegare, slacciare; (*fig*) sciogliere, liberare.

délimitation *sf* delimitazione.

délimiter *v tr* delimitare.

délinquant *adj*, *sm/f* delinquente.

délire *sm* delirio.

délirer *v intr* delirare ◊ **délirer de joie** essere pazzo di gioia.

délit *sm* delitto; reato ◊ **le corps du délit** il corpo del reato; **en flagrant délit** in flagrante.

délivrance *sf* liberazione, sollievo (*m*); rilascio (*m*); consegna.

délivrer *v tr* liberare; rilasciare; consegnare ◊ *v réfl* liberarsi.

déloger *v tr* far sloggiare ◊ *v intr* sloggiare.

déloyal (pl -aux) *adj* sleale.

déloyauté *sf* slealtà.

delta *sm* delta.

deltaplane *sm* deltaplano.

déluge *sm* diluvio.

déluré *adj* sveglio, disinvolto; (*péjoratif*) sfacciato.

démagogie *sf* demagogia.

démagogue *sm* demagogo.

demain *adv*, *sm* domani.

demande *sf* richiesta, domanda; (*jur*) istanza.

demander *v tr* domandare, chiedere; richiedere ◊ *v réfl* chiedersi, domandarsi ◊ **demander à** desiderare, chiedere di; **ne pas demander mieux** non chiedere di meglio.

demandeur (-euse, -eresse) *sm* richiedente; (*jur*) attore (in giudizio), querelante.

démangeaison *sf* prurito (*m*).

démanger *v intr* prudere.

démanteler *v tr* smantellare.

démaquillant *adj*, *sm* detergente, struccante.

démaquiller *v tr* struccare ◊ *v réfl* struccarsi.

démarcation *sf* demarcazione.

démarche *sf* passo (*m*), andatura; (*fig*) tentativo (*m*), mossa; procedimento (*m*), processo (*m*) ◊ **démarches administratives** pratiche amministrative.

démarcheur *sm* propagandista (*m/f*); piazzista (*m/f*).

démarquer *v tr* togliere il marchio a; (*fig*) plagiare, contraffare; svendere ◊ *v réfl* (*sport*) smarcarsi.

démarrage *sm* avviamento, partenza (*f*); (*sport*) scatto; (*fig*) lancio, avvio.

démarrer *v tr* avviare, iniziare ◊ *v intr* mettersi in moto, partire; (*fig*) prendere il via.

démasquer *v tr* smascherare.

démâter *v tr* (*mar*) disalberare ◊ *v intr* perdere l'alberatura.

démêlant *sm* balsamo (per capelli).

démêlé *sm* disputa (*f*), lite (*f*) ◊ *pl* noie (*f*), seccature (f).

démêler *v tr* districare, sbrogliare (*aussi fig*).

démembrer *v tr* smembrare, frazionâre.

déménagement *sm* trasloco.

déménager *v tr* traslocare; sgomberare ◊ *v intr* traslocare.

déménageur (**-euse**) *sm* impresario di traslochi; operaio addetto ai traslochi.

démence *sf* demenza; (*fig*) pazzia.

démener (**se**) *v réfl* dimenarsi, agitarsi; (*fig*) affannarsi, darsi da fare.

démenti *sm* smentita (*f*).

démentir *v tr* smentire ◊ *v réfl* smentirsi.

démérite *sm* demerito.

démesure *sf* dismisura, eccesso (*m*).

démesuré *adj* smisurato; (*fig*) eccessivo.

démettre *v tr* slogare, lussare; destituire ◊ *v réfl* dimettersi.

demeurant *adv* ◊ **au demeurant** dopo tutto, del resto.

demeure *sf* dimora, palazzo (*m*); (*jur*) mora ◊ **à demeure** definitivamente; **mettre en demeure de** intimare, ingiungere di.

demeurer *v intr* abitare; restare, rimanere ◊ **demeurons-en là** fermiamoci qui.

demi *adj* mezzo ◊ *sm* metà (*f*), mezzo; (*sport*) mediano ◊ *adv* a metà ◊ **à demi** a metà.

demi- *préfixe inv* mezzo, semi-.

demi-cercle (*pl* **demi-cercles**) *sm* semicerchio.

demi-dieu (*pl* **demi-dieux**) *sm* semidio.

demi-douzaine (*pl* **demi-douzaines**) *sf* mezza dozzina.

demi-finale (*pl* **demi-finales**) *sf* semifinale.

demi-frère (*pl* **demi-frères**) *sm* fratellastro.

demi-heure (*pl* **demi-heures**) *sf* mezz'ora.

demi-jour (*pl* **demi-jours**) *sm* penombra (*f*).

demi-journée (*pl* **demi-journées**) *sf* mezza giornata.

démilitariser *v tr* smilitarizzare.

demi-litre (*pl* **demi-litres**) *sm* mezzo litro.

demi-lune (*pl* **demi-lunes**) *sf* mezzaluna ◊ **en demi-lune** a (forma di) mezzaluna.

demi-mesure (*pl* **demi-mesures**) *sf* mezza misura (*aussi fig*).

demi-mort (*f* **demi-morte** *pl* **demi-morts**) *adj* mezzo morto.

déminer *v tr* sminare.

demi-pension (*pl* **demi-pensions**) *sf* mezza pensione; (*à l'école*) servizio di refezione.

demi-saison (*pl* **demi-saisons**) *sf* mezza stagione.

demi-sel *adj inv* leggermente salato.

demi-sœur (*pl* **demi-sœurs**) *sf* sorellastra.

démission *sf* dimissioni (*pl*).

démissionner *v intr* dimettersi, dare le dimissioni.

demi-tarif (*pl* **demi-tarifs**) *adj, sm* (a) tariffa (*f*) ridotta; (a) metà (*f*) prezzo.

démiurge *sm* demiurgo.

démobiliser *v tr* smobilitare.

démocratie *sf* democrazia.

démocratique *adj* democratico.

démodé *adj* fuori moda.

démographie *sf* demografia.

demoiselle *sf* signorina ◊ **demoiselle d'honneur** damigella d'onore.

démolir *v tr* demolire; (*fig*) rovinare.

démolition *sf* demolizione ◊ *pl* macerie.

démon *sm* demonio; demone.

démoniaque *adj* demoniaco ◊ *sm* indemoniato.

démonstrateur (**-trice**) *sm* dimostratore.

démonstratif (**-ive**) *adj* dimostrativo; espansivo.

démonstration *sf* dimostrazione.

démontage *sm* smontaggio.

démonter *v tr* smontare (*aussi fig*) ◊ *v réfl* (*fig*) smontarsi ◊ **mer démontée** mare in tempesta.

démontrer *v tr* dimostrare.

démoraliser *v tr* demoralizzare.

démordre *v intr* demordere, rinunciare.

démouler *v tr* togliere dallo stampo.

démunir *v tr* sguarnire ◊ *v réfl* privarsi (di) ◊ **être démuni (d'argent)** essere sprovvisto di denaro.

dénaturer *v tr* snaturare; travisare.

dénégation *sf* diniego (*m*), negazione; (*jur*) disconoscimento (*m*).

dépit

déniaiser *v tr* (*familier*) scaltrire, smaliziare.

dénicher *v tr* snidare, scovare (*aussi fig*).

dénigrer *v tr* denigrare.

dénivellement *sm* dislivello.

dénombrer *v tr* enumerare, conteggiare; censire.

dénominateur *sm* denominatore.

dénomination *sf* denominazione.

dénommer *v tr* denominare, chiamare; (*jur*) menzionare, citare.

dénoncer *v tr* denunciare.

dénonciation *sf* denuncia.

dénoter *v tr* denotare.

dénouement *sm* epilogo, finale; conclusione (*f*).

dénouer *v tr* sciogliere, slegare; slacciare; (*fig*) risolvere ◊ *v réfl* sciogliersi (*aussi fig*).

denrée *sf* derrata ◊ **une denrée rare** una rarità.

dense *adj* denso, fitto.

densité *sf* densità.

dent *sf* dente (*m*) ◊ **coup de dents** morso; **avoir la dent dure** essere molto severo; **avoir une dent contre quelqu'un** avere il dente avvelenato contro qualcuno; **se casser les dents contre quelque chose** sbattere il naso contro qualche cosa; **être sur les dents** essere molto occupato.

dentaire *adj* dentario.

dentelé *adj* frastagliato; dentellato.

dentelle *sf* merletto (*m*), pizzo (*m*).

dentier *sm* dentiera (*f*).

dentifrice *adj, sm* dentifricio.

dentiste *sm/f* dentista.

dentition *sf* dentizione; (*fam*) dentatura.

dénuder *v tr* denudare, mettere a nudo ◊ *v réfl* denudarsi, spogliarsi.

dénué *adj* privo (di).

dénuement *sm* indigenza (*f*), miseria (*f*).

dénutrition *sf* denutrizione.

dépannage *sm* (*d'un véhicule*) riparazione (*f*); (*familier*) aiuto.

dépanner *v tr* (*un moteur*) riparare; (*familier*) togliere dai guai, trarre d'impaccio.

dépanneuse *sf* carro (*m*) attrezzi.

dépareiller *v tr* scompagnare, spaiare.

déparer *v tr* deturpare; sfigurare.

départ *sm* partenza (*f*); inizio.

département *sm* dipartimento; dicastero, ministero.

départir *v tr* distribuire, conferire ◊ *v réfl* rinunciare (a).

dépassement *sm* sorpasso, superamento.

dépasser *v tr* superare, sorpassare; oltrepassare ◊ *v réfl* superare se stesso, superarsi.

dépaysement *sm* allontanamento dal proprio ambiente; (*fig*) disorientamento, smarrimento.

dépayser *v tr* spaesare, disorientare.

dépecer *v tr* fare a pezzi, smembrare.

dépêche *sf* dispaccio (*m*), telegramma (*m*).

dépêcher *v tr* inviare (un messaggero, un corriere) ◊ *v réfl* affrettarsi, sbrigarsi.

dépeindre *v tr* descrivere, dipingere (*a parole*).

dépendance *sf* dipendenza ◊ *pl* dépendence (*sing*).

dépendre *v intr* dipendere (da) ◊ **ça dépend** dipende.

dépens *sm pl* (*jur*) spese (*f*) processuali ◊ **aux dépens de** a spese di, alle spalle di.

dépense *sf* spesa; (*fig*) dispendio (*m*), consumo (*m*) ◊ **dépenses publiques** spesa pubblica.

dépenser *v tr* spendere; consumare ◊ *v réfl* prodigarsi, darsi da fare.

dépensier (**-ère**) *adj, sm* spendaccione.

déperdition *sf* dispersione; perdita.

dépérir *v intr* deperire; (*fig*) declinare.

dépêtrer (**se**) *v réfl* trarsi d'impaccio; liberarsi.

dépeuplement *sm* spopolamento.

dépeupler *v tr* spopolare ◊ *v réfl* spopolarsi.

déphasage *sm* sfasamento, sfasatura (*f*).

dépilatoire *adj, sm* depilatorio.

dépiler *v tr* depilare.

dépister *v tr* rintracciare, individuare; sviare, metter fuori strada.

dépit *sm* rabbia (*f*), dispetto ◊ **en dépit de** a dispetto di.

dépiter *v tr* indispettire ◊ *v réfl* indispettirsi.

déplacé *adj* fuori posto; (*fig*) inopportuno.

déplacement *sm* spostamento; trasferimento; trasferta (*f*).

déplacer *v tr* spostare; trasferire ◊ *v réfl* spostarsi.

déplaire *v intr* dispiacere, essere sgradevole ◊ *v réfl* trovarsi male, trovarsi a disagio.

déplaisant *adj* spiacevole, sgradevole.

déplaisir *sm* dispiacere, disappunto.

dépliant *sm* opuscolo pieghevole, dépliant.

déplier *v tr* spiegare; svolgere ◊ *v réfl* spiegarsi.

déploiement *sm* spiegamento; (*fig*) sfoggio, ostentazione (*f*).

déplorable *adj* deplorevole; increscioso.

déplorer *v tr* deplorare; compiangere.

déployer *v tr* spiegare; (*fig*) ostentare, dar prova di ◊ *v réfl* disporsi.

déplumer (**se**) *v réfl* spiumarsi; (*fam*) perdere i capelli.

dépolir *v tr* rendere opaco; smerigliare.

dépolissage *sm* smerigliatura (*f*).

déportation *sf* deportazione.

déportements *sm pl* eccessi, dissolutezze (*f*).

déporter *v tr* deportare; far sbandare.

déposant *sm* (*banque*) depositante (*m/f*); (*jur*) (*testimone*) deponente (*m/f*).

déposer *v tr* posare, deporre; depositare; destituire; togliere ◊ *v intr* (*jur*) deporre in giudizio, testimoniare ◊ *v réfl* depositarsi.

dépositaire *sm* depositario; rivenditore, concessionario.

déposition *sf* deposizione.

déposséder *v tr* spossessare, privare di un bene; spodestare.

dépôt *sm* deposito ◊ **dépôt de bilan** fallimento; **mandat de dépôt** mandato di carcerazione.

dépotoir *sm* immondezzaio.

dépouille *sf* spoglia ◊ *pl* spoglie, bottino (*m sing*) di guerra.

dépouillement *sm* spoglio; spoliazione (*f*), privazione (*f*) ◊ **dépouillement**

du scrutin spoglio dei voti; **vivre dans le dépouillement** vivere nella privazione.

dépouiller *v tr* spellare, scuoiare; spogliare; fare lo spoglio di ◊ *v réfl* spogliarsi.

dépourvu *adj* privo, sprovvisto ◊ **au dépourvu** alla sprovvista.

dépravation *sf* depravazione.

dépraver *v tr* depravare, corrompere.

déprécier *v tr* deprezzare, sminuire; sottovalutare ◊ *v réfl* deprezzarsi, svalutarsi.

déprédation *sf* saccheggio (*m*); atto (*m*) di vandalismo; sperpero (*m*).

dépression *sf* depressione ◊ **dépression (nerveuse)** esaurimento (nervoso).

déprimer *v tr* deprimere.

depuis *prep* da ◊ *adv* da allora, dopo, poi ◊ **depuis que** da quando, dacché; **depuis... jusqu'à** da... a; **depuis longtemps** da molto tempo; **depuis lors** da allora.

dépuration *sf* depurazione.

dépurer *v tr* depurare.

députation *sf* deputazione; funzione di deputato.

député *sm* deputato.

députer *v tr* deputare, delegare.

déracinement *sm* sradicamento.

déraciner *v tr* sradicare, estirpare (*aussi fig*).

déraillement *sm* deragliamento.

dérailler *v intr* deragliare; (*fig*) non funzionare; (*fam*) farneticare, vaneggiare.

dérailleur *sm* (*de bicyclette*) cambio (di velocità); (*ferr*) deviatore, scambio.

déraisonner *v intr* sragionare.

dérangement *sm* disturbo, fastidio; disordine ◊ **en dérangement** fuori uso, guasto.

déranger *v tr* disturbare; mettere in disordine; scombussolare ◊ *v réfl* disturbarsi, incomodarsi.

dérapage *sm* slittamento.

déraper *v intr* slittare, sbandare.

dératiser *v tr* derattizzare.

derechef *adv* daccapo, di nuovo.

déréglé *adj* irregolare; (*fig*) sregolato; (*tech*) sfasato.

dérégler *v tr* sregolare, guastare; (*tech*) starare.

dérider *v tr* rasserenare ◊ *v réfl* rasserenarsi, rallegrarsi.

dérision *sf* derisione.

dérisoire *adj* irrisorio.

dérivatif *sm* diversivo.

dérive *sf* deriva.

dériver *v tr* (far) derivare ◊ *v intr* derivare; (*fig*) andare alla deriva.

dermatologie *sf* dermatologia.

dermatologue *sm/f* dermatologo (*m*).

derme *sm* derma.

dernier (**-ère**) *adj* ultimo; (*mois, année*) scorso; massimo, estremo; infimo ◊ *sm* ultimo ◊ **l'an dernier** l'anno scorso; **au dernier degré** al massimo grado; **de dernier ordre** d'infimo ordine; **en dernier** (**lieu**) per ultimo.

dernièrement *adv* recentemente, ultimamente.

dernier-né (*f* **dernière-née** *pl m* **derniers-nés** *pl f* **dernières-nées**) *sm* ultimo nato.

dérobade *sf* scarto (*m*), fuga.

dérobé *adj* trafugato, sottratto; nascosto; segreto ◊ **à la dérobée** di nascosto, furtivamente.

dérober *v tr* trafugare, sottrarre ◊ *v réfl* sottrarsi.

dérogation *sf* deroga.

déroger *v intr* derogare.

dérouiller *v tr* togliere la ruggine a; (*fig*) sgranchire ◊ *v intr* (*familier*) prendere un sacco di botte.

déroulement *sm* svolgimento.

dérouler *v tr* srotolare; svolgere; sviluppare ◊ *v réfl* svolgersi.

déroute *sf* rotta, disfatta; (*fig*) sfacelo (*m*).

dérouter *v tr* dirottare; disorientare, confondere.

derrière *prep* dietro a ◊ *adv* (di) dietro; indietro ◊ *sm* parte (*f*) posteriore, retro; (*familier*) sedere, didietro ◊ **par derrière** da dietro, alle spalle.

des *art* v. **de** ◊ *prép* v. **de** + **les**.

dès *prep* da, fin da ◊ **dès lors** da quel momento; **dès lors que** dal momento che; **dès que** (non) appena.

désabusé *adj* disilluso.

désaccord *sm* disaccordo, contrasto; discordanza (*f*).

désaccorder *v tr* scordare (*un instrument de musique*) ◊ *v réfl* (*mus*) scordarsi.

désaffecter *v tr* adibire ad altro uso ◊ **désaffecter une église** sconsacrare una chiesa.

désaffection *sf* disamore (*m*), disaffezione.

désagréable *adj* sgradevole, spiacevole.

désagréger *v tr* disgregare.

désagrément *sm* fastidio, seccatura (*f*).

désaltérer *v tr* dissetare ◊ *v réfl* dissetarsi.

désamorcer *v tr* disinnescare; (*fig*) neutralizzare.

désappointer *v tr* deludere.

désapprobation *sf* disapprovazione.

désapprouver *v tr* disapprovare.

désarçonner *v tr* disarcionare; (*fig*) sconcertare.

désarmement *sm* disarmo.

désarmer *v tr/intr* disarmare (*aussi fig*).

désarroi *sm* smarrimento, sgomento.

désassortir *v tr* scompagnare.

désastre *sm* disastro.

désastreux (**-euse**) *adj* disastroso.

désavantage *sm* svantaggio.

désavantager *v tr* svantaggiare, sfavorire.

désaveu (*pl* **-eux**) *sm* sconfessione (*f*); disconoscimento; disapprovazione (*f*).

désavouer *v tr* sconfessare, ritrattare; (*jur*) disconoscere; disapprovare.

désaxer *v tr* mettere fuori asse; (*fig*) sfasare, disorientare.

descendance *sf* discendenza.

descendre *v tr* scendere; portare giù; far scendere; (*fam*) far fuori, uccidere ◊ *v intr* scendere, andare giù; prendere alloggio; discendere, avere origine.

descente *sf* discesa ◊ **descente de lit** scendiletto; **descente de police** irruzione della polizia.

description *sf* descrizione.

désemparé *adj* sperduto, disorientato.
désemparer *v intr* (*mar*) smantellare; (*fig*) disorientare, sconcertare ◊ **sans désemparer** senza posa, ininterrottamente.
désenchantement *sm* disincanto, disillusione (*f*).
désanchanter *v tr* disilludere, disingannare.
désenfler *v tr* sgonfiare ◊ *v intr* sgonfiarsi.
désengager *v tr* disimpegnare ◊ *v réfl* disimpegnarsi.
déséquilibrer *v tr* squilibrare, sbilanciare; (*fig*) sconvolere (la mente a).
désert *adj*, *sm* deserto.
déserter *v tr/intr* disertare.
déserteur *sm* disertore.
désertion *sf* diserzione.
désertique *adj* desertico.
désespéré *adj*, *sm* disperato.
désespérer *v intr* disperare ◊ *v tr* far disperare ◊ *v réfl* disperarsi.
désespoir *sm* disperazione (*f*).
déshabiller *v tr* spogliare, svestire ◊ *v réfl* spogliarsi, svestirsi.
déshériter *v tr* diseredare.
déshonneur *sm* disonore; vergogna (*f*).
déshonorer *v tr* disonorare.
déshydrater *v tr* disidratare ◊ *v réfl* disidratarsi.
désignation *sf* designazione.
désigner *v tr* designare.
désillusion *sf* delusione, disillusione.
désinfectant *adj*, *sm* disinfettante.
désinfecter *v tr* disinfettare.
désinfection *sf* disinfezione.
désintégrer *v tr* disintegrare; disgregare ◊ *v réfl* disintegrarsi; disgregarsi.
désintéressé *adj* disinteressato.
désintéressement *sm* disinteresse.
désintéresser (se) *v réfl* disinteressarsi.
désintoxiquer *v tr* disintossicare ◊ *v réfl* disintossicarsi.
désinvolte *adj* disinvolto; impertinente.
désir *sm* desiderio.
désirer *v tr* desiderare.
désistement *sm* (*jur*) desistenza (*f*); rinuncia (*f*); ritiro.
désister (se) *v réfl* rinunciare, desistere.
désobéir *v intr* disubbidire.
désobligeance *sf* sgarbatezza, scortesia.

désobliger *v tr* contrariare, indisporre.
désodorisant *adj*, *sm* deodorante (per ambienti).
désœuvré *adj*, *sm* sfaccendato.
désœuvrement *sm* inoperosità (*f*), ozio.
désolation *sf* desolazione, squallore (*m*); disperazione.
désoler *v tr* affliggere, rattristare ◊ *v réfl* affliggersi.
désopilant *adj* buffo, spassoso.
désordonné *adj* disordinato.
désordre *sm* disordine.
désorganisation *sf* disorganizzazione.
désorienter *v tr* disorientare; (*fig*) sconcertare, turbare.
désormais *adv* ormai; d'ora in poi.
désosser *v tr* disossare.
despote *sm* despota (*m/f*).
despotisme *sm* dispotismo, tirannia (*f*).
dessaisir *v tr* (*jur*) privare (*d'un droit*); spossessare ◊ *v réfl* privarsi.
dessaisissement *sm* privazione (*f*).
dessaler *v tr* dissalare; (*familier*) sveltire, svegliare ◊ *v réfl* sveltirsi, svegliarsi.
dessèchement *sm* il seccarsi, l'inaridirsi (*aussi fig*); essiccazione (*f*).
dessécher *v tr* seccare, inaridire (*aussi fig*); prosciugare ◊ *v réfl* seccarsi, inaridirsi.
dessein *sm* disegno; intenzione (*f*); progetto ◊ **à dessein** di proposito; **dans ce dessein** con questa intenzione.
desserrer *v tr* allentare, disserrare ◊ *v réfl* allentarsi ◊ **ne pas desserrer les dents** non aprire bocca.
dessert *sm* dessert, frutta (*f*) e dolce.
desserte *sf* (*transport*) servizio (*m*), collegamento (*m*) ◊ (*meuble*) credenza.
desservir *v tr* servire, fare servizio in; mettere in comunicazione; sparecchiare; nuocere a.
dessiccation *sf* essiccazione, essiccamento (*m*).
dessin *sm* disegno ◊ **dessin humoristique** vignetta umoristica; **dessins animés** cartoni animati.
dessinateur (-trice) *sm* disegnatore.
dessiner *v tr* disegnare ◊ *v réfl* stagliarsi, profilarsi.

dessous *adv* sotto ◊ **en dessous** sotto; **en dessous de** al disotto di; **de dessous** da sotto, di sotto.

dessous *sm* disotto, parte (*f*) inferiore ◊ *pl* biancheria (*f sing*) intima femminile; (*fig*) retroscena (*f sing*) ◊ **les voisins du dessous** i vicini del piano di sotto; **agir en dessous** agire di nascosto.

dessus *adv* sopra, di sopra, su ◊ **en dessus** sopra; **de dessus** da sopra, di sopra.

dessus *sm* sopra, parte (*f*) superiore ◊ **dessus de lit** copriletto; **l'étage du dessus** il piano di sopra; **avoir, prendre le dessus** avere, prendere il sopravvento.

destin *sm* destino.

destinataire *sm* destinatario.

destination *sf* destinazione.

destinée *sf* destino (*m*), sorte.

destiner *v tr* assegnare; destinare ◊ *v réfl* avviarsi, indirizzarsi.

destituer *v tr* destituire.

destructeur (**-trice**) *sm* distruttore.

destruction *sf* distruzione.

désuet (**-ète**) *adj* antiquato, in disuso.

désuétude *sf* disuso (*m*) ◊ **tomber en désuétude** cadere in disuso.

désunir *v tr* disunire.

détachant *sm* smacchiatore.

détachement *sm* distacco; (*mil*) distaccamento.

détacher *v tr* staccare, distaccare; slegare; smacchiare ◊ *v réfl* staccarsi; slegarsi; spiccare, stagliarsi.

détail *sm* particolare, dettaglio ◊ **en détail** dettagliatamente; **vente au détail** vendita al dettaglio.

détaillant *sm* dettagliante.

détailler *v tr* vendere al dettaglio; esporre nei particolari.

détartrant *sm* disincrostatore, anticalcare.

détaxer *v tr* detassare.

détecter *v tr* individuare, scoprire; rivelare.

détecteur (**-trice**) *adj*, *sm* (*tech*) rivelatore.

détective *sm* investigatore.

déteindre *v intr* stingere, scolorire ◊

déteindre sur quelqu'un avere influenza su qualcuno.

dételer *v tr* staccare; (*fig*) smettere di lavorare.

détendre *v tr* distendere, rilassare; allentare ◊ *v réfl* rilassarsi; allentarsi.

détenir *v tr* detenere.

détente *sf* distensione; rilassamento (*m*); scatto (*m*); grilletto (*m*) (*d'arme à feu*).

détenteur (**-trice**) *adj*, *sm* detentore.

détention *sf* detenzione.

détergent *adj*, *sm* detergente.

détériorer *v tr* deteriorare, danneggiare ◊ *v réfl* deteriorarsi.

détermination *sf* determinazione.

déterminer *v tr* determinare ◊ *v réfl* decidersi.

déterrer *v tr* dissotterrare; (*fig*) riesumare.

détestable *adj* detestabile.

détester *v tr* detestare.

déthéiné *adj* deteinato.

détonateur *sm* detonatore.

détonation *sf* detonazione.

détoner *v intr* detonare.

détour *sm* curva (*f*), svolta (*f*); deviazione (*f*); sotterfugio; giro di parole ◊ **au détour du chemin** alla curva (della strada); **sans détour** senza tante storie.

détournement *sm* deviazione (*f*); (*jur*) sottrazione (*f*), peculato ◊ **détournement d'avion** dirottamento aereo.

détourner *v tr* deviare; sviare; distogliere; voltare; sottrarre (*argent*) ◊ *v réfl* fare una deviazione; distogliersi; voltarsi.

détracteur (**-trice**) *sm* detrattore.

détraquer *v tr* guastare, rovinare ◊ *v réfl* guastarsi, rovinarsi.

détremper *v tr* stemperare; inzuppare.

détresse *sf* disperazione, sconforto (*m*); miseria; pericolo (*m*).

détriment *sm* detrimento ◊ **au détriment de** a scapito di.

détroit *sm* stretto; gola (*f*).

détromper *v tr* disingannare, far ricredere ◊ *v réfl* ricredersi.

détrôner *v tr* detronizzare.

détruire *v tr* distruggere ◊ *v réfl* distruggersi, rovinarsi.

dette *sf* debito (*m*).

deuil *sm* lutto ◊ **être en deuil** essere in lutto.

deux *adj*, *sm* due.

deuxième *adj*, *sm/f* secondo (*m*).

dévaler *v tr* scendere ◊ *v intr* scendere precipitosamente.

dévaliser *v tr* svaligiare.

dévaloriser *v tr* svalutare; deprezzare.

dévaluation *sf* svalutazione.

dévaluer *v tr* svalutare ◊ *v réfl* svalutarsi.

devancer *v tr* precedere; anticipare.

devancier (-ère) *sm* precursore; predecessore.

devant *prep* davanti a, dinanzi a ◊ *adv* davanti, avanti ◊ **par devant** sul davanti.

devant *sm* davanti, parte (*f*) anteriore ◊ **de devant** anteriore; **prendre les devants** precedere; (**sens**) **devant derrière** davanti di dietro, all'incontrario.

devanture *sf* vetrina.

dévastation *sf* devastazione.

dévaster *v tr* devastare.

développement *sm* sviluppo; esposizione, svolgimento.

développer *v tr* sviluppare; esporre ◊ *v réfl* svilupparsi.

devenir *v intr* diventare.

dévergonder (se) *v réfl* comportarsi da svergognato.

devers *prep* **par-devers** in presenza di; **par-devers soi** nelle proprie mani.

dévers *sm* pendenza (*f*), inclinazione (*f*).

déversement *sm* scarico.

déverser *v tr* scaricare; riversare (*aussi fig*) ◊ *v réfl* riversarsi.

déversoir *sm* scarico; (*fig*) sfogo.

dévêtir *v tr* svestire ◊ *v réfl* svestirsi, spogliarsi.

déviation *sf* deviazione.

dévider *v tr* dipanare; srotolare.

dévier *v tr/intr* deviare.

devin *sm* indovino.

deviner *v tr* indovinare.

devineresse *sf* indovina.

devinette *sf* indovinello (*m*).

devis *sm* preventivo.

dévisager *v tr* squadrare, fissare.

devise *sf* motto (*m*); (*fin*) divisa, valuta.

deviser *v intr* conversare.

dévisser *v tr* svitare ◊ *v intr* (*alpinisme*) precipitare.

dévoilement *sm* svelamento, rivelazione (*f*).

dévoiler *v tr* svelare, scoprire ◊ *v réfl* svelarsi.

devoir *sm* dovere; compito ◊ **faire ses devoirs** fare i compiti; **manquer à son devoir** venir meno al proprio dovere; **se mettre en devoir de** accingersi a.

devoir *v tr* dovere ◊ *v réfl* avere il dovere di; essere tenuto a ◊ **comme il se doit** come vuole l'uso.

dévolu *adj* devoluto ◊ **jeter son dévolu sur** mettere gli occhi su.

dévorer *v tr* divorare.

dévot *adj*, *sm* devoto.

dévotion *sf* devozione.

dévoué *adj* devoto; dedito.

dévouement *sm* dedizione (*f*); abnegazione (*f*).

dévouer (se) *v réfl* dedicarsi; sacrificarsi.

dévoyé *adj* traviato ◊ *sm* scapestrato.

dextérité *sf* destrezza, abilità.

diabète *sm* diabete.

diabétique *adj*, *sm* diabetico.

diable *sm* diavolo, demonio; (*petit chariot*) carrello portabagagli.

diabolique *adj* diabolico.

diacre *sm* diacono.

diadème *sm* diadema.

diagnostic *sm* diagnosi (*f*).

diagnostiquer *v tr* diagnosticare.

diagonale *sf* diagonale ◊ **en diagonale** diagonalmente, di sbieco; **lire en diagonale** dare una scorsa (leggendo).

diagramme *sm* diagramma.

dialecte *sm* dialetto.

dialogue *sm* dialogo.

dialoguer *v intr* dialogare, conversare.

dialyse *sf* (*méd*) dialisi.

diamant *sm* diamante.

diamètre *sm* diametro.

diapason *sm* diapason ◊ **se mettre au diapason** mettersi in sintonia, in armonia.

diaphragme *sm* diaframma.

diapositive *sf* diapositiva.

diaprer *v tr* screziare; (*fig*) costellare.
diarrhée *sf* diarrea.
dichotomie *sf* dicotomia.
dictateur (**-trice**) *sm* dittatore.
dictature *sf* dittatura.
dictée *sf* dettato (*m*); dettatura.
dicter *v tr* dettare; suggerire, ispirare.
diction *sf* dizione.
dictionnaire *sm* dizionario.
dicton *sm* detto, sentenza (*f*).
didactique *adj* didattico ◊ *sf* didattica.
diérèse *sf* dieresi.
dièse *adj*, *sm* diesis.
diesel *adj*, *sm* diesel, gasolio.
diète *sf* dieta.
diététique *adj* dietetico ◊ *sf* dietetica.
dieu (*pl* **-eux**) *sm* dio.
diffamation *sf* diffamazione.
diffamer *v tr* diffamare.
différé *adj* differito ◊ *sm* differita (*f*).
différence *sf* differenza ◊ **à la différence de** a differenza di; **à la différence que** con la differenza che.
différencier *v tr* differenziare ◊ *v réfl* differenziarsi, distinguersi.
différend *sm* controversia (*f*).
différent *adj* differente, diverso ◊ *pl* diversi, parecchi.
différentiel (**-elle**) *adj*, *sm* differenziale.
différer *v tr* differire ◊ **sans plus différer** senza indugio.
difficile *adj*, *sm* difficile.
difficulté *sf* difficoltà.
difforme *adj* deforme.
difformité *sf* deformità.
diffus *adj* diffuso; (*discours, style*) prolisso.
diffuser *v tr* diffondere; (*radio, tv*) trasmettere.
diffusion *sf* diffusione; (*radio, tv*) trasmissione.
digérer *v tr* digerire.
digestif (**-ive**) *adj*, *sm* digestivo ◊ **appareil digestif** apparato digerente.
digestion *sf* digestione.
digital (*pl* **-aux**) *adj* digitale.
digne *adj* degno; dignitoso.
dignitaire *sm* dignitario.
dignité *sf* dignità.
digression *sf* digressione.

digue *sf* diga; (*fig*) barriera, baluardo (*m*).
dilapider *v tr* dilapidare.
dilatation *sf* dilatazione.
dilater *v tr* dilatare ◊ *v réfl* dilatarsi.
dilemme *sm* dilemma.
dilettante *sm* dilettante (*m/f*).
dilettantisme *sm* dilettantismo.
diligence *sf* sollecitudine, premura; diligenza, vettura a cavalli.
diligent *adj* diligente.
diluer *v tr* diluire.
dilution *sf* diluizione.
dimanche *sm* domenica (*f*).
dîme *sf* decima.
dimension *sf* dimensione.
diminuer *v tr* diminuire, ridurre; (*fig*) sminuire ◊ *v intr* diminuire, calare.
diminutif (**-ive**) *adj*, *sm* diminutivo.
diminution *sf* diminuzione, calo (*m*).
dinde *sf* tacchina.
dindon *sm* tacchino.
dîner *sm* cena (*f*).
dîner *v intr* cenare.
dingue *adj*, *sm* (*familier*) suonato, matto.
diocèse *sm* diocesi (*f*).
dioptrie *sf* diottria.
diphtérie *sf* difterite.
diphtongue *sf* dittongo (*m*).
diplomate *adj* diplomatico ◊ *sm/f* diplomatico (*m*) ◊ *sm* (*cuis*) dessert a base di savoiardi, crema, canditi.
diplomatie *sf* diplomazia.
diplomatique *adj* diplomatico ◊ *sf* diplomatica.
diplôme *sm* diploma.
dire *sm* il dire ◊ **selon ses dires** a suo dire; **au dire de** a detta di.
dire *v tr* dire; (*aux cartes*) dichiarare ◊ **on dit que** si dice che; **à vrai dire** a dire il vero; **cela va sans dire** ovviamente; **pour tout dire** per farla breve; **qu'est-ce à dire?** come sarebbe a dire?
direct *adj*, *sm* diretto ◊ **en direct** in diretta.
directeur (**-trice**) *sm* direttore ◊ *adj* direttivo.
direction *sf* direzione; orientamento (*m*); (*aut*) guida ◊ **en direction de** al-

la volta di; **direction assistée** servosterzo.
directive *sf* direttiva, istruzione.
dirigeant *adj, sm* dirigente (*m/f*).
diriger *v tr* dirigere; guidare ◊ *v rifl* dirigersi.
discernement *sm* discernimento.
discerner *v tr* discernere, distinguere.
disciple *sm* discepolo.
discipline *sf* disciplina.
discipliner *v tr* disciplinare.
discontinuité *sf* discontinuità.
discordance *sf* discordanza.
discorde *sf* discordia.
discothèque *sf* discoteca.
discourir *v intr* discorrere, chiaccherare.
discours *sm* discorso.
discrédit *sm* discredito.
discréditer *v tr* screditare.
discret (-ète) *adj* discreto.
discrétion *sf* discrezione ◊ **à discrétion** a discrezione.
discrimination *sf* discriminazione ◊ **discrimination raciale** discriminazione razziale.
disculper *v tr* scagionare, discolpare.
discussion *sf* discussione.
discutable *adj* discutibile.
discuter *v tr/intr* discutere.
disette *sf* carestia; (*familier*) penuria, scarsità.
diseur (-euse) *sm* dicitore ◊ **diseuse de bonne aventure** chiromante.
disgrâce *sf* disgrazia.
disgracié *adj, sm* (individuo) caduto in disgrazia.
disjoindre *v tr* disgiungere; (*fig*) scindere, separare.
dislocation *sf* (*méd*) slogatura, lussazione; sconnessione; (*fig*) smembramento (*m*).
disloquer *v tr* lussare, slogare; sfasciare; (*fig*) smembrare ◊ *v réfl* sfasciarsi.
disparaître *v intr* sparire, scomparire ◊ **faire disparaître** far sparire.
disparate *adj* disparato.
disparité *sf* disparità.
disparition *sf* scomparsa ◊ **en voie de disparition** in via di estinzione.
dispendieux (-euse) *adj* dispendioso.

dispensaire *sm* dispensario, ambulatorio.
dispense *sf* dispensa, esonero (*m*).
dispenser *v tr* dispensare, esonerare; distribuire ◊ *v réfl* esimersi.
disperser *v tr* disperdere; sparpagliare ◊ *v réfl* disperdersi ◊ **en ordre dispersé** in ordine sparso.
disponibilité *sf* disponibilità; aspettativa ◊ **en disponibilité** in aspettativa.
disponible *adj* disponibile; in aspettativa.
dispos *adj* in forma.
disposer *v tr/intr* disporre ◊ *v réfl* disporsi, prepararsi ◊ **disposer de** disporre di; **se disposer à** accingersi a; **être disposé à** essere disposto a; **être bien disposé** essere ben disposto.
dispositif *sm* dispositivo.
disposition *sf* disposizione; (*fig*) predisposizione ◊ *pl* provvedimenti (*m*).
disproportion *sf* sproporzione.
dispute *sf* disputa, litigio (*m*).
disputer *v tr* contendere; (*sport*) disputare ◊ *v intr* discutere ◊ *v réfl* litigare; contendersi (l'un l'altro).
disquaire *sm* negoziante di dischi.
disqualifier *v tr* squalificare; (*fig*) screditare ◊ *v réfl* screditarsi.
disque *sm* disco.
disquette *sf* (*inform*) dischetto (*m*), floppy disk (*m*).
dissection *sf* dissezione.
dissemblable *adj* dissimile.
disséminer *v tr* disseminare; sparpagliare.
dissension *sf* dissenso (*m*), divergenza.
disséquer *v tr* sezionare; (*fig*) sviscerare.
dissertation *sf* dissertazione; tema (*m*).
disserter *v intr* dissertare.
dissidence *sf* dissidenza; disaccordo (*m*), divergenza.
dissimulation *sf* dissimulazione.
dissimuler *v tr* dissimulare, nascondere ◊ *rifl* nascondersi.
dissipation *sf* dissipazione; distrazione, svagatezza.

dissiper v tr dissipare; dileguare; distrarre ◊ v réfl dileguarsi; distrarsi.
dissolu adj, sm dissoluto.
dissolution sf dissoluzione (aussi fig); (fig) dissolutezza; disgregazione; scioglimento (m).
dissolvant adj, sm solvente.
dissonance sf dissonanza; (fig) discordanza.
dissoudre v tr dissolvere, sciogliere ◊ v réfl sciogliersi.
dissuader v tr dissuadere, distogliere.
dissuasion sf dissuasione ◊ **force de dissuasion** deterrente.
distance sf distanza.
distancer v tr distanziare.
distant adj distante.
distendre v tr dilatare; tendere, allungare ◊ v réfl dilatarsi; allentarsi.
distillation sf distillazione.
distiller v tr/intr distillare.
distillerie sf distilleria.
distinct adj distinto.
distinction sf distinzione; riconoscimento (m).
distingué adj illustre; distinto.
distinguer v tr distinguere ◊ v réfl distinguersi.
distique sm distico.
distorsion sf distorsione; (fig) divario (m), disequilibrio (m).
distraction sf distrazione.
distraire v tr distrarre ◊ v réfl distrarsi.
distribuer v tr distribuire.
distributeur (-trice) sm distributore ◊ **distributeur automatique** distributore automatico.
distribution sf distribuzione; disposizione.
district sm distretto.
dit adj convenuto; detto ◊ sm detto, motto ◊ **c'est dit** siamo intesi.
diurétique adj, sm diuretico.
diurne adj diurno.
divagation sf divagazione.
divaguer v intr vaneggiare, sragionare.
divan sm divano.
divergence sf divergenza.
diverger v intr divergere.
divers adj vario, diverso ◊ pl diversi, parecchi ◊ **faits divers** fatti di cronaca.

diversion sf diversione; diversivo (m).
diversité sf diversità.
divertir v tr divertire, distrarre ◊ v réfl divertirsi.
divertissement sm divertimento, svago.
dividende sm dividendo.
divin adj, sm divino.
divination sf divinazione.
divinité sf divinità.
diviser v tr dividere ◊ v réfl dividersi.
diviseur sm divisore.
division sf divisione.
divorce sm divorzio.
divorcer v intr divorziare.
divulgation sf divulgazione.
divulguer v tr divulgare.
dix adj, sm dieci.
dixième adj, sm/f decimo (m).
dix-huit adj, sm diciotto.
dix-neuf adj, sm diciannove.
dix-sept adj, sm diciassette.
dizaine sf decina.
do sm (mus) do.
docile adj docile.
docilité sf docilità.
dock sm bacino (portuale) ◊ pl magazzini.
docteur sm dottore; medico.
doctorat sm dottorato (di ricerca).
doctoresse sf dottoressa (in medicina).
doctrine sf dottrina.
document sm documento.
documentaire adj, sm documentario ◊ **à titre documentaire** a titolo informativo.
documentation sf documentazione.
documenter v tr documentare ◊ v réfl documentarsi.
dodeliner v intr dondolare ◊ **dodeliner de la tête** ciondolare la testa.
dodo sm (familier) nanna (f) ◊ **faire dodo** fare la nanna.
dodu adj paffuto.
dogme sm dogma.
dogue sm mastino.
doigt sm dito ◊ **le petit doigt** il dito mignolo; **mettre le doigt dessus** colpire nel segno.
doigté sm (mus) tocco; diteggiatura (f); (fig) tatto.

doigtier *sm* dito di gomma (per protezione).
dol *sm* dolo.
doléances *sf pl* rimostranze, lagnanze.
dolent *adj* dolente, lamentoso.
dollar *sm* dollaro.
domaine *sm* dominio; tenuta (*f*), possedimento; sfera (*f*), campo.
domanial (*pl* -**aux**) *adj* demaniale.
dôme *sm* cupola (*f*); duomo, cattedrale (*f*).
domestique *adj, sm* domestico.
domestiquer *v tr* addomesticare.
domicile *sm* domicilio.
domicilié *adj* domiciliato.
dominant *adj* dominante.
dominateur (-**trice**) *sm* dominatore.
domination *sf* dominazione; dominio (*m*).
dominer *v tr/ intr* dominare ◊ *v réfl* dominarsi.
dominicain *adj, sm* domenicano.
dominical (*pl* -**aux**) *adj* domenicale; (*jur*) dominicale.
domino *sm* domino.
dommage *sm* danno ◊ **c'est dommage!** peccato; **quel dommage!** che peccato!; **dommage que** peccato che.
dompter *v tr* domare.
dompteur (-**euse**) *sm* domatore.
don *sm* dono; donazione (*f*).
donation *sf* (*jur*) donazione.
donc *com* dunque; quindi ◊ **allons donc!** ma andiamo!; **dis donc!** senti un po'!
donjon *sm* torrione.
donnée *adj* donato, regalato; fissato; dato, determinato ◊ *sf* dato (*m*); fattore (*m*) ◊ **banque de données** banca dati; **étant donné que** dato che, visto che.
donner *v tr* dare; regalare; produrre; rendere, fruttare ◊ *v intr* urtare, picchiare ◊ *v réfl* darsi; dedicarsi ◊ **donner sa parole** dare la parola, promettere; **donner sur** affacciarsi su; **étant donné que** dato che.
donneur (-**euse**) *sm* datore; donatore; (*familier*) delatore.
dont *pron relativo* di cui; (*partitif*) di cui, tra cui; (*provenance*) da cui; (*ma-*

nière) in cui; (*moyen*) con cui ◊ **dont le** il cui; **ce dont** del che, della qual cosa.
dorénavant *adv* d'ora in poi.
dorer *v tr* dorare.
dorloter *v tr* vezzeggiare, coccolare.
dormir *v intr* dormire ◊ **dormir debout** dormire in piedi; **dormir à la belle étoile** dormire all'addiaccio.
dorsal (*pl* -**aux**) *adj* dorsale.
dortoir *sm* dormitorio.
dorure *sf* doratura.
dos *sm* schiena (*f*); dorso ◊ **de dos** di spalle; **dos à dos** schiena contro schiena; **tourner le dos** voltare le spalle; **voir au dos** vedi a tergo.
dosage *sm* dosaggio.
dose *sf* dose.
doser *v tr* dosare.
dossier *sm* spalliera (*f*), schienale; fascicolo, incartamento; pratica (*f*) ◊ **dossier de presse** rassegna stampa.
dot *sf* dote.
dotation *sf* dotazione.
doter *v tr* dotare.
douane *sf* dogana.
douanier (-**ère**) *adj* doganale ◊ *sm* doganiere.
doublage *sm* doppiaggio.
double *adj* doppio, duplice ◊ *sm* doppio; duplicato, copia (*f*); doppione ◊ *adv* doppio ◊ **en double** in due, in duplice copia; **au double** due volte tanto.
doublé *adj* foderato; (*ciné*) doppiato ◊ *sm* gioiello placcato.
doubler *v tr* raddoppiare; piegare in due; foderare; (*auto*) sorpassare; (*mar, ciné*) doppiare ◊ *v intr* raddoppiare.
doublure *sf* fodera; (*ciné*) controfigura.
douceâtre *adj* dolciastro; (*fig*) melenso.
doucement *adv* dolcemente, con dolcezza; piano; lentamente ◊ **parler doucement** parlare sottovoce; **tout doucement** adagio adagio.
doucereux (-**euse**) *adj* dolciastro; (*fig*) mellifluo.
douceur *sf* dolcezza (*aussi fig*); mor-

bidezza ◊ *pl* dolciumi (*m*) ◊ **en douceur** con garbo, con dolcezza.
douche *sf* doccia ◊ **prendre une douche** fare la doccia.
doucher *v tr* fare la doccia a ◊ *v réfl* fare la doccia.
douer *v tr* dotare.
douille *sf* (*tech*) manicotto (*m*); portalampada (*m*).
douillet (-ette) *adj* morbido, soffice.
douleur *sf* dolore (*m*).
douloureux (-euse) *adj* doloroso.
doute *sm* dubbio ◊ **sans doute** probabilmente; **sans aucun doute** senza dubbio.
douter *v intr* dubitare ◊ *v réfl* sospettare.
douteux (-euse) *adj* dubbio ◊ **jour douteux** luce incerta; **c'est douteux** è improbabile.
doux (douce) *adj* dolce (*aussi fig*); morbido ◊ *adv* piano, adagio ◊ **tout doux** piano piano; **en douce** senza far rumore, di nascosto.
douzaine *sf* dozzina.
douze *adj, sm* dodici ◊ **Louis douze** Luigi dodicesimo.
douzième *adj, sm* dodicesimo.
doyen (-enne) *sm* decano; preside (*m/f*) di facoltà (universitaria).
draconien (-enne) *adj* draconiano.
dragage *sm* dragaggio.
dragée *sf* confetto (*m*); pallini (*m pl*) da caccia.
dragon *sm* drago.
drague *sf* draga.
draguer *v tr* dragare; (*familier*) rimorchiare (un partner).
dragueur *sm* (*mar*) draghista (*m/f*); (*familier*) donnaiolo, pappagallo ◊ **dragueur de mines** dragamine.
drainage *sm* drenaggio.
drainer *v tr* drenare.
dramatique *adj* drammatico ◊ *sf* (*radio*,*TV*) dramma.
dramatiser *v tr* drammatizzare.
dramaturge *sm* drammaturgo.
dramaturgie *sf* drammaturgia.
drame *sm* dramma.
drap *sm* lenzuolo; drappo, panno ◊ **être dans de beaux draps** essere nei guai.

drapeau (*pl* -eaux) *sm* bandiera (*f*).
draper *v tr* drappeggiare ◊ *v réfl* drappeggiarsi, avvolgersi.
draperie *sf* drappeggio (*m*).
drapier (-ère) *sm* fabbricante (*m/f*), venditore di tessuti di lana.
dresser *v tr* rizzare, drizzare; innalzare; prepare; redigere; (*animaux*) ammaestrare ◊ *v réfl* rizzarsi; ergersi ◊ **dresser l'oreille** tendere l' orecchio; **dresser la table** apparecchiare; **dresser un plan** tracciare un piano; **se dresser contre** insorgere contro.
dressoir *sm* credenza (*f*).
drogue *sf* droga.
drogué *sm* drogato.
droguer *v tr* drogare; imbottire di medicine ◊ *v réfl* drogarsi; intossicarsi.
droguerie *sf* negozio (*m*) di prodotti per la casa e da toilette.
droguiste *sm/f* chi gestisce una "droguerie".
droit *adj* diritto; (*fig, mat*) retto; destro ◊ *adv* diritto ◊ **ligne droite** linea retta; **angle droit** angolo retto; **aller (tout) droit** andare (sempre) diritto.
droit *sm* diritto ◊ **avoir droit à** avere diritto a; **être en droit de** avere il diritto di; **à bon droit, de plein droit** a buon diritto.
droite *sf* destra ◊ **à droite et à gauche** a destra e a manca.
droitement *adv* rettamente.
droitier (-ère) *adj, sm* destrimano.
droiture *sf* rettitudine.
drôle *adj* divertente, buffo; bizzarro ◊ **un drôle de bonhomme** un tipo strano.
drôlerie *sf* buffonata; comicità.
dromadaire *sm* dromedario.
dru *adj* fitto; folto ◊ *adv* fitto.
dû *prép* v. **de**.
dû *adj, sm* dovuto ◊ **payer son dû** pagare il dovuto.
dualité *sf* dualità.
dubitatif (-ive) *adj* dubitativo.
duc *sm* duca.
duché *sm* ducato.
duchesse *sf* duchessa.
duel *sm* duello.
dune *sf* duna.
duo *sm* duetto.

dupe *sf* vittima (*di un inganno*) ◊ *adj* ingannato ◊ **être dupe** (**de**) lasciarsi abbindolare (da).

duper *v tr* ingannare, raggirare.

duperie *sf* inganno (*m*).

duplicata *sm inv* duplicato, copia (*f*) ◊ **en duplicata** in duplice copia.

duplicité *sf* duplicità, doppiezza.

duquel *pron* v. **lequel**.

dur *adj* duro (*aussi fig*) ◊ *adv* forte, sodo ◊ *sm* (*familier*) duro ◊ **climat dur** clima rigido; **dur à** difficile da, faticosa da.

durable *adj* durevole.

durant *prep* durante.

durcir *v tr* indurire, rendere duro ◊ *v intr, v réfl* indurirsi, diventare duro.

durcissement *sm* indurimento; (*fig*) irrigidimento.

durée *sf* durata.

durement *adv* duramente.

durer *v intr* durare.

dureté *sf* durezza.

durillon *sm* durone.

duvet *sm* peluria (*f*), lanugine (*f*); sacco a pelo.

dynamique *adj* dinamico, energico ◊ *sf* dinamica.

dynamisme *sm* dinamismo.

dynamite *sf* dinamite.

dynamo *sf* dinamo.

dynastie *sf* dinastia.

dysenterie *sf* dissenteria.

dysfonctionnement *sm* disfunzione (*f*).

dyspepsie *sf* dispepsia.

E

eau (*pl* **eaux**) *sf* acqua ◊ *pl* acque (curative) ◊ **eau de pluie** acqua piovana; **eau dormante** acqua stagnante; **eau de Cologne** acqua di Colonia; **eau de Javel** candeggina; **eaux thermales** acque termali; **chute d'eau** cascata; **tomber à l'eau** andare in fumo.

eau-de-vie (*pl* **eaux-de-vie**) *sf* acquavite.

eau-forte (*pl* **eaux-fortes**) *sf* acquaforte.

ébahir *v tr* stupire, meravigliare ◊ *v réfl* stupirsi, meravigliarsi.

ébahissement *sm* stupore, meraviglia (*f*).

ébats *sm pl* giochi ◊ **prendre ses ébats** divertirsi, folleggiare.

ébauche *sf* schizzo (*m*), abbozzo (*m*).

ébaucher *v tr* abbozzare; sgrossare ◊ *v réfl* prendere forma.

ébène *sf* ebano (*m*).

ébéniste *sm/f* ebanista.

éberlué *adj* (*familier*) sbalordito, stupito.

éblouir *v tr* abbagliare; (*fig*) affascinare, impressionare.

éblouissant *adj* abbagliante, smagliante; (*fig*) splendido.

éblouissement *sm* abbagliamento; (*fig*) stupore; annebbiamento (*de la vue*); capogiro.

ébouillanter *v tr* sbollentare ◊ *v réfl* scottarsi.

éboulement *sm* frana (*f*), smottamento.

ébouler (**s'**) *v réfl* franare; crollare.

éboulis *sm* frana (*f*); detriti (*pl*).

ébouriffer *v tr* arruffare, scompigliare; (*familier*) sbalordire.

ébranlement *sm* vibrazione (*f*); oscillazione (f); (*fig*) scossa (*f*).

ébranler *v tr* far tremare, scuotere; (*fig*) far vacillare mettersi in movimento.

ébrasement *sm* (*arch*) strombatura (*f*).

ébraser *v tr* (*arch*) strombare.

ébrécher *v tr* sbeccare, scheggiare.

ébriété *sf* ebbrezza, ubriachezza.

ébrouement *sm* sbuffo (di cavallo).

ébrouer (**s'**) *v réfl* scrollarsi, scuotersi; (*cheval*) sbuffare.

ébruitement *sm* divulgazione (*f*).

ébruiter *v tr* diffondere, divulgare (*une nouvelle*) ◊ *v réfl* diffondersi, propagarsi.

ébullition *sf* ebollizione ◊ **en ébullition** in fermento.

écaille *sf* squama, scaglia; valva (*d'huître, moule, etc.*); tartaruga (*matière*) ◊ **lunettes d'écaille** occhiali di tartaruga.

écailler *v tr* squamare; aprire (*huître,*

moule, etc.); scrostare ◊ *v réfl* scrostarsi.

écale *sf* (*de noix, amande*) mallo (*m*).

écarlate *adj, sf* scarlatto (*m*).

écarquiller *v tr* spalancare, sgranare (*les yeux*).

écart *sm* scarto; differenza (*f*), divario ◊ **écarts de température** sbalzi di temperatura; **à l'écart** in disparte; **à l'écart de** lontano da.

écarté *adj* allargato, divaricato; (*lieu*) fuori mano.

écarteler *v tr* squartare; (*fig*) straziare.

écartement *sm* allontanamento; distanza (*f*).

écarter *v tr* allontanare, scostare; eliminare; escludere; (*aux cartes*) scartare ◊ *v réfl* scostarsi, allontanarsi.

ecclésiastique *adj, sm* ecclesiastico.

écervelé *adj, sm* scervellato.

échafaud *sm* patibolo.

échafaudage *sm* impalcatura (*f*), ponteggio.

échafauder *v intr* erigere un'impalcatura ◊ *v tr* (*fig*) elaborare, architettare.

échalote *sf* scalogno (*m*).

échancrer *v tr* scavare; (*couture*) scalfare.

échancrure *sf* rientranza; scalfo (*m*), scollatura.

échange *sm* scambio ◊ **en échange** in cambio.

échanger *v tr* scambiare ◊ **échanger des cadeaux** scambiarsi dei regali.

échangeur *sm* ◊ **échangeur** (**routier**) svincolo (stradale).

échantillon *sm* campione, saggio, esemplare.

échantillonnage *sm* campionario; campionatura (*f*).

échappatoire *sf* scappatoia, ripiego (*m*).

échappée *sf* scorcio (*m*); (*cyclisme*) fuga (*f*) ◊ **échappée de soleil** sprazzo di sole; **par échappées** a sprazzi.

échappement *sm* scappamento, scarico ◊ **tuyau d'échappement** tubo di scappamento; **pot d'échappement** marmitta di scarico.

échapper *v intr* sfuggire ◊ *v réfl* scappare, fuggire ◊ **s'échapper à toutes jambes** scappare a gambe levate.

écharde *sf* scheggia.

écharpe *sf* sciarpa ◊ **en écharpe** a bandoliera; di sbieco; **avoir un bras en écharpe** avere un braccio al collo.

écharper *v tr* mutilare, fare a pezzi, massacrare.

échassier *sm* trampoliere.

échauder *v tr* scaldare; scottare (*aussi fig*); (*cuis*) sbollentare.

échauffer *v tr* riscaldare; (*fig*) eccitare ◊ *v réfl* scaldarsi (*aussi fig*).

échauffourée *sf* tafferuglio (*m*), scontro (*m*).

échéance *sf* scadenza ◊ **à longue, à brève échéance** a lunga, a breve scadenza.

échéant *adj* in scadenza ◊ **le cas échéant** all'occorrenza.

échec *sm* fiasco, insuccesso ◊ *pl* scacchi ◊ **tenir en échec** tenere in scacco; **faire échec et mat** dare scacco matto.

échelle *sf* scala ◊ **l'échelle sociale** la scala sociale.

échelon *sm* piolo; gradino, grado ◊ **par échelons** per gradi, gradualmente.

échelonner *v tr* scaglionare; ripartire, suddividere.

écheveau (*pl* **-eaux**) *sm* matassa (*f*); (*fig*) groviglio.

échevelé *v tr* scarmigliato, spettinato; (*fig*) sfrenato.

échevin *sm* scabino.

échine *sf* spina dorsale ◊ **courber l'échine** piegare la testa, sottomettersi.

échiquier *sm* scacchiera (*f*); (*fig*) scacchiere.

écho *sm* eco (*f*) ◊ **se faire l'écho de** farsi portavoce di.

échoppe *sf* botteguccia.

échouer *v intr* arenarsi, incagliarsi (*aussi fig*); fallire.

éclabousser *v tr* inzaccherare, infangare (*aussi fig*).

éclaboussure *sf* schizzo (*m*) di fango; (*fig*) conseguenza, ripercussione negativa.

éclair *sm* lampo; (*fig*) sprazzo; (*cuis*) pasticcino alla crema ◊ **un éclair de génie** un lampo di genio; **fermeture**

éclair cerniera lampo; **en un éclair** in un lampo.

éclairage *sm* illuminazione (*f*).

éclaircie *sf* schiarita.

éclaircir *v tr* schiarire; sfoltire, diradare; (*fig*) chiarire ◊ *v réfl* schiarirsi.

éclaircissement *sm* chiarimento, spiegazione (*f*).

éclairer *v tr* illuminare, rischiarare; (*fig*) chiarire ◊ *v intr* fare luce ◊ *v réfl* rischiararsi; illuminarsi (*aussi fig*); (*fig*) chiarirsi.

éclaireur (-euse) *sm* (*mil*) esploratore; (*scoutisme*) giovane esploratore.

éclat *sm* scheggia (*f*); luminosità (*f*), splendore (*aussi fig*); scoppio (di risa, di voci) ◊ **voler en éclats** andare in frantumi; **un éclat de rire**, uno scoppio di risa; **éclats de voix** grida.

éclatant *adj* luminoso, splendente (*aussi fig*); (*fig*) clamoroso.

éclatement *sm* scoppio, esplosione (*f*).

éclater *v intr* esplodere, scoppiare ◊ **éclater de rire** scoppiare a ridere; **éclater en sanglots** scoppiare in singhiozzi.

éclipse *sf* eclissi ◊ **à éclipses** a intermittenza.

éclipser *v tr* eclissare ◊ *v réfl* eclissarsi.

éclore *v intr* schiudersi; (*animaux*) uscire dal guscio; sbocciare (*aussi fig*).

éclosion *sf* lo schiudersi (*m*); lo sbocciare (*m*).

écluse *sf* chiusa.

écœurant *adj* nauseante, disgustoso.

écœurer *v tr* nauseare, disgustare.

école *sf* scuola ◊ **les grandes écoles** (*en France*) scuole d'insegnamento specialistico a livello universitario; **être à bonne école** essere a una buona scuola.

écolier (-ère) *sm* scolaro.

écologie *sf* ecologia.

écologique *adj* ecologico.

écologiste *adj*, *sm/f* ecologista.

économe *adj*, *sm/f* economo (*m*).

économie *sf* economia ◊ **faire des économies** risparmiare; **avoir des économies** avere dei risparmi.

économiser *v tr* economizzare, risparmiare.

économiste *sm/f* economista.

écoper *v tr* (*mar*) aggottare ◊ *v intr* (*familier*) buscarsi, beccarsi (*d'une punition, une amende*).

écorce *sf* corteccia; scorza; (*d'un fruit*) buccia.

écorcer *v tr* scortecciare; sbucciare.

écorcher *v tr* scorticare; scuoiare (*un animal*); storpiare (*un nom, une langue*) ◊ *v réfl* scorticarsi, sbucciarsi.

écorchure *sf* scorticatura, sbucciatura.

écorner *v tr* fare un'orecchia (*une page*); (*fig*) intaccare.

écossais *adj*, *sm* scozzese.

écosser *v tr* sgusciare, sgranare.

écosystème *sm* ecosistema.

écoulement *sm* scolo; scorrimento; smercio, smaltimento; (*fig*) flusso.

écouler *v tr* smaltire, smerciare ◊ *v réfl* scorrere, defluire; (*le temps*) trascorrere.

écourter *v tr* accorciare, scorciare.

écoute *sf* ascolto (*m*); linea (*téléphonique*) ◊ **être à l'écoute** essere in ascolto; **être aux écoutes** origliare; **restez à l'écoute** resti in linea.

écouter *v tr* ascoltare ◊ *v réfl* ascoltarsi.

écouteur *sm* (*téléphone*) ricevitore ◊ *pl* (*radio*) cuffia (*f sing*).

écoutille *sf* (*mar*) boccaporto (*m*).

écran *sm* schermo ◊ **se faire un écran de sa main** farsi schermo con la mano; **écran de fumée** cortina fumogena.

écraser *v tr* schiacciare (*aussi fig*) ◊ *v réfl* sfracellarsi, schiantarsi; pigiarsi; (*fig familier*) avere la peggio.

écrémer *v tr* scremare.

écrevisse *sf* gambero (*m*) di fiume.

écrier (s') *v réfl* esclamare, gridare.

écrin *sm* scrigno.

écrire *v tr* scrivere ◊ *v réfl* scriversi.

écrit *sm* scritto; prova (*f*) scritta ◊ **par écrit** per iscritto.

écriteau (*pl* **-eaux**) *sm* cartello.

écriture *sf* scrittura; scritto (*m*); calligrafia ◊ **les Saintes Écritures** la Sacra Scrittura.

écrivailler *v intr* (*familier*) scribacchiare.

écrivain *sm* scrittore ◊ **(femme) écrivain** scrittrice.
écrou *sm* (*mécanique*) dado; (*jur*) immatricolazione (*f*) al carcere ◊ **levée d'écrou** scarcerazione.
écrouer *v tr* incarcerare.
écrouler (s') *v réfl* crollare (*aussi fig*); abbattersi.
écru *adj* greggio.
écueil *sm* scoglio (*aussi fig*).
écuelle *sf* scodella.
écume *sf* schiuma, spuma.
écumer *v tr* schiumare ◊ *v intr* schiumare; spumeggiare ◊ **écumer (de rage)** fremere di rabbia.
écumoire *sf* schiumarola, colabrodo (*m*).
écureuil *sm* scoiattolo.
écurie *sf* scuderia.
écusson *sm* scudetto; stemma.
écuyer *sm* scudiero; cavallerizzo, cavaliere.
écuyère *sf* cavallerizza; amazzone.
eczéma *sm* (*méd*) eczema.
edelweiss *sm* stella (*f*) alpina.
édenté *adj, sm* sdentato.
édification *sf* edificazione, costruzione.
édifice *sm* edificio; (*fig*) struttura (*f*).
édifier *v tr* edificare.
édit *sm* editto.
éditer *v tr* pubblicare; curare la pubblicazione di.
éditeur (-trice) *sm* editore.
édition *sf* edizione; editoria ◊ **maison d'édition** casa editrice; **succès d'édition** successo editoriale.
éditorial (*pl* **-aux**) *adj, sm* editoriale (*m/f*).
édredon *sm* piumino (*du lit*).
éducation *sf* educazione; istruzione ◊ **Ministère de l'Éducation nationale** Ministero della pubblica istruzione.
édulcorer *v tr* addolcire (*aussi fig*).
éduquer *v tr* educare.
effacé *adj* cancellato; scialbo, incolore; (*fig*) riservato, modesto.
effacer *v tr* cancellare (*aussi fig*); eclissare ◊ *v réfl* cancellarsi; scansarsi, farsi da parte.
effarement *sm* sgomento; stupore.
effarer *v tr* sgomentare; sbigottire.

effaroucher *v tr* spaventare, impaurire; intimidire.
effectif (-ive) *adj, sm* effettivo.
effectivement *adv* effettivamente, in effetti.
effectuer *v tr* effettuare, attuare ◊ *v réfl* svolgersi, effettuarsi.
efféminé *adj* effeminato.
effervescent *adj* effervescente; (*fig*) in fermento.
effet *sm* effetto ◊ **sous l'effet de** sotto l'effetto di; **faire de l'effet** far colpo; **faire bon, mauvais effet** fare buona, cattiva impressione; **à cet effet** a tale scopo; **en effet** difatti; in effetti.
effeuiller *v tr* sfogliare.
efficace *adj* efficace.
efficacité *sf* efficacia.
efficience *sf* efficienza.
effigie *sf* effigie.
effilé *adj* sfilacciato; affilato ◊ *sm* frangia (*f*).
effiler *v tr* sfilacciare; affilare ◊ **effiler les cheveux** sfumare i capelli.
effilocher *v tr* sfilacciare ◊ *v réfl* sfilacciarsi.
effleurer *v tr* sfiorare.
effluve *sm* effluvio.
effondrement *sm* crollo (*aussi fig*).
effondrer (s') *v réfl* crollare (*aussi fig*).
efforcer (s') *v réfl* sforzarsi (di).
effort *sm* sforzo.
effraction *sf* (*jur*) effrazione, scasso (*m*).
effrayant *adj* spaventoso, tremendo.
effrayer *v tr* spaventare ◊ *v réfl* spaventarsi.
effréné *adj* sfrenato.
effritement *sm* sgretolamento, sfaldamento (*aussi fig*).
effriter *v tr* sgretolare ◊ *v réfl* sfaldarsi, sgretolarsi (*aussi fig*).
effroi *sm* spavento, terrore.
effronté *adj, sm* sfrontato, sfacciato.
effronterie *sf* sfrontatezza, sfacciataggine.
effroyable *adj* spaventoso, tremendo.
effusion *sf* effusione ◊ **effusion de sang** spargimento di sangue.
égal (*pl* **égaux**) *adj* uguale; uniforme, regolare ◊ *sm* pari, uguale ◊ **à l'égal de** al pari di; **ça m'est égal** per me è lo stes-

so; **d'égal à égal** da pari a pari; **sans égal** unico.

également *adv* in parti uguali; anche, pure.

égaler *v tr* uguagliare, pareggiare.

égaliser *v tr* livellare, parificare ◊ *v intr* (*sport*) pareggiare.

égalité *sf* uguaglianza; regolarità ◊ **à égalité** alla pari; **à égalité de** a parità di.

égard *sm* riguardo, considerazione (*f*) ◊ *pl* riguardi, premure (*f*) ◊ **à cet égard** a questo riguardo; **à l'égard de** riguardo a, nei riguardi di; **à tous (les) égards** sotto ogni aspetto; **par égard pour** per riguardo a.

égarement *sm* smarrimento, turbamento.

égarer *v tr* smarrire, perdere; (*fig*) sconvolgere, fuorviare ◊ *v réfl* smarrirsi, perdersi (*aussi fig*).

égayer *v tr* divertire, rallegrare.

églantier *sm* (*plante*) rosa (*f*) canina.

églantine *sf* (*fiore*) rosa canina.

église *sf* chiesa.

ego *sm inv* ego.

égoïsme *sm* egoismo.

égoïste *adj*, *sm/f* egoista.

égorger *v tr* sgozzare.

égout *sm* fogna (*f*) ◊ *pl* fognature (*f*).

égoutter *v tr* scolare, far sgocciolare ◊ *v réfl* sgocciolare.

égratigner *v tr* graffiare; (*fig*) punzecchiare ◊ *v réfl* graffiarsi.

égratignure *sf* graffio (*m*), graffiatura.

égrener *v tr* sgranare ◊ *v réfl* sgranarsi; snodarsi.

égyptien (-enne) *adj*, *sm* egiziano.

éhonté *adj* spudorato.

éjaculer *v tr/intr* eiaculare.

éjecter *v tr* espellere; (*familier*) buttar fuori, cacciare.

élaborer *v tr* elaborare.

élaguer *v tr* potare; sfrondare (*aussi fig*).

élan *sm* slancio; (*zool*) alce.

élancement *sm* slancio; (*méd*) fitta (*f*), dolore lancinante.

élancer (s') *v réfl* slanciarsi, precipitarsi.

élargir *v tr* allargare, ampliare (*aussi fig*); (*jur*) scarcerare.

élargissement *sm* allargamento, ampliamento; (*jur*) scarcerazione (*f*).

élasticité *sf* elasticità.

élastique *adj*, *sm* elastico.

électeur (-trice) *sm* elettore.

élection *sf* elezione.

électorat *sm* elettorato.

électricien (-enne) *sm* elettricista (*m/f*).

électricité *sf* elettricità.

électrique *adj* elettrico.

électriser *v tr* elettrizzare (*aussi fig*).

électrocuter *v tr* fulminare, colpire con una scarica.

électrode *sf* elettrodo (*m*).

électroménager *adj* elettrodomestico.

électron *sm* elettrone.

électronique *adj* elettronico ◊ *sf* elettronica.

élégance *sf* eleganza.

élégant *adj*, *sm* elegante (*m/f*).

élégie *sf* elegia.

élément *sm* elemento.

élémentaire *adj* elementare.

éléphant *sm* elefante.

élevage *sm* allevamento.

élévateur *adj* elevatore ◊ *sm* elevatore; montacarichi.

élévation *sf* elevazione, innalzamento (*m*); aumento (*m*); (*de l'esprit*) elevatezza.

élève *sm/f* allievo (*m*), alunno (*m*).

élever *v tr* erigere, innalzare; (*fig*) elevare; allevare; educare ◊ *v réfl* elevarsi, innalzarsi; ammontare (a); aumentare.

éleveur (-euse) *sm* allevatore.

élimer *v tr* logorare, consumare.

élimination *sf* eliminazione.

éliminer *v tr* eliminare.

élire *v tr* eleggere.

élite *sf* élite, fior fiore (*m*) ◊ **d'élite** scelto.

élixir *sm* elisir.

elle *pron* (*sujet*) lei, essa; (*complément*) lei, sé ◊ *pl* loro, esse ◊ **elle-même** lei stessa; **elles-mêmes** loro stesse; **d'elle-même** spontaneamente, da sé.

ellipse *sf* ellissi.

élocution *sf* eloquio (*m*).

éloge *sm* elogio, encomio.

élogieux (-euse) *adj* elogiativo.

éloignement *sm* allontanamento; lontananza (*f*).

éloigner *v tr* allontanare; ritardare; distogliere ◊ *v réfl* allontanarsi.

éloquence *sf* eloquenza.

élu *adj*, *sm* eletto.

élucidation *sf* delucidazione, chiarimento (*m*).

élucider *v tr* chiarire, delucidare.

élucubration *sf* elucubrazione.

éluder *v tr* eludere.

élusif (-ive) *adj* elusivo.

émacié *adj* emaciato.

émail (*pl* **émaux**) *sm* smalto.

émailler *v tr* smaltare; (*fig*) ornare, infiorare.

émanation *sf* emanazione, esalazione.

émancipation *sf* emancipazione.

émanciper *v tr* emancipare ◊ *v réfl* emanciparsi.

émaner *v tr* emanare.

emballage *sm* imballaggio; confezione (*f*).

emballer *v tr* imballare; (*fig*, *familier*) entusiasmare ◊ *v réfl* imballarsi; entusiasmarsi.

embarcadère *sm* imbarcadero.

embarcation *sf* imbarcazione.

embardée *sf* sbandata; (*d'avion*) imbardata.

embargo *sm* embargo.

embarquement *sm* imbarco.

embarquer *v tr* imbarcare (*aussi fig*); (*familier*) portare via, rubare ◊ *v réfl* imbarcarsi.

embarras *sm* imbarazzo; ingorgo ◊ **mettre, être dans l'embarras** mettere, essere in imbarazzo, a disagio; **se tirer d'embarras** trarsi d'impaccio.

embarrasser *v tr* ingombrare; (*fig*) mettere in imbarazzo ◊ *v réfl* essere ingombro; sovraccaricarsi; (*fig*) preoccuparsi.

embaucher *v tr* assumere; (*milit*) reclutare.

embauchoir *sm* tendiscarpe.

embaumer *v tr* imbalsamare; profumare.

embellir *v tr* abbellire, rendere più bello ◊ *v intr* diventare più bello.

embellissement *sm* abbellimento.

embêtement *sm* seccatura (*f*), scocciatura (*f*).

embêter *v tr* (*familier*) annoiare; seccare, scocciare ◊ *v réfl* (*familier*) annoiarsi.

emblée *sf* ◊ **d'emblée** di colpo, di primo acchito.

emblème *sm* emblema.

emboîtement *sm* incastro.

emboîter *v tr* incastrare ◊ *v réfl* incastrarsi.

embonpoint *sm* pinguedine (*f*), rotondità (*f*) ◊ **prendre de l'embonpoint** appesantirsi.

emboucher *v tr* (*un instrument à vent*) imboccare.

embouchure *sf* imboccatura; (*mus*) bocchino (*m*); sbocco (*m*); (*d'un cours d'eau*) foce.

embourber (s') *v réfl* impantanarsi.

embout *sm* puntale; ghiera (*f*).

embouteillage *sm* imbottigliamento; ingorgo.

emboutir *v tr* forgiare; urtare, cozzare.

embranchement *sm* diramazione (*f*), ramificazione (*f*).

embrancher *v tr* raccordare, collegare ◊ *v réfl* immettersi.

embraser *v tr* accendere; infiammare (*aussi fig*) ◊ *v réfl* prendere fuoco; (*fig*) infervorarsi.

embrassade *sf* abbraccio (*m*).

embrasser *v tr* baciare, dare un bacio; abbracciare (*aussi fig*) ◊ *v réfl* baciarsi; abbracciarsi.

embrasure *sf* vano (*m*) (*de porte, fenêtre*).

embrayage *sm* (*mécanique*) innesto; (*voiture*) frizione (*f*).

embrayer *v tr* (*mécanique*) innestare; (*voiture*) disinnestare la frizione ◊ *v intr* (*familier*) attaccare (a lavorare).

embrigader *v tr* reclutare; irreggimentare.

embrocher *v tr* infilzare (nello spiedo).

embrouillement *sm* (*familier*) ingarbugliamento.

embrouiller *v tr* ingarbugliare (*aussi fig*) ◊ *v réfl* imbrogliarsi, confondersi.

embryon *sm* embrione.

embûche *sf* insidia.

embuer *v tr* velare, appannare ◊ *v réfl* appannarsi.

embuscade *sf* imboscata, agguato (*m*).

embusquer *v tr* imboscare ◊ *v réfl* imboscarsi.

émeraude *sf* smeraldo (*m*) ◊ *adj* (*couleur*) smeraldo

émerger *v intr* emergere (*aussi fig*).

émeri *sm* smeriglio ◊ **papier émeri** carta smerigliata.

émerillon *sm* (*zool*) smeriglio; (*tech*) mulinello ◊ **à émerillon** girevole, a mulinello.

émerveillement *sm* meraviglia (*f*), stupore.

émerveiller *v tr* stupire, meravigliare ◊ *v réfl* meravigliarsi.

émetteur (-trice) *adj, sm* emittente (*f*).

émetteur-récepteur *adj, sm* ricetrasmittente (f).

émettre *v tr* emettere; trasmettere; (*fig*) esprimere, manifestare.

émeute *sf* sommossa.

émietter *v tr* sminuzzare, sbriciolare.

émigrant *adj, sm* emigrante (*m/f*).

émigration *sf* emigrazione.

émigrer *v intr* emigrare.

émincer *v tr* tagliare a fette sottili.

éminence *sf* eminenza.

éminent *adj* eminente.

émir *sm* emiro.

émissaire *adj, sm* emissario.

émission *sf* emissione; (*radio, TV*) trasmissione.

emmagasiner *v tr* immagazzinare.

emmailloter *v tr* fasciare.

emmanchure *sf* giromanica (*m*), incavo (*m*) della manica.

emmêler *v tr* aggrovigliare, ingarbugliare.

emménagement *sm* sistemazione (*f*) in un nuovo alloggio, trasloco.

emmener *v tr* portare, condurre (con sé).

emmerder *v tr* (*familier*) scocciare, rompere le scatole.

emmitoufler *v tr* (*familier*) imbaccuccare.

emmurer *v tr* murare (vivo).

émoi *sm* agitazione (*f*); turbamento, emozione (*f*).

émollient *adj, sm* emolliente.

émoluments *sm pl* emolumenti; compenso (*sing*); onorario (*sing*).

émonder *v tr* potare; sfrondare (*aussi fig*).

émoticone *sf* (*inform*) faccina, smiley (*m*).

émotif (-ive) *adj, sm* emotivo.

émotion *sf* emozione.

émoulage *sm* molatura (*f*).

émouleur *sm* arrotino.

émousser *v tr* smussare (*aussi fig*).

émouvoir *v tr* commuovere ◊ *v réfl* commuoversi; mettersi in agitazione.

empailler *v tr* impagliare.

empaler *v tr* impalare, infilzare ◊ *v réfl* infilzarsi.

empaqueter *v tr* impacchettare.

emparer (s') *v réfl* impadronirsi, impossessarsi.

empâter *v tr* impastare; appesantire ◊ *v réfl* appesantirsi.

empêchement *sm* impedimento.

empêcher *v tr* impedire, ostacolare ◊ *v réfl* astenersi; trattenersi.

empereur *sm* imperatore.

empeser *v tr* inamidare.

empester *v tr* impestare, appestare ◊ *v intr* puzzare.

empêtrer *v tr* impigliare ◊ *v réfl* impigliarsi; (*fig*) impegolarsi.

emphase *sf* enfasi.

empiéter *v intr* sconfinare; (*fig*) usurpare.

empiffrer (s') *v réfl* (*familier*) rimpinzarsi.

empiler *v tr* accatastare, impilare ◊ *v réfl* ammucchiarsi.

empire *sm* impero; (*fig*) dominio, influenza (*f*).

empirer *v tr/intr* peggiorare.

empirique *adj* empirico.

empirisme *sm* empirismo.

emplacement *sm* ubicazione (*f*); luogo, sito.

emplette *sf* compera, spesa.

emplir *v tr* riempire, colmare.

emploi *sm* impiego, uso; lavoro, impiego ◊ **mode d'emploi** istruzioni per l'uso; **emploi du temps** orario settimanale; **avoir un emploi du temps chargé** avere molto da fare.

employé *sm* impiegato.
employée *sf* impiegata.
employer *v tr* usare, adoperare; dare lavoro a ◊ *v réfl* dedicarsi a; occuparsi di.
employeur (-euse) *sm* datore di lavoro.
empocher *v tr* intascare.
empoigner *v tr* impugnare, afferrare ◊ *v réfl* azzuffarsi.
empoisonner *v tr* avvelenare (*aussi fig*); appestare; (*familier*) importunare, seccare.
emportement *sm* impeto di collera.
emporte-pièce *sm inv* fustella (*f*) ◊ **à l'emporte-pièce** pungente, mordace.
emporter *v tr* portar via, portare con sé; conquistare; trascinare, trasportare ◊ *v réfl* andare in collera ◊ **à emporter** da asporto, da portar via; **l'emporter sur quelqu'un** vincere, spuntarla su qualcuno.
empourprer *v tr* imporporare ◊ *v réfl* imporporarsi.
empreindre *vtr* imprimere (*aussi fig*).
empreinte *sf* impronta.
empressé *adj* premuroso.
empressement *sm* sollecitudine (*f*), premura (*f*).
empresser (s') *v réfl* darsi da fare; affrettarsi.
emprise *sf* ascendente (*m*), influenza; (*jur*) esproprio (*m*).
emprisonnement *sm* carcerazione (*f*); (*jur*) detenzione (*f*).
emprisonner *v tr* imprigionare.
emprunt *sm* prestito; mutuo ◊ **d'emprunt** fittizio, preso a prestito.
emprunter *v tr* prendere in prestito; chiedere un prestito a; prendere, imboccare (*route, chemin*).
ému *adj* commosso.
émulation *sf* emulazione.
émule *sm/f* emulo (*m*).
émulsion *sf* emulsione.
émulsionner *v tr* emulsionare.
en *prep* in; (*matière*) di, in; (*manière, état*) in, a; da; di ◊ *adv* ne ◊ **de... en** di... in; **de mal en pis** di male in peggio; **d'heure en heure** d'ora in ora; **de plus en plus** sempre più.
en *pron* ne ◊ **en voilà un** eccone uno; **on s'en va** ce ne andiamo; **j'en viens** vengo da lì; **n'en parlons plus** non parliamone più; **donne-m'en** dammene.
encadrement *sm* incorniciatura (*f*); cornice (*f*); telaio; riquadro ◊ **personnel d'encadrement** dirigenza, quadri.
encadrer *v tr* incorniciare; inquadrare; controllare, controllare.
encadreur (-euse) *sm* corniciaio.
encaisse *sf* cassa, giacenza di cassa.
encaisser *v tr* incassare; riscuotere.
encan *sm* ◊ **à l'encan** all'asta, all'incanto; **mettre, vendre à l'encan** mettere, vendere all'asta.
encart *sm* (*journal, magazine*) inserto ◊ **encart publicitaire** inserto pubblicitario.
encastrement *sm* incastro.
encastrer *v tr* incastrare; incassare.
encaustique *sf* encausto (*m*); soluzione di cera (*per legno*).
enceinte *sf* recinzione, recinto (*m*); cinta; sala, aula; (*tech*) cassa acustica.
encens *sm* incenso.
encenser *v tr* incensare.
encensoir *sm* turibolo.
encercler *v tr* accerchiare.
enchaînement *sm* concatenamento, concatenazione (*f*); successione (*f*).
enchaîner *v tr* incatenare; concatenare, connettere; (*fig*) soggiogare ◊ *v réfl* concatenarsi.
enchantement *sm* incantesimo ◊ **par enchantement** per incanto.
enchanter *v tr* incantare ◊ **enchanté (de faire votre connaissance)** piacere, molto lieto (di conoscerla).
enchanteur (-eresse) *sm* mago, incantatore ◊ *adj* incantevole.
enchâsser *v tr* incastonare.
enchère *sf* licitazione, offerta; asta, incanto (*m*) ◊ **aux enchères** all'asta.
enchevêtrement *sm* groviglio, intrico.
enchevêtrer *v tr* aggrovigliare; (*fig*) ingarbugliare ◊ *v réfl* aggrovigliarsi.
enclave *sf* enclave; (*jur*) fondo (*m*) intercluso.
enclaver *v tr* incuneare; inserire (una cosa nell'altra).
enclin *adj* incline, propenso.

enclos *sm* recinto, steccato.

enclume *sf* incudine.

encoche *sf* tacca.

encoignure *sf* angolo (*m*); (*meuble*) angoliera.

encolure *sf* (*de cheval*) incollatura; misura del collo; scollatura.

encombrant *adj* ingombrante.

encombrement *sm* ingombro; ingorgo (stradale).

encombrer *v tr* ingombrare; intralciare ◊ *v réfl* caricarsi di.

encorbellement *sm* (*arch*) aggetto, sbalzo.

encore *adv* ancora ◊ **si encore** se soltanto; **pas encore** non ancora; **plus encore, encore plus** ancora (di) più; **encore que** sebbene, quantunque.

encourager *v tr* incoraggiare.

encourir *v tr* incorrere in.

encrasser *v tr* insudiciare, sporcare; incrostare ◊ *v réfl* insudiciarsi; incrostarsi.

encre *sf* inchiostro (*m*) ◊ **écrire à l'encre** scrivere con l'inchiostro; **encre de Chine** inchiostro di china.

encrier *sm* calamaio.

encroûter *v tr* incrostare ◊ *v réfl* incrostarsi; (*fig*) fossilizzarsi.

encyclopédie *sf* enciclopedia.

endémique *adj* endemico.

endetter (s') *v réfl* indebitarsi.

endeuiller *v tr* gettare nel lutto; addolorare.

endiablé *adj* indiavolato.

endiguer *v tr* arginare.

endimancher (s') *v réfl* vestirsi a festa.

endive *sf* indivia.

endoctriner *v tr* indottrinare, catechizzare.

endolori *adj* indolenzito.

endommager *v tr* danneggiare, deteriorare.

endormir *v tr* addormentare; (*fig*) diminuire, attenuare ◊ *v réfl* addormentarsi.

endosser *v tr* indossare; (*fig*) addossarsi; (*comm*) girare ◊ **endosser un chèque** girare un assegno.

endroit *sm* luogo, posto; punto, parte (*f*); (*opposé d'envers*) diritto ◊ **l'endroit sensible** il punto debole; **à l'en-**

droit dal diritto; **par endroits** a tratti, qua e là.

enduire *v tr* spalmare; ricoprire, dare una mano di.

enduit *sm* strato; rivestimento.

endurance *sf* resistenza.

endurcir *v tr* indurire; temprare ◊ *v réfl* indurirsi; temprarsi.

endurer *v tr* sopportare, tollerare.

énergétique *adj* energetico.

énergie *sf* energia.

énergique *adj* energico.

énergumène *sm* energumeno.

énervant *adj* snervante, esasperante; irritante.

énervement *sm* nervosismo, irritabilità (*f*).

énerver *v tr* innervosire ◊ *v réfl* innervosirsi.

enfance *sf* infanzia, fanciullezza.

enfant *sm/f* bambino (*m*); figlio (*m*) ◊ **enfant de chœur** chierichetto.

enfantement *sm* parto; (*fig*) creazione (*f*).

enfanter *v tr* partorire; (*fig*) generare, creare.

enfantillage *sm* ragazzata (*f*), infantilismo.

enfantin *adj* infantile, puerile.

enfer *sm* inferno ◊ **d'enfer** terribile, infernale.

enfermer *v tr* chiudere, rinchiudere; (*fig*) racchiudere, contenere ◊ *v réfl* rinchiudersi, chiudersi.

enfilade *sf* infilata, fila.

enfiler *v tr* infilare.

enfin *adv* finalmente; infine; insomma ◊ **enfin, décide-toi!** insomma deciditi!

enflammer *v tr* infiammare.

enflé *adj* gonfio; (*fig*) tronfio; ampolloso.

enfler *v tr* gonfiare ◊ *v intr* gonfiarsi.

enfoncer *v tr* affondare; conficcare, piantare; sfondare; travolgere, sbaragliare ◊ *v intr* affondare ◊ *v réfl* sprofondare.

enfouir *v tr* sotterrare, seppellire; nascondere ◊ *v réfl* nascondersi.

enfourcher *v tr* inforcare.

enfourner *v tr* infornare; (*familier*) ficcare, schiaffare.

enfreindre *v tr* infrangere.
enfuir (s') *v réfl* fuggire; (*fig*) svanire.
enfumer *v tr* affumicare.
engageant *adj* invitante, allettante.
engagement *sm* impegno; assunzione (*f*); (*sport*) ingaggio.
engager *v tr* impegnare; assumere; (*sport*) ingaggiare; intraprendere, iniziare; esortare, invitare; introdurre, inserire ◊ *v réfl* impegnarsi; iscriversi (*dans une compétition*); arruolarsi; inoltrarsi.
engendrer *v tr* generare, produrre.
engloutir *v tr* inghiottire, ingoiare; (*fig*) dilapidare ◊ *v réfl* sprofondare.
engluer *v tr* invischiare.
engorger *v tr* intasare, ostruire.
engouement *sm* infatuazione (*f*).
engouer (s') *v réfl* infatuarsi.
engouffrer *v tr* inghiottire ◊ *v réfl* riversarsi, infilarsi.
engourdir *v tr* intorpidire ◊ *v réfl* intorpidirsi.
engourdissement *sm* intorpidimento, torpore.
engrais *sm* concime, fertilizzante; ingrasso.
engraisser *v tr/intr* ingrassare ◊ *v réfl* ingrassarsi; (*fig*) arricchirsi.
engrenage *sm* ingranaggio.
engrener *v tr* ingranare.
engueuler *v tr* (*familier*) strapazzare, maltrattare ◊ *v réfl* insultarsi.
enhardir *v tr* imbaldanzire ◊ *v réfl* imbaldanzirsi.
énigme *sf* enigma (*m*).
enivrement *sm* ebbrezza (*f*).
enivrer *v tr* ubriacare; (*fig*) inebriare ◊ *v réfl* ubriacarsi.
enjambée *sf* falcata, passo (*m*).
enjamber *v tr* scavalcare.
enjeu *sm* posta (*f*) (in gioco).
enjoindre *v tr* ingiungere, intimare.
enjoliver *v tr* abbellire.
enjoliveur *sm* (*voiture*) coppa (*f*) della ruota, coprimozzo.
enlacement *sm* abbraccio, stretta (*f*).
enlacer *v tr* avvolgere; abbracciare, cingere.
enlaidir *v tr/intr* imbruttire.
enlèvement *sm* rimozione (*f*); rapimento; espugnazione (*f*), presa (*f*).

enlever *v tr* togliere, portar via; rapire; espugnare.
enliser *v tr* far sprofondare, far affondare (*dans la boue, le sable*) ◊ *v réfl* affondare; impantanarsi.
enluminer *v tr* miniare.
enluminure *sf* miniatura.
enneigement *sm* innevamento ◊ **bulletin d'enneigement** bollettino della neve.
ennemi *adj*, *sm* nemico.
ennoblir *v tr* nobilitare.
ennoblissement *sm* nobilitazione (*f*).
ennuager (s') *v réfl* annuvolarsi.
ennui *sm* noia (*f*), tedio; preoccupazione (*f*); seccatura (*f*).
ennuyer *v tr* annoiare; preoccupare; contrariare, seccare ◊ *v réfl* annoiarsi ◊ **si cela ne vous ennuie pas** se non le spiace; **s'ennuyer de quelqu'un** sentire la mancanza di qualcuno.
ennuyeux (-euse) *adj* noioso; seccante.
énoncé *sm* enunciato.
énoncer *v tr* enunciare; esporre.
énonciation *sf* enunciazione; esposizione.
enorgueillir *v tr* inorgolire ◊ *v réfl* inorgoglirsi.
énorme *adj* enorme.
énormément *adv* moltissimo.
énormité *sf* enormità; sproposito (*m*).
enquérir (s') *v réfl* informarsi.
enquête *sf* inchiesta, indagine.
enquêter *v intr* indagare, fare un'inchiesta.
enquêteur (-euse) *adj* inquirente ◊ *sm* investigatore; inquirente.
enracinement *sm* attecchimento, radicamento.
enraciner *v tr* far attecchire ◊ *v réfl* attecchire, radicarsi.
enrager *v intr* essere furibondo ◊ **faire enrager** mandare in bestia.
enrayer *v tr* bloccare, arrestare ◊ *v réfl* incepparsi.
enregistrement *sm* registrazione (*f*) ◊ **enregistrement des bagages** registrazione bagagli, check-in.
enregistrer *v tr* registrare.
enrhumé *adj* raffreddato, costipato.

enrhumer (s') *v réfl* raffreddarsi, prendere un raffreddore.

enrichir *v tr* arricchire ◊ *v réfl* arricchirsi.

enrober *v tr* ricoprire.

enrôler *v tr* arruolare; reclutare ◊ *v réfl* arruolarsi; aderire a.

enroué *adj* rauco, roco.

enrouement *sm* raucedine (*f*).

enrouler *v tr* avvolgere, arrotolare ◊ *v réfl* avvolgersi.

ensabler (s') *v réfl* arenarsi; insabbiarsi.

ensanglanter *v tr* insanguinare.

enseignant *adj*, *sm/f* insegnante.

enseigne *sf* insegna ◊ **enseigne de vaisseau** sottotenente di vascello.

enseignement *sm* insegnamento ◊ **être dans l'enseignement** fare l'insegnante.

enseigner *v tr* insegnare.

ensemble *adv* insieme ◊ *sm* insieme, complesso; sincronia (*f*), accordo; (*habillement*) completo ◊ **tous ensemble** tutti insieme; **dans l'ensemble** nel complesso; **vue d'ensemble** visione d'insieme.

ensemencer *v tr* seminare.

enserrer *v tr* racchiudere; rinserrare.

ensevelir *v tr* seppellire ◊ *v réfl* (*fig*) seppellirsi.

ensoleillé *adj* soleggiato.

ensommeillé *adj* assonnato, insonnolito.

ensorceler *v tr* stregare, ammaliare.

ensuite *adv* poi, dopo.

ensuivre (s') *v réfl* seguire; derivare, conseguire.

entacher *v tr* intaccare, macchiare.

entaille *sf* incisione, tacca; ferita.

entailler *v tr* intaccare; incidere, intagliare.

entamer *v tr* intaccare (*aussi fig*); incominciare.

entassement *sm* ammasso, mucchio.

entasser *v tr* ammucchiare, ammassare.

entendement *sm* intendimento; buon senso, giudizio.

entendre *v tr* sentire; ascoltare; intendere, capire; pretendere ◊ *v réfl* intendersi; capirsi ◊ **entendre raison**, sentire ragione; **donner à entendre** dare a intendere; **s'y entendre** intendersene; **s'entendre avec quelqu'un** andar d'accordo con qualcuno; (**c'est) entendu!** d'accordo!

entente *sf* intesa, accordo (*m*); senso (*m*); significato (*m*) ◊ **vivre en bonne entente** vivere in buona armonia; **à double entente** a doppio senso.

enterrement *sm* sepoltura (*f*); funerale.

enterrer *v tr* seppellire (*aussi fig*).

en-tête *sm* intestazione (*f*) ◊ **papier à en-tête** carta intestata.

entêté *adj*, *sm* testardo.

entêtement *sm* testardaggine (*f*), caparbietà (*f*).

enthousiasme *sm* entusiasmo.

enthousiasmer *v tr* entusiasmare ◊ *v réfl* entusiasmarsi.

enticher (s') *v réfl* infatuarsi, invaghirsi.

entier (**-ère**) *adj*, *sm* intero ◊ **en entier** per intero.

entièrement *adv* completamente.

entité *sf* entità.

entonner *v tr* intonare.

entonnoir *sm* imbuto.

entorse *sf* storta, distorsione ◊ **faire une entorse au règlement** fare uno strappo alla regola.

entortiller *v tr* avvolgere, attorcigliare; (*fig*) abbindolare ◊ *v réfl* avvolgersi, attorcigliarsi; (*fig*) confondersi.

entourage *sm* cerchia (*f*) (*personnes*), entourage; bordo, cornice (*f*).

entourer *v tr* circondare, attorniare ◊ *v réfl* circondarsi.

entracte *sm* intervallo, intermezzo.

entraider (s') *v réfl* aiutarsi reciprocamente.

entrailles *sf pl* viscere, interiora; (*fig*) cuore (*m sing*) ◊ **sans entrailles** senza cuore.

entrain *sm* brio, vivacità (*f*).

entraînement *sm* impulso; (*sport*) allenamento; (*tech*) trasmissione (*f*) ◊ **courroie d'entraînement** cinghia di trasmissione.

entraîner *v tr* trascinare, trasportare; (*fig*) provocare, causare; (*mécanique*) azionare; (*sport*) allenare ◊ *v réfl* allenarsi.

entraîneur *sm* allenatore.
entrave *sf* intralcio (*m*), ostacolo (*m*).
entraver *v tr* intralciare, ostacolare.
entre *prep* tra, fra ◊ **entre nous** fra noi; **entre autres** (**choses**) fra l'altro; **l'un d'entre nous** uno di noi.
entrebâillé *adj* socchiuso.
entrechoquer (**s'**) *v réfl* urtarsi, cozzare l'uno contro l'altro.
entrecôte *sf* (*cuis*) costata.
entrecouper *v tr* frammezzare.
entrecroiser *v tr* incrociare ◊ *v réfl* incrociarsi, intersecarsi.
entre-deux *sm inv* spazio intermedio (*entre deux choses*); (*fig*) via (*f*) di mezzo.
entrée *sf* entrata, ingresso (*m*); (*cuis*) prima portata; (*inform*) input (*m*), invio (*m*) ◊ *pl* (*comm*) entrate ◊ **porte d'entrée** porta d'ingresso; **entrée interdite** ingresso vietato; **examen d'entrée** esame d'ammissione.
entrefaites *sf pl* ◊ **sur ces entrefaites** in quel mentre, nel frattempo.
entrefilet *sm* trafiletto (*presse*).
entrelacer *v tr* intrecciare.
entrelacs *sm* (*arch*) intreccio.
entremêler *v tr* frammischiare, inframmezzare.
entremets *sm* dolce al cucchiaio.
entremetteur (**-euse**) *sm* ruffiano, mezzano.
entremettre (**s'**) *v réfl* intromettersi, immischiarsi.
entremise *sf* mediazione ◊ **par l'entremise de** per il tramite di.
entreposer *v tr* depositare, immagazzinare.
entrepôt *sm* deposito, magazzino.
entreprendre *v tr* intraprendere, cominciare; intrattenere; assillare.
entrepreneur (**-euse**) *sm* appaltatore; imprenditore.
entreprise *sf* impresa; (*jur*) appalto (*m*).
entrer *v intr* entrare; (*fig*) rientrare ◊ *v tr* far entrare ◊ **défense d'entrer** vietato l'ingresso; **entrez!** avanti!; **entrer dans un arbre** andare a sbattere contro un albero; **entrer en apprentissage** iniziare l'apprendistato.
entresol *sm* ammezzato.

entre-temps *adv* intanto, nel frattempo.
entretenir *v tr* prendersi cura di; mantenere; intrattenere ◊ *v réfl* intrattenersi.
entretien *sm* manutenzione (*f*) ◊ mantenimento, sostentamento ◊ colloquio, conversazione (*f*).
entretoise *sf* (*construction*) traversa di rinforzo.
entrevoir *v tr* intravvedere.
entrevue *sf* colloquio (*m*); incontro (*m*).
entrouvert *adj* socchiuso.
entrouvrir *v tr* socchiudere.
énumération *sf* enumerazione, conteggio (*m*).
énumérer *v tr* enumerare.
envahir *v tr* invadere.
envahissement *sm* invasione (*f*).
envahisseur *sm* invasore.
enveloppe *sf* busta; (*tech*) rivestimento (*m*), involucro (*m*).
envelopper *v tr* avvolgere ◊ *v réfl* avvolgersi.
envenimer *v tr* infettare; (*fig*) inasprire, esacerbare ◊ *v réfl* infettarsi; (*fig*) inasprirsi.
envergure *sf* apertura alare; (*fig*) levatura, portata.
envers *prép* verso, nei confronti di ◊ **envers lui** verso di lui; **envers et contre tout** a dispetto di tutti.
envers *sm* rovescio ◊ **mettre une chambre à l'envers** mettere a soqquadro una stanza; **à l'envers** a rovescio; **à l'envers de** contro.
envi *sm* ◊ **à l'envi** a gara.
envie *sf* invidia; voglia, desiderio ◊ **avoir envie de** aver voglia di; **faire envie** far gola.
envier *v tr* invidiare.
envieux (**-euse**) *adj*, *sm* invidioso.
environ *adv* circa, all'incirca.
environnement *sm* ambiente.
environnemental *adj* dell'ambiente, ambientale.
environnementalisme *sm* ecologismo, ambientalismo.
environnementaliste *sm/f* ambientalista.

environner *v tr* circondare, cingere ◊ *v réfl* circondarsi.

environs *sm pl* dintorni, vicinanze (*f*) ◊ **aux environs de** nei pressi di.

envisager *v tr* considerare, esaminare; progettare, avere intenzione di.

envoi *sm* invio; (*comm*) spedizione (*f*) ◊ **coup d'envoi** calcio d'inizio.

envol *sm* l'alzarsi in volo; (*aéronautique*) decollo.

envoler (s') *v réfl* prendere il volo, alzarsi in volo (*aussi fig*).

envoûtement *sm* sortilegio, maleficio; (*fig*) fascino, suggestione (*f*).

envoûter *v tr* stregare; ammaliare.

envoyé *adj, sm* inviato ◊ **envoyé spécial** inviato speciale.

envoyer *v tr* mandare; inviare; lanciare, buttare ◊ *v réfl* mandarsi (a vicenda).

envoyeur *sm* mittente ◊ **retourner à l'envoyeur** rispedire al mittente.

éolien (-enne) *adj* eolico.

épais (-aisse) *adj* spesso; denso; fitto, folto ◊ *adv* fitto, fittamente ◊ **au plus épais de** nel folto di.

épaisseur *sf* spessore (*m*) (*aussi fig*); densità; l'essere fitto, folto.

épaissir *v tr* addensare, ispessire; appesantire ◊ *v intr* ispessirsi ◊ *v réfl* infittirsi, ispessirsi, addensarsi.

épanchement *sm* (*méd*) travaso, versamento; effusione (*f*), sfogo.

épancher *v tr* sfogare, dare libero sfogo a ◊ *v réfl* sfogarsi, confidarsi.

épandre *v tr* spargere, spandere.

épanouir *v tr* far sbocciare; (*fig*) illuminare, rischiarare ◊ *v réfl* sbocciare, schiudersi; (*fig*) illuminarsi, rischiararsi.

épanouissement *sm* lo sbocciare; (*fig*) l'illuminarsi.

épargne *sf* risparmio (*m*).

épargner *v tr* risparmiare.

éparpiller *v tr* sparpagliare; disperdere.

épars *adj* sparso.

épatant *adj* (*familier*) straordinario, stupendo.

épater *v tr* (*familier*) stupire, sbalordire ◊ **il ne s'épate de rien** lui non se ne stupisce di nulla.

épaule *sf* spalla.

épaulement *sm* muro di sostegno.

épauler *v tr* spalleggiare, sostenere; imbracciare (*un fusil*) ◊ *v réfl* spalleggiarsi.

épaulette *sf* spallina.

épave *sf* relitto (*m*) (*aussi fig*).

épée *sf* spada.

épeler *v tr* compitare, fare lo spelling.

éperdument *adv* perdutamente, follemente.

éperon *sm* sperone.

éperonner *v tr* spronare (*aussi fig*); (*mar*) speronare.

épervier *sm* (*zool*) sparviere.

éphèbe *sm* efebo.

éphélide *sf* efelide, lentiggine.

éphémère *adj* effimero, fugace.

épi *sm* spiga (*f*); (*de maïs*) pannocchia (*f*) ◊ **en épi** a spina di pesce.

épice *sf* spezia, droga.

épicé *adj* piccante, speziato.

épicerie *sf* negozio (*m*) di generi alimentari.

épicier (-ère) *sm* negoziante (*m/f*) di alimentari.

épidémie *sf* epidemia.

épiderme *sm* epidermide (*f*).

épier *v tr* spiare.

épiglotte *sf* epiglottide.

épigraphe *sf* epigrafe.

épilation *sf* depilazione.

épilepsie *sf* epilessia.

épiler *v tr* depilare.

épileur *sm* epilatore.

épilogue *sm* epilogo.

épiloguer *v intr* far commenti; trovare da ridire.

épinard *sm* spinacio.

épine *sf* spina; aculeo (*m*) ◊ **épine dorsale** spina dorsale.

épineux (-euse) *adj* spinoso (*aussi fig*).

épingle *sf* spillo (*m*), spilla ◊ **épingle de nourrice, de sûreté** spilla da balia, spilla di sicurezza; **épingle à cheveux** forcina; **virage en épingle à cheveux** curva a gomito.

épingler *v tr* appuntare; (*familier*) pizzicare, acciuffare ◊ **se faire épingler** farsi pizzicare.

épiphanie *sf* epifania.

épique *adj* epico.

épiscopal (*pl* **-aux**) *adj* episcopale, vescovile.

épisode *sm* episodio.

épistolaire *adj* epistolare.

épitaphe *sf* epitaffio (*m*).

épithète *sf* epiteto (*m*) ◊ **adjectif épithète** attributo.

épître *sf* epistola.

épluchage *sm* mondatura (*f*), sbucciatura (*f*).

éplucher *v tr* mondare, pulire; pelare, sbucciare; (*fig*) spulciare.

épluchure *sf* buccia.

épointer *v tr* spuntare.

éponge *sf* spugna ◊ **serviette éponge** asciugamano di spugna; **passer l'éponge** dare un colpo di spugna.

éponger *v tr* asciugare; spugnare ◊ *v réfl* asciugarsi, detergersi.

épopée *sf* epopea.

époque *sf* epoca ◊ **meubles d'époque** mobili d'epoca.

époumoner (**s'**) *v réfl* spolmonarsi, sgolarsi.

épousailles *sf pl* sponsali (*m*).

épouse *sf* sposa.

épouser *v tr* sposare.

épousseter *v tr* spolverare.

épouvantable *adj* spaventoso.

épouvantail *sm* spauracchio, spaventapasseri.

épouvante *sf* spavento (*m*) ◊ **film d'épouvante** film dell'orrore.

épouvanter *v tr* spaventare ◊ *v réfl* spaventarsi.

époux *sm* sposo ◊ *pl* sposi.

éprendre (**s'**) *v réfl* innamorarsi; appassionarsi.

épreuve *sf* prova; (*sport*) gara ◊ **mettre à l'épreuve** mettere alla prova; **à l'épreuve de** a prova di.

éprouver *v tr* provare (*aussi fig*); subire.

éprouvette *sf* (*chim*) provetta.

épuisement *sm* esaurimento ◊ **épuisement du sol** impoverimento del terreno.

épuiser *v tr* esaurire; spossare, sfinire ◊ *v réfl* spossarsi, sfinirsi.

épurateur *sm* depuratore.

épurer *v tr* depurare; (*fig*) purificare; epurare.

équarrir *v tr* squadrare; squartare, fare a pezzi.

équarrissage *sm* squadratura (*f*); squartamento.

équateur *sm* equatore.

équation *sf* equazione.

équatorial (*pl* **-aux**) *adj*, *sm* equatoriale.

équerre *sf* squadra ◊ **d'équerre**, **à l'équerre** a squadra.

équestre *adj* equestre.

équilatéral (*pl* **-aux**) *adj* equilatero.

équilibrage *sm* (*mecc*) equilibratura (*f*), equilibramento.

équilibre *sm* equilibrio.

équilibrer *v tr* equilibrare ◊ *v réfl* equilibrarsi

équinoxe *sm* equinozio.

équipage *sm* equipaggio.

équipe *sf* squadra; gruppo (*sport, travail, etc.*) ◊ **chef d'équipe** caposquadra; **équipe de travail** gruppo di lavoro.

équipement *sm* equipaggiamento; attrezzatura (*f*).

équiper *v tr* equipaggiare; attrezzare ◊ *v réfl* equipaggiarsi; attrezzarsi.

équitable *adj* equo, imparziale.

équitation *sf* equitazione.

équité *sf* equità.

équivalence *sf* equivalenza.

équivaloir *v intr* equivalere.

équivoque *adj*, *sf* equivoco (*m*).

érable *sm* (*bot*) acero.

érafler *v tr* scalfire.

éraflure *sf* scalfittura, graffio (*m*).

ère *sf* era, epoca.

érection *sf* erezione.

éreinter *v tr* sfiancare, stremare; (*fig*) stroncare ◊ *v réfl* affaticarsi, sfiancarsi.

ergot *sm* sperone.

ériger *v tr* erigere ◊ *v réfl* ergersi, atteggiarsi.

ermitage *sm* eremo, eremitaggio.

ermite *sm* eremita ◊ **vivre en ermite** vivere come un eremita.

érosion *sf* erosione.

érotique *adj* erotico.

érotisme *sm* erotismo.

erratique *adj* erratico.

errer *v intr* errare, vagare.

erreur *sf* errore (*m*), sbaglio (*m*) ◊ **par erreur** per sbaglio.

erroné *adj* erroneo, errato.

érudit *adj*, *sm* erudito.

érudition *sf* erudizione.

éruption *sf* eruzione.

ès *prep* in ◊ **docteur ès lettres** dottore in lettere.

escabeau (*pl* -eaux) *sm* sgabello.

escadrille *sf* squadriglia.

escadron *sm* squadrone.

escalade *sf* scalata.

escalader *v tr* scalare.

escalator *sm* scala (*f*) mobile.

escale *sf* scalo (*m*).

escalier *sm* scala (*f*) ◊ **escalier mécanique**, **escalier roulant** scala mobile; **cage d'escalier** tromba delle scale; **en escalier** a gradini.

escalope *sf* fetta di carne o pesce.

escamotage *sm* gioco di prestigio; sottrazione (*d'un objet*); (*fig*) elusione (*f*).

escamoter *v tr* far sparire; sottrarre; (*fig*) eludere ◊ **escamoter un mot** mangiarsi una parola.

escapade *sf* scappatella.

escargot *sm* lumaca (*f*); chiocciola (*f*).

escarmouche *sf* scaramuccia.

escarpé *adj* scosceso, ripido.

escarpement *sm* scarpata (*f*).

escient *sm* ◊ **à bon escient** a ragion veduta.

esclaffer (s') *v réfl* scoppiare a ridere.

esclandre *sm* scenata (*f*); putiferio.

esclavage *sm* schiavitù (*f*).

esclave *adj*, *sm/f* schiavo (*m*).

escompte *sm* sconto.

escompter *v tr* scontare; prevedere, dare per scontato.

escorte *sf* scorta.

escorter *v tr* scortare.

escrime *sf* scherma.

escrimeur (-euse) *sm* schermitore.

escroc *sm* imbroglione, truffatore.

escroquer *v tr* estorcere; (*familier*) scroccare.

escroquerie *sf* raggiro (*m*), truffa.

espace *sm* spazio.

espacer *v tr* distanziare; intervallare; diradare ◊ *v réfl* diradarsi.

espadon *sm* pesce spada.

espadrille *sf* scarpa di tela, espadrille.

espagnol *adj*, *sm* spagnolo.

espèce *sf* specie ◊ **une espèce de** una specie di; **en l'espèce** nella fattispecie.

espèces *sf pl* denaro liquido (*sing*), moneta (*sing*) ◊ **payer en espèces** pagare in contanti.

espérance *sf* speranza.

espérer *v tr* sperare; aspettarsi, attendersi ◊ *v intr* sperare.

espiègle *adj*, *sm/f* birichino (*m*).

espièglerie *sf* vivacità; birichinata.

espion (-onne) *sm* spia (*f*).

espionnage *sm* spionaggio.

espionner *v tr* spiare.

espoir *sm* speranza (*f*).

esprit *sm* spirito; anima; animo; mente (*f*) ◊ **esprit d'équipe** spirito di squadra; **reprendre ses esprits** riprendere i sensi; **avoir l'esprit mal tourné** essere malizioso.

esquif *sm* (*mar*) battellino.

esquimau (-aude *pl* -aux) *adj*, *sm* eschimese (*m/f*).

esquinter *v tr* (*familier*) scassare, demolire; spossare, sfiancare; stroncare ◊ *v réfl* sfiancarsi.

esquisse *sf* schizzo (*m*), abbozzo (*m*).

esquisser *v tr* abbozzare, schizzare.

esquiver *v tr* schivare, scansare ◊ *v réfl* svignarsela.

essai *sm* saggio; prova (*f*); collaudo ◊ **mettre à l'essai** mettere alla prova; **coup d'essai** tentativo.

essaim *sm* sciame.

essaimer *v intr* sciamare.

essayer *v tr* provare; collaudare ◊ *v intr* tentare ◊ *v réfl* esercitarsi.

essence *sf* essenza; benzina ◊ **essence sans plomb** benzina verde.

essentiel (-elle) *adj*, *sm* essenziale.

essieu (*pl* -eux) *sm* (*aut*) assale, asse.

essor *sm* slancio, volo; espansione (*f*), sviluppo.

essorer *v tr* strizzare, centrifugare.

essoreuse *sf* centrifuga.

essouffler *v tr* far ansimare; lasciare senza fiato ◊ *v réfl* sfiatarsi; perder fiato.

essuie-mains *sm pl inv* asciugamano.

essuyer *v tr* asciugare; spolverare; *(fig)* subire, sopportare.

est *sm* est, levante ◊ *adj* orientale, dell'est.

estafette *sf* staffetta.

estafilade *sf* sfregio *(m)*.

estaminet *sm* piccolo caffè, bar.

estampe *sf* stampa.

estampiller *v tr* marchiare, stampigliare.

esthéticien (-enne) *sm* estetista *(m/f)*.

esthétique *sf* estetica ◊ *adj* estetico.

estimation *sf* stima, valutazione.

estime *sf* stima.

estimer *v tr* stimare, valutare; apprezzare; ritenere ◊ *v réfl* ritenersi, considerarsi.

estival *(pl* **-aux)** *adj* estivo.

estivant *sm* villeggiante.

estocade *sf* stoccata *(aussi fig)*.

estomac *sm* stomaco ◊ **avoir de l'estomac** aver fegato.

estomaquer *v tr* stomacare, disgustare; *(familier)* sconcertare.

estomper *v tr* sfumare; *(fig)* attenuare, smorzare ◊ *v réfl* attenuarsi.

estonien (-enne) *adj*, *sm* estone.

estrade *sf* pedana, tribuna; palco *(m)*.

estragon *sm* dragoncello, estragone.

estropier *v tr* storpiare.

estuaire *sm* estuario.

et *conj* e, ed.

étable *sf* stalla.

établir *v tr* stabilire; fissare; sistemare; costruire ◊ *v réfl* stabilirsi; insediarsi, installarsi.

établissement *sm* instaurazione *(f)*; costruzione *(f)*; insediamento; istituzione *(f)*, ente ◊ **l'établissement d'un fait** l'accertamento di un fatto; **établissement scolaire** istituto scolastico; **établissements publics** enti pubblici.

étage *sm* piano; stadio, livello ◊ **de bas étage** di bassa condizione.

étagère *sf* scaffale *(m)*; mensola, ripiano *(m)*.

étain *sm* stagno.

étalage *sm* esposizione *(f)*; vetrina *(f)* ◊ **faire étalage de** fare sfoggio di.

étalement *sm* distribuzione *(f)*; ripartizione *(f)*; scaglionamento.

étaler *v tr* esporre, mettere in mostra; stendere; ripartire, scaglionare; *(fig)* esibire ◊ *v réfl* stendersi; spandersi; far mostra di sé; *(familier)* cadere lungo disteso.

étalon *sm* campione *(mesure)*; stallone; *(écon)* tallone.

étalonner *v tr* sottoporre a verifica; tarare.

étamer *v tr* stagnare.

étameur *sm* stagnino.

étamine *sf (bot)* stame *(m)*; *(tissu)* stamigna; *(tamis)* buratto *(m)*.

étanche *adj* stagno ◊ **compartiment étanche** compartimento stagno.

étancher *v tr* fermare, arrestare *(le flux de)*; *(tech)* stagnare◊ **étancher sa soif** placare la sete.

étang *sm* stagno.

étape *sf* tappa ◊ **brûler les étapes** bruciare le tappe.

état *sm* stato; condizione *(f)* ◊ **chef d'état** capo di stato; **coup d'état** colpo di stato; **état civil** stato civile; **hors d'état** fuori uso; **de son état** di professione; **en tout état de cause** in ogni caso.

étatiser *v tr* nazionalizzare.

état-major *(pl* **états-majors)** *sm* stato maggiore.

étau *(pl* **-aux)** *sm* morsa *(f)*.

étayer *v tr* puntellare.

été *sm* estate *(f)* ◊ **en été** d'estate; **heure d'été** ora estiva.

éteindre *v tr* spegnere; estinguere ◊ *v réfl* spegnersi.

étendard *sm* stendardo.

étendre *v tr* stendere; coricare, sdraiare; estendere ◊ *v réfl* stendersi; sdraiarsi; estendersi.

éternel (-elle) *adj*, *sm* eterno.

éterniser *v tr* eternare, perpetuare; tirare per le lunghe ◊ *v réfl* durare a lungo; *(familier)* non andare più via; *(familier)* non finire più.

éternité *sf* eternità ◊ **de toute éternité** da sempre.

éternuement *sm* starnuto.

éternuer *v intr* starnutire.

éther *sm* etere.

éthique *adj* etico ◊ *sf* etica.

ethnique *adj* etnico.

étinceler *v intr* brillare, luccicare.
étincelle *sf* scintilla, favilla.
étiqueter *v tr* etichettare.
étiquette *sf* etichetta.
étirer *v tr* distendere, stirare ◊ *v réfl* distendersi, stirarsi.
étoffe *sf* stoffa, tessuto (*m*).
étoffer *v tr* arricchire, ampliare ◊ *v réfl* irrobustirsi.
étoile *sf* stella ◊ **en étoile** a stella; **coucher à la belle étoile** dormire all'aperto.
étoilé *adj* stellato.
étonnement *sm* stupore, meraviglia (*f*).
étonner *v tr* stupire, meravigliare ◊ *v réfl* stupirsi.
étouffée *sf* ◊ **cuire à l'étouffée** stufare; **viande à l'étouffée** stufato.
étouffer *v tr* soffocare; attutire, smorzare ◊ *v intr* soffocare ◊ *v réfl* soffocarsi, strozzarsi.
étoupe *sf* stoppa.
étourderie *sf* sbadataggine, distrazione.
étourdir *v tr* stordire.
étourdissement *sm* stordimento.
étrange *adj* strano.
étranger (**-ère**) *adj*, *sm* straniero; estraneo ◊ **à l'étranger** all'estero.
étrangeté *sf* stranezza.
étranglement *sm* strangolamento, strozzatura (*f*).
étrangler *v tr* strangolare, strozzare ◊ *v réfl* strangolarsi, strozzarsi.
étrave *sf* (*mar*) dritto (*m*) di prora.
être *sm* essere; esistenza (*f*) ◊ **êtres humains** esseri umani.
être *v ausiliare* essere ◊ *v intr* essere; esistere ◊ **c'est combien?** quant'è?; **qui est là?** chi c'è?; **cette voiture est à moi** questa macchina è mia; **en être** esserci; **j'y suis** ci sono, capisco; **n'y être pour rien** non c'entrare per nulla.
étreindre *v tr* stringere.
étreinte *sf* stretta; abbraccio (*m*).
étrennes *sf pl* strenna (*sing*); mancia (*sing*), gratifica (*sing*) (*de fin d'année*).
étrier *sm* staffa (*f*) ◊ **le coup de l'étrier** il bicchiere della staffa.
étriller *v tr* strigliare; (*familier*) sgridare, strapazzare.

étriper *v tr* sventrare, sbudellare.
étriqué *adj* striminzito; (*fig*) meschino.
étroit *adj* stretto ◊ **être à l'étroit** stare stretti.
étroitesse *sf* strettezza; ristrettezza.
étrusque *adj*, *sm/f* etrusco (*m*).
étude *sf* studio (*m*); aula (*f*) di studio ◊ **bourse d'études** borsa di studio; **études supérieures** studi universitari; **faire ses études** studiare.
étudiant *sm* studente ◊ *adj* studentesco.
étudier *v tr* studiare ◊ *v réfl* studiarsi, analizzarsi.
étui *sm* astuccio, custodia (*f*).
étuve *sf* stufa; (*tech*) forno (*m*) di essiccazione ◊ **étuve à stérilisation** sterilizzatore.
étuver *v tr* (*cuis*) stufare; sterilizzare.
étymologie *sf* etimologia.
eucalyptus *sm* eucalipto.
eucharistie *sf* eucaristia.
euphémisme *sm* eufemismo.
euphonie *sf* eufonia.
euphorie *sf* euforia.
euro *sm* euro ◊ **deux cents euros** duecento euro.
européen (**-enne**) *adj*, *sm* europeo.
euthanasie *sf* eutanasia.
eux *pron* loro ◊ **eux-mêmes** loro stessi; **pour eux-mêmes** per se stessi.
évacuation *sf* evacuazione.
évacuer *v tr* evacuare.
évader (**s'**) *v réfl* evadere.
évaluer *v tr* valutare.
évangélique *adj* evangelico.
évangéliser *v tr* evangelizzare.
évangile *sm* vangelo.
évanouir (**s'**) *v réfl* svenire; (*fig*) svanire, dileguarsi.
évanouissement *sm* svenimento.
évaporation *sf* evaporazione.
évaporer (**s'**) *v réfl* evaporare; (*fig*) volatilizzarsi, dileguarsi.
évasement *sm* svasatura (*f*).
évaser *v tr* svasare ◊ *v réfl* svasarsi.
évasif (**-ive**) *adj* evasivo.
évasion *sf* evasione.
évêché *sm* vescovado.
éveil *sm* risveglio ◊ **rester en éveil** stare all'erta.

éveiller *v tr* svegliare; risvegliare ◊ *v réfl* svegliarsi, destarsi.

événement *sm* avvenimento, evento.

évent *sm* sfiatatoio.

éventail (*pl* -**ails**) *sm* ventaglio.

éventer *v tr* far vento; ventilare; svelare, rivelare ◊ *v réfl* farsi vento.

éventrer *v tr* sventrare; sfondare.

éventualité *sf* eventualità.

éventuel (-**elle**) *adj* eventuale.

évêque *sm* vescovo.

évertuer (**s'**) *v réfl* sforzarsi di; darsi da fare per.

éviction *sf* espulsione, esclusione.

évidemment *adv* evidentemente.

évidence *sf* evidenza ◊ **de toute évidence, à l'évidence** certamente, indubbiamente.

évident *adj* evidente ◊ **ce n'est pas évident** non è facile.

évider *v tr* svuotare, scavare.

évier *sm* acquaio, lavello.

évincer *v tr* evincere; estromettere, escludere.

éviter *v tr* evitare.

évocation *sf* evocazione.

évoluer *v intr* evolversi; compiere delle evoluzioni.

évolution *sf* evoluzione.

évoquer *v tr* evocare; rievocare; accennare a.

exacerber *v tr* esacerbare, inasprire.

exact *adj* esatto.

exactement *adv* esattamente, precisamente.

exaction *sf* estorsione.

exactitude *sf* esattezza, precisione; puntualità.

exagération *sf* esagerazione.

exagérer *v tr/intr* esagerare.

exaltation *sf* esaltazione.

exalter *v tr* esaltare.

examen *sm* esame.

examinateur (-**trice**) *sm* esaminatore.

examiner *v tr* esaminare.

exaspération *sf* esasperazione.

exaspérer *v tr* esasperare.

exaucer *v tr* esaudire.

excavation *sf* scavo (*m*); escavazione.

excéder *v tr* superare, andare oltre; esasperare.

excellence *sf* eccellenza ◊ **prix d'excellence** primo premio.

excellent *adj* eccellente, ottimo.

exceller *v intr* eccellere ◊ **exceller à** eccellere nel.

excentrique *adj, sm* eccentrico.

excepté *prep* eccetto, tranne ◊ *adj* eccettuato ◊ **excepté que** tranne che.

excepter *v tr* escludere.

exception *sf* eccezione ◊ **d'exception** eccezionale; **à l'exception de** a eccezione di.

excès *sm* eccesso ◊ **à l'excès** all'eccesso.

excitation *sf* eccitazione; incitamento (*m*), istigazione.

exciter *v tr* eccitare ◊ *v réfl* eccitarsi, innervosirsi ◊ **exciter à** incitare a.

exclamation *sf* esclamazione ◊ **point d'exclamation** punto esclamativo.

exclamer (**s'**) *v réfl* esclamare.

exclure *v tr* escludere; estromettere.

exclusif (-**ive**) *adj* esclusivo.

exclusion *sf* esclusione; estromissione, allontanamento (*m*) ◊ **à l'exclusion de** a esclusione di, eccetto.

exclusivité *sf* esclusiva ◊ **en exclusivité** in esclusiva; **film en exclusivité** film in prima visione.

excommunier *v tr* scomunicare.

excroissance *sf* escrescenza.

excursion *sf* escursione.

excuse *sf* scusa; scusante ◊ **présenter ses excuses** fare le proprie scuse.

excuser *v tr* scusare ◊ *v réfl* scusarsi.

exécrable *adj* esecrabile; orrendo, pessimo.

exécration *sf* esecrazione.

exécrer *v tr* esecrare, detestare; aborrire.

exécutant *sm* esecutore.

exécuter *v tr* eseguire; giustiziare ◊ *v réfl* ubbidire ◊ **exécuté par la critique** stroncato dalla critica.

exécuteur (-**trice**) *sm* esecutore ◊ **exécuteur testamentaire** esecutore testamentario.

exécutif (-**ive**) *adj, sm* esecutivo.

exécution *sf* esecuzione, attuazione ◊ **mettre à exécution** mettere in esecuzione, in atto.

exemplaire *adj, sm* esemplare.

exemple *sm* esempio ◊ **sans exemple** senza precedenti; **par exemple** per esempio; **à l'exemple de** sull'esempio di; **prendre exemple sur** prendere esempio da.

exempt *adj* esente; privo.

exempter *v tr* esentare, esonerare ◊ *v réfl* astenersi, evitare di.

exercer *v tr* esercitare ◊ *v réfl* esercitarsi.

exercice *sm* esercizio; esercitazione (*f*) ◊ **entrer en exercice** entrare in funzione, in attività.

exhaler *v tr* esalare; emanare.

exhaustif (-ive) *adj* esaustivo.

exhiber *v tr* esibire ◊ *v réfl* esibirsi, mettersi in mostra.

exhibition *sf* esibizione; sfoggio (*m*), ostentazione.

exhorter *v tr* esortare.

exhumer *v tr* esumare, riesumare.

exigence *sf* esigenza.

exiger *v tr* esigere, pretendere; richiedere.

exigu (-uë) *adj* esiguo, molto piccolo.

exil *sm* esilio.

exiler *v tr* esiliare ◊ *v réfl* esiliarsi; emigrare.

existence *sf* esistenza ◊ **conditions d'existence** condizioni di vita; **moyens d'existence** mezzi di sostentamento.

exister *v intr* esistere ◊ *v impersonnel* esserci, esistere.

exode *sm* esodo.

exonérer *v tr* esonerare.

exorciser *v tr* esorcizzare.

exotique *adj* esotico.

exotisme *sm* esotismo.

expansion *sf* espansione.

expatrier (s') *v réfl* espatriare, emigrare.

expectorer *v tr* espettorare.

expédient *sm* espediente.

expédier *v tr* spedire, inviare; sbrigare; sbarazzarsi di; (*jur*) stendere la copia conforme.

expéditeur (-trice) *sm* chi spedisce, mittente (*m/f*).

expédition *sf* spedizione; disbrigo (*m*); (*jur*) copia conforme.

expéditionnaire *sm* (corriere) spedizioniere.

expérience *sf* esperienza; esperimento (*m*) ◊ **sujet d'expérience** materia d'esperimento.

expérimentation *sf* sperimentazione.

expérimenter *v tr* sperimentare ◊ *v intr* fare esperimenti.

expert *adj*, *sm* esperto ◊ **expert en** abile nel.

expert-comptable (*pl* experts-comptables) *sm* ragioniere.

expertise *sf* perizia.

expertiser *v tr* sottoporre a perizia; valutare, stimare.

expier *v tr* espiare.

expirer *v tr* espirare ◊ *v intr* spirare; scadere.

explication *sf* spiegazione.

expliquer *v tr* spiegare ◊ *v réfl* giustificarsi.

exploit *sm* impresa (*f*), prodezza (*f*).

exploitant *sm* gestore, esercente (*m/f*) (*de salle de cinéma*); coltivatore diretto.

exploitation *sf* sfruttamento (*m*); gestione; impresa, azienda; (*inform*) funzionamento (*m*).

exploiter *v tr* sfruttare; gestire.

exponentiel (-elle) *adj* esponenziale.

explorateur (-trice) *sm* esploratore.

exploration *sf* esplorazione; (*fig*) esame (*m*); (*méd*) indagine.

explorer *v tr* esplorare; (*fig*) esaminare, analizzare.

exploser *v intr* esplodere, scoppiare.

explosif (-ive) *adj*, *sm* esplosivo.

explosion *sf* esplosione, scoppio (*m*).

exportation *sf* esportazione.

exporter *v tr* esportare.

exposant *sm* espositore; (*mat*) esponente.

exposer *v tr* esporre ◊ *v réfl* esporsi.

exposition *sf* esposizione.

exprès (-esse) *adj* espresso, esplicito ◊ *adj inv*, *sm* (*courrier*) espresso ◊ **lettre exprès**, **un exprès** lettera espresso, espresso.

exprès *adv* apposta, appositamente ◊ **fait exprès** fatto apposta.

express *adj*, *sm* espresso ◊ **(café) express** (caffè) espresso; **(train) ex-**

press (treno) espresso; **voie express** strada a scorrimento veloce, super-strada.

expression *sf* espressione ◊ **réduire à sa plus simple expression** ridurre ai minimi termini.

exprimer *v tr* esprimere ◊ *v réfl* esprimersi.

exproprier *v tr* espropriare.

expulser *v tr* espellere; sfrattare.

expulsion *sf* espulsione; sfratto (*m*).

exquis *adj* squisito, delizioso.

extase *sf* estasi.

extasier (s') *v réfl* estasiarsi, andare in estasi.

extension *sf* estensione; ampliamento (*m*) ◊ **par extension** per estensione.

exténuer *v tr* estenuare, sfinire ◊ *v réfl* estenuarsi, sfinirsi.

extérieur *adj* esterno; esteriore; estero ◊ *sm* esterno; estero ◊ **à l'extérieur** fuori; **de l'extérieur** dall'esterno, dal di fuori.

extérioriser *v tr* esternare, manifestare.

exterminer *v tr* sterminare.

externat *sm* esternato; scuola (*f*) senza convitto.

externe *adj, sm/f* esterno (*m*).

extincteur *sm* estintore.

extinction *sf* estinzione, spegnimento (*m*) ◊ **espèce en voie d'extinction** specie in via d'estinzione; **extinction de voix** abbassamento di voce.

extirper *v tr* estirpare; (*familier*) estrarre, tirar fuori.

extorquer *v tr* estorcere.

extorsion *sf* estorsione.

extra- *préfixe* extra.

extra *adj inv* extra; straordinario ◊ *sm inv* extra; (lavoro) straordinario; aiuto occasionale ◊ **s'offrir un extra** soddisfare un capriccio.

extraction *sf* estrazione.

extradition *sf* estradizione.

extraire *v tr* estrarre ◊ *v réfl* uscire a fatica.

extrait *sm* estratto.

extra-muros *adv* fuori le mura.

extraordinaire *adj* straordinario; strano, bizzarro ◊ **par extraordinaire** per caso.

extravagance *sf* stravaganza.

extravaguer *v intr* sragionare.

extrême *adj, sm* estremo ◊ **à l'extrême** oltre misura.

extrêmement *adv* estremamente.

extrémiste *adj, sm/f* estremista.

extrémité *sf* estremità; estremo (*m*) ◊ **se porter aux extrémités** trascendere, passare a vie di fatto.

extrinsèque *adj* estrinseco.

exubérant *adj* esuberante.

exultation *sf* esultanza.

exulter *v intr* esultare.

F

fa *sm inv* (*mus*) fa.

fable *sf* fiaba, favola; (*fig*) fantasia, storia.

fabricant *sm* fabbricante (*m/f*).

fabrication *sf* fabbricazione, lavorazione; produzione ◊ **fabrication artisanale** lavorazione artigianale.

fabrique *sf* fabbrica.

fabriquer *v tr* fabbricare, costruire; produrre; (*familier*) fare, combinare; inventare.

fabuleux (**-euse**) *adj* favoloso.

façade *sf* facciata (*aussi fig*).

face *sf* faccia; aspetto (*m*); diritto (*m*) (*médaille, pièce de monnaie*); lato (*m*) ◊ **faire face à** fronteggiare; **sauver, perdre la face** salvare, perdere la faccia; **pile ou face** testa o croce; **de face** di fronte; **en face de** di fronte a; **face à face** faccia a faccia.

facétie *sf* buffonata, facezia.

facétieux (**-euse**) *adj* faceto, scherzoso.

facette *sf* faccetta ◊ **à facettes** sfaccettato.

fâcher *v tr* irritare, seccare; dispiacere a ◊ *v réfl* arrabbiarsi ◊ **se fâcher avec quelqu'un** litigare con qualcuno.

fâcheux (**-euse**) *adj* increscioso, fastidioso; spiacevole.

facial (*pl* **-aux**) *adj* facciale.

facile *adj* facile ◊ **un caractère facile** un buon carattere; **facile à faire** facile da fare; **personne facile à vivre** persona con cui è facile andare d'accordo.

facilité *sf* facilità ◊ *pl* facilitazioni, agevolazioni ◊ **facilité à, pour** attitudine a; **facilités de paiement** facilitazioni di pagamento.
faciliter *v tr* facilitare.
façon *sf* maniera, modo (*m*); fattura, lavorazione ◊ *pl* maniere, modo (*m sing*) di fare; complimenti (*m*), cerimonie ◊ **façon de parler** modo di dire; **à ma façon** a modo mio; **en aucune façon** in nessun modo; **de façon à** in modo da; **de toute façon** in ogni modo, comunque; **sans façons** senza complimenti.
faconde *sf* facondia.
façonner *v tr* lavorare; sagomare; plasmare.
facteur *sm* postino, portalettere (*m/f*); fattore; coefficiente.
factice *adj* finto, artificiale; (*fig*) artificioso, fittizio.
factieux (-euse) *adj, sm* fazioso.
faction *sf* fazione.
facture *sf* fattura.
facultatif (-ive) *adj* facoltativo.
faculté *sf* facoltà.
fadaise *sf* stupidaggine, insulsaggine.
fade *adj* insipido; scialbo; (*fig*) insignificante, insulso.
fagot *sm* fascina (*f*).
fagoter *v tr* infagottare.
faible *adj* debole; fioco; fievole; scarso ◊ *sm* debole.
faiblesse *sf* debolezza; malessere (*m*), mancamento (*m*).
faiblir *v intr* indebolirsi; affievolirsi, diminuire.
faïence *sf* maiolica.
faille *sf* (*géologie*) faglia; (*fig*) pecca, difetto (*m*).
faillir *v intr* correre il rischio di, essere sul punto di ◊ **faillir à** venir meno a.
faillite *sf* fallimento (*m*).
faim *sf* fame; (*fig*) desiderio (*m*); sete ◊ **avoir faim** avere fame; **avoir faim de** avere sete di; **rester sur sa faim** restar deluso.
fainéant *adj, sm* fannullone.
faire *v tr/ intr* fare ◊ *v réfl* farsi ◊ **ça ne fait rien** non importa; **cela fait un an que...** è un anno che; **avoir à faire avec** avere a che fare con; **n'avoir**

que **faire de** non sapere che farsene di; **être fait pour** essere fatto per; **se faire à** abituarsi a; **se faire avoir** farsi imbrogliare; **s'en faire** preoccuparsi; **ne pas s'en faire** non prendersela; **tant qu'à faire** già che ci siamo.
faire-part *sm inv* partecipazione (*f*).
faisan *sm* fagiano.
faisander *v tr* (*cuis*) frollare.
faisceau (*pl* -eaux) *sm* fascio.
faiseur (-euse) *sm* facitore, creatore; (*péjoratif*) sbruffone.
fait *adj* fatto, maturo ◊ *sm* fatto ◊ **c'est un fait** è un (dato di) fatto; **il est de fait que** sta di fatto che; **mettre au fait** mettere al corrente; **au fait** a proposito; **du fait que, du fait de** per il fatto che, dal momento che; **en fait, de fait, par le fait** in realtà, in effetti; **en fait de** in fatto di; **tout à fait** completamente, veramente.
faîte *sm* (*du toit*) colmo; cima (*f*), vetta (*f*); (*fig*) apice ◊ **ligne de faîte** crinale.
falaise *sf* scogliera.
fallacieux (-euse) *adj* fallace, ingannevole.
falloir *v impersonnel* occorrere, bisognare, essere necessario ◊ **il faut que** bisogna che; **combien te faut-il?** quanto ti occorre?; **il le faut** è necessario; **comme il faut** come si deve, per bene; **s'en falloir de** mancare.
falot *adj* scialbo, insignificante.
falsification *sf* falsificazione; contraffazione, adulterazione.
falsifier *v tr* falsificare; contraffare, adulterare.
famélique *adj* famelico.
fameux (-euse) *adj* famoso, celebre; (*familier*) notevole, eccellente.
familial (*pl* -aux) *adj* familier.
familiariser *v tr* rendere familier a ◊ *v réfl* familiarizzarsi (con), assuefarsi (a).
familiarité *sf* familiarità, confidenza ◊ *pl* libertà.
familier (-ère) *adj, sm* familier (*m/f*).
famille *sf* famiglia.
famine *sf* carestia; miseria, fame.
fanal (*pl* -aux) *sm* fanale.
fanatique *adj, sm* fanatico.

faner *v tr* fare appassire ◊ *v réfl* appassire.

fanfare *sf* fanfara ◊ **réveil en fanfare** brusco risveglio.

fanfaron *adj, sm* fanfarone, spaccone.

fanfreluche *sf* fronzolo (*m*).

fange *sf* fango (*m*).

fanion *sm* gagliardetto; guidone.

fantaisie *sf* fantasia, inventiva; capriccio (*m*) ◊ **se passer, se payer la fantaisie de** togliersi la voglia di; **bijoux (de) fantaisie** bigiotteria.

fantaisiste *adj* estroso, fantasioso ◊ *sm/f* (*théâtre*) fantasista; persona (*f*) estrosa.

fantasque *adj* capriccioso, lunatico.

fantassin *sm* fante.

fantastique *adj* fantastico.

fantoche *sm* fantoccio.

fantôme *adj, sm* fantasma.

faon *sm* cerbiatto.

farce *sf* (*cuis*) ripieno (*m*); farsa; scherzo (*m*).

farceur (-euse) *sm* burlone.

farcir *v tr* farcire; (*fig*) infarcire.

fard *sm* trucco, belletto ◊ **parler sans fard** parlare chiaramente.

fardeau (*pl* -eaux) *sm* fardello.

farder *v tr* truccare, imbellettare; (*fig*) mascherare, camuffare ◊ *v réfl* truccarsi.

farfelu *adj* stravagante, balzano.

farfouiller *v intr* (*familier*) rovistare, frugare.

farine *sf* farina.

farineux (-euse) *adj* farinoso; infarinato ◊ *sm pl* farinacei.

farouche *adj* selvatico; (*personne*) scontroso, poco socievole; (*fig*) feroce.

fart *sm* sciolina (*f*).

fascicule *sm* fascicolo.

fasciner *v tr* affascinare.

fascisme *sm* fascismo.

faste *sm* fasto, sfarzo.

fastidieux (-euse) *adj* fastidioso, noioso.

fastueux (-euse) *adj* fastoso.

fat *adj, sm* vanesio, fatuo.

fatal (*pl* -aux) *adj* fatale.

fatalisme *sm* fatalismo.

fatalité *sf* fatalità.

fatidique *adj* fatidico.

fatigant *adj* faticoso; noioso, pesante.

fatigue *sf* fatica, stanchezza.

fatiguer *v tr* stancare, affaticare ◊ *v intr* faticare, sostenere uno sforzo ◊ *v réfl* affaticarsi, stancarsi.

fatras *sm* accozzaglia (*f*), guazzabuglio.

faubourg *sm* sobborgo ◊ *pl* periferia (*f*) (*sing*).

fauché *adj* (*familier*) squattrinato, al verde.

faucher *v tr* falciare, mietere; (*familier*) fregare, rubare.

faucheuse *sf* falciatrice; mietitrice.

faucille *sf* falcetto (*m*), falce.

faucon *sm* falco, falcone.

fauconnerie *sf* falconeria.

faufiler *v tr* imbastire ◊ *v réfl* intrufolarsi, infilarsi.

faune *sf* fauna.

faussaire *sm/f* falsario (*m*).

fausser *v tr* falsare; storcere; mancare a, venir meno a ◊ **fausser compagnie à quelqu'un** piantare in asso qualcuno.

fausset *sm* falsetto.

faute *sf* colpa, mancanza; errore (*m*) ◊ **prendre quelqu'un en faute** cogliere qualcuno in fallo; **faute de** in mancanza di; **faute de quoi** altrimenti, se no; **sans faute** senz'altro, sicuramente.

fauteuil *sm* poltrona (*f*).

fautif (-ive) *adj* colpevole; errato, inesatto.

fauve *sm* belva (*f*), fiera (*f*) ◊ *adj* fulvo, rossiccio.

faux (fausse) *adj* falso; finto; sbagliato, errato ◊ *sm* falso ◊ **chanter faux** stonare; **être dans le faux** essere in errore; **faire fausse route** essere fuori strada, sbagliare.

faux-filet (*pl* **faux-filets**) *sm* controfiletto.

faux-fuyant (*pl* **faux-fuyants**) *sm* sotterfugio, scappatoia (*f*).

faveur *sf* favore (*m*) ◊ **en faveur de** a favore di; **à la faveur de** col favore di.

favorable *adj* favorevole.

favori (-ite) *adj, sm* favorito.

favoriser *v tr* favorire.

fax *sm* fax.

faxer *v tr* inviare per fax, faxare.

fébrile *adj* febbrile.

fécond *adj* fecondo.

fécondation *sf* fecondazione.

féconder *v tr* fecondare.

fécule *sf* fecola.

fédéral (*pl* **-aux**) *adj* federale.

fédéralisme *sm* federalismo.

fédération *sf* federazione.

fée *sf* fata.

féerique *adj* magico, fiabesco.

feindre *v tr* fingere, simulare.

feinte *sf* finta; (*fig*) scherzo (*m*).

feinter *v tr* fintare.

fêlé *adj* incrinato.

fêler *v tr* incrinare ◊ *v réfl* incrinarsi.

félicitations *sf pl* rallegramenti (*m*), felicitazioni; congratulazioni.

féliciter *v tr* congratularsi con ◊ *v réfl* felicitarsi, rallegrarsi.

félin *adj*, *sm* felino.

fêlure *sf* incrinatura, crepa.

femelle *adj*, *sf* femmina.

féminin *adj* femminile.

féministe *adj*, *sm/f* femminista.

femme *sf* donna; moglie ◊ **femme de chambre** cameriera; **femme de ménage** donna delle pulizie; **femme d'affaires** donna d'affari.

fémur *sm* femore.

fenaison *sf* fienagione.

fendre *v tr* fendere; spaccare ◊ *v réfl* fendersi, spaccarsi ◊ **fendre le cœur** spezzare il cuore.

fenêtre *sf* finestra.

fenouil *sm* finocchio.

fente *sf* fenditura, crepa; fessura; spacco (*m*).

féodal (*pl* **-aux**) *adj* feudale ◊ *sm* feudatario.

fer *sm* ferro ◊ **fer à repasser** ferro da stiro; **fer à cheval** ferro di cavallo; **chemin de fer** ferrovia; **rideau de fer** saracinesca.

fer-blanc (*pl* **fers-blancs**) *sm* latta (*f*).

ferblantier *sm* lattoniere.

férié *adj* ◊ **jour férié** giorno festivo.

ferme *adj* fermo; duro; sicuro, deciso ◊ *sf* fattoria; fondo (*m*) rustico (*louage*) ◊ *adv* con forza, con decisione ◊

la terre ferme la terraferma; **d'une main ferme** con mano sicura.

ferment *sm* fermento.

fermenter *v intr* fermentare; (*fig*) essere in fermento.

fermer *v tr* chiudere; spegnere (*radio, tv*) ◊ *v intr* chiudere, chiudersi ◊ *v réfl* chiudersi.

fermeté *sf* fermezza; compattezza, consistenza.

fermeture *sf* chiusura ◊ **fermeture éclair** cerniera lampo.

fermier (**-ère**) *sm* fattore, coltivatore ◊ *adj* di fattoria.

fermoir *sm* fermaglio.

féroce *adj* feroce.

ferraille *sf* ferraglia, rottame (*m*) di ferro; (*familier*) spiccioli (*m pl*) ◊ **mettre à la ferraille** rottamare; **faire un bruit de ferraille** sferragliare.

ferrailleur (**-euse**) *sm* ferravecchio; ferraiolo.

ferrer *v tr* ferrare ◊ **ferrer le poisson** uncinare il pesce.

ferret *sm* puntale.

ferronnerie *sf* (fabbricazione di) oggetti in ferro battuto.

ferroviaire *adj* ferroviario.

ferrure *sf* guarnizione in ferro.

fertile *adj* fertile ◊ **fertile en** fecondo, ricco.

fertiliser *v tr* fertilizzare.

fertilité *sf* fertilità.

fervent *adj* fervente, fervido ◊ *sm* appassionato.

ferveur *sf* fervore (*m*).

fesse *sf* natica, gluteo (*m*).

fessée *sf* sculacciata.

festin *sm* banchetto.

festival *sm* festival.

feston *sm* festone.

festoyer *v tr* festeggiare, far festa.

fêtard *sm* (*familier*) festaiolo.

fête *sf* festa, festività; onomastico (*m*) ◊ **se faire une fête de quelque chose** essere molto contento di qualcosa; **ne pas être à la fête** passare un brutto momento.

fêter *v tr* festeggiare.

fétiche *sm* feticcio.

fétide *adj* fetido.

fétu *sm* fuscello, pagliuzza (*f*).

feu *adj* defunto.

feu (*pl* **-eux**) *sm* fuoco; luce (*f*), faro; fanale; semaforo ◊ **arme à feu** arma da fuoco; **coup de feu** sparo; **faire feu** sparare; **prendre feu** prendere fuoco; **feux de position** luci di posizione; **feux de croisement** anabbaglianti; **dans le feu de l'action** nel vivo; **à petit feu** a fuoco lento.

feuillage *sm* fogliame, fronde (*f pl*); frasche (*f pl*).

feuille *sf* foglia; foglio (*m*) ◊ **feuille d'impôts** cartella delle tasse.

feuillet *sm* foglio, foglietto; pagina (*f*).

feuilleter *v tr* sfogliare.

feuilleton *sm* romanzo a puntate (*presse, radio, TV*) ◊ **publier en feuilleton** pubblicare a puntate.

feuillu *adj* frondoso ◊ *sm* latifoglia (*f*).

feutre *sm* feltro; pennarello.

feutrine *sf* panno (*m*) lenci.

fève *sf* fava.

février *sm* febbraio.

fi *interj* oibò! ◊ **faire fi de** infischiarsi di.

fiançailles *sf pl* fidanzamento (*m sing*).

fiancer *v tr* fidanzare ◊ *v réfl* fidanzarsi.

fibre *sf* fibra ◊ **fibre optique** fibra ottica.

fibreux (**-euse**) *adj* fibroso.

ficeler *v tr* legare (con lo spago).

ficelle *sf* spago (*m*); filoncino (*m*) di pane; (*fig*) trucco (*m*), astuzia ◊ **les ficelles du métier** i trucchi del mestiere.

fiche *sf* scheda; (*élec*) spina.

ficher *v tr* (*familier*) fare, combinare; gettare; schedare, annotare ◊ *v réfl* infischiarsene; prendere in giro ◊ **ficher le camp** tagliare la corda; **s'en ficher de** infischiarsene di; **fiche-moi la paix** lasciami in pace.

fichier *sm* schedario; (*inform*) file.

fichu *adj* (*familier*) brutto; rovinato ◊ *sm* scialletto ◊ **mal fichu** mal ridotto; **fichu caractère** caratteraccio; **c'est fichu!** è finita!.

fictif (**-ive**) *adj* fittizio, immaginario.

fiction *sf* fantasia; finzione ◊ **science-fiction** fantascienza.

fidèle *adj*, *sm/f* fedele.

fidélité *sf* fedeltà ◊ **haute fidélité** alta fedeltà, hi-fi.

fief *sm* feudo.

fiel *sm* fiele.

fiente *sf* sterco (*m*).

fier (**-ère**) *adj* fiero; superbo.

fier (**se**) *v réfl* fidarsi (di), fare affidamento (su).

fierté *sf* orgoglio; fierezza.

fièvre *sf* febbre; (*fig*) agitazione, eccitazione.

fiévreux (**-euse**) *adj* febbricitante; febbrile (*aussi fig*).

fifre *sm* piffero.

figer *v tr* rapprendere; irrigidire ◊ *v réfl* rapprendersi; irrigidirsi.

fignoler *v tr* rifinire (con minuzia).

figue *sf* (*fruit*) fico (*m*).

figuier *sm* (*plante*) fico.

figurant *sm* comparsa (*f*).

figuration *sf* rappresentazione.

figure *sf* figura; viso (*m*), faccia ◊ **faire bonne figure** fare bella figura; **faire figure de** passare per.

figurer *v tr* rappresentare, raffigurare ◊ *v intr* comparire, figurare ◊ *v réfl* figurarsi, immaginarsi.

fil *sm* filo ◊ **fil de fer** filo di ferro; **fil à plomb** filo a piombo; **coup de fil** telefonata; **passer un coup de fil** fare una telefonata; **ne tenir qu'à un fil** essere appeso a un filo.

filament *sm* filamento.

filandreux (**-euse**) *adj* filamentoso; filaccioso.

filasse *sf* stoppa.

filature *sf* filatura; filanda.

file *sf* fila ◊ **marcher à la file** camminare in fila; **en double file** su due file.

filer *v tr* filare; pedinare ◊ *v intr* filare ◊ **filer doux** rigare diritto.

filet *sm* rete (*f*); filetto (*de viande, de poisson*); filo ◊ **filet de pêche** rete da pesca; **filet à provisions** reticella della spesa; **un filet d'eau** un rigagnolo.

filetage *sm* filettatura (*f*).

filial (*pl* **-aux**) *adj* filiale.

filiation *sf* filiazione.

filière *sf* filiera; (*fig*) trafila.

filiforme *adj* filiforme.

filigrane *sf* filigrana.

filin

filin *sm* (*mar*) canapo, cima (*f*).
fille *sf* figlia; ragazza ◊ **vieille fille** zitella.
fillette *sf* ragazzina.
filleul *sm* figlioccio.
film *sm* pellicola (*f*); (*ciné*) film, pellicola (*f*) ◊ **film noir et blanc, en couleur** film in bianco e nero, a colori.
filon *sm* filone, vena (*f*).
fils *sm* figlio.
filtre *sm* filtro ◊ **filtre à air** filtro dell'aria.
filtrer *v tr/intr* filtrare.
fin *sf* fine (*aussi fig*); termine (*m*); fine (*m*), scopo (*m*) ◊ **prendre fin** finire; **mettre fin à** mettere fine a; **arriver à ses fins** raggiungere lo scopo; **en fin de compte** in fin dei conti; **à toutes fins utiles** a ogni buon conto.
fin *adj* fine; sottile; acuto; fino, di ottima qualità.
final (*pl* **-als, -aux**) *adj* finale.
finale *sf* finale ◊ **en finale** per finire.
finalement *adv* alla fine; in conclusione.
finaliste *adj, sm/f* finalista.
finance *sf* finanza ◊ **les finances publiques** la finanza pubblica.
financer *v tr* finanziare.
financier (-ère) *adj* finanziario ◊ *sm* finanziere.
finaud *adj, sm* furbo, scaltro.
finesse *sf* finezza (*aussi fig*); sottigliezza; delicatezza.
fini *adj* finito; rifinito.
finir *v tr/intr* finire ◊ **en finir** finirla, smetterla; **finir par** finire con.
finition *sf* finitura, rifinitura.
finlandais *adj, sm* finlandese.
fiole *sf* fiala, boccetta.
fioriture *sf* fronzolo (*m*); (*mus*) fioritura.
firmament *sm* firmamento.
firme *sf* azienda, ditta.
fisc *sm* fisco.
fiscalité *sf* fiscalità.
fissure *sf* fessura, crepa, fenditura; (*fig*) incrinatura.
fissurer *v tr* crepare, fendere ◊ *v réfl* creparsi, fendersi.
fiston *sm* (*familier*) figlio, figliolo.
fistule *sf* fistola.

fixateur (-trice) *adj, sm* fissatore.
fixation *sf* fissazione; (*photo*) fissaggio (*m*); (*ski*) attacco (*m*).
fixe *adj* fisso ◊ **idée fixe** idea fissa; **prix fixe** prezzo fisso; **beau fixe** bello stabile.
fixer *v tr* fissare; stabilire; precisare ◊ *v réfl* fissarsi; stabilirsi.
fjord *sm* fiordo.
flacon *sm* flacone, boccetta (*f*).
flageller *v tr* flagellare.
flageoler *v intr* vacillare, barcollare.
flageolet *sm* (*mus*) flautino; (*bot*) fagiolo nano.
flagornerie *sf* adulazione.
flagorneur (-euse) *adj, sm* adulatore.
flagrant *adj* flagrante ◊ **en flagrant délit** in flagrante.
flair *sm* fiuto (*aussi fig*).
flairer *v tr* fiutare, annusare (*aussi fig*).
flamand *adj, sm* fiammingo.
flamant *sm* fenicottero.
flambeau (*pl* **-eaux**) *sm* fiaccola (*f*); candelabro, candeliere.
flambée *sf* fiammata, vampata.
flamber *v intr* bruciare, ardere ◊ *v tr* fiammeggiare; sterilizzare (*alla fiamma*).
flamboyant *adj* fiammeggiante.
flamboyer *v intr* divampare, fiammeggiare.
flamme *sf* fiamma; (*fig*) ardore (*m*), passione ◊ **en flammes** in fiamme; **être tout feu tout flamme** essere pieno d'entusiasmo.
flan *sm* (*cuis*) budino, sformato.
flanc *sm* fianco; fiancata (*f*) ◊ **tirer au flanc** fare lo scansafatiche.
flancher *v intr* (*familier*) cedere, mollare.
flanelle *sf* flanella.
flâner *v intr* andare a zonzo, gironzolare.
flâneur (-euse) *adj, sm* bighellone, sfaccendato.
flanquer *v tr* fiancheggiare; (*familier*) appioppare, mollare.
flaque *sf* pozza; pozzanghera.
flasque *adj* flaccido, floscio ◊ *sf* fiasco (*m*), fiaschetta.
flatter *v tr* adulare, lusingare ◊ *v réfl* vantarsi.

flatterie *sf* adulazione, lusinga.
flatteur (-euse) *sm* adulatore ◊ *adj* lusinghiero.
fléau (*pl* **-éaux**) *sm* flagello.
flèche *sf* freccia; guglia ◊ **monter en flèche** salire alle stelle; **partir en flèche** partire come un razzo.
fléchir *v tr* flettere, curvare; piegare (*aussi fig*) ◊ *v intr* curvarsi; piegarsi (*aussi fig*); diminuire.
fléchissement *sm* piegamento, flessione (*f*); calo.
flegme *sm* flemma (*f*).
flemme *sf* (*familier*) fiacca.
flétrir *v tr* far appassire; infamare ◊ *v réfl* appassire, avvizzire.
fleur *sf* fiore (*m*) ◊ **la fine fleur de** il fior fiore di; **à la fleur de l'âge** nel fiore degli anni; **en fleur** in fiore.
fleuret *sm* fioretto.
fleuri *adj* in fiore, fiorito.
fleurir *v intr* fiorire, essere in fiore ◊ *v tr* infiorare.
fleuriste *sm/f* fioraio (*m*), fiorista.
fleuron *sm* fiorone; (*fig*) gemma (*f*).
fleuve *sm* fiume.
flexible *adj* flessibile; (*fig*) arrendevole.
flexion *sf* flessione.
flibustier *sm* filibustiere.
flic *sm* (*familier*) poliziotto, vigile.
flirt *sm* fiamma (*f*), flirt.
flocon *sm* fiocco.
flonflons *sm pl* ritornelli, musichette (*f*) popolari.
floraison *sf* fioritura.
flore *sf* flora.
florentin *adj*, *sm* fiorentino.
flot *sm* onda (*f*), flutto; marea (*f*); (*fig*) fiume, fiumana (*f*) ◊ **à flot** galleggiante; **être à flot** essere, rimanere a galla.
flottant *adj* galleggiante; vagante, fluttuante ◊ **caractère flottant** carattere indeciso.
flotte *sf* flotta; (*familier*) acqua.
flottement *sm* ondeggiamento; oscillazione (*f*); (*fig*) disorientamento, indecisione (*f*); (*écon*) fluttuazione (*f*).
flotter *v intr* galleggiare; fluttuare, ondeggiare; sventolare; aleggiare; (*vêtement*) essere largo.
flotteur *sm* galleggiante.

flou *adj* sfumato, sfuocato; vaporoso, morbido; (*fig*) incerto.
fluctuation *sf* fluttuazione.
fluet (-ette) *adj* esile; gracile ◊ **voix fluette** vocina sottile.
fluide *adj*, *sm* fluido.
fluidité *sf* fluidità.
fluor *sm* fluoro.
fluorescent *adj* fluorescente.
flûte *sf* flauto (*m*); (*pain*) filoncino (*m*); bicchiere (*m*) da champagne.
flux *sm* flusso (*aussi fig*).
fluxion *sf* (*méd*, *mat*) flussione.
foc *sm* (*mar*) fiocco.
focal (*pl* **-aux**) *adj* focale.
fœtus *sm* feto.
foi *sf* fede ◊ **(de) bonne foi**, **(de) mauvaise foi** (in) buonafede, (in) malafede; **ajouter foi** prestar fede; **sous la foi du serment** sotto giuramento.
foie *sm* fegato.
foin *sm* fieno ◊ **rhume des foins** raffreddore da fieno.
foire *sf* fiera ◊ **faire la foire** far baldoria.
fois *sf* volta ◊ **il était une fois** c'era una volta; **des fois** alle volte, per caso; **à la fois** insieme, allo stesso tempo.
foison *sf* ◊ **à foison** a bizzeffe, in abbondanza.
foisonnement *sm* abbondanza (*f*).
foisonner *v intr* abbondare; moltiplicarsi.
folâtre *adj* pazzerello.
folâtrer *v intr* folleggiare.
folie *sf* follia, pazzia ◊ **à la folie** alla follia, pazzamente.
folklore *sm* folclore.
follet (-ette) *adj* pazzerello ◊ **poil follet** peluria; **feu follet** fuoco fatuo.
follicule *sm* follicolo.
fomenter *v tr* fomentare.
foncé *adj* scuro, cupo.
foncer *v tr* scurire; (*cuis*) foderare (*un moule à tarte*); fornire di un fondo ◊ *v intr* scagliarsi contro, avventarsi; (*familier*) andare a forte velocità; scurirsi.
foncier (-ère) *adj* fondiario; (*fig*) congenito, intrinseco.
foncièrement *adv* fondamentalmente.

fonction *sf* funzione, mansione; carica ◊ **faire fonction de** fungere da; **en fonction** in carica; **en fonction de** in funzione di.

fonctionnaire *sm* funzionario.

fonctionnel (-elle) *adj* funzionale.

fonctionnement *sm* funzionamento.

fonctionner *v intr* funzionare.

fond *sm* fondo; sfondo ◊ **course de fond** fondo; **ski de fond** sci di fondo; **faire fond sur** fare affidamento su; **de fond en comble** da cima a fondo; **à fond** a fondo, profondamente; **au fond** in fondo.

fondamental (*pl* **-aux**) *adj* fondamentale.

fondant *adj, sm* fondente.

fondateur (-trice) *sm* fondatore.

fondation *sf* fondazione ◊ *pl* fondamenta, fondazioni.

fondement *sm* fondamento; base (*f*) ◊ **sans fondement** infondato.

fonder *v tr* fondare; basare ◊ *v réfl* fondarsi; basarsi.

fonderie *sf* fonderia.

fondre *v tr* sciogliere; fondere ◊ *v intr* sciogliersi; fondersi ◊ *v réfl* dissolversi ◊ **fondre en larmes** scoppiare in lacrime; **fondre sur** piombare su.

fondrière *sf* buca (*sur la route*); acquitrino (*m*), pantano (*m*).

fonds *sm* fondo; capitale, fondi (*pl*) ◊ **fonds de terre** fondo, podere; **fonds de commerce** azienda (commerciale); **bailleur de fonds** finanziatore; **être en fonds** disporre di capitali.

fondu *adj* fuso; sciolto ◊ *sm* (*couleur*) sfumato.

fondue *sf* (*cuis*) fonduta.

fontaine *sf* fontana; fonte.

fonte *sf* scioglimento (*m*), fusione; ghisa.

fonts *sm pl* ◊ **fonts baptismaux** fonte battesimale; **sur les fonts baptismaux** a battesimo.

football *sm* (*sport*) calcio.

footballeur *sm* calciatore.

for *sm* (*jur*) foro ◊ **le for intérieur** la propria coscienza; **en son for intérieur** nel proprio intimo.

forage *sm* perforazione (*f*); trivellazione (*f*).

forain *adj* di fiera; ambulante ◊ *sm* venditore di mercato, bancarellista (*m/f*) ◊ **fête foraine** fiera di paese.

forçat *sm* forzato.

force *sf* forza (*aussi fig*); resistenza; solidità ◊ **dans la force de l'âge** nel vigore degli anni; **dans toute la force du terme** nel vero senso della parola; **tour de force** faticaccia; **à force de** a forza di; **de force** per forza; **en force** con tutte le proprie forze; **par force** con la forza; **par la force des choses** per forza di cose.

forcé *adj* forzato, costretto; forzoso ◊ **c'est forcé!** è inevitabile!

forcené *adj, sm* forsennato.

forceps *sm* forcipe.

forcer *v tr* forzare; costringere, obbligare ◊ *v intr* forzare ◊ *v réfl* sforzarsi ◊ **forcer la main** forzare la mano; **forcer le pas** accelerare il passo; **forcer la voix** parlare più forte; **forcer l'admiration de** imporsi all'ammirazione di.

forcir *v intr* irrobustirsi.

forer *v tr* forare, perforare; trivellare.

forestier (-ère) *adj* forestale; boschivo, boscoso ◊ *sm* guardia (*f*) forestale.

forêt *sf* foresta, bosco (*m*).

forfait *sm* misfatto; (*comm*) forfait ◊ **prix à forfait** prezzo forfettario; **déclarer forfait** abbandonare il campo, ritirarsi (da una competizione).

forge *sf* fucina; forgia; ferriera.

forger *v tr* forgiare; (*fig*) foggiare, plasmare; (*fig*) creare, inventare.

forgeron *sm* fabbro.

formaliser (se) *v réfl* formalizzarsi.

formalisme *sm* formalismo.

formalité *sf* formalità.

format *sm* formato.

formation *sf* formazione.

forme *sf* forma ◊ **prendre forme** prendere forma; **en forme de** a forma di; **pour la forme** per educazione; **dans les formes** in piena regola.

formel (-elle) *adj* formale.

former *v tr* formare; concepire, formulare ◊ *v réfl* formarsi; svilupparsi.

formidable *adj* formidabile, straordinario.

formulaire *sm* modulo; formulario.
formule *sf* formula.
formuler *v tr* formulare; redigere.
fort *adj, sm* forte (*aussi fig*) ◊ *adv* forte; molto ◊ **c'est un peu fort!** è un po' troppo! **je le sais fort bien** lo so benissimo; **à plus forte raison** a maggior ragione; **être fort de** farsi forte di; **être fort en** essere bravo in; **se faire fort de** vantarsi di; **y aller fort** esagerare.
forteresse *sf* fortezza.
fortifiant *adj, sm* ricostituente.
fortification *sf* fortificazione.
fortifier *v tr* fortificare; irrobustire ◊ *v réfl* fortificarsi.
fortuit *adj* fortuito.
fortune *sf* fortuna; sorte; patrimonio (*m*) ◊ **faire fortune** fare fortuna; **de fortune** improvvisato.
fortuné *adj* facoltoso, abbiente.
forum *sm* foro; simposio.
fosse *sf* fossa, buca.
fossé *sm* fossato, fosso; (*fig*) abisso.
fossette *sf* fossetta.
fossile *adj, sm* fossile.
fossoyeur *sm* becchino; affossatore.
fou (folle) *adj, sm* pazzo, matto ◊ **prix fou** prezzo pazzesco; **un talent fou** un talento eccezionale; **fou rire** ridarella; **herbes folles** erbacce; **être fou de** andar matto per.
foudre *sf* fulmine (*m*), folgore ◊ **coup de foudre** colpo di fulmine.
foudroiement *sm* folgorazione (*f*).
foudroyant *adj* folgorante; fulmineo.
foudroyer *v tr* fulminare.
fouet *sm* frusta (*f*); (*cuis*) frullino, frusta (*f*) ◊ **coup de fouet** frustata, sferzata; **de plein fouet** in pieno.
fouetter *v tr* frustare; (*cuis*) sbattere, frullare.
fougère *sf* felce (*f*).
fougue *sf* foga; impeto (*m*).
fougueux (-euse) *adj* focoso, impetuoso.
fouille *sf* perquisizione, ispezione; (*familier*) tasca ◊ *pl* scavi (*m*).
fouiller *v tr* scavare, fare scavi; ispezionare, perquisire; approfondire ◊ *v intr* frugare, rovistare.

fouillis *sm* (*familier*) disordine, guazzabuglio.
fouine *sf* faina.
fouiner *v intr* (*familier*) frugare, ficcare il naso.
foulard *sm* fazzoletto (da collo, da testa), foulard.
foule *sf* folla ◊ **en foule** in massa.
foulée *sf* falcata.
fouler *v tr* calpestare; pigiare ◊ *v réfl* slogarsi ◊ **fouler aux pieds** calpestare; **ne pas se fouler** prendersela comoda.
foulure *sf* slogatura, storta.
four *sm* forno; (*fig*) fiasco ◊ **four à micro-ondes** forno a microonde; **petit four** pasticcino.
fourbe *adj, sm/f* subdolo (*m*), falso (*m*).
fourbi *sm* (*familier*) aggeggio, coso; armamentario; baraonda (*f*).
fourbir *v tr* lustrare, forbire.
fourbu *adj* spossato, sfinito.
fourche *sf* forca; forcella.
fourchette *sf* forchetta; forcella.
fourchu *adj* forcuto, biforcuto.
fourgon *sm* furgone, carro ◊ **fourgon (à bagages)** bagagliaio; **fourgon postal** vagone postale.
fourmi *sf* formica.
fourmilière *sf* formicaio (*m*) (*aussi fig*).
fourmiller *v intr* formicolare; brulicare, pullulare.
fournaise *sf* fornace.
fourneau (*pl* **-eaux**) *sm* fornello; forno ◊ **haut fourneau** altoforno; **fourneau de cuisine** cucina economica.
fournée *sf* infornata (*aussi fig*).
fournir *v tr* fornire, rifornire; procurare; compiere, fare ◊ *v intr* provvedere ◊ *v réfl* fornirsi, rifornirsi; **se fournir chez** (ri)fornirsi da.
fournisseur (-euse) *sm* fornitore ◊ **fournisseur d'accès** provider.
fourniture *sf* fornitura, approvvigionamento (*m*) ◊ *pl* forniture, articoli (*m*).
fourrage *sm* foraggio.

fourré sm (*dans un bois*) folto, macchia (*f*) ◊ adj ripieno, farcito; foderato di pelliccia ◊ **bonbons fourrés** caramelle ripiene.

fourreau (*pl* -eaux) sm fodero, guaina (*f*).

fourrer v tr foderare; (*familier*) infilare, ficcare ◊ v réfl cacciarsi, ficcarsi.

fourre-tout sm inv (*familier*) sgabuzzino, ripostiglio; borsa (*f*) da viaggio.

fourrière sf deposito (*m*) municipale; canile (*m*).

fourrure sf pelliccia.

fourvoyer v tr fuorviare, sviare ◊ v réfl sbagliarsi; sbagliare strada.

foyer sm focolare (*aussi fig*); focolaio; pensionato; (*théâtre*) ridotto.

fracas sm fracasso.

fracasser v tr fracassare ◊ v réfl fracassarsi.

fraction sf frazione.

fractionner v tr frazionare.

fracture sf frattura.

fracturer v tr fratturare; scassinare ◊ v réfl fratturarsi.

fragile adj fragile.

fragment sm frammento; (*fig*) brano, passo.

fragmentaire adj frammentario.

fragmenter v tr frammentare, spezzettare.

fraîchement adv di fresco, recentemente.

fraîcheur sf freschezza; frescura, fresco (*m*).

frais sm pl spese (*f*) ◊ **frais de gestion** spese di gestione; **frais de déplacement** spese di trasferta; **se mettre en frais** fare spese; **en être pour ses frais** non guadagnarci nulla; **à peu de frais** con poca spesa.

frais (fraîche) adj, sm fresco ◊ adv di fresco, recentemente.

fraise sf (*fruit*) fragola; (*tech*) fresa.

fraiser v tr fresare.

fraisier sm (*plante*) fragola (*f*).

framboise sf (*fruit*) lampone (*m*).

framboisier sm (*plante*) lampone.

franc (franche) adj schietto, franco; vero, reale ◊ **coup franc** calcio di punizione; **port franc** porto franco.

franc sm (*devise*) franco.

français adj, sm francese.

franchement adv francamente; con decisione.

franchir v tr superare, oltrepassare; varcare.

franchise sf franchigia; franchezza.

franc-maçonnerie (*pl* **franc-maçonneries**) sf massoneria.

franc-tireur (*pl* **francs-tireurs**) sm franco tiratore.

frange sf frangia (*aussi fig*).

frangipane sf crema alle mandorle; torta alle mandorle.

franquette sf ◊ **à la bonne franquette** alla buona, senza cerimonie.

frappant adj impressionante, sorprendente.

frappe sf battuta, battitura; conio (*m*) ◊ **force de frappe** forza d'urto.

frapper v tr battere, picchiare; colpire; coniare ◊ v intr battere; bussare ◊ v réfl inquietarsi, preoccuparsi; battersi ◊ **frapper des mains** battere le mani.

fraternel (-elle) adj fraterno.

fraternité sf fratellanza, fraternità.

fratricide adj fratricida.

fraude sf frode ◊ **en fraude** di frodo, di contrabbando.

frauduleux (-euse) adj fraudolento.

frayer v tr aprire (*une route, un chemin*) ◊ v réfl aprirsi.

frayeur sf spavento (*m*), paura.

fredaine sf scappatella.

fredonner v tr/intr canticchiare.

frégate sf (*mar, zool*) fregata.

frein sm freno ◊ **coup de frein** frenata.

freiner v tr/ intr frenare.

frelater v tr adulterare, sofisticare.

frêle adj esile, gracile.

frelon sm calabrone.

frémir v intr fremere; rabbrividire; (*cuis*) sobbollire.

frêne sm frassino.

frénésie sf frenesia.

frénétique adj frenetico.

fréquemment adv spesso, di frequente.

fréquence sf frequenza.

fréquent adj frequente.

fréquenter v tr frequentare ◊ v réfl frequentarsi.

frère *sm* fratello; (*relig*) frate.
fresque *sf* affresco (*m*).
fret *sm* nolo, noleggio (*bateau, avion*); carico (*bateau, avion*).
frétillant *adj* guizzante; (*fig*) euforico, brioso.
frétiller *v intr* guizzare ◊ **frétiller de joie** saltare dalla gioia.
friable *adj* friabile.
friand *adj* ghiotto; (*fig*) avido, bramoso.
friandise *sf* leccornia.
fric *sm* (*familier*) grana (*f*), soldi (*pl*).
fricassée *sf* (*cuis*) fricassea.
friche *sf* terreno (*m*) incolto ◊ **en friche** incolto.
friction *sf* frizione.
frictionner *v tr* frizionare ◊ *v réfl* frizionarsi.
frigidaire *sm* frigorifero.
frigorifer *v tr* refrigerare; congelare.
frigorifique *adj* frigorifero, refrigerante.
frileux (-euse) *adj, sm* freddoloso.
frimas *sm* galaverna (*f*).
frime *sf* (*familier*) finta, finzione ◊ **c'est de la frime** è tutta scena.
frimousse *sf* (*familier*) musino (*m*), faccino (*m*).
fringale *sf* (*familier*) fame da lupo; (*fig*) smania, voglia.
fringant *adj* (*cheval*) focoso, scalpitante; arzillo, vispo.
fringues *sf pl* (*familier*) vestiti *m*.
friper *v tr* sgualcire, spiegazzare ◊ *v réfl* sgualcirsi, spiegazzarsi.
fripier *sm* commerciante (*m/f*) di abiti usati.
fripon *sm* briccone, birba (*f*).
frire *v tr/intr* friggere.
frise *sf* fregio (*m*).
friser *v tr* arricciare; (*fig*) rasentare, sfiorare ◊ *v intr* arricciarsi.
frisquet *adj* (*familier*) frescolino, freddino.
frisson *sm* brivido.
frissonner *v intr* rabbrividire, tremare; (*fig*) fremere.
frites *sf pl* patate fritte ◊ **steak frites** bistecca con patatine.
friture *sf* frittura, fritto (*m*); grasso per friggere.

frivole *adj/ sm* frivolo.
froc *sm* tonaca (*f*), saio.
froid *adj, sm* freddo ◊ **avoir froid** avere freddo; **prendre, attraper froid** prendere freddo, raffreddarsi; **garder la tête froide** mantenere il sangue freddo; **jeter un froid** creare una situazione d'imbarazzo; **à froid** a freddo.
froideur *sf* freddezza.
froisser *v tr* sgualcire, spiegazzare; (*fig*) offendere, urtare ◊ *v réfl* spiegazzarsi; offendersi.
frôler *v tr* rasentare, sfiorare.
fromage *sm* formaggio.
froment *sm* frumento, grano.
froncer *v tr* aggrottare, corrugare; arricciare, increspare.
frondaison *sf* fogliame (*m*), fronde (*f pl*).
fronde *sf* fionda; fronda.
front *sm* fronte (*f*); fronte, facciata (*f*) ◊ **courber le front** chinare il capo; **faire front** far fronte; **de front** di petto, frontalmente; fianco a fianco; contemporaneamente.
frontalier (-ère) *adj* di frontiera, di confine ◊ *sm* frontaliero.
frontière *sf* frontiera, confine (*m*).
frontispice *sm* frontespizio; (*arch*) frontone.
fronton *sm* (*arch*) frontone.
frottement *sm* sfregamento; (*phys*) attrito.
frotter *v tr* strofinare, sfregare ◊ *v réfl* strofinarsi, sfregarsi ◊ **se frotter les mains** fregarsi le mani; **ne pas s'y frotter** lasciar perdere, non immischiarsi.
fructifier *v intr* fruttare.
fructueux (-euse) *adj* fruttuoso.
frugal (*pl* **-aux**) *adj* frugale.
fruit *sm* frutto; (*fig*) profitto, prodotto ◊ **fruits de mer** frutti di mare; **porter ses fruits** essere proficuo.
fruitier (-ère) *adj* fruttifero ◊ *sm* frutteto; fruttivendolo.
fruste *adj* logoro; (*fig*) rozzo.
frustration *sf* frustrazione.
frustrer *v tr* frustrare; (*jur*) defraudare.
fugace *adj* fugace.

fugitif (-ive) *adj* fuggiasco; fuggevole, fugace ◊ *sm* fuggitivo, fuggiasco.
fugue *sf* fuga.
fuir *v intr* fuggire, scappare; perdere ◊ *v tr* sfuggire, evitare.
fuite *sf* fuga; perdita, fuoriuscita ◊ **prendre la fuite** darsi alla fuga.
fulgurant *adj* folgorante, fulminante; fulmineo.
fulguration *sf* folgorazione; lampo (*m*).
fulminer *v intr* scagliarsi ◊ *v tr* lanciare, scagliare.
fumée *sf* fumo (*m*).
fumer *v intr* fumare ◊ *v tr* fumare; affumicare.
fumeur (-euse) *sm* fumatore.
fumeux (-euse) *adj* fumoso; (*fig*) vago, confuso.
fumier *sm* letame.
fumigène *adj*, *sm* fumogeno.
fumiste *sm/f* fumista; (*familier*) venditore (*m*) di fumo, persona (*f*) poco seria.
fumoir *sm* sala (*f*) per fumatori.
funambule *sm/f* funambolo (*m*).
funèbre *adj* funebre, funereo.
funérailles *sf pl* funerali (*m*), esequie.
funeste *adj* funesto.
funiculaire *sm* funicolare (*f*).
fur *sm* ◊ **au fur et à mesure** man mano (che).
fureter *v intr* curiosare, ficcare il naso; (*Internet*) (*familier*) navigare in rete.
fureur *sf* furore (*m*), furia ◊ **se mettre en fureur** andare su tutte le furie.
furie *sf* furia.
furieux (-euse) *adj* furioso, furente.
furtif (-ive) *adj* furtivo.
fuseau (*pl* **-eaux**) *sm* fuso; pantaloni (*pl*) con la staffa ◊ **fuseau horaire** fuso orario; **en fuseau** affusolato.
fusée *sf* razzo (*m*), missile (*m*).
fuselage *sm* fusoliera (*f*).
fuselé *adj* affusolato.
fuser *v intr* bruciare senza esplodere; (*fig*) scoppiare, prorompere; fondere.
fusible *adj*, *sm* fusibile.
fusil *sm* fucile ◊ **coup de fusil** fucilata.
fusiller *v tr* fucilare.
fusion *sf* fusione.
fustiger *v tr* fustigare.

fût *sm* fusto; barile.
futaie *sf* bosco (*m*) d'alto fusto.
futile *adj* futile; frivolo.
futur *adj*, *sm* futuro.
fuyant *adj* fuggevole; (*fig*) sfuggente.
fuyard *sm* fuggiasco.

G

gabardine *sf* gabardine; impermeabile (*m*) (*en gabardine*).
gabarit *sm* (*tech*) sagoma (*f*); calibro.
gabelle *sf* gabella.
gâcher *v tr* (*construction*) impastare (*le mortier*), intridere; sprecare, sciupare.
gâchette *sf* grilletto (*m*) (*d'arme à feu*).
gâchis *sm* spreco, sciupio; pasticcio; (*construction*) malta.
gadoue *sf* fango (*m*), melma.
gaffe *sf* cantonata, gaffe; (*mar*) mezzomarinaio (*m*) ◊ **faire gaffe** fare attenzione.
gaffer *v intr* fare una gaffe.
gage *sm* pegno; (*fig*) garanzia (*f*) ◊ *pl* salario (*sing*), paga (*f sing*) ◊ **à gages** prezzolato.
gager *v tr* scommettere.
gageure *sf* scommessa ◊ **c'est une gageure!** è una pazzia.
gagnant *adj*, *sm* vincente (*m/f*), vincitore.
gagne-pain *sm inv* fonte (*f*) di reddito, mezzo di sostentamento.
gagner *v tr* guadagnare; vincere; meritare; raggiungere ◊ *v intr* guadagnare; estendersi, propagarsi.
gagneur (-euse) *sm* vincitore.
gai *adj* allegro, gaio.
gaieté *sf* allegria; buonumore (*m*) ◊ **de gaieté de cœur** volentieri.
gaillard *adj* gagliardo, vigoroso; (*fig*) salace ◊ *sm* fusto, pezzo d'uomo.
gaillardise *sf* allegria, buonumore (*m*) ◊ *pl* storielle piccanti.
gain *sm* guadagno (*aussi fig*) ◊ **gain de temps** risparmio di tempo; **avoir gain de cause** averla vinta.
gaine *sf* guaina; fodero (*m*); (*tech*) condotto (*m*).

gala *sm* gala (*f*) ◊ **soirée de gala** serata di gala.
galant *adj* galante.
galaxie *sf* galassia.
galbe *sm* contorno; sagoma (*f*), profilo.
gale *sf* (*méd*) scabbia.
galère *sf* (*mar*) galera.
galerie *sf* galleria; (*auto*) portabagagli (*m*), portapacchi (*m*) ◊ **galerie d'art** galleria d'arte; **galerie marchande** galleria (di negozi); **amuser la galerie** divertire la platea.
galérien *sm* galeotto.
galet *sm* ciottolo; (*tech*) rullo, rotella (*f*).
galetas *sm* soffitta (*f*); tugurio.
galette *sf* focaccia; galletta.
galeux (**-euse**) *adj* scabbioso ◊ **brebis galeuse** pecora nera.
galimatias *sm* sproloquio.
galipette *sf* capriola.
gallicisme *sm* gallicismo, francesismo.
gallique *adj* gallico.
gallois *adj*, *sm* gallese (*m/f*).
galon *sm* gallone.
galop *sm* galoppo.
galoper *v intr* galoppare; (*fig*) correre.
galopin *sm* (*familier*) monello.
galvaniser *v tr* galvanizzare.
gambade *sf* saltello (*m*), balzo.
gambader *v intr* saltare, saltellare.
gamelle *sf* gavetta ◊ **ramasser une gamelle** fare un ruzzolone, subire uno scacco.
gamin *sm* ragazzino; monello ◊ *adj* birichino.
gaminerie *sf* birichinata, monelleria.
gamme *sf* gamma; (*mus*) scala.
ganglion *sm* (*anat*) ganglio.
gangrène *sf* cancrena.
gangue *sf* (*minér*) ganga.
ganse *sf* fettuccia, cordoncino (*m*).
gant *sm* guanto ◊ **gant de toilette** guanto di spugna.
ganter *v tr* mettere i guanti a ◊ *v réfl* mettersi i guanti.
garage *sm* autorimessa (*f*); officina.
garagiste *sm/f* garagista; meccanico (*m*).
garant *adj*, *sm* garante ◊ **se porter garant** farsi garante.
garantie *sf* garanzia.

garantir *v tr* garantire.
garçon *sm* ragazzo; garzone, apprendista (*m/f*); cameriere ◊ **vieux garçon** scapolo.
garde *sf* guardia, custodia; sorveglianza ◊ *sm* guardia (*f*); guardiano, custode (*m/f*) ◊ **garde du corps** guardia del corpo; **monter la garde** montare la guardia; **mettre en garde** mettere in guardia; **prendre garde à** fare attenzione a; **pharmacie de garde** farmacia di turno.
garde-barrière (*pl* **gardes-barrières**) *sm* casellante (*m/f*).
garde-chasse (*pl* **gardes-chasse**) *sm* guardacaccia (*m/f*).
garde-corps *sm inv* parapetto, ringhiera (*f*).
garde-malade (*pl* **gardes-malades**) *sm/f* infermiere (*m*).
garde-manger *sm inv* dispensa (*f*).
garde-pêche (*pl* **gardes-pêche**) *sm* guardapesca.
garder *v tr* custodire, sorvegliare; conservare, tenere ◊ *v réfl* conservarsi ◊ **garder une position** difendere una posizione; **garder ses distances** tenere le distanze; **garder le lit** restare a letto; **se garder de** guardarsi da.
garderie *sf* doposcuola (*m*).
garde-robe (*pl* **garde-robes**) *sf* guardaroba (*m*).
gardien (**-enne**) *sm* custode (*m/f*), guardiano ◊ **gardien de nuit** guardiano notturno; **gardien de but** portiere; **gardien de la paix** vigile urbano.
gare *sf* stazione ◊ **gare routière** autostazione ◊ *interj* attento, attenzione!
garenne *sf* garenna.
garer *v tr* posteggiare, parcheggiare ◊ *v réfl* parcheggiare; mettersi al riparo, scansarsi.
gargariser (**se**) *v réfl* fare gargarismi.
gargote *sf* bettola.
gargouille *sf* (*arch*) doccione (*m*).
gargouiller *v intr* gorgogliare.
garnement *sm* discolo, monellaccio.
garnir *v tr* ornare, guarnire; attrezzare, fornire ◊ *v réfl* riempirsi.
garnison *sf* guarnigione.

garnissage *sm* rivestimento; guarnitura (*f*).

garniture *sf* ornamento; guarnizione; (*cuis*) contorno (*m*) ◊ **garniture intérieure** tappezzeria (*voiture*); **garniture de frein** ferodo.

garrot *sm* laccio emostatico; garrese.

garrotter *v tr* legare; imbavagliare.

gars *sm* (*familier*) ragazzo, tipo.

gas-oil *sm* gasolio.

gaspillage *sm* spreco, sperpero.

gaspiller *v tr* sprecare, sperperare.

gastrique *adj* gastrico.

gastrite *sf* gastrite.

gastronomie *sf* gastronomia.

gâteau (*pl* -**eaux**) *sm* dolce, torta (*f*) ◊ **c'est du gâteau!** è facilissimo!

gâter *v tr* guastare, sciupare; rovinare; viziare ◊ *v réfl* guastarsi, rovinarsi.

gâteux (-**euse**) *adj*, *sm* (*familier*) rimbambito, rincretinito.

gauche *adj* sinistro; goffo, maldestro ◊ *sf* sinistra ◊ **à gauche** (**de**) a sinistra (di).

gaucher (-**ère**) *adj*, *sm* mancino.

gaucherie *sf* goffaggine; l'essere impacciato.

gauchir *v intr* deformarsi, storcersi ◊ *v tr* deformare, storcere; (*fig*) alterare, falsare.

gaufre *sf* (*cuis*) cialda dolce.

gaufrette *sf* cialdina, wafer (*m*).

gaule *sf* pertica, bacchio (*m*); canna da pesca.

gaulois *adj* gallico, della Gallia; (*fig*) arguto e licenzioso.

gausser (**se**) *v réfl* burlarsi, beffarsi.

gaver *v tr* ingozzare, rimpinzare ◊ *v réfl* rimpinzarsi.

gaz *sm inv* gas.

gaze *sf* garza.

gazelle *sf* gazzella.

gazer *v tr* gassare ◊ *v intr* (*familier*) andare a tutto gas, andar bene.

gazette *sf* gazzetta.

gazeux (-**euse**) *adj* gassoso; gassato.

gazon *sm* erbetta (*f*); tappeto erboso, prato all'inglese.

gazouiller *v intr* cinguettare; (*bébé*) fare versetti, balbettare; (*eau*) mormorare.

gazouillis *sm* cinguettio; balbettio; mormorio.

géant *sm* gigante ◊ *adj* gigantesco.

geindre *v intr* gemere.

gel *sm* gelo ◊ **gel des crédits** congelamento dei crediti.

gélatine *sf* (*chim*) gelatina; (*cuis*) colla di pesce.

gélatineux (-**euse**) *adj* gelatinoso.

gelée *sf* gelata, gelo (*m*); (*cuis*) gelatina ◊ **gelée blanche** brina; **gelée royale** pappa reale.

geler *v tr* gelare; congelare ◊ *v intr* gelare; ghiacciare ◊ *v réfl* gelarsi.

gelure *sf* congelamento (*m*).

gémir *v intr* gemere.

gémissement *sm* gemito.

gemme *sf* (*bot*) gemma.

gênant *adj* fastidioso; imbarazzante.

gencive *sf* gengiva.

gendarme *sm* gendarme, guardia (*f*).

gendarmerie *sf* gendarmeria.

gendre *sm* genero.

gêne *sf* disturbo (*m*), imbarazzo (*m*); difficoltà; ristrettezze (*pl*) economiche.

généalogie *sf* genealogia.

gêner *v tr* dare fastidio a, disturbare; intralciare; mettere in imbarazzo, in soggezione ◊ *v réfl* disturbarsi, incomodarsi.

général (*pl* -**aux**) *adj*, *sm* generale ◊ **en général** in genere.

généraliser *v tr/intr* generalizzare.

généraliste *sm/f* medico (*m*) generico.

généralité *sf* generalità ◊ *pl* idee generali ◊ **la généralité de** la maggior parte di.

générateur (-**trice**) *adj*, *sm* generatore.

génération *sf* generazione.

généreux (-**euse**) *adj* generoso.

générique *adj* generico ◊ *sm* (*ciné*) titoli (*pl*) di testa.

générosité *sf* generosità.

genèse *sf* genesi.

genêt *sm* ginestra (*f*).

genevois *adj*, *sm* ginevrino.

genévrier *sm* ginepro.

génial (*pl* -**aux**) *adj* geniale.

génie *sm* genio ◊ **coup de génie** colpo di genio; **de génie** geniale.

genièvre *sm* ginepro.

génisse *sf* giovenca.

génital (*pl* **-aux**) *adj* genitale.

génitif *sm* genitivo.

génocide *sm* genocidio.

génois *adj*, *sm* genovese (*m/f*).

genou (*pl* **-oux**) *sm* ginocchio ◊ **à genoux** in ginocchio.

genouillère *sf* ginocchiera.

genre *sm* genere; specie (*f*); tipo ◊ **ce n'est pas mon genre** non fa per me.

gens *sm pl* gente (*f sing*) ◊ **les jeunes, les vieilles gens** i giovani, i vecchi.

gentil *adj* gentile, cortese; grazioso, carino.

gentilhomme (*pl* **gentilshommes**) *sm* gentiluomo.

gentillesse *sf* gentilezza, cortesia.

gentiment *adv* gentilmente; con garbo.

génuflexion *sf* genuflessione.

géographie *sf* geografia.

geôle *sf* prigione.

geôlier *sm* carceriere.

géologie *sf* geologia.

géométrie *sf* geometria.

géométrique *adj* geometrico.

gérance *sf* gestione.

géranium *sm* geranio.

gérant *sm* gestore ◊ **gérant d'immeubles** amministratore d'immobili.

gerbe *sf* fascio (*m*), mazzo (*m*) ◊ **gerbe d'eau** getto d'acqua.

gerçure *sf* screpolatura.

gérer *v tr* gestire, amministrare.

germanique *adj*, *sm* germanico.

germe *sm* germe ◊ **en germe** in embrione.

germer *v intr* germinare, germogliare.

gérontologie *sf* (*méd*) gerontologia.

gésir *v intr* giacere ◊ **ci-gît** qui giace.

gestation *sf* gestazione.

geste *sm* gesto (*aussi fig*) ◊ *sf* gesta (*pl*) ◊ **d'un geste de la main** con un gesto della mano; **par gestes** a gesti.

gesticuler *v intr* gesticolare.

gestion *sf* gestione.

ghetto *sm* ghetto.

gibecière *sf* carniere (*m*).

gibet *sm* forca (*f*).

gibier *sm* selvaggina (*f*); (*cuis*) cacciagione (*f*).

giboulée *sf* acquazzone (*m*).

gicler *v intr* schizzare.

gifle *sf* schiaffo (*m*).

gifler *v tr* schiaffeggiare.

gigantesque *adj* gigantesco.

gigot *sm* coscitto.

gigoter *v intr* (*familier*) sgambettare, dimenarsi.

gilet *sm* panciotto, gilè ◊ **gilet de sauvetage** giubbotto di salvataggio.

gingembre *sm* zenzero.

girafe *sf* giraffa.

giratoire *adj* rotatorio ◊ **sens giratoire** senso rotatorio.

girofle *sm* ◊ **clou de girofle** chiodo di garofano.

giroflée *sf* violacciocca.

girouette *sf* banderuola (*aussi fig*); (*mar*) segnavento (*m*).

gisement *sm* giacimento.

gitan *adj*, *sm* gitano, zingaro.

gîte *sm* alloggio, dimora (*f*); tana (*f*) ◊ *sf* (*mar*) sbandata ◊ **offrir le gîte et le couvert** offrire vitto e alloggio.

givre *sm* brina (*f*), galaverna (*f*).

givré *adj* brinato.

glabre *adj* glabro, imberbe.

glace *sf* ghiaccio (*m*); gelato (*m*); vetro (*m*); specchio (*m*) ◊ **briser la glace** rompere il ghiaccio.

glacé *adj* ghiacciato, gelido; (*fig*) glaciale; (*cuis*) glassato.

glacer *v tr* ghiacciare, gelare; (*fig*) raggelare, agghiacciare; (*cuis*) glassare.

glaciaire *adj* (*géologie*) glaciale.

glacial (*pl* **-als -aux**) *adj* glaciale.

glacier *sm* ghiacciaio; gelataio.

glacière *sf* ghiacciaia.

glaçon *sm* cubetto di ghiaccio.

glaïeul *sm* gladiolo.

glaise *sf* creta, argilla.

glaive *sm* gladio, spada (*f*).

gland *sm* ghianda (*f*); (*anat*) glande.

glande *sf* ghiandola.

glaner *v tr* spigolare.

glaneur (**-euse**) *sm* spigolatore.

glapir *v intr* guaire, uggiolare ◊ **glapir des injures** urlare insulti.

glapissement *sm* guaito, uggiolio; grido stridulo.

glas *sm* rintocco funebre ◊ **sonner le glas** suonare a morto.

glauque *adj* glauco.

glissade *sf* scivolone (*m*); (*danse*) passo (*m*) strisciato.

glissant *adj* scivoloso, sdrucciolevole.

glissement *sm* scivolamento; (*fig*) slittamento ◊ **glissement de terrain** smottamento, frana.

glisser *v intr* scivolare, sdrucciolare; (*fig*) sorvolare ◊ *v tr* far scivolare; introdurre, inserire ◊ *v réfl* introdursi; (*fig*) insinuarsi ◊ **glisser des mains** sfuggire di mano.

glissière *sf* (*tech*) guida di scorrimento.

global (*pl* -aux) *adj* globale.

globe *sm* globo.

globule *sm* globulo.

gloire *sf* gloria ◊ **à la gloire de** in onore di.

glorieux (-euse) *adj* glorioso.

glorifier *v tr* glorificare ◊ *v réfl* gloriarsi, vantarsi.

glose *sf* glossa, chiosa.

glossaire *sm* glossario.

glotte *sf* glottide.

glousser *v intr* chiocciare; (*familier*) ridere a singhiozzi.

glouton *adj* ghiottone, ingordo.

gloutonnerie *sf* ingordigia.

glu *sf* pania, vischio (*m*).

gluant *adj* vischioso, appiccicoso.

glucose *sm* glucosio.

glycine *sf* glicine (*m*).

gnome *sm* gnomo.

gnostique *adj*, *sm* gnostico.

gobelet *sm* bicchiere; bussolotto.

gober *v tr* sorbire; ingoiare.

godet *sm* ciotola (*f*); bicchierino; piega (*f*) falsa, sbuffo.

godiller *v intr* (*mar*) brattare.

godiveau (*pl* -eaux) *sm* (*cuis*) polpetta (*f*) cotta nel brodo.

goéland *sm* gabbiano.

goélette *sf* (*mar*) goletta.

goguenard *adj* beffardo, canzonatorio.

goguette *sf* ◊ **être en goguette** essere brillo, su di giri.

goinfre *adj*, *sm* ingordo.

goinfrer (se) *v réfl* rimpinzarsi.

goinfrerie *sf* ingordigia, voracità.

goitre *sm* (*méd*) gozzo.

golf *sm* golf ◊ **golf miniature** minigolf.

golfe *sm* golfo.

gomina *sf* gel (*pour cheveux*).

gomme *sf* gomma ◊ **gomme arabique** gomma arabica; **mettre (toute) la gomme** mettercela tutta.

gommer *v tr* cancellare (*avec une gomme*).

gond *sm* cardine ◊ **sortir de ses gonds** uscire dai gangheri.

gondole *sf* gondola.

gondoler *v intr* incurvarsi; (*bois*) imbarcarsi ◊ *v réfl* imbarcarsi; (*familier*) sbellicarsi dalle risa.

gonfler *v tr* gonfiare; (*fig*) esagerare ◊ *v intr/rifl* gonfiarsi.

gonfleur *sm* gonfiatore; pompa (*f*) ad aria compressa.

gorge *sf* gola; scanalatura ◊ **à pleine gorge** a squarciagola, a più non posso; **faire des gorges chaudes de** farsi beffe di.

gorgée *sf* sorsata, sorso (*m*).

gorille *sm* gorilla.

gosier *sm* gola (*f*).

gosse *sm/f* (*familier*) bambino (*m*).

gothique *adj*, *sm* gotico.

gouache *sf* (*peinture*) guazzo (*m*).

goudron *sm* catrame; asfalto.

goudronner *v tr* asfaltare, catramare.

gouffre *sm* baratro, voragine (*f*); vortice.

goujat *sm* cafone.

goujaterie *sf* cafonaggine, cafonata.

goujon *sm* (*tech*) bietta (*f*); perno (di puleggia).

goulot *sm* collo (*de bouteille*) ◊ **boire au goulot** bere alla bottiglia, bere a canna.

goulu *adj*, *sm* ingordo; avido.

goupillon *sm* scovolino; aspersorio.

gourd *adj* intirizzito.

gourde *sf* borraccia, fiaschetta ◊ *adj* (*familier*) imbranato.

gourdin *sm* randello, manganello.

gourmand *adj* goloso, ghiotto.

gourmander *v tr* sgridare, rimproverare.

gourmandise *sf* golosità ◊ *pl* ghiottonerie, leccornie.

gourmet *sm* buongustaio.

gousse *sf* baccello (*m*) (*de petits pois*); spicchio (*m*) (*d'ail*).

gousset *sm* taschino.

goût *sm* gusto; gradimento; sapore ◊

avoir du goût, avoir bon goût avere buon gusto.

goûter *v tr* assaggiare; gustare, assaporare ◊ *v intr* fare merenda ◊ *sm* merenda (*f*).

goutte *sf* goccia ◊ **n'y voir goutte** non vederci assolutamente.

gouttière *sf* grondaia.

gouvernail *sm* timone.

gouvernement *sm* governo.

gouverner *v tr* governare ◊ *v réfl* governarsi.

gouverneur *sm* governatore.

grabuge *sm* (*familier*) tafferuglio, rissa (*f*).

grâce *sf* grazia ◊ **de bonne grâce** di buon grado; **grâce à** grazie a.

gracier *v tr* graziare.

gracieux (-euse) *adj* grazioso, aggraziato; gratuito.

gracile *adj* gracile.

gradation *sf* gradazione.

grade *sm* grado ◊ **monter en grade** salire di grado.

gradé *adj, sm* graduato.

gradin *sm* gradinata (*f*) ◊ **cultures en gradins** colture a terrazze.

graduation *sf* graduazione.

graduel (-elle) *adj* graduale.

graduer *v tr* graduare.

graffiti *sm pl* graffiti, scritte (*f*) murali.

grain *sm* chicco, grano; granello; grana (*f*) (*papier, cuir, etc.*); (*mar*) groppo, violento acquazzone ◊ *pl* granaglie (*f*) ◊ **grain de beauté** neo.

graine *sf* seme (*m*), semenza.

graissage *sm* lubrificazione (*f*), ingrassaggio.

graisse *sf* grasso (*m*); lubrificante (*m*).

graisser *v tr* lubrificare, ingrassare; ungere.

graisseux (-euse) *adj* adiposo; unto.

grammaire *sf* grammatica.

grammatical (pl **-aux**) *adj* grammaticale.

gramme *sm* grammo.

grand *adj* grande; (*en taille*) alto; adulto ◊ *sm* grande; adulto ◊ *adv* in grande ◊ **grand âge** tarda età; **grandes lignes** linee principali; **voir grand**

avere idee grandiose; **en grand** in grande.

grand-chose *sm inv* gran che ◊ **pas grand-chose** non un gran che.

grandeur *sf* grandezza ◊ **grandeur nature** in grandezza naturale; **grandeur d'âme** grandezza, nobiltà d'animo.

grandiose *adj* grandioso.

grandir *v intr* crescere, aumentare ◊ *v tr* ingrandire (*aussi fig*); rendere più alto.

grand-mère (pl **grand(s)-mères**) *sf* nonna.

grand-peine *sf* ◊ **à grand-peine** a malapena, a stento.

grand-père (pl **grands-pères**) *sm* nonno.

grand-rue *sf* strada maestra.

grands-parents *sm pl* nonni.

grange *sf* pagliaio (*m*), fienile (*m*); granaio (*m*).

granit *sm* granito.

granulaire *adj* granulare.

granuleux (-euse) *adj* granuloso.

graphie *sf* grafia.

graphique *adj, sm* grafico ◊ *sf* grafica.

grappe *sf* grappolo (*m*).

grappiller *v tr/intr* racimolare; rubacchiare.

grappin *sm* rampino; (*mar*) grappino.

gras (-asse) *adj, sm* grasso ◊ **plante grasse** pianta grassa; **caractère gras** grassetto; **faire la grasse matinée** dormire fino a tardi.

gratification *sf* gratificazione; gratifica, premio (*m*).

gratifier *v tr* gratificare.

gratin *sm* (*cuis*) gratin; (*fig familier*) fior fiore della società.

gratiner *v tr* (*cuis*) gratinare.

gratis *adv* gratis ◊ *adj* gratuito.

gratitude *sf* gratitudine.

gratte-ciel *sm inv* grattacielo.

gratte-papier *sm inv* (*péjoratif*) scribacchino, imbrattacarte (*m/f*).

gratter *v tr* grattare; raschiare via; (*familier*) prudere ◊ *v réfl* grattarsi.

grattoir *sm* raschietto.

gratuit *adj* gratuito.

gravats *sm pl* calcinacci, macerie (*f*).

grave *adj* grave ◊ **ce n'est pas grave!** non preoccuparti!

graver *v tr* incidere; scolpire; stampare.

gravier *sm* ghiaia (*f*).

gravir *v tr* salire, inerpicarsi su.

gravitation *sf* gravitazione.

gravité *sf* gravità (*aussi fig*).

graviter *v intr* gravitare.

gravure *sf* incisione, stampa ◊ **gravure de mode** figurino (di moda).

gré *sm* gradimento ◊ **à mon gré** a mio piacimento; **contre le gré de** contro il parere di; **de son plein gré** di sua spontanea volontà; **de gré ou de force** con le buone o con le cattive; **bon gré mal gré** volente o nolente; **au gré de** secondo.

grec (grecque) *adj*, *sm* greco.

gredin *sm* furfante, mascalzone.

gréement *sm* (*mar*) attrezzatura (*f*).

greffe *sm* cancelleria (*f*) ◊ *sf* innesto (*m*); trapianto (*m*).

greffer *v tr* innestare; (*méd*) trapiantare ◊ *v réfl* aggiungersi.

greffier *sm* cancelliere.

grégaire *adj* gregario.

grêle *adj* gracile ◊ *sf* grandine.

grêler *v intr* grandinare.

grêlon *sm* chicco di grandine.

grelot *sm* sonaglio.

grelotter *v intr* tremare (*de froid, de peur*).

grenade *sf* granata, bomba; (*bot*) melagrana.

grenadier *sm* granatiere; (*bot*) melograno.

grenat *sm* (*minér*) granato ◊ *adj inv* (*couleur*) granata.

grenier *sm* solaio, soffitta (*f*).

grenouille *sf* rana.

grès *sm inv* gres, arenaria (*f*).

grésil *sm* nevischio.

grésiller *v impersonnel* cadere nevischio ◊ *v intr* crepitare, scoppiettare; sfrigolare.

grève *sf* sciopero (*m*); greto (*m*); spiaggia ◊ **grève tournante** sciopero articolato, a scacchiera; **grève sur le tas** sciopero con occupazione del posto di lavoro; **se mettre en grève** entrare in sciopero; **grève de la faim** sciopero della fame.

grever *v tr* gravare su.

gréviste *adj*, *sm/f* scioperante.

gribouillage *sm* scarabocchio.

gribouiller *v tr/intr* scarabocchiare.

grief *sm* lagnanza (*f*), lamentela (*f*).

grièvement *adv* gravemente.

griffe *sf* artiglio (*m*), unghia; graffa (*bijoux*); firma; impronta, tocco (*m*).

griffer *v tr* graffiare.

griffonnage *sm* scarabocchio.

grignoter *v tr* sgranocchiare, rosicchiare.

gril *sm* graticola (*f*), griglia (*f*) ◊ **être sur le gril** essere sulle spine.

grillade *sf* grigliata.

grillage *sm* reticolato, rete (*f*) metallica; tostatura (*f*).

grille *sf* griglia, grata; cancello (*m*); inferriata; (*de mots croisés*) reticolato (*m*).

grille-pain *sm inv* tostapane.

griller *v tr/intr* cuocere ai ferri, alla griglia; tostare, abbrustolire; bruciare ◊ *v réfl* bruciarsi ◊ **griller un feu rouge** passare col rosso.

grillon *sm* grillo.

grimace *sf* smorfia ◊ **faire la grimace** arricciare il naso; **faire des grimaces** fare le boccacce.

grimacer *v intr* fare smorfie.

grimer *v tr* truccare (*un acteur*) ◊ *v réfl* truccarsi.

grimoire *sm* scritto incomprensibile.

grimper *v tr* salire ◊ *v intr* arrampicarsi, inerpicarsi.

grincer *v intr* cigolare, stridere ◊ **grincer des dents** digrignare i denti.

grincheux (-euse) *adj* scorbutico, brontolone.

grippe *sf* (*méd*) influenza ◊ **prendre quelqu'un (ou quelque chose) en grippe** prendere in antipatia qualcuno (o qualcosa).

grippé *adj* (*méd*) influenzato; (*tech*) grippato.

gripper *v intr* grippare; incepparsi, bloccarsi ◊ *v réfl* incepparsi.

gris *adj* grigio; (*familier*) brillo, alticcio ◊ *sm* grigio.

grisaille *sf* (pittura) grisaille; (*fig*) grigiore (*m*).

griser *v tr* ubriacare, inebriare ◊ *v réfl* ubriacarsi, inebriarsi.
griserie *sf* ebbrezza.
grisonner *v intr* incanutire, diventar grigio.
grisou *sm* grisù.
grive *sf* (*zool*) tordo (*m*).
grivois *adj* salace, licenzioso.
grogner *v intr* grugnire; ringhiare; brontolare.
groin *sm* grugno.
grommeler *vtr/intr* brontolare, borbottare.
grondement *sm* rombo; brontolio.
gronder *v tr* sgridare ◊ *v intr* tuonare, brontolare; ringhiare.
gros (grosse) *adj* grosso (*aussi fig*); (*personne*) grasso ◊ *adv* grosso; molto ◊ **gros travaux** lavori pesanti; **gros mot** parolaccia; **jouer gros** giocare forte; **faire les gros yeux** fare gli occhiacci; **avoir le cœur gros** avere il cuore gonfio (di dispiacere); **en gros** per sommi capi; all'ingrosso.
groseille *sf* ribes (*m*) ◊ *adj inv* rosso chiaro.
grossesse *sf* gravidanza.
grosseur *sf* grossezza, grandezza; gonfiore (*m*).
grossier (-ère) *adj* grossolano; volgare.
grossièrement *adv* grossolanamente; volgarmente.
grossir *v intr* ingrassare; ingrossare ◊ *v tr* ingrossare, ingrandire (*aussi fig*).
grossiste *sm/f* grossista.
grotesque *adj, sm* grottesco.
grotte *sf* grotta.
grouillement *sm* brulichio.
grouiller *v intr* brulicare ◊ *v réfl* (*familier*) muoversi, sbrigarsi.
groupe *sm* gruppo ◊ **group sanguin** gruppo sanguigno; **en groupe** in gruppo.
groupement *sm* raggruppamento; gruppo.
grouper *v tr* raggruppare, riunire ◊ *v réfl* raggrupparsi, riunirsi.
grue *sf* (*zool, machine*) gru.
grumeau (*pl* **-eaux**) *sm* grumo.
grumeleux (-euse) *adj* grumoso; granuloso.
gruyère *sm* groviera (*f*).

gué *sm* guado ◊ **passer à gué** guadare.
guenilles *sf pl* stracci (*m*), cenci (*m*).
guenon *sm* scimmia (*f*).
guépard *sm* ghepardo.
guêpe *sf* vespa.
guêpier *sm* vespaio (*aussi fig*).
guère *adv* non molto ◊ **elle ne mange guère** non mangia molto; **il n'y a guère que toi…** solo tu…
guéridon *sm* tavolino rotondo.
guérilla *sf* guerriglia.
guérir *v tr/intr/réfl* guarire.
guérison *sf* guarigione.
guérisseur (-euse) *sm* guaritore.
guérite *sf* garitta.
guerre *sf* guerra ◊ **c'est de bonne guerre** mi sembra giusto, siamo pari.
guerrier (-ère) *sm* guerriero ◊ *adj* guerresco.
guerroyer *v intr* guerreggiare.
guet *sm* guardia (*f*) ◊ **faire le guet** fare la guardia.
guet-apens (*pl* **guets-apens**) *sm* agguato, tranello.
guêtre *sf* ghetta.
guetter *v tr* spiare, fare la posta a; minacciare.
gueule *sf* bocca, fauci (*pl*); (*familier*) grugno (*m*), muso (*m*) ◊ **fine gueule** buongustaio; **être fort en gueule** essere uno sbruffone.
gueuler *v intr* (*familier*) urlare, sbraitare.
gueux (-euse) *sm* accattone, mendicante.
gui *sm* (*bot*) vischio.
guichet *sm* sportello; biglietteria (*f*) ◊ **guichet bancaire** sportello bancario; **jouer à guichets fermés** registrare il tutto esaurito.
guide *sm* guida (*f*) ◊ *sf pl* redini.
guide-âne (*pl* **guide-ânes**) *sm* bigino.
guider *v tr* guidare, accompagnare ◊ *v réfl* orientarsi.
guidon *sm* manubrio.
guignol *sm* burattino ◊ **faire le guignol** fare il buffone.
guillemets *sm pl* virgolette (*f*).
guilleret (-ette) *adj* vispo, allegro.
guillotine *sf* ghigliottina.
guimbarde *sf* (*familier*) carretta.

guindé *adj* impacciato; compassato.
guingois ◊ **de guingois** *loc adv* di sghembo.
guirlande *sf* ghirlanda.
guise *sf* modo (*m*), maniera ◊ **à sa guise** a modo suo; **en guise de** a mo' di.
guitare *sf* chitarra.
guitariste *sm/f* chitarrista.
guttural (*pl* **-aux**) *adj* gutturale.
gymkhana *sm* gincana (*f*).
gymnase *sm* palestra (*f*).
gymnaste *sm/f* ginnasta.
gymnastique *sf* ginnastica.
gynécologie *sf* ginecologia.

H

habile *adj* abile.
habileté *sf* abilità, destrezza.
habillement *sm* abbigliamento.
habiller *v tr* vestire; rivestire, ricoprire ◊ *v réfl* vestirsi.
habit *sm* abito, vestito elegante (*pour homme*) ◊ *pl* vestiti, abiti.
habitable *adj* abitabile.
habitacle *sm* abitacolo.
habitant *sm* abitante (*m/f*).
habitat *sm* habitat, ambiente; insediamento.
habitation *sf* abitazione, casa.
habiter *v tr/intr* abitare; risiedere.
habitude *sf* abitudine; consuetudine, usanza ◊ **d'habitude** di solito.
habitué *sm* cliente abituale, frequentatore assiduo.
habituel (**-elle**) *adj* abituale, solito, consueto.
habituer *v tr* abituare ◊ *v réfl* abituarsi.
hâbleur (**-euse**) *adj*, *sm* fanfarone.
hache *sf* ascia, scure.
haché *adj* tritato, macinato; frammentario, spezzettato.
hacher *v tr* tritare, sminuzzare.
hachis *sm* trito (*viande*).
hachoir *sm* mezzaluna (*f*); tagliere.
hachure *sf* tratteggio (*m*).
hachurer *v tr* tratteggiare.
hagard *adj* stravolto, sconvolto.
haie *sf* siepe (*aussi fig*) ◊ **course de haies** corsa a ostacoli; **haie d'hon-**

neur picchetto d'onore; **faire la haie** fare ala.
haillons *sm pl* stracci, cenci.
haine *sf* odio (*m*), astio (*m*).
haineux (**-euse**) *adj* astioso; carico di odio.
haïr *v tr* odiare.
halage *sm* alaggio ◊ **chemin de halage** alzaia.
hâle *sm* abbronzatura (*f*).
hâlé *adj* abbronzato.
haleine *sf* alito (*m*); respiro (*m*) ◊ **reprendre haleine** riprendere fiato; **tenir quelqu'un en haleine** tenere qualcuno col fiato sospeso; **hors d'haleine** trafelato, senza fiato.
haleter *v intr* ansimare.
hall *sm* hall (*f*), atrio.
halle *sf* mercato (*m*) coperto ◊ *pl* mercati (*m*) generali.
hallebarde *sf* alabarda.
hallucination *sf* allucinazione.
halluciné *adj*, *sm* allucinato.
halo *sm* alone.
halte *sf* sosta (*aussi fig*); tappa ◊ *interj* alt! ◊ **dire halte à** dire basta a.
haltère *sm* (*sport*) peso, manubrio.
hamac *sm* amaca (*f*).
hamburger *sm* (*cuis*) hamburger.
hameau (*pl* **-eaux**) *sm* (*d'une commune*) frazione (*f*); casolari (*pl*) isolati.
hameçon *sm* amo.
hanche *sf* anca, fianco (*m*).
handicap *sm* handicap (*aussi fig*).
handicapé *adj*, *sm* handicappato.
hangar *sm* capannone; hangar.
hanneton *sm* (*zool*) maggiolino.
hanter *v tr* frequentare, abitare; ossessionare, assillare.
hantise *sf* ossessione, idea fissa.
happer *v tr* afferrare, ghermire.
harangue *sf* arringa.
haranguer *v tr* arringare.
haras *sm* stazione (*f*) di monta equina.
harassant *adj* massacrante, sfibrante.
harasser *v tr* sfiancare, sfinire.
harcèlement *sm* assillo; insistenza (*f*).
harceler *v tr* assillare, non dare tregua a.
harde *sf* branco ◊ **harde de chiens** muta di cani.

hardi adj ardito, audace.

hardiesse sf audacia.

hareng sm aringa (f).

hargne sf astio (m).

hargneux (-euse) adj astioso.

haricot sm fagiolo ◊ **haricots verts** fagiolino.

harmonica sm armonica (f) a bocca.

harmonie sf armonia.

harmonieux (-euse) adj armonioso.

harmoniser v tr armonizzare ◊ v réfl armonizzarsi, intonarsi.

harnacher v tr bardare.

harnais sm (de cheval) finimenti (pl).

harpe sf arpa.

harpon sm arpione, fiocina (f).

hasard sm caso, sorte (f) ◊ **jeu de hasard** gioco d'azzardo; **à tout hasard** ad ogni buon conto; **au hasard** a caso.

hasardé adj arrischiato, rischioso.

hasarder v tr arrischiare; rischiare ◊ v réfl arrischiarsi.

hâte sf premura, fretta ◊ **à la hâte** alla svelta, in fretta; **en (toute) hâte** in fretta e furia.

hâter v tr affrettare; accelerare ◊ v réfl affrettarsi, sbrigarsi.

hâtif (-ive) adj frettoloso, affrettato; precoce.

hausse sf rialzo (m), aumento (m) ◊ **en hausse** in aumento.

hausser v tr alzare ◊ v réfl alzarsi.

haut adj alto ◊ sm alto, altezza (f); parte (f) superiore ◊ adv alto, in alto ◊ **une note haute** una nota acuta; **avoir une haute opinion de** avere un'alta opinione di; **marcher la tête haute** camminare a testa alta; **parler haut et clair** parlare chiaro e tondo; **penser tout haut** pensare ad alta voce; **à haute voix, à voix haute**, ad alta voce; **du haut de** dall'alto di; **en haut** in alto; **en haut de** in cima a; **là-haut** lassù.

hautain adj altero, altezzoso.

hautbois sm oboe.

haute-fidélité (pl hautes-fidélités) sf (tech) alta fedeltà.

hauteur sf altezza; altura, colle (m); (fig) alterigia, altezzosità ◊ **saut en**

hauteur salto in alto; **être à la hauteur** essere all'altezza.

haut-le-cœur sm inv conato di vomito, nausea (f).

haut-parleur (haut-parleurs) sm altoparlante.

havre sm piccolo porto; rifugio, oasi (f).

hebdomadaire adj, sm settimanale.

héberger v tr ospitare, alloggiare; dare asilo a.

hébété adj, sm ebete (m/f).

hébraïque adj ebraico.

hébreu (pl -eux) adj (solo m) ebreo ◊ sm ebreo; (lingua) ebraico.

hécatombe sf ecatombe.

hectare sm ettaro.

hectogramme sm ettogrammo.

hectolitre sm ettolitro.

hégémonie sf egemonia.

hein interj eh?, vero?

hélas! interj ahimè!, purtroppo.

héler v tr chiamare (de loin).

hélice sf elica.

hélicoptère sm elicottero.

héliporté adj trasportato con elicottero.

helvétique adj elvetico.

hématome sm ematoma.

hémicycle sm emiciclo.

hémisphère sm emisfero.

hémophilie sf emofilia.

hémorragie sf emorragia.

hémorroïdes sf pl emorroidi.

hennir v intr nitrire.

hennissement nitrito.

hépatite sf epatite.

herbe sf erba ◊ **fines herbes** erbe aromatiche; **mauvaise herbe** erbaccia; **en herbe** in erba.

herbier sm erbario.

herbivore adj, sm erbivoro.

herboriste sm/f erborista.

herboristerie sf erboristeria.

héréditaire adj ereditario.

hérédité sf eredità; (biol) ereditarietà.

hérésie sf eresia.

hérétique adj, sm/f eretico (m).

hérissé adj irto; irsuto, ispido.

hérisser v tr rizzare ◊ v réfl rizzarsi; (fig) irritarsi.

hérisson sm (zool) riccio.

héritage sm eredità (f).

hériter *v tr/intr* ereditare.

héritier (-ère) *sm* erede (*m/f*).

hermétique *adj* ermetico.

hermine *sf* ermellino (*m*).

hernie *sf* ernia.

héroïne *sf* eroina.

héroïque *adj* eroico.

héroïsme *sm* eroismo.

héron *sm* airone.

héros (-oïne) *sm* eroe.

herpès *sm inv* (*méd*) herpes.

herse *sf* erpice (*m*).

hertz *sm inv* (*phys*) hertz.

hésitation *sf* esitazione.

hésiter *v intr* esitare.

hétéroclite *adj* eteroclito.

hétérogène *adj* eterogeneo.

hêtre *sm* faggio.

hétérosexuel (-elle) *adj* eterosessuale.

heure *sf* ora ◊ **payer à l'heure** pagare a ore; **être à l'heure** essere puntuale, in orario; **c'est l'heure de** è ora di; **à toute heure** in qualunque momento; **à l'heure qu'il est** a quest'ora; **tout à l'heure** poco tempo fa, tra poco; **à tout à l'heure** a fra poco.

heureusement *adv* felicemente; fortunatamente, per fortuna.

heureux (-euse) *adj* felice; fortunato.

heurt *sm* urto, scontro; (*fig*) contrasto.

heurter *v tr/intr* urtare ◊ *v réfl* urtare, scontrarsi (*aussi fig*).

heurtoir *sm* battiporta, batacchio.

hexagone *sm* esagono.

hiatus *sm* iato.

hibernation *sf* ibernazione.

hiberner *v intr* ibernare, andare in letargo.

hibou (*pl* -**oux**) *sm* gufo.

hideux (-euse) *adj* orrendo.

hier *adv*, *sm* ieri ◊ **hier (au) matin**, **hier (au) soir** ieri mattina, ieri sera.

hiérarchie *sf* gerarchia.

hiérarchique *adj* gerarchico.

hiéroglyphe *sm* geroglifico.

hi-fi *sf* alta fedeltà, hi-fi (*m*).

hilare *adj* ilare, gaio.

hindou *adj*, *sm* indù (*m/f*).

hippique *adj* ippico.

hippisme *sm* ippica (*f*).

hippodrome *sm* ippodromo.

hippopotame *sm* ippopotamo.

hirondelle *sf* rondine.

hirsute *adj* irsuto; ispido.

hispanique *adj* ispanico.

hisser *v tr* issare, alzare ◊ *v réfl* issarsi.

histoire *sf* storia ◊ **faire des histoires** fare storie; **histoire de** tanto per, solo per; **histoire de rire** tanto per ridere.

historien (-enne) *sm* storico.

historique *adj* storico ◊ *sm* cronistoria (*f*).

hiver *sm* inverno ◊ **en hiver** d'inverno.

hivernal (*pl* -**aux**) *adj* invernale.

hiverner *v intr* svernare.

hocher *v tr* ◊ **hocher la tête** scuotere la testa.

hochet *sm* sonaglino, ninnolo (per neonati).

hockey *sm* hockey ◊ **hockey sur glace**, **sur gazon** hockey su ghiaccio, su prato.

hollandais *adj*, *sm* olandese.

holocauste *sm* olocausto.

homard *sm* gambero marino, astice.

homéopathie *sf* omeopatia.

homéopathique *adj* omeopatico.

homicide *sm* omicidio ◊ *adj*, *sm/f* omicida.

hommage *sm* omaggio.

homme *sm* uomo ◊ **jeune homme** giovanotto; **honnête homme** galantuomo; **homme d'affaires** uomo d'affari; **d'homme à homme** da uomo a uomo.

homo *adj*, *sm* (*familier*) gay, omosessuale (*m/f*).

homogène *adj* omogeneo.

homologue *adj* omologo.

homonyme *adj*, *sm* omonimo.

homosexuel (-elle) *adj*, *sm* omosessuale (*m/f*).

hongrois *adj*, *sm* ungherese (*m/f*).

honnête *adj* onesto ◊ **prix honnête** prezzo ragionevole.

honnêteté *sf* onestà.

honneur *sm* onore ◊ *pl* onori, onoranze (*f*) ◊ **en l'honneur de** in onore di; **pour l'honneur** per l'onore, per la gloria.

honni *adj* disprezzato, maledetto.

honorable *adj* onorevole; degno di stima, rispettabile.

honoraire *adj* onorario ◊ *sm pl* onorario (*sing*), parcella (*f sing*).
honorer *v tr* onorare, fare onore a ◊ *v réfl* onorarsi, sentirsi onorato.
honte *sf* vergogna; ritegno (*m*), pudore (*m*) ◊ **avoir honte de** vergognarsi di; **faire honte à quelqu'un** far vergognare qualcuno.
honteux (-euse) *adj* vergognoso ◊ **être honteux de** vergognarsi di.
hôpital (*pl* **-aux**) *sm* ospedale.
hoquet *sm* singhiozzo.
horaire *adj*, *sm* orario.
horde *sf* orda, torma.
horizon *sm* orizzonte.
horizontal (*pl* **-aux**) *adj* orizzontale ◊ **à l'horizontale** in posizione orizzontale.
horloge *sf* orologio (*m*).
horloger *sm* orologiaio.
horlogerie *sf* orologeria.
hormis *prep* eccetto, tranne.
hormone *sf* ormone (*m*).
horoscope *sm* oroscopo.
horreur *sf* orrore (*m*) ◊ **avoir horreur de** detestare.
horrifiant *adj* raccapricciante.
horrifier *v tr* far inorridire.
horripilant *adj* orripilante, raccapricciante.
horripiler *v tr* esasperare, irritare.
hors *prep* fuori ◊ **hors saison** fuori stagione; **hors ligne** eccezionale; **hors pair** senza pari; **hors de** fuori da; **hors d'atteinte** fuori tiro; **hors de danger** fuori pericolo; **hors de prix** carissimo; **hors de question** fuori questione; **hors de soi** fuori di sé; **hors d'usage** fuori uso.
hors-bord *sm inv* fuoribordo.
hors-d'œuvre *sm inv* antipasto.
hors-jeu *sm inv* fuorigioco.
hors-la-loi *sm inv* fuorilegge (*m/f*).
hortensia *sm* ortensia (*f*).
horticulture *sf* orticoltura.
hospice *sm* ospizio.
hospitalier (-ère) *adj* ospitale ◊ *adj*, *sm* ospedaliero.
hospitaliser *v tr* ricoverare (in ospedale).
hospitalité *sf* ospitalità.
hostile *adj* ostile.

hostilité *sf* ostilità.
hot-dog *sm* hot dog.
hôte (hôtesse) *sm* ospite ◊ **chambre d'hôte** camera in affitto.
hôtel *sm* albergo; palazzo ◊ **hôtel de ville** municipio; **hôtel particulier** residenza privata (*en ville*); **maître d'hôtel** direttore di sala.
hôtelier (-ère) *adj* alberghiero ◊ *sm* albergatore.
hôtellerie *sf* albergo (*m*); industria alberghiera.
hotte *sf* gerla; cappa ◊ **hotte aspirante** cappa (d'aspirazione).
houblon *sm* luppolo.
houille *sf* carbon (*m*) fossile.
houillère *sf* miniera di carbon fossile.
houle *sf* onda lunga ◊ *pl* marosi (*m*), cavalloni (*m*).
houlette *sf* bastone (*m*) da pastore ◊ **sous la houlette de** sotto la guida di.
houleux (-euse) *adj* (*mer*) mosso, agitato; (*fig*) burrascoso.
houppe *sf* nappa, ciuffo (*m*).
hourra *interj*, *sm* urrà, evviva.
housse *sf* fodera.
houx *sm* agrifoglio.
hublot *sm* oblò.
huche *sf* madia.
huée *sf* urlo (*m*), schiamazzo (*m*).
huer *v tr* fischiare.
huile *sf* olio (*m*) ◊ **huile d'olive** olio d'oliva; **huile solaire** olio solare; **peinture à l'huile** pittura a olio; **mer d'huile** mare liscio come un olio.
huiler *v tr* oliare, lubrificare.
huilier (-ère) *adj* oleario ◊ *sm* oliera (*f*).
huis *sm* uscio ◊ **à huis clos** a porte chiuse.
huissier *sm* usciere; ufficiale giudiziario.
huit *adj num cardinale*, *sm* otto ◊ **huit cents** ottocento; **huit centième** ottocentesimo.
huitième *adj num ordinale*, *sm* ottavo.
huître *sf* ostrica.
humain *adj*, *sm* umano.
humaniser *v tr* rendere più umano ◊ *v réfl* diventare più umano.
humanité *sf* umanità ◊ *pl* studi (*m*) umanistici.

humble *adj* umile.
humecter *v tr* inumidire ◊ *v réfl* inumidirsi.
*h*umer *v tr* aspirare; respirare.
humeur *sf* umore (*m*) ◊ **d'humeur à** in vena di; **de bonne, de mauvaise humeur** di buon, cattivo umore.
humide *adj, sm* umido.
humidificateur *sm* umidificatore.
humidité *sf* umidità.
humiliation *sf* umiliazione.
humilier *v tr* umiliare ◊ *v réfl* umiliarsi.
humoriste *adj, sm/f* umorista.
humoristique *adj* umoristico.
humour *sm* umorismo.
humus *sm* humus, terriccio.
*h*urlement *sm* urlo.
*h*urler *v intr* urlare, strillare; ululare.
hurluberlu *sm* tipo strambo, strampalato.
*h*utte *sf* capanna, capanno (*m*).
hybride *adj, sm* ibrido.
hydraulique *adj* idraulico ◊ *sf* idraulica.
hydravion *sm* idrovolante.
hydr(o)- *préfixe* idr(o)-.
hydrogène *sm* idrogeno.
hydrophile *adj* idrofilo.
hydrostatique *adj* idrostatico ◊ *sf* idrostatica.
*h*yène *sf* iena.
hygiène *sf* igiene.
hygiénique *adj* igienico.
hymne *sm* inno.
hyper- *préfixe* iper-.
hyperlien *sm* (*inform*) link.
hypermarché *sm* ipermercato.
hypertension *sf* ipertensione.
hypertexte *sm* (*inform*) ipertesto.
hypnose *sf* ipnosi.
hypnotiser *v tr* ipnotizzare; (*fig*) affascinare.
hypocrisie *sf* ipocrisia.
hypocrite *adj, sm/f* ipocrita.
hypothèque *sf* ipoteca.
hypothéquer *v tr* ipotecare.
hypothèse *sf* ipotesi.
hystérie *sf* isteria, isterismo (*m*).

I

ïambe *sm* giambo.
ibérique *adj* iberico.
ici *adv* qui, qua ◊ **d'ici là** da qui a laggiù, da qui ad allora; **d'ici peu** fra poco; **jusqu'ici** fin qui, finora; **par ici** per di qua.
icône *sf* icona.
idéal (*pl* -als -aux) *adj, sm* ideale.
idéaliser *v tr* idealizzare.
idéaliste *adj* idealistico ◊ *sm/f* idealista.
idée *sf* idea ◊ **venir à l'idée** venire in mente; **avoir une idée de** avere idea di; **avoir une haute idée de** avere un'alta opinione di; **avoir des idées noires** vedere tutto nero.
identification *sf* identificazione.
identifier *v tr* identificare ◊ *v réfl* identificarsi.
identique *adj* identico.
identité *sf* identità.
idéologie *sf* ideologia.
idiomatique *adj* idiomatico.
idiome *sm* idioma.
idiot *adj, sm* idiota (*m/f*).
idiotie *sf* idiozia.
idolâtrer *v tr* idolatrare.
idolâtrie *sf* idolatria.
idole *sf* idolo (*m*).
idylle *sf* idillio (*m*).
if *sm* (*bot*) tasso.
igloo *sm* iglù.
ignare *adj, sm/f* ignorante ◊ **ignare en** ignorante in materia di
ignoble *adj* ignobile; spregevole.
ignominie *sf* ignominia.
ignorance *sf* ignoranza ◊ **tenir dans l'ignorance (de)** tenere all'oscuro (di).
ignorant *adj, sm* ignorante (*m/f*) ◊ **faire l'ignorant** fare lo gnorri.
ignorer *v tr* ignorare ◊ *v réfl* ignorarsi.
il *pron* egli; lui; (*animal ou chose*) esso, lui ◊ **il pleut** piove; **il est minuit** è mezzanotte.
île *sf* isola.
illégal (*pl* -aux) *adj* illegale.
illégitime *adj* illegittimo.
illettré *adj, sm* analfabeta (*m/f*).
illicite *adj* illecito.
illimité *adj* illimitato.

illisible *adj* illeggibile.
illumination *sf* illuminazione (*aussi fig*).
illuminer *v tr* illuminare (*aussi fig*) ◊ *v réfl* illuminarsi. (*aussi fig*).
illusion *sf* illusione ◊ **illusion d'optique** illusione ottica.
illusoire *adj* illusorio.
illustration *sf* illustrazione.
illustre *adj* illustre.
illustrer *v tr* illustrare.
îlot *sm* isolotto, isoletta (*f*); isolato.
ils *pron pl* essi; loro.
image *sf* immagine; figura, illustrazione; (*ciné*) fotogramma (*m*) ◊ **livre d'images** libro illustrato; **image de marque** immagine commerciale.
imagé *adj* immaginoso.
imagerie *sf* immagini (*pl*); stampe (*pl*) popolari; iconografia.
imaginaire *adj*, *sm* immaginario.
imaginatif (-ive) *adj* immaginativo, ricco di immaginazione.
imagination *sf* immaginazione.
imaginer *v tr* immaginare; ideare, escogitare ◊ *v réfl* immaginarsi.
imbattable *adj* imbattibile; insuperabile.
imbécile *adj*, *sm/f* imbecille.
imbécillité *sf* imbecillità.
imberbe *adj* imberbe.
imbiber *v tr* imbevere, impregnare ◊ *v réfl* impregnarsi.
imbriquer *v tr* embricare ◊ *v réfl* incastrarsi.
imbuvable *adj* imbevibile.
imitateur (-trice) *sm* imitatore.
imitation *sf* imitazione.
imiter *v tr* imitare.
immaculé *adj* immacolato; (*fig*) puro.
immangeable *adj* immangiabile.
immanquable *adj* immancabile, inevitabile.
immatériel (-elle) *adj* immateriale.
immatriculation *sf* immatricolazione ◊ **plaque d'immatriculation** targa automobilistica.
immatriculer *v tr* immatricolare.
immédiat *adj*, *sm* immediato ◊ **dans l'immédiat** per il momento.
immense *adj* immenso.
immensité *sf* immensità.

immerger *v tr* immergere ◊ *v réfl* immergersi.
immérité *adj* immeritato.
immersion *sf* immersione.
immeuble *sm* edificio, stabile, caseggiato; (bene) immobile.
immigrant *adj*, *sm* immigrante (*m/f*).
immigration *sf* immigrazione.
immigrer *v intr* immigrare.
imminent *adj* imminente.
immiscer (s') *v réfl* immischiarsi, intromettersi.
immobile *adj* immobile.
immobilier (-ère) *adj* immobiliare.
immobilisation *sf* immobilizzazione; (*comm*) immobilizzo (*m*).
immobiliser *v tr* immobilizzare ◊ *v réfl* immobilizzarsi.
immobilité *sf* immobilità.
immodéré *adj* smodato; eccessi-vo.
immodeste *adj* immodesto.
immonde *adj* immondo; turpe, ignobile.
immondices *sf pl* immondizie, spazzatura (*sing*).
immoral (pl -aux) *adj* immorale.
immortaliser *v tr* immortalare.
immortalité *sf* immortalità.
immortel (-elle) *adj*, *sm* immortale (*m/f*).
immuable *adj* immutabile.
immunisation *sf* immunizzazione.
immuniser *v tr* immunizzare.
immunité *sf* immunità; esenzione.
impact *sm* impatto (*aussi fig*).
impair *adj* dispari.
impardonnable *adj* imperdonabile.
imparfait *adj*, *sm* imperfetto.
impartial (pl -aux) *adj* imparziale.
impartialité *sf* imparzialità.
impasse *sf* strada senza uscita, vicolo (*m*) cieco (*aussi fig*).
impassible *adj* impassibile, imperturbabile.
impatience *sf* impazienza.
impatienter *v tr* spazientire ◊ *v réfl* spazientirsi.
impayable *adj* impagabile.
impayé *adj* insoluto, non pagato.
impeccable *adj* impeccabile; perfetto.
impénétrable *adj* impenetrabile.
impératif (-ive) *adj*, *sm* imperativo.

impératrice *sf* imperatrice.
imperceptible *adj* impercettibile.
imperfection *sf* imperfezione.
impérial (*pl* -aux) *adj* imperiale.
impérialisme *sm* imperialismo.
impérialiste *adj, sm/f* imperialista.
impérieux (-euse) *adj* imperioso.
imperméable *adj, sm* impermeabile.
impersonnel (-elle) *adj* imp.
impertinence *sf* impertinenza.
imperturbable *adj* imperturbabile.
impétueux (-euse) *adj* impetuoso.
impie *adj, sm* empio.
impitoyable *adj* spietato, inesorabile.
implacable *adj* implacabile.
implanter *v tr* impiantare (*entreprise, usine*); introdurre (*idée, mode*) ◊ *v réfl* insediarsi, stabilirsi.
implication *sf* implicazione.
implicite *adj* implicito.
impliquer *v tr* implicare ◊ *v réfl* (*familier*) impegnarsi.
implorer *v tr* implorare.
impoli *adj* sgarbato, scortese, maleducato ◊ *sm* maleducato.
impolitesse *sf* maleducazione; scortesia, sgarbo (*m*).
importance *sf* importanza ◊ **attacher de l'importance à quelque chose** dare importanza a qualcosa; **d'importance** importante, rilevante.
important *adj* importante; notevole, considerevole.
importateur (-trice) *sm* importatore.
importation *sf* importazione.
importer *v tr/intr* importare ◊ **n'importe qui**, chiunque; **n'importe quoi** qualunque cosa; **n'importe quel, quelle** qualunque, qualsiasi; **n'importe lequel, laquelle, lesquels, les-quelles** uno qualunque, non importa quale; **n'importe où** ovunque; **n'importe quand** in qualunque momento; **n'importe comment** in qualunque modo.
importun *adj, sm* importuno.
importuner *v tr* importunare.
imposable *adj* (*fin*) tassabile, imponibile.
imposant *adj* imponente; considerevole.
imposer *v tr* imporre; tassare ◊ *v réfl* imporsi ◊ **en imposer à quel-**

qu'un imporsi, mettere in soggezione qualcuno.
imposition *sf* imposizione.
impossible *adj, sm* impossibile.
imposteur *sm* impostore.
imposture *sf* impostura.
impôt *sm* imposta (*f*), tassa (*f*).
impotent *adj, sm* invalido.
impraticable *adj* inattuabile, irrealizzabile; impraticabile.
imprécation *sf* imprecazione.
imprécis *adj* impreciso.
imprécision *sf* imprecisione.
imprégner *v tr* impregnare ◊ *v réfl* impregnarsi.
imprenable *adj* imprendibile, inespugnabile ◊ **vue imprenable** vista panoramica.
impression *sf* impressione; stampa ◊ **faire impression** fare impressione; **avoir l'impression de, que** avere l'impressione di, che; **faute d'impression** errore di stampa.
impressionner *v tr* impressionare.
impressionnisme *sm* (*art*) impressionismo.
imprévisible *adj* imprevedibile.
imprévoyance *sf* imprevidenza.
imprévoyant *adj, sm* imprevidente (*m/f*).
imprévu *adj, sm* imprevisto.
imprimante *sf* (*inform*) stampante.
imprimé *adj* stampato ◊ *sm* stampa (*f*); modulo, stampato.
imprimer *v tr* stampare; pubblicare, dare alle stampe.
imprimerie *sf* stampa; tipografia, stamperia.
imprimeur *sm* tipografo, stampatore.
improbable *adj* improbabile.
improductif (-ive) *adj* improduttivo, infruttifero.
impromptu *adj* improvvisato ◊ *sm* (*mus*) improvviso ◊ *adv* improvvisando.
impropre *adj* improprio ◊ **impropre à** inadatto.
impropriété *sf* improprietà.
improvisation *sf* improvvisazione.
improviser *v tr* improvvisare.
improviste *sm* ◊ **à l'improviste** all'improvviso.

imprudence *sf* imprudenza.
impudence *sf* impudenza.
impudique *adj* impudico.
impuissance *sf* impotenza; impossibilità.
impulsif (-ive) *adj, sm* impulsivo.
impulsion *sf* impulso (*m*).
impur *adj* impuro.
impureté *sf* impurità.
imputation *sf* imputazione.
imputer *v tr* imputare; attribuire.
inabordable *adj* inavvicinabile; inaccessibile.
inacceptable *adj* inaccettabile.
inaccessible *adj* inaccessibile; irraggiungibile ◊ **inaccessible à** insensibile a.
inaccoutumé *adj* insolito, inconsueto.
inachevé *adj* incompiuto.
inactif (-ive) *adj* inattivo, inoperoso.
inaction *sf* inazione, inoperosità.
inadmissible *adj* inammissibile.
inadvertance *sf* inavvertenza ◊ **par inadvertance** inavvertitamente.
inanimé *adj* inanimato, esanime.
inanition *sf* inedia.
inaperçu *adj* inosservato.
inappliqué *adj* svogliato, negligente.
inappréciable *adj* inestimabile.
inapte *adj* inabile, inadatto.
inattendu *adj* inatteso, inaspettato.
inattentif (-ive) *adj* disattento, distratto ◊ **inattentif à** incurante di.
inaugural (*pl* -aux) *adj* inaugurale.
inaugurer *v tr* inaugurare.
inavouable *adj* inconfessabile.
inavoué *adj* inconfessato.
incalculable *adj* incalcolabile.
incandescence *sf* incandescenza.
incapable *adj, sm/f* incapace.
incapacité *sf* incapacità; inettitudine; inabilità, invalidità.
incarcérer *v tr* incarcerare.
incarner *v tr* incarnare ◊ *v réfl* incarnarsi.
incartade *sf* scappatella; stravaganza.
incassable *adj* infrangibile.
incendiaire *adj, sm/f* incendiario (*m*).
incendie *sm* incendio.
incendier *v tr* incendiare.
incertain *adj, sm* incerto.

incertitude *sf* incertezza; dubbio (*m*), esitazione.
incessamment *adv* incessantemente; immediatamente.
incessant *adj* incessante.
inceste *sm* incesto.
inchangé *adj* immutato.
incidence *sf* incidenza ◊ **avoir incidence sur** incidere su.
incident *sm* incidente ◊ *adj* incidentale.
incinération *sf* incenerimento (*m*); cremazione.
incinérer *v tr* incenerire; cremare.
incisif (-ive) *adj* incisivo.
incision *sf* incisione.
incisive *sf* (*dent*) incisivo (*m*).
incitation *sf* incitamento (*m*); (*jur*) istigazione.
inciter *v tr* incitare; istigare.
inclinaison *sf* inclinazione; pendenza.
inclination *sf* inclinazione, tendenza; cenno (*m*) (del capo).
incliner *v tr* inclinare; chinare ◊ *v intr* propendere, essere incline a ◊ *v réfl* inchinarsi.
inclure *v tr* includere, allegare.
inclus *adj* incluso, compreso.
incognito *adv, sm* (in) incognito.
incohérence *sf* incoerenza.
incohérent *adj* incoerente.
incolore *adj* incolore.
incomber *v intr* incombere; spettare, competere.
incommode *adj* scomodo; fastidioso.
incommoder *v tr* disturbare, infastidire.
incomparable *adj* incomparabile.
incompatible *adj* incompatibile, inconciliabile.
incompétent *adj* incompetente.
incomplet *adj* incompleto.
incompréhensible *adj* incomprensibile.
incompris *adj* incompreso.
inconcevable *adj* inconcepibile.
inconciliable *adj* inconciliabile.
inconditionnel (-elle) *adj* incondizionato, assoluto.
incongru *adj* sconveniente, scorretto.
inconnu *adj, sm* sconosciuto.
inconnue *sf* incognita.
inconscience *sf* incoscienza.

inconscient *adj* incosciente; inconsapevole ◊ *sm* incosciente (*m/f*); inconscio.

inconséquence *sf* incoerenza, inconseguenza.

inconsidéré *adj* sconsiderato.

inconsistance *sf* inconsistenza.

incontestable *adj* incontestabile.

incontinence *sf* incontinenza.

incontrôlable *adj* incontrollabile.

inconvenance *sf* sconvenienza.

inconvenant *adj* sconveniente.

inconvénient *sm* inconveniente; svantaggio.

incorporer *v tr* incorporare.

incorrect *adj* scorretto, inesatto.

incorrigible *adj* incorreggibile.

incorruptible *adj* incorruttibile.

incrédule *adj*, *sm/f* incredulo (*m*).

increvable *adj* (*pneu*) che non si fora, che non scoppia; (*fig, familier*) instancabile.

incriminer *v tr* incriminare.

incroyable *adj* incredibile.

incrustation *sf* incrostazione.

incruster *v tr* incrostare ◊ *v réfl* incrostarsi.

incubateur *sm* incubatrice (*f*) (*pour les œufs*).

incubation *sf* incubazione.

inculpation *sf* imputazione.

inculpé *sm* imputato ◊ *adj* incolpato.

inculper *v tr* incolpare; incriminare, accusare.

inculquer *v tr* inculcare.

inculte *adj* incolto, rozzo.

incurable *adj*, *sm/f* incurabile.

incursion *sf* incursione.

incurver *v tr* incurvare, curvare ◊ *v réfl* incurvarsi.

indécence *sf* indecenza.

indécent *adj* indecente.

indéchiffrable *adj* indecifrabile.

indécis *adj*, *sm* incerto, indeciso.

indécision *sf* indecisione.

indéfini *adj*, *sm* indefinito.

indéfinissable *adj* indefinibile.

indélébile *adj* indelebile.

indélicat *adj* indelicato; poco onesto.

indemne *adj* indenne, incolume.

indemniser *v tr* indennizzare, risarcire.

indemnité *sf* indennità.

indéniable *adj* innegabile, inconfutabile.

indépendamment *adv* indipendentemente.

indépendance *sf* indipendenza.

indescriptible *adj* indescrivibile.

indésirable *adj* indesiderabile.

indestructible *adj* indistruttibile.

indéterminé *adj* indeterminato.

index *sm* indice.

indicateur (-trice) *adj* indicatore ◊ *sm* indicatore, guida (*f*); (*informateur*) informatore ◊ **panneau indicateur** cartello stradale.

indicatif (-ive) *adj* indicativo ◊ *sm* (*gramm*) indicativo; (*télépho-ne*) préfixe; sigla (*f*) (*d'une émission*).

indication *sf* indicazione.

indice *sm* indizio; indice.

indicible *adj* indicibile.

indien (-enne) *adj*, *sm* indiano.

indifférence *sf* indifferenza.

indifférent *adj*, *sm* indifferente (*m/f*) ◊ **ça m'est indifférent** per me è indifferente.

indigence *sf* indigenza, povertà.

indigène *adj*, *sm/f* indigeno (*m*).

indigeste *adj* indigesto.

indigestion *sf* indigestione.

indignation *sf* indignazione, sdegno (*m*).

indigne *adj* indegno.

indigner *v tr* indignare ◊ *v réfl* indignarsi.

indignité *sf* indegnità.

indiquer *v tr* indicare; rivelare.

indirect *adj* indiretto.

indiscipliné *adj* indisciplinato.

indiscret (-ète) *adj* indiscreto.

indiscrétion *sf* indiscrezione.

indiscutable *adj* indiscutibile.

indispensable *adj*, *sm* indispensabile.

indisponible *adj* indisponibile.

indisposition *sf* indisposizione.

indistinct *adj* indistinto.

individu *sm* individuo.

individualisme *sm* individualismo.

individuel (-elle) *adj* individuale.

indolence *sf* indolenza.

indolore *adj* indolore.

indomptable *adj* indomito, indomabile.

indonésien (-enne) *adj*, *sm* indonesiano.
indu *adj* indebito; inopportuno.
indubitable *adj* indubitabile; incontestabile.
induction *sf* induzione.
induire *v tr* indurre.
indulgence *sf* indulgenza.
indulgent *adj* indulgente.
industrialiser *v tr* industrializzare.
industrie *sf* industria.
industriel (-elle) *adj*, *sm* industriale *(m/f)*.
industrieux (-euse) *adj* industrioso.
inébranlable *adj* incrollabile, saldo.
inédit *adj*, *sm* inedito.
ineffable *adj* ineffabile.
ineffaçable *adj* incancellabile, indelebile.
inefficace *adj* inefficace.
inégal (pl -aux) *adj* ineguale, disuguale ◊ **match inégal** partita impari; **terrain inégal** terreno irregolare.
inégalable *adj* ineguagliabile.
inégalité *sf* disuguaglianza; irregolarità.
inepte *adj* insulso, insensato.
ineptie *sf* insulsaggine, sciocchezza.
inépuisable *adj* inesauribile.
inerte *adj* inerte, immobile.
inertie *sf* inerzia.
inespéré *adj* insperato.
inévitable *adj*, *sm* inevitabile.
inexact *adj* inesatto; non puntuale.
inexcusable *adj* imperdonabile.
inexorable *adj* inesorabile.
inexpérimenté *adj* inesperto, senza esperienza; non sperimentato.
inexplicable *adj* inspiegabile.
inexploité *adj* non sfruttato.
inexploré *adj* inesplorato.
inexpressif (-ive) *adj* inespressivo.
inexprimable *adj* inesprimibile, indicibile.
inextinguible *adj* inestinguibile.
inextricable *adj* inestricabile.
infaillible *adj* infallibile.
infamant *adj* infamante.
infâme *adj* infame.
infamie *sf* infamia.
infanterie *sf* fanteria.

infanticide *sm* infanticidio ◊ *adj*, *sm/f* infanticida.
infarctus *sm* infarto.
infatigable *adj* instancabile, infaticabile.
infect *adj* fetido; *(familier)* schifoso, ripugnante.
infecter *v tr* infettare; appestare ◊ *v réfl* infettarsi.
infectieux (-euse) *adj* infettivo.
infection *sf* infezione; fetore *(m)*.
inférieur *adj*, *sm* inferiore.
infériorité *sf* inferiorità.
infernal (pl -aux) *adj* infernale.
infester *v tr* infestare.
infidèle *adj*, *sm/f* infedele.
infidélité *sf* infedeltà.
infiltration *sf* infiltrazione.
infiltrer (s') *v réfl* infiltrarsi.
infime *adj* infimo; infinitesimale, minimo.
infini *adj*, *sm* infinito.
infiniment *adv* infinitamente.
infinité *sf* infinità.
infirme *adj*, *sm/f* infermo *(m)*.
infirmer *v tr* invalidare.
infirmerie *sf* infermeria.
infirmier (-ère) *sm* infermiere.
infirmité *sf* infermità, menomazione.
inflammable *adj* infiammabile.
inflammation *sf* infiammazione.
inflation *sf* inflazione.
infléchir *v tr* flettere, piegare; *(fig)* modificare.
inflexible *adj* inflessibile.
inflexion *sf* inflessione.
infliger *v tr* infliggere.
influence *sf* influenza, influsso *(m)*.
influencer *v tr* influenzare.
influent *adj* influente.
influer *v intr* influire.
influx *sm* influsso.
information *sf* informazione ◊ *pl* giornale radio *(m sing)*; telegiornale *(m sing)*.
informatique *sf* informatica ◊ *adj* informatico.
informe *adj* informe.
informel (-lle) *adj*, *sm* informale.
informer *v tr* informare ◊ *v intr (jur)* aprire un'indagine ◊ *v réfl* informarsi.
infortune *sf* sfortuna.

infortuné *adj, sm* sfortunato.
infraction *sf* infrazione.
infranchissable *adj* insuperabile, insormontabile.
infrarouge *adj, sm* infrarosso.
infrastructure *sf* infrastruttura.
infructueux (-euse) *adj* infruttuoso.
infus *adj* infuso ◊ **science infuse** scienza infusa.
infuser *v tr* fare un infuso di; infondere ◊ **laisser, faire infuser** lasciare in infusione.
infusion *sf* infuso (*m*), infusione.
ingénier (s') *v réfl* sforzarsi, ingegnarsi.
ingénieur *sm* ingegnere ◊ **ingénieur système** analista di sistemi.
ingénieux (-euse) *adj* ingegnoso.
ingénu *adj, sm* ingenuo.
ingérer *v tr* ingerire, inghiottire ◊ *v réfl* intromettersi.
ingrat *adj, sm* ingrato.
ingratitude *sf* ingratitudine.
inguérissable *adj* inguaribile.
ingurgiter *v tr* ingurgitare.
inhabité *adj* disabitato.
inhabituel (-elle) *adj* insolito.
inhalation *sf* inalazione.
inhérent *adj* inerente; intrinseco.
inhibition *sf* inibizione.
inhospitalier (-ère) *adj* inospitale.
inhumain *adj* inumano, disumano.
inhumer *v tr* inumare.
inimaginable *adj* inimmaginabile.
inimitié *sf* inimicizia.
iniquité *sf* iniquità.
initial (pl -aux) *adj* iniziale.
initiateur (-trice) *adj, sm* iniziatore.
initiative *sf* iniziativa ◊ **syndicat d'initiative** azienda autonoma di soggiorno.
initier *v tr* iniziare ◊ *v réfl* avviarsi; accostarsi.
injecter *v tr* iniettare.
injection *sf* iniezione.
injonction *sf* ingiunzione.
injure *sf* ingiuria, insulto (*m*).
injurier *v tr* ingiuriare, insultare.
injuste *adj* ingiusto.
injustice *sf* ingiustizia.
injustifié *adj* ingiustificato.

inlassable *adj* instancabile, infaticabile.
inné *adj* innato.
innocence *sf* innocenza.
innocent *adj, sm* innocente (*m/f*).
innocenter *v tr* scagionare, assolvere.
innombrable *adj* innumerevole.
innommable *adj* innominabile.
innovation *sf* innovazione.
innover *v tr* rinnovare ◊ *v intr* introdurre delle innovazioni.
inobservation *sf* inosservanza.
inoccupé *adj* libero; inoperoso.
inoculer *v tr* inoculare.
inodore *adj* inodoro.
inoffensif (-ive) *adj* inoffensivo.
inondation *sf* inondazione.
inonder *v tr* inondare, allagare; (*fig*) invadere.
inopérant *adj* inoperante, inefficace.
inopiné *adj* improvviso, inatteso.
inopportun *adj* inopportuno.
inoubliable *adj* indimenticabile.
inouï *adj* inaudito; straordinario.
inqualifiable *adj* inqualificabile.
inquiet (-ète) *adj* inquieto; preoccupato.
inquiéter *v tr* inquietare; preoccupare ◊ *v réfl* preoccuparsi.
inquiétude *sf* inquietudine; preoccupazione, apprensione.
inquisiteur (-trice) *adj, sm* inquisitore.
inquisition *sf* inquisizione.
insaisissable *adj* inafferrabile; (*fig*) impercettibile.
insanité *sf* sciocchezza, assurdità.
insatiable *adj* insaziabile.
insatisfait *adj* insoddisfatto.
inscription *sf* iscrizione; scritta.
inscrire *v tr* iscrivere; annotare ◊ *v réfl* iscriversi.
insecte *sm* insetto.
insécurité *sf* insicurezza.
insémination *sf* inseminazione ◊ **insémination artificielle** inseminazione artificiale.
insensé *adj* insensato, assurdo.
insensibiliser *v tr* desensibilizzare; anestetizzare.
insensible *adj* insensibile; impercettibile.

insensiblement *adv* insensibilmente, impercettibilmente.

inséparable *adj* inseparabile.

insérer *v tr* inserire ◊ *v réfl* inserirsi; integrarsi.

insertion *sf* inserzione; inserimento (*m*).

insidieux (-euse) *adj* insidioso.

insigne *adj* insigne ◊ *sm* insegna (*f*); distintivo.

insignifiant *adj* insignificante.

insinuation *sf* insinuazione.

insinuer *v tr* insinuare ◊ *v réfl* insinuarsi, introdursi.

insipide *adj* insipido.

insistance *sf* insistenza.

insister *v intr* insistere.

insolation *sf* insolazione.

insolence *sf* insolenza, arroganza.

insolent *adj, sm* insolente (*m/f*), arrogante (*m/f*) ◊ **chance insolente** fortuna sfacciata.

insolite *adj* insolito.

insoluble *adj* insolubile.

insolvable *adj, sm* (*jur*) insolvibile, insolvente (*m/f*).

insomnie *sf* insonnia ◊ **avoir des insomnies** soffrire d'insonnia.

insondable *adj* insondabile.

insonoriser *v tr* insonorizzare, isolare acusticamente.

insouciant *adj* noncurante, spensierato.

insoumis *adj* insubordinato, ribelle ◊ *sm* (*milit*) renitente.

insoumission *sf* insubordinazione; (*milit*) renitenza.

insoupçonnable *adj* insospettabile.

inspecter *v tr* ispezionare.

inspecteur (-trice) *sm* ispettore.

inspection *sf* ispezione; ispettorato (*m*).

inspirateur (-trice) *sm* ispiratore.

inspiration *sf* ispirazione; inspirazione.

inspirer *v tr* ispirare; inspirare ◊ *v réfl* ispirarsi ◊ **s'inspirer de** ispirarsi a.

instable *adj* instabile.

installation *sf* installazione, sistemazione; impianto (*m*).

installer *v tr* installare; sistemare ◊ *v réfl* installarsi; sistemarsi.

instamment *adv* insistentemente.

instance *sf* istanza ◊ *pl* organismi (*m*), organizzazioni ◊ **instances internationales** organismi internazionali.

instant *sm* istante, momento ◊ **dans un instant** tra un attimo; **à l'instant** all'istante, immediatamente; in questo momento; **à l'instant où** nel preciso momento in cui; **dès l'instant que** dal momento che.

instantané *adj* istantaneo ◊ *sm* (*phot*) istantanea (*f*).

instar ◊ **à l'instar de** seguendo l'esempio di, come.

instaurer *v tr* instaurare.

instigateur (-trice) *sm* istigatore.

instigation *sf* istigazione.

instinct *sm* istinto ◊ **d'instinct** d'istinto, istintivamente.

instituer *v tr* istituire.

institut *sm* istituto.

instituteur (-trice) *sm* maestro (elementare).

institution *sf* istituzione.

institutionnel (-elle) *adj* istituzionale.

instruction *sf* istruzione; (*jur*) istruttoria ◊ *pl* istruzioni; direttive.

instruire *v tr* istruire; informare ◊ *v réfl* istruirsi.

instrument *sm* strumento.

instrumentation *sf* strumentazione.

insu *sm* ◊ **à l'insu de** all'insaputa di.

insubordination *sf* insubordinazione.

insuffisance *sf* insufficienza, scarsità ◊ *pl* lacune, deficienze.

insuffler *v tr* insufflare, inalare; (*fig*) infondee.

insularité *sf* insularità.

insuline *sf* (*chim*) insulina.

insulte *sf* insulto (*m*).

insulter *v tr* insultare.

insupportable *adj* insopportabile.

insurger (s') *v réfl* insorgere.

insurmontable *adj* insormontabile; insuperabile.

insurrection *sf* insurrezione.

intact *adj* intatto, integro.

intangible *adj* intangibile.

intarissable *adj* inesauribile.

intégral (*pl* **-aux**) *adj* integrale.

intégration *sf* integrazione.
intégrer *v tr* integrare, inserire ◊ *v réfl* integrarsi.
intégrité *sf* integrità; onestà.
intellect *sm* intelletto.
intellectuel (**-elle**) *adj, sm* intellettuale (*m/f*).
intelligence *sf* intelligenza; comprensione; intesa, complicità ◊ **vivre en bonne, mauvaise intelligence avec** vivere in accordo, in disaccordo con.
intelligent *adj* intelligente.
intelligible *adj* intelligibile.
intempéries *sf pl* intemperie.
intempestif (**-ive**) *adj* intempestivo.
intendance *sf* intendenza.
intendant *sm* intendente (*m/f*).
intense *adj* intenso.
intensifier *v tr* intensificare ◊ *v réfl* intensificarsi.
intensité *sf* intensità.
intenter *v tr* intentare.
intention *sf* intenzione, intento (*m*) ◊ **dans l'intention de** con l'intenzione di; **à l'intention de** destinato a, in favore di.
intentionnel (**-elle**) *adj* intenzionale.
interactif (**-ive**) *adj* interattivo.
intercaler *v tr* intercalare.
intercéder *v intr* intercedere.
intercepter *v tr* intercettare.
intercontinental (*pl* **-aux**) *adj* intercontinentale.
interdiction *sf* divieto (*m*), proibizione; (*jur*) interdizione.
interdire *v tr* proibire, vietare; (*jur*) interdire.
interdit *adj* vietato, proibito; interdetto (*aussi jur*) ◊ *sm* divieto; (*jur*) interdetto.
intéressant *adj* interessante.
intéresser *v tr* interessare; riguardare ◊ *v réfl* interessarsi.
intérêt *sm* interesse.
interférence *sf* interferenza.
interférer *v intr* interferire.
intérieur *adj* interno; interiore ◊ *sm* interno; casa (*f*) ◊ **femme d'intérieur** donna di casa; **ministère de l'Intérieur** ministero degli Interni; **à l'intérieur (de)** all'interno (di), dentro (a).

intérim *sm inv* interim ◊ **par intérim** ad interim.
intérimaire *adj* interinale, provvisorio ◊ *sm/f* sostituto (*m*); supplente.
interligne *sm* interlinea (*f*).
interlocuteur (**-trice**) *sm* interlocutore.
interloquer *v tr* sconcertare, lasciare interdetto.
interlude *sm* interludio, intermezzo.
intermédiaire *adj* intermedio ◊ *sm/f* intermediario (*m*) ◊ **par l'intermédiaire de** tramite; **sans intermédiaire** direttamente.
interminable *adj* interminabile.
intermittence *sf* intermittenza ◊ **par intermittence** a intervalli.
intermittent *adj* intermittente; discontinuo.
internat *sm* internato.
international (*pl* **-aux**) *adj* internazionale.
interne *adj, sm* interno.
interner *v tr* internare.
interpellation *sf* interpellanza.
interpeller *v tr* interpellare; apostrofare.
interphone *sm* interfono, citofono.
interposer *v tr* frapporre, interporre ◊ *v réfl* frapporsi; intromettersi.
interprétation *sf* interpretazione.
interprète *sm* interprete.
interpréter *v tr* interpretare.
interrogatif (**-ive**) *adj* interrogativo.
interrogation *sf* interrogazione ◊ **point d'interrogation** punto interrogativo.
interrogatoire *sm* interrogatorio.
interroger *v tr* interrogare ◊ *v réfl* interrogarsi.
interrompre *v tr* interrompere ◊ *v réfl* interrompersi.
interrupteur *sm* interruttore.
interruption *sf* interruzione.
intersection *sf* intersezione; incrocio (*m*).
interstice *sm* interstizio.
interurbain *adj* interurbano.
intervalle *sm* intervallo ◊ **par intervalles** a intervalli.
intervenir *v intr* intervenire.
intervention *sf* intervento (*m*).
intervertir *v tr* invertire.
interview *sf* intervista.

interviewer *v tr* intervistare.
intestin *adj, sm* (*anat*) intestino.
intestinal (*pl* **-aux**) *adj* intestinale.
intime *adj* intimo.
intimer *v tr* intimare, ingiungere; (*jur*) citare.
intimider *v tr* intimidire.
intimité *sf* intimità ◊ **dans l'intimité** in privato, in famiglia.
intituler *v tr* intitolare ◊ *v réfl* intitolarsi.
intolérable *adj* intollerabile.
intolérant *adj, sm* intollerante (*m/f*).
intonation *sf* intonazione.
intoxication *sf* intossicazione.
intoxiquer *v tr* intossicare ◊ *v réfl* intossicarsi.
intraduisible *adj* intraducibile.
intraitable *adj* intrattabile; intransigente.
intransigeant *adj, sm* intransigente.
intransitif (**-ive**) *adj* intransitivo.
intraveineux (**-euse**) *adj* endovenoso.
intrépide *adj* intrepido.
intrigue *sf* intrigo (*m*); complotto (*m*); intreccio (*m*), trama.
intriguer *v intr* intrigare, brigare ◊ *v tr* incuriosire.
intrinsèque *adj* intrinseco.
introduction *sf* introduzione; presentazione.
introduire *v tr* introdurre ◊ *v réfl* introdursi.
introspection *sf* introspezione.
introuvable *adj* introvabile.
introverti *adj, sm* introverso.
intrus *adj, sm* intruso.
intrusion *sf* intrusione.
intuition *sf* intuizione; intuito (*m*).
inusable *adj* resistente, indistruttibile.
inusité *adj* inusitato.
inutile *adj* inutile.
inutilisable *adj* inutilizzabile.
invalide *adj, sm/f* invalido (*m*).
invalider *v tr* invalidare.
invalidité *sf* invalidità.
invasion *sf* invasione.
invective *sf* invettiva.
invendu *adj* invenduto.
inventaire *sm* inventario ◊ **sous bénéfice d'inventaire** con beneficio d'inventario.

inventer *v tr* inventare.
inventeur (**-trice**) *sm* inventore.
inventif (**-ive**) *adj* inventivo.
invention *sf* invenzione.
inventorier *v tr* inventariare, fare l'inventario di.
inverse *adj, sm* inverso.
inversement *adv* inversamente, viceversa.
inverser *v tr* invertire.
inversion *sf* inversione.
investigation *sf* investigazione, indagine.
investir *v tr* investire.
investissement *sm* investimento.
invétéré *adj* inveterato, incallito.
invincible *adj* invincibile.
inviolable *adj* inviolabile.
invisible *adj* invisibile.
invitation *sf* invito (*m*).
invité *adj, sm* invitato.
inviter *v tr* invitare.
invocation *sf* invocazione.
involontaire *adj* involontario.
invoquer *v tr* invocare.
invraisemblable *adj* inverosimile; incredibile.
iode *sm* iodio ◊ **teinture d'iode** tintura di iodio.
ionique *adj, sm* (*arch*) ionico.
ionisation *sf* (*phys*) ionizzazione.
ionosphère *sf* ionosfera.
ionophorèse *sf* (*méd*) ionoforesi.
irakien (**-enne**) *adj, sm* iracheno.
iranien (**-enne**) *adj, sm* iraniano.
iris *sm* (*bot*) iris; (*anat*) iride (*f*).
irisé *adj* iridato.
irlandais *adj, sm* irlandese (*m/f*).
ironie *sf* ironia.
ironique *adj* ironico.
ironiser *v intr* ironizzare, fare dell'ironia.
irradier *v tr/intr* irradiare ◊ *v réfl* irradiarsi.
irréalisable *adj* irrealizzabile.
irréconciliable *adj* inconciliabile.
irrécusable *adj* irrecusabile.
irréductible *adj* irriducibile.
irréel (**-elle**) *adj, sm* irreale.
irréfléchi *adj* irriflessivo, impulsivo; avventato.

irréfutable *adj* inoppugnabile, irrefutabile.

irrégularité *sf* irregolarità.

irrégulier (**-ère**) *adj* irregolare.

irrémédiable *adj* irrimediabile.

irremplaçable *adj* insostituibile.

irréparable *adj*, *sm* irreparabile.

irréprochable *adj* irreprensibile.

irrésolu *adj* indeciso, irresoluto.

irrespectueux (**-euse**) *adj* irrispettoso.

irrévérencieux (**-euse**) *adj* irriverente.

irrévocable *adj* irrevocabile.

irriguer *v tr* irrigare.

irritable *adj* irritabile.

irritation *sf* irritazione.

irruption *sf* irruzione.

islamique *adj* islamico.

islamiser *v tr* islamizzare.

islamisme *sm* islamismo.

islandais *adj*, *sm* islandese (*m/f*).

isolant *adj*, *sm* isolante.

isolé *adj* isolato.

isoler *v tr* isolare.

isoloir *sm* cabina (*f*) elettorale.

israélien (**-enne**) *adj*, *sm* israeliano.

issue *sf* uscita; (*fig*) via d'uscita, soluzione; esito (*m*), conclusione ◊ **à l'issue de** al termine di.

italien (**-enne**) *adj*, *sm* italiano.

italique *sm* (*typographie*) corsivo, italico.

itinéraire *sm* itinerario.

ivoire *sf* avorio (*m*).

ivoirien (**-enne**) *adj*, *sm* ivoriano.

ivraie *sf* (*bot*) loglio (*m*); zizzania.

ivre *adj* ubriaco; ebbro (*aussi fig*).

ivresse *sf* ubriachezza; ebbrezza (*aussi fig*).

ivrogne *sm* ubriacone.

J

jacasser *v intr* gracchiare; (*fig*) cicalare.

jachère *sf* (*agr*) maggese (*m*).

jacinthe *sf* giacinto (*m*).

jactance *sf* iattanza, arroganza; (*familier*) chiacchiera, ciancia.

jadis *adv* un tempo, una volta.

jaillir *v intr* scaturire, sgorgare.

jais *sm* giaietto.

jalon *sm* picchetto; (*fig*) punto di riferimento ◊ **poser des jalons** porre le basi.

jalonner *v tr* picchettare; delimitare; segnare.

jalousie *sf* gelosia.

jaloux (**-ouse**) *adj*, *sm* geloso; invidioso.

jamais *adv* mai ◊ **jamais plus** mai più; **plus que jamais** più che mai; **à jamais, à tout jamais** per sempre.

jambe *sf* gamba ◊ **tenir la jambe à** attaccare bottone a; **par-dessous la jambe** sottogamba; **à toutes jambes** a gambe levate.

jambon *sm* prosciutto.

jante *sf* (*aut*) cerchione (*m*).

janvier *sm* gennaio.

japonais *adj*, *sm* giapponese (*m/f*).

japper *v intr* guaire.

jaquette *sf* tight (*m*); giacca (*de femme*); (*d'un livre*) sopraccoperta.

jardin *sm* giardino ◊ **jardin potager** orto; **jardin botanique** orto botanico; **jardin d'enfants** giardino d'infanzia.

jardinage *sm* giardinaggio.

jardinier (**-ère**) *sm* giardiniere.

jargon *sm* gergo.

jarret *sm* garretto; (*anat*) poplite ◊ **jarret de veau** ossobuco.

jaser *v intr* chiacchierare; spettegolare.

jasmin *sm* gelsomino.

jaspe *sm* diaspro.

jatte *sf* ciotola, scodella.

jauge *sf* capacità, misura; (*mar*) stazza; (*tech*) indicatore (*m*) ◊ **jauge d'épaisseur** calibro.

jauger *v tr* misurare; (*fig*) valutare, giudicare ◊ *v intr* (*mar*) stazzare.

jaune *adj*, *sm* giallo ◊ **jaune d'œuf** tuorlo d'uovo.

jaunir *v tr/intr* ingiallire.

javel (**eau de**) *sm* candeggina.

javelot *sm* giavellotto.

jazz *sm* (*mus*) jazz.

jean *sm* jeans (*pl*).

je *pron* io.

jersey *sm* jersey, tessuto di maglia.

jet *sm* getto; lancio; (*bot*) germoglio ◊ **d'un seul jet, du premier jet** di getto.

jetée *sf* molo (*m*); (diga a) gettata.
jeter *v tr* gettare, lanciare ◊ *v réfl* buttarsi, gettarsi ◊ **jeter dans l'embarras** mettere in imbarazzo; **jeter un coup d'œil** dare un'occhiata.
jeton *sm* gettone ◊ **faux jeton** ipocrita.
jeu *sm* gioco; (*ciné, théâtre, mus*) interpretazione (*f*) ◊ **jeu de cartes, de clés** mazzo di carte, di chiavi; **entrer dans le jeu** entrare in ballo; **cacher son jeu** nascondere le proprie carte; **mettre en jeu** rischiare, mettere in gioco; **jeu vidéo** videogioco.
jeudi *sm* giovedì.
jeun ◊ **à jeun** a digiuno.
jeune *adj, sm* giovane (*m/f*) ◊ *adv* in modo giovanile ◊ **jeune fille, jeune homme** ragazza, ragazzo; **les jeunes** i giovani.
jeûne *sm* digiuno.
jeûner *v intr* digiunare.
jeunesse *sf* giovinezza, gioventù.
joaillerie *sf* gioielleria.
joaillier (-ère) *sm* gioielliere.
jockey *sm* fantino.
joie *sf* gioia ◊ **se faire une joie de** essere contento di; **s'en donner à cœur joie** godersela un mondo.
joindre *v tr* unire, congiungere; accludere; raggiungere ◊ *v réfl* unirsi; associarsi.
joint *adj* unito; allegato ◊ *sm* giunto; giuntura (*f*); guarnizione (*f*) ◊ **à pieds joints** a piedi uniti.
jointure *sf* giuntura.
joli *adj* carino, grazioso; (*fig*) notevole ◊ *sm* bello ◊ **c'est du joli!** bella roba!
jonc *sm* giunco; (*bracelet*) cerchietto.
joncher *v tr* ricoprire, cospargere.
jonction *sf* congiunzione, congiungimento (*m*); confluenza.
jongler *v intr* fare giochi di destrezza.
jongleur *sm* giocoliere.
jonquille *sf* (*bot*) giunchiglia.
joue *sf* guancia.
jouer *v intr* giocare; (*musicien*) suonare; (*comédien*) recitare ◊ *v tr* giocare; recitare (*un rôle, etc.*); rappresentare (*la comédie, etc.*); suonare (*une mélodie, etc.*) ◊ *v réfl* prendersi gioco, burlarsi ◊ **jouer du piano** suonare il pianoforte; **jouer sa ré-**

putation giocarsi la reputazione; **jouer sur les mots** equivocare; **se jouer des difficultés** superare brillantemente le difficoltà; **faire jouer** mettere in azione, in moto.
jouet *sm* giocattolo; (*fig*) zimbello, vittima (*f*).
joueur (-euse) *sm* giocatore; (*mus*) suonatore ◊ *adj* giocherellone.
joufflu *adj* paffuto, grassottello.
joug *sm* giogo (*aussi fig*).
jouir *v intr* godere.
jouissance *sf* godimento (*m*), piacere (*m*).
joujou (*pl* -**oux**) *sm* (*familier*) giocattolo ◊ **faire joujou** giocare.
jour *sm* giorno; luce (*f*) ◊ **jour de l'an** capodanno; **il fait jour** è giorno; **être à jour** essere aggiornato; **vivre au jour le jour** vivere giorno per giorno; **de nos jours** ai nostri giorni.
journal (*pl* -**aux**) *sm* giornale, quotidiano; diario ◊ **journal télévisé** telegiornale.
journalier (-ère) *adj* giornaliero, quotidiano ◊ *sm* bracciante.
journalisme *sm* giornalismo.
journaliste *sm/f* giornalista.
journée *sf* giornata.
jovial (*pl* -**aux**) *adj* gioviale.
joyau (*pl* -**aux**) *sm* gioiello.
joyeux (-euse) *adj* gioioso, allegro.
jubiler *v intr* (*familier*) esultare, giubilare.
jucher *v tr* mettere in alto ◊ *v intr* appollaiarsi.
judas *sm* traditore, giuda.
judiciaire *adj* giudiziario.
judicieux (-euse) *adj* giudizioso, assennato.
juge *sm* giudice.
jugé *adj, sm* (*jur*) giudicato ◊ **au jugé** a occhio e croce.
jugeote *sf* (*familier*) buonsenso (*m*).
juger *v tr* giudicare; valutare ◊ *v réfl* giudicarsi, considerarsi ◊ **juger bon** ritenere opportuno.
juger *sm* ◊ **au juger** a caso, a occhio e croce.
jugulaire *adj, sm* (*anat*) giugulare (*f*).

juif (-ive) adj ebraico ◊ sm ebreo.
juillet sm luglio.
juin sm giugno.
julien adj, sm giuliano.
jumeau (-elle, pl **-eaux)** adj, sm gemello.
jumelé adj abbinato, accoppiato ◊ **ville jumelée avec...** citta gemellata con...
jumelles sf pl binocolo (m) (sing).
jument sf giumenta, cavalla.
jungle sf giungla.
jupe sf gonna, sottana.
jupon sm sottogonna (f).
juré adj, sm giurato.
jurer v tr giurare ◊ v intr giurare; imprecare; (choses) stridere, fare a pugni.
juridiction sf giurisdizione.
juridique adj giuridico.
juron sm bestemmia (f); imprecazione (f).
jury sm giuria (f).
jus sm succo; sugo.
jusque prep fino ◊ adv perfino ◊ **jusqu'à ce que, jusqu'au moment où** finché; fino al momento in cui; **jusque-là** fin là, fino a quel momento; **jusqu'où** fino a dove, fino a che punto; **jusqu'ici** fin qui, finora.
juste adj giusto; stretto; appena sufficiente ◊ adv giusto; proprio ◊ **au juste** esattamente; **au plus juste** giusto giusto; **comme de juste** evidentemente, come al solito.
justement adv precisamente, appunto; esattamente.
justesse sf giustezza; esattezza, precisione ◊ **de justesse** per un pelo, di stretta misura.
justice sf giustizia ◊ **repris de justice** pregiudicato.
justicier (-ère) sm giustiziere.
justification sf giustificazione.
justifier v tr giustificare ◊ v réfl giustificarsi.
jute sm iuta (f).
juteux (-euse) adj succoso, sugoso.
juvénile adj giovanile.
juxtaposer v tr giustapporre.

K

kaki sm (bot) cachi ◊ adj inv (color) cachi.
kaléidoscope sm caleidoscopio.
kangourou sm canguro.
kayak sm (sport) kayak.
kératine sf cheratina.
kermesse sf kermesse, fiera paesana.
kilo(gramme) sm chilogrammo.
kilomètre sm chilometro.
kiosque sm chiosco ◊ **kiosque (à journaux)** edicola.
klaxon sm clacson.
klaxonner v intr suonare il clacson.
kleptomane sm/f cleptomane.
knock-out sm, adj (sport) knock-out, ko.
kyrielle sf sfilza, sequela.
kyste sm (méd) cisti (f).

L

l' art v. **le**.
la sm (mus) la ◊ art, pron v. **le**.
là adv là, lì; qua, qui ◊ **de là** da lì; **d'ici là** nel frattempo; **là-bas** laggiù; **là-haut** lassù; **là-dessous** là sotto; **là-dessus** là sopra; **là-dedans** là dentro; **par là** di là, da quella parte.
label sm marchio, etichetta (f).
laboratoire sm laboratorio.
laborieux (-euse) adj laborioso, difficile.
labour sm aratura (f) ◊ pl terreni arati.
labourer v tr arare; (fig) solcare.
labyrinthe sm labirinto.
lac sm lago.
lacer v tr allacciare.
lacération sf lacerazione, strappo (m).
lacérer v tr lacerare, strappare.
lacet sm laccio, stringa (f); tornante, serpentina (f).
lâche adj allentato; vile, vigliacco ◊ sm vigliacco.
lâcher v tr allentare; lasciar andare; lasciarsi sfuggire; (familier) piantare (in asso) ◊ v intr cedere ◊ **lâcher prise** abbandonare la presa.
lâcheté sf vigliaccheria, viltà.

lacis *sm* intrico, groviglio.
laconique *adj* laconico.
lacté *adj* latteo ◊ **voie lactée** via lattea.
lacune *sf* lacuna.
ladre *adj*, *sm* tirchio, spilorcio.
lagon *sm* laguna (*f*).
lagune *sf* laguna.
laïc (laïque) *adj*, *sm* laico.
laid *adj*, *sm* brutto.
laideur *sf* bruttezza; bruttura.
lainage *sm* tessuto di lana; indumento di lana.
laine *sf* lana.
laineux (-euse) *adj* lanoso; lanuginoso.
laisse *sf* guinzaglio (*m*) ◊ **tenir en laisse** tenere al guinzaglio.
laisser *v tr* lasciare ◊ *v réfl* lasciarsi ◊ **se laisser faire** lasciarsi convincere; **laisser tomber quelqu'un** mollare, piantare in asso qualcuno.
laisser-aller *sm inv* trascuratezza (*f*).
laissez-passer *sm inv* lasciapassare.
lait *sm* latte.
laitage *sm* latticini (*pl*).
laiterie *sf* caseificio (*m*).
laitier (-ère) *adj* lattiero; da latte ◊ *sm* lattaio.
laiton *sm* ottone.
laitue *sf* lattuga.
laïus *sm* (*familier*) sproloquio; discorso.
lambeau (*pl* **-eaux**) *sm* lembo, brandello ◊ **en lambeaux** a brandelli.
lambris *sm* rivestimento (*d'un mur*).
lame *sf* lama; lamina; onda, ondata ◊ **lame (de rasoir)** lametta da barba; **lame de parquet** doga, listello del pavimento in legno.
lamelle *sf* lamella.
lamentable *adj* pietoso, penoso.
lamentation *sf* lamento (*m*); lagnanza, lamentela.
lamenter (se) *v réfl* lagnarsi, lamentarsi.
laminage *sm* laminatura (*f*).
laminer *v tr* laminare.
lampadaire *sm* lampada (*f*) a stelo; lampione.
lampe *sf* lampada; lampadina ◊ **lampe de poche** lampadina tascabile, pila.
lampion *sm* lampioncino.
lance *sf* lancia ◊ **lance d'arrosage,**

d'incendie lancia (d'irrigazione), manichetta antincendio.
lancée *sf* slancio (*m*) ◊ **sur sa lancée** sullo slancio.
lancement *sm* lancio (*aussi fig*); (*di nave*) varo.
lance-pierres *sm inv* fionda (*f*).
lancer *v tr* lanciare (*aussi fig*) ◊ *v réfl* lanciarsi ◊ **lancer un navire** varare una nave; **lancer un mandat d'arrêt** spiccare un mandato di cattura.
lancer *sm* (*sport*) lancio.
lance-torpilles *sm inv* lanciasiluri.
lancinant *adj* lancinante.
landau (*pl* **-aus**) *sm* carrozzina (*f*) per bambini.
lande *sf* landa.
langage *sm* linguaggio.
lange *sm* pannolino ◊ *pl* fasce (*f*) ◊ **dans les langes** in fasce.
langer *v tr* fasciare.
langoureux (-euse) *adj* languido.
langouste *sf* aragosta.
langoustine *sf* scampo (*m*).
langue *sf* lingua; linguaggio (*m*) ◊ **langue maternelle** lingua madre; **mauvaise langue** malalingua; **tenir sa langue** mantenere un segreto; **avoir la langue bien pendue** avere la lingua sciolta.
langueur *sf* languore (*m*).
languir *v intr* languire.
lanière *sf* correggia.
lanterne *sf* lanterna ◊ *pl* (*auto*) luci di posizione ◊ **lanterne rouge** fanalino di coda.
laper *v tr/intr* lappare.
lapidaire *adj* lapidario.
lapidation *sf* lapidazione.
lapin *sm* coniglio.
laps *sm* ◊ **un laps de temps** un lasso di tempo.
lapsus *sm* lapsus.
laquais *sm* lacchè, valletto.
laque *sf* lacca.
laquelle v. **lequel**.
laquer *v tr* laccare.
larcin *sm* furtarello.
lard *sm* lardo ◊ **lard maigre** pancetta.
larder *v tr* (*cuis*) lardellare; (*fig*) infarcire.

large *adj* largo, ampio; generoso ◊ *sm* larghezza (*f*); largo ◊ *adv* in grande, ampiamente ◊ **avoir les idées larges** essere di ampie vedute; **être au large** stare comodo, (*fig*) vivere nell'agiatezza; **prendre le large** prendere il largo.

largement *adv* largamente ◊ **avoir largement de temps** avere tutto il tempo; **vivre largement** vivere con larghezza di mezzi.

largeur *sf* larghezza; (*d'un tissu*) altezza ◊ **largeur d'esprit** apertura di mente.

larguer *v tr* mollare; lanciare, sganciare; (*familier*) sbarazzarsi di ◊ **larguer les amarres** mollare gli ormeggi.

larme *sf* lacrima.

larmoyant *adj* lacrimoso, piagnucoloso.

larron *sm* ladro.

larve *sf* larva.

laryngite *sf* laringite.

larynx *sm* laringe (*f*).

las (**lasse**) *adj* stanco.

laser *sm inv* laser.

lasser *v tr* stancare ◊ *v réfl* stancarsi.

lassitude *sf* stanchezza; tedio (m).

latent *adj* latente.

latéral (*pl* **-aux**) *adj* laterale.

latin *adj*, *sm* latino.

latitude *sf* latitudine.

latte *sf* listello (*m*), stecca.

lauréat *adj* premiato ◊ *sm* vincitore.

laurier *sm* lauro, alloro.

lavabo *sm* lavandino ◊ *pl* gabinetti.

lavage *sm* lavaggio, lavatura (*f*) ◊ **lavage de tête** lavata di testa, strigliata.

lavande *sf* (*bot*) lavanda.

lave *sf* lava.

lavement *sm* clistere, enteroclisma; lavanda (*f*).

laver *v tr* lavare ◊ *v réfl* lavarsi.

laverie *sf* lavanderia automatica.

lavette *sf* strofinaccio (*m*), spugnetta lavapiatti.

laveur (**-euse**) *sm* lavatore ◊ **laveur de carreaux** lavavetri.

lave-vaisselle *sm inv* lavastoviglie (*f*).

lavis *sm* disegno a inchiostro diluito ad acqua.

lavoir *sm* lavatoio.

laxatif (**-ive**) *adj*, *sm* lassativo.

layette *sf* corredino (*m*) (*de nouveau-né*).

le (**l'** *devant une voyelle ou un h muet*; *f* **la** *pl* **les**) *art* il, lo ◊ *pron* lo ◊ **je l'aime bien** mi piace molto.

lécher *v tr* leccare; lambire.

lèche-vitrines *sm* ◊ **faire du lèche-vitrines** passeggiare guardando le vetrine.

leçon *sf* lezione ◊ **faire la leçon** fare la predica.

lecteur (**-trice**) *sm* lettore ◊ **lecteur de cassettes** mangianastri; **lecteur laser, lecteur de CD** lettore di CD.

lecture *sf* lettura.

légal (*pl* **-aux**) *adj* legale.

légaliser *v tr* legalizzare.

légalité *sf* legalità.

légendaire *adj* leggendario.

légende *sf* leggenda.

léger (**-ère**) *adj* leggero ◊ **à la légère** alla leggera.

légèrement *adv* leggermente; (*fig*) sconsideratamente, senza riflettere.

légion *sf* legione.

législation *sf* legislazione.

légiste *sm/f* giurista ◊ **médecin légiste** medico legale.

légitime *adj* legittimo.

legs *sm* lascito; eredità (*f*).

léguer *v tr* lasciare in eredità; (*fig*) trasmettere.

légume *sm* verdura (*f*), ortaggio.

lendemain *sm* l'indomani, il giorno dopo ◊ **du jour au lendemain** dall'oggi al domani.

lénifier *v tr* lenire, calmare.

lent *adj* lento.

lenteur *sf* lentezza.

lentille *sf* (*bot*) lenticchia; (*optique*) lente ◊ **lentilles cornéennes** lenti a contatto.

lèpre *sf* lebbra.

lequel (*f* **laquelle** *pl* **lesquels lesquelles**) *pron relatif* il quale, cui ◊ *pron interrogatif* quale ◊ **auquel** al quale; **duquel** del quale; **n'importe lequel** uno qualunque.

les *art* v. **le**.

lesbienne *sf* lesbica.

léser *v tr* ledere.

lésiner *v tr* lesinare.

lésion *sf* lesione.

lessive *sf* bucato (*m*); detersivo (*m*); liscivia ◊ **faire la lessive** fare il bucato.

lessiver *v tr* lavare (con detersivo).

lest *sm* zavorra (*f*) ◊ **jeter du lest** gettare zavorra.

leste *adj* svelto.

léthargie *sf* letargo (*m*).

letton (-onne) *adj, sm* lettone (*m/f*).

lettre *sf* lettera ◊ **lettre de change** cambiale; **en toutes lettres** per esteso; **à la lettre** alla lettera.

lettré *adj, sm* letterato.

leur *adj, pron* loro, gli.

leurre *sm* esca (*f*); illusione (*f*), lusinga (*f*).

levain *sm* lievito.

levant *adj, sm* levante.

levé *adj* alzato, in piedi; lievitato ◊ **tête levée** a testa alta.

levée *sf* (*du courrier*) levata; argine (*m*); (*aux cartes*) presa ◊ **levée de séance** fine di seduta; **levée d'écrou** ordine di scarcerazione.

lever *v tr* alzare; sollevare; togliere; arruolare ◊ *v intr* (*plantes*) spuntare, nascere; (*pâte*) lievitare ◊ *v réfl* alzarsi; (*soleil*) sorgere ◊ **lever un lièvre** stanare una lepre; **lever la séance** togliere la seduta; **le temps se lève** il tempo si mette al bello.

lever *sm* l'alzarsi ◊ **au lever du jour** allo spuntare del giorno.

levier *sm* leva (*f*).

lèvre *sf* labbro (*m*) ◊ **rouge à lèvres** rossetto.

lévrier *sm* levriero.

levure *sf* lievito (*m*).

lexique *sm* lessico.

lézard *sm* lucertola (*f*).

lézarde *sf* crepa, fenditura.

lézarder *v tr* produrre delle crepe in ◊ *v réfl* creparsi.

liaison *sf* collegamento (*m*); legame (*m*); (*phonétique*) legamento ◊ **sans liaison** senza nesso; **être en liaison avec** essere in contatto con.

liasse *sf* fascio (*m*), mazzo (*m*) (*de documents, lettres, etc.*).

libanais *adj, sm* libanese (*m/f*).

libellé *sm* formulazione (*f*), stesura (*f*).

libeller *v tr* formulare, redigere.

libellule *sf* libellula.

libéral (pl -aux) *adj, sm* liberale (*m/f*).

libéralisme *sm* liberalismo.

libération *sf* liberazione; (*milit*) congedo (*m*).

libérer *v tr* liberare; (*milit*) congedare ◊ *v réfl* liberarsi.

liberté *sf* libertà ◊ **en toute liberté** in tutta libertà.

libertin *adj, sm* libertino.

libidineux (-euse) *adj* libidinoso.

libraire *sm/f* libraio (*m*).

librairie *sf* libreria.

libre *adj* libero ◊ **école libre** scuola privata.

libre-échange (pl libres-échanges) *sm* (*écon*) libero scambio; liberismo.

libre-service (pl libres-services) *sm* self-service.

libyen (-enne) *adj, sm* libico.

licence *sf* licenza, permesso (*m*); diploma universitario.

licencié *sm* chi ha conseguito il diploma universitario.

licencier *v tr* licenziare.

licencieux (-euse) *adj* licenzioso.

lie *sf* feccia.

liège *sm* sughero.

lien *sm* legaccio, laccio; (*fig*) legame, vincolo.

lier *v tr* legare; unire; collegare ◊ *v réfl* legarsi ◊ **se lier d'amitié** stringere amicizia.

lierre *sm* edera (*f*).

lieu (pl -eux) *sm* luogo ◊ **avoir lieu de** avere motivo di; **tenir lieu de** fungere da; **en dernier lieu** infine; **au lieu de** invece di.

lieue *sf* (*mesure de distance*) lega.

lieutenant *sm* luogotenente.

lièvre *sm* lepre (*f*).

ligament *sm* legamento.

ligature *sf* legatura.

lignage *sm* lignaggio.

ligne *sf* linea (*aussi fig*); fila; lenza ◊ **ligne de conduite** linea di condotta; **hors ligne** fuoriclasse; **tête de ligne** capolinea; **aller à la ligne** andare a capo; **disposer en ligne** allineare.

lignée *sf* stirpe, progenie.
ligoter *v tr* legare saldamente.
ligue *sf* lega.
liguer *v tr* coalizzare ◊ *v réfl* coalizzarsi, fare lega.
ligurien (-enne) *adj, sm* ligure *(m/f)*.
lilas *sm* lillà ◊ *adj* (colore) lilla.
limace *sf* limaccia, lumaca.
limaçon *sm* chiocciola *(f)*.
limaille *sf* limatura.
lime *sf* lima ◊ **lime à ongles** limetta per le unghie.
limer *v tr* limare.
limier *sm* segugio.
liminaire *adj* preliminare.
limitation *sf* limitazione.
limite *sf* limite *(m)*, confine *(m)* ◊ *adj* limite ◊ **à la limite** al limite; **date limite** data di scadenza.
limiter *v tr* limitare ◊ *v réfl* limitarsi.
limitrophe *adj* limitrofo, confinante.
limon *sm* limo, fango.
limonade *sf* gazzosa.
limpide *adj* limpido.
lin *sm* lino.
linceul *sm* sudario.
linéaire *adj* lineare.
linge *sm* biancheria *(f)* ◊ **linge de maison** biancheria di casa; **linge de corps** biancheria personale; **blanc comme un linge** bianco come un cencio.
lingerie *sf* biancheria intima femminile; *(pièce)* lavanderia.
lingette *sf* salvietta detergente.
lingot *sm* lingotto.
linguistique *adj* linguistico.
linoléum *sm* linoleum.
lion (-onne) *sm* leone.
liquéfier *v tr* liquefare ◊ *v réfl* liquefarsi.
liqueur *sf* liquore *(m)*.
liquidation *sf* liquidazione.
liquide *adj, sm* liquido.
liquider *v tr* liquidare.
lire *sf* lira.
lire *v tr* leggere.
lis *sm* giglio.
liseré *sm* bordo, profilo.
lisible *adj* leggibile.
lisière *sf* margine *(m)*, bordo *(m)*; cimosa ◊ **la lisière d'un bois** il limitare di un bosco.

lisse *adj* liscio.
lisser *v tr* lisciare.
liste *sf* lista, elenco *(m)*.
lit *sm* letto; *(de rivière)* alveo ◊ **lit de camp** brandina; **garder le lit** restare a letto.
litanie *sf* litania.
literie *sf* articoli *(m pl)* e biancheria da letto.
lithographie *sf* litografia.
lit(h)uanien (-enne) *adj, sm* lituano.
litière *sf* lettiera; lettiga.
litige *sm* litigio.
litigieux (-euse) *adj* litigioso; *(jur)* contenzioso.
litre *sm* litro.
littéraire *adj* letterario.
littérature *sf* letteratura.
littoral (pl -aux) *adj, sm* litorale ◊ **route littorale** (strada) litoranea.
liturgie *sf* liturgia.
livide *adj* livido.
livraison *sf* consegna; dispensa, fascicolo *(m)*.
livre *sm* libro ◊ *sf* libbra, mezzo chilo *(m)*; lira ◊ **livre (sterling)** sterlina (inglese).
livrer *v tr* consegnare; tradire ◊ *v réfl* abbandonarsi; affidarsi; confidarsi ◊ **se livrer à** abbandonarsi a, dedicarsi a.
livret *sm* libretto ◊ **livret scolaire** pagella scolastica.
livreur (-euse) *sm* fattorino.
lobe *sm* lobo.
local (pl -aux) *adj, sm* locale.
localiser *v tr* localizzare.
localité *sf* località.
locataire *sm/f* locatario *(m)*, inquilino *(m)*.
location *sf* affitto *(m)*; noleggio *(m)*; prenotazione.
locomotion *sf* locomozione.
locomotive *sf* locomotiva.
locution *sf* locuzione.
loge *sf* portineria, guardiola; palco *(m)*; *(arch)* loggia.
logement *sm* alloggio, appartamento.
loger *v intr* abitare, alloggiare; stare, starci ◊ *v tr* ospitare, dare alloggio a; mettere, collocare ◊ *v réfl* abitare, alloggiare; conficcarsi.
logeur (-euse) *sm* affittacamere.

logiciel *sm* (*inform*) software.
logique *adj* logico ◊ *sf* logica.
logis *sm* casa (*f*), abitazione (*f*); alloggio.
loi *sf* legge ◊ **faire la loi** dettar legge; **appliquer la loi** applicare la legge.
loin *adv* lontano ◊ **au loin** in lontananza; **de loin** da lontano; **loin de** lontano da; **loin de là** tutt'altro, al contrario.
lointain *adj* lontano, remoto; vago ◊ *sm* lontananza (*f*) ◊ **dans le lointain** in lontananza.
loisir *sm* tempo libero ◊ *pl* divertimenti, svaghi ◊ **à loisir, tout à loisir** a piacimento, a volontà.
lombard *adj*, *sm* lombardo.
londonien (**-enne**) *adj*, *sm* londinese (*m/f*).
long (**-gue**) *adj* lungo ◊ *sm* lunghezza (*f*) ◊ **de long, en long** per il lungo; **de tout son long** lungo e disteso; **tout au long** per intero, per filo e per segno; **le long de** lungo; **de longue date** da lungo tempo; **en savoir long** saperla lunga; **à la longue** a lungo andare.
longe *sf* (*boucherie*) lombata, lombo (*m*); cavezza.
longer *v tr* costeggiare, fiancheggiare.
longévité *sf* longevità.
longitude *sf* longitudine.
longtemps *adv* a lungo ◊ **il y a longtemps que** è da molto che; **voilà longtemps que** è tanto che; **avant longtemps** fra non molto; **depuis longtemps** da molto tempo; **pendant longtemps** per molto tempo.
longuement *adv* lungamente, a lungo.
longueur *sf* lunghezza ◊ **traîner en longueur** tirar per le lunghe; **à longueur de journée, à longueur de temps** per tutto il giorno, per tutto il tempo.
longue-vue (*pl* **longues-vues**) *sf* cannocchiale (*m*).
lopin *sm* pezzetto.
loque *sf* cencio (*m*), straccio (*m*) ◊ **en loques** a brandelli, cencioso.
loquet *sm* saliscendi, catenaccio.
lorgner *v tr* adocchiare; sbirciare.
lorgnette *sf* binocolo (*m*).
loriot *sm* (*zool*) rigogolo.
lorrain *adj*, *sm* lorenese (*m/f*).

lors *adv* allora ◊ **lors de** al momento di; **depuis lors, dès lors** da allora; **dès lors que** dal momento che.
lorsque *conj* quando, allorché.
losange *sm* losanga (*f*), rombo.
lot *sm* lotto; premio (*loterie*).
loterie *sf* lotteria.
lotion *sf* lozione.
lotissement *sm* lottizzazione (*f*).
loto *sm* tombola (*f*).
louable *adj* lodevole, encomiabile.
louange *sf* lode.
louche *adj* losco, sospetto ◊ *sf* mestolo (*m*).
loucher *v intr* essere strabico ◊ **loucher sur** adocchiare.
louer *v tr* affittare; noleggiare; prenotare; lodare ◊ **à louer** affittasi.
loup *sm* lupo ◊ **à pas de loup** a passi felpati.
loupe *sf* lente d'ingrandimento.
louper *v tr* (*familier*) perdere; mancare, fallire.
lourd *adj* pesante; (*fig*) grave, gravoso; (*temps*) afoso ◊ **lourd de** carico di; **peser lourd** pesare molto.
lourdement *adv* pesantemente; grossolanamente.
lourdeur *sf* pesantezza; (*fig*) grossolanità.
loutre *sf* lontra.
louve *sf* lupa.
louveteau (*pl* **-eaux**) *sm* lupacchiotto.
louvoyer *v intr* bordeggiare; (*fig*) destreggiarsi, barcamenarsi.
loyal (*pl* **-aux**) *adj* leale.
loyauté *sf* lealtà.
loyer *sm* affitto.
lubie *sf* capriccio (*m*), ghiribizzo (*m*).
lubrifier *v tr* lubrificare.
lubrique *adj* lubrico.
lucarne *sf* abbaino (*m*).
lucide *adj* lucido.
lucratif (**-ive**) *adj* lucrativo.
lueur *sf* bagliore (*m*), chiarore (*m*); (*fig*) barlume (*m*).
luge *sf* slitta.
lugubre *adj* lugubre.
lui *pron* (*sujet*) lui, egli; (*complément*) gli (*m*), le (*f*) ◊ **lui-même** lui stesso; **de lui-même** di sua iniziativa, da sé.
luire *v intr* risplendere, luccicare.

lumbago *sm* (*méd*) lombaggine (*f*).

lumière *sf* luce (*aussi fig*); lume (*m*) ◊ **faire toute la lumière** fare piena luce; **ce n'est pas une lumière** non è un genio; **le siècle des lumières** il secolo dei lumi.

luminaire *sm* lampade (*f pl*); (apparecchi per) illuminazione (*f*).

lumineux (-euse) *adj* luminoso.

lunaire *adj* lunare.

lunatique *adj*, *sm/f* lunatico (*m*).

lundi *sm* lunedì.

lune *sf* luna ◊ **lune de miel** luna di miele; **être dans sa bonne lune** essere di luna buona.

lunette *sf* cannocchiale (*m*); (*auto*) lunotto (*m*) ◊ *pl* occhiali (*m*) ◊ **lunettes de soleil** occhiali da sole.

lurette *sf* ◊ **il y a belle lurette** molto tempo fa; **il y a belle lurette que** è da un pezzo che.

luron (-onne) *sm* giovialone ◊ **gai luron** buontempone.

lustre *sm* lampadario; lucentezza (*f*), lustro.

lustrer *v tr* lustrare, lucidare.

luth *sm* liuto.

lutin *sm* folletto.

lutte *sf* lotta; (*fig*) gara.

lutter *v intr* lottare, combattere.

luxe *sm* lusso.

luxembourgeois *adj*, *sm* lussemburghese.

luxer (se) *v réfl* lussarsi.

luxueux (-euse) *adj* lussuoso.

luxure *sf* lussuria.

luxuriant *adj* lussureggiante.

luzerne *sf* erba medica.

lycée *sm* scuola (*f*) secondaria superiore.

lycéen (-enne) *sm* studente (di scuola secondaria).

lymphatique *adj*, *sm/f* linfatico (*m*).

lyncher *v tr* linciare.

lynx *sm* lince (*f*).

lyophilisé *adj*, *sm* liofilizzato.

lyonnais *adj*, *sm* lionese (*m/f*).

lyre *sf* (*mus*) lira.

lyrique *adj* lirico.

lys *sm* giglio.

M

ma *adj* v. **mon**.

macabre *adj* macabro.

macadam *sm* macadam; asfalto.

macaron *sm* (*cuis*) amaretto; (*familier*) patacca (*f*), distintivo.

macaroni *sm* maccheroni (*pl*).

macédoine *sf* misto (*m*) di verdure tagliate a dadini ◊ **macédoine de fruits** macedonia (di frutta).

macédonien (-nne) *adj*, *sm* macedone.

macérer *v tr/intr* macerare.

mâchefer *sm* scoria (*f*) (di carbone).

mâcher *v tr* masticare; spappolare ◊ **ne pas mâcher ses mots** non avere peli sulla lingua.

machin *sm* (*familier*) coso, affare, aggeggio.

machinal (*pl* -aux) *adj* meccanico, automatico.

machination *sf* macchinazione.

machine *sf* macchina ◊ **machine à écrire** macchina per scrivere; **machine à coudre** macchina per cucire.

machiner *v tr* macchinare, ordire.

machinerie *sf* macchinario (*m*); (*mar*) sala macchine.

machiniste *sm/f* macchinista.

machiste *adj*, *sm/f* maschilista.

mâchoire *sf* mascella; (*tech*) ganascia.

mâchonner *v tr* mordicchiare; biascicare.

maçon *sm* muratore.

maçonnerie *sf* muratura ◊ **grosse maçonnerie** opere murarie.

maçonnique *adj* massonico.

maculer *v tr* macchiare.

madame (*pl* **mesdames**) *sf* signora ◊ **madame la directrice** signora direttrice; **Madame** (*dans un courrier*) gentile signora.

madeleine *sf* (*cuis*) maddalena.

mademoiselle (*pl* **mesdemoiselles**) *sf* signorina.

madère *sm* madera.

madone *sf* madonna.

madrier *sm* tavola (*f*), asse (*f*) di legno.

madrigal (*pl* -aux) *sm* madrigale.

magasin *sm* negozio; magazzino ◊ **grand magazin** grande magazzino.

magasinier (-**ère**) *sm* magazziniere.
magazine *sm* rivista (*f*), periodico; (*TV*, *radio*) rubrica (*f*).
mage *sm* mago.
maghrébin *adj*, *sm* magrebino.
magicien (-**enne**) *sm* mago, stregone.
magie *sf* magia.
magique *adj* magico.
magistral (*pl* -**aux**) *adj* magistrale, da maestro.
magistrat *sm* magistrato.
magistrature *sf* magistratura.
magma *sm* magma.
magnanime *adj* magnanimo.
magnat *sm* magnate.
magnésie *sf* magnesia.
magnésium *sm* magnesio.
magnétique *adj* magnetico.
magnétocassette *sm* mangiacassette.
magnétophone *sm* magnetofono, registratore (a nastro).
magnétoscope *sm* videoregistratore.
magnificence *sf* magnificenza.
magnifier *v tr* magnificare.
magnifique *adj* magnifico.
magnolia *sm* magnolia (*f*).
magot *sm* gruzzolo; (*zool*) bertuccia (*f*).
mai *sm* maggio.
maigre *adj* magro; (*fig*) scarso ◊ **c'est un peu maigre!** è un po' pochino!
maigreur *sf* magrezza; (*fig*) scarsità.
maigrir *v intr* dimagrire.
maille *sf* maglia; punto (*m*) (a maglia) ◊ **avoir maille à partir avec** essere in lite con.
maillet *sm* mazzuolo.
maillon *sm* (*chaîne*) anello, maglia (*f*).
maillot *sm* calzamaglia (*f*); maglia (*f*); fasce (*pl*) (*de nouveau-né*) ◊ **maillot de bain** costume da bagno; **enfant en maillot** bambino in fasce.
main *sf* mano ◊ **à main gauche** a sinistra; **fait à la main** fatto a mano; **sous la main**, **à portée de main** sottomano; **donner un coup de main** dare una mano; **main courante** corrimano.
main-d'œuvre (*pl* **mains-d'œuvre**) *sf* manod'opera.
main-forte *sf* manforte.

mainmise *sf* appropriazione, presa di possesso.
maint *adj* parecchio ◊ **à maintes reprises** a più riprese.
maintenant *adv* ora, adesso.
maintenir *v tr* mantenere; sostenere ◊ *v réfl* mantenersi.
maintien *sm* mantenimento; contegno, atteggiamento.
maire *sm* sindaco.
mairie *sf* municipio (*m*), comune (*m*).
mais *conj* ma ◊ **mais oui!** certo!; **mais non** macché.
maïs *sm* granturco, mais.
maison *sf* casa; ditta ◊ (*en apposition*) della casa, casalingo; della ditta, aziendale ◊ **à la maison** a casa; **garder la maison** restare in casa; **être de la maison** essere di casa; **gâteau maison** dolce della casa; **bagarre maison** lite familier.
maisonnée *sf* famiglia.
maître *sm* padrone; signore; maestro ◊ **maître de maison** padrone di casa; **maître nageur** istruttore di nuoto; **tableau de maître** quadro d'autore; **rester maître de soi** mantenere la calma.
maître-autel (*pl* **maîtres-autels**) *sm* altar maggiore.
maîtresse *sf* padrona, signora; amante; maestra.
maîtrise *sf* padronanza, dominio (*m*); maestria.
maîtriser *v tr* dominare; domare ◊ *v réfl* dominarsi, controllarsi.
majesté *sf* maestà.
majestueux (-**euse**) *adj* maestoso.
majeur *adj* maggiore, principale ◊ *adj*, *sm* maggiorenne (*m/f*).
major ◊ *sm* (*milit*) maggiore; primo (*à un concours*).
majoration *sf* maggiorazione, aumento (*m*).
majordome *sm* maggiordomo.
majorer *v tr* maggiorare, aumentare.
majorité *sf* maggioranza; maggiore età.
majuscule *adj* maiuscolo ◊ *sf* maiuscola.

mal

mal (*pl* **maux**) *sm, adj inv, adv* male ◊
mal à la tête mal di testa; **mal de
mer** mal di mare; **prendre mal, attraper du mal** ammalarsi; **avoir du
mal à** far fatica a; **être mal à l'aise**
essere a disagio; **être mal en point**
essere ridotto male; **se donner du
mal** darsi da fare; **se trouver mal**
sentirsi male; **tourner mal** mettersi
male; **pas mal** bene; parecchio; abbastanza; **pas mal de choses** parecchie
cose.
malade *adj, sm/f* malato (*m*), ammalato (*m*) ◊ **tomber malade** ammalarsi.
maladie *sf* malattia.
maladif (**-ive**) *adj* malaticcio; morboso.
maladresse *sf* goffaggine; errore (*m*);
gaffe.
maladroit *adj* maldestro, goffo.
malaise *sm* malessere; malore; disagio.
malaisé *adj* malagevole, disagevole.
malappris *adj, sm* maleducato.
malchance *sf* sfortuna; disgrazia, sventura.
malchanceux (**-euse**) *adj* sfortunato.
mâle *adj, sm* maschio.
malédiction *sf* maledizione.
maléfice *sm* maleficio.
malencontreux (**-euse**) *adj* fuori luogo; malaugurato.
malentendu *sm* malinteso.
malfaçon *sf* difetto (*m*) (di fabbricazione).
malfaisant *adj* malvagio; nocivo, dannoso.
malfaiteur (**-trice**) *sm* malfattore.
malfamé *adj* malfamato.
malformation *sf* malformazione.
malgré *prep* malgrado, nonostante ◊
malgré tout nonostante tutto.
malheur *sm* disgrazia (*f*); sfortuna (*f*) ◊
faire un malheur combinare un
guaio; **oiseau de malheur** uccello del
malaugurio; **par malheur** sfortunata-
mente.
malheureux (**-euse**) *adj, sm* infelice;
disgraziato; sfortunato ◊ **il est
malheureux que**... è un peccato
che...; **des suites malheureuses** delle spiacevoli conseguenze.
malhonnête *adj* disonesto.

malice *sf* malizia.
malicieux (**-euse**) *adj* malizioso.
malin (**-igne**) *adj* furbo, astuto; maligno.
malingre *adj* mingherlino, gracile.
malintentionné *adj* malintenzionato.
malle *sf* baule (*m*).
malléable *adj* malleabile.
mallette *sf* valigetta.
malmener *v tr* malmenare, maltrattare.
malotru *sm* (*familier*) zotico, cafone.
malpropre *adj* sporco; indecente.
malsain *adj* malsano, insalubre.
malséant *adj* sconveniente.
malt *sm* malto.
maltraiter *v tr* maltrattare.
malveillance *sf* malevolenza; ostilità.
malversation *sf* malversazione.
maman *sf* mamma.
mamelle *sf* mammella.
mamelon *sm* capezzolo; (*géog*) altura
(*f*), mammellone.
mammifère *adj, sm* mammifero.
mammographie *sf* (*méd*) mammogra-
fia.
mammouth *sm* mammut.
manche *sf* manica; (*tennis*) partita,
manche ◊ **manche à air** manica a
vento ◊ *sm* manico ◊ **manche à balai**
barra di comando, cloche; joystick.
manchette *sf* polsino (*m*) (*de chemise*);
titolo a caratteri cubitali (*de journal*)
◊ **boutons de manchette** gemelli.
manchon *sm* manicotto.
manchot *adj* monco ◊ *sm* monco;
(*zool*) pinguino.
mandarine *sf* (*fruit*) mandarino (*m*).
mandat *sm* mandato; vaglia (postale).
mandataire *sm/f* mandatario (*m*).
mandibule *sf* mandibola.
mandoline *sf* mandolino (*m*).
manège *sm* maneggio (*aussi fig*); giostra (*f*).
manette *sf* manetta, leva.
manganèse *sm* manganese.
mangeable *adj* mangiabile.
mangeoire *sf* mangiatoia.
manger *v tr/intr* mangiare ◊ **bon à
manger** buono da mangiare; **manger
à sa faim** mangiare a sazietà; **manger son capital** dilapidare il capitale.

mangeur (-euse) *sm* mangiatore, mangione.

mangouste *sf* mangusta.

maniable *adj* maneggevole.

maniaque *adj*, *sm/f* maniaco (*m*).

manie *sf* mania.

maniement *sm* maneggio; uso.

manier *v tr* maneggiare; usare.

manière *sf* maniera, modo (*m*) ◊ *pl* modi (*m*) ◊ **de manière à** in modo da; **de toute manière** ad ogni modo; **d'une manière générale** in linea di massima; **faire des manières** fare complimenti.

manifestant *sm* manifestante, dimostrante.

manifestation *sf* manifestazione.

manifeste *adj* evidente, manifesto ◊ *sm* manifesto.

manifester *v tr/intr* manifestare ◊ *v réfl* manifestarsi.

manigance *sf* intrigo (*m*), maneggio (*m*).

manigancer *v tr* tramare.

manipulation *sf* manipolazione.

manipuler *v tr* manipolare; maneggiare.

manivelle *sf* manovella.

manne *sf* manna.

mannequin *sm* manichino; indossatrice (*f*); indossatore.

manœuvre *sf* manovra ◊ *sm* manovale.

manœuvrer *v tr/intr* manovrare.

manoir *sm* maniero.

manomètre *sm* manometro.

manque *sm* mancanza (*f*), carenza (*f*) ◊ **à la manque** mal riuscito, mancato.

manquer *v intr* mancare; scarseggiare ◊ *v tr* mancare; fallire; perdere; non incontrare ◊ **manquer son train** perdere il treno; **il ne manquait plus que cela!** ci mancava anche questa!

mansarde *sf* mansarda.

mansardé *adj* mansardato, a mansarda.

mansuétude *sf* indulgenza.

mante *sf* (*zool*) mantide.

manteau (*pl* **-eaux**) *sm* cappotto; (*fig*) manto, mantello; cappa (*f*) (*de cheminée*).

mantille *sf* mantiglia.

manicure *sf* manicure.

manuel (-elle) *adj*, *sm* manuale.

manufacture *sf* manifattura; fabbrica.

manufacturier (-ère) *adj* manifatturiero.

manuscrit *adj*, *sm* manoscritto.

manutention *sf* (*comm*) movimentazione (*marchandise*), trasporti (*m pl*) interni ◊ **appareils de manutention** attrezzi per il sollevamento e il trasporto.

mappemonde *sf* mappamondo (*m*).

maquereau (*pl* **-eaux**) *sm* (*zool*) sgombro; (*familier*) ruffiano, mezzano.

maquette *sf* bozzetto (*m*); modello (*m*); (*arch*) plastico (*m*).

maquillage *sm* trucco.

maquiller *v tr* truccare ◊ *v réfl* truccarsi.

maquis *sm* macchia (*f*); (*fig*) intrigo, ginepraio.

maquisard *sm* partigiano.

marabout *sm* (*zool*) marabù.

maraicher (-ère) *adj* orticolo ◊ *sm* orticoltore.

marais *sm* palude (*f*), acquitrino ◊ **marais salant** salina.

marasme *sm* (*méd*) marasma; abbattimento, depressione (*f*).

marathon *sm* maratona (*f*) (*aussi fig*).

marâtre *sf* matrigna.

marauder *v intr* predare, razziare (*dans les champs*).

marbre *sm* marmo; piano di marmo.

marbré *adj* marmorizzato; (*étoffe, tissu*) marezzato.

marbrier (-ère) *sm* marmista (*m/f*) ◊ *adj* del marmo.

marc *sm* fondo, residuo; acquavite (*f*), grappa (*f*).

marcassin *sm* cinghiale da latte.

marchand *sm* commerciante, negoziante ◊ *adj* commerciale ◊ **marchand de journaux** giornalaio; **marchand de fruits** fruttivendolo; **marchand de légumes** ortolano; **marine marchande** marina mercantile.

marchandage *sm* contrattazione (*f*); mercanteggiamento.

marchander *v tr* contrattare, mercanteggiare.

marchandise *sf* merce.

marche *sf* marcia; camminata; moto (*m*), movimento (*m*); funzionamento (*m*); gradino (*m*) ◊ **sens de la marche** direzione di marcia; **marche à suivre** procedura, metodo da seguire; **mettre en marche** mettere in moto; **faire marche arrière** fare marcia indietro.

marché *sm* mercato; contratto; accordo; affare ◊ **faire son marché** fare la spesa; **conclure un marché** stipulare un contratto; **à bon marché** a buon mercato; **par-dessus le marché** per giunta.

marchepied *sm* predellino (*du train*); predella (*f*).

marcher *v intr* camminare; marciare; funzionare (*aussi fig*) ◊ **marcher sur** calpestare; **marcher droit** rigare diritto; **faire marcher** far filare.

marcheur (**-euse**) *sm* camminatore.

marcotte *sf* (*bot*) margotta.

mardi *sm* martedì.

mare *sf* pozza; stagno (*m*).

marécage *sm* palude (*f*), acquitrino.

marécageux (**-euse**) *adj* paludoso, acquitrinoso.

maréchal (*pl* **-aux**) *sm* maresciallo.

maréchal-ferrant (*pl* **maréchaux-ferrants**) *sm* maniscalco.

marée *sf* marea; pesce (*m*) fresco ◊ **marée montante** flusso; **marée descendante** riflusso.

marelle *sf* (*jeu*) settimana, mondo (*m*).

mareyeur (**-euse**) *sm* grossista (*m/f*) di pesce fresco.

margarine *sf* margarina.

marge *sf* margine (*m*) ◊ **en marge (de)** in margine (a), ai margini (di); **vivre en marge** vivere ai margini della società.

marginal (*pl* **-aux**) *adj* marginale.

marguerite *sf* margherita.

mari *sm* marito.

mariage *sm* matrimonio; (*fig*) fusione (*f*), connubio.

marié *adj* sposato ◊ *sm* sposo ◊ **jeunes mariés** sposi novelli.

marier *v tr* sposare ◊ *v réfl* sposarsi.

marin *adj* marino ◊ *sm* marinaio ◊ **carte marine** carta nautica; **costume marin** vestito alla marinara.

marinade *sf* (*cuis*) marinata.

marine *sf* marina ◊ **bleu marine** blu scuro.

mariner *vt* marinare.

marinier *sm* barcaiolo.

marionnette *sf* marionetta.

maritime *adj* marittimo.

marjolaine *sf* (*bot*) maggiorana.

marmaille *sf* (*familier*) marmaglia.

marmelade *sf* marmellata ◊ **en marmelade** in poltiglia.

marmite *sf* marmitta; pentola.

marmiton *sm* sguattero, lavapiatti (*m/f*).

marmonner *v tr* borbottare, bofonchiare.

marmot *sm* (*familier*) marmocchio.

marmotte *sf* marmotta.

marocain *adj, sm* marocchino.

maroquin *sm* (*cuir*) marocchino.

maroquinerie *sf* pelletteria.

marotte *sf* mania, pallino (*m*).

marquant *adj* notevole, importante.

marque *sf* segno (*m*); marchio (*m*); marca; punteggio (*m*) ◊ **marques d'affection** dimostrazioni di affetto; **personne de marque** persona di riguardo.

marqué *adj* marcato, segnato; spiccato, netto.

marquer *v tr* marchiare; marcare; segnare; mostrare; dimostrare; rivelare ◊ *v intr* lasciare una traccia ◊ **marquer le coup** accusare il colpo; **marquer le pas** segnare il passo; **marquer un but** segnare un goal.

marqueterie *sf* tarsia, intarsio (*m*).

marqueur *sm* evidenziatore.

marquis *sm* marchese.

marquise *sf* marchesa; tettoia, pensilina.

marraine *sf* madrina.

marrant *adj* (*familier*) spassoso, divertente.

marri *adj* triste, dolente.

marron *sm* castagna (*f*), marrone ◊ *adj* (color) marrone.

marronnier *sm* castagno ◊ **marronnier d'Inde** ippocastano.

mars *sm* marzo.

marseillais *adj, sm* marsigliese (*m/f*).

marsupial (*pl* **-aux**) *adj, sm* marsupiale.

marteau (*pl* **-eaux**) *sm* martello; (*mus*) martelletto.

marteler *v tr* martellare ◊ **marteler ses mots** scandire le parole.

martial (*pl* **-aux**) *adj* marziale.

martinet *sm* (*zool*) rondone; staffile; (*tech*) martinetto.

martingale *sf* martingala.

martin-pêcheur (*pl* **martins-pê-cheurs**) *sm* martin pescatore.

martyr *sm* martire (*m/f*) (*aussi fig*).

martyre *sm* martirio.

martyriser *v tr* martirizzare.

marxisme *sm* marxismo.

mascara *sm* mascara.

mascarade *sf* mascherata (*aussi fig*).

mascotte *sf* mascotte, portafortuna (*m*).

masculin *adj* maschile; mascolino.

masochiste *adj* masochistico ◊ *sm/f* masochista.

masque *sm* maschera (*f*).

masquer *v tr* mascherare; (*fig*) dissimulare ◊ *v réfl* mascherarsi.

massacre *sm* massacro, strage (*f*); (*fig*) scempio.

massacrer *v tr* massacrare, trucidare.

massage *sm* massaggio.

masse *sf* massa; mazza, mazzuolo (*m*) ◊ **une masse de choses** un sacco di cose; **coup de masse** mazzata; **en masse** in massa.

massepain *sm* marzapane.

masser *v tr* massaggiare; ammassare ◊ *v réfl* ammassarsi.

massif (**-ive**) *adj* massiccio ◊ *sm* (*geogr*) massiccio; (*construction*) basamento; cespuglio.

massue *sf* mazza, clava.

mastic *sm* mastice.

mastication *sf* masticazione.

mastiquer *v tr* masticare; stuccare.

masure *sf* catapecchia, stamberga.

mat *adj* opaco; (*bruit*) sordo, smorzato ◊ *sm* (*échecs*) scacco matto ◊ **peau mate** pelle olivastra.

mât *sm* (*mar*) albero; palo; pertica (*f*).

match (*pl* **matchs, matches**) *sm* partita (*f*), incontro; competizione (*f*).

matelas *sm* materasso.

matelasser *v tr* imbottire.

matelot *sm* marinaio.

mater *v tr* domare, dominare.

matérialiser *v tr* materializzare ◊ *v réfl* materializzarsi; concretizzarsi.

matérialisme *sm* materialismo.

matérialiste *sm/f, adj* materialista.

matériau (*pl* **-aux**) *sm* materiale ◊ **matériaux de construction** materiale da costruzione.

matériel (**-elle**) *sm* materiale; attrezzatura (*f*); (*inform*) hardware ◊ *adj* materiale; materialistico.

maternel (**-elle**) *adj* materno ◊ **école maternelle** scuola materna; **langue maternelle** lingua madre.

maternité *sf* maternità; gravidanza.

mathématicien (**-enne**) *sm* matematico.

mathématique *adj* matematico ◊ *sf pl* matematica (*sing*).

matière *sf* materia, sostanza; (*fig*) argomento (*m*) ◊ **entrée en matière** introduzione; **en matière de** in fatto di; **table des matières** indice.

matin *sm* mattino, mattina (*f*) ◊ **ce matin** stamattina, stamane; **de grand matin** di buon mattino.

matinal (*pl* **-als -aux**) *adj* mattutino; mattiniero.

matinée *sf* mattinata, mattina; (*théâtre, ciné*) rappresentazione diurna.

matou *sm* (*familier*) gatto, micio.

matraque *sf* manganello (*m*).

matricule *sf* matricola.

matrimonial (*pl* **-aux**) *adj* matrimoniale.

maturation *sf* maturazione.

maturité *sf* maturità; maturazione.

maudire *v tr* maledire.

maudit *adj* maledetto.

maugréer *v intr* brontolare.

mausolée *sm* mausoleo.

maussade *adj* imbronciato, immusonito; (*temps*) tetro, uggioso.

mauvais *adj* cattivo; brutto ◊ **un mauvais tour** un brutto tiro; **de très mauvaise humeur** di pessimo umore; **il fait mauvais** è brutto tempo; **être mauvais en** andar male in; **sentir mauvais** avere cattivo odore.

mauve *sf* (*bot*) malva ◊ *adj* (color) malva.

maximal (*pl* **-aux**) *adj* massimo.

maxime *sf* massima.

maximum *adj, sm* massimo.
mayonnaise *sf* maionese.
mazout *sm* nafta (*f*).
me *pron* mi; me.
méandre *sm* meandro.
mec *sm* (*familier*) tipo, tizio.
mécanicien (-enne) *sm* meccanico; (*ferr*) macchinista.
mécanique *adj* meccanico ◊ *sf* meccanica; meccanismo (*m*).
mécaniser *v tr* meccanizzare.
mécanisme *sm* meccanismo; congegno.
méchanceté *sf* cattiveria.
méchant *adj, sm* cattivo.
mèche *sf* ciocca di capelli; stoppino (*m*); miccia; punta da trapano ◊ **vendre la mèche** svelare un segreto.
mécompte *sm* disillusione (*f*), disinganno.
méconnaissable *adj* irriconoscibile.
méconnaître *v tr* disconoscere, misconoscere.
mécontentement *sm* malcontento.
mécontenter *v tr* scontentare.
médaille *sf* medaglia; placca.
médaillon *sm* medaglione.
médecin *sm* medico ◊ (**femme**) **médecin** dottoressa; **médecin-chef** primario; **médecin traitant** medico curante.
médecine *sf* medicina.
média *sm* (mass) media (*pl*).
médiateur (-trice) *adj, sm* mediatore.
médiation *sf* mediazione.
médical (*pl* -**aux**) *adj* medico.
médicament *sm* medicina (*f*), medicinale.
médiéval (*pl* -**aux**) *adj* medievale.
médiocre *adj, sm/f* mediocre.
médiocrité *sf* mediocrità.
médire *v intr* sparlare, dir male.
médisance *sf* maldicenza.
méditatif (-ive) *adj* meditativo, pensieroso.
méditation *sf* meditazione, riflessione.
méditer *v tr* meditare su ◊ *v intr* meditare, riflettere.
méditerranéen (-enne) *adj, sm* mediterraneo.
médullaire *adj* midollare.
méduse *sf* medusa.

méduser *v tr* (*familier*) sbalordire, sbigottire.
méfait *sm* misfatto; danno.
méfiance *sf* diffidenza.
méfier (se) *v réfl* diffidare, non fidarsi; fare attenzione.
mégalomanie *sf* megalomania.
mégarde ◊ **par mégarde** inavvertitamente, per sbaglio.
mégère *sf* megera.
mégot *sm* (*familier*) cicca (*f*), mozzicone.
meilleur *adj* migliore ◊ *sm* il migliore; il meglio ◊ **donner le meilleur de soi** dare il meglio di se stessi.
mélancolie *sf* malinconia.
mélancolique *adj* malinconico.
mélange *sm* mescolanza (*f*), miscuglio; miscela (*f*) ◊ **sans mélange** puro, perfetto.
mélanger *v tr* mescolare, mischiare ◊ *v réfl* mescolarsi.
mélasse *sf* melassa.
mêlée *sf* mischia; rissa.
mêler *v tr* mescolare, mischiare; immischiare, coinvolgere ◊ *v réfl* mescolarsi, mischiarsi; impicciarsi.
mélodie *sf* melodia.
mélodrame *sm* melodramma.
mélomane *adj, sm/f* melomane.
melon *sm* melone; (*chapeau*) bombetta.
membrane *sf* membrana.
membre *sm* membro; arto.
même *adj, pron* stesso, medesimo ◊ *adv* anche, perfino ◊ **lui-même, elle-même** lui stesso, lei stessa; **à même** proprio; **être à même de** essere in grado di; **de même** lo stesso; **faire de même** fare lo stesso; **tout de même, quand même** lo stesso, ugualmente; **pas même si** neanche se, nemmeno se; **même si** anche se.
mémento *sm* agenda (*f*), taccuino.
mémoire *sf* memoria (*aussi inform*); ricordo (*m*) ◊ **mémoire vive** RAM; **mémoire morte** ROM; **garder la mémoire de** serbare il ricordo di; **de mémoire** a memoria.
mémorable *adj* memorabile.
mémorandum *sm* memorandum, promemoria.

mémorial (*pl* **-aux**) *sm* memoriale.
menaçant *adj* minaccioso.
menace *sf* minaccia.
menacer *v tr/intr* minacciare.
ménage *sm* coppia (*f*), nucleo familier; faccende (*f pl*) domestiche ◊ **faire bon ménage** andare d'accordo; **faire le ménage** fare le pulizie.
ménagement *sm* riguardo, precauzione (*f*).
ménager *v tr* risparmiare; tener da conto, aver cura di; preparare; sistemare ◊ *v réfl* risparmiarsi ◊ **ménager ses paroles** essere di poche parole.
ménager (**-ère**) *adj* domestico ◊ **appareils ménagers** elettrodomestici.
ménagerie *sf* serraglio (*m*).
mendiant *adj*, *sm* mendicante (*m/f*), accattone.
mendicité *sf* accattonaggio (*m*).
mendier *v tr/intr* elemosinare, mendicare.
mener *v tr* condurre; portare; guidare; dirigere ◊ **ne mener à rien** non servire a nulla.
meneur (**-euse**) *sm* capo; caporione ◊ **meneur de jeu** presentatore, conduttore.
méningite *sf* meningite.
menottes *sf pl* manette.
mensonge *sm* menzogna (*f*), bugia (*f*).
mensonger (**-ère**) *adj* menzognero, bugiardo.
mensualité *sf* mensilità; mensile (*m*).
mensuel (**-elle**) *adj*, *sm* mensile.
mensuration *sf* misurazione.
mental (*pl* **-aux**) *adj* mentale.
mentalité *sf* mentalità.
menteur (**-euse**) *adj*, *sm* bugiardo.
menthe *sf* menta.
mention *sf* menzione, cenno (*m*); (*à l'école*) voto (*m*).
mentionner *v tr* menzionare.
mentir *v intr* mentire.
menton *sm* mento.
menu *sm* menu ◊ *adj* minuto, piccolo ◊ *adv* minutamente ◊ **menue monnaie** moneta spicciola.
menuet *sm* (*mus*) minuetto.
menuiserie *sf* falegnameria.

menuisier *sm* falegname.
méprendre (**se**) *v réfl* ingannarsi, prendere un abbaglio.
mépris *sm* disprezzo ◊ **avoir du mépris** disprezzare; **au mépris de** senza curarsi di.
méprisable *adj* spregevole, disprezzabile.
méprisant *adj* sprezzante.
méprise *sf* sbaglio (*m*), svista.
mépriser *v tr* disprezzare.
mer *sf* mare (*m*) ◊ **aller à la mer** andare al mare.
mercantile *adj* mercantilistico.
mercenaire *adj*, *sm* mercenario.
mercerie *sf* merceria.
merci *interj*, *sf* grazie (*m*) ◊ **merci beaucoup** molte grazie; **Dieu merci** grazie a Dio; **être à la merci de** essere in balia di; **sans merci** spietato, senza pietà.
mercredi *sm* mercoledì.
mercure *sm* mercurio.
merde *sf* merda.
mère *sf* madre.
méridien (**-enne**) *adj*, *sm* meridiano.
méridional (*pl* **-aux**) *adj*, *sm* meridionale (*m/f*).
meringue *sf* meringa.
merisier *sm* ciliegio selvatico.
mérite *sm* merito; pregio ◊ **homme de mérite** uomo di valore.
mériter *v tr* meritare.
méritoire *adj* meritorio.
merlan *sm* nasello.
merle *sm* merlo ◊ **merle blanc** mosca bianca.
mérou *sm* cernia (*f*).
merveille *sf* meraviglia ◊ **ce n'est pas merveille que** non c'è da meravigliarsi che; **à merveille** benissimo, a meraviglia.
merveilleux (**-euse**) *adj* meraviglioso.
mes *adj* v. **mon**.
mésange *sf* (*zool*) cincia ◊ **mésange charbonnière** cinciallegra.
mésaventure *sf* disavventura.
mésentente *sf* dissapore (*m*), screzio (*m*).
mesquin *adj* meschino.
mesquinerie *sf* meschineria.
message *sm* messaggio.

messager (**-ère**) *sm* messaggero, messo.

messe *sf* messa.

messie *sm* messia.

mesure *sf* misura (*aussi fig*); (*mus*) battuta, tempo ◊ **sur mesure** su misura; **dans la mesure de** nei limiti di; **dépasser la mesure** passare il segno; **au fur et à mesure** man mano; **à la mesure de** a misura di, all'altezza di; **en mesure** a tempo; **être en mesure de** essere in grado di.

mesurer *v tr* misurare; valutare ◊ *v intr* misurare ◊ *v réfl* misurarsi ◊ **mesurer ses mots** pesare le parole.

métairie *sf* podere (*m*) a mezzadria.

métal (*pl* **-aux**) *sm* metallo.

métallique *adj* metallico.

métallurgie *sf* metallurgia.

métamorphose *sf* metamorfosi.

métaphore *sf* metafora.

métaphysique *adj* metafisico ◊ *sf* metafisica.

métayer (**-ère**) *sm* mezzadro.

métempsycose *sf* metempsicosi.

météo *sf* (*familier*) bollettino (*m*) meteorologico.

météore *sm* meteora (*f*).

météorologie *sf* meteorologia.

météorologique *adj* meteorologico.

méthode *sf* metodo (*m*); manuale (*m*).

méthodique *adj* metodico.

méticuleux (**-euse**) *adj* meticoloso.

métier *sm* mestiere, professione (*f*); pratica (*f*), abilità (*f*); (*tissage*) telaio.

métis (**-isse**) *adj*, *sm* meticcio.

métrage *sm* metraggio; metratura (*f*).

mètre *sm* metro ◊ **mètre carré** metro quadrato; **mètre cube** metro cubo.

métrique *adj* metrico ◊ *sf* metrica.

métro *sm* metropolitana (*f*).

métropole *sf* metropoli.

métropolitain *adj* metropolitano.

mets *sm* piatto, pietanza (*f*).

mettable *adj* (*vêtement*) portabile.

metteur (**-euse**) *sm* ◊ **metteur en œuvre** esecutore, montatore; **metteur en pages** impaginatore; **metteur en scène** regista.

mettre *v tr* mettere ◊ *v réfl* mettersi ◊ **mettre la table** apparecchiare; **mettre la radio** accendere la radio; **met-** tez que supponete che; **mettre à l'abri** mettere al riparo; **mettre en bouteille** imbottigliare; **mettre sur pied** organizzare.

meuble *adj*, *sm* mobile ◊ **biens meubles** beni mobili.

meublé *adj* ammobiliato, arredato ◊ *sm* appartamento ammobiliato; camera (*f*) ammobiliata.

meugler *v intr* muggire.

meule *sf* macina; mola; covone (*m*); (*familier*) motocicletta.

meunier (**-ère**) *sm* mugnaio.

meurtre *sm* omicidio.

meurtrier (**-ère**) *adj*, *sm* omicida (*m/f*).

meurtrir *v tr* ammaccare; (*fig*) ferire.

meurtrissure *sf* ammaccatura; contusione, livido (*m*).

meute *sf* muta (*aussi fig*).

mexicain *adj*, *sm* messicano.

mi *sm inv* (*mus*) mi.

miauler *v intr* miagolare.

mi-bas *sm inv* (calza) gambaletto.

mica *sm* (*minér*) mica (*f*).

mi-carême (*pl* **mi-carêmes**) *sf* mezza quaresima.

miche *sf* pagnotta.

mi-chemin ◊ **à mi-chemin** a metà strada.

microbe *sm* microbo.

microfilm *sm* microfilm.

microphone *sm* microfono.

microscope *sm* microscopio.

midi *sm* mezzogiorno.

midinette *sf* sartina.

mie *sf* mollica ◊ **pain de mie** pane in cassetta.

miel *sm* miele.

mielleux (**-euse**) *adj* mellifluo.

mien (**mienne**) *pron* mio.

miette *sf* briciola ◊ **en miettes** in briciole

mieux *adv*, *adj*, *sm* meglio ◊ **il ferait mieux de** farebbe meglio a; **aller mieux** stare meglio; **faute de mieux** in mancanza di meglio; **au mieux** nella migliore delle ipotesi; **être au mieux avec quelqu'un** essere in ottimi rapporti con qualcuno.

mièvre *adj* lezioso, sdolcinato.

mignardise *sf* leziosaggine ◊ *pl* moine.

mignon (-onne) *adj* carino, grazioso.
migraine *sf* emicrania.
migrateur (-trice) *adj, sm* migratore.
migration *sf* migrazione.
mi-jambe ◊ **à mi-jambe** a mezza gamba.
milanais *adj, sm* milanese (*m/f*).
mijoter *v tr/intr* (*cuis*) (far) cuocere a fuoco lento; (*fig*) tramare, covare.
milice *sf* milizia.
milieu (*pl* **-eux**) *sm* mezzo; metà (*f*); ambiente ◊ **le juste milieu** la giusta misura, la via di mezzo; **au milieu de** in mezzo a, nel mezzo di.
militaire *adj, sm* militare (*m/f*).
militariser *v tr* militarizzare.
militer *v intr* militare.
mille *adj inv* mille, millesimo ◊ *sm inv* mille; migliaio ◊ **en deux mille un** nel duemila e uno.
mille *sm* ◊ **mille** (**marin**) miglio marino.
mille-feuille (*pl* **mille-feuilles**) *sm* (*cuis*) millefoglie.
millénaire *adj* millenario ◊ *sm* millennio.
mille-pattes *sm inv* (*zool*) millepiedi.
millésime *sm* millesimo; annata (*f*).
millet *sm* (*bot*) miglio.
milliard *sm* miliardo.
milliardième *adj, sm/f* miliardesimo (*m*).
millième *adj, sm/f* millesimo (*m*).
millier *sm* migliaio ◊ **par milliers** a migliaia.
milligramme *sm* milligrammo.
millilitre *sm* millilitro.
millimètre *sm* millimetro.
million *sm* milione.
millionième *adj, sm/f* milionesimo (*m*).
mime *sm/f* (*acteur*) mimo (*m*).
mimer *v tr* mimare.
mimétisme *sm* mimetismo.
minable *adj* penoso, pietoso ◊ *sm/f* balordo (*m*); poveraccio (*m*).
minaret *sm* minareto.
minauder *v intr* fare moine.
mince *adj* sottile; snello, smilzo; insignificante, mediocre.
minceur *sf* sottigliezza; snellezza.
mine *sf* aria, aspetto (*m*); miniera ◊ **avoir une bonne, mauvaise mine** avere una bella, una brutta cera; **faire mine de** far finta di; **faire mine de rien** fare come se niente fosse.
minér *v tr* minare (*aussi fig*).
minerai *sm* minerale ◊ **minerai** (**brut**) minerale greggio.
minéral (*pl* **-aux**) *adj, sm* minerale.
minéralogie *sf* mineralogia.
minet (-ette) *sm* (*familier*) micio, gattino.
mineur *adj* minore; (*dir*) minorenne ◊ *sm* minatore; (*dir*) minorenne, minore.
miniature *sf* miniatura.
minier (-ère) *adj* minerario.
minijupe *sf* minigonna.
minimal (*pl* **-aux**) *adj* minimo.
minime *adj* minimo.
minimiser *v tr* minimizzare.
minimum *adj, sm* minimo ◊ **au minimum** come minimo.
ministère *sm* ministero.
ministériel (-elle) *adj* ministeriale ◊ **officier ministériel** pubblico ufficiale.
ministre *sm* ministro ◊ **papier ministre** carta protocollo.
minitel *sm* videotel.
minium *sm* (*chim*) minio.
minois *sm* (*familier*) musetto, visino.
minoritaire *adj* minoritario.
minorité *sf* minoranza; minore età.
minoterie *sf* mulino (*m*) industriale; industria molitoria.
minuit *sm* mezzanotte (*f*).
minuscule *adj* minuscolo ◊ *sf* minuscola.
minute *sf* minuto (*m*); istante (*m*) ◊ **à la minute** sull'istante; **d'une minute à l'autre** da un momento all'altro.
minuter *v tr* cronometrare; redigere in minuta.
minuterie *sf* interruttore (*m*) a tempo.
minutie *sf* minuziosità, meticolosità.
minutieux (-euse) *adj* minuzioso.
mirabelle *sf* (*bot*) mirabella.
miracle *sm* miracolo ◊ **par miracle** per miracolo.
miraculeux (-euse) *adj* miracoloso.
mirador *sm* altana (*f*), loggia (*f*); posto di osservazione.
mirage *sm* miraggio.

mire *sf* mira; *(TV)* monoscopio *(m)* ◊ **point de mire** punto di mira, centro dell'attenzione.
mirer (se) *v réfl* specchiarsi.
mirobolant *adj* mirabolante.
miroir *sm* specchio.
miroiter *v intr* luccicare, scintillare.
misanthropie *sf* misantropia.
mise *sf* messa; posa; *(au jeu)* puntata, posta; abbigliamento *(m)* ◊ **mise en place** collocazione; **mise en plis** messa in piega; **mise en scène** regia.
miser *v tr* puntare, scommettere.
misérable *adj*, *sm/f* miserabile, disgraziato *(m)*.
misère *sf* miseria ◊ **faire des misères** fare dei dispetti.
miséricorde *sf* misericordia.
misogyne *adj*, *sm* misogino.
missel *sm* messale.
missile *sm* missile.
mission *sf* missione.
missionnaire *sm/f* missionario *(m)*.
missive *sf* missiva.
mistral *sm* maestrale.
mite *sf* tarma; tignola.
mi-temps *sf inv* *(sport)* tempo; intervallo *(m)* ◊ **à mi-temps** a mezza giornata.
miteux (-euse) *adj* misero, miserabile.
mitiger *v tr* mitigare.
mitonner *v intr* cuocere a fuoco lento ◊ *v tr* preparare con cura *(aussi fig)*.
mitoyen (-enne) *adj* di proprietà comune ◊ **mur mitoyen** muro divisorio.
mitraille *sf* mitraglia; *(familier)* spiccioli *(m pl)*.
mitrailler *v tr* mitragliare.
mitraillette *sf* mitra *(m)*.
mitrailleur *adj* mitragliatore ◊ *sm* mitragliere.
mitrailleuse *sf* mitragliatrice.
mitre *sf* mitra, tiara.
mixte *adj* misto.
mixture *sf* mistura; intruglio *(m)*.
mobile *adj* mobile; *(fig)* mutevole ◊ *sm* oggetto decorativo sospeso e mobile; *(jur)* movente.
mobilier (-ère) *adj* *(jur)* mobiliare ◊ *sm* mobilia *(f)* ◊ **saisie mobilière** sequestro mobiliare.
mobilisation *sf* mobilitazione.

mobiliser *v tr* mobilitare.
mobilité *sf* mobilità.
mocassin *sm* mocassino.
moche *adj* *(familier)* brutto.
modalité *sf* modalità.
mode *sf* moda ◊ *sm* modo ◊ **de mode**, **à la mode** di moda, alla moda; **mode de vie** modo di vivere; **mode d'emploi** istruzioni per l'uso.
modèle *adj*, *sm* modello.
modeler *v tr* modellare, plasmare.
modem *sm* *(inform)* modem.
modérateur (-trice) *adj*, *sm* moderatore.
modération *sf* moderazione; *(dir)* riduzione.
modéré *adj* moderato ◊ **prix modéré** prezzo moderato.
modérer *v tr* moderare ◊ *v réfl* moderarsi.
moderne *adj* moderno.
moderniser *v tr* modernizzare; rimodernare.
modernité *sf* modernità.
modeste *adj* modesto.
modestie *sf* modestia.
modification *sf* modifica.
modifier *v tr* modificare ◊ *v réfl* modificarsi.
modique *adj* modico.
modiste *sf* modista *(m/f)*.
modulation *sf* modulazione.
module *sm* modulo.
moduler *v tr* modulare.
moelle *sf* midollo *(m)*.
moelleux (-euse) *adj* morbido, soffice ◊ **vin moelleux** vino abboccato.
moellon *sm* pietra *(f)* da costruzione.
mœurs *sf pl* costumi *(m)*, usanze ◊ **police des mœurs** squadra del buon costume.
moi *pron* io; *(compl)* mi; me ◊ **c'est à moi** è mio; **c'est moi qui** sono io che; **chez moi** a casa mia.
moignon *sm* moncone; troncone.
moindre *adj* inferiore; minore; minimo ◊ **la moindre des choses** il minimo.
moine *sm* monaco.
moineau *(pl* -**eaux***) sm* passero.
moins *adv*, *prep* meno ◊ **à moins** per meno, a meno; **à moins de**, **à moins que** a meno di, a meno che; **au**

moins, du moins almeno; **de moins en moins** sempre meno; **en moins de rien** in men che non si dica; **pas le moins du monde** per niente.

mois *sm* mese; mensile, mensilità (*f*).

moïse *sm* culla (*f*) di vimini.

moisir *v intr* ammuffire (*aussi fig*) ◊ *v tr* far ammuffire.

moisissure *sf* muffa.

moisson *sf* mietitura; messe, raccolto (*m*).

moissonner *v tr* mietere.

moissonneur (-euse) *sm* mietitore.

moissonneuse *sf* (*machine*) mietitrice.

moite *adj* madido, umido.

moitié *sf* metà ◊ **à moitié** a metà; **à moitié chemin** a mezza strada; **à moitié prix** a metà prezzo.

moka *sm* dolce al caffè.

molaire *sf* molare (*m*).

molécule *sf* molecola.

molester *v tr* malmenare.

molette *sf* rotella ◊ **clé à molette** chiave inglese.

mollesse *sf* mollezza (*aussi fig*).

mollet *sm* polpaccio.

molleton *sm* (*tissu*) mollettone.

mollir *v intr* diventare molle; cedere, venir meno.

mollusque *sm* mollusco.

molosse *sm* (*cane*) molosso.

moment *sm* momento; attimo, istante ◊ **au moment de** nel momento di; **du moment que** dal momento che; **par moments** a tratti; **à tout moment** in ogni momento; **au moment où** nel momento in cui.

momentané *adj* momentaneo.

momie *sf* mummia.

mon (*f* **ma** *pl* **mes**) *adj* mio.

monacal (*pl* **-aux**) *adj* monacale.

monarchie *sf* monarchia.

monarque *sm* monarca (*m/f*).

monastère *sm* monastero.

monceau (*pl* **-eaux**) *sm* mucchio, cumulo.

mondain *adj* mondano.

mondanité *sf* mondanità.

monde *sm* mondo; gente (*f*) ◊ **beaucoup de monde** molta gente; **tout le monde** tutti; **pas le moins du monde** neanche per sogno.

mondial (*pl* **-aux**) *adj* mondiale.

monégasque *adj*, *sm/f* monegasco (*m*).

monétaire *adj* monetario.

mongolien (-enne) *adj*, *sm* mongoloide.

moniteur (-trice) *sm* istruttore; (*tech*) monitor (*m*).

monnaie *sf* moneta; spiccioli (*m pl*) ◊ **papier monnaie** carta moneta; **faire de la monnaie** cambiare; **rendre la monnaie** dare il resto.

monnayer *v tr* monetare; (*fig*) ricavar denaro da, far fruttare.

monocle *sm* monocolo.

monogamie *sf* monogamia.

monologue *sm* monologo.

monomanie *sf* monomania.

monopole *sm* monopolio.

monotone *adj* monotono.

monseigneur *sm* monsignore.

monsieur (*pl* **messieurs**) *sm* signore ◊ **bonjour monsieur** buongiorno signore; **Monsieur** (*dans un courrier*) caro signore.

monstre *sm* mostro ◊ *adj* (*familier*) straordinario; colossale.

monstrueux (-euse) *adj* mostruoso.

monstruosité *sf* mostruosità.

mont *sm* monte.

montage *sm* montaggio; sollevamento.

montagnard *adj*, *sm* montanaro.

montagne *sf* montagna.

montagneux (-euse) *adj* montagnoso, montano.

montant *adj* ascendente, ascensionale ◊ *sm* montante; ammontare, importo.

monte *sf* monta, il montare (*m*) a cavallo.

montée *sf* salita; aumento (*m*), crescita ◊ **montée des eaux** crescita delle acque; **montée des prix** aumento dei prezzi.

monténégrin *adj*, *sm* montenegrino.

monter *v intr* salire; aumentare; cavalcare ◊ *v tr* montare; salire; portar su ◊ *v réfl* ammontare ◊ **monter à bicyclette** andare in bicicletta; **monter à la tête** dare alla testa.

monteur (-euse) *sm* montatore (*aussi ciné*).

monticule *sm* monticello, montagnola (*f*).

montre *sf* orologio (*m*); ◊ **course contre la montre** corsa contro il tempo; **faire montre de** far sfoggio di; **ma montre avance** il mio orologio è avanti.

montrer *v tr* mostrare; indicare; dimostrare ◊ *v réfl* mostrarsi.

monture *sf* cavalcatura; montatura.

monument *sm* monumento.

monumental (*pl* **-aux**) *adj* monumentale.

moquer (se) *v réfl* burlarsi, farsi beffe; prendere in giro; infischiarsene.

moquerie *sf* scherno (*m*), canzonatura.

moqueur (-euse) *adj* beffardo, canzonatorio.

moral (*pl* **-aux**) *adj*, *sm* morale.

moralisateur (-trice) *adj*, *sm* moralizzatore.

moraliser *v tr* moralizzare.

moraliste *adj*, *sm/f* moralista.

moralité *sf* moralità; morale.

morbide *adj* morboso.

morceau (*pl* **-eaux**) *sm* pezzo; brano; boccone ◊ **morceau de sucre** zolletta di zucchero; **réduire en morceaux** fare a pezzi.

morceler *v tr* frazionare.

morcellement *sm* frazionamento.

mordant *adj* corrosivo; (*fig*) mordace, pungente ◊ *sm* mordente.

mordiller *v tr* mordicchiare.

mordre *v tr* mordere; intaccare ◊ *v intr* addentare; abboccare ◊ **mordre sur** oltrepassare.

morfondre (se) *v réfl* annoiarsi (aspettando).

morgue *sf* boria, alterigia; obitorio (*m*).

moribond *adj* moribondo.

morigéner *v tr* redarguire.

morne *adj* mesto, triste.

morose *adj* triste, cupo.

morphine *sf* morfina.

morphologie *sf* morfologia.

mors *sm* morso ◊ **prendre le mors aux dents** (*fig*) perdere le staffe.

morse *sf* (*zool*) tricheco (*m*); alfabeto (*m*) morse.

morsure *sf* morsicatura, morso (*m*).

mort *sf* morte ◊ *adj*, *sm* morto ◊ **eau morte** acqua stagnante; **à l'article de la mort** in punto di morte.

mortalité *sf* mortalità.

mortel (-elle) *adj*, *sm* mortale (*m/f*).

mortier *sm* mortaio; calcina (*f*), malta (*f*).

mortification *sf* mortificazione.

mortifier *v tr* mortificare.

mortuaire *adj* mortuario, funebre.

morue *sf* merluzzo (*m*) ◊ **morue séchée** stoccafisso; **morue salée** baccalà.

morve *sf* moccio (*m*); (*vétérinaire*) morva.

mosaïque *sf* mosaico (*m*).

mosquée *sf* moschea.

mot *sm* parola (*f*); messaggio ◊ **bon mot** battuta di spirito; **gros mot** parolaccia; **mot de passe** password; **écrire un mot** scrivere due parole; **en un mot** in due parole; **mot pour mot** testualmente, parola per parola; **au bas mot** a dir poco.

motel *sm* motel.

moteur (-trice) *adj*, *sm* motore ◊ **moteur de recherche** motore di ricerca.

motif *sm* motivo; motivazione (*f*).

motion *sf* mozione.

motiver *v tr* motivare.

moto *sf* moto.

motocycliste *sm/f* motociclista.

motoriser *v tr* motorizzare.

motte *sf* zolla; (*beurre*) panetto.

mou (molle) *adj* molle; (*fig*) fiacco, indolente ◊ **chapeau mou** cappello floscio; **brise molle** brezza leggera; **bruit mou** rumore ovattato.

mouchard *sm* spia (*f*); (*milit*) ricognitore.

mouche *sf* mosca ◊ **fine mouche** vecchia volpe; **pattes de mouche** zampe di gallina; **faire mouche** fare centro; **bateau-mouche** battello sulla Senna.

moucher *v tr* soffiare il naso a ◊ *v réfl* soffiarsi il naso.

moucheron *sm* moscerino.

moucheté *adj* macchiettato, chiazzato.

mouchoir *sm* fazzoletto.

moudre *v tr* macinare.

moue *sf* smorfia, broncio (*m*) ◊ **faire la moue** arricciare il naso.

mouette *sf* gabbiano (*m*).

moufle *sf* manopola, muffola.

mouillage *sm* (*mar*) ancoraggio, ormeggio; inumidimento, annacquamento.

mouiller *v tr* bagnare; (*mar*) posare; affondare ◊ *v intr* ancorarsi, ormeggiare ◊ *v réfl* bagnarsi; (*familier*) compromettersi ◊ **mouiller l'ancre** gettare l'ancora; **mouiller une mine** posare una mina.

moulage *sm* modellatura (*f*) (*dans un moule*); calco.

moule *sm* stampo; forma (*f*) ◊ *sf* (*zool*) cozza, mitilo (*m*) ◊ **moule à tarte** tortiera.

mouler *v tr* modellare; fare il calco di.

moulin *sm* mulino ◊ **moulin à huile** frantoio; **moulin à café** macinacaffè; **moulin à légumes** passaverdura.

moulinet *sm* mulinello.

moulinette *sf* passaverdura (*m*).

moulu *adj* macinato; (*fig*) sfinito, stanco.

moulure *sf* modanatura.

mourant *adj* morente, moribondo; (*fig*) fievole, fioco ◊ *sm* moribondo.

mourir *v intr* morire (*aussi fig*) ◊ **mourir d'envie** morire d'invidia.

mousquetaire *sm* moschettiere.

mousse *sf* schiuma; (*cuis*) spuma; (*bot*) muschio (*m*) ◊ *sm* mozzo.

mousseline *sf* mussola, mussolina.

mousser *v intr* far schiuma.

mousseux (-euse) *adj* spumante, spumeggiante ◊ *sm* (vino) spumante.

mousson *sf* monsone (*m*).

moustache *sf* baffi (*m pl*).

moustiquaire *sf* zanzariera.

moustique *sm* zanzara (*f*).

moût *sm* mosto.

moutarde *sf* senape, mostarda.

mouton *sm* pecora (*f*); montone; bioccolo (di polvere) ◊ **revenons à nos moutons** torniamo al punto.

mouture *sf* macinatura, macinazione; macinato (*m*).

mouvant *adj* mobile, instabile; mutevole.

mouvement *sm* movimento; moto ◊ **le premier mouvement** la prima reazione; **mettre en mouvement** mettere in moto.

mouvementé *adj* accidentato; (*fig*) movimentato, animato.

mouvoir *v tr* muovere ◊ *v réfl* muoversi.

moyen (-enne) *adj* medio ◊ *sm* mezzo, modo ◊ *pl* mezzi; possibilità (*f*) ◊ **moyen de transport** mezzo di trsporto; **les grands moyens** le maniere forti; **les moyens du bord** i mezzi a disposizione; **au moyen de** per mezzo di; **par ses propres moyens** con le proprie forze.

moyennant *prep* mediante ◊ **moyennant finance** pagando.

moyenne *sf* media; (*à l'école*) sufficienza ◊ **en moyenne** in media.

moyeu (*pl* **-eux**) *sm* mozzo.

mue *sf* (*zool*) muta.

muer *v intr* (*animal*) fare la muta; (*adolescent*) cambiare voce ◊ *v réfl* trasformarsi.

muet (-ette) *adj*, *sm* muto.

mufle *sm* muso; (*familier*) villano, cafone.

mugir *v intr* muggire; ululare.

mugissement *sm* muggito.

muguet *sm* mughetto.

mulâtre (-tresse) *adj*, *sm* mulatto.

mule *sf* (*zool*) mula; pantofola (da donna).

mulet *sm* mulo; (*zool*) muggine, cefalo.

muletier (-ère) *adj* mulattiero ◊ **chemin muletier** mulattiera.

multicolore *adj* multicolore.

multiethnique *adj* multietnico.

multiforme *adj* multiforme.

multimédia *adj* multimediale.

multiple *adj* molteplice; multiplo ◊ *sm* multiplo ◊ **à de multiples reprises** a più riprese.

multiplication *sf* moltiplicazione.

multiplicité *sf* molteplicità.

multiplier *v tr* moltiplicare ◊ *v réfl* moltiplicarsi.

multipropriété *sf* multiproprietà.

multiracial (*pl* **-aux**) *adj* multirazziale.

multitude *sf* moltitudine.

municipal (*pl* **-aux**) *adj* municipale, comunale.

municipalité *sf* amministrazione comunale; municipio (*m*).
munificent *adj* munifico.
munir *v tr* munire ◊ *v réfl* munirsi.
munitions *sf pl* munizioni.
muqueux (-euse) ◊ *sf* (*biol*) mucosa.
mur *sm* muro; parete (*f*) ◊ *pl* mura (*f*) ◊ **gros mur** muro maestro; **mur mitoyen** muro divisorio.
mûr *adj* maturo (*aussi fig*).
muraille *sf* muraglia.
mural (*pl* **-aux**) *adj* murale.
mûre *sf* (*bot*) mora.
murène *sf* (*zool*) murena.
mûrier *sm* (*bot*) gelso.
mûrir *v intr* maturare ◊ *v tr* far maturare.
murmure *sm* mormorio, sussurro.
murmurer *v tr/intr* mormorare, sussurrare.
musc *sm* muschio.
muscade *sf* ◊ **noix muscade** noce moscata.
muscat *adj, sm* (vino) moscato.
muscle *sm* muscolo.
musculature *sf* muscolatura.
musculeux (-euse) *adj* muscoloso.
muse *sf* musa.
museau (*pl* **-eaux**) *sm* muso.
musée *sm* museo.
museler *v tr* mettere la museruola a; (*fig*) imbavagliare.
muselière *sf* museruola.
musette *sf* tascapane (*m*); (*mus*) musette, zampogna francese.
muséum *sm* museo di storia naturale.
musical (*pl* **-aux**) *adj* musicale.
musicien (-enne) *sm* musicista (*m/f*) ◊ *adj* che s'intende di musica.
musique *sf* musica.
musqué *adj* muschiato.
musulman *adj, sm* musulmano.
mutation *sf* mutamento (*m*), cambiamento (*m*); trasferimento (*m*).
mutiler *v tr* mutilare.
mutiner (se) *v réfl* ammutinarsi.
mutinerie *sf* ammutinamento (*m*).
mutisme *sm* mutismo.
mutualité *sf* (*écon*) mutualità.
mutuel (-elle) *adj* mutuo, reciproco.
myope *adj, sm/f* miope.
myopie *sf* miopia.

myosotis *sm* (*bot*) miosotide (*f*), non ti scordar di me.
myriade *sf* miriade.
myrtille *sf* mirtillo (*m*).
mystère *sm* mistero.
mystérieux (-euse) *adj* misterioso.
mysticisme *sm* misticismo.
mystifier *v tr* mistificare.
mythe *sm* mito.
mythique *adj* mitico.
mythologie *sf* mitologia.
mythomane *adj, sm/f* mitomane.

N

n' *adv* v. **ne**.
nacelle *sf* navicella.
nacre *sf* madreperla.
nacré *adj* madreperlaceo.
nage *sf* nuoto (*m*); nuotata; (*mar*) voga ◊ **à la nage** a nuoto; **nage libre** stile libero; **être en nage** essere in un bagno di sudore.
nageoire *sf* pinna.
nager *v intr* nuotare; galleggiare; vogare ◊ *v tr* nuotare.
nageur (-euse) *sm* nuotatore.
naïf (-ïve) *adj* ingenuo; naturale, semplice ◊ *sm* ingenuo.
nain *adj, sm* nano.
naissance *sf* nascita; origine ◊ **la naissance d'un fleuve** la sorgente di un fiume; **la naissance des cheveux** l'attaccatura dei capelli; **la naissance du jour** lo spuntare del giorno.
naissant *adj* nascente, incipiente; che spunta.
naître *v intr* nascere (*aussi fig*).
naïveté *sf* ingenuità, semplicità.
nantir *v tr* fornire.
nantissement *sm* pegno, cauzione (*f*).
napolitain *adj, sm* napoletano.
nappe *sf* tovaglia; (*fig*) strato (*m*); (*géologie*) falda.
napperon *sm* tovaglietta (*f*); centrino.
narcisse *sm* narciso.
narcotique *adj, sm* narcotico.
narguer *v tr* schernire; sfidare.
narine *sf* narice.
narquois *adj* beffardo, canzonatorio.

narrateur (-trice) *sm* narratore.
narration *sf* narrazione.
nasal (*pl* **-aux**) *adj* nasale.
naseau (*pl* **-eaux**) *sm* narice (*f*) (*d'un animal*).
nasiller *v intr* parlare col naso.
nasse *sf* nassa.
natal *adj* natale.
natalité *sf* natalità.
natation *sf* nuoto (*m*).
natatoire *adj* natatorio.
natif (-ive) *adj* nativo.
nation *sf* nazione.
national (*pl* **-aux**) *adj* nazionale.
nationaliser *v tr* nazionalizzare.
nationalisme *sm* nazionalismo.
nationaliste *adj*, *sm/f* nazionalista.
nationalité *sf* nazionalità.
natte *sf* treccia; stuoia.
naturalisation *sf* (*jur*) naturalizzazione.
naturaliser *v tr* naturalizzare.
naturalisme *sm* naturalismo.
naturaliste *adj* naturalistico ◊ *sm/f* naturalista.
nature *sf* natura ◊ *adj inv* al naturale ◊ **grandeur nature** in grandezza naturale; **d'après nature** dal vero; **de nature à** tale da.
naturel (-elle) *adj* naturale ◊ *sm* naturalezza (*f*).
naturellement *adv* naturalmente.
naufrage *sm* naufragio.
naufrager *v intr* naufragare.
nausée *sf* nausea.
nautique *adj* nautico.
nautisme *sm* nautica (*f*).
naval *adj* navale.
navet *sm* (*bot*) rapa (*f*); (*familier péjoratif*) (*tableau*) crosta (*f*); (*film*) pizza (*f*).
navette *sf* navetta; spola ◊ **faire la navette** fare la spola.
navetteur *sm* (*en Belgique*) pendolare (*m/f*).
navigable *adj* navigabile.
navigateur (-trice) *sm* navigatore.
navigation *sf* navigazione.
naviguer *v intr* navigare.
navire *sm* nave (*f*) ◊ **navire marchand** nave mercantile; **navire à moteur** motonave.

navrer *v tr* addolorare, rattristare.
ne (**n'** *devant une voyelle ou un h muet*) *adv* (*négation*) non ◊ **ne... que** solo, soltanto; **aujourd'hui je ne mange que des fruits** oggi mangio solo frutta; **n'hésitez pas** non esitate.
né *adj* nato.
néanmoins *adv* tuttavia, nondimeno.
néant *sm* nulla ◊ **réduire à néant** annullare.
nébuleux (-euse) *adj* nuvoloso; nebuloso.
nébulosité *sf* nebulosità.
nécessaire *adj*, *sm* necessario ◊ **nécessaire de voyage** nécessaire da viaggio.
nécessité *sf* necessità.
nécessiter *v tr* necessitare.
nécessiteux (-euse) *adj*, *sm* bisognoso.
nécrologie *sm* necrologio.
nécromancie *sf* negromanzia.
nécropole *sf* necropoli.
nectar *sm* nettare.
néerlandais *adj*, *sm* olandese (*m/f*).
nef *sf* (*arch*) navata.
néfaste *adj* nefasto.
nèfle *sf* nespola.
négatif (-ive) *adj*, *sm* negativo.
négation *sf* negazione.
négligé *adj* trascurato, trasandato ◊ *sm* trascuratezza (*f*); leggera vestaglia (*f*) femminile.
négligence *sf* negligenza.
négligent *adj* negligente.
négliger *v tr* trascurare.
négociant *sm* negoziante (*m/f*), commerciante (*m/f*).
négociateur (-trice) *sm* negoziatore.
négociation *sf* negoziato (*m*), trattativa.
négocier *v tr/intr* negoziare, contrattare.
nègre (négresse) *sm* (*péjoratif*) negro.
négrier *sm*, *adj* negriero.
neige *sf* neve ◊ **œufs à la neige** albume montato a neve; **classe de neige** settimana bianca con la scuola.
neiger *v impersonnel* nevicare.
neigeux (-euse) *adj* nevoso.
nénuphar *sm* ninfea (*f*).
néologie *sf* neologia (*m/f*).

164

néologisme *sm* neologismo.

néon *sm* neon.

néophyte *sm* neofita.

néozélandais *adj, sm* neozelandese (*m/f*).

néphrite *sf* nefrite.

nerf *sm* nervo; (*fig*) nerbo, energia (*f*) ◊ **être à bout de nerfs** avere i nervi a pezzi; **avoir du nerf** avere energia, grinta.

nerveux (-euse) *adj* nervoso.

nervosité *sf* nervosismo (*m*).

nervure *sf* nervatura.

n'est-ce pas *adv* (*interrogatif*) vero? non è vero?

net (nette) *adj* pulito; netto; chiaro ◊ *adv* di netto ◊ **poids net** peso netto; **refuser net** rifiutare decisamente; **faire place nette** fare piazza pulita; **au net** in bella copia.

netteté *sf* nitidezza; (*fig*) chiarezza.

nettoyage *sm* pulizia (*f*), pulitura (*f*) ◊ **nettoyage à sec** lavaggio a secco.

nettoyer *v tr* pulire; (*fig*) ripulire.

neuf *adj, sm* nove ◊ **neuf cents** novecento.

neuf (neuve) *adj, sm* nuovo ◊ **flambant neuf** nuovo di zecca.

neuf-centième *adj, sm/f* novecentesimo (*m*).

neurasthénie *sf* nevrastenia.

neurologie *sf* neurologia.

neutraliser *v tr* neutralizzare.

neutralité *sf* neutralità.

neutre *adj* neutro.

neutron *sm* neutrone.

neuvième *adj, sm/f* nono (*m*).

névé *sm* nevaio.

neveu (*pl* -eux) *sm* nipote (di zio).

névralgie *sf* nevralgia.

névrose *sf* nevrosi.

névrosé *adj, sm* nevrotico.

nez *sm* naso ◊ **avoir du nez** avere naso; **à vue de nez** a lume di naso; **au nez** in faccia; **rire au nez de quelqu'un** ridere in faccia a qualcuno; **nez à nez** faccia a faccia.

ni *conj* né ◊ **ni l'un ni l'autre** né l'uno né l'altro; **ni même** neppure.

niais *adj, sm* ingenuo, sciocco ◊ **faire le niais** far il finto tonto.

niaiserie *sf* sciocchezza, stupidaggine.

niche *sf* nicchia; cuccia; (*familier*) scherzo (*m*).

nichée *sf* nidiata.

nicher *v intr* nidificare ◊ *v réfl* annidarsi; nascondersi.

nickel *sm* nichel.

nicotine *sf* nicotina.

nid *sm* nido (*aussi fig*) ◊ **nid de poule** buca (nella strada).

nièce *sf* nipote (di zio).

nier *v tr/intr* negare.

nigaud *adj, sm* sciocco, grullo.

nihilisme *sm* nichilismo.

nipper *v tr* (*familier*) vestire ◊ *v réfl* (*familier*) vestirsi.

nippes *sf pl* (*familier*) stracci (*m*), vestiti (*m*) usati.

nippon (-one, -onne) *adj, sm* nipponico, giapponese (*m/f*).

nitrate *sm* nitrato.

nitrique *adj* nitrico.

niveau (*pl* -eaux) *sm* livello; (*tech*) livella (*f*) ◊ **niveau de vie** tenore di vita; **de niveau** a livello, sullo stesso piano; **au niveau de** all'altezza di.

niveler *v tr* livellare (*aussi fig*).

nivellement *sm* livellamento.

noble *adj, sm/f* nobile.

noblesse *sf* nobiltà.

noce *sf* festa di nozze ◊ *pl* nozze ◊ **faire la noce** fare baldoria.

nocif (-ive) *adj* nocivo, dannoso.

noctambule *adj, sm/f* nottambulo (*m*).

nocturne *adj, sm* notturno ◊ *sf* (*d'un magasin*) apertura serale; (*sport*) notturna ◊ **en nocturne** in notturna.

nodule *sm* nodulo.

Noël *sm* Natale ◊ *sf* (giorno di) Natale (*m*).

nœud *sm* nodo (*aussi fig*) ◊ **nœud routier** nodo stradale; **le nœud du problème** il nocciolo della questione.

noir *adj* nero (*aussi fig*); buio, scuro; negro ◊ *sm* nero; buio, oscurità (*f*) ◊ **il fait noir** fa buio; **dans le noir** al buio; **travailler au noir** lavorare in nero; **voir tout en noir, broyer du noir** vedere tutto nero.

Noir *sm* nero, negro.

noirceur *sf* nerezza; (*fig*) bassezza.

noircir *v tr* annerire; denigrare ◊ *v intr* annerire, diventare nero.
noise *sf* briga ◊ **chercher noise à quelqu'un** attaccar briga con qualcuno.
noisetier *sm* (*bot*) nocciolo.
noisette *sf* nocciola.
noix *sf* noce ◊ **noix de coco** noce di cocco.
nom *sm* nome ◊ **nom (de famille)** cognome; **nom commun, nom propre** nome comune, nome proprio; **au nom de** a nome di.
nomade *adj, sm/f* nomade.
nomadisme *sm* nomadismo.
nombre *sm* numero ◊ **sans nombre** innumerevole; (**bon**) **nombre de** un buon numero di; **être au nombre de** essere in.
nombreux (-euse) *adj* numeroso.
nombril *sm* ombelico.
nomenclature *sf* nomenclatura.
nominal (*pl* **-aux**) *adj* nominale.
nominatif (-ive) *adj, sm* nominativo.
nomination *sf* nomina.
nommément *adv* nominativamente.
nommer *v tr* nominare; chiamare ◊ *v réfl* chiamarsi.
non *adv* no ◊ **non sens** non senza; **non plus** nemmeno; **non que** non che.
nonagénaire *adj, sm/f* nonagenario (*m*).
nonante *adj* (*en Suisse et en Belgique*) novanta.
nonantième *adj, sm/f* (*en Suisse et en Belgique*) novantesimo (*m*).
nonchalance *sf* noncuranza; indolenza.
non-conformiste *sm/f* anticonformista.
non-lieu *sm* (*jur*) non luogo (a procedere).
nonne *sf* monaca.
non-sens *sm* nonsenso.
nord *sm* nord, settentrione ◊ *adj inv* settentrionale.
nord-africain (*pl* **nord-africains**) *adj, sm* nordafricano.
nord-américain (*pl* **nord-américains**) *adj, sm* nordamericano.
nordique *adj* nordico.
normal (*pl* **-aux**) *adj* normale.
normaliser *v tr* normalizzare.
normand *adj, sm* normanno.
normatif (-ive) *adj* normativo.

norme *sf* norma.
norvégien (-enne) *adj, sm* norvegese (*m/f*).
nostalgie *sf* nostalgia.
notable *adj* notevole ◊ *sm* notabile.
notaire *sm* notaio.
notamment *adv* particolarmente.
notarié *adj* notarile.
notation *sf* notazione; classificazione.
note *sf* nota; appunto (*m*); conto (*m*); (*à l'école*) voto (*m*) ◊ **prendre des notes** prendere appunti; **forcer la note** esagerare.
noter *v tr* notare; annotare; classificare, mettere il voto a.
notice *sf* avvertenza; istruzioni (*pl*) per l'uso.
notifier *v tr* notificare.
notion *sf* nozione.
notoire *adj* notorio.
notoriété *sf* notorietà.
notre (*pl* **nos**) *adj* nostro.
nôtre *pron, sm* nostro ◊ **les nôtres** i nostri (*parents, amis, etc.*).
nouer *v tr* annodare; legare ◊ *v réfl* annodarsi; legarsi.
noueux (-euse) *adj* nodoso.
nougat *sm* torrone.
nouilles *sf pl* pasta (*sing*), fettuccine.
nourrice *sf* balia.
nourricier (-ère) *adj* fecondo ◊ **parents nourriciers** genitori adottivi.
nourrir *v tr* nutrire, alimentare ◊ *v réfl* nutrirsi.
nourrissant *adj* nutriente.
nourrisson *sm* lattante (*m/f*).
nourriture *sf* cibo (*m*); nutrimento (*m*).
nous *pron* noi ◊ **nous-mêmes** noi stessi; **nous autres** noialtri.
nouveau (-elle *pl* **-eaux**) *adj, sm* nuovo ◊ **à nouveau** daccapo; **de nouveau** nuovamente.
nouveau-né (*f* **nouveau-née** *pl* **nouveau-nés**) *adj, sm* neonato.
nouveauté *sf* novità.
nouvelle *sf* notizia; novella; racconto (*m*) ◊ *pl* informazioni.
novateur (-trice) *adj, sm* innovatore.
novembre *sm* novembre.
novice *adj, sm* inesperto, novellino; novizio.
noyade *sf* annegamento (*m*).

noyau (*pl* **-aux**) *sm* nocciolo; nucleo.

noyer *sm* (*plante, essence*) noce.

noyer *v tr* annegare; (*fig*) sommergere; allagare, inondare ◊ *v réfl* annegare; (*fig*) perdersi ◊ **noyer le carburateur** ingolfare il carburatore; **noyer le poisson** imbrogliare le carte.

nu *adj* nudo; (*fig*) spoglio ◊ *sm* (*art*) nudo ◊ **nu-tête, tête nue** a testa scoperta; **nu-pieds, pieds nus** a piedi nudi; **à l'œil nu** a occhio nudo.

nuage *sm* nuvola (*f*), nube (*f*).

nuageux (**-euse**) *adj* nuvoloso.

nuance *sf* sfumatura.

nuancer *v tr* sfumare.

nucléaire *adj, sm* nucleare.

nudité *sf* nudità.

nue *sf* nube, nuvola ◊ **porter aux nues** portare alle stelle.

nuée *sf* nembo (*m*); (*fig*) nugolo (*m*).

nuire *v intr* nuocere.

nuisible *adj* nocivo.

nuit *sf* notte ◊ **il fait nuit** è notte; **au milieu de la nuit** nel cuore della notte; **de nuit** di notte; **service de nuit** turno di notte; **oiseau de nuit** uccello notturno.

nul (**nulle**) *adj, pron* nessuno ◊ *adj* nullo, non valido; incapace, inetto ◊ **match nul** incontro pari; **nulle part** da nessuna parte.

nullement *adv* per niente, niente affatto.

nullité *sf* nullità.

numéraire *sm* contante ◊ **payer en numéraire** pagare in contanti.

numérateur *sm* numeratore.

numérique *adj* numerico; (*inform*) digitale.

numéro *sm* numero ◊ **c'est un drôle de numéro!** è una sagoma, un bel tipo!

numérotage *sm* numerazione (*f*).

numéroter *v tr* numerare.

numismatique *sf* numismatica.

nuptial (*pl* **-aux**) *adj* nuziale.

nuque *sf* nuca.

nutrition *sf* nutrizione; (*méd*) ricambio (*m*).

nutritionnel (**-elle**) *adj* nutrizionale.

nymphéa *sf* ninfea.

nymphomane *adj, sf* ninfomane.

O

oasis *sf* o *m* oasi (*f*).

obéir *v intr* obbedire, ubbidire.

obéissance *sf* obbedienza, ubbidienza.

obéissant *adj* obbediente, ubbidiente.

obélisque *sm* obelisco.

obèse *adj, sm/f* obeso (*m*).

objecter *v tr* obiettare.

objecteur *sm* obiettore.

objectif (**-ive**) *adj* oggettivo; obiettivo ◊ *sm* obiettivo.

objection *sf* obiezione.

objectivité *sf* oggettività.

objet *sm* oggetto; fine, scopo ◊ **avoir pour objet de** mirare a; **sans objet** senza fondamento.

obligation *sf* obbligo (*m*); (*Bourse*) obbligazione ◊ **être dans l'obligation de** trovarsi nella necessità di.

obligatoire *adj* obbligatorio.

obligé *adj* obbligato ◊ **être obligé de** essere obbligato a; **c'était obligé!** era inevitabile!

obligeance *sf* cortesia, gentilezza.

obliger *v tr* obbligare; fare cosa gradita a ◊ *v réfl* obbligarsi.

oblique *adj* obliquo ◊ **regard oblique** sguardo sfuggente; **en oblique** obliquamente.

obliquer *v intr* deviare.

oblitération *sf* obliterazione, annullamento (*m*) (*tickets, timbres poste, etc.*).

oblitérer *v tr* obliterare, annullare (*tickets, timbres poste, etc.*).

oblong (**-gue**) *adj* oblungo.

obnubiler *v tr* obnubilare, ottenebrare.

obole *sm* obolo.

obscène *adj* osceno.

obscur *adj* oscuro; scuro, buio.

obscurcir *v tr* oscurare, offuscare; rendere oscuro ◊ *v réfl* oscurarsi, offuscarsi.

obscurité *sf* oscurità; buio (*m*).

obsédé *adj* ossessionato ◊ *sm* maniaco.

obséder *v tr* ossessionare, assillare.

obsèques *sf pl* esequie, funerali (*m*).

obséquieux (**-euse**) *adj* ossequioso.

observateur (**-trice**) *adj, sm* osservatore.

observation *sf* osservazione.
observatoire *sm* osservatorio.
observer *v tr* osservare, notare ◊ *v réfl* osservarsi, studiarsi.
obsession *sf* ossessione.
obstacle *sm* ostacolo.
obstétrique *adj* ostetrico ◊ *sf* ostetricia.
obstination *sf* ostinazione.
obstiner (s') *v réfl* ostinarsi.
obstruction *sf* ostruzione; (*fig*) ostruzionismo (*m*).
obstruer *v tr* ostruire ◊ *v réfl* ostruirsi.
obtempérer *v intr* ottemperare.
obtenir *v tr* ottenere.
obtention *sf* ottenimento (*m*), conseguimento (*m*).
obturateur (-trice) *adj*, *sm* otturatore.
obturation *sf* otturazione.
obturer *v tr* otturare.
obtus *adj* ottuso.
obus *sm* (*milit*) granata (*f*).
obusier *sm* (*milit*) obice.
occasion *sf* occasione ◊ **à l'occasion** all'occasione; **à l'occasion de** in occasione di; **d'occasion** d'occasione.
occasionnel (-elle) *adj* occasionale, fortuito.
occasionner *v tr* causare, provocare.
occident *sm* occidente.
occidental (*pl* **-aux**) *adj*, *sm* occidentale (*m/f*).
occiput *sm* (*anat*) occipite.
occlusion *sf* occlusione.
occulte *adj* occulto.
occupant *adj*, *sm* occupante (*m/f*).
occupation *sf* occupazione.
occuper *v tr* occupare ◊ *v réfl* occuparsi di, badare a.
occurrence *sf* circostanza, occasione ◊ **en l'occurrence** nel caso specifico.
océan *sm* oceano.
ocre *adj inv*, *sf* ocra.
octante *adj*, *sm* (*en Suisse, au Canada*) ottanta.
octave *sf* ottava.
octobre *sm* ottobre.
octogénaire *adj*, *sm/f* ottuagenario (*m*).
octroi *sm* concessione (*f*).
octroyer *v tr* concedere.
oculaire *adj*, *sm* oculare.
oculiste *sm/f* oculista.

ode *sf* ode.
odeur *sf* odore (*m*).
odieux (-euse) *adj* odioso.
odorant *adj* odoroso.
odorat *sm* odorato.
odyssée *sf* odissea.
œcuménique *adj* ecumenico.
œil (*pl* **yeux**) *sm* occhio ◊ **avoir de bons yeux** avere la vista buona; **jeter un coup d'œil** dare un'occhiata; **sauter aux yeux** saltare agli occhi; **en un clin d'œil** in un batter d'occhio; **les yeux fermés** a occhi chiusi; **à l'œil** gratis.
œillade *sf* occhiata (d'intesa).
œillère *sf* paraocchi (*pl m*).
œillet *sm* garofano; occhiello.
œsophage *sm* esofago.
œstrogène *adj*, *sm* estrogeno.
œuf (*pl* **œufs**) *sm* uovo ◊ **œufs brouillés** uova strapazzate; **œufs durs** uova sode; **œuf à repriser** uovo da rammendo; **dans l'œuf** sul nascere.
œuvre *sf* opera ◊ **main-d'œuvre** mano d'opera; **mettre en œuvre** mettere in opera, attuare; **se mettre à l'œuvre** mettersi all'opera.
offense *sf* offesa.
offenser *v tr* offendere ◊ *v réfl* offendersi.
offensif (-ive) *adj* offensivo.
offensive *sf* offensiva.
offertoire *sm* offertorio.
office *sm* carica (*f*); funzione (*f*); ente ◊ **office de tourisme** ente per il turismo; **faire office de** fungere da; **d'office** d'ufficio.
officiel (-elle) *adj* ufficiale ◊ *sm* autorità (*f*).
officier *v intr* officiare.
officier *sm* ufficiale.
officieux (-euse) *adj* ufficioso.
officinal (*pl* **-aux**) *adj* officinale.
offrande *sf* offerta; obolo (*m*).
offre *sf* offerta ◊ **offre d'emploi** offerta d'impiego; **appel d'offres** avviso di gara d'appalto.
offrir *v tr* offrire; regalare ◊ *v réfl* offrirsi; concedersi ◊ **je vous offre de** vi propongo di.

offusquer *v tr* offuscare; (*fig*) contrariare, urtare ◊ *v réfl* risentirsi, adombrarsi.

ogive *sf* ogiva ◊ **en ogive** a ogiva, a sesto acuto.

ogre *sm* orco.

oie *sf* oca.

oignon *sm* cipolla (*f*) ◊ **en rang d'oignon** in fila (indiana).

oindre *v tr* ungere.

oiseau (*pl* **-eaux**) *sm* uccello.

oiseleur *sm* uccellatore.

oisellerie *sf* negozio (*m*) di uccelli.

oiseux (**-euse**) *adj* ozioso.

oisif (**-ive**) *adj* ozioso ◊ *sm* sfaccendato.

oisiveté *sf* ozio (*m*).

oison *sm* papero.

oléandre *sm* oleandro.

oléoduc *sm* oleodotto.

olfactif (**-ive**) *adj* olfattivo.

oligarchie *sf* oligarchia.

olivaie *sf* oliveto (*m*).

olive *sf* oliva ◊ *adj* (colore) oliva.

olivier *sm* ulivo.

olympiade *sf* olimpiade.

olympien (**-enne**) *adj* olimpico.

olympique *adj* olimpico ◊ **jeux olympiques** giochi olimpici.

ombilic *sm* ombelico.

ombilical (*pl* **-aux**) *adj* ombelicale.

ombrage *sm* ombra (*f*).

ombrager *v tr* ombreggiare, fare ombra a.

ombrageux (**-euse**) *adj* ombroso.

ombre *sf* ombra; (*zool*) temolo.

ombrelle *sf* parasole (*m*), ombrellino (*m*).

ombrien (**-nne**) *adj*, *sm* umbro.

omelette *sf* frittata.

omettre *v tr* omettere, tralasciare.

omission *sf* omissione.

omnibus *adj*, *sm* ◊ (**train**) **omnibus** (treno) locale, accelerato.

omnipotent *adj* onnipotente.

omoplate *sm* (*anat*) scapola (*f*).

on *pron* si ◊ **on dit que** si dice che; **on ne sait où** non si sa dove; **on ne sait qui, quoi** non si sa chi, cosa; **on m'a dit que** mi hanno detto che; **on y va?** andiamo? si va?

oncle *sm* zio.

onctueux (**-euse**) *adj* cremoso.

onde *sf* onda ◊ **passer sur les ondes** andare in onda.

ondée *sf* acquazzone (*m*).

on-dit *sm inv* diceria (*f*), pettegolezzo.

ondoyer *v intr* ondeggiare.

ondulation *sf* ondulazione; ondeggiamento (*m*).

ondulatoire *adj* ondulatorio.

onduler *v intr* ondeggiare ◊ *v tr* ondulare; arricciare (*cheveux*).

onéreux (**-euse**) *adj* oneroso.

ongle *sm* unghia (*f*).

onguent *sm* unguento.

onomastique *adj* onomastico.

onomatopée *sf* onomatopea.

onyx *sm* onice (*f*).

onze *adj*, *sm* undici.

onzième *adj*, *sm/f* undicesimo (*m*).

opacité *sf* opacità.

opale *sf* opale (*m* o *f*).

opalin *adj* opalino.

opaque *adj* opaco.

opéra *sm* opera (*f*); théâtre dell'opera.

opérateur (**-trice**) *sm* operatore.

opération *sf* operazione ◊ **salle d'opération** sala operatoria; **subir une opération** subire un'operazione.

opératoire *adj* operatorio.

opérer *v tr* operare; compiere ◊ *v intr* agire ◊ *v réfl* operarsi, prodursi.

opérette *sf* operetta.

ophtalmologie *sf* oftalmologia, oculistica.

opiner *v intr* esprimere la propria opinione.

opiniâtre *adj* ostinato, caparbio.

opinion *sf* opinione ◊ **opinion (publique)** opinione pubblica.

opium *sm* oppio.

opportun *adj* opportuno.

opportuniste *adj*, *sm/f* opportunista.

opportunité *sf* opportunità.

opposant *adj* avverso, contrario ◊ *sm* oppositore.

opposé *adj*, *sm* opposto ◊ **à l'opposé** dalla parte opposta, al contrario.

opposer *v tr* opporre; contrapporre ◊ *v réfl* opporsi; contrapporsi.

opposition *sf* opposizione, contrappo-

sizione; contrasto ◊ **être en opposi-tion** essere in contrasto.
oppresser *v tr* opprimere.
oppression *sf* oppressione.
opprimer *v tr* opprimere.
opprobre *sm* obbrobrio.
opter *v intr* optare.
opticien (-enne) *sm* ottico.
optimal (*pl* **-aux**) *adj* ottimale.
optimisme *sm* ottimismo.
optimiste *adj* ottimista; ottimistico ◊ *sm/f* ottimista.
option *sf* opzione.
optique *adj* ottico ◊ *sf* ottica.
opulence *sf* opulenza.
opulent *adj* opulento.
opuscule *sm* opuscolo.
or *conj* ora ◊ *sm* oro ◊ **en or** d'oro.
oracle *sm* oracolo.
orage *sm* temporale.
orageux (-euse) *adj* tempestoso, burra-scoso.
oraison *sf* orazione.
oral (*pl* **-aux**) *adj*, *sm* orale.
orange *sf* (*fruit*) arancia ◊ *adj inv* aran-cione ◊ *sm* arancio, arancione ◊ **pas-ser à l'orange** passare col (semaforo) giallo.
orangeade *sf* aranciata.
oranger *sm* (*plante*) arancio.
orangeraie *sf* aranceto (*m*).
orang-outan (*pl* **orangs-outans**) *sm* orango.
orateur (-trice) *sm* oratore.
oratoire *adj* oratorio.
orbite *sf* orbita.
orchestration *sf* orchestrazione.
orchestre *sm* orchestra (*f*); platea (*f*) ◊ **fauteuil d'orchestre** poltrona di pla-tea.
orchestrer *v tr* orchestrare.
orchidée *sf* orchidea.
ordinaire *adj* ordinario; normale; co-mune ◊ *sm* ordinario ◊ **sortir de l'or-dinaire** essere fuori del comune; **plus tôt qu'à l'ordinaire** più presto del solito.
ordinal (*pl* **-aux**) *adj* ordinale.
ordinateur *sm* computer, elaboratore.
ordonnance *sf* ordine (*m*); (*méd*) ricet-ta; ordinanza.

ordonner *v tr* ordinare; mettere in ordi-ne; (*méd*) prescrivere.
ordre *sm* ordine ◊ **ordre de grandeur** ordine di grandezza; **ordre du jour** ordine del giorno; **mettre en (bon) ordre** mettere in ordine; **de l'ordre de** nell'ordine di.
ordure *sf* immondizia, sporcizia; (*fig*) sconcezza, porcheria.
ordurier (-ère) *adj* volgare, sboccato.
orée *sf* limitare (*m*) (*du bois*).
oreille *sf* orecchio (*m*).
oreiller *sm* guanciale, cuscino.
oreillons *sm pl* (*méd*) orecchioni, paro-tite (*f sing*).
ores *adv* ora ◊ **d'ores et déjà** fin d'ora.
orfèvre *sm/f* orefice, orafo (*m*).
orfèvrerie *sf* oreficeria.
organdi *sm* organza (*f*).
organe *sm* (*biol*) organo.
organigramme *sm* organigramma.
organique *adj* organico.
organisateur (-trice) *sm* organizzato-re.
organisation *sf* organizzazione.
organiser *v tr* organizzare ◊ *v réfl* orga-nizzarsi.
organisme *sm* organismo.
organiste *sm/f* organista.
orgasme *sm* orgasmo.
orge *sm* orzo.
orgeat *sm* orzata (*f*).
orgie *sf* orgia.
orgue *sm* (*mus*) organo.
orgueil *sm* orgoglio.
orgueilleux (-euse) *adj*, *sm* orgoglioso.
orient *sm* oriente.
oriental (*pl* **-aux**) *adj*, *sm* orientale (*m/f*).
orientation *sf* orientamento (*m*).
orienter *v tr* orientare ◊ *v réfl* orientar-si.
orifice *sm* orifizio.
oriflamme *sm* orifiamma.
origan *sm* origano.
originaire *adj* originario.
original (*pl* **-aux**) *adj*, *sm* originale.
originalité *sf* originalità.
origine *sf* origine.
originel (-elle) *adj* originario; primiti-vo.
orme *sm* (*bot*) olmo.

ormeau (*pl* -eaux) *sm* (*bot*) giovane olmo.

ornement *sm* ornamento; decorazione (*f*).

ornemental (*pl* -aux) *adj* ornamentale.

orner *v tr* ornare; decorare.

ornière *sf* solco (*m*), carreggiata.

ornithologie *sf* ornitologia.

orphelin *adj*, *sm* orfano.

orphelinat *sm* orfanotrofio.

orteil *sm* dito del piede ◊ **gros orteil** alluce.

orthodoxe *adj*, *sm/f* ortodosso (*m*).

orthodoxie *sf* ortodossia.

orthographe *sf* ortografia.

orthopédie *sf* ortopedia.

orthopédique *adj* ortopedico.

ortie *sf* ortica.

os *sm* osso ◊ **os de seiche** osso di seppia.

oscillation *sf* oscillazione.

osciller *v intr* oscillare; (*fig*) esitare.

osé *adj* audace.

oseille *sf* (*bot*) acetosa.

oser *v tr* osare.

osier *sm* vimine ◊ **panier en osier** cesto di vimini.

ossature *sf* ossatura.

osselet *sm* ossicino.

ossements *sm pl* ossa (*f*).

osseux (-euse) *adj* osseo; ossuto.

ossifier (s') *v réfl* ossificarsi.

ossuaire *sm* ossario.

ostensible *adj* ostentato; manifesto.

ostentation *sf* ostentazione.

ostracisme *sm* ostracismo.

ostréiculture *sf* ostricoltura.

otage *sm* ostaggio.

ôter *v tr* togliere ◊ *v réfl* togliersi.

otite *sf* (*méd*) otite.

oto-rhino-laryngologie *sf* otorinolaringoiatria.

ou *conj* o, oppure; ossia ◊ **ou bien** oppure.

où *adv* dove ◊ *pron rel* in cui; dove ◊ **d'où venez-vous?** da dove venite?; **par où êtes-vous passé?** da dove siete passati?; **n'importe où** ovunque; **où qu'il soit** dovunque sia; **au cas où** nel caso in cui; **au moment où** nel momento in cui.

ouate *sf* ovatta, bambagia.

ouaté *adj* ovattato.

oubli *sm* dimenticanza (*f*); oblio ◊ **oubli de soi-même** abnegazione.

oublier *v tr* dimenticare, dimenticarsi di ◊ *v réfl* dimenticare se stesso, sacrificarsi.

oubliette *sf* segreta ◊ **mettre aux oubliettes** mettere nel dimenticatoio.

ouest *adj inv*, *sm* ovest, ponente.

oui *adv* sì.

ouï-dire *sm inv* diceria (*f*) ◊ **par ouï-dire** per sentito dire.

ouïe *sf* udito (*m*) ◊ *pl* branchie.

ouragan *sm* uragano.

ourdir *v tr* ordire, tramare.

ourler *v tr* orlare.

ourlet *sm* orlo.

ours *sm* orso.

ourse *sf* orsa ◊ **Grande Ourse, Petite Ourse** Orsa Maggiore, Orsa Minore.

oursin *sm* riccio di mare.

ourson *sm* orsetto, orsacchiotto.

outil *sm* attrezzo, arnese; utensile ◊ **outil de recherche** motore di ricerca.

outillage *sm* attrezzatura (*f*); equipaggiamento.

outiller *v tr* attrezzare ◊ *v réfl* attrezzarsi.

outrage *sm* oltraggio, offesa (*f*).

outrager *v tr* oltraggiare, offendere.

outrance *sf* eccesso (*m*); esagerazione ◊ **à outrance** a oltranza.

outre *sf* otre (*m*) ◊ *adv*, *prep* oltre (a) ◊ **passer outre** passar sopra, andare oltre; **en outre** inoltre.

outré *adj* eccessivo; indignato.

outrecuidance *sf* tracotanza.

outre-mer *adv* oltremare.

outrepasser *v tr* oltrepassare.

outrer *v tr* esagerare; indignare.

ouvert *adj* aperto (*aussi fig*) ◊ **grand ouvert** spalancato.

ouvertement *adv* apertamente.

ouverture *sf* apertura; inaugurazione.

ouvrable *adj* lavorativo ◊ **jours ouvrables** giorni lavorativi, feriali.

ouvrage *sm* lavoro, opera (*f*) ◊ **publier un ouvrage** pubblicare un libro.

ouvrager *v tr* lavorare finemente.

ouvrant *adj* apribile ◊ *sm* battente, anta (*f*) (*de porte*).

ouvre-boîte *sm inv* apriscatole.
ouvre-bouteille *sm inv* apribottiglie.
ouvreur (-euse) *sm (cinémas, lieux de spectacle)* maschera *(f).*
ouvrier (-ère) *adj, sm* operaio ◊ **ouvrier spécialisé** operaio generico; **ouvrier qualifié** operaio specializzato.
ouvrir *v tr/intr* aprire ◊ *v réfl* aprirsi ◊ **s'ouvrir sur** dare su; **ouvrir (tout) grand** spalancare.
ovaire *sm (anat)* ovaia *(f)*; *(bot)* ovario.
ovale *adj, sm* ovale.
ovation *sf* ovazione.
ovin *adj, sm* ovino.
OVNI *sm* ufo, UFO.
ovule *sm* ovulo.
oxydable *adj* ossidabile.
oxyde *sm* ossido.
oxygène *sm* ossigeno.
oxygéner *v tr* ossigenare ◊ *v réfl* ossigenarsi.
ozone *sm (chim)* ozono ◊ **trou d'ozone** buco dell'ozono.

P

pachyderme *sm* pachiderma.
pacificateur (-trice) *adj, sm* pacificatore.
pacifier *v tr* pacificare.
pacifique *adj* pacifico.
pacotille *sf* paccottiglia ◊ **de pacotille** dozzinale.
pacte *sm* patto.
pactiser *v intr* patteggiare, venire a patti.
pagaie *sf* pagaia.
pagaïe, pagaille *sf (familier)* caos *(m)*, baraonda ◊ **en pagaille** in gran quantità.
paganisme *sm* paganesimo.
pagayer *v intr* pagaiare.
page *sf* pagina ◊ *sm* paggio ◊ **tourner la page** voltar pagina; **à la page** al corrente, aggiornato; all'ultima moda; **page web** pagina web.
pagination *sf* paginatura.
pagne *sm* perizoma.
pagode *sf* pagoda.
paie *sf* v. **paye**.

paiement *sm* v. **payement**.
païen (-enne) *adj, sm* pagano.
paillard *adj, sm* gaudente *(m/f)* licenzioso.
paillasse *sf* pagliericcio *(m).*
paillasson *sm* zerbino; stuoia *(f).*
paille *sf* paglia; cannuccia ◊ **paille de fer** paglietta di ferro.
pailler *v tr* impagliare.
paillette *sf* lustrino *(m)*; pagliuzza (d'oro).
pain *sm* pane ◊ **pain complet** pane integrale; **pain d'épice** panpepato.
pair *adj, sm* pari ◊ **aller de pair** andare di pari passo; **hors pair** senza pari.
paire *sf* paio *(m)*; coppia.
paisible *adj* pacifico, tranquillo.
paître *v intr* pascolare ◊ *v tr* brucare.
paix *sf* pace.
pakistanais *adj, sm* pachistano.
palabre *sf* chiacchiera, sproloquio *(m).*
palace *sm* albergo di lusso.
palais *sm* palazzo; *(anat)* palato.
palan *sm* paranco.
pale *sf* pala *(d'hélice, rame, etc.).*
pâle *adj* pallido; scialbo.
palefrenier *sm* palafreniere.
paléontologie *sf* paleontologia.
palermitain *adj, sm* palermitano.
palet *sm (jeux, sport)* piastrella *(f).*
paletot *sm* cappotto.
palette *sf* tavolozza; bancale *(m)*, pallet *(m).*
palétuvier *sm (bot)* paletuviere.
pâleur *sf* pallore *(m).*
palier *sm* pianerottolo ◊ **vol en palier** volo orizzontale; **par paliers** per gradi.
pâlir *v intr* impallidire.
palissade *sf* palizzata.
palissandre *sm* palissandro.
palliatif (-ive) *adj, sm* palliativo.
pallier *v tr* ovviare a ◊ *v intr* provvedere, sopperire.
palmarès *sm* albo d'oro.
palme *sf* (ramo di) palma; pinna.
palmé *adj (bot, zool)* palmato.
palmier *sm* palma *(f)*, palmizio.
palmipède *adj, sm* palmipede.
palombe *sf (zool)* colombaccio *(m).*
pâlot (-otte) *adj (familier)* palliduccio.

palpable *adj* palpabile; (*fig*) tangibile.
palpation *sf* palpazione.
palper *v tr* palpare.
palpitant *adj* palpitante; (*fig*) appassionante.
palpitation *sf* palpitazione; battito (*m*), fremito (*m*).
palpiter *v intr* palpitare.
paludisme *sm* (*méd*) paludismo, malaria (*f*).
pamphlet *sm* libello.
pamplemousse *sm* (*fruit*) pompelmo.
pan *sm* lembo; falda (*f*) ◊ **pan de mur** pezzo di muro; **pan de comble** falda del tetto.
panacée *sf* panacea, rimedio (*m*).
panache *sm* pennacchio ◊ **avoir du panache** essere prestante.
panaché *adj* screziato, variopinto; misto ◊ *sm* birra e gazzosa (*f*) ◊ **glace panachée** gelato misto.
panacher *v tr* screziare; mescolare.
panade *sf* (*cuis*) panata, pancotto (*m*).
panaris *sm* (*méd*) patereccio, giradito.
pancarte *sf* cartello (*m*).
pancréas *sm* pancreas.
pané *adj* (*cuis*) impanato.
panégyrique *sm* panegirico.
panier *sm* paniere, cestino; (*sport*) canestro ◊ **panier à provisions** sporta (della spesa); **le dessus du panier** la parte migliore; **mettre au panier** cestinare.
panifier *v tr* panificare.
panique *sf* panico (*m*) ◊ **être pris de panique** essere preso dal panico.
panne *sf* guasto (*m*) ◊ **panne d'électricité** interruzione di corrente; **tomber en panne** avere un guasto; **être en panne de** essere sprovvisto di.
panneau (*pl* -**eaux**) *sm* pannello; cartello ◊ **panneau de signalisation** cartello stradale; **panneau publicitaire** cartellone pubblicitario.
panonceau (*pl* -**eaux**) *sm* targa (*f*), insegna (*f*).
panoplie *sf* panoplia; (*fig*) vasto assortimento (*m*).
panorama *sm* panorama.
panoramique *adj* panoramico.
panse *sf* (*zool*) rumine (*m*); (*familier*) pancia.

pansement *sm* medicazione (*f*); (*fam*) cerotto ◊ **boite à pansements** cassetta di pronto soccorso.
panser *v tr* medicare; strigliare (*un cheval*).
pantalon *sm* pantaloni (*pl*), calzoni (*pl*).
pantelant *adj* ansante, trafelato; senza fiato (*aussi fig*).
panthéisme *sm* panteismo.
panthère *sf* pantera.
pantin *sm* fantoccio, burattino.
pantois *adj* esterrefatto, sbalordito.
pantomime *sf* pantomima.
pantoufle *sf* pantofola.
paon *sm* (*zool*) pavone.
papa *sm* papà.
papauté *sf* papato (*m*); pontificato (*m*).
pape *sm* papa.
paperasse *sf* scartoffie (*pl*).
papeterie *sf* cartoleria; cartiera.
papetier (-**ère**) *sm* cartolaio ◊ *adj* cartario.
papier *sm* carta (*f*); documento ◊ **papier réglé**, **quadrillé** foglio a righe, a quadretti; **papier à en-tête** carta intestata; **papier hygiénique** carta igienica; **papier mâché** cartapesta; **papier d'aluminium** carta stagnola; **sur le papier** sulla carta, in teoria.
papille *sf* papilla.
papillon *sm* farfalla (*f*); volantino; (*familier*) multa (*f*) ◊ **nœud papillon** farfallino.
papillotage *sm* (*des paupières*) ammiccamento.
papilloter *v intr* sfavillare; battere le palpebre.
paprika *sm* paprica (*f*).
papyrus *sm* papiro.
paquebot *sm* piroscafo; transatlantico.
pâquerette *sf* pratolina, margherita dei campi.
Pâques *sf pl* Pasqua (*sing*).
paquet *sm* pacco; pacchetto ◊ **faire ses paquets** far fagotto; **mettre le paquet** mettercela tutta; **par paquets** in gruppi.
paqueter *v tr* impacchettare.
par *prép* (*lieu*) da; per; (*fréquence, distribution*) a; (*temps*) in, durante; (*moyen, manière*) con; per; (*au*

moyen de) da ◊ **par la fenêtre** dalla finestra; **par le haut** dall'alto; **par terre** per terra; **par mois** al mese; **par personne** a persona; **par exemple** per esempio; **de par** per la volontà di; da parte di; **de par la loi** per legge.
parabole *sf* parabola.
parabolique *adj* parabolico.
parachever *v tr* ultimare, completare.
parachute *sm* paracadute ◊ **en parachute** col paracadute.
parade *sf* parata, sfilata ◊ **de parade** da parata; **faire parade de** far sfoggio di.
parader *v intr* pavoneggiarsi.
paradis *sm* paradiso; (*théâtre*) loggione.
paradoxe *sm* paradosso.
parafe *sm* (*signature*) sigla (*f*); ghirigoro.
paraffine *sf* paraffina.
parages *sm pl* paraggi, vicinanze (*f*).
paragraphe *sm* paragrafo.
paraître *v intr* sembrare; apparire; comparire; (*livre, magazine*) uscire ◊ **il paraît que** sembra che, pare che; **à ce qu'il paraît** a quel che sembra; **à paraître** di prossima pubblicazione.
parallèle *adj, sm* parallelo ◊ *sf* (*mat*) parallela.
parallélogramme *sm* parallelogrammo.
paralyser *v tr* paralizzare.
paralysie *sf* paralisi.
paralytique *adj, sm/f* paralitico (*m*).
paranoïaque *adj, sm/f* paranoico (*m*).
parapente *sm* (*sport*) parapendio.
parapet *sm* parapetto.
paraphe *sm* v. **parafe**.
paraphrase *sf* parafrasi.
paraphraser *v tr* parafrasare.
parapluie *sm* parapioggia, ombrello.
parasite *adj, sm* parassita.
parasol *sm* ombrellone.
paratonnerre *sm* parafulmine.
paravent *sm* paravento.
parc *sm* parco; recinto ◊ **parc (de stationnement)** parcheggio; **parc de loisirs** parco divertimenti; **parc naturel** parco naturale.

parcelle *sf* frammento (*m*); particella.
parce que *conj* perché, poiché.
par-ci *adv* per di qua.
parchemin *sm* pergamena (*f*).
parcimonie *sf* parsimonia.
parcmètre *sm* parchimetro.
parcourir *v tr* percorrere; (*fig*) scorrere, dare una scorsa a.
parcours *sm* percorso, tragitto.
par-dessous *adv, prép* (da) sotto.
par-dessus *adv, prép* (da) sopra.
pardessus *sm* soprabito.
pardon *sm* perdono; (*formule de politesse*) scusa (*f*), perdono ◊ **demander pardon** chiedere scusa; **pardon!** scusi, scusa; **pardon?** prego?
pardonner *v tr/intr* perdonare.
pare-balles *adj inv* antiproiettile.
pare-boue *sm inv* (*aut*) parafango.
pare-brise *sm inv* parabrezza.
pare-chocs *sm inv* (*aut*) paraurti.
pareil (-eille) *adj* simile; uguale ◊ *sm* uguale, pari ◊ *adv* (*familier*) nello stesso modo ◊ **ce n'est pas pareil** non è lo stesso; **en pareil cas** in tal caso; **sans pareil** senza pari.
pareillement *adv* similmente, allo stesso modo.
parement *sm* risvolto (*de col, de manche*); paramento (*d'autel*).
parent *sm* parente (*m/f*) ◊ *pl* genitori.
parenté *sf* parentela; parentado (*m*).
parenthèse *sf* parentesi ◊ **entre parenthèses** tra parentesi.
parer *v tr* ornare; agghindare; parare, evitare ◊ *v réfl* ornarsi ◊ **être paré contre** essere riparato da.
paresse *sf* pigrizia.
paresser *v intr* oziare, poltrire.
paresseux (-euse) *adj, sm* pigro, indolente (*m/f*).
parfaire *v tr* rifinire, completare.
parfait *adj* perfetto ◊ *sm* (*cuis*) semifreddo.
parfaitement *adv* perfettamente.
parfois *adv* a volte, talvolta.
parfum *sm* profumo; gusto, sapore.
parfumer *v tr* profumare ◊ *v réfl* profumarsi.
parfumerie *sf* profumeria.
pari *sm* scommessa (*f*).
paria *sm* paria.

parier *v tr* scommettere.

parieur (-euse) *sm* scommettitore.

parisien (-enne) *adj*, *sm* parigino.

paritaire *adj* paritario, paritetico.

parité *sf* parità.

parjure *adj*, *sm* spergiuro.

parjurer (se) *v réfl* spergiurare.

parking *sm* parcheggio.

par-là *adv* per di là.

parlant *adj* parlante; (*fig*) eloquente ◊ **cinéma parlant** cinema sonoro.

parlé *adj*, *sm* parlato ◊ **journal parlé** giornale radio.

parlement *sm* parlamento.

parlementaire *adj*, *sm/f* parlamentare.

parlementer *v intr* parlamentare.

parler *v tr/intr* parlare ◊ **parler bas** parlare a bassa voce; **parler en bien, en mal de quelqu'un** parlare bene, male di qualcuno; **parler politique** parlare di politica; **sans parler de** per non parlare di; **parler franc** parlare francamente.

parleur (-euse) *sm* parlatore; parolaio.

parloir *sm* parlatorio.

parmesan *sm* parmigiano.

parmi *prep* fra, tra.

parodie *sf* parodia.

parodier *v tr* parodiare.

paroi *sf* parete.

paroisse *sf* parrocchia.

paroissial (*pl* **-aux**) *adj* parrocchiale.

parole *sf* parola ◊ **prendre la parole** prendere la parola; **donner, tenir (sa) parole** dare, mantenere la parola.

paroxisme *sm* parossismo.

parquer *v tr* chiudere in un recinto; parcheggiare.

parquet *sm* parquet, pavimento in legno.

parqueter *v tr* pavimentare in legno.

parrain *sm* padrino.

parrainage *sm* patrocinio; sponsorizzazione (*f*).

parricide *sm* parricidio ◊ *adj*, *sm/f* parricida.

parsemer *v tr* cospargere, disseminare.

part *sf* parte; porzione ◊ **pour ma part** per conto mio; **à part** a parte, tranne; **mettre à part** mettere da parte; **autre part** altrove; **nulle part** da nessuna parte; **quelque part** da qualche parte.

partage *sm* divisione (*f*), spartizione (*f*) ◊ **ligne de partage des eaux** spartiacque; **recevoir en partage** toccare in sorte.

partager *v tr* dividere; condividere ◊ *v réfl* dividersi.

partant *adv* pertanto, quindi.

partenaire *sm/f* partner; (*sport*) compagno (*m*).

parterre *sm* aiuola (*f*); platea (*f*).

parti *sm* partito; decisione (*f*), risoluzione (*f*) ◊ **esprit de parti** spirito di parte; **prendre parti** prendere posizione; **tirer parti** trarre profitto.

partial (*pl* **-aux**) *adj* parziale.

participant *adj*, *sm* partecipante (*m/f*).

participation *sf* partecipazione.

participe *sm* participio.

participer *v intr* partecipare, prendere parte.

particularité *sf* particolarità.

particule *sf* particella.

particulier (-ère) *adj* particolare; personale; privato ◊ *sm* privato ◊ **particulier à** proprio di; **hôtel particulier** palazzo privato; **en particulier** in particolare, in privato.

partie *sf* parte; partita ◊ **la majeure partie** la maggior parte; **faire partie de** far parte di; **abandonner la partie** abbandonare il campo; **prendre quelqu'un à partie** prendersela con qualcuno; **en partie** in parte.

partiel (-elle) *adj* parziale.

partir *v intr* partire; andar via, andarsene ◊ **à partir de** a partire da.

partisan *sm* partigiano; sostenitore ◊ *adj* favorevole (a); di parte.

partitif (-ive) *adj*, *sm* partitivo.

partition *sf* (*mus*) spartito (*m*), partitura.

partout *adv* dappertutto ◊ **partout où** dovunque.

parure *sf* parure, completo (*m*).

parution *sf* (*d'un livre*) uscita, pubblicazione.

parvenir *v intr* giungere, arrivare ◊ **parvenir à faire** riuscire a fare.

parvis *sm* sagrato.

pas *sm* passo; (*de la porte*) soglia ◊ **marquer le pas** segnare il passo; **faire un faux pas** fare un passo falso; **faire les cent pas** camminare su e giù; **au pas de course** di corsa; **pas à pas** passo passo.

pas *adv di negazione* (con *ne* o *n'*); (*absolu*) non ◊ **il ne sait pas nager** non sa nuotare; **ce n'est pas que** non è che; **pourquoi pas?** perché no?; **pas un** nessuno, nemmeno uno; **pas mal** non c'è male; **pas du tout** niente affatto.

passable *adj* passabile, accettabile.

passade *sf* capriccio (*m*), infatuazione.

passage *sm* passaggio; passo; brano ◊ **passage à niveau** passaggio a livello; **passage clouté** passaggio pedonale; **passage souterrain** sottopassaggio; **passage interdit** divieto di transito; **examen de passage** esame di ammissione.

passager (-ère) *adj, sm* passeggero.

passant *adj* frequentato ◊ *sm* passante.

passe *sf* passaggio (*m*); canale (*m*) navigabile; valico (*m*) ◊ **mot de passe** parola d'ordine; **être en passe de** essere in procinto di; **être dans une mauvaise passe** essere in una situazione difficile.

passé *adj* passato, trascorso ◊ *sm* passato ◊ *prep* dopo ◊ **passé minuit** dopo mezzanotte.

passementerie *sf* passamaneria.

passe-montagne (*pl* **passe-montagnes**) *sm* passamontagna.

passe-partout *sm inv* passe-partout, chiave (*f*) universale ◊ *adj* per tutte le occasioni.

passe-passe *sm inv* ◊ **tour de passe-passe** gioco di prestigio.

passeport *sm* passaporto.

passer *v intr* passare; trascorrere; scolorire; diventare; (*ciné*) essere in programmazione; (*radio*, *TV*) andare in onda ◊ *v tr* passare; trascorrere; concedere, permettere; (*ciné*) proiettare; (*radio*, *TV*) mandare in onda ◊ *v réfl* accadere; trascorrere; fare a meno ◊ **passer le but** oltrepassare la misura; **passer une faute** perdonare un errore; **passer un vêtement** infilarsi un vestito; **passer un film**, **passer un disque** proiettare un film, mettere un disco; **passer dans l'usage** entrare nell'uso; **passer outre** passare oltre; **passer sur** sorvolare; **en passant** di sfuggita.

passerelle *sf* passerella.

passe-temps *sm inv* passatempo.

passeur *sm* traghettatore.

passible *adj* passibile ◊ **être passible de** essere soggetto a.

passif (-ive) *adj, sm* passivo.

passion *sf* passione.

passionnant *adj* appassionante, avvincente.

passionner *v tr* appassionare, avvincere ◊ *v réfl* appassionarsi.

passivité *sf* passività.

passoire *sf* colino (*m*); scolapasta (*m*).

pastèque *sf* cocomero (*m*), anguria.

pasteur *sm* pastore.

pasteuriser *v tr* pastorizzare.

pastiche *sm* pastiche, imitazione (*f*).

pastille *sf* pastiglia, pasticca.

patate *sf* patata dolce; (*familier*) patata.

patauger *v intr* sguazzare; (*fig*) ingarbugliarsi.

pâte *sf* pasta; impasto (*m*) ◊ *pl* pasta (*sing*) (alimentare).

pâté *sm* (*cuis*) pasticcio; (*fig*) scarabocchio.

pâtée *sf* pastone (*m*); cibo (*m*) (*pour animaux*).

patelin *sm* (*familier*) paesino (sperduto).

patent *adj* evidente, lampante.

patente *sf* tassa di esercizio (*pour un commerce*).

patère *sf* patera; attaccapanni (*m*) a muro.

paternel (-elle) *adj* paterno.

paternité *sf* paternità.

pâteux (-euse) *adj* pastoso; impastato.

pathétique *adj* patetico.

pathologie *sf* patologia.

pathologique *adj* patologico.

patibulaire *adj* patibolare.

patiemment *adv* pazientemente.

patience *sf* pazienza.

patient *adj, sm* paziente (*m/f*).

patienter *v intr* pazientare, aver pazienza.

patin *sm* pattino ◊ **patins à glace, à roulettes** pattini da ghiaccio, a rotelle; **patin de frein** ganascia del freno.
patinage *sm* pattinaggio.
patine *sf* patina.
patiner *v intr* pattinare; (*roue, voiture*) slittare; patinare ◊ *v réfl* coprirsi di una patina.
patineur (-euse) *sm* pattinatore.
patinoire *sf* pista di pattinaggio.
pâtisserie *sf* pasticceria.
pâtissier (-ère) *sm* pasticciere.
patois *sm* dialetto.
patraque *adj* (*familier*) malandato, malaticcio.
patriarche *sm* patriarca.
patrie *sf* patria.
patrimoine *sm* patrimonio.
patriote *adj* patriottico ◊ *sm/f* patriota.
patriotique *adj* patriottico.
patron (-onne) *sm* padrone; capo; patrono; cartamodello.
patronage *sm* patronato, patrocinio.
patronal (*pl* **-aux**) *adj* padronale.
patronat *sm* padronato.
patronner *v tr* patrocinare; appoggiare.
patrouille *sf* pattuglia.
patrouiller *v intr* pattugliare.
patte *sf* zampa; (*familier*) mano, piede (*m*); linguetta (*de fermeture*) ◊ **marcher à quatre pattes** camminare carponi; **retomber sur ses pattes** cadere in piedi; **tirer dans les pattes** mettere i bastoni tra le ruote.
patte-d'oie (*pl* **pattes-d'oie**) *sf* crocicchio (*m*), crocevia (*m*).
pâturage *sm* pascolo.
paume *sf* palmo (*m*).
paumer *v tr* (*familier*) perdere ◊ *v réfl* perdersi, smarrirsi.
paupière *sf* palpebra.
pause *sf* pausa.
pauvre *adj*, *sm/f* povero (*m*).
pauvreté *sf* povertà.
pavaner (se) *v réfl* pavoneggiarsi.
pavé *sm* lastricato, selciato ◊ **être sur le pavé** essere sul lastrico.
pavement *sm* pavimento.
paver *v tr* pavimentare, lastricare.
pavillon *sm* padiglione; villino; (*mar*)

bandiera (*f*) ◊ **pavillon de l'oreille** padiglione auricolare.
pavoiser *v tr* (*mar*) pavesare; imbandierare.
pavot *sm* (*bot*) papavero.
payable *adj* pagabile.
payant *adj* pagante, a pagamento; (*fig, familier*) redditizio.
paye *sf* paga ◊ **fiche de paye** foglio paga; **livre de paye** libro paga.
payement *sm* pagamento, compenso.
payer *v tr* pagare; offrire ◊ *v intr* rendere ◊ *v réfl* pagarsi; concedersi ◊ **payer de sa personne** pagare di persona.
pays *sm* paese; nazione (*f*).
paysage *sm* paesaggio.
paysan (-anne) *adj*, *sm* contadino.
péage *sm* pedaggio; casello (*autoroute*).
péagiste *sm/f* casellante.
peau (*pl* **peaux**) *sf* pelle; buccia.
peccadille *sf* peccatuccio (*m*).
pêche *sf* (*fruit, activité*) pesca ◊ **pêche à la ligne** pesca con la lenza; **bateau de pêche** peschereccio.
pêcher *v intr* peccare.
pêcher *sm* (*bot*) pesco.
pêcher *v tr* pescare.
pêcheur (pêcheresse) *adj*, *sm* peccatore.
pêcheur (-euse) *sm* pescatore.
pectoral (*pl* **-aux**) *adj*, *sm* (*anat*) pettorale.
péculat *sm* (*jur*) peculato.
pécule *sm* gruzzolo.
pécuniaire *adj* pecuniario.
pédagogie *sf* pedagogia.
pédagogue *sm/f* pedagogo (*m*).
pédale *sf* pedale (*m*).
pédaler *v intr* pedalare.
pédant *adj*, *sm* pedante.
pédéraste *sm* pederasta.
pédestre *adj* pedestre ◊ **randonnée pédestre** gita a piedi.
pédiatre *sm/f* pediatra.
pédicule *sm* peduncolo.
pédicure *sm/f* callista, pedicure.
pedigree *sm* pedigree.
pègre *sf* teppa, malavita.
peigne *sm* pettine.
peigner *v tr* pettinare ◊ *v réfl* pettinarsi.

peignoir *sm* accappatoio; vestaglia (*f*).

peindre *v tr* dipingere (*aussi fig*).

peine *sf* pena, punizione; dispiacere (*m*); fatica, sforzo (*m*) ◊ **ce n'est pas la peine** non è il caso; **c'est peine perdue** è fatica sprecata; **se donner de la peine** darsi da fare; **à peine** appena.

peiner *v tr* affliggere, addolorare ◊ *v intr* penare, faticare.

peintre *sm* pittore ◊ **(femme) peintre** pittrice; **peintre (en bâtiment)** imbianchino; **peintre décorateur** decoratore.

peinture *sf* pittura; vernice; dipinto (*m*), quadro (*m*); (*fig*) descrizione.

péjoratif (-ive) *adj*, *sm* peggiorativo.

pelage *sm* pelame, mantello.

pêle-mêle *adv* alla rinfusa.

peler *v tr* sbucciare, pelare ◊ *v intr* spellarsi.

pèlerin *sm* pellegrino.

pèlerinage *sm* pellegrinaggio.

pélican *sm* pellicano.

pelle *sf* pala, badile (*m*); paletta ◊ **pelle à tarte** paletta per il dolce.

pellicule *sf* pellicola ◊ *pl* forfora (*sing*).

pelote *sf* gomitolo (*m*) ◊ **pelote à épingles** portaspilli; **pelote (basque)** pelota (basca).

peloton *sm* gomitolino; (*milit*) plotone.

pelotonner *v tr* aggomitolare, avvolgere ◊ *v réfl* raggomitolarsi, rannicchiarsi.

pelouse *sf* prato (*m*), tappeto (*m*) erboso.

peluche *sm* peluche.

pelure *sf* buccia, scorza ◊ **papier pelure** carta velina.

pénal (*pl* -aux) *adj* penale.

pénaliser *v tr* penalizzare.

pénalité *sf* penale, penalità; penalizzazione.

penaud *adj* confuso, mortificato.

penchant *sm* inclinazione (*f*); tendenza (*f*).

pencher *v intr* pendere; (*fig*) propendere ◊ *v tr* inclinare, piegare ◊ *v réfl* chinarsi ◊ **pencher pour** propendere per; **se pencher à la fenêtre** sporgersi dalla finestra; **se pencher sur** rivolgere la propria attenzione a.

pendaison *sf* impiccagione.

pendant *adj* pendente, penzolante ◊ *sm* pendant ◊ **les bras pendants** le braccia penzoloni; **faire pendant** far riscontro, accompagnarsi.

pendant *prep* durante ◊ **pendant que** mentre; dal momento che.

pendeloque *sf* orecchino (*m*) a goccia; pendente (*m*); goccia (*d'un lustre*).

pendentif *sm* ciondolo, pendaglio.

penderie *sf* guardaroba (*m*).

pendre *v tr* appendere; impiccare ◊ *v intr* pendere ◊ *v réfl* appendersi, attaccarsi; impiccarsi.

pendule *sf* orologio (*m*) (da muro o da tavolo); pendola ◊ *sm* pendolo.

pendulette *sf* orologio (*m*) da viaggio.

pénétration *sf* penetrazione; (*fig*) acume (*m*).

pénétrer *v intr* penetrare (*aussi fig*) ◊ *v tr* penetrare; (*fig*) pervadere ◊ *v réfl* convincersi; immedesimarsi.

pénible *adj* penoso; faticoso; (*familier*) insopportabile.

péniche *sf* chiatta.

pénicilline *sf* penicillina.

péninsule *sf* penisola.

pénitence *sf* penitenza.

pénitencier *sm* penitenziario.

pénombre *sf* penombra.

pensée *sf* pensiero (*m*); (*bot*) viola del pensiero ◊ **en pensée** col pensiero; **à la pensée de** al pensiero di.

penser *v tr/intr* pensare ◊ **penser à** pensare a, ricordarsi di.

penseur (-euse) *sm* pensatore.

pensif (-ive) *adj* pensoso, pensieroso.

pension *sf* pensione; collegio (*m*).

pensionnaire *sm/f* pensionante; collegiale; borsista.

pensionnat *sm* collegio, convitto.

pentagone *adj* pentagonale ◊ *sm* pentagono.

pente *sf* pendenza, pendio (*m*); china (*aussi fig*).

Pentecôte *sf* Pentecoste.

pénurie *sf* penuria, scarsità.

pépier *v intr* pigolare.

pépin *sm* seme, chicco; (*familier*) seccatura (*f*), guaio.

pépinière *sf* vivaio (*m*).
pépite *sf* pepita.
perçage *sm* perforazione (*f*).
perçant *adj* penetrante, acuto.
percée *sf* varco (*m*), apertura; (*milit*) sfondamento (*m*).
perce-neige *sm inv* (*bot*) bucaneve.
percepteur (-trice) *adj* percettivo ◊ *sm* esattore.
perceptible *adj* percettibile.
perception *sf* percezione; riscossione, esazione ◊ (**bureau de**) **perception** esattoria.
percer *v tr* forare; aprire; (*milit*) sfondare ◊ *v intr* aprirsi un varco; (*milit*) sfondare; (*fig*) trapelare; (*une dent*) spuntare.
perceuse *sf* trapano (*m*).
percevoir *v tr* percepire; riscuotere.
perche *sf* pertica; (*sport*) asta; (*zool*) pesce (*m*) persico.
percher *v tr* (*fam*) collocare in alto ◊ *v intr/réfl* appollaiarsi.
perchoir *sm* trespolo.
perçoir *sm* punteruolo.
percolateur *sm* macchina (*f*) per il caffè.
percussion *sf* percussione.
percuter *v tr* urtare, investire ◊ *v intr* cozzare, sbattere.
perdant *adj*, *sm* perdente.
perdition *sf* perdizione ◊ **navire en perdition** nave in pericolo.
perdre *v tr/intr* perdere ◊ *v réfl* perdersi ◊ **perdre de vue** perdere di vista.
perdreau (*pl* **-eaux**) *sm* (*zool*) perniciotto.
perdrix *sf* (*zool*) pernice.
perdu *adj* perso; sperduto ◊ **il est perdu** è spacciato; **à fonds perdu** a fondo perso; **à corps perdu** a corpo morto.
père *sm* padre ◊ **le père Noël** Babbo Natale.
pérégrination *sf* peregrinazione.
péremptoire *adj* perentorio.
perfection *sf* perfezione.
perfectionner *v tr* perfezionare ◊ *v réfl* perfezionarsi.
perfidie *sf* perfidia.

perforateur (-trice) *adj*, *sm* perforatore.
perforation *sf* perforazione.
perforer *v tr* perforare, forare.
performance *sf* prestazione; (*fig*) impresa.
perfusion *sf* (*méd*) perfusione.
péricliter *v intr* andare a rotoli.
péril *sm* pericolo; rischio ◊ **au péril de sa vie** a rischio della vita.
périlleux (-euse) *adj* pericoloso, rischioso ◊ **saut périlleux** salto mortale.
périmé *adj* scaduto; (*fig*) sorpassato, superato.
périmètre *sm* perimetro.
période *sf* periodo (*m*).
périodique *adj*, *sm* periodico.
périodiquement *adv* periodicamente.
péripétie *sf* peripezia.
périphérie *sf* periferia.
périphérique *adj* periferico ◊ **boulevard périphérique** tangenziale, circonvallazione.
périphrase *sf* perifrasi.
périple *sm* periplo; giro turistico.
périr *v intr* perire.
périscope *sm* periscopio.
périssable *adj* perituro; deperibile.
péristyle *sm* (*arch*) peristilio.
péritonite *sf* peritonite.
perle *sf* perla.
perlé *adj* perlato ◊ **riz perlé** riso perlato; **grève perlée** sciopero a singhiozzo.
perler *v tr* perlare (*riz*) ◊ *v intr* imperlarsi; stillare.
permanence *sf* permanenza; servizio (*m*) permanente; aula di studio ◊ **en permanence** in permanenza.
permanent *adj* permanente, continuo ◊ **cinéma permanent** cinema a spettacolo continuato.
perméable *adj* permeabile.
permettre *v tr* permettere, consentire ◊ *v réfl* permettersi ◊ **vous permettez?** permette? posso?
permis *sm* permesso; licenza (*f*) ◊ **permis (de conduire)** patente (di guida); **permis de pêche** licenza di pesca.
permission *sf* permesso (*m*); (*milit*) licenza.

permuter *v tr* permutare, scambiare ◊ *v intr* scambiarsi il posto.

pernicieux (-euse) *adj* pernicioso.

péroné *sm* (*anat*) perone.

perpendiculaire *adj, sf* perpendicolare.

perpétrer *v tr* perpetrare.

perpétuation *sf* perpetuazione.

perpétuel (-elle) *adj* perpetuo, eterno; continuo.

perpétuer *v tr* perpetuare.

perpétuité *sf* ◊ **à perpétuité** a vita; in perpetuo.

perplexe *adj* perplesso.

perplexité *sf* perplessità.

perquisition *sf* perquisizione.

perquisitionner *v tr* perquisire ◊ *v intr* fare una perquisizione.

perron *sm* scalinata (*f*).

perroquet *sm* pappagallo.

perruche *sf* cocorita, pappagallo (*m*) femmina.

perruque *sf* parrucca.

persan *adj, sm* persiano.

persécuter *v tr* perseguitare.

persécution *sf* persecuzione.

persévérer *v intr* perseverare, persistere.

persienne *sf* persiana, imposta.

persiflage *sm* presa (*f*) in giro.

persil *sm* prezzemolo.

persistant *adj* persistente ◊ **feuilles persistantes** foglie perenni.

persister *v intr* persistere.

personnage *sm* personaggio; individuo, tipo.

personnalité *sf* personalità.

personne *sf* persona ◊ **en personne** di persona; **par personne** a testa, a persona.

personne *pron* nessuno; qualcuno ◊ **il n'y a personne** non c'è nessuno; **sans nommer personne** senza far nomi; **sans que personne s'en aperçoive** senza che qualcuno se ne accorgesse.

personnel (-elle) *adj, sm* personale.

perspective *sf* prospettiva ◊ **en perspective** in prospettiva, in vista.

perspicace *adj* perspicace.

perspicacité *sf* perspicacia.

persuader *v tr* persuadere, convincere.

persuasion *sf* persuasione.

perte *sf* perdita ◊ **perte de temps** perdita di tempo; **vendre à perte** vendere in perdita, sottocosto; **à perte de vue** a perdita d'occhio; **en pure perte** per niente.

pertinent *adj* pertinente.

pertuis *sm* (*fleuve*) strozzatura (*f*); (*entre deux îles*) stretto.

perturbation *sf* perturbazione; scompiglio (*m*), confusione.

perturber *v tr* turbare, sconvolgere.

pérugin *adj, sm* perugino.

pervenche *sf* pervinca ◊ *adj inv* (color) pervinca.

pervers *adj, sm* perverso.

perversion *sf* perversione.

pervertir *v tr* pervertire.

pesage *sm* pesatura (*f*).

pesamment *adv* pesantemente.

pesant *adj* pesante.

pesanteur *sf* pesantezza; (*phys*) gravità.

peser *v tr/intr* pesare (*aussi fig*) ◊ *v réfl* pesarsi ◊ **peser le pour et le contre** valutare il pro e il contro; **peser lourd** avere molto peso; **tout bien pesé** tutto considerato.

pessimisme *sm* pessimismo.

pessimiste *adj, sm/f* pessimista.

peste *sf* peste.

pester *v intr* imprecare.

pestiféré *adj, sm* appestato.

pestilentiel (-elle) *adj* pestilenziale.

pet *sm* peto, scoreggia (*f*).

pétale *sm* petalo.

pétanque *sf* gioco (*m*) delle bocce.

pétarader *v intr* scoppiettare.

pétard *sm* petardo; (*familier*) chiasso, cagnara (*f*).

péter *v intr* (*familier*) scoreggiare; scoppiare ◊ *v tr* (*familier*) rompere, spaccare.

pétiller *v intr* scoppiettare; (*boisson*) frizzare, spumeggiare.

petit *adj, sm* piccolo ◊ **rendre plus petit** rimpicciolire; **à petit feu** a fuoco lento; **petit à petit** a poco a poco; **en petit** in piccolo.

petitesse *sf* piccolezza; (*fig*) grettezza, meschinità.

petit-fils (*f* **petite-fille**) *sm* nipote (di nonno).

petit-four (*pl* **petits-fours**) *sm* pasticcino da tè.

pétition *sf* petizione.

petit-lait (*pl* **petits-laits**) *sm* latticello.

petits-enfants *sm pl* nipoti (di nonno).

pétrel *sm* (*zool*) procellaria *f*.

pétrifier *v tr* pietrificare; (*fig*) impietrire.

pétrin *sm* madia (*f*); (*familier*) pasticcio; impiccio ◊ **pétrin mécanique** impastatrice meccanica; **être dans le pétrin** essere nei pasticci.

pétrir *v tr* impastare; (*fig*) plasmare, formare.

pétrole *sm* petrolio.

pétrolier (**-ère**) *adj* petrolifero ◊ *sm* petroliera (*f*); petroliere.

pétrolifère *adj* petrolifero.

peu *adv, pron, sm* poco ◊ **un petit peu** un pochino; **un tout petit peu** pochissimo; **très peu pour moi!** non mi interessa!; **il s'en faut de peu** ci manca poco; **à peu près** all'incirca, più o meno; **depuis peu** poco dopo; **peu à peu** a poco a poco; **pour un peu** quasi quasi; **pour peu que** per poco che; **quelque peu** un po', alquanto; **sous peu** presto; **un peu** un po'; **un peu de** un po'di.

peuplade *sf* popolazione, tribù.

peuple *sm* popolo; gente (*f*), folla (*f*).

peupler *v tr* popolare.

peuplier *sm* pioppo.

peur *sf* paura ◊ **avoir peur de** aver paura di; **faire peur** far paura; **de peur de** per paura di.

peureux (**-euse**) *adj* pauroso; impaurito.

peut-être *adv* forse.

phalange *sf* falange.

phallus *sm* fallo.

pharaon *sm* faraone.

phare *sm* faro ◊ **pleins phares** (fari) abbaglianti.

pharmaceutique *adj* farmaceutico ◊ *sf* farmaceutica.

pharmacie *sf* farmacia.

pharmacien (**-enne**) *sm* farmacista (*m/f*).

pharynx *sm* faringe (*f*).

phase *sf* fase.

phénoménal (*pl* **-aux**) *adj* fenomenale.

phénomène *sm* fenomeno.

philanthropie *sf* filantropia.

philatélie *sf* filatelia.

philharmonie *sf* (società) filarmonica.

philistin *sm* filisteo.

philologie *sf* filologia.

philosophe *sm/f* filosofo (*m*).

philosophie *sf* filosofia.

philtre *sm* filtro, pozione (*f*).

phlébite *sf* flebite.

phobie *sf* fobia.

phonétique *adj* fonetico ◊ *sf* fonetica.

phonographe *sm* grammofono.

phoque *sm* foca (*f*).

phosphate *sm* fosfato.

phosphore *sm* fosforo.

phosphorescent *adj* fosforescente.

photo *sf* foto, fotografia ◊ *adj inv* fotografico ◊ **prendre en photo** fotografare; **un appareil photo** un apparecchio fotografico.

photochromique *adj* fotocromatico.

photocopie *sf* fotocopia.

photocopieur *sm*, **photocopieuse** *sf* fotocopiatrice (*f*).

photogénique *adj* fotogenico.

photographe *sm/f* fotografo (*m*).

photographie *sf* fotografia.

photographier *v tr* fotografare.

phrase *sf* frase ◊ **faiseur de phrases** parolaio.

phtisie *sf* (*méd*) tisi.

phylloxéra *sm* (*zool*) fillossera (*f*).

physicien (**-enne**) *sm* fisico.

physiologie *sf* fisiologia.

physionomie *sf* fisionomia.

physique *adj*, *sm* fisico ◊ *sf* fisica.

physiquement *adv* fisicamente.

piaffer *v intr* scalpitare.

piailler *v intr* (*familier*) pigolare; strillare.

pianiste *sm/f* pianista.

piano *sm* pianoforte.

pianoter *v intr* strimpellare (*sur un piano*); tamburellare (*avec les doigts*).

piaule *sf* (*familier*) buco (*m*), stanza.

pic *sm* (*zool*) picchio; piccone; (*géogr*) picco ◊ **couler à pic** colare a picco; **tomber à pic** giungere a proposito.

pichet *sm* boccale.

pickpocket *sm* borsaiolo, scippatore.

pick-up *sm* giradischi.

picorer *v intr* razzolare ◊ *v tr* beccettare; piluccare.

picotement *sm* pizzicore; formicolio.

picoter *v tr* pizzicare.

pie *sf* (*zool*) gazza ◊ *adj* pezzato ◊ **œuvre pie** opera pia.

pièce *sf* pezzo (*m*); pezza, toppa; stanza, vano (*m*); componimento (*m*); opera teatrale; moneta ◊ **pièce de terre** appezzamento di terreno; **mettre en pièces** fare a pezzi; **travailler à la pièce** lavorare a cottimo; **pièces à conviction** corpo del reato; **pièce jointe** allegato, attachment.

pied *sm* piede ◊ **pied de salade** cespo d'insalata; **verre à pied** bicchiere a calice; **coup de pied** calcio, pedata; **à pied** a piedi; **au pied de** ai piedi di; **au pied levé** sui due piedi, all'improvviso.

pied-à-terre *sm inv* appartamentino.

pied-de-biche (*pl* **pieds-de-biche**) *sm* piede di porco.

piédestal (*pl* **-aux**) *sm* piedestallo.

pied-noir (*pl* **pieds-noirs**) *sm* (*familier*) francese d'Algeria.

piège *sm* trappola (*f*); tranello.

piéger *v tr* intrappolare; imbottire di esplosivo.

piémontais *adj, sm* piemontese.

pierraille *sf* pietrisco (*m*); pietraia.

pierre *sf* pietra; sasso (*m*), masso (*m*) ◊ **pierre précieuse** pietra preziosa; **pierre à briquet** pietrina (*per accendino*); **pierre d'achoppement** pietra d'inciampo; **chute de pierres** caduta massi.

pierreries *sf pl* pietre preziose, gemme.

pierreux (**-euse**) *adj* pietroso.

piété *sf* devozione.

piétinement *sm* calpestio; (*fig*) stallo.

piétiner *v intr* pestare i piedi; (*fig*) scalpitare; avanzare lentamente ◊ *v tr* calpestare.

piéton (**-onne**) *sm* pedone ◊ *adj* pedonale ◊ **rue piétonne** strada pedonale.

piétonnier (**-ère**) *adj* pedonale.

piètre *adj* mediocre, misero.

pieu (*pl* **-eux**) *sm* palo.

pieuvre *sf* piovra.

pieux (**-euse**) *adj* pio.

pigeon *sm* piccione, colombo.

pigeonnier *sm* piccionaia (*f*), colombaia (*f*).

piger *v tr* (*familier*) capire.

pigment *sm* pigmento.

pignon *sm* pignone, ingranaggio; (*arch*) frontone, timpano.

pile *sf* pila; pilone (*m*) (*d'un pont*); rovescio (*m*) (*côté d'une pièce*) ◊ *adv* di botto; al momento giusto ◊ **mettre en pile** impilare, accatastare; **pile ou face** testa o croce; **s'arrêter pile** fermarsi di botto; **tomber pile** capitare a proposito.

piler *v tr* pestare.

pileux (**-euse**) *adj* pilifero; peloso.

pilier *sm* pilastro, colonna (*f*).

pillage *sm* saccheggio, razzia (*f*).

piller *v tr* saccheggiare.

pilon *sm* pestello.

pilori *sm* palo (della gogna).

pilotage *sm* pilotaggio.

pilote *sm* pilota ◊ **pilote d'essai** pilota collaudatore.

piloter *v tr* pilotare.

pilotis *sm* palafitta (*f*).

pilule *sf* pillola.

piment *sm* peperoncino; (*fig*) mordente.

pimpant *adj* pimpante.

pin *sm* pino ◊ **pomme de pin** pigna.

pince *sf* pinza; molletta; pinzetta; (*vêtement, etc.*) pince, piega; (*de crustacés*) chela ◊ **pince à linge** molletta per biancheria; **pince à épiler** pinzetta per sopracciglia.

pinceau (*pl* **-eaux**) *sm* pennello.

pincée *sf* pizzico (*m*), presa.

pince-nez *sm inv* occhiali (*pl*) a molla.

pincer *v tr* pizzicare; pinzare; stringere, serrare; (*fig familier*) acchiappare, pizzicare ◊ *v réfl* pizzicarsi ◊ **pincer les lèvres** stringere le labbra.

pincette *sf* pinzetta ◊ *pl* molle (del camino).

pinède *sf* pineta.

pingouin *sm* pinguino.

ping-pong *sm* ping-pong.

pingre *adj, sm/f* spilorcio (*m*), tirchio (*m*).

pinson *sm* fringuello.
pintade *sf* (gallina) faraona.
pioche *sf* zappa.
piocher *v tr* zappare.
piolet *sm* piccozza (*f*).
pion *sm* (*jeu de dames*) pedina (*f*); (*aux échecs*) pedone; (*à l'école*) sorvegliante (*m/f*).
pionnier *sm* pioniere.
pipe *sf* pipa.
pipeau (*pl* **-eaux**) *sm* zufolo.
pipe-line (*pl* **pipe-lines**) *sm* oleodotto; gasdotto.
piper *vtr* truccare, imbrogliare ◊ **sans piper** senza fiatare.
pipi *sm* pipì (*f*).
piquant *adj* pungente (*aussi fig*); (*plat*) piccante ◊ *sm* aculeo; spina (*f*).
pique *sf* picca ◊ *sm* (*cartes à jouer*) picche (*f pl*).
piqué *sm* (*tissu*) piqué; (*avion*) picchiata (*f*) ◊ *adj* impunturato; picchiettato; (*familier*) matto.
pique-assiette *sm inv* (*familier*) scroccone.
pique-nique (*pl* **pique-niques**) *sm* picnic.
piquer *v tr* pungere, pizzicare; fare un'iniezione a; pungolare; appuntare; (*couture*) impunturare; (*cuis*) steccare; (*familier*) fregare, rubare ◊ *v intr* pungere, pizzicare; (*avion*) scendere in picchiata ◊ *v réfl* pungersi ◊ **piquer un galop** prendere il galoppo; **piquer au vif** pungere sul vivo; **se piquer de** piccarsi di.
piquet *sm* picchetto, paletto ◊ **piquet de grève** picchetto (di sciopero); **mettre au piquet** mettere in castigo.
piqûre *sf* puntura; iniezione; impuntura ◊ **piqûre de ver** tarlatura.
pirate *sm* pirata.
pire *adj* peggiore; peggio ◊ *sm* il peggio.
pirogue *sf* piroga.
pirouette *sf* piroetta; (*fig*) voltafaccia (*m*).
pis *adv, adj inv, sm* peggio ◊ *sm* mammella (*f*) (*de vache, chèvre, etc.*) ◊ **rien de pis que…** niente di peggio che…; **mettre les choses au pis** supporre il peggio; **tant pis!** pazienza! non importa!; **tant pis pour lui** peggio per lui.
pisciculture *sf* piscicoltura.
piscine *sf* piscina.
pissenlit *sm* (*bot*) dente di leone, soffione.
pisser *v tr/intr* (*familier*) pisciare.
pissotière *sf* (*familier*) pisciatoio (*m*), vespasiano (*m*).
pistache *sf* pistacchio (*m*).
piste *sf* pista; orma, traccia ◊ **piste sonore** colonna sonora.
pistil *sm* pistillo.
pistolet *sm* pistola (*f*).
piston *sm* pistone, stantuffo; (*familier*) raccomandazione (*f*).
pistonner *v tr* (*familier*) raccomandare.
pitance *sf* (*péjoratif*) pasto (*m*), sbobba.
piteux (**-euse**) *adj* pietoso.
pitié *sf* pietà.
pitoyable *adj* pietoso.
pitre *sm* pagliaccio, buffone.
pittoresque *adj* pittoresco.
pivert *sm* (*zool*) picchio verde.
pivoine *sf* peonia ◊ **rouge comme une pivoine** rosso come un peperone.
pivot *sm* perno.
pivoter *v intr* girare, ruotare (su un perno).
placard *sm* manifesto; armadio a muro.
placarder *v tr* affiggere manifesti.
place *sf* posto (*m*); piazza ◊ **se faire place** farsi largo; **en place** a posto; **sur place** sul posto.
placement *sm* collocazione (*f*); sistemazione (*f*); investimento ◊ **bureau de placement** agenzia di collocamento.
placenta *sm* placenta (*f*).
placer *v tr* mettere, collocare; sistemare; investire; *v réfl* mettersi; prendere posto; sistemarsi.
placide *adj* placido.
plafond *sm* soffitto; (*fig*) tetto, limite massimo.
plafonner *v tr* soffittare ◊ *v intr* raggiungere il limite massimo.

plage *sf* spiaggia; zona, area; scarto (*m*), divario (*m*) ◊ **plage de prix** gamma di prezzi.

plagiat *sm* plagio.

plagier *v tr* plagiare.

plaid *sm* plaid.

plaidant *adj* (*jur*) che fa causa; patrocinante ◊ **avocat plaidant** avvocato difensore.

plaider *v intr* (*jur*) far causa, patrocinare una causa ◊ *v tr* (*jur*) difendere; perorare, sostenere ◊ **plaider coupable** dichiararsi colpevole.

plaidoyer *sm* arringa (*f*) (*aussi fig*).

plaie *sf* piaga, ferita.

plaignant *adj*, *sm* (*jur*) querelante.

plaindre *v tr* compatire, compiangere ◊ *v réfl* lamentarsi.

plaine *sf* pianura.

plain-pied ◊ **de plain-pied** sullo stesso piano, allo stesso livello.

plainte *sf* lamento (*m*); lagnanza, lamentela ◊ **porter plainte** sporgere denuncia.

plaintif (**-ive**) *adj* lamentoso.

plaire *v intr* piacere ◊ *v réfl* piacersi; trovarsi bene ◊ **s'il vous plaît, s'il te plaît** per favore, per piacere; **se plaire à** trovar piacere (in); **je me plais à croire que…** mi piace pensare che…

plaisamment *adv* piacevolmente.

plaisance *sf* piacere (*sm*) ◊ **de plaisance** da diporto.

plaisant *adj* piacevole; divertente, ridicolo ◊ *sm* persona (*f*) spiritosa; lato divertente ◊ **un mauvais plaisant** chi fa dello spirito di cattivo gusto.

plaisanter *v intr* scherzare.

plaisanterie *sf* scherzo (*m*); battuta (di spirito).

plaisir *sm* piacere ◊ **se faire un plaisir de** essere lieti di; **à plaisir** a piacimento, a volontà.

plan *adj* piano ◊ *sm* piano; pianta (*f*), planimetria (*f*); schema; (*phot, ciné, TV*) inquadratura (*f*), piano ◊ **gros plan** primo piano; **au premier plan** in primo piano; **de premier plan** di primo piano; **sur le plan de** per quanto riguarda.

planche *sf* asse, tavola; illustrazione; aiuola (*potager*) ◊ *pl* scene, palcoscenico (*m sing*) ◊ **planche à repasser** asse da stiro; **planche à pain** tagliere; **planche à roulettes** skateboard; **planche à voile** windsurf; **faire la planche** fare il morto (nell'acqua); **monter sur les planches** calcare le scene.

plancher *sm* pavimento (*en bois*); suolo; (*aut*) pianale, fondo.

plancton *sm* plancton.

planer *v intr* librarsi; fluttuare; (*fig*) aleggiare; planare ◊ *v tr* (*tech*) spianare, levigare.

planétaire *adj*, *sm* planetario.

planète *sf* pianeta (*m*).

planeur *sm* aliante.

planifier *v tr* pianificare.

planning *sm* pianificazione (*f*), programmazione (*f*).

plant *sm* pianti na (*f*) (*pépinière*).

plantation *sf* piantagione.

plante *sf* pianta.

planter *v tr* piantare ◊ *v réfl* piantarsi ◊ **planter quelqu'un là** piantare in asso qualcuno.

planton *sm* (*mil*) piantone.

plantureux (**-euse**) *adj* copioso, abbondante.

plaque *sf* piastra; lastra; placca ◊ **plaque d'immatriculation** targa automobilistica; **plaque sensible** lastra fotografica; **plaque tournante** piattaforma girevole; punto d'incontro.

plaquer *v tr* placcare; rivestire; impiallicciare; appiattire ◊ *v réfl* appiattirsi.

plaquette *sf* piastrina; tavoletta ◊ **plaquette de frein** pastiglia dei freni.

plasma *sm* plasma.

plastic *sm* (esplosivo) plastico.

plastique *adj* plastico ◊ *sm* plastica (*f*) ◊ **en plastique** di plastica.

plat *adj* piatto, piano; (*fig*) banale; (*fig*) servile ◊ *sm* piatto, parte (*f*) piatta; piatto di portata; (*cuis*) piatto ◊ **eau plate** acqua non gassata; **plat garni** piatto di carne o pesce con verdure; **sur le plat** in piano, nella parte pianeggiante; **à plat** in piano; **être à plat** essere a terra; **à plat ventre** a pancia in giù, bocconi.

platane *sm* platano.

plateau (*pl* **-eaux**) *sm* vassoio; piatto; (*géog*) pianoro, altopiano ◊ **plateau de balance** piatto della bilancia.

plate-bande (*pl* **plates-bandes**) *sf* aiuola; bordura (di aiuola).

plate-forme (*pl* **plates-formes**) *sf* piattaforma.

platine *sm* platino ◊ *sf* piatto (*m*) (di giradischi).

platitude *sf* piattezza; banalità.

platonique *adj* platonico.

plâtras *sm* calcinacci (*pl*).

plâtre *sm* gesso; ingessatura (*f*) ◊ *pl* intonaci; stuccature (*f*).

plâtrer *v tr* rivestire di gesso; (*méd*) ingessare.

plausible *adj* plausibile.

plébiscite *sm* plebiscito.

plein *adj* pieno; (*animaux*) gravido ◊ *sm* pieno; culmine ◊ **à temps plein** a tempo pieno; **faire le plein (d'essence)** fare il pieno (di benzina); **en avoir plein le dos** averne abbastanza; **en mettre plein la vue à quelqu'un** fare colpo su qualcuno; **en pleine mer** in alto mare; **en plein air** all'aria aperta.

plénier (**-ère**) *adj* plenario.

plénitude *sf* pienezza.

pléonasme *sm* pleonasmo.

pléthore *sf* pletora.

pleurer *v tr/intr* piangere ◊ **pleurer sur ses malheurs** lamentarsi.

pleurésie *sf* pleurite.

pleurnicher *v intr* piagnucolare.

pleuvoir *v impersonnel* piovere.

pli *sm* piega (*f*); plico (*m*); (*aux cartes*) presa (*f*) ◊ **mise en plis** messa in piega.

pliage *sm* piegatura (*f*).

pliant *adj* pieghevole.

pliement *sm* piegamento.

plier *v tr* piegare ◊ *v intr* piegarsi; (*fig*) cedere ◊ *v réfl* piegarsi ◊ **plier la tête** chinare la testa; **plier bagage** far fagotto.

plinthe *sf* (*arch*) plinto (*m*); zoccolo (*m*), battiscopa (*m*).

plissé *adj* pieghettato; (*géologie*) corrugato.

plissement *sm* pieghettatura; (*géologie*) corrugamento.

plisser *v tr* pieghettare; corrugare ◊ *v réfl* corrugarsi ◊ **plisser les yeux** strizzare gli occhi.

plomb *sm* piombo; piombino; (*élec*) fusibile ◊ **fil à plomb** filo a piombo.

plombage *sm* piombatura (*f*); otturazione (*f*) (*dent*).

plomber *v tr* piombare; otturare (*dent*) ◊ *v réfl* diventare plumbeo.

plomberie *sf* idraulica; lavori (*m pl*) idraulici; tubazioni (*pl*) (*d'eau, de gaz*).

plombier *sm* idraulico.

plongeant *adj* rivolto verso il basso ◊ **vue plongeante** vista, ripresa dall'alto.

plongée *sf* tuffo (*m*); immersione.

plongeon *sm* tuffo.

plonger *v intr* immergersi (*aussi fig*); tuffarsi ◊ *v tr* immergere (*aussi fig*); affondare ◊ *v réfl* immergersi (*aussi fig*).

plongeur (**-euse**) *sm* tuffatore; sommozzatore; sguattero, lavapiatti (*m/f*).

ployer *v tr* flettere, piegare ◊ *v intr* piegarsi.

pluie *sf* pioggia ◊ **en pluie** a pioggia.

plumage *sm* piumaggio.

plume *sf* penna; piuma; pennino (*m*) ◊ **nom de plume** nome d'arte, pseudonimo; **dessin à la plume** disegno a penna; **y laisser des plumes** lasciarci le penne.

plumeau (*pl* **-eaux**) *sm* piumino (*pour la poussière*).

plumer *v tr* spennare (*aussi fig*).

plumet *sm* pennacchio, ciuffo.

plumier *sm* astuccio (per le penne).

plupart (la) *sf* la maggior parte ◊ **la plupart du temps** la maggior parte del tempo, il più delle volte; **pour la plupart** per la maggior parte, per lo più.

pluriel (**-elle**) *adj*, *sm* plurale.

plus *adv* più; di più ◊ **de plus en plus** sempre più; **en plus** in più, per di più; **il y a plus** c'è di più; **jamais plus** mai più; **ni plus ni moins** né più né meno; **non plus** nemmeno, neppure; **plus ou moins** più o meno; **sans plus** (senza) niente di più; (**tout**) **au plus** tutt'al

plus; **de plus** (in) più, (di) più; inoltre, per di più; **plus de** più.

plusieurs *adj, pron pl* parecchi.

plus-que-parfait *sm* (*gramm*) trapassato prossimo, piuccheperfetto.

plus-value (*pl* **plus-values**) *sf* plusvalore (*m*).

plutôt *adv* piuttosto ◊ **plutôt que** piuttosto che.

pluvieux (-euse) *adj* piovoso.

pneu, pneumatique *sm* pneumatico, gomma (*f*); lettera (*f*) inoltrata per posta pneumatica.

pneumatique *adj* pneumatico ◊ **matelas pneumatique** materassino gonfiabile; **marteau pneumatique** martello pneumatico.

pneumonie *sf* polmonite.

pochade *sf* (*théâtre*) commedia brillante.

poche *sf* tasca; borsa, sacca ◊ **livre de poche** libro tascabile; **argent de poche** denaro per le piccole spese.

pocher *v tr* ammaccare; abbozzare, schizzare; (*cuis*) immergere in un liquido bollente.

pochette *sf* busta (*en papier, en tissu*); fazzoletto da taschino; borsettina da sera.

pochoir *sm* stampino, sagoma (*dessin, peinture*).

podium *sm* podio.

poêle *sm* stufa (*f*) ◊ *sf* padella, tegame (*m*).

poème *sm* poema; poesia (*f*).

poésie *sf* poesia.

poète *sm* poeta.

poétique *adj* poetico ◊ *sf* poetica.

poids *sm* peso ◊ **prendre du poids** ingrassare; **poids net** peso netto; **poids brut** peso lordo; **poids lourd** camion.

poignant *adj* straziante, commovente.

poignard *sm* pugnale.

poignée *sf* manciata, pugno (*m*); maniglia; impugnatura ◊ **poignée de main** stretta di mano.

poignet *sm* polso; polsino.

poil *sm* pelo ◊ **être de bon, de mauvais poil** essere di buon umore, di cattivo umore; **se mettre à poil** (*familier*) mettersi nudo; **au poil** perfetto.

poilu *adj* peloso.

poinçon *sm* punteruolo; punzone.

poinçonner *v tr* punzonare; forare (*tickets*).

poindre *v intr* spuntare.

poing *sm* pugno.

point *sm* punto ◊ **cuit à point** cotto a puntino; **arriver à point** arrivare al momento giusto; **mettre au point** mettere a punto; **au point de** al punto di; **en tout point** in tutto e per tutto.

point *adv* punto, affatto.

point de vue (*pl* **points de vue**) *sf* punto (*m*) di vista; punto (*m*) panoramico.

pointe *sf* punta (*aussi fig*) ◊ **heure de pointe** ora di punta; **vitesse de pointe** velocità massima; **en pointe** a punta.

pointer *v tr* spuntare; controllare; puntare; far la punta a ◊ *v intr* timbrare il cartellino; innalzarsi ◊ *v réfl* dirigersi; (*familier*) arrivare.

pointillé *adj* punteggiato ◊ *sm* linea (*f*) punteggiata.

pointilleux (-euse) *adj* puntiglioso, meticoloso.

pointu *adj* appuntito; acuto.

pointure *sf* (*chaussures, gants, etc.*) numero (*m*), misura.

poire *sf* pera.

poireau (*pl* **-eaux**) *sm* (*bot*) porro.

poirier *sm* pero.

pois *sm* (*bot*) pisello; pois, pallino ◊ **petits pois** piselli (freschi); **pois chiche** cece.

poison *sm* veleno.

poisser *v tr* impiastrare, impiastricciare.

poisson *sm* pesce.

poissonnerie *sf* pescheria.

poissonneux (-euse) *adj* pescoso.

poissonnier (-ère) *sm* pescivendolo.

poitrail *sm* petto (*de cheval, etc.*); pettorale; (*arch*) architrave.

poitrine *sf* petto (*m*); seno (*m*).

poivre *sm* pepe.

poivrer *v tr* pepare.

poivron *sm* peperone.

poix *sf* pece.

poker *sm* poker.

polaire *adj* polare.
pôle *sm* polo.
polémique *adj* polemico ◊ *sf* polemica.
poli *adj* levigato, liscio; lucido; educato, cortese.
police *sf* polizia; (*comm*) polizza.
polichinelle *sm* pulcinella; (*fig*) pagliaccio, buffone.
policier (-ère) *adj* poliziesco ◊ *sm* poliziotto.
poliomyélite *sf* poliomielite.
polir *v tr* levigare, lucidare.
polisson (-onne) *adj* audace, spinto ◊ *sm* birichino.
politesse *sf* buona educazione; cortesia.
politicien (-enne) *sm* politico; (*péjoratif*) politicante (*m/f*).
politique *adj*, *sm* politico ◊ *sf* politica.
pollen *sm* polline.
polluer *v tr* inquinare.
pollution *sf* inquinamento (*m*).
polo *sm* (*sport*) polo.
polonais *adj*, *sm* polacco.
poltron (-onne) *adj*, *sm* vigliacco; pauroso.
polycopie *sf* poligrafia.
polyèdre *sm* poliedro.
polygamie *sf* poligamia.
polyglotte *adj*, *sm/f* poliglotta.
polygone *sm* poligono.
polynésien (-enne) *adj*, *sm* polinesiano.
polype *sm* polipo.
polystyrène *sm* polistirolo ◊ **mousse de polystyrène** polistirolo espanso.
polytechnicien (-enne) *sm* allievo dell'École Polytechnique di Parigi.
pommade *sf* pomata.
pomme *sf* mela; pomo (*m*), pomello (*m*) ◊ **pomme de pin** pigna.
pommeau (*pl* **-eaux**) *sm* pomo, pomolo.
pomme de terre (*pl* **pommes de terre**) *sf* patata.
pommette *sf* zigomo (*m*).
pommier *sm* melo.
pompe *sf* pompa; sfarzo (*m*) ◊ **pompe à essence** pompa della benzina; **un coup de pompe** una botta di stanchezza; **en grande pompe** in pompa magna.
pomper *v tr* pompare.

pompeux (-euse) *adj* pomposo.
pompier *sm* pompiere.
pompon *sm* pompon.
pomponner *v tr* infioccare, agghindare ◊ *v réfl* agghindarsi.
ponce *sf* pomice ◊ **pierre ponce** pietra pomice.
poncer *v tr* levigare.
poncif *sm* (*dessin*) spolvero; (*fig*) stereotipo; luogo comune.
ponctualité *sf* puntualità.
ponctuation *sf* punteggiatura.
ponctuel (-elle) *adj* puntuale; puntiforme.
ponctuer *v tr* punteggiare; mettere la punteggiatura a.
pondérer *v tr* ponderare.
pondre *v intr* deporre le uova.
poney *sm* pony.
pont *sm* ponte ◊ **(Service des) Ponts et Chaussées** Genio Civile.
ponte *sf* deposizione delle uova.
pontife *sm* pontefice.
pontifier *v intr* pontificare.
pont-levis (*pl* **ponts-levis**) *sm* ponte levatoio.
populace *sf* plebaglia.
populaire *adj* popolare.
populariser *v tr* divulgare, rendere popolare.
popularité *sf* popolarità.
population *sf* popolazione.
populeux (-euse) *adj* popoloso.
porc *sm* maiale, porco.
porcelaine *sf* porcellana.
porcelet *sm* porcellino.
porc-épic (*pl* **porcs-épics**) *sm* porcospino.
porche *sm* portico.
porcherie *sf* porcile (*m*).
porcin *adj* suino, porcino ◊ *sm* suino.
pore *sm* poro.
poreux (-euse) *adj* poroso.
pornographie *sf* pornografia.
port *sm* porto ◊ **port de commerce** porto commerciale; **entrer au port** entrare in porto; **arriver à bon port** arrivare in porto; **port d'armes** porto d'armi; **port payé, port dû** porto franco, porto assegnato.
portable *adj* portatile ◊ *sm* cellulare,

telefono portatile; (*ordinateur*) portatile.

portail *sm* cancello; (*arch, Internet*) portale.

portant *adj* portante ◊ **être bien, mal portant** essere in buona, cattiva salute; **à bout portant** a bruciapelo.

portatif (**-ive**) *adj* portatile.

porte *sf* porta ◊ **porte cochère** portone; **porte coulissante** porta scorrevole.

porte-à-faux *sm inv* (*arch*) aggetto, sporgenza (*f*); (*fig*) equilibrio instabile ◊ **en porte-à-faux** in una situazione precaria.

porte-avions *sm inv* portaerei (*f*).

porte-bagages *sm inv* portapacchi, portabagagli.

porte-bonheur *sm inv* portafortuna.

porte-documents *sm inv* (cartella) portadocumenti.

portée *sf* portata; (*mus*) pentagramma (*m*); (*zool*) figliata ◊ **à portée de la main** a portata di mano; **à la portée de quelqu'un** alla portata di qualcuno.

portefeuille *sm* portafoglio.

portemanteau (*pl* **-eaux**) *sm* attaccapanni.

porte-monnaie *sm inv* portamonete.

porte-parole *sm inv* portavoce (*m/f*).

porter *v tr* portare; (*fig*) sostenere, sopportare; portare in sé; produrre ◊ *v intr* poggiare; (*fig*) fondarsi, vertere; ◊ *v réfl* (*santé*) stare; portarsi, andare ◊ **porter chance** portare fortuna; **porter secours** soccorrere, portare aiuto; **porter témoignage** testimoniare; **se porter bien, mal** stare bene, male; **une voix qui porte** una voce potente.

porte-skis *sm inv* portasci.

porteur (**-teuse**) *sm* latore; facchino, portabagagli ◊ *adj* portante.

portier *sm* portiere.

portière *sf* portiera, sportello (*m*).

portillon *sm* cancelletto; porticina (*f*).

portion *sf* porzione; parte, pezzo (*m*).

portique *sm* portico; (*tech*) portale.

portrait *sm* ritratto.

portuaire *adj* portuale.

portugais *adj, sm* portoghese (*m/f*).

pose *sf* posa.

poser *v tr* posare, porre (*aussi fig*); montare; installare ◊ *v intr* poggiare; posare ◊ *v réfl* posarsi ◊ **poser une question** fare una domanda; **poser un problème** sollevare un problema; **poser sa candidature** candidarsi; **se poser en** atteggiarsi a.

positif (**-ive**) *adj* positivo; concreto.

position *sf* posizione ◊ **feux de position** luci di posizione; **prendre position** prendere posizione; **rester sur ses positions** restare sulle proprie posizioni; **être en position de** essere in grado di.

posséder *v tr* possedere; conoscere a fondo; (*familier*) imbrogliare ◊ *v réfl* dominarsi ◊ **posséder le pouvoir** detenere il potere; **il nous a bien possédés!** ce l'ha proprio fatta!

possesseur *sm* possessore; detentore.

possessif (**-ive**) *adj* possessivo.

possession *sf* possesso (*m*); possedimento (*m*).

possibilité *sf* possibilità.

possible *adj, sm* possibile ◊ **le plus tôt possible** il più presto possibile; **il est possible que** può darsi che; **c'est possible** può darsi, forse; **autant que possible** per quanto possibile.

postal (*pl* **-aux**) *adj* postale.

poste *sf* posta ◊ *sm* posto, impiego; (*milit*) postazione (*f*) ◊ **bureau de poste** ufficio postale; **poste restante** fermo posta; **poste de police** commissariato di polizia; **poste d'essence** stazione di servizio; **poste de radio, de télévision** radio, televisione.

poster *v tr* imbucare, impostare; appostare, piazzare ◊ *v réfl* appostarsi.

postérieur *adj, sm* posteriore.

postérité *sf* posterità.

posthume *adj* postumo.

postiche *adj* posticcio.

postillonner *v intr* sputacchiare (parlando).

postulant *sm* candidato, aspirante (*m/f*).

postulat *sm* postulato.

postuler *v tr* sollecitare; postulare.

posture *sf* posizione ◊ **être en bonne, mauvaise posture** trovarsi in buone, cattive acque.

pot *sm* vaso; barattolo; recipiente ◊ **pot à lait** lattiera; **pot de yaourt** vasetto di yogurt; **pot de fleurs** vaso da fiori; **pot d'échappement** marmitta di scappamento; **être sourd comme un pot** essere sordo come una campana.

potable *adj* potabile.

potage *sm* minestra (*f*).

potager (**-ère**) *adj* dell'orto ◊ **plantes potagères** ortaggi; **jardin potager** orto.

potasse *sf* (*chim*) potassa.

pot-au-feu *sm inv* lesso, bollito.

pot-de-vin (*pl* **pots-de-vin**) *sm* mancia (*f*), bustarella (*f*).

poteau (*pl* **-eaux**) *sm* palo ◊ **poteau indicateur** cartello stradale.

potée *sf* (*cuis*) piatto di carne e verdure bollite.

potelé *adj* paffuto.

potence *sf* forca.

potentiel (**-elle**) *adj*, *sm* potenziale.

poterie *sf* terracotta; vasellame (*m*), terraglia.

potiche *sf* vaso (*m*) di porcellana.

potier *sm* vasaio.

potin *sm* (*familier*) pettegolezzo.

potion *sf* pozione.

potiron *sm* zucca (*f*).

pot-pourri (*pl* **pots-pourris**) *sm* miscuglio; (*mus*) fantasia.

pou (*pl* **poux**) *sm* pidocchio.

poubelle *sf* pattumiera.

pouce *sm* pollice.

poudre *sf* polvere; cipria ◊ **poudre (à feu)** polvere da sparo; **sucre en poudre** zucchero in polvere; **il n'a pas inventé la poudre** non è un genio.

poudrer *v tr* incipriare ◊ *v réfl* incipriarsi.

poudreux (**-euse**) *adj* polveroso; impolverato ◊ **neige poudreuse** neve farinosa

poudrier *sm* portacipria.

poudrière *sf* polveriera.

pouf *sm* puf.

pouffer *v intr* ◊ **pouffer de rire** scoppiare a ridere.

pouilleux (**-euse**) *adj* pidocchioso.

poulailler *sm* pollaio; (*théâtre*) piccionaia (*f*), loggione.

poulain *sm* puledro.

poularde *sf* pollastra.

poule *sf* gallina; (*dans certains jeux*) puglia, puntata; (*sport*) batteria, girone (*m*) ◊ **mère poule** chioccia; **avoir la chair de poule** avere la pelle d'oca.

poulet *sm* pollo, pollastro.

pouliche *sf* puledra, cavallina.

poulie *sf* puleggia, carrucola; (*mar*) bozzello (*m*).

pouls *sm* polso.

poumon *sm* polmone ◊ **crier à pleins poumons** gridare a squarciagola.

poupe *sf* (*mar*) poppa.

poupée *sf* bambola.

pouponnière *sf* asilo (*m*) nido.

pour *prep* per ◊ **être pour** essere favorevole; **pour que** affinché, perché; **pour... que** per quanto; **pour de bon** per davvero.

pourboire *sm* mancia (*f*).

pourcentage *sm* percentuale (*f*).

pourchasser *v tr* dar la caccia a, inseguire.

pourparlers *sm pl* trattativa (*f sing*).

pourpre *adj*, *sf* porpora ◊ *sm* (*color*) porpora.

pourquoi *adv*, *conj* perché ◊ **le pourquoi et le comment** il come e il perché; **voilà pourquoi** ecco perché; **pourquoi pas?** perché no?; **c'est pourquoi** per questo.

pourrir *v intr* marcire ◊ *v tr* far marcire ◊ *v réfl* guastarsi, marcire.

pourriture *sf* putrefazione; (*fig*) marciume (*m*).

poursuite *sf* inseguimento (*m*); proseguimento, continuazione ◊ *pl* (*jur*) procedimento (*m sing*), azione (*sing*) giudiziaria.

poursuivant *sm* inseguitore ◊ *adj*, *sm* (*jur*) attore, agente ◊ **la partie poursuivante** la parte agente, l'attore.

poursuivre *v tr* inseguire (*aussi fig*); proseguire, continuare; (*jur*) perseguire.

pourtant *conj* eppure, tuttavia.

pourtour *sm* perimetro, circonferenza (*f*).

pourvoi *sm* (*jur*) ricorso ◊ **pourvoi en grâce** domanda di grazia.

pourvoir *v tr* fornire; dotare, provvedere di ◊ *v intr* provvedere ◊ *v réfl* munirsi, fornirsi; (*jur*) presentare ricorso, ricorrere.

pourvu que *conj* purché.

pousse *sf* germoglio (*m*), getto (*m*).

poussée *sf* spinta; (*méd*) accesso (*m*) ◊ **poussée de fièvre** accesso febbrile.

pousser *v tr* spingere (*aussi fig*); gettare, lanciare ◊ *v intr* crescere, spuntare; spingersi, avanzare ◊ *v réfl* spingersi avanti ◊ **pousser à bout** esasperare.

poussette *sf* passeggino (*m*).

poussière *sf* polvere.

poussiéreux (-euse) *adj* polveroso.

poussif (-ive) *adj* (*cheval*) bolso; (*familier*) asmatico.

poussin *sm* pulcino.

poutre *sf* trave.

poutrelle *sf* putrella.

pouvoir *sm* potere.

pouvoir *v intr, imp* potere ◊ **ne rien y pouvoir** non poterci fare nulla; **ne plus en pouvoir** non poterne più; **il se peut que** può darsi che.

prairie *sf* prateria; prato (*m*).

praliné *adj* pralinato.

praticable *adj* praticabile; attuabile, realizzabile.

praticien (-enne) *sm* esperto; medico (che esercita).

pratiquant *adj, sm* praticante.

pratique *adj* pratico ◊ *sf* pratica; usanza, prassi ◊ **mettre en pratique** mettere in pratica; **en venir à la pratique** passare all'atto pratico.

pratiquer *v tr* praticare; fare, eseguire ◊ *v réfl* (*un sport*) essere praticato.

pré *sm* prato.

préalable *adj, sm* preliminare ◊ **sans avis préalable** senza preavviso; **au préalable** innanzitutto.

préambule *sm* preambolo.

préavis *sm* preavviso.

précaire *adj* precario.

précaution *sf* precauzione.

précédemment *adv* in precedenza.

précédent *adj, sm* precedente ◊ **sans précédent** senza precedenti.

précéder *v tr* precedere.

précepte *sm* precetto.

précepteur (-trice) *sm* precettore.

prêcher *v tr/intr* predicare.

précieux (-euse) *adj* prezioso.

précipice *sm* precipizio.

précipitamment *adv* precipitosamente, a precipizio.

précipitation *sf* precipitazione.

précipiter *v tr* precipitare, gettare; affrettare ◊ *v réfl* precipitarsi.

précis *adj* preciso ◊ *sm* compendio, prontuario ◊ **à trois heures précises** alle tre in punto.

précisément *adv* precisamente.

préciser *v tr* precisare ◊ *v réfl* precisarsi, delinearsi.

précision *sf* precisione ◊ *pl* precisazioni.

précoce *adj* precoce.

préconçu *adj* preconcetto.

préconiser *v tr* raccomandare vivamente.

précuit *adj, sm* (*cuis*) precotto.

précurseur *sm* precursore ◊ *adj* premonitore.

prédécesseur *sm* predecessore.

prédestiner *v tr* predestinare.

prédiction *sf* predizione.

prédilection *sf* predilezione ◊ **de prédilection** preferito.

prédire *v tr* predire.

prédisposer *v tr* predisporre.

prédominer *v intr/tr* predominare.

prééminence *sf* preminenza.

préface *sf* prefazione, premessa.

préfacer *v tr* scrivere la prefazione di.

préfecture *sf* prefettura ◊ **préfecture (de police)** questura.

préférable *adj* preferibile.

préférence *sf* preferenza ◊ **de préférence** preferibilmente.

préférentiel (-elle) *adj* preferenziale.

préférer *v tr* preferire.

préfet *sm* prefetto ◊ **préfet de police**, questore.

préfixe *sm* préfixe.

préhistoire *sf* preistoria.

préjudice *sm* pregiudizio ◊ **au préjudice de quelqu'un** a scapito di qualcuno.

préjugé *sm* pregiudizio, preconcetto.

prélasser (se) *v réfl* starsene senza far niente; abbandonarsi.

prélat *sm* prelato.

prélèvement *sm* prelevamento, prelievo.

prélever *v tr* prelevare.

préliminaire *adj* preliminare ◊ *sm pl* preliminari.

prélude *sm* preludio.

prématuré *adj*, *sm/f* prematuro (*m*).

préméditation *sf* premeditazione.

préméditer *v tr* premeditare.

prémices *sf pl* prime avvisaglie, primi annunci; primizie.

premier (-ère) *adj*, *sm* primo ◊ **arriver le premier** arrivare per primo; **de première importance** di primaria importanza; **en premier** per prima cosa.

premièrement *adv* prima di tutto.

premier-né (*pl* **premiers-nés** *f* **première-née**) *adj*, *sm* primogenito.

prémisse *sf* premessa.

prémolaire *sf* premolare (*m*).

prémunir *v tr* premunire ◊ *v réfl* premunirsi.

prenant *adj* avvincente ◊ **partie prenante** beneficiario.

prendre *v tr* prendere; cogliere, sorprendere ◊ *v intr* prendere, attaccare; attecchire; rapprendersi ◊ *v réfl* rimaner preso, impigliato; prendersi ◊ **prendre une photo** scattare una foto; **prendre la fuite** darsi alla fuga; **prendre son temps** indugiare; **prendre congé** congedarsi; **prendre en faute** cogliere in fallo; **se prendre pour** credersi; **s'en prendre à** prendersela con; **s'y prendre** saperci fare; **à tout prendre** tutto sommato, a conti fatti.

preneur (-euse) *sm* acquirente (*m/f*).

prénom *sm* nome (di battesimo).

préoccupation *sf* preoccupazione.

préoccuper *v tr* preoccupare ◊ *v réfl* preoccuparsi.

préparatifs *sm pl* preparativi.

préparation *sf* preparazione; preparato (*m*).

préparatoire *adj* preparatorio.

préparer *v tr* preparare ◊ *v réfl* prepararsi.

prépondérant *adj* preponderante.

préposé *sm* preposto, addetto.

préposition *sf* preposizione.

prérogative *sf* prerogativa.

près *adv* vicino ◊ **tout près** molto vicino; **à peu près**, press'a poco; **de près** da vicino; **près de** vicino a; quasi, circa.

présage *sm* presagio.

présager *v tr* presagire; prevedere.

presbyte *adj*, *sm/f* presbite.

presbytère *sm* canonica (*f*).

presbytie *sf* presbiopia.

prescription *sf* prescrizione.

prescrire *v tr* prescrivere.

préséance *sf* precedenza.

présence *sf* presenza; (*fig*) attualità ◊ **en présence** a confronto; **en présence de** in presenza di.

présent *adj*, *sm* presente ◊ **à présent** ora, adesso; **jusqu'à présent** fino ad ora.

présentation *sf* presentazione.

présenter *v tr* presentare; porgere ◊ *v intr/rifl* presentarsi.

préservatif *sm* preservativo.

préserver *v tr* preservare, proteggere.

présidence *sf* presidenza.

président *sm* presidente (*m/f*).

présidentiel (-elle) *adj* presidenziale.

présider *v tr/intr* presiedere.

présomption *sf* presunzione; supposizione.

présomptueux (-euse) *adj*, *sm* presuntuoso.

presque *adv* quasi.

presqu'île (*pl* **presqu'îles**) *sf* penisola.

pressant *adj* pressante.

presse *sf* stampa; macchina da stampa; (*tech*) pressa ◊ **service de presse** servizio stampa; **conférence de presse** conferenza stampa; **sous presse** in corso di stampa.

pressé *adj* pressato; frettoloso; urgente, pressante ◊ **citron pressé** spremuta di limone; **être pressé** avere fretta.

presse-citron *sm inv* spremiagrumi.

pressentiment *sm* presentimento.

pressentir *v tr* presentire; consultare, interpellare.

presse-papiers *sm inv* fermacarte.

presser *v tr* premere; spremere; pressare; metter fretta a; accelerare ◊ *v réfl* accalcarsi; affrettarsi ◊ **presser l'allure** accelerare l'andatura; **le temps presse** il tempo stringe; **rien ne presse** non c'è fretta.

pression *sf* pressione ◊ **bière (à la) pression** birra alla spina; (**bouton) pression** (bottone) automatico; **sous pression** sotto pressione.

pressoir *sm* torchio, frantoio.

pressurer *v tr* spremere (*aussi fig*); torchiare.

prestataire *sm/f* (*jur*) beneficiario (*m*) di una prestazione.

prestation *sf* prestazione ◊ **prestations familiales** assegni familiari.

prestidigitation *sf* prestidigitazione.

prestige *sm* prestigio.

prestigieux (-euse) *adj* prestigioso.

présumer *v tr/intr* presumere.

présupposer *v tr* presupporre.

prêt *adj* pronto ◊ *sm* prestito; mutuo.

prétendre *v tr* pretendere, esigere ◊ *v intr* pretendere, aspirare.

prétendu *adj* sedicente, ipotetico.

prétention *sf* pretesa; presunzione.

prêter *v tr* prestare; attribuire ◊ *v intr/rifl* prestarsi ◊ **prêter l'oreille à** prestare orecchio a; **prêter à rire** far ridere.

prétexte *sm* pretesto ◊ **sous prétexte que** col pretesto che; **sous aucun prétexte** per nessuna ragione.

prétexter *v tr* addurre a pretesto.

prêtre *sm* prete, sacerdote.

preuve *sf* prova ◊ **faire preuve de** dar prova di.

prévaloir *v intr* prevalere ◊ *v réfl* valersi; vantarsi.

prévenance *sf* cortesia; attenzione, premura.

prévenir *v tr* avvertire, avvisare; prevenire; predisporre.

prévention *sf* prevenzione; (*jur*) detenzione preventiva.

prévenu *adj* prevenuto ◊ *sm* accusato, imputato.

prévision *sf* previsione.

prévoir *v tr* prevedere.

prévoyance *sf* previdenza.

prier *v tr/intr* pregare ◊ **vous êtes prié de...** siete pregati di...; **se faire prier** farsi pregare.

prière *sf* preghiera ◊ **prière de** si prega di; **à la prière de** su richiesta di.

primaire *adj, sm* primario; (*péjoratif*) limitato, rozzo ◊ **école primaire** scuola elementare.

primauté *sf* primato (*m*); supremazia, superiorità.

prime *sf* premio (*m*), contributo (*m*); omaggio (*m*) ◊ **faire prime** trionfare; **en prime** in omaggio.

primer *v intr* prevalere ◊ *v tr* prevalere su; premiare.

primeur *sf* (*fig*) primizia; novità ◊ *pl* primizie (*avant la saison*).

primitif (-ive) *adj* primitivo.

primordial (pl -aux) *adj* primordiale; (*fig*) fondamentale, primario.

prince *sm* principe.

princesse *sf* principessa.

principal (pl -aux) *adj* principale ◊ *sm* l'essenziale, l'importante.

principauté *sf* principato (*m*).

principe *sm* principio ◊ **en principe** in linea di massima.

printemps *sm* primavera (*f*).

priorat *sm* priorato.

prioritaire *adj* prioritario.

priorité *sf* priorità; precedenza.

pris *adj* occupato, impegnato; colpito, affetto; rappreso.

prise *sf* presa; appiglio (*m*) ◊ **prise de courant** presa di corrente; **prise de son** registrazione; **prise de vue** ripresa; **prise de bec** battibecco; **avoir prise sur** far presa su; **donner prise à** dare adito a.

priser *v tr* apprezzare; fiutare.

prisme *sm* prisma.

prison *sf* prigione, carcere (*m*).

prisonnier (-ère) *adj, sm* prigioniero; detenuto, carcerato.

privation *sf* privazione.

privatisation *sf* privatizzazione.

privé *adj* privato ◊ **en privé** in privato.

priver *v tr* privare ◊ *v réfl* privarsi, rinunciare.

privilège *sm* privilegio.

privilégié *adj* privilegiato.

prix *sm* prezzo; premio, ricompensa (*f*) ◊ **prix courant** listino prezzi; **prix de**

catalogue prezzo di listino; **hors de prix** carissimo; **à tout prix** ad ogni costo.
probabilité *sf* probabilità.
probable *adj* probabile.
probant *adj* probante.
probité *sf* probità.
problématique *adj* problematico ◊ *sf* problematica.
problème *sm* problema.
procédé *sm* procedimento, processo; comportamento, modo di agire.
procéder *v intr* procedere.
procédure *sf* procedura, procedimento (*m*).
procès *sm* processo ◊ **sans autre forme de procès** senza tante formalità.
procession *sf* processione.
processus *sm* processo.
procès-verbal (*pl* **procès-verbaux**) *sm* (processo) verbale; multa (*f*), contravvenzione (*f*).
prochain *adj*, *sm* prossimo.
proche *adj* prossimo, vicino ◊ **les plus proches parents** i parenti stretti.
proclamation *sf* proclamazione; proclama (*m*).
proclamer *v tr* proclamare.
procuration *sf* (*jur*) procura, delega ◊ **par procuration** per procura.
procurer *v tr* procurare ◊ *v réfl* procurarsi.
procureur *sm* procuratore.
prodigalité *sf* prodigalità.
prodige *sm* prodigio ◊ **tenir du prodige** avere del prodigioso.
prodigieux (**-euse**) *adj*, *sm* prodigioso.
prodigue *adj*, *sm/f* prodigo (*m*).
prodiguer *v tr* prodigare ◊ *v réfl* prodigarsi.
producteur (**-trice**) *adj*, *sm* produttore.
production *sf* produzione.
productivité *sf* produttività.
produire *v tr* produrre (*aussi fig*) ◊ *v réfl* prodursi, esibirsi; avvenire accadere.
produit *sm* prodotto; incasso, provento ◊ **produits d'entretien** prodotti per la pulizia della casa; **produits manufacturés** manufatti.
proéminence *sf* prominenza.
profane *adj*, *sm* profano.

profaner *v tr* profanare.
proférer *v tr* proferire.
professer *v tr* professare; proclamare, dichiarare.
professeur *sm* professore ◊ (**femme**) **professeur** professoressa; insegnante.
profession *sf* professione.
professionnel (**-elle**) *adj* professionale; professionistico ◊ *sm* professionista (*m/f*); operaio qualificato.
professorat *sm* insegnamento.
profil *sm* profilo ◊ **de profil** di profilo.
profiler *v tr* profilare, delineare ◊ *v réfl* profilarsi, delinearsi.
profit *sm* profitto; vantaggio; guadagno ◊ **au profit de** a beneficio di; **tirer profit de** trarre profitto da.
profitable *adj* vantaggioso, proficuo.
profiter *v intr* approfittare, trarre profitto ◊ **profiter de** approfittare di; **profiter à** avvantaggiare, giovare a.
profond *adj* profondo ◊ *sm* profondo, profondità.
profondeur *sf* profondità ◊ **en profondeur** in profondità (*f*).
profusion *sf* profusione ◊ **à profusion** in abbondanza.
progéniture *sf* progenie, prole.
programme *sm* programma ◊ **au programme** in programma; **hors programme** fuori programma.
programmer *v tr* programmare.
progrès *sm* progresso (*aussi fig*).
progresser *v intr* progredire, fare progressi; avanzare.
progressif (**-ive**) *adj* progressivo.
progression *sf* progressione; avanzata.
prohibitif (**-ive**) *adj* proibitivo.
prohibition *sf* proibizione.
proie *sf* preda ◊ **être en proie à** essere in preda a.
projecteur *sm* proiettore.
projectile *sm* proiettile.
projection *sf* proiezione.
projet *sm* progetto ◊ **projet de loi** disegno di legge.
projeter *v tr* proiettare; progettare ◊ *v réfl* proiettarsi.
prolétaire *adj*, *sm/f* proletario (*m*).
prolétariat *sm* proletariato.
proliférer *v intr* proliferare.

prolifique *adj* prolifico.

prolixe *adj* prolisso.

prologue *sm* prologo.

prolongation *sf* prolungamento (*m*); proroga; (*sport*) tempo supplementare.

prolongement *sm* prolungamento; (*fig*) sviluppo, esito.

prolonger *v tr* prolungare ◊ *v réfl* prolungarsi.

promenade *sf* passeggiata ◊ **partir en promenade** andare a passeggio.

promener *v tr* portare a passeggio; far scorrere, lasciar vagare ◊ *v réfl* passeggiare, andare a spasso ◊ **envoyer promener** mandare al diavolo.

promeneur (-euse) *sm* passante (*m/f*); chi ama passeggiare.

promesse *sf* promessa.

promettre *v tr* promettere ◊ *v réfl* ripromettersi, promettersi.

promiscuité *sf* promiscuità.

promontoire *sm* promontorio.

promoteur (-trice) *sm* promotore.

promotion *sf* promozione; progresso (*m*), avanzamento (*m*).

promotionnel (-elle) *adj* promozionale.

promouvoir *v tr* promuovere (*aussi fig*).

prompt *adj* pronto; sollecito ◊ **prompt à** pronto a, facile a.

promulgation *sf* promulgazione.

promulguer *v tr* promulgare.

pronom *sm* pronome.

prononcé *adj* pronunciato; (*fig*) spiccato.

prononcer *v tr* pronunciare ◊ *v réfl* pronunciarsi.

prononciation *sf* pronuncia.

pronostic *sm* pronostico; (*méd*) prognosi (*f*).

propagande *sf* propaganda.

propager *v tr* diffondere, propagare ◊ *v réfl* propagarsi.

propension *sf* propensione.

prophète *sm* profeta.

prophétie *sf* profezia.

prophétiser *v tr* profetizzare; predire ◊ **prophétiser l'avenir** predire il futuro.

propice *adj* propizio.

proportion *sf* proporzione ◊ **en proportion de** in proporzione a.

proportionnel (-elle) *adj* proporzionale.

proportionner *v tr* proporzionare, adeguare.

propos *sm* proposito, intenzione (*f*); discorso, parole (*f pl*) ◊ **à propos** a proposito, al momento giusto; **à propos de** a proposito di; **mal à propos** a sproposito.

proposer *v tr* proporre ◊ *v réfl* proporsi, offrirsi.

proposition *sf* proposizione; proposta.

propre *adj* proprio; adatto, appropriato; pulito, accurato ◊ **mettre au propre** ricopiare in bella; **propre à** proprio a, adatto a; **propre à rien** buono a nulla; **au propre** in senso proprio; **en propre** in proprio.

proprement *adv* propriamente, precisamente; per bene ◊ **à proprement parler** per essere esatti; **proprement dit** vero e proprio.

propriétaire *sm/f* proprietario (*m*); padrone (*m*) di casa.

propriété *sf* proprietà.

propulseur *sm* propulsore.

propulsion *sf* propulsione.

prorata *sm inv* quota (*f*) proporzionale ◊ **au prorata de** proporzionalmente a.

prorogation *sf* proroga.

proroger *v tr* prorogare; aggiornare.

prosaïque *adj* prosaico.

proscrire *v tr* proscrivere, bandire.

prose *sf* prosa.

prosélytisme *sm* proselitismo.

prospecter *v tr* esaminare, esplorare; scandagliare.

prospectus *sm* prospetto; opuscolo (pubblicitario).

prospère *adj* prospero.

prospérer *v intr* prosperare.

prospérité *sf* prosperità.

prosterner (se) *v réfl* prostrarsi.

prostitution *sf* prostituzione.

prostration *sf* prostrazione.

protagoniste *sm/f* protagonista.

protecteur (-trice) *sm* protettore ◊ *adj* protettore, protettivo.

protection *sf* protezione, tutela ◊ **protection de l'environnement** tutela dell'ambiente.
protectionnisme *sm* protezionismo.
protéger *v tr* proteggere; favorire ◊ *v réfl* proteggersi, mettersi al riparo.
protéine *sf* proteina.
protestant *adj, sm* protestante.
protestation *sf* protesta.
protester *v tr/intr* protestare.
prothèse *sf* protesi.
protocole *sm* protocollo.
prototype *sm* prototipo.
protubérance *sf* protuberanza.
proue *sf* prua, prora.
prouesse *sf* prodezza.
prouver *v tr* provare; dimostrare.
provenance *sf* provenienza.
provençal (*pl* -aux) *adj, sm* provenzale (*m/f*).
provenir *v intr* provenire; derivare.
proverbe *sm* proverbio.
providence *sf* provvidenza.
province *sf* provincia.
provincial (*pl* -aux) *adj, sm* provinciale.
proviseur *sm* preside.
provision *sf* provvista, scorta ◊ *pl* compere, spese ◊ **faire provision de** fare scorta di; **chèque sans provision** assegno scoperto.
provisoire *adj, sm* provvisorio.
provisoirement *adv* provvisoriamente.
provocant *adj* provocante; provocatorio.
provocation *sf* provocazione.
provoquer *v tr* provocare.
proximité *sf* prossimità, vicinanza; imminenza ◊ **à proximité de** nelle vicinanze di.
prude *adj* pudico ◊ *sm/f* prude.
prudence *sf* prudenza, cautela.
prudent *adj* prudente.
prune *sf* prugna, susina.
pruneau (*pl* -eaux) *sm* prugna (*f*) secca.
prunelle *sf* (*anat*) pupilla.
prunier *sm* susino, prugno.
psaume *sm* salmo.
pseudonyme *sm* pseudonimo.
psychanalyse *sf* psicanalisi.
psychiatre *sm/f* psichiatra.

psychologie *sf* psicologia.
psychologue *sm/f* psicologo (*m*).
puanteur *sf* fetore (*m*), puzza.
puberté *sf* pubertà.
pubis *sm* pube.
public (-ique) *adj, sm* pubblico.
publication *sf* pubblicazione.
publiciser *v tr* pubblicizzare.
publicitaire *adj, sm/f* pubblicitario (*m*).
publicité *sf* pubblicità.
publier *v tr* pubblicare.
puce *sf* pulce.
pudeur *sf* pudore (*m*).
pudique *adj* pudico.
puer *v tr/intr* puzzare.
puériculture *sf* puericultura.
puéril *adj* puerile.
puis *adv* poi ◊ **et puis** e poi, del resto.
puiser *v tr/intr* attingere.
puisque *conj* poiché, giacché; visto che.
puissance *sf* potenza; (*jur*) potestà, autorità ◊ **de forte puissance** molto potente.
puissant *adj* potente, possente.
puits *sm* pozzo.
pull-over (*pl* pull-overs) *sm* pullover.
pulluler *v intr* pullulare.
pulmonaire *adj* polmonare.
pulpe *sf* polpa.
pulsation *sf* pulsazione, battito (*m*).
pulvérisateur *sm* polverizzatore, vaporizzatore.
pulvériser *v tr* polverizzare; (*agr*) irrorare.
punaise *sf* (*zool*) cimice; puntina (da disegno).
punir *v tr* punire.
punition *sf* punizione.
pupille *sf* (*anat*) pupilla ◊ *sm/f* pupillo (*m*).
pupitre *sm* leggio; banco (*d'école*).
pur *adj* puro ◊ **par pur hasard** per puro caso; **pur et simple** puro e semplice.
purée *sf* (*cuis*) purè (*m*).
pureté *sf* purezza.
purgatif (-ive) *adj* purgativo ◊ *sm* purgante.
purgatoire *sm* purgatorio.

purge *sf* purga; scarico (*m*), spurgo (*m*).

purger *v tr* purgare; spurgare ◊ *v réfl* purgarsi.

purification *sf* purificazione.

purifier *v tr* purificare.

purin *sm* liquami (*pl*).

puritanisme *sm* puritanesimo.

purpurin *adj* porporino, purpureo.

purulent *adj* purulento.

pus *sm* pus.

pustule *sf* pustola.

putain *sf* puttana.

putréfier *v tr* putrefare ◊ *v réfl* imputridire, putrefarsi.

puzzle *sm* puzzle.

pygmée *sm/f* pigmeo (*m*).

pyjama *sm* pigiama.

pylône *sm* pilone.

pyramide *sf* piramide.

pyrite *sf* pirite.

pyromane *sm/f* piromane.

pythagorique *adj* pitagorico.

python *sm* pitone.

Q

quadragénaire *adj, sm/f* quarantenne.

quadrilatère *sm* quadrilatero.

quadrillage *sm* quadrettatura (*f*).

quadrille *sf* quadriglia.

quadriller *v tr* quadrettare.

quadrupède *adj, sm* quadrupede.

quadruple *adj, sm* quadruplo.

quadrupler *v tr* quadruplicare ◊ *v intr* quadruplicarsi.

quai *sm* banchina (*f*), molo; lungofiume; (*ferr*) binario, marciapiede.

qualificatif (**-ive**) *adj* qualificativo ◊ *sm* epiteto.

qualification *sf* qualificazione; qualifica.

qualifier *v tr* qualificare; definire ◊ *v réfl* qualificarsi.

qualité *sf* qualità ◊ **en qualité de** in qualità di, come.

quand *conj, adv* quando ◊ **quand même** lo stesso, ugualmente; **quand même!** finalmente!; **quand bien même** quand'anche.

quant ◊ **quant à** in quanto a; **quant à moi** per parte mia.

quantifier *v tr* quantificare.

quantité *sf* quantità ◊ **quantité de gens** un sacco di gente; **en quantité** in abbondanza.

quarantaine *sf* quarantina; quarantena.

quarante *adj* quaranta.

quarantième *adj, sm/f* quarantesimo (*m*).

quart *sm* quarto; (*mar*) turno di guardia ◊ **quart d'heure** quarto d'ora; **il est trois heures et quart** sono le tre e un quarto; **prendre le quart** montare di guardia; **au quart de tour** subito.

quartette *sm* quartetto.

quartier *sm* quarto; quartiere ◊ **quartier général** quartier generale; **quartier libre** libera uscita; **en quartiers** a spicchi.

quartz *sm* quarzo.

quasi *adv* quasi.

quasiment *adv* (*familier*) quasi.

quaternaire *adj, sm* quaternario.

quatorze *adj, sm* quattordici.

quatre *adj, sm* quattro ◊ **entre quat'z'yeux** (*familier*) a quattr'occhi; **manger comme quatre** mangiare per quattro; **se mettre en quatre** farsi in quattro; **quatre cents** quattrocento; **quatre centième** quattrocentesimo.

quatre-vingt-dix *adj, sm* novanta.

quatre-vingt-dixième *adj, sm/f* novantesimo (*m*).

quatre-vingtième *adj, sm/f* ottantesimo (*m*).

quatre-vingts *adj, sm* ottanta.

quatrième *adj, sm/f* quarto (*m*).

quatuor *sm* quartetto.

que *conj* che; (*comparatif*) che; di; (*restrictif*) solo, soltanto ◊ *adv* (*exclamatif*) come ◊ **plus… que** più… di; **je n'ai que dix euros** ho solo dieci euros; **qu'il est bête!** quanto è stupido!; **que de**, quanto; **plus que** più di, più di quanto.

que *pron relativo* che; in cui ◊ *pron interrogativo* che, che cosa ◊ **faites ce que vous voulez** fate ciò che volete; **qu'est-ce que tu veux?** che cosa vuoi?; **que se passe-t-il?** che succede?; **ne savoir que dire** non sapere cosa dire.

quel (quelle) *adj interrogativo, esclamativo* quale, che ◊ **quelle heure est-il?** che ore sono?; **quel dommage!** che peccato!; **quel que** qualunque; **quel que soit** qualunque sia; **quel qu'il soit** chiunque sia.

quelconque *adj* qualsiasi, qualunque ◊ **un homme quelconque** un uomo qualunque.

quelque *adj* qualche ◊ **quelque part** da qualche parte; **depuis quelque temps** da qualche tempo; **il y a quelque dix jours** circa dieci giorni fa; **quelque... que** per quanto, quantunque.

quelquefois *adv* qualche volta, talvolta.

quelqu'un (*f* **quelqu'une** *pl m* **quelques-uns** *pl f* **quelques-unes**) *pron* qualcuno ◊ *pl* alcuni ◊ **quelqu'un d'autre** qualcun altro; **quelques-uns d'entre nous** alcuni di noi.

quémander *v tr* elemosinare, mendicare; chiedere con insistenza.

qu'en-dira-t-on *sm inv* chiacchiere (*f pl*), dicerie (*f pl*).

quenelle *sf* (*cuis*) chenella.

quenouille *sf* rocca, conocchia.

querelle *sf* lite, litigio (*m*); disputa.

quereller (se) *v réfl* bisticciare, litigare.

question *sf* domanda; questione; problema (*m*) ◊ **il est question de** si tratta di; **(il n'en est) pas question** non se ne parla nemmeno; **hors de question** fuori discussione; **en question** in questione; **remettre en question** rimettere in discussione.

questionnaire *sm* questionario.

questionner *v tr* interrogare.

quête *sf* questua; ricerca ◊ **se mettre en quête de** mettersi in cerca di.

quetsche *sf* (susina) damaschina.

queue *sf* coda; (*fruit, feuille*) picciolo (*m*); (*de fleur*) gambo (*m*); manico (*m*) ◊ **faire la queue** fare la coda; **en queue de** in coda a; **tête à queue** testa-coda; **à la queue leu leu** in fila indiana; **sans queue ni tête** senza capo né coda.

qui *pron relativo* (*sujet*) che; (*complément*) chi, cui ◊ *pron interrogatif* chi ◊

la route qui mène à Paris la strada che porta a Parigi; **l'homme à qui j'ai téléphoné...** l'uomo a cui ho telefonato...; **qui parle?** chi parla?; **qui demandez vous?** chi vuole?; **qui que ce soit** chiunque; **qui plus est** per di più.

quiche *sf* (*cuis*) torta salata.

quiconque *pron* chiunque.

quidam *sm* tale, tizio.

quiétude *sf* quiete, tranquillità.

quille *sf* (*mar*) chiglia; birillo (*m*).

quincaillerie *sf* ferramenta (*pl*); utensileria; chincaglieria.

quinine *sf* chinino (*m*).

quinquagénaire *adj, sm/f* cinquantenne.

quinquennal (*pl* **-aux**) *adj* quinquennale.

quintal (*pl* **-aux**) *sm* quintale.

quinte *sf* (*mus*) quinta; (*méd*) accesso (*m*) di tosse.

quintessence *sf* quintessenza.

quintette *sm* quintetto.

quintuple *adj, sm* quintuplo.

quintupler *v tr* quintuplicare ◊ *v intr* quintuplicarsi.

quinzaine *sf* quindicina.

quinze *adj* quindici.

quinzième *adj, sm/f* quindicesimo (*m*).

quiproquo *sm* qui pro quo, equivoco.

quittance *sf* quietanza; ricevuta.

quitte *adj* sdebitato, disobbligato; (*jur*) esente ◊ **être quitte** essere pari; **en être quitte pour quelque chose** cavarsela con qualcosa; **quitte à** a costo di.

quitter *v tr* lasciare; abbandonare ◊ *v réfl* lasciarsi; (*au téléphone*) **ne quittez pas** rimanga in linea.

quoi *pron relativo* che cosa; cui ◊ *interrogativo* che, che cosa ◊ **à quoi penses-tu?** a che pensi?; **il n'y a pas de quoi** non c'è di che; **après quoi** dopo di che; **faute de quoi** altrimenti; **quoi que** qualunque cosa; **quoi qu'il arrive** qualunque cosa accada.

quoique *conj* sebbene, quantunque; anche se.

quorum *sm* quorum.

quote-part (*pl* **quotes-parts**) *sf* quota, aliquota.

quotidien (-enne) *adj, sm* quotidiano.
quotient *sm* quoziente.
quotité *sf* quota, aliquota.

R

rabâcher *v tr/intr* continuare a ripetere.
rabais *sm* ribasso, sconto ◊ **au rabais** a prezzo ridotto.
rabaisser *v tr* abbassare; sminuire.
rabatteur (-euse) *sm* battitore (*à la chasse*); (*fig*) procacciatore di clienti.
rabattre *v tr* abbassare; ridurre, diminuire; ◊ *v intr* cambiare direzione ◊ *v réfl* abbassarsi; ripiegare ◊ **rabattre le gibier** incalzare la selvaggina; **se rabattre sur** ripiegare su.
rabbin *sm* rabbino.
rabot *sm* pialla (*f*).
raboter *v tr* piallare; (*fig*) limare, smussare.
raboteux (-euse) *adj* aspro, accidentato.
rabougri *adj* rinsecchito; rattrappito.
rabrouer *v tr* rimbrottare, strapazzare.
racaille *sf* (*péjoratif*) gentaglia, plebaglia.
raccommodage *sm* rammendo.
raccommodement *sm* (*familier*) riconciliazione (*f*).
raccommoder *v tr* rammendare; (*familier*) rappacificare ◊ *v réfl* (*familier*) rappacificarsi.
raccord *sm* raccordo.
raccordement *sm* raccordo, collegamento.
raccorder *v tr* collegare, raccordare ◊ *v réfl* collegarsi.
raccourci *sm* scorciatoia (*f*); (*peinture*) scorcio ◊ **en raccourci** in breve, per sommi capi.
raccourcir *v tr* accorciare ◊ *v intr* accorciarsi.
raccrocher *v tr* riappendere, riattaccare; (*fig*) ripigliare ◊ *v réfl* aggrapparsi.
race *sf* razza.
racé *adj* di razza; di classe.
rachat *sm* riscatto.
racheter *v tr* ricomprare; (*fig*) riscattare ◊ *v réfl* riscattarsi, redimersi.

rachitique *adj, sm/f* rachitico (*m*).
racial (*pl* **-aux**) *adj* razziale.
racine *sf* radice (*aussi fig*) ◊ **prendre racine** mettere radici.
racisme *sm* razzismo.
raciste *adj, sm/f* razzista.
raclée *sf* (*familier*) sacco (*m*) di legnate; (*fig*) batosta.
racler *v tr* raschiare, grattar via; strimpellare (*un instrument*) ◊ **racler les fonds de tiroirs** dar fondo a tutti i risparmi; **se racler la gorge** schiarirsi la voce.
raclette *sf* raschietto (*m*); (*cuis*) piatto a base di formaggio fuso.
racolage *sm* (*jur*) adescamento; reclutamento.
racoler *v tr* (*jur*) adescare; reclutare.
racontar *sm* (*familier*) pettegolezzo, maldicenza (*f*).
raconter *v tr* raccontare.
racornir *v tr* indurire, rinsecchire.
radar *sm* radar.
rade *sf* rada ◊ **rester en rade** rimanere bloccato.
radeau (*pl* **-eaux**) *sm* zattera (*f*).
radial (*pl* **-aux**) *adj* radiale.
radiateur *sm* termosifone; (*aut*) radiatore.
radiation *sf* radiazione; espulsione.
radical (*pl* **-aux**) *adj, sm* radicale.
radier *v tr* radiare, cancellare.
radieux (-euse) *adj* radioso, raggiante.
radio *sf* radio; (*méd*) radiografia, radioscopia.
radioactif (-ive) *adj* radioattivo.
radiodiffuser *v tr* radiotrasmettere.
radiographie *sf* radiografia.
radiologie *sf* radiologia.
radiophonique *adj* radiofonico.
radioscopie *sf* radioscopia.
radis *sm* ravanello.
radium *sm* (*chim*) radio.
radoter *v intr* vaneggiare, farneticare.
radoub *sm* (*mar*) raddobbo.
radoucir *v tr* raddolcire ◊ *v réfl* addolcirsi; (*temps*) mitigarsi.
rafale *sf* raffica ◊ **tirer par rafales** sparare a raffiche.
raffermir *v tr* rassodare; rafforzare.
raffinage *sm* raffinazione (*f*).
raffinement *sm* raffinatezza (*f*).

raffiner *v tr* raffinare ◊ *v intr* sottilizzare; curare nel dettaglio.

raffinerie *sf* raffineria.

raffoler *v intr* andar pazzo per.

rafistoler *v tr* (*familier*) rabberciare, raffazzonare.

rafle *sf* retata; razzia; (*raisin*) raspo (*m*).

rafler *v tr* (*familier*) arraffare, razziare.

rafraîchir *v tr* rinfrescare ◊ *v intr/rifl* rinfrescarsi ◊ **mettre à rafraîchir** mettere in fresco.

rafraîchissant *adj* rinfrescante; dissetante.

ragaillardir *v tr* rinfrancare; rincuorare.

rage *sf* rabbia; (*fig*) ira, collera ◊ **faire rage** infuriare; **rage de dents** fortissimo mal di denti; **rage de vaincre** smania di vincere.

rageur (-euse) *adj* collerico, rabbioso.

raglan *sm* soprabito raglan ◊ **manches raglan** maniche (a) raglan.

ragot *sm* (*familier*) pettegolezzo.

ragoût *sm* (*cuis*) spezzatino.

raide *adj* rigido; ripido, scosceso ◊ *adv* duramente; bruscamente ◊ **frapper raide** colpire con violenza; **raide mort** morto stecchito.

raideur *sf* rigidità; (*fig*) rigidezza.

raidir *v tr* irrigidire ◊ *v réfl* irrigidirsi.

raie *sf* solco (*m*); riga; (*zool*) razza.

rail *sm* rotaia (*f*) ◊ **sortir des rails** deragliare.

railler *v tr* beffare, canzonare.

raillerie *sf* canzonatura, presa in giro.

rainure *sf* scanalatura.

raisin *sm* uva (*f*) ◊ **raisins secs** uva passa, uvetta.

raison *sf* ragione ◊ **avoir raison** avere ragione; **perdre la raison** perdere la ragione; **plus que de raison** più del dovuto; **se faire une raison** farsi una ragione; **à plus forte raison** a maggior ragione; **à tort ou à raison** a torto o a ragione; **à raison de** in ragione di; **en raison de** a causa di.

raisonnable *adj* ragionevole.

raisonnement *sm* ragionamento.

raisonner *v intr* ragionare ◊ *v tr* far ragionare.

rajeunir *v tr/intr* ringiovanire ◊ *v réfl* ringiovanirsi.

rajouter *v tr* aggiungere ◊ **en rajouter** esagerare.

rajuster *v tr* rimettere a posto; aggiustare; sistemare ◊ *v réfl* rimettersi in ordine ◊ **rajuster les salaires** adeguare i salari.

râle *sm* rantolo.

ralenti *sm* (*d'un moteur*) minimo; (*ciné*) rallentatore ◊ *adj* rallentato ◊ **au ralenti** al rallentatore.

ralentir *v tr/intr* rallentare.

râler *v intr* rantolare; (*familier*) brontolare.

ralliement *sm* raduno, adunata (*f*); adesione (*f*) ◊ **point de ralliement** punto d'incontro.

rallier *v tr* radunare, riunire ◊ *v réfl* radunarsi, riunirsi; aderire.

rallonge *sf* prolunga.

rallonger *v tr* allungare ◊ *v intr* allungarsi.

rallumer *v tr* riaccendere.

ramage *sm* cinguettio.

ramassage *sm* raccolta (*f*) ◊ **ramassage scolaire** servizio di scuolabus.

ramasser *v tr* raccogliere ◊ *v réfl* raggomitolarsi.

ramassis *sm* (*péjoratif*) accozzaglia (*f*).

rambarde *sf* parapetto (*m*).

rame *sf* remo (*m*); palo (*m*) di sostegno; risma (*de papier*); (*ferr*) convoglio (*m*).

rameau (*pl* -**eaux**) *sm* ramoscello, ramo; ramificazione (*f*) ◊ **dimanche des Rameaux** domenica delle Palme.

ramée *sf* frasche (*pl*).

ramener *v tr* riportare, ricondurre ◊ *v réfl* ridursi.

ramer *v intr* remare.

rameur (-euse) *sm* rematore.

ramier *sm* (*zool*) colombaccio.

ramification *sf* ramificazione.

ramifier (se) *v réfl* ramificarsi.

ramollir *v tr* rammollire ◊ *v réfl* rammollirsi.

ramonage *sm* pulitura (*f*) (*di camini*).

ramoneur *sm* spazzacamino.

rampe *sf* rampa; ringhiera, corrimano (*m*); (*théâtre*) ribalta.

ramper *v intr* strisciare (*aussi fig*).

ramure *sf* (*d'arbre*) ramatura, chioma; (*de cerf*) corna (*pl*), palchi (*m pl*).

rance *adj* rancido.

rancœur *sf* rancore (*m*), risentimento (*m*).

rançon *sf* riscatto (*m*); (*fig*) prezzo (*m*).

rancune *sf* rancore (*m*).

randonnée *sf* gita, escursione.

rang *sm* fila (*f*), riga (*f*); rango ◊ **se mettre en rang** mettersi in fila; **mettre au rang de** annoverare tra; **mettre au même rang** porre sullo stesso piano.

rangé *adj* ordinato; regolato ◊ **bataille rangée** battaglia campale.

rangée *sf* fila ◊ **rangée d'arbres** filare di alberi.

ranger *v tr* disporre (in fila); riordinare, riporre, mettere a posto ◊ *v réfl* disporsi (in fila); scansarsi, tirarsi da parte.

ranimer *v tr* rianimare; (*fig*) risvegliare, ravvivare.

rapace *adj*, *sm* rapace.

rapatrier *v tr* rimpatriare.

râpe *sf* grattugia; (*tech*) raspa; raspo (*m*) (*de raisin*).

râpé *adj* logoro, liso; grattugiato.

râper *v tr* raspare; grattugiare.

rapetasser *v tr* rabberciare, rattoppare.

rapetisser *v tr* rimpicciolire; (*fig*) sminuire ◊ *v intr* rimpicciolirsi.

rapide *adj* rapido, veloce ◊ *sm* rapida (*f*) (*fleuve*); (*ferr*) rapido.

rapidité *sf* rapidità, velocità.

rapiécer *v tr* rappezzare, rattoppare.

rappel *sm* richiamo; rievocazione (*f*), ricordo; chiamata (*f*) (*scène*) ◊ **rappel à l'ordre** richiamo all'ordine; **descente en rappel** discesa a corda doppia.

rappeler *v tr* richiamare; (*théâtre*) chiamare (*sur la scène*); ricordare ◊ *v réfl* ricordarsi.

rappliquer *v intr* (*familier*) andare; venire.

rapport *sm* rapporto; profitto, reddito ◊ *pl* rapporti (*sociaux*) ◊ **par rapport à** in rapporto a; **sous le rapport de** dal punto di vista di.

rapporter *v tr* riportare; portare con

sé; rendere, fruttare; riferire; mettere in relazione ◊ *v réfl* riferirsi ◊ **se rapportant à** inerente a; **s'en rapporter** rimettersi, affidarsi.

rapporteur (-euse) *sm* delatore, spia (*f*); relatore.

rapprochement *sm* riavvicinamento; accostamento, raffronto.

rapprocher *v tr* avvicinare (*aussi fig*) ◊ *v réfl* avvicinarsi (*aussi fig*); riavvicinarsi.

rapt *sm* (*jur*) rapimento, ratto.

raquette *sf* racchetta.

rare *adj* raro; scarso; rado ◊ **il est rare que**, accade raramente che.

raréfier (se) *v réfl* rarefarsi.

rarement *adv* raramente, di rado.

rareté *sf* rarità.

ras *adj* raso; rasato ◊ **à ras de terre** raso terra; **au ras de l'eau** a fior d'acqua; **à ras bords** fino all'orlo; **en rase campagne** in aperta campagna.

rasant *adj* radente; (*familier*) noioso, barboso.

rase-mottes *sm* ◊ **en rase-mottes** raso terra.

raser *v tr* radere, rasare; radere al suolo; rasentare; (*familier*) seccare, annoiare ◊ *v réfl* radersi ◊ **raser le sol** sfiorare il suolo; **crème à raser** crema da barba.

rasoir *sm* rasoio ◊ *adj* (*familier*) noioso, barboso.

rassasier *v tr* saziare.

rassemblement *sm* raccolta (*f*); assembramento.

rassembler *v tr* radunare, raccogliere ◊ *v réfl* radunarsi, raccogliersi ◊ **rassembler son courage** fare appello al proprio coraggio.

rasseoir (se) *v réfl* rimettersi a sedere.

rassis *adj* raffermo; (*fig*) calmo, pacato.

rassurer *v tr* rassicurare, tranquillizzare.

rat *sm* topo, ratto; (*familier*) avaro, spilorcio.

ratatiné *adj* rattrappito, raggrinzito.

ratatiner (se) *v réfl* raggrinzirsi, rattrappirsi.

ratatouille *sf* (*cuis*) misto (*m*) di verdure stufate.

200

rate *sf* milza.

raté *adj* fallito, mancato ◊ *sm* colpo non esploso; (*moteur*) accensione (*f*) difettosa; fallito, mancato ◊ **avoir un raté** fare cilecca.

râteau (*pl* **-eaux**) *sm* rastrello.

râtelier *sm* rastrelliera (*f*); (*familier*) dentiera (*f*).

rater *v intr* fallire ◊ *v tr* mancare, fallire; sbagliare.

ratification *sf* ratifica.

ratifier *v tr* ratificare.

ration *sf* razione.

rationnel (**-elle**) *adj* razionale.

rationnement *sm* razionamento.

rationner *v tr* razionare.

ratisser *v tr* rastrellare (*aussi fig*).

rattacher *v tr* riattaccare; unire; ricollegare ◊ *v réfl* ricollegarsi, riunirsi.

rattraper *v tr* riprendere, riacciuffare; raggiungere; ricuperare; riparare a, rimediare ◊ *v réfl* aggrapparsi; ricuperare; rifarsi.

rature *sf* cancellatura.

raturer *v tr* cancellare.

rauque *adj* rauco, roco.

ravage *sm* devastazione (*f*); danno, rovina (*f*) ◊ **faire des ravages** avere effetti devastanti.

ravager *v tr* devastare, distruggere.

ravaler *v tr* intonacare; inghiottire; (*fig*) reprimere ◊ **ravaler la façade** rifare la facciata.

rave *sf* rapa.

ravi *adj* felicissimo ◊ (**je suis**) **ravi de vous connaître** molto lieto di fare la sua conoscenza.

ravier *sm* piattino (*à hors-d'œuvre*).

ravigoter *v tr* (*familier*) rinvigorire.

ravin *sm* burrone.

ravinement *sm* dilavamento.

ravir *v tr* rapire (*aussi fig*).

raviser (**se**) *v réfl* ravvedersi, cambiare parere.

ravissant *adj* incantevole, affascinante.

ravissement *sm* rapimento, estasi (*f*).

ravisseur (**-euse**) *adj*, *sm* rapitore.

ravitaillement *sm* rifornimento, approvvigionamento; (*familier*) provviste (*f pl*).

ravitailler *v tr* rifornire, approvvigionare ◊ *v réfl* rifornirsi, approvvigionarsi.

raviver *v tr* ravvivare, rianimare.

rayer *v tr* rigare; depennare; radiare.

rayon *sm* raggio; (*fig*) sprazzo; ripiano; reparto (*de magasin*) ◊ **rayon de miel** favo; **chef de rayon** caporeparto.

rayonnement *sm* irradiamento, irraggiamento; (*fig*) influenza (*f*), influsso.

rayonne *sf* rayon (*m*).

rayonner *v intr* irradiare; irradiarsi; (*fig*) essere raggiante; spostarsi ◊ **rayonner de joie** essere raggiante di gioia.

rayure *sf* riga; rigatura; scalfittura.

raz *sm* corrente (*f*) marina ◊ **raz-de-marée** onda alta e isolata di grande violenza (prodotta da un maremoto).

ré *sm* (*mus*) re.

réactif (**-ive**) *adj* reattivo ◊ *sm* (*chim*) reagente.

réacteur *sm* reattore.

réaction *sf* reazione ◊ **réaction en chaîne** reazione a catena.

réagir *v intr* reagire.

réalisateur (**-trice**) *sm* realizzatore; (*ciné, TV*) regista.

réalisation *sf* realizzazione, attuazione; (*comm*) realizzo (*m*), ricavo (*m*).

réaliser *v tr* realizzare ◊ *v réfl* realizzarsi.

réaliste *adj* realistico ◊ *sm/f* realista.

réalité *sf* realtà ◊ **en réalité** in realtà.

réapparaître *v intr* ricomparire.

réarmer *v tr* ricaricare; riarmare.

rébarbatif (**-ive**) *adj* arcigno; (*fig*) noioso.

rebelle *adj*, *sm/f* ribelle.

rebeller (**se**) *v réfl* ribellarsi.

rébellion *sf* ribellione, rivolta; ribelli (*m pl*).

reboiser *v tr* rimboscare.

rebond *sm* rimbalzo.

rebondir *v intr* rimbalzare; (*fig*) risollevarsi; (*fig*) prendere nuovi sviluppi.

rebord *sm* bordo, orlo ◊ **le rebord de la fenêtre** il davanzale della finestra.

rebours *sm* contropelo ◊ **à rebours** al contrario, in senso opposto; **compte à rebours** conto alla rovescia.

rebouteux (-euse) *sm* manipolatore, aggiustaossa (*m/f*).
rebrousser *v tr* spazzolare a contropelo ◊ **rebrousser chemin** tornare sui propri passi.
rebuffade *sf* cattiva accoglienza; rifiuto (*m*).
rébus *sm* rebus.
rebut *sm* rifiuto; scarto ◊ **mettre au rebut** scartare.
rebuter *v tr* scoraggiare; ripugnare.
récalcitrant *adj* recalcitrante.
recaler *v tr* bocciare, respingere (*a un esame*).
récapituler *v tr* ricapitolare.
recel *sm* (*jur*) occultamento; ricettazione (*f*).
receler *v tr* celare, nascondere; (*jur*) ricettare.
receleur (-euse) *sm* ricettatore.
récemment *adv* recentemente.
recensement *sm* censimento; inventario.
recenser *v tr* censire; inventariare.
récent *adj* recente.
récépissé *sm* ricevuta (*f*).
réceptacle *sm* ricettacolo.
récepteur (-trice) *adj* ricevente ◊ *sm* (*tech*) ricevitore.
réception *sf* ricezione; ricevimento (*m*); accoglienza; ammissione; (*tech*) collaudo (*m*) ◊ (**bureau de**) **réception** reception; **accuser réception** accusare ricevuta.
récession *sf* recessione.
recette *sf* incasso (*m*), introito (*m*); riscossione; ricetta (*de cuisine*) ◊ **faire recette** fare cassetta, aver successo.
receveur (-euse) *sm* esattore; bigliettaio.
recevoir *v tr* ricevere; ammettere; accogliere.
rechange *sm* scambio, ricambio ◊ **de rechange** di ricambio; **solution de rechange** soluzione alternativa.
réchapper *v intr* scampare.
recharge *sf* ricarica; ricambio (*m*).
réchaud *sm* fornello; scaldavivande.
réchauffer *v tr* riscaldare ◊ *v réfl* riscaldarsi.
rêche *adj* ruvido; aspro.

recherche *sf* ricerca ◊ **à la recherche de** alla ricerca di.
recherché *adj* ricercato, richiesto.
rechercher *v tr* ricercare.
rechigner *v intr* recalcitrare, essere riluttante.
rechute *sf* ricaduta.
récidive *sf* recidiva.
récidiver *v intr* essere recidivo.
récif *sm* scoglio; scogliera (*f*) ◊ **récif de corail** barriera corallina.
récipient *sm* recipiente.
réciproque *adj* reciproco ◊ *sf* contrario (*m*) ◊ **rendre la réciproque** rendere la pariglia.
récit *sm* racconto ◊ **faire le récit de** raccontare.
récitation *sf* recitazione.
réciter *v tr* recitare.
réclamation *sf* reclamo (*m*).
réclame *sf* pubblicità ◊ (**vente**) **réclame** vendita pubblicitaria; **en réclame** in offerta speciale.
réclamer *v tr* reclamare; esigere, richiedere ◊ *v intr* reclamare, protestare.
reclus *adj, sm* recluso.
réclusion *sf* reclusione.
recoin *sm* angolino; recesso.
récolement *sm* (*jur*) inventario; verifica (*f*).
récolte *sf* raccolta; raccolto (*m*).
récolter *v tr* raccogliere.
recommandable *adj* raccomandabile.
recommander *v tr* raccomandare ◊ *v réfl* raccomandarsi.
recommencer *v tr/intr* ricominciare.
récompense *sf* ricompensa.
récompenser *v tr* ricompensare.
recomposer *v tr* ricomporre.
réconciliation *sf* riconciliazione.
réconcilier *v tr* riconciliare ◊ *v réfl* riconciliarsi.
reconduction *sf* (*jur*) riconduzione; rinnovo (*m*) (*de contrat, etc.*).
reconduire *v tr* riaccompagnare, ricondurre; (*jur*) rinnovare.
réconfort *sm* conforto.
réconforter *v tr* consolare, confortare; rinvigorire.
reconnaissance *sf* riconoscimento (*m*); ricognizione; riconoscenza.

reconnaissant *adj* riconoscente.

reconnaître *v tr* riconoscere; ammettere, confessare; (*mil*) perlustrare ◊ *v réfl* riconoscersi.

reconstituer *v tr* ricostituire; ricostruire.

reconstitution *sf* ricostruzione; ricostituzione.

reconstruire *v tr* ricostruire.

reconvertir *v tr* riconvertire.

record *sm* record.

recoupement *sm* verifica (*f*), confronto ◊ **point de recoupement** punto di intersezione.

recouper *v tr* tagliare di nuovo; concordare con, coincidere con ◊ *v réfl* concordare, coincidere.

recourber *v tr* incurvare ◊ *v réfl* incurvarsi.

recourir *v intr* ricorrere.

recours *sm* ricorso; rimedio ◊ **avoir recours à** ricorrere a; **en dernier recours** come ultima risorsa.

recouvrement *sm* recupero; ricopertura (*f*).

recouvrer *v tr* recuperare; riscuotere, incassare.

recouvrir *v tr* ricoprire, coprire; (*fig*) nascondere, mascherare ◊ *v réfl* ricoprirsi.

récréation *sf* ricreazione; svago (*m*).

recrépir *v tr* rintonacare.

récriminer *v intr* recriminare.

recroqueviller (se) *v réfl* accartocciarsi, raggrinzirsi; raggomitolarsi.

recrudescence *sf* recrudescenza.

recrue *sf* recluta.

recruter *v tr* reclutare; assumere.

rectangle *sm* rettangolo.

rectangulaire *adj* rettangolare.

recteur (-trice) *sm* rettore.

rectification *sf* rettifica.

rectifier *v tr* rettificare.

rectiligne *adj* rettilineo.

rectitude *sf* l'essere retto, diritto; (*fig*) rettitudine, rigore (*m*).

rectorat *sm* rettorato.

reçu *sm* ricevuta (*f*).

recueil *sm* raccolta (*f*).

recueillement *sm* raccoglimento.

recueillir *v tr* raccogliere; accogliere ◊ *v réfl* raccogliersi.

recul *sm* rinculo; (*fig*) regresso, arretramento ◊ **prendre du recul** allontanarsi, prendere le distanze.

reculé *adj* remoto, lontano.

reculer *v intr* indietreggiare, arretrare; tirarsi indietro ◊ *v tr* spostare indietro; ritardare.

reculons ◊ **à reculons** a ritroso, all'indietro.

récupération *sf* recupero (*m*).

récupérer *v tr* recuperare ◊ *v intr* riprendersi, riprendere le forze.

récurer *v tr* pulire (raschiando).

récuser *v tr* (*jur*) ricusare; rifiutare ◊ *v réfl* rifiutarsi, astenersi; dichiararsi incompetente.

recyclage *sm* riciclaggio ◊ **cours de recyclage** corso di aggiornamento.

recycler *v tr* riciclare ◊ *v réfl* aggiornarsi.

rédacteur (-trice) *sm* redattore.

rédaction *sf* redazione.

reddition *sf* resa.

rédempteur (-trice) *adj*, *sm* redentore.

rédemption *sf* redenzione.

redevance *sf* canone (*m*).

rédiger *v tr* redigere; scrivere.

redondance *sf* ridondanza.

redoubler *v tr* raddoppiare; ripetere (*une classe*) ◊ *v intr* raddoppiare, aumentare ◊ **redoubler d'attention** raddoppiare l'attenzione.

redoutable *adj* temibile.

redouter *v tr* temere.

redressement *sm* raddrizzamento; risanamento.

redresser *v tr* raddrizzare; (*fig*) risanare ◊ *v réfl* raddrizzarsi; (*fig*) risollevarsi, riprendersi.

réduction *sf* riduzione.

réduire *v tr* ridurre ◊ **réduire en** ridurre a, in; **réduire à néant** annullare ◊ *v réfl* ridursi.

réduit *adj* ridotto ◊ *sm* sgabuzzino, bugigattolo.

rééducation *sf* rieducazione.

réel (-elle) *adj*, *sm* reale.

refaire *v tr* rifare ◊ *v réfl* rifarsi.

réfection *sf* rifacimento (*m*).

réfectoire *sm* refettorio.

référence *sf* riferimento (*m*) ◊ *pl* referenze ◊ **ouvrage de référence** opera di consultazione.

référer *v intr* ◊ **en référer à** rimettere a, deferire a ◊ *v réfl* riferirsi; rimettersi.

réfléchir *v tr/intr* riflettere ◊ v réfl rifflettersi ◊ **tout bien réfléchi** tutto considerato.

reflet *sm* riflesso; immagine (*f*) riflessa.

refléter *v tr* riflettere ◊ *v réfl* rifflettersi.

réflexe *sm* riflesso ◊ **avoir du réflexe** avere i riflessi pronti.

réflexion *sf* riflessione ◊ **à la réflexion** riflettendoci bene.

refluer *v intr* rifluire.

reflux *sm* riflusso.

refondre *v tr* rifondere; (*fig*) rimaneggiare, rifare.

réformateur (-trice) *adj, sm* riformatore.

réforme *sf* riforma.

réformer *v tr* riformare ◊ *v réfl* riformarsi.

refoulé *adj* represso, soffocato ◊ *sm* (*familier*) represso; inibito.

refoulement *sm* il ricacciare indietro; (*psychologie*) rimozione (*f*).

refouler *v tr* respingere; reprimere, soffocare.

réfractaire *adj* refrattario; renitente.

réfracter *v tr* rifrangere.

réfraction *sf* rifrazione.

refrain *sm* ritornello.

réfréner *v tr* trattenere, reprimere.

réfrigérant *adj* refrigerante; (*familier*) gelido, glaciale.

réfrigérateur *sm* frigorifero.

réfrigérer *v tr* refrigerare; (*fig*) raggelare.

refroidir *v tr* raffreddare ◊ *v réfl* raffreddarsi.

refroidissement *sm* raffreddamento; (*méd*) infreddatura.

refuge *sm* rifugio; salvagente (*sur la chaussée*).

réfugié *sm* profugo, rifugiato.

réfugier (se) *v réfl* rifugiarsi.

refus *sm* rifiuto.

refuser *v tr* rifiutare; respingere ◊ *v réfl* rifiutarsi.

réfuter *v tr* confutare, ribattere.

regagner *v tr* riguadagnare ◊ **regagner sa place** tornare al proprio posto.

regain *sm* fieno di secondo taglio; (*fig*) ritorno.

régal *sm* leccornia (*f*); delizia (*f*), piacere.

régaler (se) *v réfl* deliziarsi.

regard *sm* sguardo; occhiata (*f*) ◊ **en regard de** in confronto a.

regarder *v tr* guardare; considerare; riguardare, concernere ◊ *v intr* badare ◊ *v réfl* guardarsi ◊ **ne pas regarder à la dépense** non badare a spese; **cela ne vous regarde pas** ciò non la riguarda.

régate *sf* regata.

régence *sf* reggenza.

régent *adj, sm* reggente (*m/f*).

régenter *v tr* comandare ◊ *v intr* dettar legge.

régie *sf* impresa, azienda pubblica; (*théâtre*) direzione di scena ◊ **régie des tabacs** monopolio dei tabacchi.

régime *sm* regime; dieta (*f*); (*de bananes*) casco ◊ **être au régime** essere a dieta; **marcher à plein régime** funzionare a pieno ritmo.

régiment *sm* reggimento.

région *sf* regione.

régional (pl -aux) *adj* regionale.

régir *v tr* reggere.

régisseur (-euse) *sm* amministratore; (*théâtre*) direttore di scena; (*ciné*) segretario di produzione.

registre *sm* registro.

réglage *sm* regolazione (*f*); rigatura (*f*) (*du papier*) ◊ **réglage du tir** aggiustamento del tiro.

règle *sf* riga, righello (*m*); regola, norma ◊ *pl* mestruazioni ◊ **c'est la règle** è così; **être en règle** essere in regola.

règlement *sm* regolamento; pagamento, saldo.

réglementaire *adj* regolamentare.

réglementation *sf* regolamentazione.

réglementer *v tr* regolamentare.

régler *v tr* regolare; definire, stabilire; sistemare; pagare, saldare ◊ **régler un compte** saldare un conto; **régler sa montre** regolare l'orologio.

réglisse *sf* liquirizia.

règne *sm* regno.

régner *v intr* regnare.

regorger *v intr* traboccare.

régression *sf* regressione; regresso (*m*).

regret *sm* dispiacere, rammarico; rimpianto ◊ **j'ai le regret de** mi rincresce di; **à regret** a malincuore.

regrettable *adj* spiacevole, increscioso.

regretter *v tr* rimpiangere, aver nostalgia di; dispiacersi di; rammaricarsi di ◊ **je regrette de** mi dispiace di.

regrouper *v tr* raggruppare ◊ *v réfl* raggrupparsi.

régulariser *v tr* regolarizzare, regolare.

régularité *sf* regolarità.

régulier (-ère) *adj* regolare.

réhabiliter *v tr* riabilitare.

rehausser *v tr* rialzare, sopraelevare; far risaltare, mettere in risalto.

réimpression *sf* ristampa.

rein *sm* rene.

reine *sf* regina.

reinette *sf* (*pomme*) renetta.

réintégrer *v tr* reintegrare; ritornare a, fare ritorno a.

rejaillir *v intr* schizzare ◊ **rejaillir sur** riflettersi, ricadere su.

rejet *sm* rigetto; (*bot*) germoglio.

rejeter *v tr* rigettare; rifiutare, respingere.

rejeton *sm* (*bot*) pollone; (*fig*) rampollo, discendente (*m/f*).

rejoindre *v tr* raggiungere; congiungere ◊ *v réfl* ritrovarsi, incontrarsi.

réjouir *v tr* rallegrare, allietare ◊ *v réfl* rallegrarsi, compiacersi.

réjouissance *sf* allegria, giubilo (*m*) ◊ *pl* festeggiamenti (*m*).

relâche *sf* riposo (*m*) ◊ **faire relâche** prendersi un giorno di riposo; **sans relâche** senza tregua.

relâchement *sm* allentamento; (*fig*) rilassatezza (*f*).

relâcher *v tr* allentare; rilasciare, liberare ◊ *v intr* (*mar*) fare scalo ◊ *v réfl* allentarsi; (*fig*) lasciarsi andare.

relais *sm* stazione (*f*) di posta; tappa (*f*) intermedia; (*fig*) intermediario; (*sport*) staffetta (*f*); (*élec*) relè; (*radio*,

TV) ripetitore ◊ **prendre le relais** dare il cambio.

relancer *v tr* rilanciare; sollecitare.

relater *v tr* riferire, riportare.

relatif (-ive) *adj* relativo.

relation *sf* relazione ◊ *pl* conoscenze, relazioni ◊ **en relation** in relazione, in contatto.

relativement *adv* relativamente ◊ **relativement à** in relazione a.

relativité *sf* relatività.

relaxer *v tr* rilassare, distendere ◊ *v réfl* rilassarsi, distendersi.

relayer (se) *v réfl* darsi il cambio.

relégation *sf* confino (*m*).

reléguer *v tr* relegare, confinare.

relent *sm* miasma, tanfo.

relève *sf* sostituzione, cambio (*m*) ◊ **prendre la relève** dare il cambio.

relevé *adj* rialzato, sollevato; piccante ◊ *sm* nota (*f*) ◊ **relevé de compte** estratto conto.

relever *v tr* rialzare, tirare su; alzare; raccogliere; rilevare; dare il cambio a; rendere piccante, insaporire ◊ *v intr* rimettersi, ristabilirsi; dipendere; essere di competenza ◊ *v réfl* rialzarsi; (*fig*) riprendersi ◊ **relever ses manches** rimboccarsi le maniche; **relever une faute** notare un errore; **relever le gant** accettare la sfida.

relief *sm* rilievo ◊ **mettre en relief** mettere in rilievo; **donner du relief** far risaltare.

relier *v tr* rilegare; collegare, unire.

relieur (-euse) *sm* rilegatore.

religieux (-euse) *adj, sm* religioso.

religion *sf* religione ◊ **entrer en religion** prendere i voti.

reliquaire *sm* reliquiario.

reliquat *sm* residuo, rimanenza (*f*).

relique *sf* reliquia.

relire *v tr* rileggere.

reliure *sf* rilegatura.

reluire *v intr* risplendere, brillare ◊ **brosse à reluire** spazzola per lucidare.

remâcher *v tr* ruminare; (*fig*) rimuginare.

remaniement *sm* rimaneggiamento.

remanier *v tr* rimaneggiare.

remarquable *adj* notevole.

remarque *sf* osservazione; nota.
remarquer *v tr* notare.
remballer *v tr* riporre, rimballare.
remblai *sm* riporto, rinterro; materiale di riporto.
remblayer *v tr* rinterrare, colmare.
rembourrage *sm* imbottitura (*f*).
rembourrer *v tr* imbottire.
remboursement *sm* rimborso; pagamento ◊ **envoi contre remboursement** spedizione contrassegno.
rembourser *v tr* rimborsare.
remède *sm* rimedio; medicina (*f*), farmaco ◊ **sans remède** senza rimedio.
remédier *v intr* rimediare.
remerciement *sm* ringraziamento.
remercier *v tr* ringraziare; congedare, licenziare.
remettre *v tr* rimettere; consegnare; rimandare, rinviare; ristabilire ◊ *v réfl* rimettersi; ristabilirsi ◊ **se remettre d'une maladie** ristabilirsi da una malattia; **s'en remettre à** affidarsi a.
remise *sf* (*local*) rimessa; (*transmision*) consegna, recapito (*m*); (*réduction*) riduzione, sconto (*m*); (*de peine*) condono (*m*), remissione ◊ **faire une remise** fare uno sconto; **remise en état** ripristino.
rémission *sf* remissione, perdono (*m*) ◊ **sans rémission** senza pietà.
remontant *sm* (*méd*) ricostituente.
remonte *sf* risalita; rimonta.
remontée *sf* risalita; (*sport*) rimonta.
remonte-pente (*pl* **remonte-pentes**) *sm* sciovia (*f*).
remonter *v tr* risalire; riportare su; tirare su; rimontare ◊ *v intr* risalire ◊ **remonter le moral** risollevare il morale; **remonter une montre** ricaricare un orologio.
remontrance *sf* rimostranza, lamentela.
remords *sm* rimorso.
remorque *sf* rimorchio (*m*).
remorquer *v tr* rimorchiare.
remorqueur *sm* rimorchiatore.
rémoulade *sf* (*cuis*) salsa con erbe aromatiche.
rémouleur *sm* arrotino.
remous *sm* risucchio; (*fig*) agitazione

(*f*) ◊ **les remous de la foule** l'ondeggiare della folla.
rempailler *v tr* rimpagliare.
remparts *sm pl* mura (*f*), bastioni.
remplaçant *sm* sostituto, supplente.
remplacement *sm* sostituzione (*f*), supplenza (*f*).
remplacer *v tr* sostituire; rimpiazzare.
remplir *v tr* riempire; adempiere, assolvere ◊ *v réfl* riempirsi ◊ **remplir le rôle de** ricoprire il ruolo di; **remplir ses engagements** tener fede ai propri impegni.
remplissage *sm* riempimento; (*fig*) riempitivo.
remporter *v tr* riprendere; (*fig*) ottenere, conseguire.
remue-ménage *sm inv* confusione (*f*), scompiglio.
remuer *v tr* muovere, smuovere; rimuovere, spostare ◊ *v intr* muoversi, agitarsi ◊ *v réfl* muoversi ◊ **remuer la salade** mescolare l'insalata; **remuer ciel et terre** smuovere cielo e terra; **remuer de vieux souvenirs** rivangare vecchi ricordi.
rémunération *sf* rimunerazione.
rémunérer *v tr* rimunerare.
renâcler *v intr* sbuffare; (*fig*) essere riluttante.
renaissance *sf* rinascita ◊ **la Renaissance** il Rinascimento.
renaître *v intr* rinascere.
rénal (*pl* -**aux**) *adj* renale.
renard *sm* volpe (*f*).
renchérir *v tr/intr* rincarare ◊ **renchérir sur** rincarare la dose.
rencontre *sf* incontro (*m*) ◊ **faire la rencontre de quelqu'un** incontrare qualcuno; **aller à la rencontre de quelqu'un** andare incontro a qualcuno; **de rencontre** occasionale.
rencontrer *v tr* incontrare ◊ *v réfl* incontrarsi.
rendement *sm* rendimento, resa (*f*).
rendez-vous *sm inv* appuntamento; luogo d'incontro.
rendre *v tr* rendere; restituire; tradurre; esprimere; vomitare ◊ *v intr* rendere; vomitare ◊ *v réfl* recarsi; arrendersi ◊ **rendre visite** far visita; **rendre service** fare un piacere;

rendre hommage rendere omaggio; **rendre la monnaie** dare il resto; **se rendre malade** ammalarsi; **se rendre compte** rendersi conto.

rêne *sf* redine, briglia.

renégat *sm* rinnegato.

renfermé *adj* chiuso ◊ *sm* odore di chiuso.

renfermer *v tr* rinchiudere; racchiudere, contenere ◊ *v réfl* chiudersi.

renflouer *v tr* recuperare, riportare a galla (*aussi fig*).

renfoncement *sm* rientranza (*f*).

renfoncer *v tr* ricaccare giù; rientrare ◊ **renfoncer son chapeau** calcarsi il cappello in testa; **renfoncer ses larmes** ricacciare indietro le lacrime.

renforcer *v tr* rinforzare, rafforzare.

renfort *sm* rincalzo, rinforzo ◊ **à grand renfort de** a furia di.

renfrogner (se) *v réfl* accigliarsi, imbronciarsi.

rengaine *sf* tiritera, ritornello (*m*).

rengorger (se) *v réfl* pavoneggiarsi, darsi delle arie.

renier *v tr* rinnegare, sconfessare.

renifler *v intr* tirar su col naso ◊ *v tr* annusare, fiutare.

renne *sm* renna (*f*).

renom *sm* fama (*f*), rinomanza (*f*).

renommée *sf* fama.

renoncement *sm* rinuncia (*f*).

renoncer *v intr* rinunciare.

renouer *v tr* riannodare, riallacciare ◊ **renouer avec quelqu'un** riallacciare i rapporti con qualcuno.

renouveau *sm* rinnovamento; rinascita (*f*).

renouveler *v tr* rinnovare ◊ *v réfl* rinnovarsi, ripetersi.

renouvellement *sm* rinnovamento, rinnovo.

rénovation *sf* rinnovamento (*m*); ristrutturazione.

renseignement *sm* informazione (*f*).

renseigner *v tr* informare ◊ *v réfl* informarsi.

rentable *adj* redditizio.

rente *sf* rendita.

rentrée *sf* rientro (*m*), ritorno (*m*); introito (*m*), entrata ◊ **rentrées d'argent** incasso, introito.

rentrer *v intr* rientrare; ritornare ◊ *v tr* riporre, ritirare; infilare; trattenere ◊ **rentrer chez soi** rincasare; **rentrer dans l'ordre** ritornare alla normalità; **rentrer dans son bien** recuperare i propri averi.

renversant *adj* sbalorditivo, stupefacente.

renverse *sf* cambiamento (*m*) (*de vent, courant, etc.*) ◊ **à la renverse** all'indietro.

renversement *sm* rovesciamento, capovolgimento; inversione (*f*).

renverser *v tr* rovesciare, capovolgere; invertire; (*fig*) sbalordire ◊ *v réfl* rovesciarsi ◊ **renverser une chaise** far cadere una sedia; **renverser une situation** capovolgere una situazione; **renverser les obstacles** abbattere gli ostacoli.

renvoi *sm* rinvio; licenziamento; rutto; rigurgito.

renvoyer *v tr* rimandare; rinviare; mandar via; licenziare.

repaire *sm* covo, tana (*f*).

repaître (se) *v réfl* nutrirsi.

répandre *v tr* spargere, spandere; versare, rovesciare; diffondere ◊ *v réfl* spargersi, diffondersi; riversarsi ◊ **se répandre en** prorompere in, profondersi in.

répandu *adj* sparso, versato; diffuso.

réparation *sf* riparazione; (*foot*) rigore ◊ **surface de réparation** area di rigore.

réparer *v tr* riparare.

repartir *v intr* ripartire ◊ **repartir à zéro** ripartire da zero.

répartir *v tr* ripartire, suddividere; distribuire ◊ *v réfl* ripartirsi, suddividersi.

répartition *sf* ripartizione, distribuzione.

repas *sm* pasto.

repassage *sm* stiratura (*f*).

repasser *v tr* stirare; ripassare ◊ *v intr* ripassare, passare di nuovo.

repêchage *sm* il ripescare; (*familier*) recupero, salvataggio ◊ **épreuve de repêchage** prova supplementare (riservata ai candidati o ai concorrenti eliminati).

repêcher *v tr* ripescare, recuperare ◊ **être repêché à l'examen** superare un esame (nonostante un punteggio insufficiente).

repentir *sm* pentimento ◊ *v réfl* pentirsi.

répercussion *sf* ripercussione.

répercuter (se) *v réfl* ripercuotersi.

repère *sm* (segno di) riferimento ◊ **point de repère** punto di riferimento, di orientamento.

repérer *v tr* fare un segno (di riferimento); individuare ◊ *v réfl* orientarsi.

répertoire *sm* repertorio.

répertorier *v tr* registrare, rubricare.

répéter *v tr* ripetere ◊ *v réfl* ripetersi.

répétition *sf* ripetizione; (*théâtre*) prova ◊ **répétition générale** prova generale.

repiquer *v tr* pungere di nuovo; trapiantare.

répit *sm* respiro, tregua (*f*) ◊ **sans répit** senza tregua.

replet (-ète) *adj* grassoccio, rotondetto.

repli *sm* piega (*f*); ripiegamento.

replier *v tr* ripiegare ◊ *v réfl* ripiegarsi.

réplique *sf* replica; copia; (*théâtre*) battuta.

répliquer *v tr* replicare, ribattere ◊ *v intr* rispondere, replicare.

répondeur *sm* segreteria (*f*) telefonica.

répondre *v tr* rispondere ◊ *v intr* rispondere; corrispondere ◊ **répondre de** rispondere di, garantire.

réponse *sf* risposta ◊ **avoir réponse à tout** avere sempre la risposta pronta.

report *sm* riporto; rinvio, rimando.

reportage *sm* servizio, reportage.

reporter *v tr* riportare; rinviare, rimandare; riversare ◊ *v réfl* riferirsi.

reporter *sm* reporter, cronista.

repos *sm* riposo, quiete (*f*) ◊ **au repos** a riposo; **de tout repos** tranquillo, sicuro.

reposant *adj* riposante.

reposer *v intr* riposare; poggiare (*aussi fig*) ◊ *v tr* posare; riposare ◊ *v réfl* riposarsi ◊ **se reposer sur** contare, fare affidamento su.

repoussant *adj* ripugnante, repellente.

repousser *v tr* respingere; spingere via;

allontanare ◊ *v intr* rispuntare, ricrescere.

reprendre *v tr* riprendere; (*fig*) riacquistare; rimproverare ◊ *v réfl* riprendersi.

représailles *sf pl* rappresaglia (*sing*).

représentant *sm* rappresentante (*m/f*).

représentatif (-ive) *adj* rappresentativo.

représentation *sf* rappresentazione; rappresentanza.

représenter *v tr* rappresentare; ripresentare ◊ *v réfl* immaginarsi; ripresentarsi.

répression *sf* repressione.

réprimande *sf* rimprovero (*m*).

réprimander *v tr* rimproverare, sgridare.

réprimer *v tr* reprimere.

repris (de justice) *sm* (*jur*) pregiudicato.

reprise *sf* ripresa; rammendo (*m*) ◊ **à plusieurs reprises** a più riprese.

repriser *v tr* rammendare.

réprobateur (-trice) *adj* (pieno) di rimprovero.

réprobation *sf* riprovazione, biasimo (*m*).

reproche *sm* rimprovero ◊ **sans reproche** irreprensibile.

reprocher *v tr* rimproverare; rinfacciare; (*jur*) ricusare ◊ *v réfl* rimproverarsi.

reproducteur (-trice) *adj, sm* riproduttore.

reproduction *sf* riproduzione.

reproduire *v tr* riprodurre ◊ *v réfl* riprodursi.

réprouver *v tr* disapprovare.

reptile *sm* rettile.

repu *adj* sazio.

républicain *adj, sm* repubblicano.

république *sf* repubblica.

répudier *v tr* ripudiare.

répugnance *sf* ripugnanza, repulsione.

répugner *v intr* ripugnare, provare ripugnanza.

répulsion *sf* repulsione.

réputation *sf* reputazione ◊ **avoir réputation de** aver fama di; **de réputation** di fama.

réputé *adj* rinomato.

requérir *v tr* richiedere, esigere.
requête *sf* richiesta; (*jur*) istanza.
requin *sm* pescecane, squalo.
réquisition *sf* requisizione; precettazione ◊ *pl* (*jur*) requisitoria (*sing*).
réquisitionner *v tr* requisire; precettare.
réquisitoire *sm* requisitoria (*f*).
rescapé *sm* superstite (*m/f*).
rescinder *v tr* annullare, rescindere.
rescousse *sf* ◊ **à la rescousse** in aiuto, in soccorso.
réseau (*pl* **-eaux**) *sm* reticolo; rete (*f*).
réservation *sf* prenotazione.
réserve *sf* riserva; riserbo (*m*) ◊ **vivres de réserve** viveri di scorta; **se tenir sur la réserve** stare in guardia; **en réserve** da parte; **sans réserve** incondizionatamente, senza riserve; **sous réserve** con riserva; **sous réserve d'erreur** salvo errore; **sous toutes réserves** con le debite riserve.
réserver *v tr* riservare; mettere da parte; prenotare ◊ *v réfl* riservarsi ◊ **se réserver de** riservarsi di.
réserviste *sm/f* riservista.
réservoir *sm* serbatoio; vivaio di pesci.
résidence *sf* residenza; complesso (*m*) residenziale; residence (*m*).
résident *sm* residente (*m/f*).
résider *v intr* risiedere (*aussi fig*).
résidu *sm* residuo, avanzo.
résignation *sf* rassegnazione.
résigner (se) *v réfl* rassegnarsi.
résilier *v tr* (*jur*) rescindere, risolvere.
résille *sf* reticella, retina.
résine *sf* resina ◊ **résine de verre** vetroresina.
résistance *sf* resistenza.
résister *v intr* resistere.
résolu *adj* risoluto, deciso.
résolution *sf* risoluzione; risolutezza, fermezza ◊ **les bonnes résolutions** i buoni propositi.
résonance *sf* risonanza.
résonner *v intr* risuonare.
résorber *v tr* riassorbire.
résoudre *v tr* risolvere; decidere ◊ *v réfl* risolversi, decidersi ◊ **se résoudre à** decidere di.

respect *sm* rispetto ◊ **tenir en respect** tenere a bada.
respectable *adj* rispettabile.
respecter *v tr* rispettare.
respectueux (-euse) *adj* rispettoso.
respiration *sf* respirazione ◊ **retenir sa respiration** trattenere il respiro, il fiato.
respiratoire *adj* respiratorio.
respirer *v tr* respirare; spirare, emanare ◊ *v intr* respirare, riprendere fiato.
resplendir *v intr* risplendere.
resplendissant *adj* splendente.
responsabilité *sf* responsabilità.
responsable *adj*, *sm/f* responsabile.
resquilleur (-euse) *sm* scroccone.
ressac *sm* risacca (*f*).
ressaisir *v tr* riprendere, ripigliare ◊ *v réfl* riprendersi, riprendere il controllo di sé.
ressasser *v tr* rimuginare; ripetere.
ressemblance *sf* somiglianza.
ressemblant *adj* somigliante.
ressembler *v intr* somigliare, assomigliare ◊ *v réfl* assomigliarsi ◊ **cela ne lui ressemble pas** non è da lui; **cela ne ressemble à rien** è una cosa senza senso.
ressemeler *v tr* risuolare.
ressentiment *sm* risentimento, rancore.
ressentir *v tr* sentire, provare; risentire ◊ *v réfl* risentire (le conseguenze di).
resserrer *v tr* restringere; stringere ◊ *v réfl* restringersi.
ressort *sm* molla (*f*); (*fig*) energia (*f*); (*jur*) giurisdizione (*f*) ◊ **du ressort de** di competenza di; **en dernier ressort** come ultima risorsa.
ressortir *v intr* uscire di nuovo; risaltare, spiccare; risultare ◊ **il en ressort que** ne risulta che.
ressortissant *adj* di competenza di ◊ *sm* cittadino residente all'estero.
ressource *sf* risorsa ◊ *pl* risorse; mezzi (*m*) ◊ **avoir de la ressource** essere pieno di risorse; **être sans ressources** essere privo di mezzi.
ressusciter *vtr/intr* risuscitare.
restant *sm* resto, residuo ◊ *adj* restante, rimanente ◊ **poste restante** fermo posta.
restaurant *sm* ristorante.

restaurateur (**-trice**) *sm* restauratore; ristoratore.

restauration *sf* restaurazione; restauro (*m*); ristorazione.

restaurer *v tr* restaurare; ristorare ◊ *v réfl* ristorarsi, rifocillarsi.

reste *sm* resto ◊ *pl* avanzi; resti ◊ **de reste** d'avanzo; **du reste** del resto.

rester *v intr* restare, rimanere; fermarsi ◊ *v impersonnel* rimanere ◊ **en rester là** lasciar perdere; **rester sur sa faim** restare a bocca asciutta; **il n'en reste pas moins que** ciò non toglie che.

restituer *v tr* restituire; ripristinare, ricostruire.

restitution *sf* restituzione; (*comm*) resa.

restoroute *sm* autogrill.

restreindre *v tr* ridurre, limitare; restringere ◊ *v réfl* limitarsi (*dépenses*); restringersi, ridursi.

restriction *sf* restrizione.

résultat *sm* risultato.

résulter *v intr* risultare; derivare, conseguire ◊ **il en résulte que** ne deriva che.

résumé *sm* riassunto ◊ **en résumé** in sostanza, in sintesi.

résumer *v tr* riassumere ◊ *v réfl* riassumere (quanto detto) ◊ **pour me résumer...** riassumendo...

résurrection *sf* risurrezione.

retable *sm* pala (*f*) d'altare.

rétablir *v tr* ristabilire ◊ *v réfl* ristabilirsi.

rétablissement *sm* ripristino; ristabilimento; guarigione (*f*).

retaper *v tr* (*familier*) rimettere a posto; (*familier*) rimettere in forze; ribattere (a macchina) ◊ *v réfl* (*familier*) ristabilirsi, rimettersi in salute.

retard *sm* ritardo ◊ **prendre du retard** accumulare ritardo; **sans retard** subito, senza indugio; **en retard** in ritardo; **être en retard sur** essere indietro su.

retardement *sm* ◊ **à retardement** a scoppio ritardato.

retarder *v tr* far perdere tempo a; ritardare, differire ◊ *v intr* ritardare, andare indietro.

retenir *v tr* trattenere; ricordare; preno-

tare, fissare ◊ *v réfl* trattenersi; aggrapparsi.

rétention *sf* ritenzione.

retentir *v intr* risuonare, echeggiare.

retentissant *adj* risonante; squillante ◊ **mots retentissants** parole altisonanti.

retentissement *sm* risonanza (*f*), rimbombo; ripercussione (*f*), eco (*f*).

retenue *sf* ritenuta, trattenuta; (*mat*) riporto (*m*); (*fig*) ritegno (*m*).

réticence *sf* reticenza.

rétif (**-ive**) *adj* riluttante, restio.

rétine *sf* retina.

retirer *v tr* ritirare; togliere; ricavare, trarre ◊ *v réfl* ritirarsi.

retombée *sf* il ricadere ◊ *pl* conseguenze, ripercussioni.

retomber *v intr* ricadere ◊ **retomber sur** ricadere su; **retomber malade** riammalarsi.

rétorquer *v tr* ribattere, replicare.

retouche *sf* ritocco (*m*); modifica.

retoucher *v tr* ritoccare; modificare.

retour *sm* ritorno; resa (*f*), restituzione (*f*) ◊ **par retour du courrier** a stretto giro di posta; **retour en arrière** flashback; **sans retour** definitivo, per sempre; **en retour** in cambio, di rimando.

retourner *v tr* rigirare; voltare, rovesciare; respingere, restituire ◊ *v intr* ritornare, far ritorno ◊ *v réfl* girarsi; rigirarsi, rivoltarsi.

retracer *v tr* ritracciare, tracciare di nuovo; descrivere.

rétracter *v tr* ritrarre, tirare indietro ◊ *v réfl* ritrattarsi; ritrarsi.

retrait *sm* ritiro; (*d'argent*) prelievo ◊ **en retrait** arretrato, rientrante.

retraite *sf* pensione; (*milit*) ritirata ◊ **prendre sa retraite** andare in pensione; **mise à la retraite** pensionamento (*m*).

retraité *adj, sm* pensionato.

retranchement *sm* (*milit*) trinceramento.

retrancher *v tr* togliere, levare, sopprimere; sottrarre, detrarre ◊ *v réfl* trincerarsi.

rétrécir *v tr* restringere ◊ *v réfl* restringersi.

rétribuer *v tr* retribuire.

rétribution *sf* retribuzione.

rétroactif (-ive) *adj* retroattivo.

rétrograde *adj* retrogrado.

rétrograder *v intr* retrocedere, regredire; (*aut*) scalare (la marcia).

rétroprojecteur *sm* lavagna (*f*) luminosa.

rétrospectif (-ive) *adj* retrospettivo.

retrousser *v tr* alzare, sollevare; voltare in su ◊ **retrousser ses manches** rimboccarsi le maniche.

retrouver *v tr* ritrovare; raggiungere ◊ *v réfl* ritrovarsi; orizzontarsi, orientarsi.

rétroviseur *sm* retrovisore.

réunion *sf* riunione.

réunir *v tr* riunire; raccogliere ◊ *v réfl* riunirsi.

réussir *v intr* riuscire; giovare ◊ *v tr* fare bene, riuscire in.

réussite *sf* riuscita; (*jeu de cartes*) solitario (*m*) ◊ **c'est une réussite** è un successo.

revanche *sf* rivincita ◊ **en revanche** in compenso.

rêvasser *v intr* fantasticare.

rêve *sm* sogno ◊ **rêve éveillé** sogno ad occhi aperti.

revêche *adj* scontroso.

réveil *sm* risveglio; (*pendule*) sveglia (*f*).

réveiller *v tr* svegliare; risvegliare ◊ *v réfl* svegliarsi; risvegliarsi.

réveillon *sm* veglione, cenone.

révélateur (-trice) *adj* rivelatore.

révélation *sf* rivelazione.

révéler *v tr* rivelare, svelare ◊ *v réfl* rivelarsi.

revenant *sm* spettro, spirito.

revendication *sf* rivendicazione.

revendiquer *v tr* rivendicare.

revendre *v tr* rivendere ◊ **avoir du courage à (en) revendre** avere coraggio da vendere.

revenir *v intr* tornare, ritornare; spettare, toccare; venire a costare; (*cuis*) rosolare ◊ **revenir à la charge** tornare alla carica; **revenir à soi** tornare in sé, riaversi; **ne pas en revenir** non riuscire a capacitarsi; **cela revient au même** fa lo stesso; **s'en revenir** ritor-

narsene; **revenir sur** tornare su; **revenir sur le compte de quelqu'un** ricredersi sul conto di qualcuno.

revenu *sm* reddito.

rêver *v tr/intr* sognare.

réverbération *sf* riverbero (*m*).

réverbère *sm* lampione.

révérence *sf* riverenza.

révérend *adj, sm* reverendo.

rêverie *sf* fantasticheria.

revers *sm* rovescio; (*fig*) disgrazia (*f*) ◊ **le revers de la main** il dorso della mano.

réversible *adj* reversibile; (*vêtement*) double face, rivoltabile.

revêtement *sm* rivestimento.

revêtir *v tr* rivestire; indossare.

rêveur (-euse) *adj* sognante ◊ *sm* sognatore ◊ **cela me laisse rêveur** ciò mi lascia perplesso.

revirement *sm* voltafaccia.

réviser *v tr* rivedere, riesaminare; revisionare ◊ **réviser sa leçon** ripassare la lezione.

révision *sf* revisione.

révocation *sf* revoca.

revoir *v tr* rivedere; ripassare ◊ **au revoir** arrivederci.

révolte *sf* rivolta, ribellione.

révolter *v tr* rivoltare, disgustare ◊ *v réfl* rivoltarsi, ribellarsi.

révolu *adj* passato, trascorso.

révolution *sf* rivoluzione.

révolutionner *v tr* rivoluzionare.

revolver *sm* rivoltella (*f*), pistola (*f*).

révoquer *v tr* revocare; destituire.

revue *sf* rivista ◊ **passer en revue** passare in rassegna.

révulsion *sf* (*méd*) revulsione.

rez-de-chaussée *sm inv* pianterreno.

rhabiller *v tr* rivestire ◊ *v réfl* rivestirsi.

rhapsodie *sf* rapsodia.

rhétorique *adj* retorico ◊ *sf* retorica.

rhinite *sf* rinite.

rhinocéros *sm* rinoceronte.

rhododendron *sm* rododendro.

rhombe *sm* rombo.

rhubarbe *sf* (*bot*) rabarbaro (*m*).

rhum *sm* rum.

rhumatismal (pl -aux) *adj* reumatico.

rhumatisme *sm* reumatismo.

rhume *sm* raffreddore ◊ **rhume des foins** raffreddore da fieno.

riant *adj* ridente, ameno.

ribambelle *sf* sfilza.

ricaner *v intr* ridacchiare, sogghignare.

riche *adj*, *sm* ricco ◊ **riche en** ricco di.

richesse *sf* ricchezza ◊ **richesse en** abbondanza di.

ricin *sm* (*bot*) ricino.

ricocher *v intr* rimbalzare.

ricochet *sm* rimbalzo ◊ **par ricochet** di rimbalzo, di riflesso.

ride *sf* ruga; grinza.

rideau (*pl* **-eaux**) *sm* tenda (*f*); sipario ◊ **un rideau d'arbres** un filare di alberi; **rideau de fer** saracinesca (*f*).

ridelle *sf* sponda (*de charrette, camion*).

rider *v tr* riempire di rughe; increspare ◊ *v réfl* riempirsi di rughe.

ridicule *adj*, *sm* ridicolo ◊ **tourner en ridicule** mettere in ridicolo.

ridiculiser *v tr* ridicolizzare ◊ *v réfl* rendersi ridicolo.

rien *pron* nulla, niente ◊ *sm* niente, nonnulla ◊ **ça ne fait rien** non fa niente; **ce sont des riens** sono inezie; **ce n'est rien moins que sûr** non è affatto sicuro; **ce n'est pas pour rien que** non per niente; **en rien** per niente; **en moins de rien** in un attimo; **de rien** (di) niente; **pour rien** per niente; **rien du tout** assolutamente niente; **rien que** nient'altro che.

rieur (**-euse**) *adj* allegro, ridanciano ◊ *sm* burlone.

rigide *adj* rigido.

rigidité *sf* rigidità; (*fig*) rigidezza.

rigolade *sf* (*familier*) burla, scherzo (*m*); buffonata.

rigoler *v intr* (*familier*) ridere, scherzare.

rigolo (**-ote**) *adj* (*familier*) divertente; buffo, strano ◊ *sm* burlone.

rigoureux (**-euse**) *adj* rigoroso, rigido.

rigueur *sf* rigore (*m*) ◊ **être de rigueur** essere d'obbligo; **à la rigueur** al limite.

rillettes *sf pl* (*cuis*) carne (*sing*) di maiale tritata e cotta nel grasso.

rime *sf* rima ◊ **sans rime ni raison** senza capo né coda.

rimer *v intr* rimare, far rima ◊ **ne rimer à rien** non avere senso, non significare nulla.

rinçage *sm* risciacquo.

rincer *v tr* sciacquare, risciacquare.

ripaille *sf* (*familier*) abbuffata; bisboccia.

riper *v tr* raschiare; (*mar*) far scorrere ◊ *v intr* (*véhicule*) slittare.

riposte *sf* replica, risposta immediata.

riposter *v tr/intr* rispondere, replicare.

rire *sm* riso, risata (*f*) ◊ *v intr* ridere ◊ **avoir le fou rire** avere la ridarella; **rire aux éclats** ridere fragorosamente; **rire dans sa barbe** ridere sotto i baffi; **rire au nez de quelqu'un** ridere in faccia a uno; **se rire de** burlarsi di.

risée *sf* scherno (*m*), derisione.

risible *adj* buffo, ridicolo.

risque *sm* rischio ◊ **au risque de** col rischio di; **à ses risques et périls** a suo rischio e pericolo.

risqué *adj* rischioso, pieno di rischi.

risquer *v tr* rischiare; azzardare ◊ **risquer de** rischiare di; **risquer le paquet** tentare il colpo.

rissoler *v tr/intr* (fare) rosolare.

ristourne *sf* sconto (*m*); riduzione.

rite *sm* rito.

ritournelle *sf* ritornello (*m*).

rituel (**-elle**) *adj*, *sm* rituale.

rivage *sm* riva (*f*).

rival (*pl* **-aux**) *adj*, *sm* rivale (*m/f*).

rivaliser *v intr* gareggiare, competere.

rivalité *sf* rivalità.

rive *sf* riva, sponda.

river *v tr* (*tech*) ribadire, fissare; attaccare, inchiodare (*aussi fig*).

riverain *adj*, *sm* rivierasco.

rivet *sm* ribattino, rivetto.

riveter *v tr* (*tech*) ribadire, fissare (con ribattini).

rivière *sf* fiume (*m*), corso (*m*) d'acqua ◊ **de rivière** fluviale.

rixe *sf* rissa.

riz *sm* riso.

rizière *sf* risaia.

robe *sf* vestito (*m*), abito (*m*) (*pour femme*); toga (*de magistrat*); mantello (*m*), pelo (*m*) (*animaux*).

robinet *sm* rubinetto.

robinetterie *sf* rubinetteria.

robinier *sm* (*bot*) robinia (*f*), falsa acacia (*f*).

robot *sm* robot.

robotique *sf* robotica.

robuste *adj* robusto.

roc *sm* roccia (*f*); masso, macigno.

rocaille *sf* pietraia ◊ **style rocaille** stile rocaille.

rocailleux (-euse) *adj* pietroso; (*fig*) aspro, duro ◊ **voix rocailleuse** voce rauca.

roche *sf* roccia ◊ **eau de roche** acqua sorgiva.

rocher *sm* roccia (*f*), masso; scoglio.

rocheux (-euse) *adj* roccioso.

rodage *sm* rodaggio.

roder *v tr* rodare.

rôder *v intr* gironzolare, aggirarsi.

rôdeur (-euse) *sm* girovago, vagabondo.

rogatoire *adj* (*jur*) rogatorio.

rogner *v tr* rifilare (*f*) ◊ *v intr* lesinare ◊ **rogner les ailes** tarpare le ali; **rogner sur tout** lesinare il centesimo.

rognon *sm* rognone.

rognure *sf* ritaglio (*m*), avanzo (*m*); truciolo (*m*), limatura.

rogue *adj* arrogante, tracotante.

roi *sm* re ◊ **heureux comme un roi** felice come una pasqua; **un morceau de roi** un boccone prelibato; **la fête des Rois** l'Epifania.

roitelet *sm* (*zool*) regolo, scricciolo.

rôle *sm* ruolo; funzione (*f*); (*théâtre*) parte (*f*) ◊ **savoir son rôle** conoscere la propria parte; **avoir le beau rôle** fare bella figura; **à tour de rôle** a turno.

romagnol *adj*, *sm* romagnolo.

romain *adj*, *sm* romano.

roman *adj*, *sm* romanico ◊ *sm* romanzo.

romance *sf* romanza.

romancer *v tr* romanzare.

romancier (-ère) *sm* romanziere.

romand *adj* romando.

romanesque *adj* romanzesco; romantico.

roman-feuilleton (*pl* **romans-feuille-** **tons**) *sm* romanzo a puntate, d'appendice.

romantique *adj*, *sm/f* romantico (*m*).

romantisme *sm* romanticismo.

romarin *sm* rosmarino.

rompre *v tr* rompere, spezzare ◊ *v intr/rifl* rompersi, spezzarsi ◊ **rompre un serment** violare un giuramento; **se rompre le cou** rompersi l'osso del collo.

ronce *sf* rovo (*m*).

ronceraie *sf* roveto (*m*).

rond *adj* rotondo, tondo ◊ *sm* cerchio; anello; (*familier*) soldo, quattrino ◊ *adv* bene ◊ **chiffre rond** cifra tonda; **avoir le dos rond** avere la schiena curva; **tourner rond** funzionare, andar bene; **en rond** in cerchio.

ronde *sf* ronda; girotondo (*m*); (*mus*) semibreve ◊ **à la ronde** tutt'intorno.

rondelle *sf* rondella; (*cuis*) fettina rotonda.

rondement *adv* speditamente, con risolutezza; francamente.

rondeur *sf* rotondità; (*fig*) lealtà, schiettezza.

rondin *sm* tondello (di legna da ardere).

rond-point (*pl* **ronds-points**) *sm* rondò, rotonda (*f*).

ronflement *sm* il russare ◊ **le ronflement d'un moteur** il ronzio del motore.

ronfler *v intr* russare; ronzare (*moteur*).

ronger *v tr* rodere, rosicchiare; corrodere ◊ **se ronger les ongles** mangiarsi le unghie.

rongeur (-euse) *adj*, *sm* roditore.

ronronner *v intr* fare le fusa; ronzare.

roquet *sm* botolo, cagnetto ringhioso.

rosace *sf* (*arch*) rosone (*m*).

rosaire *sm* rosario.

rosbif *sm* (*cuis*) rosbif, roast-beef.

rose *sf* rosa ◊ *adj* rosa, roseo ◊ *sm* (color) rosa.

rosé *adj* rosato; roseo.

roseau (*pl* **-eaux**) *sm* canna (*f*).

rosée *sf* rugiada.

roseraie *sf* roseto (*m*).

rosette *sf* fiocco (*m*); coccarda; (*bot*) rosetta.

rosier *sm* rosaio; (pianta di) rosa (*f*).

rosir *v intr* diventare rosa, colorarsi di rosa.

rosse *sf* ronzino (*m*); (*fig péjoratif*) carogna, farabutto (*m*).

rosser *v tr* (*familier*) picchiare, pestare.

rossignol *sm* usignolo.

rotation *sf* rotazione.

rôti *adj*, *sm* arrosto.

rotin *sm* giunco d'India.

rôtir *v tr/intr* arrostire.

rôtisserie *sf* rosticceria.

rotonde *sf* (*arch*) rotonda.

rotondité *sf* rotondità.

rotor *sm* (*tech*) rotore.

rotule *sf* (*anat*) rotula.

roturier (**-ère**) *adj*, *sm* plebeo.

rouage *sm* ingranaggio.

rouble *sm* rublo.

roucoulement *sm* il tubare.

roucouler *v intr* tubare.

roue *sf* ruota ◊ **roue de secours** ruota di scorta; **faire la roue** pavoneggiarsi.

roué *adj* scaltro ◊ *sm* furbacchione.

rouet *sm* arcolaio.

rouge *adj*, *sm* rosso ◊ **fer rouge** ferro arroventato; **rouge à lèvres** rossetto; **s'arrêter au** (**feu**) **rouge** fermarsi al (semaforo) rosso; **se fâcher tout rouge** andare su tutte le furie.

rouge-gorge (*pl* **rouges-gorges**) *sm* (*zool*) pettirosso.

rougeole *sf* (*méd*) morbillo (*m*).

rougeoyer *v intr* rosseggiare.

rouget *sm* triglia (*f*).

rougeur *sf* rossore (*m*).

rougir *v intr* diventare rosso; arrossire.

rouille *sf* ruggine.

rouiller *v intr/rifl* arrugginirsi.

roulade *sf* (*mus*) gorgheggio (*m*); (*cuis*) involtino (*m*).

roulage *sm* autotrasporto ◊ **entreprise de roulage** impresa di trasporto merci.

roulant *adj* a rotelle; mobile, scorrevole ◊ **table roulante** carrello; **escalier roulant** scala mobile; **tapis roulant** nastro trasportatore; **feu roulant** fuoco di fila.

rouleau (*pl* **-eaux**) *sm* rotolo; rullo ◊ **rouleau** (**à pâtisserie**) matterello; **rouleau** (**à mise en plis**) bigodino;

être au bout du rouleau essere agli sgoccioli.

roulement *sm* rotolamento; rimbombo; rotazione (*f*) ◊ **roulement de tambour** rullo di tamburo; **roulement à billes** cuscinetto a sfere; **par roulement** a rotazione, a turno.

rouler *v tr* arrotolare; far rotolare; (*familier*) imbrogliare ◊ *v intr* rotolare; viaggiare, andare ◊ *v réfl* rotolarsi; avvolgersi ◊ **rouler à droite** tenere la destra; **rouler vite** andare veloce; **roulez au pas** procedere a passo d'uomo; **rouler sur l'or** sguazzare nell'oro.

roulette *sf* rotella; (*jeu*) roulette.

roulis *sm* rollio.

roulotte *sf* roulotte.

roumain *adj*, *sm* rumeno.

roupie *sf* rupia.

roupiller *v intr* (*familier*) ronfare, dormire.

rouquin *adj* (*cheveux*) rosso ◊ *sm* uomo dai capelli rossi.

rousseur *sf* colore (*m*) rossiccio ◊ **taches de rousseur** lentiggini.

roussi *sm* odore di bruciato.

route *sf* strada; rotta ◊ **route barrée** strada interrotta; **accident de la route** incidente stradale; **mettre en route** avviare; **se mettre en route** partire.

routier (**-ère**) *adj* stradale ◊ *sm* camionista (*m/f*) ◊ **carte routière** carta stradale.

routine *sf* routine, trantran (*m*).

routinier (**-ère**) *adj*, *sm* abitudinario, metodico.

rouvrir *v tr* riaprire ◊ *v intr/rifl* riaprirsi.

roux (**rousse**) *adj* rosso, fulvo ◊ *sm* (colore) rosso; uomo dai capelli rossi.

royal (*pl* **-aux**) *adj* reale, principesco; regale ◊ **prince royal** principe ereditario.

royaume *sm* regno, reame.

royauté *sf* regalità; monarchia.

ruade *sf* calcio (*m*), scalciata.

ruban *sm* nastro.

rubéole *sf* (*méd*) rosolia.

rubicond *adj* rubicondo.

rubis *sm* rubino.

rubrique *sf* rubrica; voce ◊ **sous la même rubrique** sotto la stessa voce.
ruche *sf* alveare (*m*).
rude *adj* rude, rozzo; duro, faticoso; ruvido.
rudement *adv* duramente, rudemente; (*familier*) molto, assai.
rudesse *sf* durezza, asprezza; ruvidezza; rozzezza, grossolanità.
rudiment *sm* rudimento.
rudimentaire *adj* rudimentale.
rudoyer *v tr* strapazzare, maltrattare.
rue *sf* strada, via ◊ **croisement de rues** incrocio; **traverser la rue** attraversare la strada; **être à la rue** essere sul lastrico.
ruée *sf* corsa; assalto (*m*).
ruelle *sf* stradina, viuzza.
ruer *v intr* scalciare, tirar calci ◊ *v réfl* scagliarsi, lanciarsi; precipitarsi.
rugby *sm* rugby.
rugir *v intr* ruggire; urlare.
rugissement *sm* ruggito; urlo.
rugosité *sf* rugosità.
rugueux (-euse) *adj* ruvido, rugoso.
ruine *sf* rovina; rudere (*m*) ◊ *pl* rovine, ruderi (*m*).
ruiner *v tr* rovinare ◊ *v réfl* rovinarsi.
ruineux (-euse) *adj* rovinoso; dispendioso.
ruisseau (*pl* **-eaux**) *sm* ruscello, rigagnolo.
ruisseler *v intr* scorrere, colare; grondare; sfavillare.
rumeur *sf* brusio (*m*), rumore (*m*); voce, diceria ◊ **la rumeur publique** la voce pubblica.
ruminant *adj*, *sm* ruminante.
ruminer *v tr* ruminare ◊ *v intr* (*fig*) rimuginare.
rupture *sf* rottura (*aussi fig*) ◊ **être en rupture avec** essere in rotta con.
rural (*pl* **-aux**) *adj* rurale.
ruse *sf* astuzia.
rusé *adj*, *sm* astuto, scaltro.
russe *adj*, *sm/f* russo (*m*).
rustique *adj* rustico.
rustre *adj*, *sm* zotico, villano.
rut *sm* calore, fregola (*f*).
rutilant *adj* scintillante, risplendente.
rythme *sm* ritmo.
rythmique *adj* ritmico.

S

sa *adj* v. **son**.
sabbatique *adj* sabbatico.
sable *sm* sabbia (*f*) ◊ **sables mouvants** sabbie mobili; **bain de sable** sabbiatura.
sablé *adj* sabbioso, coperto di sabbia; di pasta frolla ◊ *sm* (*cuis*) frollino, biscotto di pasta frolla.
sabler *v tr* coprire di sabbia; (*tech*) sabbiare ◊ **sabler le champagne** bere champagne in abbondanza.
sableux (-euse) *adj* sabbioso.
sablier *sm* clessidra (*f*).
sablière *sf* cava di sabbia; (*ferr*) sabbiera.
sablon *sm* sabbia (*f*) fine, sabbiolina (*f*).
sablonneux (-euse) *adj* sabbioso.
sabordage *sm* affondamento; sabotaggio.
saborder *v tr* affondare; sabotare.
sabot *sm* zoccolo; (*de frein*) ganascia (*f*) ◊ **sabot (de Denver)** ceppo (per bloccare le ruote di veicoli in sosta vietata); **dormir comme un sabot** dormire come un ghiro.
sabotage *sm* sabotaggio.
saboter *v tr* sabotare; (*fig*) rovinare.
saboteur (-euse) *sm* sabotatore.
sabre *sm* sciabola (*f*).
sac *sm* sacco; borsa (*f*) ◊ **sac à provisions** sporta; **sac à dos** zaino; **sac de couchage** sacco a pelo.
saccade *sf* strappo (*m*), scossone (*m*) ◊ **par saccades** a scatti.
saccager *v tr* saccheggiare; devastare; mettere a soqquadro.
saccharine *sf* saccarina.
sacerdoce *sm* sacerdozio.
sacerdotal (*pl* **-aux**) *adj* sacerdotale.
sachet *sm* sacchetto.
sacoche *sf* borsa (a tracolla), sacca.
sacre *sm* consacrazione (*f*); incoronazione (*f*).
sacré *adj* sacro; (*anat*) sacrale; (*familier, renforce un terme*) grande ◊ **un sacré menteur** un gran bugiardo; **une sacrée chance** una fortuna sfacciata.
sacrement *sm* sacramento.

sacrer *v tr* consacrare; incoronare ◊ *v intr* (*familier*) imprecare.

sacrifice *sm* sacrificio.

sacrifier *v tr* sacrificare ◊ *v réfl* sacrificarsi.

sacrilège *sm* sacrilegio ◊ *adj, sm* sacrilego.

sacristain *sm* sacrestano.

sacristie *sf* sacrestia.

sacro-saint (*pl* **sacro-saints**) *adj* sacrosanto.

sadique *adj, sm/f* sadico (*m*).

sadisme *sm* sadismo.

safran *sm* zafferano.

sagace *adj* sagace.

sage *adj* saggio; bravo ◊ **sois sage** fai il bravo.

sage-femme (*pl* **sages-femmes**) *sf* levatrice; ostetrica.

sagesse *sf* saggezza; bontà, obbedienza ◊ **dents de sagesse** denti del giudizio.

sagittaire *sm* sagittario.

saignant *adj* sanguinante; (*cuis*) al sangue.

saignée *sf* salasso (*m*).

saignement *sm* emorragia (*f*).

saigner *v intr* sanguinare ◊ *v tr* salassare; sgozzare; (*fig*) dissanguare.

saillant *adj* sporgente; (*fig*) saliente.

saillie *sf* sporgenza, prominenza; (*zool*) monta ◊ **en saillie** sporgente; **faire saillie** sporgere.

saillir *v intr* sporgere; (*fig*) risaltare ◊ *v tr* (*animaux*) montare, coprire.

sain *adj* sano ◊ **sain et sauf** sano e salvo.

saindoux *sm* strutto.

saint *adj, sm* santo.

sainteté *sf* santità.

saisie *sf* sequestro (*m*); (*jur*) pignoramento (*m*).

saisir *v tr* afferrare, prendere; (*fig*) cogliere; (*jur*) sequestrare; (*inform*) inserire (dati) ◊ *v réfl* impadronirsi ◊ **as-tu saisi?** hai capito?; **saisir un tribunal d'une affaire** investire di una causa un tribunale.

saisissant *adj* impressionante, sorprendente.

saison *sf* stagione ◊ **basse, haute saison** bassa, alta stagione; **être de saison, hors de saison** essere opportuno, essere inopportuno.

saisonnier (**-ère**) *adj, sm* stagionale (*m/f*).

salade *sf* insalata; (*fig familier*) pasticcio (*m*) ◊ **salade de fruits** macedonia di frutta.

saladier *sm* insalatiera (*f*).

salaire *sm* salario, stipendio ◊ **salaire indirect** stipendio lordo (comprensivo degli oneri sociali); **salaire minimum interprofessionnel de croissance (SMIC)** salario minimo garantito.

salaison *sf* salatura ◊ *pl* cibi (*m*) conservati sotto sale.

salamandre *sf* salamandra.

salant *adj* salino ◊ **marais salant** salina.

salarial (*pl* **-aux**) *adj* salariale.

salarié *adj, sm* salariato.

salarier *v tr* salariare, stipendiare.

sale *adj* sporco, sudicio; (*fam*) brutto ◊ **une sale affaire** una faccenda sporca; **un sale temps** un tempaccio.

salé *adj* salato; salace, piccante.

saler *v tr* salare.

saleté *sf* sporcizia; (*familier*) porcheria.

salière *sf* saliera.

salin *adj* salino ◊ *sm* salina (*f*).

salinité *sf* salinità; salsedine.

salir *v tr* sporcare; (*fig*) insozzare, macchiare.

salissant *adj* sporchevole; che sporca.

salive *sf* saliva ◊ **perdre sa salive** sprecare il fiato.

salle *sf* sala ◊ **salle à manger** sala da pranzo; **salle de bains** bagno; **salle d'attente** sala d'aspetto; **salle de projection** locale di proiezione; **salle de classe** aula.

salon *sm* salotto; sala ◊ **salon de coiffure** parrucchiere.

saloperie *sf* (*familier*) porcheria.

salopette *sf* tuta, salopette.

salpêtre *sm* salnitro.

saltimbanque *sm* saltimbanco.

salubre *adj* salubre.

salubrité *sf* salubrità.

saluer *v tr* salutare.

salut *sm* salvezza (*f*); saluto ◊ *interj* ciao!, salve!

salutaire *adj* salutare.
salutation *sf* saluto (*m*).
salve *sf* salva, scarica ◊ **en salve** a salve.
samaritain *adj, sm* samaritano.
samedi *sm* sabato.
sanatorium *sm* sanatorio.
sanctifier *v tr* santificare.
sanction *sf* sanzione.
sanctionner *v tr* sancire, sanzionare.
sanctuaire *sm* santuario.
sandale *sf* sandalo (*m*).
sandwich *sm* panino imbottito.
sang *sm* sangue.
sang-froid *sm inv* sangue freddo ◊ **de sang-froid** a sangue freddo.
sanglant *adj* insanguinato; sanguinoso.
sangle *sf* cinghia.
sangler *v tr* cinghiare, mettere le cinghie a; stringere forte.
sanglier *sm* cinghiale.
sanglot *sm* singhiozzo.
sangloter *v intr* singhiozzare.
sangsue *sf* sanguisuga.
sanguin *adj, sm* sanguigno.
sanitaire *adj* sanitario ◊ *pl* servizi igienici.
sans *prep* senza ◊ **sans que** senza che; **sans quoi** altrimenti, se no; **sans plus** niente di più.
sans-abri *sm/f inv* senzatetto.
sans-emploi *sm/f inv* disoccupato (*m*).
sans-façon *sm inv* disinvoltura (*f*), semplicità (*f*) di modi.
sans-gêne *adj inv* sfacciato, sfrontato ◊ *sm inv* sfrontatezza (*f*).
sans-logis *sm/f inv* senzatetto.
sans-souci *adj, sm/f inv* spensierato (*m*).
santal (*pl* **santals, santaux**) *sm* (*bot*) sandalo.
santé *sf* salute; sanità ◊ **santé publique** sanità pubblica; **maison de santé** casa di cura; **(à ta) santé!** (alla tua) salute!
santon *sm* (*en Provence*) statuina (*f*) del presepe.
saper *v tr* scalzare; (*par l'eau*) erodere; (*fig*) minare.
sapeur *sm* geniere.
sapeur-pompier (*pl* **sapeurs-pompiers**) *sm* pompiere, vigile del fuoco.

saphir *sm* zaffiro; puntina (*f*) (*tourne-disques*).
sapin *sm* abete ◊ **sapin de Noël** albero di Natale.
sapinière *sf* abetaia.
saponaire *sf* (*bot*) saponaria.
sarabande *sf* sarabanda ◊ **faire la sarabande** fare chiasso.
sarbacane *sf* cerbottana.
sarcasme *sm* sarcasmo.
sarcler *v tr* sarchiare.
sarcophage *sm* sarcofago.
sarde *adj, sm/f* sardo (*m*).
sardine *sf* sardina, sarda.
sardinier *adj* delle sardine ◊ *sm* pescatore di sardine; peschereccio (per la pesca delle sardine).
sardonique *adj* sardonico.
sarment *sm* sarmento, tralcio.
sarrasin *adj* saraceno ◊ *sm* saraceno; grano saraceno.
sarrau (*pl* **-aus, -aux**) *sm* camiciotto (*de travail*).
sas *sm* vasca (*f*) di chiusa; (*mar*) camera (*f*) stagna; setaccio.
satané *adj* dannato, maledetto.
satanique *adj* satanico, diabolico.
satellite *sm* satellite; stazione (*f*) satellite (di un grande aeroporto) ◊ **par satellite** via satellite.
satiété *sf* sazietà ◊ **à satiété** a sazietà, fino alla nausea.
satin *sm* raso.
satiné *adj* satinato.
satire *sf* satira.
satirique *adj* satirico.
satisfaction *sf* soddisfazione; appagamento (*m*).
satisfaire *v tr* soddisfare, accontentare ◊ *v réfl* accontentarsi ◊ **satisfaire à** adempiere a.
satisfaisant *adj* soddisfacente.
satisfait *adj* soddisfatto.
saturation *sf* saturazione.
saturer *v tr* saturare.
satyre *sm* satiro.
sauce *sf* salsa; (*dessin*) pastello (*m*) ◊ **viande en sauce** carne in umido.
saucière *sf* salsiera.
saucisse *sf* salsiccia.
saucisson *sm* salame.

sauf (sauve) *adj* salvo ◊ **avoir la vie sauve** aver salva la vita.

sauf *prep* salvo, tranne ◊ **sauf erreur** salvo errori; **sauf que** tranne che, a parte il fatto che.

sauf-conduit (*pl* **sauf-conduits**) *sm* salvacondotto.

sauge *sf* salvia.

saugrenu *adj* strambo, strampalato.

saule *sm* salice.

saumâtre *adj* salmastro; (*fig*) di cattivo gusto.

saumon *sm* salmone ◊ *adj inv* (color) salmone.

saumure *sf* salamoia.

sauna *sm* sauna (*f*).

saupoudrer *v tr* cospargere.

saut *sm* salto, balzo ◊ **saut en longueur, en hauteur** salto in lungo, in alto; **saut en parachute** lancio col paracadute.

saute *sf* salto (*m*), sbalzo (*m*).

sauté *adj* (*cuis*) saltato, rosolato.

saute-mouton *sm inv* (*jeu*) cavallina (*f*).

sauter *v tr/intr* saltare ◊ **sauter aux yeux** balzare agli occhi; **sauter sur ses pieds** balzare in piedi.

sauterelle *sf* cavalletta.

sauteur (-euse) *sm* saltatore; (*fig*) banderuola (*f*).

sautiller *v intr* saltellare.

sauvage *adj* selvaggio; selvatico ◊ *sm* selvaggio.

sauvagerie *sf* selvatichezza; ferocia, efferatezza.

sauvegarde *sf* salvaguardia, tutela.

sauvegarder *v tr* salvaguardare, tutelare; (*inform*) salvare.

sauve-qui-peut *sm inv* fuggi-fuggi ◊ **sauve-qui peut!** si salvi chi può!

sauver *v tr* salvare ◊ *v réfl* salvarsi; fuggire, scappare.

sauvetage *sm* salvataggio.

sauveteur *sm* soccorritore.

sauvette ◊ **à la sauvette** di nascosto, in fretta e furia.

sauveur (salvatrice) *adj*, *sm* salvatore.

savamment *adv* sapientemente; con cognizione di causa.

savane *sf* savana.

savant *adj* colto, erudito; competente;

abile ◊ *sm* studioso, scienziato ◊ **singes savants** scimmie ammaestrate.

savate *sf* ciabatta.

saveur *sf* sapore (*m*).

savoir *v tr* sapere; conoscere ◊ **faire savoir** far sapere; **savoir gré à** essere grato a; **en savoir long** saperla lunga; **(à) savoir (que)** cioè, vale a dire.

savoir-faire *sm inv* diplomazia (*f*), tatto.

savoir-vivre *sm inv* garbo, buona educazione (*f*).

savon *sm* sapone.

savonner *v tr* insaponare ◊ *v réfl* insaponarsi.

savourer *v tr* assaporare.

savoureux (-euse) *adj* saporito, gustoso.

saxophone *sm* sassofono.

sbire *sm* sgherro, scagnozzo.

scabreux (-euse) *adj* scabroso.

scalpel *sm* (*méd*) bisturi.

scalper *v tr* scotennare.

scandale *sm* scandalo.

scandaleux (-euse) *adj* scandaloso.

scandaliser *v tr* scandalizzare ◊ *v réfl* scandalizzarsi.

scander *v tr* scandire.

scandinave *adj*, *sm/f* scandinavo (*m*).

scanner *sm* (*tech*) scanner; (*méd*) TAC (*f*).

scaphandre *sm* scafandro.

scaphandrier *sm* palombaro.

scarabée *sm* scarabeo.

scarlatine *sf* (*méd*) scarlattina.

scarole *sf* (*bot*) scarola.

sceau (*pl* **-eaux**) *sm* sigillo ◊ **Garde des Sceaux** guardasigilli, ministro della Giustizia; **sous le sceau du secret** in gran segreto.

sceller *v tr* sigillare; (*fig*) suggellare.

scénario *sm* copione, sceneggiatura (*f*).

scénariste *sm/f* sceneggiatore (*m*).

scène *sf* palcoscenico (*m*); scena; scenata ◊ **avant scène** proscenio; **mise en scène** regia; **scène de ménage** scenata tra marito e moglie.

scénique *adj* scenico.

scepticisme *sm* scetticismo.

sceptique *adj*, *sm/f* scettico (*m*).

sceptre *sm* scettro.

schéma *sm* schema.

schématique *adj* schematico.

schisme *sm* scisma.

schizophrène *adj, sm/f* schizofrenico (*m*).

sciatique *adj* (*anat*) sciatico ◊ *sf* (*méd*) sciatica.

scie *sf* sega ◊ **en dents de scie** dentato, frastagliato.

sciemment *adv* scientemente; consapevolmente.

science *sf* scienza.

science-fiction *sf* fantascienza.

scientifique *adj* scientifico ◊ *sm/f* scienziato (*m*).

scier *v tr* segare; (*familier*) sorprendere.

scinder *v tr* scindere, separare ◊ *v réfl* scindersi, separarsi.

scintillant *adj* scintillante.

scintiller *v intr* scintillare.

scission *sf* scissione.

sciure *sf* segatura.

sclérose *sf* sclerosi.

scolaire *adj* scolastico.

scolarité *sf* frequenza scolastica; scolarità ◊ **scolarité obligatoire** obbligo scolastico.

scolastique *adj* (*philosophie*) scolastico ◊ *sf* (*philosophie*) scolastica.

scoliose *sf* scoliosi.

scorbut *sm* scorbuto.

scorie *sf* scoria.

scorpion *sm* scorpione.

scout *sm* scout.

scribe *sm* scriba.

scrupule *sm* scrupolo.

scrupuleux (-euse) *adj* scrupoloso.

scrutateur (-trice) *adj, sm* scrutatore.

scruter *v tr* scrutare.

scrutin *sm* scrutinio.

sculpter *v tr* scolpire.

sculpteur *sm* scultore ◊ **femme sculpteur** scultrice.

sculptural (*pl* **-aux**) *adj* scultoreo.

sculpture *sf* scultura.

se *pron* si ◊ **se faire mal** farsi male; **se battre** picchiarsi; **il s'en moque** se ne infischia; **il s'agit de** si tratta di; **il se peut que** può darsi che.

séance *sf* seduta; (*ciné*) spettacolo (*m*) ◊ **séance tenante** seduta stante.

séant *sm* sedere ◊ **se dresser sur son séant** drizzarsi a sedere.

seau (*pl* **seaux**) *sm* secchio ◊ **seau à ordures** pattumiera.

sec (sèche) *adj* secco; asciutto; magro; (*fig*) brusco ◊ *sm* (*luogo*) asciutto ◊ **au sec** all'asciutto; **d'un coup sec** con un colpo secco; **aussi sec** in quattro e quattr'otto; **à sec** a secco, in secco; **être à sec** essere al verde.

sécateur *sm* cesoie (*f pl*).

sécession *sf* secessione.

séchage *sm* asciugatura (*f*); essiccazione (*f*).

sèche *sf* (*mar*) secca.

sèche-cheveux *sm inv* asciugacapelli.

sécher *v tr* seccare; asciugare ◊ *v intr* diventare secco; asciugare; (*familier*) fare scena muta.

sécheresse *sf* siccità; secchezza, aridità (*aussi fig*).

séchoir *sm* stendibiancheria; asciugacapelli.

second *adj* secondo ◊ *sm* secondo; aiuto, braccio destro ◊ **en second** in in seconda.

seconde *sf* secondo (*m*); (*aut*) seconda; (*ferr*) seconda (classe).

seconder *v tr* aiutare, assistere; assecondare.

secouer *v tr* scuotere ◊ *v réfl* (*familier*) muoversi, darsi da fare.

secourable *adj* caritatevole, pietoso.

secourir *v tr* soccorrere.

secours *sm* soccorso, aiuto ◊ **sortie de secours** uscita di sicurezza; **poste de secours** pronto soccorso; **au secours** aiuto!

secousse *sf* scossa (*aussi fig*) ◊ **par secousses** a sbalzi, a scossoni.

secret (-ète) *adj* segreto; chiuso, riservato ◊ *sm* segreto ◊ **en secret** in segreto.

secrétaire *sm/f* segretario (*m*) ◊ *sm* (*meuble*) secrétaire.

secrétariat *sm* segreteria (*f*).

sécréter *v tr* secernere.

sectaire *adj, sm/f* settario (*m*).

secte *sf* setta.

secteur *sm* settore; zona (*f*), area (*f*).

section *sf* sezione.

sectionner *v tr* sezionare; tagliare, recidere.

sectoriel (-elle) *adj* settoriale, di settore.

séculaire *adj* secolare.

séculier (-ère) *adj, sm* secolare; laico.

sécurité *sf* sicurezza ◊ **en sécurité** al sicuro; **sécurité sociale** previdenza sociale.

sédatif (-ive) *adj, sm* sedativo.

sédentaire *adj, sm/f* sedentario (*m*).

sédiment *sm* sedimento.

séditieux (-euse) *adj, sm* sedizioso.

sédition *sf* sedizione.

séducteur (-trice) *sm* seduttore.

séduction *sf* seduzione.

séduire *v tr* sedurre.

séduisant *adj* seducente; allettante.

segment *sm* segmento.

segmenter *v tr* segmentare.

ségrégation *sf* segregazione.

seiche *sf* (*zool*) seppia.

seigle *sm* segale (*f*).

seigneur *sm* signore.

seigneurial (*pl* **-aux)** *adj* feudale; signorile.

seigneurie *sf* signoria.

sein *sm* seno ◊ **donner le sein à un enfant** allattare un bambino; **au sein de** in seno a.

séisme *sm* sisma.

seize *adj, sm* sedici.

seizième *adj, sm/f* sedicesimo (*m*).

séjour *sm* soggiorno ◊ **(salle de) séjour** soggiorno.

séjourner *v intr* soggiornare.

sel *sm* sale; (*fig*) spirito, arguzia (*f*).

sélectif (-ive) *adj* selettivo.

sélection *sf* selezione.

sélectionner *v tr* selezionare.

self-service (*pl* **self-services)** *sm* self-service.

selle *sf* sella; sellino (*m*).

seller *v tr* sellare.

sellette *sf* banco (*m*); sgabello (*m*); trespolo (*m*).

sellier *sm* sellaio.

selon *prep* secondo ◊ **selon moi** secondo me; **selon que** a seconda che.

semailles *sf pl* semina (*sing*).

semaine *sf* settimana.

sémantique *adj* semantico ◊ *sf* semantica.

sémaphore *sm* semaforo.

semblable *adj, sm* simile (*m/f*).

semblant *sm* sembianza (*f*); parvenza (*f*) ◊ **faire semblant de** far finta di.

sembler *v intr/imp* sembrare, parere ◊ **il semble que** sembra che; **il me semble que** mi pare che; **si bon vous semble** se vi pare.

semelle *sf* soletta; suola.

semence *sf* seme (*m*), semenza; (*fig*) germe (*m*).

semer *v tr* seminare (*aussi fig*); spargere.

semestre *sm* semestre.

semestriel (-elle) *adj* semestrale.

semeur (-euse) *sm* seminatore; (*fig*) propagatore.

sémillant *adj* vivace, brioso.

séminaire *sm* seminario.

semis *sm* semina (*f*); semenzaio; piantina (*f*).

sémite *adj, sm/f* semita.

sémitique *adj* semitico.

semonce *sf* rimprovero (*m*), ramanzina; (*mar*) intimazione.

semoule *sf* semola; semolino (*m*).

sempiternel (-elle) *adj* sempiterno.

sénat *sm* senato.

sénateur *sm* senatore ◊ **femme sénateur** senatrice.

sénile *adj* senile.

sénilité *sf* senilità.

sens *sm* senso ◊ **sens de l'orientation** senso dell'orientamento; **dans tous les sens** in tutti i sensi; **bon sens** buonsenso; **sens unique** senso unico; **à mon sens** a mio parere; **sens dessus dessous** sottosopra.

sensass *adj* (*familier*) fantastico.

sensation *sf* sensazione ◊ **faire sensation** far colpo.

sensationnel (-elle) *adj* sensazionale.

sensé *adj* sensato.

sensibiliser *v tr* sensibilizzare.

sensibilité *sf* sensibilità.

sensible *adj* sensibile.

sensiblement *adv* sensibilmente; pressoché.

sensitif (-ive) *adj* sensitivo.

sensoriel (-elle) *adj* sensorio, sensoriale.

sensualité *sf* sensualità.

sensuel (-elle) *adj* sensuale.

sentence *sf* sentenza.

sentencieux (-euse) *adj* sentenzioso.

senteur *sf* fragranza, profumo (*m*).

sentier *sm* sentiero.

sentiment *sm* sentimento; sensazione (*f*), impressione (*f*) ◊ **sentiments respectueux** distinti saluti.

sentimental (*pl* **-aux)** *adj, sm* sentimentale (*m/f*).

sentinelle *sf* sentinella.

sentir *v tr* sentire; sentire di; odorare, annusare ◊ *v intr* sentire; mandare odore ◊ *v réfl* sentirsi ◊ **sentir bon** profumare; **sentir mauvais** puzzare; **se sentir bien, mal** sentirsi bene, male; **se faire sentir** farsi sentire; **ne pas pouvoir sentir quelqu'un** non poter soffrire qualcuno.

séparation *sf* separazione.

séparément *adv* separatamente.

séparer *v tr* separare ◊ *v réfl* separarsi, dividersi.

sept *adj, sm* sette ◊ **sept cents** settecento; **sept centième** settecentesimo.

septante *adj, sm* (*en Belgique, en Suisse*) settanta.

septembre *sm* settembre.

septennat *sm* settennato.

septentrional (*pl* **-aux)** *adj* settentrionale.

septicémie *sf* setticemia.

septième *adj, sm/f* settimo (*m*).

septique *adj* settico.

septuagénaire *adj, sm/f* settantenne.

sépulcre *sm* sepolcro.

sépulture *sf* sepoltura.

séquelles *sf pl* conseguenze; postumi (*m*) (*maladie*).

séquence *sf* sequenza.

séquestre *sm* sequestro.

séquestrer *v tr* sequestrare.

serbe *adj, sm/f* serbo (*m*).

serein *adj* sereno.

sérénade *sf* serenata.

sérénité *sf* serenità.

serf *sm* servo.

sergent *sm* sergente.

sériciculture *sf* sericoltura.

série *sf* serie ◊ **fin de série** fine serie; **en série** in serie; **de série** di serie.

sérieux (-euse) *adj* serio ◊ *sm* serietà (*f*) ◊ **garder son sérieux** restare serio; **prendre au sérieux** prendere sul serio.

serin *sm* (*zool*) canarino.

seriner *v tr* ripetere alla noia.

seringue *sf* siringa.

serment *sm* giuramento ◊ **serment d'ivrogne** promessa da marinaio.

sermon *sm* sermone, predica (*f*).

séropositif *adj, sm* sieropositivo.

serpe *sf* roncola.

serpent *sm* serpente, serpe (*f*).

serpenter *v intr* serpeggiare.

serpentin *sm* stella (*f*) filante; (*tech*) serpentina (f).

serpillière *sf* straccio (*m*) (per i pavimenti).

serrage *sm* (*tech*) serraggio.

serre *sf* serra.

serré *adj* stretto; serrato, fitto ◊ **café serré** caffè ristretto; **discussion serrée** discussione serrata.

serrement *sm* stretta (*f*).

serrer *v tr* stringere ◊ *v réfl* stringersi ◊ **serrer la main** dare la mano; **serrer les rangs** serrare le fila; **serrer à droite** tenere la destra; **serrer de près** stringere, incalzare.

serre-tête *sm inv* fascia (*f*), cerchietto.

serrure *sf* serratura.

serrurerie *sf* arte, lavoro (*m*) del fabbro.

serrurier *sm* fabbro.

sertir *v tr* incastonare; (*tech*) aggraffare.

sertissage *sm* incastonatura (*f*); (*tech*) aggraffatura (*f*).

sérum *sm* (*biol*) siero.

servage *sm* servitù (*f*) della gleba.

servante *sf* domestica.

serveur (-euse) *adj* cameriere.

serviable *adj* servizievole.

service *sm* servizio; favore, piacere ◊ **faire le service** servire a tavola; **être au service de** essere alle dipendenze di; **être de service** essere di turno; **rendre service** fare un favore; **hors service** fuori uso.

serviette *sf* tovagliolo (*m*); asciugamano (*m*); cartella, borsa.
servile *adj* servile.
servilité *sf* servilità.
servir *v tr/intr* servire ◊ *v réfl* servirsi ◊ **servir les cartes** distribuire le carte; **cela ne sert à rien** non serve a niente; **à quoi sert de pleurer?** a che serve piangere?
serviteur *sm* servitore, servo.
servitude *sf* servitù.
ses *adj* v. **son**.
sésame *sm* sesamo.
session *sf* sessione.
seuil *sm* soglia (*f*); limitare ◊ **au seuil de** all'inizio di, alle soglie di.
seul *adj*, *sm* solo ◊ **à lui seul** da solo; **tout seul** da solo; **cela va tout seul**, va da sé.
seulement *adv* solo, soltanto ◊ **si seulement...** se solo...
sève *sf* linfa; (*fig*) vigore (*m*), forza.
sévère *adj* severo; grave.
sévérité *sf* severità.
sévices *sm pl* sevizie (*f*).
sévir *v intr* infierire; imperversare.
sevrer *v tr* svezzare; (*fig*) privare.
sexagénaire *adj*, *sm/f* sessantenne.
sexe *sm* sesso.
sexiste *adj*, *sm/f* sessista.
sexologie *sf* sessuologia.
sextant *sm* sestante.
sexualité *sf* sessualità.
sexuel (-elle) *adj* sessuale.
seyant *adj* che dona, che sta bene.
si *conj* se ◊ *adv* così, talmente; sì, certo ◊ **si j'avais su** se avessi saputo; **si tant est que** ammesso che; **si ce n'est** se non; **si bien que** sicché, cosicché; **si...que** così...come.
si *sm inv* se; (*mus*) si.
siamois *adj*, *sm* siamese (*m/f*).
sibyllin *adj* sibillino.
sicilien (-nne) *adj*, *sm* siciliano.
SIDA *sm* (*méd*) AIDS (f e m).
sidéral (*pl* **-aux**) *adj* siderale.
sidéré *adj* sbalordito, stupefatto.
sidérer *v tr* sbalordire.
sidérurgie *sf* siderurgia.
sidérurgique *adj* siderurgico.
siècle *sm* secolo.

siège *sm* sedia (*f*), sedile; seggio; sede (*f*); (*mil*) assedio.
siéger *v intr* sedere; risiedere, aver sede.
sien (-enne) *pron*, *sm* suo ◊ **les siens** i suoi (parenti, famiglia ecc); **y mettre du sien** metterci del suo.
sieste *sf* siesta, sonnellino (*m*).
sifflant *adj* sibilante; fischiante.
sifflement *sm* connotati (*pl*).
siffler *v tr* fischiare, fischiettare ◊ *v intr* fischiare, fischiettare; sibilare.
sifflet *sm* fischietto ◊ **coup de sifflet** fischio.
siffloter *v tr/intr* fischiettare.
sigle *sm* sigla (*f*).
signal (*pl* **-aux**) *sm* segnale.
signalement *sm* connotati (*pl*).
signaler *v tr* segnalare ◊ *v réfl* segnalarsi, distinguersi.
signalétique *adj* segnaletico.
signalisation *sf* segnaletica (stradale) ◊ **panneau de signalisation** cartello stradale.
signataire *adj*, *sm/f* firmatario (*m*).
signature *sf* firma.
signe *sm* segno; indizio; cenno.
signer *v tr/intr* firmare ◊ *v réfl* farsi il segno della croce.
signet *sm* segnalibro.
significatif (-ive) *adj* significativo.
signification *sf* significato (*m*).
signifier *v tr* significare; (*jur*) notificare.
silence *sm* silenzio; (*mus*) pausa (*f*) ◊ **garder le silence** tacere, restare in silenzio.
silencieux (-euse) *adj* silenzioso ◊ *sm* silenziatore.
silex *sm* selce (*f*).
silhouette *sf* profilo (*m*), sagoma, contorno (*m*); linea, figura.
sillage *sm* scia (*f*) ◊ **dans le sillage de** nella scia di, sulle orme di.
sillon *sm* solco.
sillonner *v tr* solcare.
silo *sm* silos.
simagrée *sf* moina, smorfia.
simiesque *adj* scimmiesco.
similaire *adj* similare, simile.
similarité *sf* similarità.
similitude *sf* somiglianza; similitudine.

simple *adj, sm* semplice ◊ **un aller simple** un biglietto di sola andata; **c'est bien simple** è semplicissimo.

simplement *adv* semplicemente.

simplicité *sf* semplicità; ingenuità.

simplifier *v tr* semplificare.

simpliste *adj* semplicistico.

simulacre *sm* simulacro; (*fig*) parvenza (*f*).

simulateur (-trice) *sm* simulatore.

simulation *sf* simulazione.

simuler *v tr* simulare.

simultané *adj* simultaneo.

sincère *adj* sincero.

sincérité *sf* sincerità.

singe *sm* scimmia (*f*).

singer *v tr* scimmiottare.

singerie *sf* smorfia; scimmiottatura.

singulariser *v tr* rendere singolare ◊ *v réfl* distinguersi, farsi notare.

singularité *sf* singolarità, particolarità; stravaganza.

singulier (-ère) *adj, sm* singolare.

sinistre *adj* sinistro ◊ *sm* sinistro, disgrazia (*f*).

sinistré *adj, sm* sinistrato.

sinon *conj* se no, altrimenti; se non.

sinueux (-euse) *adj* sinuoso, tortuoso.

sinuosité *sf* sinuosità, tortuosità.

sinus *sm* (*anat*) seno ◊ **sinus frontal** seno frontale.

sinusite *sf* (*méd*) sinusite.

sionisme *sm* sionismo.

siphon *sm* sifone.

sire *sm* sire ◊ **un triste sire** un tristo figuro.

sirène *sf* sirena.

sirop *sm* sciroppo.

siroter *v tr* sorseggiare, centellinare.

sis *adj* sito, ubicato.

sismique *adj* sismico.

sismographe *sm* sismografo.

site *sm* sito, zona (*f*) ◊ **site archéologique** zona archeologica.

sitôt *adv* appena, subito dopo ◊ **pas de sitôt** non così presto; **sitôt dit sitôt fait** detto fatto.

situation *sf* situazione; posizione, ubicazione; sistemazione, impiego (*m*) ◊ **être en situation de** essere in grado di.

situer *v tr* situare; collocare, ambientare.

six *adj, sm* sei ◊ **six cents** seicento; **six centième** seicentesimo.

sixième *adj, sm/f* sesto (*m*).

ski *sm* sci ◊ **faire du ski** sciare; **ski de fond** sci di fondo; **ski nautique** sci d'acqua.

skieur (-euse) *sm* sciatore.

slave *adj, sm/f* slavo (*m*).

slip *sm* slip.

slogan *sm* slogan.

slovaque *adj, sm/f* slovacco (*m*).

slovène *adj, sm/f* sloveno (*m*).

smog *sm* smog.

smoking *sm* smoking.

snobisme *sm* snobismo.

sobre *adj* sobrio.

sobriété *sf* sobrietà.

sobriquet *sm* soprannome, nomignolo.

soc *sm* vomere.

sociable *adj* socievole.

social (*pl* **-aux**) *adj, sm* sociale.

socialisme *sm* socialismo.

socialiste *adj, sm/f* socialista.

sociétaire *adj* societario ◊ *sm/f* socio (*m*), associato (*m*).

société *sf* società ◊ **société sportive** società sportiva; **société par actions** società per azioni; **la haute société** l'alta società.

sociologie *sf* sociologia.

sociologue *sm/f* sociologo (*m*).

socle *sm* zoccolo; basamento.

socquette *sf* calzino (*m*).

sodium *sm* sodio.

sœur *sf* sorella; suora.

software *sm* (*inform*) software.

soi *pron* sé ◊ **en soi** in sé; **la chose en soi** la cosa in sé; **chez soi** a casa propria; **revenir à soi** tornare in sé; **cela va de soi** (questo) è ovvio, va da sé; **soi-même** se stesso; **faire quelque chose soi-même** fare qualcosa da solo.

soi-disant *adj inv* sedicente, cosiddetto.

soie *sf* seta; setola ◊ **ver à soie** baco da seta.

soierie *sf* (tessuto di) seta; seteria, setificio (*m*).

soif *sf* sete ◊ **donner soif** far venire
sete; **boire à sa soif** bere a sazietà.
soigner *v tr* curare, avere cura di ◊ *v réfl* curarsi.
soigneur *sm* massaggiatore.
soigneusement *adv* con cura, accuratamente.
soigneux (-euse) *adj* accurato; ordinato.
soin *sm* cura *(f)* ◊ *pl (méd)* cure *(f)*; attenzioni *(f)* ◊ **prendre soin de** prendersi cura di.
soir *sm* sera *(f)* ◊ **ce soir** stasera.
soirée *sf* serata; ricevimento *(m)*; spettacolo *(m)* serale.
soit *conj* sia; cioè, ossia ◊ *adv* e sia, sia
pure ◊ **soit avant soit après** prima o
dopo.
soixantaine *sf* sessantina.
soixante *adj, sm* sessanta.
soixante-dix *adj, sm* settanta.
soixante-dixième *adj, sm/f* settantesi-
mo *(m)*.
soixantième *adj, sm/f* sessantesimo
(m).
soja *sm* soia *(f)*.
sol *sm* suolo; terreno; pavimento; *(mus)*
sol.
solaire *adj* solare.
soldat *sm* soldato ◊ **le soldat inconnu**
il milite ignoto; **soldat de métier** soldato di carriera.
solde *sm* saldo; soldo ◊ **en solde** in saldo; **à la solde de** al soldo di.
solder *v tr* saldare; liquidare, svendere ◊ **se solder par** chiudersi con.
sole *sf* sogliola.
soleil *sm* sole; girandola *(f)*; girasole ◊
il fait (du) soleil c'è il sole; **en plein
soleil, au grand soleil** in pieno sole.
solennel (-elle) *adj* solenne.
solenniser *v tr* solennizzare.
solennité *sf* solennità.
solfège *sm* solfeggio.
solidaire *adj* solidale; *(jur)* in solido.
solidariser (se) *v réfl* solidarizzare.
solidarité *sf* solidarietà.
solide *adj* solido, robusto; *(fig)* valido,
serio ◊ *sm* solido ◊ **un solide appétit**
un robusto appetito; **avoir la tête solide** avere la testa sulle spalle.

solidifier *v tr* solidificare ◊ *v réfl* solidi-
ficarsi.
solidité *sf* solidità.
soliloque *sm* soliloquio, monologo.
soliste *adj, sm/f* solista.
solitaire *adj, sm* solitario.
solitude *sf* solitudine.
solive *sf (construction)* travetto, corrente *(m)*.
sollicitation *sf* sollecitazione; sollecito
(m).
solliciter *v tr* sollecitare.
sollicitude *sf* sollecitudine.
solo *sm (mus)* assolo.
solstice *sm* solstizio.
soluble *adj* solubile.
solution *sf* soluzione.
solvable *adj* solvibile.
solvant *sm (chim)* solvente.
sombre *adj* scuro; buio; *(fig)* triste, cupo.
sombrer *v intr* affondare; *(fig)*
sprofondare.
sommaire *adj, sm* sommario.
sommation *sf* intimazione, ingiunzione.
somme *sf* somma; soma ◊ *sm* sonnellino, pisolino ◊ **en somme** insomma; **somme toute** tutto sommato.
sommeil *sm* sonno.
sommeiller *v intr* sonnecchiare.
sommelier (-ère) *sm* dispensiere; sommelier *(m/f)*.
sommer *v tr* intimare, ingiungere;
sommare.
sommet *sm* sommità, cima *(f)*, vetta *(f)*;
(fig) culmine, apice; vertice ◊ **au
sommet** al vertice.
sommier *sm (du lit)* rete *(f)*, elastico;
(tech) architrave, traversa *(f)* ◊ **sommier à ressorts** elastico a molle.
sommité *sf* luminare *(m)*, personaggio
(m) illustre.
somnambule *adj, sm/f* sonnambulo
(m).
somnifère *adj, sm* sonnifero.
somnolence *sf* sonnolenza.
somnoler *v intr* sonnecchiare.
somptueux (-euse) *adj* sontuoso.
son *sm* suono; crusca *(f)* ◊ **baisser le
son** abbassare il volume.

son (*f* **sa** *pl* **ses**) *adj* suo ◊ **son histoire** la sua storia; **ses amies et ses frères** le sue amiche e i suoi fratelli.

sonate *sf* (*mus*) sonata.

sondage *sm* sondaggio.

sonde *sf* sonda; (*mar*) scandaglio (*m*).

sonder *v tr* sondare; scandagliare (*aussi fig*).

songe *sm* sogno.

songe-creux *sm inv* sognatore.

songer *v intr/tr* pensare ◊ **sans songer à mal** senza pensar male.

songeur (**-euse**) *adj* pensieroso.

sonnaille *sf* campanaccio (*m*); sonaglio (*m*); scampanellio (*m*).

sonnant *adj* sonante; preciso, in punto ◊ **horloge sonnante** orologio che batte le ore; **à sept heures sonnantes** alle sette in punto.

sonner *v tr/intr* suonare ◊ **sonner faux** stonare; **faire sonner un mot** scandire una parola; **sonner une femme de chambre** chiamare la cameriera; **se faire sonner** farsele suonare.

sonnerie *sf* suono (*m*), squillo (*m*); suoneria.

sonnet *sm* sonetto.

sonnette *sf* campanello (*m*).

sonore *adj* sonoro.

sonoriser *v tr* sonorizzare.

sonorité *sf* sonorità.

sophisme *sm* sofisma.

sophistiqué *adj* sofisticato.

soporifique *adj* soporifero ◊ *sm* sonnifero.

sorbet *sm* sorbetto.

sorbier *sm* (*bot*) sorbo.

sorcellerie *sf* stregoneria.

sorcier (**-ère**) *sm* stregone ◊ **ce n'est pas sorcier** non è così difficile.

sordide *adj* sordido.

sornettes *sf pl* stupidaggini, sciocchezze.

sort *sm* sorte (*f*), destino ◊ **jeter un sort à quelqu'un** fare il malocchio a qualcuno; **le sort en est jeté** il dado è tratto; **tirer au sort** sorteggiare.

sortable *adj* decente, presentabile.

sortant *adj* estratto; uscente.

sorte *sf* specie, genere (*m*); modo (*m*) ◊ **une sorte de** una specie di; **toutes sortes de** ogni sorta di; **de la sorte** in questo modo; **en quelque sorte** praticamente; **faire en sorte que** fare in modo che; **de sorte que** in modo che.

sortie *sf* uscita; (*milit*) sortita ◊ **sortie de secours** uscita di sicurezza; **sortie de voitures** passo carraio; **à la sortie de** all'uscita di.

sortilège *sm* sortilegio.

sortir *v intr* uscire; venire fuori ◊ *v tr* portar fuori; tirar fuori ◊ **sortir son effet** avere l'effetto voluto; **sortir de table** alzarsi da tavola; **sortir du sujet** divagare; **s'en sortir** cavarsela; **au sortir de** all'uscita da, alla fine di.

sosie *sm/f* sosia.

sot (**sotte**) *adj*, *sm* sciocco, stupido.

sottise *sf* sciocchezza, stupidaggine; stupidità.

sou *sm* soldo ◊ *pl* (*familier*) quattrini ◊ **être sans le sou** essere al verde; **être près de ses sous** essere attaccato ai soldi.

soubassement *sm* basamento, zoccolo.

soubresaut *sm* sussulto, sobbalzo.

souche *sf* (*d'arbre*) ceppo (*m*); (*fig*) capostipite (*m*); (*comm*) matrice.

souci *sm* preoccupazione (*f*), pensiero; (*bot*) calendola (*f*) ◊ **se faire du souci** preoccuparsi, darsi pensiero.

soucier (**se**) *v réfl* preoccuparsi.

soucieux (**-euse**) *adj* preoccupato.

soucoupe *sf* piattino (*m*) ◊ **soucoupe volante** disco volante.

soudain *adv* improvvisamente, all'improvviso ◊ *adj* improvviso, repentino.

soude *sf* soda.

souder *v tr* saldare.

soudoyer *v tr* assoldare.

soudure *sf* saldatura.

souffle *sm* soffio, alito; respiro ◊ **retenir son souffle** trattenere il respiro; **à bout de souffle** senza fiato.

soufflé *adj* gonfiato, soffiato; rovesciato, distrutto; (*fig*) stupefatto ◊ *sm* (*cuis*) soufflé.

souffler *v intr* soffiare; (*personne*) ansimare; riprendere fiato ◊ *v tr* soffiare; spazzar via; suggerire ◊ **ne pas souffler mot** non dire una parola.

soufflet *sm* soffietto, mantice.
souffleur (-euse) *sm* soffiatore (*de verre*); suggeritore.
souffrance *sf* sofferenza, dolore (*m*); (*comm*) giacenza ◊ **en souffrance** in giacenza.
souffrant *adj* sofferente; indisposto.
souffre-douleur *sm* *inv* vittima (*f*), zimbello.
souffreteux (-euse) *adj* malaticcio.
souffrir *v intr* soffrire ◊ *v tr* soffrire; subire; sopportare.
soufre *sm* zolfo.
souhait *sm* augurio; desiderio ◊ **à souhait** a piacimento; **à vos souhaits** salute!
souhaitable *adj* auspicabile, augurabile.
souhaiter *v tr* augurare; augurarsi, sperare ◊ **souhaiter la bienvenue** dare il benvenuto.
souiller *v tr* sporcare, insudiciare, macchiare (*aussi fig*).
souillure *sf* sporcizia, sozzura, macchia (*aussi fig*).
soûl *adj* ubriaco; (*fig*) sazio; inebriato ◊ **tout son soûl** a sazietà, a volontà.
soulagement *sm* sollievo.
soulager *v tr* alleggerire; (*fig*) alleviare; (*fig*) soccorrere.
soûler *v tr* ubriacare ◊ *v réfl* ubriacarsi.
soûlerie *sf* (*familier*) sbronza.
soulèvement *sm* sollevamento; (*fig*) sollevazione (*f*), sommossa (*f*).
soulever *v tr* sollevare ◊ *v réfl* sollevarsi; (*fig*) ribellarsi, insorgere.
soulier *sm* scarpa (*f*).
souligner *v tr* sottolineare.
soumettre *v tr* sottomettere; sottoporre ◊ *v réfl* sottomettersi.
soumission *sf* sottomissione; (*jur*) offerta (in una gara d'appalto).
soupape *sf* valvola.
soupçon *sm* sospetto ◊ **un soupçon de** un goccio di, un pizzico di.
soupçonner *v tr* sospettare.
soupçonneux (-euse) *adj* sospettoso.
soupe *sf* minestra, zuppa.
soupente *sf* soppalco (*m*); soffitta; sottoscala (*m*).
souper *v intr* cenare ◊ *sm* cena (*f*).
soupeser *v tr* soppesare.

soupière *sf* zuppiera.
soupir *sm* sospiro, respiro; (*mus*) pausa (*f*).
soupirail (*pl* **-aux**) *sm* spiraglio; finestrella (*f*).
soupirant *sm* spasimante (*m/f*).
soupirer *v intr* sospirare.
souple *adj* flessibile; agile; (*fig*) docile, arrendevole; morbido.
souplesse *sf* flessibilità, agilità; (*fig*) duttilità; morbidezza ◊ **en souplesse** in scioltezza.
sourcier (-ère) *sm* rabdomante (*m/f*).
sourcil *sm* sopracciglio.
sourciller *v intr* corrugare le sopracciglia ◊ **sans sourciller** senza battere ciglio.
sourd *adj*, *sm* sordo.
sourdine *sf* sordina.
sourd-muet (*f* **sourde-muette** *pl* **sourds-muets**) *adj*, *sm* sordomuto.
souriant *adj* sorridente.
souricière *sf* trappola (per topi).
sourire *sm* sorriso ◊ *v intr* sorridere.
souris *sf* topo (*m*); (*inform*) mouse (*m*).
sournois *adj* sornione, ipocrita.
sous *prep* sotto ◊ **sous la main** sottomano; **sous enveloppe** in busta; **sous peu** fra poco.
sous-alimentation (*pl* **sous-alimentations**) *sf* denutrizione.
sous-bois *sm* *inv* sottobosco.
souscription *sf* sottoscrizione.
souscrire *v tr/intr* sottoscrivere.
sous-développé *adj* sottosviluppato.
sous-développement (*pl* **sous-développements**) *sm* (*écon*) sottosviluppo.
sous-entendre *v tr* sottintendere.
sous-entendu (*f* **sous-entendue** *pl* **sous-entendus**) *adj*, *sm* sottinteso.
sous-estimer *v tr* sottovalutare.
sous-jacent (*f* **sous-jacente** *pl* **sous-jacents**) *adj* sottostante; (*fig*) recondito.
sous-lieutenant (*pl* **sous-lieutenants**) *sm* sottotenente.
sous-location (*pl* **sous-locations**) *sf* subaffitto (*m*).
sous-louer *v tr* subaffittare; prendere in subaffitto.

sous-main *sm inv* cartella (*f*) da scrittoio ◊ **en sous-main** sottobanco, di nascosto.

sous-marin (*pl* **sous-marins**) *adj, sm* sottomarino.

sous-officier (*pl* **sous-officiers**) *sm* sottufficiale.

sous-préfecture (*pl* **sous-préfectures**) *sf* sottoprefettura.

soussigné *adj, sm* sottoscritto.

sous-sol (*pl* **sous-sols**) *sm* sottosuolo; scantinato.

sous-titre (*pl* **sous-titres**) *sm* sottotitolo.

soustraction *sf* sottrazione.

soustraire *v tr* sottrarre ◊ *v réfl* sottrarsi.

sous-verre *sm inv* cornice (*f*) a vista.

sous-vêtement (*pl* **sous-vêtements**) *sm* capo di biancheria intima.

soutane *sf* abito (*m*) talare, tonaca.

soute *sf* (*mar*) stiva, deposito (*m*).

soutenable *adj* sostenibile.

soutenance *sf* ◊ **soutenance (de thèse)** discussione (di tesi).

soutènement *sm* sostegno.

soutenir *v tr* sostenere (*aussi fig*) ◊ **soutenir la comparaison** reggere il confronto.

soutenu *adj* sostenuto; continuo, costante.

souterrain *adj, sm* sotterraneo ◊ **passage souterrain** sottopassaggio.

soutien *sm* sostegno.

soutien-gorge (*pl* **soutiens-gorge**) *sm* reggiseno.

soutirer *v tr* spillare.

souvenir *sm* ricordo ◊ **en souvenir de** in ricordo di.

souvenir (se) *v réfl* ricordarsi, ricordare.

souvent *adv* spesso ◊ **peu souvent** di rado; **le plus souvent** per lo più.

souverain *adj, sm* sovrano.

souveraineté *sf* sovranità; supremazia.

soviétique *adj, sm/f* sovietico (*m*).

soyeux (**-euse**) *adj* di seta.

spacieux (**-euse**) *adj* spazioso.

sparadrap *sm* cerotto.

spartiate *adj, sm/f* spartano (*m*).

spasme *sm* spasmo.

spasmodique *adj* spasmodico.

spatial (*pl* **-aux**) *adj* spaziale.

spatule *sf* spatola.

speaker (**speakerine**) *sm* annunciatore.

spécial (*pl* **-aux**) *adj* speciale.

spécialement *adv* specialmente, particolarmente.

spécialisation *sf* specializzazione.

spécialiser (se) *v réfl* specializzarsi.

spécialiste *sm/f* specialista; esperto (*m*).

spécialité *sf* specialità.

spécification *sf* specificazione.

spécifier *v tr* specificare.

spécifique *adj, sm* specifico.

spécimen *sm* esemplare; saggio, campione.

spectacle *sm* spettacolo ◊ **se donner en spectacle** dare spettacolo di sé.

spectaculaire *adj* spettacolare.

spectateur (**-trice**) *sm* spettatore.

spectral (*pl* **-aux**) *adj* spettrale.

spectre *sm* spettro.

spéculateur (**-trice**) *adj, sm* speculatore.

spéculation *sf* speculazione.

spéculer *v intr* speculare.

spéléologie *sf* speleologia.

spermatozoïde *sm* spermatozoo.

sperme *sm* sperma.

sphère *sf* sfera.

sphérique *adj* sferico.

sphincter *sm* sfintere.

sphinx *sm* sfinge (*f*).

spirale *sf* spirale ◊ **escalier en spirale** scala a chiocciola.

spiritisme *sm* spiritismo.

spirituel (**-elle**) *adj* spirituale; spiritoso.

spiritueux (**-euse**) *adj, sm* alcoolico.

splendeur *sf* splendore (*m*).

splendide *adj* splendido.

spoliation *sf* spoliazione.

spolier *v tr* defraudare, spogliare.

spongieux (**-euse**) *adj* spugnoso.

sponsor *sm* sponsor.

sponsoriser *vtr* sponsorizzare.

spontané *adj* spontaneo.

spontanément *adv* spontaneamente.

sporadique *adj* sporadico.

sport *sm* sport ◊ **terrain de sport** campo sportivo.

sportif (-ive) *adj, sm* sportivo.
spray *sm* spray; (bomboletta) spray.
sprinter *sm/f (sport)* sprinter, velocista ◊ *v intr (sport)* scattare.
square *sm* giardinetto pubblico.
squash *sm (sport)* squash.
squelette *sm* scheletro.
squelettique *adj* scheletrico.
stabilisateur (-trice) *adj, sm* stabilizzatore.
stabilisation *sf* stabilizzazione.
stabiliser *v tr* stabilizzare ◊ *v réfl* stabilizzarsi.
stabilité *sf* stabilità.
stable *adj* stabile.
stade *sm* stadio.
stage *sm* stage, corso di perfezionamento; tirocinio, pratica (*f*).
stagiaire *adj, sm/f* tirocinante, praticante.
stagnant *adj* stagnante.
stagnation *sf* stagnazione, ristagno (*m*).
stalactite *sf* stalattite.
stalagmite *sf* stalagmite.
stalle *sf* stallo (*m*).
stand *sm* stand, padiglione.
standard *adj* standard ◊ *sm* standard; centralino (telefonico).
standardiser *v tr* standardizzare.
station *sf* stazione ◊ **station debout** posizione eretta; **station de métro** stazione della metropolitana; **station de taxis** posteggio dei taxi; **station de ski** località sciistica.
stationnaire *adj* stazionario.
stationnement *sm* sosta (*f*) ◊ **stationnement interdit** divieto di sosta.
stationner *v intr* sostare.
statique *adj* statico ◊ *sf* statica.
statistique *adj* statistico ◊ *sf* statistica.
statuaire *adj* statuario ◊ *sm/f* scultore (*m*) (di statue) ◊ *sf* statuaria.
statue *sf* statua.
statuer *v intr* deliberare, decidere.
statuette *sf* statuetta.
stature *sf* statura.
statut *sm* statuto; condizione (*f*).
statutaire *adj* statutario.
steak *sm* bistecca (*f*).
stèle *sf* stele.
stellaire *adj* stellare.

sténographie *sf* stenografia.
sténographier *v tr* stenografare.
steppe *sf* steppa.
stéréophonie *sf* stereofonia.
stéréophonique *adj* stereofonico.
stéréotype *sm* stereotipo.
stérile *adj* sterile.
stérilet *sm (méd)* spirale (*f*).
stérilisation *sf* sterilizzazione.
stériliser *v tr* sterilizzare.
stérilité *sf* sterilità.
sternum *sm* sterno.
stéthoscope *sm* stetoscopio.
stigmate *sm* segno, marchio; (*bot*) stigma ◊ *pl* stimmate (*f*).
stigmatiser *v tr* stigmatizzare.
stimulant *adj, sm* stimolante.
stimulation *sf* stimolazione; stimolo (*m*).
stimuler *v tr* stimolare.
stipendier *v tr* assoldare.
stipulation *sf* clausola.
stipuler *v tr* stipulare; specificare, precisare.
stock *sm* stock; giacenza (*f pl*); scorta (*f*).
stocker *v tr* immagazzinare; ammassare.
stoïcisme *sm* stoicismo.
stoïque *adj, sm/f* stoico (*m*).
stop *interj* stop, alt ◊ *sm* stop; autostop.
stoppage *sm* rammendo invisibile.
stopper *v tr* bloccare, arrestare; rammendare, fare un rammendo invisibile a.
store *sm* tapparella (*f*); tenda (*f*); saracinesca (*f*).
strabisme *sm* strabismo.
strangulation *sf* strangolamento (*m*).
strapontin *sm* strapuntino.
stratagème *sm* stratagemma.
stratège *sm* stratega.
stratégie *sf* strategia.
stratification *sf* stratificazione.
stratifier *v tr* stratificare.
stratosphère *sf* stratosfera.
strict *adj* stretto; rigoroso; severo ◊ **le strict nécessaire** lo stretto necessario; **c'est la stricte vérité** è la pura verità; **au sens strict** in senso stretto.
strident *adj* stridente.
strié *adj* striato.

strier *v tr* striare.

strie *sf* stria, striatura.

strip-tease (*pl* **strip-teases**) *sm* spogliarello.

striure *sf* stria; striatura.

strophe *sf* strofa.

structure *sf* struttura.

strychnine *sf* stricnina.

stuc *sm* stucco.

studieux (**-euse**) *adj* studioso; di studio ◊ **vacances studieuses** vacanze di studio.

studio *sm* monolocale; studio.

stupéfaction *sf* stupore (*m*).

stupéfait *adj* stupefatto, stupito.

stupéfiant *adj* stupefacente.

stupéfier *v tr* sbalordire.

stupeur *sf* stupore (*m*).

stupide *adj*, *sm/f* stupido (*m*).

stupidité *sf* stupidità.

style *sm* stile ◊ **style de vie** stile di vita; **meubles de style** mobili in stile; **de grand style** in grande stile.

stylet *sm* stiletto.

styliser *v tr* stilizzare.

styliste *sm/f* stilista.

stylistique *adj* stilistico ◊ *sf* stilistica.

stylo *sm* stilografica (*f*), penna stilografica (*f*) ◊ **stylo** (**à**) **bille** penna a sfera, biro.

suaire *sm* sudario.

suave *adj* soave.

suavité *sf* soavità.

subalterne *adj*, *sm/f* subalterno (*m*).

subconscient *sm* subcosciente, subconscio.

subdiviser *v tr* suddividere.

subdivision *sf* suddivisione.

subir *v tr* subire; sopportare.

subit *adj* improvviso, repentino.

subitement *adv* improvvisamente.

subjectif (**-ive**) *adj* soggettivo.

subjectivité *sf* soggettività.

subjonctif *sm* congiuntivo.

subjuguer *v tr* soggiogare.

sublime *adj*, *sm* sublime.

sublimer *v tr* sublimare.

submerger *v tr* sommergere (*aussi fig*).

submersible *adj*, *sm* sommergibile.

submersion *sf* sommersione.

subordination *sf* subordinazione.

subordonné *adj*, *sm* subordinato, dipendente (*m/f*).

subordonner *v tr* subordinare.

subrepticement *adv* furtivamente.

subséquent *adj* susseguente.

subside *sm* sussidio.

subsidiaire *adj* sussidiario.

subsistance *sf* sostentamento (*m*), sussistenza.

subsister *v intr* rimanere, sussistere; sopravvivere.

substance *sf* sostanza.

substantiel (**-elle**) *adj* sostanziale; sostanzioso.

substantif *sm* sostantivo.

substituer *v tr* sostituire ◊ *v réfl* sostituirsi.

substitut *sm* sostituto.

substitution *sf* sostituzione.

subterfuge *sm* sotterfugio.

subtil *adj* sottile; ingegnoso.

subtiliser *v tr* far sparire ◊ *v intr* sottilizzare, cavillare.

subtilité *sf* sottigliezza.

subvenir *v intr* sovvenire; provvedere.

subvention *sf* sovvenzione.

subventionner *v tr* sovvenzionare.

subversif (**-ive**) *adj* sovversivo.

subversion *sf* sovversione.

suc *sm* succo.

succédané *adj*, *sm* succedaneo, surrogato.

succéder *v intr* succedere, subentrare ◊ *v réfl* susseguirsi; avvicendarsi.

succès *sm* successo ◊ **avoir du succès** avere successo.

successeur *sm* successore.

successif (**-ive**) *adj* successivo.

succession *sf* successione; il susseguirsi (*m*).

succinct *adj* succinto, conciso.

succion *sf* suzione; aspirazione.

succomber *v intr* soccombere.

succulent *adj* succulento, gustoso.

succursale *sf* succursale.

sucer *v tr* succhiare.

sucette *sf* lecca-lecca (*m*); succhiotto (*m*).

sucre *sm* zucchero ◊ **un morceau de sucre** una zolletta di zucchero.

sucré *adj* zuccherato; dolce.

sucrer *v tr* zuccherare.

sucrerie *sf* zuccherificio (*m*) ◊ *pl* dolciumi (*m*).
sucrier *adj* zuccheriero ◊ *sm* zuccheriera (*f*).
sud *sm inv* sud ◊ *adj inv* sud, meridionale ◊ **au sud** (**de**) a sud (di).
sud-africain (*pl* **sud-africains**) *adj*, *sm* sudafricano.
sud-américain (*pl* **sud-américains**) *adj*, *sm* sudamericano.
sudation *sf* (*méd*) sudorazione, traspirazione.
sud-est *sm inv* sud-est ◊ *adj inv* sudorientale.
sud-ouest *sm inv* sud-ovest ◊ *adj inv* sudoccidentale.
sud-tyrolien (*f* **sud-tyrolienne** *pl* **sud-tyroliens**) *adj*, *sm* sudtirolese (*m/f*).
suédois *adj*, *sm* svedese (*m/f*).
suer *v intr* sudare ◊ *v tr* sudare; trasudare ◊ **faire suer** scocciare.
sueur *sf* sudore (*m*) ◊ **être en sueur** essere tutto sudato.
suffire *v intr/rifl* bastare ◊ **ça suffit!** basta!; **suffire à** bastare a; **il suffit d'une fois** basta una volta; **il suffit que** basta che; **se suffire à soi-même** bastare a se stesso.
suffisamment *adv* sufficientemente; abbastanza.
suffisance *sf* sufficienza.
suffisant *adj* sufficiente.
suffixe *sm* suffisso.
suffocation *sf* soffocamento (*m*), soffocazione.
suffoquer *v tr/intr* soffocare.
suffrage *sm* suffragio; voto.
suggérer *v tr* suggerire.
suggestion *sf* suggerimento (*m*); suggestione.
suicide *sm* suicidio.
suicider (**se**) *v réfl* suicidarsi.
suie *sf* fuliggine (*f*).
suif *sm* sego.
suintement *sm* (*de rocher, mur, etc.*) sgocciolio, trasudazione (*f*).
suinter *v intr* stillare, gocciolare, trasudare.
suisse *adj*, *sm* svizzero.
suissesse *sf* svizzera.
suite *sf* seguito (*m*); serie, successione; conseguenza; (*mus*) suite ◊ **à la**

suite di seguito; **à la suite de** in seguito a; **de suite** di seguito; **et ainsi de suite** e così via; **tout de suite** subito; **par suite de** a causa di.
suivant *adj* seguente, successivo ◊ *sm* seguente, prossimo ◊ **au suivant!** avanti il prossimo!
suivant *prep* secondo, a seconda di ◊ **suivant que** a seconda che.
suivi *adj* regolare, continuo; coerente ◊ *sm* controllo periodico.
suivre *v tr* seguire; inseguire ◊ *v réfl* succedersi, susseguirsi ◊ **faire suivre** inoltrare; **suivre des yeux** seguire con lo sguardo; **il s'en suit que** ne consegue che; **à suivre** continua.
sujet *adj* soggetto ◊ *sm* soggetto; argomento, tema; suddito ◊ **au sujet de** a proposito di.
sujétion *sf* soggezione, sottomissione.
sulfureux (**-euse**) *adj* solforoso.
sulfurique *adj* solforico.
super *adj* (*familier*) fantastico, eccezionale ◊ *sm* (benzina) super (*f*).
superbe *adj* superbo, splendido, magnifico.
supercherie *sf* frode, inganno (*m*).
superficie *sf* superficie.
superficiel (**-elle**) *adj* superficiale.
superflu *adj*, *sm* superfluo.
supérieur *adj*, *sm* superiore (*m/f*) ◊ **air supérieur** aria di superiorità.
supériorité *sf* superiorità.
superlatif (**-ive**) *adj*, *sm* superlativo.
supermarché *sm* supermercato.
superposer *v tr* sovrapporre.
superposition *sf* sovrapposizione.
supersonique *adj* supersonico.
superstitieux (**-euse**) *adj*, *sm* superstizioso.
superstition *sf* superstizione.
superstructure *sf* sovrastruttura.
supplanter *v tr* soppiantare.
suppléance *sf* supplenza.
suppléant *adj*, *sm* supplente (*m/f*).
suppléer *v tr/intr* supplire (a).
supplément *sm* supplemento ◊ **en supplément** in più.
supplémentaire *adj* supplementare ◊ **heures supplémentaires** gli straordinari.

suppliant *adj* supplicante, supplichevole.

supplication *sf* supplica.

supplice *sm* supplizio; tortura (*f*) ◊ **être au supplice** soffrire le pene dell'inferno.

supplicier *v tr* suppliziare; torturare (*aussi fig*).

supplier *v tr* supplicare.

supplique *sf* supplica.

support *sm* supporto, sostegno ◊ **support publicitaire** veicolo pubblicitario.

supportable *adj* sopportabile, tollerabile.

supporter *v tr* sopportare; sostenere ◊ *sm* tifoso.

supposé *adj* presunto, supposto.

supposer *v tr* supporre; presupporre ◊ **à supposer que...** ammesso che...

supposition *sf* supposizione, ipotesi.

suppositoire *sm* supposta (*f*).

suppression *sf* soppressione.

supprimer *v tr* sopprimere, eliminare; ritirare, togliere.

suppuration *sf* suppurazione.

suppurer *v intr* suppurare.

supputation *sf* calcolo (*m*), computo (*m*).

supputer *v tr* calcolare, computare.

suprématie *sf* supremazia.

suprême *adj* supremo; massimo, sommo ◊ *sm* (*cuis*) suprême ◊ **au suprême degré** al massimo, in sommo grado; **suprême de volaille** filetto di pollame in salsa.

sur *prep* su, sopra; verso; per ◊ **sur le bureau** sulla scrivania; **tournez sur la droite** girate a destra; **un mètre sur deux** un metro per due; **sur son conseil** dietro suo consiglio; **sur parole** sulla parola; **sur ce** ciò detto.

sûr *adj* sicuro, certo ◊ **être sûr de soi** essere sicuro di sé; **le plus sûr c'est de** la cosa migliore è; **à coup sûr** a colpo sicuro; **bien sûr** certo, certamente.

surabondance *sf* sovrabbondanza.

surajouter *v tr* aggiungere in più.

suralimentation *sf* sovralimentazione, ipernutrizione.

suranné *adj* antiquato; superato.

surbaissé *adj* abbassato, schiacciato ◊ **carrosserie surbaissée** carrozzeria aerodinamica.

surcharge *sf* sovraccarico (*m*); (*fig*) eccesso (*m*) ◊ **surcharge fiscale** aggravio fiscale; **en surcharge** in eccedenza.

surcharger *v tr* sovraccaricare; gravare, oberare.

surchauffer *v tr* surriscaldare.

surcroît *sm* sovrappiù ◊ **par surcroît** per di più.

surdité *sf* sordità.

sureau (*pl* -**eaux**) *sm* sambuco.

surélever *v tr* soprelevare, rialzare.

sûrement *adv* sicuramente, di sicuro.

surenchère *sf* (*vente*) rilancio (*m*).

surenchérir *v intr* fare un'offerta maggiore, rilanciare.

surestimer *v tr* sopravvalutare.

sûreté *sf* sicurezza; (*jur*) garanzia ◊ **en sûreté** al sicuro, al riparo; **de sûreté** di sicurezza; **la Sûreté Nationale** la Pubblica Sicurezza.

surexposer *v tr* (*phot*) sovraesporre.

surface *sf* superficie ◊ **remonter à la surface** risalire in superficie; **grande surface** ipermercato.

surfaire *v tr* sopravvalutare (*aussi fig*).

surfin *adj* sopraffino.

surgelé *adj, sm* surgelato.

surgeler *v tr* surgelare.

surgir *v intr* spuntare, venire fuori; (*fig*) sorgere.

surhumain *adj* sovrumano.

surimposer *v tr* mettere una soprattassa su.

surintendant *sm* soprintendente (*m/f*).

sur-le-champ *adv* all'istante, immediatamente.

surlendemain *sm* ◊ **le surlendemain** due giorni dopo.

surmenage *sm* sovraffaticamento.

surmener *v tr* sovraffaticare ◊ *v réfl* sovraffaticarsi.

surmonter *v tr* sormontare; superare, vincere.

surnager *v intr* galleggiare, restare a galla; (*fig*) sussistere.

surnaturel (-**elle**) *adj, sm* soprannaturale.

surnom *sm* soprannome.

surnombre *sm* soprannumero.
surnommer *v tr* soprannominare.
suroît *sm* libeccio.
surpasser *v tr* superare, oltrepassare ◊ *v réfl* superare se stesso, fare meglio di quanto si è fatto.
surpeuplé *adj* sovrappopolato, sovraffollato.
surplis *sm* (*vêtement relig*) cotta (*f*).
surplomb *sm* strapiombo ◊ **en surplomb** a strapiombo.
surplomber *v tr/intr* essere a strapiombo (su).
surplus *sm* sovrappiù, eccedenza (*f*) ◊ **au surplus** del resto, d'altronde.
surprendre *v tr* sorprendere; stupire.
surprise *sf* sorpresa ◊ **par surprise** di sorpresa.
surproduction *sf* sovrapproduzione.
surréel (-elle) *adj*, *sm* surreale.
sursaut *sm* sussulto, sobbalzo ◊ **en sursaut** di soprassalto.
sursauter *v intr* sobbalzare, trasalire.
surseoir *v intr* soprassedere.
sursis *sm* (*jur*) rinvio, sospensiva (*f*); proroga (*f*) ◊ **avec sursis** con la condizionale.
surtaxe *sf* soprattassa.
surtout *adv* soprattutto ◊ **surtout que** tanto più che.
surveillance *sf* sorveglianza, vigilanza ◊ **être sous surveillance** essere sotto controllo.
surveillant *sm* sorvegliante (*m/f*), custode (*m/f*); (*à l'école*) incaricato della sorveglianza degli allievi in assenza dell'insegnante.
surveiller *v tr* sorvegliare, vigilare; controllare ◊ *v réfl* controllarsi.
survenir *v intr* sopravvenire, sopraggiungere.
survêtement *sm* tuta (*f*) sportiva.
survie *sf* sopravvivenza.
survivant *adj*, *sm* superstite (*m/f*), sopravvissuto.
survivre *v intr* sopravvivere.
survoler *v tr* sorvolare; (*fig*) esaminare rapidamente.
survolté *adj* (*élec*) survoltato; (*fig*) sovreccitato.
sus *adv* sopra ◊ **en sus** in più; **en sus de** in più di, oltre a.

susceptibilité *sf* suscettibilità.
susceptible *adj* suscettibile; permaloso ◊ **susceptible de** in grado di, atto a.
susciter *v tr* suscitare.
susdit *adj*, *sm* suddetto.
suspect *adj*, *sm* sospetto.
suspecter *v tr* sospettare.
suspendre *v tr* sospendere; appendere ◊ *v réfl* appendersi.
suspens *sm* ◊ **en suspens** in sospeso.
suspense *sm* suspense (*f*).
suspension *sf* sospensione (*anche aut*); lampadario (*m*) ◊ **points de suspension** puntini di sospensione.
suspicion *sf* sospetto (*m*); (*jur*) suspicione.
sustenter (se) *v réfl* sostentarsi.
susurrer *v tr/intr* sussurrare.
suture *sf* sutura.
suturer *v tr* suturare.
suzerain *sm* signore feudale.
svelte *adj* snello, slanciato; agile.
sweat-shirt (*pl* sweat-shirts) *sm* felpa (*f*).
syllabe *sf* sillaba.
sylvestre *adj* silvestre.
sylviculture *sf* silvicoltura.
symbiose *sf* simbiosi.
symbole *sm* simbolo.
symbolique *adj* simbolico.
symboliser *v tr* simboleggiare.
symbolisme *sm* simbolismo.
symétrie *sf* simmetria.
symétrique *adj* simmetrico.
sympathie *sf* simpatia.
sympathique *adj* simpatico.
sympathiser *v intr* simpatizzare.
symphonie *sf* sinfonia.
symphonique *adj* sinfonico.
symptomatique *adj* sintomatico.
symptôme *sm* sintomo.
synagogue *sf* sinagoga.
synchroniser *v tr* sincronizzare.
syncope *sf* sincope.
syncopé *adj* sincopato.
syndic *sm* amministratore; curatore.
syndical (*pl* -aux) *adj* sindacale.
syndicalisme *sm* sindacalismo.
syndicaliste *sm/f* sindacalista.
syndicat *sm* sindacato ◊ **syndicat d'initiative** azienda autonoma di soggiorno.

syndiqué *adj* iscritto a un sindacato.
syndiquer *v tr* sindacalizzare ◊ *v réfl* iscriversi a un sindacato.
syndrome *sm* sindrome (*f*).
synode *sm* sinodo.
synonyme *adj, sm* sinonimo.
synoptique *adj* sinottico.
synovie *sf* (*anat*) sinovia.
syntaxe *sf* sintassi.
synthèse *sf* sintesi.
synthétique *adj* sintetico.
synthétiser *v tr* sintetizzare.
syphilis *sf* sifilide.
syrien (-enne) *adj, sm* siriano.
systématique *adj* sistematico.
systématiser *v tr* sistematizzare.
système *sm* sistema ◊ **système d'exploitation** sistema operativo; **changer de système** cambiar sistema; **taper sur le système** dare ai nervi.

T

ta *adj* v. **ton**.
tabac *sm* tabacco; tabaccheria (*f*).
tabatière *sf* tabacchiera; lucernario (*m*).
tabernacle *sm* tabernacolo.
table *sf* tavolo (*m*); tavola ◊ **table de nuit** comodino; **table de cuisson** piano di cottura; **table de multiplication** tavola pitagorica; **mettre la table** apparecchiare; **se mettre à table** mettersi a tavola.
tableau (*pl* **-eaux**) *sm* quadro; dipinto; (*fig*) descrizione (*f*); tabella (*f*) ◊ **tableau (noir)** lavagna; **tableau de bord** cruscotto; **tableau d'affichage** tabellone, bacheca.
tablée *sf* tavolata.
tablette *sf* tavoletta; ripiano (*m*), mensola.
tablier *sm* grembiule.
tabou *adj, sm* tabù.
tabouret *sm* sgabello.
tabulateur *sm* tabulatore.
tac *sm* colpo, tac.
tache *sf* macchia ◊ **faire tache d'huile** estendersi a macchia d'olio; **taches de rousseur** lentiggini.

tâche *sf* compito (*m*); dovere (*m*) ◊ **travailler à la tâche** lavorare a cottimo.
tacher *v tr* macchiare ◊ *v réfl* macchiarsi.
tâcher *v intr* cercare, fare in modo.
tacite *adj* tacito.
taciturne *adj* taciturno.
tacot *sm* (*familier*) macinino, vecchia auto (*f*).
tact *sm* tatto.
tactile *adj* tattile.
tactique *adj* tattico ◊ *sf* tattica.
taffetas *sm* taffetà.
taie *sf* federa.
taille *sf* statura, altezza; taglia, misura; vita; taglio (*m*) ◊ **tour de taille** giro vita; **être de taille à**, essere in grado di; **de taille** enorme, grosso.
taille-crayon (*pl* **taille-crayons**) *sm* temperamatite.
taille-douce (*pl* **tailles-douces**) *sf* (*art graphique*) incisione su metallo.
tailler *v tr* tagliare; potare; temperare ◊ *v réfl* (*familier*) svignarsela.
tailleur (-euse) *sm* sarto; abito a giacca (da donna), tailleur; tagliapietre ◊ **s'asseoir en tailleur** sedersi alla turca.
taillis *sm* bosco ceduo.
tain *sm* foglia (*f*) di stagno (per specchi).
taire *v tr* tacere ◊ *v réfl* tacere, zittirsi ◊ **tais-toi!** taci!; **faire taire** far tacere, mettere a tacere.
talc *sm* talco.
talent *sm* talento.
talentueux (-euse) *adj* dotato di talento.
talion *sm* taglione.
talisman *sm* talismano.
talon *sm* tallone, calcagno; tacco; talloncino, matrice (*f*); pezzo ◊ **talons hauts, plats** tacchi alti, bassi; **tourner les talons** alzare i tacchi.
talonner *v tr* tallonare, incalzare; (*fig*) assillare, tormentare.
talquer *v tr* cospargere di talco.
talus *sm* terrapieno, scarpata (*f*).
tambour *sm* tamburo ◊ **tambour battant** alla svelta.
tambourin *sm* tamburello.

tambouriner *v intr* tamburellare ◊ *v tr* strombazzare.

tamis *sm* setaccio ◊ **passer au tamis** passare al vaglio.

tamiser *v tr* setacciare, vagliare; attenuare, smorzare (*lumière*).

tampon *sm* tampone; timbro; (*ferr*) respingente; (*tech*) tassello ◊ **tampon encreur** tampone d'inchiostro (per timbri); **tampon (hygiénique)** assorbente (igienico) interno.

tamponner *v tr* tamponare; timbrare ◊ *v réfl* tamponarsi, scontrarsi.

tanche *sf* (*zool*) tinca.

tandem *sm* tandem; duo, coppia (*f*).

tandis que *conj* mentre, intanto che; invece.

tangage *sm* beccheggio.

tangent *adj* tangente.

tangente *sf* (*mat*) tangente.

tangible *adj* tangibile.

tanguer *v intr* beccheggiare.

tanière *sf* tana, covo (*m*).

tanin *sm* tannino.

tank *sm* carro armato; cisterna (*f*).

tannage *sm* concia (*f*) (*peaux*).

tanné *adj* conciato; abbronzato, arso dal sole.

tanner *v tr* conciare; (*familier*) scocciare, seccare.

tannerie *sf* conceria.

tanneur *sm* conciatore (*peaux*).

tant *adv* tanto; talmente; a tal punto ◊ **tant mieux** meglio così; **tant pis** pazienza!; **tant de fois** tante volte; **tant... que...** tanto... quanto...; **tant bien que mal** così così, alla meno peggio; **tant que** finché.

tante *sf* zia.

tantinet *sm* ◊ **un tantinet** un tantino, un po'.

tantôt *adv* (*familier*) questo pomeriggio ◊ **à tantôt** a fra poco; **tantôt... tantôt** talvolta... talaltra...

taon *sm* tafano.

tapage *sm* chiasso, baccano ◊ **tapage nocturne** schiamazzi notturni.

tapageur (-euse) *adj* chiassoso; vistoso, sgargiante.

tape *sf* pacca.

tape-à-l'œil *adj inv* vistoso, sgargiante ◊ *sm* cosa (*f*) vistosa, pacchiana.

taper *v tr* picchiare; battere; battere a macchina ◊ *v intr* battere ◊ **taper des pieds** pestare i piedi; **taper dans l'œil** far colpo.

tapette *sf* battipanni (*m*).

tapinois ◊ **en tapinois** di soppiatto, furtivamente.

tapir (se) *v réfl* acquattarsi; rifugiarsi.

tapis *sm* tappeto ◊ **tapis-brosse** zerbino; **tapis roulant** nastro trasportatore.

tapisser *v tr* tappezzare.

tapisserie *sf* tappezzeria; arazzo (*m*).

tapissier (-ère) *sm* tappezziere.

tapoter *v tr* picchiettare ◊ *v intr* tamburellare con le dita.

taquet *sm* zeppa (*f*); piolo, paletto.

taquiner *v tr* stuzzicare, punzecchiare.

taquinerie *sf* dispetto (*m*).

tarabiscoté *adj* sovraccarico di ornamenti; (*fig*) arzigogolato, ricercato.

tarauder *v tr* (*tech*) filettare, maschiare; rodere.

tard *adv* tardi ◊ **trop tard** troppo tardi; **plus tard** più tardi; **au plus tard** al più tardi; **tôt ou tard** prima o poi.

tarder *v intr* tardare; indugiare ◊ **il me tarde de** non vedo l'ora di.

tardif (-ive) *adj* tardivo; tardo.

tare *sf* tara.

taré *adj* tarato.

tarif *sm* tariffa (*f*).

tarir *v intr* inaridirsi, prosciugarsi; esaurirsi ◊ *v tr* prosciugare.

tarots *sm pl* tarocchi.

tartare *adj*, *sm* tartaro ◊ **steak tartare** tartara, carne cruda tritata e condita con uova, senape e spezie.

tarte *sf* torta, crostata.

tartelette *sf* crostatina.

tartine *sf* tartina.

tartiner *v tr* spalmare.

tartre *sm* tartaro; incrostazione (*f*).

tas *sm* mucchio; (*familier*) sacco ◊ **mettre en tas** ammucchiare; **un tas de choses** un mucchio di cose; **sur le tas** sul posto.

tasse *sf* tazza.

tasser *v tr* stipare; pigiare ◊ *v réfl* stiparsi, stringersi; assestarsi.

tâter *v tr* tastare; (*fig*) saggiare, sondare ◊ *v intr* provare, assaggiare ◊ *v réfl* esitare.

tatillon (**-onne**) *adj* pignolo.

tâtonnement *sm* brancolamento; tentativo.

tâtonner *v intr* brancolare, andare a tastoni; (*fig*) tentennare.

tâtons ◊ **à tâtons** a tastoni, a tentoni.

tatouage *sm* tatuaggio.

taudis *sm* tugurio, stamberga (*f*).

taupe *sf* talpa.

taureau (*pl* **-eaux**) *sm* toro.

taux *sm* tasso; percentuale (*f*).

taverne *sf* taverna; caffé (*m*).

taxe *sf* tassa, imposta ◊ **toutes taxes comprises** tasse incluse.

taxer *v tr* tassare; (*fig*) tacciare, accusare.

taxi *sm* taxi, tassì.

taximètre *sm* tassametro.

taxonomie *sf* tassonomia.

tchécoslovaque *adj, sm/f* cecoslovacco (*m*).

tchèque *adj, sm/f* ceco (*m*).

te *pron* ti; te ◊ **je te remercie** ti ringrazio; **il ne t'a rien dit?** non ti ha detto niente?

technicien (**-enne**) *sm* tecnico.

technique *adj* tecnico ◊ *sf* tecnica.

technologie *sf* tecnologia.

teck *sm* teck.

teigne *sf* (*zool*) tignola, tarma; (*méd*) tigna; (*fig, familier*) vipera; peste.

teindre *v tr* tingere ◊ *v réfl* tingersi (i capelli).

teint *sm* colorito, carnagione (*f*); colore, tintura (*f*).

teinté *adj* leggermente colorato ◊ **teinté de** tinto di.

teinture *sf* tintura; (*fig*) infarinatura.

teinturerie *sf* tintoria.

teinturier (**-ère**) *sm* tintore.

tel (**telle**) *adj* tale, simile ◊ *adj, pron* tale ◊ **de telle sorte que** di modo che; **comme tel** come tale; **tel quel** tale e quale; **rien de tel que** niente di meglio che; **tel que** come; **tel qu'il est** uno come lui.

télé *sf* (*familier*) tele.

télécabine *sf* cabinovia.

télécarte *sf* scheda telefonica.

téléchargement *sm* (*inform*) scaricamento, download.

télécommande *sf* telecomando (*m*).

télécommunications *sf pl* telecomunicazioni.

télécopie *sf* (*copie*) (tele)fax (*m*).

télécopieur *sm* (*appareil*) (tele) fax.

téléfilm *sm* telefilm.

télégramme *sm* telegramma.

télégraphe *sm* telegrafo.

télématique *sf* telematica ◊ *adj* telematico.

téléobjectif *sm* (*phot*) teleobiettivo.

télépathie *sf* telepatia.

téléphérique *sm* teleferica (*f*); funivia (*f*).

téléphone *sm* telefono ◊ **un coup de téléphone** una telefonata; (**téléphone**) **portable** cellulare; **téléphone sans fil** telefono portatile, cordless; **téléphone à carte** telefono a scheda; **téléphone mains libres** telefono viva voce.

téléphoner *v tr/intr* telefonare.

téléphonique *adj* telefonico.

télescopage *sm* scontro, tamponamento.

télescope *sm* telescopio.

télescoper *v tr* urtare, tamponare ◊ *v réfl* urtarsi, tamponarsi.

téléscripteur *sm* telescrivente (*f*).

télésiège *sm* seggiovia (*f*).

téléski *sm* ski-lift, sciovia (*f*).

téléspectateur (**-trice**) *sm* telespettatore.

télétexte *sm* televideo.

télétravail *sm* telelavoro.

télétype *sm* telescrivente (*f*).

télévente *sf* televendita.

télévisé *adj* televisivo.

téléviser *v tr* trasmettere per televisione.

télévision *sf* televisione.

télex *sm* telex.

télexer *v tr* trasmettere via telex.

tellement *adv* talmente; tanto ◊ **pas tellement** non molto, non tanto; **tellement… que…** così tanto… che….

tellurique *adj* tellurico.

téméraire *adj, sm/f* temerario (*m*).

témérité *sf* temerarietà.

témoignage *sm* testimonianza (*f*).

235   **termite**

témoigner *v tr* testimoniare; manifestare ◊ *v intr* testimoniare.
témoin *sm* testimone (*m/f*); (*jur*) teste
(*m/f*) ◊ **être témoin de** essere testimone di.
tempe *sf* (*anat*) tempia.
tempérament *sm* temperamento, carattere ◊ **à tempérament** a rate.
température *sf* temperatura ◊ **avoir de
la température** avere la febbre.
tempéré *adj* temperato.
tempérer *v tr* moderare, mitigare.
tempête *sf* tempesta (*aussi fig*).
temple *sm* tempio.
temporaire *adj* temporaneo.
temporel (-elle) *adj, sm* (*anat*) temporale.
temporiser *v intr* temporeggiare.
temps *sm* tempo ◊ **beau, mauvais
temps** bello, cattivo tempo; **avoir le
temps de** avere il tempo di; **de mon
temps** ai miei tempi; **de temps en
temps** di tanto in tanto; **de tout
temps** da sempre; **en même temps**
contemporaneamente; **en temps
voulu** a tempo debito; **entre temps**
nel frattempo; **à temps** in tempo,
per tempo.
tenace *adj* tenace.
ténacité *sf* tenacia.
tenailles *sf pl* tenaglie.
tenailler *v tr* attanagliare, tormentare.
tenant *sm* detentore; sostenitore ◊ **tout
d'un tenant, d'un seul tenant** in un
pezzo solo; **séance tenante** seduta
stante.
tendance *sf* tendenza.
tendacieux (-euse) *adj* tendenzioso.
tendon *sm* (*anat*) tendine.
tendre *adj* tenero.
tendre *v tr* tendere; stendere ◊ *v intr* tendere; dirigersi ◊ *v réfl* tendersi, diventare teso ◊ **tendre la main** dare la mano; **tendre un mur** tappezzare, rivestire un muro.
tendresse *sf* tenerezza.
tendu *adj* teso.
ténèbres *sf pl* tenebre.
ténébreux (-euse) *adj, sm* tenebroso.
teneur *sf* tenore (*m*), contenuto (*m*);
percentuale ◊ **teneur en eau** grado di
umidità.

ténia *sm* tenia (*f*).
tenir *v tr* tenere; mantenere; gestire; ritenere ◊ *v intr* reggere; durare; stare;
starci ◊ *v réfl* tenersi; stare; comportarsi ◊ **tenir sa droite** tenere la destra;
tenir sa parole mantenere la parola
data; **tenir le coup** tenere duro, resistere; **tenir pour certain** ritenere sicuro; **tenir debout** stare in piedi; **tenir à faire quelque chose** tenerci a
fare qualcosa; **tenir de quelqu'un**
assomigliare a qualcuno; **se tenir
bien** comportarsi bene.
tennis *sm* tennis; scarpe (*f pl*) da tennis.
ténor *sm* tenore.
tension *sf* tensione; (*méd*) pressione ◊
avoir de la tension avere la pressione
alta.
tentacule *sm* tentacolo.
tentant *adj* allettante, invitante.
tentateur (-trice) *adj, sm* tentatore.
tentation *sf* tentazione.
tentative *sf* tentativo (*m*).
tente *sf* tenda.
tenter *v tr/intr* tentare.
tenture *sf* tappezzeria; parato (*m*).
ténu *adj* tenue, sottile; fragile.
tenue *sf* tenuta; gestione, amministrazione; contegno (*m*); modo (*m*) di vestire ◊ **tenue de route** tenuta di strada; **tenue de soirée** abito da sera;
manquer de tenue mancare di serietà.
térébenthine *sf* trementina ◊ **essence de
térébenthine** acquaragia.
tergiverser *v intr* tergiversare.
terme *sm* termine; affitto, pigione (*f*) ◊
mettre un terme à porre fine a;
payer son terme pagare l'affitto; **né
avant terme** prematuro.
terminaison *sf* (*gramm*) desinenza.
terminal (pl -aux) *adj* terminale, finale
◊ *sm* (*d'aéroport*) terminal; (*inform*)
terminale.
terminer *v tr/intr* terminare, finire;
concludere ◊ *v réfl* finire ◊ **se terminer par** finire con; **se terminer en**
terminare in.
terminologie *sf* terminologia.
terminus *sm* capolinea.
termite *sm* (*zool*) termite (*f*).

terne *adj* spento, scialbo, sbiadito ◊ *sm* terno.

ternir *v tr* offuscare; appannare; (*une couleur*) sbiadire ◊ *v réfl* perdere la lucentezza.

terrain *sm* terreno ◊ **terrain de camping** campeggio; **terrain de jeu** campo da gioco; **terrain de chasse** riserva di caccia; **terrain à bâtir** terreno fabbricabile; **sur le terrain** sul posto.

terrasse *sf* terrazza; (*de café, restaurant*) spazio all'aperto con tavolini.

terrassement *sm* sterro.

terrasser *v tr* buttare a terra, atterrare; stroncare.

terre *sf* terra; terreno (*m*) ◊ **avoir les pieds sur terre** avere i piedi per terra; **courir ventre à terre** correre a gambe levate; **terre cuite** terracotta; **tremblement de terre** terremoto; **par terre** per terra.

terreau (*pl* **-eaux**) *sm* terriccio.

terre-plein (*pl* **terre-pleins**) *sm* terrapieno; spartitraffico.

terrer (se) *v réfl* rintanarsi.

terrestre *adj* terrestre.

terreur *sf* terrore (*m*).

terrible *adj* terribile, tremendo; (*familier*) fantastico.

terriblement *adv* terribilmente.

terrien (**-enne**) *adj* terriero ◊ *sm* terrestre.

terrier *sm* tana (*f*), covo.

terrifier *v tr* terrorizzare.

terrine *sf* terrina; (*cuis*) pasticcio (*m*).

territoire *sm* territorio.

territorial (*pl* **-aux**) *adj* territoriale.

terroir *sm* terreno (agricolo), terra (*f*).

terroriser *v tr* terrorizzare.

terrorisme *sm* terrorismo.

terroriste *adj*, *sm/f* terrorista.

tertiaire *adj*, *sm* terziario.

tertre *sm* poggio, collinetta (*f*).

tes *adj pl* v. **ton**.

tessinois *adj*, *sm* ticinese (*m/f*).

tesson *sm* coccio.

test *sm* test, prova (*f*).

testament *sm* testamento.

testamentaire *adj* testamentario.

testateur (**-trice**) *sm* (*jur*) testatore.

testicule *sm* testicolo.

tétanos *sm* tetano.

têtard *sm* girino.

tête *sf* testa; capo (*m*); faccia ◊ **tête de mort** teschio; **têtes de bétail** capi di bestiame; **tête nucléaire** testata nucleare; **tête-à-queue** testa-coda, voltafaccia; **être en tête** essere in testa; **être à la tête de** essere a capo di; **faire la tête** fare il broncio; **faire à sa tête** fare di testa propria; **de tête** di testa; **en tête-à-tête** a quattr'occhi; **la tête haute** a testa alta.

tétée *sf* poppata.

téter *v tr* poppare.

tétine *sf* tettarella, ciucciotto (*m*); (*d'animal*) mammella.

téton *sm* (*familier*) tetta (*f*), poppa (*f*).

têtu *adj* cocciuto, testardo.

texte *sm* testo.

textile *adj*, *sm* tessile.

textuel (**-elle**) *adj* testuale.

texture *sf* grana; struttura, tessitura.

TGV *sm* TGV, treno ad alta velocità.

thé *sm* tè.

théâtral (*pl* **-aux**) *adj* teatrale.

théâtre *sm* théâtre ◊ **coup de théâtre** colpo di scena; **théâtre du crime** luogo del delitto.

théière *sf* teiera.

thématique *adj* tematico.

thème *sm* tema, argomento; (*scuola*) traduzione (*f*), versione (*f*).

théologie *sf* teologia.

théologien (**-enne**) *sm* teologo.

théorème *sm* teorema.

théoricien (**-enne**) *sm* teorico.

théorie *sf* teoria ◊ **en théorie** in teoria.

thérapeutique *adj* terapeutico ◊ *sf* terapeutica.

thérapie *sf* terapia.

thermal (*pl* **-aux**) *adj* termale.

thermes *sm pl* terme (*f*); stabilimenti termali.

thermique *adj* termico.

thermomètre *sm* termometro.

thermostat *sm* termostato.

thèse *sf* tesi.

thon *sm* (*zool*) tonno.

thoracique *adj* toracico.

thorax *sm* torace.

thym *sm* (*bot*) timo.
thyroïde *sf* tiroide.
tiare *sf* tiara.
tibia *sm* tibia (*f*).
tic *sm* tic, ticchio; mania (*f*).
ticket *sm* biglietto, scontrino.
tiède *adj* tiepido.
tiédeur *sf* tepore (*m*); (*fig*) tiepidezza.
tiédir *v intr* intiepidirsi ◊ *v tr* intiepidire.
tien (**tienne**) *pron* tuo ◊ **les tiens** i tuoi (*parents, supporters, etc.*); **à la tienne!** alla tua!
tierce *sf* (*mus*) terza; (*tip*) terza bozza.
tiercé *sm* (*hippisme*) corsa (*f*) tris.
tiers (**tierce**) *adj* terzo ◊ *sm* (un) terzo; terza persona (*f*).
tige *sf* stelo (*m*), gambo (*m*); asta ◊ **la tige d'une botte** il gambale di uno stivale; **la tige d'une colonne** il fusto di una colonna.
tignasse *sf* (*familier*) zazzera.
tigre (**-esse**) *sm* tigre (*f*).
tigré *adj* tigrato.
tilleul *sm* tiglio; tisana (*f*) di tiglio.
timbale *sf* (*cuis*) timballo (*m*), sformato (*m*); bicchiere (*m*) di metallo; (*mus*) timpano (*m*).
timbre *sm* timbro; campanello ◊ **timbre(-poste)** francobollo; **timbre (fiscal)** marca da bollo.
timbrer *v tr* timbrare; affrancare.
timide *adj*, *smf* timido (*m*).
timidité *sf* timidezza.
timoré *adj* timorato, timoroso.
tintamarre *sm* chiasso, baccano.
tintement *sm* tintinnio; rintocco.
tinter *v intr* tintinnare; rintoccare.
tique *sf* (*zool*) zecca.
tir *sm* tiro ◊ **tir à la cible** tiro a segno.
tirade *sf* tirata.
tirage *sm* tiraggio; tiratura (*f*); (*phot*) stampa (*f*); (*loterie*) estrazione (*f*) ◊ **tirage au sort** sorteggio; **tirage d'un chèque** emissione di un assegno.
tirailler *v tr* tirare a strappi; (*fig*) tormentare, importunare ◊ *v intr* sparacchiare.
tirant *sm* tirante ◊ **tirant d'eau** pescaggio.
tiré *adj* teso, tirato; tolto, tratto ◊ *sm*

selvaggina (*f*) cacciata col fucile ◊ **tiré à part** estratto (di rivista o giornale).
tire-au-flanc *sm inv* (*familier*) scansafatiche.
tire-bouchon (*pl* **tire-bouchons**) *sm* cavatappi.
tire-d'aile ◊ **à tire-d'aile** ad ali spiegate.
tirelire *sf* salvadanaio (*m*).
tirer *v tr* tirare; tirar fuori, estrarre; (*fig*) trarre, ricavare; tirare a, sparare a ◊ *v intr* tirare; sparare ◊ **tirer une ligne** tracciare una riga; **tirer la chose au clair** chiarire la faccenda; **tirer à sa fin** volgere al termine; **bon à tirer** visto si stampi; **s'en tirer, se tirer d'affaire** cavarsela.
tiret *sm* trattino, lineetta (*f*).
tireur (**-euse**) *sm* tiratore; traente.
tiroir *sm* cassetto.
tisane *sf* tisana.
tison *sm* tizzone.
tissage *sm* tessitura (*f*).
tisser *v tr* tessere.
tisserand *sm* tessitore.
tissu *sm* tessuto.
titane *sm* titanio.
titrage *sm* (*chim*) titolazione (*f*).
titre *sm* titolo ◊ **à titre amical** in via amichevole; **à aucun titre** per nessuna ragione; **en titre** titolare, ufficiale; **titre de transport** documento di viaggio.
titré *adj* titolato.
titrer *v tr* titolare; avere come titolo.
tituber *v intr* barcollare, vacillare.
titulaire *adj*, *smf* titolare.
toast *sm* toast; brindisi ◊ **porter un toast** fare un brindisi.
toboggan *sm* toboga; scivolo.
toc *sm* paccottiglia (*f*) ◊ **en toc** falso.
tocsin *sm* campana (*f*) a martello.
toge *sf* toga.
tohu-bohu *sm inv* caos; baraonda (*f*).
toi *pron* tu; te ◊ **c'est toi qui** sei tu che; **c'est à toi de jouer** tocca a te; **c'est à toi** è tuo; **dépêche-toi!** sbrigati!; **toi-même** tu stesso.
toile *sf* tela; quadro (*m*) ◊ **toile cirée** tela cerata; **toile d'araignée** ragnatela.

toilette *sf* toilette, toeletta ◊ *pl* bagno (*m*), toilette (*sing*) ◊ **faire sa toilette** lavarsi.

toise *sf* tesa; (*instrument*) antropometro (*m*).

toiser *v tr* squadrare (da capo a piedi).

toison *sf* vello (*m*); (*familier*) capigliatura.

toit *sm* tetto (*aussi fig*).

toiture *sf* (*construction*) tetto (*m*).

tôle *sf* lamiera, latta.

tolérable *adj* tollerabile.

tolérance *sf* tolleranza.

tolérant *adj* tollerante.

tolérer *v tr* tollerare, sopportare.

tomate *sf* pomodoro (*m*).

tombal (*pl* **-aux**) *adj* tombale.

tombant *adj* cadente; spiovente.

tombe *sf* tomba.

tombeau (*pl* **-eaux**) *sm* tomba (*f*), sepolcro.

tombée *sf* caduta; il cadere (*m*) ◊ **à la tombée de la nuit** al calar della notte.

tomber *v intr* cadere; cascare ◊ *v tr* atterrare ◊ **laisser tomber** lasciar cadere, abbandonare; **tomber malade** ammalarsi; **tomber amoureux** innamorarsi; **tomber à pic** capitare a proposito; **tomber à l'eau** cadere in acqua, andare a monte; **tomber en panne** guastarsi; **tomber sous la main** capitare sottomano.

tombeur *sm* lottatore ◊ **tombeur de femmes** donnaiolo.

tome *sm* tomo, volume.

ton (*f* ta *pl* tes) *adj* tuo ◊ **ton frère** tuo fratello; **ta sœur** tua sorella; **tes livres** i tuoi libri; **ton histoire** la tua storia.

ton *sm* tono; tonalità (*f*) ◊ **le bon ton** le buone maniere; **de bon ton** raffinato, signorile; **donner le ton** dare il la.

tonalité *sf* tonalità; (*téléphone*) segnale (*m*) di linea libera.

tondeuse *sf* tosatrice ◊ **tondeuse à gazon** tosaerba.

tondre *v tr* tosare; cimare.

tonifier *v tr* tonificare, corroborare.

tonique *adj*, *sm* tonico.

tonitruant *adj* tonante.

tonnage *sm* tonnellaggio.

tonne *sf* tonnellata.

tonneau (*pl* **-eaux**) *sm* botte (*f*); barile ◊ **faire des tonneaux** ribaltarsi.

tonnelle *sf* pergolato (*m*).

tonner *v intr imp* tuonare.

tonnerre *sm* tuono; (*fig*) uragano, scroscio.

tonsure *sf* tonsura, chierica.

tonte *sf* tosatura.

topaze *sm* topazio.

topinambour *sm* (*bot*) topinambur.

topo *sm* (*familier*) discorso.

topographie *sf* topografia.

toponymie *sf* toponimia.

toque *sf* (*habillement*) tocco (*m*).

torche *sf* torcia.

torchère *sf* torciera.

torchon *sm* straccio, strofinaccio.

tordre *v tr* torcere; strizzare ◊ *v réfl* torcersi; contorcersi ◊ **se tordre un pied** slogarsi un piede.

toréador *sm* torero.

tornade *sf* tornado (*m*).

torpeur *sf* torpore (*m*).

torpille *sf* (*zool*) torpedine; (*mil*) siluro (*m*).

torpiller *v tr* silurare (*aussi fig*).

torréfier *v tr* torrefare, tostare.

torrent *sm* torrente.

torrentiel (**-elle**) *adj* torrenziale.

torride *adj* torrido.

torsade *sf* (*arch*) tortiglione (*m*) ◊ **pull à torsades** maglione a trecce.

torse *sm* torso, tronco ◊ **torse nu** a torso nudo.

torsion *sf* torsione.

tort *sm* torto ◊ **avoir tort** avere torto; **être en tort, dans son tort** essere dalla parte del torto; **à tort** a torto; **à tort et à travers** a vanvera.

torticolis *sm* torcicollo.

tortiller *v tr* attorcigliare ◊ *v réfl* contorcersi, torcersi.

tortionnaire *sm* seviziatore, torturatore.

tortue *sf* tartaruga, testuggine.

tortueux (**-euse**) *adj* tortuoso.

torture *sf* tortura.

torturer *v tr* torturare.

torve *adj* torvo, bieco.

toscan *adj*, *sm* toscano.

tôt *adv* presto ◊ **au plus tôt** al più presto; **tôt ou tard** presto o tardi, prima o poi.

total (*pl* **-aux**) *adj, sm* totale ◊ **au total** tutto sommato, a conti fatti.

totalement *adv* totalmente, completamente.

totaliser *v tr* totalizzare.

totalitaire *adj* totalitario.

totalitarisme *sm* totalitarismo.

totalité *sf* totalità ◊ **en totalité** totalmente, in blocco.

totem *sm* totem.

toubib *sm* (*familier*) medico, dottore.

touchant *adj* commovente, toccante.

touche *sf* tasto (*m*); tocco (*m*); pennellata; (*escrime*) toccata ◊ **ligne de touche** linea laterale del campo (da gioco); **sortie en touche** fallo laterale; **pierre de touche** pietra di paragone.

touche-à-tout *sm inv* ficcanaso; arruffone.

toucher *sm* tatto; tocco.

toucher *sm* tatto ◊ *v tr* toccare; (*fig*) colpire; incassare, riscuotere ◊ *v réfl* toccarsi ◊ **toucher à** toccare; **toucher à sa fin** volgere alla fine.

touffe *sf* ciuffo (*m*).

touffu *adj* fitto, folto; (*fig*) sovraccarico.

toujours *adv* sempre ◊ **comme toujours** come sempre; **toujours est-il que** fatto sta che.

toupet *sm* ciuffo; (*fig, familier*) faccia (*f*) tosta.

toupie *sf* trottola.

tour *sf* torre; grattacielo (*m*).

tour *sm* giro; circonferenza (*f*); turno; tiro, scherzo ◊ **faire le tour de** fare il giro di; **c'est ton tour** è il tuo turno; **à tour de rôle** a turno; **à tour de bras** a tutta forza; **tour à tour** a turno, di volta in volta; **tour de force** sfaticata, faticaccia; **tour de passe-passe** gioco di prestigio.

tourbe *sf* torba; turba, volgo (*m*).

tourbière *sf* torbiera.

tourbillon *sm* turbine, vortice.

tourbillonner *v intr* turbinare.

tourisme *sm* turismo.

touriste *sm/f* turista.

touristique *adj* turistico.

tourment *sm* tormento.

tourmente *sf* tormenta; (*fig*) bufera.

tourmenter *v tr* tormentare ◊ *v réfl* tormentarsi.

tournage *sm* tornitura (*f*); (*ciné*) riprese (*f pl*).

tournant *adj* girevole; tortuoso ◊ *sm* curva (*f*), svolta (*f*); tornante.

tournebroche *sm* girarrosto.

tournedos *sm* (*cuis*) medaglione di filetto.

tournée *sf* giro (*m*); tournée ◊ **c'est ma tournée!** offro io!

tourner *v tr* girare; voltare; aggirare; tornire ◊ *v intr* girare; volgersi; (*lait*) andare a male ◊ *v réfl* girarsi ◊ **tourner bien, mal** finire bene, male; **tourner rond** girare bene, funzionare bene; **se tourner contre** rivoltarsi contro.

tournesol *sm* girasole.

tourneur (-euse) *sm* tornitore.

tournevis *sm* cacciavite.

tourniquet *sm* tornello (*métro, supermarché*); espositore girevole (*présentoir*); mulinello.

tournoi *sm* torneo.

tournoyer *v intr* girare (su se stesso); volteggiare.

tournure *sf* aspetto (*m*); forma, costruzione (*de phrase*); (*fig*) piega, andamento (*m*) ◊ **tournure d'esprit** forma mentis.

tourte *sf* (*cuis*) tortino (*m*), pasticcio (*m*).

tourterelle *sf* (*zool*) tortora.

tourtière *sf* tortiera.

Toussaint *sf* ◊ **la Toussaint** (la festa di) Ognissanti.

tousser *v intr* tossire.

toussoter *v intr* tossicchiare.

tout (*pl* **tous**) *adj* tutto; ogni, tutti ◊ *pron, sm* tutto ◊ **toute la journée** tutto il giorno; **tout ça** tutto questo; **tous les deux ans** ogni due anni; **à toute heure** a qualsiasi ora; **à tout moment** in continuazione; **à tout hasard** ad ogni buon conto; **c'est tout** è tutto; **pas du tout** per niente; **en tout** in tutto.

tout *adv* del tutto, completamente ◊ **tout jeune** giovanissimo; **tout près** vicinissimo; **tout à fait** completamente; **tout à fait possible** del tutto possibile; **tout à l'heure** poco fa, fra poco; **à tout à l'heure** a più tardi; **tout de suite** subito, immediatamente; **tout de même** ugualmente, lo stesso.

toutefois *adv* tuttavia.

tout-terrain *adj, sm inv* (*aut*) fuoristrada.

toux *sf* tosse.

toxicomane *sm/f* tossicomane.

toxine *sf* tossina.

toxique *adj, sm* tossico.

trac *sm* (*familier*) fifa (*f*), tremarella (*f*).

tracas *sm* preoccupazione (*f*), grattacapo.

tracasser *v tr* tormentare, preoccupare ◊ *v réfl* preoccuparsi.

tracasserie *sf* seccatura, fastidio (*m*).

trace *sf* traccia; orma ◊ **suivre quelqu'un à la trace** seguire le tracce di qualcuno.

tracé *sm* tracciato.

tracer *v tr* tracciare.

tract *sm* volantino.

tractation *sf* trattativa.

tracteur *sm* trattore.

traction *sf* trazione ◊ **traction avant, arrière** trazione anteriore, posteriore.

tradition *sf* tradizione.

traditionnel (-elle) *adj* tradizionale.

traducteur (-trice) *sm* traduttore.

traduction *sf* traduzione.

traduire *v tr* tradurre; (*fig*) esprimere, rendere ◊ *v réfl* esprimersi.

trafic *sm* traffico; commercio, spaccio.

trafiquant *sm* trafficante (*m/f*).

trafiquer *v tr* trafficare, commerciare.

tragédie *sf* tragedia.

tragédien (-enne) *sm* attore tragico.

tragique *adj, sm* tragico.

trahir *v tr* tradire ◊ *v réfl* tradirsi.

trahison *sf* tradimento (*m*).

train *sm* treno; andatura (*f*); andamento, corso ◊ **train rapide** rapido; **train couchettes** treno a cuccette; **train d'atterrissage** carrello d'atterraggio; **mise en train** avviamento; **être en train de faire** stare facendo; **aller bon train** andare di buon passo.

traînant *adj* strascicato.

traînard *sm* ritardatario, chi rimane indietro.

traînasser *v intr* (*familier*) tirare per le lunghe.

traîne *sf* strascico (*m*) ◊ **être à la traîne** essere indietro.

traîneau (*pl* **-eaux**) *sm* slitta (*f*).

traînée *sf* traccia, scia; striscia.

traîner *v tr* trascinare; strascicare; tirare dietro, portare con sé ◊ *v intr* strisciare; rimanere indietro; attardarsi; andare per le lunghe; essere fuori posto ◊ *v réfl* trascinarsi ◊ **se traîner aux pieds de quelqu'un** strisciare ai piedi di uno; **traîner en longueur** andare per le lunghe.

traire *v tr* mungere.

trait *sm* tratto; caratteristica (*f*); traino, tiro ◊ **avoir trait à** riferirsi a; **d'un seul trait** tutto d'un fiato; **trait d'union** trattino, lineetta; **chevaux de trait** cavalli da tiro.

traitant *adj* curante; curativo ◊ **médecin traitant** medico curante; **crème traitante** crema curativa.

traite *sf* tratta; cambiale; mungitura ◊ **d'une seule traite** in un'unica tirata.

traité *sm* trattato.

traitement *sm* trattamento; stipendio.

traiter *v tr* trattare; curare ◊ *v intr* trattare ◊ **traiter de** trattare di.

traiteur *sm* rosticciere.

traître (-esse) *adj, sm* traditore ◊ **en traître** a tradimento; **pas un traître mot** nemmeno una parola.

traîtrise *sf* tradimento (*m*).

trajectoire *sf* traiettoria.

trajet *sm* tragitto, percorso.

tram *sm* tram.

trame *sf* trama.

tramer *v tr* tramare.

tranchant *adj* tagliente (*aussi fig*) ◊ *sm* filo (di lama), taglio.

tranche *sf* fetta; (*fig*) parte, serie; (*d'un livre*) taglio (*m*).

tranché *adj* netto, marcato.

tranchée *sf* trincea.

trancher *v tr* tagliare, troncare; (*fig*) porre fine a ◊ *v intr* decidere, sentenziare; risaltare ◊ **trancher court** farla corta, tagliar corto.

tranchet *sm* trincetto.

travesti

tranquille *adj* tranquillo ◊ **laisser tranquille** lasciare in pace.
tranquillisant *adj* tranquillizzante ◊ *sm* (*méd*) tranquillante.
tranquilliser *v tr* tranquillizzare ◊ *v réfl* tranquillizzarsi.
tranquillité *sf* tranquillità.
transaction *sf* transazione.
transat *sm* sedia (*f*) a sdraio.
transatlantique *adj*, *sm* transatlantico.
transborder *v tr* trasbordare.
transcendance *sf* trascendenza.
transcendant *adj* trascendente.
transcription *sf* trascrizione.
transcrire *v tr* trascrivere.
transe *sf* ansia, angoscia; trance, stato (*m*) ipnotico.
transept *sm* (*arch*) transetto.
transférer *v tr* trasferire.
transfert *sm* trasferimento; (*amm*) voltura (*f*); transfert.
transfigurer *v tr* trasfigurare.
transformateur (**-trice**) *adj*, *sm* trasformatore.
transformation *sf* trasformazione.
transformer *v tr* trasformare ◊ *v réfl* trasformarsi.
transfuge *sm/f* transfuga.
transfusion *sf* trasfusione.
transgresser *v tr* trasgredire.
transgresseur *sm* trasgressore.
transgression *sf* trasgressione.
transhumance *sf* transumanza.
transi *adj* intirizzito; (*fig*) paralizzato.
transiger *v intr* (*comm*) venire a una transazione; (*fig*) transigere, venire a patti.
transit *sm* transito ◊ **passagers en transit** passeggeri in transito.
transiter *v intr* transitare.
transitif (**-ive**) *adj* transitivo.
transition *sf* transizione.
transitoire *adj* transitorio.
translucide *adj* traslucido.
transmetteur *sm* trasmettitore.
transmettre *v tr* trasmettere ◊ *v réfl* trasmettersi.
transmissible *adj* trasmissibile.
transmission *sf* trasmissione.
transparaître *v intr* trasparire.
transparence *sf* trasparenza.
transparent *adj* trasparente.

transpercer *v tr* trafiggere, trapassare.
transpiration *sf* traspirazione; sudore (*m*).
transpirer *v intr* traspirare; sudare.
transplantation *sf* trapianto (*m*).
transplanter *v tr* trapiantare.
transport *sm* trasporto ◊ **les transports** (**en commun**) i mezzi pubblici.
transporter *v tr* trasportare; trasferire; (*fig*) trascinare.
transporteur (**-euse**) *sm* trasportatore.
transposer *v tr* trasporre.
transposition *sf* trasposizione.
transversal (*pl* **-aux**) *adj* trasversale.
trapèze *sm* trapezio.
trappe *sf* botola; trabocchetto (*m*), trappola.
trappeur *sm* cacciatore di pellicce.
trappiste *sm/f* trappista.
trapu *adj* tarchiato, tozzo.
traquenard *sm* trappola (*f*), trabocchetto.
traquer *v tr* braccare.
traumatiser *v tr* traumatizzare.
traumatisme *sm* trauma.
travail (*pl* **-aux**) *sm* lavoro; lavorazione (*f*); (*méd*) travaglio ◊ *pl* opere (*f*); lavori; ricerche (*f*).
travaillé *adj* lavorato; elaborato; tormentato.
travailler *v intr* lavorare; (*bois*) cedere, imbarcarsi ◊ *v tr* lavorare; elaborare; tormentare ◊ **faire travailler son argent** far fruttare il proprio denaro.
travailleur (**-euse**) *adj*, *sm* lavoratore.
travailliste *adj*, *sm/f* laburista.
travée *sf* (*arch*) campata.
traveller's chèque *sm* traveller's check.
travers *sm* bizzarria (*f*), stranezza (*f*) ◊ **à travers** attraverso; **passer au travers** cavarsela; **de travers** di traverso; **comprendre de travers** fraintendere.
traverse *sf* traversa; (*ferr*) traversina; scorciatoia.
traversée *sf* traversata; attraversamento (*m*).
traverser *v tr* attraversare, traversare.
traversin *sm* capezzale, traversino.
travesti *adj*, *sm* travestito.

travestir 242

travestir *v tr* travestire ◊ *v réfl* travestirsi.

travestissement *sm* travestimento; travisamento.

trébucher *v intr* inciampare *(aussi fig)*.

trèfle *sm* trifoglio; *(cartes à jouer)* fiori *(pl)* ◊ **trèfle à quatre feuilles** quadrifoglio.

treillage *sm* graticolato.

treille *sf* pergola, pergolato *(m)* *(vigne)*.

treillis *sm* traliccio; graticcio.

treize *adj, sm* tredici.

treizième *adj, sm/f* tredicesimo *(m)*.

tréma *sm* dieresi *(f)*.

tremblant *adj* tremante.

tremblement *sm* tremito, tremore; vibrazione *(f)* ◊ **tremblement de terre** terremoto.

trembler *v intr* tremare; vibrare.

trembloter *v intr* tremolare.

trémousser (se) *v réfl* agitarsi, dimenarsi.

trempe *sf* tempra, fibra.

tremper *v tr* bagnare, inzuppare; immergere; *(tech)* temprare ◊ *v intr* stare in ammollo, a bagno; macerarsi ◊ **faire tremper** mettere a mollo; **tremper son vin** annacquare il vino.

tremplin *sm* trampolino; pedana *(f)*.

trentaine *sf* trentina.

trente *adj, sm* trenta.

trentenaire *adj* trentennale.

trentième *adj, sm/f* trentesimo *(m)*.

trentin *adj, sm* trentino.

trépan *sm* trapano.

trépaner *v tr* trapanare.

trépas *sm* trapasso.

trépasser *v intr* trapassare.

trépider *v intr* trepidare, fremere.

trépied *sm* treppiede, cavalletto.

trépigner *v intr* pestare i piedi, scalpitare.

très *adv* molto, assai ◊ **très clair** chiarissimo; **très grand** grandissimo; **très souvent** molto spesso.

trésor *sm* tesoro ◊ **trésor public** erario.

trésorerie *sf* tesoreria.

trésorier (-ère) *sm* tesoriere.

tressaillir *v intr* trasalire; sussultare.

tresse *sf* treccia.

tresser *v tr* intrecciare.

tréteau *(pl -eaux)* *sm* cavalletto, trespolo ◊ *pl* théâtre *(sing)* di saltimbanchi.

treuil *sm* argano, verricello.

trêve *sf* tregua.

tri, triage *sm* cernita *(f)*, scelta *(f)*; smistamento.

triangle *sm* triangolo.

tribal *(pl -aux)* *adj* tribale.

tribord *sm (mar)* tribordo, dritta *(f)*.

tribu *sf* tribù.

tribulation *sf* tribolazione, guaio *(m)*.

tribunal *(pl -aux)* *sm* tribunale ◊ **tribunal de grande instance** tribunale di prima istanza a livello dipartimentale; **tribunal pour enfants** tribunale dei minori.

tribune *sf* tribuna.

tribut *sm* tributo.

tributaire *adj, sm* tributario.

tricher *v tr* imbrogliare, truffare ◊ *v intr* barare.

tricherie *sf* imbroglio *(m)*, truffa.

tricheur (-euse) *sm* baro; imbroglione, truffatore.

tricolore *adj, sm* tricolore.

tricot *sm* maglia *(f)*; lavoro a maglia.

tricoter *v tr* lavorare a maglia ◊ *v intr* sgambettare; saltellare ◊ **aiguille à tricoter** ferro da calza; **machine à tricoter** macchina per maglieria.

tricycle *sm* triciclo.

trident *sm* tridente; fiocina *(f)*.

triennal *(pl -aux)* *adj* triennale.

trier *v tr* selezionare, scegliere; smistare ◊ **trier sur le volet** scegliere con cura.

trigonométrie *sf* trigonometria.

trimbaler *v tr (familier)* tirarsi dietro; rimorchiare.

trimer *v intr (familier)* sgobbare, sfacchinare.

trimestre *sm* trimestre.

trimestriel (-elle) *adj* trimestrale.

tringle *sf* asta, bacchetta.

trinquer *v intr* brindare.

trio *sm* trio; terzetto.

triomphal *(pl -aux)* *adj* trionfale.

triomphant *adj* trionfante.

triomphe *sm* trionfo.

triompher *v intr* trionfare.

triparti *adj* tripartito.

tripartition *sf* tripartizione.

tripe *sf* trippa.

triple *adj* triplo; triplice ◊ *sm* triplo.

tripler *v tr* triplicare ◊ *v intr* triplicarsi.

tripot *sm* bisca (*f*).

tripoter *v tr* maneggiare; tastare ◊ *v intr* rovistare, frugare; (*fig*) intrigare, speculare.

triptyque *sm* trittico.

trique *sf* randello (*m*), manganello (*m*).

triste *adj* triste.

tristesse *sf* tristezza.

triton *sm* tritone.

triturer *v tr* triturare.

trivial (-aux) *adj* triviale.

trivialité *sf* trivialità, volgarità.

troc *sm* baratto, scambio.

trognon *sm* torsolo.

trois *adj*, *sm* tre ◊ **trois cents** trecento; **trois centième** trecentesimo.

troisième *adj*, *sm/f* terzo (*m*).

troisièmement *adv* in terzo luogo.

trolleybus *sm* filobus.

trombe *sf* (*météorologie*) tromba.

trombone *sm* trombone; fermaglio, graffetta (*f*).

trompe *sf* corno (*m*); proboscide.

tromper *v tr* imbrogliare, ingannare; tradire ◊ *v réfl* sbagliare, sbagliarsi ◊ **tromper l'attente de** deludere l'aspettativa di; **tromper la loi** eludere la legge; **si je ne me trompe…** se non sbaglio…

tromperie *sf* inganno (*m*), imbroglio (*m*).

trompette *sf* tromba ◊ **nez en trompette** naso all'insù.

trompeur (-euse) *adj* ingannevole, ingannatore.

tronc *sm* tronco; cassetta (*f*) delle elemosine.

tronçon *sm* troncone; tronco, tratto ◊ **un tronçon de route** un tratto di strada.

tronçonner *v tr* tagliare a pezzi.

trône *sm* trono.

trôner *v intr* troneggiare.

tronquer *v tr* troncare, mutilare.

trop *adv* troppo ◊ **trop peu** troppo poco; **de trop** di troppo; **c'en est trop!** questo è troppo!

trophée *sm* trofeo.

tropical (*pl* **-aux**) *adj* tropicale, dei tropici.

tropique *sm* tropico.

trop-plein (*pl* **trop-pleins**) *sm* liquido in eccesso; (*dispositif*) troppo pieno; (*fig*) eccedenza (*f*), eccesso.

troquer *v tr* scambiare; barattare.

trot *sm* trotto.

trotter *v intr* trottare; andare al trotto.

trottiner *v intr* trotterellare.

trottinette *sf* monopattino (*m*).

trottoir *sm* marciapiede ◊ **faire le trottoir** battere il marciapiede.

trou *sm* buco; buca (*f*) ◊ **trou de mémoire** vuoto di memoria.

troublant *adj* inquietante; sconcertante.

trouble *adj* torbido ◊ *sm* scompiglio, disordine; turbamento; (*méd*) disturbo, turba (*f*) ◊ **voir trouble** vedere offuscato.

trouble-fête *sm/f inv* guastafeste.

troubler *v tr* intorbidare; offuscare; turbare ◊ *v réfl* intorbidarsi; offuscarsi; turbarsi.

trouée *sf* apertura; breccia, varco (*m*).

trouer *v tr* bucare, forare.

troupe *sf* truppa; gruppo (*m*), schiera; branco (*m*); compagnia, troupe.

troupeau (*pl* **-eaux**) *sm* mandria (*f*); gregge; branco.

trousse *sf* borsa; astuccio (*m*), custodia ◊ **avoir la police à ses trousses** avere la polizia alle calcagna.

trousseau (*pl* **-eaux**) *sm* corredo ◊ **trousseau de clés** mazzo di chiavi.

trouvaille *sf* trovata.

trouver *v tr* trovare ◊ *v réfl* trovarsi ◊ **se trouver mal** sentirsi male; **il se trouve que** succede che.

truand *sm* malvivente (*m/f*).

truc *sm* trucco; (*familier*) aggeggio, coso.

truchement *sm* tramite ◊ **par le truchement de** per il tramite di.

truculent *adj* truculento.

truelle *sf* cazzuola, spatola.

truffe *sf* (*bot*) tartufo (*m*); naso (*m*) (*du chien*).

truie *sf* scrofa.

truite *sf* trota.

truquage *sm* trucco.

truquer *v tr* truccare.
trust *sm* (*écon*) trust, cartello.
tsar *sm* zar.
tsigane *adj*, *sm/f* zigano (*m*).
tu *pron* tu.
tuba *sm* (*mus*) tuba (*f*).
tube *sm* tubo; tubetto ◊ **tube à essai** provetta.
tuberculeux (**-euse**) *adj*, *sm* tubercoloso.
tuberculose *sf* tubercolosi.
tubulaire *adj* tubolare.
tubulure *sf* tubatura.
tuer *v tr* uccidere, ammazzare ◊ *v réfl* uccidersi, ammazzarsi ◊ **se tuer au travail** ammazzarsi di lavoro.
tuerie *sf* massacro (*m*), strage (*f*).
tue-tête ◊ **à tue-tête** a squarciagola.
tueur (**-euse**) *sm* uccisore; macellatore, macellaio.
tuile *sf* tegola.
tulipe *sf* tulipano (*m*).
tulle *sm* tulle.
tuméfaction *sf* tumefazione.
tumeur *sf* tumore (*m*).
tumulte *sm* tumulto.
tumultueux (**-euse**) *adj* tumultuoso.
tunique *sf* tunica.
tunisien (**-enne**) *adj*, *sm* tunisino.
tunnel *sm* tunnel, galleria (*f*).
turban *sm* turbante.
turbine *sf* turbina.
turbot *sm* (*zool*) rombo.
turbulence *sf* turbolenza.
turbulent *adj* turbolento.
turc (**-que**) *adj*, *sm* turco.
turf *sm* (*terrain, courses*) turf; ambiente delle corse.
turfiste *sm/f* appassionato (*m*) di ippica.
turinois *adj*, *sm* torinese (*m/f*).
turpitude *sf* bassezza, azione infame.
turquoise *sf* turchese ◊ *adj*, *sm* (colore) turchese.
tutélaire *adj* tutelare.
tutelle *sf* tutela.
tuteur (**-trice**) *sm* tutore.
tutoyer *v tr* dare del tu a.
tuyau (*pl* **-aux**) *sm* tubo; canna (*f*); (*familier*) informazione (*f*), consiglio.
tuyauterie *sf* tubatura, tubazione.
tuyère *sf* (*tech*) ugello (*m*).

TV *sf* (*familier*) tivù, televisione.
tympan *sm* timpano.
type *sm* tipo.
typer *v tr* caratterizzare, tipicizzare.
typhoïde *adj* (*méd*) tifoide, tifoideo ◊ *sf* (*méd*) tifo.
typhus *sm* (*méd*) tifo.
typique *adj* tipico; caratteristico.
typographe *sm/f* tipografo (*m*).
typographie *sf* tipografia.
tyran *sm* tiranno.
tyrannie *sf* tirannia.
tyranniser *v tr* tiranneggiare.
tyrolien (**-nne**) *adj*, *sm* tirolese (*m/f*).
tzigane *adj*, *sm/f* zigano (*m*), zingaro (*m*).

U

ubiquité *sf* ubiquità.
ulcère *sm* ulcera (*f*).
ulcérer *v tr* ulcerare; (*fig*) esacerbare.
ultérieur *adj* ulteriore.
ultime *adj* ultimo.
ultra- *préfixe* ultra.
ultra *adj*, *sm/f* estremista, ultrà.
ultraviolet *adj* ultravioletto.
ululer *v intr* ululare; (*oiseaux de nuit*) stridere, gridare.
un (**une**) *art*, *pron*, *adj*, *sm* un, uno ◊ **un homme** un uomo; **une femme** una donna; **les uns et les autres** gli uni e gli altri; **un à un, un par un** a uno a uno, uno per uno; **n'être qu'un** essere tutt'uno; **pas un** neppure uno, nessuno.
unanime *adj* unanime.
unanimité *sf* unanimità.
uni *adj* unito; piano, uniforme; in tinta unita ◊ **un terrain uni** un terreno uniforme; **étoffe unie** stoffa in tinta unita.
unification *sf* unificazione.
unifier *v tr* unificare.
uniforme *adj* uniforme ◊ *sm* uniforme (*f*), divisa (*f*).
uniformiser *v tr* uniformare.
uniformité *sf* uniformità.
unilatéral (*pl* **-aux**) *adj* unilaterale ◊ **stationnement unilatéral** sosta con-

sentita su un solo lato della carreggia-ta.

union *sf* unione.

unique *adj* unico.

unir *v tr* unire; collegare, congiungere ◊ *v réfl* unirsi.

unisson *sm* unisono.

unitaire *adj* unitario.

unité *sf* unità ◊ **prix à l'unité** prezzo unitario.

univers *sm* universo.

universel (-elle) *adj* universale.

universitaire *adj* universitario ◊ *sm* professore universitario.

université *sf* università.

uranium *sm* uranio.

urbain *adj* urbano.

urbaniser *v tr* urbanizzare.

urbanisme *sm* urbanistica (*f*) ◊ **plan d'urbanisme** piano regolatore.

urbaniste *adj* urbanistico ◊ *sm/f* urbanista.

urgence *sf* urgenza; emergenza ◊ **service des urgences** pronto soccorso; **état d'urgence** stato di emergenza.

urgent *adj* urgente.

urinal (*pl* **-aux**) *sm* orinale, pappagallo.

urine *sf* urina.

uriner *v tr* urinare.

urne *sf* urna.

urticaire *sf* (*méd*) orticaria.

usage *sm* uso; usanza (*f*) ◊ **faire usage de** usare, fare uso di; **hors d'usage** fuori uso; **à l'usage** con l'uso; **à l'usage de** destinato a, a uso di; **il est d'usage de**… si usa…

usagé *adj* usato.

usager (-ère) *sm* utente (*m/f*).

usé *adj* consumato, logoro (*aussi fig*).

user *v tr* consumare, logorare ◊ *v intr* usare ◊ **user de** avvalersi di.

usine *sf* fabbrica, stabilimento (*m*).

usiner *v tr* (*tech*) lavorare (a macchina).

usité *adj* in uso, d'uso.

ustensile *sm* utensile; attrezzo.

usuel (-elle) *adj* usuale ◊ **nom usuel** nome volgare (di animali e vegetali).

usufruit *sm* (*jur*) usufrutto.

usure *sf* usura; logorio (*m*), logoramento (*m*).

usurier (-ère) *sm* usuraio.

usurpateur (-trice) *sm* usurpatore.

usurper *v tr* usurpare.

ut *sm* (*mus*) do.

utérin *adj* uterino.

utérus *sm* utero.

utile *adj* utile ◊ **en temps utile** in tempo utile.

utilisable *adj* utilizzabile.

utilisation *sf* utilizzazione, utilizzo (*m*).

utiliser *v tr* utilizzare.

utilitaire *adj* utilitaristico ◊ **véhicule utilitaire** veicolo commerciale (per il trasporto di merci o persone).

utilité *sf* utilità; vantaggio (*m*); tornaconto (*m*).

utopie *sf* utopia.

utopique *adj* utopico.

uvule *sf* ugola.

V

vacance *sf* vacanza ◊ *pl* vacanze, ferie ◊ **les grandes vacances** le ferie estive.

vacancier *sm* villeggiante.

vacant *adj* vacante.

vacarme *sm* baccano, chiasso; frastuono.

vaccin *sm* vaccino.

vaccination *sf* vaccinazione.

vacciner *v tr* vaccinare.

vache *sf* vacca, mucca ◊ *adj* (*familier*) cattivo; severo ◊ **vache folle** mucca pazza.

vachement *adv* (*familier*) maledettamente, terribilmente.

vacherie *sf* (*familier*) cattiveria, carognata.

vaciller *v intr* vacillare.

vacuité *sf* vacuità.

va-et-vient *sm inv* andirivieni, viavai; va e vieni ◊ **faire le va-et-vient entre** fare la spola tra.

vagabond *adj, sm* vagabondo.

vagabondage *sm* vagabondaggio.

vagabonder *v intr* vagabondare.

vagin *sm* vagina (*f*).

vagir *v intr* vagire.

vagissement *sm* vagito.

vague *sf* onda, flutto (*m*); (*fig*) ondata.

vague *adj* vago; incerto, indefinito ◊ *sm* vago ◊ **regarder dans le vague** guardare nel vuoto; **avoir du vague à l'âme** avere la malinconia; **terrain vague** terreno incolto.

vaillance *sf* coraggio (*m*).

vaillant *adj* prode, valoroso; in forma, in salute.

vain *adj* vano ◊ **en vain** invano.

vaincre *v tr* vincere; battere, sconfiggere.

vaincu *adj, sm* vinto, sconfitto.

vainqueur *sm* vincitore.

vaisseau (*pl* -**eaux**) *sm* vascello; (*anat*) vaso ◊ **vaisseau spatial** astronave; **vaisseaux sanguins** vasi sanguigni.

vaisselier *sm* credenza (*f*) (con piattaia).

vaisselle *sf* stoviglie (*pl*); vasellame (*m*) ◊ **faire la vaisselle** lavare i piatti.

val (*pl* **vaux, vals**) *sm* valle (*f*).

valable *adj* valido, valevole.

valdôtain *adj, sm* valdostano.

valet *sm* servitore, domestico; (*cartes à jouer*) fante ◊ **valet de chambre** cameriere; **valet d'écurie** stalliere.

valeur *sf* valore (*m*) ◊ **mettre en valeur** valorizzare; **attacher de la valeur à** dare importanza a.

valeureux (-**euse**) *adj* valoroso.

valide *adj* valido.

valider *v tr* convalidare.

validité *sf* validità.

valise *sf* valigia.

vallée *sf* valle, vallata ◊ **fond de la vallée** fondovalle.

vallon *sm* valletta (*f*); avvallamento.

vallonnement *sm* ondulazione (*f*).

valoir *v tr/intr* valere ◊ *v réfl* equivalersi ◊ **valoir la peine** valere la pena; **il vaut mieux** è meglio; **il vaut mieux s'en aller** è meglio andarsene; **se faire valoir** farsi valere; **vaille que vaille** sia come sia.

valoriser *v tr* valorizzare.

valse *sf* valzer (*m*).

valve *sf* valva; (*tech*) valvola.

vandale *sm* vandalo.

vandalisme *sm* vandalismo.

vanille *sf* vaniglia.

vanité *sf* vanità.

vaniteux (-**euse**) *adj* vanitoso.

vanne *sf* (*barrage*) chiusa, paratoia.

vanneau (*pl* -**eaux**) *sm* (*zool*) pavoncella (*f*).

vanner *v tr* (*agr*) spulare, ventilare; (*fig*) spossare, sfinire.

vannerie *sf* oggetti (*m pl*) di vimini.

vantard *adj, sm* fanfarone, spaccone.

vantardise *sf* vanteria, spacconata.

vanter *v tr* vantare ◊ *v réfl* vantarsi.

va-nu-pieds *sm inv* pezzente (*m/f*), straccione.

vapeur *sf* vapore (*m*).

vaporeux (-**euse**) *adj* vaporoso.

vaporisateur *sm* vaporizzatore.

vaporiser *v tr* vaporizzare ◊ *v réfl* vaporizzarsi.

vaquer *v intr* vacare, essere vacante; interrompere la propria attività ◊ **vaquer à** occuparsi di, attendere a.

varappeur *sm* rocciatore.

vareuse *sf* giubbotto (*m*).

variable *adj, sf* variabile.

variante *sf* variante.

variation *sf* variazione, cambiamento (*m*).

varice *sf* varice.

varicelle *sf* varicella.

varié *adj* vario, variato ◊ **hors-d'œuvre variés** antipasti misti.

varier *v tr/intr* variare, cambiare.

variété *sf* varietà.

variole *sf* vaiolo (*m*).

variqueux (-**euse**) *adj* varicoso.

vase *sm* vaso ◊ *sf* melma, fango (*m*).

vaseline *sf* vaselina.

vaseux (-**euse**) *adj* melmoso, fangoso; (*familier*) affaticato, fiacco ◊ **un raisonnement vaseux** un ragionamento confuso.

vassal (*pl* -**aux**) *sm* vassallo.

vaste *adj* vasto.

vaticiner *v intr* vaticinare.

va-tout *sm inv* (*aux cartes*) puntata (*f*) ◊ **jouer son va-tout** rischiare il tutto per tutto.

vaurien *sm* mascalzone, furfantello.

vautour *sm* avvoltoio.

vautrer (**se**) *v réfl* sprofondarsi; rotolarsi.

veau (*pl* **veaux**) *sm* vitello.

vecteur *sm* vettore.

vedette *sf* vedetta; motovedetta; divo (*m*), personaggio (*m*) in vista ◊ **se mettre en vedette** mettersi in vista.

végétal (*pl* **-aux**) *adj*, *sm* vegetale.

végétarien (**-enne**) *adj*, *sm* vegetariano.

végétation *sf* vegetazione.

végéter *v intr* vegetare.

véhémence *sf* veemenza.

véhément *adj* veemente.

véhicule *sm* veicolo.

veille *sf* veglia; vigilia ◊ **la veille au soir** la sera della vigilia.

veillée *sf* veglia; serata.

veiller *vtr/intr* vegliare ◊ **veiller sur** avere cura di; **veiller à** badare a.

veilleur (**-euse**) *sm* vedetta, sentinella; chi veglia (di notte) ◊ **veilleur de nuit** guardia notturna.

veilleuse *sf* lumino (*m*) da notte; fiammella di sicurezza, spia ◊ *pl* (*aut*) luci di posizione ◊ **mettre en veilleuse** abbassare la luce, (*fig*) rallentare l'attività.

veinard *adj*, *sm* (*familier*) fortunato.

veine *sf* vena; venatura; (*familier*) fortuna.

veiné *adj* venato.

veineux (**-euse**) *adj* venoso; venato.

vêlage *sm* parto (della vacca).

vêler *v intr* (*vache*) figliare.

vélin *sm* velino, pergamena sottile ◊ **papier vélin** carta velina.

velléitaire *adj*, *sm* velleitario.

velléité *sf* velleità.

vélo *sm* (*familier*) bicicletta (*f*), bici (*f*) ◊ **faire du vélo** andare in bicicletta; **vélo tout terrain** mountain bike (*f*).

vélocité *sf* velocità, rapidità.

vélodrome *sm* velodromo.

velours *sm* velluto ◊ **à pas de velours** con passo felpato.

velouté *adj* vellutato ◊ *sm* (*cuis*) passato, crema (*f*).

velu *adj* villoso.

venaison *sf* selvaggina, cacciagione.

vénal (*pl* **-aux**) *adj* venale.

vénalité *sf* venalità.

venant *sm* chi viene ◊ **à tout venant** a chiunque, al primo che capita.

vendange *sf* vendemmia.

vendanger *v tr/intr* vendemmiare.

vendeur (**-euse**) *sm* venditore; commesso ◊ **vendeur de journaux** giornalaio.

vendre *v tr* vendere ◊ *v réfl* vendersi ◊ **à vendre** in vendita; **vendre en solde** liquidare.

vendredi *sm* venerdì.

vénéneux (**-euse**) *adj* velenoso.

vénérable *adj* venerabile, venerando.

vénération *sf* venerazione.

vénérer *v tr* venerare.

vénérien (**-enne**) *adj* venereo.

vengeance *sf* vendetta.

venger *v tr* vendicare ◊ *v réfl* vendicarsi.

vengeur (**-geresse**) *adj*, *sm* vendicatore.

véniel (**-elle**) *adj* veniale.

venimeux (**-euse**) *adj* velenoso.

venin *sm* veleno.

venir *v intr* venire ◊ **venir à bout de** venire a capo di; **venir de provenire**, venire da, derivare da; **je viens de le voir** l'ho appena visto; **il vient de paraître** è appena stato pubblicato; **je te vois venir** so già dove vuoi arrivare; **en venir à** venire a, giungere a; **à venir** futuro, a venire.

vénitien (**-enne**) *adj*, *sm* veneziano.

vent *sm* vento ◊ **avoir vent de** venire a conoscenza di; **être dans le vent** essere alla moda.

vente *sf* vendita ◊ **vente aux enchères** vendita all'asta; **vente par correspondance** vendita per corrispondenza.

venter *v impersonnel* tirar vento.

venteux (**-euse**) *adj* ventoso.

ventilateur *sm* ventilatore; (*aut*) ventola (*f*).

ventilation *sf* ventilazione; ripartizione, suddivisione.

ventiler *v tr* ventilare; (*jur*) valutare separatamente; (*écon*) ripartire.

ventouse *sf* ventosa.

ventre *sm* ventre, pancia (*f*) ◊ **prendre du ventre** metter su pancia; **à plat ventre** bocconi.

ventricule *sm* ventricolo.

ventriloque *adj*, *sm/f* ventriloquo (*m*).

venu *adj, sm* venuto; arrivato ◊ **le premier venu** il primo venuto, chiunque.
venue *sf* venuta, arrivo (*m*) ◊ **d'une seule venue** di getto.
vêpres *sf pl* vespri (*m*).
ver *sm* verme ◊ **ver de terre** lombrico; **ver luisant** lucciola; **ver rongeur** tarlo; **ver à soie** baco da seta.
véracité *sf* veridicità.
véranda *sf* veranda.
verbal (*pl* **-aux**) *adj* verbale.
verbaliser *v intr* verbalizzare, redigere un verbale.
verbe *sm* verbo.
verbiage *sm* sproloquio.
verbosité *sf* verbosità.
verdâtre *adj* verdastro.
verdeur *sf* (*fruits, vin*) asprezza; (*fig*) vigore (*m*).
verdict *sm* verdetto.
verdir *v intr/tr* rinverdire.
verdoyant *adj* verdeggiante.
verdure *sf* vegetazione ◊ **tapis de verdure** tappeto erboso.
véreux (-euse) *adj* (*fruit*) bacato; (*fig*) losco, sospetto.
verge *sf* verga.
verger *sm* frutteto.
vergeture *sf* smagliatura (*de la peau*).
verglas *sm* ghiaccio.
vergogne *sf* vergogna ◊ **sans vergogne** spudoratamente.
véridique *adj* veridico, veritiero.
vérification *sf* verifica, controllo; accertamento (*m*).
vérifier *v tr* verificare, controllare; accertare ◊ *v réfl* verificarsi, avverarsi.
véritable *adj* vero.
vérité *sf* verità ◊ **à la vérité** in verità, a dire il vero.
vermeil (-eille) *adj* vermiglio ◊ *sm* vermeil, argento dorato.
vermicelle *sm* (*cuis*) vermicelli (*pl*).
vermifuge *adj, sm* vermifugo.
vermine *sf* insetti (*m pl*) parassiti dell'uomo; canaglia, gentaglia.
vermoulu *adj* tarlato.
vermouth *sm* vermut.
vernaculaire *adj* vernacolare.
vernir *v tr* verniciare.

vernis *sm* vernice (*f*) ◊ **vernis à ongles** smalto per unghie.
vernissage *sm* verniciatura (*f*); vernissage, vernice (*d'exposition*).
vérole *sf* (*familier*) sifilide.
verre *sm* vetro; bicchiere; lente (*f*) ◊ **verres de contact (souples, rigides)** lenti a contatto (morbide, rigide); **papier de verre** carta vetrata.
verrerie *sf* arte vetraria; (*fabrique*) vetreria; oggetti (*m pl*) in vetro.
verrière *sf* vetrata; lucernario (*m*).
verrou *sm* chiavistello, catenaccio ◊ **sous les verrous** in prigione.
verrouiller *v tr* chiudere col chiavistello; sbarrare ◊ *v réfl* chiudersi a chiave.
verrue *sf* verruca.
vers *sm* verso ◊ *prep* verso.
versant *sm* versante.
versatile *adj* volubile, incostante.
verse ◊ **à verse** a dirotto, a catinelle.
verseau (*pl* **-eaux**) *sm* (*arch*) pendenza (*d'une corniche*).
Verseau *sm* (*astr*) Acquario.
versement *sm* versamento.
verser *v tr* versare; (*milit*) assegnare ◊ *v intr* rovesciarsi, capovolgersi ◊ *v réfl* versarsi.
verset *sm* versetto.
verseur (-euse) *sm* mescitore ◊ *adj* che serve per versare.
version *sf* versione.
verso *sm* retro, tergo.
vert *adj, sm* verde ◊ **fruits verts** frutta acerba; **en dire des vertes** dirne di tutti i colori.
vert-de-gris *sm inv* verderame.
vertébral (*pl* **-aux**) *adj* vertebrale.
vertèbre *sf* vertebra.
vertébré *adj, sm* vertebrato.
vertical (*pl* **-aux**) *adj* verticale.
verticale *sf* verticale ◊ **à la verticale** in verticale.
vertige *sm* capogiro, vertigine (*f*) ◊ **avoir le vertige** avere le vertigini.
vertigineux (-euse) *adj* vertiginoso.
vertu *sf* virtù.
vertueux (-euse) *adj* virtuoso.
verve *sf* brio (*m*), verve.
verveine *sf* verbena.
vésicule *sf* vescichetta ◊ **vésicule biliaire** cistifellea.

vespasienne *sf* vespasiano (*m*).

vessie *sf* vescica.

veste *sf* giacca ◊ **veste croisée** giacca a doppio petto; **retourner sa veste** voltare gabbana.

vestiaire *sm* guardaroba; spogliatoio.

vestibule *sm* vestibolo, anticamera (*f*).

vestige *sm* vestigio.

vestimentaire *adj* dell'abbigliamento, del vestiario.

veston *sm* giacca (*f*) (*d'homme*).

vêtement *sm* vestito, abito ◊ **industrie du vêtement** industria dell'abbigliamento.

vétéran *sm* veterano.

vétérinaire *adj*, *sm/f* veterinario (*m*).

vétille *sf* inezia, quisquilia.

vêtir *v tr* vestire ◊ *v réfl* vestirsi.

veto *sm* veto ◊ **opposer son veto** porre il veto.

vétuste *adj* vetusto.

veuf (veuve) *adj*, *sm* vedovo.

veuvage *sm* vedovanza (*f*).

vexant *adj* seccante, irritante; offensivo.

vexation *sf* vessazione, angheria; umiliazione.

vexer *v tr* offendere, umiliare ◊ *v réfl* offendersi.

viabilité *sf* viabilità; praticabilità.

viable *adj* vitale.

viaduc *sm* viadotto.

viager (-ère) *adj*, *sm* vitalizio.

viande *sf* carne.

viatique *sm* viatico.

vibrant *adj* vibrante.

vibration *sf* vibrazione.

vibrer *v intr* vibrare (*aussi fig*).

vicaire *sm* vicario.

vice *sm* vizio; difetto ◊ **vice de construction** difetto di costruzione.

vicennal (*pl* -aux) *adj* ventennale.

vice-versa *adv* viceversa.

vicier *v tr* viziare.

vicieux (-euse) *adj* vizioso; viziato, difettoso.

vicissitudes *sf pl* vicissitudini.

victime *sf* vittima.

victoire *sf* vittoria.

victorieux (-euse) *adj* vittorioso.

victuailles *sf pl* vettovaglie, viveri (*m*).

vidange *sf* svuotamento (*m*); spurgo

(*m*), scarico (*m*); (*aut*) cambio (*m*) dell'olio.

vidanger *v tr* svuotare; spurgare.

vide *adj*, *sm* vuoto ◊ **vide de sens** privo di senso; **tourner à vide** girare a vuoto.

vidéocassette *sf* videocassetta.

vidéo-clip (*pl* **vidéo-clips**) *sm* videoclip.

vidéophone *sm* v. **visiophone**.

vide-ordures *sm inv* colonna (*f*) di scarico delle immondizie.

vide-poches *sm inv* vuotatasche; (*aut*) vano portaoggetti.

vider *v tr* vuotare, svuotare; sgomberare ◊ *v réfl* vuotarsi, svuotarsi ◊ **vider le poisson** pulire il pesce; **vider les lieux** sloggiare.

videur *sm* buttafuori.

vie *sf* vita ◊ **niveau de vie** tenore di vita; **gagner sa vie** guadagnarsi da vivere; **jamais de la vie** mai e poi mai; **avoir la vie dure** essere duro a morire.

vieil *adj*, *sm* v. **vieux**.

vieillard *sm* vecchio, persona (*f*) anziana.

vieillerie *sf* vecchiume (*m*), anticaglia.

vieillesse *sf* vecchiaia.

vieillir *v tr/intr* invecchiare.

vieillissement *sm* invecchiamento.

viennois *adj*, *sm* viennese (*m/f*).

vierge *adj*, *sf* vergine.

vieux, vieil (vieille) *adj*, *sm* vecchio ◊ **un vieux monsieur** un vecchio signore; **un vieil homme** un uomo vecchio; **une vieille voiture** una vecchia macchina; **un petit vieux** un vecchietto; **les vieux jours** la vecchiaia; **salut mon vieux** ciao vecchio mio.

vif (vive) *adj* vivo; vivace, sveglio; violento, brusco ◊ **un froid vif** un freddo pungente; **piquer au vif** pungere sul vivo; **à vif** a fior di pelle; **de vive force** a viva forza; **sur le vif** dal vivo.

vif-argent (*pl* **vifs-argents**) *sm* argento vivo.

vigie *sf* (*mar*) vedetta.

vigilance *sf* vigilanza.

vigilant *adj* vigile.

vigile *sm* guardiano notturno.

vigne *sf* vite; vigna.

vigneron

vigneron (**-onne**) *sm* viticoltore.
vignette *sf* vignetta; (*aut*) bollo (*m*) di circolazione; contrassegno (*m*).
vignoble *sm* vigneto, vigna (*f*).
vigoureux (**-euse**) *adj* vigoroso.
vigueur *sf* vigore (*m*) ◊ **en vigueur** vigente, in vigore.
vil *adj* vile, spregevole ◊ **à vil prix** a poco prezzo.
vilain *adj* cattivo; brutto ◊ *sm* villano; (*familier*) cosa (*f*) brutta, spiacevole.
vilebrequin *sm* trapano a manovella; (*aut*) albero a gomiti.
villa *sf* villa.
village *sm* villaggio; paese.
ville *sf* città ◊ **en ville** in centro, in città.
vin *sm* vino ◊ **vin de table** vino da pasto; **vin mousseux** vino spumante; **vins fins**, **vins de cru** vini pregiati; **vin d'honneur** bicchierata, brindisi.
vinaigre *sm* aceto ◊ **tourner au vinaigre** mettersi male.
vinaigrette *sf* salsa (per l'insalata).
vinaigrier *sm* ampolla (*f*) per l'aceto.
vindicatif (**-ive**) *adj*, *sm* vendicativo.
vineux (**-euse**) *adj* alcolico; vinoso.
vingt *adj*, *sm* venti ◊ **vingt et unième** ventunesimo.
vingtaine *sf* ventina.
vingtième *adj*, *sm/f* ventesimo (*m*).
vinicole *adj* vinicolo.
viol *sm* stupro, violenza (*f*) carnale.
violacé *adj* violaceo.
violation *sf* violazione.
violemment *adv* violentemente.
violence *sf* violenza.
violent *adj*, *sm* violento.
violer *v tr* violare; violentare.
violet (**-ette**) *adj*, *sm* viola, violetto.
violette *sf* violetta.
violon *sm* violino ◊ **violon d'Ingres** hobby, passatempo preferito.
violoncelle *sm* violoncello.
vipère *sf* vipera.
virage *sm* curva (*f*), svolta (*f*); virata (*f*); (*chim*) viraggio.
virement *sm* bonifico; giroconto.
virer *v tr* trasferire (denaro); (*familier*) buttar fuori, cacciar via ◊ *v intr* virare; girare; cambiare colore ◊ **virer à** tendere a.
virevolte *sf* giravolta.

virginal (*pl* **-aux**) *adj* verginale.
virginité *sf* verginità.
virgule *sf* virgola.
viril *adj* virile.
virilité *sf* virilità.
virtuel (**-elle**) *adj* virtuale.
virtuellement *adv* virtualmente.
virtuose *sm/f* virtuoso (*m*).
virulence *sf* virulenza.
virulent *adj* virulento.
virus *sm* virus.
vis *sf* vite.
visa *sm* visto.
visage *sm* viso, volto.
vis-à-vis *adv* di fronte, dirimpetto ◊ *sm* dirimpettaio ◊ **vis-à-vis de** di fronte a, nei confronti di.
viscères *sm pl* viscere (*f*).
viscosité *sf* vischiosità; viscosità.
visée *sf* mira.
viser *v tr* mirare a; prendere di mira; riguardare, concernere ◊ *v intr* mirare.
viseur *sm* mirino.
visibilité *sf* visibilità.
visible *adj* visibile.
visière *sf* visiera.
vision *sf* visione.
visionnaire *adj*, *sm/f* visionario (*m*).
visiophone *sm* videocitofono; videotelefono.
visite *sf* visita ◊ **visite domiciliaire** perquisizione domiciliare; **rendre visite à** far visita a.
visiter *v tr* visitare.
visiteur (**-euse**) *sm* visitatore; ispettore.
vison *sm* visone.
visqueux (**-euse**) *adj* viscoso, vischioso; viscido.
visser *v tr* avvitare.
visuel (**-elle**) *adj* visivo.
vital (*pl* **-aux**) *adj* vitale.
vitalité *sf* vitalità.
vitamine *sf* vitamina.
vite *adv* in fretta, presto ◊ **faire vite** far presto; **au plus vite** quanto prima; **vite fait** alla svelta.
vitesse *sf* velocità; (*aut*) marcia ◊ **indicateur de vitesse** tachimetro; **perte de vitesse** perdita di velocità; **en vitesse** alla svelta.
viticole *adj* viticolo.
viticulteur (**-trice**) *sm* viticoltore.

vitrage *sm* vetrata (*f*); (insieme dei) vetri (*pl*); posa (*f*) dei vetri.

vitrail (*pl* **-aux**) *sm* vetrata (*f*) (artistica).

vitre *sf* vetro (*m*) (*de fenêtre*).

vitré *adj* a vetri; (*anat*) vitreo.

vitreux (**-euse**) *adj* vetroso; vitreo.

vitrier *sm* vetraio.

vitrifier *v tr* vetrificare.

vitrine *sf* vetrina ◊ **lécher les vitrines** andare per negozi.

vitriol *sm* vetriolo.

vitupérer *v tr* vituperare ◊ *v intr* imprecare.

vivable *adj* (*familier*) vivibile; sopportabile, tollerabile.

vivace *adj* resistente, duraturo; (*plante*) perenne; (*fig*) tenace, persistente.

vivacité *sf* vivacità ◊ **vivacité d'esprit** vivacità d'ingegno, prontezza di spirito.

vivant *adj* vivo, vivente; (*fig*) pieno di vita ◊ *sm* vivo ◊ **un bon vivant** un buontempone.

vivat *sm* evviva.

vive *sf* pesce (*m*) ragno.

vive! *interj* viva!, evviva!

vivement *adv* alla svelta, rapidamente; vivamente ◊ **vivement demain!** non vedo l'ora che sia domani!

vivier *sm* vivaio.

vivifiant *adj* vivificante.

vivifier *v tr* vivificare.

vivipare *adj, sm* viviparo.

vivisection *sf* vivisezione.

vivoter *v intr* (*familier*) vivacchiare.

vivre *v tr/intr* vivere ◊ **être facile à vivre** avere un buon carattere; **vivre au jour le jour** vivere alla giornata.

vocabulaire *sm* vocabolario.

vocal (*pl* **-aux**) *adj* vocale.

vocatif *sm* vocativo.

vocation *sf* vocazione.

vociférer *v tr* urlare ◊ *v intr* sbraitare.

vœu (*pl* **vœux**) *sm* voto; promessa (*f*), giuramento; augurio, auspicio; desiderio ◊ **faire le vœu que** augurarsi che; **faire vœu de** fare voto di, giurare di; **mes meilleurs vœux** tanti auguri.

vogue *sf* voga, successo (*m*); popolarità ◊ **en vogue** in voga.

voguer *v intr* navigare.

voici *prep* ecco ◊ **te voici** eccoti; **en voici un** eccone uno.

voie *sf* via, strada; carreggiata, corsia; binario (*m*) ◊ **être dans la bonne voie** essere sulla buona strada; **par voies de droit** per vie legali; **en voie de** in via di.

voilà *prep* ecco ◊ **voilà tout** ecco tutto; **en voilà assez** basta così; **nous y voilà** eccoci qua.

voile *sm* velo ◊ *sf* vela ◊ **faire voile** navigare; **faire de la voile** fare vela; **à pleines voiles** a gonfie vele; **vol à voile** volo a vela.

voilé *adj* velato.

voiler *v tr* velare ◊ *v réfl* velarsi (*aussi fig*).

voilette *sf* veletta.

voilier *sm* veliero.

voir *v tr* vedere; capire ◊ *v réfl* vedersi ◊ **aller voir quelqu'un** andare a trovare qualcuno; **n'avoir rien à voir avec** non avere niente a che vedere, a che fare con; **cela se voit souvent** capita spesso.

voire *adv* perfino, addirittura.

voirie *sf* rete stradale ◊ **voirie urbaine** viabilità urbana; **service de voirie** servizio di nettezza urbana.

voisin *adj, sm* vicino.

voisinage *sm* vicinato; vicinanza (*f*).

voisiner *v intr* frequentarsi (*tra vicini*); essere vicino.

voiture *sf* automobile, macchina; carrozza, vettura ◊ **voiture d'enfants** carrozzina; **voiture d'infirme** carrozzella.

voix *sf* voce; (*polit*) voto (*m*) ◊ **à mi-voix** a mezza voce; **de vive voix** a viva voce.

vol *sm* volo; stormo (*de l'oiseau*); furto ◊ **au vol** al volo; **de haut vol** di alto livello; **à vol d'oiseau** in linea d'aria.

volage *adj* volubile, incostante.

volaille *sf* pollame (*m*).

volailler (**-ère**) *sm* pollivendolo.

volant *adj* volante ◊ *sm* volante (*de voiture*); volano; (*couture*) volant, balza (*f*) ◊ **camp volant** campo mobile; **feuille volante** foglio volante.

volatil *adj* volatile.

volatiliser (**se**) *v réfl* volatilizzarsi.

volcan 252

volcan *sm* vulcano.
volcanique *adj* vulcanico (*aussi fig*).
volcanisme *sm* vulcanismo.
volée *sf* volo (*m*); stormo (*m*) (*d'oiseaux*); scarica (*de coups*); raffica (*décharge d'arme à feu*) ◊ une volée d'enfants uno sciame di bambini; à la volée, de volée al volo; à toute volée a distesa.
voler *v intr* volare ◊ *v tr* rubare, derubare.
volet *sm* imposta (*f*), persiana (*f*); sportello, anta (*f*); (*d'une brochure*) pagina (*f*), faccia (*f*) ◊ trier sur le volet scegliere con cura.
voleter *v intr* svolazzare.
voleur (-euse) *sm* ladro.
volière *sf* voliera, uccelliera.
volontaire *adj* volitivo; volontario ◊ *sm* volontario.
volontariat *sm* volontariato.
volonté *sf* volontà.
volontiers *adv* volentieri.
volt *sm* (*élec*) volt.
voltage *sm* voltaggio.
volte-face *sf inv* voltafaccia (*m*).
voltige *sm* acrobazia (*f*), volteggio.
voltiger *v intr* volteggiare.
voltigeur (-euse) *sm* acrobata (*m/f*); trapezista (*m/f*).
volubile *adj* loquace.
volume *sm* volume.
volumineux (-euse) *adj* voluminoso.
volupté *sf* voluttà.
voluptueux (-euse) *adj* voluttuoso.
volute *sf* voluta.
vomir *v tr* vomitare.
vomissement *sm* vomito.
vorace *adj* vorace.
voracité *sf* voracità.
vote *sm* voto, votazione (*f*) ◊ bulletin de vote scheda elettorale.
voter *v tr/intr* votare.
votre (*pl* vos) *adj* vostro; (*pl de politesse*) suo ◊ votre père et votre mère vostro padre e vostra madre; une de vos amies una vostra amica.
vôtre *pron* vostro; (*pl de politesse*) suo ◊ *sm* il vostro ◊ ma mère et la vôtre mia madre e la sua; les vôtres i vostri; à la vôtre! alla vostra!
vouer *v tr* votare, consacrare, dedicare

◊ il voue un profond respect à son grand-père nutre un profondo rispetto per il nonno.
vouloir *v tr/intr* volere ◊ vouloir du bien, du mal à quelqu'un volere il bene, il male di qualcuno; en vouloir à quelqu'un volerne a qualcuno, avercela con qualcuno; en vouloir à quelque chose mirare a qualcosa; ne pas en vouloir de non volerne sapere di; s'en vouloir de essere pentito di; je veux bien d'accordo.
vouloir *sm* volere; volontà (*f*).
vous *pron* voi; (*compl*) vi; ve; (*pl de politesse*) lei; (*compl*) le ◊ vous autres voialtri; allez vous-en andatevene; vous-mêmes voi stessi.
voûte *sf* volta.
voûté *adj* a volta; curvo.
voûter *v tr* coprire con una volta; incurvare ◊ *v réfl* incurvarsi, ingobbirsi.
vouvoyer *v tr* dare del lei a.
voyage *sm* viaggio.
voyager *v intr* viaggiare.
voyageur (-euse) *sm* viaggiatore.
voyagiste *sm/f* operatore (*m*) turistico.
voyant *adj* vistoso, appariscente ◊ *sm* vedente; veggente; segnale, spia (*f*) luminosa.
voyelle *sf* vocale.
voyeur *sm* guardone.
voyou *sm* mascalzone, canaglia (*f*).
vrac *sm* ◊ en vrac alla rinfusa; (*marchandise*) sfuso.
vrai *adj*, *sm* vero ◊ il n'en est pas moins vrai que resta il fatto che; à vrai dire a dire il vero; pour de vrai davvero.
vraiment *adv* veramente, proprio.
vraisemblable *adj* verosimile.
vraisemblance *sf* verosimiglianza.
vrille *sf* (*bot*) viticcio (*m*); (*tech*) succhiello (*m*) ◊ descendre en vrille scendere a vite.
vrombir *v intr* rombare; ronzare.
vrombissement *sm* rombo; ronzio.
VTT *sm* mountain bike (*f*).
vu *prep* visto, dato ◊ *adj*, *sm* visto ◊ vu son caractère dato il suo carattere; être bien, mal vu essere benvisto, malvisto; c'est du déjà vu non è una

novità; **au vu et au su de tout le monde** sotto gli occhi di tutti.

vue *sf* vista; veduta ◊ **à première vue** a prima vista; **à perte de vue** a perdita d'occhio; **en vue** in vista; **en vue de** in vista di, allo scopo di.

vulcanisme *sm* v. **volcanisme**.

vulgaire *adj* volgare.

vulgarisation *sf* volgarizzazione; divulgazione.

vulgariser *v tr* volgarizzare; divulgare; rendere volgare.

vulgarité *sf* volgarità.

vulnérable *adj* vulnerabile.

vulve *sf* vulva.

W

wagon *sm* (*ferr*) vagone.

WC *sm pl* WC (*sing*).

watt *sm* (*élec*) watt.

whisky *sm* whisky.

X

xénophobe *adj*, *sm/f* xenofobo (*m*).

xérès *sm* sherry.

xylographie *sf* xilografia.

xylophone *sm* xilofono.

Y

y *adv* ci, vi, là ◊ *pron* ci, vi ◊ **il n'y est pas** non c'è; **il y en a** ce n'è; **s'y connaître** intendersene; **j'y vais** ci vado.

yacht *sm* panfilo.

yaourt *sm* yogurt.

yoga *sm* yoga.

yogourt *sm* v. **yaourt**.

yougoslave *adj*, *sm/f* iugoslavo (*m*).

youyou *sm* (*mar*) canottino, lancia (*f*).

yo-yo *sm inv* (*jeu*) yo-yo.

Z

zèbre *sf* zebra.

zébré *adj* zebrato; a strisce.

zèle *sm* zelo ◊ **faire du zèle** fare lo zelante.

zénith *sm* zenit; (*fig*) apogeo, culmine.

zéro *adj*, *sm* zero.

zeste *sm* scorza (*f*), buccia (*f*).

zézayer *v intr* pronunciare in modo bleso.

zibeline *sf* zibellino (*m*).

zigzag *sm* zigzag.

zigzaguer *v intr* zigzagare.

zinc *sm* zinco; banco, bancone.

zinzin *sm* (*familier*) coso, aggeggio.

zip *sm* zip (*f*), chiusura (*f*) lampo.

zippé *adj* con zip, con chiusura lampo.

zizanie *sf* zizzania.

zodiacal (*pl* **-aux**) *adj* zodiacale.

zodiaque *sm* zodiaco.

zona *sm* (*méd*) herpes zoster.

zone *sf* zona; sobborgo povero, borgata (*f*) ◊ **zone bleue** zona disco; **zone monétaire** area monetaria.

zoo *sm* zoo.

zoologie *sf* zoologia.

zoologique *adj* zoologico.

zouave *sm* zuavo.

zurichois *adj*, *sm* zurighese (*m/f*).

zut! *interj* (*familier*) uffa!

ITALIANO - FRANCESE
ITALIEN - FRANÇAIS

A

a *prep* (*moto a luogo*) à; (*stato in luogo*) à; (*distributivo*) par; (*modo*) à; (*altri casi*) en, par, avec ◊ **a fatica** avec peine; **a memoria** par cœur; **a colori** en couleur; (*fatto*) **a mano** (fait) à la main; **al buio** dans le noir; **ad esempio** par exemple; **vicino a** près de, à côté de; **di fronte a** en face de.

abate *sm* abbé.

abbacchiare *v tr* (*abbattere frutta*) gauler; (*fig*) décourager.

abbacchiato *agg* abattu.

abbàcchio *sm* (*macelleria*) agneau de lait.

abbagliante *agg* (*anche fig*) éblouissant ◊ **fari abbaglianti** feux de route.

abbagliare *v tr* aveugler, éblouir (*anche fig*).

abbàglio *sm* éblouissement; (*sbaglio, svista*) méprise (*f*), bévue (*f*).

abbaiare *v intr* aboyer.

abbaìno *sm* lucarne (*f*); (*soffitta abitabile*) mansarde (*f*).

abbandonare *v tr* (*persone, attività*) abandonner, quitter; (*cose*) abandonner; (*lasciare senza aiuto*) livrer à soi-même, délaisser ◊ *v rifl* s'abandonner.

abbandonato *agg* abandonné ◊ **terra abbandonata** terre inculte.

abbandono *sm* (*persone, cose, attività*) abandon; (*di beni, giur*) délaissement ◊ **abbandono di minore** abandon d'enfant.

abbarbicare *v intr* prendre racine ◊ *v*

rifl s'enraciner; (*dell'edera*) s'attacher; (*fig*) s'accrocher.

abbassamento *sm* abaissement; (*diminuzione di valori, prezzi, acque, pressione*) baisse (*f*).

abbassare *v tr* baisser (*anche fig*) ◊ *v rifl* (*chinarsi*) se baisser; (*fig*) s'abaisser ◊ **abbassare la cresta** baisser le ton.

abbasso *inter* à bas.

abbastanza *avv* assez ◊ **averne abbastanza** en avoir assez.

abbàttere *v tr* (*alberi, animali*) abattre; (*edifici*) démolir; (*fig*) décourager ◊ *v rifl* s'abattre; (*fig*) se décourager.

abbattimento *sm* (*di alberi, animali*) abattage; (*di case*) démolition (*f*); (*di animo*) découragement, accablement.

abbazìa *sf* abbaye.

abbecedàrio *sm* abécédaire.

abbellire *v tr* embellir.

abbeverare *v tr* abreuver ◊ *v rifl* s'abreuver.

abbeveratóio *sm* abreuvoir.

abbiccì *sm inv* a b c; alphabet.

abbiente *agg* aisé, riche ◊ **i non abbienti** les pauvres.

abbietto *agg* abject, vil, bas.

abbigliamento *sm* habillement; vêtements (*pl*); (*industria*) confection (*f*).

abbigliare *v tr* habiller, vêtir; (*ornare*) parer ◊ *v rifl* s'habiller.

abbinare *v tr* coupler, assortir.

abbindolare *v tr* tromper, duper.

abbisognare *v intr* avoir besoin de.

abboccamento *sm* entretien, rendez-vous.

abboccare *v intr* (*pesci*) mordre; (*fig*)

mordre à l'hameçon ◊ v rifl se mettre en rapport.

abbonamento sm abonnement.

abbonare v tr abonner ◊ v rifl s'abonner.

abbonato agg abonné ◊ sm abonné; (frequentatore assiduo) habitué.

abbondante agg abondant.

abbondanza sf abondance ◊ **in abbondanza** à foison.

abbondare v intr abonder; (eccedere) exagérer ◊ **abbondare di** abonder en.

abbordare v tr aborder.

abborracciare v tr bâcler.

abbottonare v tr boutonner ◊ v rifl se boutonner.

abbozzare v tr ébaucher, esquisser.

abbozzo sm ébauche (f) (anche fig); esquisse (f).

abbracciare v tr embrasser (anche fig); (circondare) enlacer, entourer ◊ v rifl s'étreindre, s'embrasser.

abbràccio sm embrassade (f), accolade (f).

abbreviare v tr abréger; (il cammino) raccourcir.

abbreviazione sf abréviation.

abbronzante agg bronzant ◊ sm produit solaire.

abbronzare v tr bronzer, brunir ◊ v rifl se bronzer, se dorer.

abbronzatura sf bronzage (m), hâle (m).

abbrustolire v tr griller; (caffè) torréfier.

abbrutimento sm abrutissement; (istupidimento) abêtissement.

abbuono sm remise (f), réduction (f), rabais.

abdicare v intr abdiquer; (a un diritto) renoncer à.

abdicazione sf abdication.

aberrante agg aberrant.

aberrazione sf aberration.

abetàia sf sapinière.

abete sm sapin.

àbile agg habile; (accorto) adroit ◊ **abile al lavoro** apte au travail.

abilità sf inv habileté; (destrezza) adresse.

abilitare v tr autoriser à; (giur) habiliter.

abilitazione sf aptitude; (giur) habilitation ◊ **diploma di abilitazione all'insegnamento nella scuola secondaria** certificat d'aptitude au professorat de l'enseignement secondaire.

abilmente avv habilement; (con accortezza) adroitement.

abissale agg abyssal.

abisso sm abîme, gouffre ◊ **essere sull'orlo dell'abisso** être au bord du gouffre.

abitante agg, smf habitant (m).

abitare v tr habiter ◊ v intr habiter, demeurer, loger ◊ **abitare a Marsiglia** habiter à Marseille.

abitato agg habité ◊ sm agglomération (f).

abitazione sf habitation; appartement (m).

àbito sm vêtement, habit; (da uomo) costume; (da donna, toga) robe (f) ◊ **abito da lavoro** tenue de travail; **abito da sera** tenue de soirée; **abito da sposa** robe de mariée.

abituale agg habituel.

abituare v tr habituer, accoutumer ◊ v rifl s'habituer, s'accoutumer.

abitudinàrio agg, sm routinier.

abitùdine sf habitude ◊ **avere l'abitudine di** avoir l'habitude de; **fare l'abitudine a** s'habituer à; **per abitudine** par habitude; **prendere un'abitudine** prendre une habitude.

abiura sf abjuration.

abiurare v tr abjurer.

ablativo agg, sm (gramm) ablatif.

abluzione sf (med, relig) ablution.

abnegazione sf abnégation, dévouement (m).

abolire v tr abolir; (giur) abroger.

abolizione sf abolition; (giur) abrogation.

abominévole agg abominable, détestable.

abomìnio sm abomination (f), exécration (f).

aborìgeno agg, sm aborigène (m/f).

aborrire v tr détester, avoir horreur de.

abortire v intr avorter; (spontaneamente) faire une fausse couche; (fig) échouer.

aborto *sm* avortement; (*spontaneo*) fausse couche; (*fig*) avorton.

abrasione *sf* abrasion, écorchure; (*cancellatura*) rature.

abrasivo *agg, sm* abrasif.

abrogare *v tr* abroger.

abruzzese *agg* abruzzain ◊ *sm/f* Abruzzain (*m*).

àbside *sf* abside.

abusare *v intr* abuser.

abusivo *agg* illégal; abusif.

abuso *sm* abus ◊ **fare abuso di** abuser de.

acàcia (*pl* -**cie**) *sf* acacia (*m*) ◊ **falsa acacia** robinier.

acadiano *agg* acadien ◊ *sm* (*abitante*) Acadien; (*parlata franco-canadese*) acadien.

acanto *sm* (*bot, arch*) acanthe (*f*).

accadèmia *sf* académie.

accadèmico (*f* -**a** *pl* -**ci** -**che**) *agg* académique ◊ *sm* académicien.

accadere *v intr* arriver, se passer.

accaduto *sm* événement, incident.

accalappiare *v tr* attraper; (*fig*) tromper, duper ◊ **farsi accalappiare** se faire avoir.

accalcare *v tr, rifl* s'entasser, se presser.

accaldarsi *v rifl* avoir très chaud; transpirer; (*fig*) s'échauffer.

accalorarsi *v rifl* s'échauffer, s'exciter, s'animer.

accampamento *sm* camp; (*di turisti, militare*) campement.

accampare *v tr* camper; (*fig*) alléguer, avancer ◊ *v rifl* camper; (*fig*) s'installer.

accanimento *sm* acharnement.

accanirsi *v rifl* s'acharner ◊ **accanirsi contro** s'acharner sur.

accanito *agg* acharné; (*ostinato*) opiniâtre, endurci.

accanto *avv* à côté, près ◊ **accanto a** à côté de; **accanto a qualcuno, a qualcosa** à côté de quelqu'un, de quelque chose.

accantonare *v tr* mettre de côté; (*fig*) laisser de côté.

accaparrare *v tr* accaparer ◊ *v rifl* s'emparer de; (*fig*) s'attirer.

accapigliarsi *v rifl* s'empoigner; (*fig*) se disputer.

accappatóio *sm* peignoir.

accapponare *v tr* (*la pelle*) avoir la chair de poule ◊ **far accapponare la pelle** donner la chair de poule.

accarezzare *v tr* caresser; (*fig*) flatter.

accartocciare *v tr* froisser, chiffonner ◊ *v rifl* se recroqueviller.

accasarsi *v rifl* se marier.

accasciare *v tr* accabler ◊ *v rifl* s'affaisser; (*fig*) s'effondrer.

accatastare *v tr* amonceler, empiler.

accattonàggio *sm* mendicité (*f*).

accattone *sm* mendiant.

accavallare *v tr* chevaucher; (*maglia*) rabattre ◊ *v rifl* se chevaucher ◊ **accavallare le gambe** croiser les jambes.

accecamento *sm* aveuglement (*anche fig*).

accecare *v tr* (*anche fig*) aveugler ◊ *v rifl* devenir aveugle.

accèdere *v intr* accéder, avoir accès à.

accelerare *v tr/intr* accélérer.

acceleratore *sm* accélérateur.

accèndere *v tr* allumer; (*motore*) démarrer; (*fig*) enflammer ◊ *v rifl* s'allumer; (*fig*) s'enflammer.

accendino *sm* briquet.

accennare *v intr* faire signe, faire allusion à ◊ *v tr* indiquer, évoquer, mentionner; (*abbozzare*) esquisser; (*mus*) donner les premières notes de.

accenno *sm* signe; (*allusione*) allusion (*f*).

accensione *sf* allumage (*m*).

accento *sm* accent.

accentramento *sm* centralisation (*f*).

accentrare *v tr* centraliser, concentrer ◊ *v rifl* (*radunarsi*) se concentrer.

accentuare *v tr* accentuer, souligner.

accerchiare *v tr* encercler; (*circondare*) entourer.

accertamento *sm* vérification (*f*).

accertare *v tr* vérifier; (*certificare*) certifier ◊ *v rifl* (*assicurarsi*) s'assurer.

acceso *agg* allumé; (*motore*) en marche; (*colore*) vif.

accessibile *agg* accessible, abordable.

accesso *sm* accès; (*entrata*) entrée (*f*) ◊ **divieto di accesso** accès interdit; **accesso remoto** accès à distance.

accessòrio *agg, sm* accessoire.

accetta *sf* hache.

accettàbile *agg* acceptable.

accettare *v tr* accepter ◊ **accettare un consiglio** accepter un conseil.

accettazione *sf* acceptation; (*ospedale*) admission; (*albergo*) réception.

accezione *sf* acception.

acchiappare *v tr* attraper, saisir.

acchito *sm* ◊ **di primo acchito** du premier coup.

acciaccare *v tr* bosseler; (*di frutti*) abîmer; (*fig*) abattre, accabler.

acciacco (*pl* -chi) *sm* ennui (de santé).

acciaierìa *sf* aciérie.

acciàio *sm* acier ◊ **acciaio inossidabile** acier inoxydable; **muscoli d'acciaio** muscles d'acier.

accidentale *agg* accidentel.

accidentato *agg* (*terreno*) accidenté.

accidente *sm* accident; (*malattia*) attaque (*f*) ◊ **non capire un accidente** ne rien comprendre; **ti venisse un accidente!** que le diable t'emporte!

accidenti *inter* zut.

accìdia *sf* paresse.

accigliarsi *v rifl* froncer les sourcils.

accigliato *agg* renfrogné.

accìngersi *v rifl* s'apprêter à.

acciottolato *sm* pavé, chaussée (*f*).

acciuffare *v tr* attraper.

acciuga (*pl* -ghe) *sf* anchois (*m*) ◊ **stretti come acciughe** serrés comme des sardines.

acclamare *v tr* acclamer, applaudir.

acclimatare *v tr* acclimater ◊ *v rifl* s'acclimater.

acclùdere *v tr* inclure, joindre.

accluso *agg* inclus, joint ◊ **qui accluso** ci-joint.

accoccolarsi *v rifl* s'accroupir.

accodarsi *v rifl* faire la queue.

accogliente *agg* accueillant.

accoglienza *sf* accueil (*m*).

accògliere *v tr* recevoir; accueillir (*anche fig*).

accollarsi *v rifl* se charger (de).

accollato *agg* (*vestito*, *scarpa*) montant.

accoltellare *v tr* poignarder.

accomàndita *sf* (*comm*) commandite.

accomiatarsi *v rifl* prendre congé.

accomodamento *sm* arrangement, accord.

accomodante *agg* accomodant.

accomodare *v tr* accomoder, arranger ◊ *v rifl* s'asseoir, entrer ◊ **si accomodi** (*si sieda*) asseyez-vous; (*venga avanti*) entrez.

accompagnamento *sm* accompagnement; (*funebre*) convoi; (*mus*) accompagnement ◊ **documento di accompagnamento** document joint.

accompagnare *v tr* accompagner ◊ *v rifl* s'accompagner, se joindre à ◊ **accompagnare con lo sguardo** suivre du regard.

accompagnatore (-trice) *sm* accompagnateur ◊ **accompagnatore turistico** accompagnateur (touristique).

accomunare *v tr* mettre en commun ◊ *v rifl* s'unir (à).

acconciare *v tr* préparer, apprêter ◊ *v rifl* (*prepararsi*) s'apprêter.

acconciatura *sf* (*di capelli*) coiffure.

accondiscéndere *v intr* consentir.

acconsentire *v intr* consentir, accepter.

accontentare *v tr* contenter, satisfaire ◊ *v rifl* se contenter (de).

acconto *sm* acompte.

accoppare *v tr* assommer.

accoppiamento *sm* accouplement; (*meccanica*) couplage.

accoppiare *v tr* accoupler, apparier ◊ *v rifl* s'accoupler.

accorciare *v tr* raccourcir; (*abbreviare*) abréger ◊ *v rifl* raccourcir.

accordare *v tr* accorder; (*concedere*) octroyer; (*conciliare*) mettre d'accord ◊ *v rifl* se mettre d'accord.

accordatura *sf* (*mus*) accordage (*m*).

accordo *sm* accord ◊ **andare d'accordo** bien s'entendre; **di comune accordo** d'un commun accord; **d'accordo!** d'accord!

accòrgersi *v rifl* s'apercevoir.

accorgimento *sm* précaution (*f*).

accórrere *v intr* accourir.

accortamente *avv* adroitement.

accorto *agg* avisé, prudent.

accostare *v tr* approcher, accoster ◊ *v rifl* se rapprocher.

accovacciarsi *v rifl* se blottir; s'accroupir.

accozzàglia *sf* ramassis (*m*).

accreditare *v tr* (*dar credito*) accrédi-

ter; (*comm*) créditer; (*avvalorare*) confirmer.

accréscere *v tr* accroître, augmenter ◊ *v rifl* s'agrandir, augmenter.

accrescimento *sm* accroissement, augmentation (*f*).

accucciarsi *v rifl* (*persone*) se blottir; (*cani*) se coucher.

accudire *v tr* soigner, s'occuper de.

accumulare *v tr* accumuler, amasser.

accumulatore *sm* (*elettr*) accumulateur.

accuratamente *avv* soigneusement.

accuratezza *sf* soin (*m*); diligence.

accurato *agg* (*lavoro*) soigné; (*persona*) soigneux, diligent.

accusa *sf* accusation ◊ **in stato d'accusa** en état d'accusation; **capo d'accusa** chef d'accusation.

accusare *v tr* accuser, inculper ◊ **accusare ricevuta** accuser réception.

accusativo *agg, sm* (*gramm*) accusatif.

accusato *agg, sm* accusé.

accusatore (**-trice**) *sm* accusateur.

acerbo *agg* pas mûr (*anche fig*).

àcero *sm* (*bot*) érable.

acèrrimo *agg* implacable, acharné.

aceto *sm* vinaigre.

acetone *sm* acétone (*f*); (*med*) acétonémie (*f*).

acetosella *sf* (*bot*) oseille sauvage.

acidità *sf inv* acidité (*anche fig*) ◊ **acidità di stomaco** aigreurs d'estomac.

àcido *agg* acide, aigre ◊ *sm* (*chim*) acide.

acìdulo *agg* acidulé.

àcino *sm* grain.

acne *sf* (*med*) acné.

acqua *sf* eau ◊ **acqua minerale naturale/gassata** eau minérale plate/gazeuse; **acqua potabile** eau potable; **acqua di Colonia** eau de Cologne; **acqua ossigenata** eau oxygénée; **fare acqua** prendre l'eau; **trovarsi in cattive acque** être dans la purée.

acquaforte (*pl* **acqueforti**) *sf* eau-forte.

acquàio *sm* évier.

acquaràgia *sf* térébenthine.

acquàrio *sm* aquarium ◊ (**il segno dell'**)**Acquario** (le signe du) Verseau.

acquasanta (*pl* **acquesante**) *sf* eau bénite.

acquàtico (*f* **-a** *pl* **-ci -che**) *agg* aquatique; (*sport*) nautique.

acquavite (*pl* **acquaviti, acqueviti**) *sf* eau-de-vie.

acquazzone *sm* averse (*f*).

acquedotto *sm* aqueduc.

àcqueo *agg* aqueux ◊ **vapore acqueo** vapeur d'eau.

acquerello *sm* aquarelle (*f*).

acquerùgiola *sf* bruine.

acquietare *v tr* apaiser, calmer ◊ *v rifl* se calmer, s'apaiser; (*di vento*) tomber.

acquirente *sm/f* acquéreur (*m*), acheteur (*m*).

acquisire *v tr* acquérir.

acquisito *agg* acquis.

acquistare *v tr* acheter; (*acquisire*) acquérir ◊ *v intr* gagner (en) ◊ **acquistare tempo** gagner du temps.

acquisto *sm* achat; (*acquisizione*) acquisition (*f*) ◊ **potere d'acquisto** pouvoir d'achat.

acquitrino *sm* marécage, marais.

acquolina *sf* ◊ **far venire l'acquolina in bocca** faire venir l'eau à la bouche.

acre *agg* âcre, âpre.

acrèdine *sf* âcreté, âpreté; (*fig*) aigreur, acrimonie.

acrìlico *agg* acrylique.

acróbata (*pl* **-i -e**) *sm/f* acrobate.

acrobazìa *sf* acrobatie.

acròpoli *sf inv* acropole.

acuire *v tr* aiguiser.

acùleo *sm* aiguillon, dard.

acume *sm* (*sensibilità di un senso*) acuité (*f*); (*sottigliezza d'ingegno*) finesse (*f*).

acuminare *v tr* aiguiser, tailler en pointe.

acuminato *agg* acéré.

acùstica (*pl* **-che**) *sf* acoustique.

acuto *agg* (*suono*) aigu; (*fig*) subtil ◊ *sm* aigu.

ad *prep* v. **a**.

adagiare *v tr* coucher, étendre ◊ *v rifl* (*in poltrona*) s'installer; (*a letto*) s'allonger; (*fig*) s'abandonner.

adàgio *sm* (*mus*) adagio; (*proverbio*) adage ◊ *avv* doucement.

adattamento *sm* adaptation (*f*).

adattare *v tr* adapter, ajuster ◊ *v rifl* s'adapter, se faire (à).

adatto *agg* indiqué; (*appropriato*) approprié, convenable; (*dotato per, fatto per*) doué, fait.

addebitare *v tr* (*comm*) débiter; (*fig*) imputer, attribuer.

addébito *sm* débit; (*fig*) accusation (*f*), imputation (*f*).

addensare *v tr* condenser, épaissir ◊ *v rifl* s'épaissir.

addentare *v tr* mordre.

addentrarsi *v rifl* s'enfoncer; (*fig*) s'engager (dans).

addentro *avv* profondément ◊ **essere addentro** être au courant.

addestramento *sm* formation (*f*); (*animali*) dressage.

addestrare *v tr* (*persone*) former; (*animali*) dresser.

addetto *agg* préposé (à), chargé (de) ◊ *sm* employé ◊ **gli addetti ai lavori** le personnel autorisé; **addetto commerciale** attaché commercial.

addiàccio *sm* (*recinto per animali*) parc; (*milit*) bivouac ◊ **dormire all'addiaccio** dormir à la belle étoile.

addietro *avv* en arrière; (*di tempo*) passé.

addìo *inter, sm* adieu.

addirittura *avv* (*perfino*) même, carrément ◊ **addirittura!** à ce point!

addirsi *v rifl* convenir ◊ **questo colore ti si addice** cette couleur te va bien.

additare *v tr* montrer du doigt, indiquer.

additivo *agg, sm* additif.

addizionare *v tr* additionner.

addizione *sf* addition.

addobbare *v tr* décorer, parer, orner.

addobbo *sm* décoration (*f*).

addolcire *v tr* sucrer; (*fig*) adoucir ◊ *v rifl* s'adoucir.

addolorare *v tr* chagriner, affliger, faire de la peine à.

addolorato *agg* triste.

addome *sm* abdomen.

addomesticare *v tr* apprivoiser.

addormentare *v tr* endormir ◊ *v rifl* s'endormir; (*arto*) s'engourdir.

addossare *v tr* adosser ◊ *v rifl* s'appuyer; (*fig*) prendre sur soi ◊ **addossare una responsabilità** faire endosser une responsabilité.

addosso *avv* sur ◊ **avere addosso una giacca** porter une veste; **dare addosso a qualcuno** taper sur quelqu'un; **mettere le mani addosso a qualcuno** lever la main sur quelqu'un; **mettere gli occhi addosso a qualcuno/qualcosa** lorgner quelqu'un/quelque chose; **addosso!** attrape-le/attrappez-le; **addosso a** sur.

addurre *v tr* alléguer, avancer.

adeguare *v tr* adapter, ajuster ◊ *v rifl* s'adapter.

adeguato *agg* adéquat, convenable.

adémpiere *v tr* accomplir; (*una promessa*) tenir.

aderente *agg* adhérent, collant.

aderire *v intr* adhérer (à).

adescare *v tr* (*anche fig*) appâter, amorcer.

adesione *sf* adhésion.

adesivo *agg* adhésif ◊ *sm* adhésif, autocollant.

adesso *avv* maintenant, à présent ◊ **per adesso** pour l'instant; **fin d'adesso** dès à présent.

adiacente *agg* adjacent; (*attiguo*) avoisinant, contigu.

adibire *v tr* affecter, destiner (à).

àdipe *sm* graisse (*f*).

adirarsi *v rifl* se fâcher, se mettre en colère.

àdito *sm* ◊ **dare adito a** donner lieu à.

adocchiare *v tr* (*notare*) remarquer; (*scorgere*) apercevoir; (*fig*) guigner, jeter les yeux sur.

adolescente *agg, sm/f* adolescent (*m*).

adolescenza *sf* adolescence.

adombrare *v tr* ombrager; (*fig*) voiler ◊ *v rifl* s'effaroucher.

adoperare *v tr* employer, utiliser ◊ *v rifl* (*darsi da fare per*) se prodiguer pour, s'employer à.

adorare *v tr* adorer; idolâtrer.

adornare *v tr* orner, parer.

adottare *v tr* adopter.

adottivo *agg* adoptif.

adozione *sf* adoption.

adrenalina *sf* adrénaline.

adriàtico (*f* -**a** *pl* -**ci** -**che**) *agg* adriatique.

adulare *v tr* flatter.

adulatore (-**trice**) *sm* flatteur, adulateur.

adulterare *v tr* frelater; (*fig*) altérer; falsifier.

adulterato *agg* frelaté; (*fig*) altéré; falsifié.

adultèrio *sm* adultère.

adulto *agg, sm* adulte (*m/f*).

adunare *v tr* rassembler, réunir.

adunata *sf* (*milit*) rassemblement (*m*).

adunco (*pl* -**chi**) *agg* crochu.

aerato *agg* aéré, ventilé.

aèreo *agg* aérien ◊ *sm* avion ◊ **posta aerea** par avion; **base aerea** base aérienne; **spazio aereo** espace aérien; **aereo di linea** avion de ligne; **aereo da turismo** avion civil.

aeròbica *sf* (*ginnastica*) aérobic (*m*).

aerodinàmico *agg* aérodynamique.

aeròdromo *sm* aérodrome.

aeromodellismo *sm* aéromodélisme.

aeronàutica (*pl* -**che**) *sf* aéronautique; (*milit*) armée de l'air.

aeroplano *sm* avion, aéroplane.

aeroporto *sm* aéroport.

aeroscalo *sm* aérodrome, aérogare (*f*).

aeroturismo *sm* tourisme aérien.

afa *sf* chaleur accablante, chaleur étouffante.

afasìa *sf* aphasie.

affàbile *agg* aimable, affable.

affaccendarsi *v rifl* s'affairer.

affacciarsi *v rifl* (*persona*) se montrer; (*finestra*) donner sur.

affamare *v tr* affamer.

affamato *agg, sm* affamé.

affannare *v tr* essoufler; (*fig*) tourmenter ◊ *v rifl* s'essoufler; (*fig*) se donner du mal.

affannato *agg* haletant, essoufflé.

affanno *sm* essouflement; (*fig*) anxiété (*f*); souci.

affaràccio *sm* sale histoire (*f*).

affare *sm* affaire (*f*); (*comm*) affaires (*pl*); (*fam*) truc ◊ **è affar mio** c'est mon affaire; **concludere un affare** conclure une affaire; **uomo d'affari** homme d'affaires; **fare un buon affare** faire une bonne affaire; **farsi gli affari propri** s'occuper de ses affaires; **ministero degli Affari Esteri** ministère des Affaires Ètrangères.

affascinante *agg* fascinant, séduisant.

affascinare *v tr* fasciner, charmer.

affaticare *v tr* fatiguer, surmener ◊ *v rifl* se fatiguer; (*darsi da fare*) se donner du mal.

affatto *avv* tout à fait; (*in frase negativa*) pas du tout ◊ **non sono affatto d'accordo** je ne suis pas du tout d'accord; **niente affato** pas le moins du monde.

affermare *v tr* affirmer ◊ *v rifl* s'imposer; s'affirmer.

affermazione *sf* affirmation; (*successo*) succès (*m*).

afferrare *v tr* attraper, saisir.

affettare *v tr* couper en tranches; (*ostentare*) affecter.

affettato *agg* coupé en tranches; (*fig*) affecté, maniéré ◊ *sm* (*salume*) charcuterie (*f*).

affettivo *agg* affectif.

affetto *agg* atteint, frappé ◊ *sm* affection (*f*) ◊ **provare affetto per qualcuno** éprouver de l'affection pour quelqu'un.

affettuoso *agg* affectueux.

affezionarsi *v rifl* s'attacher à.

affezione *sf* affection.

affiancare *v tr* mettre à côté (de); (*mar*) accoler; (*fig*) soutenir ◊ *v rifl* se mettre à côté (de).

affiatamento *sm* entente (*f*), accord.

affiatarsi *v rifl* (bien) s'entendre.

affibbiare *v tr* (*allacciare*) lacer; (*appioppare*) flanquer, coller ◊ **affibbiare un soprannome** affubler d'un sobriquet.

affidàbile *agg* fiable.

affidamento *sm* confiance (*f*) ◊ **fare affidamento su** compter sur.

affidare *v tr* confier ◊ *v rifl* s'en remettre (à); se confier (à).

affievolirsi *v rifl* s'affaiblir.

affìggere *v tr* afficher.

affilare *v tr* affûter, aiguiser.

affilatura *sf* (*di lama*) affûtage (*m*); (*filo, taglio*) tranchant (*m*).

affiliare *v tr* affilier.

affinare *v tr* (*anche fig*) affiner ◊ **affinare l'ingegno** affiner l'esprit.

affinché *cong* afin que, pour que.

affine *agg* semblable ◊ *sm* (*parente*) parent par alliance.

affinità *sf inv* affinité; (*parentela*) parenté.

affiorare *v intr* affleurer, émerger; (*fig*) apparaître.

affissione *sf* affichage (*m*) ◊ **divieto d'affissione** défense d'afficher.

affittare *v tr* louer ◊ **affittasi** à louer.

affitto *sm* location (*f*); (*prezzo convenuto*) loyer.

affittuàrio *sm* locataire (*m/f*).

affliggere *v tr* affliger ◊ *v rifl* s'affliger.

afflizione *sf* peine, chagrin (*m*).

afflosciare *v tr* rendre mou; (*fig*) affaiblir ◊ *v rifl* s'affaisser.

affluente *sm* affluent.

affluenza *sf* (*di gente*) affluence; (*di liquidi*) afflux (*m*).

affluire *v intr* affluer.

afflusso *sm* afflux; (*di gente*) affluence (*f*).

affogare *v tr* noyer ◊ *v intr* se noyer ◊ **affogare nei debiti** être criblé de dettes.

affollamento *sm* foule (*f*).

affollare *v tr* se presser, remplir ◊ *v rifl* se presser.

affollato *agg* bondé, plein de monde.

affondare *v tr* (*mandare a fondo*) couler; (*conficcare*) enfoncer ◊ *v intr* sombrer; (*fig*) s'anéantir.

affrancare *v tr* libérer; (*mettere il francobollo*) affranchir, timbrer.

affrancatura *sf* (*di corrispondenza*) affranchissement (*m*) ◊ **affrancatura a carico del destinatario** port payé par le destinataire.

affranto *agg* épuisé, harassé; (*moralmente*) accablé.

affrescare *v tr* peindre à fresque.

affresco (*pl* -chi) *sm* fresque (*f*).

affrettare *v tr* hâter, presser ◊ *v rifl* se dépêcher.

affrettatamente *avv* en toute hâte.

affrontare *v tr* affronter, faire face à ◊ *v rifl* s'affronter.

affronto *sm* affront, outrage.

affumicare *v tr* enfumer; (*carni, pesci*) fumer.

affumicato *agg* enfumé; (*carni, pesci*) fumé.

affusolato *agg* fuselé.

àfono *agg* aphone.

aforisma (*pl* -i) *sm* aphorisme.

afoso *agg* étouffant.

africano *agg* africain ◊ *sm* Africain.

afrodisìaco (*pl* -ci) *agg, sm* aphrodisiaque.

agenda *sf* agenda (*m*).

agente *sm/f* agent (*m*) ◊ **agente di borsa** agent de bourse; **agente immobiliare** agent immobilier; **agente di polizia** agent de police.

agenzìa *sf* agence ◊ **agenzia di viaggi** agence de voyages; **agenzia di cambio** bureau de change; **agenzia immobiliare** agence immobilière.

agevolare *v tr* faciliter.

agevolazione *sf* facilité.

agganciare *v tr* accrocher; (*una collana*) agrafer.

aggéggio *sm* truc, machin.

aggettivo *sm* adjectif.

agghiacciare *v tr* (*anche fig*) glacer.

agghindare *v tr* parer, pomponner.

aggiornamento *sm* mise (*f*) à jour; (*rinvio*) ajournement ◊ **corso d'aggiornamento** stage de perfectionnement.

aggiornare *v tr* mettre à jour; (*rinviare*) ajourner ◊ *v rifl* se mettre au courant.

aggiramento *sm* (*inganno*) tromperie (*f*).

aggirare *v tr* tourner autour de; (*ingannare*) tromper, duper ◊ *v rifl* (*per le strade*) errer, traîner; (*ammontare*) s'élever (à) ◊ **il totale si aggira sui diecimila dollari** le total atteint environ dix mille dollars.

aggiudicare *v tr* adjuger.

aggiùngere *v tr* ajouter ◊ *v rifl* s'ajouter.

aggiunta *sf* ajout (*m*), addition.

aggiustare *v tr* (*riparare*) réparer; (*sistemare*) arranger; (*il conto, il tiro*) régler ◊ *v rifl* (*arrangiarsi*) s'arranger.

agglomerato *sm* (*di case*) agglomération (*f*), hameau; (*geologia*) agglomérat.

aggomitolare *v tr* pelotonner ◊ *v rifl* se pelotonner.

aggrapparsi *v rifl* s'accrocher, s'agripper; (*fig*) se cramponner.

aggravare *v tr* aggraver ◊ *v rifl* (*di malattia*) empirer.

aggràvio *sm* aggravation (*f*); (*fin*) augmentation (*f*), hausse (*f*); (*incomodo*) charge (*f*).

aggraziato *agg* gracieux.

aggredire *v tr* attaquer, agresser.

aggregare *v tr* agréger, associer ◊ *v rifl* se joindre (à); s'agréger.

aggregato *agg* associé ◊ *sm* (*chim*) agrégat.

aggressione *sf* agression.

aggressività *sf inv* agressivité.

aggressivo *agg* agressif.

aggrottare *v tr* (*le sopracciglia*) froncer (les sourcils).

aggrovigliare *v tr* (*anche fig*) emmêler, embrouiller ◊ *v rifl* (*anche fig*) s'emmêler, s'embrouiller.

aggrumarsi *v rifl* se cailler.

agguantare *v tr* saisir, empoigner.

agguato *sm* guet-apens, embuscade (*f*) ◊ **stare in agguato** être aux aguets.

agguerrito *agg* aguerri.

agiatezza *sf* aisance.

agiato *agg* aisé.

àgile *agg* agile, svelte.

agilità *sf inv* agilité.

àgio *sm* aise (*f*) ◊ **sentirsi a proprio agio** se sentir à son aise; **mettere a proprio agio** mettre à l'aise.

agire *v intr* agir; (*comportarsi*) se conduire.

agitare *v tr* agiter; (*fig*) troubler, toucher ◊ *v rifl* (*anche fig*) s'agiter.

agitazione *sf* agitation.

agli *prep articolata* v. **a + gli**.

àglio *sm* ail ◊ **testa, spicchio d'aglio** tête, gousse d'ail.

agnello *sm* agneau.

ago (*pl* **aghi**) *sm* aiguille (*f*) ◊ **l'ago della bussola** l'aiguille de la boussole; **essere l'ago della bilancia** être l'arbitre de la situation.

agognare *v tr* convoiter ◊ *v intr* aspirer (à).

agonìa *sf* agonie.

agonismo *sm* esprit de compétition.

agonìstico (*f* **-a** *pl* **-ci -che**) *agg* (*sport*) de compétition.

agonizzare *v intr* agoniser.

agopuntura *sf* acupuncture.

agosto *sm* août.

agrària *sf* agronomie.

agràrio *agg* agraire, agricole ◊ **riforma agraria** réforme agraire.

agrìcolo *agg* agricole.

agricoltore (**-trice**) *sm* agriculteur.

agricoltura *sf* agriculture.

agrifoglio *sm* houx.

agriturismo *sm* gîte rural.

agro *agg* aigre ◊ *sm* campagne (*f*).

agrodolce *agg* aigre-doux.

agrume *sm* agrume.

agrumeto *sm* plantation (*f*) d'agrumes.

aguzzare *v tr* aiguiser ◊ **aguzzare le orecchie** tendre l'oreille; **aguzzare la vista** ouvrir l'œil.

aguzzino *sm* bourreau.

aguzzo *agg* pointu, acéré.

ahi *inter* aïe.

ai *prep articolata* v. **a + i**.

àia *sf* aire, cour ◊ **menare il can per l'aia** tourner autour du pot.

AIDS *sm/f* (*med*) SIDA (*m*).

airone *sm* héron.

aiuòla *sf* parterre (*m*), plate-bande.

aiutante *sm/f* aide, assistant (*m*).

aiutare *v tr* aider ◊ *v rifl* s'aider.

aiuto *sm* aide (*f*), secours; (*assistente*) assistant ◊ **con l'aiuto di** à l'aide de; **aiuto!** au secours!; **dare aiuto** aider; **aiuto regista** assistant du metteur en scène.

aizzare *v tr* exciter.

al *prep articolata* v. **a + il**.

ala (*pl* **ali**) *sf* aile; (*sport*) ailier (*m*).

alabastro *sm* albâtre.

alacrità *sf inv* entrain (*m*), ardeur.

alano *sm* (*zool*) danois.

alare *agg* alaire ◊ *sm* (*del camino*) chenet.

alba *sf* aube ◊ **svegliarsi all'alba** se lever à l'aube.

albanese *agg* albanais ◊ *sm/f* Albanais (*m*).

albeggiare *v intr* faire jour.

alberato *agg* planté d'arbres.

albergare *v tr* (*ospitare*) loger, héberger ◊ *v intr* (*abitare*) loger, être logé.

albergatore (**-trice**) *sm* hôtelier.

alberghiero *agg* hôtelier.

albergo (*pl* **-ghi**) *sm* hôtel; (*di campagna*) auberge (*f*) ◊ **casa albergo** résidence-hôtel; **prenotare una camera d'albergo** réserver une chambre à l'hôtel.

àlbero *sm* arbre; (*di nave*) mât ◊ **albero maestro** le grand mât; **albero da frutto** arbre fruitier; **albero di trasmissione** arbre de transmission.

albicocca (*pl* **-che**) *sf* abricot (*m*).

albicocco (*pl* **-chi**) *sm* abricotier.

albo *sm* tableau; (*raccolta*) album.

albore *sm* lueur (*f*) ◊ **gli albori della storia** l'aube de l'histoire.

album *sm inv* album.

albume *sm* albumen, blanc d'œuf.

albumina *sf* albumine.

alce *sm* élan.

alchimìa *sf* alchimie.

alcol *sm inv* alcool ◊ **alcol denaturato** alcool dénaturé.

alcolicità *sf inv* degré (*m*) d'alcool.

alcòlico (*f* **-a** *pl* **-ci -che**) *agg, sm* alcoolique.

alcolizzato *agg* alcoolisé ◊ *sm* alcoolique (*m/f*).

alcova *sf* alcôve.

alcuno *agg* (*affermativo*) quelque; (*negativo*) aucun ◊ *pron* (*affermativo*) quelqu'un; (*negativo, riferito a persona*) personne ◊ **ho visto alcuni amici** j'ai vu quelques amis; **non ho alcun bisogno di denaro** je n'ai aucun besoin d'argent; **ne ho comprati alcuni** j'en ai acheté quelques-uns; **non ci fu alcuno che l'aiutasse** il n'y eut personne pour l'aider; **non c'è alcun pericolo** il n'y a aucun danger; **alcuni arriveranno domani** quelques-uns arriveront demain.

aldilà *sm inv* au-delà.

aleggiare *v intr* flotter (dans l'air).

alfabeto *sm* alphabet.

alfiere *sm* (*milit*) porte-drapeau; (*scacchi*) fou.

alfine *avv* enfin.

alga (*pl* **-ghe**) *sf* algue.

àlgebra *sf* algèbre.

algerino *agg* algérien ◊ *sm* Algérien.

aliante *sm* planeur.

àlibi *sm inv* alibi.

alice *sf* anchois.

alienante *agg* aliénant.

alienare *v tr* aliéner ◊ *v rifl* s'aliéner (*anche fig*).

alienato *agg, sm* aliéné.

alimentare *agg* alimentaire ◊ *sm pl* alimentation (*f sing*) ◊ *v tr* alimenter; (*fig*) entretenir ◊ *v rifl* se nourrir; (*carburante*) s'approvisionner.

alimentazione *sf* alimentation.

alimento *sm* aliment (*anche fig*); (*nutrimento*) nourriture (*f*) ◊ **pagare gli alimenti** verser une pension alimentaire.

alìquota *sf* (*econ*) taux (*m*); (*giur*) quote-part.

aliscafo *sm* hydrofoil.

alitare *v intr* (*di vento*) souffler; (*di respiro*) respirer.

àlito *sm* (*di vento*) souffle; (*respiro*) haleine (*f*), respiration (*f*), souffle.

alla *prep articolata* v. **a + la**.

allacciamento *sm* (*di strade, ferrovie ecc.*) branchement, raccordement ◊ **allacciamento della luce** branchement électrique; **allacciamento del gas** raccordement au gaz; **allacciamento del telefono** branchement téléphonique.

allacciare *v tr* (*con lacci*) lacer; (*collegare*) relier, raccorder; (*luce, gas, telefono*) brancher; (*amicizia*) nouer ◊ **allacciare le cinture** attacher les ceintures; **allacciarsi le scarpe** se lacer les chaussures.

allagamento *sm* inondation (*f*).

allagare *v tr* inonder, envahir ◊ *v rifl* être inondé.

allargare *v tr* élargir; (*gambe, braccia*) écarter; (*ricerche, relazioni*) étendre ◊ *v rifl* s'élargir, s'étendre.

allarmare *v tr* alarmer, inquiéter ◊ *v rifl* s'alarmer.

allarme *sm* alarme (*f*); inquiétude (*f*) ◊ **allarme aereo** alerte aérienne; **falso allarme** fausse alerte; **allarme antifurto** alarme antivol; **dare l'allarme** donner l'alerte.

allattamento *sm* allaitement.

allattare *v tr* allaiter.
alle *prep articolata* v. **a + le**.
alleanza *sf* alliance.
alleare *v tr* allier ◊ *v rifl* s'allier (à).
alleato *agg*, *sm* allié.
allegare *v tr* joindre, inclure; alléguer.
allegato *agg* inclus, joint ◊ *sm* annexe
(*f*), pièce (*f*) jointe.
alleggerire *v tr* alléger; (*fig*) soulager ◊
v rifl se délivrer; (*di vestiti*) se découvrir.
allegorìa *sf* allégorie.
allegramente *avv* joyeusement.
allegrìa *sf* gaieté, joie.
allegro *agg* gai, joyeux.
allenamento *sm* entraînement.
allenare *v tr* entraîner; (*fig*) habituer ◊
v rifl s'entraîner.
allenatore (-trice) *sm* entraîneur.
allentare *v tr* desserrer, lâcher ◊ *v rifl*
se desserrer, se relâcher ◊ **allentare
una vite** desserrer une vis.
allergìa *sf* allergie.
allèrgico (*f* **-a** *pl* **-ci -che**) *agg* allergique.
allerta *sf inv* (*milit*) sur le qui-vive ◊
stare allerta être sur le qui-vive.
allestimento *sm* préparation (*f*); (*teatro*) mise (*f*) en scène.
allestire *v tr* préparer; (*un luogo per la
festa*) organiser, aménager; (*teatro*)
monter, mettre en scène.
allettare *v tr* attirer, allécher; (*adulare*)
séduire.
allevamento *sm* élevage.
allevare *v tr* élever; (*bestiame*) faire de
l'élevage.
alleviare *v tr* soulager, alléger.
allibire *v intr* rester interdit, rester
stupéfait.
allietare *v tr* égayer.
allievo *sm* élève (*m/f*).
alligatore *sm* alligator.
allineare *v tr* aligner ◊ *v rifl* s'aligner
(*anche fig*).
allitterazione *sf* allitération.
allo *prep articolata* v. **a + lo**.
allocco (*pl* **-chi**) *sm* (*zool*) hulotte (*f*);
(*fig*) sot.
allocuzione *sf* allocution.
allòdola *sf* alouette.

alloggiare *v tr* loger, héberger ◊ *v intr*
habiter, loger.
allòggio *sm* logement, logis ◊ **vitto e
alloggio** le vivre et le couvert.
allontanamento *sm* éloignement.
allontanare *v tr* éloigner; (*tener lontano*) écarter ◊ *v rifl* s'éloigner.
allora *avv*, *cong* alors; (*a quel tempo*) à
ce moment-là, à cette époque; (*in tal
caso*) dans ce cas ◊ **da allora** depuis
lors.
allorché *cong* lorsque, quand.
alloro *sm* laurier ◊ **riposare sugli allori** se reposer sur ses lauriers.
àlluce *sm* gros orteil.
allucinazione *sf* hallucination.
allùdere *v intr* faire allusion (à).
allumìnio *sm* aluminium.
allungare *v tr* allonger; (*distendere*)
tendre ◊ *v rifl* s'allonger ◊ **allungare
il passo** allonger le pas; **allungare le
mani** tendre les mains.
allusione *sf* allusion.
alluvione *sf* inondation.
almanacco (*pl* **-chi**) *sm* almanach.
almeno *avv* au moins, du moins.
alone *sm* halo.
alpéggio *sm* alpage.
alpestre *agg* alpestre.
alpinismo *sm* alpinisme.
alpino *agg* alpin ◊ *sm* (*milit*) chasseur
alpin ◊ **stella alpina** edelweiss.
alquanto *avv* (*piuttosto*) plutôt, un peu,
quelque peu; (*abbastanza*) assez;
(*per un po' di tempo*) quelque temps.
alt *inter* halte, stop.
altalena *sf* balançoire.
altare *sm* autel.
alterare *v tr* altérer ◊ *v rifl* s'altérer;
(*fig*) s'irriter.
alterazione *sf* altération.
alterco (*pl* **-chi**) *sm* dispute (*f*), querelle (*f*).
alternare *v tr* alterner ◊ *v rifl* (*darsi il
cambio*) se relayer.
alternativa *sf* alternative.
alternato *agg* alterné ◊ **corrente alternata** courant alternatif.
alternatore *sm* (*elettr*) alternateur.
alterno *agg* (*moto*) alternatif; alterne ◊
a giorni alterni tous les deux jours.
altero *agg* altier, hautain.

altezza *sf* hauteur; (*statura*) taille; (*profondità*) profondeur; (*di stoffa*) largeur ◊ **essere, non essere all'altezza della situazione** être, ne pas être à la hauteur de la situation; **Sua Altezza** Son Altesse.

alùccio *agg* éméché.

altipiano *sm* haut plateau.

altisonante *agg* retentissant.

altitùdine *sf* altitude.

alto *agg* haut; (*di persona*) grand; (*di acque*) profond; (*di suono*) aigu ◊ **alta marea** marais haute; **alta stagione** haute saison; **ad alto livello** à haut niveau; **guardare dall'alto in basso** regarder de haut en bas; **in alto** en haut; **ad alta voce** à voix haute; **a notte alta** en pleine nuit.

altomare *sm inv* haute mer (*f*).

altoparlante *sm* haut-parleur.

altopiano (*pl* **altipiani**) *sm* haut plateau.

altrettanto *agg* autant de ◊ *pron* autant ◊ *avv* (*ugualmente*) aussi ◊ **fare altrettanto** en faire autant; **grazie, altrettanto!** merci, de même.

altrimenti *avv* autrement ◊ **vieni, altrimenti me ne vado** viens, sinon je m'en vais.

altro *agg, pron* autre ◊ **nessun altro** personne d'autre; (*riferito a cose*) aucun autre; **nient'altro** rien d'autre; **l'altr'anno** l'année dernière; **l'altro ieri** avant-hier; **alcuni arrivano oggi, altri domani** certains arrivent aujourd'hui, d'autres demain; **vuole altro?** et avec ceci?; **posso incontrare l'uno o l'altro** je peux rencontrer aussi bien l'un que l'autre; **per altro** d'ailleurs; **senz'altro** sans aucun doute; **d'altra parte** d'autre part; **se non altro** (tout) au moins; **tutt'altro** tout autre chose; **tra l'altro** entre autres (choses).

altroché *inter* et comment!

altronde *avv* ◊ **d'altronde** d'ailleurs.

altrove *avv* ailleurs.

altrùi *agg inv* d'autrui, des autres ◊ *pron* à autrui, aux autres.

altruismo *sm* altruisme.

altura *sf* hauteur.

alunno *sm* élève (*m/f*), écolier.

alveare *sm* ruche (*f*).

àlveo *sm* (*di fiume*) lit.

alzare *v tr* lever; (*sollevare*) soulever; (*aumentare*) augmenter ◊ *v rifl* (*dal letto, del vento*) se lever; (*crescere*) s'élever; (*temperatura*) monter ◊ **alzare la voce** élever la voix; **alzare le spalle** hausser les épaules; **alzare gli occhi al cielo** lever les yeux au ciel; **alzare le mani** (*picchiare*) lever la main (sur); **alzare i prezzi** hausser, augmenter les prix; **alzare le vele** hisser les voiles.

amàbile *agg* aimable ◊ **vino amabile** vin doux, moelleux.

amaca (*pl* **-che**) *sf* hamac (*m*).

amalgamare *v tr* amalgamer.

amante *agg* qui aime, amateur ◊ *sm/f* amoureux (*m*), amant (*m*) ◊ **amante della musica** amateur de musique.

amare *v tr* aimer ◊ *v rifl* s'aimer.

amareggiare *v tr* rendre amer; (*fig*) attrister, assombrir ◊ *v rifl* avoir de la peine.

amarena *sf* griotte.

amaretto *sm* (*liquore*) amaretto; (*biscottino*) macaron à l'amande.

amarezza *sf* amertume.

amaro *agg* amer (*anche fig*) ◊ *sm* (*digestivo*) amer; (*fig*) amertume (*f*), rancœur (*f*).

amato *agg* aimé ◊ *sm* bien-aimé.

amàzzone *sf* amazone.

ambascerìa *sf* ambassade.

ambasciata *sf* ambassade; (*messaggio*) message (*m*).

ambasciatore (**-trice**) *sm* ambassadeur.

ambedùe *agg inv* les deux ◊ *pron inv* tous les deux.

ambientale *agg* du milieu, ambiant.

ambientalista (*pl* **-i** **-e**) *agg, sm/f* environnementaliste.

ambientare *v tr* acclimater; (*un romanzo ecc.*) situer ◊ *v rifl* s'acclimater.

ambiente *sm* milieu, habitat, ambiance (*f*); (*ecologia*) environnement; (*stanza*) pièce (*f*) ◊ **temperatura ambiente** temperature ambiante.

ambiguità *sf inv* ambiguïté.

ambìguo *agg* ambigu, équivoque.

ambire *v tr/intr* ambitionner, aspirer (à); avoir l'ambition (de).

àmbito *sm* domaine, cadre, sphère (*f*).

ambivalenza *sf* ambivalence.

ambizione *sf* ambition.

ambizioso *agg*, *sm* ambitieux.

ambra *sf* ambre (*m*).

ambulante *agg* ambulant ◊ *sm/f* marchand (*m*) ambulant ◊ **venditore ambulante** colporteur, camelot.

ambulanza *sf* ambulance.

ambulatoriale *agg* ambulatoire ◊ **visita ambulatoriale** consultation au dispensaire.

ambulatòrio *sm* dispensaire; cabinet de consultation.

americano *agg* américain ◊ *sm* Américain.

amichévole *agg* amical ◊ **una partita amichevole** un match amical.

amicìzia *sf* amitié ◊ **fare amicizia** se lier d'amitié.

amico *agg* (*f* -**a** *pl* -**ci** -**che**) ami, amical ◊ *sm* ami ◊ **amico intimo** ami intime.

àmido *sm* amidon.

ammaccare *v tr* cabosser, bosseler; (*di frutti*) abîmer.

ammaccatura *sf* bosse; (*di persone*) contusion, bleu (*m*).

ammaestrare *v tr* (*istruire*) instruire; (*animali*) dresser.

ammainare *v tr* amener ◊ **ammainare le vele** amener les voiles; **ammainare la bandiera** amener le pavillon.

ammalarsi *v rifl* tomber malade.

ammalato *agg*, *sm* malade (*m/f*).

ammanco (*pl* -**chi**) *sm* (*comm*) manque, déficit.

ammanettare *v tr* passer les menottes (à).

ammantare *v tr* couvrir; (*fig*) dissimuler.

ammassare *v tr* entasser, amasser ◊ *v rifl* s'amasser.

ammasso *sm* amas, tas.

ammattire *v intr* devenir fou, perdre la tête.

ammazzare *v tr* tuer; (*animali*) abattre ◊ *v rifl* se tuer.

ammenda *sf* amende.

ammesso *agg* admis ◊ *sm* (*all'esame*) reçu ◊ **ammesso che** pourvu que.

amméttere *v tr* admettre; (*riconoscere*) reconnaître; (*lasciar entrare*) accueillir.

ammezzato *sm* entresol; mezzanine.

ammiccare *v intr* cligner de l'œil.

amministrare *v tr* administrer ◊ *v rifl* suivre des règles de conduite.

amministrativo *agg* administratif.

amministratore (-**trice**) *sm* administrateur ◊ **amministratore delegato** administrateur délégué.

amministrazione *sf* administration ◊ **amministrazione controllata** administration de tutelle; **consiglio di amministrazione** conseil d'administration; **pubblica amministrazione** administration publique.

ammiragliato *sm* amirauté (*f*).

ammiràglio *sm* amiral.

ammirare *v tr* admirer.

ammiratore (-**trice**) *sm* admirateur.

ammirazione *sf* admiration.

ammirévole *agg* admirable.

ammissìbile *agg* admissible.

ammissione *sf* admission ◊ **esame d'ammissione** examen d'admission.

ammobiliare *v tr* meubler.

ammobiliato *agg* meublé.

ammodo *agg*, *avv* comme il faut.

ammollire *v tr* amollir; (*fig*) affaiblir.

ammonìaca *sf* ammoniaque.

ammonimento *sm* avertissement; (*rimprovero*) réprimande (*f*).

ammonire *v tr* avertir, réprimander.

ammonizione *sf* admonition, avertissement (*m*); (*rimprovero*) réprimande.

ammontare *v intr* s'élever à ◊ *sm* montant.

ammonticchiare *v tr* amonceler.

ammorbidire *v tr* assouplir; (*fig*) adoucir.

ammortamento *sm* (*fin*) amortissement.

ammortizzare *v tr* (*fin, meccanica*) amortir.

ammortizzatore *sm* (*meccanica*) amortisseur.

ammucchiare *v tr* entasser ◊ *v rifl* s'entasser.

ammuffire *v intr* moisir.

ammuffito *agg* moisi.

ammutinamento *sm* mutinerie (*f*).

ammutinarsi *v rifl* se mutiner.

ammutolire *v intr* devenir muet, se taire.

amnesìa *sf* amnésie.

amnistìa *sf* amnistie.

amo *sm* hameçon.

amore *sm* amour ◊ **fare l'amore** faire l'amour; **per amore o per forza** de gré ou de force; **andare d'amore e d'accordo** s'entendre à merveille.

amorévole *agg* affectueux, tendre.

amorfo *agg* amorphe.

ampiamente *avv* amplement, largement.

ampiezza *sf* ampleur; (*estensione*) étendue ◊ **ampiezza di vedute** largeur de vues.

àmpio *agg* ample, large, spacieux.

amplesso *sm* étreinte (*f*); (*accoppiamento*) union sexuelle.

ampliamento *sm* agrandissement.

ampliare *v tr* agrandir, élargir.

amplificare *v tr* amplifier.

amplificatore *sm* amplificateur.

ampolla *sf* burette, ampoule.

amputazione *sf* amputation.

amuleto *sm* amulette (*f*).

anabbagliante *agg* antiaveuglant ◊ **fari anabbaglianti** feux de croisement, codes.

anacronismo *sm* anachronisme.

anàgrafe *sf* registre (*m*) d'état civil.

analcòlico (*f* -**a** *pl* -**ci** -**che**) *agg* sans alcool ◊ *sm* boisson sans alcool.

anale *agg* anal.

analfabeta (*pl* -**i** -**e**) *agg*, *sm/f* analphabète.

analgèsico (*f* -**a** *pl* -**ci** -**che**) *agg*, *sm* analgésique.

anàlisi *sf inv* analyse.

analizzare *v tr* analyser.

analogìa *sf* analogie.

ànanas *sm inv* ananas.

anarchìa *sf* anarchie.

anàrchico (*f* -**a** *pl* -**ci** -**che**) *agg* anarchique.

anatema (*pl* -**i**) *sm* anathème.

anatomìa *sf* anatomie.

anatòmico (*f* -**a** *pl* -**ci** -**che**) *agg* anatomique.

ànatra *sf* canard (*m*); (*femmina*) cane.

anatròccolo *sm* caneton.

anca (*pl* -**che**) *sf* hanche.

anche *cong* (*pure*) aussi; (*persino, addirittura*) même ◊ **anche se** même si; **c'è anche lei** elle aussi est là; **anche volendo**, **non potrei** même si je voulais, je ne le pourrais pas.

anconetano *agg* ancônitain ◊ *sm* Ancônitain.

àncora *sf* ancre ◊ **gettare l'ancora** jeter l'ancre; **ancora di salvezza** planche de salut.

ancóra *avv* encore; (*di nuovo*) de nouveau ◊ **non è ancora arrivato** il n'est pas encore arrivé; **sono ancora qui** je suis encore ici.

ancoràggio *sm* mouillage, ancrage.

ancorare *v tr* jeter l'ancre; (*per estensione*) ancrer.

andamento *sm* marche (*f*), cours ◊ **l'andamento del dollaro** le cours du dollar; **l'andamento delle cose** le train des choses.

andante *agg* courant, ordinaire ◊ *sm* (*mus*) andante.

andare *v intr* aller; (*camminare*) marcher; (*di meccanismo*) fonctionner; (*di veicoli*) rouler; (*essere adatto a*) aller, convenir ◊ **andare su** monter; **andare giù** descendre, (*fig*) plaire; **andare addosso** heurter; **andare avanti** avancer; **andare dentro** entrer; **andare fuori** sortir; **andare via** partir; **andare per le lunghe** traîner; **andare in bestia** entrer dans une colère noire; **andare a male** se gâter, (*latte*) tourner; **andare all'aria** tomber les quatre fers en l'air; **andare d'accordo** bien s'entendre; **andare a finire** se terminer; **andar pazzo per qualcosa** raffoler de quelque chose; **andarsene** s'en aller.

andata *sf* aller (*m*) ◊ **biglietto di sola andata** billet aller simple; **andata e ritorno** aller (et) retour; **girone di andata** premier tour.

andatura *sf* allure, train (*m*); (*di persona*) démarche.

andazzo *sm* habitudes (*f pl*) ◊ **le cose hanno preso un brutto andazzo** les choses ont pris un mauvais tour.

andirivieni *sm inv* va-et-vient, allées et venues (*f pl*).

àndito *sm* couloir, vestibule.
andròlogo (*f* **-a** *pl* **-gi -ghe**) *sm* (*med*) andrologue (*m/f*).
androne *sm* porche.
anèddoto *sm* anecdote (*f*).
anèlito *sm* désir ardent.
anello (*gioiello*) bague (*f*), anneau ◊ **anello di catena** maillon de la chaîne.
anemìa *sf* anémie.
anèmone *sm* (*bot, zool*) anémone (*f*).
anestesìa *sf* anesthésie ◊ **anestesia locale** anesthésie locale.
anfiteatro *sm* amphithéâtre.
ànfora *sf* amphore.
àngelo *sm* ange.
angherìa *sf* vexation.
angina *sf* angine.
anglicano *agg, sm* anglican.
anglosàssone *agg, sm/f* anglo-saxon (*m*).
angolare *agg* angulaire.
angolazione *sf* (*fot, cine*) angle (*m*), prise de vue; (*fig*) point (*m*) de vue.
àngolo *sm* angle; (*luogo appartato*) coin ◊ **angolo cottura** coin cuisine; **calcio d'angolo** corner.
angòscia (*pl* **-sce**) *sf* angoisse.
anguilla *sf* anguille.
angùria *sf* pastèque.
angùstia *sf* étroitesse; (*angoscia*) anxiété, souci (*m*).
angustiare *v tr* tourmenter ◊ *v rifl* se tourmenter, se faire du souci.
angusto *agg* étroit; (*fig*) borné.
ànice *sm* anis.
anidride *sf* anhydride (*m*).
ànima *sf* âme ◊ **essere senz'anima** être sans cœur; **non c'era anima viva** il n'y avait pas âme qui vive; **rompere l'anima** casser les pieds.
animale *agg* animal ◊ *sm* animal; (*fig*) brute ◊ **animale domestico** animal domestique.
animalista (*pl* **-i -e**) *agg, sm/f* animalier (*m*).
animare *v tr* animer ◊ *v rifl* s'animer.
animato *agg* animé ◊ **cartone animato** dessin animé.
animatore (**-trice**) *agg, sm* animateur.
animazione *sf* animation.
ànimo *sm* (*mente*) esprit; (*forza di carattere*) courage, force (*f*) ◊ **forza d'animo** force d'âme; **perdersi d'animo** se décourager; **mettersi l'animo in pace** se tranquilliser.
animosità *sf inv* animosité.
annacquare *v tr* mouiller; (*vino*) couper avec de l'eau.
annaffiare *v tr* arroser.
annaffiatóio *sm* arrosoir.
annali *sm pl* annales (*f*).
annata *sf* année ◊ **vino d'annata** vin primeur.
annebbiare *v tr* embrumer; (*fig*) troubler.
annegare *v tr* noyer ◊ *v intr* se noyer ◊ **è annegato** il s'est noyé.
annerire *v tr* noircir.
annesso *agg* annexe, annexé, joint ◊ **annessi e connessi** les tenants et les aboutissants.
annèttere *v tr* annexer.
annidare *v tr* nicher ◊ *v rifl* se nicher.
annientare *v tr* anéantir.
anniversàrio *sm* anniversaire.
anno *sm* an, année (*f*) ◊ **anno scolastico** année scolaire; **quanti anni hai?** quel âge as-tu?; **quattro anni fa** il y a quatre ans; **buon anno!** Bonne année; **l'ultimo dell'anno** la Saint-Sylvestre; **con l'andare degli anni** avec le temps; **portare bene gli anni** ne pas paraître son âge.
annodare *v tr, rifl* nouer.
annoiare *v tr* ennuyer ◊ *v rifl* s'ennuyer.
annotare *v tr* noter.
annoverare *v tr* compter (parmi, au nombre de); (*elencare*) énumérer.
annuale *agg* annuel.
annuàrio *sm* annuaire.
annuire *v intr* acquiescer, approuver.
annullare *v tr* annuler; (*contratto*) résilier; (*francobolli*) oblitérer.
annunciare *v tr* annoncer ◊ *v rifl* s'annoncer.
annunciatore (**-trice**) *sm* annonciateur; (*radio, tv*) présentateur.
annùncio *sm* annonce (*f*); (*notizia*) nouvelle (*f*) ◊ **annuncio economico** petite annonce; **gli annunci di matrimonio** les faire-part de mariage.
ànnuo *agg* annuel.

annusare *v tr* sentir, humer; (*di anima-li*) flairer.

ano *sm* anus.

anomalìa *sf* anomalie.

anònimo *agg*, *sm* anonyme (*m/f*).

anormale *agg* anormal.

ansa *sf* anse; (*di fiume*) coude (*m*), méandre (*m*).

ànsia *sf* anxiété.

ansimare *v intr* haleter, souffler.

ansioso *agg* anxieux; (*desideroso*) impatient.

antagonismo *sm* antagonisme.

antàrtico (*f* -a *pl* -ci -che) *agg* antarctique.

antecedente *agg*, *sm* antécédent.

antefatto *sm* antécédents (*pl*).

anteguerra *sm inv* avant-guerre ◊ *agg* d'avant-guerre.

antenato *sm* ancêtre.

antenna *sf* antenne.

anteporre *v tr* placer avant, antéposer; (*fig*) faire passer avant, préférer.

anteprima *sf* avant-première.

anteriore *agg* antérieur.

antibattèrico *agg*, *sm* bactéricide.

antibiòtico (*f* -a *pl* -ci -che) *agg*, *sm* antibiotique.

anticàmera *sf* antichambre.

anticellulite *agg* anticellulite.

antichità *sf inv* antiquité; ancienneté ◊ **negozio d'antichità** magasin d'antiquités.

anticipare *v tr* anticiper; (*pagare in anticipo*) avancer, payer d'avance.

antìcipo *sm* avance, anticipation; (*di denaro*) avance (*f*) ◊ **arrivare, essere in anticipo** arriver, être en avance.

antico (*f* -a *pl* -chi -che) *agg* ancien; (*arte*) antique ◊ **la storia antica** l'histoire ancienne; **le antiche abitudini** les vieilles habitudes.

anticoncezionale *agg*, *sm* contraceptif.

anticonformista (*pl* -i -e) *agg*, *sm/f* anticonformiste.

antidemocràtico (*f* -a *pl* -ci -che) *agg* antidémocratique.

antidepressivo *agg*, *sm* (*med*) antidépresseur.

antidolorìfico (*f* -a *pl* -ci -che) *agg*, *sm* antidouleur.

antìdoto *sm* antidote.

antifórfora *agg inv* antipelliculaire.

antifurto *agg*, *sm inv* antivol.

antìlope *sf* antilope.

antincèndio *agg inv* (*di porta*) coupe-feu; (*di pompa*) à incendie; (*di scala*) d'incendie.

antipasto *sm* hors-d'oeuvre.

antipatìa *sf* antipathie ◊ **prendere in antipatia** prendre en grippe.

antipirètico (*f* -a *pl* -ci -che) *agg*, *sm* (*med*) antipyrétique.

antiproièttile *agg inv* pare-balles ◊ **giubbotto antiproiettile** gilet pare-balles.

antiquariato *sm* commerce d'antiquités.

antiquàrio *sm* antiquaire.

antiquato *agg* désuet, vieilli.

antirughe *agg inv* antirides (*pl*).

antisèttico (*f* -a *pl* -ci -che) *agg*, *sm* antiseptique.

antistamìnico (*f* -a *pl* -ci -che) *agg*, *sm* (*med*) antihistaminique.

antìtesi *sf inv* antithèse.

antivìpera *agg inv* antivenimeux.

antologìa *sf* anthologie.

antro *sm* (*caverna*) antre.

antropologìa *sf* anthropologie.

anulare *agg*, *sm* annulaire ◊ **raccordo anulare** ceinture de raccordement.

anzi *cong* (*invece*) au contraire; (*o meglio*) ou mieux, ou plutôt ◊ **poc'anzi** il y a un moment.

anziano *agg* âgé ◊ *sm* personne (*f*) âgée.

anziché *cong* plutôt que; (*invece di*) au lieu de.

anzitutto *avv* tout d'abord.

apatìa *sf* apathie.

ape *sf* abeille.

aperitivo *sm* apéritif.

aperto *agg* ouvert ◊ **all'aria aperta** en plein air; **in mare aperto** en pleine mer; **rimanere a bocca aperta** rester bouche bée.

apertura *sf* ouverture (*anche fig*).

àpice *sm* sommet.

apicoltura *sf* apiculture.

apocalisse *sf* apocalypse.

apòcrifo *agg* apocryphe.

apogèo *sm* apogée.

apòlide *sm/f* apatride.

273

1 approfittare

apoplessìa *sf* apoplexie.

apòstolo *sm* apôtre.

apostrofare *v tr* apostropher.

apòstrofo *sm* apostrophe (*f*).

appagare *v tr* satisfaire ◊ **appagare un desiderio** satisfaire un désir.

appaiare *v tr* apparier.

appaltare *v tr* (*dare in appalto*) adjuger; (*prendere in appalto*) prendre en adjudication.

appalto *sm* adjudication (*f*).

appannàggio *sm* apanage (*anche fig*).

appannarsi *v rifl* se ternir; (*di vetri*) s'embuer; (*fig*) se troubler ◊ **i vetri si appannano** les vitres se couvrent de buée.

appannato *agg* (*di vetri*) embué; (*fig*) voilé.

apparato *sm* appareil; (*addobbo*) apparat ◊ **apparato digerente** appareil digestif.

apparecchiare *v tr* préparer ◊ **apparecchiare la tavola** mettre le couvert.

apparécchio *sm* appareil ◊ **apparecchio radio** poste de radio; **apparecchio televisivo** poste de télévision; **apparecchio fotografico** appareil photo; **apparecchio telefonico** appareil téléphonique.

apparente *agg* apparent.

apparenza *sf* apparence.

apparire *v intr* apparaître; (*sembrare*) paraître.

appariscente *agg* voyant.

apparizione *sf* apparition.

appartamento *sm* appartement.

appartarsi *v rifl* se mettre à l'écart; s'isoler.

appartenere *v intr* appartenir (*anche fig*).

appassionare *v tr* passionner.

appassire *v intr* se faner, se flétrir.

appellarsi *v rifl* en appeler à, faire appel à.

appello *sm* appel ◊ **Corte d'appello** Cour d'appel.

appena *avv* (*a malapena, soltanto*) à peine ◊ *cong* dès que ◊ **non appena** aussitôt; **appena in tempo** juste à temps; **sono appena partiti** ils viennent de partir.

appèndere *v tr* accrocher, suspendre.

appendice *sf* appendice (*m*), annexe (*f*); (*giornale*) supplément ◊ **romanzo d'appendice** roman-feuilleton.

appendicite *sf* appendicite.

appesantire *v tr* alourdir ◊ *v rifl* s'alourdir.

appetibile *agg* désirable, appétissant.

appetito *sm* appétit ◊ **buon appetito!** bon appétit!

appetitoso *agg* appétissant.

appianare *v tr* aplanir.

appiattire *v tr* aplatir.

appiccare *v tr* (*il fuoco*) mettre le feu.

appiccicare *v tr* coller.

appiccicoso *agg* collant (*anche fig*).

appigliarsi *v rifl* s'accrocher, s'agripper.

appìglio *sm* point d'appui; (*fig*) prétexe, prise (*f*).

appioppare *v tr* (*familiare*) flanquer.

appisolarsi *v rifl* s'assoupir.

applaudire *v tr* applaudir à.

applàuso *sm* applaudissement.

applicare *v tr* appliquer (*anche fig*) ◊ *v rifl* s'appliquer.

applicazione *sf* application.

appoggiare *v tr* poser, appuyer ◊ *v rifl* s'appuyer (*anche fig*).

appòggio *sm* appui, soutien (*anche fig*).

apporre *v tr* apposer.

apportare *v tr* apporter, causer.

appòsito *agg* approprié, prévu à cet effet.

apposta *avv* exprès ◊ *agg inv* spécial ◊ **l'ha fatto apposta** il l'a fait exprès.

appostare *v tr* guetter ◊ *v rifl* se poster, être à l'affût.

apprèndere *v tr* apprendre.

apprendista (*pl* **-i -e**) *sm/f* apprenti (*m*).

apprensione *sf* appréhension.

appresso *agg inv* (*vicino a*) d'à côté; (*seguente*) suivant ◊ *prep* derrière ◊ *avv* ensuite ◊ **il giorno appresso** le jour suivant.

apprezzare *v tr* apprécier.

appròccio *sm* approche (*f*).

approdare *v intr* aborder; (*fig*) aboutir.

approdo *sm* (*azione*) accostage; (*località*) lieu d'accostage.

approfittare *v intr* profiter, tirer profit.

approfondire *v tr* approfondir.
appropriarsi *v rifl* s'approprier, s'emparer (de).
appropriato *agg* approprié.
approssimarsi *v rifl* s'approcher (de).
approssimativo *agg* approximatif.
approvare *v tr* approuver.
approvvigionamento *sm* approvisionnement, ravitaillement.
approvvigionare *v tr* approvisionner, ravitailler.
appuntamento *sm* rendez-vous ◊ **dare, prendere un appuntamento** donner, prendre un rendez-vous.
appuntare *v tr* (*annotare*) noter; (*fissare*) épingler, fixer.
appunto *sm* (*annotazione*) note (*f*); (*rimprovero*) remarque (*f*) ◊ *avv* justement ◊ **per l'appunto** précisément.
apribottìglie *sm inv* ouvre-bouteille(s).
aprile *sm* avril.
aprire *v tr* ouvrir ◊ *v rifl* s'ouvrir; (*confidarsi*) s'ouvrir à; (*cominciare*) débuter ◊ **aprire un conto (in banca)** ouvrir un compte en banque; **non aprire bocca** ne pas ouvrir la bouche; **aprirsi un varco** se frayer un chemin.
apriscàtole *sm inv* ouvre-boîte(s).
àquila *sf* aigle (*m*).
aquilone *sm* cerf-volant.
àrabo *agg* arabe ◊ *sm* Arabe (*m/f*).
aràchide *sf* (*pianta*) arachide; (*frutto*) cacah(o)uète.
aragosta *sf* langouste.
aràldico *agg* héraldique.
araldo *sm* héraut.
arància (*pl -ce*) *sf* orange ◊ **spremuta d'arancia** jus d'oranges pressées.
aranciata *sf* orangeade.
arància *sm* (*pianta*) oranger ◊ *agg inv* orange ◊ **fiori d'arancio** fleurs d'oranger.
arancione *agg*, *sm* orangé.
arare *v tr* labourer.
aratro *sm* charrue (*f*).
arazzo *sm* tapisserie (*f*).
arbitràrio *agg* arbitraire.
arbìtrio *sm* volonté (*f*); (*abuso di potere*) abus ◊ **libero arbitrio** libre arbitre; **a vostro arbitrio** à votre gré.

àrbitro *sm* arbitre (*m/f*).
arboscello *sm* arbrisseau.
arbusto *sm* arbuste.
arcano *agg* mystérieux ◊ *sm* arcane, mystère.
archeologìa *sf* archéologie.
archetto *sm* (*mus*) archet.
architetto *sm* architecte (*m/f*).
architettura *sf* architecture.
archìvio *sm* archives (*f pl*).
arciere *sm* archer.
arcigno *agg* acariâtre.
arcipèlago (*pl -ghi*) *sm* archipel.
arcivéscovo *sm* archevêque.
arco (*pl -chi*) *sm* arc; (*fig*) espace ◊ **strumenti ad arco** instruments à cordes; **tiro con l'arco** tir à l'arc.
arcobaleno *sm* arc-en-ciel.
ardente *agg* ardent ◊ **un ardente desiderio** un désir ardent.
àrdere *v tr* brûler.
ardèsia *sf* ardoise.
ardire *v intr* oser ◊ *sm* hardiesse (*f*); (*sfrontatezza*) audace (*f*).
ardito *agg* hardi, audacieux.
ardore *sm* ardeur (*f*).
àrduo *agg* ardu.
àrea *sf* zone, surface ◊ **area di parcheggio** aire de stationnement; **area di servizio** station-service; **area di sosta** aire de repos; **area di rigore** surface de réparation.
arena *sf* sable (*m*); (*anfiteatro*) arènes (*pl*).
arenarsi *v rifl* s'ensabler; échouer (*anche fig*).
argenterìa *sf* argenterie.
argentino *agg* argentin ◊ *sm* Argentin.
argento *sm* argent ◊ **nozze d'argento** noces d'argent.
argilla *sf* argile.
àrgine *sm* berge (*f*), digue (*f*).
argomento *sm* sujet, thème; (*di una tesi*) argument ◊ **affrontare un argomento** aborder un sujet; **addurre argomenti** apporter des arguments.
arguire *v tr* déduire.
arguto *agg* subtil, fin; (*battuta, persona*) spirituel.
argùzia *sf* finesse, subtilité; (*gioco di parole*) mot d'esprit.
ària *sf* air (*m*) ◊ **aria condizionata** air

conditionné; **guardare in aria** regarder en l'air; **prendere un colpo d'aria** prendre froid; **mandare all'aria** mettre en l'air; **darsi delle arie** prendre de grands airs; **all'aria aperta** en plein air; **dormire all'aria aperta** dormir à la belle étoile.

àrido *agg* aride.

arieggiare *v tr* aérer.

ariete *sm* bélier ◊ **(il segno dell') Ariete** (le signe du) Bélier.

aringa (*pl* -**ghe**) *sf* hareng (*m*).

aristocràtico (*f* -**a** *pl* -**ci** -**che**) *agg* aristocratique ◊ *sm* aristocrate (*m/f*).

aristocrazìa *sf* aristocratie.

aritmètica (*pl* -**che**) *sf* arithmétique.

aritmìa *sf* (*med*) arythmie.

arlecchino *sm* arlequin.

arma (*pl* -**i**) *sf* arme ◊ **porto d'armi** port d'armes; **essere alle prime armi** faire ses premières armes; **fare armi e bagagli** plier bagages; **all'armi!** aux armes!

armàdio *sm* armoire (*f*) ◊ **armadio a muro** placard.

armamentàrio *sm* équipement; (*fig*) attirail.

armare *v tr* armer ◊ *v rifl* s'armer.

armata *sf* armée.

armatura *sf* armure; (*edil*) charpente ◊ **armatura di sostegno** échafaud.

armistìzio *sm* armistice.

armonìa *sf* harmonie.

armonizzare *v tr* harmoniser.

arnese *sm* outil; (*oggetto qualsiasi*) machin, truc.

àrnia *sf* ruche.

aroma (*pl* -**i**) *sm* arôme ◊ *pl* (*cuc*) aromates.

aromàtico (*f* -**a** *pl* -**ci** -**che**) *agg* aromatique ◊ **erbe aromatiche** herbes aromatiques.

arpa *sf* harpe.

arpéggio *sm* arpège.

arpìa *sf* harpie.

arpione *sm* harpon.

arrabattarsi *v rifl* trimer, se donner du mal.

arrabbiarsi *v rifl* se mettre en colère, se fâcher.

arrabbiato *agg* fâché.

arrampicarsi *v rifl* grimper.

arrangiare *v tr* (*sistemare*) arranger ◊ *v rifl* se débrouiller.

arrecare *v tr* causer, provoquer.

arredamento *sm* ameublement.

arredare *v tr* meubler.

arrèndersi *v rifl* se rendre; (*fig*) céder.

arrendévole *agg* conciliant.

arrestare *v tr* (*fermare, catturare*) arrêter ◊ *v rifl* s'arrêter.

arresto *sm* (*interruzione*) arrêt; (*giur*) arrestation (*f*) ◊ **arresti domiciliari** assignation à résidence; **essere agli arresti** être aux arrêts.

arretrare *v intr* reculer.

arretrato *agg* arriéré ◊ *sm* (*ritardo*) retard ◊ *pl* arriérés.

arricchire *v tr* enrichir ◊ *v rifl* s'enrichir (*anche fig*).

arricciare *v tr* friser; (*stoffa*) froncer; (*il pelo*) hérisser ◊ **arricciare il naso** faire la grimace.

arringa (*pl* -**ghe**) *sf* harangue, plaidoirie.

arrischiarsi *v rifl* se risquer, se hasarder.

arrischiato *agg* risqué, hasardeux.

arrivare *v intr* arriver; (*fig*) arriver, réussir ◊ **arrivarci** y arriver.

arrivederci *inter* au revoir.

arrivo *sm* arrivée (*f*) ◊ **ordine d'arrivo** ordre d'arrivée; **arrivi internazionali** arrivées internationales.

arrogante *agg* arrogant.

arrossire *v intr* rougir.

arrostire *v tr* rôtir; (*sulla griglia*) griller.

arrosto *agg, sm* rôti ◊ **pollo arrosto** poulet rôti.

arrotare *v tr* aiguiser.

arrotolare *v tr* rouler, enrouler.

arrotondare *v tr* arrondir.

arroventare *v tr* rendre brûlant, embraser; (*metalli*) chauffer au rouge.

arruffare *v tr* emmêler; (*i capelli*) ébouriffer.

arrugginire *v tr* rouiller ◊ *v rifl* se rouiller.

arruolare *v tr* (*milit*) enrôler, recruter.

arsenale *sm* arsenal.

arsènico *sm* arsenic.

arsura *sf* (*siccità*) sécheresse; (*sete*) soif ardente.

arte *sf* art (*m*) ◊ **belle arti** beaux-arts; **nome d'arte** nom d'artiste; **ad arte** à dessein.

artéfice *sm/f* artisan (*m*); (*fig*) auteur (*m*).

artèria *sf* artère.

àrtico (*f* -**a** *pl* -**ci** -**che**) *agg* arctique.

articolare *v tr* articuler.

articolazione *sf* articulation.

artìcolo *sm* article ◊ **articolo di fondo** article de fond; **articoli di prima necessità** article de première nécessité.

artificiale *agg* artificiel.

artificio *sm* artifice ◊ **fuochi d'artificio** feux d'artifice.

artigianale *agg* artisanal.

artigianato *sm* artisanat.

artigiano *sm* artisan ◊ *agg* artisanal.

artiglierìa *sf* artillerie.

artìglio *sm* griffe (*f*).

artista (*pl* -**i** -**e**) *sm/f* artiste; (*di teatro*) acteur (*m*).

arto *sm* membre.

artrite *sf* arthrite.

arzillo *agg* guilleret; (*agile*) gaillard.

ascella *sf* aisselle.

ascendente *agg, sm* ascendant.

ascensione *sf* ascension.

ascensore *sm* ascenseur.

ascesa *sf* montée; (*fig*) accession.

ascesso *sm* abcès.

àscia (*pl* asce) *sf* hache.

asciugacapelli *sm inv* séchoir, sèche-cheveux.

asciugamano *sm* serviette (*f*).

asciugare *v tr* essuyer, sécher ◊ *v rifl* s'essuyer; (*panni*) se sécher.

asciutto *agg* sec; (*snello*) maigre ◊ **pasta asciutta** pâtes; **rimanere a bocca asciutta** rester les mains vides; **all'asciutto** au sec.

ascoltare *v tr* écouter.

ascoltatore (-**trice**) *sm* auditeur.

ascolto *sm* écoute (*f*) ◊ **essere in ascolto** être à l'écoute; **dare ascolto** écouter.

asfalto *sm* goudron, asphalte.

asfissìa *sf* asphyxie.

asfissiare *v tr* asphyxier; (*fig*) assommer.

asiàtico (*f* -**a** *pl* -**ci** -**che**) *agg* asiatique ◊ *sm* Asiatique (*m/f*).

asilo *sm* asile ◊ **asilo nido** crèche; **asilo infantile** école maternelle.

àsino *sm* âne; (*fig*) imbécile ◊ **qui casca l'asino!** c'est là que le bât blesse!

asma *sf* asthme (*m*).

àsola *sf* boutonnière.

aspàrago (*pl* -**gi**) *sm* asperge (*f*).

aspettare *v tr* attendre ◊ *v rifl* s'attendre (à) ◊ **me l'aspettavo** je m'y attendais; **aspettare un bambino** attendre un enfant.

aspettativa *sf* attente; (*amm*) disponibilité ◊ **chiedere un'aspettativa** demander une mise en disponibilité; **un anno di aspettativa** un an de disponibilité.

aspetto *sm* aspect; (*di persona*) mine (*f*); (*lato*) côté ◊ **sotto questo aspetto** sous cet aspect; **sala d'aspetto** salle d'attente.

aspirapólvere *sm inv* aspirateur.

aspirare *v tr* aspirer ◊ *v intr* ambitionner, aspirer.

aspirina *sf* aspirine.

asportare *v tr* emporter; (*med*) extirper.

asporto *sm* ◊ **da asporto** à emporter.

asprezza *sf* âpreté; (*clima*) rigueur; (*di frutti*) aigreur.

aspro *agg* âpre; (*di sapore*) aigre; (*fig*) rude.

assaggiare *v tr* goûter.

assàggio *sm* dégustation (*f*).

assài *avv* très, bien ◊ **assai intelligente** très intelligent; **assai più** bien plus.

assalire *v tr* assaillir, attaquer.

assalto *sm* assaut ◊ **andare all'assalto** monter à l'assaut.

assassinare *v tr* assassiner.

assassìnio *sm* assassinat.

assassino *sm* assassin.

asse *sm* axe ◊ *sf* (*tavola di legno*) planche ◊ **asse da stiro** planche à repasser.

assecondare *v tr* seconder.

assediare *v tr* assiéger.

assèdio *sm* siège.

assegnare *v tr* assigner; (*una somma*) allouer.

assegno *sm* chèque ◊ **assegno circolare** chèque de banque; **assegno al portatore** chèque au porteur; **assegno a**

vuoto, scoperto chèque en bois, sans provision; **assegno non trasferibile** chèque non endossable; **libretto di assegni** chéquier; **assegni familiari** allocations familiales.
assemblèa *sf* assemblée.
assennato *agg* sage, sensé.
assenso *sm* consentement.
assente *agg*, *sm/f* absent (*m*) (*anche fig*).
assenza *sf* absence; (*mancanza*) manque (*m*).
assessore *sm* adjoint.
assestare *v tr* arranger.
assetato *agg* assoiffé.
assicurare *v tr* assurer; (*fissare*) fixer ◊ *v rifl* s'assurer.
assicurazione *sf* assurance.
assideramento *sm* gelure.
assìduo *agg* assidu.
assillare *v tr* obséder, hanter.
assillo *sm* (*zool*) taon; obsession (*f*), hantise (*f*).
assimilare *v tr* assimiler.
assise *sf pl* (*giur*) assises ◊ **Corte d'assise** Cour d'assises.
assistente *agg*, *sm/f* assistant (*m*) ◊ **assistente sociale** assistant social; **assistente di volo** (*uomo*) steward, (*donna*) hôtesse de l'air.
assistenza *sf* assistance ◊ **assistenza sanitaria** Sécurité sociale.
assìstere *v tr/intr* assister; (*soccorrere*) aider ◊ **assistere un malato** assister un malade.
asso *sm* as ◊ **piantare in asso** laisser en plan.
associare *v tr* associer ◊ *v rifl* s'associer.
associazione *sf* association ◊ **quota di associazione** cotisation (à une association).
assoggettare *v tr* assujettir, soumettre ◊ *v rifl* se soumettre.
assolato *agg* ensoleillé.
assoldare *v tr* soudoyer, enrôler, recruter.
assoluto *agg* absolu.
assoluzione *sf* (*relig*) absolution; (*giur*) acquittement (*m*).
assòlvere *v tr* (*relig*) absoudre; (*giur*) acquitter; (*adempiere*) remplir.

assomigliare *v intr* ressembler (à).
assopirsi *v rifl* s'assoupir.
assorbente *agg*, *sm* absorbant ◊ **carta assorbente** (papier) buvard; **assorbente igienico** serviette hygiénique; **assorbente interno** tampon (hygiénique).
assorbire *v tr* absorber.
assordante *agg* assourdissant.
assordare *v tr* assourdir.
assortimento *sm* assortiment, choix.
assorto *agg* absorbé.
assottigliare *v tr* affiner; (*ridurre*) diminuer ◊ *v rifl* s'amincir.
assuefarsi *v rifl* se faire (à), s'habituer.
assuefazione *sf* (*med*) accoutumance.
assùmere *v tr* prendre, assumer; (*alle proprie dipendenze*) engager, embaucher.
assurdità *sf inv* absurdité.
assurdo *agg* absurde ◊ **per assurdo** par l'absurde.
asta *sf* (*sbarra*) bâton (*m*); (*vendita*) enchères (*pl*) ◊ **bandiera a mezz'asta** drapeau en berne; **vendita all'asta** vente aux enchères.
astèmio *agg* sobre, abstème ◊ **sono astemio** je ne bois pas d'alcool.
astenersi *v rifl* s'abstenir (de).
astensione *sf* abstension.
àstice *sm* (*zool*) homard.
astinenza *sf* abstinence.
àstio *sm* hargne (*f*), rancune (*f*).
astratto *agg* abstrait.
astro *sm* astre; (*fig*) star (*f*).
astrologìa *sf* astrologie.
astronàuta (*pl* **-i -e**) *sm/f* astronaute.
astronàutica *sf* astronautique.
astronomìa *sf* astronomie.
astùccio *sm* étui, trousse (*f*).
astuto *agg* astucieux, rusé.
astùzia *sf* ruse, astuce.
àteo *agg*, *sm* athée.
atlante *sm* atlas.
atlàntico (*f* **-a** *pl* **-ci -che**) *agg* atlantique.
atleta (*pl* **-i -e**) *sm/f* athlète.
atlètica *sf* athlétisme (*m*).
atmosfera *sf* atmosphère; (*fig*) ambiance.
atòmico (*f* **-a** *pl* **-ci -che**) *agg* atomique ◊ **bomba atomica** bombe atomique.

àtomo *sm* atome.

àtrio *sm* entrée (*f*), hall.

atroce *agg* atroce.

atrocità *sf inv* atrocité.

attaccamento *sm* attachement.

attaccapanni *sm inv* portemanteau; (*da armadio*) cintre.

attaccare *v tr* attacher; (*appendere*) accrocher; (*assalire*) attaquer; (*aderire*) coller; (*una malattia*) passer ◊ *v rifl* (*affezionarsi*) s'attacher; (*trasmettersi, di malattie*) s'attraper ◊ **attaccare lite** chercher querelle; **attaccare bottone** tenir la jambe.

attacco (*pl* **-chi**) *sm* attaque (*f*); (*med*) attaque (*f*), crise (*f*); (*sci*) fixation (*f*); (*sport*) attaque (*f*); (*giuntura*) attache (*f*) ◊ **attacco di cuore** crise cardiaque.

attachment *sm* (*inform*) pièce (*f*) jointe.

atteggiamento *sm* attitude (*f*), comportement.

atteggiarsi *v rifl* se donner des airs de.

attèndere *v tr* attendre.

attentare *v intr* attenter; (*fig*) porter atteinte.

attentato *sm* attentat.

attento *agg* attentif ◊ **attento!** (fais, faites) attention!; **attenti al cane** chien méchant.

attenuante *agg* atténuant ◊ *sf* (*giur*) circonstance atténuante.

attenuare *v tr* atténuer ◊ *v rifl* s'atténuer.

attenzione *sf* attention ◊ **fare attenzione** faire attention.

atterràggio *sm* atterrissage ◊ **atterraggio di fortuna** atterrissage en catastrophe.

atterrare *v intr* atterrir ◊ *v tr* (*gettare a terra*) abattre, terrasser.

atterrire *v tr* terrifier.

attesa *sf* attente ◊ **in attesa di** dans l'attente de; **sala d'attesa** salle d'attente; **lista d'attesa** liste d'attente.

attestato *sm* attestation (*f*).

attìguo *agg* contigu.

attillato *agg* moulant.

àttimo *sm* instant ◊ **in un attimo** en un instant.

attinente *agg* relatif (à), ayant rapport (à).

attìngere *v tr* puiser.

attirare *v tr* attirer.

attitùdine *sf* aptitude, disposition.

attività *sf inv* activité.

attivo *agg*, *sm* actif.

atto *agg* apte ◊ *sm* acte, action (*f*) ◊ **prendere atto** prendre acte; **mettere in atto** mettre à exécution; **all'atto di** au moment de.

attònito *agg* stupéfait.

attorcigliare *v tr* enrouler, entortiller.

attore (**-trice**) *sm* acteur.

attorno *avv* autour; (*nei dintorni*) dans les environs ◊ **attorno a** autour de.

attraente *agg* séduisant.

attrarre *v tr* attirer; (*fig*) séduire.

attrattiva *sf* attrait (*m*), attraction.

attraversamento *sm* franchissement; (*città*) traversée (*f*) ◊ **attraversamento pedonale** passage clouté.

attraversare *v tr* traverser (*anche fig*).

attraverso *prep* à travers; (*tramite*) par l'intermédiaire ◊ *avv* en travers.

attrazione *sf* attraction.

attrezzare *v tr* équiper ◊ *v rifl* s'équiper.

attrezzatura *sf* équipement (*m*).

attrezzo *sm* outil, ustensile ◊ *pl* (*sport*) agrès ◊ **carro attrezzi** dépanneuse.

attribuire *v tr* attribuer.

attrito *sm* frottement; (*fig*) friction.

attuale *agg* actuel.

attualità *sf inv* actualité.

attuare *v tr* réaliser.

attuazione *sf* exécution, réalisation.

attutire *v tr* amortir.

audace *agg* audacieux.

audàcia *sf* audace.

audiovisivo *agg*, *sm* audiovisuel.

auditòrio *sm* auditorium.

audizione *sf* audition.

augurare *v tr* souhaiter ◊ *v rifl* espérer ◊ **augurare buon compleanno** souhaiter un bon anniversaire.

augùrio *sm* souhait, vœu ◊ **auguri!** meilleurs vœux!; **tanti auguri!** tous mes vœux!; **essere di buon, cattivo augurio** être de bon, de mauvais augure.

àula *sf* (salle de) classe.

aumentare *v tr* augmenter.

aumento *sm* (*crescita*) augmentation (*f*); (*di prezzi*) hausse (*f*).

àureo *agg* d'or, en or ◊ **l'età aurea** l'âge d'or.

aurèola *sf* auréole.

aurora *sf* aurore.

ausiliare *agg*, *sm* auxiliaire.

auspìcio *sm* augure, auspice ◊ **sotto gli auspici** sous les auspices.

austero *agg* austère.

australe *agg* austral.

australiano *agg* australien ◊ *sm* Australien.

austrìaco (*f* **-a** *pl* **-ci -che**) *agg* autrichien ◊ *sm* Autrichien.

autenticare *v tr* authentifier, légaliser.

autèntico (*f* **-a** *pl* **-ci -che**) *agg* authentique ◊ **copia autentica** copie certifiée conforme.

autista (*pl* **-i -e**) *sm/f* chauffeur (*m*).

autoadesivo *agg*, *sm* autocollant.

autoambulanza *sf* ambulance.

autobiografìa *sf* autobiographie.

autobotte *sf* camion-citerne (*m*).

àutobus *sm inv* autobus.

autocarro *sm* camion.

autògrafo *sm* autographe.

autogrill *sm inv* restoroute.

automa (*pl* **-i**) *sm* automate.

automàtico (*f* **-a** *pl* **-ci -che**) *agg* automatique ◊ **distributore automatico** distributeur automatique.

automazione *sf* automatisation.

automezzo *sm* véhicule automobile.

automòbile *sf* voiture.

automobilismo *sm* automobilisme.

autonoléggio *sm* location (*f*) de voitures.

autonomìa *sf* autonomie.

autònomo *agg* autonome ◊ **azienda autonoma di soggiorno e turismo** syndicat d'initiative; **lavoro autonomo** profession libérale.

autopsìa *sf* autopsie.

autoràdio *sf inv* autoradio.

autore (**-trice**) *sm* auteur ◊ **quadro d'autore** tableau de maître.

autorévole *agg* influent, qui fait autorité.

autorimessa *sf* garage (*m*).

autorità *sf inv* autorité.

autorizzare *v tr* autoriser.

autorizzazione *sf* autorisation.

autoscatto *sm* déclencheur automatique.

autoscuola *sf* auto-école.

autostop *sm inv* auto-stop.

autostrada *sf* autoroute.

autosufficiente *agg* autosuffisant, qui se suffit à soi-même.

autunno *sm* automne.

avanguàrdia *sf* avant-garde.

avanspettàcolo *sm* spectacle de variété.

avanti *avv* (*di tempo*) avant, auparavant; (*di luogo*) devant ◊ *prep* avant ◊ **avanti!** (*invito a entrare*) entrez!; (*d'incoraggiamento*) allez!; **più avanti** plus loin; **andare avanti** continuer; **tirare avanti** vivoter; **mettere le mani avanti** prendre les devants; **essere avanti negli anni** être d'un âge avancé.

avanzare *v tr/intr* (*andare avanti*) avancer; (*lasciare nel piatto*) rester ◊ **avanzare delle pretese** avoir des prétentions; **se avanza tempo** s'il reste du temps.

avanzo *sm* reste ◊ **averne d'avanzo** en avoir plus qu'il n'en faut; **avanzo di galera** gibier de potence.

avarìa *sf* (*meccanica*) panne.

avarìzia *sf* avarice.

avaro *agg*, *sm* avare (*m/f*).

avena *sf* avoine.

avere *v tr* avoir ◊ **aver sonno** avoir sommeil; **aver bisogno** avoir besoin; **avere da fare** avoir à faire; **avere a che fare con** avoir affaire avec; **quanti ne abbiamo?** quel jour sommes-nous?; **avercela con** en vouloir à.

aviatore (**-trice**) *sm* aviateur.

aviazione *sf* aviation.

avidità *sf inv* avidité.

àvido *agg* avide.

avo *sm* ancêtre (*m/f*).

avocado *sm inv* (*frutto*) avocat; (*albero*) avocatier.

avòrio *sm* ivoire.

avulso *agg* étrangé.

avvallamento *sm* vallonnement.

avvantaggiare *v tr* favoriser ◊ *v rifl* profiter de.

avvedersi *v rifl* s'apercevoir.
avvelenamento *sm* empoisonnement.
avvelenare *v tr* empoisonner (*anche fig*).
avvenimento *sm* événement.
avvenire *v intr* arriver ◊ *sm* avenir ◊ **in avvenire** à l'avenir.
avventarsi *v rifl* se jeter (sur).
avvento *sm* avènement; (*relig*) avent.
avventore *sm* client.
avventura *sf* aventure.
avventurarsi *v rifl* s'aventurer.
avverarsi *v rifl* se réaliser.
avvèrbio *sm* adverbe.
avversàrio *sm* adversaire (*m/f*) ◊ *agg* adverse.
avversione *sf* aversion.
avversità *sf inv* adversité.
avvertenza *sf* avis (*m*), avertissement (*m*); (*cautela*) précaution ◊ *pl* notice (*sing*) ◊ **leggere le avvertenze** lire les instructions.
avvertimento *sm* avertissement.
avvertire *v tr* avertir, prévenir; (*percepire*) sentir.
avvezzo *agg* habitué.
avviamento *sm* (*formazione*) initiation (*f*); (*meccanica*) démarrage; (*comm*) achalandage ◊ **codice di avviamento postale** code postal.
avviare *v tr* commencer; engager ◊ *v rifl* s'acheminer; (*fig*) être en passe de.
avvicinamento *sm* approche (*f*).
avvicinare *v tr* approcher ◊ *v rifl* s'approcher de.
avvilire *v tr* avilir; décourager ◊ *v rifl* se décourager.
avvisare *v tr* avertir, prévenir.
avviso *sm* (*opinione*) avis; (*avvertimento*) avertissement ◊ **a mio avviso** à mon avis.
avvistare *v tr* apercevoir; repérer.
avvitare *v tr* visser.
avvizzire *v intr* flétrir, se faner.
avvocato *sm* avocat.
avvòlgere *v tr* envelopper, enrouler.
avvolgìbile *sm* store.
avvoltóio *sm* vautour.
azienda *sf* entreprise, maison ◊ **azienda di trasporti** compagnie de tran-

sports; **azienda di soggiorno** syndicat d'initiative.
azione *sf* action.
azzannare *v tr* mordre ◊ *v rifl* s'entredéchirer (*anche fig*).
azzardare *v tr* hasarder, risquer ◊ *v rifl* s'hasarder, s'aviser.
azzardo *sm* hasard ◊ **gioco d'azzardo** jeu de hasard.
azzeccare *v tr* (*indovinare*) trouver, deviner; (*colpire nel segno*) toucher, atteindre.
azzuffarsi *v rifl* se bagarrer.
azzurro *agg*, *sm* bleu (clair) ◊ **principe azzurro** prince charmant.

B

babbèo *agg*, *sm* nigaud.
babbo *sm* papa ◊ **Babbo Natale** Père Noël.
babbùccia (*pl* **-ce**) *sf* babouche.
babbuino *sm* babouin.
babordo *sm* bâbord.
baby-sitter *sm/f inv* baby-sitter.
bacato *agg* (*di frutto*) véreux; (*fig*) taré.
bacca (*pl* **-che**) *sf* baie.
baccalà *sm inv* morue (*f*); (*fig*) andouille (*f*).
baccano *sm* vacarme.
baccello *sm* cosse (*f*).
bacchetta *sf* baguette ◊ **bacchetta magica** baguette magique; **comandare a bacchetta** mener à la baguette.
bacchiare *v tr* gauler.
bacheca (*pl* **-che**) *sf* panneau d'affichage.
baciare *v tr* embrasser ◊ *v rifl* s'embrasser ◊ **baciato dalla fortuna** la fortune lui sourit.
bacinella *sf* cuvette.
bacino *sm* bassin.
bàcio *sm* baiser ◊ **dammi un bacio** donne-moi un baiser, embrasse-moi.
baco (*pl* **-chi**) *sm* ver ◊ **baco da seta** ver à soie.
badare *v intr* (*occuparsi di*) s'occuper (de); (*fare attenzione*) faire attention ◊ **badare ai fatti propri** se mêler de ses affaires; **non badare a spese** ne pas regarder à la dépense.

banco

badile *sm* bêche (*f*), pelle (*f*).
baffo *sm* moustache (*f*) ◊ **ridere sotto i baffi** rire dans sa barbe; **un pranzo coi baffi** un excellent repas.
bagagliàio *sm* (*treno*) compartiment à bagages; (*automobile*) coffre; (*aereo*) soute (*f*).
bagàglio *sm* bagage (*anche fig*) ◊ **deposito bagagli** consigne; **ritiro bagagli** retrait des bagages; **bagaglio a mano** bagage à main.
bagliore *sm* lueur (*f*).
bagnante *sm/f* baigneur (*m*).
bagnare *v tr* mouiller; (*innaffiare*) arroser ◊ *v rifl* se mouiller; (*farsi un bagno*) se baigner.
bagnato *agg* mouillé; (*inzuppato*) trempé ◊ **bagnato come un pulcino** trempé comme un canard; **piove sempre sul bagnato** l'argent appelle l'argent.
bagnino *sm* maître nageur.
bagno *sm* (*stanza*) salle de bains; (*vasca da bagno*) baignoire (*f*) ◊ *pl* (*termali*) bains ◊ **fare un bagno** (*in vasca*) prendre un bain; (*al mare*) se baigner; **mettere a bagno** faire tremper; **costume da bagno** maillot de bain; **bagno turco** bain turc.
bagnomarìa *sm inv* ◊ **a bagnomaria** au bain-marie.
bagnoschiuma *sm inv* bain moussant.
bàia *sf* baie.
bàita *sf* chalet (*m*).
balbettare *v tr/intr* bégayer.
balbùzie *sf inv* bégaiement (*m*).
balbuziente *agg*, *sm/f* bègue.
balcànico (*f* -a *pl* -ci -che) *agg* balkanique.
balconata *sf* balcon (*m*) (*anche teatro*).
balcone *sm* balcon.
baldacchino *sm* baldaquin.
baldanza *sf* assurance.
baldo *agg* hardi.
baldòria *sf* fête ◊ **fare baldoria** faire la fête.
balena *sf* baleine.
balenare *v intr* (*venire alla mente*) traverser l'esprit.
baleno *sm* éclair ◊ **in un baleno** en un clin d'œil.
balestra *sf* arbalète.

balìa *sf* ◊ **in balia** à la merci; **in balia di se stesso** livré à soi-même.
bàlia *sf* nourrice ◊ **spilla da balia** épingle à nourrice.
balla *sf* (*familiare*) bobard (*m*) ◊ **raccontare balle** raconter des bobards.
ballare *v tr/intr* danser ◊ **ballare il tango** danser le tango.
ballerino *sm* danseur.
balletto *sm* ballet.
ballo *sm* danse (*f*); (*festa da ballo*) bal ◊ **essere in ballo** être en jeu; **tirare in ballo** mettre en cause.
ballottàggio *sm* ballottage.
balneare *agg* balnéaire ◊ **stabilimento balneare** établissement de bains.
balocco (*pl* -chi) *sm* jouet.
balordo *agg* balourd.
bàlsamo *sm* baume; (*per capelli*) après-shampoing.
bàltico (*f* -a *pl* -ci -che) *agg* balte ◊ **mar Baltico** mer Baltique.
baluardo *sm* rempart.
balza *sf* (*luogo scosceso*) escarpement (*m*); (*di vestito*) volant (*m*).
balzano *agg* saugrenu.
balzare *v intr* bondir, sauter ◊ **balzare agli occhi** sauter aux yeux; **balzare a terra** sauter à terre.
bambàgia *sf* ouate, coton (*m*).
bambinàia *sf* nourrice.
bambino *sm* enfant ◊ **avere un bambino** avoir un enfant.
bàmbola *sf* poupée.
bambù *sm inv* bambou.
banale *agg* banal.
banana *sf* banane.
banano *sm* bananier.
banca (*pl* -che) *sf* banque ◊ **conto in banca** compte en banque.
bancarella *sf* étalage (*m*).
bancàrio *agg* bancaire.
bancarotta *sf* faillite.
banchetto *sm* banquet.
banchiere *sm* banquier.
banchina *sf* (*porto*, *stazione*) quai (*m*); (*di carico*) embarcadère (*m*).
banco (*pl* -chi) *sm* (*negozio*, *bar*) comptoir; (*scuola*) banc; (*banca*) banque (*f*) ◊ **prodotto da banco** produit sur présentoir; **banco di prova** banc d'essai; **banco di nebbia** nappe

de brouillard; **sotto banco** sous le manteau.

bàncomat *sm* (*distributore*) DAB (Distributeur Automatique de Billets); (*tessera*) carte (*f*) bancaire.

banconota *sf* billet (*m*).

banda *sf* bande; (*mus*) fanfare; (*lato*) côté (*m*) ◊ **banda magnetica** bande magnétique.

banderuola *sf* girouette (*anche fig*).

bandiera *sf* drapeau (*m*); (*mar*) pavillon (*m*) ◊ **battere bandiera** battre pavillon.

bandire *v tr* (*concorso*) organiser; (*esiliare*) bannir.

bandito *sm* bandit.

bando *sm* (*ordinanza*) avis; (*esilio*) ban ◊ **bando di concorso** avis de concours; **mettere al bando** mettre au ban.

bar *sm inv* café.

bara *sf* cercueil (*m*).

baracca (*pl* **-che**) *sf* baraque, taudis (*m*); (*automobile malandata*) tacot ◊ **mandare avanti la baracca** faire bouillir la marmite.

baraonda *sf* pagaille.

barare *v intr* tricher.

bàratro *sm* gouffre.

barattare *v tr* troquer.

baratto *sm* troc.

baràttolo *sm* (*di vetro o terracotta*) pot; (*in metallo*) boîte (*f*) ◊ **barattolo di marmellata** pot de confiture.

barba *sf* barbe ◊ **farsi la barba** se raser; **che barba!** quelle barbe!

barbabiètola *sf* betterave ◊ **barbabietola da zucchero** betterave sucrière.

barbàrie *sf inv* barbarie.

bàrbaro *agg*, *sm* barbare (*m/f*).

barbiere *sm* coiffeur (pour hommes).

barbone *sm* (*vagabondo*) clochard; (*cane*) caniche.

barbuto *agg* barbu.

barca (*pl* **-che**) *sf* bateau (*m*) ◊ **barca a vela** bateau à voile; **barca a motore** bateau à moteur; **barca da pesca** bateau de pêche; **essere sulla stessa barca** être dans la même galère.

barcaiolo *sm* batelier.

barcollare *v intr* chanceler, vaciller.

barcone *sm* péniche (*f*).

bardare *v tr* (*con finimenti*) harnacher.

barella *sf* civière, brancard (*m*).

barelliere *sm* brancardier.

baricentro *sm* barycentre.

barile *sm* baril ◊ **essere grasso come un barile** être gros comme une barrique.

barista (*pl* **-i -e**) *sm/f* barman.

barìtono *sm* baryton.

barlume *sm* lueur (*f*).

baro *sm* tricheur.

barocco (*f* **-a** *pl* **-chi -che**) *agg*, *sm* baroque.

baròmetro *sm* baromètre (*anche fig*).

barone (**-essa**) *sm* baron.

barra *sf* barre ◊ **barra del timone** barre du gouvernail; **barra degli strumenti** barre d'outils; **codice a barre** code-barres.

barricarsi *v rifl* se barricader.

barricata *sf* barricade.

barriera *sf* barrière ◊ **barriera architettonica** obstacles physiques (à l'acces des handicapés).

baruffa *sf* bagarre ◊ **fare baruffa** se bagarrer.

barzelletta *sf* histoire drôle, blague.

basare *v tr* baser, fonder ◊ *v rifl* se baser, se fonder sur.

basco (*f* **-a** *pl* **-chi -che**) *agg* basque ◊ *sm* Basque (*m/f*); (*cappello*) béret basque.

base *sf* base ◊ **gettare le basi** jeter les bases; **in base a** sur la base de; **a base di** à base de.

basetta *sf* favoris (*m pl*).

basìlica (*pl* **-che**) *sf* basilique.

basìlico *sm* basilic.

basilisco *sm* basilic.

basso *agg* bas; (*di statura*) petit ◊ *avv*, *sm* bas ◊ **bassa stagione** basse saison; **guardare dall'alto in basso** toiser; **da basso** en bas; **in basso** bas.

bassorilievo *sm* bas-relief.

bassotto *sm* basset.

basta! *inter* assez!, ça suffit! ◊ **basta, grazie!** ça suffit, merci! **basta, finiscila!** ça suffit, arrête!

bastardo *agg*, *sm* bâtard.

bastare *v intr* suffire ◊ **basta** il suffit de.

bene

bastimento *sm* bâtiment; (*per il trasporto di merci*) cargo.

bastonare *v tr* battre, donner des coups de bâton.

bastonata *sf* coup (*m*) de bâton.

bastone *sm* bâton; (*da passeggio*) canne (*f*) ◊ **essere il bastone della vecchiaia** être le bâton de la vieillesse.

battàglia *sf* bataille.

battaglione *sm* bataillon.

battello *sm* bateau.

battente *sm* (*di porta, finestra*) battant; (*batacchio*) heurtoir.

bàttere *v tr* battre; (*urtare*) cogner; (*a macchina*) taper ◊ *v rifl* se battre ◊ **battere i denti** claquer des dents; **battere le mani** applaudir; **battere la testa contro il muro** se cogner la tête contre les murs; **in un batter d'occhio** en un clin d'œil.

batterìa *sf* batterie.

battèrio *sm* bactérie (*f*).

battésimo *sm* baptême ◊ **nome di battesimo** nom de baptême.

battezzare *v tr* baptiser.

battibecco (*pl* -**chi**) *sm* prise (*f*) de bec.

batticuore *sm* battement de cœur.

battimano *sm* applaudissement.

battipanni *sm inv* tapette (*f*).

battistero *sm* baptistère.

battistrada *sm inv* (*aut*) bande (*f*) de roulement.

bàttito *sm* pulsation (*f*).

battuta *sf* battement (*m*); (*dattilografia*) frappe (*f*); (*mus*) mesure (*f*); (*teatro*) réplique; (*frase spiritosa*) boutade; (*di caccia, polizia*) battue; (*tennis*) service (*m*) ◊ **battuta d'arresto** temps d'arrêt.

baule *sm* malle (*f*); (*di auto*) coffre.

bava *sf* bave; (*dei cavalli*) écume.

bavaglino *sm* bavette (*f*).

bavàglio *sm* bâillon.

bàvero *sm* col ◊ **prendere qualcuno per il bavero** se payer la tête de quelqu'un.

bazzicare *v tr* fréquenter.

beatitùdine *sf* béatitude.

beato *agg* heureux ◊ *sm* bienheureux ◊ **beato te!** tu as de la chance!

beccare *v tr* becqueter, picoter; (*cogliere in fallo*) pincer; (*un malanno*) at-

traper; (*sorprendere*) piquer ◊ *v rifl* avoir des prises de bec.

beccata *sf* coup (*m*) de bec.

beccheggiare *v intr* (*mar*) tanguer.

becchino *sm* fossoyeur.

becco (*pl* -**chi**) *sm* bec ◊ **mettere il becco in** fourrer son nez dans; **chiudi il becco!** la ferme!; **non avere il becco di un quattrino** ne pas avoir la queue d'un radis; **tenere il becco chiuso** fermer son bec.

befana *sf* vieille sorcière; (*festa dell'Epifania*) Epiphanie.

beffa *sf* farce ◊ **farsi beffe di** se moquer de.

beffare *v tr* duper ◊ *v rifl* se moquer de.

bega (*pl* -**ghe**) *sf* ennui (*m*), histoire.

begli *agg* v. **bello**.

bei *agg* v. **bello**.

bel *agg* v. **bello**.

belare *v intr* bêler.

belga (*pl* -**gi** -**ghe**) *agg* belge ◊ *sm/f* Belge.

belletto *sm* fard.

bellezza *sf* beauté ◊ **salone di bellezza** salon de beauté; **finire in bellezza** finir en beauté; **per bellezza** pour faire joli; **che bellezza!** quelle joie!; **è una bellezza** c'est une merveille.

bèllico (*f* -**a** *pl* -**ci** -**che**) *agg* de guerre.

bellicoso *agg* belliqueux.

bello, **bel** (*pl m* **belli**, **begli**, **bei**) *agg*, *sm* beau; (*davanti a vocale*) bel; (*buono, piacevole*) bon ◊ **bel tempo** beau temps; **una bella notizia** une bonne nouvelle; **far bella figura** faire bonne impression; **le belle arti** les beaux-arts; **un bel po' di strada** un bon bout de chemin; **un bel niente** rien du tout; **alla bell'e meglio** tant bien que mal; **sul più bello** au plus beau moment.

belva *sf* fauve (*m*); (*fig*) brute.

belvedere *sm* belvédère.

benché *cong* bien que, quoique.

benda *sf* bande; (*sugli occhi*) bandeau (*m*) ◊ **benda elastica** bande élastique.

bendare *v tr* bander.

bene *sm*, *avv* bien ◊ **stare bene** aller (bien); **voler bene** aimer; **fare bene a** faire du bien à; **pensar bene di** penser du bien de; **è bene che** il est bon que; **gente per bene** des gens bien; **ogni ben di Dio** toutes sortes de bonnes choses; **di bene in meglio** de mieux en mieux; **ben presto** bientôt; **va bene!** ça va!.

benedetto *agg* bénit ◊ **acqua benedetta** eau bénite; **olivo benedetto** buis bénit; **benedetto ragazzo!** sacré garçon!

benedire *v tr* bénir.

benedizione *sf* bénédiction.

beneducato *agg* bien élevé, poli.

benefattore (-trice) *sm* bienfaiteur.

beneficenza *sf* bienfaisance ◊ **fiera di beneficenza** kermesse.

beneficio *sm* bienfait, bénéfice ◊ **con beneficio d'inventario** sous bénéfice d'inventaire.

benemerenza *sf* mérite (*m*).

beneplàcito *sm* consentement, approbation (*f*).

benèssere *sm* bien-être.

benestante *agg* aisé ◊ *sm/f* personne (*f*) aisée.

benevolenza *sf* bienveillance.

benignità *sf inv* douceur.

benigno *agg* bienveillant; (*di malattia*) bénin.

beninteso *avv* bien entendu.

bensì *cong* mais plutôt, mais.

benvenuto *agg* bienvenu ◊ *sm* bienvenue (*f*) ◊ **dare il benvenuto** souhaiter la bienvenue (à).

benvolere *v tr* aimer ◊ **farsi benvolere** attirer la sympathie.

benzina *sf* essence ◊ **benzina senza piombo, benzina verde** essence sans plomb.

benzinàio *sm* pompiste.

berciare *v intr* (*familiare*) gueuler, brailler.

bere *v tr* boire; (*credere ingenuamente*) avaler ◊ **bere alla salute di** boire à la santé de; **pagare da bere** offrir un verre.

bernòccolo *sm* bosse (*f*) ◊ **avere il bernoccolo di** avoir la bosse de.

berretto *sm* bonnet; béret; (*con visiera*) casquette (*f*).

bersagliare *v tr* tirer sur; (*fig*) harceler.

bersagliere *sm* bersaglier.

bersàglio *sm* cible (*f*); (*fig*) but ◊ **tiro al bersaglio** tir à la cible; **colpire il bersaglio** atteindre son but.

besciamella *sf* béchamel.

bestémmia *sf* blasphème (*m*), juron (*m*).

bestemmiare *v intr* blasphémer, jurer.

bèstia *sf* bête, animal (*m*) ◊ **le bestie** le bétail; **bestie da macello** animaux de boucherie; **lavorare come una bestia** travailler comme une bête; **andare in bestia** se mettre en colère; **una bestia rara** une bête curieuse.

bestiame *sm* bétail.

béttola *sf* gargote.

betulla *sf* bouleau (*m*).

bevanda *sf* boisson.

bevitore (-trice) *sm* buveur.

biada *sf* avoine.

biancherìa *sf* linge (*m*) ◊ **negozio di biancheria** magasin de blanc; **biancheria intima** lingerie.

bianco (*f* -a *pl* -chi -che) *agg*, *sm* blanc ◊ **bianco d'uovo** blanc d'œuf; **settimana bianca** semaine aux sports d'hiver; **mangiare in bianco** manger sans sauce; **in bianco e nero** en noir et blanc; **di punto in bianco** de but en blanc.

biancospino *sm* aubépine (*f*).

biasimare *v tr* blâmer.

bìbbia *sf* bible.

bìbita *sf* boisson.

biblioteca (*pl* -che) *sf* bibliothèque.

bibliotecàrio *sm* bibliothécaire.

bicarbonato *sm* bicarbonate.

bicchierata *sf* tournée ◊ **offrire una bicchierata** offrir un pot.

bicchiere *sm* verre ◊ **bicchiere a calice** verre à pied; **bere un bicchiere** boire un verre.

bicicletta *sf* bicyclette; (*familiare*) vélo (*m*).

bidè *sm inv* bidet.

bidello *sm* (*di scuola*) pion; (*di università*) appariteur.

bidone *sm* bidon; (*apparecchio che non funziona*) saloperie (*f*) ◊ **bidone della spazzatura** poubelle; **fare un bidone a qualcuno** (*imbrogliare*) rouler quelqu'un; (*mancare a un appuntamento*) poser un lapin à quel-

qu'un; **prendere un bidone** se faire avoir.
biennale *agg* biennal, de deux ans ◊ *sf* Biennale de Venise.
biènnio *sm* période (*f*) de deux ans; (*scuola*) cycle de deux ans ◊ **nel prossimo biennio** au cours des deux prochaines années.
biètola *sf* blette.
bifocale *agg* bifocal.
biforcarsi *v rifl* bifurquer.
bigamìa *sf* bigamie.
bighellonare *v intr* flâner.
bigiare *v intr* faire l'école buissonnière.
bigino *sm* aide-mémoire.
bigiotterìa *sf* bijoux (*m pl*) fantaisie; (*negozio*) magasin (*m*) de bijoux fantaisie.
bigliardo *sm* billard.
bigliettàio *sm* guichetier.
biglietterìa *sf* guichet (*m*) ◊ **biglietteria automatica** billetterie automatique.
biglietto *sm* billet; (*autobus, metropolitana*) ticket; (*cartoncino*) carte (*f*) ◊ **biglietto da visita** carte de visite; **biglietto cumulativo** billet de groupe; **biglietto ridotto** billet à tarif réduit.
bigodino *sm* bigoudi.
bigotto *agg*, *sm* bigot.
bilància (*pl* -ce) *sf* balance ◊ (**il segno della**) **Bilancia** (le signe de la) Balance; **bilancia pesapersone** pèse-personne.
bilanciare *v tr* (*tenere in equilibrio*) équilibrer; (*valutare*) mesurer; (*comm*) balancer.
bilanciere *sm* balancier.
bilàncio *sm* (*preventivo*) budget; (*consuntivo*) bilan ◊ **fare il bilancio** dresser le bilan.
bilaterale *agg* bilatéral.
bile *sf* bile; (*fig*) dépit (*m*) ◊ **rodersi dalla bile** se faire de la bile.
bilia *sf* bille.
biliardo *sm* billard.
bìlico (*pl* -chi -ci) *sm* équilibre instable ◊ **essere in bilico** être en équilibre instable.
bilingue *agg* bilingue.
bimbo *sm* bébé, enfant.
bimensile *agg* bimensuel.

bimestrale *agg* bimestriel.
binàrio *agg* binaire ◊ *sm* (*ferr*) voie (*f*); (*marciapiede*) quai ◊ **vietato attraversare i binari** défense de traverser les voies; **uscire dai binari** sortir du droit chemin.
binòcolo *sm* jumelles (*f pl*).
binòmio *sm* binôme.
biodegradàbile *agg* biodégradable.
biografia *sf* biographie.
biologìa *sf* biologie.
biològico *agg* biologique.
biondo *agg*, *sm* blond.
biotecnologìa *sf* biotechnologie.
birichino *sm* polisson, espiègle (*m/f*).
birillo *sm* quille (*f*).
biro *sf inv* stylo (*m*) (à) bille.
birra *sf* bière ◊ **birra chiara, scura** bière blonde, brune; **birra alla spina** bière (à la) pression; **a tutta birra** toute allure.
birrerìa *sf* brasserie.
bis *sm inv*, *inter* bis!, encore! ◊ **fare il bis** (*a tavola*) en reprendre.
bisàccia (*pl* -ce) *sf* besace.
bisbètico *agg* acariâtre, grincheux.
bisbigliare *v tr* chuchoter ◊ *v intr* murmurer.
bisbìglio *sm* chuchotement.
bìscia (*pl* -sce) *sf* couleuvre ◊ **biscia d'acqua** serpent d'eau.
biscotto *sm* biscuit.
bisestile *agg* bissextile ◊ **anno bisestile** année bissextile.
bisettimanale *agg* bihebdomadaire.
bisnonna *sf* arrière-grand-mère.
bisnonno *sm* arrière-grand-père.
bisognare *v intr* falloir ◊ **bisogna partire** il faut partir; **bisogna andare** il faut y aller.
bisogno *sm* besoin ◊ **aver bisogno di** (+ *infinito*) avoir besoin de; **esserci bisogno di** falloir; **c'è bisogno di** il faut; **in caso di bisogno** en cas de besoin.
bisognoso *agg*, *sm* nécessiteux, pauvre (*m/f*) ◊ **bisognoso di** qui a besoin de.
bistecca (*pl* -che) *sf* bifteck (*m*).
bisticciare *v intr* se disputer, se quereller.
bistìccio *sm* dispute (*f*); (*gioco di parole*) jeu de mots, calembour.

bìsturi *sm inv* bistouri.

bitórzolo *sm* bouton; (*bernoccolo*) bosse (*f*).

bitume *sm* bitume.

bivaccare *v intr* bivouaquer.

bivacco (*pl -chi*) *sm* bivouac.

bìvio *sm* carrefour ◊ **giungere al bivio** parvenir à un carrefour.

bizantino *agg* byzantin.

bizza *sf* caprice (*m*).

bizzarro *agg* bizarre.

bizzeffe ◊ **a bizzeffe** à foison.

black out *sm inv* black-out.

blandire *v tr* (*lusingare*) flatter; (*lenire*) apaiser.

blando *agg* léger, doux.

blindato *agg* blindé ◊ **vetro blindato** vitre blindée.

bloccare *v tr* bloquer; (*trattenere*) arrêter ◊ *v rifl* se bloquer, s'arrêter.

bloccasterzo *sm* blocage de direction.

blocchetto *sm* petit bloc; (*per appunti*) bloc-notes.

blocco (*pl -chi*) *sm* bloc; (*per appunti*) bloc-notes ◊ **fare blocco** faire bloc; **posto di blocco** barrage de police; **in blocco** en bloc.

blu *agg, sm inv* bleu.

blue-jeans *sm pl* blue-jean (*sing*).

blusa *sf* blouse; (*camicetta*) chemisier.

boa *sf* (*mar*) bouée ◊ *sm inv* (*zool*) boa.

boato *sm* grondement.

bobina *sf* bobine.

bocca (*pl -che*) *sf* bouche; (*di animali*) gueule; (*di cose*) embouchure, entrée ◊ **non aprire bocca** ne pas ouvrir la bouche; **restare a bocca asciutta** rester sur sa faim; **restare a bocca aperta** rester bouche bée; **in bocca al lupo!** bonne chance!; **far venire l'acquolina in bocca** mettre l'eau à la bouche.

boccàccia (*pl -ce*) *sf* grimace.

boccale *sm* (*di vino*) pichet; (*di birra*) chope (*f*).

boccata *sf* bouchée ◊ **prendere una boccata d'aria** prendre un bol d'air.

boccetta *sf* flacon (*m*).

boccheggiare *v intr* haleter.

bocchino *sm* (*per sigarette*) fume-cigarette; (*mus*) embouchure (*f*).

bòccia (*pl -ce*) *sf* (*di vetro*) carafe; (*di legno*) boule ◊ **gioco delle bocce** jeu de boules; (*in Provenza*) pétanque; **campo di bocce** boulodrome.

bocciare *v tr* recaler; (*nel gioco*) faire un carreau ◊ **proposta bocciata** proposition rejetée.

bocciolo *sm* bouton.

bóccolo *sm* boucle (*f*).

boccone *sm* bouchée (*f*); (*piccola quantità*) morceau.

bocconi *avv* à plat ventre.

body *sm* (*indumento*) body.

bofonchiare *v intr* grommeler.

bòia *sm inv* bourreau ◊ **fa un freddo boia** il fait un froid de canard.

bolla *sf* bulle; (*vescica*) ampoule ◊ **bolla di sapone** bulle de savon; **bolla di accompagnamento** bulletin d'accompagnement; **bolla di spedizione** bulletin d'expédition.

bollare *v tr* timbrer; (*fig*) qualifier de.

bollato *agg* timbré ◊ **carta bollata** papier timbré.

bollente *agg* bouillant.

bolletta *sf* bulletin (*m*), bordereau (*m*); (*del gas, telefono ecc.*) facture ◊ **bolletta di consegna** bordereau de livraison; **bolletta del gas** facture de gaz; **essere in bolletta** être fauché.

bollettino *sm* bulletin.

bollire *v tr* faire bouillir ◊ *v intr* bouillir ◊ **bollire a fuoco lento** bouillir à petit feu.

bollito *agg, sm* bouilli.

bollo *sm* timbre; (*tassa automobilistica*) vignette (*f*) ◊ **carta da bollo** papier timbré; **marca da bollo** timbre fiscal.

bollore *sm* bouillon, ébullition (*f*) ◊ **portare l'acqua a bollore** porter l'eau à ébullition.

bolognese *agg* bolonais ◊ *sm/f* Bolonais (*m*) ◊ **spaghetti alla bolognese** spaghetti bolognaise.

bomba *sf* bombe ◊ **a prova di bomba** à toute épreuve.

bombardamento *sm* bombardement.

bombardare *v tr* bombarder.

bombetta *sf* chapeau (*m*) melon.

bómbola *sf* bouteille.

bonàccia (*pl -ce*) *sf* bonace, calme (*m*) plat.

bonificare *v tr* assainir.
bonìfico *sm* (*comm*) virement.
bontà *sf inv* bonté.
borbottare *v intr* grommeler; (*del ventre*) gargouiller.
bòrchia *sf* (*di cintura, scarpa*) boucle; (*chiodo*) cabochon (*m*).
bordo *sm* (*mar*) bord; (*orlo di abito*) bordure (*f*) ◊ **a bordo di** à bord de; **salire a bordo** monter à bord.
boreale *agg* boréal.
borgata *sf* bourgade, faubourg (*m*).
borghese *agg, sm/f* bourgeois (*m*) ◊ **in borghese** en civil.
borghesìa *sf* bourgeoisie.
borgo (*pl* **-ghi**) *sm* bourg, faubourg.
borotalco (*pl* **-chi**) *sm* talc.
borràccia (*pl* **-ce**) *sf* gourde.
borsa *sf* sac (*m*); (*borsetta*) sac à main; (*econ*) Bourse ◊ **borsa della spesa** sac à provisions, cabas; **borsa da viaggio** sac de voyage; **borsa nera** marché noir; **borsa di studio** bourse (d'études); **agente di borsa** agent de Bourse.
borsaiolo *sm* pickpocket.
borsellino *sm* porte-monnaie.
borsetta *sf* sac (*m*) à main.
borsista (*pl* **-i -e**) *sm/f* boursier (*m*).
boscàglia *sf* fourré (*m*).
boscaiolo *sm* bûcheron.
bosco (*pl* **-chi**) *sm* bois.
boscoso *agg* boisé.
bosnìaco *agg* bosniaque ◊ *sm* Bosniaque (*m/f*).
botànica (*pl* **-che**) *sf* botanique.
botànico (*f* **-a** *pl* **-ci -che**) *agg* botanique ◊ **orto botanico** jardin botanique.
bòtola *sf* trappe.
botta *sf* coup (*m*) ◊ **fare a botte** se battre; **botta e risposta** du tac au tac; **a botta calda** sur le coup.
botte *sf* tonneau (*m*) ◊ **volta a botte** voûte en berceau.
bottega (*pl* **-ghe**) *sf* (*negozio*) boutique, magasin (*m*); (*laboratorio artigiano*) atelier (*m*) ◊ **aprir bottega** ouvrir boutique; **opera di bottega** œuvre d'atelier.
botteghino *sm* (*sportello*) guichet.
bottìglia *sf* bouteille.
bottino *sm* butin.

botto *sm* coup ◊ **di botto** d'un coup.
bottone *sm* bouton.
bottoniera *sf* boutonnière.
botulino *sm* bacille botulique.
bovino *agg, sm* bovin.
boxe *sf inv* boxe.
boxer *sm pl* (*indumento*) caleçon (*sing*).
bozza *sf* (*di stampa*) épreuve.
bozzetto *sm* (*disegno*) esquisse (*f*); (*modello*) maquette (*f*).
bòzzolo *sm* cocon.
braccare *v tr* traquer.
braccetto *sm* ◊ **a braccetto** bras dessus, bras dessous; **tenere a braccetto** donner le bras à.
bracciale *sm* bracelet.
bracciante *sm/f* ouvrier agricole.
bracciata *sf* brassée; (*nuoto*) brasse.
bràccio (*pl* **-cia** *f*) *sm* (*anat*) bras; (*di edificio*) aile (*f*) ◊ **accogliere a braccia aperte** accueillir à bras ouverts; **essere il braccio destro di qualcuno** être le bras droit de quelqu'un; **a forza di braccia** à la force du poignet; **parlare a braccio** parler en improvisant.
bracciolo *sm* (*di poltrona*) accoudoir; (*corrimano*) rampe (*f*), main (*f*) courante.
bracco (*pl* **-chi**) *sm* braque.
brace *sf* braise ◊ **cadere dalla padella nella brace** tomber de Charybde en Scylla.
braciere *sm* brasero.
braciola *sf* côtelette.
brado *agg* sauvage ◊ **allo stato brado** à l'état sauvage.
branca (*pl* **-che**) *sf* (*artiglio*) serre; (*ramo di scienza*) branche.
branco (*pl* **-chi**) *sm* troupeau; (*di uccelli*) vol; (*di pesci*) banc; (*di persone*) bande (*f*), troupe (*f*).
brancolare *v intr* tâtonner, avancer à tâtons.
branda *sf* lit (*m*) de camp.
brandeburghese *agg* brandebourgeois ◊ *sm/f* Brandebourgeois (*m*).
brandello *sm* lambeau; (*fig*) bribe (*f*).
brano *sm* (*mus*) morceau; (*di un libro*) passage.
brasare *v tr* braiser.

brasato *sm* bœuf braisé.

brasiliano *agg* brésilien ◊ *sm* Brésilien.

bravata *sf* bravade.

bravo *agg* (*capace*) bon; (*onesto*) brave, honnête; (*ubbidiente*) sage ◊ **fai il bravo** sois sage.

bravura *sf* habileté.

bréccia (*pl* -**ce**) *sf* brèche.

bretella *sf* bretelle.

breve *agg* court, bref ◊ **in breve** en bref; **tra breve** sous peu.

brevettare *v tr* breveter.

brevetto *sm* brevet.

brevità *sf inv* brièveté.

brezza *sf* brise.

bricco (*pl* -**chi**) *sm* (*del caffè*) cafetière (*f*); (*del latte*) pot.

briccone *sm* fripon.

briciola *sf* miette.

briga (*pl* -**ghe**) *sf* tracas (*m*) ◊ **prendersi la briga di** prendre la peine de; **attaccare briga con** chercher noise à.

brigadiere *sm* brigadier.

brigantàggio *sm* brigandage.

brigante *sm* brigand.

brigare *v intr* intriguer.

brìglia *sf* bride (*anche fig*) ◊ **a briglia sciolta** à bride abattue.

brillante *agg, sm* brillant.

brillare *v intr* briller, étinceler.

brillo *agg* éméché.

brina *sf* givre (*m*).

brindare *v intr* trinquer, lever son verre à la santé.

brìndisi *sm inv* toast ◊ **fare un brindisi** porter un toast.

brìo *sm sing* entrain; (*nel parlare*) verve (*f*).

britànnico (*f* -**a** *pl* -**ci** -**che**) *agg* britannique ◊ *sm* Britannique (*m/f*).

brìvido *sm* frisson ◊ **amare il brivido** aimer les émotions fortes.

brizzolato *agg* grisonnant.

brocca (*pl* -**che**) *sf* cruche.

broccato *sm* brocart.

bròccolo *sm* brocoli.

brodo *sm* bouillon ◊ **sta nel proprio brodo** il reste dans son coin.

brodoso *agg* clair.

bronchite *sf* bronchite.

bróncio *sm* bouderie (*f*) ◊ **fare il bróncio** bouder.

bronco (*pl* -**chi**) *sm* bronche (*f*).

brontolare *v intr* grogner.

brontolone *agg, sm* grognon.

bronzo *sm* bronze ◊ **avere la faccia di bronzo** être culotté.

brucare *v tr* brouter.

bruciapelo *sm* ◊ **a bruciapelo** à bout portant; (*alla sprovvista*) à brûle-pourpoint.

bruciare *v tr/intr* brûler ◊ *v rifl* (*scottarsi*) se brûler ◊ **mi bruciano gli occhi** les yeux me piquent; **si è bruciata la lampadina** l'ampoule a grillé.

bruciatura *sf* brûlure.

bruciore *sm* brûlure (*f*) ◊ **bruciore di stomaco** aigreurs d'estomac.

bruco (*pl* -**chi**) *sm* chenille (*f*).

brùfolo *sm* bouton.

brughiera *sf* bruyère.

brulicare *v intr* fourmiller.

brullo *agg* aride.

bruma *sf* brume.

bruno *agg* brun.

brusco (*f* -**a** *pl* -**chi** -**che**) *agg* (*sapore*) âpre; (*maniere*) brusque.

brusìo *sm* bourdonnement.

brutale *agg* brutal.

bruto *agg* brut ◊ *sm* brute (*f*).

brutta *sf* (*di compito*) brouillon (*m*).

bruttezza *sf* laideur.

brutto *agg* (*non bello*) laid; (*specialmente di cose*) vilain; (*cattivo*) mauvais ◊ **un brutto segno** un mauvais signe; **un brutto tiro** un mauvais tour; **brutto tempo** mauvais temps; **vedersela brutta** être en mauvaise posture; **fare una brutta figura** faire piètre figure.

buca (*pl* -**che**) *sf* trou (*m*) ◊ **buca delle lettere** boîte aux lettres; **buca del biliardo** blouse du billard.

bucaneve *sm inv* perce-neige.

bucare *v tr* percer, trouer ◊ *v rifl* se percer, se trouer ◊ **bucare una gomma** crever un pneu; **avere le mani bucate** être un panier percé.

bucato *sm* lessive (*f*).

bùccia (*pl* -**ce**) *sf* (*di frutti*) peau; (*scorza*) écorce ◊ **la buccia del salame** la peau du saucisson.

buco (*pl* -**chi**) *sm* trou (*anche fig*) ◊ **fare un buco nell'acqua** donner un coup d'épée dans l'eau.
buddismo *sm* bouddhisme.
buddista (*pl* -**i** -**e**) *agg*, *sm/f* bouddhiste.
budello (*pl* -**i** o -**a** *f*) *sm* boyau.
budino *sm* crème (*f*) renversée.
bue (*pl* **buoi**) *sm* bœuf.
bùfalo *sm* buffle.
bufera *sf* tempête.
buffet *sm inv* (*rinfresco*) buffet.
buffo *agg* drôle, marrant.
buffone *sm* bouffon (*anche fig*).
bugìa *sf* mensonge (*m*).
bugiardo *agg*, *sm* menteur.
bùio *agg* sombre, obscur ◊ *sm* noir, obscurité (*f*) ◊ **restare al buio** rester dans le noir.
bulbo *sm* bulbe.
bùlgaro *agg* bulgare ◊ *sm* Bulgare (*m/f*).
bullone *sm* boulon.
buon v. **buono**.
buonanotte *sf*, *inter* bonne nuit ◊ **dare la buonanotte** souhaiter une bonne nuit.
buonasera *sf*, *inter* bonsoir ◊ **dare la buonasera** dire bonsoir.
buongiorno *sm*, *inter* bonjour ◊ **dare il buongiorno** dire bonjour.
buongustàio *sm* gourmet.
buongusto *sm* (bon) goût.
buono, **buon** *agg*, *sm* bon ◊ **a buon mercato** bon marché; **con le buone** par la douceur; **alla buona** à la bonne franquette; **di buon'ora** de bonne heure; **un poco di buono** un vaurien; **buon divertimento!** amuse-toi, amusez-vous bien!; **buon riposo!** repose-toi, reposez-vous bien!; **buon anno!** bonne année!; **buono benzina** bon d'essence.
buonumore *sm* bonne humeur (*f*).
burattino *sm* marionnette (*f*) (*anche fig*).
bùrbero *agg*, *sm* bourru.
burocràtico (*f* -**a** *pl* -**ci** -**che**) *agg* bureaucratique.
burocrazìa *sf* bureaucratie.
burrasca (*pl* -**che**) *sf* orage (*m*); tempête; (*vento*) bourrasque ◊ **mare in burrasca** mer en furie.
burro *sm* beurre.
burrone *sm* ravin.
buscare *v tr* attraper ◊ **buscarsi un raffreddore** attraper un rhume.
bussare *v tr* frapper.
bùssola *sf* boussole ◊ **perdere la bussola** perdre la boussole.
busta *sf* enveloppe; (*custodia*) chemise ◊ **in busta** sous enveloppe; **busta paga** fiche de paie.
bustarella *sf* pot-de-vin (*m*).
busto *sm* buste; (*da donna*) corset.
buttare *v tr* jeter ◊ *v rifl* se jeter ◊ **buttar giù** avaler; **buttar giù un edificio** abattre un bâtiment; **buttare via** gâcher; **buttare la pasta** mettre les pâtes (dans l'eau bouillante); **buttarsi giù** se décourager.
buzzurro *sm* rustre.

C

cabaret *sm inv* cabaret.
cabina *sf* cabine ◊ **cabina telefonica** cabine téléphonique.
cacào *sm inv* (*albero*) cacaoyer; (*frutto*) cacao ◊ **burro di cacao** beurre de cacao.
cacca (*pl* -**che**) *sf* caca (*m*).
càccia (*pl* -**ce**) *sf* chasse ◊ **andare a caccia** aller à la chasse; **divieto di caccia** défense de chasser; **riserva di caccia** chasse gardée; **caccia al tesoro** chasse au trésor.
cacciagione *sf* gibier (*m*).
cacciare *v tr/intr* chasser ◊ *v rifl* se fourrer ◊ **cacciare un urlo** pousser un cri.
cacciatore (-**trice**) *sm* chasseur ◊ **cacciatore di teste** chasseur de têtes.
cacciavite *sm* tournevis.
cachet *sm inv* (*med*) comprimé; (*compenso*) cachet.
cachi *agg* (*di colore*) kaki ◊ *sm inv* (*pianta*) plaqueminier; (*frutto*) kaki, plaquemine (*f*); (*colore*) kaki.
càcio *sm* fromage ◊ **cacio pecorino** fromage de chèvre.

cadàvere *sm* cadavre ◊ **bianco come un cadavere** blanc comme un linge.

cadente *agg* croulant ◊ **stella cadente** étoile filante.

cadenza *sf* cadence ◊ **cadenza piemontese, toscana** accent piémontais, toscan.

cadere *v intr* tomber ◊ **cadere dalle nuvole** tomber des nues; **far cadere le braccia** couper bras et jambes; **far cadere dall'alto** concéder; **cadere a proposito** venir à propos; **è caduta la linea** la ligne a été coupée.

caduta *sf* chute.

caffè *sm inv* café ◊ **caffè espresso** (café) expresso; **caffè macchiato** (café) noisette; **caffè corretto** café arrosé; **caffè decaffeinato** café décaféiné.

caffellatte *sm inv* café au lait.

caffettiera *sf* cafetière.

cafone *agg, sm* rustre.

cagionévole *agg* maladif.

cagliare *v intr* cailler ◊ **il latte si è cagliato** le lait a caillé.

cagna *sf* chienne.

cagnara *sf* (*chiasso*) raffut (*m*).

cagnesco ◊ **in cagnesco** de travers.

calabrese *agg* calabrais ◊ *sm/f* Calabrais (*m*).

calabrone *sm* bourdon.

calamàio *sm* encrier.

calamaro *sm* calamar.

calamita *sf* aimant (*m*) (*anche fig*).

calamità *sf inv* calamité.

calare *v tr/intr* descendre; baisser (*anche mar*) ◊ *v rifl* se laisser glisser, se laisser descendre; (*mar*) s'affaler ◊ **calare le reti** jeter les filets; **calare le vele** amener les voiles; **al calare del sole** au soleil couchant; **calarsi in un ruolo** entrer dans la peau de.

calca (*pl* -**che**) *sf* foule.

calcagno (*pl* -**gni** o -**gna** *f*) *sm* talon ◊ **aver qualcuno alle calcagna** avoir quelqu'un aux trousses.

calcare *v tr* fouler ◊ **calcarsi il cappello in testa** enfoncer son chapeau sur la tête.

calcare *sm* calcaire.

calce *sf* chaux ◊ **in calce** au bas de la page.

calcestruzzo *sm* béton.

calcetto *sm* baby-foot.

calciare *v tr* donner un coup de pied à; (*sport*) tirer.

calciatore (-**trice**) *sm* footballeur.

calcina *sf* mortier (*m*).

calcinàccio *sm* plâtras ◊ *pl* gravats.

càlcio *sm* coup de pied; (*animali*) ruade (*f*); (*sport*) football; (*chim*) calcium; (*di arma*) crosse (*f*) ◊ **calcio d'angolo** corner; **calcio di punizione** coup franc; **calcio di rigore** penalty; **campionato di calcio** match de football.

calco (*pl* -**chi**) *sm* calque, moulage.

calcolare *v tr* calculer.

calcolatore *sm* calculateur; (*computer*) ordinateur.

calcolatrice *sf* calculatrice.

càlcolo *sm* calcul.

caldàia *sf* chaudière.

caldarrosta *sf* marron (*m*) grillé.

caldeggiare *v tr* appuyer, soutenir.

caldo *agg* chaud ◊ *sm* chaleur (*f*) ◊ **avere caldo** avoir chaud; **tenere in caldo** tenir au chaud; **tavola calda** snackbar.

calendàrio *sm* calendrier.

càlibro *sm* calibre.

càlice *sm* verre à pied ◊ **a calice** évasé.

calle *sm* ruelle (*f*).

calligrafia *sf* calligraphie.

callo *sm* (*mano*) cal; (*piede*) cor ◊ **farci il callo** se faire à.

calma *sf* calme (*m*) ◊ **calma!** du calme!; **prendersela con calma** prendre son temps; **mantenere, perdere la calma** garder, perdre son calme.

calmante *agg, sm* calmant.

calmare *v tr* calmer ◊ *v rifl* se calmer.

calmo *agg* calme.

calo *sm* diminution (*f*); (*prezzi*) baisse (*f*) ◊ **calo di peso** perte de poids.

calore *sm* chaleur (*f*) (*anche fig*) ◊ **in calore** (*di animali*) en chaleur.

caloria *sf* calorie.

calorìfero *sm* radiateur.

caloroso *agg* chaleureux.

calotta *sf* calotte ◊ **calotta dello spinterogeno** tête de delco.

calpestare *v tr* piétiner; (*fig*) fouler aux pieds ◊ **è vietato calpestare le aiuole** défense de marcher sur la pelouse.

calùnnia *sf* calomnie.

calvàrio *sm* calvaire.

calvìzie *sf inv* calvitie.

calvo *agg* chauve.

calza *sf* (*da uomo*) chaussette; (*da donna*) bas (*m*) ◊ **far la calza** tricoter.

calzamàglia (*pl* **calzemaglie**) *sf* collant (*m*).

calzare *v tr* (*scarpe*) chausser; (*guanti*) mettre ◊ *v intr* aller (bien).

calzatura *sf* chaussure ◊ **negozio di calzature** magasin de chaussures.

calzerotto *sm* chaussette (*f*).

calzettone *sm* mi-bas.

calzino *sm* chaussette (*f*).

calzolàio *sm* cordonnier.

calzoncini *sm pl* culotte (*f sing*) courte; short (*sing*).

calzone *sm* (*cuc*) calzone ◊ *pl* pantalon (*sing*).

camaleonte *sm* caméléon.

cambiale *sf* (*comm*) lettre de change.

cambiamento *sm* changement.

cambiare *v tr/intr* changer; (*in moneta più piccola*) faire de la monnaie ◊ *v rifl* (*d'abito*) se changer ◊ **cambiare casa** changer de maison; **non avere da cambiare** ne pas avoir de monnaie; **cambiare le carte in tavola** brouiller les cartes.

càmbio *sm* (*scambio*) échange; (*cambiamento*) changement; (*meccanico*) changement de vitesse; (*di denaro*) change; (*di biancheria*) linge de rechange ◊ **dare il cambio** relayer; **ufficio cambi** bureau de change; **leva del cambio** levier de vitesse; **in cambio** en échange; **in cambio di** à la place de.

càmera *sf* chambre ◊ **camera da letto** chambre à coucher; **camera doppia** chambre double; **camera singola** chambre simple; **camera matrimoniale** chambre avec un grand lit; **prenotare una camera** réserver une chambre; **camera d'aria** chambre à air; **Camera dei deputati** Chambre des députés.

camerata *sf* (*caserma*) chambrée; (*collegio*) dortoir (*m*).

cameriera *sf* serveuse; (*domestica*) bonne; (*d'albergo*) femme de chambre.

cameriere *sm* garçon; (*domestico*) valet de chambre.

camerino *sm* (*teatro*) loge (*f*); (*mar, milit*) cabine (*f*).

càmice *sm* blouse (*f*).

camicetta *sf* (*da donna*) chemisier (*m*).

camìcia (*pl* **-cie**) *sf* chemise ◊ **camicia da notte** chemise de nuit.

camino *sm* cheminée (*f*).

camion *sm inv* camion; poids-lourd.

camionista (*pl* **-i -e**) *sm/f* camionneur (*m*); routier (*m*).

cammello *sm* chameau.

cammèo *sm* camée.

camminare *v intr* marcher.

camminata *sf* marche, promenade.

cammino *sm* chemin, route (*f*) ◊ **mettersi in cammino** se mettre en route; **cammin facendo** chemin faisant.

camomilla *sf* camomille.

camòscio *sm* chamois; (*pelle lavorata*) daim.

campagna *sf* campagne ◊ **campagna elettorale** campagne électorale; **campagna acquisti** transfert.

campagnolo *agg* campagnard.

campana *sf* cloche.

campanella *sf* clochette.

campanello *sm* sonnette (*f*) ◊ **campanello d'allarme** sonnette d'alarme.

campanile *sm* clocher.

campano *agg* campanien ◊ *sm* Campanien.

campare *v intr* vivoter ◊ **tirare a campare** vivre au jour le jour.

campeggiare *v intr* camper.

campéggio *sm* camping.

camper *sm inv* camping-car.

campestre *agg* champêtre.

campionàrio (*-essa*) *sm* collection (*f*) d'échantillons, échantillonnage ◊ **fiera campionaria** foire-exposition.

campionato *sm* championnat.

campione (**-essa**) *sm* (*comm*) échantillon; (*sport*) champion.

campo *sm* champ; (*accampamento*) camp; (*sportivo*) terrain; (*settore*) domaine ◊ **campo di lavoro** camp de travail; **campo da tennis** court de tennis; **campo da calcio** terrain de football; **cucina da campo** (cuisine) roulante; **campo di battaglia** champ de bataille.

camuffare *v tr* camoufler ◊ *v rifl* se déguiser.

canadese *agg* canadien ◊ *sm/f* Canadien (*m*) ◊ *sf* (*tenda da campeggio*) canadienne.

canàglia *sf* canaille.

canale *sm* canal; (*TV*) chaîne (*f*); (*radio*) canal ◊ **cambiare canale** changer de chaîne.

cànapa *sf* chanvre (*m*).

canarino *sm* canari.

cancellare *v tr* effacer; (*annullare*) annuler.

cancellata *sf* grille.

cancellerìa *sf* chancellerie ◊ **articoli di cancelleria** articles de bureau.

cancelliere *sm* chancelier; greffier.

cancello *sm* grille (*f*).

cancerògeno *agg* cancérogène.

cancrena *sf* gangrène ◊ **andare in cancrena** se gangrener.

cancro *sm* cancer ◊ **(il segno del) Cancro** (le signe du) Cancer.

candeggina *sf* eau de Javel.

candela *sf* bougie, chandelle; (*mecc*) bougie.

candelabro *sm* candélabre.

candeliere *sm* chandelier.

candidare *v tr* poser la candidature de ◊ *v rifl* poser sa candidature.

candidato *sm* candidat.

càndido *agg* blanc; (*fig*) candide, pur.

candito *agg* confit ◊ *sm* fruit confit.

candore *sm* blancheur (*f*); (*fig*) candeur (*f*).

cane (-gna) *sm* chien ◊ **cane da caccia** chien de chasse; **non c'è un cane** il n'y a pas un chat; **trattare da cane** traiter comme un chien; **un freddo cane** un froid de canard; **lavorare come un cane** travailler comme une bête de somme.

canestro *sm* panier.

cànfora *sf* camphre (*m*).

canguro *sm* kangourou.

canìcola *sf* canicule.

canile *sm* (*cuccia*) niche (*f*); (*recinto*) chenil ◊ **canile municipale** fourrière.

canino *agg* canin ◊ *sm* canine (*f*).

canìzie *sf inv* canitie.

canna *sf* (*bot*) roseau (*m*); (*tubo*) tuyau (*m*); (*di arma da fuoco*) canon (*m*) ◊ **canna da zucchero** canne à sucre; **canna da pesca** canne à pêche; **canna fumaria** conduit de cheminée; **canna della bicicletta** cadre du vélo; **essere povero in canna** être pauvre comme Job.

cannella *sf* cannelle.

canneto *sm* cannaie (*f*).

cannìbale *sm/f* cannibale.

cannocchiale *sm* longue-vue (*f*).

cannonata *sf* coup (*m*) de canon.

cannone *sm* canon.

cannùccia (*pl* -**ce**) *sf* (*per bere*) paille.

canòa *sf* canoë (*m*); (*Canada*) canot.

cànone *sm* (*norma*) canon; (*somma da pagare*) redevance (*f*) ◊ **canone d'affitto** loyer.

canònico *agg* canonique.

canoro *agg* chanteur.

canottàggio *sm* aviron.

canottiera *sf* (*biancheria*) maillot (*m*) de corps; (*maglietta*) débardeur (*m*).

canotto *sm* canot.

cantante *sm/f* chanteur (*m*).

cantare *v tr/intr* chanter ◊ **cantare a orecchio** chanter de mémoire.

cantautore (**-trice**) *sm* auteur-compositeur-interprète.

càntico *sm* cantique.

cantiere *sm* chantier ◊ **cantiere navale** chantier naval.

cantilena *sf* (*filastrocca*) rengaine.

cantina *sf* cave.

canto *sm* chant; (*angolo*) coin ◊ **da canto** de côté; **d'altro canto** d'ailleurs; **dal canto mio** pour ma part.

cantone *sm* (*della Svizzera*) canton.

canzone *sf* chanson.

caos *sm inv* chaos.

caòtico (*f* -**a** *pl* -**ci** -**che**) *agg* chaotique.

capace *agg* (*abile*) capable, bon; (*ampio*) grand.

capacità *sf inv* capacité.

capanna *sf* cabane.

capannone *sm* hangar ◊ **capannone industriale** entrepôt.

capàrbio *agg* têtu, obstiné.

caparra *sf* arrhes (*pl*).

capello *sm* cheveu ◊ **averne fin sopra i capelli** en avoir par-dessus la tête.

capezzale *sm* chevet.

capézzolo *sm* mamelon.

capienza *sf* capacité, contenance.

capigliatura *sf* chevelure.

capillare *agg*, *sm* capillaire.

capire *v tr* comprendre ◊ *v rifl* se comprendre.

capitale *agg*, *sm* capital ◊ *sf* capitale.

capitalismo *sm* capitalisme.

capitanerìa *sf* (*di porto*) capitainerie.

capitano *sm* capitaine.

capitare *v intr* arriver ◊ **se capita l'occasione** si l'occasion se présente; **capitare male** tomber mal.

capitello *sm* chapiteau.

capìtolo *sm* chapitre.

capitómbolo *sm* culbute (*f*).

capo *sm* (*testa*) tête (*f*); (*chi comanda*) chef; (*estremità*) bout; (*geog*) cap; (*d'abbigliamento*) vêtement ◊ **da capo a piedi** de la tête aux pieds; **in capo al mondo** au bout du monde; **punto, a capo** point, à la ligne; **ricominciare da capo** recommencer depuis le début.

capocuoco (*pl m* **capicuochi**) *sm* chef de cuisine.

Capodanno *sm* jour de l'an.

capofitto ◊ **a capofitto** tête la première.

capogiro *sm* vertige ◊ **cifra da capogiro** chiffre vertigineux.

capogruppo (*pl m* **capigruppo** *f inv*) *sm/f* chef de groupe.

capolavoro *sm* chef-d'œuvre.

capolìnea (*pl* **capilinea**) *sm* (*inizio*) tête (*f*) de ligne; (*fine*) terminus.

capolista (*pl m* **capilista** *f inv*) *sm/f* tête (*f*) de liste.

capoluogo (*pl* **-ghi**) *sm* chef-lieu.

caporale *sm* caporal.

caposaldo (*pl* **capisaldi**) *sm* point d'appui.

capostazione (*pl m* **capistazione** *f inv*) *sm/f* chef de gare.

capostipite *sm* souche (*f*).

capotàvola (*pl m* **capitavola** *f inv*) *sm/f* personne (*f*) qui occupe la place d'honneur, personne qui est en bout de table.

capotreno (*pl m* **capitreno** *f inv*) *sm/f* chef de train.

capoufficio (*pl m* **capiufficio** *f inv*) *sm/f* chef de bureau.

capoverso *sm* alinéa.

capovòlgere *v tr* renverser (*anche fig*) ◊ *v rifl* (*imbarcazione*) chavirer.

cappa *sf* (*indumento*) cape; (*camino*) hotte.

cappella *sf* chapelle.

cappellano *sm* chapelain.

cappello *sm* chapeau.

càppero *sm* câpre (*f*).

cappone *sm* chapon.

cappotto *sm* manteau.

cappuccino *sm* (*frate*) capucin; (*caffè con latte*) cappuccino.

cappùccio *sm* (*abbigliamento*) capuche (*f*); (*della penna*) capuchon; (*caffè con latte*) cappuccino.

capra *sf* chèvre.

capretto *sm* chevreau.

capriccio *sm* caprice.

capriccioso *agg* capricieux ◊ **un bambino capriccioso** un enfant capricieux.

capricorno *sm* capricorne ◊ (**il segno del**) **Capricorno** (le signe du) Capricorne.

caprifòglio *sm* chèvrefeuille.

caprino *agg* de chèvre ◊ **piedi caprini** pieds de bouc.

capriola *sf* cabriole; (*capitombolo*) culbute.

capriolo *sm* chevreuil.

caprone *sm* bouc.

càpsula *sf* (*di bottiglia*) capsule; (*med*) gélule.

captare *v tr* capter.

carabiniere *sm* gendarme.

caraffa *sf* carafe.

caramella *sf* bonbon (*m*).

carato *sm* carat.

caràttere *sm* caractère.

caratterìstico (*f* **-a** *pl* **-ci -che**) *agg* caractéristique.

caratterizzare *v tr* caractériser.

carboidrato *sm* hydrate de carbone.

carbone *sm* charbon ◊ **carbon fossile** houille; **carta carbone** papier carbone.

carburante *sm* carburant.

carburatore *sm* carburateur.

carcassa *sf* carcasse.

carcerato *agg*, *sm* détenu.

càrcere (*pl* **carceri** *f*) *sm* prison (*f*).

carceriere *sm* gardien de prison.

carciofo *sm* artichaut.

cardellino *sm* chardonneret.

cardìaco (*f* **-a** *pl* **-ci -che**) *agg* cardiaque ◊ **arresto cardiaco** arrêt du cœur.

cardinale *agg*, *sm* cardinal ◊ **punti cardinali** points cardinaux.

càrdine *sm* gond; (*fig*) pivot.

cardiochirurgìa *sf* chirurgie cardiovasculaire.

cardiologìa *sf* cardiologie.

cardiòlogo (*f* **-a** *pl* **-gi -ghe**) *sm* cardiologue (*m/f*).

cardo *sm* (*commestibile*) cardon; (*bot*) chardon.

carenza *sf* manque (*m*).

carestìa *sf* disette.

carezza *sf* caresse.

càrica (*pl* **-che**) *sf* (*incarico*) charge, fonction; (*energia*) charge; (*meccanismo*) ressort (*m*) ◊ **essere in carica** occuper une charge; **tornare alla carica** revenir à la charge.

caricare *v tr* charger; (*orologio*) remonter; (*fig*) couvrir ◊ *v rifl* se charger; (*fig*) se couvrir.

càrico (*f* **-a** *pl* **-chi -che**) *agg* chargé; (*orologio*) remonté ◊ *sm* chargement; (*peso*) charge (*f*); (*fig*) fardeau; (*di nave*) cargaison (*f*) ◊ **essere a carico di qualcuno** être à la charge de quelqu'un.

càrie *sf inv* carie.

carino *agg* mignon.

carità *sf inv* charité ◊ **per carità!** pour l'amour de Dieu!

carlona ◊ **alla carlona** à la va-vite.

carnagione *sf* teint (*m*).

carnale *agg* charnel ◊ **cugino carnale** (cousin) germain.

carne *sf* chair; (*macellata*) viande ◊ **carne trita** bifteck haché; **in carne e ossa** en chair et en os; **essere in carne** être bien en chair.

carnéfice *sm* bourreau.

carneficina *sf* carnage (*m*).

carnevale *sm* carnaval.

carnìvoro *agg* carnivore.

caro *agg* cher ◊ **caro mio** mon vieux; **vendere a caro prezzo** vendre cher; **pagarla cara** payer cher.

carogna *sf* charogne; (*fig*) vache.

carota *sf* carotte.

caròtide *sf* carotide.

carovana *sf* caravane.

carpa *sf* carpe.

carpentiere *sm* charpentier.

carponi *avv* à quatre pattes.

carràbile *agg* carrossable ◊ **strada carrabile** chemin carrossable; **passo carrabile** sortie de voitures.

carràio *agg* ◊ **porta carraia** porte cochère; **passo carraio** sortie de voitures.

carreggiata *sf* chaussée ◊ **strada a due carreggiate** (route à) deux voies.

carrello *sm* (*bagagli*, *spesa*) chariot, (*tavolino con ruote*) table (*f*) roulante; (*aereo*) train (d'atterrissage).

carretto *sm* charette (*f*).

carriera *sf* carrière.

carriola *sf* brouette.

carro *sm* char, chariot ◊ **carro attrezzi** dépanneuse; **carro bestiame** wagon à bestiaux; **carro armato** char d'assaut.

carrozza *sf* voiture; (*del treno*) voiture, wagon (*m*) ◊ **carrozza ristorante** wagon-restaurant; **carrozza letto** wagon-lit.

carrozzerìa *sf* carrosserie.

carrozziere *sm* carrossier.

carrozzina *sf* (*bambini*) landau (*m*); (*invalidi*) fauteuil (*m*) roulant.

carta *sf* papier (*m*); (*geog*, *da visita*, *da gioco ecc.*) carte ◊ **carta igienica** papier hygiénique; **carta da parati** papier peint; **carta da cucina** essuietout; **carta d'identità** carte d'identité; **carta di credito** carte de crédit; **carta bollata** papier timbré; **carta verde** carte jeune; **carta magnetica** carte magnétique; **avere carta bianca** avoir carte blanche; **fare carta false** faire des mains et des pieds.

cartàccia (*pl* **-ce**) *sf* paperasse.

cartapesta *sf* (*di carta*) papier (*m*) mâché.

cartella *sf* (*di scolaro*) cartable (*m*); (*per documenti*) chemise; (*borsa*) serviette; (*scheda*) fiche.

cartellino *sm* étiquette (*f*) ◊ **timbrare il cartellino** pointer.

cartello *sm* panneau, pancarte (*f*); (*manifesto*) affiche (*f*); (*insegna*) enseigne (*f*).

cartellone *sm* (*stradale*) affiche (*f*), panneau, (*spettacoli*) programme, affiche (*f*).

cartiera *sf* papeterie.

cartilàgine *sf* cartilage (*m*).

cartina *sf* (*geog*) carte; (*piantina*) plan (*m*); (*per sigarette*) papier (*m*) à cigarette, feuille.

cartòccio *sm* cornet ◊ **al cartoccio** en papillote.

cartolerìa *sf* papeterie.

cartolina *sf* carte postale; (*in Belgio*) carte-vue.

cartone *sm* carton ◊ **cartoni animati** dessins animés.

cartùccia (*pl* -ce) *sf* cartouche.

casa *sf* maison ◊ **casa di cura** maison de santé; **casa da gioco** maison de jeux; **fatto in casa** fait maison; **a casa di** chez.

casacca (*pl* -che) *sf* (*giacca*) vareuse.

casalinga (*pl* -ghe) *sf* femme au foyer.

casalingo (*f* -a *pl* -ghi -ghe) *agg* ménager, casanier ◊ *sm pl* articles ménagers.

cascare *v intr* tomber ◊ **cascarci** se faire avoir; **cascare dal sonno** tomber de sommeil; **cascare dalle nuvole** tomber des nues.

cascata *sf* cascade.

cascina *sf* ferme.

casco (*pl* -chi) *sm* casque.

caseificio *sm* fromagerie (*f*).

casella *sf* case ◊ **casella postale** boîte postale; **casella di posta elettronica** mailbox, boîte de courrier électronique.

casellante *sm/f* (*autostrada*) péagiste; (*ferrovia*) garde-barrière.

casellàrio *sm* casier.

casello *sm* (*autostrada*) (poste de) péage; (*ferrovia*) maison (*f*) des gardes-barrières.

caserma *sf* caserne.

casino *sm* (*rumore, confusione*) bordel; (*edificio storico*) club.

casinò *sm inv* casino.

caso *sm* (*situazione particolare*) cas; (*sorte*) hasard ◊ **in ogni caso** en tout cas; **in questo caso** dans ce cas; **per caso** par hasard; **a caso** au hasard.

casolare *sm* maison (*f*) de campagne isolée.

casomài *avv* au cas où.

cassa *sf* caisse ◊ **cassa toracica** cage thoracique; **cassa** (*acustica*) enceinte; **cassa continua** coffre de nuit; **cassa integrazione** chômage technique.

cassaforte (*pl* **casseforti**) *sf* coffre-fort (*m*).

cassapanca (*pl* -che) *sf* coffre (*m*).

cassazione *sf* (*giur*) cassation.

casseruola *sf* casserole.

cassetta *sf* (*frutta, verdura*) cageot (*m*); (*magnetica, musica, film*) cassette ◊ **cassetta di sicurezza** coffre; **cassetta delle lettere** boîte aux lettres.

cassetto *sm* tiroir.

cassettone *sm* commode (*f*); (*di soffitto*) caisson.

cassiere *sm* caissier.

castagna *sf* châtaigne, marron (*m*).

castagno *sm* châtaignier; marronier.

castello *sm* château ◊ **letto a castello** lits superposés.

castigare *v tr* punir, châtier.

castigo (*pl* -ghi) *sm* punition (*f*), châtiment ◊ **mettere in castigo** punir.

castoro *sm* castor.

castrato *sm* (*evirato*) castrat; (*montone*) mouton.

casuale *agg* fortuit.

cataclisma (*pl* -i) *sm* cataclysme.

catacomba *sf* catacombe.

catafàscio ◊ **a catafascio** pêle-mêle; **andare a catafascio** aller à vau-l'eau.

catalano *agg* catalan ◊ *sm* Catalan.

catalizzare *v tr* catalyser.

catalizzato *agg* catalysé.

catalizzatore *sm* (*chim*) catalyseur.

catàlogo (*pl* -ghi) *sm* catalogue ◊ **fuori catalogo** hors catalogue.

catarifrangente *sm* catadioptre.

catarro *sm* catarrhe.

catasta *sf* pile, tas (*m*).

catasto *sm* cadastre.

catàstrofe *sf* catastrophe.

catechismo *sm* catéchisme.
categorìa *sf* catégorie.
catena *sf* chaîne ◊ **catene da neve** chaînes; **catena di montaggio** chaîne (de montage); **lavoro a catena** travail à la chaîne; **reazione a catena** réaction en chaîne.
catenàccio *sm* verrou.
cateratta *sf* (*med*) cataracte.
catinella *sf* cuvette ◊ **piove a catinelle** il pleut des cordes.
catino *sm* cuvette (*f*).
catrame *sm* goudron.
càttedra *sf* (*scrivania*) bureau (*m*); (*incarico*) chaire.
cattedrale *sf* cathédrale.
cattivèria *sf* méchanceté.
cattivo *agg* mauvais; (*malvagio*) méchant ◊ *sm* méchant ◊ **essere di cattivo umore** être de mauvaise humeur.
càttòlico (*f* **-a** *pl* **-ci -che**) *agg, sm* catholique (*m/f*).
catturare *v tr* capturer.
càusa *sf* cause; (*giur*) procès (*m*) ◊ **fare causa a qualcuno** déposer une plainte contre.
causale *sf* cause.
causare *v tr* causer ◊ **causare un danno** porter préjudice.
cautamente *avv* prudemment.
cautela *sf* prudence.
cautelare *v tr* protéger ◊ *v rifl* se protéger.
càuto *agg* prudent.
cauzione *sf* caution.
cava *sf* carrière.
cavalcare *v tr/intr* monter.
cavalcata *sf* chevauchée.
cavalcavìa *sm inv* saut-de-mouton.
cavaliere *sm* (*chi va a cavallo*) cavalier; (*storia, titolo onorifico*) chevalier.
cavalla *sf* jument.
cavalletta *sf* sauterelle.
cavalletto *sm* chevalet, tréteau.
cavallo *sm* cheval; (*ginnastica*) cheval d'arçons; (*dei pantaloni*) entrejambe (*f*); (*scacchi*) cavalier ◊ **essere a cavallo** être à cheval.
cavallone *sm* (*mar*) grosse vague (*f*).
cavare *v tr* (*estrarre*) arracher; (*indumenti*) ôter ◊ *v rifl* (*indumenti*) ôter,

enlever ◊ **cavarsela** se débrouiller; **cavarsi d'impaccio** se tirer d'affaire.
cavatappi *sm inv* tire-bouchon.
caverna *sf* caverne.
cavezza *sf* licou (*m*); (*fig*) bride.
càvia *sf* cobaye (*m*).
caviale *sm* caviar.
cavìglia *sf* cheville.
cavità *sf inv* cavité.
cavo *agg* creux ◊ *sm* câble ◊ **cavo della mano** creux de la main; **cavo di sollevamento** câble de levage.
cavolfiore *sm* chou-fleur.
càvolo *sm* chou ◊ **col cavolo!** des clous!
cazzotto *sm* beigne (*f*).
cazzuola *sf* truelle.
Cd *sm inv* (*musica*) CD.
CdRom *sm inv* CD-ROM.
ce v. ci.
cece *sm* pois chiche.
cecità *sf inv* cécité.
ceco (*f* **-a** *pl* **-chi -che**) *agg* tchèque ◊ *sm* Tchèque (*m/f*).
cecoslovacco (*f* **-a** *pl* **-chi -che**) *agg* tchécoslovaque ◊ *sm* Tchécoslovaque (*m/f*).
cédere *v tr/intr* céder ◊ **cedere le armi** rendre les armes.
cedévole *agg* mouvant; (*di metallo*) malléable; (*di persona*) docile.
cedìbile *agg* cessible.
cedìglia *sf* cédille.
cedimento *sm* fléchissement; (*terreno*) affaissement.
cedro *sm* (*albero*) cèdre; (*frutto*) cédrat.
cèfalo *sm* mulet.
ceffone *sm* gifle (*f*).
celebrare *v tr* célébrer.
cèlebre *agg* célèbre.
celebrità *sf inv* célébrité.
cèlere *agg* rapide.
celeste *agg* (*del cielo*) céleste; (*azzurro*) bleu ciel ◊ *sm* (*colore*) bleu ciel.
celibato *sm* célibat.
cèlibe *agg, sm* célibataire.
cella *sf* cellule ◊ **cella frigorifera** chambre froide.
cèllula *sf* cellule.
cellulare *agg* cellulaire ◊ *sm* (*telefono*)

portable ◊ **furgone cellulare** fourgon cellulaire.

cellulite *sf* cellulite.

cellulòide *sf* celluloïd (*m*).

cellulosa *sf* cellulose.

cèltico (*f* -**a** *pl* -**ci** -**che**) *agg* celtique.

cemento *sm* ciment ◊ **cemento armato** béton armé.

cena *sf* dîner (*m*).

cenare *v intr* dîner, souper.

cénere *sf* cendre ◊ **biondo cenere** blond cendré.

cenno *sm* signe; (*allusione*) allusion (*f*) ◊ **un cenno d'intesa** un signe d'intelligence; **fare cenno a qualcosa** faire allusion à.

censimento *sm* recensement.

censura *sf* censure.

centenàrio *agg*, *sm* centenaire.

centennale *agg* centennal ◊ *sm* centenaire.

centèsimo *agg* centième ◊ *sm* centime.

centìgrado *agg* centigrade.

centigrammo *sm* centigramme.

centìlitro *sm* centilitre.

centìmetro *sm* centimètre.

centinàio (*pl* **centinaia** *f*) *sm* centaine (*f*).

cento *agg*, *sm inv* cent ◊ **cento per cento** cent pour cent.

centomila *agg* cent mille ◊ *sm* (*banconota*) (billet de) cent mille lires.

centomillèsimo *agg*, *sm* cent millième (*m/f*).

centrale *agg* central ◊ *sf* centrale ◊ **centrale elettrica** centrale électrique; **centrale di polizia** commissariat central.

centralinista (*pl* -**i** -**e**) *sm/f* standardiste.

centralino *sm* standard.

centralizzare *v tr* centraliser.

centrare *v tr* (*mettere al centro*) centrer; (*colpire*) atteindre ◊ **centrare un problema** toucher le fond du problème.

centrino *sm* napperon.

centro *sm* centre; (*parte di mezzo*) milieu ◊ **centro storico** vieille ville; **centro commerciale** centre commercial.

centroafricano *agg* centrafricain ◊ *sm* Centrafricain.

centroamericano *agg* centraméricain ◊ *sm* Centraméricain.

centroeuropèo *agg* d'Europe centrale.

centunèsimo *agg*, *sm* centunième (*m/f*).

ceppo *sm* souche (*f*); (*da ardere*) bûche (*f*) ◊ *pl* fers.

cera *sf* cire ◊ **avere una bella cera** avoir bonne mine.

ceràmica (*pl* -**che**) *sf* céramique, faïence.

cerbiatto *sm* faon.

cercare *v tr* chercher ◊ **cercare di fare** chercher à faire.

cérchia *sf* enceinte, ceinture; (*fig*) cercle (*m*).

cerchiato *agg* cerclé ◊ **occhi cerchiati** yeux cernés.

cérchio *sm* cercle; (*ginnastica, botte*) cerceau ◊ **in cerchio** en rond.

cerchione *sm* jante (*f*).

cereale *sm* céréale (*f*).

cerebrale *agg* cérébral.

ceretta *sf* cire dépilatoire.

cerimònia *sf* cérémonie.

cerino *sm* allumette (*f*).

cèrnia *sf* mérou (*m*).

cerniera *sf* (*di porte, finestre*) charnière; (*di abiti*) fermeture éclair.

cero *sm* cierge.

cerotto *sm* sparadrap.

certezza *sf* certitude.

certificato *sm* certificat, attestation (*f*) ◊ **certificato di nascita** acte de naissance; **certificato medico** certificat médical.

certo *agg* sûr, certain ◊ *sm* certain ◊ *pron pl* certains ◊ *avv* certes ◊ **dare qualcosa per certo** donner quelque chose pour certain; **certo che** il faut dire que; **di certo** évidemment.

certosa *sf* chartreuse.

cerva *sf* biche.

cervello *sm* cerveau; (*cuc*) cervelle (*f*) ◊ **dare di volta il cervello** tomber sur la tête.

cervo *sm* cerf ◊ **cervo volante** cerf-volant.

cesellare *v tr* ciseler.

cesello *sm* ciselet.

cespo *sm* touffe (*f*) ◊ **un cespo d'insalata** un pied de salade.
cespùglio *sm* buisson.
cessare *v tr/intr* cesser ◊ **cessate il fuoco** cessez-le-feu.
cesta *sf* corbeille.
cestinare *v tr* jeter au panier.
cestino *sm* corbeille (*f*).
cesto *sm* panier.
cetàceo *sm* cétacé.
ceto *sm* classe (*f*).
cetriolo *sm* concombre.
charter *sm inv* (*aeronautica*) charter ◊ **volo charter** vol charter.
chattare *v intr* (*inform*) chatter.
che *pron relativo* (*soggetto*) qui; (*compl oggetto*) que; (*compl indiretto*) quoi ◊ *pron interrogativo* qu'est-ce qui, qu'est-ce que, quoi ◊ *agg* quel ◊ *cong* que; (*temporale*) quand; (*correlativa, comparativa, finale*) que ◊ **che succede?** qu'est-ce qui se passe?; **che fare?** que faire?; **a meno che** à moins que; **fino a che** jusqu'à ce que; **non essere un gran che** ne pas valoir grand chose; **il fatto che** le fait que; **è più simpatico che intelligente** il est plus sympatico qu'intelligent.
check-in *sm inv* enregistrement des bagages.
cherubino *sm* chérubin.
chetichella ◊ **alla chetichella** en douce.
chi *pron relativo* (*soggetto*) celui qui; (*oggetto*) celui que ◊ *pron indefinito* (*affermativo*) quelqu'un qui; (*negativo*) personne qui ◊ *pron interrogativo* qui est-ce qui, qui ◊ **non so chi sia** je ne le connais pas; **da chi l'hai saputo?** de qui le tiens-tu?; **con chi esci?** avec qui sors-tu?; **chi vivrà vedrà** qui vivra verra.
chiàcchiera *sf* bavardage (*m*); (*pettegolezzo*) rumeur (*m*) ◊ **fare due chiacchiere** faire un brin de causette.
chiacchierare *v intr* causer, bavarder; (*far pettegolezzi*) jaser.
chiacchierata *sf* causerie, conversation.
chiamare *v tr* appeler ◊ *v rifl* s'appeler ◊ **chiamare a raccolta** battre le rappel.

chiamata *sf* appel (*m*) ◊ **chiamata a carico del destinatario** communication en P.C.V.
chiarezza *sf* clarté; (*di voce, di stile*) netteté.
chiarimento *sm* éclaircissement.
chiarire *v tr* éclaircir, éclairer ◊ *v rifl* s'éclaircir.
chiaro *agg* clair ◊ **parlare chiaro** parler clairement; **vederci chiaro** y voir clair; **scrivere chiaro** écrire lisiblement; **mettere in chiaro** mettre au clair; **chiaro come il sole** clair comme le jour; **è chiaro che** il est évident que.
chiasso *sm* tapage, vacarme.
chiassoso *agg* bruyant.
chiave *sf* clé ◊ **chiudere a chiave** fermer à clé.
chiazza *sf* tache.
chicco (*pl* -chi) *sm* grain.
chièdere *v tr* demander ◊ **chiedere in prestito** emprunter; **chiedere di** demander à; **chiedere di qualcuno** demander quelqu'un.
chiesa *sf* (*edificio*) église; (*comunità di fedeli*) Eglise.
chìglia *sf* quille.
chilo(grammo) *sm* kilo(gramme).
chilòmetro *sm* kilomètre.
chìmica (*pl* -che) *sf* chimie.
chìmico (*f* -a *pl* -ci -che) *agg* chimique.
china *sf* (*discesa*) pente; (*inchiostro*) encre (*m*) de Chine; (*bot, liquore*) quinquina (*m*).
chinare *v tr* baisser, pencher, courber ◊ *v rifl* se baisser, se pencher, se courber ◊ **chinare la testa** baisser la tête.
chinino *sm* quinine (*f*).
chiòccia (*pl* -ce) *sf* couveuse.
chiòcciola *sf* escargot (*m*), colimaçon (*m*); (*inform*) arobas(e) ◊ **scala a chiocciola** escalier en colimaçon.
chiodo *sm* clou ◊ **avere un chiodo fisso** avoir une idée fixe.
chioma *sf* chevelure; (*alberi*) feuillage (*m*).
chiosco (*pl* -chi) *sm* kiosque.
chiostro *sm* cloître.
chirurgìa *sf* chirurgie.
chirurgo (*f* -a *pl* -ghi -ghe) *sm* chirurgien.

chissà *avv* qui sait, va savoir.

chitarra *sf* guitare.

chiùdere *v tr/intr* fermer; *(bottiglie)* boucher; *(porre fine)* clore ◊ *v rifl* se fermer, s'enfermer; *(fig)* se renfermer ◊ **chiudere i conti con qualcuno** régler ses comptes avec quelqu'un; **non chiudere occhio** ne pas fermer l'œil.

chiunque *pron* quiconque, n'importe qui, qui que ce soit ◊ **chiunque tu sia** qui que tu sois.

chiusa *sf (conclusione)* conclusion; *(recinto)* clôture, enclos (*m*); *(idraulica)* écluse.

chiuso *agg* fermé, clos; *(di persona)* renfermé ◊ **a occhi chiusi** les yeux fermés; **a porte chiuse** à huis clos.

chiusura *sf* fermeture; *(di discussioni, conti ecc.)* clôture.

ci *pron* nous; *(particella impersonale)* on; *(con valore di pron dimostrativo)* y ◊ *avv (luogo)* y ◊ **ci seguono** ils nous suivent; **ci amiamo** nous nous aimons; **ci mandano un telegramma** ils nous envoient un télégramme; **ci vado** j'y vais; **ci sa fare** il sait comment s'y prendre; **ci credo** j'y crois; **non ce lo trovarono** ils ne le trouvèrent pas; **ci pensi tu** c'est toi qui t'en occupes.

ciabatta *sf* pantoufle.

cialda *sf* gaufre.

ciambella *sf (cuc)* gâteau (*m*) en forme de couronne; *(di salvataggio)* bouée de sauvetage.

cianfrusàglia *sf* bagatelle.

cianuro *sm* cyanure.

ciao *inter* salut.

ciascuno *agg* chaque ◊ *pron* chacun ◊ **uno per ciascuno** un pour chacun.

cibo *sm* aliment, nourriture (*f*).

cicala *sf* cigale.

cicatrice *sf* cicatrice.

cicca *(pl -che) sf (gomma da masticare)* chewing-gum (*m*); *(di sigaretta)* mégot (*m*).

cìccia *(pl -ce) sf* graisse.

ciccione *sm* gros lard.

cicerone *sm/f* guide (*m*) (touristique).

ciclamino *sm* cyclamen.

ciclismo *sm* cyclisme.

ciclista *(pl -i -e) sm/f* cycliste.

ciclo *sm* cycle.

ciclomotore *sm* cyclomoteur.

ciclone *sm* cyclone.

cicogna *sf* cigogne.

cicòria *sf* chicorée.

cieco *(f -a pl -chi -che) agg, sm* aveugle ◊ **vicolo cieco** impasse; **agire alla cieca** agir à l'aveuglette.

cielo *sm* ciel.

cifra *sf* chiffre (*m*).

cìglio *(pl ciglia f, degli occhi) sm* cil; *(strada, burrone)* bord.

cigno *sm* cygne.

cigolare *v intr* grincer.

cileno *agg* chilien ◊ *sm* Chilien.

ciliègia *(pl -gie) sf* cerise.

ciliègio *sm* cerisier.

cilindrata *sf* cylindrée.

cilindro *sm (motore)* cylindre; *(cappello)* haut-de-forme.

cima *sf (vetta)* sommet (*m*), faîte (*m*); *(estremità, mar)* bout (*m*) ◊ **da cima a fondo** d'un bout à l'autre.

cimèlio *sm* relique (*f*).

cimentarsi *v rifl* se risquer à.

cìmice *sf* punaise.

ciminiera *sf* cheminée.

cimitero *sm* cimetière.

cinciallegra *sf* charbonnière.

cincin *inter* tchin-tchin!

cìnema *sm inv* cinéma.

cinematogràfico *(f -a pl -ci -che) agg* cinématographique.

cinepresa *sf* caméra.

cinese *agg* chinois ◊ *sm/f* Chinois (*m*).

cìnghia *sf* ceinture, sangle ◊ **tirare la cinghia** se serrer la ceinture.

cinghiale *sm* sanglier.

cìngolo *sm* chenille (*f*).

cinguettare *v intr* gazouiller.

cìnico *(f -a pl -ci -che) agg* cynique.

cinquanta *agg, sm inv* cinquante.

cinquantamila *agg* cinquante mille ◊ *sm (banconota)* (billet de) cinquante mille lires.

cinquantenàrio *agg* de cinquante ans ◊ *sm* cinquantenaire.

cinquantennale *agg (durata)* qui dure cinquante ans; *(ricorrenza)* qui a lieu tous les cinquante ans.

cinquantenne *agg* (âgé de) de cinquante

ans ◊ *sm/f* homme/femme âgé(e) de cinquante ans.

cinquantènnio *sm* (période de) cinquante ans.

cinquantèsimo *agg, sm* cinquantième (*m/f*).

cinquantina *sf* cinquantaine.

cinque *agg, sm inv* cinq.

cinquecentesco (*f* -a *pl* -chi -che) *agg* du seizième siècle.

cinquecento *agg, sm inv* cinq cents ◊ *sm* (*secolo*) le seizième siècle.

cinquemila *agg, sm inv* cinq mille ◊ **le cinquemila** (*banconota*) (billet de) cinq mille lires.

cinquina *sf* quine (*m*).

cinta *sf* enceinte ◊ **muro di cinta** mur d'enceinte.

cintura *sf* ceinture ◊ **cintura di sicurezza** ceinture de sécurité.

cinturino *sm* (*dell'orologio*) bracelet.

ciò *pron* (*questa cosa*) ceci; (*quella cosa*) cela, ça ◊ **ciò che** (*soggetto*) ce qui; (*oggetto*) ce que; **ciò detto** cela dit; **ciò nonostante** malgré cela; **per ciò** pour cela.

ciocca (*pl* -che) *sf* mèche.

cioccolata *sf* chocolat (*m*) ◊ **cioccolata al latte** chocolat au lait.

cioccolatino *sm* chocolat.

cioccolato *sm* chocolat ◊ **cioccolato fondente** chocolat noir.

cioè *avv* (*in oltre parole*) c'est-à-dire; (*o meglio*) ou plutôt.

ciondolare *v intr* se balancer; (*fig*) flâner.

ciòndolo *sm* breloque (*f*).

ciòtola *sf* jatte, bol (*m*).

ciòttolo *sm* caillou.

cipolla *sf* oignon (*m*).

cipresso *sm* cyprès.

cipria *sf* poudre.

cipriota *agg* cypriote ◊ *sm/f* Cypriote.

circa *avv* environ; (*riguardo a*) au sujet de.

circo (*pl* -chi) *sm* cirque.

circolare *v intr* circuler (*anche fig*) ◊ *agg, sf* circulaire; (*mezzo pubblico*) ligne de ceinture.

circolazione *sf* circulation ◊ **uscire dalla circolazione** disparaître.

cìrcolo *sm* cercle; (*ambiente*) milieu; (*club*) cercle ◊ **circolo vizioso** cercle vicieux.

circondare *v tr* environner, entourer ◊ *v rifl* s'entourer.

circonferenza *sf* circonférence.

circonvallazione *sf* (*strada esterna al centro*) boulevard (*m*) de ceinture, périphérique (*m*).

circoscrìvere *v tr* circonscrire.

circostanza *sf* circonstance.

circùito *sm* circuit ◊ **circuito chiuso** circuit fermé.

cisterna *sf* citerne.

cisti *sf inv* (*med*) kyste (*m*).

citare *v tr* citer; (*giur*) assigner, appeler en justice.

citazione *sf* citation; (*giur*) assignation.

citòfono *sm* interphone.

citronella *sf* citronnelle.

città *sf inv* ville.

cittadina *sf* petite ville.

cittadinanza *sf* population; (*appartenenza a uno stato*) nationalité.

cittadino *agg* urbain, de la ville ◊ *sm* citoyen.

ciuffo *sm* touffe (*f*); (*di capelli*) mèche (*f*).

civetta *sf* (*zool*) chouette; (*donna*) coquette.

civetterìa *sf* coquetterie.

cìvico (*f* -a *pl* -ci -che) *agg* civique, municipal.

civile *agg* civil; (*civilizzato*) civilisé ◊ *sm/f* civil (*m*) ◊ **matrimonio civile** mariage civil; **stato civile** état civil; **guerra civile** guerre civile.

civilizzare *v tr* civiliser.

civiltà *sf inv* civilisation.

clacson *sm inv* klaxon.

clamoroso *agg* bruyant, éclatant.

clandestino *agg, sm* clandestin.

clarinetto *sm* clarinette (*f*).

classe *sf* classe; (*anno di nascita*) année.

classicità *sf inv* classicisme (*m*); (*cultura greco-latina*) antiquité.

clàssico (*f* -a *pl* -ci -che) *agg* classique.

classìfica (*pl* -che) *sf* classement (*m*).

classificare *v tr* classer.

clàusola *sf* clause.

claustrofobìa *sf* claustrophobie.

clavicémbalo *sm* clavecin.

clavìcola *sf* clavicule.
clemente *agg* clément.
clericale *agg* clérical.
clero *sm* clergé.
clessidra *sf* sablier (*m*), clepsydre.
cliccare *v tr/intr* (*inform*) cliquer.
cliente *sm/f* client (*m*).
clima (*pl* **-i**) *sm* climat.
climatizzato *agg* climatisé.
climatizzatore *sm* climatiseur.
clìnica (*pl* **-che**) *sf* clinique.
clistere *sm* lavement.
cloro *sm* chlore.
clorofilla *sf* chlorophylle.
cloroffòrmio *sm* chloroforme.
cloruro *sm* chlorure.
coabitare *v intr* cohabiter.
coagulazione *sf* coagulation.
coàgulo *sm* caillot.
coalizione *sf* coalition.
coalizzare *v tr* coaliser.
coatto *agg* forcé ◊ **domicilio coatto** résidence forcée.
cobra *sm inv* cobra.
cocaina *sf* cocaïne.
còccige *sm* coccyx.
coccinella *sf* coccinelle.
còccio *sm* terre (*f*) cuite; (*frammento*) tesson, débris.
cocciuto *agg* têtu.
cocco (*pl* **-chi**) *sm* (*pianta*) cocotier; (*preferito*) chouchou ◊ **noce di cocco** noix de coco.
coccodrillo *sm* crocodile.
coccolare *v tr* choyer, dorloter.
cocente *agg* cuisant ◊ **sole cocente** soleil brûlant.
cocòmero *sm* pastèque (*f*).
coda *sf* queue ◊ **fare la coda** faire la queue; **in coda** à la queue; **senza né capo né coda** sans queue ni tête.
còdice *sm* code ◊ **codice civile** code civil; **codice penale** code pénal; **codice fiscale** code fiscal (pour identifier les contribuables); **codice di avviamento postale** code postal; **codice a barre** code-barres.
codificare *v tr* codifier.
coerente *agg* cohérent.
coerenza *sf* cohérence.
coetàneo *agg* du même âge.
còfano *sm* coffre, capot.

cogli *prep articolata* v. **con** + **gli**.
còliere *v tr* cueillir; (*fig*) saisir ◊ **cogliere il senso** saisir le sens; **cogliere la palla al balzo** prendre la balle au bond.
cognac *sm inv* cognac.
cognata *sf* belle-sœur.
cognato *sm* beau-frère.
cognizione *sf* connaissance ◊ **con cognizione di causa** en connaissance de cause.
cognome *sm* nom (de famille).
coi *prep articolata* v. **con** + **i**.
coincidenza *sf* coïncidence; (*mezzi di trasporto*) correspondance ◊ **coincidenza di fatti** concours de circonstances.
coincìdere *v intr* coïncider.
coinvòlgere *v tr* impliquer.
col *prep articolata* v. **con** + **il**.
colapasta *sm inv* passoire (*f*).
colare *v tr* (*filtrare*) filtrer; (*fondere*) fondre ◊ *v intr* couler ◊ **colare la pasta** égoutter les pâtes; **colare a picco** couler à pic.
colata *sf* coulée.
colazione *sf* (*prima mattina*) petit déjeuner (*m*); (*pranzo*) déjeuner (*m*).
colèi *pron* celle; celle-là.
coleòttero *sm* coléoptère.
colera *sm inv* choléra.
colesterolo *sm* cholestérol.
còlica (*pl* **-che**) *sf* colique.
colite *sf* colite.
colla *sf* colle.
collaborare *v intr* collaborer.
collaboratore (**-trice**) *sm* collaborateur.
collaborazione *sf* collaboration.
collana *sf* collier (*m*); (*libri*) collection.
collant *sm inv* collant.
collante *sm* collant, adhésif.
collare *sm* collier.
collasso *sm* collapsus.
collaudare *v tr* essayer, vérifier.
colle *sm* col.
collega (*pl* **-ghi -ghe**) *sm/f* collègue.
collegamento *sm* liaison (*f*), contact.
collegare *v tr* relier, joindre; (*elettr*) brancher; (*meccanica*) assembler ◊ *v rifl* se mettre en communication.

collègio *sm* collège; (*istituto d'istruzio-ne*) pensionnat.

còllera *sf* colère.

colletta *sf* collecte.

collettività *sf inv* collectivité.

collettivo *agg* collectif.

colletto *sm* col.

collezionare *v tr* collectionner.

collezione *sf* collection.

collezionista (*pl* **-i -e**) *sm/f* collection-neur.

collina *sf* colline.

collìrio *sm* collyre.

collisione *sf* collision.

collo *sm* cou; (*di abito, di bottiglia*) col; (*pacco*) colis ◊ **collo alto** col roulé; **collo a V** col en V; **rompersi l'osso del collo** se casser le cou.

collocamento *sm* placement ◊ **ufficio di collocamento** bureau de place-ment.

collocare *v tr* placer, disposer ◊ *v rifl* se placer, se ranger ◊ **collocare a riposo** mettre à la retraite.

collòquio *sm* entretien, conversation (*f*).

collutòrio *sm* collutoire.

colmare *v tr* combler; (*riempire*) rem-plir à ras bord.

colmo *agg* plein; (*fig*) rempli ◊ *sm* comble; (*sommità*) sommet ◊ **è il col-mo!** c'est le comble!

colomba *sf* colombe.

colombo *sm* pigeon.

colònia *sf* colonie; (*profumo*) eau-de-Cologne.

coloniale *agg* colonial.

colònico *agg* de paysans.

colonizzare *v tr* coloniser.

colonna *sf* colonne ◊ **colonna sonora** bande sonore; **colonna vertebrale** colonne vertébrale.

colonnato *sm* colonnade (*f*).

colonnello *sm* colonel.

colorante *agg*, *sm* colorant.

colorare *v tr* colorer; (*con pastelli*) co-lorier ◊ *v rifl* se colorer.

colore *sm* couleur (*f*); (*del viso*) teint ◊ **farne di tutti colori** en faire voir de toutes les couleurs; **a colori** en cou-leurs.

colorito *sm* coloris; (*del viso*) teint.

coloro *pron pl* ceux (*m*), celles (*f*).

colossale *agg* colossal.

colosso *sm* colosse.

colpa *sf* faute; (*relig*) péché (*m*) ◊ **è col-pa mia** c'est ma faute; **senso di colpa** sentiment de culpabilité.

colpévole *agg*, *sm/f* coupable.

colpire *v tr* frapper; (*urtare*) heurter; (*fig*) affecter.

colpo *sm* coup; (*med*) attaque (*f*) ◊ **col-po d'occhio** coup d'œil; **colpo di so-le** coup de soleil; **colpo di freddo** coup de froid; **colpo di telefono** coup de fil; **colpo di stato** coup d'État.

coltellata *sf* coup (*m*) de couteau.

coltello *sm* couteau.

coltivare *v tr* cultiver (*anche fig*) ◊ *v ri-fl* se cultiver.

coltivatore (**-trice**) *sm* cultivateur ◊ **coltivatore diretto** exploitant agrico-le.

coltivazione *sf* culture.

colto *agg* (*istruito*) cultivé; (*raccolto*) cueilli ◊ **colto sul fatto** pris sur le fait.

coltura *sf* culture.

colùi *pron* celui; celui-là.

coma (*pl* **-i**) *sm* coma.

comandante *sm/f* commandant (*m*).

comandare *v tr/intr* commander; (*pre-scrivere*) ordonner.

comando *sm* (*milit*) commandement; (*meccanica*) commande ◊ **essere al comando della classifica** être en tête du classement.

combaciare *v intr* coïncider.

combattente *sm/f* combattant (*m*).

combàttere *v tr/intr* combattre; (*fig*) se battre (pour) ◊ *v rifl* se battre.

combattimento *sm* combat.

combinare *v tr* (*mescolare*) combiner; (*organizzare*) arranger ◊ *v rifl* (*chim*) se combiner; (*accordarsi*) s'entendre.

combinazione *sf* combinaison; (*caso*) hasard (*m*) ◊ **per combinazione** par hasard.

combustìbile *sm* combustible.

combustione *sf* combustion.

come *avv* (*in quale modo*) comme; (*in qualità di*) en tant que; (*in relazione a*) ainsi que; (*interrogativo*) com-ment; (*esclamativo*) comme, que ◊ *cong* (*nel modo in cui*) comment;

(*comparativo*) aussi... que; (*quanto*) comme; (*di tempo*) dès que ◊ **come sei bella!** que tu es belle!; **come mai?** pourquoi?; **così... come** aussi... que; **come non detto** n'en parlons plus.

cometa *sf* comète.

còmico (*f* -**a** *pl* -**ci** -**che**) *agg*, *sm* comique (*m/f*).

comìgnolo *sm* cheminée (*f*).

cominciare *v tr/intr* commencer ◊ **cominciare da** commencer par; **a cominciare da** à partir de.

comitato *sm* comité.

comitiva *sf* groupe (*m*).

comìzio *sm* meeting.

commèdia *sf* comédie.

commemorazione *sf* commémoration.

commentare *v tr* commenter.

commento *sm* commentaire.

commerciale *agg* commercial.

commercialista (*pl* -**i** -**e**) *sm/f* expert-comptable.

commerciante *sm/f* commerçant (*m*).

commèrcio *sm* commerce ◊ **commercio ambulante** colportage; **commercio all'ingrosso, al dettaglio** commerce en gros, de détail; **ministero del Commercio estero** ministère du Commerce extérieur; **fuori commercio** hors commerce.

commesso *sm* vendeur, commis ◊ **commesso viaggiatore** VRP (vendeur représentant placier).

commestìbile *agg* comestible ◊ *sm pl* produits alimentaires.

commèttere *v tr* commettre.

commiserazione *sf* commisération.

commissàrio *sm* commissaire ◊ **commissario di bordo** commissaire de bord.

commissione *sf* commission; (*nota di ordinazione*) commande ◊ **fare le commissioni** faire les courses; **agire per commissione di** agir pour le compte de; **commissione esaminatrice** jury d'examen; **commissione parlamentare** commission parlementaire; **su commissione** sur commande.

commosso *agg* ému, touché.

commovente *agg* émouvant.

commozione *sf* émotion; (*med*) commotion.

commuòvere *v tr* émouvoir, toucher ◊ *v rifl* s'émouvoir.

commutare *v tr* commuer; (*elettr*) commuter.

commutatore *sm* commutateur.

comodino *sm* table (*f*) de nuit.

comodità *sf inv* confort (*m*), commodité.

còmodo *agg* confortable; (*pratico*) pratique ◊ *sm* aise (*f*); (*comodità*) confort ◊ **mettersi comodo** se mettre à son aise; **fare con comodo** prendre son temps; **tornar comodo** arranger; **una soluzione di comodo** une solution de facilité; **fare il proprio comodo** en prendre à son aise.

compact disc v. **Cd**.

compaesano *sm* compatriote (*m/f*).

compàgine *sf* équipe.

compagnìa *sf* compagnie; (*di teatro*) troupe.

compagno *sm* (*scuola*) camarade (*m/f*); (*lavoro*) collègue (*m/f*); (*politi*) camarade (*m/f*); (*di gioco*) partenaire (*m/f*); (*convivente non sposato*) compagnon.

comparare *v tr* comparer (avec).

comparazione *sf* comparaison.

comparire *v intr* paraître; (*giur*) comparaître.

comparsa *sf* apparition; (*teatro, cine*) comparse (*m/f*), figurant (*m*).

compartecipazione *sf* (co)participation.

compartimento *sm* compartiment ◊ **compartimento stagno** compartiment étanche.

compassione *sf* compassion.

compasso *sm* compas.

compatìbile *agg* compatible.

compatire *v tr* plaindre; (*scusare*) pardonner.

compatriota (*pl* -**i** -**e**) *sm/f* compatriote.

compatto *agg* compact; (*fig*) solidaire.

compèndio *sm* précis, abrégé.

compensare *v tr* (*retribuire*) rémunérer; (*indennizzare*) dédommager; (*equilibrare*) compenser.

compensato *agg, sm (legno)* contre-plaqué.

compenso *sm (retribuzione)* rémunéra-tion *(f)*; *(risarcimento)* dédommage-ment; *(ricompensa)* récompense *(f)* ◊ **in compenso** en revanche.

cómpera *sf* achat *(m)* ◊ **far compere** faire les courses.

comperare *v tr* acheter.

competente *agg* compétent.

competenza *sf* compétence ◊ *pl* hono-raires *(m)*.

compètere *v intr (gareggiare)* rivali-ser; *(riguardare)* être du ressort de.

competitività *sf inv* compétitivité.

competizione *sf* compétition.

compiacenza *sf* complaisance.

compiacere *v tr* faire plaisir à ◊ *v rifl* se réjouir de; se féliciter.

compiaciuto *agg* satisfait, content.

compiàngere *v tr* plaindre.

compianto *agg* regretté ◊ *sm* regret.

còmpiere *v tr (realizzare)* accomplir; *(portare a compimento)* achever ◊ *v rifl* s'accomplir ◊ **compiere gli studi** terminer ses études; **compiere gli an-ni** fêter son anniversaire.

compilare *v tr* remplir ◊ **compilare un modulo** remplir un formulaire.

compilazione *sf* compilation.

compimento *sm (realizzazione)* ac-complissement; *(termine)* achève-ment.

cómpito *sm* tâche *(f)*; *(scolastico)* de-voir *(f)* ◊ **è compito mio** c'est à moi de.

compiuto *agg* accompli, achevé.

compleanno *sm* anniversaire.

complementare *agg* complémentaire.

complemento *sm* complément.

complessità *sf inv* complexité.

complessivamente *avv* globalement.

complessivo *agg* global.

complesso *agg* complexe, compliqué ◊ *sm* ensemble *(anche mus)*; *(psichico)* complexe ◊ **in**, **nel complesso** dans l'ensemble; **complesso di colpa** complexe de culpabilité.

completare *v tr* compléter.

completezza *sf* exhaustivité.

completo *agg* complet; *(pieno)* plein ◊ *sm (set)* nécessaire; *(abito da uomo)* complet; *(da donna)* ensemble ◊ **es-sere al completo** être au complet.

complicare *v tr* compliquer ◊ *v rifl* se compliquer.

complicato *agg* compliqué.

complicazione *sf* complication.

còmplice *agg, sm/f* complice.

complicità *sf inv* complicité.

complimentare *v tr; rifl* féliciter ◊ **complimentarsi con qualcuno** féli-citer quelqu'un.

complimento *sm* compliment ◊ **com-plimenti!** félicitations!; **senza com-plimenti** sans façons; **non fare com-plimenti** ne pas faire de manières.

complottare *v intr* comploter.

complotto *sm* complot.

componente *sm/f (membro)* membre ◊ *sm (elemento)* composant ◊ *sf* com-posante.

componìbile *agg* modulable.

comporre *v tr (scrivere)* composer; *(ri-conciliare)* arranger ◊ **comporre un numero telefonico** composer un numéro de téléphone.

comportamento *sm* comportement.

comportare *v tr* comporter, entraîner ◊ *v rifl* se conduire.

compositore (-trice) *sm (mus)* compo-siteur.

composizione *sf* composition.

compostezza *sf* tenue.

composto *agg* composé; *(fig)* convena-ble ◊ *sm (chim)* combiné.

comprare *v tr* acheter ◊ **comprare al-l'asta** acheter aux enchères; **compra-re di seconda mano** acheter d'occa-sion; **comprare a buon mercato** acheter à bon marché.

compratore (-trice) *sm* acheteur.

compravéndita *sf* achat *(m)* (et vente).

comprèndere *v tr* comprendre.

comprensìbile *agg* compréhensible.

comprensione *sf* compréhension.

comprensivo *agg* compréhensif.

compressa *sf (pastiglia)* comprimé *(m)*; *(di garza)* compresse.

compressione *sf* compression.

compresso *agg* comprimé ◊ **aria com-pressa** air comprimé.

compressore *sm* compresseur.

comprìmere *v tr* comprimer; (*fig*) retenir, contenir.
compromesso *agg*, *sm* compromis.
comprométtere *v tr* compromettre ◊ *v rifl* se compromettre.
comproprietà *sf inv* copropriété.
computer *sm inv* ordinateur.
computerizzato *agg* informatisé.
comunale *agg* communal, municipal.
comune *agg* commun; (*ordinario*) courant ◊ *sm* commune (*f*); (*municipio*) mairie (*f*); (*l'amministrazione*) municipalité (*f*) ◊ *sf* (*comunità*) communauté ◊ **in comune** en commun; **di comune accordo** d'un commun accord.
comunemente *avv* communément.
comunicàbile *agg* communicable.
comunicabilità *sf inv* communicabilité.
comunicare *v tr* diffuser, communiquer; (*contagiare*) transmettre ◊ *v intr* communiquer ◊ *v rifl* (*propagarsi*) se propager; (*relig*) communier.
comunicativo *agg* communicatif.
comunicato *sm* communiqué.
comunicazione *sf* communication ◊ **mezzi di comunicazione** moyens de communication; **vie di comunicazione** voies de communication.
comunione *sf* (*relig*) communion; (*giur*) communauté.
comunismo *sm* communisme.
comunista (*pl* **-i -e**) *agg*, *sm/f* communiste ◊ **partito comunista** parti communiste.
comunità *sf inv* communauté.
comunque *avv* de toute façon.
con *prep* avec; (*mezzo*) par, en.
conato *sm* effort ◊ **conato di vomito** haut-le-cœur.
conca (*pl* **-che**) *sf* cuve, cuvette.
concatenazione *sf* enchaînement (*m*).
còncavo *agg* concave.
concèdere *v tr* accorder, permettre ◊ *v rifl* se permettre, s'accorder.
concentramento *sm* concentration (*f*) ◊ **campo di concentramento** camp de concentratrion.
concentrare *v tr* concentrer ◊ *v rifl* se concentrer.
concentrato *agg*, *sm* concentré ◊ **con-**

centrato di pomodoro concentré de tomates.
concentrazione *sf* concentration.
concèntrico *agg* concentrique.
concepibile *agg* concevable.
concepimento *sm* conception (*f*).
concepire *v tr* concevoir.
concèrnere *v tr* concerner.
concertista (*pl* **-i -e**) *sm/f* concertiste.
concerto *sm* concert ◊ **di concerto** de concert.
concessionàrio *sm* concessionnaire.
concessione *sf* concession.
concesso *agg* accordé.
concetto *sm* concept, idée (*f*); (*parere*) opinion (*f*) ◊ **impiegato di concetto** cadre.
concezione *sf* conception.
conchìglia *sf* coquille; (*mollusco con guscio*) coquillage (*m*).
concia (*pl* **-ce**) *sf* (*pelli*) tannage (*m*); (*vegetali*) traitement (*m*).
conciare *v tr* (*pelli*) tanner; (*vegetali*) traiter; (*persone*) arranger ◊ *v rifl* (*vestirsi male*) s'accoutrer, s'affubler; (*sporcarsi*) être dans un piteux état.
conciliare *v tr* concilier ◊ *v rifl* se réconcilier.
concimare *v tr* engraisser.
concime *sm* engrais; (*di stalla*) fumier.
conciso *agg* concis.
concittadino *sm* concitoyen.
conclùdere *v tr* conclure ◊ *v rifl* se terminer ◊ **non si conclude nulla** on n'aboutit à rien.
conclusione *sf* conclusion ◊ **in conclusione** en conclusion.
concordare *v tr* accorder, concorder; (*stabilire*) fixer ◊ *v intr* s'accorder.
concordato *sm* concordat.
concorde *agg* unanime; (*di cosa*) conforme.
concorrente *sm/f* concurrent (*m*).
concorrenza *sf* concurrence.
concórrere *v intr* concourir ◊ **concorrere a** concourir pour.
concorso *sm* concours.
concreto *agg*, *sm* concret ◊ **in concreto** concrètement.
concussione *sf* concussion.
condanna *sf* condamnation.
condannare *v tr* condamner.

condannato *agg, sm* condamné.
condensare *v tr* condenser ◊ *v rifl* se condenser.
condensato *agg* condensé ◊ **latte condensato** lait condensé.
condimento *sm* assaisonnement, condiment.
condire *v tr* assaisonner.
condivìdere *v tr* partager.
condizionale *agg, sm* conditionnel ◊ *sf* (*giur*) sursis (*m*).
condizionamento *sm* conditionnement.
condizionare *v tr* conditionner.
condizionato *agg* conditionné ◊ **aria condizionata** air conditionné.
condizionatore *sm* climatiseur.
condizione *sf* condition; (*stato di conservazione*) état (*m*) ◊ **a condizione che** pourvu que.
condoglianze *sf pl* condoléances ◊ **fare le condoglianze** présenter ses condoléances.
condomìnio *sm* (immeuble en) copropriété (*f*).
condonare *v tr* remettre.
condono *sm* remise (*f*).
condotta *sf* conduite.
condotto *sm* conduit.
conducente *sm/f* conducteur (*m*), chauffeur (*m*).
condurre *v tr* conduire; (*fig*) mener; (*gestire*) diriger ◊ *v intr* (*via, strada*) mener ◊ *v rifl* se rendre ◊ **condurre a** conduire à; **condurre la classifica** mener au classement.
conduttore (**-trice**) *sm* conducteur; (*giur*) gérant.
conduttura *sf* conduite, canalisation.
conduzione *sf* gestion; (*fis*) conduction; (*locazione*) exploitation ◊ **la conduzione di un'azienda** la gestion d'une entreprise.
confederazione *sf* confédération.
conferenza *sf* conférence ◊ **conferenza stampa** conférence de presse.
conferimento *sm* attribution (*f*).
conferma *sf* confirmation.
confermare *v tr* confirmer.
confessare *v tr* confesser ◊ *v rifl* (*relig*) se confesser.

confessione *sf* aveu (*m*); (*relig*) confession.
confessore *sm* confesseur.
confetto *sm* dragée (*f*).
confettura *sf* confiture.
confezionare *v tr* (*indumenti*) confectionner; (*pacchi*) emballer.
confezione *sf* (*indumenti*) confection; (*pacchi*) emballage (*m*).
conficcare *v tr* enfoncer ◊ *v rifl* s'enfoncer.
confidare *v tr* confier ◊ *v intr* compter sur, avoir confiance en ◊ *v rifl* se confier ◊ **confidarsi con qualcuno** se confier à quelqu'un.
confidenza *sf* confidence; (*familiarità*) familiarité ◊ **prendere confidenza** se familiariser; **dare confidenza** traiter avec familiarité.
confidenziale *agg* confidentiel.
configurarsi *v rifl* prendre un aspect.
configurazione *sf* configuration.
confinare *v tr/intr* confiner.
confine *sm* frontière (*f*), limite (*f*).
confiscare *v tr* confisquer.
conflitto *sm* conflit.
confluenza *sf* confluence, convergence.
confluire *v intr* confluer.
confóndere *v tr* (*scambiare*) confondre; (*scompigliare*) brouiller ◊ *v rifl* (*mescolarsi*) se mêler; (*perdere il filo*) s'embrouiller.
conformare *v tr* conformer ◊ *v rifl* se conformer.
conformazione *sf* configuration, conformation.
conformità *sf inv* conformité ◊ **in conformità a** conformément à.
confortante *agg* réconfortant.
confortare *v tr* réconforter, consoler ◊ *v rifl* se réconforter.
confortévole *agg* réconfortant; (*comodo*) confortable.
conforto *sm* consolation (*f*), réconfort; (*comodità*) confort.
confrontare *v tr* comparer.
confronto *sm* comparaison (*f*); (*giur*) confrontation (*f*) ◊ **nei confronti di** à l'égard de; **a confronto di** en comparaison de.
confusione *sf* confusion, désordre (*m*).

confuso *agg* confus.

congedare *v tr* congédier; (*milit*) libérer ◊ *v rifl* prendre congé.

congedo *sm* congé; (*milit*) permission (*f*).

congegno *sm* mécanisme, dispositif.

congelamento *sm* congélation (*f*); (*med*) gelure (*f*) ◊ **il congelamento di un credito** le gel d'un crédit.

congelare *v tr* congeler ◊ *v rifl* se congeler; (*fig*) se geler.

congelatore *sm* congélateur.

congeniale *agg* fait pour, conforme à la nature de.

congènito *agg* congénital.

congestionare *v tr* congestionner.

congestione *sf* (*med*) congestion; (*traffico*) embouteillage (*m*).

congiùngere *v tr* joindre, unir ◊ *v rifl* s'unir.

congiungimento *sm* union (*f*), jonction (*f*).

congiuntivite *sf* conjonctivite.

congiuntivo *sm* subjonctif.

congiunto *agg* joint, conjoint ◊ *sm* parent.

congiuntura *sf* jointure; (*circostanza*) conjoncture.

congiunzione *sf* conjonction.

congiura *sf* conjuration.

congolese *agg* congolais ◊ *sm/f* Congolais (*m*).

congratularsi *v rifl* féliciter.

congratulazioni *sf pl* félicitations.

congresso *sm* congrès.

còngruo *agg* convenable.

conguàglio *sm* ajustement; (*di un conto*) balance (*f*).

coniare *v tr* frapper; (*fig*) forger.

cònico *agg* conique.

conìfera *sf* conifère (*m*).

conìglio *sm* lapin; (*fig*) poule (*f*) mouillée.

coniugare *v tr* (*gramm*) conjuguer; (*fig*) unir ◊ *v rifl* s'unir.

coniugato *agg* (*sposato*) marié.

coniugazione *sf* conjugaison.

còniuge *sm/f* conjoint (*m*) ◊ *pl* époux.

connazionale *agg*, *sm/f* compatriote.

connessione *sf* connexion.

connèttere *v tr* joindre ◊ *v rifl* (*inform*) se connecter ◊ **non connettere** déraisonner.

connotati *sm pl* signalement (*sing*).

cono *sm* cône ◊ **cono gelato** cornet.

conoscente *sm/f* connaissance (*f*).

conoscenza *sf* connaissance ◊ **essere a conoscenza di qualcosa** avoir connaissance de quelque chose; **perdere conoscenza** perdre connaissance.

conóscere *v tr* connaître ◊ *v rifl* se connaître ◊ **conoscere a fondo** connaître à fond.

conoscitore (**-trice**) *sm* connaisseur.

conosciuto *agg* connu.

conquista *sf* conquête.

conquistare *v tr* conquérir; (*fig*) gagner.

conquistatore (**-trice**) *sm* conquérant.

consacrare *v tr* consacrer (*anche fig*).

consapévole *agg* conscient.

consapevolezza *sf* conscience, connaissance.

cònscio (*pl f* **-sce**) *agg* conscient.

consegna *sf* livraison, remise ◊ **dare in consegna** confier.

consegnare *v tr* remettre, livrer; (*affidare*) confier.

conseguente *agg* conséquent.

conseguenza *sf* conséquence ◊ **di conseguenza** par conséquent.

conseguimento *sm* obtention (*f*), acquisition (*f*).

conseguire *v tr* obtenir, remporter; (*un fine*) atteindre ◊ *v intr* découler, résulter.

consenso *sm* consentement, accord; (*giur*) consensus.

consentire *v tr* permettre ◊ *v intr* approuver.

consentito *agg* autorisé, permis.

conserva *sf* conserve.

conservare *v tr* conserver; (*custodire*) garder.

conservato *agg* (*di cibo*) en conserve.

conservatore (**-trice**) *agg*, *sm* conservateur.

conservatòrio *sm* conservatoire.

conservazione *sf* conservation.

considerare *v tr* considérer; (*un problema*) envisager ◊ **considerato che** vu que; **tutto considerato** tout compte fait.

considerazione *sf* considération.

considerévole *agg* considérable.

consigliare *v tr* conseiller ◊ *v rifl* consulter.

consigliere *sm* conseiller ◊ **consigliere comunale** conseiller municipal.

consìglio *sm* conseil ◊ **Consiglio dei ministri** Conseil des ministres; **consiglio di amministrazione** conseil d'administration.

consistente *agg* consistant; (*tessuto*) résistant; (*reddito, somma ecc.*) considérable.

consistenza *sf* consistance.

consìstere *v intr* consister.

consolare *v tr* consoler ◊ *v rifl* se consoler ◊ *agg* consulaire.

consolato *agg* consolé ◊ *sm* consulat.

consolazione *sf* consolation.

cònsole *sm* consul.

consolidamento *sm* consolidation (*f*); (*fig*) affermissement.

consolidare *v tr* consolider; (*fig*) affermir ◊ *v rifl* se consolider.

consonante *agg* consonant ◊ *sf* (*gramm*) consonne.

consorte *sm/f* époux (*m*), épouse (*f*).

consòrzio *sm* consortium.

constatare *v tr* constater.

constatazione *sf* constatation.

consueto *agg* habituel.

consuetùdine *sf* habitude, coutume; (*tradizione*) usage (*m*).

consulente *sm/f* expert (*m*), conseiller (*m*).

consulenza *sf* consultation; (*parere*) conseil (*m*).

consultare *v tr* consulter ◊ *v rifl* se consulter.

consultazione *sf* consultation.

consultòrio *sm* cabinet de consultation ◊ **consultorio familiare** centre de planning familial.

consumare *v tr* consommer; (*logorare*) user ◊ *v rifl* se consommer; (*logorarsi*) s'user.

consumato *agg* consumé; (*logorato*) usé; (*compiuto*) accompli; (*abile, esperto*) consommé.

consumatore (-trice) *sm* consommateur ◊ **difesa dei consumatori** défense des consommateurs.

consumazione *sf* consommation.

consumismo *sm* tendance (*f*) excessive à la consommation, fièvre (*f*) acheteuse.

consumo *sm* consommation (*f*) ◊ **beni di consumo** biens de consommation; **società dei consumi** société de consommation.

consuntivo *sm* (*bilancio*) bilan.

contàbile *agg*, *sm/f* comptable.

contabilità *sf inv* comptabilité.

contachilòmetri *sm inv* compteur kilométrique.

contadino *agg*, *sm* paysan.

contagiare *v tr* contaminer.

contàgio *sm* contagion (*f*).

contagioso *agg* contagieux.

contagocce *sm inv* compte-gouttes.

contaminare *v tr* contaminer.

contaminazione *sf* contamination.

contante *agg*, *sm* comptant ◊ **pagare in contanti** payer comptant; **avere dei contanti** avoir du liquide.

contare *v tr/intr* compter.

contatore *sm* compteur.

contattare *v tr* contacter.

contatto *sm* contact.

conte (-essa) *sm* comte.

conteggiare *v tr/intr* compter, calculer.

contegno *sm* maintien, tenue (*f*) ◊ **darsi un contegno** se donner une contenance.

contemplare *v tr* contempler; (*giur*) prévoir.

contemplazione *sf* contemplation.

contemporaneamente *avv* en même temps.

contemporàneo *agg*, *sm* contemporain.

contendente *sm/f* adversaire.

contèndere *v tr* disputer ◊ *v intr* (*gareggiare*) rivaliser ◊ *v rifl* se disputer.

contenere *v tr* contenir; (*ridurre*) limiter; (*trattenere*) réprimer ◊ *v rifl* se maîtriser.

contenitore *sm* récipient.

contentezza *sf* joie.

contento *agg* content, heureux.

contenuto *sm* contenu.

contenzioso *sm* contentieux.

contesa *sf* querelle.

contestare *v tr* contester; (*giur*) notifier

◊ **contestare una contravvenzione** dresser une contravention.

contestatore (-trice) *sm* contestataire (*m/f*).

contestazione *sf* contestation; (*giur*) notification.

contesto *sm* contexte.

contìguo *agg* contigu.

continentale *agg* continental.

continente *sm* continent.

contingenza *sf* contingence.

continuare *v tr/intr* continuer.

continuazione *sf* continuation; (*seguito*) suite.

continuità *sf inv* continuité.

contìnuo *agg* continu, continuel ◊ **di continuo** continuellement.

conto *sm* compte; (*di albergo*) note (*f*); (*di ristorante*) addition (*f*) ◊ **conto corrente** compte courant; **in fin dei conti** en fin de compte; **far conto su** compter sur; **fare i conti** faire les comptes; **rendersi conto** se rendre compte.

contorno *sm* contour; (*cuc*) garniture (*f*).

contorto *agg* tordu; (*fig*) tortueux ◊ **ragionamento contorto** raisonnement tordu.

contrabbandiere *agg, sm* contrebandier.

contrabbando *sm* contrebande (*f*) ◊ **di contrabbando** de contrebande.

contrabbasso *sm* contrebasse (*f*).

contraccambiare *v tr* rendre.

contraccettivo *agg, sm* contraceptif.

contraccolpo *sm* contrecoup.

contrada *sf* contrée.

contraddire *v tr* contredire ◊ *v rifl* se contredire.

contraddistìnguere *v tr* marquer ◊ *v rifl* se distinguer.

contraddittòrio *agg* contradictoire ◊ *sm* réplique (*f*); (*discussione*) débat.

contraddizione *sf* contradiction ◊ **cadere in contraddizione** se contredire.

contraffatto *agg* falsifié, contrefait.

contraffazione *sf* contrefaçon, falsification.

contralto *agg* alto ◊ *sm/f* contralto.

contrapporre *v tr* opposer ◊ *v rifl* s'opposer.

contrapposizione *sf* opposition.

contrapposto *agg* opposé.

contrappunto *sm* contrepoint.

contrariare *v tr* contrarier.

contrariato *agg* contrarié, vexé.

contrarietà *sf inv* contrariété; difficulté.

contràrio *agg, sm* contraire ◊ **avere qualcosa in contrario** avoir quelque chose à redire; **in caso contrario** dans le cas contraire; **al contrario** au contraire.

contrarre *v tr* contracter ◊ *v rifl* se contracter ◊ **contrarre un debito** contracter une dette.

contrassegnare *v tr* marquer.

contrassegno *sm* marque (*f*), signe ◊ *avv* contre remboursement.

contrastare *v tr* contraster, contrarier ◊ *v intr* contraster.

contrasto *sm* contraste.

contrattare *v tr* négocier.

contrattazione *sf* négociation.

contrattempo *sm* contretemps.

contratto *sm* contrat.

contravvenire *v intr* contrevenir.

contravvenzione *sf* contravention.

contrazione *sf* contraction.

contribuente *sm/f* contribuable.

contribuire *v intr* contribuer.

contributo *sm* contribution (*f*) ◊ *pl* (*tassa*) cotisations (*f*) ◊ **contributi previdenziali** charges sociales.

contro *prep, avv, sm* contre ◊ **essere contro** être contraire; **per contro** en revanche; **i pro e i contro** le pour et le contre; **contro voglia** à contrecœur; **contro vento** contre vent; **contro corrente** contre-courant.

controbàttere *v tr* contrebattre; (*confutare*) réfuter.

controcorrente *sf* contre-courant (*m*) ◊ *avv* à contre-courant.

controfigura *sf* (*cine*) doublure.

controindicazione *sf* contre-indication.

controllare *v tr* contrôler, vérifier ◊ *v rifl* se maîtriser.

controllo *sm* contrôle.

controllore *sm* contrôleur ◊ **controllore di volo** aiguilleur du ciel.

controluce *sm/f inv* contre-jour *(m)* ◊ **in controluce** à contre-jour.

contromano *avv* à contresens.

controparte *sf* contre-partie; *(giur)* partie adverse.

contropiede *sm* contre-pied.

controsenso *sm* contresens.

controvèrsia *sf* controverse.

controvòglia *avv* à contrecœur, à regret.

contusione *sf* contusion.

convalescente *agg, sm/f* convalescent *(m)*.

convalescenza *sf* convalescence.

convàlida *sf* validation.

convalidare *v tr* valider; *(confermare)* confirmer.

convegno *sm* congrès; réunion *(f)*.

conveniente *agg (vantaggioso)* avantageux; *(adatto)* convenable, convenant.

convenienza *sf* convenance; *(tornaconto)* avantage *(m)*.

convenìre *v intr (essere d'accordo)* convenir (de), être d'accord; *(riconoscere)* admettre; *(essere utile)* avoir intérêt ◊ **mi conviene farlo** j'ai intérêt à le faire.

convento *sm* couvent.

convenuto *agg* convenu.

convenzionale *agg* conventionnel.

convenzione *sf* convention.

convergenza *sf* convergence ◊ **convergenza ruote** parallélisme.

convèrgere *v intr* converger.

conversare *v intr* causer.

conversazione *sf* conversation.

conversione *sf* conversion.

convertire *v tr* convertir ◊ *v rifl (relig)* se convertir.

convesso *agg* convexe.

convìncere *v tr* convaincre ◊ *v rifl* se convaincre.

convinzione *sf* conviction.

convivenza *sf* cohabitation; *(di coppia)* concubinage *(m)*.

convìvere *v intr* cohabiter; *(di coppia)* vivre ensemble.

convocare *v tr* convoquer.

convocazione *sf* convocation.

convogliare *v tr (acqua)* canaliser; *(merci)* acheminer.

convòglio *sm* convoi.

convulsione *sf* convulsion.

cooperare *v intr* coopérer.

cooperativa *sf* coopérative.

cooperazione *sf* coopération; collaboration.

coordinamento *sm* coordination *(f)*.

coordinare *v tr* coordonner.

copèrchio *sm* couvercle.

coperta *sf* couverture; *(mar)* pont *(m)*.

copertina *sf* couverture; *(sovraccoperta)* jaquette ◊ **prezzo di copertina** prix de catalogue.

coperto *agg* couvert ◊ *sm (ristorante)* couvert; *(riparo)* abri ◊ **cielo coperto** ciel couvert; **stare al coperto** rester à l'abri.

copertone *sm* pneu; *(telo impermeabile)* bâche *(f)*.

copertura *sf* couverture.

còpia *sf* copie; *(di libro)* exemplaire *(m)*.

copiare *v tr* copier.

copione *sm (teatro, cine)* scénario.

coppa *sf* coupe; *(mecc)* carter *(m)* ◊ **coppa dell'olio** carter d'huile.

còppia *sf (cose)* paire; *(persone)* couple *(m)*.

copricapo *sm* chapeau.

coprifasce *sm inv* brassière *(f)*.

coprifuoco *(pl -chi)* *sm* couvre-feu.

copriletto *sm* couvre-lit.

coprire *v tr* couvrir ◊ *v rifl* se couvrir.

coprivivande *sm inv* couvre-plat.

coràggio *sm* courage.

coraggioso *agg* courageux.

corale *agg, sm* choral ◊ *sf (coro)* chorale.

corallino *agg* corallien.

corallo *sm* corail.

corazza *sf* cuirasse *(anche fig)*.

corazzare *v tr* cuirasser.

corazzata *sf (mar)* cuirassé *(m)*.

corda *sf* corde ◊ **corde vocali** cordes vocales; **dare corda a** laisser dire, laisser faire; **tagliare la corda** prendre la clef des champs.

cordiale *agg* cordial ◊ **cordiali saluti** cordialement.

cordialità *sf inv* cordialité.

cordòglio *sm* douleur (*f*), peine (*f*).

cordone *sm* cordon ◊ **cordone ombelicale** cordon ombilical.

coreano *agg* coréen ◊ *sm* Coréen.

coreografia *sf* chorégraphie.

coriàndolo *sm* (*bot*) coriandre (*f*); (*di carnevale*) confetti.

coricare *v tr* coucher ◊ *v rifl* se coucher.

cornàcchia *sf* corneille.

cornamusa *sf* cornemuse.

còrnea *sf* cornée.

cornetta *sf* (*del telefono*) combiné (*m*); (*mus*) cornet à pistons.

cornetto *sm* cornet; (*brioche*) croissant.

cornice *sf* cadre (*m*) (*anche fig*).

cornicione *sm* corniche (*f*).

corno (*pl* **-a** *f*, *di animali*) *sm* (*di animali*) corne (*f*); (*mus*) cor ◊ **facciamo le corna!** touchons du bois!

cornuto *agg* cornu; (*fig*) cocu.

coro *sm* chœur.

corolla *sf* corolle.

corona *sf* couronne.

coronare *v tr* couronner.

corpetto *sm* (*panciotto*) gilet; (*da donna*) corsage.

corpo *sm* corps ◊ **corpo diplomatico** corps diplomatique; **corpo di ballo** corps de ballet; **darsi anima e corpo** se donner corps et âme.

corporatura *sf* taille ◊ **di grossa corporatura** corpulent.

corporazione *sf* corporation.

corredare *v tr* garnir, munir ◊ **corredare una domanda** accompagner une demande.

corredo *sm* (*attrezzatura*) équipement, outillage; (*da sposa*) trousseau.

corrèggere *v tr* corriger ◊ *v rifl* se corriger.

corrente *agg* courant ◊ *sf* courant (*m*) ◊ **corrente alternata, continua** courant alternatif, continu; **conto corrente** compte courant; **essere al corrente** être au courant; **mettere al corrente** mettre au courant.

correntista (*pl* **-i e -e**) *sm/f* titulaire d'un compte courant.

córrere *v intr/tr* courir; (*di tempo*) s'é-

couler ◊ **correre ai ripari** remédier; **correre un rischio** courir un risque.

correttezza *sf* correction.

corretto *agg* correct ◊ **caffè corretto** café arrosé.

correzione *sf* correction.

corridóio *sm* couloir (*m*).

corriera *sf* car (*m*).

corriere *sm* courrier.

corrispondente *agg*, *sm/f* correspondant (*m*).

corrispondenza *sf* correspondance.

corrispóndere *v tr* payer, verser ◊ *v intr* (*equivalere*) correspondre; (*tenere corrispondenza*) communiquer.

corródere *v tr* corroder; (*geologia*) éroder; (*fig*) ronger.

corrómpere *v tr* corrompre.

corrosione *sf* corrosion.

corroso *agg* corrodé, rongé.

corrotto *agg* corrompu.

corruzione *sf* corruption.

corsa *sf* course ◊ **fine della corsa** fin du parcours; **essere di corsa** être pressé.

corsìa *sf* couloir (*m*); (*d'ospedale*) salle; (*strada*) voie.

corso *sm* cours; (*strada*) avenue (*f*), boulevard ◊ **lavori in corso** travaux en cours; **moneta fuori corso** monnaie qui n'a plus cours.

corte *sf* cour ◊ **Corte di cassazione** Cour de cassation; **Corte d'appello** Cour d'appel.

cortéccia (*pl* **-ce**) *sf* écorce.

corteggiare *v tr* courtiser.

cortèo *sm* cortège.

cortese *agg* aimable.

cortesìa *sf* politesse, amabilité ◊ **per cortesia** s'il vous/te plaît.

cortile *sm* cour (*f*).

cortina *sf* rideau (*m*).

cortisone *sm* cortisone (*f*).

corto *agg* court ◊ **a corto di** à court de; **essere ai ferri corti** être à couteaux tirés.

cortocircùito *sm* court-circuit.

corvo *sm* corbeau.

cosa *sf* (*oggetto*) chose; (*faccenda*) affaire ◊ **le mie cose** mes affaires; **cose da fare** choses à faire; **per prima cosa** avant tout.

còscia (*pl* **-sce**) *sf* cuisse; (*di agnello*) gigot (*m*).

cosciente *agg* conscient.

coscienza *sf* conscience ◊ **perdere coscienza** perdre conscience; **avere la coscienza sporca** avoir mauvaise conscience.

cosciotto *sm* (*vitello*) cuisseau; (*cinghiale, capriolo*) cuissot.

così *avv* ainsi, comme ça (*talmente, davanti ad agg e avv*) si; (*dunque*) donc ◊ *agg inv* tel, pareil ◊ *cong* (*perciò*) et, et alors ◊ **e così via** et ainsi de suite; **così così** comme ci, comme ça; **così... come** aussi... que; **basta così!** ça suffit!

cosiddetto *agg* soi-disant.

cosmesi *sf inv* cosmétologie.

cosmètico (*f* **-a** *pl* **-ci -che**) *agg, sm* cosmétique.

còsmico (*f* **-a** *pl* **-ci -che**) *agg* cosmique.

cosmo *sm* cosmos.

cosmopolita (*pl* **-i -e**) *agg, sm/f* cosmopolite.

cospàrgere *v tr* parsemer, joncher; (*con una materia in polvere*) saupoudrer ◊ **cospargersi il corpo** se couvrir le corps.

cospirazione *sf* conspiration.

costa *sf* côte; (*libro*) dos (*m*) ◊ **velluto a coste** velours côtelé.

costante *agg* constant.

costanza *sf* constance.

costare *v intr* coûter (*anche fig*) ◊ **venire a costare** revenir; **costare un patrimonio** coûter cher.

costata *sf* (*cuc*) côte.

costato *sm* côtes (*f pl*).

costeggiare *v tr* longer; côtoyer.

costèi *pron* celle-ci, celle-là.

costellazione *sf* constellation.

costernazione *sf* consternation.

costiera *sf* littoral (*m*).

costiero *agg* côtier.

costipato *agg* (*affetto da raffreddore*) enrhumé; (*stitico*) constipé.

costituire *v tr* constituer ◊ *v rifl* se constituer.

costituzionale *agg* constitutionnel.

costituzione *sf* constitution.

costo *sm* coût, prix ◊ **a tutti i costi**, a ogni costo à tout prix; **a costo di** au risque de.

còstola *sf* côte.

costoro *pron m/f pl* ceux-ci (*m*), ceux-là (*m*); celles-ci (*f*), celles-là (*f*).

costoso *agg* coûteux.

costretto *agg* contraint.

costrìngere *v tr* contraindre, obliger.

costrizione *sf* contrainte.

costruire *v tr* construire; (*edificare*) bâtir.

costruttore *sm* constructeur.

costruzione *sf* construction.

costùi *pron* celui-ci, celui-là.

costume *sm* (*abitudine*) coutume (*f*), habitude (*f*); (*usanze*) mœurs (*f pl*); (*indumento*) costume ◊ **costume da bagno** maillot de bain.

costumista (*pl* **-i -e**) *sm* costumier.

cotechino *sm* saucisse (*f*) à cuire.

cotenna *sf* couenne.

cotogna *agg, sf* ◊ (**mela**) **cotogna** coing.

cotognata *sf* confiture de coings.

cotone *sm* coton; (*pianta*) cotonnier ◊ **cotone idrofilo** coton hydrophile.

cotonifìcio *sm* filature (*f*) de coton.

còttimo *sm* travail à la pièce.

cotto *agg* cuit ◊ *sm* (*piastrella*) carrelage en terre cuite ◊ **innamorato cotto** fou amoureux; **farne di cotte e di crude** faire les quatre cents coups.

cottura *sf* cuisson.

covare *v tr/intr* couver (*anche fig*).

covo *sm* nid, tanière (*f*); (*fig*) repaire.

covone *sm* gerbe (*f*).

cozza *sf* moule.

cozzare *v tr/intr* heurter, cogner; (*fig*) se heurter (à).

crampo *sm* crampe (*f*).

crànio *sm* crâne.

cratere *sm* cratère.

cràuti *sm pl* choucroute (*f sing*).

cravatta *sf* cravate.

creare *v tr* créer.

creativo *agg* créatif, créateur.

creato *agg* créé ◊ *sm* création (*f*).

creatura *sf* créature.

creazione *sf* création.

credente *agg, sm/f* croyant (*m*).

credenza *sf* croyance; (*mobile*) buffet (*m*).

crédere *v tr/intr* croire ◊ *v rifl* se croire ◊ **non credere ai propri occhi** ne pas en croire ses yeux.
credìbile *agg* (*cose*) vraisemblable; (*persone*) crédible.
crédito *sm* crédit ◊ **carta di credito** carte de crédit; **istituto di credito** établissement de crédit.
creditore (**-trice**) *sm* créditeur.
crema *sf* crème ◊ **crema da barba** mousse à raser.
cremare *v tr* incinérer.
cremerìa *sf* crémerie; (*gelateria*) glacier (*m*).
crepa *sf* crevasse, fissure.
crepàccio *sm* crevasse (*f*), fente (*f*).
crepare *v intr* (*familiare*) crever ◊ *v rifl* (*spaccarsi*) se fendre ◊ **crepare dall'invidia** crever d'envie.
crepitare *v intr* crépiter.
crepùscolo *sm* crépuscule.
créscere *v intr* (*persone, animali*) grandir; (*piante*) pousser; (*aumentare*) augmenter.
créscita *sf* croissance; (*aumento*) augmentation; (*di acque*) crue.
crèsima *sf* confirmation.
crespo *agg* (*capelli*) crépu ◊ *sm* (*tessuto*) crêpe.
cresta *sf* crête ◊ **cresta dell'onda** crête de la vague; **alzare la cresta** se dresser sur ses ergots.
creta *sf* argile.
cretino *agg*, *sm* crétin.
cric *sm inv* (*meccanico*) cric.
criceto *sm* hamster.
criminale *agg*, *sm/f* criminel (*m*).
crìmine *sm* crime.
crinale *sm* ligne (*f*) de faîte.
crine *sm* crin.
criniera *sf* crinière.
cripta *sf* crypte.
crisantemo *sm* chrysanthème.
crisi *sf inv* crise ◊ **crisi di governo** crise de gouvernement; **avere una crisi d'astinenza** être en manque.
cristallerìa *sf* cristallerie.
cristallizzare *v tr/intr* cristalliser ◊ *v rifl* se cristalliser.
cristallo *sm* cristal.
cristanésimo *sm* christianisme.
cristiano *agg*, *sm* chrétien.

critèrio *sm* critère.
crìtica (*pl* **-che**) *sf* critique ◊ **critica letteraria** critique littéraire.
criticare *v tr* critiquer.
crìtico (*f* **-a** *pl* **-ci -che**) *agg*, *sm* critique (*m/f*).
croato *agg* croate ◊ *sm* Croate (*m/f*).
croccante *agg* croquant, croustillant.
croce *sf* croix ◊ **Croce Rossa** Croix-Rouge; **a occhio e croce** à vue de nez.
crocevìa *sm inv* carrefour.
crociata *sf* croisade.
crociera *sf* croisière; (*arch*) croisée.
crocifiggere *v tr* crucifier.
crocifisso *sm* crucifix.
crollare *v intr* s'écrouler; (*fig*) lâcher, s'effondrer.
crollo *sm* effondrement, écroulement; (*fig*) anéantissement ◊ **crollo finanziario** krach financier.
cromosoma (*pl* **-i**) *sm* chromosome.
crònaca (*pl* **-che**) *sf* chronique ◊ **cronaca nera** faits divers.
crònico (*f* **-a** *pl* **-ci -che**) *agg* chronique.
cronista (*pl* **-i -e**) *sm/f* chroniqueur (*m*).
cronologìa *sf* chronologie.
cronometrare *v tr* chronométrer.
cronòmetro *sm* chronomètre.
crosta *sf* croûte.
crostàceo *sm* crustacé.
crostata *sf* tarte.
crostino *sm* croûton.
cruciverba *sm inv* mots (*pl*) croisés.
crudele *agg* cruel.
crudeltà *sf inv* cruauté.
crudo *agg* cru ◊ **verità nuda e cruda** vérité vraie.
cruento *agg* sanglant.
crusca (*pl* **-che**) *sf* son (*m*).
cruscotto *sm* tableau de bord.
cubano *agg* cubain ◊ *sm* Cubain.
cubo *sm* cube; (*discoteca*) podium ◊ **metro cubo** mètre cube.
cuccagna *sf* cocagne ◊ **albero della cuccagna** mât de cocagne.
cuccetta *sf* couchette.
cucchiaino *sm* petite cuillère (*f*).
cucchiàio *sm* cuillère (*f*).
cùccia (*pl* **-ce**) *sf* niche.
cùcciolo *sm* chiot.
cucina *sf* cuisine.

cucinare *v tr/intr* cuisiner.
cucire *v tr* coudre.
cucito *agg* cousu ◊ *sm* couture (*f*).
cucitura *sf* couture.
cuculo *sm* coucou.
cùffia *sf* coiffe; (*da bagno*) bonnet (*m*); (*acustica*) casque (*m*).
cugino *sm* cousin.
cui *pron inv* lequel (*m*), lesquels (*m pl*), laquelle (*f*), lesquelles (*f pl*); (*di cui*) dont; (*a cui*) à quoi, auquel (*m*), auxquels (*m pl*), à laquelle (*f*), auxquelles (*f pl*) ◊ **ciò di cui parliamo** ce dont nous parlons; **la persona a cui penso** la personne à laquelle je pense; **il motivo per cui lo fa** la raison pour laquelle il le fait; **le ragioni per cui lo faccio** les raisons pour lesquelles je le fais; **il magazzino a cui è stato consegnato** le magasin auquel cela a été livré; **l'avvocato a cui è stata affidata la difesa** l'avocat auquel a été confiée la défense; **le signore a cui abbiamo spedito l'invito** les dames auxquelles nous avons envoyé l'invitation; **c'erano tre bambini, di cui due maschi e una femmina** il y avait trois enfants, dont deux garçons et une fille.
culinàrio *agg* culinaire.
culla *sf* berceau (*m*).
cullare *v tr* bercer ◊ *v rifl* (*fig*) se bercer.
culminare *v intr* culminer.
cùlmine *sm* sommet, faîte.
culo *sm* (*volgare*) cul.
culto *sm* culte.
cultura *sf* culture ◊ **ministero della cultura** ministère de la culture.
culturale *agg* culturel.
culturismo *sm* culturisme.
cùmulo *sm* tas, amas; (*giur*) cumul.
cuòcere *v tr/intr* cuire ◊ *v rifl* se dorer.
cuoco (*f* **-a** *pl* **-chi -che**) *sm* cuisinier.
cuòio *sm* cuir ◊ **cuoio capelluto** cuir chevelu.
cuore *sm* cœur ◊ **stare a cuore** tenir à cœur; **malato di cuore** malade du cœur; **nel cuore della notte** au cœur de la nuit.
cupo *agg* (*suono, voce*) sourd; (*fig*) sombre, profond.

cùpola *sf* coupole.
cura *sf* (*attenzione*) soin (*m*); (*med*) traitement (*m*) ◊ **essere in cura presso un medico** être suivi par un médecin; **cura dimagrante** cure d'amaigrissement.
curare *v tr* (*badare*) établir, s'occuper (de); (*med*) soigner ◊ *v rifl* (*occuparsi*) prêter attention; (*med*) se soigner.
curatore (-trice) *sm* curateur ◊ **curatore fallimentare** syndic de faillite.
cùria *sf* curie ◊ **curia vescovile** évêché.
curiosare *v intr* fouiner, fouiller.
curiosità *sf inv* curiosité.
curioso *agg*, *sm* curieux.
cursore *sm* curseur.
curva *sf* courbe; (*di strada*) virage (*m*).
curvare *v tr* courber ◊ *v intr* (*di veicoli*) tourner ◊ *v rifl* se courber.
curvo *agg* courbe; (*di persona*) voûté, courbé.
cuscinetto *sm* coussinet.
cuscino *sm* coussin; (*guanciale*) oreiller ◊ **veicolo a cuscino d'aria** véhicule sur coussin d'air.
custode *sm/f* gardien (*m*); (*portinaio*) concierge.
custodire *v tr* garder.
cute *sf* peau.
cyclette *sf inv* vélo (*m*) d'appartement.

D

da *prep* (*moto da luogo, origine, provenienza*) de; (*mezzo, moto attraverso luogo, causa efficiente*) de, par; (*stato in luogo, moto a luogo*) chez; (*durata*) depuis; (*in qualità di*) en; (*fine, scopo*) à, de ◊ **da ogni parte** de tous côtés; **vieni da me** viens chez moi; **da un anno** depuis un an; **avere da fare** avoir à faire; **carta da lettera** papier à lettre; **vengo da Parigi** je viens de Paris; **da solo** seul; **abito da sera** tenue de soirée; **da vicino** de près; **da lontano** de loin.
dado *sm* dé; (*mecc*) écrou; (*brodo*) cube (de bouillon).
dagli *prep articolata* v. **da + gli**.
dai *prep articolata* v. **da + i** ◊ *inter* allez!

dàino *sm* daim.
dal *prep articolata* v. **da** + **il**.
dàlia *sf* dahlia (*m*).
dalla *prep articolata* v. **da** + **la**.
dalle *prep articolata* v. **da** + **le**.
dallo *prep articolata* v. **da** + **lo**.
daltònico (*f* **-a** *pl* **-ci** **-che**) *agg* daltonien.
dama *sf* dame; (*gioco*) jeu (*m*) de dames ◊ **giocare a dama** jouer aux dames.
damasco (*pl* **-chi**) *sm* damas.
damigiana *sf* dame-jeanne.
danese *agg* danois ◊ *sm/f* Danois (*m*).
dannare *v tr* damner ◊ *v rifl* se damner.
dannazione *sf* damnation ◊ **sei la mia dannazione** tu es mon désespoir.
danneggiare *v tr* endommager, gâter ◊ *v rifl* se nuire.
danno *sm* dommage, dégât; (*perdita economica*) préjudice ◊ **risarcimento danni** dédommagement; (*giur*) dommages et intérêts.
dannoso *agg* nuisible, nocif.
danza *sf* danse.
danzare *v tr/intr* danser.
dappertutto *avv* partout.
dappoco *agg inv* sans importance.
dapprima *avv* d'abord.
dare *v tr/intr* donner ◊ *v rifl* se donner ◊ **dare il benvenuto** souhaiter la bienvenue; **dar via** se débarrasser (de); **dare del tu, del lei** tutoyer, vouvoyer; **dare alla testa** monter à la tête; **dare inizio a** commencer; **dar prova** faire preuve; **dare conto** rendre compte; **può darsi che** il se peut que; **dare sui nervi** taper sur les nerfs; **dare dello stupido** traiter de stupide; **dare fastidio** déranger, gêner; **dare un appuntamento** donner un rendez-vous; **dare un esame** passer un examen.
dàrsena *sf* darse.
data *sf* date.
datare *v tr* dater.
dato *agg* donné ◊ *sm* donnée (*f*), élément ◊ **dato che** étant donné que; **a un dato momento** à un moment donné.
datore (**-trice**) *sm* donneur ◊ **datore di lavoro** employeur, patron.

dàttero *sm* datte (*f*) ◊ **dattero di mare** datte de mer.
dattilografia *sf* dactylographie.
davanti *avv* devant ◊ *agg* (*anteriore*) à l'avant, de devant ◊ *sm* devant ◊ **davanti a** devant.
davanzale *sm* rebord.
davvero *avv* vraiment.
dàzio *sm* droit.
dea *sf* déesse.
débito *agg* dû, voulu, nécessaire ◊ *sm* dette (*f*) ◊ **a tempo debito** en temps voulu; **sentirsi in debito di** se sentir dans l'obligation de.
debitore (**-trice**) *sm* débiteur.
débole *agg* faible ◊ **punto debole** point faible.
debolezza *sf* faiblesse.
debuttante *agg*, *sm/f* débutant (*m*).
debuttare *v intr* débuter, faire ses débuts.
debutto *sm* débuts (*pl*).
dècade *sf* décade.
decadente *agg* décadent.
decadenza *sf* décadence.
decadere *v intr* décliner; déchoir.
decaduto *agg* déchu.
decaffeinato *agg* décaféiné.
decàlogo (*pl* **-ghi**) *sm* décalogue; (*guida*) règles (*f pl*) d'or.
decapitare *v tr* décapiter.
deceduto *agg* décédé.
decennale *agg* décennal.
decenne *agg* âgé de dix ans ◊ *sm/f* enfant (*m*) âgé de dix ans.
decènnio *sm* décennie (*f*).
decente *agg* décent, convenable.
decentrare *v tr* décentrer.
decenza *sf* décence, bienséance.
decesso *sm* décès.
decìdere *v tr/intr* décider ◊ *v rifl* se décider.
decifrare *v tr* déchiffrer.
decigrammo *sm* décigramme.
decìlitro *sm* décilitre.
decimale *agg* décimal ◊ *sm* décimale (*f*).
decimare *v tr* décimer.
decìmetro *sm* décimètre.
dècimo *agg*, *sm* dixième (*m/f*); (*dopo il nome di un re, una scena, un capitolo ecc.*) dix.

decina *sf* dizaine.
decisamente *avv* décidément.
decisione *sf* décision.
decisivo *agg* décisif.
deciso *agg* décidé, résolu.
declinazione *sf* déclinaison.
declino *sm* déclin.
decollare *v intr* décoller.
decollo *sm* décollage.
decomporre *v tr* décomposer ◊ *v rifl* se décomposer.
decomposizione *sf* décomposition.
decorare *v tr* décorer.
decorazione *sf* décoration.
decoro *sm* dignité (*f*); (*prestigio, lustro*) honneur; (*ornamento*) ornement.
decoroso *agg* convenable, digne.
decorrenza *sf* ◊ **con decorrenza da** à compter de.
decórrere *v intr* partir; (*trascorrere*) passer ◊ **a decorrere da** à partir de.
decorso *sm* cours ◊ **il decorso della malattia** l'évolution de la maladie.
decotto *sm* décoction (*f*).
decrépito *agg* (*persone*) décrépit; (*cose*) délabré.
decretare *v tr* décréter.
decreto *sm* décreté, arrêté ◊ **decreto ministeriale** arrêté ministériel.
dèdica (*pl* -**che**) *sf* dédicace ◊ **scrivere una dedica** dédicacer.
dedicare *v tr* consacrer, dédier ◊ *v rifl* se consacrer.
dedurre *v tr* déduire ◊ **dedurre le spese** déduire ses frais.
deduzione *sf* déduction.
defezione *sf* défection.
deficiente *agg* insuffisant; (*persona*) déficient (*m*) ◊ *sm/f* débile.
deficienza *sf* insuffisance; (*mentale*) déficience ◊ **deficienze organizzative** faiblesses dans l'organisation.
dèficit *sm inv* déficit.
definire *v tr* définir; (*risolvere*) résoudre, conclure.
definitivo *agg* définitif ◊ **in definitiva** en définitive.
definizione *sf* définition.
deflagrazione *sf* déflagration.
deflettore *sm* déflecteur.

deflusso *sm* écoulement; (*marea*) reflux; (*idrografia*) débit.
deformare *v tr* déformer ◊ *v rifl* se déformer.
deformazione *sf* déformation.
defunto *agg*, *sm* défunt.
degenerare *v intr* dégénérer.
degente *agg* hospitalisé ◊ *sm/f* patient (*m*).
degenza *sf* hospitalisation.
degli *prep articolata* v. **di** + **gli**.
deglutire *v tr* avaler, déglutir.
degnare *v tr, rifl* daigner.
degno *agg* digne.
degradante *agg* dégradant.
degradare *v tr* dégrader; (*moralmente*) avilir ◊ *v rifl* se dégrader; (*moralmente*) s'avilir.
degustare *v tr* déguster.
degustazione *sf* dégustation.
dei *prep articolata* v. **di** + **i**.
del *prep articolata* v. **di** + **il**.
dèlega (*pl* -**ghe**) *sf* délégation.
delegare *v tr* déléguer.
delegazione *sf* délégation.
deletèrio *agg* délétère.
delfino *sm* dauphin ◊ **nuoto a delfino** brasse papillon.
deliberare *v tr/intr* délibérer, décider.
delicatezza *sf* délicatesse, finesse.
delicato *agg* délicat.
delimitare *v tr* délimiter.
delineare *v tr* délinéer, tracer ◊ *v rifl* se dessiner; (*fig*) s'annoncer.
delinquente *agg*, *sm/f* délinquant (*m*).
delinquenza *sf* délinquance.
delirare *v intr* délirer.
delìrio *sm* délire.
delitto *sm* délit; (*omicidio*) homicide.
delìzia *sf* délice (*m*), plaisir (*m*) ◊ **essere la delizia di** faire la joie de.
delizioso *agg* délicieux, charmant.
della *prep articolata* v. **di** + **la**.
delle *prep articolata* v. **di** + **le**.
dello *prep articolata* v. **di** + **lo**.
delta *sm inv* delta.
deltaplano *sm* deltaplane.
delucidazione *sf* élucidation, précision.
delùdere *v tr* décevoir.
delusione *sf* déception.
deluso *agg* déçu.

demànio *sm* domaine de l'État.
demente *agg, sm/f* dément (*m*).
demenza *sf* démence.
demenziale *agg* démentiel.
democràtico (*f* **-a** *pl* **-ci -che**) *agg* démocratique ◊ *sm* démocrate (*m/f*) ◊ **partito democratico** parti démocrate.
democrazìa *sf* démocratie.
demogràfico (*f* **-a** *pl* **-ci -che**) *agg* démographique.
demolire *v tr* démolir (*anche fig*).
demolizione *sf* démolition.
demònio *sm* démon.
demoralizzare *v tr* décourager, démoraliser ◊ *v rifl* se décourager.
denaro *sm* argent ◊ **denaro contante** argent comptant; **denaro pubblico** deniers publics.
denominazione *sf* dénomination ◊ **denominazione di origine controllata (DOC)** appellation d'origine contrôlée (AOC).
densità *sf inv* densité.
denso *agg* dense, épais.
dentale *agg* dental; (*med*) dentaire.
dente *sm* dent (*f*) ◊ **dente del giudizio** dent de sagesse; **mettere i denti** faire ses dents; **battere i denti** claquer des dents.
dentiera *sf* dentier (*m*).
dentifrìcio *sm* dentifrice.
dentista (*pl* **-i -e**) *sm/f* dentiste.
dentro *avv* dedans, à l'intérieur ◊ *prep* dans, en ◊ *sm inv* intérieur ◊ **in dentro** en dedans; **dentro a** dans; **vieni dentro!** rentre!
denudare *v tr* dénuder; (*fig*) dépouiller.
denùncia (*pl* **-ce**) *sf* dénonciation ◊ **la denuncia dei redditi** la déclaration des revenus.
denunciare *v tr* dénoncer; (*rendere noto*) déclarer, révéler.
denutrito *agg* sous-alimenté.
denutrizione *sf* malnutrition.
deodorante *sm* déodorant.
depenalizzare *v tr* dépénaliser.
deperìbile *agg* périssable.
deperire *v intr* dépérir; (*merci*) se détériorer.
deperito *agg* amaigri, affaibli.

depilare *v tr* dépiler, épiler ◊ *v rifl* s'épiler.
depilatòrio *agg* dépilatoire.
depistare *v tr* dépister.
dépliant *sm inv* dépliant.
deporre *v tr* déposer.
deportare *v tr* déporter.
deportazione *sf* déportation.
depositare *v tr* déposer.
depòsito *sm* dépôt; (*cauzione*) caution (*f*); (*magazzino*) entrepôt ◊ **deposito bagagli** consigne.
deposizione *sf* déposition; (*destituzione*) destitution.
depravato *agg* dépravé.
depredare *v tr* piller, dépouiller; (*saccheggiare*) mettre à sac.
depressione *sf* dépression.
depresso *agg* déprimé; (*econ*) sous-développé.
deprìmere *v tr* déprimer ◊ *v rifl* se décourager.
depurare *v tr* dépurer, épurer.
depuratore *sm* purificateur.
deputato *sm* député.
deragliare *v intr* dérailler.
derby *sm inv* derby.
derelitto *agg* délaissé, abandonné.
derìdere *v tr* se moquer de.
derisione *sf* dérision.
deriva *sf* dérive ◊ **andare alla deriva** dériver.
derivare *v intr* (*aver origine*) venir (de); (*aver causa*) découler ◊ *v tr* (*acqua, energia*) dériver.
dermatite *sf* dermatite.
dermatòlogo (*f* **-a** *pl* **-gi -ghe**) *sm* dermatologue (*m/f*).
dèroga (*pl* **-ghe**) *sf* dérogation.
derubare *v tr* voler, dérober.
descrìvere *v tr* décrire.
descrizione *sf* description.
deserto *agg, sm* désert.
desiderare *v tr* désirer.
desidèrio *sm* désir.
desideroso *agg* désireux, avide.
design *sm inv* design.
designare *v tr* désigner.
desinenza *sf* désinence.
desìstere *v intr* renoncer.
desolante *agg* désolant.
desolato *agg* désolé.

desolazione *sf* désolation.

dessert *sm inv* dessert.

destare *v tr* éveiller, réveiller ◊ *v rifl* se réveiller.

destinare *v tr* destiner; (*assegnare*) affecter; (*indirizzare*) adresser.

destinazione *sf* destination; (*residenza*) affectation.

destino *sm* destin, destinée (*f*) ◊ **era destino che** le destin voulait que.

destituire *v tr* destituer.

desto *agg* éveillé, réveillé.

destra *sf* droite ◊ **tenere la destra** garder sa droite; **girare a destra** tourner à droite; **alla mia destra** à ma droite.

destreggiarsi *v rifl* se débrouiller; (*manovrare*) manœuvrer.

destrezza *sf* adresse, habileté.

destro *agg* droit ◊ *sm* (*sport*) droit.

desùmere *v tr* déduire; (*ricavare*) tirer.

detenere *v tr* détenir.

detenuto *agg, sm* détenu.

detenzione *sf* détention.

detergente *agg, sm* détergent ◊ **latte detergente** lait démaquillant.

deterioramento *sm* détérioration (*f*).

deteriorare *v tr* détériorer ◊ *v rifl* se détériorer.

determinare *v tr* déterminer; (*causare*) provoquer.

determinato *agg* déterminé ◊ **a determinate condizioni** à certaines conditions.

deterrente *sm* force (*f*) de dissuasion.

detersivo *sm* (*pavimenti*) détersif; (*piatti*) liquide vaisselle; (*bucato*) lessive.

detestare *v tr* détester.

detonazione *sf* détonation.

detrarre *v tr* déduire.

detrazione *sf* déduction.

detrito *sm* détritus; (*scorie*) déchets (*pl*).

detta ◊ **a detta di** au dire de.

dettagliante *sm/f* détaillant (*m*).

dettàglio *sm* détail ◊ **vendita al dettàglio** vente au détail.

dettare *v tr* dicter ◊ **dettar legge** faire la loi; **dettare le condizioni** dicter les conditions.

dettato *sm* (*a scuola*) dictée (*f*).

detto *agg* dit ◊ *sm* (*motto*) dicton ◊ **Luigi, detto Gino** Luigi, dit Gino.

deturpare *v tr* défigurer; (*fig*) souiller.

devastare *v tr* dévaster, ravager (*anche fig*).

deviare *v tr* dévier; (*fig*) détourner ◊ *v intr* (*fig*) détourner, s'écarter.

deviazione *sf* déviation ◊ **fare una deviazione** faire un détour.

devòlvere *v tr* transmettre (à) ◊ **devolvere l'incasso** affecter la recette.

devoto *agg, sm* dévot.

devozione *sf* dévotion; (*affezione*) dévouement (*m*), attachement (*m*).

di *prep* de; (*materia*) en; (*omesso in molte espressioni di tempo*); (*nei comparativi*) que; (*nei superlativi relativi*) de ◊ **di cuoio** en cuir; **di mattina** le matin; **di sera** le soir; **d'estate** en été; **dire di sì** dire oui; **dire di no** dire non.

diabète *sm* diabète.

diabètico (*f* **-a** *pl* **-ci -che**) *agg, sm* diabétique.

diabòlico (*f* **-a** *pl* **-ci -che**) *agg* diabolique.

diàcono *sm* diacre.

diaframma (*pl* **-i**) *sm* diaphragme; (*elemento di separazione*) cloison (*f*); (*fig*) mur.

diàgnosi *sf inv* diagnostic (*m*).

diagnosticare *v tr* diagnostiquer.

diagonale *agg* diagonal ◊ *sf* diagonale.

diagramma (*pl* **-i**) *sm* diagramme.

dialetto *sm* dialecte.

diàlisi *sf inv* (*med*) dialyse.

diàlogo (*pl* **-ghi**) *sm* dialogue.

diamante *sm* diamant.

diàmetro *sm* diamètre.

diapositiva *sf* diapositive.

diària *sf* indemnité journalière de déplacement.

diàrio *sm* journal; (*scolastico*) cahier de textes.

diarrèa *sf* diarrhée.

diàvolo *sm* diable ◊ **mandare al diavolo** envoyer au diable; **povero diavolo** pauvre diable; **abitare a casa del diavolo** habiter au diable.

dibàttere *v tr* débattre ◊ *v rifl* se débattre.

dibàttito *sm* débat.

diboscamento *sm* déboisement.
diboscare *v tr* déboiser.
dicastero *sm* ministère.
dicembre *sm* décembre.
dicerìa *sf* racontar (*m*), cancan (*m*).
dichiarare *v tr* déclarer; (*proclamare*) proclamer ◊ *v rifl* se déclarer ◊ **dichiararsi prigioniero politico** se déclarer prisonnier politique.
dichiarazione *sf* déclaration ◊ **dichiarazione dei redditi** déclaration d'impôts.
diciannove *agg, sm inv* dix-neuf.
diciannovenne *agg* âgé de dix-neuf ans ◊ *sm/f* garçon, fille âgé(e) de dix-neuf ans.
diciassette *agg, sm inv* dix-sept.
diciassettenne *agg* âgé de dix-sept ans ◊ *sm/f* garçon/fille âgé(e) de dix-sept ans.
diciottenne *agg* âgé de dix-huit ans ◊ *sm/f* garçon/fille âgé(e) de dix-huit ans.
diciotto *agg, sm inv* dix-huit.
didascalìa *sf* légende.
didàttica (*pl* **-che**) *sf* didactique.
dieci *agg, sm inv* dix.
diecimila *agg, sm inv* dix mille.
diecimillèsimo *agg, sm* dix millième.
diesis *sm inv* dièse.
dieta *sf* régime (*m*) ◊ **fare una dieta** suivre un régime; **essere a dieta** être au régime.
dietètico *agg* diététique.
dietro *avv* derrière ◊ *prep* derrière; (*dopo*) après ◊ **lasciarsi dietro** laisser derrière soi; **far marcia indietro** reculer; **dietro di me** derrière moi; **dietro alla casa** derrière la maison; **di dietro** (par) derrière.
difèndere *v tr* défendre ◊ *v rifl* se défendre.
difensore *agg, sm* défenseur.
difesa *sf* défense ◊ **legittima difesa** légitime défense; **ministero della Difesa** ministère de la Défense.
difetto *sm* défaut; (*mancanza*) manque ◊ **essere in difetto di** manquer (de), faire défaut de.
diffamare *v tr* diffamer.
diffamazione *sf* diffamation.
differente *agg* différent.

differenza *sf* différence; (*scarto*) écart (*m*) ◊ **non fa differenza fra** il ne fait pas de différence entre; **a differenza di** à la différence de.
differenziare *v tr* différencier ◊ *v rifl* se distinguer.
difficile *agg* difficile; (*improbabile*) improbable ◊ **difficile da** difficile à; **è difficile che** il est peu probable que.
difficoltà *sf inv* difficulté ◊ **trovarsi in difficoltà** être en difficulté.
diffida *sf* sommation, mise en demeure.
diffidare *v tr* sommer, mettre en demeure ◊ *v intr* se méfier ◊ **diffidare di qualcuno** se méfier de quelqu'un.
diffidente *agg* méfiant.
diffidenza *sf* méfiance.
diffóndere *v tr* répandre; (*divulgare*) diffuser ◊ *v rifl* se répandre, se diffuser.
diffusione *sf* diffusion.
diffuso *agg* diffus, répandu.
difterite *sf* diphtérie.
diga (*pl* **-ghe**) *sf* digue, barrage (*m*).
digerìbile *agg* digeste.
digerire *v tr* digérer (*anche fig*).
digestione *sf* digestion.
digestivo *agg, sm* digestif.
digitale *agg* (*del dito*) digital; (*inform*) numérique ◊ **impronte digitali** empreintes digitales.
digiunare *v intr* jeûner.
digiuno *agg* à jeun ◊ *sm* jeûne ◊ **essere digiuno** être à jeun; **essere digiuno di esperienza, di scienza** être sans expérience, être inculte.
dignità *sf inv* dignité.
dignitoso *agg* digne.
dilagare *v intr* inonder; (*fig*) se répandre, s'étendre.
dilaniare *v tr* déchiqueter (*anche fig*).
dilatare *v tr* (*rendere più largo*) agrandir; (*med, fis*) dilater; (*fig*) étendre ◊ *v rifl* se dilater; (*fig*) s'élargir.
dilazionare *v tr* différer ◊ **dilazionare un pagamento** différer un paiement.
dileguare *v tr* dissiper ◊ *v rifl* se dissiper, disparaître; (*fig*) s'évanouir.
dilemma (*pl* **-i**) *sm* dilemme.
dilettante *agg, sm/f* amateur (*m*), dilettante.

diligente *agg* diligent, appliqué.

diligenza *sf* diligence.

diluire *v tr* délayer, diluer.

dilungarsi *v rifl* s'attarder (sur) (*anche fig*).

diluviare *v intr* pleuvoir à verse.

dilùvio *sm* déluge (*anche fig*).

dimagrante *agg* amaigrissant.

dimagrire *v intr* maigrir.

dimenare *v tr* agiter, remuer ◊ *v rifl* se démener, s'agiter.

dimensione *sf* dimension (*anche fig*).

dimenticanza *sf* oubli (*m*).

dimenticare *v tr/rifl* oublier ◊ **si sono dimenticati** ils ont oublié; **dimenticarsi di qualcosa** oublier quelque chose.

dimestichezza *sf* familiarité.

diméttere *v tr* (*ospedale*) autoriser à quitter; (*incarico*) démettre; (*rilasciare*) relâcher ◊ *v rifl* démissionner.

dimezzare *v tr* partager en deux.

diminuire *v tr/intr* diminuer.

diminutivo *sm* diminutif.

diminuzione *sf* diminution.

dimissione *sf* sortie ◊ *pl* démission (*sing*) ◊ **dimissioni d'ufficio** démission d'office; **dare le dimissioni** donner sa démission.

dimostrare *v tr* (*manifestare*) montrer; (*provare*) démontrer ◊ *v rifl* se montrer, s'avérer ◊ **dimostra vent'anni** elle fait vingt ans; **dimostrarsi capace** se montrer capable.

dimostrazione *sf* démonstration; (*pubblica*) manifestation.

dinàmica (*pl* -che) *sf* dynamique.

dinàmico (*f* -a *pl* -ci -che) *agg* dynamique; (*persona*) alerte.

dinamismo *sm* dynamisme.

dinamite *sf* dynamite.

dìnamo *sf* dynamo.

dinanzi *avv* devant, en face de ◊ **dinanzi a** devant, face à.

dinastìa *sf* dynastie.

diniego (*pl* -ghi) *sm* dénégation (*f*), refus.

dinosàuro *sm* dinosaure.

dintorni *sm pl* alentours, environs ◊ **nei dintorni** aux alentours.

dio (*f* **dea** *pl* **dèi dee**) *sm* dieu ◊ **ogni**

ben di Dio tout ce qu'on peut souhaiter.

diòcesi *sf inv* diocèse (*m*).

dipanare *v tr* dévider; (*fig*) démêler.

dipartimento *sm* département.

dipendente *agg* dépendant ◊ *sm/f* salarié (*m*) ◊ **lavoro dipendente** travail salarié.

dipendenza *sf* dépendance ◊ **essere alle dipendenze di** être à la dépendance de.

dipèndere *v intr* dépendre, relever ◊ **dipende solo da te** cela ne tient qu'à toi; **dipende dai casi** cela dépend des cas.

dipìngere *v tr* peindre; (*fig*) depeindre.

dipinto *sm* peinture (*f*); (*quadro*) tableau.

diploma (*pl* -i) *sm* diplôme.

diplomàtico (*f* -a *pl* -ci -che) *agg* diplomatique (*anche fig*) ◊ *sm* diplomate (*m/f*).

diplomazìa *sf* diplomatie (*anche fig*).

diradare *v tr* (*spazio*) espacer; (*tempo*) éclaircir ◊ *v rifl* s'éclaircir, se dissiper.

diramazione *sf* ramification; (*vie, fiumi ecc.*) embranchement (*m*).

dire *v tr, sm* dire ◊ *v rifl* se prétendre, se dire ◊ **dire la sua** dire son mot; **dire di sì** dire oui; **dire di no** dire non; **avere un bel dire** avoir beau dire; **non c'è che dire** il n'y a pas à dire; **vale a dire** c'est-à-dire; **si dice che** on dit que; **detto fatto** aussitôt dit aussitôt fait.

direttamente *avv* directement.

direttìssima *sf* ◊ **per direttissima** en référé.

direttiva *sf* directive, orientation.

diretto *agg* direct; (*in direzione di*) en direction de, pour; (*destinato*) destiné; (*indirizzato*) adressé ◊ *sm* (*ferr, pugilato*) direct.

direttore (**-trice**) *sm* directeur.

direzione *sf* direction ◊ **in direzione di** en direction de.

dirigente *agg, sm/f* dirigeant (*m*).

dirigenza *sf* direction; (*i direttori*) encadrement (*m*).

dirìgere *v tr* diriger ◊ *v rifl* se diriger; (*fig*) s'orienter.

dirimpetto *avv* en face.

diritto *agg, sm* droit ◊ *avv* (tout) droit ◊ **ne ho diritto** c'est mon droit; **gli aventi diritto** les ayants droit; **tirare diritto** suivre tout droit; **il diritto e il rovescio** l'endroit et l'envers.

dirottare *v tr* dérouter ◊ *v intr* (*cambiare rotta*) virer.

dirotto *agg* ◊ **a dirotto** à verse.

dirupo *sm* à-pic, précipice.

disabile *agg, sm/f* handicapé (*m*).

disabitato *agg* inhabité.

disabituare *v tr* désaccoutumer ◊ *v rifl* se désaccoutumer.

disaccordo *sm* désaccord.

disadattato *agg, sm* inadapté.

disadatto *agg* impropre, inadéquat.

disagiato *agg* (*bisognoso*) indigent; (*scomodo*) incommode, inconfortable.

disàgio *sm* gêne (*f*), embarras ◊ **sentirsi a disagio** se sentir mal à l'aise; **mettere a disagio** mettre mal à l'aise; **disagio sociale** malaise social.

disapprovare *v tr* désapprouver.

disapprovazione *sf* désapprobation, réprobation.

disappunto *sm* déconvenue (*f*), désappointement.

disarmare *v tr* désarmer (*anche fig*).

disarmo *sm* désarmement.

disastro *sm* désastre.

disattento *agg* inattentif.

disattenzione *sf* inattention, distraction.

disavanzo *sm* déficit.

disavventura *sf* mésaventure.

discàpito *sm* ◊ **a discapito di qualcuno, di qualcosa** au détriment de quelqu'un, de quelque chose.

discàrica (*pl* -**che**) *sf* décharge.

discendente *agg, sm/f* descendant (*m*).

discéndere *v intr* descendre.

discépolo *sm* disciple.

discesa *sf* descente ◊ **strada in discesa** chemin en pente.

dischetto *sm* (*inform*) disquette (*f*).

disciplina *sf* discipline.

disciplinato *agg* discipliné.

disc-jockey *sm/f* disc-jockey.

disco (*pl* -**chi**) *sm* disque ◊ **disco solare** disque du soleil; **disco volante** soucoupe volante; **disco fisso**, **rigido** disque dur.

discogràfico *agg* discographique.

disconnettersi *v rifl* (*inform*) se déconnecter.

disconóscere *v tr* méconnaître; (*giur*) désavouer.

discontìnuo *agg* discontinu.

discordante *agg* (*idee*) divergent; (*suono*) dissonant.

discordanza *sf* désaccord (*m*).

discorde *agg* discordant, divergent; (*persone*) en désaccord.

discòrdia *sf* discorde.

discórrere *v intr* discourir, parler ◊ **e via discorrendo** et ainsi de suite.

discorsivo *agg* fluide; discursif.

discorso *sm* discours ◊ **è un altro discorso** c'est une autre histoire.

discoteca (*pl* -**che**) *sf* discothèque.

discretamente *avv* discrètement; (*a sufficienza*) assez (bien).

discreto *agg* discret, raisonnable; (*accettabile*) passable ◊ **prezzi discreti** prix modérés; **un guadagno discreto** un profit raisonnable.

discrezione *sf* discrétion; (*senso di misura*) bon sens (*m*).

discriminare *v tr* discriminer, discerner.

discriminazione *sf* discrimination.

discussione *sf* discussion, débat (*m*) ◊ **mettere in discussione** remettre en question; **essere fuori discussione** être hors de question.

discùtere *v tr* discuter; (*una causa*) plaider; (*una tesi*) soutenir.

discutìbile *agg* discutable.

disdetta *sf* (*di contratto*) résiliation; (*sfortuna*) malheur (*m*), malchance ◊ **dare la disdetta** donner son dédit.

disdire *v tr* (*annullare*) décommander; (*un contratto*) résilier.

disegnare *v tr* dessiner; (*abbozzare*) projeter.

disegnatore (-**trice**) *sm* dessinateur.

disegno *sm* dessin; (*abbozzo*) esquisse (*f*); (*proposito*) dessein; (*progetto*) projet ◊ **disegno di legge** projet de loi.

diserbante *sm* désherbant.

diseredare *v tr* déshériter.

disertare *v tr/intr* déserter.

disfacimento *sm* décomposition (*f*) (*anche fig*); (*rovina*) désagrégation (*f*).

disfare *v tr* défaire ◊ *v rifl* (*sciogliersi*) fondre; (*liberarsi*) se défaire, se débarrasser (de) ◊ **disfare le valigie** défaire ses valises; **disfarsi di qualcosa** se débarrasser de quelque chose.

disfatto *agg* défait (*anche fig*).

disfida *sf* défi (*m*).

disfunzione *sf* trouble (*m*); (*med*) dysfonctionnement (*m*).

disgelo *sm* dégel.

disgràzia *sf* malheur (*m*).

disgraziato *agg, sm* malheureux.

disguido *sm* erreur (*f*).

disgustare *v tr* dégoûter ◊ *v rifl* se dégoûter (de).

disgusto *sm* dégoût.

disgustoso *agg* dégoûtant, infâme.

disidratare *v tr* déshydrater ◊ *v rifl* se déshydrater.

disillùdere *v tr* désillusionner ◊ *v rif* se désillusionner.

disimpegno *sm* dégagement, désengagement; (*locale*) pièce de désangagement.

disinfestare *v tr* (*insetti*) désinsectiser; (*topi*) dératiser; (*erbacce*) désherber.

disinfettante *agg, sm* désinfectant.

disinfettare *v tr* désinfecter.

disinnescare *v tr* désamorcer.

disintegrare *v tr* désintégrer ◊ *v rifl* se désintégrer.

disinteressarsi *v rifl* se désintéresser.

disinteressato *agg* désintéressé.

disinteresse *sm* désintérêt.

disintossicare *v tr* désintoxiquer ◊ *v rifl* se désintoxiquer.

disintossicazione *sf* désintoxication.

disinvolto *agg* (*disinibito*) décontracté; (*tono, aria*) désinvolte.

disinvoltura *sf* aisance; désinvolture.

dislivello *sm* dénivellation (*f*), ressaut; (*divario*) différence (*f*), clivage.

dismisura *sf* démesure, excès (*m*) ◊ **a dismisura** démesurément.

disobbediente *agg* désobéissant.

disobbedire *v intr* désobéir.

disoccupato *agg* sans-emploi ◊ *sm* chômeur.

disoccupazione *sf* chômage (*m*).

disonestà *sf inv* malhonnêteté.

disonesto *agg* malhonnête.

disonorare *v tr* déshonorer.

disonore *sm* déshonneur; (*vergogna*) honte (*f*).

disopra *sm* (*la parte superiore*) dessus ◊ *avv* au-dessus; en haut ◊ *agg* du dessus; au-dessus; supérieur ◊ **al disopra di** au-dessus de.

disordinato *agg* désordonné.

disórdine *sm* désordre; (*tumulto*) trouble.

disorganizzato *agg* désorganisé.

disorganizzazione *sf* désorganisation.

disorientamento *sm* désorientation (*f*).

disorientare *v tr/rifl* désorienter.

disotto *avv* au-dessous; en bas ◊ *agg* du dessous; inférieur.

dispàccio *sm* dépêche (*f*).

dìspari *agg inv* impair; (*diverso*) différent.

disparità *sf inv* disparité, différence.

disparte ◊ **in disparte** à l'écart; **stare in disparte** se tenir à l'écart.

dispèndio *sm* gaspillage.

dispendioso *agg* dispendieux.

dispensa *sf* (*esonero*) dispense; (*locale*) cellier (*m*); (*mobile*) garde-manger (*m*); (*giur*) dispense ◊ **dispense universitarie** cours polycopiés.

dispensare *v tr* dispenser; (*distribuire*) distribuer.

disperare *v intr* désespérer ◊ *v rifl* se désespérer ◊ **far disperare** mettre au désespoir.

disperato *agg, sm* désespéré.

disperazione *sf* désespoir (*m*).

dispèrdere *v tr* disperser ◊ *v rifl* s'éparpiller.

disperso *agg* égaré; (*persona*) disparu ◊ *sm* disparu.

dispetto *sm* méchanceté (*f*) ◊ **fare per dispetto** faire exprès; **a dispetto di** en dépit de.

dispettoso *agg* taquin.

dispiacere *sm* chagrin, regret ◊ *v intr* déplaire; (*in espressioni di cortesia*) déranger ◊ **se non ti dispiace** si tu permets, s'il te plaît; **mi dispiace** je

regrette; **mi dispiace per lui** je regrette pour lui.
disponìbile *agg* disponible.
disponibilità *sf inv* disponibilité.
disporre *v tr* disposer; (*preparare*) préparer ◊ *v intr* disposer ◊ *v rifl* se disposer ◊ **disporre di qualcosa** disposer de quelque chose.
disposizione *sf* disposition ◊ *pl* instructions ◊ **avere a disposizione** avoir à sa disposition; **essere a disposizione di qualcuno** être à la disposition de quelqu'un.
disposto *agg* (*collocato*) placé; (*intenzionato*) disposé ◊ **disposto a tutto** prêt à tout.
disprezzare *v tr* mépriser, dédaigner.
disprezzo *sm* mépris, dédain.
dìsputa *sf* dispute; débat (*m*).
disputare *v tr* disputer ◊ *v rifl* se disputer.
dissanguare *v tr* faire perdre tout son sang; (*fig*) saigner à blanc ◊ *v rifl* perdre tout son sang; (*fig*) se saigner.
disseccare *v tr* dessécher.
disseminare *v tr* semer; (*fig*) semer, disséminer.
dissenso *sm* dissentiment, désaccord.
dissenterìa *sf* dysenterie.
disservìzio *sm* dysfonctionnement.
dissestata *agg* (*econ*) en difficulté ◊ **strada dissestata** route défoncée.
dissesto *sm* (*econ*) banqueroute (*f*), débâcle (*f*).
dissetante *agg* refraîchissant, désaltérant.
dissetare *v tr* désaltérer ◊ *v rifl* se désaltérer.
dissidente *agg*, *sm/f* dissident (*m*).
dissìdio *sm* dissension (*f*).
dissìmile *agg* dissemblable.
dissimulare *v tr* dissimuler.
dissipare *v tr* dissiper.
dissociare *v tr* dissocier ◊ *v rifl* se désolidariser.
dissoluzione *sf* dissolution.
dissòlvere *v tr* dissoudre; (*fig*) dissiper ◊ *v rifl* se dissoudre, se dissiper (*anche fig*).
dissonanza *sf* dissonance, discordance.
dissuadere *v tr* dissuader.

distaccare *v tr* détacher; (*sport*) distancer ◊ *v rifl* se détacher (*anche fig*).
distacco (*pl* -**chi**) *sm* détachement; (*separazione*) séparation (*f*); (*sport*) avance (*f*).
distante *agg* distant, éloigné; (*fig*) détaché ◊ *avv* loin.
distanza *sf* distance (*anche fig*) ◊ **mantenere le distanze** garder ses distances; **prendere le distanze** prendre ses distances; **a distanza** de loin.
distèndere *v tr* étendre; (*rilassare*) détendre ◊ *v rifl* s'étendre; (*rilassarsi*) se détendre.
distensione *sf* distension; (*riposo*) détente.
distesa *sf* étendue; (*oggetti ordinati*) rangée ◊ **suonare a distesa** sonner à toute volée.
disteso *agg* étendu; (*rilassato*) détendu.
distillare *v tr* distiller.
distìnguere *v tr* distinguer; (*caratterizzare*) caractériser ◊ *v rifl* se distinguer.
distinta *sf* liste, note.
distintivo *agg* distinctif ◊ *sm* insigne (*f*).
distinto *agg* (*differente*) distinct; (*raffinato*) distingué ◊ **distinti saluti** salutations distinguées.
distinzione *sf* distinction.
distògliere *v tr* détourner; (*distrarre*) distraire.
distorsione *sf* distorsion; (*med*) entorse; (*fig*) déformation.
distrarre *v tr* distraire ◊ *v rifl* se distraire.
distratto *agg* distrait.
distrazione *sf* distraction; (*errore*) étourderie.
distretto *sm* circonscription (*f*); district.
distribuire *v tr* distribuer; (*disporre*) répartir ◊ **distribuire i posti** assigner les places.
distributore (-**trice**) *sm* distributeur; (*benzina*) pompe (*f*) à essence ◊ **distributore automatico** distributeur automatique
distribuzione *sf* distribution.

distrùggere *v tr* détruire; *(fig)* anéantir ◊ *v rifl* se détruire; *(fig)* s'anéantir.
distruzione *sf* destruction.
disturbare *v tr* déranger, gêner ◊ *v rifl* se déranger.
disturbo *sm* dérangement; *(seccatura)* ennui; *(med)* trouble ◊ **prendersi il disturbo** prendre la peine de.
disubbidienza *sf* désobéissance.
disubbidire *v intr* désobéir.
disuguaglianza *sf* inégalité.
disuguale *agg* inégal.
disumano *agg* inhumain.
disuso *sm* désuétude *(f)* ◊ **cadere in disuso** tomber en désuétude.
ditale *sm* dé (à coudre).
ditata *sf* trace de doigt.
dito *(pl* **dita** *f) sm* doigt; *(del piede)* orteil ◊ **legarsela al dito** garder rancune; **non muovere un dito** ne pas lever le petit doigt.
ditta *sf* entreprise, maison.
dittatore **(-trice)** *sm* dictateur *(anche fig)*.
dittatura *sf* dictature *(anche fig)*.
dittongo *(pl* **-ghi)** *sm* diphtongue *(f)*.
diurètico *(fl* **-a** *pl* **-ci** **-che)** *agg, sm* diurétique.
diurno *agg* diurne, de jour.
diva *sf* vedette.
divagare *v intr* divaguer.
divagazione *sf* divagation.
divampare *v intr* se déclarer; *(fig)* embraser.
divano *sm* divan, canapé ◊ **divano letto** canapé-lit.
divaricare *v tr* écarter.
divàrio *sm* écart; clivage.
divenire *v intr* devenir ◊ **in divenire** en devenir.
diventare *v intr* devenir.
divèrbio *sm* dispute *(f)*, querelle *(f)*.
divergenza *sf* divergence *(anche fig)*.
diversamente *avv* différemment, autrement.
diversificare *v tr* diversifier ◊ *v rifl* se diversifier.
diversità *sf inv* diversité, différence.
diversivo *sm* diversion *(f)*, dérivatif.
diverso *agg* différent ◊ *agg, pron pl (parecchi)* plusieurs.
divertente *agg* amusant.

divertimento *sm* amusement ◊ **parco dei divertimenti** parc d'attractions.
divertire *v tr* amuser, divertir ◊ *v rifl* s'amuser, se divertir.
dividere *v tr* diviser, partager; *(separare)* séparer; *(distribuire)* répartir ◊ *v rifl* se diviser; *(separarsi)* se séparer.
divieto *sm* défense *(f)*, interdiction *(f)* ◊ **divieto di sosta** stationnement interdit.
divincolarsi *v rifl* se débattre.
divinità *sf inv* divinité.
divino *agg* divin *(anche fig)*.
divisa *sf* tenue, uniforme *(m)*.
divisione *sf* division, partage *(m)*.
diviso *agg* divisé; *(discorde)* partagé.
divisòrio *agg* mitoyen ◊ *sm* cloison *(f)*.
divo *sm* vedette *(f)*.
divorare *v tr* dévorer.
divorziare *v intr* divorcer.
divòrzio *sm* divorce.
divulgare *v tr* divulguer; *(far conoscere ai più)* vulgariser.
divulgazione *sf* divulgation.
dizionàrio *sm* dictionnaire ◊ **dizionario monolingue** dictionnaire unilingue; **dizionario bilingue** dictionnaire bilingue.
do *sm inv (mus)* do, ut.
dòccia *(pl* **-ce)** *sf* douche.
docente *sm/f* enseignant *(m)*, professeur *(m)*.
dòcile *agg* docile, souple.
documentare *v tr* documenter.
documentàrio *sm* documentaire.
documentazione *sf* documentation.
documento *sm* document, papiers *(pl)*; *(certificato)* certificat ◊ **documento d'identità** pièce d'identité.
dodicenne *agg* âgé de douze ans ◊ *sm/f* enfant âgé de douze ans.
dodicèsimo *agg, sm* douzième *(m/f)*.
dódici *agg, sm inv* douze.
dogana *sf* douane.
doganale *agg* douanier.
doganiere *sm* douanier.
dòglie *sf pl* douleurs (avant l'accouchement).
dolce *agg* doux *(anche fig)*; *(di sapore)* sucré ◊ *sm* gâteau, dessert ◊ **acqua dolce** eau douce.

dote

dolcevita *sm inv* (*maglia*) pull à col roulé.
dolcezza *sf* douceur (*anche fig*).
dolcificante *sm* sucrette (*f*).
dolciumi *sm pl* sucreries (*f*).
dòllaro *sm* dollar.
dolo *sm* fraude (*f*).
dolore *sm* douleur (*f*); (*morale*) chagrin, douleur (*f*) ◊ **dolori reumatici** douleurs rhumatismales.
doloroso *agg* douloureux; (*penoso*) pénible.
doloso *agg* frauduleux.
domanda *sf* question; (*istanza*) demande ◊ **presentare domanda** présenter une demande.
domandare *v tr/intr* demander.
domani *avv* demain ◊ *sm* avenir, futur ◊ **dall'oggi al domani** du jour au lendemain.
domare *v tr* dompter ◊ **domare un incendio** maîtriser un incendie.
domatore (**-trice**) *sm* dompteur.
domattina *avv* demain matin.
doménica (*pl* **-che**) *sf* dimanche (*m*).
doméstica (*pl* **-che**) *sf* bonne.
doméstico (*f* **-a** *pl* **-ci -che**) *agg, sm* domestique (*m/f*).
domicìlio *sm* domicile ◊ **domicilio fiscale** adresse fiscale.
dominare *v tr* dominer, maîtriser ◊ *v intr* dominer; (*prevalere*) l'emporter (sur) ◊ *v rifl* se dominer.
dominazione *sf* domination.
domìnio *sm* (*potere*) domination (*f*); (*controllo*) contrôle, maîtrise (*f*); (*territorio, Internet*) domaine.
don *sm* (*abate*) abbé; (*rispetto*) don.
donare *v tr* donner ◊ *v intr* aller bien ◊ *v rifl* se donner.
donatore (**-trice**) *sm* donneur, donateur ◊ **donatore di sangue** donneur de sang; **donatore di organi** donneur d'organe.
donazione *sf* donation.
dondolare *v tr* balancer ◊ *v rifl* se balancer.
dóndolo *sm* balançoire (*f*) ◊ **cavallo a dondolo** cheval à bascule; **sedia a dondolo** rocking- chair; **dondolo da giardino** balançoire de jardin.
donna *sf* femme; (*carte*) dame.

dònnola *sf* (*zool*) belette.
dono *sm* (*qualità*) don; (*regalo*) cadeau.
dopo *avv* (*tempo, spazio*) après; (*in seguito*) ensuite ◊ *prep, cong* après ◊ *agg inv* suivant ◊ **subito dopo** tout de suite après; **dopo che** après que; **dopo di che** après quoi; **dopo di lei** après vous; **il giorno dopo** le lendemain.
dopobarba *agg, sm inv* après-rasage.
dopodomani *avv* après-demain.
dopoguerra *sm inv* après-guerre.
dopopranzo *sm inv* début d'après-midi.
doposcì *sm inv* après-ski.
doposole *agg inv, sm* après-soleil.
dopotutto *avv* après tout.
doppiàggio *sm* doublage.
doppiare *v tr* doubler.
dóppio *agg* double (*anche fig*) ◊ *avv, sm* double ◊ **doppio senso** double sens; **fare il doppio gioco** jouer un double jeu.
doppione *sm* double.
doppiopetto *sm inv* veste (*f*) croisée.
dorare *v tr* dorer.
dorato *agg* doré.
doratura *sf* dorure.
dòrico (*f* **-a** *pl* **-ci -che**) *agg* dorien; (*arch*) dorique.
dormiglione *sm* dormeur.
dormire *v intr* dormir ◊ **andare a dormire** aller se coucher; **dormire come un ghiro** dormir comme un loir; **dormire sugli allori** dormir sur ses lauriers.
dormita *sf* somme (*m*).
dormitòrio *sm* dortoir.
dormivéglia *sm inv* demi-sommeil.
dorsale *agg* dorsal ◊ *sf* (*geog*) dorsale ◊ **spina dorsale** épine dorsale.
dorso *sm* dos; (*libro*) cote (*f*); (*monte*) crête (*f*) ◊ **dorso della mano** dos de la main.
dosare *v tr* doser; (*fig*) ménager.
dose *sf* dose (*anche fig*).
dosso *sm* (*strada*) dos-d'âne.
dotare *v tr* doter; (*fig*) douer.
dotato *agg* doté; (*qualità morali*) doué.
dote *sf* dot; (*fig*) qualité.

dottore (-essa) *sm* (*medico*) docteur, médecin; (*laureato*) licencié.

dottrina *sf* doctrine.

dove *avv* où ◊ *sm* le lieu ◊ **in ogni dove** partout; **da dove** d'où; **fin dove** jusqu'où.

dovere *sm* devoir, tâche (*f*) ◊ *v tr* devoir; (*essere necessario*) falloir ◊ **senso del dovere** sens du devoir; **fare il proprio dovere** faire son devoir.

doveroso *agg* dû, juste.

dovunque *avv* partout.

dovuto *agg* dû.

download *sm inv* (*inform*) téléchargement, download.

dozzina *sf* douzaine.

drago (*pl* **-ghi**) *sm* dragon.

dramma (*pl* **-i**) *sm* drame (*anche fig*).

drammàtico (*f* **-a** *pl* **-ci -che**) *agg* dramatique (*anche fig*).

drappello *sm* (*milit*) escouade (*f*).

dràstico *agg* draconien.

drenare *v tr* drainer.

dritto *agg* droit ◊ *avv* tout droit ◊ *sm* droit; (*fig*) malin; (*tennis*) coup droit; (*maglia, uncinetto*) endroit.

droga (*pl* **-ghe**) *sf* drogue; (*spezia*) épice ◊ **droghe leggere, pesanti** drogues douces, dures.

drogare *v tr* droguer ◊ *v rifl* se droguer.

drogato *agg, sm* drogué.

drogherìa *sf* épicerie.

droghiere *sm* épicier.

dùbbio *agg* douteux; (*fig*) louche ◊ *sm* doute ◊ **mettere in dubbio** mettre en doute; **senza** (**alcun**) **dubbio** sans aucun doute.

dubitare *v intr* douter; (*temere*) craindre.

duca (*pl* **-chi** *f* **duchessa**) *sm* duc.

due *agg, sm inv* deux ◊ **a due a due** deux à deux; **siamo in due** nous sommes deux.

duecentesco *agg* du treizième siècle.

duecentèsimo *agg, sm* deux centième.

duecento *agg, sm inv* deux cents ◊ *sm* le treizième siècle.

duello *sm* duel.

duemila *agg, sm inv* deux mille; (*anno*) l'an deux mille.

duemillèsimo *agg, sm* deux millième.

duepezzi *sm inv* deux-pièces.

duna *sf* dune.

dùnque *cong* donc ◊ **venire al dunque** en venir au fait.

duo *sm inv* (*mus*) duo.

duomo *sm* cathédrale (*f*), dôme.

duplicare *v tr* doubler; (*documento*) faire un duplicata; (*disco*) dupliquer; (*chiave*) faire un double.

duplicato *sm* duplicata, double, copie (*f*).

durante *prep* pendant, durant.

durare *v intr* durer; (*resistere*) résister ◊ **durare in carica** rester en fonction.

durata *sf* durée.

durezza *sf* dureté; (*fig*) rudesse.

duro *agg* dur; (*ostinato*) têtu ◊ *avv* durement ◊ **duro da** dur à, difficile à; **tener duro** tenir bon.

dùttile *agg* ductile; (*fig*) souple, docile.

E

e *cong* et ◊ **tutti e due** tous les deux.

èbano *sm* ébène (*f*).

ebbene *cong* eh bien.

ebbrezza *sf* ébriété; (*fig, eccitazione*) ivresse, griserie.

èbete *agg* *sm/f* idiot (*m*), imbécile.

ebollizione *sf* ébullition.

ebràico (*f* **-a** *pl* **-ci -che**) *agg* hébraïque ◊ *sm* hébreu.

ebraìsmo *sm* (*linguistica*) hébraïsme; (*relig*) judaïsme.

ebrèo *agg* juif ◊ *sm* Juif ◊ **l'Ebreo errante** le Juif errant.

ecatombe *sf* hécatombe (*anche fig*).

eccedènza *sf* excédent (*m*) ◊ **in eccedenza** en surplus.

eccèdere *v tr* dépasser, excéder ◊ *v intr* (*esagerare*) dépasser les bornes, exagérer.

eccellente *agg* excellent.

eccellenza *sf* excellence; (*titolo*) Excellence ◊ **per eccellenza** par excellence; **Sua Eccellenza** Son, Votre Excellence.

eccèllere *v intr* exceller, briller.

eccelso *agg* très haut; (*fig*) sublime.

eccèntrico (*f* **-a** *pl* **-ci -che**) *agg* excentrique.

eccessivo *agg* excessif.

eccesso *sm* excès.

eccètera *avv* et caetera.

eccetto *prep* excepté, à l'exception de, sauf ◊ **eccetto che** (*a meno che*) à moins que, sauf si; **tutti eccetto uno** tous à l'exception d'un.

eccezionale *agg* exceptionnel ◊ **in via eccezionale** à titre exceptionnel.

eccezione *sf* exception ◊ **fare eccezione alla regola** faire exception à la règle; **con qualche rara eccezione** à quelques exceptions près; **a eccezione di** à l'exception de.

eccìdio *sm* massacre.

eccitante *agg*, *sm* excitant ◊ **sostanza eccitante** substance excitante.

eccitare *v tr* exciter ◊ *v rifl* s'exciter.

eccitazione *sf* excitation.

ecclesiàstico (*f* -a *pl* -ci -che) *agg*, *sm* ecclésiastique.

ecco *avv* voici, voilà ◊ **ecco fatto** voilà, c'est fait; **ecco tutto** voilà tout; **eccomi** me voici.

eccome *avv* et comment.

eclissare *v tr* éclipser ◊ *v rifl* s'éclipser.

eclissi *sf inv* éclipse.

eco (*pl* echi *m*) *sf* écho (*m*) ◊ **suscitare vasta eco** avoir un grand retentissement.

ecografìa *sf* échographie.

ecologìa *sf* écologie.

ecològico (*f* -a *pl* -ci -che) *agg* écologique.

ecologista (*pl* -i -e) *agg*, *sm/f* écologiste.

economìa *sf* économie ◊ **fare economia** faire des économies; **spendere senza economia** dépenser sans compter.

econòmico (*f* -a *pl* -ci -che) *agg* économique ◊ **edizione economica** édition bon marché; **annunci economici** petites annonces.

economista (*pl* -i -e) *sm/f* économiste.

economizzare *v tr/intr* économiser.

ecosistema (*pl* -i) *sm* écosystème.

ecumenismo *sm* œcuménisme.

eczema (*pl* -i) *sm* eczéma.

edema (*pl* -i) *sm* œdème.

édera *sf* lierre (*m*).

edìcola *sf* kiosque (*m*) (à journaux); (*arch*) édicule.

edificare *v tr* édifier, bâtir.

edifìcio *sm* édifice; (*di un complesso edilizio*) bâtiment.

edile *agg* du bâtiment ◊ *sm/f* (*lavoratore*) ouvier (*m*) du bâtiment; (*perito*) expert (*m*) en construction ◊ **costruttore edile** entrepreneur; **impresa edile** entreprise de bâtiment.

edilìzia *sf* construction ◊ **edilizia popolare** habitations à loyer modéré (HLM).

edilìzio *agg* du bâtiment ◊ **rendita edilizia** rente immobilière.

editore (-trice) *agg*, *sm* éditeur ◊ **casa editrice** maison d'édition.

editoriale *agg*, *sm* éditorial ◊ **un successo editoriale** un succès de librairie.

edizione *sf* édition.

educare *v tr* élever; (*raffinare l'educazione*) éduquer, former.

educato *agg* bien élevé, poli.

educazione *sf* éducation ◊ **senza educazione** mal élevé.

effeminato *agg* efféminé.

effervescente *agg* effervescent.

effettivamente *avv* en effet.

effettivo *agg* effectif, réel ◊ *sm* effectif ◊ **socio effettivo** membre actif; **l'effettivo dei suoi beni** l'ensemble de ses biens.

effetto *sm* effet, conséquence (*f*) ◊ **effetti speciali** effets spéciaux; **effetti personali** effets; **effetto serra** effet de serre; **fare un brutto effetto** produire une mauvaise impression; **dare effetto a** mettre à exécution; **in effetti** en fait.

effettuare *v tr* effectuer, réaliser.

efficace *agg* efficace.

efficàcia *sf* efficacité.

efficiente *agg* efficace; capable.

efficienza *sf* efficacité; efficience.

effìmero *agg* éphémère.

egemonìa *sf* hégémonie.

egiziano *agg* égyptien ◊ *sm* Égyptien.

egli *pron* il ◊ **egli stesso** lui-même.

egocèntrico (*f* -a *pl* -ci -che) *agg* égocentrique.

egoìsmo *sm* égoïsme.

egoìsta (*pl* **-i -e**) *agg, sm/f* égoïste.

egrègio (*f* **-a** *pl* **-gi - gie**) *agg* excellent, remarquable ◊ **egregio signore** Monsieur.

eh *inter* eh, hé!

ehi *inter* ohé!

elaborare *v tr* élaborer.

elaborato *agg* affecté, recherché ◊ *sm* devoir, copie (*f*).

elaboratore *sm* (*inform*) ordinateur.

elaborazione *sf* élaboration; (*inform*) traitement (*m*).

elasticità *sf inv* élasticité.

elàstico (*f* **-a** *pl* **-ci -che**) *agg, sm* élastique.

elefante (**-essa**) *sm* éléphant.

elegante *agg* élégant.

eleganza *sf* élégance.

elèggere *v tr* élire.

elementare *agg* élémentaire ◊ **scuola elementare** école primaire.

elemento *sm* élément.

elemòsina *sf* aumône, charité.

elemosinare *v tr/intr* mendier.

elencare *v tr* dresser une liste (de); (*enumerare*) énumérer.

elenco (*pl* **-chi**) *sm* liste (*f*) ◊ **elenco telefonico** annuaire téléphonique.

eletto *agg, sm* élu.

elettorale *agg* électoral ◊ **campagna elettorale** campagne électorale.

elettore (**-trice**) *sm* électeur.

elettràuto *sm/f inv* électricien-auto (*m*).

elettricista (*pl* **-i -e**) *sm/f* électricien (*m*).

elettricità *sf inv* électricité.

elèttrico (*f* **-a** *pl* **-ci -che**) *agg* électrique (*anche fig*) ◊ **centrale elettrica** centrale électrique; **energia elettrica** énergie électrique.

elettrizzare *v tr* électriser; (*fig*) exciter ◊ *v rifl* s'enflammer; (*fig*) s'exciter.

elettrocardiogramma (*pl* **-i**) *sm* électrocardiogramme.

elettrodomèstico (*pl* **-ci**) *sm* électroménager.

elettroencefalogramma (*pl* **-i**) *sm* électroencéphalogramme.

elettrònica (*pl* **-che**) *sf* électronique.

elettrònico (*f* **-a** *pl* **-ci -che**) *agg* électronique.

elevare *v tr* élever; (*lo sguardo, le mani*) lever; (*una contravvenzione*) dresser; (*fig*) élever ◊ *v rifl* s'élever (*anche fig*).

elevato *agg* élevé (*anche fig*).

elevazione *sf* élévation.

elezione *sf* élection ◊ **elezioni politiche** élections politiques.

èlica (*pl* **-che**) *sf* hélice.

elicòttero *sm* hélicoptère.

eliminare *v tr* éliminer.

eliminatòria *sf* éliminatoire.

eliminazione *sf* élimination.

elisione *sf* élision, annulation.

ella *pron* elle.

ellènico (*f* **-a** *pl* **-ci -che**) *agg* hellénique.

ellisse *sf* ellipse.

elmetto *sm* casque.

elogiare *v tr* louer, faire l'éloge (de).

elògio *sm* éloge.

eloquente *agg* éloquent.

eloquenza *sf* éloquence.

elùdere *v tr* éluder, éviter ◊ **eludere la sorveglianza** déjouer la surveillance.

e-mail *sf inv* e-mail (*m*), courrier (*m*) électronique; (*in Canada*) courriel (*m*).

emanare *v tr* émettre, dégager; (*pubblicare*) publier; (*leggi*) promulguer.

emancipare *v tr* émanciper; affranchir ◊ *v rifl* s'émanciper.

emancipato *agg* émancipé.

emancipazione *sf* émancipation; affranchissement (*m*).

emarginare *v tr* marginaliser.

emarginato *agg, sm* marginal, exclu.

emarginazione *sf* marginalisation.

ematoma (*pl* **-i**) *sm* hématome.

embargo (*pl* **-ghi**) *sm* embargo.

emblema (*pl* **-i**) *sm* emblème.

embolìa *sf* embolie.

embrione *sm* embryon.

emendamento *sm* amendement.

emergente *agg* émergent.

emergenza *sf* urgence; (*circostanza imprevista*) imprévu (*m*) ◊ **stato d'emergenza** état d'urgence; **uscita d'emergenza** sortie de secours.

emèrgere *v intr* émerger; (*fig*) se distinguer.

emèttere *v tr* émettre; (*proclamare*)

rendre; (*ordini, leggi*) promulguer ◊ **emettere un assegno** émettre un chèque.

emicrània *sf* migraine.

emigrante *sm/f* émigrant (*m*).

emigrare *v intr* émigrer.

emigrazione *sf* émigration.

emiliano *agg* émilien ◊ *sm* Emilien.

eminente *agg* éminent.

emisfero *sm* hémisphère.

emissàrio *sm* émissaire.

emissione *sf* émission.

emittente *agg, sf* émetteur (*m*) ◊ **stazione emittente** poste émetteur.

emolliente *agg, sm* émollient.

emorragìa *sf* hémorragie ◊ **emorragia cerebrale** hémorragie cérébrale; **emorragia interna** hémorragie interne.

emorròidi *sf pl* hémorroïdes.

emostàtico (*f* **-a** *pl* **-ci -che**) *agg* hémostatique.

emotività *sf inv* émotivité.

emotivo *agg* émotif.

emozionarsi *v rifl* s'émouvoir.

emozione *sf* émotion.

empìrico *agg* empirique.

empòrio *sm* bazar; centre commercial.

emulare *v tr* rivaliser avec, égaler.

emulsione *sf* émulsion.

enciclopedìa *sf* encyclopédie.

endèmico (*f* **-a** *pl* **-ci -che**) *agg* endémique.

endovena *sf* intraveineuse.

endovenoso *agg* intraveineux ◊ **per via endovenosa** par intraveineuse.

energético (*f* **-a** *pl* **-ci -che**) *agg* énergetique ◊ *sm* stimulant.

energìa *sf* énergie ◊ **energia elettrica** énergie électrique; **energia solare** énergie solaire.

enèrgico (*f* **-a** *pl* **-ci -che**) *agg* énergique.

energùmeno *sm* énergumène (*m/f*).

ènfasi *sf inv* emphase.

enfàtico (*f* **-a** *pl* **-ci -che**) *agg* emphatique.

enigma (*pl* **-i**) *sm* énigme (*f*).

enigmàtico (*f* **-a** *pl* **-ci -che**) *agg* énigmatique.

enigmìstico (*f* **-a** *pl* **-ci -che**) *agg* d'énigme ◊ **gioco enigmistico** jeu d'énigmes.

ennèsimo *agg* énième.

enològico *agg* œnologique.

enorme *agg* énorme.

enormità *sf inv* énormité.

enoteca (*pl* **-che**) *sf* œnothèque.

ente *sm* organisme; (*giur*) personne (*f*) ◊ **ente pubblico** organisme public; **ente morale** personne morale; **enti locali** collectivités locales; **ente per il turismo** office du tourisme.

enteroclisma (*pl* **-i**) *sm* entéroclyse (*f*), lavement.

entità *sf inv* (*valore*) ampleur; valeur, importance; (*filosofia*) entité.

entrambi (**-e**) *pron m pl* tous les deux ◊ *agg pl* les deux.

entrare *v intr* entrer ◊ **entri!** entrez!; **entrare in vigore** entrer en vigueur; **entrare in guerra** entrer en guerre; **entrare in possesso** entrer en possession; **non c'entra** cela n'a rien à voir.

entrata *sf* entrée ◊ *pl* (*guadagno*) revenu (*m sing*), recettes.

entro *prep* (*tempo*) avant, d'ici ◊ **entro domani** d'ici demain; **entro oggi** dans la journée.

entroterra *sm inv* arrière-pays.

entusiasmare *v tr* enthousiasmer ◊ *v rifl* s'enthousiasmer.

entusiasmo *sm* enthousiasme, engouement.

entusiasta (*pl* **-i -e**) *agg, sm/f* enthousiaste.

enumerare *v tr* énumérer.

epatite *sf* hépatite ◊ **epatite virale** hépatite virale.

epicentro *sm* épicentre.

èpico (*f* **-a** *pl* **-ci -che**) *agg* épique.

epidemìa *sf* épidémie.

epidèrmide *sf* épiderme (*m*).

Epifanìa *sf* Epiphanie.

epìgrafe *sf* épigraphe.

epilatore *sm* épilateur.

epilessìa *sf* épilepsie.

epìlogo (*pl* **-ghi**) *sm* épilogue.

episòdio *sm* épisode.

epistolàrio *sm* correspondance (*f*).

època (*pl* **-che**) *sf* époque.

epopèa *sf* épopée.

eppure *cong* cependant, pourtant.

equalizzatore *sm* égaliseur.

equamente *avv* équitablement.

equatore *sm* équateur.

equatoriale *agg* équatorial.

equazione *sf* équation.

equestre *agg* équestre ◊ **circo equestre** cirque équestre; **monumento equestre** monument équestre.

equidistante *agg* équidistant.

equilàtero *agg* équilatéral.

equilibrare *v tr* équilibrer.

equilìbrio *sm* équilibre.

equilibrista (*pl* **-i -e**) *sm/f* équilibriste (*anche fig*).

equino *agg* (*carne, razza*) chevalin; (*piede*) équin ◊ *sm pl* (*zool*) équidés.

equinòzio *sm* équinoxe.

equipaggiamento *sm* équipement.

equipaggiare *v tr* équiper.

equipàggio *sm* équipage.

équipe *sf inv* équipe.

equità *sf inv* équité.

equitazione *sf* équitation.

equivalente *agg* équivalent.

equivalenza *sf* équivalence.

equivalere *v intr* équivaloir ◊ *v rifl* se valoir.

equìvoco (*f* **-a** *pl* **-ci -che**) *agg* équivoque, ambigu; (*losco*) louche ◊ *sm* équivoque (*f*); (*malinteso*) malentendu ◊ **c'è stato un equivoco** il y a eu un malentendu.

equo *agg* équitable, juste.

era *sf* ère, époque.

eràrio *sm* Trésor (public).

erba *sf* herbe ◊ **in erba** en herbe; **fare d'ogni erba un fascio** mettre tout le monde dans le même panier.

erbìvoro *agg* herbivore.

erborista (*pl* **-i -e**) *sm/f* erboriste.

erboristerìa *sf* (*negozio*) herboristerie.

erboso *agg* herbeux ◊ **tappeto erboso** pelouse, gazon.

erède *sm/f* héritier (*m*).

eredità *sf inv* héritage (*m*); (*biol*) hérédité.

ereditare *v tr* hériter.

ereditàrio *agg* héréditaire.

eremita (*pl* **-i -e**) *sm/f* ermite (*m*).

èremo *sm* ermitage.

eresìa *sf* hérésie.

eretto *agg* droit.

erezione *sf* construction; (*med*) érection.

ergastolano *sm* condamné à perpétuité.

ergàstolo *sm* prison (*f*) à vie.

èrica (*pl* **-che**) *sf* (*bot*) bruyère.

erìgere *v tr* ériger, élever ◊ *v rifl* se dresser; (*fig*) s'ériger (en).

ermellino *sm* (*zool*) hermine (*f*).

ermètico (*f* **-a** *pl* **-ci -che**) *agg* hermétique.

èrnia *sf* hernie.

eròdere *v tr* éroder.

eròe *sm* héros.

erogare *v tr* (*gas, luce ecc.*) distribuer.

erogazione *sf* distribution.

eròico (*f* **-a** *pl* **-ci -che**) *agg* héroïque.

eroina *sf* héroïne (*anche chim*).

eroismo *sm* héroïsme.

erosione *sf* érosion.

eròtico (*f* **-a** *pl* **-ci -che**) *agg* érotique.

errare *v intr* errer, vaguer; (*sbagliare*) se tromper.

errato *agg* erroné, faux.

errore *sm* erreur (*f*), faute (*f*) ◊ **cadere in errore** tomber dans l'erreur; **errore di stampa** faute d'impression.

erta *sf* escarpement (*m*) ◊ **stare all'erta** être sur ses gardes.

erudito *agg, sm* érudit.

eruttare *v tr* (*di vulcano*) vomir; (*fig*) cracher, vomir ◊ *v intr* éructer.

eruzione *sf* éruption.

esagerare *v tr* exagérer, grossir.

esagerato *agg* exagéré, excessif.

esagerazione *sf* exagération ◊ **senza esagerazione** sans exagérer.

esàgono *sm* hexagone.

esalare *v tr/intr* exhaler, dégager, répandre.

esalazione *sf* exhalaison; émanation.

esaltare *v tr* exalter ◊ *v rifl* s'exalter.

esaltazione *sf* exaltation.

esame *sm* examen ◊ **esame attitudinale** test d'aptitude; **esame di maturità** baccalauréat; **esame del sangue** analyse de sang; **prendere in esame** examiner.

esaminare *v tr* examiner, étudier.

esasperare *v tr* exaspérer; (*inasprire*) exacerber.

esasperato *agg* exaspéré.

esasperazione *sf* exaspération.

esattezza *sf* exactitude.

esatto *agg* exact.

esattore (**-trice**) *sm* percepteur.

esaudire *v tr* exaucer.

esauriente *agg* exhaustif.

esaurimento *sm* épuisement ◊ **esaurimento nervoso** dépression nerveuse.

esaurire *v tr* épuiser ◊ *v rifl* s'épuiser, se tarir.

esaurito *agg* épuisé; (*di sorgente, pozzo ecc.*) tari; (*che non ha più posti*) complet ◊ **fare il tutto esaurito** faire salle comble; **tutto esaurito** complet.

esàusto *agg* épuisé, à bout de forces ◊ **pile esauste** piles à plat.

esautorare *v tr* destituer, priver d'autorité.

esazione *sf* exaction; (*di somme*) perception.

esca (*pl* **-che**) *sf* appât (*m*), amorce.

escandescenza *sf* emportement (*m*) ◊ **dare in escandescenze** s'emporter.

esclamare *v intr* s'écrier, s'exclamer.

esclamazione *sf* exclamation.

esclùdere *v tr* exclure, expulser.

esclusione *sf* exclusion ◊ **senza esclusione** sans exception.

esclusiva *sf* exclusivité.

esclusivo *agg* exclusif.

escluso *agg* exclu ◊ **non è escluso che** il n'est pas exclu que.

escogitare *v tr* inventer, imaginer.

escoriazione *sf* excoriation.

escremento *sm* excrément.

escursione *sf* excursion ◊ **escursione termica** amplitude thermique.

esecutivo *agg* exécutif.

esecutore (**-trice**) *sm* exécuteur; (*mus*) exécutant.

esecuzione *sf* exécution; (*mus*) interprétation.

esegesi *sf* exégèse.

eseguire *v tr* exécuter; (*mus*) interpréter.

esèmpio *sm* exemple ◊ **fare un esempio** donner un exemple; **dare l'esempio** donner l'exemple; **per esempio** par exemple.

esemplare *agg, sm* exemplaire.

esentare *v tr* exempter, dispenser.

esente *agg* exempt, dispensé.

esenzione *sf* exemption, dispense, exonération.

esèquie *sf pl* obsèques.

esercente *sm/f* commerçant (*m*).

esercitare *v tr* exercer ◊ *v rifl* s'exercer, s'entraîner.

esercitazione *sf* exercice (*m*); (*milit*) manœuvres (*pl*).

esèrcito *sm* armée (*f*).

esercìzio *sm* exercice; (*negozio*) établissement; (*gestione di un'azienda*) exploitation (*f*) ◊ **fare esercizio** faire de l'exercice; **tenere in esercizio** exercer; **esercizio pubblico** établissement public.

esibire *v tr* exhiber, produire ◊ *v rifl* s'exhiber, se produire ◊ **esibirsi in pubblico** se produire en public.

esibizione *sf* exhibition.

esigente *agg* exigeant.

esigenza *sf* exigence; (*bisogno*) besoin (*m*).

esìgere *v tr* exiger; (*riscuotere*) percevoir.

esìguo *agg* exigu.

esilarante *agg* désopilant, hilarant.

èsile *agg* mince.

esiliare *v tr* exiler.

esìlio *sm* exil.

esìmere *v tr* exempter, dispenser ◊ **esimersi da** se dispenser de.

esistenza *sf* existence.

esìstere *v intr* exister; (*esserci*) y avoir.

esitante *agg* hésitant.

esitare *v intr* hésiter.

esitazione *sf* hésitation ◊ **senza esitazione** sans hésitation.

èsito *sm* issue (*f*), résultat ◊ **buon esito** réussite.

èsodo *sm* exode.

esòfago (*pl* **-gi**) *sm* œsophage.

esonerare *v tr* exonérer, exempter.

esònero *sm* exonération (*f*), exemption (*f*).

esorbitante *agg* exorbitant.

esòrdio *sm* exorde, introduction (*f*); (*di carriera*) début.

esordire *v intr* commencer (par), débuter.

esortare *v tr* exhorter; (*incoraggiare*) encourager.

esortazione *sf* exhortation.

esosità *sf inv* avidité; (*di prezzi*) exagération.

esòso *agg* avide.

esòtico (*f* -a *pl* -ci -che) *agg* exotique.

espàndere *v tr* étendre, agrandir ◊ *v rifl* (*ingrandirsi*) s'étendre; (*di odori, liquidi*) se répandre.

espansione *sf* expansion; (*aumento*) accroissement (*m*); (*fig*) effusion.

espansionismo *sm* expansionnisme.

espatriare *v intr* s'expatrier.

espàtrio *sm* expatriation (*f*).

espediente *sm* expédient.

espèllere *v tr* expulser, chasser.

esperienza *sf* expérience ◊ **avere esperienza** avoir de l'expérience.

esperimento *sm* expérience (*f*), essai.

esperto *agg* expérimenté ◊ *sm* expert ◊ **esperto in** expert en.

espirare *v tr/intr* expirer.

esplìcito *agg* explicite.

esplòdere *v intr* exploser; (*fig*) éclater ◊ **esplodere un colpo di pistola** tirer un coup de feu.

esplorare *v tr* explorer.

esploratore (-trice) *sm* explorateur; (*milit*) éclaireur.

esplorazione *sf* exploration; (*milit*) reconnaissance.

esplosione *sf* explosion.

esplosivo *agg, sm* explosif.

esponente *sm/f* (*mat*) exposant (*m*); (*rappresentante*) représentant (*m*).

esporre *v tr* exposer, étaler ◊ *v rifl* s'exposer.

esportare *v tr* exporter.

esportazione *sf* exportation

esposizione *sf* exposition; (*in vetrina*) étalage (*m*).

esposto *agg* exposé; (*in vetrina*) étalé ◊ *sm* exposé; (*giur*) pétition (*f*).

espressione *sf* expression.

espresso *agg* exprès; (*di cibi preparati sul momento*) sur commande ◊ *sm* (*treno*) express; (*caffè*) expresso; (*lettera*) exprès.

esprìmere *v tr* exprimer ◊ *v rifl* s'exprimer.

espròprio *sm* expropriation (*f*).

espugnare *v tr* prendre, s'emparer de.

espulsione *sf* expulsion.

espulso *agg* expulsé, chassé.

essa *pron* elle.

esse *pron pl* elles.

essenza *sf* essence.

essenziale *agg* essentiel.

èssere *v intr* être ◊ *v ausiliare* être, avoir ◊ *sm* être ◊ **essere stato** avoir été; **sono io** c'est moi; **esserci** y avoir; **c'è da** il y a de quoi; **essere (fatto) di** être (fait) de; **cosa c'è?** qu'est-ce qu'il y a?; **ci sei?** tu y es?; **essere sul punto di** être sur le point de; **sarà...** ça doit être...; **non è nulla** ce n'est rien; **è mattina** c'est le matin; **è giovedì** c'est jeudi; **sarà quel che sarà** advienne que pourra; **può essere che** il se peut que; **non è da te** cela ne te ressemble pas.

essi *pron pl* (*soggetto*) ils; (*con prep*) eux.

essiccare *v tr* sécher, dessécher ◊ *v rifl* se dessécher.

esso *pron* (*soggetto*) il; (*con prep*) lui.

est *sm inv* est; (*paese orientale*) Est.

èstasi *sf* extase, ravissement (*m*).

estàte *sf* été (*m*) ◊ **d'estate** l'été; **in estate** en été.

estèndere *v tr* étendre ◊ *v rifl* s'étendre.

estensione *sf* extension, étendue.

estenuante *agg* exténuant, épuisant.

esteriore *agg* extérieur.

esternare *v tr* manifester, exprimer.

esterno *agg, sm* extérieur, externe ◊ **all'esterno** à l'extérieur; **per uso esterno** à usage externe; **girare in esterni** tourner en extérieur.

èstero *agg, sm* étranger, extérieur ◊ **politica estera** politique extérieure; **ministero degli (affari) Esteri** ministère des Affaires étrangères.

esteso *agg* étendu, vaste.

estètico (*f* -a *pl* -ci -che) *agg* esthétique.

estìnguere *v tr* éteindre (*anche fig*); (*debito*) annuler ◊ *v rifl* s'éteindre; (*specie*) disparaître.

estinto *agg* éteint ◊ *sm* défunt.

estintore *sm* extincteur.

estinzione *sf* extinction.

estirpare *v tr* extirper, arracher.

estivo *agg* estival, d'été ◊ **i mesi estivi** les mois d'été.

èstone *agg* estonien ◊ *sm/f* Estonien (*m*).
estòrcere *v tr* extorquer, arracher.
estorsione *sf* extorsion.
estradare *v tr* extrader.
estradizione *sf* extradition.
estraìbile *agg* extractible, amovible.
estràneo *agg*, *sm* étranger.
estrarre *v tr* extraire; (*sorteggiare*) tirer; (*dente*) arracher.
estratto *sm* extrait, abrégé ◊ **estratto conto** relevé de compte.
estrazione *sf* extraction (*anche fig*); (*lotteria ecc.*) tirage (*m*).
estremista (*pl* **-i -e**) *sm/f* extrémiste.
estremità *sf inv* extrémité, bout (*m*).
estremo *agg* extrême ◊ *sm* extremité (*f*); (*fig*) bout; (*eccesso*) excès ◊ *pl* (*di documento*) références.
estro *sm* (*impulso*) inspiration (*f*).
estrométtere *v tr* expulser, exclure.
estroverso *agg* extraverti.
estuàrio *sm* estuaire.
esuberante *agg* (*abbondante*) foisonnant; (*fig*) exubérant.
esuberanza *sf* (*abbondanza*) foisonnement (*m*); (*anche fig*); *di specie*) disparaître; (*fig*) exubérance.
èsule *sm/f* exilé (*m*).
esultanza *sf* exultation.
esultare *v intr* exulter, jubiler.
esumare *v tr* exhumer.
età *sf inv* âge (*m*); (*epoca*) époque ◊ **essere di mezza età** être entre deux âges; **la terza età** le troisième âge; **maggiore età** majorité.
ètere *sm* éther.
eternità *sf inv* éternité.
eterno *agg* éternel.
eterogèneo *agg* hétérogène.
eterosessuale *agg* héterosexuel.
ètica (*pl* **-che**) *sf* éthique.
etichetta *sf* étiquette.
ètico (*f* **-a** *pl* **-ci -che**) *agg* éthique.
etimologìa *sf* étymologie.
etnìa *sf* ethnie.
ètnico (*f* **-a** *pl* **-ci -che**) *agg* ethnique.
etrusco (*f* **-a** *pl* **-chi -che**) *agg* étrusque ◊ *sm* Étrusque.
èttaro *sm* hectare.
etto *sm* hectogramme, cent grammes.
ettòlitro *sm* hectolitre.

ettòmetro *sm* hectomètre.
eucalipto *sm* eucalyptus.
eucaristìa *sf* eucharistie.
eufemismo *sm* euphémisme.
euforìa *sf* euphorie.
èuro *sm inv* euro ◊ **duecento euro** deux cents euros.
européo *agg* européen ◊ *sm* Européen.
eutanasìa *sf* euthanasie.
evacuare *v tr/intr* évacuer.
evàdere *v intr* s'évader ◊ *v tr* expédier ◊ **evadere le imposte** frauder le fisc.
evangèlico *agg* évangélique.
evangelista (*pl* **-i**) *sm/f* évangéliste.
evaporare *v intr* s'évaporer.
evaporazione *sf* évaporation.
evasione *sf* évasion ◊ **evasione fiscale** évasion fiscale.
evasivo *agg* évasif.
evaso *agg*, *sm* évadé.
evasore *sm* fraudeur du fisc.
evenienza *sf* éventualité ◊ **per ogni evenienza** pour toute éventualité.
evento *sm* événement.
eventuale *agg* éventuel.
eventualità *sf inv* éventualité.
eventualmente *avv* éventuellement.
evidente *agg* évident.
evidenza *sf* évidence ◊ **mettere in evidenza** mettre en évidence.
evidenziatore *sm* marqueur, surligneur.
evitare *v tr* éviter.
evocare *v tr* évoquer.
evocazione *sf* évocation.
evoluzione *sf* évolution.
evòlvere *v intr/rifl* évoluer.
evviva *inter* hourra! ◊ **evviva gli sposi** vive les mariés!
ex *prep* ex.
extra *prep*, *agg* extra.
extracomunitàrio *sm* immigré (non ressortissant de l'Union Européenne).
extraeuropèo *agg* extra-européen.
extravérgine *agg* vierge-extra.

F

fa *sm inv* (*mus*) fa ◊ *avv* il y a ◊ **due anni fa** il y a deux ans.

fabbisogno *sm* besoins (*pl*).

fàbbrica (*pl* **-che**) *sf* fabrique, usine.

fabbricante *sm/f* fabricant (*m*).

fabbricare *v tr* fabriquer; (*edificare*) bâtir, construire.

fabbricazione *sf* fabrication, construction.

fabbro *sm* forgeron.

faccenda *sf* affaire ◊ **le faccende domestiche** le ménage.

faccendiere *sm* intrigant.

facchino *sm* porteur, bagagiste.

fàccia (*pl* **-ce**) *sf* visage (*m*), figure ◊ **di faccia** en face; **faccia tosta** toupet; **faccia a faccia** face à face; **ridere in faccia** a rire au nez de; **non guardare in faccia a nessuno** n'avoir peur de personne; **non fare quella faccia!** ne fais pas cette tête!

facciata *sf* façade.

faccina *sf* (*inform*) émoticône, smiley.

fàcile *agg* (*semplice*) facile; (*di carattere*) facile à vivre; (*probabile*) probable ◊ **facile a** (*di persona*) enclin à; **è facile che** il est probable que; **facile a dirsi** facile à dire.

facilità *sf inv* facilité, aisance.

facilitare *v tr* faciliter.

facilitazione *sf* facilités (*pl*).

facoltà *sf inv* faculté.

facoltativo *agg* facultatif.

fàggio *sm* hêtre.

fagiano *sm* faisan.

fagiolino *sm* haricot vert.

fagiolo *sm* haricot ◊ **capitare a fagiolo** tomber à pic.

fagotto *sm* (*involto*) paquet; (*mus*) basson ◊ **far fagotto** plier bagage.

fai da te *sm inv* bricolage.

faìna *sf* fouine.

falange *sf* phalange (*anche storia*).

falce *sf* faux; (*di luna*) croissant (*m*).

falcetto *sm* faucillon, faucille (*f*).

falciare *v tr* faucher; (*fig*) décimer.

falco (*pl* **-chi**) *sm* faucon.

falda *sf* (*geologia*) couche; (*di cappello*) bord (*m*).

falegname *sm* menuisier.

falla *sf* brèche.

fallimentare *agg* de faillite.

fallimento *sm* faillite (*f*).

fallire *v tr* manquer, rater ◊ *v intr* (*giur*) faire faillite; (*fig*) échouer.

fallito *agg* (*giur*) failli; (*fig*) manqué, raté ◊ *sm* (*giur*) failli; (*fig*) raté.

fallo *sm* faute (*f*), erreur (*f*); (*anat*) phallus ◊ **essere in fallo** être en défaut; **senza fallo** sans faute; **mettere un piede in fallo** faire un faux pas.

falò *sm inv* feu de bois, feu de camp.

falsare *v tr* fausser.

falsàrio *sm* faussaire; (*monete*) faux-monnayeur.

falsificare *v tr* falsifier ◊ **falsificare una firma** contrefaire une signature.

falsificazione *sf* contrefaçon.

falsità *sf inv* fausseté.

falso *agg*, *sm* faux ◊ **falso allarme** fausse alerte; **fare un passo falso** faire un faux pas; **giurare il falso** se parjurer.

fama *sf* renommée, réputation; (*gloria*) célébrité.

fame *sf* faim ◊ **aver fame** avoir faim.

famèlico (*f* **-a** *pl* **-ci -che**) *agg* famélique.

famigerato *agg* tristement célèbre.

famìglia *sf* famille.

familiare *agg* (*conosciuto*) familier; (*della famiglia*) familial ◊ *sf* (*automobile*) familiale ◊ *sm/f* membre (*m*) de la famille ◊ *sm pl* famille (*f sing*).

familiarità *sf inv* familiarité ◊ **avere familiarità con qualcosa, con qualcuno** se familiariser avec quelque chose, avec quelqu'un.

famoso *agg* célèbre, fameux.

fanale *sm* (*mar*) fanal; (*aut*) feu.

fanàtico (*f* **-a** *pl* **-ci -che**) *agg*, *sm* fanatique.

fanciulla *sf* jeune fille.

fanciullo *sm* petit garçon.

fanfara *sf* fanfare.

fango (*pl* **-ghi**) *sm* boue (*f*) ◊ **fare i fanghi** faire des bains de boue.

fangoso *agg* boueux.

fannullone *sm* fainéant, flemmard.

fantascienza *sf* science-fiction.

fantasìa *sf* imagination; (*desiderio*) fantaisie ◊ **un tessuto fantasia** un tissu fantaisie.

fantasioso *agg* plein de fantaisie, plein d'imagination.

fantasma (*pl* **-i**) *sm* fantôme, revenant.
fantasticare *v tr/intr* rêver; (*abbandonarsi all'immaginazione*) rêvasser.
fantàstico (*f* **-a** *pl* **-ci** **-che**) *agg* imaginaire; (*molto bello*) fantastique; (*stupefacente*) fabuleux.
fante *sm* (*milit*) fantassin; (*carte*) valet.
fanterìa *sf* infanterie.
fantino *sm* jockey.
fantòccio (*pl* **-ci**) *sm* pantin, fantoche.
farabutto *sm* salaud, canaille (*f*).
faraona *sf* pintade.
farcire *v tr* farcir; (*dolce*) fourrer.
farcito *agg* farci; (*dolce*) fourré.
fard *sm inv* fard.
fare *v tr* faire; (*esercitare un lavoro, una professione*) être ◊ *v rifl* se faire, devenir ◊ **fare a metà** partager; **fare da padre** faire le père; **fare il nome di** citer le nom de; **aver da fare** avoir à faire; **avere a che fare** avoir affaire à; **fare in modo che** faire en sorte que; **fare colazione** prendre son petit déjeuner; **fare strada** rouler; **fare a meno di qualcosa, di qualcuno** se passer de quelque chose, de quelqu'un; **farcela/non farcela** y arriver/ne pas y arriver; **far paura** faire peur; **far schifo** dégoûter; **far lezione** faire cours; **far l'amore** faire l'amour; **far proprio** s'approprier; **fare affidamento su** compter sur; **far fuori** (*licenziare*) virer; (*uccidere*) abattre; **far vita di** mener une vie de; **fa lo stesso** cela n'a pas d'importance; **farsi grande** grandir; **farsi strada** faire son chemin; **farla finita** en finir; **farsi in quattro** se mettre en quatre; **farsi una macchina** acheter une voiture neuve; **farsi i fatti propri** se mêler de ses affaires.
farfalla *sf* papillon (*m*).
farina *sf* farine.
faringe *sf* pharynx (*m*).
faringite *sf* pharyngite.
farisèo *agg*, *sm* pharisien (*anche fig*).
farmacìa *sf* pharmacie.
farmacista (*pl* **-i** **-e**) *sm/f* pharmacien (*m*).
fàrmaco (*pl* **-ci**) *sm* médicament.
faro *sm* (*navigazione*) phare; (*abbagliante*) feu de route; (*antinebbia*) an-

tibrouillard; (*anabbagliante*) feu de croisement.
farsa *sf* farce.
fàscia (*pl* **-sce**) *sf* écharpe; (*per neonato*) langes (*m pl*); (*econ*) segment (*m*), gamme; (*geog*) bande ◊ **in fasce** dans les langes.
fasciare *v tr* bander; (*un bambino*) emmailloter, langer ◊ *v rifl* se bander.
fasciatura *sf* bandage (*m*), pansement (*m*).
fascìcolo *sm* fascicule; (*documento*) dossier.
fascina *sf* fagot (*m*).
fàscino *sm* charme.
fàscio *sm* faisceau; (*di fiori*) gerbe (*f*); (*di lettere, documenti*) liasse (*f*); (*di libri*) paquet.
fascismo *sm* fascisme.
fascista (*pl* **-i** **-e**) *agg*, *sm/f* fasciste.
fase *sf* phase.
fast food *sm inv* fast-food.
fastìdio *sm* souci, gêne (*f*); (*noia*) ennui ◊ **dar fastidio** gêner.
fastidioso *agg* agaçant, gênant.
fasto *sm* faste.
fasullo *agg* faux; (*promessa*) vain.
fata *sf* fée.
fatale *agg* fatal.
fatalità *sf inv* fatalité.
fatato *agg* magique, enchanté, ensorcelé ◊ **bosco fatato** forêt enchantée.
fatica (*pl* **-che**) *sf* fatigue; (*difficoltà*) peine ◊ **far fatica a** avoir du mal à; **a fatica** à grand-peine; **cascare dalla fatica** mourir de fatigue.
faticare *v intr* peiner, avoir du mal.
faticoso *agg* fatigant, pénible.
fatto *agg*, *sm* fait ◊ **fatto a mano** fait main; **il fatto che** le fait que; **in fatto di** en matière de; **ecco fatto** voilà qui est fait; **cogliere sul fatto** prendre sur le fait; **un fatto personale** une affaire personnelle; **fatti miei** ce sont mes affaires; **detto fatto** sitôt dit sitôt fait.
fattore *sm* (*elemento*) facteur; (*agricoltore*) fermier ◊ **un fattore d'interesse** un élément d'intérêt.
fattorìa *sf* ferme.
fattorino *sm* coursier; (*postino*) facteur; (*commesso*) commis.

fattura *sf* facture; (*magia*) mauvais sort (*m*).

fatturare *v tr* facturer.

fàuna *sf* faune.

fautore (**-trice**) *sm* partisan.

fava *sf* fève ◊ **prendere due piccioni con una fava** faire d'une pierre deux coups.

favilla *sf* étincelle.

favo *sm* rayon de miel.

fàvola *sf* fable; conte (*m*) de fées ◊ **la morale della favola** la morale de la fable.

favoloso *agg* fabuleux.

favore *sm* faveur (*f*); (*piacere*) service ◊ **fare un favore** rendre un service; **fammi il favore di** fais-moi le plaisir de; **per favore** s'il vous/te plaît; **con il favore di** à la faveur de; **prezzo di favore** prix d'ami.

favorévole *agg* favorable.

favorire *v tr* favoriser; (*nelle formule di cortesia*) faire l'honneur de ◊ **vuol favorire?** je vous en prie, servez-vous!

favorito *agg* favori.

fax *sm inv* fax ◊ **fare un fax** faxer.

faxare *v tr* faxer.

fazione *sf* faction; camp (*m*).

fazzoletto *sm* mouchoir; (*da collo*) foulard ◊ **fazzoletto di carta** mouchoir en papier.

febbràio *sm* février.

febbre *sf* fièvre (*anche fig*); (*del labbro*) bouton de fièvre ◊ **febbre dell'oro** fièvre de l'or; **febbre del sabato sera** fièvre du samedi soir.

féccia (*pl* **-ce**) *sf* lie (*anche fig*).

feci *sf pl* fèces, selles.

fècola *sf* fécule.

fecondare *v tr* féconder.

fecondazione *sf* fécondation ◊ **fecondazione artificiale** fécondation artificielle.

fede *sf* foi; (*fiducia*) confiance; (*anello*) alliance ◊ **prestar fede a** ajouter foi à; **essere in mala fede** être de mauvaise foi.

fedele *agg, sm/f* fidèle.

fedeltà *sf inv* fidélité ◊ **alta fedeltà** haute-fidélité.

fèdera *sf* taie d'oreiller.

federalismo *sm* fédéralisme.

federalista (*pl* **-i -e**) *agg, sm/f* fédéraliste.

federazione *sf* fédération.

fedina *sf* (*giur*) casier (*m*) judiciaire.

fégato *sm* foie; (*fig*) cran ◊ **avere del fegato** avoir du cran.

felce *sf* fougère.

felice *agg* heureux; (*nelle formule di cortesia*) très heureux, enchanté ◊ **un'idea felice** une bonne idée.

felicità *sf inv* bonheur (*m*).

felicitarsi *v rifl* se féliciter; féliciter ◊ **mi felicito con voi** je vous félicite.

felino *agg, sm* félin.

felpa *sf* (*tessuto*) molleton (*m*); (*indumento*) sweat-shirt (*m*).

felpato *agg* molletonné ◊ **a passi felpati** à pas feutrés.

feltro *sm* feutre.

fémmina *sf* (*donna*) femme; (*bambina*) fille; (*animale*) femelle.

femminile *agg* féminin.

femminismo *sm* féminisme.

femminista (*pl* **-i -e**) *agg, sm/f* féministe.

fèmore *sm* fémur.

fèndere *v tr* fendre ◊ *v rifl* se lézarder, se fissurer.

fenditura *sf* fente, fissure.

fenice *sf* phénix (*m*).

fenicòttero *sm* flamant.

fenòmeno *sm* phénomène.

fèretro *sm* cercueil.

feriale *agg* ouvrable.

fèrie *sf pl* vacances, congés (*m*).

ferire *v tr* blesser ◊ *v rifl* se blesser.

ferita *sf* blessure.

ferito *agg, sm* blessé.

feritóia *sf* meurtrière.

ferma *sf* (*milit*) service (*m*) militaire.

fermàglio *sm* (*collana*) fermoir; (*spilla*) broche (*f*); (*per capelli*) barrette (*f*); (*per fogli*) trombone.

fermare *v tr* (*giur*) arrêter; (*bloccare*) bloquer; (*fissare*) fixer ◊ *v intr/rifl* s'arrêter.

fermata *sf* (*mezzi pubblici*) arrêt (*m*); (*blocco*) blocage (*m*).

fermentare *v intr* fermenter.

fermentazione *sf* fermentation.

fermento *sm* ferment; (*fig*) effervescence (*f*) ◊ **fermenti lattici** ferments lactiques.

fermezza *sf* fermeté.

fermo *agg* arrêté, immobile; (*mano, voce, carattere*) ferme ◊ *sm* (*chiusura*) fermeture (*f*); (*arresto*) arrêt ◊ **fermo restando che** étant entendu que; **state fermi!** ne bougez pas!

feroce *agg* féroce.

feròcia *sf* férocité.

ferragosto *sm* le quinze août; mi-août (*f*).

ferramenta *sf pl* quincaillerie (*sing*) ◊ **negoziante di ferramenta** quincaillier.

fèrreo *agg* de fer, en fer.

ferro *sm* fer ◊ *pl* (*utensili*) outils; (*strumenti*) instruments ◊ **ferro da stiro** fer à repasser; **ferro da calza** aiguille à tricoter; **i ferri del mestiere** les outils du métier; **cotto ai ferri** cuit sur le gril; **un alibi di ferro** avoir un alibi en or; **toccare ferro** toucher du bois; **mettere a ferro e a fuoco** mettre à feu et à sang.

ferrovìa *sf* chemin (*m*) de fer; voie ferrée.

ferroviàrio *agg* ferroviaire ◊ **orario ferroviario** horaire des trains.

ferroviere *sm* cheminot.

fèrtile *agg* fertile.

fertilità *sf inv* fertilité.

fertilizzante *agg* fertilisant ◊ *sm* engrais.

fervore *sm* ferveur (*f*), ardeur (*f*).

fesso *agg, sm* idiot; (*familiare*) con.

fessura *sf* fente, fissure.

festa *sf* fête ◊ **dare una festa** donner un fête; **far festa** faire la fête; **buone feste** bonnes fêtes; **conciare per le feste** amocher.

festeggiare *v tr* fêter.

fèstival *sm inv* festival.

festivo *agg* férié ◊ **orario festivo** horaire des jours fériés.

festoso *agg* joyeux.

fetìccio *sm* fétiche.

fètido *agg* fétide.

feto *sm* fœtus.

fetore *sm* fétidité (*f*), puanteur (*f*).

fetta *sf* tranche; (*fig*) part.

fettùccia (*pl* -ce) *sf* ruban (*m*).

feudale *agg* féodal.

fèudo *sm* fief.

fiaba *sf* fable.

fiacca (*pl* -che) *sf* faiblesse ◊ **battere la fiacca** avoir la flemme.

fiàccola *sf* flambeau (*m*).

fiala *sf* fiole.

fiamma *sf* flamme; (*persona amata*) flirt (*m*) ◊ **dare alle fiamme** livrer aux flammes.

fiammante *agg* flamboyant ◊ **nuovo fiammante** flambant neuf.

fiammìfero *sm* allumette (*f*).

fiammingo (*pl* -ghi -ghe) *agg* flamand ◊ *sm* Flamand.

fiancata *sf* flanc (*m*), côté (*m*).

fiancheggiare *v tr* border, longer; (*fig*) soutenir.

fianco (*pl* -chi) *sm* (*lato*) côté (*m*); (*anat*) hanche (*f*) ◊ **di fianco a** à côté de; **essere al fianco di qualcuno** être aux côtés de quelqu'un.

fiasco (*pl* -chi) *sm* fiasque (*f*); (*insuccesso*) fiasco ◊ **fare fiasco** faire fiasco.

fiatare *v intr* souffler, respirer.

fiato *sm* haleine (*f*), souffle ◊ **trattenere il fiato** retenir son souffle; **pigliare, riprendere fiato** reprendre haleine; **sprecare il fiato** perdre sa salive; **strumenti a fiato** instruments à vent; (**tutto**) **d'un fiato** d'un (seul) trait.

fìbbia *sf* boucle, fermeture.

fibra *sf* fibre ◊ **fibra ottica** fibre optique.

ficcanaso *sm/f* fouineur (*m*).

ficcare *v tr* enfoncer; (*introdurre*) fourrer ◊ *v rifl* s'enfoncer; se fourrer ◊ **ficcare il naso** mettre son nez.

fico (*pl* -chi) *sm* (*frutto*) figue (*f*); (*pianta*) figuier ◊ **fico d'India** (*pianta*) figuier de Barbarie.

fidanzamento *sm* fiançailles (*f pl*).

fidanzarsi *v rifl* se fiancer.

fidanzato *agg, sm* fiancé.

fidare *v tr* croire (en) ◊ *v rifl* avoir confiance (en).

fido *agg* fidèle ◊ *sm* (*comm*) découvert.

fidùcia (*pl* -cie) *sf* confiance ◊ **persona di fiducia** personne de confiance; **avere fiducia** avoir confiance.

fienile *sm* fenil.

fieno *sm* foin ◊ **raffreddore, febbre da fieno** rhume, fièvre des foins.

fiera *sf* foire ◊ **fiera campionaria** foire-exposition.

fiero *agg* fier.

fifa *sf* trouille, frousse.

figlia *sf* fille.

figlio *sm* fils.

figlioccio *sm* filleul.

figura *sf* (*illustrazione, personaggio*) figure; (*aspetto*) silhouette ◊ **far la figura di** passer pour; **fare brutta, bella figura** faire mauvaise, bonne impression.

figuràccia (*pl* **-ce**) *sf* ◊ **fare una figuraccia** donner une mauvaise impression.

figurare *v intr* figurer ◊ *v rifl* s'imaginer ◊ **grazie - si figuri!** merci - il n'y a pas de quoi!; **figurati!** (*risposta negativa*) tu penses!

fila *sf* file, rang (*m*); (*coda*) queue ◊ **capo fila** chef de file; **in prima fila** au premier rang; **fare la fila, stare in fila** faire la queue.

filamento *sm* filament.

filare *v tr* filer ◊ *v intr* filer; (*formaggio*) faire des fils; (*flirtare*) sortir (avec) ◊ **filar dritto** filer droit; **filarsela** se défiler.

filarmònico (*f* **-a** *pl* **-ci -che**) *agg* philharmonique.

filastrocca (*pl* **-che**) *sf* comptine.

filato *agg* filé; (*continuo*) continu ◊ *sm* fil ◊ **zucchero filato** barbe à papa.

filatura *sf* (*operazione*) filage (*m*); (*fabbrica*) filature.

file *sm inv* (*inform*) fichier.

filetto *sm* (*cuc*) filet.

filiale *sf* filiale, succursale.

filigrana *sf* filigrane (*m*).

film *sm inv* film ◊ **film giallo** film policier, polar.

filmare *v tr* filmer.

filo (*pl* **-i** o **-a** *f*) *sm* fil; (*piccola quantità*) souffle, lueur (*f*) ◊ **un filo di vita** un souffle de vie; **un filo di speranza** une lueur d'espoir; **filo spinato** (fil de fer) barbelé; **tenere le fila, tirar le fila** tirer les ficelles; **perdere il filo** perdre le fil.

filobus *sm inv* trolleybus.

filodiffusione *sf* radiodiffusion.

filologìa *sf* philologie.

filone *sm* filon, veine (*f*); (*fig*) futé ◊ **filone di pane** pain bâtard, baguette.

filosofìa *sf* philosophie.

filòsofo *sm* philosophe.

filovìa *sf* trolleybus (*m*).

filtrare *v tr/intr* filtrer.

filtro *sm* filtre; (*fig*) crible.

finale *agg* final ◊ *sm* fin (*f*) ◊ *sf* (*sport*) finale.

finalità *sf inv* finalité.

finalmente *avv* enfin, finalement.

finanza *sf* finance ◊ **Guardia di Finanza** brigade de répression des fraudes; **ministero delle Finanze** ministère des Finances.

finanziamento *sm* financement, crédit.

finanziare *v tr* financer.

finanziàrio *agg* financier.

finanziere *sm* financier.

finché *cong* (*per tutto il tempo*) tant que; (*fino al momento che*) jusqu'à ce que.

fine *agg* fin; (*vista*) perçant; (*distinto*) distingué ◊ *sm* but ◊ *sf* fin ◊ **porre fine** mettre fin; **raggiungere il proprio fine** atteindre son but; **in fin dei conti** en fin de compte; **secondo fine** arrière-pensée; **fine settimana** week-end, fin de semaine.

finestra *sf* fenêtre.

finestrino *sm* fenêtre (*f*); (*auto*) vitre (*f*); (*aereo*) hublot.

finezza *sf* finesse.

fingere *v tr* feindre, faire semblant de ◊ *v rifl* faire semblant (d'être).

finimondo *sm* (*confusione!*) pagaille (*f*).

finire *v tr/intr* finir, terminer ◊ **finire con, per** finir par; **finire in** aboutir à; **a non finire** sans fin; **farla finita** en finir (avec); **dove sei finito?** où étais-tu passé?

finito *agg* fini.

finlandese *agg* finlandais, finnois ◊ *sm/f* Finlandais (*m*).

fino *agg* fin ◊ *prep* jusque ◊ **fino a** jusqu'à; **fin d'ora** jusqu'à maintenant; **fin troppo** même trop.

finòcchio *sm* (*bot*) fenouil.

finora *avv* jusqu'à présent.

finta *sf* feinte (*anche sport*) ◊ **per finta**

pour rire; **far finta di** faire semblant de.

finto *agg* faux.

finzione *sf* fiction, feinte ◊ **finzione scenica** fiction scénique.

fiocco (*pl* **-chi**) *sm* (*neve*) flocon; (*nastro*) nœud ◊ **coi fiocchi** excellent.

fiòcina *sf* harpon (*m*).

fioco (*pl* **-chi**) *agg* faible.

fionda *sf* lance-pierres (*m*), fronde.

fioràio *sm* fleuriste.

fiordaliso *sm* bleuet.

fiordo *sm* fjord.

fiore *sm* fleur (*f*) ◊ *pl* (*carte*) trèfle (*sing*) ◊ **vaso da fiori** vase; **a fiori** à fleurs; **a fior di** à fleur de; **a fior di labbra** du bout des lèvres; **il fior fiore** la fine fleur; **essere nel fiore degli anni** être à la fleur de l'âge.

fiorente *agg* en fleurs; (*fig*) florissant, prospère.

fiorentino *agg* florentin ◊ *sm* Florentin.

fioretto *sm* (*scherma*) fleuret.

fioriera *sf* jardinière.

fiorire *v intr* fleurir; (*fig*) naître.

fiorista (*pl* **-i -e**) *sm/f* fleuriste.

fioritura *sf* floraison; (*fig*) fiori-ture.

fiotto *sm* flot.

firma *sf* signature; (*marca*) griffe.

firmamento *sm* firmament.

firmare *v tr* signer.

fisarmònica (*pl* **-che**) *sf* accordéon (*m*).

fiscale *agg* fiscal; (*rigoroso*) pointilleux ◊ **ricevuta fiscale** reçu fiscal.

fischiare *v tr/intr* siffler.

fischietto *sm* sifflet.

fischio *sm* sifflement.

fisco (*pl* **-chi**) *sm* fisc.

fisica (*pl* **-che**) *sf* physique.

fisico (*f* **-a** *pl* **-ci -che**) *agg* physique ◊ *sm* (*studioso*) physicien; (*corpo*) physique.

fisiologìa *sf* physiologie.

fisioterapìa *sf* physiothérapie.

fissare *v tr* fixer; (*prenotare*) réserver ◊ *v rifl* (*ostinarsi*) s'obstiner.

fissazione *sf* fixation.

fisso *agg* fixe ◊ *avv* fixement ◊ **a tasso fisso** à taux fixe.

fitta *sf* élancement (*m*) ◊ **una fitta al cuore** un coup au cœur.

fitto *agg* enfoncé; (*folto*) dense; (*denso*) épais ◊ **a capo fitto** à tête baissée.

fiumana *sf* flot (*m*), multitude.

fiume *sm* fleuve (*anche fig*); rivière (*f*).

fiutare *v tr* flairer (*anche fig*).

fiuto *sm* flair (*anche fig*).

flacone *sm* flacon.

flagello *sm* fouet; (*fig*) fléau.

flagrante *agg* flagrant.

flanella *sf* flanelle.

flash *sm inv* flash.

flàuto *sm* flûte (*f*).

flèbile *agg* sourd, faible.

flebo, fleboclisi *sf inv* perf, perfusion.

flemma *sf* flegme (*m*).

flessìbile *agg* flexible.

flessione *sf* flexion; (*diminuzione*) baisse, fléchissement (*m*).

flèttere *v tr* fléchir.

floppy disk *sm inv* disquette (*f*).

flora *sf* flore.

floreale *agg* floral ◊ **stile floreale** art nouveau.

flòrido *agg* florissant.

flòscio *agg* flasque, mou.

flotta *sf* flotte.

fluente *agg* (*stile*) fluide.

flùido *agg*, *sm* fluide.

fluorescente *agg* fluorescent.

fluoro *sm* fluor.

flusso *sm* flux (*anche fig*).

flutto *sm* flot, vague (*f*).

fluttuare *v intr* flotter; (*essere incerto*) osciller; (*econ*) fluctuer.

fluviale *agg* fluvial.

foca (*pl* **-che**) *sf* phoque (*m*).

focàccia (*pl* **-ce**) *sf* fougasse; (*dolce*) galette.

foce *sf* embouchure.

focolàio *sm* foyer (*anche fig*).

focolare *sm* foyer (*anche fig*).

fòdera *sf* (*vestito*) doublure; (*guanciale*) taie; (*libro*) couverture.

foderare *v tr* doubler.

fòdero *sm* fourreau; (*coltello*) gaine (*f*).

foga (*pl* **-ghe**) *sf* fougue.

fòggia (*pl* **-ge**) *sf* (*maniera*) façon; (*vestito*) coupe.

fòglia *sf* feuille.

fogliàme *sm* feuillage.

fòglio *sm* feuille (*f*).

fogna *sf* égout (*m*).

fognatura *sf* égouts (*m pl*).

folata *sf* rafale.

folclore *sm inv* folklore.

folla *sf* foule.

folle *agg*, *sm/f* fou (*m*) ◊ *sf* (*meccanica*) point (*m*) mort ◊ **mettere in folle** mettre au point mort.

follìa *sf* folie.

folto *agg* touffu, épais ◊ *sm* coeur (de).

fondale *sm* (*mar*) fond; (*teatro*) toile (*f*) de fond.

fondamenta *sf pl* fondations.

fondamentale *agg* fondamental.

fondamentalismo *sm* fondamentalisme; (*relig*) intégrisme.

fondamentalista (*pl* **-i -e**) *agg* fondamentalista; (*relig*) intégriste.

fondamento *sm* (*base*) fondement.

fondare *v tr* fonder ◊ *v rifl* se fonder.

fondazione *sf* fondation.

fóndere *v tr/intr/rifl* fondre.

fonderìa *sf* fonderie.

fondina *sf* (*piatto*) assiette creuse; (*custodia*) étui (*m*).

fondo *agg* profond; (*cavo*) creux ◊ *sm* (*estremità*) bout, fond; (*parte bassa*) fond; (*deposito del caffè*) marc; (*deposito del vino*) lie (*f*); (*terreno*) propriété (*f*) ◊ *pl* fonds, capitaux ◊ **piatto fondo** assiette creuse; **gara di fondo** course de fond; **mandare a fondo** couler à pic; **conoscere qualcosa a fondo** connaître quelque chose à fond; **da cima a fondo** de fond en comble; **in fondo** au fond.

fonètica (*pl* **-che**) *sf* phonétique.

fontana *sf* fontaine.

fonte *sf* source (*anche fig*) ◊ *sm* (*battesimale*) fonts (*pl*) baptismaux.

foràggio *sm* fourrage.

forare *v tr* percer; (*obliterare*) composter; (*aut*) crever ◊ **forare un pneumatico** crever un pneu.

fòrbice *sf* ciseaux (*m pl*); (*fig, divaricazione*) fourchette.

forca (*pl* **-che**) *sf* fourche; (*patibolo*) potence, gibet (*m*).

forchetta *sf* fourchette ◊ **essere una buona forchetta** avoir un bon coup de fourchette.

forcina *sf* épingle à cheveux.

foresta *sf* forêt.

forestale *agg* forestier ◊ **guardia forestale** garde forestier.

forestiero *agg*, *sm* étranger.

fórfora *sf* pellicules (*pl*).

forma *sf* (*apparenza*) forme; (*stampo*) moule (*m*); (*buone maniere*) formes (*pl*) ◊ **essere in forma** être en forme; **essere giù di forma** ne pas être en forme; **in forma scritta** par écrit; **in forma privata** à titre privé; **peso forma** poids idéal.

formaggino *sm* fromage à tartiner.

formàggio *sm* fromage.

formale *agg* formel.

formalità *sf inv* formalité.

formare *v tr* (*costituire*) former; (*dar forma*) façonner, mouler ◊ *v rifl* se former.

formativo *agg* formateur.

formato *sm* format ◊ **formato tessera** format photo d'identité.

formattare *v tr* formater.

formattazione *sf* formatage (*m*).

formazione *sf* formation; (*sport*) composition ◊ **formazione professionale** formation professionnelle.

formica (*pl* **-che**) *sf* fourmi.

formicolìo *sm* fourmillement; (*sensazione*) picotement.

formidàbile *agg* formidable.

formoso *agg* rond, bien fait.

fòrmula *sf* formule (*anche fig*).

fornàio *sm* boulanger.

fornello *sm* fourneau; réchaud.

fornire *v tr* fournir ◊ *v rifl* se fournir.

fornitore (**-trice**) *sm* fournisseur.

forno *sm* four; (*negozio*) boulangerie (*f*) ◊ **forno a microonde** four à micro-ondes.

foro *sm* (*buco*) trou; (*giur*) tribunal ◊ **foro romano** forum.

forse *avv* peut-être; (*circa*) environ; (*per caso*) par hasard ◊ *sm inv* doute ◊ **mettere in forse** mettre en doute; **essere in forse** être en doute.

forte *agg* fort; (*notevole*) important ◊ *sm* fort ◊ *avv* (*con forza*) fort; (*velocemente*) vite; (*ad alta voce*) haut ◊ **parlar forte** parler haut; **picchiar forte** frapper dur; **andar forte** aller vite; **piatto forte** plat principal; (*fig*) clou; **taglie forti** tailles fortes; **farsi forte** se donner du courage; **farsi forte di** se faire fort de; **prestar man forte** prêter main forte; **non è il suo forte** ce n'est pas son fort.

fortezza *sf* forteresse.

fortificato *agg* fortifié.

fortùito *agg* fortuit ◊ **caso fortuito** cas fortuit.

fortuna *sf* (*buona sorte*) chance; (*ricchezza*) fortune ◊ **fare fortuna** faire fortune; **portar fortuna** porter bonheur; **per fortuna** heureusement; **che fortuna!** quelle chance!; **di fortuna** de fortune.

fortunatamente *avv* heureusement.

fortunato *agg* qui a de la chance; (*familiare*) veinard; (*felice*) heureux ◊ **un caso fortunato** un heureux hasard; **fortunato lui!** quel veinard!

forùncolo *sm* furoncle.

forza *sf* force ◊ *pl* (*armate*) forces ◊ *inter* allez! ◊ **per forza** forcément; **per forza di cose** par la force des choses; **in forza di** en vertu de; **con tutte le forze** de toutes ses forces; **farsi forza** (*animo*) prendre son courage à deux mains; (*sforzo*) faire un effort; **forze dell'ordine** forces de l'ordre.

forzare *v tr* forcer.

forzato *agg* forcé ◊ *sm* (*carcerato*) forçat ◊ **lavori forzati** travaux forcés.

forziere *sm* coffre-fort.

foschìa *sf* brume.

fosco (*pl* **-chi**) *agg* sombre.

fosfato *sm* phosphate.

fòsforo *sm* phosphore.

fossa *sf* fosse.

fossato *sm* fossé.

fossetta *sf* fossette.

fòssile *agg*, *sm* fossile.

fosso *sm* fossé.

foto *sf inv* photo ◊ **foto tessera** photo d'identité.

fotocòpia *sf* photocopie.

fotocopiatrice *sf* photocopieuse.

fotografare *v tr* photographier.

fotografia *sf* photographie.

fotògrafo *sm* photographe (*m/f*).

fotomodella *sf* mannequin (*m*).

fotomodello *sm* mannequin.

fotomontàggio *sm* photomontage.

foulard *sm inv* foulard.

fra v. **tra**.

fracassare *v tr* fracasser ◊ *v rifl* se fracasser ◊ **fracassarsi al suolo** s'écraser au sol.

fracasso *sm* fracas, tapage.

fràdicio (*pl f* **-cie**) *agg* trempé ◊ **bagnato fradicio** trempé jusqu'aux os; **ubriaco fradicio** ivre mort.

fràgile *agg* fragile ◊ **una fragile speranza** un faible espoir.

fràgola *sf* fraise.

fragore *sm* fracas.

fragrante *agg* parfumé; (*di cibi*) qui sent bon.

fraintèndere *v tr* mal comprendre, mal interpréter.

frammento *sm* fragment.

frana *sf* éboulement (*m*) ◊ **essere una frana** être nul.

franare *v intr* s'ébouler.

francese *agg* français ◊ *sm* Français.

franchezza *sf* franchise.

franco (*f* **-a** *pl* **-chi -che**) *agg*, *sm* franc ◊ **farla franca** s'en tirer; **porto franco** franco de port.

francobollo *sm* timbre.

fràngia (*pl* **-ge**) *sf* frange.

frantóio *sm* broyeur.

frantumare *v tr* broyer, briser ◊ *v rifl* se briser.

frantumi *sm pl* éclats, débris ◊ **andare in frantumi** voler en éclats.

frappé *sm inv* milk-shake.

frase *sf* phrase.

fràssino *sm* frêne.

frastagliato *agg* découpé; (*montagna*) dentelé; (*terreno*) accidenté.

frastornare *v tr* assourdir.

frastuono *sm* vacarme.

frate *sm* frère, moine.

fratellanza *sf* fraternité.

fratellastro *sm* demi-frère.

fratello *sm* frère.

frattàglie *sf pl* (*cuc*) abats (*m*).

frattanto *avv* entre-temps.

frattempo ◊ **nel frattempo** entre-temps.

frattura *sf* (*med*) fracture; (*fig*) rupture.

fraudolento *agg* frauduleux.

frazione *sf* (*mat*) fraction; (*paese*) hameau (*m*).

fréccia (*pl* **-ce**) *sf* flèche; (*aut*) clignotant (*m*).

frecciata *sf* (coup (*m*) de) flèche; (*fig*) vanne.

freddezza *sf* froid (*m*).

freddo *agg*, *sm* froid ◊ **prendere freddo** attraper froid; **morir di freddo** mourir de froid; **non fare né caldo né freddo** ne faire ni chaud, ni froid; **tavola fredda** buffet froid.

freddoloso *agg* frileux.

freddura *sf* jeu (*m*) de mots.

freezer *sm inv* freezer.

fregare *v tr* frotter; (*familiare, rubare*) faucher; (*familiare, ingannare*) se faire avoir ◊ *v rifl* (*infischiarsene*) s'en foutre.

fregata *sf* (*mar*) frégate.

fregatura *sf* (*inganno*) arnaque ◊ **prendere una fregatura** se faire rouler.

frégio *sm* (*arch*) frise (*f*).

frèmere *v intr* frémir.

frèmito *sm* frémissement.

frenare *v tr* freiner (*anche fig*) ◊ *v rifl* se retenir ◊ **frenare le lacrime** retenir ses larmes.

frenata *sf* coup (*m*) de frein.

frenesìa *sf* frénésie.

freno *sm* frein (*anche fig*) ◊ **freno a mano** frein à main; **tenere a freno** retenir; **mordere il freno** ronger son frein.

frequentare *v tr* fréquenter.

frequente *agg* fréquent ◊ **di frequente** souvent.

frequenza *sf* fréquence.

freschezza *sf* fraîcheur.

fresco (*f* **-a** *pl* **-chi -che**) *agg* frais (*anche fig*); (*recente*) récent ◊ *sm* fraîcheur (*f*) ◊ **arrivato di fresco** fraîchement arrivé.

fretta *sf* hâte (*m*) ◊ **avere fretta** être pressé; **non c'è fretta** il n'y a rien qui presse; **in gran fretta** en toute hâte; **in fretta** à la hâte.

friàbile *agg* friable.

frìggere *v tr* frire; (*fig*) frémir.

frìgido *agg* frigide.

frigorìfero *agg* frigorifique ◊ *sm* réfrigérateur ◊ **cella frigorifera** chambre froide.

fringuello *sm* pinson.

frittata *sf* omelette; (*fig*) gâchis (*m*).

frittella *sf* beignet (*m*).

fritto *agg* frit ◊ *sm* friture (*f*) ◊ **fritto misto** friture.

friulano *agg* frioulan ◊ *sm* Frioulan.

frìvolo *agg* frivole.

frizione *sf* friction (*anche fig*); (*aut*) embrayage (*m*).

frizzante *agg* (*acqua*) gazeux, pétillant; (*vino*) mousseux; (*fig*) vif.

frodare *v tr* frauder.

frode *sf* fraude.

frodo *sm* fraude (*f*), braconnage ◊ **cacciatore di frodo** braconnier.

frontale *agg* frontal.

fronte *sf/m* front (*m*) ◊ **andare a fronte alta** marcher la tête haute; **far fronte agli impegni** faire face aux obligations; **con traduzione a fronte** avec le texte en regard; **di fronte a** en face de.

fronteggiare *v tr* faire face à.

frontespìzio *sm* frontispice.

frontiera *sf* frontière.

fròttola *sf* histoire, bobard (*m*).

frugare *v tr/intr* fouiller.

fruire *v intr* jouir (de).

frullare *v tr* passer au mixer, battre ◊ **che ti frulla per la testa?** qu'est-ce qui te passe par la tête?

frullato *sm* jus de fruits passés au mixer.

frullatore *sm* mixer.

frumento *sm* froment.

fruscìo *sm* bruissement.

frusta *sf* fouet (*m*).

frustare *v tr* fouetter.

frustrazione *sf* frustration.

frutta *sf inv* fruits (*m pl*) ◊ **frutta di stagione** fruits de saison; **frutta secca** fruits secs; **frutta sciroppata** fruits au sirop.

fruttare *v tr* (*econ*) fructifier, rapporter ◊ *v intr* fructifier.

frutteto *sm* verger.

fruttiera *sf* coupe à fruits.

fruttivéndolo *sm* marchand de fruits et de légumes.

frutto *sm* fruit; (*econ*) revenu ◊ **frutti di mare** fruits de mer; **senza alcun frutto** sans résultat.

fu *agg* feu.

fucilare *v tr* fusiller.
fucile *sm* fusil.
fucina *sf* forge.
fuco (*pl* **-chi**) *sm* fucus.
fuga (*pl* **-ghe**) *sf* fuite; (*mus*) fugue ◊ **fuga di gas** fuite de gaz; **mettere in fuga** mettre en fuite; **darsi alla fuga** prendre la fuite.
fuggiasco (*pl* **-chi**) *sm* fugitif.
fuggire *v intr* fuir, s'enfuir ◊ *v tr* fuir.
fulcro *sm* point d'appui ◊ **il fulcro della questione** le nœud de la question.
fulìggine *sf* suie.
fulminare *v tr* foudroyer (*anche fig*) ◊ *v rifl* (*lampadina*) griller.
fùlmine *sm* foudre (*f*) ◊ **colpo di fulmine** coup de foudre.
fulvo *agg* (*colore*) fauve; (*capelli*) roux.
fumare *v tr/intr* fumer ◊ **vietato fumare** défense de fumer.
fumatore (**-trice**) *sm* fumeur ◊ **area fumatori** zone-fumeurs.
fumetto *sm* bande (*f*) dessinée.
fumo *sm* fumée (*f*); (*gergale, marijuana*) herbe ◊ **mandare in fumo** faire partir en fumée.
fumoso *agg* enfumé; (*fig*) obscur.
fune *sf* corde, câble (*m*).
fùnebre *agg* funèbre ◊ **pompe funebri** pompes funèbres.
funerale *sm* funérailles (*f pl*), enterrement.
fùngere *v intr* faire fonction (de).
fungo (*pl* **-ghi**) *sm* champignon.
funicolare *sf* funiculaire (*m*).
funivìa *sf* téléphérique (*m*).
funzionare *v intr* fonctionner, marcher.
funzionàrio *sm* fonctionnaire; (*di banca*) cadre.
funzione *sf* fonction ◊ **essere in funzione** être en marche; **mettere in funzione** mettre en marche; **in funzione di** en fonction de.
fuoco (*pl* **-chi**) *sm* feu; (*ottica*) foyer ◊ **vicino al fuoco** au coin du feu; **vigili del fuoco** pompiers; **fuochi artificiali** feux d'artifice; **arma da fuoco** arme à feu; **mettere a fuoco** mettre au point.
fuorché *cong/prep* excepté, sauf.
fuori *avv* dehors, au dehors ◊ *prep* hors de ◊ **al di fuori** en dehors; **dal di fuori** du dehors; **fuori mano** à l'écart; **fuori servizio** hors service; **fuori uso** hors d'usage; **fuori pericolo** hors de danger.
fuoribordo *sm inv* hors-bord.
fuoriclasse *agg inv* surdoué ◊ *sm/f inv* as (*m*), champion (*m*).
fuoricorso *agg inv* (*moneta*) qui n'a plus cours; (*studente*) qui n'a pas fini ses études dans le temps prévu.
fuorisèrie *sf inv* (*aut*) voiture hors série.
fuoristrada *sm inv* (*aut*) tout-terrain.
furbìzia *sf* ruse.
furbo *agg*, *sm* rusé, malin ◊ **fare il furbo** faire le malin.
furfante *sm/f* fripon (*m*).
furgone *sm* fourgon.
fùria *sf* furie; (*fretta*) hâte ◊ **a furia di** à force de; **in fretta e furia** en toute hâte.
furibondo *agg* furibond.
furioso *agg* (*persona*) furieux; (*tempesta*) déchaîné.
furore *sm* fureur (*f*).
furtivo *agg* furtif.
furto *sm* vol.
fusa ◊ **fare le fusa** ronronner.
fuscello *sm* brindille (*f*).
fusìbile *sm* fusible.
fusione *sf* fusion (*anche econ*); (*di metalli*) fonte.
fuso *agg* fondu ◊ *sm* fuseau ◊ **fuso orario** fuseau horaire.
fustagno *sm* futaine (*f*).
fustino *sm* baril.
fusto *sm* fût, tronc; (*pianta*) tige (*f*); (*recipiente*) bidon; (*colonna*) fût; (*ragazzo*) beau gars ◊ **alberi d'alto fusto** arbres de haut fût.
fùtile *agg* futile.
futuro *agg*, *sm* futur ◊ **in futuro** à l'avenir.

G

gàbbia *sf* cage ◊ **animali in gabbia** animaux en cage; **mettere in gabbia** mettre en cage; **una gabbia di matti** une maison de fous.

gabbiano *sm* mouette (*f*).
gabinetto *sm* (*polit, med*) cabinet; (*igienico*) toilettes (*f pl*) ◊ **gabinetto fotografico** studio de photographe.
gaffe *sf inv* gaffe ◊ **fare una gaffe** faire une gaffe.
gala *sf* gala (*m*); (*fiocco*) nœud (*m*) ◊ **serata di gala** soirée de gala.
galante *agg* galant.
galantuomo (*pl* **galantuòmini**) *sm* honnête homme.
galàssia *sf* galaxie.
galatèo *sm* savoir-vivre ◊ **sapere il galateo** connaître le savoir-vivre.
galeotto *sm* (*storia*) galérien; (*carcerato*) forçat.
galera *sf* prison, galère ◊ **avanzo di galera** gibier de potence.
galla *sf* ◊ **stare a galla** flotter.
galleggiante *agg* flottant ◊ *sm* flotteur; (*natante*) chaland.
galleggiare *v intr* flotter.
gallerìa *sf* (*traforo*) tunnel (*m*); (*arte, teatro*) galerie ◊ **galleria del vento** soufflerie.
galletta *sf* galette, biscuit (*m*).
gallina *sf* poule ◊ **cervello da gallina** cervelle de moineau.
gallo *sm* coq ◊ **gallo cedrone** coq de bruyère; **fare il gallo** faire le coq.
gallone *sm* (*milit*) galon; (*misura*) gallon.
galoppare *v intr* galoper.
galoppo *sm* galop ◊ **al galoppo** au galop.
galvanizzare *v tr* galvaniser.
gamba *sf* jambe; (*mobile*) pied (*m*); (*animali*) patte ◊ **darsela a gambe** prendre la poudre d'ecampette; **essere in gamba** bien se défendre; **prendere qualcosa sotto gamba** prendre quelque chose à la légère; **a gambe levate** à toutes jambes.
gambale *sm* jambière (*f*).
gamberetto *sm* crevette (*f*).
gàmbero *sm* (*acqua dolce*) écrevisse (*f*); (*mare*) homard ◊ **rosso come un gambero** rouge comme une écrevisse.
gambo *sm* (*pianta, fiore*) tige (*f*); (*frutto*) queue (*f*); (*bicchiere*) pied (*m*).
gamma *sf* gamme; (*fig*) palette.

ganàscia (*pl* **-sce**) *sf* mâchoire.
gàncio *sm* crochet.
gànghero *sm* gond ◊ **uscir dai ganbothri** sortir de ses gonds.
gànglio *sm* ganglion.
gangster *sm inv* gangster.
gara *sf* épreuve, compétition, course ◊ **fare a gara** faire à qui mieux mieux; **gara d'appalto** appel d'offres.
garage *sm inv* garage.
garante *sm* garant.
garantire *v tr* garantir ◊ *v rifl* se garantir, s'assurer.
garanzìa *sf* garantie ◊ **certificato di garanzia** certificat de garantie.
garbato *agg* bien élevé, poli.
garbo *sm* politesse (*f*), amabilité (*f*) ◊ **senza garbo** grossier.
garbùglio *sm* enchevêtrement.
gareggiare *v intr* rivaliser.
gargarismo *sm* gargarisme.
garòfano *sm* œillet ◊ **chiodi di garofano** clous de girofle.
garza *sf* gaze.
garzone *sm* garçon, commis.
gas *sm inv* gaz ◊ **gas di scarico** gaz d'échappement; **gas di città** gaz de ville; **fuga di gas** fuite de gaz.
gasòlio *sm* gazole.
gassare *v tr* gazéifier; (*asfissiare*) gazer.
gassato *agg* gazeux ◊ **acqua gassata** eau gazeuse.
gassosa *sf* limonade.
gassoso *agg* gazeux.
gàstrico (*f* **-a** *pl* **-ci -che**) *agg* gastrique ◊ **lavanda gastrica** lavage d'estomac.
gastrite *sf* gastrite.
gastronomìa *sf* gastronomie.
gatta *sf* chatte ◊ **ho altre gatte da pelare** j'ai d'autres chats à fouetter; **fare la gatta morta** faire la chattemite.
gattabùia *sf* taule, trou (*m*).
gatto *sm* chat ◊ **erano in quattro gatti** il y avait trois pelés et un tondu.
gattoni *avv* ◊ **andare gattoni** marcher à quatre pattes.
gattopardo *sm* guépard.
gavetta *sf* gamelle ◊ **venire dalla gavetta** être parti de rien.
gay *agg, sm* homo.

gazza *sf* pie.

gazzella *sf* gazelle.

gazzetta *sf* gazette.

gazzosa v. **gassosa**.

gel *sm inv* (*per capelli*) gel.

gelare *v tr/intr* geler; (*fig*) glacer ◊ *v rifl* se geler; (*fig*) se figer.

gelata *sf* gelée.

gelaterìa *sf* glacier (*m*).

gelatiera *sf* sorbetière.

gelatina *sf* gelée.

gelato *agg* gelé, glacé ◊ *sm* glace (*f*) ◊ **cono gelato** cornet de glace.

gèlido *agg* glacé; (*fig*) glacial.

gelo *sm* gel, gelée (*f*); (*fig*) froid.

gelone *sm* engelure (*f*).

gelosìa *sf* jalousie.

geloso *agg*, *sm* jaloux.

gelso *sm* mûrier.

gelsomino *sm* jasmin.

gemello *agg*, *sm* jumeau ◊ (**il segno dei**) **Gemelli** (le signe des) Gémeaux.

gèmere *v intr* geindre, gémir.

gèmito *sm* gémissement.

gemma *sf* (*bot*) bourgeon (*m*), bouton (*m*); (*pietra*) gemme.

gendarme *sm* gendarme.

gene *sm* gène.

genealogìa *sf* généalogie.

generale *agg*, *sm* général ◊ **in generale** en général; **direttore generale** directeur général.

generalità *sf pl* généralité (*sing*) ◊ **declinare le proprie generalità** décliner son identité.

generalizzare *v tr* généraliser.

generare *v tr* engendrer; (*causare*) causer, déclencher; (*produrre*) produire.

generatore *sm* générateur.

generazione *sf* génération.

gènere *sm* genre, espèce (*f*) ◊ **in genere** en général; **ogni genere di cose** toute sorte de choses; **generi alimentari** denrées alimentaires.

genèrico (*f* -**a** *pl* -**ci** -**che**) *agg* générique ◊ *sm* vague ◊ **medico generico** généraliste.

gènero *sm* gendre.

generosità *sf inv* générosité.

generoso *agg* généreux.

gènesi *sf* genèse.

genètica (*pl* -**che**) *sf* génétique.

gengiva *sf* gencive.

geniale *agg* génial.

gènio *sm* génie ◊ **andare a genio** plaire.

genitale *agg* génital ◊ *sm pl* parties (*f*) génitales.

genitivo *agg* du génitif ◊ *sm* génitif.

genitore (-**trice**) *sm* parent ◊ **i miei genitori** mes parents.

gennàio *sm* janvier.

genocìdio *sm* génocide.

genovese *agg* génois ◊ *sm/f* Génois (*m*).

gentàglia *sf* canaille, racaille.

gente *sf* gens (*m pl*), monde (*m*).

gentile *agg* gentil, aimable.

gentilezza *sf* gentillesse, amabilité.

gentiluomo (*pl* **gentiluòmini**) *sm* gentilhomme.

genuinità *sf inv* (*prodotti*) qualité; (*sentimenti*) sincérité, naturel (*m*).

genuino *agg* (*prodotti*) sain, naturel; (*persona*) sincère.

genziana *sf* gentiane.

geografìa *sf* géographie.

geogràfico (*f* -**a** *pl* -**ci** -**che**) *agg* géographique ◊ **carta geografica** carte géographique.

geologìa *sf* géologie.

geòmetra (*pl* -**i** -**e**) *sm/f* géomètre.

geometrìa *sf* géométrie.

geomètrico (*f* -**a** *pl* -**ci** -**che**) *agg* géométrique.

gerànio *sm* géranium.

gerarchìa *sf* hiérarchie.

gerente *sm* gérant.

gergo (*pl* -**ghi**) *sm* (*giovani*) argot; (*specialisti*) jargon.

geriatra (*pl* -**i** -**e**) *sm/f* gériatre.

geriatrìa *sf* gériatrie.

germànico (*f* -**a** *pl* -**ci** -**che**) *agg* germanique, allemand.

germe *sm* germe (*anche fig*).

germogliare *v intr* bourgeonner; (*fig*) germer.

germòglio *sm* bourgeon, pousse (*f*).

geroglìfico (*pl* -**ci**) *sm* hiéroglyphe.

gerontologìa *sf* (*med*) gérontologie.

gerùndio *sm* gérondif.

gesso *sm* (*minerale*) gypse; (*per lavagna*) craie (*f*); (*ingessatura*) plâtre.

gestazione *sf* gestation (*anche fig*) ◊ **in gestazione** en gestation.

gesticolare *v intr* gesticuler.

gestione *sf* gestion, administration.

gestire *v tr* gérer, diriger.

gesto *sm* geste.

gestore (-trice) *sm* gérant.

gesuita *sm* jésuite.

gettare *v tr* jeter ◊ *v rifl* se jeter ◊ **gettarsi contro** se jeter sur.

gettata *sf* (*edil*) coulée; (*metallurgia*) coulage (*m*); (*diga*) jetée.

getto *sm* jet, lancement; (*bot*) jet ◊ **a getto continuo** à jet continu.

gettone *sm* jeton ◊ **gettone di presenza** jeton de présence.

ghepardo *sm* guépard.

gheriglio *sm* cerneau.

ghetto *sm* ghetto.

ghiacciaio *sm* glacier.

ghiacciare *v tr/intr/rifl* glacer, geler.

ghiaccio *sm* glace (*f*); (*sulla strada*) verglas ◊ **cubetto di ghiaccio** glaçon; **rimanere di ghiaccio** rester de glace; **rompere il ghiaccio** briser la glace.

ghiacciolo *sm* glaçon; glace (*f*) à l'eau.

ghiaia *sf* gravier (*m*); (*mare*) galets (*m pl*).

ghianda *sf* gland (*m*).

ghiandola *sf* glande.

ghigliottina *sf* guillotine.

ghiotto *agg* (*persona*) gourmand; (*cibo*) appétissant.

ghiottoneria *sf* gourmandise.

ghiribizzo *sm* caprice, fantaisie (*f*), extravagance (*f*).

ghirigoro *sm* gribouillis.

ghirlanda *sf* guirlande.

ghiro *sm* loir ◊ **dormire come un ghiro** dormir comme un loir.

ghisa *sf* fonte.

già *avv* déjà ◊ **già da adesso** d'ores et déjà; **già che** puisque, étant donné que; **il presidente, già direttore generale** le président, ancien directeur général.

giacca (*pl* -che) *sf* veste; (*da uomo*) veston (*m*) ◊ **giacca a vento** anorak.

giacché *cong* du moment que, puisque, car.

giacenza *sf* stock (*m*) ◊ **capitale in giacenza** capital improductif.

giacere *v intr* être couché ◊ **qui giace** ci-gît, ici repose.

giaciglio *sm* grabat.

giacimento *sm* gisement.

giacinto *sm* jacinthe (*f*).

giaggiolo *sm* iris.

giaguaro *sm* jaguar.

giallo *agg*, *sm* jaune ◊ **romanzo, film giallo** roman, film policier; **farina gialla** farine de maïs.

giammài *avv* jamais.

giapponese *agg* japonais ◊ *sm/f* Japonais (*m*).

giara *sf* jarre.

giardinàggio *sm* jardinage.

giardiniere *sm* jardinier.

giardino *sm* jardin ◊ **giardino pubblico** jardin public; **giardino zoologico** jardin zoologique.

giarrettiera *sf* jarretelle; jarretière.

giavellotto *sm* javelot ◊ **lancio del giavellotto** lancer du javelot.

gigante (-essa) *agg*, *sm* géant.

gigantesco (*f* -a *pl* -chi -che) *agg* gigantesque, colossal.

giglio *sm* lis.

gilet *sm inv* gilet.

gin *sm inv* gin.

ginecologia *sf* gynécologie.

ginecologo (*f* -a *pl* -gi -ghe) *sm* gynécologue (*m/f*).

ginepràio *sm* (*bot*) genévrière ◊ **cacciarsi in un ginepraio** se fourrer dans un guêpier.

ginepro *sm* (*arbusto*) genévrier; (*frutto*) baie (*f*) de genièvre.

ginestra *sf* genêt (*m*).

ginevrino *agg* genevois ◊ *sm* Genevois.

ginnàsio *sm* gymnase.

ginnàstica (*pl* -che) *sf* gymnastique.

ginnico *agg* gymnique.

ginòcchio (*pl* -chi o -chia *f*) *sm* genou ◊ **in ginocchio** à genoux.

giocare *v tr/intr* jouer ◊ **giocare in borsa** jouer à la bourse; **giocare d'azzardo** jouer aux jeux de hasard; **giocarsi la vita** mettre sa vie en jeu; **giocarsi la carriera** mettre sa carrière en danger.

giocatore (-trice) *sm* joueur.

giocàttolo *sm* jouet.

gioco (*pl* -chi) *sm* jeu ◊ **carte da gioco**

cartes à jouer; **prendersi gioco di qualcuno** se jouer de quelqu'un; **gioco di parole** jeu de mots; **mettere in gioco** mettre en jeu; **stare al gioco** jouer le jeu.

giocoliere *sm* jongleur.

giocoso *agg* gai.

giogo (*pl* **-ghi**) *sm* joug.

gioia *sf* joie; (*fig*) trésor (*m*), bijou (*m*).

gioiellerìa *sf* bijouterie, joaillerie.

gioiello *sm* bijou.

giornalàio *sm* marchand de journaux.

giornale *sm* journal ◊ **giornale radio** informations (à la radio).

giornaliero *agg* journalier ◊ *sm* (*lavoratore*) journalier; (*abbonamento, biglietto*) abonnement à la journée.

giornalismo *sm* journalisme.

giornalista (*pl* **-i -e**) *sm/f* journaliste.

giornata *sf* journée, jour (*m*) ◊ **giornata lavorativa** journée de travail; **vivere alla giornata** vivre au jour le jour; **in giornata** dans la journée; **di giornata** de, du jour.

giorno *sm* jour ◊ **giorno feriale** jour ouvrable; **giorno festivo** jour férié; **giorno e notte** nuit et jour; **in questi giorni** ces jours-ci; **al giorno** par jour; **tre volte al giorno** trois fois par jour; **al giorno d'oggi** de nos jours.

giostra *sf* manège (*m*) de chevaux de bois; (*torneo*) joute.

gióvane *agg* jeune ◊ *sm* jeune homme ◊ **i giovani** les jeunes; **da giovane** dans ma jeunesse.

giovanile *agg* juvénile.

giovanotto *sm* jeune homme.

giovare *v intr* être utile (à), servir (à) ◊ **giovarsi di** se servir de; **a che giova?** à quoi bon?

giovedì *sm inv* jeudi.

gioventù *sf inv* jeunesse ◊ **ostello della gioventù** auberge de jeunesse.

giovinezza *sf* jeunesse.

giradischi *sm inv* tourne-disque.

giraffa *sf* girafe.

giramento *sm* tour ◊ **giramento di testa** vertige.

giràndola *sf* (*banderuola*) girouette; (*fuochi d'artificio*) bouquet (*m*).

girare *v tr/intr* tourner, faire le tour (de); (*comm*) endosser ◊ *v rifl* se tour-

ner ◊ **girare un film** tourner un film; **girare un assegno** endosser un chèque; **mi gira la testa** j'ai la tête qui tourne; **girare il discorso** détourner la conversation; **girala come vuoi** quoi que tu fasses.

girarrosto *sm* tournebroche.

girasole *sm* tournesol.

giravolta *sf* pirouette.

girello *sm* (*per bambini*) youpala; (*taglio di carne*) gîte.

girévole *agg* tournant, pivotant.

girino *sm* têtard.

giro *sm* (*passeggiata*) tour; (*viaggio*) tournée (*f*) ◊ **fare un giro** faire un tour; **andare in giro** se promener; **giro d'affari** chiffre d'affaires; **nel giro di qualche giorno** en l'espace de quelques jours; **essere nel giro** être dans le coup; **prendere in giro** se moquer; **essere su di giri** être euphorique.

girocollo *sm inv* (*maglione, felpa*) ras-du-cou; (*collana*) collier ras de cou.

girone *sm* (*sport*) tour.

gironzolare *v intr* flâner, se balader.

girotondo *sm* ronde (*f*).

giròvago (*pl* **-ghi**) *agg* ambulant ◊ *sm* vagabond.

gita *sf* excursion, promenade, randonnée.

gitano *agg*, *sm* gitan.

gitante *sm/f* excursionniste, randonneur (*m*).

giù *avv* bas, en bas ◊ **in giù** vers le bas; **mandar giù** avaler; **su per giù** à peu près; **giù di morale** moral à plat; **a testa in giù** la tête la première.

giubbotto *sm* blouson (*f*) ◊ **giubbotto di salvataggio** gilet de sauvetage; **giubbotto antiproiettile** gilet pare-balles.

giubilèo *sm* jubilé.

giudèo *agg*, *sm* juif.

giudicare *v tr* (*giur*) juger; (*ritenere*) croire.

giùdice *sm* juge ◊ **giudice conciliatore** juge d'instance; **giudice istruttore** juge d'instruction; **giudice di gara** juge de compétition.

giudìzio *sm* jugement; (*parere*) avis; (*giur*) justice (*f*) ◊ **a mio giudizio** à

mon avis; **citare in giudizio** citer en
justice; **il giudizio universale** le jugement dernier; **denti del giudizio**
dents de sagesse.
giudizioso *agg* sage, judicieux.
giugno *sm* juin.
giuliano *agg* julien ◊ *sm* Julien.
giullare *sm* jongleur.
giumenta *sf* jument.
giunco (*pl* **-chi**) *sm* jonc.
giùngere *v intr* arriver, parvenir ◊
giungere all'orecchio venir aux
oreilles; **mi giunge nuovo** voilà qui
est nouveau.
giungla *sf* jungle.
giunta *sf* (*prolunga*) rallonge; (*amm,
polit*) conseil (*m*); (*azienda, società
sportiva*) comité (*m*) ◊ **giunta militare** junte militaire; **per giunta** qui plus
est.
giuntura *sf* joint (*m*); (*anat*) jointure.
giuramento *sm* serment ◊ **sotto giuramento** sous serment.
giurare *v tr/intr* jurer, prêter serment ◊
giurare il falso prêter un faux serment.
giurato *agg, sm* juré.
giurìa *sf* jury (*m*).
giurìdico *agg* juridique.
giurisdizione *sf* juridiction.
giurisprudenza *sf* jurisprudence.
giustificare *v tr* justifier ◊ *v rifl* se justifier.
giustificazione *sf* justification.
giustìzia *sf* justice ◊ **palazzo di giustizia** palais de justice; **amministrare
la giustizia** rendre la justice; **ministero di Grazia e Giustizia** ministère
de la Justice.
giustiziare *v tr* exécuter.
giusto *agg, sm* juste ◊ *avv* juste, justement ◊ **al momento giusto** au bon
moment; **giusto in tempo** juste à
temps.
glaciale *agg* glacial.
gladìolo *sm* glaïeul.
glassa *sf* glaçage (*m*).
gli *art m pl* les; (*con valore possessivo*)
mes, tes, ses, nos, vos, leurs; (*non si
traduce davanti agli aggettivi possessivi*) ◊ *pron* (*a lui, a esso*) lui; (*a loro,
a essi*) leur ◊ **gli abiti** les vêtements;

digli dis-lui; **gliene do** je lui en donne; **gli ho fatto un regalo** je lui ai fait
un cadeau; **fagli** (*a loro*) **le mie scuse**
présente-leur mes excuses; **non far-
glielo** (*a lui*) **sapere** ne le lui dis pas.
glicerina *sf* glycérine.
glìcine *sm* glycine (*f*).
gliela v. **gli** + **la**.
gliele v. **gli** + **la**.
glieli v. **gli** + **li**.
glielo v. **gli** + **lo**.
globale *agg* global; (*del globo*) mondial.
globo *sm* globe.
glòbulo *sm* globule.
glòria *sf* gloire.
glorioso *agg* glorieux.
glossàrio *sm* glossaire.
glucòsio *sm* glucose.
glùteo *sm* fesse (*f*).
glùtine *sm* gluten.
gnocco (*pl* **-chi**) *sm* grumeau ◊ *pl* (*cibo*) gnocchi.
gnomo *sm* gnome.
gnu *sm inv* gnou.
gobba *sf* bosse.
gobbo *agg, sm* bossu; (*chi ha le spalle
curve*) voûté, courbé.
góccia (*pl* **-ce**) *sf* goutte ◊ **fino all'ultima goccia** jusqu'à la dernière goutte.
góccio *sm* goutte (*f*); (*fig*) larme (*f*).
gocciolare *v intr* goutter, couler, suinter.
goccioliо *sm* égouttement continu.
godere *v intr* être heureux, se réjouir ◊
v tr jouir, profiter ◊ **godere a** prendre
plaisir à; **godere di** jouir de; **godersela** s'en donner à cœur joie; **godersi il
fresco** profiter de la fraîcheur.
godimento *sm* plaisir; (*giur*) jouissance (*f*).
goffo *agg* gauche, maladroit.
gol *sm inv* but.
gola *sf* gorge; (*golosità*) gourmandise ◊
far gola faire envie; **col cuore in gola** le cœur battant; **avere l'acqua alla
gola** être dans le pétrin; **avere un nodo alla gola** avoir la gorge serrée.
golf *sm inv* (*maglia*) pull-over; (*abbot-
tonato*) gilet; (*sport*) golf.
golfo *sm* golfe.
goloso *agg* gourmand.

gomitata *sm* coup de coude.

gómito *sm* coude ◊ **alzare il gomito** lever le coude; **curva a gomito** virage en épingle; (**fatto**) **a gomito** en forme de coude; **essere gomito a gomito** être au coude à coude.

gomìtolo *sm* pelote (*f*), peloton.

gomma *sf* caoutchouc (*m*); (*per cancellare*) gomme; (*pneumatico*) pneu (*m*).

gommapiuma *sf* caoutchouc (*m*) mousse.

gommista (*pl* **-i -e**) *sm/f* vendeur (*m*) et réparateur (*m*) de pneus.

gommoso *agg* gommeux, caoutchouteux.

góndola *sf* gondole.

gonfiare *v tr* gonfler, enfler; (*fig*) grossir, exagérer.

gónfio *agg* enflé, gonflé ◊ **faccia gonfia** visage bouffi; **avere il cuore gonfio** avoir le cœur gros; **andare a gonfie vele** avoir le vent dans les voiles.

gonfiore *sm* boursouflure (*f*), enflure.

gonna *sf* jupe.

gorgo (*pl* **-ghi**) *sm* gouffre; (*mulinello*) tourbillon, remous.

gorilla *sm inv* gorille; (*guardia del corpo*) gorille, garde du corps.

gota *sf* joue.

gòtico (*f* **-a** *pl* **-ci -che**) *agg*, *sm* gothique.

gotta *sf* (*med*) goutte.

governante *sm/f* (*chi governa*) gouvernant (*m*) ◊ *sf* (*casa*, *bambini*) gouvernante.

governare *v tr* gouverner; (*gestire*, *amministrare*) gérer ◊ *v rifl* se gouverner.

governativo *agg* gouvernemental.

governatore *sm* gouverneur.

governo *sm* gouvernement.

gracchiare *v intr* croasser; (*fig*) criailler.

gràcile *agg* grêle, frêle.

gradazione *sf* gradation ◊ **gradazione alcolica** degré en alcool.

gradévole *agg* agréable.

gradimento *sm* agrément, goût; approbation (*f*).

gradinata *sf* escalier (*m*); (*di teatro*, *stadio*) gradins (*m pl*).

gradino *sm* marche (*f*); (*fig*) échelon.

gradire *v tr* apprécier, accepter.

gradito *agg* apprécié, agréable, souhaité.

grado *sm* degré; (*sociale*) rang; (*milit*) grade ◊ **essere in grado di** être à même de; **andare per gradi** avancer par étapes; **in sommo grado** au plus haut degré; **di buon grado** de bon gré.

graduale *agg* graduel.

gradualità *sf inv* gradation.

graduatòria *sf* classement (*m*); (*dei premiati*) palmarès (*m*).

graffa *sf* (*parentesi*) accolade; (*fermaglio*) agrafe.

graffetta *sf* trombone (*m*).

graffiare *v tr* égratigner, griffer ◊ *v rifl* s'égratigner, se griffer.

gràffio *sm* égratignure (*f*).

graffito *sm* graffitis (*pl*).

grafia *sf* graphie.

gràfico (*f* **-a** *pl* **-ci -che**) *agg* graphique ◊ *sm* graphique; (*professionista*) graphiste (*m/f*).

grafite *sf* graphite (*m*).

gramigna *sf* chiendent (*m*).

grammàtica (*pl* **-che**) *sf* grammaire.

grammo *sm* gramme.

grana *sf* grain (*m*); (*familiare*, *seccatura*) ennui (*m*), pépin (*m*); (*gergale*, *denaro*) fric (*m*), blé (*m*) ◊ *sm inv* (*formaggio*) grana ◊ **grana grossa** gros grain.

granàglie *sf pl* grain (*m sing*).

granàio *sm* grenier.

granata *sf* grenade.

granatiere *sm* grenadier.

granché *pron* grand-chose ◊ **non ho visto un granché** je n'ai pas vu grande-chose.

grànchio *sm* crabe ◊ **prendere un granchio** faire une gaffe.

grande, gran *agg* grand, gros ◊ *sm/f* grand (*m*), adulte ◊ **da grande** quand je serai grand; **non un gran che** pas grand-chose; **avere una gran fame** avoir très faim; **alla grande** dans le luxe.

grandezza *sf* grandeur, taille ◊ **mania di grandezza** folie des grandeurs.

grandinare *v intr* grêler.

gràndine *sf* grêle.

grandioso *agg* grandiose.

granduca (*pl* **-chi**) *sm* grand-duc.

granello *sm* grain.

granita *sf* granité (*m*).

granito *sm* granit.

grano *sm* grain; (*frumento*) blé; (*pezzetto*) brin.

granturco (*pl* **-chi**) *sm* maïs.

grànulo *sm* granule.

granuloso *agg* granuleux.

grappa *sf* eau-de-vie.

gràppolo *sm* grappe (*f*) ◊ **a grappoli** en grappes.

grasso *agg* (*di cibo*) gras; (*di persona*) gros; (*licenzioso*) grivois ◊ *sm* graisse (*f*) ◊ **pianta grassa** plante grasse.

grata *sf* grille.

gratìfica (*pl* **-che**) *sf* gratification.

gratificare *v tr* gratifier.

gratinare *v tr* gratiner.

gratis *avv* gratis, gratuitement.

gratitùdine *sf* gratitude.

grato *agg* reconnaissant, obligé ◊ **essere grato** être reconnaissant.

grattacapo *sm* souci, ennui.

grattacielo *sm* gratte-ciel.

grattare *v tr* gratter; (*grattugiare*) râper; (*raschiare*) racler; (*familiare, rubare*) faucher ◊ *v rifl* se gratter.

grattùgia (*pl* **-gie**) *sf* râpe.

grattugiare *v tr* râper.

grattugiato *agg* râpé ◊ **pane grattugiato** chapelure (*f*).

gratùito *agg* gratuit.

gravare *v intr* peser, être à la charge (de) ◊ *v tr* charger, surcharger.

grave *agg* grave; (*gravoso*) lourd; (*critico*) critique ◊ **malato grave** grand malade; **malattia grave** maladie grave.

gravidanza *sf* grossesse; (*animale*) gravidité.

gràvido *agg* enceinte; (*animale*) plein, gravide.

gravità *sf inv* gravité.

gravitare *v intr* graviter.

gravoso *agg* lourd, pesant.

gràzia *sf* grâce; (*bellezza*) charme (*m*); (*concessione*) faveur.

graziare *v tr* gracier.

gràzie *inter* merci ◊ **grazie mille** merci beaucoup; **grazie tante, molte grazie** merci infiniment; **grazie, altret-** tanto merci, pareillement (à toi, à vous de même).

grazioso *agg* gracieux, mignon.

greco *agg* grec ◊ *sm* Grec.

gregge (*pl* **-gi** *f*) *sm* troupeau.

gréggio (*pl f* **-ge**) *agg* brut; (*tela*) écru ◊ **petrolio greggio** pétrole brut.

grembiule *sm* tablier.

grembo *sm* giron, sein ◊ **in grembo** dans son giron.

greto *sm* grève (*f*).

gretto *agg* avare; (*fig*) mesquin.

gridare *v tr/intr* crier ◊ **gridare a squarciagola** crier à tue-tête.

grido (*pl* **-a** *f*) *sm* cri ◊ **mandare un grido** pousser un cri; **di grido** de renom; **all'ultimo grido** du dernier cri.

grìgio (*pl f* **-gie**) *agg*, *sm* gris; (*tempo*) maussade.

grigionese *agg* grison ◊ *sm* Grison.

grigiore *sm* grisaille (*f*).

griglia *sf* grille; (*graticola*) gril (*m*) ◊ **alla griglia** sur le gril.

grilletto *sm* gâchette (*f*).

grillo *sm* grillon ◊ **avere grilli per la testa** avoir des lubies.

grinta *sf* (*faccia*) (sale) tête; (*carattere*) punch (*m*); (*faccia tosta*) culot (*m*).

grinza *sf* (*ruga*) ride; (*piega*) (faux) pli (*m*) ◊ **il ragionamento non fa una grinza** le raisonnement ne fait pas un pli.

grissino *sm* gressin.

gronda *sf* avant-toit (*m*).

grondàia *sf* gouttière, chéneau (*m*).

grondare *v intr* ruisseler.

groppa *sf* croupe.

groppo *sm* nœud ◊ **avere un groppo in gola** avoir un nœud dans la gorge; **in groppa a** sur le dos (de).

grossista (*pl* **-i -e**) *sm/f* grossiste.

grosso *agg* gros, épais ◊ *sm*, *avv* gros ◊ **sale grosso** gros sel; **mare grosso** mer grosse; **un pezzo grosso** un gros bonnet; **avere il fiato grosso** être essoufflé; **sbagliare di grosso** se tromper grossièrement; **grosso modo** en gros.

grossolano *agg* grossier.

grotta *sf* grotte, caverne.

grottesco (*f* **-a** *pl* **-chi -che**) *agg*, *sm* grotesque.

grovìglio *sm* enchevêtrement, nœud.
gru *sf inv* grue (*anche zool*).
grùccia (*pl* -ce) *sf* (*stampella*) béquille; (*abiti*) cintre (*m*).
grugnire *v intr* grogner.
grugno *sm* groin; (*spregiativo*) gueule (*f*).
grumo *sm* grumeau; (*sangue*) caillot.
gruppo *sm* groupe, équipe (*f*) ◊ **gruppo sanguigno** groupe sanguin.
grùzzolo *sm* pécule, magot.
guadagnare *v tr* gagner.
guadagno *sm* gain, profit, bénéfice ◊ **ricavare un bel guadagno** tirer un gros profit.
guadare *v tr* passer à gué.
guado *sm* gué.
guai! *inter* gare! ◊ **guai a te** gare à toi.
guàio *sm* malheur ennui ◊ **il guaio è che** le malheur c'est que; **mettersi nei guai** se fourrer dans le pétrin.
guaire *v intr* japper.
guància (*pl* -ce) *sf* joue.
guanciale *sm* oreiller.
guanto *sm* gant.
guardaboschi *sm/f inv* garde forestier (*m*).
guardacàccia *sm/f inv* garde-chasse.
guardacoste *sm/f inv* garde-côte.
guardalìnee *sm/f inv* (*ferr*) garde-voie; (*sport*) juge de touche.
guardapesca *sm/f inv* garde-pêche.
guardare *v tr* regarder; (*custodire*) garder ◊ *v rifl* se regarder ◊ **guardare in cagnesco** regarder de travers; **guardar male** voir d'un mauvais œil; **stare a guardare** rester planter; **il balcone guarda sul cortile** le balcon donne sur la cour; **guardarsi da** se méfier de; **guarda chi si vede!** tiens, qui vois-je!
guardaroba *sm inv* (*stanza*) vestiaire; (*abbigliamento*) garde-robe; (*armadio*) penderie (*f*).
guardasigilli *sm inv* garde des sceaux.
guàrdia *sf* garde; (*persona*) garde (*m*) ◊ **guardia del corpo** garde du corps; **cane da guardia** chien de garde; **medico di guardia** médecin de garde; **fare la guardia** monter la garde; **stare in guardia** se tenir sur ses gardes; **livello di guardia** cote d'alerte.

guardiano *sm* gardien.
guardingo (*pl* -ghi) *agg* prudent, circonspect.
guardiola *sf* guérite.
guardrail *sm inv* glissière (*f*), rail de sécurité.
guarigione *sf* guérison.
guarire *v tr/intr* guérir.
guarnire *v tr* garnir, équiper; (*cuc*) garnir.
guarnizione *sf* (*abbellimento*) garniture; (*tecn*) joint (*m*).
guastafeste *sm/f inv* trouble-fête, rabat-joie.
guastare *v tr* abîmer; (*rendere inservibile*) détraquer; (*cibi*) gâter ◊ *v rifl* s'abîmer, se détraquer, se gâter ◊ **guastarsi la salute** ruiner sa santé; **guastare un'amicizia** gâcher une amitié.
guasto *agg* abîmé; détraqué; pourri ◊ *sm* panne (*f*), dommage.
guerra *sf* guerre.
guerriero *agg, sm* guerrier.
guerriglia *sf* guérilla.
guerrigliero *sm* guérillero.
gufo *sm* hibou.
gùglia *sf* flèche.
guida *sf* (*persona*) guide (*m*); (*telefono*) annuaire (*m*); (*di veicolo*) conduite ◊ **patente di guida** permis de conduire; **posto di guida** poste de conduite; **scuola guida** auto-école.
guidare *v tr* guider, mener; (*veicolo*) conduire; (*fig*) diriger.
guidatore (-**trice**) *sm* conducteur.
guinzàglio *sm* laisse (*f*); (*bambini*) lisières (*f pl*).
guizzo *sm* frétillement; (*fiamme*) vacillement ◊ **con un guizzo** d'un bond.
gùscio *sm* coquille (*f*) ◊ **chiudersi nel proprio guscio** rentrer dans sa coquille.
gustare *v tr* goûter, savourer.
gusto *sm* goût, saveur (*f*); (*piacere*) plaisir ◊ **mangiare di gusto** manger de bon appétit; **ridere di gusto** rire de bon cœur; **provarci gusto** éprouver du plaisir; **prenderci gusto** y prendre plaisir.
gustoso *agg* savoureux.
gutturale *agg* guttural.

H

habitat *sm inv* habitat.
hamburger *sm inv* hamburger.
handicap *sm inv* handicap.
handicappato *agg, sm* handicapé.
hardware *sm inv* hardware.
hawaiano *agg* hawaïen ◊ *sm* Hawaïen.
herpes *sm inv* (*med*) herpès.
hertz *sm inv* (*fis*) hertz.
hi-fi *sm inv, agg inv* hi-fi (*f*) ◊ **un impianto hi-fi** une chaîne hi-fi.
hinterland *sm inv* hinterland.
hobby *sm inv* hobby.
hockey *sm inv* hockey ◊ **hockey su ghiaccio, su prato** hockey sur glace, sur gazon.
homepage *sf inv* (*inform*) page d'accueil, home page.
horror *sm inv* épouvante (*f*), horreur (*f*).
hostess *sf inv* (*di volo*) hôtesse de l'air; (*accompagnatrice*) hôtesse.
hot dog *sm inv* hot-dog; (*in Canada*) chien chaud.
hotel *sm inv* hôtel.
hotlist *sf inv* liste privilégiée.
hovercraft *sm inv* aéroglisseur.

I

i *art m pl* les; (*con valore possessivo*) mes, tes, ses, nos, vos, leurs; (*non si traduce davanti agli aggettivi possessivi*) ◊ **i passeggeri** les passagers; **i bagagli** les bagages; **i nostri bagagli** nos bagages.
ibèrico *agg, sm* ibérique.
ìbrido *agg, sm* (*anche fig*) hybride.
iceberg *sm inv* iceberg.
icona *sf* icône.
idèa *sf* idée ◊ **cambiare idea** changer d'avis; **non avere idea** ne pas avoir la moindre idée; **neanche per idea!** jamais de la vie!
ideale *agg, sm* idéal.
idealista (*pl* -i -e) *agg, sm/f* idéaliste.
idealizzare *v tr* idéaliser.
ideare *v tr* concevoir, imaginer.
idèntico (*f* -a *pl* -ci -che) *agg* identique.

identificare *v tr* identifier ◊ *v rifl* s'identifier (à).
identità *sf inv* identité.
ideologìa *sf* idéologie.
idìllio *sm* idylle (*f*).
idioma (*pl* -i) *sm* idiome.
idiota (*pl* -i -e) *agg, sm/f* idiot (*m*).
idiozìa *sf* idiotie.
ìdolo *sm* idole (*f*).
idoneità *sf inv* aptitude ◊ **esami di idoneità** examens d'aptitude.
idòneo *agg* apte; (*appropriato*) approprié, propice.
idrante *sm* borne (*f*) d'incendie; (*autobotte*) fourgon d'incendie.
idratante *agg, sm* hydratant.
idratare *v tr* hydrater.
idràulica (*pl* -che) *sf* hydraulique.
idràulico (*f* -a *pl* -ci -che) *agg* hydraulique ◊ *sm* plombier.
ìdrico *agg* hydrique.
idrocarburo *sm* hydrocarbure.
idroelèttrico (*f* -a *pl* -ci -che) *agg* hydroélectrique.
idròfilo *agg* hydrophile ◊ **cotone idrofilo** coton hydrophile.
idrògeno *sm* hydrogène.
idrovolante *sm* hydravion.
iella *sf* poisse, guigne.
iena *sf* hyène; (*fig*) chacal (*m*).
ieri *avv, sm* hier ◊ **ieri sera** hier soir; **l'altro ieri** avant-hier; **nato ieri** né d'hier.
iettatore (**-trice**) *sm* jeteur de sort, ensorceleur.
igiene *sf* hygiène ◊ **ufficio d'igiene** service d'hygiène.
igiènico (*f* -a *pl* -ci -che) *agg* hygiénique.
ignaro *agg* ignorant.
ignòbile *agg* ignoble.
ignorante *agg, sm/f* ignorant (*m*).
ignoranza *sf* ignorance.
ignorare *v tr* ignorer.
ignoto *agg, sm* inconnu ◊ **milite ignoto** soldat inconnu.
il *art m sing* le; (*con valore possessivo*) mon, ton, son, notre, votre, leur; (*non si traduce davanti agli aggettivi possessivi*) ◊ **il proprietario** le propriétaire; **il baule** la malle; **il mio baule** ma malle.

illécito *agg* illicite ◊ *sm* délit.
illegale *agg* illégal.
illegalità *sf inv* illégalité.
illeggìbile *agg* illisible.
illegìttimo *agg* illégitime.
illeso *agg* indemne.
illimitato *agg* illimité.
illògico (*f* **-a** *pl* **-ci -che**) *agg* illogique.
illùdere *v tr* tromper ◊ *v rifl* se faire des illusions, s'imaginer.
illuminare *v tr* éclairer, illuminer ◊ *v rifl* s'éclairer, s'illuminer.
illuminazione *sf* éclairage (*m*); illumination ◊ **illuminazione stradale** éclairage des rues.
illusione *sf* illusion.
illusionista (*pl* **-i -e**) *sm/f* prestidigitateur (*m*), illusionniste.
illustrare *v tr* illustrer.
illustrazione *sf* illustration.
illustre *agg* illustre.
imbacuccato *agg* emmitouflé.
imballàggio *sm* emballage; (*confezione*) conditionnement.
imballare *v tr* emballer; (*confezionare*) conditionner.
imballo *sm* v. **imballaggio**.
imbalsamare *v tr* embaumer; (*animali*) empailler.
imbambolato *agg* ahuri, ébahi.
imbarazzante *agg* gênant, embarrassant.
imbarazzare *v tr* gêner, embarrasser ◊ *v rifl* se gêner.
imbarazzo *sm* embarras, gêne (*f*) ◊ **essere in imbarazzo** être dans l'embarras.
imbarcadero *sm* embarcadère.
imbarcare *v tr* embarquer ◊ *v rifl* s'embarquer (*anche fig*).
imbarcazione *sf* embarcation.
imbarco (*pl* **-chi**) *sm* embarquement.
imbastire *v tr* (*sartoria*) bâtir, faufiler; (*fig*) échafauder.
imbàttersi *v rifl* rencontrer, tomber sur.
imbattìbile *agg* imbattable.
imbecille *agg*, *sm/f* imbécile.
imbestialirsi *v rifl* devenir fou de rage.
imbiancare *v tr* (*muri*) peindre; (*con la calce*) blanchir ◊ *v intr/rifl* blanchir ◊ **pareti imbiancate** murs blanchis.
imbianchino *sm* peintre en bâtiment.

imbizzarrirsi *v rifl* s'emballer; (*fig, persona*) se mettre en colère.
imboccare *v tr* nourrir à la cuillère; (*strumento*) emboucher; (*strada*) s'engager dans.
imbocco (*pl* **-chi**) *sm* entrée (*f*) ◊ **imbocco dell'autostrada** entrée de l'autoroute.
imboscare *v tr* cacher, embusquer ◊ *v rifl* s'embusquer.
imboscata *sf* embuscade.
imbottigliare *v tr* mettre en bouteille ◊ *v rifl* être pris dans un embouteillage.
imbottigliato *agg* mis en bouteille ◊ **rimanere imbottigliato** être pris dans un embouteillage.
imbottire *v tr* rembourrer; (*farcire*) garnir ◊ *v rifl* (*coprirsi*) s'emmitoufler ◊ **imbottirsi di farmaci** se bourrer de médicaments.
imbottitura *sf* rembourrage (*m*).
imbranato *agg*, *sm* empoté.
imbrattare *v tr* barbouiller, salir.
imbrogliare *v tr* (*ingarbugliare*) embrouiller; (*ingannare*) tromper, duper ◊ *v rifl* s'embrouiller (*anche fig*).
imbròglio *sm* (*groviglio*) enchevêtrement; (*inganno*) tromperie (*f*), duperie (*f*).
imbroglione *sm* escroc.
imbronciato *agg* boudeur, maussade.
imbrunire *v intr* s'obscurcir ◊ *sm* tombée (*f*) de la nuit ◊ **all'imbrunire** à la tombée de la nuit.
imbruttire *v intr* enlaidir ◊ *v rifl* s'enlaidir.
imbucare *v tr* poster, mettre à la poste.
imburrare *v tr* beurrer.
imbuto *sm* entonnoir.
imitare *v tr* imiter.
imitatore (**-trice**) *sm* imitateur.
imitazione *sf* imitation.
immacolato *agg* immaculé.
immagazzinare *v tr* emmagasiner ◊ **immagazzinare dati** stocker des données.
immaginare *v tr* imaginer ◊ *v rifl* s'imaginer.
immaginàrio *agg*, *sm* imaginaire ◊ **l'immaginario collettivo** l'imaginaire collectif.
immaginazione *sf* imagination.

immàgine *sf* image.
immancàbile *agg* immanquable.
immangiàbile *agg* immangeable.
immatricolare *v tr* immatriculer ◊ *v rifl* s'inscrire.
immatricolazione *sf* immatriculation; inscription.
immaturo *agg* qui n'est pas mûr; (*prematuro*) prématuré; (*fig, persona*) immature.
immedesimarsi *v rifl* s'identifier (à, avec).
immediatamente *avv* immédiatement, directement.
immediato *agg* immédiat.
immensità *sf inv* immensité.
immenso *agg* immense.
immèrgere *v tr* plonger, tremper, immerger ◊ *v rifl* se plonger (*anche fig*).
immeritato *agg* immérité.
immersione *sf* immersion; (*sub*) plongée.
immerso *agg* plongé, immergé.
immèttere *v tr* introduire.
immigrare *v intr* immigrer.
immigrato *agg, sm* immigré.
immigrazione *sf* immigration.
imminente *agg* imminent.
immischiarsi *v rifl* se mêler (de).
immissàrio *sm* affluent.
immòbile *agg* immobile ◊ *sm* immeuble ◊ **beni immobili** biens immeubles.
immobiliare *agg* immobilier ◊ **mercato immobiliare** marché immobilier.
immobilità *sf inv* immobilité.
immobilizzare *v tr* immobiliser.
immondìzia *sf* ordures (*pl*).
immorale *agg* immoral.
immortalare *v tr* immortaliser.
immortale *agg* immortel.
immortalità *sf inv* immortalité.
immune *agg* (*med*) immunisé; exempt; (*incolume*) indemne.
immunità *sf inv* immunité.
immunizzare *v tr* immuniser.
immunodeficienza *sf* immunodéficience ◊ **sindrome da immunodeficienza acquisita (AIDS)** syndrome d'immunodéficience acquise (SIDA).
immutàbile *agg* immuable.
immutato *agg* inchangé.

impacchettare *v tr* empaqueter, emballer.
impacciare *v tr* gêner, embarrasser.
impacciato *agg* embarrassé, gêné.
impàccio *sm* embarras, gêne (*f*).
impacco (*pl* -chi) *sm* compresse (*f*).
impadronirsi *v rifl* s'emparer (de) (*anche fig*); s'approprier (de).
impagàbile *agg* inestimable.
impaginazione *sf* (*tipografia*) mise en pages.
impalcatura *sf* échafaudage (*m*); (*fig*) charpente.
impallidire *v intr* pâlir.
impalpàbile *agg* impalpable.
impanare *v tr* paner.
impantanarsi *v rifl* s'embourber (*anche fig*).
impaperarsi *v rifl* s'embrouiller.
impappinarsi *v rifl* s'empêtrer.
imparare *v tr* apprendre ◊ **imparare a memoria** apprendre par cœur.
impareggiàbile *agg* incomparable.
ìmpari *agg inv* inégal; (*dispari*) impair.
impartire *v tr* donner ◊ **impartire lezioni** donner des cours; **impartire la benedizione** donner la bénédiction.
imparziale *agg* impartial.
impassìbile *agg* impassible.
impastare *v tr* pétrir, mélanger.
impasto *sm* pâte (*f*), mélange.
impatto *sm* impact (*anche fig*).
impaurire *v tr* effrayer, épouvanter ◊ *v rifl* s'effrayer.
impaziente *agg* impatient.
impazienza *sf* impatience.
impazzata ◊ **all'impazzata** comme un fou.
impazzire *v intr* devenir fou (*anche fig*) ◊ **impazzire per** perdre la tête pour.
impeccàbile *agg* impeccable.
impedimento *sm* empêchement.
impedire *v* empêcher; (*intralciare*) entraver.
impegnare *v tr* (*dare in pegno*) engager, donner en gage; (*fig*) engager; (*occupare*) occuper; (*prenotare*) réserver, retenir ◊ *v rifl* s'engager ◊ **impegnare la propria parola** engager sa parole.
impegnativo *agg* absorbant; (*vincolante*) contraignant.

impegnato *agg* engagé, retenu.

impegno *sm* engagement; (*zelo*) zèle ◊ **impegno politico** engagement politique; **impegno civile** engagement civil; **mettercisi d'impegno** prendre à cœur.

impellente *agg* impérieux, urgent.

impenetràbile *agg* impénétrable (*anche fig*).

impennata *sf* (*cavallo*) cabrement (*m*); (*aereo*) cabrage (*m*); (*econ*) flambée; (*fig*) emportement (*m*).

impensàbile *agg* impensable.

imperativo *agg*, *sm* impératif.

imperatore (-trice) *sm* empereur.

impercettùbile *agg* imperceptible.

imperdonàbile *agg* impardonnable.

imperfetto *agg*, *sm* imparfait.

imperfezione *sf* imperfection.

imperiale *agg* impérial.

imperialismo *sm* impérialisme.

imperioso *agg* impérieux.

impermeàbile *agg*, *sm* imperméable.

impermeabilizzare *v tr* imperméabiliser.

impero *sm* empire.

impersonale *agg* impersonnel.

impersonare *v tr* personnifier, incarner.

impertèrrito *agg* imperturbable.

impertinente *agg* impertinent.

impertinenza *sf* impertinence.

imperturbàbile *agg* imperturbable.

imperversare *v intr* sévir; (*furoreggiare*) faire fureur.

impèrvio *agg* inaccessible.

ìmpeto *sm* violence (*f*), impétuosité (*f*); (*slancio*) élan.

impetuoso *agg* impétueux, fougueux.

impiallacciare *v tr* plaquer.

impiantare *v tr* implanter, installer; (*attività*) mettre sur pied.

impianto *sm* installation (*f*) ◊ **impianto elettrico** installation électrique; **impianti di risalita** remontées mécaniques.

impiastro *sm* emplâtre (*anche fig*).

impiccare *v tr* pendre ◊ *v rifl* se pendre.

impicciare *v tr* gêner, embarrasser ◊ *v rifl* se mêler (de).

impìccio *sm* embarras, ennui ◊ **essere d'impiccio** être une gêne.

impiegare *v tr* utiliser; (*tempo*) mettre; (*dare impiego*) employer; (*assumere*) embaucher; (*denaro*) investir ◊ *v rifl* trouver un emploi ◊ **ho impiegato un'ora per** j'ai mis une heure pour.

impiegato *agg*, *sm* employé.

impiego (*pl* **-ghi**) *sm* emploi; (*uso*) usage, emploi; (*denaro*) placement.

impietosire *v tr* apitoyer, attendrir ◊ *v rifl* s'apitoyer.

impigliarsi *v rifl* s'empêtrer.

impigrirsi *v rifl* devenir paresseux.

implacàbile *agg* implacable.

implicare *v tr* impliquer.

implicazione *sf* implication.

implìcito *agg* implicite.

implorare *v tr* implorer.

impollinazione *sf* pollinisation.

impolverare *v tr* couvrir de poussière.

impolverato *agg* poussiéreux.

imponente *agg* imposant.

imponenza *sf* majesté.

imponìbile *agg* imposable ◊ *sm* assiette (*f*) fiscale.

imporre *v tr* imposer, ordonner ◊ *v rifl* s'imposer.

importante *agg* important.

importanza *sf* importance ◊ **dare importanza a** donner de l'importance à; **avere importanza** avoir de l'importance.

importare *v tr/intr* importer ◊ **mi importa** ça m'importe; **non mi importa** ça m'est égal; **non importa!** ça ne fait rien!

importazione *sf* importation.

importo *sm* montant.

importunare *v tr* importuner, déranger.

importuno *agg*, *sm* importun.

imposizione *sf* imposition, ordre (*m*).

impossessarsi *v rifl* s'emparer (de).

impossìbile *agg*, *sm* impossible ◊ **fare l'impossibile** faire l'impossible.

impossibilità *sf inv* impossibilité.

imposta *sf* (*tassa*) impôt (*m*); (*porte*) battant (*m*); (*finestre*) volet (*m*) ◊ **ufficio imposte** bureau des contributions; **imposta sul valore aggiunto (IVA)** taxe sur la valeur ajoutée (TVA).

impostare *v tr* (*imbucare*) mettre à la

poste; (*calcoli*) poser; (*programmi, attività*) établir; (*macchine*) installer; (*basare*) fonder.

impostazione *sf* organisation, mise en train.

impostore *sm* imposteur.

impotente *agg, sm* impuissant.

impotenza *sf* impuissance.

impoverire *v tr* appauvrir ◊ *v rifl* s'appauvrir.

impraticàbile *agg* impraticable.

imprecare *v intr* maugréer, pester (contre).

imprecisione *sf* imprécision.

impreciso *agg* imprécis.

impregnare *v tr* imprégner ◊ *v rifl* s'imprégner.

imprenditore (**-trice**) *sm* entrepreneur.

impresa *sf* entreprise; (*prodezza*) exploit (*m*).

impresàrio *sm* entrepreneur; (*teatrale*) imprésario.

impressionàbile *agg* impressionnable.

impressionante *agg* impressionnant.

impressionare *v tr* impressionner ◊ *v rifl* se laisser impressionner.

impressione *sf* impression ◊ **fare buona impressione** faire bonne impression; **fare cattiva impressione** faire mauvaise impression.

impressionismo *sm* impressionnisme.

imprestare *v tr* prêter.

imprevedìbile *agg* imprévisible.

imprevisto *agg, sm* imprévu.

imprigionare *v tr* emprisonner.

imprìmere *v tr* imprimer; (*fig*) graver ◊ *v rifl* (*fig*) se graver.

improbàbile *agg* improbable.

improduttivo *agg* improductif.

impronta *sf* empreinte, trace (*anche fig*) ◊ **impronta digitale** empreinte digitale.

improponìbile *agg* qui n'est pas proposable.

impròprio *agg* impropre.

improrogàbile *agg* qui ne peut pas être prorogé, sans délai.

improvvisare *v tr* improviser ◊ *v rifl* s'improviser ◊ **improvvisarsi medico** s'improviser médecin.

improvvisazione *sf* improvisation.

improvviso *agg* soudain, imprévu ◊ **all'improvviso** tout à coup.

imprudente *agg* imprudent.

imprudenza *sf* imprudence.

impugnare *v tr* saisir; (*giur*) contester.

impugnatura *sf* poignée; (*racchetta*) manche (*m*); (*atto, modo di impugnare*) prise.

impulsivo *agg* impulsif.

impulso *sm* impulsion (*f*).

impunità *sf inv* impunité.

impuntarsi *v rifl* se planter; (*fig*) s'obstiner.

impurità *sf inv* impureté.

impuro *agg* impur.

imputare *v tr* imputer (*anche giur*).

imputato *agg, sm* accusé.

imputazione *sf* imputation.

imputridire *v intr* pourrir.

in *prep* (*luogo*) en, à; (*all'interno di*) dans; (*tempo*) en, dans, à; (*modo, mezzo, scopo, materia*) en ◊ **andare in Francia** aller en France; **andare in Messico** aller au Mexique; **restare in casa** rester à la maison; **abitare in campagna** vivre à la campagne; **nella mia valigia** dans ma valise; **nel mese di febbraio** au mois de février; **in mia assenza** en mon absence; **pagare in contanti** payer comptant; **essere in molti** être nombreux; **camminare in fretta** marcher vite; **andare in taxi** prendre le taxi; **stare in piedi** rester debout; **bere in un sorso** boire d'un coup.

inàbile *agg* inapte (à) ◊ **inabile al lavoro** inapte au travail.

inaccessìbile *agg* inaccessible (*anche fig*).

inaccettàbile *agg* inacceptable.

inacidire *v tr/intr* aigrir ◊ *v rifl* (s')aigrir; (*latte*) tourner.

inadatto *agg* (*incapace*) inapte; (*inadeguato*) inadapté.

inadeguato *agg* inadéquat, inadapté.

inadempienza *sf* défaillance.

inafferràbile *agg* insaisissable.

inagìbile *agg* (*abitazione*) inhabitable; (*strada*) impraticable.

inalare *v tr* inhaler.

inalatore *sm* inhalateur.

inalazione *sf* inhalation.

inalteràbile *agg* inaltérable.

inamidare *v tr* amidonner.

inammissìbile *agg* inadmissible.

inanimato *agg* inanimé.

inappetente *agg* sans appétit.

inappetenza *sf* inappétence.

inarcare *v tr* courber, cambrer ◊ *v rifl* se courber, s'arquer.

inaridire *v tr* dessécher; (*fig*) tarir, dessécher ◊ *v rifl* se dessécher; (*fig*) se tarir.

inarrestàbile *agg* qu'on ne peut pas arrêter, irrépressible.

inaspettato *agg* inattendu.

inasprire *v tr* exacerber ◊ *v rifl* s'envenimer.

inatteso *agg* inattendu.

inattività *sf inv* inactivité.

inattivo *agg* inactif.

inattuàbile *agg* irréalisable.

inaudito *agg* inouï.

inaugurare *v tr* inaugurer.

inaugurazione *sf* inauguration; (*di una mostra*) vernissage (*m*).

inavvertitamente *avv* par mégarde.

incagliarsi *v rifl* (*nave*) s'échouer; (*fig, trattative*) s'enliser.

incalcolàbile *agg* incalculable.

incallito *agg* endurci.

incalzante *agg* pressant.

incalzare *v tr* presser.

incamminarsi *v rifl* se mettre en route.

incanalare *v tr* canaliser (*anche fig*) ◊ *v rifl* se diriger.

incandescente *agg* incandescent; (*situazione*) explosif.

incantare *v tr* enchanter, charmer ◊ *v rifl* tomber en extase.

incantatore (**-trice**) *sm* enchanteur, charmeur.

incantésimo *sm* enchantement.

incantèvole *agg* charmant, ravissant.

incanto *sm* enchantement; (*fascino*) charme; (*giur*) enchères (*f pl*), encan.

incapace *agg* incapable.

incapacità *sf inv* incapacité.

incarcerare *v tr* emprisonner.

incaricare *v tr* charger ◊ *v rifl* se charger (de).

incaricato *agg* chargé ◊ *sm* personne (*f*) chargée (de), responsable (de).

incàrico (*pl* **-chi**) *sm* charge (*f*), tâche (*f*) ◊ **dare un incarico** donner une tâche; **prendere un incarico** prendre une charge.

incarnare *v tr* incarner (*anche fig*) ◊ *v rifl* s'incarner (*anche fig*).

incartare *v tr* envelopper.

incassare *v tr* (*assegno*) encaisser; (*inserire*) encastrer.

incasso *sm* encaissement; (*somma*) recette (*f*).

incastonare *v tr* enchâsser.

incastrare *v tr* emboîter; (*fig*) embringuer ◊ *v rifl* s'emboîter.

incastro *sm* emboîtement, encastrement.

incatenare *v tr* enchaîner; (*fig*) ligoter.

incàuto *agg* imprudent.

incàvo *sm* creux ◊ **l'incavo degli occhi** la cavité des yeux.

incendiare *v tr* incendier, mettre le feu (à); (*fig*) enflammer ◊ *v rifl* prendre feu; (*fig*) s'embraser, s'enflammer.

incèndio *sm* incendie ◊ **incendio doloso** incendie criminel.

inceneritore *sm* incinérateur.

incenso *sm* encens.

incensurato *agg* irréprochable.

incentivare *v tr* encourager, stimuler.

incentivo *sm* incitation (*f*), encouragement.

incentrare *v tr* centrer.

incepparsi *v rifl* (*meccanica*) s'enrayer; (*arma*) s'enrayer; (*fig*) trébucher.

incertezza *sf* incertitude.

incerto *agg* incertain; (*indeciso*) hésitant.

incessante *agg* incessant.

incesto *sm* inceste.

inchiesta *sf* enquête.

inchinare *v tr* baisser ◊ *v rifl* s'incliner (*anche fig*).

inchino *sm* révérence (*f*).

inchiodare *v tr* clouer; (*fig*) accabler.

inchiostro *sm* encre (*f*).

inciampare *v intr* trébucher (sur); (*fig*) buter (contre).

incidentalmente *avv* accidentellement, incidemment.

incidente *sm* (*sciagura*) accident; (*inconveniente*) incident.

incìdere *v tr* graver; (*registrare*) enregistrer.

incinta *agg* enceinte.

incisione *sf* incision; (*arte*) gravure; (*registrazione*) enregistrement (*m*).

incisivo *agg* incisif ◊ *sm* (*dente*) incisive (*f*).

inciso *agg* gravé, incisé ◊ *sm* (*gramm, mus*) incise (*f*) ◊ **per inciso** en passant.

incisore *sm* graveur.

incitamento *sm* incitation (*f*).

incitare *v tr* inciter.

incivile *agg* (*maleducato*) impoli, grossier.

inclassificàbile *agg* inclassable; (*fig*) inqualifiable.

inclinàbile *agg* inclinable.

inclinare *v tr* incliner, pencher ◊ *v intr* pencher.

inclinazione *sf* inclinaison; (*fig*) penchant (*m*).

inclùdere *v tr* inclure, comprendre.

incluso *agg* inclus, compris.

incoerente *agg* incohérent.

incògnita *sf* inconnue.

incògnito *agg, sm* inconnu ◊ **viaggiare in incognito** voyager incognito.

incollare *v tr* coller ◊ *v rifl* se coller.

incolore *agg* incolore.

incolpare *v tr* inculper, accuser.

incolto *agg* inculte.

incòlume *agg* indemne.

incombente *agg* dominant; (*pressante*) pressant; (*minaccioso*) menaçant.

incombenza *sf* tâche.

incómbere *v intr* menacer, peser; (*spettare per dovere*) incomber (à).

incominciare *v tr/intr* commencer.

incomparàbile *agg* incomparable.

incompatìbile *agg* incompatible.

incompetente *agg, sm/f* incompétent.

incompetenza *sf* incompétence.

incompiuto *agg* inachevé.

incompleto *agg* incomplet.

incomprensìbile *agg* incompréhensible.

incomprensione *sf* incompréhension.

incompreso *agg, sm* incompris.

inconcepìbile *agg* inconcevable.

inconcludente *agg* inefficace, qui ne mène à rien; (*tentativo*) vain.

inconfondìbile *agg* incomparable, unique.

inconsapévole *agg* ignorant, inconscient.

incònscio (*pl f* **-sce**) *agg, sm* inconscient.

inconsistente *agg* inconsistant.

incontaminato *agg* intact, pur; (*aria*) non pollué.

incontrare *v tr* rencontrer; (*imbattersi in*) tomber sur ◊ *v rifl* se rencontrer.

incontro *sm* rencontre (*f*); (*sport*) match, combat ◊ **incontro di calcio** match de football; **incontro a** à la rencontre de, au devant de; **andare, venire incontro a qualcuno** aller, venir à la rencontre de quelqu'un; **andare incontro all'inverno** aller vers l'hiver.

inconveniente *sm* inconvénient.

incoraggiamento *sm* encouragement.

incoraggiante *agg* encourageant.

incoraggiare *v tr* encourager.

incorniciare *v tr* encadrer.

incoronare *v tr* couronner.

incoronazione *sf* couronnement (*m*).

incorporare *v tr* incorporer; (*annettere*) annexer.

incorreggìbile *agg* incorrigible.

incórrere *v intr* encourir ◊ **incorrere in un errore** commettre une erreur.

incosciente *agg, sm/f* inconscient (*m*).

incostante *agg* inconstant.

incostituzionale *agg* (*giur*) inconstitutionnel.

incredìbile *agg* incroyable.

incrèdulo *agg* incrédule.

incrementare *v tr* augmenter, développer.

incremento *sm* accroissement, développement.

increscioso *agg* fâcheux.

increspare *v tr* rider; (*capelli*) friser; (*tessuti*) plisser ◊ *v rifl* se rider.

incriminare *v tr* incriminer.

incrinare *v tr* fêler; (*fig*) gâcher ◊ *v rifl* se fêler; (*fig*) se gâter.

incrociare *v tr* croiser; (*attraversare*) couper; (*ibridare*) métisser ◊ *v rifl* se croiser ◊ **incrociare le braccia** croiser les bras; **incrociare le dita** croiser les doigts.

incrociatore *sm* (*mar*) croiseur.
incrócio *sm* croisement; (*crocevia*) carrefour.
incrostazione *sf* incrustation.
incubatrice *sf* couveuse.
incubazione *sf* incubation.
ìncubo *sm* cauchemar (*anche fig*).
incùdine *sf* enclume.
incuneare *v tr* enfoncer ◊ *v rifl* s'enfoncer, pénétrer.
incupire *v tr* foncer, assombrir; (*fig*) assombrir ◊ *v rifl* s'assombrir.
incuràbile *agg* incurable.
incùria *sf* incurie, négligence.
incuriosire *v tr* intriguer, intéresser ◊ *v rifl* s'intéresser (à), être intrigué (par).
incursione *sf* incursion.
incurvare *v tr* courber ◊ *v rifl* se courber.
incustodito *agg* sans surveillance.
incùtere *v tr* inspirer ◊ **incutere soggezione** en imposer (à).
ìndaco (*pl* **-chi**) *agg inv*, *sm* indigo.
indaffarato *agg* affairé, occupé.
indagare *v intr* enquêter (sur), faire des recherches (sur).
indàgine *sf* enquête.
indebitarsi *v rifl* s'endetter.
indebolimento *sm* affaiblissement.
indebolire *v tr* affaiblir (*anche fig*) ◊ *v rifl* s'affaiblir.
indecente *agg* indécent.
indecenza *sf* indécence.
indecifràbile *agg* indéchiffrable.
indecisione *sf* indécision.
indeciso *agg* indécis.
indecoroso *agg* indécent, inconvenant.
indefinìbile *agg* indéfinissable.
indefinito *agg* indéfini.
indegno *agg* indigne.
indelèbile *agg* indélébile.
indemoniato *agg* possédé; (*fig*) furieux, endiablé.
indenne *agg* indemne.
indennità *sf inv* indemnité.
indennizzare *v tr* indemniser.
indennizzo *sm* indemnisation (*f*).
inderogàbile *agg* inévitable.
indescrivìbile *agg* indescriptible.
indeterminato *agg* indéterminé ◊ **a tempo indeterminato** à durée indéterminée.

indiano *agg* indien ◊ *sm* Indien ◊ **fare l'indiano** faire la sourde oreille.
indiavolato *agg* possédé, endiablé.
indicare *v tr* indiquer; (*denotare*) dénoter, prouver ◊ **indicare con il dito** désigner du doigt.
indicativo *agg*, *sm* indicatif.
indicatore *sm* indicateur.
indicazione *sf* indication; (*med*) prescription.
ìndice *sm* (*dito*) index; (*libro*) table (*f*) des matières; (*indizio*) indice.
indicìbile *agg* indicible.
indietreggiare *v intr* reculer.
indietro *avv* en arrière ◊ **non guardare indietro** ne regarde pas en arrière; **andare indietro** reculer; **essere indietro** (*fig*) être en retard; **l'orologio è**, **va indietro** la montre retarde; **marcia indietro** marche arrière.
indifeso *agg* sans protection, sans défense.
indifferente *agg* indifférent.
indìgeno *agg*, *sm* indigène (*m/f*).
indigente *agg* indigent.
indigestione *sf* indigestion.
indigesto *agg* indigeste.
indignarsi *v rifl* s'indigner.
indignato *agg* indigné.
indignazione *sf* indignation.
indimenticàbile *agg* inoubliable.
indipendente *agg* indépendant.
indipendenza *sf* indépendance.
indire *v tr* (*assemblea*) convoquer; (*concorso*) ouvrir ◊ **indire elezioni** fixer des élections.
indiretto *agg* indirect.
indirizzare *v tr* diriger, adresser (*anche fig*); (*inviare*) envoyer ◊ **indirizzare un discorso** adresser un discours.
indirizzo *sm* adresse (*f*) (*anche fig*); (*direzione*) orientation (*f*) ◊ **indirizzo di posta elettronica** adresse de courrier électronique.
indisciplinato *agg* indiscipliné.
indiscreto *agg* indiscret.
indispensàbile *agg* indispensable.
indisposizione *sf* malaise (*m*); indisposition.
indisposto *agg* indisposé.
indistruttìbile *agg* indestructible.
indìvia *sf* (*bot*) endive.

individuale *agg* individuel.
individuare *v tr* cerner; (*persone*) identifier.
indivìduo *sm* individu.
indivisìbile *agg* indivisible, inséparable.
indiziato *agg* suspect.
indìzio *sm* indice, signe.
ìndole *sf* caractère (*m*), nature; (*temperamento*) tempérament (*m*).
indolente *agg, sm/f* indolent (*m*).
indolenzimento *sm* courbature (*f*), endolorissement.
indolenzito *agg* endolori.
indolore *agg* indolore.
indomani *avv, sm* le lendemain ◊ **all'indomani** l'indomani au, le lendemain.
indossare *v tr* enfiler, mettre.
indossatore (-trice) *sm* mannequin.
indotto *agg* (*spinto*) poussé (par); (*elettr, econ*) induit ◊ *sm* (*elettr, econ*) induit.
indovinare *v tr* deviner.
indovinello *sm* devinette (*f*).
indovino *sm* devin, voyant.
indù *agg* hindou ◊ *sm/f* Hindou (*m*).
indubbiamente *avv* indubitablement.
indùbbio *agg* indubitable.
indugiare *v intr* hésiter, s'attarder.
indùgio *sm* retard ◊ **senza indugio** sans délai.
induismo *sm* hindouisme.
indulgente *agg* indulgent.
indulgenza *sf* indulgence.
indumento *sm* vêtement.
indurire *v tr* durcir; (*fig*) endurcir ◊ *v rifl* se durcir, s'endurcir (*anche fig*).
indurre *v tr* induire; pousser; (*convincere*) persuader ◊ **tutto induce a credere che** tout porte à croire que.
indùstria *sf* industrie.
industriale *agg, sm/f* industriel (*m*).
industrializzare *v tr* industrialiser.
industriarsi *v rifl* faire de son mieux, s'ingénier (à).
industrioso *agg* industrieux.
induzione *sf* induction.
inebetito *agg* hébété.
inebriante *agg* enivrant, grisant.
ineccepìbile *agg* irréprochable.
inèdito *agg* inédit.
inefficace *agg* inefficace.

inefficienza *sf* inefficacité.
ineluttàbile *agg* inéluctable.
inequivocàbile *agg* sans équivoque, catégorique.
inerente *agg* inhérent.
inerme *agg* sans défense; (*fig*) désarmé.
inerte *agg* inerte.
inèrzia *sf* inertie.
inesatto *agg* inexact.
inesaurìbile *agg* inépuisable, intarissable.
inesistente *agg* inexistant.
inesperto *agg* inexpérimenté, sans expérience.
inespressivo *agg* inexpressif.
inestimàbile *agg* inestimable.
inetto *agg* inapte, incapable.
inevitàbile *agg* inévitable.
inèzia *sf* bagatelle, vétille.
infallìbile *agg* infaillible.
infame *agg* infâme.
infangare *v tr* couvrir de boue, crotter; (*fig*) souiller, salir ◊ *v rifl* se crotter.
infantile *agg* enfantin ◊ **asilo infantile** école maternelle.
infànzia *sf* enfance.
infarinare *v tr* (en)fariner.
infarinatura *sf* saupoudrage (*m*) de farine; (*fig*) vagues notions (*pl*).
infarto *sm* infarctus.
infastidire *v tr* agacer, embêter ◊ *v rifl* s'énerver.
infaticàbile *agg* infatigable.
infatti *cong* en effet.
infedele *agg, sm/f* infidèle.
infelice *agg* malheureux.
infelicità *sf inv* malheur (*m*).
inferiore *agg* inférieur.
inferiorità *sf inv* infériorité.
infermerìa *sf* infirmerie.
infermiere *sm* infirmier.
infermità *sf inv* infirmité.
infermo *agg* infirme ◊ *sm* infirme (*m/f*).
infernale *agg* infernal (*anche fig*).
inferno *sm* enfer (*anche fig*) ◊ **va' all'inferno!** va au diable!
inferocirsi *v rifl* devenir furieux.
inferriata *sf* grille.
infestare *v tr* infester; (*piante, animali*) envahir.

infettare *v tr* infecter; (*fig*) corrompre.
infettivo *agg* infectieux.
infezione *sf* infection.
infiammàbile *agg* inflammable.
infiammare *v tr* enflammer; (*fig*) exciter; pousser (à) ◊ *v rifl* s'enflammer (*anche fig*).
infiammazione *sf* inflammation.
infierire *v intr* s'acharner (sur); (*fig*) sévir.
infilare *v tr* (*indumenti*) enfiler; (*inserire*) introduire ◊ *v rifl* se glisser.
infiltrarsi *v rifl* s'infiltrer.
infiltrazione *sf* infiltration.
infilzare *v tr* enfiler; (*spiedo*) embrocher.
ìnfimo *agg* infime.
infine *avv* enfin, finalement.
infinità *sf inv* infinité.
infinito *agg* infini ◊ *sm* (*spazio, mat*) infini; (*gramm*) infinitif ◊ **all'infinito** à l'infini.
infisso *sm* bâti, châssis.
inflazione *sf* inflation.
inflessìbile *agg* inflexible.
inflessione *sf* inflexion.
inflìggere *v tr* infliger.
influente *agg* influent.
influenza *sf* (*influsso*) influence; (*med*) grippe.
influenzare *v tr* influencer ◊ **farsi influenzare** se laisser influencer.
influire *v intr* influer, influencer.
influsso *sm* influence (*f*).
infondato *agg* infondé.
infóndere *v tr* insuffler, inspirer.
informale *agg* informel.
informare *v tr* informer, renseigner ◊ *v rifl* se renseigner.
informàtica (*pl* -**che**) *sf* informatique.
informàtico (*f* -**a** *pl* -**ci** -**che**) *agg* informatique ◊ *sm* informaticien.
informato *agg* informé, renseigné.
informatore (-**trice**) *sm* informateur.
informazione *sf* information, renseignement (*m*) ◊ **ufficio informazioni** bureau des renseignements.
informe *agg* informe.
infornare *v tr* enfourner.
infortunarsi *v rifl* avoir un accident; (*ferirsi*) se blesser.

infortunato *agg* accidenté; (*ferito*) blessé.
infortùnio *sm* accident ◊ **infortunio sul lavoro** accident du travail; **polizza contro gli infortuni** police d'assurance contre les accidents.
infràngere *v tr* briser; (*legge*) enfreindre ◊ *v rifl* se briser.
infrangìbile *agg* incassable.
infranto *agg* brisé ◊ **cuore infranto** cœur brisé.
infrarosso *agg* infrarouge.
infrasettimanale *agg* en semaine.
infrastruttura *sf* infrastructure.
infrazione *sf* infraction.
infreddolito *agg* transi de froid.
infuori *avv* ◊ **all'infuori** dehors; **all'infuori di** sauf, excepté.
infuriare *v intr* faire rage ◊ *v rifl* se mettre en colère.
infuso *agg* infusé ◊ *sm* infusion (*f*).
ingaggiare *v tr* engager, embaucher.
ingannare *v tr* tromper ◊ *v rifl* se tromper ◊ **ingannare il tempo** tuer le temps.
ingannatore (-**trice**) *sm* trompeur.
ingannévole *agg* trompeur.
inganno *sm* ruse (*f*), tromperie (*f*) ◊ **trarre in inganno** tromper.
ingarbugliare *v tr* embrouiller.
ingegnere *sm* ingénieur.
ingegnerìa *sf* ingénierie; (*corso di studi*) études (*pl*) d'ingénieur.
ingegno *sm* esprit, talent.
ingegnoso *agg* ingénieux.
ingelosire *v tr* rendre jaloux ◊ *v rifl* jalouser.
ingente *agg* considérable.
ingenuità *sf inv* ingénuité, naïveté.
ingènuo *agg* ingénu, naïf.
ingerenza *sf* ingérence.
ingerire *v tr* ingérer, avaler.
ingessare *v tr* plâtrer.
ingessato *agg* plâtré.
ingessatura *sf* plâtre (*m*).
inghiottire *v tr* engloutir, avaler.
ingiallire *v tr/intr* jaunir.
ingigantire *v tr* grandir, grossir.
inginocchiarsi *v rifl* s'agenouiller.
ingiù *avv* en bas.
ingiunzione *sf* sommation, injonction.
ingiustificato *agg* injustifié.

ingiustìzia sf injustice.
ingiusto agg injuste.
inglese agg anglais ◊ sm/f Anglais (m).
ingoiare v tr engloutir, avaler; (fig) digérer.
ingolfare v tr noyer ◊ v rifl se noyer; (fig) s'enfoncer (dans).
ingombrante agg encombrant.
ingombrare v tr encombrer ◊ **ingombrare il passaggio** encombrer le passage.
ingombro agg encombré ◊ sm encombrement.
ingordo agg glouton, goinfre.
ingorgare v tr engorger ◊ v rifl s'engorger; (strada) se bloquer.
ingorgo (pl -ghi) sm engorgement; (stradale) embouteillage.
ingozzare v tr gaver ◊ v rifl se gaver.
ingranàggio sm engrenage.
ingranare v tr (marcia) passer ◊ v intr (ingranaggio) être en prise; (fig) démarrer ◊ **ingranare una marcia** passer une vitesse.
ingrandimento sm agrandissement; (ottico) grossissement ◊ **ingrandimento fotografico** agrandissement photographique; **lente d'ingrandimento** lentille grossissante.
ingrandire v tr agrandir; grossir ◊ v rifl s'agrandir ◊ **ingrandire una foto** agrandir une photo.
ingrassare v tr (far diventare grasso) engraisser; (lubrificare) graisser ◊ v intr grossir.
ingrato agg ingrat.
ingrediente sm ingrédient.
ingresso sm entrée (f) ◊ **biglietto d'ingresso** billet d'entrée.
ingrosso avv ◊ **all'ingrosso** en gros; (di prezzo) de gros; **acquisto, vendita all'ingrosso** achat, vente en gros.
inguaribile agg inguérissable; (fig) incorrigible.
ìnguine sm aine (f).
inibire v tr inhiber.
inibito agg inhibé.
inibizione sf inhibition.
iniettare v tr injecter.
iniezione sf injection; (med) piqûre.
inimitàbile agg inimitable.
iniquo agg inique.

iniziale agg initial ◊ sf initiale.
inizialmente avv au début, à l'origine.
iniziare v tr/intr commencer.
iniziativa sf initiative.
iniziato agg, sm initié.
inìzio sm début, commencement.
innaffiare v tr arroser.
innaffiatóio sm arrosoir.
innalzare v tr élever; (gli occhi) lever ◊ v rifl s'élever.
innamorarsi v rifl tomber amoureux.
innamorato agg, sm amoureux.
innanzi avv (luogo) devant; (tempo) avant ◊ prep devant ◊ **innanzi a** devant; **d'ora innanzi** dorénavant.
innanzitutto avv avant tout.
innato agg inné.
innaturale agg qui n'est pas naturel; artificiel.
innegàbile agg incontestable.
innervosire v tr énerver ◊ v rifl s'énerver.
innescare v tr amorcer.
innestare v tr (med, pianta) greffer; (elettr) brancher; (aut) passer.
innesto sm (med, pianta) greffe (f); (mecc) embrayage.
inno sm hymne.
innocente agg, sm/f innocent (m).
innocenza sf innocence.
innòcuo agg inoffensif.
innovare v tr innover.
innovazione sf innovation.
innumerévole agg innombrable.
inoculare v tr inoculer.
inodore agg inodore.
inoffensivo agg inoffensif.
inoltrare v tr (documento) transmettre; (posta) expédier; (reclamo) adresser ◊ v rifl s'enfoncer ◊ **inoltrare domanda** adresser une demande.
inoltre avv en outre.
inoltro sm (documento) transmission (f); (posta) acheminement; (reclamo) présentation (f).
inondare v tr inonder (anche fig).
inondazione sf inondation.
inopportuno agg inopportun.
inorgànico (f -a pl -ci -che) agg inorganique.
inorridire v intr être saisi d'horreur.
inospitale agg inhospitalier.

363 **insònnia**

inosservanza *sf* inobservance.
inosservato *agg* (*non rispettato*) inobservé; (*inavvertito*) inaperçu.
inossidàbile *agg* inoxydable.
inquadrare *v tr* (*incorniciare*) encadrer; (*fot, cine*) cadrer; (*fig*) situer.
inquadratura *sf* (*incorniciatura*) encadrement (*m*); (*fot, cine*) cadrage (*m*), plan (*m*).
inquietante *agg* inquiétant.
inquietare *v tr* inquiéter ◊ *v rifl* s'inquiéter.
inquieto *agg* inquiet, agité.
inquilino *sm* locataire (*m/f*).
inquinamento *sm* pollution (*f*).
inquinare *v tr* polluer.
inquisire *v tr* enquêter sur ◊ *v intr* se renseigner.
inquisito *agg* mis en examen ◊ *sm* personne (*f*) mise en examen.
inquisizione *sf* inquisition.
insabbiare *v tr* ensabler; (*fig*) enterrer ◊ *v rifl* s'ensabler; (*fig*) être enterré.
insaccare *v tr* ensacher.
insaccato *agg* ensaché ◊ *sm pl* saucisses (*f*) et saucissons.
insalata *sf* salade ◊ **insalata russa** salade russe; **insalata di riso** salade de riz; **in insalata** en salade.
insalatiera *sf* saladier (*m*).
insanguinato *agg* ensanglanté.
insaponare *v tr* savonner.
insaporire *v tr* donner de la saveur à ◊ *v rifl* devenir savoureux.
insaputa *sf* insu (*m*) ◊ **a mia insaputa** à mon insu; **all'insaputa** à l'insu.
insaziàbile *agg* insatiable.
inscatolare *v tr* mettre en boîte.
inscenare *v tr* mettre en scène.
insediamento *sm* installation (*f*); (*industria*) implantation (*f*); (*popolazione*) établissement ◊ **insediamento urbano** habitat urbain.
insediarsi *v rifl* s'installer, s'établir.
insegna *sf* enseigne; (*stemma*) emblème (*m*) ◊ **insegna stradale** panneau routier; **all'insegna di** sous le signe de.
insegnamento *sm* enseignement.
insegnante *agg, sm/f* enseignant (*m*).
insegnare *v tr* enseigner, apprendre ◊ *v intr* enseigner.

inseguimento *sm* poursuite (*f*).
inseguire *v tr* poursuivre.
insenatura *sf* baie, crique.
insensato *agg* insensé.
insensìbile *agg* insensible.
inseparàbile *agg* inséparable.
inserimento *sm* insertion (*f*), introduction (*f*); (*fig*) intégration (*f*).
inserire *v tr* insérer, introduire ◊ *v rifl* s'insérer; s'intégrer.
inserto *sm* dossier; supplément.
inserviente *sm/f* garçon (*m*) (de salle, de laboratoire).
inserzione *sf* (*inserimento*) insertion; (*giornale*) annonce ◊ **inserzione pubblicitaria** petite annonce.
insetticìda (*pl* -i) *agg, sm* insecticide.
insetto *sm* insecte.
insicurezza *sf* insécurité.
insicuro *agg* qui manque d'assurance.
insìdia *sf* piège (*m*), embûche.
insidiare *v tr* tendre un piège.
insidioso *agg* insidieux.
insieme *avv* ensemble; à la fois ◊ *sm* ensemble ◊ **mettere insieme** assembler, rassembler; **fare due cose insieme** faire deux choses à la fois; **nell'insieme** dans l'ensemble; **insieme a, con** avec.
insignificante *agg* insignifiant.
insinuare *v tr* insinuer; (*fig*) glisser ◊ *v rifl* s'insinuer.
insinuazione *sf* insinuation.
insìpido *agg* insipide, fade.
insistente *agg* insistant, pressant; (*persistente*) persistant.
insistenza *sf* insistance.
insìstere *v intr* insister; (*persistere*) persévérer, persister.
ìnsito *agg* inné, naturel.
insoddisfatto *agg* insatisfait, inassouvi.
insoddisfazione *sf* insatisfaction.
insofferente *agg* intolérant.
insofferenza *sf* intolérance.
insolazione *sf* insolation.
insolente *agg* insolent.
insolenza *sf* insolence.
insòlito *agg* insolite.
insomma *avv* en somme, bref.
insonne *agg* insomniaque.
insònnia *sf* insomnie.

insopportàbile *agg* insupportable.
insórgere *v intr* s'insurger, se soulever.
insorto *agg*, *sm* insurgé.
insospettàbile *agg* insoupçonnable.
insospettire *v tr* éveiller les soupçons de ◊ *v rifl* avoir des soupçons.
insostenìbile *agg* insoutenable.
insostituìbile *agg* irremplaçable.
insperato *agg* inespéré.
inspiegàbile *agg* inexplicable.
inspirare *v tr* inspirer.
inspirazione *sf* inspiration.
instàbile *agg* instable.
installare *v tr* installer.
installazione *sf* installation.
instancàbile *agg* infatigable.
instaurare *v tr* instaurer.
insù *avv* en haut.
insubordinazione *sf* insubordination.
insuccesso *sm* insuccès, échec.
insufficiente *agg* insuffisant.
insufficienza *sf* insuffisance.
insulare *agg* insulaire.
insulina *sf* insuline.
insulso *agg* inepte, niais; (*cibo*) fade.
insultare *v tr* insulter.
insulto *sm* insulte (*f*).
insuperàbile *agg* insurmontable; (*fig*) incomparable, imbattable.
insuperato *agg* inégalé.
insurrezione *sf* insurrection.
intaccare *v tr* entailler, attaquer; (*fig*) entamer.
intagliare *v tr* sculpter, graver.
intàglio *sm* sculpture (*f*), gravure (*f*).
intanto *avv* (*nel frattempo*) en attendant; (*contemporaneamente*) en même temps ◊ **intanto che** pendant que.
intàrsio *sm* marqueterie (*f*).
intasamento *sm* engorgement, embouteillage.
intasare *v tr* obstruer; (*strada*) embouteiller ◊ *v rifl* se boucher.
intascare *v tr* empocher.
intatto *agg* intact.
integrale *agg* (*intero*) intégral; (*alimento*) complet ◊ **pane integrale** pain complet.
integralìsmo *sm* intégrisme.
integralista (*pl* **-i -e**) *agg*, *sm/f* intégriste.

integrare *v tr* (*persona*) intégrer; (*completare*) compléter ◊ *v rifl* s'intégrer.
integratore *sm* (*alimento*) complément alimentaire.
integrazione *sf* intégration ◊ **integrazione etnica** intégration ethnique; **cassa integrazione** caisse d'allocations chômage.
integrità *sf inv* intégrité.
ìntegro *agg* intact; (*fig*) intègre.
intelaiatura *sf* (*edilizia*) charpente; (*telaio*) châssis (*m*); montage (*m*).
intelletto *sm* intellect, raison (*f*).
intellettuale *agg*, *sm/f* intellectuel (*m*).
intelligente *agg* intelligent.
intelligenza *sf* intelligence.
intèndere *v tr* entendre; (*capire*) comprendre ◊ *v rifl* s'entendre; (*avere conoscenza di*) s'y connaître (en) ◊ **dare a intendere** laisser entendre; **siamo intesi** c'est entendu.
intenditore (**-trice**) *sm* connaisseur.
intenerire *v tr* attendrir ◊ *v rifl* s'attendrir.
intensamente *avv* intensément.
intensificare *v tr* intensifier ◊ *v rifl* s'intensifier, se multiplier.
intensità *sf inv* intensité.
intensivo *agg* intensif ◊ **corso intensivo** cours intensif; **terapia intensiva** soins intensifs.
intenso *agg* intense.
intento *agg* occupé (à), absorbé (par) ◊ *sm* but, intention (*f*).
intenzionale *agg* intentionnel.
intenzione *sf* intention ◊ **senza intenzione** sans le vouloir.
interattivo *agg* interactif.
intercalare *sm* tic de langage, refrain ◊ *v tr* intercaler.
intercapèdine *sf* interstice (*m*).
intercèdere *v intr* intercéder.
intercettare *v tr* intercepter.
intercettazione *sf* interception.
intercontinentale *agg* intercontinental.
intercórrere *v intr* y avoir; (*tempo*) s'écouler.
interdetto *agg* interdit ◊ *sm* (*giur*) interdiction (*f*), interdit.
interdizione *sf* interdiction.
interessamento *sm* intérêt.

interessante *agg* intéressant.
interessare *v tr* intéresser ◊ *v rifl* s'intéresser ◊ **interessarsi di** s'occuper de.
interesse *sm* intérêt.
interezza *sf* intégralité, totalité.
interferenza *sf* interférence.
interferire *v intr* interférer.
interiora *sf pl* entrailles.
interiore *agg* intérieur.
interiorità *sf inv* intériorité.
interlocutore (-trice) *sm* interlocuteur.
intermediàrio *sm* intermédiaire.
intermèdio *agg* intermédiaire.
intermezzo *sm* intermède; (*teatro*) entracte.
interminàbile *agg* interminable.
intermittente *agg* intermittent.
internare *v tr* interner.
internazionale *agg* international.
Internet *sf* Internet (*m*).
interno *agg* intérieur; (*med*) interne ◊ *sm* (*stanza*) intérieur; (*telefono*) poste; (*allievo*) interne ◊ **ministero degli Interni** ministère de l'Intérieur; **girare in interni** tourner en intérieur.
intero *agg, sm* entier ◊ **latte intero** lait entier; **per intero** en entier.
interpellanza *sf* interpellation.
interpellare *v tr* interpeller; (*chiedere il parere di*) consulter.
interporre *v tr* interposer ◊ *v rifl* s'interposer.
interpretare *v tr* interpréter.
interpretazione *sf* interprétation.
intèrprete *sm/f* interprète ◊ **interprete in simultanea** interprète en simultané.
interrare *v tr* enterrer.
interrogare *v tr* interroger, questionner.
interrogativo *agg* interrogatif ◊ *sm* question (*f*), problème ◊ **punto interrogativo** point d'interrogation.
interrogatòrio *sm* interrogatoire.
interrogazione *sf* interrogation ◊ **interrogazione parlamentare** interpellation parlementaire.
interrómpere *v tr* interrompre; (*sospendere*) suspendre.
interrotto *agg* interrompu ◊ **strada interrotta** route barrée; **comunicazio-**ni **interrotte** communications coupées.
interruttore *sm* interrupteur.
interruzione *sf* interruption.
interurbana *sf* appel (*m*) interurbain ◊ **fare un'interurbana** passer un appel interurbain.
interurbano *agg* interurbain.
intervallo *sm* intervalle.
intervenire *v intr* intervenir; (*assistere*) assister, prendre part (à).
intervento *sm* intervention (*f*) (*anche med*); (*partecipazione*) présence (*f*).
intervista *sf* entrevue, interview.
intervistare *v tr* interviewer.
intesa *sf* entente.
inteso *agg* entendu ◊ **è inteso che** il est entendu que; **ben inteso** bien entendu.
intèssere *v tr* tresser; (*fig*) ourdir ◊ **intessere elogi** faire des éloges.
intestare *v tr* donner un titre a; (*comm, giur*) mettre au nom de.
intestazione *sf* en-tête (*m*), titre (*m*).
intestino *sm* intestin.
intimidire *v tr* intimider.
intimità *sf inv* intimité.
ìntimo *agg* intime ◊ *sm* intime ◊ **biancheria intima** lingerie intime; **nel proprio intimo** en son for intérieur.
intimorire *v tr* effrayer ◊ *v rifl* s'effrayer.
intìngere *v tr* tremper.
intìngolo *sm* (*condimento*) sauce (*f*); (*piatto*) petit plat.
intitolare *v tr* intituler; (*via, piazza ecc.*) donner le nom (de quelqu'un) à ◊ *v rifl* s'intituler.
intolleràbile *agg* intolérable.
intollerante *agg, sm/f* intolérant (*m*).
intolleranza *sf* intolérance.
intonacare *v tr* crépir, enduire.
intònaco (*pl* **-ci**) *sm* plâtre; (*cemento*) enduit de ciment; (*prima mano*) crépi.
intonare *v tr* (*mus*) entonner.
intonato *agg* (*voce*) juste; (*strumento*) accordé; (*fig*) assorti.
intonazione *sf* intonation.
intontire *v tr* étourdir, abrutir.
intontito *agg* étourdi, abruti.

intoppo *sm* heurt; (*fig*) obstacle, difficulté (*f*).

intorno *avv* autour ◊ **intorno a** autour de; **all'intorno** aux alentours.

intossicare *v tr* intoxiquer ◊ *v rifl* s'intoxiquer.

intossicazione *sf* intoxication.

intralciare *v tr* entraver, gêner.

intràlcio *sm* entrave (*f*).

intramuscolare *agg*, *sf* intramusculaire.

intransigente *agg* intransigeant.

intransigenza *sf* intransigeance.

intransitivo *agg* intransitif.

intraprendente *agg* entreprenant.

intraprendenza *sf* esprit (*m*) d'initiative.

intraprèndere *v tr* entreprendre.

intrattàbile *agg* intraitable, inabordable.

intrattenere *v tr* entretenir; (*divertire*) amuser, divertir ◊ *v rifl* s'entretenir, s'attarder.

intrattenimento *sm* divertissement, amusement.

intravvedere *v tr* entrevoir, apercevoir.

intrecciare *v tr* entrelasser, tresser; (*fig*) nouer ◊ *v rifl* s'entrelacer.

intréccio *sm* tressage; entrelacement; (*fig*) intrigue (*f*).

intrico (*pl* -**chi**) *sm* enchevêtrement.

intrigante *agg*, *sm/f* intrigant (*m*).

intrigo (*pl* -**ghi**) *sm* intrigue (*f*).

introdurre *v tr* introduire; (*fig*) initier ◊ *v rifl* s'introduire.

introduttivo *agg* introductif.

introduzione *sf* introduction.

intròito *sm* recette (*f*), revenu.

intromèttersi *v rifl* s'immiscer, s'ingérer.

intromissione *sf* ingérence.

introverso *agg* introverti.

intrùglio *sm* mixture (*f*).

intrusione *sf* intrusion.

intruso *sm* intrus.

intuire *v tr* avoir l'intuition; entrevoir.

intuitivo *agg* intuitif.

intùito *sm* intuition (*f*).

intuizione *sf* intuition.

inumano *agg* inhumain.

inumidire *v tr* humidifier, humecter ◊ *v rifl* prendre l'humidité.

inùtile *agg* inutile.

inutilizzàbile *agg* inutilisable.

invadente *agg* envahissant.

invadenza *sf* sans-gêne (*m*).

invàdere *v tr* envahir; (*fig*) inonder.

invalicàbile *agg* infranchissable.

invalidità *sf inv* invalidité.

invàlido *agg*, *sm* invalide (*m/f*).

invano *avv* en vain.

invariàbile *agg* invariable.

invasione *sf* invasion.

invasore *agg* occupant ◊ *sm* envahisseur.

invecchiamento *sm* vieillissement.

invecchiare *v tr/intr* vieillir.

invecchiato *agg* vieilli.

invece *avv* au contraire ◊ **invece di parlare** au lieu de parler.

inveire *v intr* invectiver.

inventare *v tr* inventer; imaginer; créer.

inventariare *v tr* inventorier.

inventàrio *sm* inventaire.

inventore (-**trice**) *sm* inventeur.

invenzione *sf* invention.

invernale *agg* hivernal, d'hiver.

inverno *sm* hiver.

inverosìmile *agg*, *sm* invraisemblable.

inversione *sf* inversion ◊ **inversione di marcia, a U** demi-tour; **inversione di tendenza** inversion de tendance.

inverso *agg*, *sm* contraire; inverse ◊ **all'inverso** au contraire.

invertebrato *agg*, *sm* invertébré.

invertire *v tr* inverser, intervertir.

invertito *agg* inversé; inverti.

investigare *v intr* enquêter.

investigatore (-**trice**) *sm* investigateur; enquêteur ◊ **investigatore privato** détective privé.

investigazione *sf* investigation; enquête.

investimento *sm* (*econ*) investissement; (*incidente*) collision (*f*), accident.

investire *v tr* (*econ*) investir; (*urtare*) heurter; (*con parole*) presser.

investitura *sf* investiture.

invettiva *sf* invective.

inviare *v tr* envoyer, expédier ◊ **inviare per posta** envoyer par la poste; **inviare per fax** envoyer par fax; **inviare per e-mail** envoyer par e-mail.

inviato *agg* envoyé ◊ *sm* (*giornalista*) correspondant.
invìdia *sf* envie.
invidiare *v tr* envier ◊ **non avere nulla da invidiare** ne rien avoir à envier.
invidioso *agg* envieux.
invincìbile *agg* invincible.
invìo *sm* envoi.
invisìbile *agg* invisible.
invitante *agg* (*cibo*) appétissant; (*proposta*) tentant.
invitare *v tr* inviter.
invitato *sm* invité.
invito *sm* invitation (*f*); (*ordine*) appel.
invocare *v tr* invoquer, implorer.
invogliare *v tr* donner (à quelqu'un) envie (de).
involontàrio *agg* involontaire.
involtino *sm* (*cuc*) paupiette (*f*).
invòlucro *sm* enveloppe (*f*), emballage.
invulneràbile *agg* invulnérable.
inzuppare *v tr* (*cibo*) tremper; (*bagnare molto*) détremper ◊ *v rifl* (*bagnarsi*) se faire saucer.
io *pron* je; (*quando non può essere sottinteso in italiano*) moi ◊ (**io**) **ho fame** j'ai faim; **sono io** c'est moi; **io stesso** moi-même.
iòdio *sm* iode ◊ **tintura di iodio** teinture d'iode.
iògurt *sm inv* yaourt.
iònico (*f* -**a** *pl* -**ci** -**che**) *agg*, *sm* ionien.
iosa ◊ **a iosa** à foison.
ipèrbole *sf* hyperbole.
ipermercato *sm* hypermarché.
ipersensìbile *agg* hypersensible.
ipertensione *sf* hypertension.
iperteso *agg*, *sm* hypertendu.
ipertesto *sm* (*inform*) hypertexte.
ipnosi *sf inv* hypnose.
ipocalòrico (*f* -**a** *pl* -**ci** -**che**) *agg* hypocalorique.
ipocondrìaco (*f* -**a** *pl* -**ci** -**che**) *agg*, *sm* hypocondriaque (*m/f*).
ipocrisìa *sf* hypocrisie.
ipòcrita (*pl* -**i** -**e**) *agg*, *sm/f* hypocrite.
ipòfisi *sf inv* hypophyse.
ipotèca (*pl* -**che**) *sf* hypothèque.
ipotecare *v tr* hypothéquer.
ipòtesi *sf inv* hypothèse.
ipotètico *agg* hypothétique.
ìppica (*pl* -**che**) *sf* hippisme (*m*).

ippocastano *sm* marronnier d'Inde.
ippòdromo *sm* hippodrome.
ippopòtamo *sm* hippopotame.
ira *sf* colère.
iracheno *agg* irakien ◊ *sm* Irakien.
iraniano *agg* iranien ◊ *sm* Iranien.
irascìbile *agg* irascible.
ìride *sf* iris (*m*); (*arcobaleno*) arc-en-ciel (*m*).
irlandese *agg* irlandais ◊ *sm/f* Irlandais (*m*).
ironìa *sf* ironie ◊ **ironia della sorte** ironie du sort.
irònico (*f* -**a** *pl* -**ci** -**che**) *agg* ironique.
ironizzare *v intr* ironiser.
irradiare *v tr* irradier, éclairer, diffuser ◊ *v intr* émaner ◊ *v rifl* rayonner.
irradiazione *sf* irradiation.
irraggiungìbile *agg* inaccessible.
irrazionale *agg* irrationnel.
irreale *agg* irréel.
irrealizzàbile *agg* irréalisable.
irrecuperàbile *agg* irrécupérable.
irregolare *agg* irrégulier.
irremovìbile *agg* inébranlable.
irreparàbile *agg* irréparable.
irrequieto *agg* agité, turbulent.
irresistìbile *agg* irrésistible.
irrespiràbile *agg* irrespirable.
irresponsàbile *agg* irresponsable.
irriconoscìbile *agg* méconnaissable.
irrigare *v tr* irriguer.
irrigazione *sf* irrigation.
irrigidirsi *v rifl* se durcir; (*fig*) se figer.
irrilevante *agg* insignifiant.
irritàbile *agg* irritable.
irritante *agg* irritant (*anche fig*).
irritare *v tr* irriter (*anche fig*) ◊ *v rifl* s'irriter.
irritazione *sf* irritation.
irriverente *agg* irrévérencieux, irrespectueux.
irrobustire *v tr* fortifier ◊ *v rifl* se fortifier.
irrómpere *v intr* faire irruption.
irruzione *sf* irruption.
iscritto *agg*, *sm* inscrit ◊ **per iscritto** par écrit.
iscrivere *v tr* inscrire ◊ *v rifl* s'inscrire.
iscrizione *sf* inscription.
ISDN *sf* (*inform*) RNIS (*m*).
islam *sm inv* islam.

islàmico (*f* **-a** *pl* **-ci -che**) *agg* islamique.

islamismo *sm* islamisme.

islandese *agg* islandais ◊ *sm/f* Islandais (*m*).

ìsola *sf* île ◊ **isola pedonale** zone piétonne.

isolamento *sm* isolement.

isolano *agg*, *sm* insulaire.

isolante *agg* isolant ◊ **nastro isolante** adhésif isolant, chatterton.

isolare *v tr* isoler ◊ *v rifl* s'isoler.

isolato *agg* isolé ◊ *sm* pâté de maisons.

isolotto *sm* îlot.

ispànico (*f* **-a** *pl* **-ci -che**) *agg* hispanique.

ispettore (**-trice**) *sm* inspecteur.

ispezionare *v tr* inspecter.

ispezione *sf* inspection.

ìspido *agg* hérissé.

ispirare *v tr* inspirer ◊ *v rifl* s'inspirer.

ispirazione *sf* inspiration.

israeliano *agg* israélien ◊ *sm* Israélien.

issare *v tr* hisser.

istallare *v tr* installer.

istantànea *sf* instantané (*m*), cliché (*m*).

istantàneo *agg* instantané.

istante *sm* instant ◊ **sull'istante, all'istante** tout de suite.

istèrico (*f* **-a** *pl* **-ci -che**) *agg* hystérique.

istigare *v tr* inciter, pousser.

istigazione *sf* instigation.

istintivo *agg* instinctif.

istinto *sm* instinct ◊ **d'istinto** d'instinct.

istituire *v tr* instituer, établir.

istituto *sm* institut; (*scuola*) école (*f*) ◊ **istituto di credito** établissement de crédit; **istituto di bellezza** institut de beauté; **istituto di pena** pénitencier.

istitutore (**-trice**) *sm* (*fondatore*) fondateur; (*insegnante*) précepteur.

istituzione *sf* institution.

istmo *sm* isthme.

istologìa *sf* histologie.

istològico (*pl* **-ci**) *agg* histologique.

istradare *v tr* acheminer; (*avviare, indirizzare*) orienter.

ìstrice *sm* porc-épic.

istrione *sm* histrion.

istruire *v tr* instruire ◊ **istruire un processo** instruire un procès.

istruito *agg* instruit, cultivé.

istruttivo *agg* instructif.

istruttore (**-trice**) *sm* instructeur.

istruttòria *sf* instruction.

istruzione *sf* instruction; (*insegnamento*) enseignement (*m*) ◊ **istruzioni per l'uso** mode d'emploi; **ministero della pubblica Istruzione** ministère de l'Education nationale.

italiano *agg* italien ◊ *sm* Italien.

italo-francese *agg* italo-français ◊ **scambi culturali italo-francesi** échanges culturels italo-français.

itineràrio *sm* itinéraire; parcours; circuit.

itterìzia *sf* jaunisse.

ìttico (*f* **-a** *pl* **-ci -che**) *agg* du poisson.

ittiologìa *sf* ichtyologie.

iugoslavo *agg* yougoslave ◊ *sm* Yougoslave (*m/f*).

iuta *sf* jute (*m*).

ivi *avv* là ◊ **ivi compreso** y compris.

ivoriano *agg* ivoirien ◊ *sm* Ivoirien.

J

jack *sm inv* (*carte*) valet.

jazz *agg*, *sm inv* jazz.

jeans *sm inv* (*tessuto*) jean ◊ *pl* (*pantaloni*) jean (*sing*).

jeep *sf inv* jeep.

jersey *sm inv* jersey.

jet *sm inv* (*aeronautica*) jet.

jogging *sm inv* jogging.

jolly *sm inv* (*carte*) joker.

joystick *sm* (*inform*) commande (*f*).

juke-box *sm inv* juke-box.

junior (*pl* **juniores**) *agg* (*sport*) junior.

K

kamikaze *agg*, *sm/f inv* kamikaze.

karaoke *sm inv* karaoké.

karatè *sm inv* karaté.

kayak *sm inv* kayak.

kermesse *sf inv* kermesse.

ketchup *sm inv* ketchup.

kilim *sm inv* kilim, tapis d'Orient.
killer *sm/f inv* tueur (*m*) (à gages).
kit *sm inv* kit.
kitsch *agg*, *sm inv* kitsch.
kiwi *sm inv* kiwi.
koala *sm inv* koala.
kolossal *sm inv* superproduction (*f*).
krapfen *sm inv* beignet à la confiture ou à la crème.

L

la *art f sing* la; (*con valore possessivo*) ma, ta, sa, notre, votre, leur; (*non si traduce davanti agli aggettivi possessivi*) ◊ *pron* (*compl oggetto, cosa, persona*) la; (*di cortesia*) vous ◊ **la giornalista** la journaliste; **la valigia** la valise; **la mia valigia** ma valise; **la vidi ieri sera** je l'ai vue hier soir; **La prego, Signore, stia comodo** je vous en prie, monsieur, mettez-vous à l'aise.
la *sm inv* (*mus*) la ◊ **dare il la** donner le la.
là *avv* là ◊ **di là** (*stato*) à côté, (*moto*) par là; **è di là** il est à côté; **per di là** par là; **qua e là** ici et là; **farsi in là** s'écarter; **essere in là con gli anni** être d'un âge avancé.
labbro (*pl* **labbra** *f*) *sm* lèvre (*f*) ◊ **a fior di labbra** du bout des lèvres.
labirinto *sm* labyrinthe.
laboratòrio *sm* (*scientifico*) laboratoire; (*artigianale*) atelier.
laborioso *agg* (*volonteroso*) travailleur; (*faticoso*) laborieux.
laburismo *sm* travaillisme.
laburista (*pl* **-i -e**) *agg*, *sm/f* travailliste.
lacca (*pl* **-che**) *sf* (*vernice*) vernis (*m*); (*per capelli*) laque.
làccio *sm* (*per scarpe*) lacet.
lacerante *agg* déchirant.
lacerare *v tr* déchirer (*anche fig*) ◊ *v rifl* se déchirer.
lacerazione *sf* déchirure (*anche med*).
làcrima *sf* larme.
lacrimale *agg* lacrymal.
lacrimare *v intr* pleurer, larmoyer.
lacrimazione *sf* larmoiement (*m*).
lacrimoso *agg* larmoyant.

lacuna *sf* lacune.
lacunoso *agg* lacunaire.
lacustre *agg* lacustre.
ladro *sm* voleur ◊ **al ladro!** au voleur!
lager *sm inv* camp de concentration.
laggiù *avv* là-bas.
lagnarsi *v rifl* se plaindre.
lago (*pl* **-ghi**) *sm* lac ◊ **lago artificiale** lac artificiel; **un lago di sangue** une mare de sang.
laguna *sf* lagune.
làico (*f* **-a** *pl* **-ci -che**) *agg* laïque ◊ *sm* laïc.
lama *sf* lame ◊ *sm inv* (*tibetano, zool*) lama.
lambire *v tr* lécher.
lamentare *v tr* déplorer ◊ *v rifl* se plaindre.
lamentela *sf* plainte.
lamento *sm* gémissement.
lametta *sf* (*da barba*) lame (de rasoir).
lamiera *sf* tôle.
làmina *sf* lame, feuille.
làmpada *sf* lampe ◊ **lampada alogena** lampe halogène; **farsi la lampada** faire des UV.
lampadàrio *sm* lustre.
lampadina *sf* ampoule ◊ **lampadina tascabile** lampe de poche.
lampante *agg* éclatant, évident, manifeste.
lampeggiante *sm* (*auto*) clignotant; (*polizia, ambulanza*) gyrophare.
lampeggiare *v intr* (*nel cielo*) y avoir des éclairs; (*luce artificiale*) clignoter; (*azionare lampeggiatore*) faire un appel de phares.
lampione *sm* réverbère.
lampo *agg inv*, *sm* éclair ◊ **un lampo di genio** un éclair de génie; **in un lampo** en un éclair; **cerniera lampo** fermeture éclair.
lampone *sm* framboise (*f*).
lana *sf* laine ◊ **lana d'acciaio** laine d'acier; **lana di vetro** laine de verre.
lancetta *sf* aiguille.
lància (*pl* **-ce**) *sf* (*mar*) canot (*m*); (*arma*) lance ◊ **lancia di salvataggio** canot de sauvetage.
lanciafiamme *sm inv* lance-flammes.
lanciare *v tr* lancer ◊ *v rifl* se lancer (*anche fig*).

lanciatore (-trice) *sm* lanceur.
làncio *sm* (*paracadute*) saut; (*sport*) lancer.
lànguido *agg* languissant, langoureux.
lanificio *sm* filature (*f*) de laine.
lanolina *sf* lanoline.
lanoso *agg* laineux.
lanterna *sf* lanterne; (*faro*) phare (*m*).
lapalissiano *agg* de La Palice.
lapidare *v tr* lapider.
làpide *sf* pierre tombale; (*commemorativa*) plaque.
lapillo *sm* lapilli (*pl*).
lapis *sm inv* crayon.
lappone *agg* lapon ◊ *sm/f* Lapon (*m*).
lardo *sm* lard.
larghezza *sf* largeur; (*abbondanza*) abondance; (*generosità*) générosité ◊ **la larghezza del torace** la largeur du thorax; **larghezza di vedute** largeur d'esprit.
largo (*f* **-a** *pl* **-ghi -ghe**) *agg* large ◊ *sm* (*piazza*) petite place (*f*); (*mar*) large ◊ **andare al largo** gagner le large; **stare alla larga** se tenir à l'écart; **su larga scala** sur une grande échelle; **essere di manica larga** être indulgent.
làrice *sm* mélèze.
laringe *sf* larynx (*m*).
laringite *sf* laryngite.
larva *sf* larve.
lasagne *sf pl* lasagnes.
lasciapassare *sm inv* laissez-passer.
lasciare *v tr* laisser, quitter; (*smettere di tenere*) lâcher; (*affidare*) confier ◊ *v rifl* se laisser, se quitter ◊ **lasciare perdere** laisser tomber; **lasciare da parte** laisser de côté; **lasciarci la pelle** y laisser sa peau; **lasciami in pace** laisse-moi tranquille; **lasciarsi andare** se laisser aller.
làscito *sm* legs.
laser *agg*, *sm inv* laser ◊ **stampante laser** imprimante laser.
lassativo *agg*, *sm* laxatif.
lassù *avv* là-haut.
lastra *sf* plaque; (*pietra*) dalle; (*radiografia*) radio.
lastricare *v tr* paver.
làstrico (*pl* **-chi**) *sm* pavé ◊ **ridurre sul lastrico** mettre sur la paille.
lastrone *sm* plaque (*f*).

latente *agg* latent.
laterale *agg* latéral ◊ **strada laterale** latérale; **fallo laterale** envoi en touche.
laterìzio *agg* en brique, en terre cuite ◊ **fabbrica di laterizi** briqueterie.
latifondo *sm* latifundium; grande propriété (*f*) foncière.
latinismo *sm* latinisme.
latino *agg*, *sm* latin.
latitante *agg* en fuite ◊ *sm/f* personne qui fuit la justice.
latitanza *sf* fuite; (*giur*) contumace.
latitùdine *sf* latitude.
lato *agg* large ◊ *sm* côté ◊ **in senso lato** au sens large; **di lato a, a lato di** à côté de.
latrare *v intr* aboyer.
latrato *sm* aboiement.
latrina *sf* latrines (*pl*).
latta *sf* fer-blanc (*m*); (*recipiente*) bidon (*m*).
lattàio *sm* laitier, crémier.
lattante *sm/f* nourrisson (*m*).
latte *sm* lait ◊ **latte intero** lait entier; **latte parzialmente scremato** lait demi-écrémé; **latte scremato** lait écrémé; **latte a lunga conservazione** lait longue conservation; **latte in polvere** lait en poudre; **denti di latte** dents de lait; **vitello, maialino di latte** veau, cochon de lait; **latte detergente** lait démaquillant; **latte solare** lait solaire.
latterìa *sf* crèmerie.
làttice *sm* latex.
latticino *sm* laitage.
lattiera *sf* pot (*m*) à lait.
lattina *sf* canette.
lattoniere *sm* ferblantier.
lattuga (*pl* **-ghe**) *sf* laitue.
làurea *sf* maîtrise; (*in medicina*) doctorat (*m*); (*ingegneria*) diplôme ◊ **tesi di laurea** mémoire de maîtrise.
laurearsi *v rifl* obtenir sa maîtrise.
laureato *agg* titulaire d'une maîtrise.
làuro *sm* laurier.
làuto *agg* (*pranzo*) copieux; (*mancia*) généreux.
lava *sf* lave.
lavàbile *agg* lavable.
lavabo *sm* lavabo.

lavàggio *sm* lavage ◊ **lavaggio a secco** nettoyage à sec.

lavagna *sf* ardoise, tableau (*m*) ◊ **lavagna luminosa** rétroprojecteur.

lavanda *sf* (*bot*) lavande; (*lavaggio*) lavage (*m*) ◊ **lavanda gastrica** lavage d'estomac.

lavanderìa *sf* blanchisserie; (*a secco*) pressing (*m*).

lavandino *sm* lavabo; (*lavello*) évier.

lavare *v tr* laver ◊ *v rifl* se laver ◊ **lavarsi le mani** se laver les mains; **lavarsene le mani** s'en laver les mains.

lavasecco *sm inv* pressing (*m*).

lavastovìglie *sf inv* lave-vaisselle (*m*).

lavatóio *sm* lavoir.

lavatrice *sf* machine à laver.

lavello *sm* évier.

lavorare *v tr/intr* travailler ◊ **lavorare in proprio** travailler à son compte.

lavorativo *agg* de travail ◊ **giornata lavorativa** journée de travail, jour ouvrable.

lavorato *agg* travaillé; (*terreno*) labouré.

lavoratore (-trice) *sm* travailleur, ouvrier ◊ **lavoratore dipendente** travailleur salarié; **lavoratore autonomo** travailleur indépendant.

lavorazione *sf* travail (*m*) ◊ **lavorazione di un film** tournage d'un film.

lavoro *sm* travail; (*opera intellettuale o artistica*) œuvre (*f*) ◊ **lavori forzati** travaux forcés; **lavori pubblici** travaux publics; **lavori in corso** travaux (en cours); **andare al lavoro** aller au travail; **datore di lavoro** employeur.

le *art f pl* les; (*con valore possessivo*) mes, tes, ses, nos, vos, leurs; (*non si traduce davanti agli aggettivi possessivi*) ◊ *pron f sing* (*compl di termine*) lui; (*di cortesia*) vous ◊ *pron f pl* (*compl oggetto*) les ◊ **le opinioni** les opinions; **le nostre opinioni** nos opinions; **le parlai ieri** je lui ai parlé hier; **Le farò sapere, signore** je vous tiendrai au courant, monsieur; **le ho incontrate ieri** je les ai rencontrées hier.

leader *agg, sm/f inv* leader (*m*) ◊ **azienda leader nel settore** entreprise leader dans ce secteur.

leale *agg* loyal.

lealtà *sf inv* loyauté.

lebbra *sf* lèpre.

lecca lecca *sm inv* sucette (*f*).

leccare *v tr* lécher; (*fig*) flagorner ◊ *v rifl* se lécher.

léccio *sm* chêne vert.

leccornìa *sf* friandise.

lécito *agg* licite, permis.

lega (*pl* **-ghe**) *sf* (*associazione*) association; (*sport*) ligue; (*metallica*) alliage (*m*); (*unità di misura*) lieue.

legàccio *sm* lacet.

legale *agg* légal, juridique ◊ *sm/f* avocat (*m*).

legalità *sf inv* légalité.

legalizzare *v tr* légaliser.

legàme *sm* lien, liaison (*f*).

legamento *sm* (*anat*) ligament; (*linguistica, mus*) liaison (*f*).

legare *v tr* lier (*anche fig*) ◊ *v intr* s'allier, se lier ◊ *v rifl* s'unir ◊ **legare un pacco** ficeler un paquet; **legare il cane alla catena** attacher le chien à la chaîne; **pazzo da legare** fou à lier.

legato *agg* lié.

legatura *sf* liage (*m*); (*libri*) reliure.

legge *sf* loi; (*giur*) droit (*m*) ◊ **fuori legge** hors-la-loi; **a norma di legge** aux termes de la loi.

leggenda *sf* légende.

leggendàrio *agg* légendaire.

lèggere *v tr* lire.

leggerezza *sf* légèreté (*anche fig*).

leggermente *avv* légèrement.

leggero *agg* léger (*anche fig*) ◊ **cibo leggero** repas léger; **musica leggera** musique légère; **prendere alla leggera** prendre à la légère.

leggìbile *agg* lisible.

leggìo *sm* pupitre (*m*).

legione *sf* légion.

legislativo *agg* législatif.

legislatura *sf* législature.

legislazione *sf* législation.

legittimare *v tr* légitimer.

legìttimo *agg* légitime.

legna *sf* bois (*m*).

legnàia *sf* bûcher (*m*).

legname *sm* bois.

legno *sm* bois ◊ **(legno) compensato**

legnoso   372

contreplaqué; **testa di legno** tête dure.
legnoso *agg* ligneux.
legume *sm* légume.
leguminosa *sf* légumineuse.
lei *pron* (*soggetto, complemento*) elle;
(*di cortesia*) vous ◊ **lei non sa nulla**
elle ne sait rien; **ho visto lei** je l'ai
vue; **partirò con lei** je partirai avec
elle; **mi rivolgo a Lei, signore** je
m'adresse à vous, monsieur; **dare del
lei** vouvoyer.
lembo *sm* (*indumento*) pan; (*terra*) lopin.
lena *sf* entrain (*m*), ardeur ◊ **lavorare
di buona lena** travailler avec entrain.
lenire *v tr* calmer, adoucir.
lentamente *avv* lentement.
lente *sf* lentille, verre (*m*) ◊ **lente d'ingrandimento** verre grossissant; **lenti
a contatto (morbide, rigide)** lentilles de contact (souples, rigides).
lentezza *sf* lenteur.
lentìcchia *sf* lentille.
lentìggine *sf* tache de rousseur.
lento *agg* lent; (*allentato*) lâche ◊ *sm*
slow ◊ **a fuoco lento** à feu doux.
lenza *sf* ligne.
lenzuolo (*pl* **lenzuola** *f*) *sm* drap; (*funebre*) linceul.
leone (leonessa) *sm* lion ◊ **(il segno
del) Leone** (le signe du) Lion.
leopardo *sm* léopard.
lèpido *agg* spirituel.
lepre *sf* lièvre (*m*).
leprotto *sm* levraut.
lesena *sf* pilastre (*m*).
lesinare *v tr/intr* lésiner.
lesione *sf* lésion; (*crepa*) lézarde.
leso *agg* lésé ◊ **parte lesa** partie lésée.
lessare *v tr* faire bouillir, cuire à l'eau.
lèssico (*pl* **-ci**) *sm* lexique.
lesso *agg, sm* bouilli.
letale *agg* mortel.
letamàio *sm* fosse (*f*) à fumier; (*fig*)
porcherie (*f*).
letame *sm* fumier.
letargo (*pl* **-ghi**) *sm* léthargie (*f*) (*anche
fig*); (*animali*) hibernation (*f*).
letìzia *sf* joie.
léttera *sf* lettre ◊ **lettera raccomandata** lettre recommandée; **facoltà di let-**

tere faculté de lettres; **prendere alla
lettera** prendre au pied de la lettre.
letterale *agg* littéral.
letteràrio *agg* littéraire.
letterato *sm* lettré.
letteratura *sf* littérature.
lettiga (*pl* **-ghe**) *sf* brancard (*m*); (*por-
tantina*) litière.
letto *sm* lit ◊ **letto matrimoniale** grand
lit; **letto singolo** lit à une place; **letto
a castello** lits superposés; **divano letto** canapé lit; **vagone letto** wagon-lit;
andare a letto aller se coucher.
lèttone *agg* letton ◊ *sm/f* Letton (*m*).
lettore (-trice) *sm* lecteur ◊ **lettore ottico** lecteur optique.
lettura *sf* lecture.
leucemìa *sf* leucémie.
leva *sf* levier (*m*); (*milit*) recrutement
(*m*) ◊ **leva del cambio** levier de vitesse; **militare di leva** appelé; **servizio
di leva** service militaire.
levante *agg, sm* levant.
levare *v tr* (*alzare*) lever; (*togliere*) enlever; (*estrarre*) arracher ◊ *v rifl* se lever ◊ **levare di mezzo** supprimer; **le-
varsi di torno** ficher le camp; **levar-
si il pensiero** ne plus y penser.
levigare *v tr* polir.
levriero *sm* lévrier.
lezione *sf* leçon (*anche fig*) ◊ **dare una
lezione** donner une leçon.
li *pron m pl* (*compl oggetto*) les ◊ **li ho
mangiati** je les ai mangés; **li ho ac-
compagnati a casa** je les ai accom-
pagnés chez eux.
lì *avv* là ◊ **lì sopra, lì dentro** là-dessus,
là-dedans; **lì per lì** sur-le-champ; **di lì
a** d'ici à; **fin lì** jusque là.
liana *sf* liane.
libanese *agg* libanais ◊ *sm/f* Libanais
(*m*).
lìbbra *sf* livre.
libéccio *sm* vent de sud-ouest.
libèllula *sf* libellule.
liberale *agg, sm/f* libéral (*m*).
liberalismo *sm* libéralisme.
liberalità *sf inv* libéralité.
liberalizzare *v tr* libéraliser.
liberare *v tr* libérer, délivrer; (*sbarazzare*) débarrasser; (*da ciò che costrin-*

ge) dégager ◊ *v rifl* se libérer, se délivrer.

liberazione *sf* libération.

liberismo *sm* libéralisme; libre-échangisme.

liberista (*pl* -i -e) *agg*, *sm/f* libre-échangiste.

lìbero *agg* libre ◊ **tempo libero** temps libre; **posto libero** place libre; **ingresso libero** entrée libre; **libero mercato** marché libre; **giorno libero** jour de congé; **libero professionista** personne qui exerce une profession libérale; **a ruota libera** en roue libre.

libertà *sf inv* liberté ◊ **libertà di stampa** liberté de la presse; **libertà vigilata** liberté surveillée.

libertino *agg*, *sm* libertin.

liberty *agg*, *sm* art nouveau.

lìbico *agg* libyen ◊ *sm* Libyen.

libìdine *sf* luxure; (*smania*) convoitise.

libràio *sm* libraire.

librerìa *sf* librairie; (*mobile*) bibliothèque.

libretto *sm* livret ◊ **libretto degli assegni** carnet de chèques; **libretto di circolazione** carte grise; **libretto sanitario** carnet de santé; **libretto d'opera** livret.

libro *sm* livre ◊ **libro tascabile** livre de poche; **libro paga** livre de paie.

liceale *agg* du lycée ◊ *sm/f* lycéen (*m*).

licenza *sf* (*permesso*) permis (*m*), permission; (*diploma*) licence; (*milit*) permission; (*comm*) licence ◊ **licenza di caccia** permis de chasse; **licenza di pesca** permis de pêche.

licenziamento *sm* licenciement.

licenziare *v tr* (*dal lavoro*) licencier; (*mandare via*) renvoyer ◊ *v rifl* donner sa démission.

licenzioso *agg* licencieux.

licèo *sm* lycée.

lichene *sm* lichen.

lictenstano, liechtensteiniano *agg* liechtensteinois ◊ *sm* Liechtensteinois.

lido *sm* plage (*f*), rivage.

lieto *agg* gai, joyeux ◊ **lieto evento** heureux événement; **lieto fine** fin heureuse; **lieto di conoscerla** ravi de faire votre connaissance.

lieve *agg* léger; (*agevole*) doux.

lievitare *v intr* lever.

lièvito *sm* levure (*f*); (*naturale*) levain.

lìgure *agg* ligurien ◊ *sm/f* Ligurien (*m*).

lilla *agg*, *sm inv* lilas.

lillà *sm inv* lilas.

lima *sf* lime.

limare *v tr* limer; (*fig*) peaufiner.

limbo *sm* limbes (*pl*).

limitare *v tr* limiter, délimiter ◊ *v rifl* se limiter ◊ **limitarsi a** se borner à.

limitatamente *avv* ◊ **limitatamente a** dans les limites de.

limitativo *agg* limitatif.

limitato *agg* limité.

limitazione *sf* limitation.

lìmite *sm* limite (*f*) ◊ **limite di velocità** limitation de vitesse; **nei limiti di** dans les limites de; **al limite** à la limite.

limìtrofo *agg* limitrophe.

limonata *sf* citronnade.

limone *sm* (*frutto*) citron; (*albero*) citronnier ◊ **succo di limone** jus de citron.

limpidezza *sf* limpidité.

lìmpido *agg* limpide.

lince *sf* lynx (*m*).

linciàggio *sm* lynchage.

linciare *v tr* lyncher.

lìnea *sf* ligne; (*riga*) trait (*m*) ◊ **nave di linea** bateau de ligne; **mantenere la linea** garder la ligne; **è caduta la linea** la ligne a été coupée; **resti in linea** ne quittez pas; **in linea d'aria** à vol d'oiseau; **in linea di massima** d'une manière générale.

lineamenti *sm pl* traits; (*elementi fondamentali*) éléments.

lineare *agg* linéaire ◊ **un discorso lineare** un discours cohérent.

linearità *sf inv* linéarité.

lineetta *sf* tiret (*m*).

linfa *sf* lymphe.

lingotto *sm* lingot.

lìngua *sf* langue ◊ **lingua madre** langue maternelle; **non avere peli sulla lingua** ne pas avoir sa langue dans sa poche; **avere sulla punta della lingua** avoir sur le bout de la langue.

linguàggio *sm* langage.

linguetta *sf* languette.

linguìstica *sf* linguistique.

link *sm inv* (*inform*) hyperlien, link.
lino *sm* lin.
linòleum *sm inv* linoléum.
liofilizzato *agg, sm* lyophilisé.
lionese *agg* lyonnais ◊ *sm/f* Lyonnais (*m*).
lipide *sm* lipide.
liquidare *v tr* (*pagare*) payer; (*far fuori*) se débarrasser de; (*giur*) liquider.
liquidazione *sf* (*società, vendita*) liquidation; (*di fine lavoro*) indemnité de licenciement.
liquidità *sf inv* liquidité.
liquido *agg, sm* liquide.
liquirìzia *sf* réglisse.
liquore *sm* liqueur (*f*).
lira *sf* (*moneta*) lire; (*mus*) lyre.
lìrica (*pl* **-che**) *sf* (*poesia*) poésie lyrique; (*mus*) opéra.
lìrico (*f* **-a** *pl* **-ci -che**) *agg* lyrique ◊ **teatro lirico** théâtre lyrique; **opera lirica** opéra.
lisca (*pl* **-che**) *sf* arête.
lisciare *v tr* polir, lisser; (*accarezzare*) caresser.
lìscio (*pl f* **-sce**) *agg* lisse; (*capelli*) raide; (*bevanda*) sec ◊ **ballo liscio** bal populaire, musette; **passarla liscia** s'en tirer à bon marché; **filare liscio** aller comme sur des roulettes.
lista *sf* (*striscia*) bande; (*di legno*) listel (*m*); (*elenco*) liste ◊ **lista d'attesa** liste d'attente; **lista elettorale** liste électorale.
listino *sm* liste (*f*), catalogue ◊ **prezzo di listino** prix de catalogu; **listino (dei) prezzi** (barème des) tarifs; **listino dei cambi** cours des changes.
lite *sf* querelle, litige (*m*).
litigare *v intr* se disputer, se quereller.
litìgio *sm* querelle (*f*), litige.
litografia *sf* lithographie.
litorale *agg, sm* littoral.
litro *sm* litre.
lituano *agg* lituanien ◊ *sm* Lituanien.
liturgìa *sf* liturgie.
liuto *sm* luth.
livellare *v tr* niveler.
livello *sm* niveau ◊ **ad alto livello** de haut niveau; **passaggio a livello** passage à niveau.
lìvido *agg* livide, blême ◊ *sm* bleu.

livrèa *sf* livrée.
lo *art m sing* le; (*con valore possessivo*) mon, ton, son, notre, votre, leur ◊ *pron m sing* (*compl oggetto*) le ◊ **lo smalto** le vernis; **lo spacciatore** le dealer; **lo vedo domani** je le vois demain; **lo mangio** je le mange.
lobo *sm* lobe.
locale *agg* local ◊ *sm* local; (*stanza*) pièce (*f*); (*esercizio pubblico*) établissement ◊ *sm/f* (*indigeno*) autochtone ◊ **un appartamento di tre locali** un appartement de trois pièces; **treno locale** omnibus; **anestesia locale** anesthésie locale.
località *sf inv* localité.
localizzare *v tr* localiser.
locanda *sf* auberge, pension.
locandina *sf* affiche.
locazione *sf* location.
locomotiva *sf* locomotive.
locomotore (**-trice**) *agg* locomoteur ◊ *sm* locomotive (*f*) ◊ **apparato locomotore** appareil locomoteur.
lòculo *sm* niche (*f*) mortuaire.
locuzione *sf* locution.
lodare *v tr* louer ◊ *v rifl* se vanter.
lode *sf* louange, éloge (*m*); (*voto scolastico*) félicitations (*pl*).
logaritmo *sm* logarithme.
lòggia (*pl* **-ge**) *sf* loge; (*arch*) loggia.
loggione *sm* poulailler.
lògica (*pl* **-che**) *sf* logique.
lògico (*f* **-a** *pl* **-ci -che**) *agg* logique ◊ *sm* logicien.
logìstico (*f* **-a** *pl* **-ci -che**) *gg* logistique.
logorare *v tr* user (*anche fig*) ◊ *v rifl* s'user (*anche fig*).
lombàggine *sf* lumbago (*m*).
lombardo *agg* lombard ◊ *sm* Lombard.
lombata *sf* longe.
lombo *sm* lombes (*pl*).
lombrìco (*pl* **-chi**) *sm* lombric.
londinese *agg* londonien ◊ *sm/f* Londonien (*m*).
longevo *agg* qui vit longtemps.
longilìneo *agg* longiligne.
longitùdine *sf* longitude.
lontananza *sf* distance; (*assenza*) absence, éloignement (*m*) ◊ **in lontananza** au loin, dans le lointain.
lontano *agg* éloigné, lointain; (*fig*) va-

gue ◊ *avv* loin ◊ **lontano da** loin de; **alla lontana** de loin, vaguement.

lontra *sf* loutre.

lonza *sf* (*zool*) once; (*cuc*) échine.

loquace *agg* loquace, bavard.

loquacità *sf inv* loquacité.

lordo *agg* (*sporco*) sale; (*peso, importo*) brut ◊ **peso lordo** poids brut.

loro *pron personale pl* (*soggetto, maschi e cose*) ils, eux; (*soggetto, femmine e cose*) elles; (*compl, maschi e cose*) eux; (*compl, femmine e cose*) elles ◊ *agg possessivo* (*maschi, femmine e cose*) leur, leurs (*pl*) ◊ *pron possessivo* (*maschi e cose*) le leur, les leurs (*pl*); (*femmine e cose*) la leur, les leurs (*pl*) ◊ **loro vanno al cinema** ils/elles vont au cinéma; **ho visto solo loro** je n'ai vu qu'eux/qu'elles; **io vado con loro** je vais avec eux/elles; **i ragazzi e i loro genitori** les enfants et leurs parents; **le tazzine e i loro piattini** les tasses et leurs sous-tasses; **fanno il tifo per i loro** ils sont supporters des leurs; **hanno preso la mia valigia e hanno lasciato la loro** ils ont pris ma valise et ils ont laissé la leur.

losanga (*pl* -ghe) *sf* losange (*m*).

losco (*pl* -chi) *agg* louche.

loto *sm* lotus.

lotta *sf* lutte, combat (*m*) (*anche fig*).

lottare *v intr* lutter (contre, pour) (*anche fig*).

lottatore (-trice) *sm* lutteur.

lotteria *sf* loterie.

lotto *sm* (*di terreno*) lot; (*gioco*) loto ◊ **ricevitoria del lotto** bureau du loto, recette buraliste.

lozione *sf* lotion.

lubrificante *agg*, *sm* lubrifiant.

lubrificare *v tr* lubrifier, graisser.

lubrificazione *sf* lubrification.

lucano *agg* lucanien ◊ *sm* Lucanien.

lucchetto *sm* cadenas.

luccicante *agg* luisant ◊ **occhi luccicanti** yeux brillants.

luccicare *v intr* luire, briller; (*riflettere la luce*) miroiter.

luccio *sm* brochet.

lucciola *sf* luciole.

luce *sf* lumière; (*del giorno*) jour (*m*); (*lampada*) lampe ◊ **luci di posizione** feux de position; **luci d'arresto** feux de stop; **dare luce a** donner le jour à; **venire alla luce** voir le jour; **mettere in luce** mettre en lumière.

lucente *agg* luisant, brillant.

lucentezza *sf* brillant (*m*), éclat (*m*).

lucerna *sf* lampe à huile, lampe à pétrole.

lucernàrio *sm* lucarne (*f*).

lucèrtola *sf* lézard (*m*).

lucidalabbra *sm inv* brillant à lèvres.

lucidare *v tr* polir, cirer.

lucidatrice *sf* cireuse.

lucidità *sf inv* lucidité.

lùcido *agg* luisant, brillant; (*fig*) lucide ◊ *sm* (*da scarpe*) cirage; (*disegno*) calque.

lucro *sm* gain, profit ◊ **senza scopi di lucro** sans but lucratif.

lùglio *sm* juillet.

lùgubre *agg* lugubre.

lui *pron* (*soggetto*) il, lui; (*complemento*) lui ◊ **lui non sa nulla** lui/il ne sait rien; **l'ho spedito a lui** je le lui ai envoyé; **è lui** c'est lui; **lui stesso** lui même.

lumaca (*pl* -che) *sf* limace, escargot (*m*).

lume *sm* (*lampada*) lampe (*f*); (*luce*) lumière (*f*).

lumicino *sm* petite lumière (*f*) ◊ **essere al lumicino** toucher à sa fin.

lumino *sm* veilleuse (*f*).

luminosità *sf inv* luminosité.

luminoso *agg* lumineux, bien éclairé.

luna *sf* lune ◊ **luna crescente, calante** lune croissante, décroissante; **luna di miele** lune de miel; **avere la luna** être mal luné.

luna-park *sm inv* parc d'attractions.

lunare *agg* lunaire.

lunàrio *sm* almanach.

lunàtico (*f* -a *pl* -ci -che) *agg* lunatique.

lunedì *sm inv* lundi.

lunghezza *sf* longueur.

lungi *avv* loin.

lungo (*f* -a *pl* -ghi -ghe) *agg* long; (*diluito*) allongé ◊ *prep* le long (de) ◊ **caffè lungo** café allongé; **saperla lunga** en savoir long; **a lungo** longtemps; **per il lungo** en long; **in lungo e in largo** de long en large.

lungofiume *sm* quai (du fleuve).

lungolago (*pl* **-ghi**) *sm* bords (*pl*) du lac.

lungomare *sm* bord de mer.

lungometràggio *sm* long métrage.

luogo (*pl* **-ghi**) *sm* lieu, endroit ◊ **luogo di residenza** lieu de résidence; **aver luogo** avoir lieu; **dar luogo a** donner lieu à; **fuori luogo** hors de propos; **in ogni luogo** partout; **in primo luogo** en premier lieu.

luogotenente *sm* lieutenant.

lupa *sf* louve.

lupara *sf* fusil (*m*) à canon scié.

lupo *sm* loup.

lùppolo *sm* houblon.

lupus *sm inv* (*med*) lupus.

lùrido *agg* crasseux, sale.

lusinga (*pl* **-ghe**) *sf* flatterie.

lusinghiero *agg* flatteur.

lussazione *sf* luxation.

lussemburghese *agg* luxembourgeois ◊ *sm/f* Luxembourgeois (*m*).

lusso *sm* luxe.

lussuoso *agg* luxueux.

lussureggiante *agg* luxuriant.

lussùria *sf* luxure.

lustrascarpe *sm inv* cireur.

lustrino *sm* paillette (*f*).

lustro *agg* luisant, brillant ◊ *sm* lustre, honneur.

luterano *agg, sm* luthérien.

lutto *sm* deuil ◊ **essere in lutto** être en deuil; **portare il lutto** porter le deuil.

luttuoso *agg* funeste, douloureux.

M

ma *cong, sm* mais ◊ **ma certo!** mais oui, bien sûr!

màcabro *agg* macabre.

macché *inter* mais non!, mais pas du tout!

maccheroni *sm pl* macaroni.

màcchia *sf* tache; (*boscaglia*) maquis (*m*), fourré (*m*) ◊ **espandersi a macchia d'olio** faire tache d'huile.

macchiare *v tr* tacher; (*fig*) salir, ternir

◊ *v rifl* se tacher; (*fig*) se salir, se souiller.

macchiato *agg* taché; (*fig*) terni.

màcchina *sf* machine; (*automobile*) voiture; (*in Canada*) char ◊ **macchina per cucire** machine à coudre; **macchina per scrivere** machine à écrire; **macchina da presa** caméra; **macchina fotografica** appareil photographique.

macchinàrio *sm* machinerie (*f*).

macchinazione *sf* machination.

macchinista (*pl* **-i -e**) *sm/f* mécanicien (*m*); (*cine, teatro*) machiniste.

macèdone *agg* macédonien ◊ *sm/f* Macédonien (*m*).

macedònia *sf* macédoine ◊ **macedonia di frutta** salade de fruits.

macellàio *sm* boucher.

macellare *v tr* abattre; (*fig*) massacrer.

macellerìa *sf* boucherie.

macello *sm* abattoir; (*fig*) boucherie (*f*), massacre ◊ **carne da macello** chair à canon.

macerare *v tr* macérer ◊ *v rifl* tremper, macérer; (*fig*) se ronger.

macerazione *sf* macération.

macèrie *sf pl* décombres (*m*), ruines.

màcero *agg* macéré ◊ *sm* macération (*f*) ◊ **mandare al macero** mettre au pilon.

macigno *sm* rocher, roc.

màcina *sf* meule.

macinare *v tr* (*grano, caffè ecc.*) moudre; (*carne*) hacher ◊ **macinare la carne** hacher la viande.

macinato *agg* moulu; (*carne*) haché.

macrobiòtica (*pl* **-che**) *sf* macrobiotique.

macrobiòtico (*f* **-a** *pl* **-ci -che**) *agg* macrobiotique.

maculato *agg* maculé, tacheté.

madonna *sf* vierge.

madornale *agg* énorme.

madre *sf* mère (*anche fig*) ◊ **ragazza madre** fille mère, mère célibataire; **casa madre** maison mère; **scheda madre** carte mère; **scena madre** scène cruciale.

madrelìngua (*pl* **madrelingue**) *sf* langue maternelle ◊ *sm/f* (*persona*) personne (*f*) de langue maternelle ◊

madrelingua francese de langue maternelle française; **insegnante madrelingua** professeur de langue maternelle.

madreperla *sf* nacre.

madrigale *sm* madrigal.

madrina *sf* marraine.

maestà *sf inv* majesté.

maestoso *agg* majestueux.

maestra *sf* institutrice, maîtresse d'école.

maestrale *sm* mistral.

maestranze *sf pl* ouvriers (*m*).

maestrìa *sf* (*abilità*) maîtrise.

maestro *sm* maître, instituteur ◊ *agg* principal, maître ◊ **un colpo da maestro** un coup de maître; **muro maestro** gros porteur; **strada, via maestra** route, rue principale; **albero maestro** grand mât; **vela maestra** grande voile.

màfia *sf* mafia.

maga (*pl* -ghe) *sf* magicienne, sorcière.

magari *inter* je voudrais bien! ◊ *cong* si (seulement) ◊ *avv* (*forse*) peut-être ◊ **magari fosse vero!** si ça pouvait être vrai!

magazziniere *sm* magasinier.

magazzino *sm* magasin ◊ **grandi magazzini** grands magasins.

màggio *sm* mai.

maggiolino *sm* (*zool*) hanneton.

maggiorana *sf* marjolaine.

maggioranza *sf* majorité.

maggiore *agg comparativo* (*dimensioni*) plus grand; (*età*) aîné, plus âgé; (*importanza*) plus important, principal; (*prezzo, temperatura*) plus élevé ◊ *agg superlativo* (*dimensioni*) le plus grand; (*età*) l'aîné; (*importanza*) le plus important; (*prezzo, temperatura*) le plus élevé ◊ *sm/f* (*età*) aîné ◊ *sm* (*milit*) commandant ◊ **a maggior ragione** à plus forte raison; **la maggior parte** la plupart; **altare maggiore** maître-autel; **maggiore età** majorité; **andare per la maggiore** être très en vogue.

maggiorenne *agg, sm/f* majeur (*m*).

maggioritàrio *agg* majoritaire ◊ **sistema elettorale maggioritario** système électoral majoritaire.

maggiormente *avv* davantage; (*con valore assoluto*) le plus.

magìa *sf* magie (*anche fig*).

màgico (*f* -a *pl* -ci -che) *agg* magique (*anche fig*).

magistero *sm* magistère, professorat.

magistrato *sm* magistrat.

magistratura *sf* magistrature.

màglia (*indumento*) pull-over (*m*); (*sport*) maillot (*m*); (*lavoro a maglia*) tricot (*m*); *sf* (*della rete*) maille; (*di catena*) maillon (*m*), maille ◊ **lavorare a maglia** tricoter.

magliàia *sf* tricoteuse.

maglierìa *sf* bonneterie.

maglietta *sf* (*intima*) maillot (*m*) de corps; (*esterna*) tee-shirt (*m*).

maglificio *sm* bonneterie.

màglio *sm* (*di legno*) maillet; (*di ferro*) marteau-pilon.

maglione *sm* chandail, pull-over.

magnèsia *sf* magnésie.

magnèsio *sm* magnésium.

magnete *sm* aimant.

magnètico (*f* -a *pl* -ci -che) *agg* magnétique ◊ **scheda magnetica** carte magnétique; **nastro magnetico** bande magnétique.

magnetismo *sm* magnétisme.

magnetizzare *v tr* magnétiser, aimanter.

magnetòfono *sm* magnétophone.

magnìfico (*f* -a *pl* -ci -che) *agg* magnifique.

mago (*f* -a *pl* -ghi -ghe) *sm* magicien (*anche fig*).

magone *sm* cafard.

magrebino *agg* maghrébin ◊ *sm* Maghrébin.

magrezza *sf* maigreur.

magro *agg* maigre, mince; (*scarso*) pauvre ◊ **una magra figura** une piètre figure; **mangiare di magro** faire maigre.

mah *inter* bah, qui sait.

mai *avv* jamais ◊ **mai più** plus jamais; **più che mai** plus que jamais; **perché mai?** pourquoi donc?; **come mai?** pourquoi?; **quando mai** quand; **caso mai** au cas où.

maiale *sm* cochon; (*carne*) porc (*anche fig*).

mailbox *sf* (*inform*) boîte de courrier électronique, mailbox.

mailing list *sf* liste de diffusion, mailing list.

maiòlica (*pl* -che) *sf* faïence.

maionese *sf* mayonnaise.

màis *sm inv* maïs.

maiùscola *sf* majuscule.

maiùscolo *agg* majuscule ◊ **in maiùscolo** en capitales.

malafede *sf* mauvaise foi ◊ **in malafede** de mauvaise foi.

malandato *agg* en mauvais état; (*di salute*) mal en point.

malanno *sm* maladie (*f*), infirmité (*f*).

malapena *avv* ◊ **a malapena** à peine, à grand-peine.

malària *sf* malaria, paludisme (*m*).

malatìccio *agg* maladif.

malato *agg*, *sm* malade (*m/f*).

malattìa *sf* maladie ◊ **essere in malattìa** être en maladie.

malaugùrio *sm* mauvais présage ◊ **uccello del malaugurio** oiseau de mauvais augure; **è di malaugurio** il est de mauvais présage.

malavita *sf* pègre, milieu (*m*).

malavitoso *sm* personne (*f*) du milieu.

malcapitato *agg* malheureux, malchanceux.

malcòncio *agg* en piteux état.

malcontento *agg* mécontent.

malcostume *sm* mauvaises mœurs (*f pl*); (*politica*) corruption (*f*).

maldestro *agg* maladroit.

maldicenza *sf* médisance.

maldisposto *agg* malveillant, hostile.

male *avv*, *sm* mal ◊ **mal di mare** mal de mer; **mal di testa** mal de tête; **parlar male di** dire du mal de; **fare male** nuire; **far male a** avoir tort de; **restarci male** être déçu; **andare a male** se gâter; **star male** être malade; **di male in peggio** de mal en pis; **meno male!** heureusement!; **finir male** mal finir; **mi fa male** j'ai mal (à).

maledetto *agg* maudit.

maledire *v tr* maudire.

maledizione *sf/inter* malédiction.

maleducato *agg* mal élevé.

maleducazione *sf* impolitesse.

malèfico *agg* maléfique, nuisible, malfaisant.

malèssere *sm* malaise.

malfamato *agg* malfamé.

malfattore (-trice) *sm* malfaiteur.

malfermo *agg* branlant, chancelant.

malformazione *sf* malformation.

malgoverno *sm* mauvaise administration (*f*).

malgrado *prep* malgré, en dépit de ◊ *cong* quoique, bien que ◊ **mio malgrado** malgré moi; **malgrado tutto** malgré tout.

malignare *v intr* médire.

malignità *sf inv* malignité, méchanceté.

maligno *agg* méchant, malveillant; (*med*) malin.

malinconìa *sf* mélancolie.

malincònico (*f* -a *pl* -ci -che) *agg* mélancolique.

malincuore ◊ **a malincuore** à contrecœur.

malintenzionato *agg*, *sm* malintentionné.

malinteso *sm* malentendu, équivoque (*f*).

malìzia *sf* malice.

malizioso *agg* malicieux.

malleàbile *agg* malléable (*anche fig*).

mallèolo *sm* malléole (*f*).

mallo *sm* brou.

malloppo *sm* (*bottino*) butin.

malmenare *v tr* malmener, maltraiter.

malmesso *agg* mal fichu, mal mis.

malnutrito *agg* mal-nourri, sous-alimenté.

malo *agg* méchant, mauvais ◊ **in malo modo** sans égards; **a mala pena** à grand-peine.

malòcchio *sm* mauvais œil.

malora *sf* ruine ◊ **andare in malora** tomber à l'eau; **mandare in malora** ruiner.

malore *sm* malaise.

malsano *agg* malsain.

maltempo *sm* mauvais temps.

malto *sm* malt.

maltrattare *v tr* maltraiter, malmener.

malumore *sm* mauvaise humeur (*f*), mécontentement.

malva *sf* mauve.

malvàgio (*pl f* **-gie**) *agg* (*persona*) méchant; (*cosa*) mauvais.
malvagità *sf inv* méchanceté.
malvisto *agg* mal vu.
malvivente *sm/f* malfaiteur (*m*).
malvolentieri *avv* à contrecœur.
mamma *sf* maman.
mammella *sf* mamelle; (*animali*) pis (*m*).
mammìfero *sm* mammifère.
mammografìa *sf* (*med*) mammographie.
màmmola *sf* violette.
manager *sm/f inv* manager (*m*).
mancamento *sm* évanouissement.
mancante *agg* manquant.
mancanza *sf* manque (*m*); (*errore*) faute, erreur ◊ **per mancanza di** par faute de; **in mancanza di** à défaut de; **sentire la mancanza di qualcuno** ressentir l'absence de quelqu'un.
mancare *v intr* faire défaut; (*essere desiderato*) manquer; (*non esserci*) être absent; (*morire*) mourir ◊ *v tr* rater; manquer ◊ **ci mancava anche questa!** il ne manquait plus que cela!; **ci è mancato poco che** il s'en est fallu de peu que; **sentirsi mancare** se sentir défaillir; **mancare il bersaglio** rater la cible; **manca un chilometro** il reste un kilomètre; **manca un mese** il reste un mois.
mància (*pl* **-ce**) *sf* pourboire (*m*).
manciata *sf* poignée.
mancino *agg*, *sm* gaucher ◊ **un colpo mancino** un mauvais tour.
mandante *sm/f* (*giur*) mandant (*m*).
mandare *v tr* envoyer ◊ **mandare indietro** renvoyer; **mandar via** chasser; **mandar giù** avaler; **mandare a monte** ficher en l'air; **mandare in onda** passer à l'antenne; **mandare all'inferno** envoyer en enfer; **mandare avanti la baracca** faire bouillir la marmite.
mandarino *sm* (*frutto*) mandarine (*f*); (*pianta*) mandarinier; (*cinese*) mandarin.
mandata *sf* envoi (*m*); (*di serratura*) tour (*m*) de clé ◊ **in una sola mandata** en une seule fois.
mandato *sm* mandat.

mandìbola *sf* mandibule, mâchoire.
mandolino *sm* mandoline (*f*).
màndorla *sf* amande ◊ **mandorla tostata** amande grillée.
màndorlo *sm* amandier.
màndria *sf* troupeau (*m*).
maneggévole *agg* maniable.
maneggiare *v tr* manier ◊ **maneggiare con cura** manipuler avec soin.
manèggio *sm* maniement; (*fig*) manœuvre (*f*), intrigue (*f*); (*equitazione*) manège.
manesco (*pl* **-chi**) *agg* à la main leste.
manètta *sf* (*manopola*) manette ◊ *pl* (*ai polsi*) menottes ◊ **andare a manetta** aller à fond les manettes.
manganello *sm* matraque (*f*).
manganese *sm* manganèse.
mangiacassette *sm inv* magnétocassette.
mangiare *v tr* manger (*anche fig*); (*carte, scacchi*) prendre, souffler ◊ *sm* nourriture (*f*) ◊ **il mangiare e il bere** le boire et le manger; **mangiare la foglia** voir clair dans le jeu.
mangiata *sf* ventrée, gueuleton (*m*).
mangìme *sm* aliment pour animaux.
mango (*pl* **-ghi**) *sm* mangue (*f*).
manìa *sf* manie.
manìaco (*f* **-a** *pl* **-ci -che**) *agg*, *sm* maniaque.
mànica (*pl* **-che**) *sf* manche ◊ **mezze maniche** manchettes; **rimboccarsi le maniche** se retrousser les manches; **è un altro paio di maniche** c'est une autre paire de manches; **essere di manica larga** être indulgent; **manica a vento** manche à vent.
manicaretto *sm* bon petit plat.
manichino *sm* mannequin.
mànico (*pl* **-ci**) *sm* manche, poignée (*f*); (*tazza ecc.*) anse (*f*) ◊ **tenere il coltello dalla parte del manico** tenir le couteau par le manche.
manicòmio *sm* hôpital psychiatrique.
manicotto *sm* manchon.
maniera *sf* manière, façon; (*usanza*) coutume ◊ **in maniera da** de manière à; **in nessuna maniera** en aucune façon.
manifattura *sf* manufacture.

manifestare *v tr/intr* manifester ◊ *v rifl* se révéler, se manifester.
manifestazione *sf* manifestation.
manifesto *agg* manifeste, évident ◊ *sm* manifeste, affiche (*f*) ◊ **manifesto pubblicitario** affiche publicitaire.
manìglia *sf* poignée.
manipolare *v tr* manipuler; (*massaggiare*) masser; (*fig*) tramer.
manipolazione *sf* manipulation.
manìpolo *sm* poignée (*f*).
maniscalco (*pl* **-chi**) *sm* maréchal-ferrant.
manna *sf* manne.
mannàia *sf* couperet (*m*).
mano *sf* main; (*strato*) couche ◊ **stretta di mano** poignée de mains; **dare una mano** donner un coup de main; **a mano** à la main; **fuori mano** isolé; **a portata di mano** à portée de main; **mano a mano** au fur et à mesure; **di mano in mano** de mains en mains; **di seconda mano** de seconde main; **persona alla mano** personne sans façons; **col cuore in mano** le cœur sur la main.
manodòpera *sf inv* main-d'œuvre.
manomèttere *v tr* (*forzare*) forcer; (*alterare*) falsifier.
manòpola *sf* bouton (*m*); (*guanto*) moufle; (*per lavarsi*) gant (*m*) de toilette.
manoscritto *agg*, *sm* manuscrit.
manovale *sm/f* manœuvre (*m*), maçon (*m*).
manovella *sf* manivelle.
manovra *sf* manœuvre (*anche fig*).
manovrare *v tr* manœuvrer (*anche fig*).
mansarda *sf* mansarde.
mansione *sf* fonction, tâche.
mansueto *agg* inoffensif, doux, tranquille.
mantello *sm* manteau; (*di animali*) pelage, robe (*f*).
mantenere *v tr* maintenir, garder; (*tener fede*) tenir; (*economicamente*) entretenir ◊ *v rifl* se conserver; (*economicamente*) subvenir à ses besoins ◊ **mantenere contatti** garder des contacts.
mantenimento *sm* entretien, maintien.

màntice *sm* soufflet.
màntide *sf* mante.
manto *sm* manteau, cape (*f*); (*fig*) tapis, manteau ◊ **il manto stradale** le revêtement de la route; **manto di neve** manteau de neige.
manuale *agg*, *sm* manuel ◊ **da manuale** d'école.
manùbrio *sm* guidon.
manufatto *agg* manufacturé ◊ *sm* produit manufacturé.
manutenzione *sf* entretien (*m*).
manzo *sm inv* bouillon; (*carne*) bœuf ◊ **bistecca di manzo** steak de bœuf.
maomettano *agg*, *sm* mahométan.
mappa *sf* carte, plan (*m*).
mappamondo *sm* mappemonde (*f*).
maratona *sf* marathon (*m*).
marca (*pl* **-che**) *sf* marque ◊ **marca da bollo** timbre fiscal; **prodotto di marca** produit de marque.
marcare *v tr* marquer.
marcato *agg* marqué; (*accento*) prononcé.
marchese *sm* marquis.
màrchio *sm* marque (*f*) ◊ **marchio depositato, registrato** marque déposée; **marchio di fabbrica** marque de fabrique.
màrcia (*pl* **-ce**) *sf* marche; (*aut*) vitesse ◊ **treno in marcia** train en circulation; **far marcia indietro** faire marche arrière.
marciapiede *sm* trottoir; (*stazione*) quai.
marciare *v intr* marcher; (*autoveicoli*) rouler.
màrcio (*pl f* **-ce**) *agg* pourri, moisi; (*fig*) corrompu ◊ *sm* pourri; (*fig*) corruption (*f*).
marcire *v intr* moisir, pourrir.
marco (*pl* **-chi**) *sm* mark.
mare *sm* mer (*f*) ◊ **mare aperto** pleine mer; **mettersi in mare** prendre la mer; **essere in alto mare** être en haute mer; **frutti di mare** fruits de mer; **mal di mare** mal de mer; **città di mare** ville maritime.
marèa *sf* marée (*anche fig*) ◊ **alta, bassa marea** marée haute, basse.
mareggiata *sf* tempête, bourrasque.
maremoto *sm* raz-de-marée.

maresciallo *sm* maréchal.

margarina *sf* margarine.

margherita *sf* marguerite; (*pratolina*) pâquerette.

màrgine *sm* marge (*f*); (*terreno*) lisière (*f*) ◊ **il margine della strada** le bord de la route.

marijuana *sf* marijuana.

marina *sf* marine; (*litorale*) bord (*m*) de mer ◊ **marina militare** marine de guerre; **marina mercantile** marine marchande; **ufficiale di marina** officier de marine.

marinàio *sm* marin.

marinare *v tr* mariner ◊ **marinare la scuola** faire l'école buissonnière.

marino *agg* marin, de mer ◊ **sale marino** sel de mer.

marionetta *sf* marionnette, pantin (*m*).

marito *sm* mari, époux.

marìttimo *agg* maritime, marin ◊ *sm* maritime.

marketing *sm inv* marketing.

marmellata *sf* confiture.

marmitta *sf* marmite; (*aut*) pot (*m*) d'échappement ◊ **marmitta catalitica** pot catalytique.

marmo *sm* marbre.

marmòcchio *sm* marmot, mioche.

marmòreo *agg* de marbre.

marmotta *sf* marmotte.

marocchino *agg* marocain ◊ *sm* Marocain.

marrone *agg, sm* marron.

marron glacé *sm inv* marron glacé.

marsala *sm inv* (vin de) Marsala.

marsigliese *agg* marseillais ◊ *sm/f* Marseillais (*m*).

marsùpio *sm* marsupium; (*per neonati*) kangourou; (*borsetta*) banane (*f*).

martedì *sm inv* mardi.

martellare *v tr* marteler; (*fig, assalire*) harceler, cribler ◊ *v intr* battre.

martello *sm* marteau.

martin pescatore *sm* martin-pêcheur.

màrtire *sm/f* martyr (*m*).

martìrio *sm* martyre.

màrtora *sf* martre.

marxismo *sm* marxisme.

marzapane *sm* massepain.

marziale *agg* martial ◊ **arti marziali**

arts martiaux; **legge marziale** loi martiale.

marziano *sm* martien.

marzo *sm* mars.

mascalzone *sm* goujat, voyou.

mascara *sm inv* mascara.

mascella *sf* mâchoire.

mascellare *agg* maxillaire.

màschera *sf* masque (*m*); (*travestimento*) déguisement (*m*); (*cinema*) ouvreuse, placeur (*m*) ◊ **ballo in maschera** bal masqué; **mettersi in maschera** se déguiser.

mascherare *v tr* masquer, déguiser; (*fig*) cacher ◊ *v rifl* se déguiser; (*fig*) se masquer.

mascherina *sf* petit masque (*m*), loup (*m*).

maschile *agg* masculin.

maschilista (*pl* **-i -e**) *agg, sm/f* machiste.

màschio *agg* mâle ◊ *sm* mâle, garçon; (*arch*) donjon.

masochismo *sm* masochisme.

masochista (*pl* **-i -e**) *agg, sm/f* masochiste.

massa *sf* masse; (*mucchio*) tas (*m*).

massacrare *v tr* massacrer.

massàcro *sm* massacre.

massaggiare *v tr* masser.

massàggio *sm* massage.

massàia *sf* ménagère.

massìccio (*pl f* **-ce**) *agg* massif; (*fig*) grossier ◊ *sm* (*geog*) massif.

màssima *sf* (*detto*) maxime ◊ **in linea di massima** en principe.

màssimo *agg superlativo* (*dimensioni*) le plus grand, maximun; (*importanza*) le plus important, le principal ◊ *sm* maximum ◊ **i pesi massimi** poids lourds; **della massima importanza** de la plus haute importance; **al massimo** tout au plus.

mass-mèdia *sm pl* médias, mass média.

masso *sm* rocher.

massonerìa *sf* maçonnerie, franc-maçonnerie.

mastello *sm* baquet.

masticare *v tr* mâcher.

màstice *sm* mastic.

mastino *sm* mâtin.

matassa *sf* écheveau (*m*).
matemàtica (*pl* -**che**) *sf* mathématiques (*pl*).
matemàtico (*f* -**a** *pl* -**ci** -**che**) *agg* mathématique ◊ *sm* mathématicien.
materasso *sm* matelas.
matèria *sf* matière; (*soggetto*) matière, sujet (*m*) ◊ **in materia di** en matière de.
materiale *agg* matériel ◊ *sm* (*attrezzatura*) matériel; (*sostanza*) matériau ◊ **materiale da costruzione** matériau de construction.
materialista *agg*, *sm/f* matérialiste.
maternità *sf inv* maternité.
materno *agg* maternel ◊ **scuola materna** école maternelle.
matita *sf* crayon (*m*).
matrice *sf* matrice.
matrìcola *sf* matricule; (*scuola*) bizut (*m*).
matrigna *sf* belle-mère.
matrimoniale *agg* matrimonial ◊ **letto matrimoniale** grand lit; **vita matrimoniale** vie conjugale.
matrimònio *sm* mariage ◊ **unirsi in matrimonio** se marier.
matrona *sf* matrone.
mattina *sf* matin (*m*), matinée ◊ **tutta la mattina** toute la matinée; **domani mattina** demain matin.
mattinata *sf* matinée ◊ **in mattinata** dans la matinée.
mattiniero *agg* matinal.
mattino *sm* matin ◊ **di buon mattino** de bon matin.
matto *agg*, *sm* fou ◊ **scacco matto** échec et mat; **andare matto per qualcosa** être fou de quelque chose.
mattone *sm* brique (*f*).
mattonella *sf* carreau (*m*) ◊ **a mattonelle** à carreaux.
maturare *v tr/intr* mûrir (*anche fig*).
maturazione *sf* maturation; (*frutta ecc.*) mûrissement (*m*) (*anche fig*).
maturità *sf inv* maturité; *esame, diploma* baccalauréat (*m*) ◊ **esame di maturità** épreuve de baccalauréat.
maturo *agg* mûr.
mausolèo *sm* mausolée.
mazza *sf* massue, masse; (*baseball*)

batte; (*golf*) club (*m*); (*croquet*) maillet (*m*).
mazzata *sf* coup (*m*) de massue.
mazzo *sm* (*chiavi*) trousseau; (*fiori*) bouquet; (*ortaggi*) botte (*f*); (*carte*) jeu.
me *pron* (*compl di termine*) moi; (*prima del verbo*) me ◊ **tra me e me** en moi-même; **buon per me** tant mieux pour moi; **vieni con me** viens avec moi; **è alto come me** il est aussi grand que moi; **secondo me** d'après moi; **lo faccio da me** je le fais tout seul; **me lo ha detto** il me l'a dit; **a me sembra** il me semble; **dàmmelo** donne-le moi.
meccànica (*pl* -**che**) *sf* mécanique.
meccànico *agg* (*f* -**a** *pl* -**ci** -**che**) mécanique ◊ *sm* mécanicien.
meccanismo *sm* mécanisme (*anche fig*).
mecenate *sm* mécène.
medàglia *sf* médaille ◊ **il rovescio della medaglia** le revers de la médaille.
medaglione *sm* médaillon.
medésimo *agg* même ◊ *pron* le même.
mèdia *sf* moyenne.
mediano *agg* médian ◊ *sm* (*sport*) demi.
mediante *prep* au moyen de, grâce à.
mediatore (-**trice**) *sm* médiateur.
mediazione *sf* médiation, entremise; (*comm*) courtage (*m*).
medicare *v tr* soigner, panser ◊ *v rifl* soigner, se panser.
medicazione *sf* pansement (*m*).
medicina *sf* médecine; (*medicinale*) médicament (*m*) ◊ **medicina del lavoro** médecine du travail.
medicinale *agg* médicinal ◊ *sm* médicament.
mèdico (*f* -**a** *pl* -**ci** -**che**) *agg* médical ◊ *sm* médecin ◊ **visita medica** visite médicale.
medievale *agg* médiéval.
mèdio *agg* moyen ◊ *sm* (*dito*) majeur.
mediocre *agg* médiocre.
medioevo *sm* Moyen Âge.
meditare *v tr* projeter ◊ *v intr* méditer ◊ **meditare sul da farsi** songer à ce qu'il faut faire.
meditazione *sf* méditation.

mediterràneo *agg* méditerranéen ◊ **il mar Mediterraneo** la Méditerranée.
medusa *sf* méduse.
megalòmane *sm/f* mégalomane.
mèglio *avv* (*comparativo*) mieux; (*superlativo*) le mieux ◊ *agg* (*comparativo*) meilleur (*superlativo*) le meilleur ◊ *sm inv* mieux ◊ **star meglio** aller mieux; **meglio così** tant mieux; **essere meglio** mieux valoir; **in mancanza di meglio** faute de mieux; **alla bell'e meglio** tant bien que mal; **fare del proprio meglio** faire de son mieux; **andare per il meglio** aller pour le mieux.
mela *sf* pomme ◊ **mela cotogna** coing.
melagrana *sf* grenade.
melanzana *sf* aubergine.
melassa *sf* mélasse.
melissa *sf* mélisse.
melma *sf* vase; (*fango*) boue.
melo *sm* pommier.
melodìa *sf* mélodie.
melodramma (*pl* **-i**) *sm* mélodrame; (*fig familiare*) mélo.
melograno *sm* grenadier.
melone *sm* melon.
membrana *sf* membrane.
membro (*pl* **membra** *f*, *del corpo*) *sm* membre ◊ **membro del parlamento** membre du parlement.
memoràbile *agg* mémorable.
memòria *sf* (*facoltà della mente*) mémoire; (*ricordo*) souvenir (*m*) ◊ **tornare alla memoria** revenir à l'esprit; **imparare a memoria** apprendre par cœur; **in memoria di** en mémoire de.
memoriale *sm* mémorial.
memorizzare *v tr* mémoriser.
menadito ◊ **a menadito** sur le bout des doigts.
menare *v tr* mener, conduire; (*picchiare*) battre ◊ **menare il can per l'aia** tourner autour du pot.
mendicante *sm/f* mendiant (*m*).
mendicare *v tr/intr* mendier.
menefreghista (*pl* **-i -e**) *agg*, *sm/f* je-m'en-foutiste.
menestrello *sm* ménestrel, jongleur.
menisco (*pl* **-chi**) *sm* ménisque.
meno *avv*, *agg inv* (*comparativo*) moins, moins de; (*superlativo*) le

moins, le moindre ◊ *sm* moins (*anche mat*) ◊ *prep* sauf ◊ **questo è il meno** c'est la moindre des choses; **fare a meno di** se passer de; **venir meno** manquer; **a meno che** à moins que; **sempre meno** de moins en moins; **più o meno** plus ou moins; **quanto meno** du moins; **meno male** heureusement; **né più né meno** ni plus ni moins; **per lo meno** pour le moins.
menomazione *sf* infirmité, diminution.
menopàusa *sf* ménopause.
mensa *sf* cantine.
mensile *agg* mensuel ◊ *sm* (*rivista*) mensuel; (*stipendio*) mensualité (*f*).
mènsola *sf* console, tablette.
menta *sf* menthe.
mentale *agg* mental.
mentalità *sf inv* mentalité.
mente *sf* esprit (*m*) ◊ **venire in mente** venir à l'esprit; **uscire di mente** sortir de la tête; **avere in mente di** avoir l'intention de; **a mente fresca** à tête reposée; **fare mente locale** concentrer son attention.
mentire *v intr* mentir.
mento *sm* menton.
mentre *cong* (*temporale*) pendant que, alors que; (*avversativo*) tandis que; (*finché*) tant que ◊ **in quel mentre** à ce moment-là; **nel mentre che** au moment où.
menu *sm inv* menu ◊ **menu a prezzo fisso** menu à prix fixe.
menzionare *v tr* mentionner.
menzione *sf* mention ◊ **far menzione di qualcosa** faire mention de quelque chose.
menzogna *sf* mensonge (*m*).
meravìglia *sf* merveille; (*sentimento*) étonnement (*m*), surprise ◊ **far meraviglia** surprendre.
meravigliare *v tr* étonner, surprendre ◊ *v rifl* s'étonner, s'émerveiller.
meraviglioso *agg* merveilleux.
mercante *sm/f* marchand (*m*).
mercanteggiare *v intr* marchander ◊ *v tr* vendre.
mercantile *agg* marchand, commercial ◊ *sm* navire marchand, cargo.
mercanzìa *sf* marchandise.
mercato *sm* marché ◊ **mercato all'in-**

grosso marché de gros; **ricerca di mercato** étude de marché; **economia di mercato** économie de marché; **prezzo di mercato** prix de marché; **a buon mercato** bon marché.

merce sf marchandise.

mercenàrio agg, sm mercenaire.

mercerìa sf mercerie.

mercoledì sm inv mercredi.

mercùrio sm (chim) mercure.

merda sf (volgare) merde.

merenda sf goûter (m).

meridiano agg, sm méridien.

meridionale agg méridional, du Midi.

meridione sm midi, sud; (geog) Midi, Sud.

meringa (pl -ghe) sf meringue.

meritare v tr mériter ◊ v intr (valere) valoir.

meritévole agg méritant, digne.

mèrito sm mérite ◊ **in merito a** quant à; **per merito tuo** grâce à toi.

merletto sm dentelle (f).

merlo sm merle; (fig) pigeon; (arch) créneau.

merluzzo sm morue (f).

meschino agg mesquin, misérable.

mescolanza sf mélange (m).

mescolare v tr mêler, mélanger ◊ v rifl se mêler, se mélanger.

mese sm mois ◊ **nel mese di** au mois de; **i primi del mese** les premiers jours du mois; **al mese** par mois.

messa sf (relig) messe; mise ◊ **messa in moto** démarrage; **messa in opera** mise en œuvre; **messa a punto** mise au point; **messa in piega** mise en plis; **messa in scena** mise en scène.

messaggero sm messager.

messàggio sm message.

messale sm missel.

messe sf moisson.

messìa sm messie.

messicano agg mexicain ◊ sm Mexicain.

messinscena sf mise en scène.

messo sm (usciere) huissier; (inviato) envoyé.

mestiere sm métier.

méstolo sm louche (f).

mestruazione sf règles (pl), menstruation.

mèta sf but (m), destination.

metà sf inv moitié; (parte mediana) milieu (m) ◊ **a metà strada** à mi-chemin; **fare a metà** partager; **dire le cose a metà** dire les choses à moitié.

metafisico agg métaphysique.

metàfora sf métaphore.

metàllico (f -a pl -ci -che) agg métallique.

metallo sm métal.

metallurgìa sf métallurgie.

metalmeccànico (f -a pl -ci -che) agg métallurgique et mécanique ◊ sm métallurgiste (m/f).

metamòrfosi sf inv métamorphose.

metano sm méthane.

metèora sf météore (m).

meteorite sm météorite.

meteorologìa sf météorologie.

meteorològico (f -a pl -ci -che) agg météorologique.

meteoròlogo sm météorologue.

metìccio (pl f -ce) agg, sm métis.

meticoloso agg méticuleux.

metòdico (f -a pl -ci -che) agg méthodique.

mètodo sm méthode (f).

mètrica (pl -che) sf métrique.

metro sm mètre ◊ **metro quadrato** mètre carré; **metro cubo** mètre cube.

metròpoli sf inv métropole.

metropolitana sf métro (m).

méttere v tr (impiegare) mettre; (indossare) mettre, enfiler ◊ v rifl se mettre ◊ **mettere in ordine** mettre en ordre; **mettere al corrente** mettre au courant; **mettere a fuoco** mettre au point; **mettere in moto** démarrer; **mettere in atto** exécuter; **mettere in grado di** mettre à même de; **metter giù** poser; **metter su** monter; **mettersi la giacca** enfiler sa veste; **mettersi a** se mettre à; **mettersi a fare qualcosa** se mettre à faire quelque chose; **mettersi in cammino** se mettre en route; **mettersi in testa** se mettre en tête; **metterci tre ore** y passer trois heures; **mettercela tutta** se donner à fond.

mezza sf ◊ **la mezza** midi et demi.

mezzaluna sf croissant (m); (cuc) hachoir (m).

mezzanotte *sf* minuit (*m*).

mezzo *agg* demi ◊ *sm* (*luogo centrale*) milieu; (*metà*) demi, moitié (*f*); (*veicolo*) moyen de transport; (*modo*) moyen ◊ *pl* (*ricchezze*) moyens ◊ *avv* à démi ◊ **mezzo chilo** demi-kilo; **mezzi di trasporto** moyens de transport; **senza mezzi** sans ressources; **mettersi in mezzo** intervenir; **togliersi di mezzo** débarrasser le plancher; **andarci di mezzo** payer les pots cassés.

mezzogiorno *sm* midi; (*geog*) Midi.

mi *pron* me; (*unito all'imperativo affermativo*) moi ◊ **mi sembra** il me semble; **eccomi** me voilà; **dimmi** dis-moi; **mi ha derubato** on m'a volé; **mi ha mandato un telegramma** il m'a envoyé un télégramme; **mi riferirono i fatti** ils me rapportèrent les faits.

mi *sm inv* (*mus*) mi.

miagolare *v intr* miauler.

miagolìo *sm* miaulement.

mica *avv* pas (du tout), point ◊ **mica male** pas mal du tout.

mìccia (*pl* -**ce**) *sf* mèche.

micidiale *agg* meurtrier, mortel.

mìcrobo *sm* microbe.

microcosmo *sm* microcosme.

micròfono *sm* microphone.

microscòpio *sm* microscope.

microsolco (*pl* -**chi**) *sm* microsillon.

midollare *agg* médullaire.

midollo (*pl* -**a** *f*) *sm* mœlle (*f*) ◊ **midollo spinale** mœlle épinière; **fino al midollo** à tous crins.

miele *sm* miel ◊ **luna di miele** lune de miel.

mìetere *v tr* moissonner.

mietitura *sf* moisson.

migliàio (*pl* -**a** *f*) *sm* millier ◊ **a migliaia** par milliers.

mìglio (*pl* -**a** *f, distanza*) *sm* (*distanza*) mille; (*bot*) millet.

migliorare *v tr* améliorer ◊ *v intr/ rifl* s'améliorer; (*del malato*) aller mieux.

migliore *agg* (*comparativo*) meilleur; (*superlativo*) le meilleur ◊ *sm* meilleur.

mìgnolo *sm* petit doigt, auriculaire; (*piede*) petit orteil.

migrare *v intr* migrer.

migratore (-**trice**) *agg, sm* migrateur.

migrazione *sf* migration.

milanese *agg* milanais ◊ *sm/f* Milanais (*m*).

miliardàrio *agg, sm* milliardaire.

miliardèsimo *agg, sm* milliardième (*m/f*).

miliardo *sm* milliard.

milione *sm* million.

milionèsimo *agg, sm* millionième (*m/f*).

militante *agg, sm/f* militant (*m*).

militare *agg, sm/f* militaire ◊ *v intr* militer, combattre.

mìlite *sm* milicien, soldat ◊ **il Milite ignoto** le Soldat inconnu.

milìzia *sf* milice, armée.

mille *agg, sm inv* mille.

millenàrio *agg* millénaire.

millènnio *sm* millénaire.

millepiedi *sm inv* mille-pattes.

millèsimo *agg, sm* millième (*m/f*).

milligrammo *sm* milligramme.

millìlitro *sm* millilitre.

millìmetro *sm* millimètre.

milza *sf* rate.

mimare *v tr* mimer.

mimètico (*f* -**a** *pl* -**ci** -**che**) *agg* mimétique.

mimetismo *sm* mimétisme.

mimetizzare *v tr* camoufler ◊ *v rifl* se camoufler.

mimo *sm* mime.

mimòsa *sf* mimosa (*m*).

mina *sf* mine.

minàccia (*pl* -**ce**) *sf* menace.

minacciare *v tr* menacer.

minaccioso *agg* menaçant.

minare *v tr* miner.

minareto *sm* minaret.

minatore *sm* mineur.

minatòrio *agg* de menaces.

minerale *agg, sm* minéral ◊ **acqua minerale** eau minérale.

mineralogìa *sf* minéralogie.

mineràrio *agg* minier.

minestra *sf* soupe, potage (*m*).

minestrone *sm* minestrone (*f*), soupe (*f*) de légumes, (*fig*) salade (*f*), plat.

miniare *v tr* enluminer.

miniatura *sf* enluminure, miniature.

miniera *sf* mine (*anche fig*).

minigonna *sf* mini-jupe.

mìnimo *agg* minime, moindre, minimum; (*piccolissimo*) très petit ◊ *sm* minimum; (*di motore*) ralenti ◊ **come minimo** au moins; **al minimo** au minimum; **motore al minimo** moteur au ralenti.

ministeriale *agg* ministériel.

ministero *sm* ministère ◊ **pubblico ministero** ministère public.

ministro *sm* ministre ◊ **primo ministro** premier ministre; **consiglio dei ministri** conseil des ministres.

minoranza *sf* minorité.

minorato *agg*, *sm* (*mentale*) attardé; (*fisico*) handicapé.

minorazione *sf* (*diminuzione*) minoration, diminution; (*menomazione*) handicap (*m*), infirmité.

minore *agg* (*dimensioni*) plus petit, mineur; (*età*) plus jeune, cadet; (*importanza*) moins important, secondaire ◊ *sm/f* (*cadetto*) cadet (*m*); (*minorenne*) mineur (*m*) ◊ **minore età** minorité; **frati minori** frères mineurs.

minorenne *agg*, *sm/f* mineur (*m*).

minorile *agg* des enfants, juvénile ◊ **delinquenza minorile** délinquance juvénile.

minuetto *sm* menuet.

minùscolo *agg* minuscule, tout petit.

minuto *agg* menu; (*particolareggiato*) détaillé ◊ *sm* minute (*f*); (*comm*) détail ◊ **un minuto!** un instant!; **vendere al minuto** vendre au détail.

mio (*f* mia *pl* miei mie) *agg* mon ◊ *pron* le mien ◊ **il mio passaporto** mon passeport; **la mia idea** mon idée; **i miei amici** mes amis; **la casa dei miei** la maison de mes parents; **in mia vece** à ma place; **ho preso il suo bagaglio al posto del mio** j'ai pris son bagage au lieu du mien.

mìope *agg*, *sm/f* myope.

miopia *sf* myopie.

mira *sf* mire, visée; (*fine*) but (*m*) ◊ **prendere la mira** viser; **prendere di mira qualcuno** prendre quelqu'un pour cible.

miràcolo *sm* miracle (*anche fig*).

miracoloso *agg* miraculeux.

miràggio *sm* mirage (*anche fig*).

mirare *v intr* (*anche fig*) viser.

mirino *sm* (*arma da fuoco*) guidon; (*fot*) viseur.

mirra *sf* myrrhe.

mirtillo *sm* myrtille (*f*).

mirto *sm* myrte.

miscela *sf* mélange (*m*), mixture.

miscelare *v tr* mélanger.

miscelatore *sm* mélangeur.

mìschia *sf* bagarre; (*sport*) mêlée.

mischiare *v tr* mélanger.

miscùglio *sm* mixture (*f*).

miseràbile *agg* misérable.

misèria *sf* misère; (*fig*) détresse ◊ **porca miseria!** nom d'un chien!

misericòrdia *sf* miséricorde ◊ **avere misericordia** avoir pitié.

misericordioso *agg* miséricordieux.

mìsero *agg* (*povero*) misérable; (*infelice*) malheureux; (*scarso*) maigre; (*meschino*) mesquin.

mìssile *sm* missile.

missionàrio *agg*, *sm* missionnaire (*m/f*).

missione *sf* mission.

misterioso *agg* mystérieux.

mistero *sm* mystère.

mìstico (*f* -a *pl* -ci -che) *agg* mystique.

mistificare *v tr* mystifier.

mistificazione *sf* mystification.

misto *agg* mixte ◊ **insalata mista** salade composée.

mistura *sf* mixture.

misura *sf* mesure (*anche fig*); (*taglia*) taille; (*scarpe*) pointure ◊ **colmare la misura** dépasser la mesure; **fuor di misura** outre mesure; **senza misura** sans mesure; **su misura** sur mesure; **a misura d'uomo** à échelle humaine.

misurare *v tr/intr* mesurer (*anche fig*) ◊ *v rifl* (*confrontarsi*) se mesurer ◊ **misurare le parole** peser ses mots; **misurare le spese** limiter les dépenses; **misurarsi con qualcuno** se mesurer à quelqu'un.

misurato *agg* mesuré, modéré.

misurazione *sf* mesurage (*m*); (*terreni*) arpentage (*m*).

misurino *sm* doseur.

mite *agg* doux, paisible; (*clima*) doux.

mìtico (*f* -a *pl* -ci -che) *agg* mythique.

mito *sm* mythe.

mitologìa *sf* mythologie.

mitra *sf* (*relig*) mitre ◊ *sm inv* mitraillette (*f*).

mitragliatore *agg* mitrailleur ◊ **fucile mitragliatore** fusil-mitrailleur.

mitragliatrice *sf* mitrailleuse.

mitteleuropèo *agg* de l'Europe centrale.

mittente *sm/f* expéditeur (*m*) ◊ **restituire al mittente** renvoyer à l'expéditeur.

mòbile *agg* mobile, mouvant ◊ *sm* meuble ◊ **sabbie mobili** sables mouvants; **scala mobile** escalier roulant, escalator; **beni mobili** biens mobiliers.

mobìlia *sf* mobilier (*m*).

mobiliere *sm* fabricant, marchand de meubles.

mobilitare *v tr* mobiliser.

mocassino *sm* mocassin.

mòccolo *sm* bout de chandelle; (*bestemmia*) juron.

moda *sf* mode ◊ **l'alta moda** la haute couture; **essere di moda** être à la mode; **passare di moda** démoder; **alla moda** à la mode.

modalità *sf inv* modalité.

modella *sf* modèle (*m*); (*moda*) mannequin (*m*).

modellare *v tr* modeler; (*fig*) mouler ◊ *v rifl* se modeler.

modellino *sm* modèle réduit.

modellismo *sm* modélisme.

modello *sm* modèle; (*moda*) mannequin; (*riproduzione ridotta*) maquette (*f*); (*modulo*) formulaire ◊ **scuola modello** école-pilote; **allievo modello** élève modèle.

modem *sm inv* (*inform*) modem.

moderare *v tr* modérer, tempérer; (*dibattito ecc.*) nuancer ◊ *v rifl* se modérer.

moderatamente *avv* modérément.

moderatezza *sf* modération.

moderato *agg* modéré.

moderatore (**-trice**) *sm* modérateur.

moderno *agg* moderne.

modèstia *sf* modestie.

modesto *agg* modeste.

mòdico (*f* -**a** *pl* -**ci** -**che**) *agg* modique, modéré.

modìfica (*pl* -**che**) *sf* modification.

modificare *v tr* modifier ◊ *v rifl* se modifier.

modo *sm* (*maniera*) façon (*f*), manière (*f*); (*mezzo*) moyen; (*gramm*) mode ◊ **modo di dire** expression; **nei modi di legge** selon les normes de loi; **a ogni modo** de toute façon; **in malo modo** durement; **a modo** comme il faut; **di modo che** de sorte que; **in modo che** en sorte que; **oltre modo** outre mesure.

modulare *v tr* moduler.

mòdulo *sm* formulaire; (*tecn*) module.

mògano *sm* acajou.

mògio *agg* tristounet.

móglie *sf* femme, épouse ◊ **prender moglie** se marier.

moìna *sf* câlinerie; minauderie.

mola *sf* meule.

molare *agg* meulier ◊ *sm* (dent) (*f*) molaire ◊ *v tr* meuler.

mole *sf* masse, dimensions (*pl*).

molècola *sf* molécule.

molestare *v tr* importuner; harceler.

molèstia *sf* dérangement (*m*); harcèlement (*m*).

molesto *agg* importun.

molla *sf* ressort (*m*) (*anche fig*) ◊ *pl* pincettes.

mollare *v tr* lâcher; (*fig*) flanquer; (*familiare, lasciare*) plaquer ◊ *v intr* céder ◊ **mollare la presa** lâcher prise; **mollare l'ancora** mouiller l'ancre; **mollare un ceffone** flanquer une gifle.

molle *agg* mou; (*fig*) doux; (*bagnato*) trempé, mouillé.

molléggio *sm* suspension (*f*), ressorts (*pl*).

molletta *sf* (*biancheria*) pince à linge; (*capelli*) pince à cheveux; (*mecc*) pince.

mollìca (*pl* -**che**) *sf* mie.

mollusco (*pl* -**chi**) *sm* mollusque.

molo *sm* jetée (*f*); (*banchina*) môle, quai.

moltéplice *agg* multiple, nombreux.

moltiplicare *v tr* multiplier ◊ *v rifl* se multiplier.

moltiplicazione *sf* multiplication.
moltissimo *avv* énormément.
moltitùdine *sf* multitude.
molto *agg* beaucoup de ◊ *pron* (*tempo*) longtemps; (*quantità*) beaucoup ◊ *avv* (*con verbi*) beaucoup; (*con agg, avv*) très; (*con comparativi*) beaucoup, bien ◊ **molto denaro** beaucoup d'argent; **molto bello** très beau; **non ci vuole molto** il ne faut pas longtemps; **non molto** pas beaucoup; **da molto** depuis longtemps; **fra non molto** d'ici peu; **essere in molti** être nombreux.
momentàneo *agg* momentané.
momento *sm* moment, instant, minute (*f*) ◊ **all'ultimo momento** à la dernière minute; **dal momento che** du moment que; **fra un momento** dans un instant; **per il momento** pour l'instant; **al momento** à l'instant; **a momenti** par moments; .
mònaca (*pl* -**che**) *sf* religieuse ◊ **monaca di clausura** religieuse cloîtrée.
mònaco (*pl* -**ci**) *sm* moine, religieux.
monarca (*pl* -**chi**) *sm* monarque.
monarchìa *sf* monarchie.
monàrchico (*f* -**a** *pl* -**ci** -**che**) *agg* monarchique ◊ *sm* monarchiste (*m/f*).
monastèro *sm* monastère.
mondano *agg* mondain.
mondare *v tr* monder; (*fig*) purifier.
mondiale *agg* mondial ◊ **campionato mondiale** championnat du monde.
mondo *sm* monde; (*familiare, gran quantità*) tas, beaucoup ◊ **in capo al mondo** au bout du monde; **venire al mondo** venir au monde; **per niente al mondo** pour rien au monde; **andare all'altro mondo** passer dans l'autre monde.
monegasco *agg* monégasque ◊ *sm* Monégasque (*m/f*).
monello *sm* filou, polisson.
moneta *sf* monnaie; (*metallica*) pièce de monnaie.
monetàrio *agg* monétaire.
mongolfiera *sf* montgolfière.
mòngolo *agg* mongol ◊ *sm* Mongol.
mongolòide *agg*, *sm/f* mongolien (*m*).
monile *sm* collier, bijou.
mònitor *sm inv* écran.

monolocale *sm* studio.
monopòlio *sm* monopole.
monopolizzare *v tr* monopoliser.
monoteismo *sm* monothéisme.
monotonìa *sf* monotonie.
monòtono *agg* monotone.
monouso *agg inv* jetable.
monsignore *sm* monseigneur.
monsone *sm* mousson (*f*).
montacàrichi *sm inv* monte-charge.
montàggio *sm* montage ◊ **catena di montaggio** chaîne de montage; **kit di montaggio** prêt-à-monter.
montagna *sf* montagne; (*fig*) tas (*m*) ◊ **in montagna** à la montagne; **montagne russe** montagnes russes.
montanaro *agg*, *sm* montagnard.
montano *agg* de montagne.
montare *v tr* monter; (*cuc*) fouetter, battre ◊ *v intr* monter ◊ **montarsi la testa** se monter la tête; **montare uno scandalo** faire un scandale.
montatura *sf* monture; (*fig*) bluff (*m*).
monte *sm* montagne (*f*); (*seguito dal nome*) mont; (*fig*) tas ◊ **il monte Bianco** le mont Blanc; **mandare a monte** faire échouer; **monte di pietà** mont-de-piété; **monte premi** jackpot.
montenegrino *agg* monténégrin ◊ *sm* Monténégrin.
montone *sm* (*zool*) mouton, bélier; (*carne, pelle*) mouton.
montuoso *agg* de montagne(s), montagneux.
monumentale *agg* monumental.
monumento *sm* monument.
mora *sf* (*bot*) mûre; (*giur*) demeure ◊ **pagare una mora** payer une amende.
morale *agg*, *sm* moral ◊ *sf* morale ◊ **essere giù di morale** avoir le moral à plat.
moralismo *sm* moralisme.
moralità *sf inv* moralité.
morbidezza *sf* douceur, souplesse.
mòrbido *agg* doux, délicat; (*di tessuto*) moelleux; (*di cibi*) tendre ◊ **atterraggio morbido** atterrissage en douceur.
morbillo *sm* rougeole (*f*).
morbo *sm* mal; (*med*) maladie (*f*).
morboso *agg* morbide.
mordace *agg* mordant.
mordente *agg*, *sm* mordant.

mòrdere *v tr* mordre.

morente *agg* mourant.

moresco (*f* -**a** *pl* -**chi** -**che**) *agg* mauresque.

morfìna *sf* morphine.

moribondo *agg* moribond.

morire *v intr* mourir ◊ **morire di fame** mourir de faim; **morire dal sonno** tomber de sommeil; **morire dal ridere** mourir de rire; **morire dalla voglia** mourir d'envie.

mormorare *v tr* murmurer.

mormorìo *sm* murmure.

moro *agg* (*capelli*) brun; (*carnagione*) basané, mat ◊ *sm* brun; (*saraceno*) maure; (*bot*) mûrier.

moroso *agg* retardataire; (*debitore*) en demeure.

morsa *sf* (*meccanica*) étau (*m*) ◊ **la morsa del freddo** la morsure du froid.

morsicare *v tr* mordre.

morso *sm* morsure (*f*); (*pezzetto*) bouchée (*f*); (*per cavalli*) mors ◊ **un morso di pane** une bouchée de pain.

mortàio *sm/f* mortier.

mortale *agg*, *sm/f* mortel (*m*) (*anche fig*) ◊ **incidente mortale** accident mortel.

mortalità *sf inv* mortalité.

mortaretto *sm* pétard.

morte *sf* mort ◊ **pena di morte** peine de mort; **avercela a morte** en vouloir à mort.

mortificare *v tr* mortifier ◊ *v rifl* se mortifier.

mortificazione *sf* mortification.

morto *agg*, *sm* mort ◊ **punto morto** point mort; **stagione morta** morte saison; **lingua morta** langue morte; **binario morto** voie de garage; **essere stanco morto** être mort de fatigue.

mosàico (*pl* -**ci**) *sm* mosaïque (*f*).

mosca (*pl* -**che**) *sf* mouche (*f*).

moscato *agg*, *sm* (*vitigno*, *vino*) muscat.

moscerino *sm* moucheron.

moschèa *sf* mosquée.

moschettiere *sm* mousquetaire.

moschicida (*pl* -**i**) *agg*, *sm* tue-mouches.

móscio *agg* flasque, mou.

moscone *sm* (*zool*) grosse mouche (*f*); (*imbarcazione*) pédalo.

mossa *sf* mouvement (*m*); (*fig*) manœuvre; (*gioco*) coup (*m*).

mosso *agg* (*capelli*) ondulé; (*mare*) agité; (*foto*) flou ◊ **capelli mossi** cheveux ondulés; **mare mosso** mer agitée; **vino mosso** mousseux.

mostarda *sf* (*senape*) moutarde; (*di Cremona*) fruits (*m pl*) confits dans un sirop à base de moutarde.

mostra *sf* exposition, étalage (*m*) ◊ **mettere in mostra** faire étalage (de); **far mostra di** faire semblant de.

mostrare *v tr* montrer; (*fingere*) faire semblant ◊ *v rifl* se montrer ◊ **mostrarsi sorpreso** se montrer surpris.

mostro *sm* monstre.

mostruoso *agg* monstrueux.

motel *sm inv* motel.

motivare *v tr* motiver.

motivazione *sf* motivation.

motivo *sm* motif, raison (*f*); (*mus*) air ◊ **per quale motivo** pour quelle raison ◊ **senza motivo** sans raison.

moto *sm* mouvement; (*esercizio fisico*) exercice ◊ *sf* moto ◊ **mettere in moto** mettre en marche; **essere in moto** être en route.

motocicletta *sf* motocyclette.

motociclismo *sm* motocyclisme.

motociclista (*pl* -**i** -**e**) *sm/f* motocycliste.

motore (-**trice**) *agg*, *sm* moteur ◊ **ruote motrici** roues motrices.

motorino *sm* cyclomoteur, mobilette (*f*).

motorizzazione *sf* motorisation.

motoscafo *sm* bateau à moteur.

motto *sm* devise (*f*), maxime (*f*); (*detto arguto*) (bon) mot.

mountain-bike *sf inv* vélo (*m*) tout terrain, VTT.

mouse *sm inv* (*inform*) souris (*f*).

movente *sm* (*giur*) mobile.

movimentare *v tr* animer.

movimento *sm* mouvement.

mozzare *v tr* couper ◊ **mozzare il fiato** couper le souffle.

mozzicone *sm* bout; (*sigaretta*) mégot.

mozzo *agg* coupé, tronqué ◊ *sm* (*mar*) mousse.

mucca (*pl* **-che**) *sf* vache ◊ **mucca paz-za** vache folle.

mùcchio *sm* tas.

muco (*pl* **-chi**) *sm* glaire (*f*), mucus.

mucosa *sf* muqueuse.

muffa *sf* moisissure ◊ **fare la muffa** moisir.

muggire *v intr* mugir.

mughetto *sm* muguet.

mugnàio *sm* meunier.

mulattiera *sf* sentier (*m*) muletier.

mulatto *agg*, *sm* mulâtre.

mulinello *sm* (*pesca*) moulinet; (*vento*) tourbillon; (*acqua*) remous.

mulino *sm* moulin.

mulo *sm* mulet.

multa *sf* amende ◊ **prendere una mul-ta** prendre une amende.

multare *v tr* infliger une amende.

multicolore *agg* multicolore.

multiculturale *agg* multiculturel, plu-riculturel.

multiètnico (*f* **-a** *pl* **-ci -che**) *agg* mul-tiethnique.

multiforme *agg* multiforme.

multifunzionale *agg* multifonction, polyvalent.

multimediale *agg* multimédia.

mùltiplo *agg*, *sm* multiple.

multiproprietà *sf inv* multipropriété.

mùmmia *sf* momie ◊ (*fig*) momie, crou-lant.

mùngere *v tr* traire; (*fig*) soutirer.

municipale *agg* municipal.

municìpio *sm* mairie (*f*); (*municipalità*) municipalité (*f*), com-mune (*f*).

munire *v tr* munir ◊ *v rifl* se munir.

munizioni *sf pl* munitions.

muòvere *v tr* bouger; (*spostare*) dépla-cer; (*fig*) susciter ◊ *v rifl* bouger; (*af-frettarsi*) se dépêcher.

muràglia *sf* muraille.

murare *v tr* murer.

muràrio *agg* de maçonnerie.

muratore *sm* maçon.

muratura *sf* maçonnerie.

muro (*pl* **muri** o **mura** *f*) *sm* mur; (*fig*) obstacle ◊ **muro di cinta** mur d'en-ceinte; **muro maestro** mur porteur; **fuori le mura** hors des murs; **le mu-ra della città** les remparts de la ville.

musa *sf* muse.

mùschio *sm* (*biol*) musc; (*bot*) mousse (*f*).

muscolare *agg* musculaire.

muscolatura *sf* musculature.

mùscolo *sm* muscle.

musèo *sm* musée.

museruola *sf* muselière.

mùsica (*pl* **-che**) *sf* musique ◊ **musica da camera** musique de chambre; **è sempre la stessa musica** c'est toujours la même chanson.

musicale *agg* musical.

musicista (*pl* **-i -e**) *sm/f* musicien (*m*).

muso *sm* (*animali*) museau, gueule (*f*); (*persona*) gueule (*f*), tronche (*f*); (*di auto, aereo ecc.*) nez ◊ **fare, mettere il muso** faire la gueule; **un brutto muso** une sale tronche.

mùssola *sf* mousseline.

musulmano *agg*, *sm* musulman.

muta *sf* (*sub*) combinaison de plongée; (*zool*) mue; (*cani*) meute; (*cavalli*) at-telage (*m*).

mutamento *sm* changement.

mutande *sf pl* (*da uomo*) slip (*m sing*); (*da donna, bambino*) culotte (*sing*).

mutare *v tr* changer; (*zool*) muer.

mutazione *sf* mutation ◊ **mutazione genetica** mutation génétique.

mutévole *agg* changeant.

mutilare *v tr* mutiler; (*fig*) tronquer.

mutilato *agg* mutilé; (*fig*) tronqué ◊ *sm* mutilé ◊ **mutilato di guerra** mutilé de guerre.

mutilazione *sf* mutilation.

muto *agg*, *sm* muet.

mùtua *sf* (*associazione*) mutuelle; (*as-sistenza sanitaria pubblica*) Sécurité Sociale, (*familiare*) sécu.

mutuare *v tr* (*dare in prestito*) prêter; (*prendere in prestito*) emprunter.

mùtuo *agg* mutuel ◊ *sm* (*dato*) prêt; (*ottenuto*) emprunt ◊ **mutuo soccor-so** secours mutuel.

N

nàcchere *sf pl* castagnettes.

nafta *sf* (*chim*) naphte (*m*); (*aut*) gazo-le (*m*); (*per riscaldamento*) fioul (*m*).

naftalina *sf* naphtaline.

nanna *sf* (*familiare*) dodo (*m*) ◊ **fare la nanna** faire dodo.

nano *agg*, *sm* nain.

napoletano *agg* napolitain ◊ *sm* Napolitain.

nappa *sf* houppe, pompon (*m*); (*pellame*) peau fine.

narciso *sm* narcisse.

narcòtico (*f* **-a** *pl* **-ci** **-che**) *agg*, *sm* narcotique.

narice *sf* (*persona*) narine; (*animale*) naseau (*m*).

narrare *v tr* relater, raconter ◊ *v intr* parler (de).

narrativa *sf* roman (*m*).

narrativo *agg* narratif.

narratore (**-trice**) *sm* narrateur, conteur.

narrazione *sf* narration; (*racconto*) récit (*m*).

nasale *agg* nasal.

nascente *agg* naissant.

nàscere *v intr* naître; (*bot*) pousser; (*fiume*) prendre sa source ◊ *sm inv* naissance (*f*) ◊ **il nascere del sole** le lever du soleil.

nàscita *sf* naissance (*anche fig*).

nascituro *sm* enfant à naître.

nascóndere *v tr* cacher (*anche fig*) ◊ *v rifl* se cacher.

nascondìglio *sm* cachette (*f*).

nascondino *sm inv* cache-cache.

nascosto *agg* caché (*anche fig*) ◊ **di nascosto** en cachette.

nasello *sm* merlan.

naso *sm* nez ◊ **soffiarsi il naso** se moucher; **aver** (**buon**) **naso per qualcosa** avoir du flair pour quelque chose; **non vedere più in là del proprio naso** ne pas voir plus loin que le bout de son nez; **ficcare il naso** fourrer son nez; **a naso** à vue de nez.

nastro *sm* ruban; (*inform*, *tecn*) bande (*f*) ◊ **nastro adesivo** ruban adhésif; **registrazione su nastro** enregistrement sur bande (magnétique).

natale *agg* natal ◊ *sm* Noël ◊ **Buon Natale** Joyeux Noël; **Babbo Natale** le Père Noël.

natalìzio *agg* de Noël.

natante *agg* flottant ◊ *sm* embarcation (*f*).

nàtica (*pl* **-che**) *sf* fesse.

nativo *agg* natal; (*oriundo*) natif (de) ◊ *sm* natif.

natura *sf* nature ◊ **scambio in natura** troc; **di natura privata** d'ordre privé.

naturale *agg* naturel; (*normale*) normal ◊ **medicina naturale** médecine naturelle; **è naturale** c'est normal; **al naturale** au naturel.

naturalezza *sf* naturel (*m*).

naturalmente *avv* naturellement.

naufragare *v intr* faire naufrage; (*fig*) échouer, sombrer.

naufràgio *sm* naufrage; (*fig*) faillite.

nàufrago (*f* **-a** *pl* **-ghi** **-ghe**) *sm* naufragé.

nàusea *sf* nausée; (*fig*) dégoût (*m*).

nauseante *agg* nauséabond, écœurant.

nauseare *v tr* dégoûter, écœurer.

nàutica (*pl* **-che**) *sf* nautisme (*m*).

nàutico (*f* **-a** *pl* **-ci** **-che**) *agg* nautique.

navale *agg* naval ◊ **cantiere navale** chantier naval.

navata *sf* nef.

nave *sf* navire (*m*), bateau (*m*) ◊ **nave passeggeri** paquebot; **nave da pesca** bateau de pêche; **nave da carico** cargo; **nave mercantile** navire marchand; **nave cisterna** bateau-citerne; **nave da crociera** bateau de croisière.

navetta *sf* navette ◊ **bus navetta**, **treno navetta**, **aereo navetta** navette; **navetta spaziale** navette spatiale.

navigabile *agg* navigable.

navigare *v intr* naviguer ◊ **navigare in Internet** naviguer, surfer sur Internet.

navigato *agg* expérimenté, averti.

navigatore (**-trice**) *sm* navigateur.

navigazione *sf* navigation ◊ **navigazione aerea** navigation aérienne; **navigazione costiera** navigation côtière.

navìglio *sm* flotte (*f*); (*canale*) canal.

nazionale *agg* national.

nazionalismo *sm* nationalisme.

nazionalista (*pl* **-i** **-e**) *agg*, *sm/f* nationaliste.

nazionalità *sf inv* nationalité.

nazionalizzare *v tr* nationaliser.

nazione *sf* nation.

nazismo *sm* nazisme.

nazista (*pl* **-i -e**) *agg*, *sm/f* nazi.

ne *pron* (*di lui, di lei, di loro*) de lui, d'elle, d'eux, d'elles; (*di questa cosa*) en ◊ *avv* en.

né *cong* ni ◊ **né più né meno** ni plus ni moins.

neanche *avv* non plus; (*con valore rafforzativo*) même ◊ *cong* même si ◊ **neanche io lo conosco** moi non plus, je ne le connais pas; **neanche per idea**, **per sogno** jamais de la vie; **neanche a parlarne** il n'en est pas question; **non potrei neanche volendo** je ne pourrais pas même si je voulais.

nébbia *sf* brouillard (*m*).

nebbioso *agg* brumeux.

nebulosa *sf* nébuleuse.

nebuloso *agg* nébuleux.

necessàrio *agg*, *sm* nécessaire.

necessità *sf inv* nécessité ◊ **in caso di necessità** en cas de besoin.

necrològio *sm* nécrologie; (*registro delle morti*) nécrologe.

necròpoli *sf inv* nécropole.

negare *v tr* nier; (*non concedere*) refuser.

negativo *agg*, *sm* négatif.

negazione *sf* négation.

negli *prep articolata* v. **in + gli**.

negligente *agg* négligent.

negligenza *sf* négligence.

negoziante *sm/f* marchand (*m*), commerçant (*m*).

negoziare *v tr* négocier.

negoziato *sm* négociation (*f*); pourparlers (*pl*).

negòzio *sm* magasin, boutique (*f*).

negro *agg* noir, nègre ◊ *sm* (*spregiativo*) nègre ◊ **lavorare come un negro** travailler comme un nègre.

nei *prep articolata* v. **in +i**.

nel *prep articolata* v. **in + il**.

nella *prep articolata* v. **in + la**.

nelle *prep articolata* v. **in + le**.

nello *prep articolata* v. **in + lo**.

nemico (*f* **-a** *pl* **-ci -che**) *agg* (*milit*) ennemi; (*ostile*) hostile ◊ *sm* ennemi.

nemmeno v. **neanche**.

neo *sm* grain de beauté; (*fig*) petit défaut.

neolìtico *sm* néolithique.

neologismo *sm* néologisme.

nèon *sm inv* néon.

neonato *agg* nouveau-né; (*fig*) tout jeune ◊ *sm* nouveau-né.

neozelandese *agg* néo-zélandais ◊ *sm/f* Néo-zélandais (*m*).

neppure v. **neanche**.

neretto *sm* caractère gras.

nero *agg*, *sm* noir ◊ **mercato nero** marché noir; **lavoro nero** travail au noir; **cronaca nera** faits divers; **musica nera** musique africaine; **Africa nera** Afrique noire.

nervo *sm* nerf ◊ **crisi di nervi** crise de nerfs; **avere i nervi** être sur les nerfs; **avere i nervi saldi** avoir les nerfs solides; **far venire i nervi** taper sur les nerfs.

nervoso *agg* nerveux.

nèspola *sf* nèfle.

nèspolo *sm* néflier.

nesso *sm* lien, rapport.

nessuno *agg* aucun, nul ◊ *pron* personne, aucun, nul, quelqu'un ◊ **in nessun luogo** nulle part; **qui non c'è nessun cameriere** ici, il n'y a aucun serveur; **da nessuna parte** nulle part; **qui non c'è nessuno** ici, il n'y a personne; **nessuno di voi** aucun d'entre vous; **nessun altro** personne d'autre; **(non) hai visto nessuno?** as-tu vu quelqu'un?

nettamente *avv* nettement.

nèttare *sm* nectar.

nettezza *sf* propreté ◊ **nettezza urbana** service de voirie.

netto *agg* (*pulito*) propre; (*detratto*) net ◊ **peso netto** poids net.

netturbino *sm* éboueur.

neurologìa *sf* neurologie.

neuròlogo (*f* **-a** *pl* **-gi -ghe**) *sm* neurologue (*m/f*).

neutrale *agg* neutre ◊ **stato neutrale** état neutre.

neutralità *sf inv* neutralité.

nèutro *agg* neutre.

neve *sf* neige.

nevicare *v intr* neiger.

nevicata *sf* chute de neige.

nevìschio *sm* neige (*f*) fondue, grésil.

nevoso *agg* neigeux.

nevralgìa *sf* (*med*) névralgie.

nevròsi *sf inv* névrose.

nevròtico (*f* -**a** *pl* -**ci** -**che**) *agg* névrotique; (*persona*) névrosé ◊ *sm* nevrosé.

newsgroup *sm inv* (*inform*) group de discussion, newsgroup.

newsletter *sf inv* (*inform*) newsletter.

nìcchia *sf* niche.

nicotina *sf* nicotine.

nidiata *sf* nichée.

nidificare *v intr* nicher, nidifier.

nido *sm* nid (*anche fig*) ◊ **asilo nido** crèche.

niente *pron, sm inv* rien ◊ *agg inv* àucun ◊ *avv* pas du tout ◊ **far finta di niente** faire semblant de rien; **come se niente fosse** comme si de rien n'était; **buono a niente** propre à rien; **niente paura!** n'aie/n'ayez pas peur!; **una cosa da niente** une affaire de rien du tout; **per niente** pas du tout.

ninfa *sf* nymphe.

ninfèa *sf* nymphéa (*m*).

ninnananna (*pl* **ninnenanne**) *sf* berceuse.

nipote *sm/f* (*di zii*) neveu (*m*); (*di nonni*) petit-fils (*m*).

nìtido *agg* net, clair.

nitrato *sm* nitrate.

nitrire *v intr* hennir.

nitrito *sm* hennissement.

nitroglicerina *sf* nitroglycérine.

no *avv, sm inv* non ◊ **perché no?** pourquoi pas?; **come no** bien sûr; **sì e no** à peu près; **se no** sinon.

nòbile *agg, sm/f* noble.

nobiltà *sf inv* noblesse.

nocca (*pl* -**che**) *sf* jointure (des doigts).

noccìòla *sf* noisette.

nocciolina (**americana**) *sf* cacahuète.

nòcciolo *sm* noyau; (*fig*) nœud ◊ **il nocciolo della questione** le nœud du problème; **il nocciolo del reattore nucleare** le cœur du réacteur nucléaire.

nocciòlo *sm* noisetier.

noce *sf* (*frutto*) noix ◊ *sm* (*albero*) noyer ◊ **noce moscata** noix de muscade.

nocivo *agg* nocif, nuisible.

nodo *sm* nœud; (*vincolo*) liens (*pl*) ◊ **nodo alla gola** gorge nouée.

nodoso *agg* noueux ◊ **mani nodose** mains noueuses.

noi *pron* (*soggetto, complemento*) nous ◊ **cercavano noi** ils nous cherchaient; **il bambino è stato affidato a noi** l'enfant nous a été confié; **noi stessi** nous-mêmes.

nòia *sf* ennui (*m*) ◊ **che noia!** quelle barbe!; **dar noia** déranger.

noioso *agg* ennuyeux ◊ *sm* casse-pieds.

noleggiare *v tr* louer ◊ **noleggiare un'automobile** louer une voiture.

noléggio *sm* location (*f*) ◊ **prendere a noleggio** louer; **noleggio auto** location de voitures.

nolo *sm* location (*f*); (*aereo, nave*) fret ◊ **prendere a nolo** louer, affréter; **auto a nolo** voiture de location.

nòmade *agg, sm/f* nomade.

nome *sm* nom; (*nome di battesimo*) prénom; (*cognome*) nom de famille; (*fama*) réputation (*f*) ◊ **farsi un** (**buon**) **nome** se faire une bonne réputation.

nomenclatura *sf* nomenclature.

nomìgnolo *sm* sobriquet.

nòmina *sf* nomination.

nominale *agg* nominal.

nominare *v tr* (*dire il nome, incaricare*) nommer; (*citare*) mentionner ◊ **fu nominato ambasciatore** il fut nommé ambassadeur.

nominativo *sm* nominatif.

non *avv* ne... pas; (*davanti a infinito*) ne pas ◊ **non è arrivato** il n'est pas arrivé; **gli ho detto di non venire** je lui ai dit de ne pas venir; **non ancora** pas encore; **non appena** dès que; **volo non stop** vol non-stop; **non vedente** non voyant; **non udente** sourd.

nonché *cong* (*e anche*) ainsi que; (*non soltanto... ma...*) non seulement... mais...

noncurante *agg* insouciant.

noncuranza *sf* insouciance.

nonna *sf* grand-mère; (*familiare*) mamie; (*familiare, donna anziana*) petite vieille.

nonno *sm* grand-père; (*familiare*) papi; (*familiare, uomo anziano*) petit vieux.

nono *agg, sm* neuvième (*m/f*).

nonostante *prep* malgré ◊ *cong* bien que ◊ **nonostante che** bien que.

nonsenso *sm* non-sens.

non so che *sm inv* je-ne-sais-quoi.

nontiscordardimé *sm inv* myosotis.

nord *sm inv* nord; (*paese settentrionale*) Nord ◊ **Polo Nord** pôle Nord; **il lato nord** le côté nord; **il Nord del mondo** le Nord du monde.

nordafricano *agg* nord-africain ◊ *sm* Nord-Africain.

nordamericano *agg* nord-américain ◊ *sm* Nord-Américain.

nordeuropèo *agg* de l'Europe du Nord ◊ *sm* Européen du Nord.

nòrdico (*f* -**a** *pl* -**ci** -**che**) *agg* nordique, du Nord ◊ *sm* Nordique (*m/f*).

nordista *sm/f* nordiste.

norma *sf* norme, règle ◊ **è buona norma** il est de bonne règle; **a norma di legge** aux termes de la loi.

normale *agg* normal.

normalità *sf inv* normalité.

normalizzare *v tr* normaliser.

norvegese *agg* norvégien ◊ *sm/f* Norvégien (*m*).

nostalgìa *sf* nostalgie ◊ **avere nostalgia di** avoir la nostalgie de.

nostrano *agg* du pays, du terroir.

nostro *agg* notre ◊ *pron* le nôtre ◊ **la nostra camera** notre chambre; **il nostro bambino** notre enfant; **le nostre idee** nos idées; **questa stanza è nostra** cette chambre est à nous; **non è il tuo cane che abbaia, è il nostro** ce n'est pas ton chien qui aboie, c'est le nôtre; **arrivano i nostri!** voilà les nôtres!

nota *sf* note; (*elenco*) liste ◊ **nota spese** note de frais; **prender nota** prendre note; **degno di nota** digne de mention; **nota di accredito** avis de crédit.

notàio *sm* notaire.

notare *v tr* remarquer ◊ **farsi notare** se faire remarquer.

notes *sm inv* bloc-notes.

notévole *agg* considerable; (*degno di nota, pregevole*) remarquable.

notìfica (*pl* -**che**) *sf* notification.

notìzia *sf* nouvelle ◊ *pl* (*giornalistiche*) informations.

notiziàrio *sm* informations (*f pl*).

noto *agg* connu ◊ **è noto che** on sait que; **rendere noto** communiquer.

notorietà *sf inv* notoriété.

nottàmbulo *agg*, *sm* noctambule (*m/f*).

nottata *sf* nuit.

notte *sf* nuit ◊ **buona notte** bonne nuit; **le due di notte** deux heures du matin; **passare la notte in bianco** faire une nuit blanche; **camicia da notte** chemise de nuit; **vaso da notte** pot de chambre; **di notte** de nuit.

notturno *agg* nocturne ◊ **locale notturno** boîte de nuit.

novanta *agg*, *sm inv* quatre-vingt-dix; (*in Belgio, Svizzera, Canada*) nonante.

novantenne *agg* âgé de quatre-vingt-dix ans ◊ *sm/f* nonagénaire.

novantèsimo *agg*, *sm* quatre-vingt-dixième (*m/f*).

nove *agg*, *sm inv* neuf.

novecentesco *agg* du vingtième siècle.

novecentèsimo *agg*, *sm* neuf-centième (*m/f*).

novecento *agg*, *sm inv* neuf cents ◊ *sm* le vingtième siècle.

novella *sf* nouvelle, conte (*m*).

novello *agg* nouveau ◊ **patate novelle** pommes de terre nouvelles; **vino novello** vin nouveau.

novembre *sm* novembre.

novità *sf inv* nouveauté.

nozione *sf* notion.

nozze *sf pl* noces, mariage (*m sing*) ◊ **viaggio di nozze** voyage de noces.

nube *sf* nuage (*m*).

nubifràgio *sm* tempête (*f*); ouragan.

nùbile *agg*, *sf* célibataire.

nuca (*pl* -**che**) *sf* nuque.

nucleare *agg*, *sm* nucléaire ◊ **energia nucleare** énergie nucléaire; **centrale nucleare** centrale nucléaire; **reattore nucleare** réacteur nucléaire.

nùcleo *sm* noyau; (*di persone*) groupe.

nudista (*pl* -**i** -**e**) *agg*, *sm/f* nudiste.

nudità *sf inv* nudité.

nudo *agg*, *sm* nu (*anche fig*) ◊ **a mani nude** à mains nues; **a occhio nudo** à l'œil nu.

nulla *pron*, *sm inv* rien ◊ **dal nulla** à partir de rien; **per nulla** pour rien; **è**

svanito nel nulla il s'est évanoui dans la nature.

nullaosta *sm inv* autorisation (*f*).

nullità *sf inv* nullité.

nullo *agg* nul.

numerale *agg* numéral.

numerare *v tr* numéroter.

numerazione *sf* numérotation; (*mat*) numération.

numèrico *agg* numérique.

nùmero *sm* nombre; (*cifra*) numéro; (*scarpe*) pointure (*f*) ◊ **numero di targa** numéro d'immatriculation; **numero verde** numéro ver; **dare i numeri** dérailler.

numeroso *agg* nombreux.

numismàtica (*pl* **-che**) *sf* numismatique.

nuòcere *v intr* nuire, porter atteinte.

nuora *sf* belle-fille.

nuotare *v tr/intr* nager (*anche fig*).

nuotatore (**-trice**) *sm* nageur.

nuòto *sm* nage (*f*); (*sport*) natation (*f*) ◊ **a nuoto** à la nage.

nuovamente *avv* de nouveau.

nuòvo *agg* nouveau; (*mai usato*) neuf ◊ **di nuovo** à nouveau; **niente di nuovo** rien de neuf.

nutriente *agg* nourrissant.

nutrimento *sm* nourriture (*f*).

nutrire *v tr* nourrir ◊ *v rifl* se nourrir ◊ **nutrire rancore** nourrir des rancunes.

nutritivo *agg* nutritif.

nutrizione *sf* nutrition.

nùvola *sf* nuage (*m*) ◊ **cadere dalle nuvole** tomber des nues; **avere la testa fra le nuvole** être dans les nuages.

nùvolo *sm* nuageux.

nuvoloso *agg* nuageux.

nuziale *agg* nuptial.

nylon *sm inv* nylon.

O

o *cong* ou ◊ *inter* ô!

òasi *sf inv* oasis.

obbediente *agg* obéissant.

obbedienza *sf* obéissance.

obbedire *v intr* obéir.

obbligare *v tr* obliger ◊ *v rifl* (*impegnarsi*) s'engager.

obbligato *agg* obligé.

obbligatòrio *agg* obligatoire.

obbligazione *sf* obligation.

òbbligo (*pl* **-ghi**) *sm* devoir, obligations (*f pl*) ◊ **la scuola dell'obbligo** l'instruction obligatoire; **essere in obbligo** être dans l'obligation (de); **d'obbligo** de rigueur.

obelisco (*pl* **-chi**) *sm* obélisque.

obesità *sf inv* obésité.

obeso *agg* obèse.

obiettare *v tr* objecter.

obiettività *sf inv* objectivité.

obiettivo *agg* objectif ◊ *sm* objectif; (*scopo*) but, dessein.

obiettore (**-trice**) *sm* objecteur ◊ **obiettore di coscienza** objecteur de conscience.

obiezione *sf* objection ◊ **obiezione di coscienza** objection de conscience.

obitòrio *sm* morgue (*f*).

oblìquo *agg* oblique.

obliterare *v tr* oblitérer; composter.

oblò *sm inv* hublot.

oblungo (*pl* **-ghi**) *agg* oblong.

òboe *sm* hautbois.

òbolo *sm* obole (*f*), aumône (*f*).

oca (*pl* **-che**) *sf* oie (*m*); (*oca maschio*) jars (*m*); (*fig*) dinde, cruche ◊ **avere la pelle d'oca** avoir la chair de poule; **far venir la pelle d'oca** donner la chair de poule.

occasione *sf* occasion; (*familiare, affare*) occase ◊ **cogliere l'occasione** saisir l'occasion; **in occasione di** à l'occasion de; **d'occasione** d'occasion.

occhiàia *sf* cerne (*m*).

occhiali *sm pl* lunettes (*f*) ◊ **occhiali da sole** lunettes de soleil; **occhiali da vista** lunettes de vue.

occhiata *sf* coup (*m*) d'œil ◊ **dare un'occhiata** jeter un coup d'œil.

occhiello *sm* boutonnière (*f*).

òcchio *sm* œil ◊ **non chiudere occhio** ne pas fermer l'œil; **balzare agli occhi** sauter aux yeux; **a vista d'occhio** a vue d'œil; **con la coda dell'occhio** du coin de l'œil; **in un batter d'occhio** en un clin d'œil; **a perdita d'occhio** à perte de vue; **costare un oc-**

chio della testa coûter les yeux de la tête; **tenere d'occhio** avoir à l'œil; **dare nell'occhio** taper dans l'œil.

occidentale *agg, sm/f* occidental (*m*).

occidente *sm* occident.

occlùdere *v tr* obstruer; (*med*) occlure.

occlusione *sf* occlusion (*anche med*).

occorrente *agg, sm* nécessaire.

occorrenza *sf* éventualité, occurrence ◊ **all'occorrenza** le cas échéant.

occórrere *v intr* falloir ◊ **occorre partire** il faut partir; **non occorre** ce n'est pas nécessaire.

occultare *v tr* cacher, dissimuler.

occupante *sm* occupant.

occupare *v tr* occuper; (*abusivamente*) squatter; (*dare occupazione*) placer ◊ *v rifl* (*interessarsi*) s'occuper (de); (*trovare lavoro*) trouver un emploi ◊ **occuparsi dei fatti di** se mêler des affaires de.

occupato *agg* occupé; (*abusivamente*) squatté ◊ *sm* (*lavoratore*) travailleur.

occupazione *sf* occupation; (*lavoro*) emploi (*m*); (*abusiva*) squat.

oceànico (*f -a pl -ci -che*) *agg* océanique; (*fig*) immense.

oceàno *sm* océan.

ocra *agg, sf* ocre.

oculare *agg, sm* oculaire ◊ **testimone oculare** témoin oculaire.

oculista (*pl -i -e*) *sm/f* oculiste.

ode *sf* ode.

odiare *v tr* haïr, détester.

odierno *agg* d'aujourd'hui; (*attuale*) actuel.

òdio *sm* haine (*f*).

odioso *agg* odieux.

odontoiatra *sm/f* chirurgien-dentiste (*m*).

odontoiatrìa *sf* odontologie.

odontotècnico *sm* mécanicien- dentiste.

odorare *v tr* sentir; (*fig*) flairer ◊ *v intr* sentir ◊ **odorare di spezie** sentir les épices.

odorato *sm* odorat.

odore *sm* odeur (*f*); (*fig*) impression (*f*) ◊ *pl* (*cuc*) aromates, fines herbes ◊ **cattivo odore** mauvaise odeur; **avere un buon odore** sentir bon; **c'è odore di cipolla** ça sent l'oignon.

offèndere *v tr* vexer, offenser ◊ *v rifl* se vexer, s'offenser.

offensiva *sf* offensive.

offensivo *agg* vexant, offensant; (*milit*) offensif.

offerente *sm/f* offrant (*m*); (*a un'asta*) enchérisseur.

offerta *sf* offre; (*obolo*) offrande ◊ **offerta speciale** promotion; **la domanda e l'offerta** l'offre et la demande.

offesa *sf* vexation, offense.

offeso *agg* vexé, offensé ◊ **sentirsi offeso** se sentir vexé.

officina *sf* atelier (*m*); (*meccanica*) atelier (*m*) de réparations; (*fabbrica*) usine.

offrire *v tr* offrir ◊ *v rifl* s'offrir ◊ **offrire un caffè** offrir un café; **offrire da bere** offrir à boire; **offrire aiuto** proposer de l'aide; **offrire il fianco a** prêter le flanc à; **offrirsi alla vista** se présenter à la vue.

offuscare *v tr* (*luce*) obscurcir; (*vista*) brouiller; (*fig*) ternir, estomper ◊ *v rifl* s'obscurcir.

oggettività *sf inv* objectivité.

oggettivo *agg* objectif.

oggetto *sm* objet.

oggi *avv, sm* aujourd'hui; (*in questo tempo*) de nos jours ◊ **oggi pomeriggio** cet après-midi; **da oggi in poi** à partir d'aujourd'hui; **dall'oggi al domani** du jour au lendemain.

ogni *agg* chaque, chacun; (*tutti*) tous ◊ **ogni volta che** chaque fois que; **in ogni luogo** en tout lieu; **in ogni caso** en tout cas; **ad ogni modo** de toute façon; **ad ogni costo** à tout prix.

ognuno *pron* chacun ◊ **ognuno avrà il suo posto** chacun aura sa place; **ognuna di voi** chacune d'entre vous.

oh *inter* ho!, oh!

ohi *inter* aïe!, ouille!

olandese *agg* hollandais ◊ *sm/f* Hollandais (*m*).

oleandro *sm* laurier-rose.

oleificio *sm* huilerie (*f*).

oleodotto *sm* oléoduc, pipeline.

oleoso *agg* huileux; (*seme*) oléagineux.

olfatto *sm* odorat.

oliare *v tr* huiler.

oliera *sf* huilier (*m*).

oligarchìa *sf* oligarchie.

olimpìade *sf* (*storia*) olympiade; (*sport*) jeux (*m pl*) olympiques.

olìmpico (*f* -a *pl* -ci -che) *agg* (*storia*) olympien; (*sport*) olympique.

olimpiònico (*f* -a *pl* -ci -che) *agg* olympique ◊ *sm* athlète (*m/f*) olympique.

òlio *sm* huile (*f*) ◊ **olio di oliva** huile d'olive; **olio solare** huile solaire; **sott'olio** à l'huile; **pittura a olio** peinture à l'huile.

oliva *sf* olive.

oliveto *sm* oliveraie (*f*).

olivo *sm* olivier.

olmo *sm* orme.

olocàusto *sm* holocauste.

oltràggio *sm* outrage, insulte (*f*).

oltralpe *avv* au-delà des Alpes.

oltranza *sf* ◊ **a oltranza** à outrance.

oltre *avv* (*più avanti*) plus loin, outre; (*più a lungo*) davantage ◊ *prep* (*di là da*) au-delà de; (*più di*) plus de ◊ **oltre (a)** (*in aggiunta a*) en plus de; (*all'infuori di*) en dehors de, à part; **non voglio aspettare oltre** je ne veut pas attendre davantage; **oltre a ciò** à part cela.

oltremare *avv* outre-mer ◊ *sm* outre-mer.

oltrepassare *v tr* dépasser; (*frontiera*) franchir ◊ **oltrepassare ogni limite** dépasser toutes les limites.

oltretutto *avv* en plus.

omàggio *sm* hommage; (*regalo*) cadeau ◊ **in omaggio** en hommage, en cadeau.

ombelico (*pl* -chi) *sm* nombril.

ombra *sf* ombre ◊ **fare ombra a** faire de l'ombre à; **senza ombra di dubbio** sans l'ombre d'un doute; **all'ombra** à l'ombre.

ombrello *sm* parapluie.

ombrellone *sm* parasol.

ombretto *sm* fard à paupières.

ombroso *agg* (*luogo*) ombragé; (*carattere*) ombrageux.

omeopatìa *sf* homéopathie.

omeopàtico (*f* -a *pl* -ci -che) *agg* homéopathique.

òmero *sm* (*anat*) humérus.

omertà *sf inv* omerta, silence (*m*).

ométtere *v tr* omettre.

omicida (*pl* -i -e) *agg*, *sm/f* meurtrier (*m*).

omicìdio *sm* homicide, meurtre, assassinat.

omissione *sf* omission ◊ **omissione di soccorso** délit de fuite.

omogeneità *sf inv* homogénéité.

omogeneizzato *agg* homogénéisé ◊ *sm* petit pot.

omogèneo *agg* homogène.

omologare *v tr* homologuer.

omologato *agg* homologué.

omònimo *agg* homonyme.

omosessuale *agg*, *sm/f* homosexuel (*m*).

onda *sf* flot (*m*), vague; (*fisica*) onde ◊ **mandare in onda** diffuser; **a onda** ondulé.

ondata *sf* lame, grosse vague; (*fig*) flot (*m*) ◊ **a ondate** par vagues.

ondeggiante *agg* ondoyant.

ondeggiare *v intr* ondoyer; (*fig*) flotter.

ondoso *agg* houleux, agité.

ondulato *agg* ondulé; (*di paesaggio*) vallonné.

ondulazione *sf* ondulation.

onestà *sf inv* honnêteté.

onesto *agg* honnête.

ònice *sf* onyx (*m*).

onnipotente *agg* omnipotent, toutpuissant.

onnipotenza *sf* omnipotence, toutepuissance.

onnìvoro *agg* omnivore.

onomàstico (*pl* -ci) *sm* onomastique.

onorare *v tr* honorer, rendre hommage à ◊ **onorare un impegno** remplir un devoir.

onoràrio *agg*, *sm* honoraire.

onore *sm* honneur ◊ **parola d'onore** parole d'honneur; **tribuna d'onore** tribune d'honneur; **farsi onore** se distinguer.

onorévole *agg* honnorable ◊ *sm* (*deputato*) monsieur le député.

onorìfico *agg* honorifique.

opaco (*f* -a *pl* -chi -che) *agg* opaque; (*colore*) mat.

opale *sm* opale (*f*).

òpera *sf* œuvre; (*realizzazione materiale*) travail (*m*), ouvrage (*m*); (*mus*) opéra (*m*) ◊ **opera d'arte** œuvre

d'art; **mano d'opera** main-d'œuvre;
teatro dell'opera théâtre de l'Opéra.
operàio *agg, sm* ouvrier.
operare *v tr* opérer (*anche med*) ◊ *v in-tr* agir, œuvrer ◊ *v rifl* (*compiersi*)
s'opérer; (*farsi operare*) se faire opé-rer ◊ **operare un cambiamento** réa-liser un changement.
operativo *agg* opérateur.
operatore (-trice) *sm* opérateur ◊ **ope-ratore turistico** voyagiste; **operato-re sanitario** assistant médical, infir-mier; **operatore di borsa** opérateur
boursier.
operatòrio *agg* opératoire ◊ **sala ope-ratoria** salle d'opération.
operazione *sf* opération.
operetta *sf* opérette.
operoso *agg* actif, laborieux.
opinàbile *agg* discutable.
opinione *sf* opinion, avis (*m*) ◊ **l'opi-nione pubblica** l'opinion publique.
òppio *sm* opium.
opporre *v tr* opposer ◊ *v rifl* s'opposer.
opportunista (*pl* **-i -e**) *sm/f* opportuni-ste.
opportunità *sf inv* opportunité ◊ **offri-re l'opportunità di** donner l'occa-sion de.
opportuno *agg* opportun, convenable.
oppositore (-trice) *sm* opposant, ad-versaire.
opposizione *sf* opposition.
opposto *agg, sm* opposé, contraire.
oppressione *sf* oppression (*anche fig*).
oppressivo *agg* oppressif, accablant.
oppresso *agg, sm* opprimé.
oppressore *sm* oppresseur.
opprìmere *v tr* opprimer, oppresser;
(*sovraccaricare*) accabler.
oppure *cong* ou, ou bien.
optare *v intr* opter, choisir.
òptional *sm inv* option (*f*).
opùscolo *sm* brochure (*f*); opuscule.
opzione *sf* option.
ora *sf* heure ◊ *avv* maintenant ◊ *cong* or
◊ **ora legale** heure légale; **ora di punta** heure de pointe; **che ora è, che ore sono?** quelle heure est-il?; **fino ad ora** jusqu'à présent; **d'ora in poi** dorénavant; **per ora** pour le moment.
oràcolo *sm* oracle.

òrafo *sm* orfèvre (*m/f*).
orale *agg* oral ◊ **per via orale** par voie
orale.
oramài *avv* désormais.
oràrio *agg, sm* horaire ◊ **disco orario**
disque bleu; **orario di apertura, di chiusura** horaire d'ouverture, de fer-meture; **orario ferroviario** horaire
des trains; **essere in orario** être à
l'heure.
orata *sf* daurade.
oratore (-trice) *sm* orateur.
oratòrio *agg* oratoire ◊ *sm* (*mus*) orato-rio.
orazione *sf* oraison; (*discorso*) di-scours (*m*).
òrbita *sf* orbite.
orca (*pl* **-che**) *sf* orque (*m*).
orchestra *sf* orchestre (*m*).
orchidèa *sf* orchidée.
orco (*pl* **-chi**) *sm* ogre.
ordigno *sm* engin.
ordinale *agg* ordinal.
ordinamento *sm* organisation (*f*), sy-stème; (*giur*) régime.
ordinanza *sf* ordonnance; (*decreto*)
arrêté (*m*) ◊ **d'ordinanza** réglemen-taire.
ordinare *v tr* (*disporre*) ranger, ordon-ner; (*comandare*) ordonner; (*prescri-vere*) prescrire; (*commissionare, al ristorante, bar ecc.*) commander.
ordinàrio *agg* ordinaire ◊ **fuori del-l'ordinario** hors du commun.
ordinato *agg* ordonné ◊ **una vita ordi-nata** une vie réglée.
ordinatore (-trice) *sm* ordinateur.
ordinazione *sf* commande.
órdine *sm* ordre; (*ordinazione*) com-mande (*f*) ◊ **mettere in ordine** mettre
en ordre; **ordine del giorno** ordre du
jour; **ordine pubblico** ordre public;
parola d'ordine mot d'ordre; **ordine di pagamento** ordre de paiement.
orecchiàbile *agg* facile à retenir.
orecchino *sm* boucle (*f*) d'oreille.
orécchio (*pl* **-chi** o **-chie** *f*) *sm* oreille
(*f*) ◊ **fischiare le orecchie** avoir les
oreilles qui sifflent; **mettere una pul-ce nell'orecchio** mettre la puce à l'o-reille; **avere orecchio** avoir de l'o-reille; **a orecchio** de mémoire.

orecchioni *sm pl* (*med*) oreillons.
oréfice *sm/f* orfèvre.
oreficerìa *sf* orfèvrerie.
òrfano *agg*, *sm* orphelin.
orfanotròfio *sm* orphelinat.
organetto *sm* orgue; (*fisarmonica*) accordéon.
organico (*f* **-a** *pl* **-ci -che**) *agg* organique; (*coerente*) cohérent ◊ *sm* (*personale*) personnel.
organismo *sm* organisme.
organizzare *v tr* organiser ◊ *v rifl* s'organiser.
organizzatore (**-trice**) *sm* organisateur.
organizzazione *sf* organisation.
òrgano *sm* organe; (*mus*) orgue ◊ **organo di stampa** organe de presse.
organza *sf* organdi (*m*).
orgasmo *sm* orgasme.
òrgia (*pl* **-ge**) *sf* orgie.
orgóglio *sm* orgueil.
orgoglioso *agg* orgueilleux.
orientale *agg*, *sm/f* oriental (*m*).
orientamento *sm* orientation (*f*) ◊ **senso di orientamento** sens de l'orientation; **orientamento professionale** orientation professionnelle.
orientare *v tr* orienter ◊ *v rifl* s'orienter; (*fig*) se repérer.
oriente *sm* orient.
orifizio *sm* orifice.
origano *sm* origan.
originale *agg* original; (*originario*) originel ◊ *sm* original ◊ **peccato originale** péché originel.
originalità *sf inv* originalité.
originare *v tr* donner origine à; causer, provoquer ◊ *v intr* naître.
originàrio *agg* originaire.
orìgine *sf* origine; (*di fiume*) source ◊ **luogo d'origine** lieu d'origine; **denominazione di origine controllata** appellation d'origine contrôlée.
oriundo *agg*, *sm* originaire (*m/f*).
orizzontale *agg* horizontal.
orizzonte *sm* horizon (*anche fig*).
orlare *v tr* ourler.
orlo *sm* ourlet (*m*); (*margine estremo*) bord, rebord ◊ **pieno fino all'orlo** plein à ras bord; **sull'orlo di** au bord de; **essere sull'orlo del precipizio** être au bord du gouffre.

orma *sf* trace, empreinte ◊ **seguire le orme di qualcuno** marcher sur les pas de quelqu'un.
ormài *avv* désormais.
ormeggiare *v tr* amarrer ◊ *v rifl* s'amarrer, mouiller.
orméggio *sm* (*manovra*) amarrage; (*luogo*) mouillage ◊ *pl* (*cavi di ormeggio*) amarres (*f*).
ormone *sm* hormone (*f*).
ornamentale *agg* ornemental.
ornamento *sm* ornement, décoration.
ornare *v tr* orner, parer, décorer (*anche fig*) ◊ *v rifl* se parer.
ornitologìa *sf* ornithologie.
oro *sm* or ◊ **oro zecchino** or pur; **vendere a peso d'oro** vendre à prix d'or; **in oro, d'oro** en or, d'or.
orologerìa *sf* horlogerie ◊ **a orologeria** à retardement.
orologiàio *sm* horloger.
orològio *sm* horloge (*f*); (*da polso, da tasca*) montre (*f*); (*a pendolo*) pendule (*f*) ◊ **orologio da polso** montre-bracelet.
oròscopo *sm* horoscope.
orrendo *agg* horrible, affreux.
orrìbile *agg* horrible.
orrore *sm* horreur (*f*) ◊ **film dell'orrore** film d'horreur.
orsa *sf* ourse ◊ **Orsa Maggiore, minore** Grande, Petite Ourse.
orsacchiotto *sm* ourson; (*di pezza*) nounours.
orso *sm* ours (*anche fig*).
ortàggio *sm* légume.
ortènsia *sf* hortensia (*m*).
ortìca (*pl* **-che**) *sf* ortie.
orticària *sf* urticaire.
orto *sm* jardin potager ◊ **orto botanico** jardin botanique.
ortodossìa *sf* orthodoxie.
ortografìa *sf* orthographe.
ortolano *sm* marchand de légumes; (*in Belgio*) légumier; (*coltivatore*) maraîcher.
ortopedìa *sf* orthopédie.
ortopèdico (*f* **-a** *pl* **-ci -che**) *agg* orthopédique ◊ *sm* orthopédiste (*m/f*).
orzaiolo *sm* orgelet.
orzata *sf* orgeat (*m*).
orzo *sm* orge (*f*).

osare *v tr* oser.
oscenità *sf inv* obscénité.
osceno *agg* obscène.
oscillare *v intr* osciller.
oscillazione *sf* oscillation.
oscuramento *sm* obscurcissement.
oscurare *v tr* obscurcir, assombrir; (*fig*) éclipser ◊ *v rifl* s'obscurcir, s'assombrir.
oscurità *sf inv* obscurité.
oscuro *agg* obscur, sombre ◊ **essere all'oscuro** être dans l'ignorance.
ospedale *sm* hôpital.
ospedalizzare *v tr* hospitaliser.
ospitale *agg* hospitalier, accueillant.
ospitalità *sf inv* hospitalité.
ospitare *v tr* (*persone*) accueillir, recevoir; (*oggetti*) rassembler.
ospite *sm/f* (*chi ospita*) hôte (*m*); (*chi è ospitato*) invité (*m*).
ospizio *sm* hospice, asile; (*per anziani*) maison (*f*) de repos.
ossatura *sf* ossature; (*sostegno*) charpente.
osseo *agg* osseux.
osservanza *sf* obéissance; (*relig*) observance ◊ **in osservanza a** conformément à.
osservare *v tr* observer; (*notare*) remarquer ◊ **osservare il silenzio** respecter le silence.
osservatore (-trice) *sm* observateur.
osservatòrio *sm* observatoire.
osservazione *sf* observation; (*rimprovero*) remarque.
ossessionare *v tr* obséder.
ossessione *sf* obsession, hantise.
ossessivo *agg* obsessionnel.
ossìa *cong* c'est-à-dire, soit.
ossidare *v tr* oxyder ◊ *v rifl* s'oxyder.
ossido *sm* oxyde.
ossigenare *v tr* oxygéner ◊ *v rifl* s'oxygéner.
ossìgeno *sm* oxygène.
osso (*pl* **-i** o **-a** *f*) *sm* os ◊ **in carne e ossa** en chair et en os; **osso sacro** sacrum; **avere le ossa rotte** être plein de courbatures; **farsi le ossa** faire ses premières armes.
ossuto *agg* osseux.
ostacolare *v tr* entraver, empêcher; (*dare fastidio*) gêner, contrarier.

ostàcolo *sm* obstacle; (*fig*) entrave (*f*), empêchement.
ostàggio *sm* otage.
oste (-essa) *sm* aubergiste (*m/f*), bistrotier.
ostello *sm* auberge (*f*), logis ◊ **ostello della gioventù** auberge de jeunesse.
ostentare *v tr* afficher, étaler.
ostentazione *sf* ostentation.
osterìa *sf* bistrot (*m*).
ostètrica (*pl* **-che**) *sf* sage-femme.
ostetrìcia *sf* obstétrique.
ostètrico (*f* **-a** *pl* **-ci -che**) *agg* obstétrical ◊ *sm* obstétricien.
òstia *sf* hostie ◊ **ostia consacrata** sainte hostie.
ostile *agg* hostile, contraire.
ostilità *sf inv* hostilité.
ostinarsi *v rifl* s'obstiner, s'entêter.
ostinato *agg* obstiné, entêté.
ostinazione *sf* obstination.
òstrica (*pl* **-che**) *sf* huître.
ostruire *v tr* obstruer, boucher ◊ *v rifl* s'obstruer.
otite *sf* otite.
otorinolaringoiatra (*pl* **-i -e**) *sm/f* otorhino-laryngologiste.
ottàgono *sm* octogone.
ottanta *agg*, *sm inv* quatre-vingts; (*in Belgio, Canada*) octante; (*in Svizzera*) huitante.
ottantenne *agg*, *sm/f* octogénaire.
ottantèsimo *agg*, *sm* quatre-vingtième (*m/f*).
ottavo *agg*, *sm* huitième (*m/f*) ◊ **ottavi di finale** huitièmes de finale.
ottenebrare *v tr* obscurcir ◊ *v rifl* s'obscurcir.
ottenere *v tr* obtenir.
ottètto *sm* (*inform*) octet; (*mus*) octuor.
òttica (*pl* **-che**) *sf* optique.
òttico (*f* **-a** *pl* **-ci -che**) *agg* optique ◊ *sm* opticien ◊ **fibre ottiche** fibres optiques.
ottimale *agg* optimal.
ottimismo *sm* optimisme.
ottimista (*pl* **-i -e**) *agg*, *sm/f* optimiste.
òttimo *agg* excellent.
otto *agg*, *sm inv* huit.
ottobre *sm* octobre.
ottocentesco *agg* du dix-neuvième siècle.

ottocentèsimo *agg, sm* huit centième (*m/f*).
ottocento *agg, sm inv* huit cents ◊ *sm* le dix-neuvième siècle.
ottone *sm* laiton, cuivre jaune ◊ *pl* (*mus*) les cuivres.
ottuagenàrio *sm* octogénaire (*m/f*).
otturare *v tr* boucher, obturer; (*dente*) plomber ◊ *v rifl* se boucher.
otturazione *sf* obturation; (*dente*) plombage (*m*).
ottusità *sf inv* inintelligence, stupidité.
ottuso *agg* (*angolo*) obtus; (*fig*) borné.
ovàia *sf* ovaire (*m*).
ovale *agg, sm* ovale.
ovatta *sf* ouate.
ovazione *sf* ovation.
overdose *sf inv* overdose.
ovest *sm inv* ouest; (*paese occidentale*) Ouest ◊ **il lato ovest** le côté ouest.
ovile *sm* bergerie (*f*), bercail ◊ **tornare all'ovile** rentrer au bercail.
ovino *agg, sm* ovin.
ovulazione *sf* ovulation.
òvulo *sm* ovule.
ovunque *avv* partout, n'importe où.
ovvero *cong* (*cioè*) c'est-à-dire; (*oppure*) ou, ou bien.
ovviamente *avv* évidemment.
òvvio *agg* évident.
oziare *v intr* paresser.
òzio *sm* oisiveté (*f*) ◊ **gli ozi estivi** les loisirs d'été.
ozioso *agg* oisif, oiseux.
ozono *sm* ozone ◊ **buco dell'ozono** trou dans la couche d'ozone.

P

pacato *agg* calme, tranquille.
pacchetto *sm* paquet; (*proposte*) ensemble de propositions.
pacchiano *agg* de mauvais goût.
pacco (*pl* -chi) *sm* paquet, colis ◊ **pacco postale** colis postal.
pace *sf* paix; (*fig, respiro*) répit (*m*) ◊ **trattato di pace** traité de paix; **fare la pace** faire la paix; **lasciare in pace** laisser tranquille; **non darsi pace** ne pas se résigner; **mettersi l'animo in pace** se résigner.

pachistano *agg* pakistanais ◊ *sm* Pakistanais.
pacìfico (*f* -a *pl* -ci -che) *agg* pacifique; (*tranquillo*) paisible.
pacifismo *sm* pacifisme.
pacifista (*pl* -i -e) *agg, sm/f* pacifiste.
padano *agg* padan, de la plaine du Pô.
padella *sf* poêle; (*per malati*) bassin (*m*) ◊ **far cuocere in padella** faire revenir à la poêle; **cadere dalla padella nella brace** tomber de Charybde en Scylla.
padiglione *sm* pavillon ◊ **padiglione dell'orecchio** pavillon de l'oreille.
padre *sm* père ◊ **Padre Eterno** Père éternel; **Santo Padre** Saint-Père.
padrino *sm* parrain.
padrona *sf* maîtresse, patronne.
padronale *agg* du (de) maître.
padronanza *sf* (*dominio di sé*) contrôle (*m*); (*conoscenza*) maîtrise.
padrone *sm* maître; (*proprietario*) propriétaire; (*imprenditore*) patron ◊ **essere padrone di** être libre de.
padroneggiare *v tr* posséder; (*conoscere bene*) maîtriser ◊ *v rifl* se maîtriser.
paesàggio *sm* paysage.
paesano *agg* du pays, local ◊ *sm* villageois.
paese *sm* (*stato*) pays; (*villaggio*) village ◊ **mandare qualcuno a quel paese** envoyer promener quelqu'un.
paffuto *agg* potelé, dodu; (*guancia*) joufflu.
paga (*pl* -ghe) *sf* paie, salaire (*m*).
pagàbile *agg* payable ◊ **pagabile a trenta giorni** payable dans trente jours.
pagàia *sf* pagaie.
pagamento *sm* paiement ◊ **pagamento alla consegna** paiement à la livraison; **ordine di pagamento** ordre de paiement; **ricevuta di pagamento** reçu de paiement; **ingresso a pagamento** entrée payante.
pagano *agg, sm* païen.
pagare *v tr* payer (*anche fig*) ◊ **pagare in contanti** payer en espèces; **pagare con assegno** payer par chèque; **pagare a rate** payer à tempérament; **me la pagherai** tu me le paieras.

pagella *sf* bulletin (*m*), livret (*m*) scolaire.

pàgina *sf* page ◊ **prima pagina** première page; **voltare pagina** tourner la page; **pagine gialle** pages jaunes; **pagina web** page web.

pàglia *sf* paille.

pagliàccio *sm* clown; (*fig*) pitre.

pagliàio *sm* (*cumulo*) meule (*f*) de paille; (*edificio*) grange (*f*).

paglierino *agg* paille, jaune paille.

paglietta *sf* (*cappello*) canotier (*m*); (*per pulire*) paille de fer.

pagnotta *sf* miche ◊ **lavorare per la pagnotta** gagner sa croûte.

pago (*f* -**a** *pl* -**ghi** -**ghe**) *agg* satisfait.

pagoda *sf* pagode.

pàio (*pl* **paia** *f*) *sm* paire (*f*) ◊ **un paio di forbici** une paire de ciseaux.

paiolo *sm* chaudron.

pala *sf* (*vanga*) pelle; (*remo, elica*) pale; (*relig*) retable (*m*) ◊ **pala d'altare** retable.

palafitta *sf* pilotis (*m*); (*preistorica*) palafitte (*m*).

palasport *sm inv* palais des sports.

palata *sf* (*colpo*) coup (*m*) de pelle.

palato *sm* palais.

palazzo *sm* palais, hôtel particulier; (*edificio*) immeuble ◊ **palazzo di giustizia** palais de justice; **palazzo reale** palais royal.

palco (*pl* -**chi**) *sm* (*tribuna*) estrade (*f*); (*teatro*) loge (*f*); (*edil*) plancher.

palcoscènico (*pl* -**ci**) *sm* scène (*f*).

palermitano *agg* palermitain ◊ *sm* Palermitain.

palese *agg* évident, manifeste.

palestra *sf* gymnase (*m*), salle de gymnastique.

paletta *sf* pelle.

paletto *sm* pieu, piquet.

palinsesto *sm* palimpseste; (*TV*) grille (*f*).

pàlio *sm* palio ◊ **mettere in palio** mettre en jeu; **Palio di Siena** Palio de Sienne.

palissandro *sm* palissandre.

palizzata *sf* palissade.

palla *sf* balle, boule; (*cannone*) boulet (*m*) ◊ **palla di neve** boule de neige;

prendere la palla al balzo saisir la balle au bond.

pallacanestro *sf inv* basket-ball (*m*).

pallanuoto *sf inv* water-polo (*m*).

pallavolo *sf inv* volley-ball (*m*).

palleggiare *v intr* (*calcio*) se faire des passes.

pallet *sm inv* palette (*f*).

palliativo *sm* palliatif.

pàllido *agg* pâle (*anche fig*) ◊ **non avere la più pallida idea** ne pas en avoir la moindre idée.

pallino *sm* (*boccino*) cochonnet; (*da caccia*) plomb; (*idea fissa*) marotte (*f*) ◊ **a pallini** à pois.

palloncino *sm* ballon ◊ **fare la prova del palloncino** souffler dans le ballon.

pallone *sm* ballon ◊ **un pallone gonfiato** un ballon de baudruche.

pallòttola *sf* boule; (*proiettile*) balle.

palma *sf* (*mano*) paume; (*bot*) palmier (*m*) ◊ **cuore di palma** cœur de palmier; **olio di palma** huile de palme; **la domenica delle palme** le dimanche des rameaux.

palmìzio *sm* palmier.

palmo *sm* (*misura*) empan; (*mano*) paume (*f*) ◊ **restare con un palmo di naso** en tomber sur le derrière.

palo *sm* pieu; (*sostegno*) poteau.

palombaro *sm* plongeur, scaphandrier.

palombo *sm* émissole (*f*).

palpàbile *agg* palpable (*anche fig*).

palpare *v tr* palper, tâter.

pàlpebra *sf* paupière.

palpitare *v intr* palpiter (*anche fig*).

palpitazione *sf* palpitation.

paltò *sm inv* paletot.

palùde *sf* marais (*m*), marécage (*m*).

paludoso *agg* marécageux.

palustre *agg* palustre.

panca (*pl* -**che**) *sf* banc (*m*), banquette.

pancarrè *sm inv* pain de mie.

pancetta *sf* lard (*m*) maigre; (*familiare, pancia*) bedaine.

panchina *sf* banc (*m*), banquette; (*calcio*) banc (*m*) de touche.

pància (*pl* -**ce**) *sf* ventre (*m*); (*vaso, fiasco*) panse.

panciera *sf* ceinture de flanelle.

panciotto *sm* gilet.

pàncreas *sm inv* pancréas.
panda *sm inv* panda.
pandemònio *sm* pandémonium; (*chiasso*) vacarme.
pane *sm* pain ◊ **pane tostato** pain grillé; **pane integrale** pain complet; **pane grattugiato** chapelure; **pane biscottato** biscotte; **pan di Spagna** génoise.
panetterìa *sf* boulangerie.
panettiere *sm* boulanger.
pangrattato *sm* chapelure (*f*).
pànico *sm* panique (*f*).
paniere *sm* panier, corbeille (*f*).
panificio *sm* boulangerie (*f*).
panino *sm* petit pain ◊ **panino imbottito** sandwich.
paninoteca (*pl* -**che**) *sf* sandwicherie.
panna *sf* crème ◊ **panna da cucina** crème fraîche; **panna montata** crème chantilly.
pannello *sm* panneau ◊ **pannello solare** panneau solaire.
panno *sm* drap; (*straccio*) chiffon; (*tessuto*) tissu ◊ **mettersi nei panni di qualcuno** se mettre à la place de quelqu'un.
pannòcchia *sf* épi (*m*) de maïs.
pannolino *sm* (*bambino*) couche (*f*); (*assorbente igienico*) serviette (*f*) hygiénique.
panorama (*pl* -**i**) *sm* panorama.
pantaloni *sm pl* pantalon (*sing*).
pantano *sm* marais; (*fango*) bourbier.
pantera *sf* panthère.
pantòfola *sf* pantoufle.
paonazzo *agg* violacé.
papa (*pl* -**i**) *sm* pape.
papà *sm inv* papa.
papàia *sf* papaye.
papato *sm* papauté (*f*).
papàvero *sm* coquelicot; (*coltivato*) pavot.
pàpera *sf* oison (*m*); (*errore*) bévue.
pàpero *sm* oison.
papilla *sf* papille.
papiro *sm* papyrus.
pappa *sf* bouillie ◊ **pappa reale** gelée royale.
pappagallo *sm* perroquet.
pàprica (*pl* -**che**) *sf* paprika (*m*).

para *sf inv* crêpe (*m*) ◊ **suola di para** semelle en crêpe.
paràbola *sf* parabole.
parabòlico (*f* -**a** *pl* -**ci** -**che**) *agg* parabolique.
parabrezza *sm inv* pare-brise.
paracadute *sm inv* parachute.
paracadutista (*pl* -**i** -**e**) *sm/f* parachutiste.
paracarro *sm* borne (*f*), barre (*f*).
paradigma (*pl* -**i**) *sm* (*gramm*) paradigme.
paradiso *sm* paradis (*anche fig*) ◊ **paradiso artificiale** paradis artificiel.
paradosso *sm* paradoxe.
parafango (*pl* -**ghi**) *sm* garde-boue; (*auto*) aile (*f*).
paraffina *sf* paraffine.
paràfrasi *sf inv* paraphrase.
parafùlmine *sm* paratonnerre.
paraggi *sm pl* ◊ **nei paraggi** dans les parages.
paragonare *v tr* comparer.
paragone *sm* comparaison (*f*) ◊ **senza paragone** incomparable; **non ha paragone** il n'a pas son pareil.
paràgrafo *sm* paragraphe.
paràlisi *sf inv* paralysie (*anche fig*).
paralìtico *agg* paralytique ◊ *sm* paralysé.
paralizzare *v tr* paralyser (*anche fig*).
paralizzato *agg* paralysé (*anche fig*).
parallelo *agg*, *sm* parallèle (*f*).
paralume *sm* abat-jour.
paràmetro *sm* paramètre.
paranòia *sf* paranoïa.
paraocchi *sm inv* œillères (*f*) ◊ **avere i paraocchi** avoir des œillères.
parapendìo *sm* (*sport*) parapente.
parapetto *sm* parapet; garde-fou; (*balcone*) balustrade (*f*).
parapìglia *sm inv* bousculade (*f*), bagarre (*f*).
parare *v tr* (*ornare*) décorer; (*sport*) arrêter; (*schivare*) parer ◊ *v rifl* (*presentarsi*) surgir; (*difendersi*) se protéger ◊ **parare un colpo** parer un coup.
parasole *sm inv* parasol.
parassita (*pl* -**i**) *agg*, *sm/f* parasite.
parata *sf* parade, défilé (*m*); (*sport*) arrêt (*m*).
paraùrti *sm inv* pare-chocs.

paravento *sm* paravent.

parcella *sf* parcelle; (*onorario*) hono-raires (*m pl*).

parcheggiare *v tr* (se) garer.

parchéggio *sm* parking ◊ **divieto di parcheggio** stationnement interdit; **parcheggio a pagamento** parking payant.

parchìmetro *sm* parcmètre.

parco (*pl* -**chi**) *sm* parc ◊ *agg* sobre ◊ **parco giochi** aire de jeu.

parécchio *agg* beaucoup de; (*molti*) plusieurs ◊ *avv* beaucoup; (*seguito da agg*) très ◊ *pron* beaucoup ◊ **parecchio tempo** pas mal de temps; **è parecchio stanca** elle est très fatiguée.

pareggiare *v tr* égaler, égaliser; (*conti*) balancer ◊ *v intr* égaliser; (*sport*) faire match nul ◊ **pareggiare i conti** balancer les comptes.

paréggio *sm* (*conti*) équilibre, balance (*f*); (*sport*) égalité (*f*), match nul ◊ **pareggio di bilancio** équilibre d'un budget.

parentado *sm* parenté (*f*), toute la famille (*f*).

parente *sm/f* parent (*m*).

parentela *sf* parenté.

parèntesi *sf inv* parenthèse.

parere *sm* avis, opinion (*f*) ◊ *v intr* sembler, paraître ◊ **a mio parere** à mon avis; **pare che** il semble que; **mi pare giusto** cela me semble juste; **parere necessario** paraître nécessaire; **che te ne pare?** qu'en penses-tu; **fai come ti pare** fais comme bon te semble; **non mi pare vero** je n'en crois pas mes oreilles; **ma ti pare!** je t'en prie!

parete *sf* paroi; (*muro*) mur (*m*).

pari *agg inv* égal, même; (*di superficie*) plan; (*di numero*) pair; (*econ*) en équilibre; (*sport*) à égalité ◊ *sm* égal, pair ◊ **ragazza alla pari** jeune fille au pair; **a piè pari** à pieds joints; **al pari di** comme; **pari pari** mot à mot; **andare di pari passo** aller de pair; **senza pari** sans égal; **mettersi in pari** se mettre à jour.

parigino *agg* parisien ◊ *sm* Parisien.

parità *sf inv* parité; (*sport*) résultat (*m*) nul.

parlamentare *agg, sm/f* parlementaire ◊ *v intr* parlementer ◊ **repubblica parlamentare** république parlementaire.

parlamento *sm* parlement.

parlante *agg* parlant ◊ **il ritratto parlante** le portrait vivant.

parlare *v tr/intr* parler ◊ *v rifl* se parler ◊ **parlare chiaro** parler clairement; **non si parlano** ils ne s'adressent pas la parole; **non se ne parla neanche** il est hors de question.

parlata *sf* parler (*m*).

parmigiano *sm* (*formaggio*) parmesan.

parodìa *sf* parodie.

parola *sf* parole; (*vocabolo*) mot (*m*) ◊ **essere di parola** n'avoir qu'une parole; **parola d'ordine** mot d'ordre, mot de passe; **un gioco di parole** un jeu de mots; **libertà di parola** liberté d'expression; **facilità di parola** facilité d'élocution; **in altre parole** en d'autres termes; **essere di poche parole** ne pas être très bavard.

parolàccia (*pl* -**ce**) *sf* gros mot (*m*).

parròcchia *sf* paroisse.

pàrroco (*pl* -**ci**) *sm* curé.

parrucca (*pl* -**che**) *sf* perruque.

parrucchiere *sm* coiffeur.

parte *sf* partie; (*quantità limitata*) part; (*direzione*) côté (*m*); (*ruolo*) rôle (*m*) ◊ **far parte di** faire partie de; **in parte** en partie; **in buona parte** en grande partie; **da parte mia** de mon côté; **da parte a parte** de part en part; **d'altra parte** d'autre part; **da che parte?** de quel côté?; **dalle parti di** du côté de; **da queste parti** par ici.

partecipante *agg, sm/f* participant (*m*).

partecipare *v intr* participer (à) ◊ *v tr* faire part de.

partecipazione *sf* participation; (*biglietto*) faire-part (*m*).

partécipe *agg* participant ◊ **essere partecipe di** partager; **far partecipe di** faire part de.

parteggiare *v intr* prendre parti (pour).

partenza *sf* départ (*m*) ◊ **essere in partenza** être sur le départ; **essere in partenza** (*treno, aereo*) être en partance.

particella *sf* particule.

particìpio *sm* participe.
particolare *agg* particulier ◊ *sm* détail ◊ **in particolare** en particulier.
particolarità *sf inv* particularité.
partigiano *agg* partisan; (*giudizio*) partial ◊ *sm* partisan; (*storia*) résistant.
partire *v intr* partir; (*meccanismo, motore*) démarrer.
partita *sf* partie; (*sport*) match (*m*); (*merce*) lot (*m*), stock (*m*).
partito *agg, sm* parti.
partitura *sf* partition.
partner *sm/f inv* partenaire.
parto *sm* accouchement ◊ **sala parto** salle d'accouchement.
partorire *v tr* accoucher; (*animali*) mettre bas; (*fig*) engendrer.
part-time *agg, avv* à mi-temps ◊ *sm inv* emploi à mi-temps ◊ **lavoro part-time** travail à mi-temps.
parziale *agg* (*ingiusto*) partial; (*limitato*) partiel.
parzialità *sf inv* partialité.
pascià *sm inv* pacha.
pascolare *v tr* faire paître, pâturer ◊ *v intr* paître, brouter.
pàscolo *sm* pâturage.
Pasqua *sf* Pâques (*pl*) ◊ **buona Pasqua!** joyeuses Pâques!; **uovo di Pasqua** œuf de Pâques.
pasquale *agg* pascal.
pasquetta *sf* lundi (*m*) de Pâques.
passàbile *agg* passable.
passàggio *sm* passage; (*trasferimento*) transfert; (*sport*) passe (*f*) ◊ **passaggio a livello** passage à niveau; **passaggio pedonale** passage piétons; **passaggio di proprietà** transfert de propriété; **chiedere un passaggio** demander à être raccompagné; **dare un passaggio** emmener; **di passaggio** en passant; **essere di passaggio** être de passage.
passante *agg, sm/f* passant (*m*); (*tennis*) passing-shot ◊ **passante ferroviario** réseau urbain intergares.
passaporto *sm* passeport.
passare *v tr* passer; (*superare*) réussir; (*spostare*) transférer ◊ *v intr* passer ◊ **passare un esame** réussir un examen; **passare di mente** sortir de la tê-

te; **passarsela bene** se la couler douce; **passarsela male** aller mal; **col passare del tempo** avec le temps.
passatempo *sm* passe-temps.
passato *agg* passé; (*superato*) dépassé ◊ *sm* passé; (*cuc*) purée (*f*) ◊ **passato di moda** démodé; **passato di verdura** soupe de légumes moulinés.
passaverdura *sm inv* moulinette.
passeggero *agg, sm* passager.
passeggiare *v intr* se promener.
passeggiata *sf* promenade ◊ **fare una passeggiata** faire une promenade.
passeggino *sm* poussette (*f*).
passéggio *sm* promenade (*f*) ◊ **andare a passeggio** aller se promener.
passerella *sf* passerelle.
pàssero *sm* moineau.
passione *sf* passion.
passività *sf inv* passivité.
passivo *agg, sm* passif.
passo *sm* pas (*anche fig*); (*brano*) passage; (*geog*) col ◊ **allungare il passo** allonger le pas; **fare quattro passi** faire un petit tour; **essere a un passo da** être à deux doigts de; **al passo** au pas; **passo carrabile** sortie de véhicules.
password *sf* (*inform*) mot (*m*) de passe, password.
pasta *sf* pâte; (*alimentare*) pâtes (*pl*) ◊ **pasta frolla** pâte brisée; **pasta sfoglia** pâte feuilletée.
pastasciutta *sf* pâtes (*pl*) en sauce.
pastello *sm* pastel.
pasticca (*pl* -che) *sf* pastille.
pasticcerìa *sf* pâtisserie.
pasticciare *v tr* gâcher, gribouiller.
pasticciere *sm* pâtissier.
pasticcino *sm* petit gâteau.
pastìccio *sm* (*cuc*) pâté en croûte; (*lavoro disordinato*) gâchis; (*fig*) pétrin ◊ **togliere dai pasticci** sortir du pétrin; **cacciarsi in un pasticcio** se fourrer dans le pétrin.
pasticcione *sm* brouillon.
pastificio *sm* fabrique (*f*) de pâtes alimentaires.
pastìglia *sf* pastille.
pastina *sf* petites pâtes (*pl*).
pasto *sm* repas ◊ **saltare un pasto** sau-

ter un repas; **vino da pasto** vin de table.

pastorale *agg* pastoral.

pastore *sm* berger; (*guida*) pasteur; (*cane*) chien de berger.

pastorizzare *v tr* pasteuriser.

pastoso *agg* pâteux, mœlleux.

pastrano *sm* pardessus.

pastura *sf* pâture.

patata *sf* pomme de terre ◊ **patate fritte** (pommes) frites.

patatina *sf* (*contorno*) frites (*pl*); (*confezionate*) chips (*pl*).

paté *sm inv* pâté.

patema (*pl* **-i**) *sm* anxiété (*f*) ◊ **patema d'animo** angoisse.

patente (*di guida*) permis (*m*).

paternità *sf inv* paternité.

paterno *agg* paternel.

patètico (*f* **-a** *pl* **-ci -che**) *agg* pathétique.

patìbolo *sm* échafaud.

pàtina *sf* patine.

patire *v tr* souffrir de, subir, essuyer ◊ *v intr* souffrir ◊ **patire la fame** souffrir de la faim; **patire il freddo** souffrir du froid.

patito *agg* souffreteux ◊ *sm* (*appassionato*) mordu, fanatique.

patologìa *sf* pathologie.

patològico (*f* **-a** *pl* **-ci -che**) *agg* pathologique.

pàtria *sf* patrie.

patriarca (*pl* **-chi**) *sm* patriarche.

patrigno *sm* beau-père.

patrimònio *sm* patrimoine (*anche fig*) ◊ **costare un patrimonio** coûter une fortune.

patriota (*pl* **-i -e**) *sm/f* patriote.

patriòttico (*f* **-a** *pl* **-ci -che**) *agg* patriotique.

patriottismo *sm* patriotisme.

patrìzio *agg*, *sm* patricien.

patrocinare *v tr* (*giur*) plaider; (*fig*) parrainer.

patrocìnio *sm* défense (*f*), protection (*f*); parrainage ◊ **gratuito patrocinio** assistance judiciaire.

patronato *sm* patronage.

patrono *sm* patron, protecteur.

patteggiare *v tr/intr* négocier, traiter.

pattinàggio *sm* patinage ◊ **pattinaggio su ghiaccio** patinage sur glace; **pattinaggio a rotelle** patinage à roulettes.

pattinare *v intr* patiner.

pattinatore (**-trice**) *sm* patineur.

pàttino *sm* patin ◊ **pattini a rotelle** patins à roulettes.

patto *sm* pacte ◊ **venire a patti** pactiser; **a patto che** à condition que.

pattùglia *sf* patrouille.

pattuito *agg* fixé, convenu.

pattumiera *sf* poubelle.

paùra *sf* peur ◊ **fare paura** faire peur.

pauroso *agg* (*che ha paura*) peureux; (*che fa paura*) épouvantable.

pàusa *sf* pause, arrêt (*m*).

pavimentare *v tr* (*con ciottoli*) paver; (*con piastrelle*) carreler; (*con legno*) parqueter.

pavimentazione *sf* pavage (*m*); (*di assi*) parquetage (*m*); (*di piastrelle*) carrelage (*m*).

pavimento *sm* sol; (*di legno*) parquet; (*di piastrelle*) carrelage; (*di cemento*) dallage.

pavone *sm* paon.

pavoneggiarsi *v rifl* se pavaner.

paziente *agg*, *sm/f* patient (*m*).

pazienza *sf* patience ◊ **perdere la pazienza** perdre patience; **pazienza!** tant pis!

pazzesco (*f* **-a** *pl* **-chi -che**) *agg* fou, insensé.

pazzìa *sf* folie, démence (*anche fig*).

pazzo *agg*, *sm* fou (*anche fig*) ◊ **andare pazzo per qualcosa** raffoler de quelque chose; **essere pazzo di qualcuno** être fou amoureux de quelqu'un.

peccare *v intr* pécher.

peccato *sm* péché ◊ **che peccato!** quel dommage!

peccatore (**-trice**) *sm* pécheur.

pece *sf* poix ◊ **nero come la pece** noir comme l'ébène.

pechinese *agg* pékinois ◊ *sm/f* Pékinois (*m*).

pècora *sf* mouton (*m*); (*femmina*) brebis; (*carne*) agneau (*m*).

pecorino *agg* de mouton; (*della femmina*) de brebis ◊ *sm* fromage de brebis à pâte dure.

peculato *sm* péculat.

peculiare *agg* particulier, caractéristique.

pedàggio *sm* péage ◊ **pedaggio autostradale** péage autoroutier.

pedagogìa *sf* pédagogie.

pedalare *v intr* pédaler.

pedalata *sf* coup (*m*) de pédale.

pedale *sm* pédale (*f*).

pedalò *sm inv* pédalo.

pedana *sf* estrade; (*sport*) tremplin (*m*).

pedante *agg, sm/f* pédant (*m*).

pedata *sf* coup (*m*) de pied.

pediatra (*pl* **-i -e**) *sm/f* pédiatre.

pediatrìa *sf* pédiatrie.

pedina *sf* pion (*m*) (*anche fig*).

pedinamento *sm* filature (*f*).

pedinare *v tr* suivre, filer.

pedòfilo *sm* pédophile (*m/f*).

pedonale *agg* piétonnier ◊ **passaggio pedonale** passage piétons; **strada, zona pedonale** rue, zone piétonne; **isola pedonale** zone piétonne.

pedone *sm* piéton; (*scacchi*) pion.

pèggio *agg* (*meno buono*) plus mauvais, moins bon; (*peggiore*) pire ◊ *avv* plus mal, moins bien, pis ◊ *sm* pire, pis ◊ **avere la peggio** avoir le dessous; **andare di male in peggio** aller de mal en pis; **alla peggio** au pire; **tanto peggio** tant pis; **peggio per lui** tant pis pour lui; **peggio che mai** pire que jamais.

peggioramento *sm* aggravation; (*salute*) détérioration.

peggiorare *v tr* aggraver ◊ *v intr* empirer; (*salute*) se détériorer.

peggiore *agg* pire; (*meno buono*) plus mauvais, moins bon ◊ *sm/f* pire ◊ **della peggior specie** de la pire espèce.

pegno *sm* gage; (*giur*) nantissement.

pelapatate *sm inv* économe.

pelare *v tr* peler, éplucher; (*fig*) écorcher, plumer ◊ *v rifl* perdre les cheveux.

pelati *sm pl* tomates (*f*) pelées.

pellàme *sm* peaux (*f pl*).

pelle *sf* peau; (*cuoio*) cuir (*m*) ◊ **avere la pelle d'oca** avoir la chair de poule; **guanti di pelle** gants en cuir; **articoli in pelle** maroquinerie; **non stare nella pelle** ne plus se sentir de.

pellegrinàggio *sm* pèlerinage.

pellegrino *sm* pèlerin.

pellerossa *agg* peau-rouge ◊ *sm/f inv* Peau-Rouge.

pelletterìa *sf* maroquinerie.

pellicano *sm* pélican.

pellìccia (*pl* **-ce**) *sf* fourrure.

pelliccàio *sm* (*negoziante*) fourreur; (*conciatore*) pelletier.

pellìcola *sf* pellicule; (*foto*) pellicule, film (*m*).

pelo *sm* poil ◊ **avere il pelo sullo stomaco** ne pas avoir de scrupules; **cercare il pelo nell'uovo** chercher la petite bête; **a pelo d'acqua** à fleur d'eau; **a un pelo da** à deux doigts de; **per un pelo** de justesse.

peloso *agg* poilu.

peltro *sm* étain.

pelùria *sf* duvet (*m*).

pena *sf* peine; (*pietà*) pitié ◊ **pena capitale** peine capitale; **vale la pena** ça vaut la peine; **a mala pena** à peine.

penale *agg* pénal ◊ *sf* amende ◊ **causa penale** affaire criminelle; **diritto penale** droit pénal; **tribunale penale** tribunal pénal.

penalità *sf inv* pénalité.

penalizzare *v tr* pénaliser.

penare *v intr* souffrir; (*far fatica*) avoir du mal.

pendente *agg* pendant; (*inclinato*) en pente.

pendenza *sf* pente, inclinaison; (*controversia*) affaire pendante.

pèndere *v intr* (*vestito*) pendre; (*essere inclinato*) pencher.

pendìo *sm* pente (*f*).

pèndola *sf* pendule.

pendolare *agg* pendulaire ◊ *sm/f* personne (*f*) qui fait la navette, (*in Belgio*) navetteur (*m*).

pene *sm* pénis.

penetrante *agg* pénétrant, perçant.

penetrare *v intr* pénétrer.

penicillina *sf* pénicilline.

penìsola *sf* péninsule; (*piccola*) presqu'île.

penitenza *sf* (*relig*) pénitence; (*punizione*) punition; (*giochi*) gage (*m*) ◊ **fare penitenza** faire pénitence.

penitenziàrio *agg* pénitentiaire ◊ *sm* pénitencier.

penna *sf* plume; (*per scrivere*) stylo (*m*) ◊ **penna a sfera** stylo (à) bille; **penna stilografica** stylo (à) plume.

pennàcchio *sm* panache.

pennarello *sm* feutre.

pennellata *sf* coup (*m*) de pinceau, touche.

pennello *sm* pinceau ◊ **pennello da barba** blaireau; **a pennello** à merveille.

pennino *sm* plume (*f*).

pennone *sm* (*bandiera*) banière (*f*); (*mar*) vergue (*f*).

pennuto *agg* emplumé ◊ *sm pl* oiseaux.

penombra *sf* pénombre, demi-jour (*m*).

penoso *agg* pénible.

pensare *v intr* penser; (*provvedere*) s'occuper (de) ◊ *v tr* penser; (*credere*) croire; (*immaginare*) imaginer ◊ **pensare a qualcuno, a qualcosa** penser à quelqu'un, à quelque chose; **penso di sì** je pense que oui.

pensiero *sm* pensée (*f*); (*preoccupazione*) souci; (*rappresentazione mentale*) idée (*f*) ◊ **essere sopra pensiero** penser à autre chose; **stare in pensiero** être inquiet (pour).

pensieroso *agg* pensif.

pènsile *agg* (*appeso*) mural; (*giardino*) suspendu ◊ *sm* (*mobile*) élément mural ◊ **giardino pensile** jardin suspendu.

pensilina *sf* marquise; (*autobus*) abribus (*m*).

pensionato *sm* retraité; (*residenza*) pensionnat.

pensione *sf* retraite; (*alloggio*) pension ◊ **essere in pensione** être à la retraite; **andare in pensione** prendre sa retraite; **pensione completa** pension complète; **mezza pensione** demi-pension.

pensoso *agg* recueilli, pensif.

pentàgono *sm* pentagone.

pentagramma (*pl* -**i**) *sm* (*mus*) portée (*f*).

Pentecoste *sf* (*relig*) Pentecôte.

pentimento *sm* repentir.

pentirsi *v rifl* se repentir.

pentito *agg*, *sm* repenti.

péntola *sf* casserole, marmite.

penùltimo *agg*, *sm* avant-dernier.

penùria *sf* pénurie.

penzolare *v intr* pendre, pendiller.

penzoloni *avv* pendant (*agg*) ◊ **le braccia penzoloni** les bras ballants.

peònia *sf* pivoine.

pepato *agg* poivré.

pepe *sm* poivre.

peperoncino *sm* piment.

peperone *sm* poivron.

pepita *sf* pépite.

per *prep* (*moto a luogo, tempo, scopo*) pour; (*moto attraverso luogo*) par, à travers, pour; (*mezzo, modo*) par; (*durata*) pendant; (*scambio*) pour, contre ◊ **per posta** par courrier; **per ora, per il momento** pour le moment; **per caso** par hasard; **per poco** de peu; **per sempre** pour toujours; **per tempo** à temps; **per cento** pour cent; **stare per fare qualcosa** être sur le point de faire quelque chose; **saltare per aria** sauter en l'air; **per il verso giusto** du bon côté; **su per giù** environ; **uno per uno** un par un; **per di più** en plus.

pera *sf* poire.

percento *sm inv*, *avv* pour cent.

percentuale *sf* pourcentage (*m*).

percepire *v tr* percevoir; (*riscuotere*) toucher.

percezione *sf* perception.

perché *cong* (*esplicativo*) parce que; (*giacché*) car; (*scopo*) afin que ◊ *avv* (*interrogativo*) pourquoi ◊ *sm inv* pourquoi.

perciò *cong* donc, par conséquent.

percorrenza *sf* parcours (*m*).

percórrere *v tr* parcourir (*anche fig*).

percorso *sm* parcours (*anche fig*) ◊ **lungo il percorso** le long du parcours.

percossa *sf* coup (*m*).

percuòtere *v tr* frapper, battre.

percussione *sf* percussion.

perdente *agg* perdant.

pèrdere *v tr* (*smarrire*) perdre; (*lasciarsi sfuggire*) manquer, rater ◊ *v intr* perdre; (*liquido*) fuir ◊ *v rifl* perdre; (*scomparire*) disparaître ◊ **perdere i sensi** perdre connaissance; **perdere la vita** perdre la vie; **perde-**

re la faccia perdre la face; **perdere il vizio** perdre une mauvaise habitude; **perdere il treno** manquer le train; **perdere un'occasione** rater une occasion; **lasciar perdere** laisser tomber; **non avere nulla da perdere** ne rien avoir à perdre; **una tradizione che si è persa** une tradition qui s'est perdue; **perdersi d'animo** se démoraliser.

perdifiato ◊ **a perdifiato** à perdre d'haleine.

pèrdita *sf* perte; (*fuoriuscita*) fuite; (*sconfitta*) défaite; (*econ*) préjudice (*m*) ◊ **perdita di tempo** perte de temps; **a perdita d'occhio** à perte de vue; **chiudere (l'esercizio) in perdita** clôturer (l'exercice) en perte.

perdonare *v tr/intr* pardonner ◊ **un male che non perdona** un mal qui ne pardonne pas; **un tipo che non perdona** un type qui ne pardonne pas.

perdono *sm* pardon.

perdutamente *avv* éperdument.

perduto *agg* perdu; (*sfuggito*) manqué, raté; (*smarrito*) égaré.

perenne *agg* perpétuel, éternel ◊ **piante perenni** plantes vivaces; **foglie perenni** feuilles persistantes.

perentòrio *agg* péremptoire.

perfettamente *avv* parfaitement.

perfetto *agg* parfait.

perfezionare *v tr* perfectionner, parfaire ◊ *v rifl* se perfectionner ◊ **perfezionare un contratto** réaliser un contrat.

perfezione *sf* perfection ◊ **alla perfezione** à la perfection.

perfezionista (*pl* -i -e) *sm/f* perfectionniste.

pèrfido *agg* perfide.

perfino *avv* même, jusqu'à.

perforare *v tr* perforer.

pergamena *sf* parchemin (*m*).

pèrgola *sf* pergola, treille.

pergolato *sm* tonnelle (*f*).

pericolante *agg* qui périclite, croulant.

perìcolo *sm* danger; (*imminente*) péril ◊ **non c'è pericolo** il n'y a aucun danger; **essere fuori pericolo** être hors de danger; **essere in pericolo** être en danger.

pericoloso *agg* dangereux, périlleux.

periferìa *sf* banlieue.

perifèrico (*f* -a *pl* -ci -che) *agg* périphérique.

perìmetro *sm* périmètre.

periòdico (*f* -a *pl* -ci -che) *agg*, *sm* périodique.

perìodo *sm* période (*f*).

peripezìa *sf* péripétie.

perire *v intr* périr.

perito *sm* expert ◊ **perito industriale** expert industriel; **perito edile** expert immobilier.

perìzia *sf* (*abilità*) adresse, expérience; (*accertamento*) expertise.

perla *sf* perle ◊ **perla coltivata** perle de culture.

perlomeno *avv* au moins.

perlopiù *avv* le plus souvent.

perlustrare *v tr* explorer, fouiller.

perlustrazione *sf* exploration, reconnaissance.

permaloso *agg* susceptible.

permanente *agg* permanent ◊ *sf* permanente.

permanenza *sf* permanence; (*soggiorno*) séjour (*m*).

permanere *v intr* demeurer.

permeare *v tr* pénétrer, imprégner.

permesso *agg* permis, autorisé ◊ *sm* permission (*f*), autorisation (*f*); (*licenza*) permis ◊ **permesso di soggiorno** permis de séjour; **è permesso?** puis-je entrer?

perméttere *v tr* permettre ◊ *v rifl* se permettre.

pèrmuta *sf* échange (*m*); (*giur*) permutation.

permutare *v tr* échanger.

pernice *sf* perdrix.

pernicioso *agg* pernicieux.

perno *sm* pivot (*anche fig*) ◊ **fare perno su** pivoter sur.

pernottamento *sm* (*turismo*) nuitée (*f*).

pernottare *v intr* passer la nuit.

pero *sm* poirier.

però *cong* mais, cependant.

perone *sm* péroné.

perorare *v tr* plaider, défendre.

perpendicolare *agg*, *sf* perpendiculaire.

perpetuare *v tr* perpétuer.

perpètuo *agg* perpétuel.
perplessità *sf inv* perplexité.
perplesso *agg* perplexe.
perquisire *v tr* perquisitionner.
perquisizione *sf* perquisition.
persecuzione *sf* persécution.
perseguire *v tr* poursuivre.
perseguitare *v tr* persécuter.
perseveranza *sf* persévérance.
perseverare *v intr* persévérer.
persiana *sf* volet (*m*), persienne.
persiano *agg* persan ◊ *sm* Persan.
pèrsico (*f* -a *pl* -ci -che) *agg* persique ◊ *sm* (*pesce*) perche (*f*).
persino *avv* même, jusqu'à.
persistente *agg* persistant, tenace.
persistenza *sf* persistance.
persìstere *v intr* persister.
perso *agg* perdu ◊ **lo faccio a tempo perso** je le fais à mes moments perdus.
persona *sf* personne ◊ *pl* gens (*m*) ◊ **di, in persona** en personne; **per persona** par personne; **per interposta persona** par personne interposée.
personàggio *sm* personnage.
personal computer *sm inv* ordinateur personnel.
personale *agg*, *sm* personnel ◊ **indumenti personali** effets personnels; **mostra personale** exposition individuelle.
personalità *sf inv* personnalité.
personalmente *avv* personnellement.
personificazione *sf* personnification.
perspicace *agg* perspicace.
perspicàcia *sf inv* perspicacité.
persuadere *v tr* persuader, convaincre ◊ *v rifl* se persuader ◊ **persuadere qualcuno a fare qualcosa** persuader quelqu'un de faire quelque chose; **persuadere qualcuno di qualcosa** convaincre quelqu'un de quelque chose.
persuasivo *agg* persuasif.
pertanto *cong* par conséquent.
pèrtica (*pl* -che) *sf* perche.
pertinente *agg* pertinent.
pertosse *sf* coqueluche.
perturbazione *sf* perturbation.
perugino *agg* pérugin ◊ *sm* Pérugin.

perversione *sf* perversion, détournement (*m*).
perversità *sf inv* perversité.
perverso *agg* pervers.
pesante *agg* pesant, lourd; (*che affatica*) fatigant, dur; (*noioso*) assommant ◊ **cibo pesante** plat lourd; **un sonno pesante** un sommeil lourd; **aria pesante** air étouffant; **droghe pesanti** drogues dures.
pesantezza *sf* pesanteur ◊ **pesantezza di stomaco** lourdeurs d'estomac.
pesare *v tr/intr* peser (*anche fig*) ◊ *v rifl* se peser.
pesca (*pl* -che) *sf* pêche; (*bot*) pêche ◊ **pesca subacquea** pêche sous-marine; **pesca d'altomare** pêche hauturière; **pesca di beneficenza** loterie de bienfaisance; **canna da pesca** canne à pêche; **pesca noce** nectarine.
pescare *v tr* pêcher; (*fig*) pincer, prendre.
pescatore (-trice) *sm* pêcheur.
pesce *sm* poisson ◊ **insalata di pesce** poisson en salade; **mangiare pesce** manger du poisson; **pesce d'aprile** poisson d'avril; **essere sano come un pesce** être frais comme un gardon; **nuotare come un pesce** nager comme un poisson; **prendere a pesci in faccia** se faire engueuler comme du poisson pourri; (**il segno dei**) **Pesci** (le signe des) Poissons.
pescecane *sm* requin.
pescheréccio *sm* bateau de pêche.
pescheria *sf* poissonnerie.
pescivéndolo *sm* poissonnier.
pesco (*pl* -chi) *sm* pêcher.
pescoso *agg* poissonneux.
peso *sm* poids (*anche fig*) ◊ **peso netto** poids net; **peso lordo** poids lourd; **getto del peso** lancer de poids; **sollevamento pesi** poids et haltères; **a peso d'oro** à prix d'or; **dar peso a** attacher de l'importance à; **essere di peso** être un fardeau.
pessimismo *sm* pessimisme.
pessimista (*pl* -i -e) *agg*, *sm/f* pessimiste.
pèssimo *agg superlativo* très mauvais.
pestare *v tr* (*calpestare*) marcher (sur); (*picchiare*) taper ◊ *v rifl* se battre.

peste *sf* peste ◊ **essere una peste** être une peste; **dire peste e corna di qualcuno** dire pis que pendre quelqu'un.

pestello *sm* pilon.

pesticìda (*pl* -**i**) *sm* pesticide.

pestìfero *agg* pestilentiel.

pestilenza *sf* épidémie (de peste).

pesto *agg* pilé, écrasé ◊ *sm* pesto (sauce à base de basilic).

pètalo *sm* pétale.

petardo *sm* pétard.

petizione *sf* pétition.

peto *sm* pet.

petroliera *sf* pétrolier (*m*).

petrolìfero *agg* pétrolifère, pétrolier ◊ **giacimento petrolifero** gisement de pétrole.

petròlio *sm* pétrole.

pettegolezzo *sm* commérage, potin.

pettégolo *agg*, *sm* cancanier, médisant.

pettinare *v tr* peigner, coiffer ◊ *v rifl* se coiffer.

pettinatrice *sf* coiffeuse.

pettinatura *sf* coiffure.

pèttine *sm* peigne.

pettirosso *sm* rouge-gorge.

petto *sm* poitrine (*f*); (*fig, cuore, animo*) cœur ◊ **petto di pollo** blanc de poulet; **giacca a doppio petto** veste croisée.

petùnia *sf* pétunia (*m*).

pezza *sf* pièce (*m*); (*panno*) chiffon (*m*), linge (*m*).

pezzato *agg* tacheté.

pezzente *sm/f* gueux (*m*), miséreux (*m*).

pezzo *sm* bout; (*rotto*) morceau; (*articolo*) article; (*componente*) élément; (*periodo di tempo*) bon moment ◊ **pezzo di ricambio** pièce de rechange; **un pezzo grosso** un gros bonnet; **fare a pezzi** mettre en pièces; **tutto d'un pezzo** tout d'une pièce; **cadere a pezzi** tomber en morceaux; **avere il morale a pezzi** avoir le moral à zéro.

phon *sm* sèche-cheveux.

piacere *v intr* plaire, aimer ◊ *sm* plaisir; (*favore*) service, faveur (*f*) ◊ **mi piace il caffè** j'aime le café; **fare un piacere** rendre un service; **piacere di conoscerla** enchanté de vous connaître;

per piacere s'il te/vous plaît; **a piacere** à volonté.

piacévole *agg* agréable.

piaga (*pl* -**ghe**) *sf* plaie (*anche fig*) ◊ **girare il coltello nella piaga** remuer le couteau dans la plaie.

piagnucolare *v intr* pleurnicher.

pialla *sf* rabot (*m*).

piallare *v tr* raboter.

piana *sf* plaine.

pianeggiante *agg* plat.

pianeròttolo *sm* palier.

pianeta (*pl* -**i**) *sm inv* planète (*f*).

piàngere *v tr/intr* pleurer ◊ **piangere a dirotto** pleurer à chaudes larmes.

pianificare *v tr* planifier.

pianificazione *sf* planification.

pianista (*pl* -**i** -**e**) *sm/f* pianiste.

piano *agg* plat, plan; (*facile*) facile, simple ◊ *avv* doucement ◊ *sm* plan; (*superficie*) surface (*f*); (*pianura*) plaine (*f*), plateau; (*di edificio*) étage; (*progetto*) plan, projet; (*livello*) niveau; (*mus*) piano ◊ **piano d'azione** plan d'action; **piano terra** rez-de-chaussée; **in primo piano** au premier plan; **parlare piano** parler doucement; **andarci piano** y aller doucement; **cento metri piani** cent mètres sur piste; **pian piano** petit à petit.

pianoforte *sm* piano.

pianta *sf* plante; (*arch*) plan (*m*); (*piede*) plante ◊ **di sana pianta** de toutes pièces; **in pianta stabile** en permanence.

piantagione *sf* plantation.

piantare *v tr* planter; (*abbandonare*) plaquer ◊ **piantare in asso** laisser en plan; **piantare grane** faire des histoires; **piantala!** arrête!

pianterreno *sm* rez-de-chaussée.

pianto *sm* larmes (*f pl*), pleurs (*pl*) ◊ **trattenere il pianto** retenir ses larmes; **scoppiare in pianto** fondre en larmes.

pianura *sf* plaine.

piastra *sf* plaque ◊ **cuocere alla piastra** cuire sur le gril.

piastrella *sf* carreau (*m*).

piastrina *sf* plaquette.

piattaforma *sf* plate-forme ◊ **piattaforma girevole** plaque tournante;

piattaforma sindacale plate-forme syndicale.

piatto *sm* assiette (*f*); (*cibo*) plat; (*bilancia*) plateau ◊ *pl* (*mus*) cymbales (*f*) ◊ *agg* plat ◊ **piatto fondo** assiette creuse; **piatto piano** assiette plate; **piatto caldo** plat chaud; **piatto freddo** plat froid; **piatto del giorno** plat du jour; **piatto unico** plat unique; **primo piatto** entrée; **secondo piatto**, **piatto forte** plat de résistance.

piazza *sf* place ◊ **letto a una piazza, a due piazze** lit à une place, à deux places; **manifestazione di piazza** manifestation dans les rues; **far piazza pulita** faire place nette; **mettere in piazza** étaler sur la place publique.

piazzaforte (*pl* **piazzeforti**) *sf* place forte, place fortifiée.

piazzale *sm* place (*f*), esplanade (*f*).

piazzamento *sm* placement; (*sport*) classement.

piazzare *v tr* placer ◊ *v rifl* se placer, se classer.

piazzato *agg* (*sport*) placé.

piazzista (*pl* **-i -e**) *sm/f* placier (*m*), représentant (*m*).

piccante *agg* piquant, pimenté; (*saporito*) relevé; (*fig*) grivois.

picche *sf pl* (*carte*) piques.

picchetto *sm* piquet.

picchiare *v tr/intr* battre, frapper ◊ *v rifl* se battre, se frapper ◊ **picchiare sodo** cogner dur; **picchiare la testa contro il muro** se frapper la tête contre les murs.

picchiettare *v intr* tapoter, tambouriner; (*mus*) pincer, piquer ◊ *v tr* (*con colori*) moucheter.

pìcchio *sm* (*zool*) pic.

piccino *agg* petit.

piccionàia *sf* pigeonnier (*m*), colombier (*m*); (*loggione*) poulailler (*m*).

piccione *sm* pigeon ◊ **prendere due piccioni con una fava** faire d'une pierre deux coups.

picco (*pl* **-chi**) *sm* pic, sommet ◊ **a picco** à pic; **colare a picco** couler à pic.

pìccolo *agg* petit; (*per età*) jeune ◊ *sm* petit, enfant ◊ **fin da piccolo** dès son enfance; **in piccolo** en petit.

piccone *sm* pioche (*f*).

piccozza *sf* piolet (*m*).

picnic *sm inv* pique-nique.

pidòcchio *sm* (*pl* **-chi**) pou; (*fig*) pingre.

piede *sm* pied; (*animali*) patte (*f*) ◊ **da capo a piedi** de la tête aux pieds; **tenere in piedi** garder en état; **su due piedi** sur-le-champ; **a piedi** à pied; **andare a piedi** aller à pied; **in piedi** debout.

piedistallo *sm* piédestal.

piega (*pl* **-ghe**) *sf* pli (*m*) ◊ **messa in piega** mise en pli; **non fare una piega** ne pas faire un pli; **prendere una brutta piega** prendre une mauvaise tournure.

piegamento *sm* pliage; (*ginnastica*) flexion (*f*).

piegare *v tr* plier (*anche fig*) ◊ *v intr* (*deviare*) tourner ◊ *v rifl* se courber, se plier ◊ **piegare un avversario** vaincre un adversaire; **piegarsi in due** se tordre.

pieghévole *agg* pliant ◊ *sm* dépliant.

piemontese *agg* piémontais ◊ *sm/f* Piémontais (*m*).

piena *sf* crue, inondation; (*folla*) foule; (*impeto*) feu (*m*).

pienamente *avv* pleinement.

pienezza *sf* plénitude.

pieno *agg* plein; (*sazio*) rassasié; (*riempito*) rempli ◊ **luna piena** pleine lune; **cielo pieno di stelle** ciel plein d'étoiles; **pieno di polvere** couvert de poussière; **fare il pieno** faire son plein; **essere pieno di sé** être imbu de sa personne; **in piena estate** au cœur de l'été; **in pieno** en plein.

pietà *sf inv* pitié.

pietanza *sf* (*piatto*) mets (*m*); (*seconda portata*) plat (*m*) de résistance.

pietoso *agg* (*che ha pietà*) compatissant, charitable; (*che fa pietà*) pitoyable.

pietra *sf* pierre ◊ **pietra preziosa** pierre précieuse.

pìffero *sm* fifre.

pigiama (*pl* **-i**) *sm* pyjama.

pigiare *v tr* fouler, presser; (*stipare*) tasser, pousser ◊ *v rifl* se presser.

pigliare *v tr* prendre, attraper.

pigmento *sm* pigment.

413

pìzzico

pigmèo *agg, sm* pygmée.
pigna *sf* pomme de pin.
pignolo *agg, sm* pointilleux.
pignorare *v tr* saisir.
pigolare *v intr* pépier, piauler.
pigolìo *sm* pépiement, piaulement.
pigrìzia *sf* paresse.
pigro *agg* paresseux.
pila *sf* pile; (*lampadina tascabile*) lampe de poche.
pilastro *sm* pilier (*anche fig*).
pìllola *sf* pilule.
pilone *sm* pylône.
pilota (*pl* -**i** -**e**) *sm/f* pilote.
pilotare *v tr* piloter.
pinacoteca (*pl* -**che**) *sf* pinacothèque.
pineta *sf* pinède.
ping-pong *sm inv* ping-pong.
pinguino *sm* pingouin, manchot.
pinna *sf* (*zool*) nageoire; (*per nuotare*) palme.
pinnàcolo *sm* pinacle.
pino *sm* pin.
pinolo *sm* pignon.
pinta *sf* pinte.
pinza *sf* pince.
pinzare *v tr* agrafer; pincer.
pinzetta *sf* pincette, pince.
pio *agg* pieux.
piòggia (*pl* -**ge**) *sf* pluie.
piolo *sm* pieu, piquet; (*di scala*) échelon ◊ **scala a pioli** échelle.
piombare *v intr* tomber; (*gettarsi con impeto*) foncer, fondre.
piombatura *sf* plombage (*m*).
piombino *sm* plomb.
piombo *sm* plomb ◊ **filo a piombo** fil à plomb; **senza piombo** sans plomb.
pioniere *sm* pionnier.
pioppo *sm* peuplier.
piòvere *v intr* pleuvoir ◊ **piovere a dirotto** pleuvoir à verse; **piovono insulti** les insultes pleuvent; **piovere dal cielo** tomber du ciel.
piovigginare *v intr* pluviner.
piovoso *agg* pluvieux.
piovra *sf* pieuvre.
pipa *sf* pipe.
pipistrello *sm* chauve-souris (*f*).
piragna *sm inv* piranha.
piràmide *sf* pyramide ◊ **piramide umana** pyramide humaine.

pirata (*pl* -**i**) *sm* pirate.
pirite *sf* pyrite.
piroetta *sf* pirouette.
piròfila *sf* plat (*m*) en pyrex.
piroga (*pl* -**ghe**) *sf* pirogue.
piròmane *sm/f* pyromane.
piròscafo *sm* paquebot.
piscina *sf* piscine.
pisello *sm* petit pois.
pista *sf* piste ◊ **pista ciclabile** piste cyclable; **pista di lancio** rampe de lancement.
pistàcchio *sm* pistache (*f*); (*albero*) pistachier.
pistillo *sm* pistil.
pistola *sf* pistolet (*m*).
pistone *sm* piston.
pitale *sm* pot de chambre.
pitone *sm* python.
pittore (-**trice**) *sm* peintre.
pittoresco (*f* -**a** *pl* -**chi** -**che**) *agg, sm* pittoresque.
pittura *sf* peinture.
pitturare *v tr* peindre.
più *avv, prep* plus ◊ *sm* plus; (*la maggior parte*) la plupart de ◊ *agg inv* plus de; (*parecchi*) plusieurs ◊ **più alto di me** plus grand que moi; **più alto di tutti** plus grand que tout le monde; **il più delle volte** le plus souvent; **il di più** le surplus; **né più né meno** ni plus ni moins; **di più** plus; **per di più** en outre; **per lo più** la plupart du temps; **tutt'al più** tout au plus; **più o meno** plus ou moins.
piuma *sf* plume ◊ **peso piuma** poids plume.
piumàggio *sm* plumage.
piumino *sm* (*indumento*) doudoune (*f*); (*coperta*) couette (*f*), duvet; (*per la cipria*) houppette (*f*); (*per spolverare*) plumeau.
piuttosto *avv* plutôt; (*alquanto*) assez ◊ **piuttosto alto** plutôt grand; **piuttosto di, che** plutôt que.
pizza *sf* pizza.
pizzerìa *sf* pizzeria.
pizzicare *v tr* pincer; (*pungere*) piquer.
pìzzico (*pl* -**chi**) *sm* (*piccola quantità*) pincée (*f*); (*pizzicotto*) pinçon, pincement.

pizzo *sm* dentelle (*f*); (*barba*) barbiche (*f*).

placare *v tr* apaiser, calmer ◊ *v rifl* se calmer.

placca (*pl* -**che**) *sf* plaque ◊ **placca dentaria** plaque dentaire.

placcare *v tr* plaquer.

placenta *sf* placenta (*m*).

plàcido *agg* placide, paisible.

plagiare *v tr* (*opera*) plagier; (*persona*) envoûter.

plàgio *sm* (*opera*) plagiat; (*persona*) envoûtement.

plaid *sm inv* plaid.

planare *v intr* planer.

planetàrio *agg* planétaire ◊ *sm* planétarium.

plasma (*pl* -**i**) *sm* plasma.

plàstica (*pl* -**che**) *sf* plastique (*m*); (*med*) chirurgie plastique.

plasticità *sf inv* plasticité.

plàstico (*f* -**a** *pl* -**ci** -**che**) *agg* plastique ◊ *sm* (*modello*) maquette (*f*); (*esplosivo*) plastic.

plastificare *v tr* plastifier.

plàtano *sm* platane.

platèa *sf* parterre (*m*).

plàtino *sm* platine.

plausìbile *agg* plausible.

plebe *sf* plèbe.

plebèo *agg*, *sm* plébéien.

plebiscito *sm* plébiscite.

plenàrio *agg* plénier.

plenilùnio *sm* pleine lune (*f*).

plètora *sf* pléthore.

plèura *sf* plèvre.

pleurite *sf* pleurésie.

plico (*pl* -**chi**) *sm* pli.

plotone *sm* peloton ◊ **plotone d'esecuzione** peloton d'exécution.

plùmbeo *agg* de plomb.

plurale *agg*, *sm* pluriel.

plutònio *sm* plutonium.

pluviale *agg* pluvial ◊ **foresta pluviale** forêt pluviale.

pneumàtico (*f* -**a** *pl* -**ci** -**che**) *agg* pneumatique ◊ *sm* pneu.

po' v. poco.

poco (*f* -**a** *pl* -**chi** -**che**) *agg* peu de; (*alcuni*) quelques ◊ *pron* peu ◊ *avv* peu ◊ *sm* peu ◊ **c'è poca luce** il y a peu de lumière; **sarà finito tra pochi minu-**ti ce sera fini dans quelques minutes; **è poco visibile** il est peu visible; **star poco bene** ne pas aller très bien; **ci vuol poco** il faut peu de choses; **vivere con poco** vivre de peu; **è arrivato da poco** il est arrivé depuis peu; **arriverà tra poco** il arrivera sous peu; **lo vendono per poco** ils le vendent pour pas grand chose; **per poco non è caduto** il s'en est fallu de peu qu'il ne tombe; **eravamo in pochi** nous étions peu nombreux; **a fra poco** à bientôt; **è partito poco fa** il est parti il y a peu de temps; **poco male!** pas de mal!

podere *sm* ferme (*f*), propriété (*f*).

podestà *sm inv* podestat.

pòdio *sm* podium, estrade (*f*).

podismo *sm* course (*f*) à pied; marche (*f*).

podista (*pl* -**i** -**e**) *sm/f* coureur (*m*) à pied; marcheur (*m*).

poema (*pl* -**i**) *sm* (*lett*, *mus*) poème; (*fig*) roman.

poesìa *sf* poésie; (*poema*) poème (*m*).

poeta (*f* -**essa** *pl* -**i** -**esse**) *sm* poète.

poètico (*f* -**a** *pl* -**ci** -**che**) *agg* poétique.

poggiatesta *sm inv* appuie-tête.

poi *avv* après, ensuite; (*più tardi*) plus tard; (*infine*) finalement ◊ *sm* le futur, le lendemain ◊ **prima o poi** tôt ou tard; **da allora in poi, d'ora in poi** dorénavant; **il senno di poi** a posteriori.

poiché *cong* (*causa*) puisque, parce que.

polacco (*pl* -**chi**) *agg* polonais ◊ *sm* Polonais.

polare *agg* polaire ◊ **circolo polare** cercle polaire; **freddo polare** froid polaire.

polarità *sf inv* polarité.

polarizzare *v tr* polariser.

polèmica (*pl* -**che**) *sf* polémique.

polèmico (*f* -**a** *pl* -**ci** -**che**) *agg* polémique.

polemizzare *v intr* polémiquer.

poliambulatòrio *sm* dispensaire.

policlìnico (*pl* -**ci**) *sm* polyclinique (*f*).

polifonìa *sf* polyphonie.

polifònico (*f* -**a** *pl* -**ci** -**che**) *agg* polyphonique.

poligamìa *sf* polygamie.
polìgamo *sm* polygame *(m/f)*.
poliglòtta *(pl* **-i -e)** *sm/f* polyglotte.
polìgono *sm* polygone ◊ **poligono di ti-ro** champs de tir.
poliomielìte *sf* poliomyélite.
pòlipo *sm (zool)* poulpe; *(med)* polype.
polistiròlo *sm* polystyrène ◊ **polistiro-lo espanso** polystyrène expansé.
politècnico *(f* **-a** *pl* **-ci -che)** *agg* poly-technique ◊ *sm* école *(f)* polytechni-que.
polìtica *(pl* **-che)** *sf* politique ◊ **parlare di politica** parler de politique.
polìtico *(f* **-a** *pl* **-ci -che)** *agg* politique ◊ *sm* homme politique ◊ **elezioni po-litiche** élections politiques.
polizìa *sf* police ◊ **polizia stradale** po-lice de la route.
poliziesco *(f* **-a** *pl* **-chi -che)** *agg* poli-cier ◊ **romanzo poliziesco** roman po-licier.
poliziotto *sm* policier.
pòlizza *sf* police ◊ **polizza d'assicura-zione** police d'assurance.
pollàio *sm* poulailler; *(luogo sporco)* porcherie; *(chiasso)* boucan.
pollàme *sm* volaille *(f)*.
pòllice *sm* pouce.
pòlline *sm* pollen.
pollivéndolo *sm* volailler.
pollo *sm* poulet ◊ **conoscere i propri polli** connaître ses classiques.
polmone *sm* poumon.
polmonite *sf* pneumonie.
polo *sm* pôle *(anche fig)*.
polpa *sf* pulpe, chair.
polpàccio *sm* mollet.
polpastrello *sm* pulpe *(f)* des doigts.
polpetta *sf* boulette.
polpettone *sm (cuc)* hachis de viande; *(fig)* navet.
polpo *sm* poulpe.
polsino *sm* poignet, manchette *(f)*.
polso *sm* poignet; *(pulsazione)* pouls.
poltìglia *sf* bouillie; *(fango)* bourbier *(m)*.
poltrona *sf* fauteuil *(m)*.
pólvere *sf* poussière; *(di materiale ma-cinato)* poudre ◊ **polvere da sparo** poudre à canon; **latte in polvere** lait en poudre.

polveriera *sf* poudrière.
polverizzare *v tr* pulvériser.
polverone *sm* (nuage de) poussière *(f)* ◊ **sollevare un gran polverone** faire grand bruit.
polveroso *agg* poudreux, poussiéreux.
pomata *sf* pommade.
pomello *sm* pomme *(f)*, pommeau; *(guancia)* pommette *(f)*.
pomeridiano *agg* de l'après-midi ◊ **il sonnellino pomeridiano** la sieste.
pomerìggio *sm* après-midi.
pòmice *sf* ponce.
pomo *sm (bastone)* pommeau; *(frutto)* pomme *(f)* ◊ **pomo d'Adamo** pomme d'Adam.
pomodoro *sm* tomate *(f)*.
pompa *sf* pompe ◊ **pompa antincen-dio** pompe à incendie; **pompa a pe-dale** pompe à pied; **pompe funebri** pompes funèbres.
pompare *v tr* pomper.
pompelmo *sm* pamplemousse; *(albero)* pamplemoussier.
pompiere *sm* (sapeur-) pompier.
pomposo *agg* pompeux, somptueux.
ponderare *v tr* peser.
ponente *sm* couchant, ouest, occident.
ponte *sm* pont; *(edil)* échafaudage ◊ **ponte levatoio** pont-levis; **ponte ae-reo** pont aérien; **tagliare i ponti con qualcuno** couper les ponts avec quel-qu'un.
pontéfice *sm* pontife.
pontificato *sm* pontificat.
pontificio *(pl f* **-cie)** *agg* pontifical.
pontile *sm* ponton; *(imbarco)* embar-cadère; *(sbarco)* débarcadère.
pony *sm inv* poney ◊ **pony express** course rapide.
pool *sm inv* équipe *(f)*.
popcorn *sm inv* pop-corn.
popolano *agg* populaire ◊ *sm* homme du peuple.
popolare *agg* populaire ◊ *v tr* peupler ◊ *v rifl* se peupler.
popolarità *sf inv* popularité.
popolazione *sf* population.
pòpolo *sm* peuple.
popoloso *agg* populeux, très peuplé.
poppa *sf (mar)* poupe, arrière *(m)*.
poppante *sm/f* nourrisson *(m)*.

poppare *v tr/intr* téter.
poppatòio *sm* biberon.
porcellana *sf* porcelaine.
porcellino *sm* porcelet; (*da latte*) cochon de lait.
porcherìa *sf* saleté; (*fig*) cochonnerie.
porcile *sm* porcherie (*f*) (*anche fig*).
porcino *sm* (*bot*) bolet.
porco (*pl* **-ci**) *sm* cochon; (*carne*) porc (*anche fig*) ◊ **porca miseria!** nom d'un chien!
porcospino *sm* porc-épic.
pòrfido *sm* porphyre.
pòrgere *v tr* tendre, passer ◊ **porgere il braccio** offrir le bras; **porgere orecchio** tendre l'oreille.
pornografia *sf* pornographie.
pornogràfico (*f* **-a** *pl* **-ci -che**) *agg* pornographique.
poro *sm* pore.
poroso *agg* poreux.
pórpora *sf* pourpre.
porre *v tr* poser, mettre ◊ *v rifl* se mettre, se poser ◊ **porre le basi** jeter les bases; **porre una domanda** poser une question; **porre fine** mettre fin; **poniamo il caso che** supposons que.
porro *sm* poireau; (*verruca*) verrue (*f*).
porta *sf* porte; (*sport*) but (*m*); (*sci*) porte ◊ **mettere alla porta** mettre à la porte.
portabagagli *sm inv* (*facchino*) porteur; (*auto, treno ecc.*) porte-bagages.
portacénere *sm inv* cendrier.
portachiavi *sm inv* porte-clefs.
portaèrei *sf inv* porte-avions (*m*).
portafòglio *sm* portefeuille.
portafortuna *sm inv* porte-bonheur.
portale *sm* portail.
portalèttere *sm/f inv* facteur (*m*).
portamento *sm* allure (*f*), démarche (*f*).
portamonete *sm inv* porte-monnaie.
portaocchiali *sm inv* étui à lunettes.
portaombrelli *sm inv* porte-parapluies.
portapacchi *sm inv* porte-bagages.
portapenne *sm inv* porte-plume; (*astuccio*) trousse (*f*).
portare *v tr* porter; (*recare, portare verso*) apporter; (*trasportare*) transporter; (*condurre*) emmener ◊ **portare fortuna** porter bonheur; **portare**

disgrazia porter malheur; **portare pazienza** avoir de la patience; **portare un esempio** donner un exemple; **portare in tavola** servir; **portare alla tomba** emporter; **portare bene gli anni** ne pas faire son âge; **portare giù** descendre; **portare su** monter; **portare via** emporter.
portasci *sm inv* porte-skis.
portata *sf* portée; (*cibo*) plat (*m*); (*capacità*) charge; (*corso d'acqua*) débit (*m*) ◊ **a portata di mano** à portée de main; **alla portata di tutti** à portée de tous.
portàtile *agg* portable, portatif.
portato *agg*; (*dotato*) doué; (*incline*) enclin ◊ *sm* effet, conséquence (*f*).
portauovo *sm inv* coquetier.
portavasi *sm inv* cache-pot, jardinière (*f*).
portavoce *sm/f inv* porte-parole.
portello *sm* sabord, porte (*f*); (*portone*) portillon.
pòrtico (*pl* **-ci**) *sm* portique; (*chiesa*) porche ◊ *pl* arcades (*f*).
portiera *sf* portière; (*custode*) concierge.
portiere *sm* (*custode*) concierge (*m/f*); (*sport*) gardien de but.
portinàio *sm* concierge (*m/f*).
portinerìa *sf* loge du concierge.
porto *sm* port; (*fig*) havre ◊ **porto d'armi** port d'armes; **capitaneria di porto** capitainerie; **andare in porto** arriver à bon port; **porto franco** port franc; **franco di porto** franc de port.
portoghese *agg* portugais ◊ *sm/f* Portugais (*m*).
portone *sm* porte (*f*) d'entrée; (*per veicoli*) porte (*f*) cochère.
portuale *agg* portuaire.
porzione *sf* portion.
posa *sf* pose ◊ **mettersi in posa** poser; **senza posa** sans répit.
posacénere *sm inv* cendrier.
posare *v tr* poser; (*deporre*) déposer ◊ *v intr* (*poggiare*) reposer; (*stare in posa*) poser ◊ *v rifl* se poser, se déposer.
posata *sf* couvert (*m*).
posato *agg* posé, réfléchi.
positivo *agg* positif.

posizione *sf* position (*anche fig*); (*sociale*) situation.
posologìa *sf* posologie.
posporre *v tr* mettre, placer après; (*differire*) ajourner.
possedere *v tr* posséder (*anche fig*).
possedimento *sm* propriété (*f*).
possessivo *agg* possessif.
possesso *sm* possession (*f*) ◊ **entrare in possesso** prendre possession.
possessore (**-ditrice**) *sm* possesseur.
possìbile *agg, sm* possible ◊ **fare il possibile** faire son possible; **è possibile che** il se peut que.
possibilità *sf inv* possibilité.
possibilmente *avv* si possible.
posta *sf* (*ufficio*) poste; (*corrispondenza*) courrier (*m*); (*gioco*) mise, enjeu (*m*); (*caccia*) affût (*m*) ◊ **posta elettronica** courrier électronique; **fermo posta** poste restante.
postale *agg* postal ◊ **ufficio postale** bureau de poste; **pacco postale** colis postal; **codice di avviamento postale** code postal.
postazione *sf* position, emplacement (*m*).
posteggiare *v tr* garer ◊ *v intr* se garer.
postéggio *sm* parking; (*spazio*) emplacement.
pòsteri *sm pl* descendants.
posteriore *agg* postérieur.
postìccio *agg* postiche.
posticipare *v tr* différer.
posticipato *agg* différé.
postilla *sf* annotation.
postino *sm* facteur.
posto *sm* place (*f*) ◊ **posto in piedi** place debout; **posti a sedere** places assises; **stare al proprio posto** rester à sa place; **prenotare un posto** réserver une place; **essere a posto** être en ordre; **posto auto** place (de parking); **posto di blocco** barrage; **sul posto** sur place; **fuori posto** déplacé; **al posto di** à la place de.
pòstumo *agg* posthume.
potàbile *agg* potable.
potare *v tr* tailler.
potàssio *sm* potassium.
potatura *sf* taille.
potente *agg, sm* puissant.

potenza *sf* puissance.
potenziale *agg, sm* potentiel (*anche fig*).
potenziare *v tr* augmenter (la puissance), renforcer.
potere *sm* pouvoir ◊ *v intr* pouvoir ◊ **prendere il potere** prendre le pouvoir; **potere d'acquisto** pouvoir d'achat; **poter fare** pouvoir faire; **non ne posso più** je n'en peux plus; **posso entrare?** je peux entrer?; **può darsi** c'est possible, ça se peut; **può darsi che** il se peut que.
poveràccio *sm* pauvre diable.
pòvero *agg, sm* pauvre ◊ **povero di fantasia** manquant d'imagination.
povertà *sf inv* pauvreté (*anche fig*).
pozza *sf* flaque, mare.
pozzànghera *sf* flaque.
pozzo *sm* puits ◊ **pozzo petrolifero** puits de pétrole.
pranzare *v intr* (*mezzogiorno*) déjeuner; (*sera*) dîner.
pranzo *sm* (*mezzogiorno*) déjeuner; (*sera*) dîner ◊ **sala da pranzo** salle à manger.
prassi *sf inv* pratique.
praterìa *sf* prairie.
pràtica (*pl* **-che**) *sf* pratique; (*esperienza*) expérience; (*tirocinio*) stage (*m*); (*bur*) affaire, dossier (*m*) ◊ **mettere in pratica** mettre en pratique; **far pratica di un mestiere** apprendre un métier.
praticàbile *agg* praticable (*anche fig*).
praticante *agg* (*relig*) pratiquant ◊ *sm* apprenti, stagiaire.
praticare *v tr* pratiquer ◊ **praticare una professione** exercer une profession.
praticità *sf inv* caractère (*m*) pratique, commodité.
pràtico (*f* **-a** *pl* **-ci -che**) *agg* pratique; (*esperto*) expert (en) ◊ **prova pratica** épreuve pratique.
prato *sm* pré.
pratolina *sf* pâquerette.
preàmbolo *sm* préambule.
preavviso *sm* préavis ◊ **senza preavviso** sans préavis.
precarietà *sf inv* précarité.
precàrio *agg* (*lavoro*) précaire; (*lavo-*

ratore) vacataire ◊ *sm* (*lavoratore*) vacataire.

precauzione *sf* précaution.

precedente *agg*, *sm* précédent ◊ **senza precedenti** sans précédent.

precedenza *sf* priorité ◊ **avere la precedenza** avoir la priorité; **dare la precedenza** laisser la priorité; **in precedenza** précédemment.

precèdere *v tr* précéder, devancer.

precipitare *v intr* tomber ◊ *v tr* précipiter ◊ *v rifl* se précipiter.

precipitoso *agg* précipité, irréfléchi.

precipìzio *sm* précipice.

precisamente *avv* précisément.

precisare *v tr* préciser.

precisazione *sf* précision, éclaircissement (*m*).

precisione *sf* précision.

preciso *agg* précis, exact.

precoce *agg* précoce.

precotto *agg* précuit.

precursore *sm* précurseur.

preda *sf* proie.

predatore (**-trice**) *sm* (*animale*) prédateur; (*predone*) pillard ◊ **uccelli predatori** oiseaux de proie.

predecessore *sm* prédécesseur, devancier.

predella *sf* socle (*m*), estrade.

predellino *sm* marchepied.

predestinazione *sf* prédestination.

prèdica (*pl* **-che**) *sf* sermon (*m*), prêche (*m*).

predicare *v tr* prêcher ◊ **predicare al vento** prêcher dans le désert.

predicato *sm* prédicat.

predicatore (**-trice**) *sm* prêcheur, prédicateur.

prediletto *agg* favori, préféré.

predilìgere *v tr* préférer, chérir.

predire *v tr* prédire.

predisporre *v tr* prédisposer, préparer ◊ *v rifl* se préparer.

predisposizione *sf* prédisposition.

predizione *sf* prédiction.

predominare *v intr* prédominer.

predomìnio *sm* prédominance (*f*), suprématie (*f*).

prefabbricato *agg*, *sm* préfabriqué.

prefazione *sf* préface.

preferenza *sf* préférence ◊ **dare la preferenza** donner la préférence.

preferire *v tr* préférer ◊ **preferire una cosa a un'altra** préférer une chose à une autre.

prefetto *sm* préfet.

prefettura *sf* préfecture.

prefiggersi *v rifl* se fixer, se proposer.

prefisso *agg* fixé ◊ *sm* (*gramm*) préfixe; (*telefonico*) indicatif ◊ **prefisso telefonico** indicatif téléphonique.

pregare *v tr* prier ◊ **si prega di non fumare** prière de ne pas fumer.

pregévole *agg* de valeur, précieux.

preghiera *sf* prière.

pregiato *agg* de valeur, précieux, estimé.

prègio *sm* qualité (*f*), valeur (*f*).

pregiudicato *sm* repris de justice.

pregiudiziale *sf* (*giur*) question préjudicielle; (*polit*) question préalable.

pregiudìzio *sm* préjugé.

prego *inter* (*invito*) je vous/t'en prie; (*in risposta a chi ringrazia*) de rien; (*quando non si è capito*) pardon? ◊ **"grazie!" "prego!"** "merci!" " de rien!"; **prego, si accomodi** je vous en prie, asseyez-vous.

pregustare *v tr* goûter d'avance.

preistòria *sf* préhistoire.

preistòrico (*f* **-a** *pl* **-ci -che**) *agg* préhistorique.

prelato *sm* prélat.

prelevare *v tr* prélever.

prelibato *agg* exquis, délicieux.

prelievo *sm* (*med*) prélèvement; (*denaro*) retrait.

preliminare *agg*, *sm* préliminaire.

prematuro *agg* prématuré ◊ **parto prematuro** accouchement prématuré.

premeditato *agg* prémédité.

premeditazione *sf* préméditation.

prèmere *v tr* (*fare pressione su*) appuyer sur; (*spingere*) presser ◊ *v intr* appuyer (sur); (*insistere*) faire pression; (*stare a cuore*) tenir (à), importer.

premessa *sf* préambule (*m*); (*libro*) avant-propos (*m*), préface.

preméttere *v tr* dire d'abord, faire

précéder ◊ **premesso che** attendu que, étant donné que.

premiare *v tr* couronner, récompenser, décerner un prix à.

premiazione *sf* remise des prix.

prèmio *sm* prix, récompense (*f*); (*vincita*) lot ◊ **premio Nobel** prix Nobel.

premonitore *agg* prémonitoire.

premura *sf* attention, empressement (*m*); (*fretta*) hâte ◊ **farsi premura di** s'empresser de.

premuroso *agg* empressé, prévenant.

prèndere *v tr* prendre; (*comprare*) acheter; (*guadagnare*) toucher; (*catturare*) attraper; (*colpire*) atteindre ◊ **prendere un'abitudine** prendre une habitude; **prendere una malattia** attraper une maladie; **prendere accordi** s'accorder; **andare a prendere qualcuno** aller chercher quelqu'un; **prendere a schiaffi qualcuno** gifler quelqu'un; **prendere per il naso**, **prendere in giro** se moquer de; **prendere per il collo** saisir à la gorge; **prendere la mira** viser; **prendere di mira** mettre en joue; **prendere parte a qualcosa** prendre part à quelque chose; **prendere a prestito** emprunter; **prendersela** se vexer; **prendersela con** s'en prendre à.

prenotare *v tr* réserver, retenir.

prenotazione *sf* réservation; (*spettacoli*) location, réservation.

preoccupante *agg* préoccupant.

preoccupare *v tr* inquiéter, préoccuper ◊ *v rifl* se préoccuper, s'inquiéter ◊ **non preoccuparti** ne te fais pas de souci.

preoccupazione *sf* préoccupation, souci (*m*).

preparare *v tr* préparer; (*istruire*) former ◊ *v rifl* se préparer; (*istruirsi*) former.

preparativo *sm* préparatif.

preparato *sm* préparation (*f*), produit.

preparatòrio *agg* préparatoire.

preparazione *sf* préparation; (*istruzione*) formation.

preposizione *sf* préposition.

prepotente *agg* arrogant, autoritaire ◊ *sm* tyran.

prepotenza *sf* arrogance, insolence.

presa *sf* prise; (*piccola quantità*) pincée ◊ **presa di corrente elettrica** prise de courant électrique; **essere alle prese con qualcosa** être aux prises avec quelque chose; **presa in giro** moquerie.

presàgio *sm* présage; pressentiment.

presagire *v tr* présager; pressentir.

prèsbite *agg*, *sm/f* presbyte.

presbiteriano *agg*, *sm* presbytérien.

prescrìvere *v tr* prescrire.

prescrizione *sf* prescription; (*med*) ordonnance.

presentare *v tr* présenter; (*giur*) déposer ◊ *v rifl* se présenter, apparaître.

presentatore (-trice) *sm* présentateur.

presentazione *sf* présentation.

presente *agg* présent ◊ *sm* présent; (*regalo*) cadeau ◊ **far presente** faire remarquer; **tenere presente qualcosa** se souvenir de quelque chose.

presentimento *sm* pressentiment.

presentire *v tr* pressentir.

presenza *sf* présence; (*aspetto*) aspect (*m*) ◊ **presenza di spirito** présence d'esprit.

presèpio *sm* crèche (*f*).

preservare *v tr* préserver.

preservativo *sm* préservatif.

prèside *sm/f* (*scuola media*) directeur (*m*); (*scuola superiore*) proviseur (*m*); (*università*) doyen (*m*).

presidente *sm/f* président (*m*).

presidenza *sf* présidence.

presìdio *sm* (*milit*) garnison (*f*); (*fig*) protection.

presièdere *v tr/intr* présider.

pressa *sf* presse.

pressante *agg* urgent, pressant.

pressappoco *avv* à peu près.

pressare *v tr* presser (*anche fig*).

pressing *sm inv* pressing.

pressione *sf* pression (*anche fig*) ◊ **pressione arteriosa** tension artérielle; **fare pressione su qualcuno** faire pression sur quelqu'un.

presso *avv* près ◊ *prep* (*vicino a*) près de, auprès de; (*a casa di*) chez; (*nell'uso di*) pour ◊ **nei pressi di** aux alentours de.

prestabilito *agg* préétabli.

prestare *v tr* prêter ◊ *v rifl* se prêter ◊

prestar fede ajouter foi; **prestare attenzione** prêter attention.

prestazione *sf* prestation; (*sport*) performance.

prestigiatore (-trice) *sm* prestidigitateur.

prestìgio *sm* prestige ◊ **gioco di prestigio** tour de passe-passe.

prestigioso *agg* prestigieux.

prèstito *sm* (*cosa data*) prêt; (*cosa ricevuta*) emprunt ◊ **prendere a prestito** emprunter.

presto *avv* (*di buonora*) tôt; (*in fretta*) vite; (*tra poco*) bientôt ◊ **a presto!** à bientôt!; **presto o tardi** tôt ou tard.

presùmere *v tr* présumer.

presunto *agg* présumé.

presuntuoso *agg*, *sm* présomptueux.

presunzione *sf* présomption.

presupporre *v tr* présupposer.

presupposto *sm* présupposition (*f*), prémisse (*f*).

prete *sm* prêtre.

pretèndere *v tr* prétendre, exiger.

pretenzioso *agg* prétentieux.

pretesa *sf* prétention.

pretesto *sm* (*scusa*) excuse (*f*); (*occasione*) prétexte.

pretore *sm* juge de première instance.

pretura *sf* tribunal (*m*) de première instance.

prevalente *agg* supérieur, prédominant.

prevalenza *sf* suprématie, priorité ◊ **in prevalenza** pour la plupart.

prevalere *v intr* l'emporter (sur); prévaloir.

prevaricazione *sf* prévarication.

prevedere *v tr* prévoir.

prevedìbile *agg* prévisible.

prevenire *v tr* prévenir.

preventivare *v tr* établir un devis; (*comm*) inscrire au budget.

preventivo *agg* préventif ◊ *sm* devis.

prevenuto *agg* prévenu.

prevenzione *sf* prévention.

previdente *agg* prévoyant.

previdenza *sf* prévoyance ◊ **previdenza sociale** sécurité sociale.

previdenziale *agg* de prévoyance.

prèvio *agg* préalable.

previsione *sf* prévision ◊ **previsioni** meteorologiche prévisions météorologiques.

prezioso *agg* précieux.

prezzémolo *sm* persil.

prezzo *sm* prix ◊ **prezzo fisso** prix fixe; **a qualunque prezzo** à tout prix; **a buon prezzo** bon marché.

prigione *sf* prison (*anche fig*).

prigionìa *sf* captivité.

prigioniero *agg*, *sm* prisonnier (*anche fig*).

prima *avv* (*tempo*) plus tôt, avant, auparavant; (*spazio*) avant; (*per prima cosa*) d'abord ◊ *sf* (*marcia*) première ◊ **prima di partire** avant de partir; **prima che sia tardi** avant qu'il ne soit trop tard; **quanto prima, prima possibile** au plus tôt; **a tutta prima** de prime abord; **prima o poi** tôt ou tard.

primàrio *agg* primaire, principal ◊ *sm* médecin-chef.

primati *sm pl* primates.

primato *sm* primauté (*f*); (*sport*) record.

primavera *sf* printemps (*m*).

primaverile *agg* printanier.

primeggiare *v intr* se distinguer, exceller.

primitivo *agg* primitif.

primìzia *sf* primeurs (*pl*).

primo *agg* premier ◊ *sm* premier; (*minuto*) minute (*f*); entrée (*f*) ◊ **primo ministro** premier ministre; **il primo venuto** le premier venu; **il primo piatto** l'entrée; **la prima colazione** le petit déjeuner; **per primo** en, le premier; **per prima cosa** tout d'abord; **in prima persona** à la première personne; **in primo luogo** en premier lieu.

primogènito *sm* premier-né, aîné.

prìmula *sf* primevère.

principale *agg* principal ◊ *sm/f* (*padrone, capo*) patron (*m*), chef (*m*).

principato *sm* principauté (*f*).

prìncipe *sm* prince.

principesco (*pl* **-chi**) *agg* princier.

principessa *sf* princesse.

principiante *sm/f* débutant (*m*).

princìpio *sm* (*inizio*) début, commencement; (*fondamento*) principe ◊

questione di principio question de principe; **per principio** par principe; **in principio** au début.

priore *sm* prieur.

priori ◊ **a priori** à priori.

priorità *sf inv* priorité.

prisma (*pl* **-i**) *sm* prisme.

privacy *sf inv* intimité, vie privée.

privare *v tr* priver ◊ *v rifl* se priver ◊ **privare qualcuno di qualcosa** priver quelqu'un de quelque chose; **privarsi di qualcosa** se priver de quelque chose.

privatamente *avv* dans l'intimité, en privé.

privatista (*pl* **-i -e**) *sm/f* candidat (*m*) libre.

privatizzare *v tr* privatiser.

privatizzazione *sf* privatisation.

privato *agg* privé; (*riservato*) particulier ◊ *sm* particulier ◊ **casa privata** maison individuelle; **lezioni private** leçons particulières; **in privato** en privé.

privazione *sf* privation.

privilegiare *v tr* privilégier.

privilegiato *agg*, *sm* privilégié.

privilègio *sm* privilège.

privo *agg* dépourvu (de), démuni (de), sans ◊ **privo di mezzi** sans ressources.

pro *sm inv* pour ◊ *prep* pour, en faveur de ◊ **pro o contro** pour ou contre; **i pro e i contro** le pour et le contre; **a che pro?** à quoi bon?; **buon pro vi faccia!** grand bien vous fasse!

probàbile *agg* probable; vraisemblable.

probabilità *sf inv* probabilité; (*occasione*) chance ◊ **avere una probabilità su cento** avoir une chance sur cent.

probabilmente *avv* probablement.

problema (*pl* **-i**) *sm* problème.

problemàtico (*f* **-a** *pl* **-ci -che**) *agg* problématique.

probòscide *sf* trompe.

procèdere *v intr* avancer, procéder (*anche fig*); (*giur*) poursuivre.

procedimento *sm* procédé; (*giur*) (*procedura*) procédure (*f*); (*processo*) procès.

procedura *sf* procédure ◊ **codice di procedura civile** code de procédure civile; **codice di procedura penale** code de procédure pénale.

processare *v tr* poursuivre en justice.

processione *sf* procession.

processo *sm* (*giur*) procès; (*med*) processus.

procinto ◊ **in procinto di** sur le point (de).

proclama *sm* proclamation (*f*).

proclamare *v tr* proclamer.

procreare *v tr* procréer, engendrer.

procreazione *sf* procréation, engendrement (*m*).

procura *sf* procuration, pouvoir (*m*) ◊ **sposarsi per procura** se marier par procuration; **procura della Repubblica** Parquet.

procurare *v tr* procurer; (*fare in modo di*) tâcher (de).

procuratore (**-trice**) *sm* procureur ◊ **procuratore della Repubblica** Procureur de la République.

prodezza *sf* prouesse, exploit (*m*).

prodìgio *sm* prodige ◊ **bambino prodigio** enfant prodige.

prodigioso *agg* prodigieux.

pròdigo (*f* **-a** *pl* **-ghi -ghe**) *agg* prodigue.

prodotto *sm* produit ◊ **prodotto interno lordo** produit intérieur brut.

produrre *v tr* produire.

produttività *sf inv* productivité.

produttivo *agg* productif, de production ◊ **ciclo produttivo** cycle de production; **processo produttivo** processus de production.

produttore (**-trice**) *sm* producteur ◊ **paese produttore** pays producteur.

produzione *sf* production ◊ **produzione industriale** production industrielle.

profanare *v tr* profaner.

profanazione *sf* profanation.

profano *agg*, *sm* profane.

professionale *agg* professionnel.

professione *sf* profession, métier (*m*).

professionista (*pl* **-i -e**) *sm/f* professionnel (*m*) ◊ **pugile professionista** boxeur professionnel; **fare il libero**

professionista exercer une profession libérale.

professore (-essa) *sm* professeur.

profeta (*f* **-essa** *pl* **-i**) *sm* prophète (*anche fig*).

profètico (*f* **-a** *pl* **-ci -che**) *agg* prophétique.

profetizzare *v tr* prophétiser.

profezìa *sf* prophétie.

proficuo *agg* profitable, avantageux.

profilassi *sf inv* prophylaxie.

profilàttico (*f* **-a** *pl* **-ci -che**) *agg* prophylactique ◊ *sm* préservatif.

profilo *sm* profil, silhouette (*f*); (*descrizione*) aperçu ◊ **di profilo** de profil.

profitto *sm* profit.

profondità *sf inv* profondeur (*anche fig*).

profondo *agg* profond (*anche fig*) ◊ *sm* profondeur (*f*), profond ◊ **profondo due metri** de deux mètres de profondeur; **nel profondo del mare** dans les profondeurs de la mer; **nel profondo del cuore** au fond du cœur.

pròfugo (*f* **-a** *pl* **-ghi -ghe**) *agg*, *sm* réfugié.

profumare *v tr* parfumer ◊ *v intr* sentir bon ◊ *v rifl* se parfumer ◊ **profuma di viole** ça sent la violette.

profumato *agg* parfumé.

profumerìa *sf* parfumerie.

profumiere *sm* parfumeur.

profumo *sm* parfum.

progettare *v tr* projeter, envisager.

progetto *sm* projet.

prògnosi *sf inv* pronostic (*m*) ◊ **prognosi riservata** pronostic réservé.

programma (*pl* **-i**) *sm* programme; (*progetto*) projet.

programmare *v tr* programmer.

programmatore (-trice) *sm* programmateur; (*inform*) programmeur.

programmazione *sf* programmation.

progredire *v intr* (*avanzare*) avancer; (*fare progressi*) progresser.

progressione *sf* progression.

progressista (*pl* **-i -e**) *agg*, *sm/f* progressiste ◊ **partito progressista** parti progressiste.

progressivo *agg* progressif.

progresso *sm* progrès ◊ **fare progressi** faire des progrès.

proibire *v tr* interdire, défendre ◊ **proibire l'ingresso** interdire l'entrée; **probire di entrare** interdire d'entrer.

proibito *agg* défendu, prohibé.

proibizione *sf* défense, interdiction, prohibition.

proiettare *v tr* projeter ◊ *v rifl* se projeter; (*fig*) se lancer.

proièttile *sm* projectile.

proiettore *sm* projecteur.

proiezione *sf* projection.

prole *sf* enfants (*m pl*), progéniture.

proletariato *sm* prolétariat.

proletàrio *agg*, *sm* prolétaire (*m/f*).

proliferare *v intr* proliférer.

pròlogo (*pl* **-ghi**) *sm* prologue.

prolunga (*pl* **-ghe**) *sf* rallonge.

prolungamento *sm* (*nello spazio*) prolongement; (*nel tempo*) prolongation (*f*).

prolungare *v tr* prolonger.

promemòria *sm* mémento, pense-bête.

promessa *sf* promesse ◊ **promessa di matrimonio** promesse de mariage.

promesso *agg* promis.

promettente *agg* prometteur.

prométtere *v tr* promettre ◊ **promettere una ricompensa** promettre une récompense.

promìscuo *agg* mixte ◊ **autovettura per uso promiscuo** véhicule à usage mixte.

promontòrio *sm* promontoire.

promosso *agg* promu; (*scuola*) reçu.

promotore (-trice) *sm* promoteur.

promozionale *agg* promotionnel ◊ **vendita promozionale** vente promotionnelle.

promozione *sf* promotion; (*sport, scuola*) passage (*m*).

promulgare *v tr* promulguer.

promuòvere *v tr* promouvoir; (*scuola*) recevoir, faire passer; (*organizzare*) organiser.

pronipote *sm/f* (*di prozio*) arrière-neveu (*m*); (*di bisnonno*) arrière-petit-fils (*m*).

pronome *sm* pronom.

pronominale *agg* pronominal.

pronosticare *v tr* pronostiquer; prédire.

pronòstico (*pl* **-ci**) *sm* pronostic.

prontezza *sf* promptitude.

pronto *agg* (*preparato*) prêt; (*rapido*) rapide, prompt; (*mente*) vif ◊ **pronto!** (*al telefono*) allo!; **pronto a tutto** prêt à tout; **tenersi pronto** se tenir prêt; **pronto soccorso** urgences; **pronto intervento** (*a persona*) secours; (*a macchina*) dépannage.

prontuàrio *sm* barème, recueil.

pronùncia (*pl* -ce) *sf* prononciation.

pronunciare *v tr* prononcer, articuler ◊ *v rifl* se prononcer.

propaganda *sf* propagande.

propagandare *v tr* diffuser, propager; (*pubblicità*) faire de la réclame à.

propagare *v tr* propager, répandre; (*fig*) rayonner ◊ *v rifl* se propager.

propagazione *sf* propagation.

propenso *agg* enclin, porté.

propìzio *agg* propice, favorable.

pròpoli *sm/f inv* propolis.

proporre *v tr* proposer ◊ *v rifl* se proposer.

proporzionale *agg* proportionnel ◊ **sistema elettorale proporzionale** système électoral à la proportionnelle.

proporzione *sf* proportion ◊ **in proporzione** proportionnellement.

propòsito *sm* (*argomento*) propos; (*intenzione*) résolution (*f*), intention (*f*); (*progetto*) projet ◊ **a proposito** à propos; **fare di proposito** faire exprès.

proposizione *sf* proposition.

proposta *sf* proposition.

proprietà *sf inv* propriété ◊ **proprietà privata** propriété privée.

proprietàrio *sm* propriétaire (*m/f*).

pròprio *agg* propre; (*opportuno*) opportun, convenable ◊ *avv* (*veramente*) vraiment; (*assolutamente*) exactement ◊ *sm* argent, bien; propre ◊ **nome proprio** nom propre; **proprio così** exactement; **lavorare in proprio** travailler à son compte.

propulsione *sf* propulsion.

prora *sf* proue, avant (*m*).

pròroga (*pl* -ghe) *sf* prorogation, délai (*m*).

prorogare *v tr* proroger, prolonger; (*contratto*) renouveler.

prosa *sf* prose.

prosàico (*f* -a *pl* -ci -che) *agg* prosaïque.

proscènio *sm* avant-scène (*f*).

prosciògliere *v tr* (*liberare*) dégager, délier; (*giur*) acquitter.

prosciugare *v tr* assécher, dessécher; (*fig*) épuiser ◊ *v rifl* s'assécher.

prosciutto *sm* jambon ◊ **prosciutto cotto, crudo** jambon blanc, cru.

proseguimento *sm* continuation (*f*).

proseguire *v tr* continuer, poursuivre ◊ *v intr* continuer.

prosperare *v intr* prospérer.

prosperità *sf inv* prospérité.

pròspero *agg* prospère, florissant.

prospettare *v tr* exposer ◊ *v rifl* s'annoncer.

prospettiva *sf* perspective (*anche fig*).

prospetto *sm* vue (*f*); (*arch*) façade (*f*); (*tabella*) aperçu ◊ **di prospetto** de face.

prossimamente *avv* prochainement.

prossimità *sf inv* proximité, voisinage (*m*) ◊ **in prossimità di** à proximité de.

pròssimo *agg* (*seguente*) prochain; (*vicino*) proche ◊ *sm* prochain.

pròstata *sf* prostate.

prostituire *v tr* prostituer ◊ *v rifl* se prostituer.

prostituta *sf* prostituée.

prostituzione *sf* prostitution.

protagonista (*pl* -i -e) *sm/f* protagoniste (*anche fig*).

protèggere *v tr* protéger.

proteina *sf* protéine.

pròtesi *sf inv* prothèse.

protesta *sf* protestation ◊ **manifestazione di protesta** manifestation de protestation.

protestante *agg*, *sm/f* protestant.

protestantésimo *sm* protestantisme.

protestare *v intr* protester ◊ *v tr* protester (de) ◊ *v rifl* se proclamer.

protesto *sm* protêt.

protettivo *agg* protecteur.

protetto *agg*, *sm* protégé ◊ **ambiente naturale protetto** milieu naturel protégé.

protettore (-trice) *sm* protecteur; (*prostitute*) souteneur.

protezione *sf* protection ◊ **protezione**

dell'ambiente protection de l'environnement.

protezionismo *sm* protectionnisme.

protocollo *sm* (*cerimoniale*) protocole; (*registro*) registre ◊ **numero di protocollo** numéro d'enregistrement.

protòtipo *sm* prototype.

protozòo *sm* protozoaire.

protrarre *v tr* prolonger ◊ *v rifl* se prolonger.

protuberanza *sf* protubérance.

prova *sf* preuve; (*tentativo*) essai (*m*); (*esame*) épreuve; (*med*) test (*m*); (*spettacolo*) répétition ◊ **giro di prova** tour d'essai; **dar prova di** faire preuve de; **mettere alla prova** mettre à l'épreuve.

provare *v tr* essayer; (*assaggiare*) goûter; (*sentire*) éprouver; (*spettacolo*) répéter; (*giur*) prouver ◊ **provare a** essayer de.

provenienza *sf* provenance, origine; (*fonte*) source ◊ **luogo di provenienza** lieu de provenance.

provenire *v intr* provenir, venir; (*avere origine*) être de, descendre.

provenzale *agg* provençal ◊ *sm/f* Provençal (*m*).

proverbiale *agg* proverbial.

provèrbio *sm* proverbe.

provetta *sf* éprouvette.

provider *sm* (*inform*) fournisseur d'accès, provider.

provìncia (*pl* -ce) *sf* province.

provinciale *agg* provincial.

provino *sm* (*cinema*) bout d'essai; (*campione*) échantillon.

provocante *agg* provocant.

provocare *v tr* provoquer.

provocatore (-trice) *sm* provocateur.

provocatòrio *agg* provocateur.

provocazione *sf* provocation.

provvedere *v tr* pourvoir, fournir ◊ *v intr* prendre soin (de), veiller (à) ◊ *v rifl* se pourvoir, se munir.

provvedimento *sm* mesure (*f*), disposition (*f*).

provveditorato *sm* inspection (*f*) d'Académie.

provveditore (-trice) *sm* inspecteur d'Académie.

provvidenza *sf* providence.

provvidenziale *agg* providentiel.

provvigione *sf* commission.

provvisòrio *agg* provisoire.

provvista *sf* provision.

prua *sf* proue, avant (*m*).

prudente *agg* prudent.

prudenza *sf* prudence.

prùdere *v intr* démanger.

prugna *sf* prune; (*secca*) pruneau (*m*).

prugno *sm* (*bot*) prunier.

pruno *sm* (*bot*) prunellier; (*spina*) ronce (*f*).

prurito *sm* démangeaison (*f*); prurit.

pseudònimo *sm* pseudonyme.

psicanàlisi *sf inv* psychanalyse.

psicanalista (*pl* -i -e) *sm/f* psychanalyste.

psicanalizzare *v tr* psychanalyser.

psìche *sf* psyché.

psichiatra (*pl* -i -e) *sm/f* psychiatre.

psichiatrìa *sf* psychiatrie.

psicofìsico (*f* -a *pl* -ci -che) *agg* psychophysique.

psicologìa *sf* psychologie.

psicològico (*f* -a *pl* -ci -che) *agg* psychologique.

psicòlogo (*f* -a *pl* -ghi -ghe) *sm* psychologue (*m/f*).

psicopàtico (*f* -a *pl* -ci -che) *agg* psychopathique (*m/f*).

psicosi *sf inv* psychose.

pubblicare *v tr* publier ◊ **pubblicato di recente** qui vient de paraître.

pubblicazione *sf* publication ◊ **pubblicazioni di matrimonio** publications de mariage.

pubblicità *sf inv* publicité.

pubblicitàrio *agg, sm* publicitaire.

pùbblico (*f* -a *pl* -ci -che) *agg, sm* public ◊ **giardini pubblici** jardins publics; **servizi pubblici** services publics; **opinione pubblica** opinion publique; **pubblico ministero** ministère public.

pube *sm* pubis.

pubertà *sf inv* puberté.

pudico (*f* -a *pl* -chi -che) *agg* pudique.

pudore *sm* pudeur (*f*).

puericultura *sf* puériculture.

puerile *agg* puéril, enfantin.

puèrpera *sf* accouchée.

pugilato *sm* boxe (*f*).

pùgile *sm/f* boxeur (*m*).

pugnalare *v tr* poignarder.

pugnalata *sf* coup (*m*) de poignard.

pugnale *sm* poignard.

pugno *sm* poing; (*colpo*) coup de poing; (*quantità*) poignée (*f*) ◊ **tenere in pugno** avoir en main; **di proprio pugno** de sa main.

pulce *sf* puce ◊ **mercato delle pulci** marché aux puces; **mettere la pulce nell'orecchio** mettre la puce à l'oreille.

pulcino *sm* poussin.

pulcioso *agg* plein de puces.

pulédro *sm* poulain.

puléggia *sf* poulie.

pulire *v tr* nettoyer ◊ *v rifl* se nettoyer.

pulito *agg* propre; (*netto*) net; (*onesto*) convenable ◊ **fare piazza pulita** faire place nette.

pulitore (-trice) *sm* nettoyeur (*m*).

pulitura *sf* nettoyage (*m*).

pulizìa *sf* propreté ◊ **fare le pulizie** faire le ménage; **impresa di pulizia** entreprise de nettoyage; **pulizia etnica** purification ethnique.

pullman *sm inv* car, autocar.

pullover *sm inv* pull-over.

pùlpito *sm* chaire (*f*).

pulsante *sm* bouton.

pulsare *v intr* battre.

pulsazione *sf* pulsation.

pulvìscolo *sm* poussières (*f pl*).

puma *sm inv* puma.

pungente *agg* piquant.

pùngere *v tr* piquer (*anche fig*) ◊ *v rifl* se piquer ◊ **pungere sul vivo** piquer au vif.

pungiglione *sm* dard, aiguillon.

pungitòpo *sm* (*bot*) petit houx.

pùngolo *sm* aiguillon.

punire *v tr* punir.

punizione *sf* punition; (*sport*) coup franc (*m*).

punta *sf* pointe; (*estremità*) bout (*m*) ◊ **ore di punta** heures de pointe; **la punta dell'iceberg** la pointe de l'iceberg.

puntare *v tr* (*appoggiare*) appuyer; (*dirigere*) pointer; (*al gioco*) miser; (*contare su*) compter ◊ *v intr* (*diriger-*

si) se diriger; (*fig*) s'entêter ◊ **puntare a** viser à; **puntare su** compter sur.

puntata *sf* (*escursione*) détour (*m*); (*radio*, *TV*) épisode (*m*); (*scommessa*) mise; (*stampa*) épisode (*m*), feuilleton (*m*) ◊ **romanzo a puntate** roman-feuilleton.

punteggiatura *sf* ponctuation.

puntéggio *sm* score.

puntellare *v tr* étayer, soutenir ◊ *v rifl* s'appuyer (à).

puntello *sm* étai; (*fig*) appui, soutien.

punteruolo *sm* poinçon.

puntìglio *sm* entêtement, obstination (*f*).

puntina *sf* (*da disegno*) punaise; (*del giradischi*) diamant (*m*), saphir (*m*).

puntino *sm* petit point ◊ **a puntino** à la perfection.

punto *sm* point; (*momento*) moment; (*luogo*) endroit ◊ **punto di vista** point de vue; **punto di partenza** point de départ; **mettere a punto** mettre au point; **essere a buon punto** avoir bien avancé; **di punto in bianco** de but en blanc.

puntuale *agg* ponctuel, à l'heure ◊ **essere puntuale** être à l'heure.

puntualità *sf inv* ponctualité.

puntura *sf* piqûre.

punzecchiare *v tr* piquer; (*fig*) taquiner.

punzone *sm* poinçon.

pupazzo *sm* pantin.

pupilla *sf* pupille, prunelle.

purché *cong* pourvu que, à condition que.

pure *avv* aussi, même ◊ *cong* (*anche se*) même si; (*tuttavia*) cependant, mais ◊ **come pure** ainsi que; **sia pure** (*anche se*) même si; **quando pure** quand (bien) même.

purezza *sf* pureté (*anche fig*).

purga (*pl* **-ghe**) *sf* purge.

purgante *agg*, *sm* purgatif.

purgatòrio *sm* purgatoire.

purificare *v tr* purifier (*anche fig*).

purificazione *sf* purification.

puritano *agg*, *sm* puritain.

puro *agg* pur ◊ **aria pura** air pur; **puro e semplice** pur et simple.

purosàngue *sm/f inv* pur-sang (*m*).

purtroppo *avv* malheureusement.

pus *sm inv* pus.

pusillànime *agg* lâche, pusillanime.

pùstola *sf* pustule, bouton (*m*).

putifèrio *sm* esclandre, tollé.

putrefatto *agg* putréfié, pourri.

putrefazione *sf* putréfaction.

pùtrido *agg* putride.

puttana *sf* (*volgare*) putain.

putto *sm* petit amour.

puzza *sf* puanteur, mauvaise odeur.

puzzare *v intr* puer, sentir mauvais.

puzzo *sm* puanteur (*f*) ◊ **c'è puzzo di bruciato** ça sent le brûlé.

pùzzola *sf* putois (*m*).

puzzolente *agg* puant.

pyrex *sm inv* pyrex.

Q

qua *avv* ici ◊ **eccomi qua** me voici; **passate di qua** passez par ici; **per di qua** par ici; **al di qua di** de ce côté de; **qua e là** çà et là; **da quando in qua?** depuis quand?

quàcchero *agg, sm* quaker.

quaderno *sm* cahier.

quadrante *sm* (*mat*) quadrant; (*dell'orologio*) cadran.

quadrare *v tr* carrer ◊ *v intr* être juste ◊ **non quadra** ça ne tourne pas rond; **far quadrare il bilancio** équilibrer son budget.

quadrato *agg, sm* carré.

quadratura *sf* quadrature; (*fig*) solidité.

quadretto *sm* petit carreau ◊ **a quadretti** (*tessuto*) à carreaux; (*foglio*) quadrillé; **zucchero a quadretti** sucre en morceaux.

quadriènnio *sm* période de quatre ans.

quadrifòglio *sm* trèfle à quatre feuilles.

quadrilàtero *agg* quadrilatéral ◊ *sm* quadrilatère.

quadrimestre *sm* période de quatre mois.

quadro *sm* tableau; (*contesto*) contexte; (*in azienda, organizzazione ecc.*) cadre ◊ *pl* (*alle carte*) carreau (*sing*) ◊ *agg* carré ◊ **metro quadro** mètre

carré; **tessuto a quadri** tissu à carreaux.

quadrùpede *agg, sm* quadrupède.

quàdruplo *agg, sm* quadruple.

quaggiù *avv* ici-bas.

quàglia *sf* caille.

qualche *agg* (*alcuni*) quelques; (*uno*) un; (*un certo*) un certain (*m*) ◊ **qualche altro** un autre; **da qualche parte** quelque part; **qualche giorno** un jour; **qualche volta** quelquefois; **qualche giorno fa** il y a quelques jours; **in qualche modo** d'une manière ou d'une autre.

qualcosa *pron* quelque chose ◊ **vuoi mangiare qualcosa?** veux-tu manger quelque chose?; **qualcos'altro** autre chose.

qualcuno *pron* (*uno*) quelqu'un; (*alcuni*) quelques-uns ◊ **avvertimi se arriva qualcuno** préviens-moi si quelqu'un arrive; **è diventato qualcuno** c'est devenu quelqu'un; **qualcun altro** quelqu'un d'autre; **hanno venduto molti libri, ma forse ce n'è ancora qualcuno** ils ont vendu beaucoup de livres, mais peut-être en reste-t-il quelques-uns.

quale *agg interrogativo* quel ◊ *agg relativo* (*come*) comme, tel ◊ *pron interrogativo* lequel ◊ *pron relativo* (*in qualità di*) en tant que ◊ **il quale** (*soggetto*) qui, lequel; (*con preposizioni*) lequel; **tale quale** tel quel; **nel qual caso** auquel cas.

qualifica (*pl* -**che**) *sf* qualification.

qualificare *v tr* qualifier ◊ *v rifl* se qualifier.

qualificativo *agg* qualificatif.

qualificato *agg* qualifié.

qualificazione *sf* qualification.

qualità *sf inv* qualité ◊ **salto di qualità** saut de qualité; **di prima qualità** de première qualité; **in qualità di** en qualité de.

qualitativo *agg* qualitatif.

qualora *avv* au cas où, si.

qualsìasi *agg* quel que; quoi que; tout; n'importe quel; (*posposto*) quelconque ◊ **qualsiasi cosa tu faccia** quoi que tu fasses; **qualsiasi cosa succeda** quoi qu'il arrive; **in qualsiasi mo-**

mento à n'importe quel moment; **a qualsiasi costo** à tout prix.

qualunque *agg* v. **qualsiasi**

quando *cong* (*ogni volta che*) quand; (*allorché*) lorsque; (*mentre*) alors que ◊ *avv* quand ◊ **da quando** depuis que; **di quando in quando** de temps à autre; **fino a quando** jusqu'à quand; **quand'anche** quand bien même.

quantità *sf inv* quantité ◊ **in (gran) quantità** en (grande) quantité.

quantitativo *agg* quantitatif ◊ *sm* quantité (*f*).

quanto *pron interrogativo* combien ◊ *pron esclamativo* comme, que de ◊ *pron relativo* (*tutto quello che*) tout ce qui (*soggetto*), tout ce que (*oggetto*) ◊ *agg relativo* autant de ◊ *agg interrogativo* combien de ◊ *agg esclamativo* comme, que de ◊ **ci sono tanti posti quanti invitati** il y a autant de places que d'invités; **ci sono tante forchette quanti coltelli** il y a autant de fourchettes que de couteaux; **quanti ospiti ci sono?** combien d'invités y a-t-il?; **quanti ospiti ci sono!** que d'invités!; **quanto pesa?** combien ça pèse?; **quanto pesa!** comme c'est lourd!; **non so quanto durerà lo spettacolo** je ne sais pas combien de temps durera le spectacle; **per quanto dica, non mi convincerà** quoi qu'il dise, il ne me convaincra pas; **la responsabilità è sua, in quanto presidente** la responsabilité lui incombe, en tant que président; **la merce sarà consegnata quanto prima** la marchandise sera livrée dès que possible; **quanto meno** au moins; **questo è quanto** c'est tout; **quanto a** quant à.

quaranta *agg, sm inv* quarante.

quarantena *sf* quarantaine.

quarantenne *agg* âgé de quarante ans, quadragénaire ◊ *sm/f* quadragénaire.

quarantèsimo *agg, sm* quarantième (*m/f*).

quarésima *sf* carême (*m*).

quarta *sf* (*marcia*) quatrième ◊ **partire in quarta** démarrer sur les chapeaux de roues.

quartetto *sm* (*mus*) quatuor.

quartiere *sm* quartier ◊ **quartiere residenziale** quartier résidentiel; **quartiere generale** quartier général.

quarto *agg* quatrième ◊ *sm* quatrième (*m/f*); (*quarta parte*) quart ◊ **quarti di finale** quarts de finale; **quarto d'ora** quart d'heure.

quarzo *sm* quartz.

quasi *avv* presque ◊ **quasi che** comme si; **quasi ci credevo** j'ai failli y croire; **quasi quasi** presque; **quasi mai** presque jamais.

quassù *avv* ici.

quattordicenne *agg* âgé de quatorze ans ◊ *sm/f* enfant de quatorze ans.

quattordicèsimo *agg, sm* quatorzième (*m/f*).

quattórdici *agg, sm inv* quatorze.

quattrino *sm* sou, rond ◊ *pl* (*denaro*) argent (*sing*) ◊ **non avere il becco di un quattrino** ne plus avoir un rond.

quattro *agg, sm inv* quatre ◊ **fare quattro passi** faire un petit tour; **fare quattro chiacchiere** faire un brin de causette; **erano in quattro gatti** il y avait quatre pelés et un tondu; **parlare a quattr'occhi** parler en tête-à-tête; **abitare, stare a quattro passi** habiter, être à deux pas.

quattrocentesco *agg* du quinzième siècle.

quattrocentèsimo *agg, sm* quatre centième (*m/f*).

quattrocento *agg, sm inv* quatre cents ◊ *sm* le quinzième siècle.

quei v. **quello**.

quegli v. **quello**.

quello *agg* ce; (*per indicare lontananza*) ce... -là ◊ *pron* (*lontanaza*) celui - là; (*con pron relativo*) celui; (*indefinito*) ce ◊ **aspettiamo quel signore** nous attendons ce monsieur; **non conosco quella signora** je ne connais pas cette dame; **abito in quella casa** j'habite dans cette maison-là; **in quei paesi** dans ces pays-là; **a quel tempo** en ce temps-là; **la mia casa è quella** ma maison est celle-là; **quelli che ti conoscono** ceux qui te connaissent; **quelli di…** les gens de.

quèrcia (*pl* **-ce**) *sf* chêne (*m*).

querela *sf* plainte.

querelare *v tr* porter plainte (contre).
query *sf* requête.
quesito *sm* question (*f*), problème.
questionàrio *sm* questionnaire.
questione *sf* question; (*problema*) problème; (*litigio*) dispute, différend (*m*).
questo *agg* ce; (*per indicare vicinanza*) ce… -ci ◊ *pron* (*vicinanza*) celui-ci; (*seguito da pron relativo o dalla prep di*) celui; (*ciò*) cela, ça ◊ **questa signora è mia sorella** cette dame est ma sœur; **vorrei prendere questo treno** je voudrais prendre ce train; **con questo freddo preferisco non uscire** avec un froid pareil, je préfère ne pas sortir; **in questi giorni** ces jours-ci; **mi piacciono tutti e due gli ombrelli, ma comprerò questo** ces deux parapluies me plaisent, mais j'achèterai celui-ci; **senti questa** écoute ça; **e con questo?** et alors?
questore *sm* préfet de police.
questura *sf* préfecture de police.
qui *avv* ici, là ◊ **fin qui** jusqu'ici; **eccoti qui** te voilà; **gente di qui** gens d'ici; **qui accluso** ci-joint; **da qui in avanti** dorénavant.
quietanza *sf* quittance, reçu (*m*).
quiete *sf* quiétude, calme (*m*), paix.
quieto *agg* tranquille, calme.
quindi *avv* (*poi*) ensuite, puis ◊ *cong* (*perciò*) donc, par conséquent.
quindicenne *agg* âgé de quinze ans ◊ *sm/f* enfant de quinze ans.
quindicèsimo *agg*, *sm* quinzième (*m/f*).
quìndici *agg*, *sm inv* quinze.
quinquennale *agg* quinquennal ◊ *sm* cinquième anniversaire.
quinquènnio *sm* quinquennat.
quinta *sf* (*teatro*) coulisse; (*marcia*) cinquième.
quintale *sm* quintal.
quintetto *sm* (*mus*) quintette.
quinto *agg*, *sm* cinquième (*m/f*) ◊ **Carlo Quinto** Charles Quint.
quiz *sm inv* quiz; (*esame*) questionnaire à choix multiple; (*radio, TV*) jeu ◊ **quiz televisivo** jeu télévisé.
quorum *sm inv* quorum ◊ **raggiungere il quorum** atteindre le quorum.

quota *sf* (*porzione*) part; quote-part; (*di partecipazione, assicurativa ecc.*) cotisation; (*altitudine*) altitude, hauteur ◊ **prendere quota** prendre de l'altitude; **perdere quota** perdre de l'altitude.
quotare *v tr* cotiser; (*Borsa*) coter.
quotazione *sf* cote, cours (*m*).
quotidiano *agg*, *sm* quotidien.
quoziente *sm* quotient ◊ **quoziente d'intelligenza** quotient intellectuel.

R

rabàrbaro *sm* rhubarbe (*f*).
ràbbia *sf* (*med*) rage; (*collera*) colère; (*di forze naturali*) violence, fureur ◊ **fare rabbia** faire enrager.
rabbino *sm* rabbin.
rabbioso *agg* enragé.
rabbonire *v tr* amadouer ◊ *v rifl* se calmer.
rabbrividire *v intr* frissonner.
rabbuiarsi *v intr* s'assombrir (*anche fig*).
raccapezzarsi *v rifl* s'y retrouver, s'y reconnaître.
raccapricciante *agg* effroyable.
raccaprìccio *sm* horreur (*f*).
raccattare *v tr* ramasser.
racchetta *sf* (*tennis, ping-pong*) raquette; (*da sci*) bâton (*m*).
racchiùdere *v tr* renfermer.
raccògliere *v tr* (*da terra*) ramasser; (*cogliere*) cueillir; (*prodotti agricoli*) récolter; (*mettere insieme*) réunir; (*collezionare*) collectionner ◊ *v rifl* se réunir, se rassembler; (*meditare*) se recueillir.
raccoglimento *sm* recueillement.
raccoglitore (**-trice**) *sm* ramasseur; (*di frutti*) cueilleur; (*contenitore*) classeur.
raccolta *sf* récolte; (*di frutti*) cueillette; (*collezione*) collection ◊ **chiamare a raccolta** battre le rappel; **raccolta differenziata di rifiuti** ramassage et tri des déchets.
raccolto *sm* récolte; (*di frutti*) cueillette (*f*).
raccomandare *v tr* recommander; (*af-*

fidare) confier ◊ *v rifl* se recommander ◊ **mi raccomando** je compte sur vous.

raccomandata *sf* lettre recommandée.

raccomandazione *sf* recommandation.

raccontare *v tr* raconter, conter.

racconto *sm* récit, narration (*f*), conte.

raccordo *sm* raccord ◊ **raccordo stradale** bretelle; **raccordo ferroviario** embranchement ferroviaire; **raccordo anulare** ceinture de raccordement.

rachìtico (*f* -a *pl* -ci -che) *agg* rachitique.

racket *sm inv* racket.

rada *sf* (*geog*) rade.

radar *sm inv* radar.

raddoppiare *v tr* doubler; (*accrescere*) redoubler ◊ *v intr* doubler.

raddóppio *sm* redoublement.

raddrizzare *v tr* redresser (*anche fig*) ◊ *v rifl* se redresser.

radente *agg* rasant.

ràdere *v tr* raser; (*sfiorare*) frôler, effleurer ◊ *v rifl* se raser ◊ **radere al suolo** raser.

radiale *agg* radial.

radiare *v tr* radier.

radiatore *sm* radiateur.

radiazione *sf* radiation.

ràdica (*pl* -che) *sf* (*legno*) bruyère.

radicale *agg* radical.

radicalismo *sm* radicalisme.

radìcchio *sm* chicorée (*f*).

radice *sf* racine ◊ **mettere radici** prendre racine.

ràdio *sf inv* radio; (*apparecchio*) poste (*m*) de radio ◊ *sm* (*anat*) radius; (*chim*) radium ◊ **giornale radio** journal radiodiffusé; **stazione radio** station de radio.

radioamatore (-trice) *sm* radioamateur.

radioattività *sf inv* radioactivité.

radioattivo *agg* radioactif.

radiocrònaca (*pl* -che) *sf* radioreportage (*m*).

radiofònico (*f* -a *pl* -ci -che) *agg* radiophonique.

radiografìa *sf* radiographie.

radiologìa *sf* radiologie.

radiòlogo (*pl* -gi) *sm* radiologue (*m/f*).

radioso *agg* radieux, rayonnant.

radiosvéglia *sf* radio-réveil (*m*).

radiotaxi *sm inv* radio-taxi.

radiotelevisione *sf* radiotélévision.

radioterapìa *sf* radiothérapie.

rado *agg* clairsemé ◊ **di rado** rarement.

radunare *v tr* rassembler, réunir ◊ *v rifl* se rassembler, se réunir.

raduno *sm* rassemblement, réunion (*f*).

radura *sf* clairière.

raffazzonato *agg* bâclé.

raffermo *agg* rassis.

ràffica (*pl* -che) *sf* rafale (*anche fig*).

raffigurare *v tr* représenter.

raffigurazione *sf* représentation.

raffinare *v tr* raffiner.

raffinatezza *sf* raffinement (*m*).

raffinato *agg* raffiné (*anche fig*).

raffinerìa *sf* raffinerie.

rafforzare *v tr* renforcer (*anche fig*) ◊ *v rifl* se renforcer (*anche fig*).

raffreddamento *sm* refroidissement.

raffreddare *v tr* refroidir, laisser refroidir (*anche fig*) ◊ *v rifl* se refroidir (*anche fig*); (*prendere un raffreddore*) s'enrhumer.

raffreddore *sm* rhume ◊ **raffreddore da fieno** rhume des foins.

raffronto *sm* comparaison (*f*).

ràfia *sf* raphia (*m*).

raganella *sf* (*zool*) rainette.

ragazza *sf* fille, jeune fille ◊ **ragazza alla pari** fille au pair.

ragazzo *sm* garçon, jeune homme.

raggiante *agg* rayonnant, radieux.

raggiera *sf* auréole ◊ **a raggiera** en éventail.

ràggio *sm* rayon ◊ **raggio d'azione** rayon d'action; **raggi X** rayons X.

raggirare *v tr* duper, rouler.

raggiro *sm* machination (*f*).

raggiùngere *v tr* rejoindre, rattraper (*anche fig*); (*conseguire*) atteindre.

raggiungìbile *agg* accessible, qu'on peut atteindre (*anche fig*).

raggomitolare *v tr* pelotonner, mettre en pelote ◊ *v rifl* se pelotonner, se blottir.

raggranellare *v tr* amasser; (*racimolare*) grappiller.

raggrinzire *v tr* rider; crisper ◊ *v rifl* se flétrir, se rider.

raggruppamento *sm* regroupement.
raggruppare *v tr* grouper, regrouper ◊ *v rifl* se grouper, se regrouper.
ragguardévole *agg* considérable.
ragionamento *sm* raisonnement.
ragionare *v intr* raisonner ◊ **ragionare di** discuter de.
ragionato *agg* raisonné.
ragione *sf* raison; (*giur*) droit (*m*) ◊ **avere ragione** avoir raison; **dare ragione** donner raison; **non sentire ragioni** ne pas entendre raison; **perdere l'uso della ragione** perdre l'usage de la raison; **farsi una ragione** se faire une raison; **ragion per cui** c'est pourquoi; **a ragion veduta** en connaissance de cause; **in ragione di** en raison de; **ragione sociale** raison sociale.
ragionerìa *sf* comptabilité; (*corso di studi*) études (*pl*) de commerce.
ragionévole *agg* raisonnable.
ragioniere *sm* (expert-) comptable (*m/f*).
ragliare *v intr* braire.
ràglio *sm* braiement.
ragnatela *sf* toile d'araignée.
ragno *sm* araignée (*f*).
ragù *sm inv* sauce (*f*) bolognaise.
raid *sm inv* raid.
rallegramenti *sm pl* félicitations.
rallegrare *v tr* égayer, réjouir ◊ *v rifl* se réjouir, se féliciter.
rallentamento *sm* ralentissement.
rallentare *v tr* ralentir; (*fig*) diminuer, relâcher ◊ *v intr* ralentir.
rallentatore *sm* (*cine*) ralenti; (*mecc*) ralentisseur ◊ **al rallentatore** au ralenti.
RAM *sf* mémoire vive, RAM.
ramarro *sm* lézard vert.
rame *sm* cuivre.
ramificare *v intr* se ramifier.
ramificazione *sf* ramification (*anche fig*).
rammàrico (*pl* **-chi**) *sm* regret.
rammendare *v tr* repriser.
rammendo *sm* reprise (*f*) ◊ **cotone da rammendo** coton à repriser.
rammentare *v tr* rappeler ◊ *v rifl* se souvenir de.

rammollire *v tr* ramollir (*anche fig*) ◊ *v intr/rifl* se ramollir (*anche fig*).
ramo *sm* branche (*f*); (*fiume*) bras.
ramoscello *sm* rameau.
rampa *sf* rampe ◊ **rampa di lancio** rampe de lancement.
rampicante *agg* grimpant ◊ *sm* plante (*f*) grimpante.
rampino *sm* crochet, croc.
rampollo *sm* rejeton.
rampone *sm* (*mar*) harpon; (*alpinismo*) crampon.
rana *sf* grenouille ◊ **nuotare a rana** nager la brasse.
ràncido *agg* rance.
ràncio *sm* soupe (*f*).
rancore *sm* rancune (*f*).
randàgio (*pl f* **-gie**) *agg* errant.
randello *sm* matraque (*f*).
rango (*pl* **-ghi**) *sm* rang, classe (*f*) ◊ **rientrare nei ranghi** rentrer dans les rangs.
rannicchiarsi *v rifl* se blottir.
rannuvolarsi *v rifl* se couvrir; (*fig*) s'assombrir.
ranòcchio *sm* grenouille (*f*).
rantolare *v intr* râler.
ràntolo *sm* râle.
rapa *sf* navet (*m*), rave ◊ **cima di rapa** pousse de navet; **testa di rapa** imbécile.
rapace *agg, sm* rapace ◊ **uccelli rapaci** oiseaux de proie.
rapare *v tr* raser, tondre ◊ *v rifl* se raser, se tondre.
ràpida *sf* rapide (*m*).
rapidità *sf inv* rapidité.
ràpido *agg* rapide ◊ *sm* (*treno*) express.
rapimento *sm* enlèvement, kidnapping.
rapina *sf* vol (*m*).
rapinare *v tr* voler.
rapinatore (**-trice**) *sm* voleur.
rapire *v tr* enlever, kidnapper.
rapitore (**-trice**) *sm* ravisseur, kidnappeur.
rappacificare *v tr* réconcilier ◊ *v rifl* se réconcilier.
rapporto *sm* rapport ◊ **chiamare a rapporto** appeler au rapport.
rapprèndersi *v rifl* (*latte*) se cailler;

(*sangue*) se coaguler; (*salsa*) se figer; (*crema*) prendre.
rappresàglia *sf* représailles (*pl*).
rappresentante *sm/f* représentant (*m*).
rappresentanza *sf* représentation; (*delegazione*) délégation ◊ **rappresentanza diplomatica** représentation diplomatique.
rappresentare *v tr* (*raffigurare*) représenter; (*teatro*) jouer.
rappresentativo *agg* représentatif.
rappresentazione *sf* représentation.
rapsodìa *sf* rhapsodie.
raptus *sm inv* impulsion (*f*), fureur (*f*).
raramente *avv* rarement.
rarefatto *agg* raréfié.
rarità *sf inv* rareté.
raro *agg* rare.
rasare *v tr* raser; (*erba*) tondre ◊ *v rifl* se raser.
rasatura *sf* rasage (*m*).
raschiamento *sm* raclement; (*med*) curetage.
raschiare *v tr* racler.
rasentare *v tr* raser, frôler.
rasente *prep* à ras de, au ras de.
raso *agg* ras ◊ *sm* satin ◊ **fare tabula rasa** faire table rase; **raso terra** au ras du sol.
rasóio *sm* rasoir ◊ **rasoio a mano libera** rasoir mécanique; **rasoio di sicurezza** rasoir de sûreté; **rasoio elettrico** rasoir électrique; **rasoio usa e getta** rasoir jetable.
rassegna *sf* revue (*anche milit*); (*mostra*) exposition; (*mus, cine*) festival (*m*); (*resoconto*) compte-rendu (*m*) ◊ **rassegna teatrale** chronique théâtrale; **rassegna stampa** revue de presse; **passare in rassegna** passer en revue.
rassegnare *v tr* (*presentare*) présenter ◊ *v rifl* se résigner ◊ **rassegnare le dimissioni** présenter sa démission.
rassegnato *agg* résigné.
rassegnazione *sf* résignation.
rasserenare *v tr* dégager; (*fig*) rasséréner ◊ *v rifl* (*cielo*) s'éclaircir; (*persona*) se rasséréner.
rassicurante *agg* rassurant.
rassicurare *v tr* rassurer ◊ *v rifl* se rassurer.
rassodare *v tr* raffermir.

rastrellare *v tr* ratisser; (*fondo del mare*) draguer.
rastrello *sm* râteau.
rata *sf* versement (*m*); échéance ◊ **vendere a rate** vendre à crédit; **pagare a rate** payer à tempérament.
rateale *agg* à tempérament.
rateazione *sf* échelonnement (*m*) (de paiement).
ratìfica (*pl* -che) *sf* ratification.
ratto *sm* enlèvement; (*zool*) rat.
rattoppare *v tr* rapiécer.
rattoppo *sm* rapiéçage.
rattristare *v tr* attrister, affliger ◊ *v rifl* s'attrister.
raucèdine *sf* enrouement (*m*).
ràuco (*f* -a *pl* -chi -che) *agg* enroué; (*suono*) rauque.
ravanello *sm* radis.
ravioli *sm pl* raviolis.
ravvicinato *agg* rapproché.
ravvisare *v tr* reconnaître.
ravvivare *v tr* ranimer, raviver (*anche fig*).
rayon *sm* rayonne (*f*).
razionale *agg* rationnel.
razionalità *sf inv* rationalité.
razione *sf* ration.
razza *sf* race; (*specie*) espèce; (*pesce*) raie.
razzìa *sf* razzia, rafle.
razziale *agg* racial.
razzismo *sm* racisme.
razzista (*pl* -i -e) *agg*, *sm/f* raciste.
razzo *sm* fusée (*f*) ◊ **come un razzo** comme une fusée.
razzolare *v intr* gratter, fouiller.
re *sm inv* roi; (*mus*) ré.
reagire *v intr* réagir.
reale *agg*, *sm* réel ◊ *agg* (*del re*) royal.
realismo *sm* réalisme.
realista (*pl* -i -e) *agg*, *sm/f* (*realtà*) réaliste; (*polit*) royaliste.
realìstico (*f* -a *pl* -ci -che) *agg* réaliste.
realizzàbile *agg* réalisable.
realizzare *v tr* réaliser; (*sport*) marquer ◊ *v rifl* se réaliser.
realizzazione *sf* réalisation.
realmente *avv* réellement.
realtà *sf inv* réalité ◊ **realtà virtuale** réalité virtuelle; **in realtà** en réalité.
reame *sm* royaume.

reato *sm* crime, délit ◊ **corpo del reato** corps du délit.

reattore *sm* réacteur ◊ **reattore nucleare** réacteur nucléaire.

reazionàrio *agg*, *sm* réactionnaire (*m/f*).

reazione *sf* réaction.

rebus *sm inv* rébus.

recapitare *v tr* remettre.

recàpito *sm* (*indirizzo*) adresse (*f*); (*consegna*) remise (*f*) ◊ **recapito telefonico** numéro de téléphone; **in caso di mancato recapito** en cas de non réception.

recare *v tr* apporter, porter ◊ *v rifl* se rendre ◊ **recar danno** porter préjudice.

recèdere *v intr* (*tornare indietro*) reculer; (*da una decisione*) revenir sur.

recensione *sf* compte-rendu (*m*).

recensore (*f* **recensitrice**) *sm* critique (*m/f*).

recente *agg* récent ◊ **di recente** récemment.

reception *sf inv* réception.

recessione *sf* récession.

recesso *sm* recoin.

recìdere *v tr* couper, trancher.

recidìvo *agg*, *sm* récidiviste.

recinto *sm* enceinte (*f*), enclos.

recipiente *sm* récipient.

recìproco (*f* -**a** *pl* -**ci** -**che**) *agg* réciproque.

rècita *sf* représentation; (*recitazione*) récitation.

recitare *v tr* réciter, jouer.

recitativo *sm* récitatif.

recitazione *sf* récitation; (*dizione*) diction ◊ **scuola di recitazione** cours d'art dramatique.

reclamare *v tr/intr* réclamer.

reclamizzare *v tr* faire de la publicité pour.

reclamo *sm* réclamation (*f*) ◊ **presentare (un) reclamo** présenter une réclamation.

reclinàbile *agg* inclinable, réglable ◊ **schienale reclinabile** dossier réglable.

reclusione *sf* réclusion.

rècluta *sf* recrue.

reclutare *v tr* (*milit*) recruter; (*assumere*) embaucher.

recòndito *agg* secret, caché.

record *sm inv* record ◊ **in tempo record** en un temps record.

recriminare *v intr* récriminer.

recuperare *v tr* récupérer; (*fig*) rattraper.

recùpero *sm* récupération (*f*); (*sport*) en retard.

redattore (-**trice**) *sm* rédacteur.

redazione *sf* rédaction.

redditìzio *agg* profitable, rentable.

rèddito *sm* revenu ◊ **dichiarazione dei redditi** déclaration des revenus.

redentore *sm* rédempteur.

redenzione *sf* rédemption.

redìgere *v tr* rédiger.

redìmere *v tr* racheter; (*affrancare*) affranchir.

rèdini *sf pl* rênes.

rèduce *agg* de retour ◊ *sm/f* (*milit*) vétéran (*m*).

referendum *sm inv* référendum.

referenze *sf pl* références.

referto *sm* rapport.

refettòrio *sm* réfectoire, (*scuola*) cantine.

reflex *agg*, *sm inv* reflex.

refrattàrio *agg* réfractaire.

refrigerare *v tr* réfrigérer; (*rinfrescare*) rafraîchir.

refrigèrio *sm* fraîcheur (*f*); (*fig*) soulagement.

refurtiva *sf* butin (*m*).

regalare *v tr* offrir, donner.

regale *agg* royal.

regalo *sm* cadeau.

regata *sf* régate ◊ **barca da regata** bateau de régate.

reggenza *sf* régence.

règgere *v tr* (*sostenere*) soutenir; (*sopportare*) supporter, résister; (*tenere*) tenir; (*guidare*) gouverner ◊ *v intr* (*resistere*) résister; (*durare*) durer ◊ *v rifl* se tenir debout ◊ **reggere bene il mare** tenir la mer; **reggere le sorti di un paese** présider aux destinées d'une nation; **reggere il confronto** soutenir la comparaison; **reggere l'alcol** tenir l'alcool; **non reggersi in piedi** ne plus tenir debout; **il ragionamen-**

to non regge le raisonnement ne tient pas debout.

règia (*pl* **-ge**) *sf* palais (*m*) royal.

reggimento *sm* régiment.

reggiseno *sm* soutien-gorge.

regia *sf* mise en scène; (*fig*) organisation.

regime *sm* régime.

regina *sf* reine.

règio *agg* royal.

regionale *agg* régional ◊ **treno regionale** train express régional (TER); **conflitto regionale** conflit régional.

regionalismo *sm* régionalisme.

regione *sf* région ◊ **regione autonoma** région autonome.

regista (*pl* **-i -e**) *sm/f* (*cine*, *teatro*) metteur (*m*) en scène; (*TV*) réalisateur (*m*).

registrare *v tr* (*suoni*) enregistrer; (*tecn*) régler; (*comm*) passer écriture (de); (*immatricolare*) immatriculer.

registratore (**-trice**) *agg* enregistreur ◊ *sm* (*suoni*) magnétophone ◊ **registratore a cassette** magnétophone; **registratore di cassa** caisse enregistreuse.

registrazione *sf* (*suoni*) enregistrement (*m*); (*messa a punto*) réglage (*m*).

registro *sm* (*contabile*) registre; (*scuola*) carnet de présence.

regnare *v intr* régner.

regno *sm* royaume; (*durata del regno*) règne ◊ **regno minerale** règne minéral; **regno animale** règne animal; **regno vegetale** règne végétal.

règola *sf* règle ◊ **la regola di S. Benedetto** la règle de Saint Benoît; **essere in regola** être en règle; **a regola d'arte** dans les règles de l'art; **di regola** de règle.

regolamentare *agg* réglementaire.

regolamento *sm* (*norme*) règlement; (*regolazione*) réglage.

regolare *agg* régulier ◊ *v tr* régler (*anche fig*); (*regolamentare*) réglementer ◊ *v rifl* se conduire ◊ **clero regolare** clergé régulier.

regolarità *sf inv* régularité.

regolarizzare *v tr* régulariser.

regolarmente *avv* régulièrement.

regolazione *sf* régulation.

regredire *v intr* baisser, reculer; (*fig*) régresser.

regressione *sf* régression.

regresso *sm* régression (*f*), recul.

relatività *sf inv* relativité.

relativo *agg* relatif.

relatore (**-trice**) *sm* rapporteur.

relazione *sf* relation; (*collegamento*) liaison; (*resoconto*) rapport (*m*) ◊ **relazioni d'affari** relations d'affaires; **relazioni diplomatiche** relations diplomatiques; **pubbliche relazioni** relations publiques; **in relazione a** par rapport à.

relegare *v tr* reléguer.

religione *sf* religion.

relìquia *sf* relique.

relitto *sm* épave (*f*).

remare *v intr* ramer.

remata *sf* coup (*m*) de rame.

rematore (**-trice**) *sm* rameur.

reminiscenza *sf* réminiscence.

remissione *sf* rémission; (*atteggiamento*) soumission.

remissivo *agg* accommodant, soumis.

remo *sm* rame (*f*), aviron.

rèmora *sf* (*indugio*) délai (*m*); (*freno*) frein (*m*).

remoto *agg* lointain, éloigné ◊ **tempi remoti** temps reculés.

rèndere *v tr* rendre; (*fruttare*) rapporter ◊ *v rifl* se rendre ◊ **rendersi conto** se rendre compte; **rendersi utile** se rendre utile.

rendimento *sm* rendement.

rèndita *sf* rente ◊ **vivere di rendita** vivre de ses rentes.

rene (*pl* **-i** *f*) *sm* rein.

renitente *agg* réfractaire, insoumis ◊ **renitente alla leva** insoumis.

renitenza *sf* insoumission ◊ **renitenza alla leva** insoumission.

renna *sf* (*zool*) renne (*m*).

reo *agg* coupable.

reparto *sm* (*azienda*, *ospedale*) service; (*milit*) détachement; (*grande magazzino*) rayon.

repellente *agg* répulsif, répugnant.

repentàglio *sm* ◊ **mettere a repentaglio** mettre en danger.

repentino *agg* subit, soudain.

reperìbile *agg* trouvable, joignable.

reperire *v tr* trouver, retrouver.
reperto *sm* pièce (*f*); (*med*) rapport.
repertòrio *sm* répertoire ◊ **immagini di repertorio** plan d'archives.
rèplica (*pl* **-che**) *sf* (*copia*) réplique; (*spettacolo*) répétition; (*risposta*) réponse; (*teatro*) reprise.
replicante *sm/f* androïde.
replicare *v tr* (*spettacolo*) répéter; (*rispondere*) répliquer.
reportage *sm inv* reportage.
reporter *sm/f* reporter (*m*).
repressione *sf* répression.
reprìmere *v tr* réprimer ◊ *v rifl* se retenir.
repùbblica (*pl* **-che**) *sf* république ◊ **repubblica parlamentare** république parlementaire; **repubblica presidenziale** république présidentielle.
repubblicano *agg, sm* républicain.
repulsione *sf* répulsion.
reputare *v tr* considérer, estimer ◊ *v rifl* se croire.
reputazione *sf* réputation, renommée.
requisire *v tr* requérir, réquisitionner.
requisito *sm* qualité (*f*) requise.
resa *sf* (*milit*) reddition; (*restituzione*) restitution; (*rendimento*) rendement (*m*).
residente *agg, sm/f* résident (*m*).
residenza *sf* (*edificio*) résidence; (*sede*) siège (*m*).
residenziale *agg* résidentiel ◊ **quartiere residenziale** quartier résidentiel.
residuo *agg* restant ◊ *sm* reste, résidu.
rèsina *sf* résine.
resistente *agg* résistant.
resistenza *sf* résistance.
resìstere *v intr* (*durare*) résister; (*sopportare*) endurer.
resoconto *sm* compte rendu; (*rapporto*) rapport.
respìngere *v tr* repousser; (*rifiutare*) refuser, rejeter; (*bocciare*) recaler.
respirare *v tr/intr* respirer (*anche fig*).
respirazione *sf* respiration.
respiro *sm* respiration (*f*); (*fiato*) haleine (*f*), souffle; (*fig, riposo*) répit ◊ **togliere il respiro** couper le souffle; **non avere un attimo di respiro** ne pas avoir un moment de répit; **dare**

un attimo di respiro accorder un instant de répit.
responsàbile *agg, sm/f* responsable.
responsabilità *sf inv* responsabilité.
responso *sm* verdict.
ressa *sf* cohue.
restare *v intr* rester; (*permanere*) demeurer ◊ **non resta che** il ne reste plus qu'à; **restarci male** être déçu.
restaurare *v tr* restaurer.
restauratore (**-trice**) *sm* restaurateur.
restaurazione *sf* restauration.
restàuro *sm* restauration (*f*).
restìo *agg* rétif.
restituire *v tr* rendre, restituer; (*contraccambiare*) retourner.
restituzione *sf* restitution.
resto *sm* reste; (*denaro*) monnaie (*f*) ◊ *pl* restes ◊ **tutto il resto** tout le reste; **dare il resto** rendre la monnaie; **del resto** du reste.
restrìngere *v tr* rétrécir; (*fig*) resserrer, limiter ◊ *v rifl* se rétrécir.
restrizione *sf* restriction.
retata *sf* rafle.
rete *sf* filet (*m*); (*recinzione*) clôture; (*strade, canali ecc.*) réseau (*m*); (*TV*) chaîne ◊ **rete metallica** (*del letto*) sommier (*m*); **rete idrica** réseau hydrique.
retìcolo *sm* réseau.
rètina *sf* (*anat*) rétine.
retino *sm* (*per farfalle*) filet à papillons; (*da pesca*) épuisette (*f*).
rètore *sm* rhéteur.
retòrica (*pl* **-che**) *sf* rhétorique.
retribuire *v tr* rétribuer.
retribuzione *sf* rétribution.
retro *sm* (*edificio*) arrière; (*foglio*) verso; (*negozio*) arrière-boutique (*f*).
retrobottega *sm inv* arrière-boutique (*f*).
retrocèdere *v intr* reculer, revenir; (*sport*) être relégué ◊ *v tr* rétrograder; (*sport*) reléguer.
retrocessione *sf* recul (*m*); (*sport*) relégation, descente.
retrodatare *v tr* antidater.
retrògrado *agg* rétrograde.
retroguàrdia *sf* arrière-garde (*anche fig*).
retromàrcia (*pl* **-ce**) *sf* marche arrière.

retroscena *sm inv* coulisses (*f pl*); (*fig*) dessous (*pl*).

retrospettiva *sf* rétrospective.

retroterra *sm inv* arrière-pays.

retrovisore *agg*, *sm* rétroviseur.

retta *sf* (*linea*) droite; (*denaro*) pension ◊ **dar retta** prêter attention.

rettale *agg* rectal.

rettangolare *agg* rectangulaire.

rettàngolo *sm* rectangle.

rettìfica (*pl* -**che**) *sf* rectification.

rettificare *v tr* rectifier.

rèttile *sm* reptile.

rettilìneo *agg* rectiligne ◊ *sm* ligne (*f*) droite.

retto *agg* droit; (*fig*) honnête ◊ *sm* (*anat*) rectum.

rettore *sm* recteur.

reumàtico (*f* -**a** *pl* -**ci** -**che**) *agg* rhumatismal ◊ **dolore reumatico** douleur rhumatismale.

reumatismo *sm* rhumatisme.

reverendo *agg* révérend.

reversìbile *agg* réversible.

revisionare *v tr* réviser.

revisione *sf* révision.

revisore *sm* réviseur.

rèvoca (*pl* -**che**) *sf* révocation.

revocare *v tr* révoquer.

riabilitare *v tr* réhabiliter.

riabilitazione *sf* réhabilitation; (*med*) rééducation.

riabituare *v tr* réhabituer.

riaccèndere *v tr* rallumer.

riacquistare *v tr* racheter; (*fig*) retrouver.

riaffermare *v tr* réaffirmer.

riagganciare *v tr* raccrocher.

rialzare *v tr* relever; (*edil*) surélever; (*prezzi*) hausser ◊ *v rifl* se relever; (*fig*) se remettre.

rialzo *sm* relèvement; (*finanza*) hausse (*f*); (*terreno*) relief.

rianimare *v tr* ranimer; (*med*) réanimer.

rianimazione *sf* (*med*, *reparto*) réanimation.

riapparire *v intr* réapparaître.

riaprire *v tr/intr* rouvrir.

riarmo *sm* réarmement.

riassùmere *v tr* (*lavoro*) reprendre, réembaucher; (*testo*) résumer.

riassunto *sm* résumé, abrégé.

riavere *v tr* avoir de nouveau ◊ *v rifl* se remettre, se rétablir.

ribadire *v tr* confirmer.

ribalta *sf* (*teatro*) rampe; (*di mobile*) abattant (*m*).

ribaltàbile *agg* rabattable ◊ **letto ribaltabile** lit escamotable.

ribaltare *v tr* (*piegare*) rabattre; (*capovolgere*) retourner; (*fig*) renverser ◊ *v rifl* (*anche fig*) se renverser.

ribassare *v tr/intr* baisser.

ribasso *sm* (*finanza*) baisse (*f*); (*sconto*) rabais ◊ **essere in ribasso** être en baisse.

ribàttere *v tr* (*sport*) renvoyer; (*confutare*) réfuter, répliquer.

ribellarsi *v rifl* se révolter, s'insurger.

ribelle *agg*, *sm/f* rebelle, révolté (*m*).

ribellione *sf* rébellion.

ribes *sm inv* groseille (*f*).

ribrezzo *sm* dégoût ◊ **fare ribrezzo** dégoûter.

ricadere *v intr* retomber.

ricaduta *sf* (*conseguenza*) retombée; (*med*) rechute.

ricalcare *v tr* calquer, décalquer.

ricamare *v tr* broder.

ricambiare *v tr* rendre; (*sentimento*) partager.

ricàmbio *sm* (*pezzi*) rechange; (*contraccambio*) échange; (*il ricambio*) changement ◊ **pezzi di ricambio** pièces de rechange.

ricamo *sm* broderie (*f*).

ricapitolare *v tr* récapituler ◊ **ricapitolando** en résumé.

ricàrica (*pl* -**che**) *sf* recharge.

ricaricàbile *agg* rechargeable.

ricaricare *v tr* recharger; (*un orologio*) remonter.

ricattare *v tr* faire chanter.

ricatto *sm* chantage.

ricavare *v tr* tirer; (*denaro*) tirer un bénéfice.

ricavato *sm* profit, rendement.

ricchezza *sf* richesse ◊ *pl* (*beni*) richesses, biens (*m*).

rìccio (*pl f* -**ce**) *agg* frisé, bouclé ◊ *sm* (*ricciolo*) boucle (*f*); (*zool*) hérisson; (*di mare*) oursin; (*della castagna*) bogue (*f*) ◊ **capelli ricci** cheveux frisés.

rìcciolo *sm* boucle (*f*).

ricco (*f* **-a** *pl* **-chi -che**) *agg*, *sm* riche (*m/f*).

ricerca (*pl* **-che**) *sf* recherche ◊ **ricerca di mercato** étude de marché.

ricercare *v tr* rechercher.

ricercatezza *sf* recherche, préciosité.

ricercato *agg* recherché ◊ *sm* (*dalla polizia*) personne (*f*) recherchée.

ricercatore (**-trice**) *sm* chercheur.

ricetrasmittente *sf* émetteur-récepteur (*m*).

ricetta *sf* (*cuc*) recette; (*med*) ordonnance.

ricettàcolo *sm* réceptacle.

ricettatore (**-trice**) *sm* receleur.

ricevente *agg* récepteur ◊ *sm/f* des-ti-nataire.

ricévere *v tr* recevoir.

ricevimento *sm* réception (*f*).

ricevitore (**-trice**) *sm* (*telefonico*) combiné; (*radio, TV*) récepteur; (*addetto ricevitoria*) receveur.

ricevitorìa *sf* (*imposte*) perception; (*lotto*) bureau (*m*) de tabac.

ricevuta *sf* reçu (*m*); (*scontrino*) récé-pissé (*m*) ◊ **ricevuta di ritorno** accusé de réception.

ricezione *sf* réception.

richiamare *v tr* rappeler; (*l'attenzione*) attirer ◊ *v rifl* se référer à, se rapporter à; se réclamer de.

richiamo *sm* rappel ◊ **uccello da richiamo** appeau.

richièdere *v tr* demander; (*esigere*) réclamer.

richiesta *sf* demande; (*ufficiale*) requête ◊ **fermata a richiesta** arrêt sur demande; **su richiesta di** à la demande de.

richiùdere *v tr* refermer ◊ *v rifl* se refermer.

riciclàbile *agg* recyclable.

riciclàggio *sm* recyclage; (*denaro*) blanchiment.

riciclare *v tr* recyler; (*denaro*) blanchir.

rìcino *sm* ricin.

ricognizione *sf* reconnaissance.

ricominciare *v tr/intr* recommencer, reprendre.

ricompensa *sf* récompense.

ricompensare *v tr* récompenser; (*risarcire*) dédommager.

ricomporre *v tr* recomposer, reconstituer.

riconciliare *v tr* réconcilier ◊ *v rifl* se réconcilier.

riconciliazione *sf* réconciliation.

ricondurre *v tr* ramener, reconduire (*anche fig*).

ricongiùngere *v tr* rejoindre, réunir ◊ *v rifl* se rejoindre.

riconoscente *agg* reconnaissant.

riconoscenza *sf* reconnaissance.

riconóscere *v tr* reconnaître.

riconoscimento *sm* reconnaissance (*f*), identification (*f*) ◊ **documenti di riconoscimento** papiers d'identité.

riconquistare *v tr* reconquérir, recouvrer.

riconsegnare *v tr* remettre de nouveau, rendre.

ricoprire *v tr* couvrir, recouvrir; (*incarico*) occuper ◊ *v rifl* se couvrir.

ricordare *v tr* se rappeler de, se souvenir de; (*richiamare alla memoria*) rappeler; (*nominare*) parler de ◊ *v rifl* se rappeler, se souvenir.

ricordo *sm* souvenir ◊ **per ricordo** en souvenir.

ricorrente *agg* récurrent ◊ **situazioni ricorrenti** situations récurrentes.

ricorrenza *sf* récurrence; (*festività*) anniversaire (*m*).

ricórrere *v intr* se répéter, revenir; (*rivolgersi, servirsi*) avoir recours; (*giur*) se pourvoir (en).

ricorso *sm* recours ◊ **presentare ricorso** présenter un recours.

ricostituente *sm* fortifiant, reconstituant.

ricostituire *v tr* reconstituer.

ricostruire *v tr* reconstruire (*anche fig*).

ricostruzione *sf* reconstruction (*anche fig*).

ricotta *sf* ricotta.

ricoverare *v tr* (*ospedale*) hospitaliser; (*offrire riparo*) abriter ◊ *v rifl* se réfugier.

ricóvero *sm* (*ospedale*) hospitalisation (*f*); (*rifugio*) abri, refuge.

ricreare *v tr* recréer ◊ *v rifl* (*divertirsi*) se divertire.

ricreazione *sf* (*divertimento*) récréation; (*riposo*) détente.

ricrédersi *v rifl* changer d'opinion.

ricucire *v tr* recoudre; (*fig*) raccommoder.

ricurvo *agg* recourbé; (*persona*) voûté.

ridacchiare *v intr* rigoler, ricaner.

ridare *v tr* redonner; (*rendere*) rendre.

rìdere *v intr* rire ◊ **morire dal ridere** mourir de rire; **ridere sotto i baffi** rire dans sa barbe.

ridìcolo *agg* ridicule.

ridire *v tr* (*dire di nuovo*) répéter; (*contestare*) redire ◊ **avere da ridire** avoir à redire.

ridosso *sm* ◊ **a ridosso di** à l'abri de.

ridotto *agg* réduit ◊ *sm* (*teatro*) foyer ◊ **mal ridotto** mal en point.

ridurre *v tr* réduire, diminuer ◊ *v rifl* se réduire, être réduit.

riduttore *sm* réducteur.

riduzione *sf* réduction.

riempimento *sm* remplissage.

riempire *v tr* remplir ◊ *v rifl* se remplir ◊ **riempire di gioia** combler de joie.

riempitivo *agg* de remplissage ◊ *sm* remplissage ◊ **servire, fare da riempitivo** servir de bouche-trou.

rientranza *sf* échancrure.

rientrare *v intr* rentrer ◊ **non rientra nei mei piani** cela ne rentre pas dans mes plans; **non rientra nei suoi compiti** cela ne fait pas partie de ses taches.

rientro *sm* rentrée (*f*); (*ritorno*) retour.

riepìlogo (*pl* **-ghi**) *sm* récapitulation (*f*).

rifacimento *sm* réfection (*f*), refonte (*f*).

rifare *v tr* refaire; (*ricomporre*) refondre; (*imitare*) imiter; (*aggiustare*) réparer ◊ *v rifl* (*recuperare*) se remettre; (*vendicarsi*) se venger de ◊ **rifare il letto** refaire le lit.

riferimento *sm* référence (*f*) ◊ **fare riferimento a** faire allusion à; **in riferimento a** à propos de; **punto di riferimento** (point de) repère.

riferire *v tr* rapporter, relater; (*rivelare*) révéler.

rifilare *v tr* refiler.

rifinire *v tr* mettre la dernière main à; (*perfezionare*) parachever.

rifinitura *sf* finition.

rifiutare *v tr* refuser ◊ *v rifl* se refuser.

rifiuto *sm* refus; (*immondizia*) ordure (*f*), déchet.

riflessione *sf* réflexion.

riflessivo *agg* réfléchi.

riflesso *agg* réfléchi ◊ *sm* réflexe; (*luce*) reflet; (*fig*) effet, conséquence (*f*) ◊ **avere buoni riflessi** avoir de bons réflexes.

riflèttere *v tr* refléter; (*luce, raggi*) réfléchir ◊ *v intr* réfléchir ◊ *v rifl* se refléter ◊ **riflettere su qualcosa** réfléchir à quelque chose; **rifletersi su** (*influire*) se refléter sur.

riflettore *sm* projecteur.

riflusso *sm* reflux.

riforma *sf* réforme ◊ **la reforma protestante** réforme protestante.

riformare *v tr* réformer.

riformato *agg* réformé ◊ **Chiesa riformata** Eglise réformée.

riformismo *sm* réformisme.

rifornimento *sm* ravitaillement, approvisionnement ◊ **fare rifornimento** se ravitailler en.

rifornire *v tr* ravitailler, approvisionner ◊ *v rifl* se ravitailler, s'approvisionner.

rifrazione *sf* réfraction.

rifuggire *v tr* fuir, éviter.

rifugiarsi *v rifl* se réfugier.

rifugiato *sm* réfugié ◊ **rifugiato politico** réfugié politique.

rifùgio *sm* refuge, abri ◊ **rifugio antiatomico** abri antiatomique.

riga (*pl* **-ghe**) *sf* raie, rayure; (*linea*) ligne; (*fila*) rang (*m*); (*righello*) règle ◊ **tessuto a righe** tissu à rayures; **un quaderno a righe** un cahier réglé; **scrivere due righe** écrire quelques lignes; **mettere in riga** mettre en rang.

rigàgnolo *sm* rigole (*f*).

rigare *v tr* rayer ◊ **rigare dritto** marcher droit.

rigattiere *sm* brocanteur.

rigettare *v tr* rejeter; repousser.

rigetto *sm* rejet ◊ **crisi di rigetto** réaction de rejet.

righello *sm* règle (*f*).

rigidità *sf inv* rigidité, raideur; (*fig*) rigueur.

rigido *agg* raide, rigide; (*freddo*) rigoureux; (*fig*) strict.

rigirare *v tr* retourner ◊ *v rifl* se retourner.

rigoglioso *agg* luxuriant.

rigore *sm* rigueur (*f*) (*anche fig*) ◊ **i rigori dell'inverno** les rigueurs de l'hiver; **calcio di rigore** penalty; **area di rigore** surface de réparation; **a rigore** à la rigueur.

rigoroso *agg* rigoureux.

riguardare *v tr* revoir; (*concernere*) concerner ◊ *v rifl* se ménager ◊ **non mi riguarda** cela ne me concerne pas.

riguardo *sm* (*cautela*) précaution (*f*); (*cortesia*) respect ◊ **mancare di riguardo** manquer de prévenance; **trattare con riguardo** ménager; **nei riguardi di** à l'égard de.

rigùrgito *sm* débordement; (*med*) renvoi.

rilanciare *v tr* relancer.

rilasciare *v tr* (*liberare*) relâcher; (*documento*) délivrer ◊ **rilasciare una dichiarazione** faire une déclaration.

rilàscio *sm* mise (*f*) en liberté; (*documento*) délivrance (*f*).

rilassare *v tr* relâcher, détendre ◊ *v rifl* se détendre.

rilassatezza *sf* relâchement (*m*).

rilegare *v tr* relier.

rilegatura *sf* reliure (*f*).

rilèggere *v tr* relire.

rilento ◊ **a rilento** au ralenti.

rilevamento *sm* relèvement, relevé.

rilevante *agg* considérable.

rilevanza *sf* importance.

rilevare *v tr* relever; (*constatare*) constater; (*notare*) remarquer.

rilievo *sm* relief; (*importanza*) importance (*f*) ◊ **basso rilievo** bas-relief; **mettere in rilievo** mettre en relief; **di rilievo** de marque.

rilucente *agg* reluisant.

riluttante *agg* récalcitrant, réticent.

riluttanza *sf* réticence, hésitation.

rima *sf* rime ◊ **in rima** en rime.

rimandare *v tr* renvoyer; (*posticipare*) remettre.

rimando *sm* renvoi ◊ **di rimando** en retour.

rimaneggiare *v tr* remanier.

rimanente *agg* restant ◊ *sm* reste.

rimanenza *sf* reste (*m*).

rimanere *v intr* rester ◊ **rimanere indietro** (*nel lavoro*) être en retard; (*di luogo*) rester en arrière; **rimanere a bocca aperta** rester bouche bée; **rimanerci** mourir.

rimare *v tr* rimer.

rimarginarsi *v rifl* se cicatriser.

rimasùglio *sm* reste.

rimbalzare *v intr* rebondir, ricocher; (*fig*) se propager.

rimbalzo *sm* rebond, ricochet ◊ **di rimbalzo** par ricochet.

rimboccare *v tr* replier, border; (*maniche, pantaloni*) retrousser ◊ **rimboccarsi le maniche** se retrousser les manches.

rimbombare *v intr* retentir, résonner.

rimbombo *sm* retentissement.

rimborsare *v tr* rembourser.

rimborso *sm* remboursement ◊ **rimborso spese** remboursement des frais.

rimboschimento *sm* reboisement.

rimboschire *v tr* reboiser.

rimediare *v intr* remédier, réparer ◊ *v tr* (*procurarsi*) trouver.

rimèdio *sm* remède.

rimescolare *v tr* remuer, mélanger.

rimessa *sf* remise; (*consegna*) livraison; (*garage*) garage (*m*); (*sport*) remise en jeu.

rimèttere *v tr* remettre; (*vomitare*) rendre ◊ *v rifl* (*guarire*) se remettre ◊ **il tempo si è rimesso al bello** le temps est revenu au beau fixe; **rimettersi a qualcuno** s'en remettre à; **rimetterci** perdre.

rimmel *sm inv* rimmel.

rimodernare *v tr* moderniser.

rimonta *sf* remontée.

rimontare *v tr/intr* remonter.

rimorchiare *v tr* remorquer.

rimorchiatore *sm* remorqueur.

rimòrchio *sm* remorque (*f*) ◊ **a rimorchio** à la traîne.
rimorso *sm* remords.
rimozione *sf* enlèvement (*m*); (*da un impiego*) destitution; (*psichica*) refoulement (*m*); (*fig*) décloisonnement ◊ **rimozione forzata** mise en fourrière.
rimpatriare *v tr* rapatrier ◊ *v intr* retourner dans son pays.
rimpàtrio *sm* rapatriement.
rimpiàngere *v tr* regretter.
rimpianto *sm* regret.
rimpiattino *sm* cache-cache.
rimpiazzare *v tr* remplacer.
rimpicciolire *v tr* réduire ◊ *v rifl* se rapetisser.
rimpinzare *v tr* bourrer ◊ *v rifl* s'empiffrer.
rimproverare *v tr* reprocher.
rimpròvero *sm* reproche.
rimuginare *v tr* remâcher, ruminer (*anche fig*).
rimuòvere *v tr* déplacer, remuer; (*psiche*) refouler; (*carica*) destituer; (*fig*) détourner.
rinàscere *v intr* renaître (*anche fig*).
rinascimento *sm* renaissance (*f*).
rinàscita *sf* renaissance (*f*).
rincarare *v tr* augmenter ◊ *v intr* augmenter, renchérir.
rincaro *sm* renchérissement; (*prezzi*) hausse (*f*).
rincasare *v intr* rentrer.
rinchiùdere *v tr* enfermer, renfermer ◊ *v rifl* s'enfermer.
rinchiùso *agg* enfermé, cloîtré.
rincórrere *v tr* courir après, poursuivre ◊ *v rifl* se poursuivre.
rincorsa *sf* élan (*m*).
rincréscere *v intr* (*dispiacere*) regretter; (*cortesia*) déranger ◊ **se non ti rincresce** si ça ne t'ennuie pas; **mi rincresce** je regrette.
rincrescimento *sm* regret.
rinfacciare *v tr* reprocher.
rinforzare *v tr* renforcer (*anche fig*); (*consolidare*) consolider; ◊ *v rifl* se renforcer.
rinforzo *sm* renfort; (*consolidamento*) consolidation (*f*) ◊ **di rinforzo** en renfort; **mandare i rinforzi** envoyer du renfort.
rinfrescare *v tr* rafraîchir ◊ *v rifl* se rafraîchir.
rinfresco (*pl* **-schi**) *sm* rafraîchissement; (*ricevimento*) réception (*f*), vin d'honneur.
rinfusa ◊ **alla rinfusa** pêle-mêle, en vrac.
ringhiare *v intr* gronder.
ringhiera *sf* (*balcone*) balustrade; (*scale*) rampe.
rìnghio *sm* grondement.
ringiovanire *v tr/intr* rajeunir.
ringraziamento *sm* remerciement.
ringraziare *v tr* remercier.
rinnegare *v tr* renier.
rinnegato *sm* renégat.
rinnovamento *sm* renouvellement, rénovation (*f*) (*anche fig*).
rinnovare *v tr* renouveler, rénover ◊ *v rifl* se renouveler.
rinnovo *sm* renouvellement; (*rimessa a nuovo*) rénovation (*f*).
rinoceronte *sm* rhinocéros.
rinomato *agg* renommé.
rinsaldare *v tr* raffermir, consolider.
rinsavire *v intr* recouvrer la raison; (*mettere giudizio*) s'assagir.
rinsecchire *v intr* se dessécher.
rinsecchito *agg* desséché; (*scarno*) décharné.
rintanare *agg* terré, caché.
rintocco (*pl* **-chi**) *sm* tintement, coup de cloche.
rintracciare *v tr* repérer, retrouver.
rintronare *v tr* assourdir, abasourdir.
rinùncia *sf* renonciation, renoncement (*m*); (*giur*) désistement (*m*).
rinunciare *v intr* renoncer.
rinvenire *v tr* retrouver; (*scoprire*) découvrir ◊ *v intr* revenir à soi, reprendre connaissance.
rinviare *v tr* (*posticipare*) renvoyer; (*differire*) remettre; (*sport*) dégager; (*giur*) ajourner.
rinvìo *sm* (*posticipo*) renvoi; (*differimento*) ajournement; (*sport*) dégagement.
rione *sm* quartier.
riordinare *v tr* ranger; (*riorganizzare*) réorganiser.

ripagare *v tr* repayer; (*ricompensare*) récompenser.

riparare *v tr* (*aggiustare*) réparer; (*proteggere*) protéger ◊ *v intr* (*porre rimedio*) rémédier ◊ *v rifl* s'abriter, se protéger.

riparazione *sf* réparation ◊ **esami di riparazione** examens de repêchage.

riparlare *v intr* reparler.

riparo *sm* abri, refuge ◊ **correre ai ripari** prendre des mesures d'urgence; **mettere riparo a un danno** réparer un dommage; **al riparo** à l'abri.

ripartire *v intr* (*partire di nuovo*) repartir ◊ *v tr* (*dividere*) répartir ◊ *v rifl* se répartir, se partager.

ripartizione *sf* répartition, partage (*m*).

ripassare *v tr* repasser; (*studiare*) revoir, réviser ◊ *v intr* repasser.

ripensamento *sm* nouvelle réflexion (*f*); changement d'avis.

ripensare *v intr* repenser; (*cambiare opinione*) changer d'avis ◊ **ripensarci** changer d'avis.

ripercórrere *v tr* reparcourir; (*fig*) revivre.

ripercuótersi *v rifl* se répercuter.

ripercussione *sf* répercussion.

ripescare *v tr* repêcher; (*fig*) retrouver.

ripètere *v tr* répéter ◊ *v rifl* se répéter.

ripetitore (**-trice**) *agg* (*radio*) de relais ◊ *sm* répétiteur; (*TV*) relais de télévision.

ripetizione *sf* répétition, redite; (*lezione*) leçon particulière.

ripiano *sm* étagère (*f*), rayon.

ripicca (*pl* **-che**) *sf* dépit (*m*) ◊ **per ripicca** par dépit.

rìpido *agg* raide, escarpé.

ripiegare *v tr* replier ◊ *v intr* se replier, se rabattre ◊ *v rifl* ployer; se replier.

ripiego (*pl* **-ghi**) *sm* pis-aller ◊ *pl* expédients ◊ **di ripiego** de fortune.

ripieno *agg* rempli; (*farcito*) farci; (*dolci*) fourré ◊ *sm* rembourrage; (*cuc*) farce (*f*).

riporre *v tr* replacer, ranger.

riportare *v tr* porter de nouveau, reporter; (*riferire*) reporter, rapporter; (*conseguire*) remporter ◊ *v rifl* se reporter (à).

riposante *agg* reposant.

riposare *v tr* reposer ◊ *v intr/rifl* se reposer.

riposo *sm* repos; (*teatro*) relâche (*f*) ◊ **senza riposo** sans répit; **mettere a riposo** (*in pensione*) mettre à la retraite.

ripostìglio *sm* débarras.

riposto *agg* placé; (*nascosto*) caché.

riprèndere *v tr* reprendre; (*ricominciare*) recommencer; (*sgridare*) faire des reproches à; (*cine, TV*) tourner; (*fot*) prendre en photo ◊ *v intr* (*ricominciare*) recommencer ◊ *v rifl* se reprendre ◊ **riprendere fiato** reprendre haleine.

ripresa *sf* reprise; (*miglioramento*) rétablissement (*m*); (*cine, TV*) prise de vue; (*nel calcio*) deuxième mi-temps ◊ **a più riprese** à maintes reprises.

riprodurre *v tr* reproduire ◊ *v rifl* se reproduire.

riproduttivo *agg* reproductif.

riproduzione *sf* reproduction.

riproporre *v tr* représenter, reproposer.

riprova *sf* (nouvelle) preuve ◊ **a riprova di** comme preuve de.

riprovévole *agg* répréhensible.

ripugnante *agg* répugnant, rebutant.

ripugnare *v intr* répugner, rebuter.

ripulire *v tr* nettoyer de nouveau ◊ *v rifl* se nettoyer.

riquadro *sm* carré; (*arch*) panneau.

risàia *sf* rizière.

risalire *v tr/intr* remonter (*anche fig*).

risalita *sf* remontée (*anche fig*) ◊ **impianti di risalita** remontées mécaniques.

risaltare *v intr* saillir, ressortir ◊ **far risaltare** mettre en relief.

risalto *sm* mise (*f*) en valeur ◊ **mettere in risalto** mettre en valeur.

risanamento *sm* (*guarigione*) guérison (*f*); (*bonifica*) assainissement ◊ **il risanamento di un'industria** le redressement d'une entreprise.

risanare *v tr* (*guarire*) guérir; (*bonificare*) assainir; (*fig*) redresser.

risaputo *agg* connu.

risarcimento *sm* dédommagement, indemnisation (*f*).

risarcire *v tr* dédommager, indemniser; rembourser.

risata *sf* éclat (*m*) de rire ◊ **farsi due risate** rigoler un bon coup.

riscaldamento *sm* chauffage; (*sport*) échauffement ◊ **riscaldamento centralizzato** chauffage central; **riscaldamento autonomo** chauffage individuel.

riscaldare *v tr* chauffer (*anche fig*); (*cibi*) réchauffer ◊ *v rifl* se réchauffer; (*sport*) s'échauffer.

riscattare *v tr* racheter ◊ *v rifl* se racheter.

riscatto *sm* rachat; (*prezzo*) rançon (*f*).

rischiarare *v tr* éclairer ◊ *v rifl* s'éclaircir.

rischiare *v tr/intr* risquer.

rìschio *sm* risque.

rischioso *agg* dangereux, périlleux.

risciacquare *v tr* rincer.

risciacquo *sm* rinçage.

riscontrare *v tr* (*confrontare*) confronter; (*rilevare*) relever.

riscontro *sm* confrontation (*f*); vérification (*f*) ◊ **a riscontro** en réponse.

riscossa *sf* rescousse ◊ **alla riscossa** à la rescousse.

riscossione *sf* perception, recouvrement (*m*).

riscuòtere *v tr* (*denaro*) toucher, encaisser; (*ottenere*) remporter (*anche fig*).

risentimento *sm* ressentiment.

risentire *v tr* réentendre; (*provare*) ressentir ◊ *v intr* souffrir, se ressentir ◊ *v rifl* se sentir de nouveau; (*offendersi*) se vexer, se fâcher ◊ **a risentirci!** au revoir!

risentito *agg* fâché, vexé.

riserva *sf* réserve ◊ **senza riserve** sans réserve.

riservare *v tr* (*tenere in serbo*) garder; (*prenotare*) réserver.

riservatezza *sf* discrétion, confidentialité.

riservato *agg* (*prenotato*) réservé; (*confidenziale*) confidentiel.

risièdere *v intr* résider.

risma *sf* (*carta*) rame; (*genere*) espèce, acabit (*m*).

riso *sm* riz; (*risata*) rire.

risoluto *agg* résolu, décidé.

risoluzione *sf* résolution.

risòlvere *v tr* résoudre; (*decidere*) décider ◊ *v rifl* se résoudre ◊ **risolvere una questione** régler une question.

risonanza *sf* résonance, retentissement (*m*) ◊ **risonanza magnetica nucleare (RMN)** imagerie par résonance magnétique (IRM).

risórgere *v intr* ressusciter, renaître; (*ripresentarsi*) resurgir.

risorgimento *sm* renaissance; (*storia*) Risorgimento.

risorsa *sf* ressource.

risotto *sm* risotto.

risparmiare *v tr* (*denaro*) économiser; (*tempo*) gagner; (*evitare*) épargner ◊ *v rifl* se ménager.

rispàrmio *sm* économie (*f*); (*somma risparmiata*) épargne (*f*) ◊ **cassa di risparmio** caisse d'épargne; **risparmio energetico** économie d'énergie.

rispecchiare *v tr* refléter (*anche fig*).

rispettàbile *agg* respectable.

rispettare *v tr* respecter; (*osservare scrupolosamente*) observer.

rispettivo *agg* respectif.

rispetto *sm* respect ◊ **per rispetto a** par égard à; **rispetto a** par rapport à.

rispettoso *agg* respectueux.

risplèndere *v intr* briller, resplendir.

rispóndere *v intr* répondre; (*corrispondere*) correspondre ◊ *v tr* répondre ◊ **rispondere a tono** répondre avec à-propos.

risposta *sf* réponse; (*replica, reazione*) réplique, répartie.

rissa *sf* rixe, bagarre.

ristabilire *v tr* rétablir ◊ *v rifl* se rétablir.

ristagnare *v intr* stagner.

ristagno *sm* stagnation (*f*) (*anche fig*).

ristampa *sf* réimpression.

ristampare *v tr* réimprimer.

ristorante *sm* restaurant.

ristorarsi *v rifl* se restaurer.

ristoratore (-trice) *sm* restaurateur.

ristoro *sm* réconfort, repos ◊ **posto di ristoro** buffet.

ristretto *agg* restreint, étroit; (*fig*) borné.

ristrutturare *v tr* rénover, réaménager; (*fig*) réhabiliter.

risucchiare *v tr* engloutir.

risùcchio sm remous.

risultare v intr résulter; (come conseguenza) s'ensuivre, découler ◊ non mi risulta je ne suis pas au courant.

risultato sm résultat.

risuolare v tr ressemeler.

risuolatura sf ressemelage (m).

risuonare v intr résonner, retentir; (suonare di nuovo) rejouer.

risurrezione sf résurrection.

risuscitare v tr/intr ressusciter (anche fig).

risvegliare v tr éveiller, réveiller (anche fig) ◊ v rifl se réveiller (anche fig).

risvéglio sm réveil (anche fig).

risvolto sm revers; (fig) implication (f).

ritagliare v tr recouper, découper.

ritàglio sm coupure (f), chute (f) ◊ i ritagli di tempo les moments perdus.

ritardare v tr retarder; (prorogare) différer ◊ v intr avoir du retard; (di orologio) retarder.

ritardatàrio agg, sm retardataire.

ritàrdo sm retard ◊ arrivare in ritardo arriver en retard.

ritegno sm retenue (f) ◊ non avere ritegno ne pas avoir de retenue.

ritenere v tr (trattenere) retenir; (credere) juger, estimer ◊ v rifl se croire.

ritenuta sf retenue ◊ ritenuta d'acconto précompte de l'impôt.

ritirare v tr retirer; (riscuotere) toucher; (disdire) se rétracter ◊ v rifl (indietreggiare) se retirer; (in casa) rentrer; (tessuto) se rétrécir.

ritirata sf retraite; (WC) cabinets (m pl) ◊ battere in ritirata battre en retraite.

ritiro sm (il ritirare) retrait; (luogo appartato) retraite (f); (revoca) révocation (f); (sport) abandon (m); (tessuto) rétrécissement.

rìtmico (f -a pl -ci -che) agg rythmique.

ritmo sm rythme.

rito sm rite; (abitudine) coutume (f) ◊ sposarsi con rito civile se marier civilement; formula di rito formule rituelle.

ritoccare v tr retoucher.

ritocco (pl -chi) sm retouche (f).

ritornare v intr revenir, retourner.

ritornello sm refrain, ritournelle (f).

ritorno sm retour ◊ fare ritorno retourner; ritorno di fiamma retour de flamme.

ritorsione sf rétorsion.

ritrarre v tr (tirare indietro) retirer; (ritirare) rétracter; (raffigurare) représenter, peindre ◊ v rifl reculer.

ritrattare v tr rétracter.

ritratto sm portrait (anche fig).

ritrovamento sm découverte (f).

ritrovare v tr retrouver (anche fig) ◊ v rifl se retrouver; (rincontrarsi) se rencontrer.

ritrovato sm découverte (f), invention (f).

ritrovo sm rendez-vous, rencontre (f).

ritto agg (persona) debout; (animale) dressé sur ses pattes.

rituale agg, sm rituel.

riunione sf réunion.

riunire v tr réunir, rassembler ◊ v rifl se réunir.

riuscire v intr (essere capace) réussir; (uscire di nuovo) ressortir.

riuscita sf réussite; (buon esito) succès (m).

riva sf bord (m); (mare, lago) rivage (m); (fiume) rive.

rivale agg, sm/f rival (m).

rivalità sf inv rivalité.

rivalsa sf revanche; (vendetta) vengeance.

rivalutare v tr revaloriser, réévaluer.

rivedere v tr revoir; (controllare) réviser ◊ v rifl se revoir.

rivelare v tr révéler; (svelare) dévoiler ◊ v rifl se révéler.

rivelazione sf révélation.

rivéndere v tr revendre.

rivendicare v tr revendiquer, réclamer.

rivendicazione sf revendication.

rivéndita sf revente; (negozio) magasin (m) ◊ rivendita di tabacchi débit de tabac.

rivenditòre (-trice) sm revendeur, détaillant.

riversare v tr déverser, répandre (anche fig) ◊ v rifl se déverser.

rivestimento sm revêtement.

rivestire v tr revêtir; (vestire di nuovo)

rhabiller ◊ *v rifl* se rhabiller, se revêtir.

riviera *sf* côte; (*ippica*) rivière.

rivìncita *sf* revanche.

rivista *sf* revue ◊ **rivista illustrata** magazine.

rivìvere *v tr/intr* revivre.

rivo *sm* ruisseau.

rivòlgere *v tr* tourner; (*rovesciare*) renverser; (*indirizzare*) adresser ◊ *v rifl* (*indirizzarsi*) s'adresser; (*girarsi*) se tourner ◊ **rivolgersi** a s'adresser à.

rivolta *sf* révolte.

rivoltare *v tr* retourner; (*fig*) révolter ◊ *v rifl* se révolter, se soulever.

rivoltella *sf* revolver (*m*).

rivoluzionàrio *agg, sm* révolutionnaire (*m/f*).

rivoluzione *sf* révolution ◊ **la Rivoluzione francese** la Révolution française.

rizzare *v tr* dresser; (*pelo*) hérisser.

roba *sf* biens (*m pl*); (*cose personali*) affaires (*pl*); (*oggetti materiali*) objets (*m pl*), choses (*pl*) ◊ **un mucchio di roba** un tas de choses; **è roba mia** c'est à moi; **roba da matti!** c'est dingue!; **bella roba!** c'est du propre!

robot *sm inv* robot (*anche fig*).

robusto *agg* robuste, vigoureux.

rocca (*pl* **-che**) *sf* forteresse, citadelle; (*roccia*) roche.

roccaforte (*pl* **roccheforti**) *sf* château (*m*) fort; (*fig*) citadelle, bastion (*m*).

rocchetto *sm* bobine (*f*).

ròccia (*pl* **-ce**) *sf* roche, rocher (*m*).

rocciatore (**-trice**) *sm* varappeur.

roccioso *agg* rocheux.

rodàggio *sm* rodage (*anche fig*).

ródere *v tr* ronger ◊ *v rifl* se ronger.

roditore *sm* rongeur.

rododendro *sm* rhododendron.

rògito *sm* acte notarié.

rogna *sf* gale; (*fig*) ennui (*m*).

rognone *sm* rognon.

rogo (*pl* **-ghi**) *sm* bûcher.

rollìo *sm* roulis.

ROM *sf* ROM, mémoire morte.

romagnolo *agg* romagnol ◊ *sm* Romagnol.

romànico (*f* **-a** *pl* **-ci -che**) *agg* roman.

romano *agg* romain ◊ *sm* Romain ◊

pagare alla romana payer chacun son écot.

romanticismo *sm* romantisme.

romàntico (*f* **-a** *pl* **-ci -che**) *agg* romantique.

romanza *sf* romance.

romanzesco *agg* romanesque.

romanziere *sm* romancier.

romanzo *sm* roman ◊ **romanzo giallo** roman policier; **romanzo sceneggiato** roman adapté pour la télévision.

rombo *sm* grondement; (*motore*) vrombissement; (*zool*) turbot.

rómpere *v tr* casser, briser; (*spezzare, interrompere*) rompre; (*strappare*) déchirer ◊ *v intr* (*interrompere i rapporti*) rompre ◊ *v rifl* se casser, se briser, se rompre ◊ **rompere l'anima, le scatole** casser les pieds; **rompere il ghiaccio** briser la glace; **rompere gli indugi** passer à l'action.

rompicapo *sm* casse-tête.

rompicollo *sm* casse-cou.

rompiscàtole *sm/f inv* (*familiare*) casse-pieds.

róndine *sf* hirondelle.

rondò *sm inv* rondeau.

rondone *sm* martinet.

ronzare *v intr* bourdonner; (*girare attorno*) rôder; (*fig*) trotter.

ronzino *sm* rosse (*f*).

ronzìo *sm* bourdonnement.

rosa *agg* ◊ *sf* (*pianta*) rosier (*m*); (*fiore*) rose; (*cerchia*) éventail (*m*); (*arch*) rosace ◊ *sm* rose ◊ **rosa dei venti** rose des vents.

rosàio *sm* (*pianta*) rosier; (*roseto*) roseraie (*f*).

rosàrio *sm* rosaire.

rosato *agg* rosé, rose ◊ **vino rosato** (*vin*) rosé.

ròseo *agg* rosé; (*fig*) en rose.

rosicchiare *v tr* ronger; (*mangiucchiare*) grignoter.

rosmarino *sm* romarin.

rosolare *v tr* rissoler.

rosolìa *sf* rougeole, rubéole.

rosone *sm* rosace (*f*).

rospo *sm* crapaud ◊ **sputare il rospo** cracher le morceau.

rossetto *sm* rouge à lèvres.

rosso *agg, sm* rouge; (*peli, capelli*)

roux ◊ *sm* (*colore*) rouge; (*uomo dai capelli rossi*) roux ◊ **vino rosso** vin rouge; **rosso d'uovo** jaune d'œuf; **diventare rosso** rougir; **essere in rosso** être dans le rouge; **cinema a luci rosse** cinéma porno.

rossore *sm* rougeur (*f*).

rosticcerìa *sf* rôtisserie.

rosticciere *sm* rôtisseur.

rotàbile *agg* carrossable ◊ **materiale rotabile** matériel roulant.

rotàia *sf* rail (*m*); (*solco*) ornière.

rotazione *sf* rotation; (*avvicendamento*) roulement (*m*) ◊ **a rotazione** à rotation, rotatif.

roteare *v tr* rouler, tourner ◊ *v intr* tournoyer.

rotella *sf* roulette ◊ **poltrona a rotelle** fauteuil roulant; **gli manca qualche rotella** il lui manque une case.

rotolare *v tr* rouler ◊ *v intr* rouler; (*ruzzolare*) dégringoler ◊ *v rifl* se rouler.

ròtolo *sm* rouleau, bobine (*f*) ◊ **andare a rotoli** aller à la dérive.

rotonda *sf* (*strada*) rond-point (*m*).

rotondo *agg* rond.

rotta *sf* (*percorso*) route, cap (*m*); (*rottura*) rupture; (*sconfitta*) défaite ◊ **essere in rotta** être brouillé.

rottame *sm* ferraille (*f*), débris (*pl*).

rotto *agg* cassé, brisé; ◊ **per il rotto della cuffia** de justesse.

rottura *sf* rupture ◊ **che rottura!** quelle barbe!

ròtula *sf* rotule.

roulette *sf inv* roulette.

roulotte *sf inv* caravane, roulotte.

router *sm inv* (*inform*) router.

routine *sf inv* routine.

rovente *agg* brûlant, ardent; (*metalli*) rouge.

ròvere *sm* rouvre.

rovesciamento *sm* renversement; (*imbarcazione*) chavirement.

rovesciare *v tr* (*rivoltare*) retourner; (*capovolgere*, *versare*) renverser; (*imbarcazione*) chavirer; (*far uscire*) verser ◊ *v rifl* se renverser; (*spandersi*) se répandre; (*abbattersi*) s'abattre ◊ **rovesciare il governo** renverser le gouvernement.

rovèscio *agg* à l'envers ◊ *sm* (*dietro*)

revers, envers; (*tennis*) revers ◊ **capire a rovescio** comprendre de travers; **andare alla rovescia** aller de travers; **a rovescio, alla rovescia** à l'envers.

roveto *sm* ronceraie (*f*).

rovina *sf* ruine; (*crollo*) écroulement (*m*) ◊ *pl* (*ruderi*) restes (*m*), ruines ◊ **andare in rovina** tomber en ruine.

rovinare *v tr* (*guastare*) ruiner, détruire; (*demolire*) démolir; (*sciupare*) gâcher, abîmer ◊ *v rifl* se ruiner, s'abîmer.

rovinoso *agg* ruineux, désastreux.

rovistare *v tr* fouiller.

rovo *sm* ronce (*f*).

rozzo *agg* grossier.

ruba ◊ **andare a ruba** se vendre comme des petits pains.

rubare *v tr* voler.

rubinetto *sm* robinet.

rubino *sm* rubis.

rubrica (*pl* **-che**) *sf* rubrique, répertoire (*m*); (*telefonica*) annuaire (*m*); (*giornale, TV*) rubrique.

rude *agg* (*persona*) rude, dur; (*maniere*) rustre; (*rozzo*) grossier.

rùdere *sm* ruine (*f*); restes (*pl*).

rudezza *sf* rudesse.

rudimentale *agg* rudimentaire.

ruffiano *sm* maquereau, entremetteur.

ruga (*pl* **-ghe**) *sf* ride.

rùggine *sf* rouille; (*fig*) rancune.

ruggire *v intr* rugir.

rugiada *sf* rosée.

rugosità *sf inv* rugosité.

rugoso *agg* rugueux.

rullare *v tr/intr* rouler.

rullino *sm* pellicule (*f*), film.

rullìo *sm* roulis.

rullo *sm* rouleau; (*tamburi*) roulement (*m*).

rum *sm inv* rhum.

rumeno *agg* roumain ◊ *sm* Roumain.

ruminante *sm* ruminant.

ruminare *v tr* ruminer.

rumore *sm* bruit.

rumoroso *agg* bruyant.

ruolo *sm* rôle ◊ **essere di ruolo** être titulaire; **docente di ruolo** professeur titulaire.

ruota *sf* roue ◊ **ruota di scorta** roue de secours; **la ruota della fortuna** la roue de la fortune; **parlare a ruota li-**

bera parler à bâtons rompus; **mettere i bastoni tra le ruote** mettre des bâtons dans les roues.

ruotare *v tr* tourner, rouler ◊ *v intr* pivoter.

rupe *sf* rocher (*m*).

rupestre *agg* rupestre.

rupìa *sf* roupie.

rurale *agg* rural.

ruscello *sm* ruisseau.

ruspa *sf* décapeuse.

ruspante *agg* fermier, de grains.

russare *v intr* ronfler.

russo *agg* russe ◊ *sm* Russe (m/f).

rùstico (*f* -**a** *pl* -**ci** -**che**) *agg* rustique, campagnard ◊ *sm* (*costruzione annessa*) annexe (*f*); (*casetta*) fermette (*f*).

ruttare *v intr* roter, éructer.

rutto *sm* rot, renvoi.

rùvido *agg* rugueux, rêche; (*fig*) brusque.

ruzzolare *v intr* dégringoler, tomber.

S

sàbato *sm* samedi.

sàbbia *sf* sable (*m*) ◊ **sabbie mobili** sables mouvants.

sabbiatura *sf* bain (*m*) de sable.

sabbioso *agg* sablonneux.

sabotàggio *sm* sabotage.

sabotare *v tr* saboter.

sacca (*pl* -**che**) *sf* sac (*m*), sacoche.

saccarina *sf* saccharine.

saccheggiare *v tr* piller, saccager.

sacchéggio *sm* pillage (*anche fig*).

sacchetto *sm* sachet.

sacco (*pl* -**chi**) *sm* sac ◊ **sacco a pelo** sac de couchage; **colazione al sacco** pique-nique; **un sacco di soldi** plein d'argent.

sacerdote *sm* prêtre.

sacerdòzio *sm* sacerdoce.

sacramento *sm* (*relig*) sacrement.

sacrificare *v tr* sacrifier (*anche fig*) ◊ *v rifl* se sacrifier.

sacrificato *agg* sacrifié (*anche fig*).

sacrificio *sm* sacrifice (*anche fig*).

sacrilègio *sm* sacrilège (*anche fig*).

sacro *agg* sacré (*anche fig*); (*Dio*) saint ◊ **Sacra Scrittura** les Saintes Ecritures; **osso sacro** sacrum.

sàdico (*f* -**a** *pl* -**ci** -**che**) *agg*, *sm* sadique.

sadismo *sm* sadisme.

saetta *sf* (*lampo*) éclair (*m*); (*freccia*) flèche.

safari *sm inv* safari.

saggezza *sf* sagesse.

saggiare *v tr* (*valutare*) essayer; (*sondare*) sonder.

sàggio (*pl f* -**ge**) *agg* sage, avisé ◊ *sm* (*persona*) sage; (*scritto*) essai; (*prova*) épreuve (*f*), échantillon ◊ **dare saggio di sé** montrer ce qu'on vaut.

sagittàrio *sm* sagittaire ◊ (**il segno del**) **Sagittario** (le signe du) Sagittaire.

sàgoma *sf* (*forma*) silhouette; (*modello*) modèle (*m*).

sagra *sf* fête; (*popolare*) foire.

sagrato *sm* parvis.

sagrestano *sm* sacristain.

sagrestìa *sf* sacristie.

sàio *sm* froc.

sala *sf* salle ◊ **sala da pranzo** salle à manger; **sala d'aspetto** salle d'attente; **sala da ballo** (salle de) bal; **sala giochi** salle de jeux; **sala stampa** salle de presse.

salamandra *sf* salamandre.

salame *sm* saucisson.

salamòia *sf* saumure.

salare *v tr* saler.

salàrio *sm* salaire.

salasso *sm* saignée (*f*); (*fig*) ponction (*f*).

salatino *sm* amuse-gueule.

salato *agg* salé (*anche fig*) ◊ **lago salato** lac salé.

saldare *v tr* souder; (*pagare*) régler.

saldatrice *sf* poste (*m*) à souder, fer (*m*) à souder.

saldatura *sf* soudure.

saldo *agg* solide (*anche fig*); (*stabile*) ferme, constant ◊ *sm* (*pagamento*) solde; (*nelle svendite*) soldes (*pl*) ◊ **a saldo** pour solde; **saldi di fine stagione** soldes de fin de saison.

sale *sm* sel ◊ **sale marino** sel marin; **sale minerale** sel minéral; **sali da bagno** sels de bain.

sàlice *sm* saule ◊ **salice piangente** saule pleureur.

saliera *sf* salière.

salina *sf* saline; marais (*m*) salant.

salino *agg* salin.

salire *v tr/intr* monter.

salita *sf* montée; ascension ◊ **in salita** en côte, en pente.

saliva *sf* salive.

salma *sf* dépouille mortelle, corps (*m*).

salmastro *agg* saumâtre.

salmo *sm* psaume.

salmone *sm* saumon.

salone *sm* (*esposizione*) salon; (*ufficio pubblico*) salle (*f*) ◊ **salone dell'automobile** salon de l'automobile; **salone di bellezza** salon de beauté.

salotto *sm* salon.

salpare *v tr/intr* appareiller, lever (l'ancre).

salsa *sf* sauce ◊ **salsa di pomodoro** sauce tomate; **salsa verde** persillade; **salsa tartara** sauce tartare.

salsèdine *sf* salinité.

salsìccia (*pl* -**ce**) *sf* saucisse.

saltare *v tr/intr* sauter ◊ **saltare in mente** passer par la tête; **saltare in aria** sauter en l'air; **saltare agli occhi** sauter aux yeux; **saltare addosso a qualcuno** bondir sur quelqu'un; **saltar su** intervenir; **saltare fuori** découvrir.

saltellare *v intr* sautiller.

saltimbanco (*pl* -**chi**) *sm* saltimbanque (*m/f*).

salto *sm* saut, bond ◊ **fare un salto** faire un saut; **fare i salti mortali** faire des pieds et des mains; **salto di qualità** saut de qualité; **a salti** par bonds.

saltuàrio *agg* occasionnel.

salubre *agg* salubre.

salumerìa *sf* charcuterie.

salumi *sm pl* charcuterie (*f*).

salutare *agg* salutaire ◊ *v tr* saluer ◊ *v rifl* se saluer ◊ **passare a salutare** aller dire bonjour.

salute *sf* santé ◊ **bere alla salute di qualcuno** boire à la santé de quelqu'un; **salute!** santé!

saluto *sm* salut ◊ *pl* salutations (*f*) ◊ **cordiali saluti** bien cordialement.

salvadanàio *sm* tirelire (*f*).

salvagente *sm* bouée (*f*), ceinture (*f*) de sauvetage; (*stradale*) refuge.

salvaguardare *v tr* sauvegarder.

salvare *v tr* sauver; (*conservare*) préserver; (*inform*) sauvegarder ◊ *v rifl* se sauver; se réfugier ◊ **salvare la vita a qualcuno** sauver la vie de quelqu'un; **si salvi chi può!** sauve qui peut!

salvatàggio *sm* sauvetage; (*inform*) sauvegarde (*f*) ◊ **scialuppa di salvataggio** chaloupe de sauvetage.

salvatore (-**trice**) *agg* salvateur ◊ *sm* sauveur; (*soccorritore*) sauveteur.

salve *inter* salut.

salvezza *sf* salut (*m*).

sàlvia *sf* sauge.

salvietta *sf* (*tovagliolo*) serviette.

salvo *agg*, *prep* sauf ◊ **sano e salvo** sain et sauf; **portare in salvo** mettre à l'abri; **salvo errore** sauf erreur; **salvo che** à moins que.

sambuco (*pl* -**chi**) *sm* sureau.

sanare *v tr* guérir; (*rimediare*) remédier à; (*econ*) assainir.

sanatòrio *sm* sanatorium.

sancire *v tr* sanctionner, ratifier.

sàndalo *sm* (*calzatura*) sandale (*f*); (*essenza*) santal.

sàngue *sm* sang ◊ **donatore di sangue** donneur de sang; **bistecca al sangue** steak saignant; **a sangue freddo** de sang froid.

sanguigno *agg* sanguin.

sanguinare *v intr* saigner.

sanguinàrio *agg*, *sm* sanguinaire (*m/f*).

sanguinoso *agg* sanglant, ensanglanté.

sanguisuga (*pl* -**ghe**) *sf* sangsue (*anche fig*).

sanità *sf inv* santé ◊ **ministero della Sanità** ministère de la Santé publique.

sanitàrio *agg* sanitaire ◊ **impianti sanitari** installations sanitaires.

sano *agg* sain (*anche fig*) ◊ **sano e salvo** sain et sauf; **di sana pianta** de toutes pièces.

santificare *v tr* sanctifier.

santità *sf inv* sainteté.

santo *agg* saint; (*sacro*) sacré ◊ *sm* saint ◊ **in santa pace** en tout tranquillité.

santuàrio *sm* sanctuaire.

sanzionare *v tr* sanctionner.

sanzione *sf* sanction.

sapere *sm* savoir ◊ *v tr (essere capace)* savoir; *(conoscere)* connaître; *(venire a sapere)* apprendre ◊ *v intr (sapere di)* sentir, avoir la saveur (de) ◊ **saperla lunga** en savoir long; **non saper di niente** être insipide; **far sapere** tenir au courant; **mi sa che** j'ai l'impression que.

sapiente *agg, sm/f* savant (*m*), sage.

sapienza *sf* sagesse, savoir (*m*).

sapone *sm* savon ◊ **sapone liquido** savon liquide.

saponetta *sf* savonnette.

sapore *sm* saveur (*f*) ◊ **sapore amaro** goût amer.

saporito *agg* savoureux; *(ricco di aromi)* relevé, salé.

saracinesca *(pl* -che*) sf* rideau (*m*) de fer.

sarcasmo *sm* sarcasme.

sarcàstico *(f* -a *pl* -ci -che*) agg* sarcastique.

sardina *sf* sardine ◊ **pigiati come sardine** serrés comme des sardines.

sardo *agg* sarde ◊ *sm* Sarde (*m/f*).

sarto *sm* tailleur; *(stilista)* couturier.

sartorìa *sf* haute couture; *(laboratorio)* atelier (*m*) de couture.

sasso *sm* pierre (*f*); *(ciottolo)* caillou ◊ **rimanere di sasso** être pétrifié.

sassòfono *sm* saxophone.

sassoso *agg* pierreux, rocailleux.

sàtana *sm* satan.

satèllite *sm* satellite.

sàtira *sf* satire.

saturazione *sf* saturation.

sàturo *agg* saturé.

savana *sf* savane.

savoiardo *agg* savoyard ◊ *sm* Savoyard.

saziare *v tr* rassasier; *(fig)* assouvir, satisfaire ◊ *v rifl* se rassasier; *(fig)* se lasser.

sazietà *sf inv* satiété.

sàzio *agg* rassasié, repu *(anche fig)*.

sbadato *agg* étourdi, distrait.

sbadigliare *v intr* bâiller.

sbadìglio *sm* bâillement.

sbagliare *v tr* se tromper de; *(fallire)* rater, manquer ◊ *v intr/rifl* se tromper; *(nel giudicare)* avoir tort ◊ **sbagliare strada** se tromper de route; **sbagliare numero** se tromper de numéro.

sbàglio *sm* faute (*f*), erreur (*f*).

sballare *v tr* déballer ◊ *v intr* se tromper; *(carte)* dépasser l'enjeu.

sbalordire *v tr* étourdir, stupéfier.

sbalorditivo *agg* étonnant, stupéfiant.

sbandare *v intr (veicolo)* faire une embardée; *(mar)* gîter; *(fig)* glisser.

sbandata *sf* embardée.

sbaragliare *v tr* disperser, mettre en déroute.

sbarazzare *v tr* débarrasser; *(tavola)* desservir ◊ *v rifl* se débarrasser (de) *(anche fig)*.

sbarbare *v tr* raser ◊ *v rifl* se raser.

sbarcare *v tr/intr* débarquer ◊ **sbarcare il lunario** avoir du mal à joindre les deux bouts.

sbarco *(pl* -chi*) sm* débarquement ◊ **pontile di sbarco** pont de débarquement.

sbarra *sf* barre, barrière ◊ **dietro le sbarre** derrière les barreaux.

sbarramento *sm* barrage.

sbarrare *v tr* barrer ◊ **sbarrare gli occhi** écarquiller les yeux; **assegno sbarrato** chèque barré.

sbàttere *v tr (cuc)* battre; *(porta)* claquer; *(scuotere)* secouer ◊ *v intr* battre ◊ **sbattere la porta in faccia** claquer la porte au nez; **sbattere in prigione** jeter en prison; **sbattere fuori** flanquer à la porte.

sbattuto *agg* battu.

sbavare *v intr* baver.

sbavatura *sf* bavure.

sberla *sf* gifle, claque.

sbiadire *v intr* déteindre, décolorer.

sbiadito *agg* fané, délavé.

sbiancare *v tr* blanchir ◊ *v intr* pâlir.

sbièco *(pl* -chi*) agg* oblique; de biais ◊ **di sbieco** de biais, de travers.

sbigottire *v tr* ahurir ◊ *v intr* être frappé.

sbilanciare *v tr/intr* déséquilibrer *(anche fig)* ◊ *v rifl* perdre l'équilibre; *(fig)* se compromettre.

sbirciare *v tr* lorgner.

sbirro *sm* flic, poulet.

sbizzarrirsi *v rifl* donner libre cours à sa fantaisie.

sbloccare *v tr* débloquer ◊ *v rifl* se débloquer.

sboccare *v intr* déboucher, aboutir; (*di corso d'acqua*) se jeter.

sbocciare *v intr* éclore, s'épanouir.

sbocco (*pl* **-chi**) *sm* (*strada*) sortie (*f*); (*fiume*) embouchure (*f*); (*fig*) débouché.

sbollire *v intr* (*cuc*) cesser de bouillir; (*fig*) se calmer.

sbòrnia *sf* cuite.

sborsare *v tr* débourser.

sbottonare *v tr* déboutonner ◊ *v rifl* se déboutonner.

sbracciarsi *v rifl* gesticuler.

sbracciato *agg* (*persona*) bras nus; (*indumento*) sans manches.

sbraitare *v intr* brailler, gueuler.

sbranare *v tr* mettre en pièces, déchiqueter.

sbriciolare *v tr* émietter; (*distruggere*) démolir ◊ *v rifl* s'émietter; (*sgretolarsi*) s'effriter.

sbrigare *v tr* régler, expédier ◊ *v rifl* se dépêcher, se hâter ◊ **sbrigarsela** se débrouiller.

sbrigativo *agg* expéditif.

sbrinare *v tr* dégivrer.

sbrodolare *v tr* tacher, barbouiller ◊ *v rifl* se salir.

sbronza *sf* cuite.

sbronzarsi *v rifl* se soûler.

sbronzo *agg* bourré.

sbruffone *sm* fanfaron.

sbucare *v intr* sortir, déboucher.

sbucciare *v tr* éplucher, peler ◊ *v rifl* s'écorcher.

sbucciatura *sf* (*escoriazione*) égratignure, éraflure.

sbuffare *v intr* haleter, souffler; (*cavallo*) s'ébrouer.

scàbbia *sf* gale.

scabroso *agg* scabreux.

scacchi *sm pl* échecs ◊ **scacco matto** échec et mat; **tenere in scacco** tenir en échec; **tessuto a scacchi** tissu à carreaux.

scacchiera *sf* échiquier (*m*).

scacchista (*pl* **-i -e**) *sm/f* joueur (*m*) d'échecs.

scacciare *v tr* chasser, repousser.

scadente *agg* de mauvaise qualité, médiocre.

scadenza *sf* (*termine*) échéance, terme (*m*); (*cibi*) péremption; (*documenti*) expiration ◊ **a breve scadenza** à courte échéance.

scadere *v intr* (*documenti*) expirer; (*termine*) échoir; (*diminuire*) décliner, baisser ◊ **allo scadere di** à l'expiration de.

scafandro *sm* scaphandre.

scaffale *sm* étagère (*f*), rayon.

scafo *sm* coque (*f*).

scagionare *v tr* disculper, justifier ◊ *v rifl* se disculper, se justifier.

scàglia *sf* écaille; (*scheggia*) éclat (*m*).

scagliare *v tr* lancer, jeter ◊ **scagliarsi su** se ruer, fondre (sur).

scaglionare *v tr* échelonner ◊ *v rifl* s'échelonner.

scaglione *sm* échelon.

scala *sf* escalier (*m*); (*a pioli*) échelle; (*mus*) gamme ◊ **scala a chiocciola** escalier en colimaçon; **scala mobile** escalator.

scalare *v tr* grimper, escalader; (*detrarre*) défalquer ◊ *agg* dégressif ◊ **interessi scalari** intérêts dégressifs.

scalata *sf* escalade.

scalatore (**-trice**) *sm* grimpeur, alpiniste.

scalciare *v intr* donner des coups de pieds.

scalcinato *agg* décrépi; (*persona*) débraillé.

scaldabagno *sm* chauffe-eau.

scaldare *v tr* chauffer, réchauffer ◊ *v rifl* se chauffer, se réchauffer; (*agitarsi*) s'animer.

scalfire *v tr* égratigner, érafler.

scalinata *sf* escalier (*m*).

scalino *sm* marche (*f*); (*scala a pioli*) barreau.

scalo *sm* escale (*f*) ◊ **fare scalo** faire escale; **scalo merci** gare de marchandises.

scaloppa *sf* escalope.

scalpello *sm* burin, ciseau; (*med*) scalpel.

scalpitare *v intr* piaffer; (*impazienza*) trépigner.

scalpore *sm* bruit, éclat ◊ **far scalpore** faire du bruit.

scaltro *agg* rusé, malin.

scalzare *v tr* (*togliere le scarpe*) déchausser; (*fig*) saper, ruiner.

scalzo *agg* pieds nus.

scambiare *v tr* échanger; (*confondere*) prendre pour; (*barattare*) échanger, troquer ◊ *v rifl* échanger ◊ **scambiare due parole** échanger deux mots.

scàmbio *sm* (*baratto*) échange; (*confusione*) erreur (*f*), confusion (*f*); (*ferroviario*) aiguillage.

scampagnata *sf* partie de campagne.

scampanellata *sf* coup (*m*) de sonnette.

scampare *v tr* sauver; (*evitare*) échapper ◊ *v intr* échapper à ◊ **scamparla bella** l'échapper belle.

scampo *sm* salut, issue (*f*); (*zool*) langoustine (*f*) ◊ **via di scampo** issue.

scàmpolo *sm* coupon, chute (*f*).

scanalatura *sf* cannelure, rainure.

scandagliare *v tr* sonder.

scandàglio *sm* sonde (*f*).

scandalizzare *v tr* scandaliser ◊ *v rifl* se scandaliser.

scàndalo *sm* scandale ◊ **fare uno scandalo** faire un scandale.

scandìnavo *agg* scandinave ◊ *sm* Scandinave (*m/f*).

scandire *v tr* scander; (*inform*) balayer.

scannare *v tr* égorger.

scanner *sm inv* scanner.

scansare *v tr* éviter, esquiver; (*scostare*) écarter, déplacer ◊ *v rifl* s'écarter.

scansione *sf* (*inform*) balayage (*m*).

scanso *sm* ◊ **a scanso di** afin d'éviter.

scantinato *sm* sous-sol.

scantonare *v intr* s'esquiver, filer.

scanzonato *agg* désinvolte.

scapestrato *agg* débauché, dissolu ◊ *sm* libertin, débauché.

scàpito *sm* ◊ **a scapito di** au détriment de.

scàpola *sf* omoplate.

scàpolo *agg*, *sm* célibataire.

scappamento *sm* échappement ◊ **tubo di scappamento** tuyau d'échappement.

scappare *v intr* fuir, s'enfuir, se sauver (*anche fig*); s'échapper ◊ **lasciarsi scappare** rater.

scappatella *sf* escapade.

scappatóia *sf* échappatoire.

scappellotto *sm* taloche (*f*), calotte (*f*).

scarabèo *sm* scarabée.

scarabocchiare *v tr* griffonner, gribouiller.

scarabòcchio *sm* griffonnage, gribouillis.

scarafàggio *sm* cafard.

scaraventare *v tr* lancer, jeter ◊ *v rifl* s'élancer, se ruer (sur).

scarcerare *v tr* remettre en liberté.

scarcerazione *sf* mise en liberté.

scardinare *v tr* faire sortir des gonds; (*fig*) dissoudre.

scàrica (*pl* **-che**) *sf* décharge, rafale ◊ **scarica elettrica** décharge électrique; **una scarica di insulti** une grêle d'injures.

scaricare *v tr* décharger; (*liberare da un carico*) soulager, débarrasser; (*liquidi*) déverser ◊ *v rifl* (*batteria*) se décharger; (*mentalmente*) s'épancher; (*riversarsi*) se déverser.

scaricatore (**-trice**) *sm* débardeur, déchargeur.

scàrico (*f* **-ca** *pl* **-chi -che**) *agg* (*arma, batteria*) déchargé; (*libero da carico*) libre ◊ *sm* déchargement; (*discarica*) décharge (*f*); (*scappamento*) échappement; (*doccia ecc.*) bonde (*f*) ◊ **tubo di scarico** tuyau de décharge; **gas di scarico** gaz d'échappement; **gli scarichi industriali** les déchets industriels; **divieto di scarico** décharge interdite.

scarlattina *sf* scarlatine.

scarlatto *agg* écarlate.

scarno *agg* décharné, maigre (*anche fig*).

scarpa *sf* chaussure.

scarpata *sf* talus (*m*).

scarpone *sm* grosse chaussure ◊ **scarponi da montagna** chaussures de montagne; **scarponi da sci** chaussures de ski.

scarseggiare *v intr* manquer (de).

scarso *agg* insuffisant, maigre.

scartare *v tr* dépaqueter, défaire; (*carte*) écarter; (*rifiutare*) écarter, mettre de côté; (*milit*) réformer.

scarto *sm* écart; (*oggetto di qualità in-*

feriore) rebut ◊ **merce di scarto** marchandise de rebut.

scassinare *v tr* forcer, crocheter.

scassinatore (-trice) *sm* cambrioleur.

scasso *sm* effraction (*f*) ◊ **furto con scasso** vol avec effraction.

scatenare *v tr* déchaîner, exciter ◊ *v rifl* se déchaîner.

scàtola *sf* boîte ◊ **cibi in scatola** aliments en conserve; **comperare a scatola chiusa** acheter les yeux fermés; **scatola nera** boîte noire.

scattare *v tr* (*fot*) prendre (une photo) ◊ *v intr* (*meccanismo*) se déclencher; (*sport*) accélérer, sprinter; (*adirarsi*) s'emporter ◊ **scattare in piedi** se lever précipitamment.

scatto *sm* (*meccanismo*) déclenchement; (*fot*) déclic; (*sport*) sprint; (*fig*) emportement ◊ **uno scatto d'ira** un mouvement de colère; **di scatto** brusquement; **a scatti** par à-coups.

scaturire *v intr* jaillir; (*sorgente*) sourdre.

scavalcare *v tr* sauter, enjamber; (*sport*) devancer; (*fig*) dépasser, supplanter.

scavare *v tr* creuser (*anche fig*); (*archeologia*) fouiller.

scavatore *sm* terrassier.

scavatrice *sf* excavatrice.

scavo *sm* (*lo scavare*) creusement; (*buco*) excavation (*f*); (*archeologico*) fouille (*f*).

scégliere *v tr* choisir; (*far la cernita*) trier.

sceicco (*pl* -**chi**) *sm* cheik.

scellino *sm* shilling.

scelta *sf* choix (*m*); (*cernita*) triage (*m*) ◊ **di prima scelta** de premier choix.

scemare *v intr* diminuer, baisser; (*decrescere*) décroître.

scemo *agg, sm* idiot.

scémpio *sm* massacre.

scena *sf* scène; (*scenario*) décor (*m*) ◊ **cambiamento di scena** changement de décor; **un colpo di scena** un coup de théâtre; **non fare tante scene** ne fais pas tant d'histoires.

scenàrio *sm* décor; (*paesaggio*) paysage.

scenata *sf* scène (*anche fig*).

scèndere *v intr* descendre; (*diminuire*) baisser ◊ *v tr* descendre ◊ **scendere in piazza** descendre dans la rue; **scendere a un compromesso** arriver à un compromis; **scendere di grado** rétrograder.

scendiletto *sm* descente (*f*) de lit.

sceneggiatura *sf* scénario (*m*); (*copione*) découpage (*m*).

scènico (*f* -**a** *pl* -**ci** -**che**) *agg* scénique.

scenografia *sf* scénographie.

scervellarsi *v rifl* se creuser la cervelle.

scèttico (*f* -**a** *pl* -**ci** -**che**) *agg, sm* sceptique (*m/f*).

scettro *sm* sceptre.

scheda *sf* fiche; (*elettorale*) bulletin (*m*); (*tessera*) carte ◊ **scheda telefonica** carte de téléphone.

schedare *v tr* classer, ficher.

schedàrio *sm* fichier.

schéggia (*pl* -**ge**) *sf* (*legno*) écharde; (*bomba*) éclat (*m*).

scheggiare *v tr* ébrécher.

schèletro *sm* squelette.

schema (*pl* -**i**) *sm* schéma.

schemàtico (*f* -**a** *pl* -**ci** -**che**) *agg* schématique.

scherma *sf* escrime.

schermàglia *sf* escarmouche.

schermare *v tr* voiler, masquer.

schermo *sm* écran ◊ **il piccolo schermo** le petit écran.

scherzare *v intr* plaisanter.

scherzo *sm* plaisanterie (*f*), blague (*f*) ◊ **brutto scherzo** plaisanterie de mauvais goût; **scherzi a parte** plaisanterie mise à part.

schiaccianoci *sm inv* casse-noix.

schiacciare *v tr* écraser; (*opprimere*) accabler ◊ *v rifl* s'écraser, s'aplatir.

schiaffeggiare *v tr* gifler.

schiaffo *sm* gifle (*f*).

schiamazzo *sm* tapage.

schiantare *v tr* abattre, éclater ◊ *v rifl* s'écraser, se fracasser.

schianto *sm* éclatement; (*rumore*) fracas.

schiarire *v tr* éclaircir; (*sbiadire*) déteindre ◊ *v rifl* s'éclaircir.

schiarita *sf* éclaircie.

schiavitù *sf inv* esclavage (*m*) (*anche fig*).

schiavo *sm* esclave (*m/f*) (*anche fig*).
schiena *sf* dos (*m*) ◊ **di schiena** de dos.
schienale *sm* dossier.
schiera *sf* troupe, rang (*m*).
schieramento *sm* déploiement, formation.
schierare *v tr* aligner, ranger ◊ *v rifl* se ranger.
schiettezza *sf* franchise, sincérité.
schietto *agg* (*sincero*) franc, sincère; (*genuino*) pur.
schifo *sm* dégoût ◊ **è uno schifo!** c'est dégoûtant!
schifoso *agg* dégoûtant, écœurant.
schioccare *v tr* faire claquer.
schiòcco (*pl* **-chi**) *sm* claquement.
schiùdere *v tr* entrouvrir ◊ *v rifl* éclore; (*fiori*) s'épanouir.
schiuma *sf* écume, mousse ◊ **schiuma da barba** mousse à raser.
schivare *v tr* esquiver.
schivo *agg* réservé.
schizofrènico (*f* **-a** *pl* **-ci -che**) *agg, sm* schizophrène (*m/f*).
schizzare *v tr* éclabousser ◊ *v intr* jaillir, gicler; (*saltar fuori*) bondir ◊ *v rifl* se salir.
schizzinoso *agg* délicat, difficile.
schizzo *sm* jet, giclement; (*abbozzo*) croquis, esquisse (*f*).
sci *sm inv* ski ◊ **sci nautico** ski nautique; **sci alpino** ski alpin.
scia *sf* (*mar*) sillage (*m*); (*fig*) sillon.
scià *sm inv* shah.
sciàbola *sf* sabre (*m*).
sciacallo *sm* chacal.
sciacquare *v tr* rincer.
sciacquone *sm* chasse (*f*) d'eau.
sciagura *sf* malheur (*m*); (*disastro*) catastrophe.
sciagurato *agg, sm* malheureux.
scialacquare *v tr* dissiper, dilapider.
scialbo *agg* blafard, pâle.
scialle *sm* châle.
scialo *sm* gaspillage.
scialuppa *sf* chaloupe.
sciame *sm* essaim; (*fig*) nuée (*f*).
sciare *v intr* skier.
sciarpa *sf* écharpe.
sciatore (**-trice**) *sm* skieur.
sciatto *agg* négligé.
scìbile *sm* savoir, science (*f*).

scientìfico (*f* **-a** *pl* **-ci -che**) *agg* scientifique.
scienza *sf* science.
scienziato *sm* savant, scientifique (*m/f*).
scìmmia *sf* singe (*m*).
scimpanzé *sm inv* chimpanzé.
scìndere *v tr* scinder, séparer.
scintìlla *sf* étincelle.
scintillare *v intr* étinceler, briller.
scintillìo *sm* scintillement, étincellement.
sciocchezza *sf* sottise; (*cosa da niente*) bagatelle.
sciocco (*f* **-a** *pl* **-chi -che**) *agg, sm* sot, bête.
sciògliere *v tr* délier, défaire; (*liquefare*) fondre; (*nodo*) dénouer; (*contratto*) résilier ◊ *v rifl* (*liquefarsi*) fondre; (*nodo*) se défaire ◊ **sciogliere una compressa nell'acqua** dissoudre un comprimé dans l'eau.
scioltezza *sf* souplesse, agilité; (*disinvoltura*) aisance.
scioperante *sm/f* gréviste.
scioperare *v intr* faire la grève.
sciòpero *sm* grève (*f*).
scippo *sm* vol à la tire.
scirocco (*pl* **-chi**) *sm* sirocco.
sciroppo *sm* sirop.
scissione *sf* scission.
scisso *agg* scindé, divisé.
sciupare *v tr* gâcher, abîmer; (*sprecare*) gaspiller; (*appassire*) faner ◊ *v rifl* s'abîmer; (*persona*) se faner.
scivolare *v intr* glisser ◊ **scivolare di mano** glisser des mains.
scìvolo *sm* (*gioco*) toboggan.
scivoloso *agg* glissant.
sclerosi *sf inv* sclérose.
scoccare *v tr* décocher ◊ *v intr* (*ore*) sonner.
scocciare *v tr* embêter, gonfler ◊ *v rifl* s'embêter; s'emmerder.
scocciatore (**-trice**) *sm* enquiquineur, emmerdeur.
scocciatura *sf* embêtement (*m*), emmerdement (*m*).
scodella *sf* écuelle, bol (*m*).
scodinzolare *v intr* remuer la queue.
scogliera *sf* falaise.

scòglio *sm* récif; (*fig*) écueil.

scoiàttolo *sm* écureuil.

scolare *v tr* égoutter ◊ *v intr* s'égoutter.

scolaresca (*pl* -che) *sf* écoliers (*m pl*).

scolaro *sm* écolier.

scolàstico (*f* -a *pl* -ci -che) *agg* scolaire.

scoliosi *sf inv* scoliose.

scollatura *sf* (*lo scollarsi*) décollage (*m*); (*abito*) décolleté (*m*).

scolo *sm* écoulement ◊ **canale di scolo** rigole d'écoulement.

scolorire *v tr* décolorer, déteindre ◊ *v rifl* se décolorer.

scolpire *v tr* sculpter.

scombinato *agg* embrouillé.

scombussolare *v tr* bouleverser, embrouiller.

scommessa *sf* pari (*m*).

scomméttere *v tr* parier, gager.

scomodare *v tr* déranger ◊ *v rifl* se déranger.

scòmodo *agg* inconfortable, peu pratique.

scomparire *v intr* disparaître.

scomparsa *sf* disparition.

scompartimento *sm* compartiment; (*scaffale, armadio*) rayon.

scompenso *sm* déséquilibre; (*med*) insuffisance (*f*).

scompigliare *v tr* brouiller; (*capelli*) ébouriffer.

scompìglio *sm* pagaille (*f*), trouble.

scomporre *v tr* décomposer (*anche fig*); (*smontare*) démonter ◊ *v rifl* se troubler; se décomposer.

scomposizione *sf* décomposition, démontage (*m*).

scomposto *agg* décomposé; (*capelli*) ébouriffé.

scomùnica (*pl* -che) *sf* excommunication.

scomunicare *v tr* excommunier.

sconcertare *v tr* déconcerter.

sconcertato *sm* déconcerté.

sconcerto *sm* trouble.

scóncio (*pl f* -ce) *agg* obscène ◊ *sm* indécence (*f*).

sconclusionato *agg* décousu, incohérent.

scondito *agg* sans assaisonnement.

sconfiggere *v tr* vaincre, mettre en déroute (*anche fig*) ◊ **sconfiggere il cancro** vaincre le cancer.

sconfinare *v intr* empiéter; (*uscire dai confini nazionali*) franchir la frontière.

sconfinato *agg* sans limite.

sconfitta *sf* défaite (*anche fig*).

sconforto *sm* découragement, abattement.

scongelare *v tr* décongeler.

scongiurare *v tr* conjurer; (*implorare*) supplier.

scongiuro *sm* conjuration (*f*) ◊ **fare scongiuri** conjurer le mauvais sort.

sconnesso *agg* disloqué, disjoint; (*incoerente*) incohérent.

sconnèttere *v tr* disjoindre, déconnecter ◊ *v intr* (*non connettere*) radoter, déraisonner.

sconosciuto *agg*, *sm* inconnu.

sconsiderato *agg* inconsidéré, étourdi.

sconsigliare *v tr* déconseiller.

sconsolato *agg* désolé, affligé.

scontare *v tr* déduire; (*fare uno sconto*) faire une réduction; (*colpa*) expier; (*condanna*) purger; (*fig*) prévoir.

scontato *agg* (*prezzo*) réduit; (*prevedibile*) prévu ◊ **dare per scontato** donner pour acquis.

scontento *agg* mécontent ◊ *sm* mécontentement.

sconto *sm* rabais, remise (*f*) ◊ **tasso di sconto** taux d'escompte.

scontrarsi *v rifl* (*urtare*) se heurter; (*fig*) s'affronter.

scontrino *sm* ticket.

scontro *sm* choc, collision (*f*); (*idee*) conflit; (*milit*) combat.

scontroso *agg* acariâtre, grincheux, hargneux.

sconveniente *agg* inconvenant, malséant.

sconvòlgere *v tr* bouleverser, troubler (*anche fig*).

sconvolto *agg* bouleversé, choqué (*anche fig*).

scopa *sf* balai (*m*).

scopare *v tr* balayer.

scoperta *sf* découverte; (*invenzione*) invention.

scoperto *agg* découvert; (*di una parte del corpo*) nu ◊ **conto scoperto** compte à découvert; **agire allo scoperto** agir à découvert.

scopo *sm* but ◊ **con lo scopo di** avec l'intention de.

scoppiare *v intr* éclater; (*esplodere*) exploser; (*saltare in aria*) sauter ◊ **scoppiare a ridere** éclater de rire; **scoppiare in lacrime** fondre en larmes.

scoppiettare *v intr* crépiter, pétiller.

scòppio *sm* explosion (*f*), éclatement ◊ **scoppio d'ira** accès de colère; **a scoppio ritardato** à retardement.

scoprire *v tr* découvrir; (*rendere manifesto*) dévoiler ◊ *v rifl* se découvrir.

scoraggiamento *sm* découragement.

scoraggiare *v tr* décourager, abattre ◊ *v rifl* se décourager.

scorciatóia *sf* raccourci (*m*); chemin (*m*) de traverse.

scórcio *sm* raccourci; (*tempo*) fin (*f*).

scordare *v tr/rifl* oublier.

scòrfano *sm* (*zool*) rascasse (*f*); (*fig*) boudin.

scòrgere *v tr* apercevoir, distinguer.

scòria *sf* scorie ◊ **scorie radioattive** déchets radioactifs.

scorpacciata *sf* ventrée, ripaille.

scorpione *sm* scorpion ◊ (**il segno dello**) **Scorpione** (le signe du) Scorpion.

scorrazzare *v intr* gambader, bourlinguer.

scórrere *v tr* parcourir ◊ *v intr* glisser, couler; (*tempo*) passer; (*sfilare*) défiler.

scorrettezza *sf* incorrection.

scorretto *agg* incorrect (*anche fig*).

scorrévole *agg* coulissant; (*fig*) fluide ◊ **porta scorrevole** porte coulissante.

scorrimento *sm* écoulement, glissement.

scorso *agg* passé, dernier ◊ **l'anno scorso** l'année dernière.

scorta *sf* escorte; (*provvista*) provision.

scortare *v tr* escorter.

scortese *agg* désobligeant, impoli.

scortesìa *sf* désobligeance, impolitesse.

scorticare *v tr* écorcher.

scorza *sf* (*alberi*) écorce; (*agrumi*) zeste (*m*); (*animali*) peau.

scosceso *agg* escarpé, raide.

scossa *sf* secousse; (*sobbalzo*) cahot (*m*); (*elettrica*) décharge ◊ **scossa sismica** secousse sismique.

scostante *agg* distant, rebutant.

scostare *v tr* écarter, éloigner ◊ *v rifl* s'écarter, s'éloigner.

scottante *agg* brûlant.

scottare *v tr* brûler; (*far bollire*) ébouillanter; (*fig*) échauder ◊ *v intr* brûler ◊ *v rifl* se brûler.

scottatura *sf* brûlure.

scotto *agg* trop cuit ◊ *sm* rançon (*f*) ◊ **pagare lo scotto** payer les conséquences.

scout *sm/f inv* scout (*m*).

scovare *v tr* dénicher, débusquer.

scozzese *agg* écossais ◊ *sm/f* Ecossais (*m*).

screditare *v tr* discréditer.

screpolare *v tr* crevasser, fendiller; (*pelle*) gercer ◊ *v rifl* se fendiller; (*pelle*) se gercer.

screpolatura *sf* (*muro*) lézarde; (*pelle*) gerçure.

screziato *agg* bariolé, bigarré.

scricchiolare *v intr* craquer; (*fig*) se gâter.

scricchiolìo *sm* craquement.

scrìcciolo *sm* (*zool*) troglodyte.

scrigno *sm* coffret, écrin.

scritta *sf* inscription.

scritto *agg*, *sm* écrit.

scrittóio *sm* bureau.

scrittore (**-trice**) *sm* écrivain.

scrittura *sf* écriture; (*contratto*) engagement (*m*).

scritturare *v tr* engager.

scrivanìa *sf* bureau (*m*), secrétaire (*m*).

scrivano *sm* copiste (*m/f*).

scrìvere *v tr* écrire.

scroccare *v tr* escroquer.

scrocco (*pl* **-chi**) *sm* escroquerie (*f*); (*scatto*) déclic.

scrofa *sf* (*zool*) truie.

scrollare *v tr* secouer, ébranler; (*spalle*) hausser; (*testa*) hocher.

scrosciare *v intr* (*ruscello*) gronder; (*pioggia*) crépiter.

scròscio *sm* (*ruscello*) grondement; (*pioggia*) crépitement ◊ **scroscio di applausi** salve d'applaudissements.

scrostare *v tr* (*vernice*) écailler; (*muro*)

décrépir; (*togliere la crosta*) écroûter ◊ *v rifl* s'écailler, se décrépir; s'écroûter.

scrùpolo *sm* scrupule.

scrupoloso *agg* scrupuleux.

scrutare *v tr* scruter.

scrutatore (**-trice**) *sm* scrutateur.

scrutinare *v tr* dépouiller un scrutin; (*scuola*) délibérer.

scrutìnio *sm* (*elezioni*) scrutin; (*scuola*) délibération (*f*).

scucire *v tr* découdre ◊ *v rifl* se découdre.

scucitura *sf* partie décousue.

scuderìa *sf* écurie.

scudetto *sm* (*distintivo*) écusson; (*sport*) championnat de football.

scudìscio *sm* cravache (*f*).

scudo *sm* bouclier; (*simbolo*) écu, écusson.

sculacciare *v tr* fesser, donner une fessée à.

sculacciata *sf* fessée.

sculettare *v intr* se déhancher.

scultore (**-trice**) *sm* sculpteur.

scultura *sf* sculpture.

scuoiare *v tr* écorcher.

scuola *sf* école ◊ **scuola elementare, media** école primaire, secondaire; **scuola serale** cours du soir; **libri di scuola** livres de classe.

scuòtere *v tr* secouer, ébranler; (*testa*) hocher ◊ *v rifl* se secouer.

scure *sf* hache.

scurire *v tr* obscurcir, assombrir ◊ *v intr* (*farsi notte*) faire nuit ◊ *v rifl* s'obscurcir, s'assombrir.

scuro *agg* obscur, sombre; (*colore*) foncé; (*colorito*) bruni, hâlé ◊ *sm* (*buio*) obscurité (*f*); (*finestra*) volet.

scurrile *agg* vulgaire, trivial.

scusa *sf* excuse; (*perdono*) pardon (*m*); (*pretesto*) prétexte ◊ **con la scusa di** sous prétexte de.

scusare *v tr* excuser, pardonner ◊ *v rifl* s'excuser.

sdebitarsi *v rifl* s'acquitter (d'une dette).

sdegno *sm* dédain, mépris; (*indignazione*) indignation (*f*).

sdoganare *v tr* dédouaner.

sdolcinato *agg* doucereux.

sdraiarsi *v rifl* s'allonger, s'étendre.

sdràio *sf inv* chaise longue.

sdrammatizzare *v tr* dédramatiser.

sdrucciolévole *agg* glissant.

se *cong* si ◊ **anche se** même si; **se mai** si jamais; **se non altro** ne serait-ce que; **se non che** si ce n'est que.

sé *pron* (*lui*) lui (*m sing*); (*lei*) elle (*f sing*); (*loro*) eux (*m pl*), elles (*f pl*); (*impersonale*) soi ◊ **pensa solo a sé** il ne pense qu'à lui; **andar da sé** aller de soi; **fra sé e sé** à part soi; **tornare in sé** revenir à soi.

sebbene *cong* bien que.

secca (*pl* **-che**) *sf* (*siccità*) sécheresse; (*fondale basso*) haut-fond (*m*).

seccare *v tr* sécher, dessécher; (*prosciugare*) tarir; (*molestare*) ennuyer ◊ *v intr* sécher, dessécher ◊ *v rifl* sécher, dessécher; (*innervosirsi*) s'énerver.

seccatore (**-trice**) *sm* casse-pieds.

seccatura *sf* ennui (*m*), embêtement (*m*).

sécchio *sm* seau.

secco (*f* **-a** *pl* **-chi -che**) *agg* sec (*anche fig*); (*essiccato*) séché ◊ *sm* sécheresse (*f*) ◊ **vino secco** vin sec; **fiume in secca** fleuve à sec; **restarci secco** y laisser sa peau.

secessione *sf* sécession.

secolare *agg* séculaire; (*laico*) séculier.

sècolo *sm* siècle.

seconda *sf* seconde ◊ **a seconda che** selon que; **a seconda di** selon.

secondàrio *agg* secondaire.

secondino *sm* maton.

secondo *agg* deuxième; (*fra due*) second ◊ *sm* (*unità di tempo*) seconde (*f*); (*portata*) plat de résistance ◊ *prep* selon, suivant.

secrezione *sf* sécrétion.

sèdano *sm* céleri.

sedare *v tr* calmer, apaiser.

sedativo *sm* sédatif.

sede *sf* siège (*m*); (*domicilio*) résidence ◊ **in separata sede** en privé; **in sede di** pendant.

sedentàrio *agg* sédentaire.

sedere *v intr* (*essere seduto*) être assis; (*in consiglio, tribunale ecc.*) siéger ◊ *v rifl* s'asseoir ◊ *sm* fesses (*f pl*).

sèdia *sf* chaise.

sedicenne *agg* âgé de seize ans ◊ *sm/f*
adolescent (*m*) de seize ans.
sédici *agg, sm inv* seize.
sedile *sm* siège.
sedimento *sm* sédiment.
seducente *agg* séduisant.
sedurre *v tr* séduire.
seduta *sf* (*riunione*) séance ◊ **seduta
stante** séance tenante.
seduttore (-trice) *sm* séducteur.
seduzione *sf* séduction.
sega (*pl* **-ghe**) *sf* scie.
ségale *sf* seigle (*m*).
segare *v tr* scier.
segatura *sf* sciure.
sèggio *sm* siège ◊ **seggio elettorale** bureau de vote.
sèggiola *sf* chaise.
seggiolone *sm* chaise (*f*) haute.
seggiovìa *sf* télésiège (*m*).
segherìa *sf* scierie.
seghettato *agg* dentelé.
seghetto *sm* scie (*f*) à métaux.
segmento *sm* segment (*anche fig*).
segnalare *v tr* signaler; (*annunciare*)
annoncer.
segnalazione *sf* signalisation; (*comunicazione*) communication.
segnale *sm* signal.
segnalètica (*pl* **-che**) *sf* signalisation.
segnalètico (*f* **-a** *pl* **-ci -che**) *agg* signalétique.
segnalibro *sm* signet, marque-page.
segnare *v tr* marquer; (*tracciare*) tracer; (*sport*) marquer ◊ **segnare il passo** marquer le pas.
segno *sm* signe, marque (*f*); (*sintomo*)
indice ◊ **cogliere nel segno** mettre
dans le mille; **in segno di** en témoignage de; **segno che** preuve que.
segregare *v tr* isoler; (*fig*) cloîtrer.
segregazione *sf* ségrégation.
segretàrio *sm* secrétaire (*m/f*).
segreterìa *sf* secrétariat (*m*) ◊ **segreteria telefonica** répondeur (téléphonique).
segretezza *sf* discrétion, secret (*m*).
segreto *agg, sm* secret.
seguace *sm/f* partisan (*m*), disciple.
seguente *agg* suivant.
segùgio *sm* limier.
seguire *v tr* suivre; (*osservare*) obser-

ver; (*continuare*) poursuivre ◊ *v intr*
suivre ◊ **seguire con lo sguardo** suivre du regard.
seguitare *v tr* continuer, poursuivre.
séguito *sm* suite (*f*) ◊ **in seguito a** à la
suite de.
sei *agg, sm inv* six.
seicentesco *agg* du dix-septième siècle.
seicentèsimo *agg, sm* six centième.
seicento *agg, sm inv* six cents ◊ *sm* le
dix-septième siècle.
selce *sf* silex (*m*).
selciato *sm* pavé.
selettivo *agg* sélectif.
selezionare *v tr* sélectionner.
selezione *sf* sélection.
self-service *sm inv* (*ristorante*) self (-
service); (*distributore di benzina*) station (*f*) libre-service.
sella *sf* selle; (*geog*) col (*m*).
sellare *v tr* seller.
sellino *sm* selle (*f*).
selva *sf* forêt.
selvaggina *sf* gibier (*m*).
selvàggio (*pl f* **-ge**) *agg, sm* sauvage
(*m/f*).
selvàtico (*f* **-a** *pl* **-ci -che**) *agg* sauvage.
semàforo *sm* feu.
semàntica (*pl* **-che**) *sf* sémantique.
sembrare *v intr* sembler.
seme *sm* semence (*f*), graine (*f*); (*principio, origine*) germe; (*carte*) couleur
(*f*).
semestrale *agg* semestriel.
semestre *sm* semestre.
semifinale *sf* demi-finale.
semifreddo *sm* parfait.
sèmina *sf* semailles (*pl*).
seminare *v tr* semer (*anche fig*).
seminàrio *sm* séminaire.
semita (*pl* **-i -e**) *agg* sémite ◊ *sm/f* Sémite.
semìtico (*f* **-a** *pl* **-ci -che**) *agg* sémitique.
semmài *avv* tout au plus.
sémola *sf* semoule.
sémplice *agg* simple.
semplicità *sf inv* simplicité.
semplificare *v tr* simplifier.
semplificazione *sf* simplification.
sempre *avv* toujours ◊ **sempre che**

pourvu que; **una volta per sempre** une fois pour toutes.

sempreverde *agg* sempervirent ◊ *sm* semper virens.

sènape *sf* moutarde.

senato *sm* sénat.

senatore (-trice) *sm* sénateur.

senile *agg* sénile.

senno *sm* bon sens; sagesse (*f*) ◊ **il senno di poi** l'esprit de l'escalier.

seno *sm* sein, poitrine (*f*); (*geog*) crique (*f*).

sensato *agg* judicieux, sensé.

sensazionale *agg* sensationnel.

sensazione *sf* sensation.

sensibile *agg* sensible.

sensibilità *sf inv* sensibilité.

senso *sm* sens; (*sensazione*) sensation (*f*); (*impressione*) impression (*f*) ◊ **ai sensi della legge** aux termes de la loi.

sensuale *agg* sensuel.

sensualità *sf inv* sensualité.

sentenza *sf* sentence, jugement (*m*) ◊ **pronunciare una sentenza** rendre un arrêt.

sentiero *sm* sentier.

sentimentale *agg* sentimental.

sentimento *sm* sentiment.

sentinella *sf* sentinelle.

sentire *v tr* sentir; (*udire*) entendre; (*con l'odorato*) sentir; (*assaggiare*) goûter; (*provare*) ressentir ◊ *v rifl* se sentir; (*telefono*) s'appeler ◊ **sentirsela** être en mesure de; **per sentito dire** par ouï-dire.

senza *prep* sans ◊ **senza dubbio** sans aucun doute; **senza di che** sans quoi.

separare *v tr* séparer; (*distinguere*) distinguer; (*staccare*) détacher ◊ *v rifl* se séparer.

separatamente *avv* séparément.

separatista (*pl* **-i -e**) *sm/f* séparatiste.

separazione *sf* séparation.

sepolcro *sm* sépulcre, tombeau.

sepoltura *sf* sépulture, enterrement (*m*).

seppellire *v tr* enterrer, ensevelir.

séppia *sf* seiche.

sequenza *sf* suite, série; (*cine*) séquence.

sequestrare *v tr* saisir; (*persona*) séquestrer.

sequestro *sm* saisie (*f*); (*persona*) enlèvement.

sequòia *sf* séquoia (*m*).

sera *sf* soir (*m*), soirée ◊ **la sera prima** la veille au soir; **verso sera** en début de soirée.

serafino *sm* séraphin.

serale *agg* du soir.

serata *sf* soirée.

serbare *v tr* garder.

serbatóio *sm* réservoir.

serbo *agg* serbe ◊ *sm* Serbe (*m/f*).

serenata *sf* sérénade.

serenità *sf inv* sérénité.

sereno *agg* serein ◊ *sm* beau temps.

sergente *sm* sergent.

seriamente *avv* sérieusement.

sèrie *sf inv* série.

serietà *sf inv* sérieux (*m*), gravité.

sèrio *agg* sérieux, grave ◊ **parlare sul serio** parler sérieusement.

sermone *sm* sermon.

serpe *sf* serpent (*m*); vipère.

serpeggiare *v intr* serpenter.

serpente *sm* serpent.

serpentina *sf* lacet (*m*).

serra *sf* serre.

serramento *sm* bâti.

serranda *sf* rideau (*m*) (de fer).

serratura *sf* serrure.

serva *sf* bonne, servante.

server *sm inv* (*inform*) serveur.

servile *agg* servile.

servire *v tr* servir; (*far servizio*) desservir ◊ *v intr* servir; (*essere al servizio*) être au service; (*occorrere*) avoir besoin (de) ◊ *v rifl* se servir.

servitore (-trice) *sm* serviteur, domestique.

servitù *sf inv* servitude; (*domestici*) domestiques (*m pl*).

servizièvole *agg* serviable.

servìzio *sm* service; (*giornalistico*) reportage ◊ *pl* (*bagno*) toilettes (*f*) ◊ **fuori servizio** hors service; **donna di servizio** femme de chambre.

servo *agg, sm* serviteur, domestique.

sessanta *agg, sm inv* soixante.

sessantenne *agg* âgé de soixante ans, sexagénaire ◊ *sm/f* sexagénaire.

sessantèsimo *agg, sm* soixantième (*m/f*).

sessantina *sf* environ une soixantaine.
sessione *sf* session.
sesso *sm* sexe ◊ **fare del sesso** avoir des rapports sexuels.
sessuale *agg* sexuel.
sessuologìa *sf* sexologie.
sessuòlogo *sm* sexologue.
sestina *sf* sizain (*m*).
sesto *agg*, *sm* sixième (*m/f*).
seta *sf* soie.
setacciare *v tr* tamiser; (*fig*) sélectionner.
setàccio *sm* tamis.
sete *sf* soif.
sétola *sf* soie.
setta *sf* secte.
settanta *agg*, *sm inv* soixante-dix.
settantenne *agg* âgé de soixante-dix ans, septuagénaire ◊ *sm/f* septuagénaire.
settantèsimo *agg*, *sm* soixante-dixième (*m/f*).
sette *agg*, *sm inv* sept.
settecentesco *agg* du dix-huitième siècle.
settecentèsimo *agg*, *sm* sept centième (*m/f*).
settecento *agg*, *sm inv* sept cents ◊ *sm* le dix-huitième siècle.
settembre *sm* septembre.
settennale *agg* septennal.
settentrionale *agg* septentrional.
settentrione *sm* septentrion; (*regione a nord*) Nord.
sèttico (*f* -**a** *pl* -**ci** -**che**) *agg* septique.
settimana *sf* semaine ◊ **settimana bianca** semaine de sports d'hiver.
settimanale *agg*, *sm* hebdomadaire.
sèttimo *agg*, *sm* septième (*m/f*).
setto *sm* (*anat*) cloison (*f*), septum.
settore *sm* secteur.
severità *sf inv* sévérité.
severo *agg* sévère, rigide.
seviziare *v tr* torturer; (*violentare*) violer.
sexy *agg inv* sexy.
sezionare *v tr* sectionner; (*med*) disséquer.
sezione *sf* section.
sfaccendato *agg*, *sm* désœuvré, oisif.
sfaccettatura *sf* taille à facettes.
sfacchinata *sf* corvée.

sfacciato *agg* effronté.
sfacelo *sm* délabrement; (*rovina*) ruine (*f*).
sfaldarsi *v rifl* s'exfolier, s'effriter.
sfamare *v tr* nourrir, rassasier ◊ *v rifl* être rassasié.
sfarzo *sm* faste, luxe.
sfasare *v tr* déphaser.
sfasciare *v tr* enlever un bandage à; (*distruggere*) bousiller, démolir ◊ *v rifl* se déglinguer.
sfasciato *agg* débandé; (*demolito*) démoli, abîmé.
sfavorévole *agg* défavorable.
sfera *sf* sphère ◊ **penna a sfera** stylo à bille.
sferrare *v tr* décocher; (*cavallo*) déferrer.
sferruzzare *v intr* tricoter.
sfiancare *v tr* éreinter, épuiser.
sfida *sf* défi (*m*).
sfidare *v tr* défier.
sfidùcia (*pl* -**ce**) *sf* défiance, méfiance; (*scoraggiamento*) manque (*m*) de confiance; (*governo*) censure.
sfigurare *v tr* défigurer ◊ *v intr* faire piètre figure.
sfilacciare *v tr* effilocher.
sfilare *v tr* (*togliere*) enlever ◊ *v intr* (*milit*) défiler; (*sfilacciarsi*) s'effiler ◊ *v rifl* (*togliersi*) enlever ◊ **sfilare i pantaloni** enlever son pantalon.
sfilata *sf* défilé (*m*); (*milit*) parade.
sfilza *sf* ribambelle.
sfinge *sf* sphynx (*m*).
sfinire *v tr* épuiser.
sfinito *agg* épuisé, à plat.
sfiorare *v tr* effleurer, frôler.
sfiorire *v intr* se faner.
sfiorito *agg* fané, flétri.
sfocato *agg* flou.
sfociare *v intr* déboucher; (*fiume*) se jeter; (*fig*) aboutir (à).
sfoderare *v tr* dégainer; (*fare sfoggio*) faire étalage.
sfogare *v tr* faire passer; (*fig*) épancher ◊ *v rifl* se défouler ◊ **sfogarsi con qualcuno** ouvrir son cœur à quelqu'un.
sfoggiare *v tr* étaler, exhiber.
sfòglia *sf* feuille, lamelle ◊ **pasta sfoglia** pâte feuilletée.

sfogliare *v tr* effeuiller; (*pagine*) feuilleter.

sfogo (*pl* -**ghi**) *sm* (*apertura*) ouverture (*f*); (*fluidi*) passage; (*sbocco*) débouché; (*fig*) épanchement, soulagement ◊ **dare sfogo** donner libre cours.

sfollamento *sm* évacuation (*f*).

sfollare *v tr* évacuer ◊ *v intr* se disperser.

sfollato *agg*, *sm* évacué.

sfoltire *v tr* éclaircir.

sfondare *v tr* défoncer; (*porta*) enfoncer; (*milit*) percer ◊ *v intr* (*affermarsi*) percer ◊ *v rifl* se défoncer.

sfondo *sm* fond; toile (*f*) de fond; (*fig*) arrière-plan.

sformato *agg* déformé ◊ *sm* (*cuc*) soufflé.

sfornare *v tr* sortir du four; défourner.

sfornito *agg* dépourvu.

sfortuna *sf* malchance, malheur (*m*).

sfortunato *agg* malchanceux, malheureux.

sforzare *v tr* forcer, pousser ◊ *v rifl* s'efforcer.

sforzo *sm* effort.

sfrattare *v tr* expulser.

sfratto *sm* expulsion (*f*).

sfrecciare *v intr* filer à toute allure.

sfregare *v tr* frotter.

sfregiare *v tr* balafrer.

sfrégio *sm* balafre (*f*); (*fig*) déshonneur.

sfrenato *agg* effréné.

sfrontato *agg* effronté.

sfruttamento *sm* exploitation (*f*).

sfruttare *v tr* exploiter.

sfruttatore (-**trice**) *sm* exploiteur.

sfuggente *agg* fuyant.

sfuggire *v tr* éviter ◊ *v intr* échapper, se sauver ◊ **il suo nome mi sfugge** son nom m'échappe.

sfuggita ◊ **di sfuggita** en passant.

sfumare *v tr* estomper ◊ *v intr* se dissiper, s'évanouir.

sfumatura *sf* nuance.

sfuocato *agg* flou.

sfuriata *sf* (*sgridata*) gueulante; (*vento*) rafale.

sfuso *agg* au détail.

sgabello *sm* escabeau, tabouret.

sgabuzzino *sm* débarras.

sgambetto *sm* croche-pied, croc-en-jambe.

sganciare *v tr* décrocher ◊ *v rifl* se détacher.

sgangherato *agg* branlant.

sgarbato *agg* impoli, désobligeant.

sgarbo *sm* impolitesse (*f*).

sgargiante *agg* voyant.

sgattaiolare *v intr* s'éclipser, s'esquiver.

sghignazzare *v intr* ricaner.

sgobbare *v intr* bûcher, trimer.

sgocciolare *v intr* s'égoutter, couler.

sgocciolìo *sm* suintement.

sgomberare *v tr* débarrasser; (*evacuare*) évacuer; (*strada*) dégager.

sgómbero *sm* évacuation (*f*); dégagement.

sgombro *sm* (*zool*) maquereau.

sgomentare *v tr* effarer, effrayer ◊ *v rifl* s'effarer.

sgomento *agg* effaré ◊ *sm* effroi, effarement.

sgominare *v tr* mettre en déroute.

sgonfiare *v tr* dégonfler ◊ *v rifl* se dégonfler.

sgòrbio *sm* (*scarabocchio*) gribouillage, griffonnage.

sgorgare *v tr* déboucher ◊ *v intr* jaillir.

sgozzare *v tr* égorger.

sgradévole *agg* désagréable.

sgradito *agg* désagréable, importun.

sgranare *v tr* égrener; (*legumi*) écosser; (*occhi*) écarquiller.

sgranchire *v tr* dégourdir.

sgranocchiare *v tr* croquer, grignoter.

sgrassare *v tr* dégraisser.

sgràvio *sm* allègement, décharge (*f*) ◊ **sgravio fiscale** dégrèvement fiscal.

sgraziato *agg* gauche, disgracieux.

sgretolarsi *v rifl* s'effriter.

sgridare *v tr* gronder, réprimander.

sgridata *sf* réprimande.

sguaiato *agg* grossier, vulgaire.

sgualcire *v tr* chiffonner, froisser.

sguardo *sm* regard ◊ **alzare lo sguardo** lever les yeux.

sguàttero *sm* plongeur.

sguazzare *v intr* patauger ◊ **sguazzare nell'oro** rouler sur l'or.

sgusciare *v tr* (*legumi*) écosser ◊ *v intr* s'échapper, s'esquiver.

shampoo *sm inv* shampooing.
shock *sm inv* choc.
si *pron (riflessivo, reciproco, con verbo transitivo)* se; *(impersonale e nella forma passiva)* on ◊ **si sono lavati le mani** ils se sont lavé les mains; **si sono incontrati** ils se sont rencontrés; **si dice che** on dit que; **se ne parla** on en parle.
si *sm (mus)* si.
sì *avv, sm* oui; *(a domanda negativa)* si ◊ **ti dico di sì** je te dis que oui.
sia *cong* soit ◊ **così sia** ainsi soit-il.
siamese *agg, sm/f* siamois *(m)*.
sìbilo *sm* sifflement.
sicàrio *sm* tueur à gages, sicaire.
sicché *cong* de sorte que, si bien que.
siccità *sf inv* sécheresse.
siccome *cong* comme.
siciliano *agg* sicilien ◊ *sm* Sicilien.
sicura *sf (coltello)* cran *(m)* d'arrêt; *(pistola)* sécurité.
sicurezza *sf* sécurité, sûreté; *(certezza)* certitude; *(fiducia)* assurance ◊ **cintura di sicurezza** ceinture de sécurité; **uscita di sicurezza** sortie de secours; **avere la sicurezza di** être sûr que.
sicuro *agg* sûr; *(certo)* certain ◊ *avv* bien sûr, assurément ◊ **con passo sicuro** d'un pas assuré; **al sicuro** en lieu sûr.
siderurgìa *sf* sidérurgie.
sidro *sm* cidre.
siepe *sf* haie.
siero *sm* sérum.
sieropositivo *agg, sm* séropositif.
siesta *sf* sieste.
sifìlide *sf* syphilis.
sifone *sm* siphon.
sigaretta *sf* cigarette.
sìgaro *sm* cigare.
sigillare *v tr* cacheter, sceller.
sigillo *sm* cachet, sceau.
sigla *sf* sigle *(m)*; *(firma)* paraphe *(m)*.
siglare *v tr* parapher.
significare *v tr* signifier.
significativo *agg* significatif.
significato *sm* sens, signification *(f)*.
signora *sf* dame; *(titolo)* madame.
signore *sm* monsieur.
signorile *agg* distingué ◊ **quartiere signorile** quartier résidentiel.

signorina *sf* demoiselle; *(titolo)* mademoiselle ◊ **nome da signorina** nom de jeune fille.
silenziatore *sm* silencieux.
silènzio *sm* silence.
silenzioso *agg* silencieux.
sìllaba *sf* syllabe.
sillabare *v tr* épeler.
silo(s) *sm* silo.
silurare *v tr* torpiller; *(fig)* limoger.
siluro *sm (zool)* silure; *(mar)* torpille *(f)*.
simbìosi *sf inv* symbiose.
simboleggiare *v tr* symboliser.
simbòlico *(f -a pl -ci -che)* *agg* symbolique.
sìmbolo *sm* symbole.
sìmile *agg* semblable, pareil, similaire ◊ *sm* semblable *(m/f)* ◊ **in una simile circostanza** en pareille circonstance.
similitùdine *sf* similitude.
simmetrìa *sf* symétrie.
simmètrico *(f -a pl -ci -che)* *agg* symétrique.
simpatìa *sf* sympathie.
simpàtico *(f -a pl -ci -che)* *agg* sympathique.
simpatizzante *sm/f* sympathisant *(m)*.
simpatizzare *v intr* sympathiser.
simpòsio *sm* symposium.
simulare *v tr* simuler, feindre.
simulazione *sf* simulation.
simultàneo *agg* simultané.
sinagoga *(pl -ghe)* *sf* synagogue.
sincerità *sf inv* sincérité.
sincero *agg* sincère, franc.
sinché *cong* jusqu'à ce que, tant que.
sìncope *sf* syncope.
sincronizzare *v tr* synchroniser.
sincronizzato *agg* synchronisé.
sindacale *agg* syndical; *(sindaco)* du maire.
sindacalista *(pl -i -e)* *sm/f* syndicaliste.
sindacato *sm* syndicat.
sìndaco *(pl -ci)* *sm* maire; *(in Belgio)* bourgmestre.
sìndrome *sf* syndrome *(m)*.
sinfonìa *sf* symphonie *(anche fig)*.
singhiozzare *v intr* sangloter.
singhiozzo *sm* hoquet; *(pianto)* sanglot.
single *sm/f inv* célibataire.

singolare *agg, sm* singulier.

singolarità *sf inv* singularité.

sìngolo *agg* chaque; (*particolare*) singulier; (*individuale*) individuel ◊ *sm* chacun; (*tennis*) simple; (*mus*) single ◊ **letto singolo** lit à une place.

sinistra *sf* gauche ◊ **a sinistra** à gauche.

sinistro *agg* gauche; (*funesto*) sinistre ◊ *sm* (*incidente*) sinistre, malheur; (*pugno*) gauche.

sìnodo *sm* synode.

sinònimo *agg, sm* synonyme.

sintassi *sf inv* syntaxe.

sìntesi *sf inv* synthèse.

sintètico (*f* -**a** *pl* -**ci** -**che**) *agg* synthétique.

sintetizzare *v tr* synthétiser.

sìntomo *sm* symptôme.

sintonìa *sf* syntonie.

sintonizzare *v tr/rifl* syntoniser.

sinuoso *agg* sinueux.

sinusite *sf* sinusite.

sipàrio *sm* rideau ◊ **calare il sipario** tirer le rideau.

sirena *sf* sirène.

siriano *agg* syrien ◊ *sm* Syrien.

siringa (*pl* -**ghe**) *sf* seringue.

sìsmico (*f* -**a** *pl* -**ci** -**che**) *agg* sismique ◊ **movimento sismico** séisme.

sismògrafo *sm* sismographe.

sistema (*pl* -**i**) *sm* système ◊ **sistema monetario** système monétaire.

sistemare *v tr* arranger; (*riordinare*) ranger; (*definire*) régler; (*alloggiare*) installer; (*procurare un lavoro*) placer ◊ *v rifl* s'arranger; (*trovare un alloggio*) s'installer; (*trovare un lavoro*) trouver un travail.

sistemàtico (*f* -**a** *pl* -**ci** -**che**) *agg* systématique.

sistemazione *sf* arrangement (*m*); (*disposizione di cose*) rangement (*m*); (*definizione*) règlement (*m*); (*alloggio*) aménagement (*m*); (*lavoro*) travail (*m*).

sito *agg* situé, placé ◊ *sm* site (*anche inform*).

situare *v tr* situer, placer ◊ *v rifl* se situer.

situazione *sf* situation, position.

skate-board *sm inv* skate-board.

ski-lift *sm inv* remonte-pente; téléski.

skipper *sm/f inv* skipper (*m*).

slacciare *v tr* délier, défaire; (*nodo*) dénouer ◊ *v rifl* se dénouer, se défaire.

slalom *sm inv* slalom.

slanciato *agg* élancé.

slàncio *sm* élan, bond ◊ **di slancio** avec élan.

slavato *agg* délavé; (*fig*) terne.

slavina *sf* coulée de neige.

slavo *agg* slave ◊ *sm* Slave (*m/f*).

sleale *agg* déloyal.

slealtà *sf inv* déloyauté, perfidie.

slegare *v tr* délier, défaire, détacher ◊ *v rifl* se détacher.

slegato *agg* délacé, dénoué; (*fig*) décousu.

slip *sm inv* slip.

slitta *sf* traîneau (*m*), luge.

slittare *v intr* faire de la luge; (*scivolare*) glisser; (*veicoli*) déraper, patiner; (*subire rinvio*) être renvoyé.

slogare *v tr* disloquer, déboîter.

slogatura *sf* déboîtement (*m*).

sloggiare *v tr/intr* déloger, décamper.

slovacco (*f* -**a** *pl* -**chi** -**che**) *agg* slovaque ◊ *sm* Slovaque (*m/f*).

sloveno *agg* slovène ◊ *sm* Slovène (*m/f*).

smacchiare *v tr* détacher.

smacchiatore *sm* détachant.

smagliante *agg* éclatant, éblouissant.

smagliare *v tr* filer ◊ *v rifl* se filer.

smagliatura *sf* démaillage (*m*); (*pelle*) vergeture; (*calza*) échelle.

smaltare *v tr* émailler, vernir.

smaltatura *sf* émaillage (*m*).

smaltire *v tr* (*digerire*) digérer; (*fig*) avaler, faire passer; (*merce*) écouler, liquider.

smalto *sm* émail; (*unghie*) vernis.

smània *sf* agitation, frénésie.

smaniare *v intr* s'agiter; (*fig*) brûler d'impatience.

smantellare *v tr* démanteler; (*fig*) démolir.

smarrimento *sm* (*perdita*) perte (*f*); (*mentale*) défaillance (*f*), désarroi.

smarrire *v tr* égarer, perdre ◊ *v rifl* s'égarer, se perdre.

smascherare *v tr* démasquer.

smemorato *agg* oublieux, étourdi.

smentire *v tr* démentir ◊ *v rifl* se contredire.
smentita *sf* démenti (*m*).
smeraldo *sm* émeraude (*f*).
smerciare *v tr* débiter, écouler.
smèrcio *sm* écoulement, débit.
smerìglio *sm* émeri; (*zool*) émerillon.
smerlo *sm* feston.
sméttere *v tr* cesser, arrêter; (*indumenti*) ne plus porter ◊ *v intr* arrêter, cesser ◊ **smettila!** arrête!
smilzo *agg* mince, svelte.
sminuire *v tr* amoindrir, diminuer.
smistamento *sm* triage.
smistare *v tr* trier, répartir.
smisurato *agg* démesuré.
smodato *agg* immodéré, démesuré; (*sregolato*) déréglé.
smog *sm inv* smog.
smontàbile *agg* démontable.
smontàggio *sm* démontage.
smontare *v tr* démonter; (*fig*) décourager ◊ *v intr* (*scendere*) descendre; (*terminare il servizio*) finir son service, débrayer ◊ **smontare da cavallo** descendre de cheval.
smòrfia *sf* grimace.
smorfioso *agg* grimacier, minaudier.
smorto *agg* pâle, blême.
smorzare *v tr* (*spegnere*) éteindre; (*attenuare*) amortir, affaiblir.
smottamento *sm* éboulement.
smunto *agg* hâve, émacié.
smuòvere *v tr* déplacer, remuer; (*fig*) secouer ◊ *v rifl* se déplacer.
smussare *v tr* émousser, arrondir.
smussato *agg* arrondi.
snaturare *v tr* dénaturer.
snello *agg* mince, élancé.
snervante *agg* énervant, agaçant.
snob *agg, sm/f* snob.
snobbare *v tr* snober.
snobismo *sm* snobisme.
snocciolare *v tr* dénoyauter; (*raccontare*) débiter.
snodare *v tr* dénouer, défaire ◊ *v rifl* (*strada*) se dérouler, serpenter.
snodato *agg* articulé; (*nelle articolazioni*) désarticulé.
snodo *sm* articulation (*f*), jointure (*f*) ◊ **snodo stradale** nœud routier.

soap opera *sf inv* feuilleton (*m*) télévisé.
soave *agg* suave, doux, délicat.
sobbalzare *v intr* sursauter, tressaillir.
sobbalzo *sm* sursaut, cahot.
sobbarcarsi *v rifl* s'astreindre (à); (*impegnarsi*) s'engager.
sobborgo (*pl -ghi*) *sm* faubourg.
sòbrio *agg* sobre.
socchiùdere *v tr* entrebâiller, entrouvrir.
soccórrere *v tr* secourir, venir en aide de.
soccorso *sm* secours, aide (*f*).
socialdemocràtico (*f -a pl -ci -che*) *agg, sm* social-démocrate (*m/f*).
sociale *agg* social ◊ **previdenza sociale** sécurité sociale.
socialismo *sm* socialisme.
socialista (*pl -i -e*) *agg, sm/f* socialiste.
socializzare *v tr* socialiser ◊ *v intr* s'intégrer.
società *sf inv* société.
sociévole *agg* sociable.
sòcio *sm* associé; (*membro di un'associazione, circolo ecc.*) membre; (*comm*) actionnaire (*m/f*).
sociologìa *sf* sociologie.
soda *sf* (*bevanda*) soda (*m*); (*chim*) soude.
soddisfacente *agg* satisfaisant.
soddisfare *v tr/intr* satisfaire ◊ **soddisfare un'offesa** réparer une offense; **soddisfare a un obbligo** remplir une obligation.
soddisfatto *agg* satisfait.
soddisfazione *sf* satisfaction.
sòdio *sm* sodium.
sodo *agg* (*compatto*) ferme, solide; (*duro*) dur ◊ *avv* dur ◊ **uovo sodo** œuf dur; **venire al sodo** en venir au fait.
sofà *sm inv* sofa.
sofferente *agg* souffrant.
sofferenza *sf* souffrance.
soffermarsi *v rifl* s'arrêter, ralentir; (*fig*) s'attarder.
soffiare *v tr/intr* souffler ◊ **soffiarsi il naso** se moucher.
sòffice *agg* mœlleux, douillet.
soffietto *sm* soufflet.
sóffio *sm* souffle ◊ **in un soffio** en un clin d'œil.

soffitta *sf* grenier (*m*).

soffitto *sm* plafond.

soffocamento *sm* étouffement.

soffocare *v tr/intr* suffoquer, étouffer (*anche fig*).

soffrìggere *v tr* faire revenir.

soffrire *v tr* souffrir de; (*sopportare*) supporter ◊ *v intr* souffrir.

soffuso *agg* diffus.

sofisticato *agg* sophistiqué; (*cibo, vino*) frelaté.

software *sm* (*inform*) logiciel, software.

soggettivo *agg* subjectif.

soggetto *agg* sujet, soumis; (*giur*) passible ◊ *sm* sujet.

soggezione *sf* (*timidezza*) timidité; (*inferiorità*) assujettissement (*m*) ◊ **incutere soggezione** intimider.

soggiornare *v intr* séjourner.

soggiorno *sm* séjour ◊ **permesso di soggiorno** permis de séjour.

sòglia *sf* seuil (*m*) (*anche fig*).

sògliola *sf* sole.

sognare *v tr/intr* rêver (de) (*anche fig*); (*immaginare*) imaginer.

sognatore (**-trice**) *sm* rêveur, songeur.

sogno *sm* rêve, songe.

sòia *sf* soja (*m*) ◊ **germogli di soia** germes de soja.

sol *sm inv* (*mus*) sol.

solàio *sm* (*soffitta*) grenier; (*piano*) plancher.

solamente *avv* seulement.

solare *agg* solaire.

solcare *v tr* sillonner.

solco (*pl* **-chi**) *sm* sillon; (*lasciato dalle ruote dei carri*) ornière (*f*); (*fig*) empreinte (*f*).

soldato *sm* soldat.

soldo *sm* sou ◊ *pl* argent (*sing*).

sole *sm* soleil ◊ **alla luce del sole** au grand jour; **chiaro come il sole** clair comme le jour.

soleggiato *agg* ensoleillé, exposé au soleil.

solenne *agg* solennel.

solennità *sf inv* solennité.

soletta *sf* (*scarpa*) semelle; (*edilizia*) dalle.

solfato *sm* sulfate.

solfeggiare *v tr* solfier.

solféggio *sm* solfège.

solfuro *sm* sulfure.

solidale *agg* solidaire.

solidarietà *sf inv* solidarité.

solidificare *v tr* solidifier.

solidità *sf inv* solidité.

sòlido *agg* solide; (*reputazione*) établi ◊ *sm* solide.

solista (*pl* **-i -e**) *agg*, *sm/f* soliste.

solitàrio *agg*, *sm* solitaire.

sòlito *agg* (*abituale*) habituel; (*medesimo*) même ◊ *sm* habitude (*f*) ◊ **essere solito** (**a**) avoir l'habitude de; **come al solito** comme d'habitude.

solitùdine *sf* solitude.

sollecitare *v tr* solliciter, réclamer; (*stimolare*) inciter, activer.

sollécito *agg* prompt, zélé; (*accurato*) soucieux, soigneux ◊ *sm* rappel.

sollético (*pl* **-chi**) *sm* chatouille (*f*) ◊ **soffrire il solletico** être chatouilleux.

sollevamento *sm* soulèvement; (*meccanica*) levage.

sollevare *v tr* soulever; (*innalzare*) élever; (*fig*) soulager, alléger ◊ *v rifl* se relever, se lever.

sollevazione *sf* soulèvement (*m*).

sollievo *sm* soulagement.

solo *agg* seul ◊ *avv* seulement ◊ **è il solo amico che ha** c'est le seul ami qu'il ait; **ha solo bisogno di dormire** il a simplement besoin de dormir.

solstìzio *sm* solstice.

soltanto *avv* seulement.

solùbile *agg* soluble.

soluzione *sf* solution.

solvente *agg* dissolvant; (*comm*) solvable ◊ *sm* solvant, dissolvant.

somaro *sm* âne; (*fig*) cancre.

somigliante *agg* ressemblant; (*simile*) semblable.

somiglianza *sf* ressemblance.

somigliare *v intr* ressembler (à) ◊ *v rifl* se ressembler.

somma *sf* somme ◊ **tirar le somme** tirer les conclusions.

sommare *v tr* (*mat*) additionner; (*aggiungere*) ajouter.

sommàrio *agg* sommaire ◊ *sm* sommaire, abrégé.

sommèrgere *v tr* submerger (*anche fig*).

sommergìbile *sm* sous-marin, submersible.

somministrare *v tr* administrer.

sommità *sf inv* sommet (*m*).

sommo *agg* le plus grand, extrême ◊ **per sommi capi** en gros; **il sommo bene** le bien suprême.

sommossa *sf* émeute.

sommozzatore (-trice) *sm* plongeur; (*uomo rana*) homme-grenouille.

sonàglio *sm* grelot ◊ **serpente a sonagli** serpent à sonnette.

sonata *sf* (*mus*) sonate.

sondàggio *sm* sondage.

sondare *v tr* sonder.

sonetto *sm* sonnet.

sonnàmbulo *agg*, *sm* somnambule (*m/f*).

sonnecchiare *v intr* somnoler.

sonnellino *sm* petit somme.

sonnìfero *sm* somnifère.

sonno *sm* sommeil ◊ **prender sonno** s'endormir.

sonnolento *agg* somnolent.

sonnolenza *sf* somnolence.

sonorità *sf inv* sonorité.

sonoro *agg* sonore; (*rumoroso*) bruyant ◊ *sm* (*cine*) parlant.

sontuoso *agg* somptueux.

soporìfero *agg* soporifique.

soppalco (*pl* -**chi**) *sm* mezzanine (*f*); soupente (*f*).

soppesare *v tr* soupeser; (*fig*) peser.

soppiatto ◊ **di soppiatto** en catimini, en cachette.

sopportare *v tr* supporter; (*subire*) endurer.

sopportazione *sf* patience.

soppressione *sf* suppression.

sopprìmere *v tr* supprimer, abolir.

sopra *prep* sur; (*al di sopra*) au-dessus de; (*più di, più che*) par-dessus ◊ *avv* dessus; (*qui sopra*) ci-dessus; (*là sopra*) là-dessus; (*in alto*) là-haut ◊ *agg* au-dessus ◊ **al di sopra di** au-dessus de; **più sopra** plus haut.

sopràbito *sm* pardessus.

sopraccìglio (*pl* -**ia** *f*) *sm* sourcil.

sopraccoperta *sf* couvre-lit (*m*); (*libri*) jaquette.

sopraelevare *v tr* surélever.

sopraffare *v tr* submerger, écraser; (*fig*) accabler.

sopraffazione *sf* vexation, abus (*m*); (*repressione*) écrasement (*m*).

sopraggiùngere *v intr* (*cosa*) survenir, arriver; (*persona*) intervenir.

sopralluogo (*pl* -**ghi**) *sm* visite (*f*), inspection (*f*).

soprammòbile *sm* bibelot.

soprannaturale *agg* surnaturel.

soprannome *sm* surnom, sobriquet.

soprannùmero *sm* surplus, surnombre ◊ **in soprannumero** en surnombre.

soprano *sm/f* soprano (*m*).

soprappensiero *avv* distrait.

soprassalto *sm* sursaut, soubresaut ◊ **di soprassalto** en sursaut.

soprattassa *sf* surtaxe.

soprattutto *avv* surtout.

sopravvalutare *v tr* surestimer.

sopravvento *sm* avantage ◊ **prendere il sopravvento** avoir le dessus.

sopravvissuto *agg*, *sm* survivant, rescapé.

sopravvìvere *v intr* survivre.

soprelevato *agg* surélevé.

sopruso *sm* abus, brimade (*f*), injustice (*f*).

soqquadro *sm* ◊ **mettere a soqquadro** mettre sens dessus dessous.

sorbetto *sm* sorbet.

sorbire *v tr* siroter; (*fig*) se farcir.

sordità *sf inv* surdité.

sordo *agg*, *sm* sourd (*anche fig*).

sordomuto *agg*, *sm* sourd-muet.

sorella *sf* sœur.

sorellastra *sf* demi-sœur.

sorgente *sf* source (*anche fig*).

sórgere *v intr* se lever (*anche fig*); (*nascere*) jaillir; (*apparire*) surgir.

sorpassare *v tr* dépasser; (*veicolo*) doubler.

sorpasso *sm* dépassement ◊ **divieto di sorpasso** dépassement interdit.

sorprendente *agg* surprenant.

sorprèndere *v tr* surprendre; (*stupire*) étonner ◊ *v rifl* se surprendre, s'étonner.

sorpresa *sf* surprise; (*stupore*) étonnement (*m*) ◊ **cogliere di sorpresa** prendre par surprise; **con gran sorpresa di** au grand étonnement de.

sorrèggere *v tr* soutenir (*anche fig*).
sorridente *agg* souriant.
sorrìdere *v intr* sourire.
sorriso *sm* sourire.
sorseggiare *v tr* boire à petites gorgées.
sorso *sm* gorgée (*f*) ◊ **in un sorso solo** d'un seul trait.
sorta *sf* sorte, espèce.
sorte *sf* sort (*m*), destin (*m*); (*caso*) hasard (*m*) ◊ **tirare a sorte** tirer au sort; **tentare la sorte** tenter sa chance.
sorteggiare *v tr* tirer au sort.
sortéggio *sm* tirage au sort.
sortilègio *sm* sortilège.
sorvegliante *sm/f* surveillant (*m*), gardien (*m*) ◊ **sorvegliante notturno** veilleur de nuit.
sorveglianza *sf* surveillance, garde.
sorvegliare *v tr* surveiller, garder.
sorvolare *v tr* survoler; (*fig*) passer.
sòsia *sm/f inv* sosie.
sospèndere *v tr* suspendre.
sospensione *sf* suspension.
sospeso *agg* suspendu ◊ **ponte sospeso** pont suspendu; **in sospeso** en suspens.
sospettare *v tr* soupçonner, se douter de ◊ *v intr* se méfier (de) ◊ **lo sospettavo** je m'en doutais.
sospetto *agg* suspect, louche ◊ *sm* (*cosa*) soupçon, méfiance (*f*); (*persona*) suspect.
sospettoso *agg* soupçonneux, méfiant.
sospìngere *v tr* pousser.
sospirare *v intr* soupirer ◊ *v tr* (*desiderare*) désirer.
sospiro *sm* soupir.
sosta *sf* arrêt (*m*), pause; (*veicoli*) stationnement (*m*), parking (*m*) ◊ **fare una sosta** faire une pause; **senza sosta** sans cesse.
sostantivo *sm* substantif.
sostanza *sf* substance ◊ *pl* (*ricchezze*) biens (*m*), richesses.
sostanzioso *agg* substantiel.
sostare *v intr* s'arrêter, faire une halte; (*veicolo*) stationner.
sostegno *sm* support; (*fig*) soutien.
sostenere *v tr* soutenir, supporter; (*esami*) passer ◊ *v rifl* se soutenir ◊ **sostenere una parte** jouer un rôle.

sostenitore (**-trice**) *sm* partisan, défenseur.
sostituire *v tr* remplacer, substituer.
sostituto *sm* remplaçant.
sostituzione *sf* remplacement (*m*), substitution.
sottaceto *agg* au vinaigre.
sottana *sf* (*gonna*) jupe; (*prete*) soutane.
sotterfùgio *sm* subterfuge.
sotterràneo *agg*, *sm* souterrain.
sotterrare *v tr* enterrer, ensevelir.
sottile *agg* fin, mince; (*ingegnoso*) subtil, ingénieux.
sottintèndere *v tr* sous-entendre.
sottinteso *agg*, *sm* sous-entendu.
sotto *prep* sous; (*al di sotto di*) au-dessous de; (*durante*) à la periode de ◊ *avv* dessous; (*in basso*) en bas; (*nella parte inferiore*) en dessous; (*qua sotto, qui sotto*) ci - dessous; (*al piano inferiore*) au-dessous ◊ *agg* au-dessous ◊ **sotto tutti i punti di vista** à tous les points de vue; **sott'occhio** sous les yeux; **sott'olio** à l'huile.
sottobosco (*pl* -**chi**) *sm* sous-bois; (*fig*) coulisses (*f pl*).
sottocosto *avv* au rabais.
sottolineare *v tr* souligner.
sottolineatura *sf* soulignement (*m*).
sottomarino *agg*, *sm* sous-marin.
sottomesso *agg* soumis.
sottométtere *v tr* soumettre, assujettir ◊ *v rifl* se soumettre.
sottopassàggio, sottopasso *sm* passage souterrain.
sottoporre *v tr* soumettre; (*presentare*) présenter ◊ *v rifl* se soumettre ◊ **sottoporsi a una cura** suivre un traitement.
sottoscritto *agg*, *sm* soussigné ◊ **io sottoscritto** je soussigné.
sottoscrìvere *v tr* souscrire; (*firmare*) soussigner.
sottoscrizione *sf* souscription.
sottosopra *avv* sens dessus dessous ◊ **essere sottosopra** être bouleversé.
sottostante *agg* au-dessous.
sottostare *v intr* se plier, obéir (à).
sottosuolo *sm* sous-sol.
sottoterra *avv* sous terre.
sottotetto *sm* combles (*pl*).

sottovalutare *v tr* sous-évaluer, sous-estimer.

sottovento *avv* sous le vent.

sottoveste *sf* combinaison.

sottovoce *avv* à voix basse.

sottovuoto *agg, avv* sous vide.

sottrarre *v tr* soustraire; (*portar via*) soutirer ◊ *v rifl* se dérober, se soustraire.

sottrazione *sf* soustraction.

soviètico (*f* **-a** *pl* **-ci -che**) *agg* soviétique ◊ *sm* Soviétique (*m/f*).

sovraccaricare *v tr* surcharger.

sovraccàrico (*f* **-a** *pl* **-ci -che**) *agg* surchargé, débordé ◊ *sm* surcharge (*f*).

sovraffollato *agg* bondé; (*città*) surpeuplé.

sovrano *agg, sm* souverain.

sovrapporre *v tr* superposer ◊ *v rifl* se superposer.

sovrastare *v tr* dominer, surplomber.

sovrumano *agg* surhumain.

sovvenzione *sf* subvention.

sovversivo *agg* subversif ◊ *sm* agitateur, révolutionnaire (*m/f*).

sovvertire *v tr* perturber, troubler.

spaccare *v tr* briser, fendre, casser ◊ *v rifl* se briser, se fendre, se casser.

spaccato *agg* fendu ◊ *sm* coupe (*f*), section (*f*); (*fig*) tableau.

spaccatura *sf* fente, crevasse; (*fig*) clivage (*m*).

spacciare *v tr* (*vendere*) débiter, vendre, écouler; (*far circolare illegalmente*) trafiquer ◊ *v rifl* se faire passer pour ◊ **spacciare banconote false** écouler de faux billets.

spacciatore (**-trice**) *sm* trafiquant; (*droga*) dealeur.

spàccio *sm* (*negozio*) débit; (*vendita illegale*) trafic; (*banconote false*) écoulement.

spacco (*pl* **-chi**) *sm* fente (*f*); (*strappo*) déchirure (*f*).

spaccone *sm* fanfaron.

spada *sf* épée.

spaesato *agg* dépaysé.

spaghetti *sm pl* spaghettis.

spagnolo *agg* espagnol ◊ *sm* Espagnol.

spago (*pl* **-ghi**) *sm* ficelle (*f*).

spaiato *agg* dépareillé.

spalancare *v tr* ouvrir tout grand ◊ *v rifl* s'ouvrir tout grand.

spalare *v tr* déblayer.

spalatore (**-trice**) *sm* pelleteur.

spalla *sf* épaule; (*fig*) soutien (*m*), aide ◊ **voltare le spalle** tourner le dos; **con le spalle al muro** au pied du mur.

spalleggiare *v tr* épauler, soutenir.

spalliera *sf* dossier (*m*); (*letto*) tête de lit; (*attrezzo ginnico*) espalier (*m*); (*fiori*) palissade.

spallina *sf* (*indumento*) épaulette; (*reggiseno*) bretelle.

spalmare *v tr* enduire; (*burro ecc.*) tartiner, étaler.

spalti *sm pl* gradins.

spàndere *v tr* (*spargere*) répandre; (*versare*) verser ◊ *v rifl* se répandre.

spappolare *v tr* écrabouiller.

sparare *v tr/intr* tirer (sur); (*fig*) débiter ◊ **sparare a salve** tirer à blanc.

sparatòria *sf* fusillade.

sparecchiare *v tr* desservir.

sparéggio *sm* (*comm*) déficit; (*sport*) barrage.

spàrgere *v tr* répandre, verser; (*divulgare*) diffuser, propager; (*disseminare*) éparpiller ◊ *v rifl* se répandre.

spargimento *sm* effusion (*f*).

sparire *v intr* disparaître (*anche fig*).

sparlare *v intr* médire, dire du mal (de).

sparo *sm* décharge (*f*), détonation (*f*).

sparpagliare *v tr* éparpiller, disperser ◊ *v rifl* s'éparpiller.

sparso *agg* éparpillé, répandu ◊ **in ordine sparso** en ordre dispersé.

spartano *agg* spartiate ◊ *sm* Spartiate (*m/f*).

spartiacque *sm inv* ligne (*f*) de partage des eaux.

spartire *v tr* répartir, partager.

spartito *sm* partition (*f*).

spartitràffico *sm inv* îlot, terre-plein central.

sparviero *sm* épervier.

spàsimo *sm* douleur (*f*) lancinante.

spasmo *sm* spasme.

spasmòdico (*f* **-a** *pl* **-ci -che**) *agg* spasmodique.

spassarsi *v intr/rifl* s'amuser ◊ **spassarsela** se payer du bon temps.

spasso *sm* amusement, distraction (*f*) ◊ **è uno spasso** c'est un numéro; **andare a spasso** aller se promener.

spàtola *sf* spatule.

spavaldo *agg* fanfaron, arrogant.

spaventapàsseri *sm inv* épouvantail.

spaventare *v tr* effrayer, épouvanter ◊ *v rifl* avoir peur, s'effrayer.

spavento *sm* épouvante (*f*), frayeur (*f*), peur (*f*).

spaventoso *agg* épouvantable.

spaziale *agg* spatial.

spazientirsi *v rifl* s'impatienter.

spàzio *sm* (*cosmico*) espace; (*posto*) place (*f*); (*tempo*) intervalle, laps.

spazioso *agg* vaste, spacieux.

spazzacamino *sm* ramoneur.

spazzaneve *sm inv* chasse-neige.

spazzare *v tr* balayer.

spazzatura *sf* balayage (*m*); (*rifiuti*) ordures (*pl*) ◊ **TV spazzatura** télé poubelle.

spazzino *sm* balayeur.

spàzzola *sf* brosse.

spazzolare *v tr* brosser.

spazzolino *sm* petite brosse (*f*); (*da denti*) brosse (*f*) à dents.

specchiarsi *v rifl* se regarder dans la glace.

specchietto *sm* petite glace (*f*) ◊ **specchietto retrovisore** rétroviseur.

spècchio (*pl* -**chi**) *sm* miroir, glace (*f*) ◊ **specchio d'acqua** nappe d'eau.

speciale *agg* spécial, particulier.

specialista (*pl* -**i** -**e**) *sm/f* spécialiste.

specialità *sf inv* spécialité ◊ **specialità della casa** spécialité de la maison.

specializzare *v tr* spécialiser ◊ *v rifl* se spécialiser.

specializzazione *sf* spécialisation.

specialmente *avv* surtout.

spècie *sf inv* espèce, sorte ◊ **una specie di** une espèce de; **di ogni specie** de toute sorte.

specificare *v tr* spécifier, préciser.

specìfico (*f* -**a** *pl* -**ci** -**che**) *agg* spécifique.

speculare *agg* spéculaire ◊ *v intr* spéculer.

speculatore (-**trice**) *sm* spéculateur.

speculazione *sf* spéculation.

spedire *v tr* envoyer, expédier.

spedizione *sf* expédition; (*invio*) envoi (*m*).

spedizioniere *sm* expéditionnaire, transporteur.

spègnere *v tr* éteindre (*anche fig*) ◊ *v rifl* s'éteindre (*anche fig*).

spelare *v tr* peler ◊ *v rifl* perdre ses poils.

spellare *v tr* écorcher, dépouiller ◊ *v rifl* peler, se desquamer.

spèndere *v tr* dépenser; (*fig*, (*trascorrere*) passer; (*fig*, *sprecare*) gaspiller ◊ **spendere male il proprio tempo** mal employer son temps.

spennare *v tr* plumer (*anche fig*).

spensieratezza *sf* insouciance.

spensierato *agg* insouciant, nonchalant.

spento *agg* éteint ◊ **a motore spento** moteur arrêté.

speranza *sf* espérance, espoir (*m*) ◊ **un giovane di belle speranze** un jeune qui promet.

sperare *v tr/intr* espérer ◊ **ci spero poco** j'y compte peu.

sperduto *agg* perdu, dépaysé.

spericolato *agg* téméraire.

sperimentale *agg* expérimental.

sperimentare *v tr* expérimenter; (*fig*) mettre à l'épreuve.

sperma (*pl* -**i**) *sm* sperme.

spermatozòo *sm* spermatozoïde.

sperone *sm* éperon.

sperperare *v tr* gaspiller, dissiper.

spesa *sf* (*somma*) dépense; (*acquisto*) achat (*m*); (*onere*) frais (*m pl*) ◊ **far la spesa** faire les courses; **a spese di** aux dépens de; **comprese le spese** tous frais compris.

spesso *avv* souvent ◊ *agg* épais, dense.

spessore *sm* épaisseur (*f*); (*fig*) relief.

spettàbile *agg* respectable ◊ **spettabile ditta** Messieurs.

spettacolare *agg* spectaculaire.

spettàcolo *sm* spectacle; (*teatrale*) représentation (*f*); (*cine*) séance (*f*).

spettare *v intr* revenir, appartenir (à) ◊ **spetta a... di** c'est à... de.

spettatore (-**trice**) *sm* spectateur; (*testimone di un evento*) témoin.

spettegolare *v intr* jaser.

spettinare *v tr/rifl* décoiffer.

spettinato *agg* décoiffé.

spettro *sm* spectre; (*fantasma*) fantôme.

spèzie *sf pl* épices.

spezzare *v tr* casser, briser; (*interrompere*) couper, interrompre ◊ *v rifl* se casser.

spezzatino *sm* ragoût.

spezzettare *v tr* morceler; (*sbriciolare*) émietter.

spia *sf* espion (*m*); (*informatore*) mouchard (*m*); (*sintomo*) indice (*m*) ◊ **spia luminosa** lampe témoin, voyant.

spiacente *agg* désolé ◊ **essere spiacente** regretter.

spiacere *v intr* regretter ◊ **mi spiace** je regrette.

spiacévole *agg* déplaisant, désagréable.

spiàggia (*pl* -ge) *sf* plage.

spianare *v tr* aplanir, aplatir; (*pasta*) étendre; (*demolire*) raser.

spiano *sm* ◊ **a tutto spiano** à toute allure.

spiantato *agg* sans le sou; fauché.

spiare *v tr* épier, guetter.

spiazzo *sm* esplanade (*f*), clairière (*f*).

spiccare *v tr* (*staccare*) détacher, cueillir; (*emettere*) émettre ◊ *v intr* (*venir fuori da*) ressortir, se détacher ◊ **spiccare il volo** s'envoler; **spiccare un balzo** faire un bond.

spicchio *sm* (*agrumi*) quartier; (*aglio*) gousse (*f*); (*luna*) croissant.

spicciarsi *v rifl* se dépêcher.

spicciolo *agg* en (petite) monnaie; (*fig*) à bon marché ◊ *sm pl* monnaie (*f sing*).

spicco *sm* ◊ **di spicco** important; **far spicco** se distinguer.

spiedino *sm* brochette (*f*).

spiedo *sm* broche (*f*).

spiegare *v tr* expliquer; (*distendere*) déplier, déployer ◊ *v rifl* s'expliquer; (*distendersi*) se déplier, se déployer.

spiegazione *sf* explication.

spiegazzare *v tr* chiffonner, froisser.

spietato *agg* impitoyable, cruel.

spifferare *v tr* rapporter, moucharder.

spìffero *sm* courant d'air.

spiga (*pl* -ghe) *sf* épi (*m*).

spigliato *agg* désinvolte.

spìgolo *sm* coin, angle.

spilla *sf* épingle; (*gioiello*) broche.

spillare *v tr* (*vino*) tirer; (*soldi*) soutirer.

spillo *sm* épingle (*f*) ◊ **tacchi a spillo** talons aiguilles.

spina *sf* épine; (*pesce*) arête; (*riccio*) piquant (*m*); (*elettr*) prise ◊ **stare sulle spine** être sur des charbons ardents; **birra alla spina** (bière) pression.

spinaci *sm pl* épinards.

spìngere *v tr* pousser; (*fig*) inciter ◊ *v rifl* (*inoltrarsi*) aller, s'avancer; (*urtarsi*) se bousculer.

spinoso *agg* épineux.

spinta *sf* poussée; (*fig*) impulsion.

spinterògeno *sm* allumeur.

spintone *sm* bousculade (*f*).

spionàggio *sm* espionnage.

spiovente *sm* (*tetto, monte*) versant.

spiòvere *v intr* cesser de pleuvoir; (*ricadere*) tomber.

spiràglio *sm* entrebâillement; (*fig*) lueur (*f*).

spirale *sf* spirale; (*fig*) escalade; (*anticoncezionale*) stérilet (*m*) ◊ **a spirale** en spirale.

spiritato *agg*, *sm* possédé.

spiritismo *sm* spiritisme.

spìrito *sm* esprit; (*fantasma*) fantôme; (*alcol*) alcool ◊ **ciliegie sotto spirito** cerises à l'eau-de-vie.

spiritoso *agg* spirituel, drôle.

spirituale *agg* spirituel.

splèndere *v intr* resplendir, briller.

splèndido *agg* splendide, magnifique.

splendore *sm* splendeur (*f*).

spodestare *v tr* déposséder, détrôner.

spogliare *v tr* dépouiller, déshabiller (*anche fig*) ◊ *v rifl* se déshabiller; (*fig*) se départir.

spogliarello *sm* strip-tease.

spogliatóio *sm* cabine (*f*); (*palestra*) vestiaire.

spòglio *agg* dépouillé, nu ◊ *sm* dépouillement.

spola *sf* (*macchina per cucire*) canette; (*fig*) navette.

spolpare *v tr* décharner.

spolverare *v tr* épousseter; (*cospargere*) saupoudrer; (*fig, rubare*) vider ◊ *v intr* enlever la poussière.

spolverino sm (*piumino per spolverare*) plumeau; (*abbigliamento*) cachepoussière.

sponda sf bord (m); (*riva*) berge, rivage (m).

sponsor sm inv sponsor.

sponsorizzare v tr parrainer, sponsoriser.

spontàneo agg spontané.

spopolare v tr dépeupler ◊ v intr faire fureur ◊ v rifl se dépeupler.

sporàdico (f -a pl -ci -che) agg sporadique.

sporcare v tr salir, souiller (*anche fig*) ◊ v rifl se salir (*anche fig*).

sporcizia sf saleté.

sporco (f -a pl -chi -che) agg sale (*anche fig*) ◊ sm saleté (f) ◊ **avere la coscienza sporca** ne pas avoir la conscience tranquille.

sporgenza sf saillie.

spórgere v tr tendre, passer ◊ v intr avancer, dépasser, saillir ◊ v rifl se pencher ◊ **sporgere querela** porter plainte.

sport sm inv sport.

sporta sf cabas (m), panier (m).

sportello sm porte; (*ufficio*) guichet.

sportivo agg, sm sportif.

sposa sf mariée; (*moglie*) épouse.

sposare v tr épouser, marier ◊ v rifl se marier.

sposo sm marié; (*marito*) époux.

spostamento sm déplacement.

spostare v tr déplacer ◊ v rifl se déplacer.

spot sm inv spot.

spranga (pl -ghe) sf barre.

spray agg spray, en bombe ◊ sm inv spray.

sprazzo sm (*spruzzo*) jet, jaillissement; (*luce*) échappée (f); (*fig*) éclair, étincelle (f).

sprecare v tr gaspiller ◊ v rifl perdre son temps.

spreco (pl -chi) sm gaspillage.

spregiativo agg méprisant.

sprègio sm mépris, dédain ◊ **per spregio** pour insulter.

spregiudicato agg (*senza preconcetti*) sans préjugés; (*senza scrupoli*) sans scrupules.

sprèmere v tr presser; (*sfruttare*) exploiter ◊ **spremersi le meningi** se creuser les méninges.

spremuta sf (*arancia*) orange pressée; (*limone*) citron pressé.

sprezzante agg méprisant.

sprigionare v tr libérer; (*fig*) dégager ◊ v rifl se dégager; se libérer.

sprizzare v intr gicler, jaillir ◊ v tr faire jaillir ◊ **sprizzar salute** respirer la santé.

sprofondare v tr faire s'effondrer ◊ v intr s'effondrer, s'enfoncer; (*fig*) sombrer ◊ v rifl s'affaler.

spronare v tr éperonner; (*fig*) inciter.

sprone sm éperon; (*sartoria*) empiècement ◊ **a spron battuto** tambour battant.

sproporzionato agg disproportionné.

sproporzione sf disproportion.

spropòsito sm sottise (f), erreur (f) ◊ **a sproposito** mal à propos.

sprovveduto agg (*impreparato*) mal preparé, mal averti ◊ sm personne (f) désarmée; (*ingenuo*) ingénu.

sprovvisto agg dépourvu ◊ **alla sprovvista** au dépourvu.

spruzzare v tr asperger, pulvériser, vaporiser; (*sporcare*) éclabousser.

spruzzo sm giclée (f), éclaboussure (f) ◊ **a spruzzo** au pistolet.

spugna sf éponge; (*tessuto*) tissu-éponge (m) ◊ **bere come una spugna** boire comme un trou.

spugnoso agg spongieux.

spuma sf écume, mousse.

spumante sm (vin) mousseux.

spumeggiante agg écumant, moussant.

spuntare v tr couper la pointe; (*ottenere*) obtenir ◊ v intr (*crescere*) pousser, percer; (*astri*) se lever; (*apparire*) surgir ◊ v rifl s'émousser ◊ **allo spuntar del giorno** au point du jour; **spuntarla** réussir.

spuntino sm casse-croûte.

spunto sm (*occasione*) occasion (f); (*idea*) idée (f).

spurgare v tr nettoyer, curer; (*serbatoio*) vidanger.

sputare v tr/intr cracher.

sputo sm crachat.

squadra *sf* (*strumento*) équerre; (*sport*)
équipe; (*polizia*) brigade ◊ **mettere in
squadra** mettre d'équerre.
squadrone *sm* escadron.
squalifica (*pl* **-che**) *sf* disqualification.
squalificare *v tr* disqualifier.
squalificato *agg* disqualifié.
squàllido *agg* misérable, sordide.
squallore *sm* tristesse (*f*), misère (*f*).
squalo *sm* squale, requin.
squama *sf* écaille.
squarciagola ◊ **a squarciagola** à tue-
tête.
squarciare *v tr* déchirer.
squàrcio *sm* déchirure (*f*) ◊ **uno squar-
cio di sereno** une éclaircie.
squartare *v tr* équarrir.
squash *sm inv* (*sport*) squash.
squilibrato *agg*, *sm* déséquilibré.
squilìbrio *sm* déséquilibre ◊ **squilibrio
mentale** trouble mental.
squillante *agg* retentissant, sonore.
squillare *v intr* sonner, retentir.
squillo *sm* sonnerie (*f*); (*campanello*)
coup de sonnette.
squisito *agg* exquis, délicieux.
squittire *v intr* (*uccelli*) gazouiller;
(*volpe*) glapir; (*topi*) chicoter.
sradicare *v tr* déraciner, extirper.
sregolato *agg* déréglé.
stàbile *agg* stable ◊ *sm* (*edificio*) immeuble.
stabilimento *sm* établissement; (*fabbrica*) usine (*f*).
stabilire *v tr* établir, fixer; (*decidere*)
décider ◊ *v rifl* s'établir.
stabilità *sf inv* stabilité.
stabilizzare *v tr* stabiliser.
staccàbile *agg* détachable ◊ **tagliando
staccabile** coupon détachable.
staccare *v tr* détacher; (*scostare*) éloigner; (*sport*) distancer ◊ *v rifl* se détacher.
stacco (*pl* **-chi**) *sm* détachement; (*intervallo*) espace; (*contrasto*) contraste;
(*sport*) élan, détente (*f*).
stàdio *sm* stade.
staffa *sf* étrier (*m*) ◊ **perdere le staffe**
sortir de ses gonds.
staffetta *sf* estafette; (*sport*) relais (*m*).
stagionale *agg* saisonnier.
stagionare *v tr* (*formaggio*) affiner;

(*salumi, legno*) sécher; (*vino*) faire
vieillir.
stagionato *agg* (*formaggio*) affiné;
(*salumi, legno*) séché; (*vino*) vieilli.
stagione *sf* saison.
stagnante *agg* stagnant.
stagnare *v tr* (*metalli*) rétamer, étamer;
(*saldare*) souder à l'étain ◊ *v intr* stagner.
stagno *agg* étanche ◊ *sm* (*metallo*)
étain; (*specchio d'acqua*) étang.
stagnola *sf* papier (*m*) aluminium.
stalagmite *sf* stalagmite.
stalattite *sf* stalactite.
stalla *sf* étable; (*cavalli*) écurie.
stallo *sm* (*sedile*) stalle (*f*); (*scacchi*)
pat ◊ **fase di stallo** impasse.
stallone *sm* étalon.
stamani *avv* ce matin.
stamattina *avv* ce matin.
stambecco (*pl* **-chi**) *sm* bouquetin.
stamberga (*pl* **-ghe**) *sf* taudis (*m*).
stampa *sf* (*tecnica*) imprimerie; (*procedimento*) impression; (*giornali*)
presse; (*riproduzione*) estampe; (*fot*)
tirage (*m*) ◊ **conferenza stampa**
conférence de presse; **ufficio stampa**
bureau de presse.
stampante *sf* imprimante.
stampare *v tr* imprimer, publier; (*imprimere*) graver; (*fot*) tirer.
stampatello *sm* lettre (*f*) d'imprimerie
◊ **in stampatello** en caractères d'imprimerie.
stampatore (**-trice**) *sm* imprimeur.
stampella *sf* béquille.
stampo *sm* moule; (*matrice*) matrice
(*f*) ◊ **di vecchio stampo** de la vieille
école.
stanare *v tr* débusquer, dénicher.
stancare *v tr* fatiguer, lasser ◊ *v rifl* se
fatiguer, se lasser.
stanchezza *sf* fatigue.
stanco (*f* **-a** *pl* **-chi -che**) *agg* fatigué,
las.
stand *sm inv* stand.
standard *sm inv* standard.
standardizzare *v tr* standardiser, normaliser.
stand-by *sm inv* stand-by, veille (*f*).
stanotte *avv* cette nuit.

stante _agg_ ◊ **seduta stante** séance tenante; **a sé stante** indépendant.

stantìo _agg_ (_cibo_) rance; (_antiquato_) suranné.

stantuffo _sm_ piston.

stanza _sf_ pièce, chambre.

stanziare _v tr_ allouer, affecter ◊ _v rifl_ s'établir.

stappare _v tr_ déboucher.

stare _v intr_ (_essere_) être; (_restare_) rester; (_abitare_) habiter; (_attenersi_) s'en tenir ◊ **come stai?** comment allez vous?; **star bene, male** se porter bien, mal; **sta a voi decidere** c'est à vous de décider; **stare per** être sur le point de; **stare a cuore** tenir; **fatto sta che** le fait est que; **tutto sta nel** le tout est de.

starnazzare _v intr_ battre des ailes; (_fig_) faire du tapage.

starnutire _v intr_ éternuer.

starnuto _sm_ éternuement.

stasera _avv_ ce soir.

statale _agg_ d'état, public ◊ _sm/f_ (_lavoratore_) fonctionnaire ◊ _sf_ (_strada_) nationale.

statista (_pl_ **-i** **-e**) _sm/f_ homme (_m_), femme (_f_) d'État.

statìstica (_pl_ **-che**) _sf_ statistique.

statìstico (_f_ **-a** _pl_ **-ci -che**) _agg_ statistique (_m/f_).

stato _sm_ état; (_condizione_) condition (_f_), situation (_f_).

stàtua _sf_ statue.

statunitense _agg_ américain, étatsunien ◊ _sm/f_ Américain (_m_), Etats-Unien (_m_).

statura _sf_ taille; (_fig_) envergure.

statuto _sm_ statut.

stavolta _avv_ cette fois-ci.

stazionàrio _agg_ stationnaire.

stazione _sf_ (_ferroviaria_) gare; station; poste (_m_) ◊ **stazione di polizia** poste de police; **stazione di servizio** station-service.

stecca (_pl_ **-che**) _sf_ (_ombrello_) baleine; (_sigarette_) cartouche; (_biliardo_) queue; (_stonatura_) fausse note, couac (_m_).

steccato _sm_ palissade (_f_), barrière (_f_).

stecchino _sm_ cure-dent.

stella _sf_ étoile; (_artista_) vedette, star.

stellare _agg_ stellaire.

stellato _agg_ étoilé; (_a forma di stella_) en étoile.

stelo _sm_ tige (_f_).

stemma (_pl_ **-i**) _sm_ armes (_f pl_), écusson.

stendardo _sm_ étendard.

stèndere _v tr_ étendre; (_mano_) tendre; (_allargare_) étaler; (_scrivere_) rédiger ◊ _v rifl_ s'étendre, s'allonger.

stenografia _sf_ sténographie.

stentare _v intr_ avoir du mal à.

stento _sm_ peine (_f_) ◊ **a stento** à grand-peine.

steppa _sf_ steppe.

stèreo _sm inv_ chaîne (_f_) hi-fi.

stereofònico (_f_ **-a** _pl_ **-ci -che**) _agg_ stéréophonique.

stereòtipo _sm_ stéréotype.

stèrile _agg_ stérile.

sterilità _sf inv_ stérilité.

sterilizzare _v tr_ stériliser.

sterilizzazione _sf_ stérilisation.

sterlina _sf_ livre sterling.

sterminare _v tr_ exterminer.

sterminato _agg_ exterminé; (_immenso_) immense.

stermìnio _sm_ extermination (_f_).

sterno _sm_ sternum.

sterpàglia _sf_ broussaille.

sterzare _v intr_ braquer.

sterzo _sm_ (_veicolo_) direction (_f_).

stesso _agg_ même ◊ _pron_ (_riferito a persona_) le même; (_a cosa_) la même chose ◊ **allo stesso tempo** à la fois; **con le mie stesse orecchie** de mes propres oreilles; **fa lo stesso** (_non importa_) ça ne fait rien; (_è uguale_) c'est la même chose.

stesura _sf_ rédaction.

steward _sm inv_ steward.

stick _sm inv_ stick.

stilare _v tr_ dresser, rédiger.

stile _sm_ style; (_eleganza_) classe (_f_).

stilista (_pl_ **-i -e**) _sm/f_ (_moda_) styliste.

stilogràfica (_pl_ **-che**) _sf_ stylo (_m_) plume.

stima _sf_ estime; (_valutazione_) estimation.

stimare _v tr_ estimer; (_valutare_) évaluer, estimer ◊ **stimare opportuno** juger opportun.

stimolante *agg*, *sm* stimulant.

stimolare *v tr* stimuler; (*fig*) encourager.

stìmolo *sm* impulsion (*f*), incitation (*f*); (*psicologia*) stimulus.

stinco (*pl* -**chi**) *sm* tibia.

stìngere *v tr/intr/rifl* déteindre.

stipèndio *sm* salaire ◊ **arrotondare lo stipendio** arrondir les fins de mois.

stìpite *sm* montant.

stipulare *v tr* stipuler.

stirare *v tr* repasser; (*allungare*) étirer; (*capelli*) défriser ◊ *v rifl* s'étirer.

stiratura *sf* repassage (*m*).

stirpe *sf* lignée, descendance.

stitichezza *sf* constipation.

stìtico (*f* -**a** *pl* -**ci** -**che**) *agg* constipé.

stiva *sf* cale, soute.

stivale *sm* botte (*f*).

stoccafisso *sm* morue (*f*) séchée.

stoffa *sf* étoffe, tissu (*m*).

stòico (*f* -**a** *pl* -**ci** -**che**) *agg*, *sm* stoïque, stoïcien.

stola *sf* étole.

stòmaco (*pl* -**ci**) *sm* estomac; (*fig*) cœur ◊ **rimanere sullo stomaco** rester sur le cœur.

stonare *v tr* chanter faux, jouer faux ◊ *v intr* (*non armonizzarsi*) jurer, détonner.

stonato *agg* qui chante faux.

stonatura *sf* fausse note.

stop *sm inv* stop.

stoppa *sf* étoupe.

stóppia *sf* chaume (*m*).

stoppino *sm* mèche (*f*).

stòrcere *v tr* tordre ◊ **storcere la bocca** faire la grimace.

stordimento *sm* étourdissement.

stordire *v tr* étourdir; (*assordare*) assourdir, abasourdir.

stòria *sf* histoire; (*bugia*) mensonge (*m*).

stòrico (*f* -**a** *pl* -**ci** -**che**) *agg* historique ◊ *sm* historien.

storione *sm* esturgeon.

stormo *sm* (*uccelli*) volée (*f*); (*aerei*) formation (*f*).

stornare *v tr* virer.

storno *sm* virement; (*zool*) étourneau.

storpiare *v tr* estropier.

stòrpio *agg*, *sm* estropié.

storta *sf* entorse, foulure.

storto *agg* tordu ◊ *avv* de travers.

stoviglie *sf pl* vaisselle (*sing*).

stràbico (*f* -**a** *pl* -**ci** -**che**) *agg* strabique ◊ *sm* loucheur ◊ **essere strabico** loucher.

strabismo *sm* strabisme.

stracciare *v tr* déchirer.

stràccio *sm* chiffon; (*vestito logoro*) haillon, guenille (*f*).

straccione *sm* gueux.

strada *sf* route, chemin (*m*); (*fig*) voie; (*città*) rue ◊ **scendere in strada** descendre dans la rue; **cambiare strada** changer de chemin; **strada facendo** en cours de route; **a mezza strada** à mi-chemin.

stradale *agg* routier, de la route ◊ **polizia stradale** police de la route.

strafottente *agg*, *sm/f* insolent (*m*).

strage *sf* massacre (*m*), hécatombe.

stramazzare *v intr* s'abattre.

strambo *agg* bizarre, extravagant.

stranezza *sf* bizarrerie.

strangolare *v tr* étrangler.

straniero *agg*, *sm* étranger.

strano *agg* étrange.

straordinàrio *agg* extraordinaire ◊ *sm* extraordinaire; heures (*f pl*) supplémentaires.

strapazzare *v tr* maltraiter, rudoyer ◊ *v rifl* se surmener.

strapazzo *sm* surmenage ◊ **vestiti da strapazzo** vêtements de travail.

strapiombo *sm* précipice ◊ **a strapiombo** en surplomb.

strappare *v tr* arracher; (*lacerare*) déchirer ◊ *v rifl* se déchirer.

strappo *sm* coup sec; (*lacerazione*) déchirure (*f*), accroc ◊ **a strappi** par à-coups.

straripare *v intr* déborder.

stràscico (*pl* -**chi**) *sm* traîne (*f*); (*fig*) suites (*f pl*).

stratagemma (*pl* -**i**) *sm* stratagème.

strategìa *sf* stratégie.

stratègico (*f* -**a** *pl* -**ci** -**che**) *agg* stratégique.

strato *sm* couche (*f*); (*di nuvole*) stratus.

stratosfèrico (*f* -**a** *pl* -**ci** -**che**) *agg* stratosphérique.

stravagante *agg* extravagant.

stravaganza *sf* extravagance.

stravòlgere *v tr* (*storcere*) décomposer; (*travisare*) déformer; (*sconvolgere*) bouleverser.

stravolto *agg* bouleversé.

straziante *agg* déchirant.

straziare *v tr* déchirer, torturer.

stràzio *sm* supplice.

strega (*pl* **-ghe**) *sf* sorcière.

stregare *v tr* ensorceler.

stregone *sm* sorcier.

stregonerìa *sf* sorcellerie.

stremare *v tr* épuiser.

strenna *sf* étrennes (*pl*); (*regalo*) cadeau (*m*).

strepitare *v intr* faire du bruit.

strèpito *sm* fracas, vacarme ◊ **fare strepito** faire du bruit.

strepitoso *agg* bruyant; (*fig*) retentissant.

stress *sm inv* stress.

stretta *sf* étreinte, serrement (*m*); (*mano*) poignée ◊ **essere alle strette** être au pied du mur.

stretto *agg* étroit; (*chiuso con forza*) serré; (*rigoroso*) strict ◊ *sm* (*geog*) détroit ◊ **parente stretto** parent proche; **stare stretti** être à l'étroit.

strettóia *sf* chaussée rétrécie.

stridente *agg* strident, grinçant, discordant.

strìdere *v intr* grincer, crisser; crier.

strìdulo *agg* strident, aigu.

strillare *v intr* crier.

strillo *sm* cri.

strillone *sm* crieur de journaux.

striminzito *agg* étriqué, étroit.

stringa (*pl* **-ghe**) *sf* lacet (*m*); (*inform*) suite.

stringato *agg* serré, concis.

strìngere *v tr* serrer; (*restringere*) rétrécir; (*concludere*) conclure ◊ *v intr* (*incalzare*) presser ◊ *v rifl* se serrer ◊ **stringere amicizia** se lier d'amitié.

strìscia (*pl* **-sce**) *sf* bande; (*scia*) traînée ◊ **a strisce** à rayures.

strisciare *v tr* traîner; (*rasentare*) frôler ◊ *v intr* ramper, glisser ◊ **strisciare lungo il muro** raser le mur.

stritolare *v tr* broyer, écraser.

strizzare *v tr* tordre, essorer; (*spremere*) presser ◊ **strizzare l'occhio** cligner de l'œil.

strofa *sf* strophe, couplet (*m*).

strofinàccio *sm* torchon, chiffon; (*pavimenti*) serpillière (*f*).

strofinare *v tr* frotter ◊ *v rifl* se frotter (à).

stroncare *v tr* casser, briser ◊ **stroncato da una malattia** emporté par une maladie.

stroncatura *sf* éreintement (*m*).

stropicciare *v tr* frotter, froisser.

strozzare *v tr* étrangler ◊ *v rifl* s'étrangler.

strozzino *sm* usurier.

strumentale *agg* instrumental.

strumentalizzare *v tr* (*mus*) orchestrer; (*fig*) exploiter.

strumento *sm* instrument; (*mezzo*) moyen; (*attrezzo, apparecchio*) outil, appareil.

strutto *sm* saindoux

struttura *sf* structure.

strutturare *v tr* structurer.

struzzo *sm* autruche (*f*).

stuccare *v tr* mastiquer; (*decorare con stucchi*) stuquer.

stucco (*pl* **-chi**) *sm* stuc, mastic ◊ **rimanere di stucco** rester baba.

studente (**-essa**) *sm* étudiant; (*di scuola media*) élève.

studentesco (*f* **-a** *pl* **-chi -che**) *agg* estudiantin.

studiare *v tr* étudier.

stùdio *sm* étude (*f*); (*stanza*) bureau; (*medico*) cabinet; (*artista, professionista*) studio, atelier.

studioso *agg* studieux ◊ *sm* savant.

stufa *sf* poêle (*m*).

stufare *v tr* cuire en daube, étuver; (*annoiare*) barber ◊ *v rifl* en avoir marre.

stufato *sm* (*cuc*) ragoût, daube (*f*).

stufo *agg* ennuyé ◊ **esser stufo** en avoir marre.

stuòia *sf* natte.

stupefacente *agg, sm* stupéfiant.

stupendo *agg* merveilleux, superbe.

stupidàggine *sf* bêtise, sottise.

stupidità *sf inv* stupidité, bêtise.

stùpido *agg, sm* stupide.

stupire *v tr* étonner, surprendre ◊ *v rifl* s'étonner.

stupore *sm* stupeur (*f*), étonnement.
stuprare *v tr* violer.
stupro *sm* viol.
sturare *v tr* déboucher.
stuzzicadenti *sm inv* cure-dents.
stuzzicare *v tr* agacer; (*molestare*) taquiner; (*appetito*) aiguiser.
su *prep* sur; (*quantità, età*) dans, environ; (*a bordo, in*) dans ◊ *avv* dessus, en haut ◊ **su misura** sur mesure; **essere sul punto di** être sur le point de; **avere sui vent'anni** avoir dans les vingt ans; **da qui in su** à partir d'ici; **da su** d'en-haut.
subàcqueo *agg* sous-marin ◊ *sm* plongeur.
sùbdolo *agg* sournois.
subentrare *v intr* succéder (à).
subire *v tr* subir.
sùbito *avv* tout de suite, aussitôt.
sublime *agg* sublime.
subordinato *agg, sm* subordonné.
subordinazione *sf* subordination.
succèdere *v intr* succéder (à), suivre; (*accadere*) arriver; (*sostituire*) remplacer ◊ *v rifl* se succéder ◊ **un succedersi di eventi** une succession d'événements.
successione *sf* succession, suite.
successivo *agg* successif, suivant.
successo *sm* succès.
successore *sm* successeur.
succhiare *v tr* sucer.
succo (*pl* **-chi**) *sm* jus; (*biol*) suc; (*fig*) substance (*f*).
succoso *agg* juteux; (*fig*) substantiel.
sùccube, sùccubo *sm/f* soumis (*m*).
succulento *agg* succulent, savoureux.
succursale *sf* succursale.
sud *sm inv* sud; (*paese meridionale*) Sud, Midi ◊ **il Polo Sud** le Pôle Sud.
sudafricano *agg* sud-africain ◊ *sm* Sud-Africain.
sudamericano *agg* sud-américain ◊ *sm* Sud-Américain.
sudare *v intr* suer, transpirer; (*fig*) peiner ◊ **sudare freddo** avoir des sueurs froides.
sudato *agg* en sueur, moite.
sùddito *sm* sujet.
suddivìdere *v tr* subdiviser.
suddivisione *sf* subdivision.

sudore *sm* sueur (*f*), transpiration (*f*).
sudtirolese *agg* sud-tyrolien ◊ *sm/f* Sud-tyrolien (*m*).
sufficiente *agg* suffisant.
sufficienza *sf* suffisance ◊ **a sufficienza** suffisamment.
suffisso *sm* suffixe.
suffràgio *sm* suffrage.
suggerimento *sm* suggestion (*f*), conseil.
suggerire *v tr* suggérer, conseiller; (*teatro, scuola*) souffler.
suggeritore (**-trice**) *sm* souffleur.
suggestionare *v tr* suggestionner.
suggestione *sf* suggestion.
suggestivo *agg* suggestif.
sùghero *sm* liège; (*galleggiante*) flotteur; (*tappo*) bouchon.
sugli *prep articolata* v. **su + gli**.
sugo (*pl* **-ghi**) *sm* sauce (*f*).
sui *prep articolata* v. **su + i**.
suicida (*pl* **-i -e**) *sm/f* suicidé (*m*).
suicidarsi *v rifl* se suicider.
suicìdio *sm* suicide (*anche fig*).
suino *agg* de porc ◊ *sm* porc, cochon.
sul *prep articolata* v. **su + il**.
sull' *prep articolata* v. **su + lo**.
sulla *prep articolata* v. **su + la**.
sulle *prep articolata* v. **su + le**.
sullo *prep articolata* v. **su + lo**.
sultano *sm* sultan.
sumero *agg* sumérien ◊ *sm* Sumérien.
suo (*f* **sua** *pl* **suoi, sue**) *agg* son; (*cortesia*) votre ◊ *pron* le sien; (*cortesia*) le vôtre ◊ **sua sorella** sa sœur; **la sua idea** son idée; **i suoi amici** ses amis; **questo libro è suo** ce livre est à lui; **dire la sua** dire son mot; **stare sulle sue** se montrer réservé; **non ha più niente di suo** il n'a plus rien qui lui appartienne; **signora, ecco il suo passaporto** Madame, voici votre passeport; **i suoi** (*la famiglia*) sa famille; (*i genitori*) ses parents.
suòcera *sf* belle-mère.
suòcero *sm* beau-père.
suola *sf* semelle.
suolo *sm* sol.
suonare *v tr* (*campanello, allarme*) sonner; (*mus*) jouer (de) ◊ *v intr* sonner.
suonerìa *sf* sonnerie.

suono *sm* son ◊ **un suono confuso** un bruit confus.

suora *sf* religieuse, sœur.

super *agg* super ◊ *sf inv* (*benzina*) super (*m*).

superare *v tr* dépasser; (*oltrepassare*) franchir; (*veicolo*) doubler; (*un esame*) passer, réussir.

supèrbia *sf* orgueil (*m*), présomption.

superbo *agg* orgueilleux, hautain.

superficiale *agg* superficiel.

superficie (*pl* **-i**) *sf* surface; (*area*) superficie.

supèrfluo *agg* superflu.

superiore *agg, sm* supérieur.

superiorità *sf inv* supériorité.

superlativo *agg, sm* superlatif.

supermercato *sm* supermarché.

supèrstite *agg, sm/f* survivant.

superstizione *sf* superstition.

superstrada *sf* voie rapide.

supino *agg* sur le dos.

suppellèttili *sf pl* mobilier (*m sing*).

supplementare *agg* supplémentaire.

supplemento *sm* supplément.

supplente *agg, sm/f* suppléant (*m*), remplaçant (*m*).

supplenza *sf* suppléance, remplacement (*m*).

sùpplica (*pl* **-che**) *sf* supplication; (*scritta*) supplique.

supplicare *v tr* supplier.

supplìzio *sm* supplice.

supporre *v tr* supposer.

supporto *sm* support; (*fig*) appui.

supposizione *sf* supposition.

supposta *sf* suppositoire (*m*).

suppurare *v intr* suppurer.

supremazìa *sf* suprématie.

supremo *agg* suprême.

surf *sm inv* surf.

surgelare *v tr* surgeler.

surgelato *agg, sm* surgelé.

surreale *agg* surréel.

surriscaldare *v tr* surchauffer.

surrogato *sm* succédané.

suscettìbile *agg* susceptible.

suscitare *v tr* susciter, provoquer.

susina *sf* prune.

susino *sm* prunier.

susseguirsi *v rifl* se succéder, se suivre.

sussidiàrio *agg* subsidiaire ◊ *sm* manuel scolaire.

sussìdio *sm* subside, aide (*f*).

sussistenza *sf* subsistance.

sussultare *v intr* sursauter, tressaillir.

sussulto *sm* sursaut, tressaillement.

sussurrare *v tr* murmurer, chuchoter.

sussurro *sm* murmure, chuchotement.

sutura *sf* suture.

svagare *v tr* distraire ◊ *v rifl* se distraire.

svago (*pl* **-ghi**) *sm* distraction (*f*).

svaligiare *v tr* dévaliser.

svalutare *v tr* dévaluer ◊ *v rifl* se dévaluer.

svalutazione *sf* dévaluation.

svanire *v intr* s'évanouir; (*profumo, fumo*) s'évaporer.

svantàggio *sm* désavantage.

svedese *agg* suédois ◊ *sm/f* Suédois (*m*).

svéglia *sf* réveil (*m*).

svegliare *v tr* réveiller ◊ *v rifl* se réveiller.

svéglio *agg* éveillé, réveillé.

svelare *v tr* dévoiler.

svelto *agg* rapide, prompt; (*mano*) leste; (*slanciato*) svelte.

svéndere *v tr* liquider.

svéndita *sf* liquidation.

svenimento *sm* évanouissement.

svenire *v intr* s'évanouir.

sventolare *v tr* agiter ◊ *v intr* flotter.

sventura *sf* malheur (*m*), malchance.

sventurato *agg* malheureux, malchanceux.

svenuto *agg* évanoui.

svernare *v intr* hiverner; hiberner (*andare in letargo*).

svestire *v tr* déshabiller ◊ *v rifl* se déshabiller.

svezzare *v tr* sevrer.

sviare *v tr* détourner; (*traviare*) dévoyer ◊ *v rifl* s'égarer.

svignàrsela *v rifl* filer, s'éclipser.

sviluppare *v tr* développer ◊ *v rifl* se développer.

sviluppo *sm* développement.

svìncolo *sm* dégagement, dédouanement; (*stradale*) échangeur, bretelle (*f*).

svista *sf* méprise, bévue.

svitare *v tr* dévisser.
svìzzero *agg* suisse ◊ *sm* Suisse (*m/f*).
svogliato *agg* paresseux.
svolazzare *v intr* voltiger, voleter.
svòlgere *v tr* défaire; dérouler; (*fig, sviluppare*) développer; (*adempiere*) exercer ◊ *v rifl* se dérouler.
svolgimento *sm* déroulement, développement.
svolta *sf* virage (*m*); (*fig*) tournant (*m*).
svoltare *v intr* tourner.
svuotare *v tr* vider; (*serbatoio*) vidanger.

T

tabaccàio *sm* buraliste.
tabaccherìa *sf* bureau (*m*) de tabac; (*in Canada*) tabagie.
tabacco (*pl* -**chi**) *sm* tabac.
tabella *sf* tableau (*m*); (*prezzi*) barème.
tabellone *sm* panneau.
tabernàcolo *sm* tabernacle.
tabù *sm inv* tabou.
tacca (*pl* -**che**) *sf* entaille; (*tecn*) cran (*m*) ◊ **di mezza tacca** de peu de valeur.
tacchino *sm* dindon; (*carne*) dinde (*f*) ◊ **tacchino arrosto** dinde rôtie.
tacco (*pl* -**chi**) *sm* talon.
taccuino *sm* carnet, calepin.
tacere *v intr* se taire ◊ **mettere a tacere uno scandalo** étouffer un scandale.
tachicardìa *sf* tachycardie.
tachìmetro *sm* tachymètre.
taciturno *agg* taciturne.
tafano *sm* taon.
tafferùglio *sm* bagarre (*f*).
taffetà *sm inv* taffetas.
tàglia *sf* taille; (*ricompensa*) mise à prix; (*somma pagata*) rançon.
tagliacarte *sm inv* coupe-papier.
taglialegna *sm inv* bûcheron.
tagliando *sm* coupon.
tagliare *v tr* couper; (*un testo*) abréger; (*pietre*) tailler; (*carni*) découper; (*med*) inciser ◊ *v intr* couper ◊ *v rifl* se couper ◊ **tagliare le spese** réduire les dépenses; **tagliar corto** couper court.
tagliente *agg* tranchant; (*fig*) mordant, cinglant.

tagliere *sm* planche (*f*) à découper.
tàglio *sm* coupe (*f*), coupure (*f*); (*pietre*) taille (*f*); (*carni*) morceau; (*parte tagliente*) tranchant.
tagliola *sf* traquenard (*m*), piège (*m*).
tailleur *sm inv* tailleur.
take away *sm inv* à emporter.
talco (*pl* -**chi**) *sm* talc.
tale *agg* tel; (*questo, quello*) ce; (*simile*) semblable, pareil; (*un certo*) certain ◊ *pron* quelqu'un, tel ◊ **tale quale** tel quel; **tale che** tel que; **un tale** un tel.
talento *sm* talent.
talismano *sm* talisman.
talloncino *sm* coupon.
tallone *sm* talon.
talmente *avv* tellement ◊ **talmente che** à tel point que.
talora *avv* parfois.
talpa *sf* taupe.
talvolta *avv* parfois.
tamarindo *sm* (*frutto*) tamarin; (*albero*) tamarinier.
tamburello *sm* tambourin.
tamburo *sm* tambour.
tamponamento *sm* tamponnement; (*veicolo*) télescopage.
tamponare *v tr* tamponner; (*veicolo*) télescoper ◊ *v rifl* se tamponner.
tampone *sm* tampon.
tana *sf* tanière; (*fig*) repaire (*m*).
tanfo *sm* relent.
tangente *agg* tangent ◊ *sf* tangente; (*percentuale illecita*) pot-de-vin (*m*).
tangenziale *agg* tangentiel ◊ *sf* périphérique (*m*).
tangìbile *agg* tangible.
tango (*pl* -**ghi**) *sm* tango.
tànica (*pl* -**che**) *sf* bidon (*m*), jerrican (*m*).
tannìno *sm* tanin.
tanto *agg* tant de, beaucoup de ◊ *pron* tant; (*riferito a cose*) beaucoup ◊ *avv* (*molto*) beaucoup, très, tant; (*così*) si ◊ *cong* (*comunque*) de toute façon ◊ **tanto... quanto** autant de... que (de); **sono in tanti a dirlo** beaucoup (de gens) le disent; **ti hanno visto in tanti** beaucoup de gens t'ont vu; **tanto che** de sorte que; **tanto più (che)** d'autant plus (que); **una volta tanto**

pour une fois; **ogni tanto** de temps en temps.

tapiro *sm* tapir.

tappa *sf* étape.

tappare *v tr* boucher (*anche fig*) ◊ **tappare la bocca** clouer le bec.

tapparella *sf* store (*m*).

tappeto *sm* tapis.

tappezzare *v tr* tapisser.

tappezzerìa *sf* (*tessuto*) tapisserie; (*carta da parati*) papier (*m*) peint.

tappezziere *sm* tapissier.

tappo *sm* bouchon.

tara *sf* tare (*anche fig*).

taràntola *sf* tarentule.

tarare *v tr* tarer; (*strumenti*) étalonner, graduer.

taratura *sf* étalonnage (*m*), calibrage (*m*), tarage (*m*).

tarchiato *agg* trapu.

tardare *v intr* être en retard, tarder.

tardi *avv* tard; (*in ritardo*) en retard ◊ **a più tardi** à plus tard; **al più tardi** au plus tard.

tardivo *agg* tardif; (*di bambino, ragazzo*) retardé.

tardo *agg* lent; (*ora*) tardif ◊ **a notte tarda** tard dans la nuit; **in tarda età** à un âge avancé.

targa (*pl* **-ghe**) *sf* (*veicolo*) plaque.

targare *v tr* immatriculer.

tariffa *sf* tarif (*m*).

tarlo *sm* ver.

tarma *sf* mite.

tarocco (*pl* **-chi**) *sm* tarot.

tartagliare *v intr* bégayer.

tàrtaro *agg, sm* tartare (*m/f*); (*med*) tartre.

tartaruga (*pl* **-ghe**) *sf* tortue; (*materiale*) écaille.

tartassare *v tr* harceler, malmener.

tartina *sf* tartine.

tartufo *sm* truffe (*f*); (*ipocrita*) tartuffe.

tasca (*pl* **-che**) *sf* poche ◊ **con le mani in tasca** les mains dans les poches.

tascàbile *agg* de poche.

taschino *sm* gousset.

tassa *sf* taxe, impôt (*m*) ◊ **tassa di iscrizione** droits d'inscription.

tassàmetro *sm* taximètre.

tassare *v tr* taxer, imposer.

tassativo *agg* péremptoire.

tassazione *sf* taxation.

tassello *sm* tasseau, cheville (*f*).

tasso *sm* (*zool*) blaireau; (*bot*) if; (*econ*) taux.

tastare *v tr* tâter.

tastiera *sf* clavier (*m*).

tasto *sm* touche (*f*); (*fig*) corde (*f*).

tàttica (*pl* **-che**) *sf* tactique.

tàttico (*f* **-a** *pl* **-ci -che**) *agg* tactique.

tàttile *agg* tactile.

tatto *sm* toucher; (*discrezione*) tact.

tatuàggio *sm* tatouage.

tatuare *v tr* tatouer.

taverna *sf* taverne.

tàvola *sf* table; (*asse*) planche; (*illustrazione*) table, planche ◊ **tavola calda** snack-bar; **tavola fredda** buffet.

tavolata *sf* tablée.

tavoletta *sf* tablette; (*legno*) planchette.

tavolino *sm* guéridon, table (*f*) basse.

tàvolo *sm* table (*f*).

tavolozza *sf* palette.

taxi *sm inv* taxi.

taxista (*pl* **-i -e**) *sm/f* chauffeur (*m*) de taxi.

tazza *sf* tasse; (*WC*) cuvette.

tazzina *sf* tasse à café.

te *pron* toi, te ◊ **secondo te** selon toi; **te lo ricorderò** je te le rappellerai; **fallo da te** fais-le tout seul.

tè *sm* thé.

teatrale *agg* théâtral.

teatro *sm* théâtre.

tebano *agg* thébain ◊ *sm* Thébain.

tècnica (*pl* **-che**) *sf* technique.

tècnico (*f* **-a** *pl* **-ci -che**) *agg* technique ◊ *sm* technicien.

tecnologìa *sf* technologie.

tecnològico (*f* **-a** *pl* **-ci -che**) *agg* technologique.

tedesco (*pl* **-chi**) *agg* allemand ◊ *sm* Allemand.

tegame *sm* casserole (*f*), poêle (*f*).

téglia *sf* plat (*m*) à four.

tégola *sf* tuile.

teiera *sf* théière.

tela *sf* toile; (*quadro*) tableau (*m*).

telàio *sm* métier; (*meccanica*) châssis.

telecàmera *sf* caméra.

telecomando *sm* télécommande (*f*).

telecomunicazione *sf* télécommunication.

telecrònaca (*pl* **-che**) *sf* reportage (*m*) télévisé.

telefax *sm* fax.

telefèrica (*pl* **-che**) *sf* téléphérique (*m*).

telefilm *sm inv* téléfilm, film télévisé.

telefonare *v intr* téléphoner.

telefonata *sf* coup (*m*) de fil, appel (*m*) (téléphonique).

telefònico (*f* **-a** *pl* **-ci -che**) *agg* téléphonique.

telefonino *sm* portable; (*in Belgio*) GSM.

telèfono *sm* téléphone ◊ **telefono viva voce** téléphone mains libres.

telegiornale *sm* journal télévisé.

telegràfico (*f* **-a** *pl* **-ci -che**) *agg* télégraphique.

telègrafo *sm* télégraphe.

telegramma (*pl* **-i**) *sm* télégramme.

telemàtica (*pl* **-che**) *sf* télématique.

telemàtico (*f* **-a** *pl* **-ci -che**) *agg* télématique.

telenovela *sf* feuilleton (*m*).

teleobiettivo *sm* (*fot*) téléobjectif.

telepatìa *sf* télépathie.

teleromanzo *sm* feuilleton télévisé.

teleschermo *sm* écran.

telescòpio *sm* télescope.

telescrivente *sf* téléscripteur (*m*).

teleselezione *sf* automatique (*m*).

telespettatore (**-trice**) *sm* téléspectateur.

televéndita *sf* télévente.

televìdeo *sm inv* télétexte.

televisione *sf* télévision.

televisivo *agg* télévisé.

televisore *sm* poste de télévision.

telex *sm* télex.

telo *sm* serviette (*f*), toile (*f*).

telone *sm* bâche (*f*); (*circo*) chapiteau.

tema (*pl* **-i**) *sm* sujet, thème; (*scuola*) dissertation (*f*), composition (*f*).

temàtico (*f* **-a** *pl* **-ci -che**) *agg* thématique.

temeràrio *agg* téméraire.

temere *v tr/intr* craindre ◊ *v intr* avoir peur.

tèmpera *sf* détrempe.

temperamatite *sm inv* taille-crayons.

temperamento *sm* tempérament.

temperare *v tr* tempérer, modérer; (*acciaio, vetro*) tremper; (*matite*) tailler.

temperato *agg* (*carattere*) sobre; (*clima*) tempéré; (*acciaio, vetro*) trempé; (*matite*) taillé.

temperatura *sf* température.

temperino *sm* canif.

tempesta *sf* tempête.

tempestare *v tr* marteler ◊ **tempestare di domande** assaillir de questions.

tempestivo *agg* opportun.

tempestoso *agg* orageux.

tèmpia *sf* tempe.

tèmpio (*pl* **-pli**) *sm* temple.

tempo *sm* temps; (*mus*) mesure (*f*); (*cine*) partie (*f*) ◊ **previsioni del tempo** prévisions météorologiques; **per mancanza di tempo** faute de temps; **un tempo** jadis, autrefois; **in ogni tempo** de tout temps; **per tempo** à temps.

temporale *agg* temporel ◊ *sm* orage.

temporàneo *agg* temporaire.

temporeggiare *v intr* temporiser.

tempra *sf* trempe.

temprare *v tr* tremper ◊ *v rifl* s'endurcir.

tenace *agg* tenace.

tenàcia *sf* ténacité.

tenàglia *sf* tenaille; (*del dentista*) davier (*m*) ◊ *pl* (*zool*) pinces.

tenda *sf* rideau (*m*), store (*m*); (*campo*) tente; (*circo*) chapiteau (*m*).

tendenza *sf* tendance; (*propensione*) penchant (*m*), inclination.

tèndere *v tr* tendre ◊ *v intr* (*essere incline*) avoir tendance (à), être enclin (à) ◊ *v rifl* se tendre.

tendina *sf* rideau (*m*).

tèndine *sm* tendon.

tendone *sm* bâche (*f*); (*circo*) chapiteau.

tènebre *sf pl* ténèbres.

tenebroso *agg* ténébreux.

tenente *sm* lieutenant.

tenere *v tr* (*reggere*) tenir; (*mantere*) tenir, garder; (*contenere*) contenir; (*conservare*) garder ◊ *v intr* tenir; (*resistere*) résister ◊ *v rifl* se tenir; (*attenersi*) s'en tenir ◊ **tenere a mente** retenir; **tenere la rotta** garder le cap; **tenerci a** tenir à.

tenerezza *sf* tendresse.

tènero *agg* tendre ◊ **in tenera età** en bas âge.

tènia *sf* ténia (*m*).

tennis *sm inv* tennis.

tenore *sm* teneur (*f*); (*mus*) ténor; (*vita*) train.

tensione *sf* tension.

tentàcolo *sm* tentacule.

tentare *v tr* tenter, essayer; (*mettere alla prova*) mettre à l'épreuve.

tentativo *sm* tentative (*f*), essai.

tentazione *sf* tentation.

tentennare *v intr* chanceler; (*fig*) hésiter.

tentoni *avv* ◊ **a tentoni** à tâtons.

tènue *agg* mince, ténu; (*leggero*) léger.

tenuta *sf* tenue; (*capacità*) capacité; (*sport*) résistance; (*possedimento*) domaine (*m*).

teologìa *sf* théologie.

teòlogo *sm* théologien.

teorema (*pl* **-i**) *sm* théorème.

teorìa *sf* théorie.

teòrico (*f* **-a** *pl* **-ci -che**) *agg* théorique ◊ *sm* théoricien.

teorizzare *v tr* théoriser.

tepore *sm* tiédeur (*f*).

teppismo *sm* banditisme, vandalisme.

teppista (*pl* **-i -e**) *sm/f* voyou (*m*), vandale (*m*).

terapìa *sf* thérapie.

tergicristallo *sm inv* essuie-glace.

tergiversare *v intr* tergiverser.

termale *agg* thermal.

terme *sf pl* thermes (*m*).

tèrmico (*f* **-a** *pl* **-ci -che**) *agg* thermique.

terminal *sm inv* terminal, aérogare (*f*).

terminale *agg*, *sm* terminal.

terminare *v tr* terminer, finir; (*completare*) achever.

tèrmine *sm* terme; (*scadenza*) limite (*f*), délai; (*delimitazione*) limite (*f*); (*parola*) mot; (*fine*) fin (*f*) ◊ **oltrepassare i termini** dépasser les bornes; **misurare i termini** mesurer ses paroles; **ridurre ai minimi termini** réduire à l'essentiel.

terminologìa *sf* terminologie.

termite *sf* termite (*m*).

termòmetro *sm* thermomètre.

termosifone *sm* radiateur.

termòstato *sm* thermostat.

terra *sf* terre; (*terreno*) terrain (*m*) ◊ **per mare e per terra** sur mer et sur terre; **in terra** à terre.

terracotta (*pl* **terrecotte**) *sf* terre cuite.

terraferma (*pl* **terreferme**) *sf* terre ferme.

terrapieno *sm* terre-plein.

terrazza *sf* terrasse.

terrazzo *sm* terrasse (*f*); (*balcone*) balcon.

terremoto *sm* tremblement de terre.

terreno *agg* terrestre ◊ *sm* terrain, sol.

terrestre *agg* terrestre ◊ *sm/f* Terrien (*m*).

terrìbile *agg* terrible.

terrìccio *sm* (*concimato*) terreau.

terrificante *agg* terrifiant.

territoriale *agg* territorial.

territòrio *sm* territoire.

terrore *sm* terreur (*f*).

terrorismo *sm* terrorisme.

terrorista (*pl* **-i -e**) *sm/f* terroriste.

terrorizzare *v tr* terroriser.

terso *agg* limpide, clair.

terziàrio *agg*, *sm* tertiaire.

terzino *sm* arrière.

terzo *agg*, *sm* troisième (*m/f*) ◊ *sm* (*la terza parte*) tiers.

tesa *sf* bord (*m*).

tèschio *sm* tête (*f*) de mort, crâne.

tesi *sf inv* thèse; (*laurea*) mémoire (*m*).

teso *agg* tendu.

tesorerìa *sf* trésorerie.

tesoro *sm* trésor ◊ **far tesoro di qualcosa** mettre à profit quelque chose.

tèssera *sf* carte; (*mosaico*) tesselle.

tesseramento *sm* inscription (*f*).

tèssere *v tr* tisser; (*fig*) tramer, ourdir.

tèssile *agg* textile.

tessitore (**-trice**) *sm* tisseur, tisserand.

tessitura *sf* tissage (*m*).

tessuto *sm* tissu.

test *sm inv* test.

testa *sf* tête (*f*) ◊ **dare alla testa** monter à la tête; **fare di testa propria** n'en faire qu'à sa tête; **testa o croce** pile ou face.

testamento *sm* testament.

testardàggine *sf* entêtement (*m*).

testardo *agg* têtu, entêté.

testata *sf* (*giornale*) titre (*m*); (*colpo*

con la testa) coup (*m*) de tête; (*motore*) culasse.

teste *sm/f* témoin (*m*).

testìcolo *sm* testicule.

testimone *sm/f* témoin (*m*).

testimonianza *sf* témoignage (*m*).

testimoniare *v tr/intr* témoigner.

testo *sm* texte ◊ **fare testo** faire autorité.

testuale *agg* textuel.

testùggine *sf* tortue.

tètano *sm* tétanos.

tetro *agg* sombre (*anche fig*).

tetto *sm* toit ◊ **i senza tetto** les sans-abris.

tettóia *sf* hangar (*m*); (*balcone*) auvent (*m*); (*pensilina*) marquise.

tettùccio *sm* (*di veicolo*) toit.

thermos *sm inv* thermos (*f*).

ti *pron* te, toi ◊ **devo parlarti** je dois te parler; **siediti!** assieds-toi!

tibetano *agg* tibétain ◊ *sm* Tibétain.

tîbia *sf* tibia (*m*).

tic *sm inv* tic.

ticchettìo *sm* cliquetis; (*orologio*) tic-tac.

ticinese *agg* tessinois ◊ *sm/f* Tessinois (*m*).

tièpido *agg* tiède.

tifare *v intr* supporter, être fan (de).

tifo *sm* (*med*) typhus, fièvre typhoïde ◊ **fare il tifo per** être supporter de.

tifone *sm* typhon.

tifoso *sm* (*sport*) supporter.

tîglio *sm* tilleul.

tigrato *agg* tigré.

tigre *sf* tigre (*m*).

timballo *sm* timbale (*f*).

timbrare *v tr* timbrer, oblitérer.

timbro *sm* timbre.

timer *sm inv* minuterie (*f*).

timidezza *sf* timidité.

tîmido *agg* timide.

timo *sm* (*bot*) thym.

timone *sm* gouvernail, barre (*f*).

timoniere *sm* timonier.

timore *sm* crainte (*f*) ◊ **aver timore di** craindre que.

timoroso *agg* craintif.

tîmpano *sm* (*anat*) tympan; (*mus*) timbale (*f*).

tinello *sm* salle (*f*) de séjour.

tìngere *v tr* teindre; (*colorare*) teinter ◊ *v rifl* se teindre.

tinozza *sf* cuve, baquet (*m*).

tinta *sf* teinte, couleur; (*materia colorante*) teinture.

tinteggiare *v tr* peindre, badigeonner.

tintinnare *v intr* tinter.

tintorìa *sf* teinturerie; pressing (*m*).

tintura *sf* teinture.

tìpico (*f* -a *pl* -ci -che) *agg* typique.

tipo *sm* type; (*genere*) genre, sorte (*f*).

tipografìa *sf* typographie.

tipogràfico (*f* -a *pl* -ci -che) *agg* typographique.

tipògrafo *sm* typographe (*m/f*).

tiràggio *sm* tirage.

tirannìa *sf* tyrannie.

tirànnico (*f* -a *pl* -ci -che) *agg* tyrannique.

tiranno *sm* tyran.

tirapiedi *sm/f* sous-fifre (*m*).

tirare *v tr* tirer; (*tendere*) tendre; (*lanciare*) jeter; (*tracciare*) tracer; (*trascinare*) traîner ◊ *v intr* tirer, souffler ◊ **tirar fuori** sortir; **tirar giù** baisser; **tirar su** remonter; **tirar dritto** continuer; **tirarsi indietro** faire marche arrière.

tiratore (**-trice**) *sm* tireur.

tiratura *sf* tirage (*m*).

tìrchio *agg*, *sm* radin, pingre.

tiro *sm* tir; (*fig*) tour; (*traino*) trait ◊ **animali da tiro** animaux de trait; **essere fuori tiro** être hors d'atteinte; **tiro a segno** tir à la cible.

tirocìnio *sm* apprentissage, stage.

tiròide *sf* thyroïde.

tirolese *agg* tyrolien ◊ *sm/f* Tyrolien (*m*).

tirrènico (*f* -a *pl* -ci -che) *agg* tyrrhénien.

tisana *sf* tisane.

tisi *sf inv* (*med*) phtisie.

tìsico (*f* -a *pl* -ci -che) *agg* phtisique.

titano *sm* titan.

titolare *agg*, *sm* titulaire.

tîtolo *sm* titre.

titubante *agg* hésitant.

tîzio *sm* type, mec.

tizzone *sm* tison.

to' *inter* (*familiare*) tiens.

toast *sm inv* croque-monsieur.

toccante 480

toccante *agg* touchant.

toccare *v tr* toucher; (*un argomento*) aborder; (*riguardare*) concerner ◊ *v intr* (*capitare*) arriver; (*spettare*) être à ◊ *v rifl* se toucher ◊ **a chi tocca?** à qui le tour?; **toccare ferro** toucher du bois.

tocco (*pl* **-chi**) *sm* touche (*f*); (*suono*) coup; (*pezzo*) morceau.

toga (*pl* **-ghe**) *sf* robe.

tògliere *v tr* enlever, lever ◊ *v rifl* se débarrasser (de) ◊ **togliere di mezzo** se débarrasser; **togliere l'appetito** couper l'appétit; **ciò non toglie che** cela n'empêche que; **togliersi il cappotto** se debarraser de son manteau.

toilette *sf inv* toilettes (*pl*).

tollerante *agg* tolérant.

tolleranza *sf* tolérance.

tollerare *v tr* tolérer.

tomàia *sf* empeigne.

tomba *sf* tombe, tombeau (*m*).

tombino *sm* bouche (*f*) d'égout.

tómbola *sf* tombola; (*caduta*) chute.

tònaca (*pl* **-che**) *sf* froc (*m*), soutane.

tonalità *sf inv* tonalité; (*colore*) ton.

tondo *agg* rond, arrondi ◊ *sm* rond, cercle ◊ **chiaro e tondo** clair et net; **girare in tondo** tourner en rond.

tonfo *sm* (*rumore*) bruit sourd; (*caduta*) chute (*f*).

tònico (*f* **-a** *pl* **-ci -che**) *agg*, *sm* tonique.

tonificare *v tr* tonifier.

tonnellata *sf* tonne.

tonno *sm* thon.

tono *sm* ton; (*med*) tonus ◊ **in tono minore** en ton mineur; **darsi un tono** se donner un genre.

tonsilla *sf* amygdale.

tonto *agg*, *sm* niais, nouille.

topàzio *sm* topaze (*f*).

topo *sm* rat.

topografia *sf* topographie.

topogràfico (*f* **-a** *pl* **-ci -che**) *agg* topographique.

toppa *sf* serrure; (*pezza*) pièce.

torace *sm* thorax.

torba *sf* tourbe.

tórbido *agg* trouble; (*fig*) louche ◊ *sm pl* troubles.

tòrcere *v tr* tordre ◊ *v rifl* se tordre.

torchiare *v tr* presser, pressurer.

tòrchio *sm* pressoir; (*stampa*) presse (*f*).

tòrcia (*pl* **-ce**) *sf* torche.

torcicollo *sm* torticolis.

tordo *sm* grive (*f*).

torero *sm* toréador.

torinese *agg* turinois ◊ *sm/f* Turinois (*m*).

tormenta *sf* tourmente.

tormentare *v tr* tourmenter ◊ *v rifl* se tourmenter.

tormento *sm* tourment.

tornaconto *sm* profit, avantage.

tornado *sm inv* tornade (*f*).

tornante *sm* virage, tournant.

tornare *v intr* revenir, retourner; (*ridiventare*) redevenir; (*a casa*) rentrer ◊ **tornare a dire** répéter; **tornare indietro** revenir sur ses pas.

tornèo *sm* tournoi.

tórnio *sm* tour.

tornire *v tr* tourner.

tornitore (**-trice**) *sm* tourneur.

toro *sm* taureau ◊ (**il segno del**) **Toro** (le signe du) Taureau.

torpèdine *sf* torpille.

torpore *sm* torpeur (*f*), engourdissement.

torre *sf* tour.

torrefazione *sf* torréfaction.

torrente *sm* torrent.

torrenziale *agg* torrentiel.

tòrrido *agg* torride.

torrione *sm* donjon.

torrone *sm* nougat.

torsione *sf* torsion.

torso *sm* torse, buste.

tórsolo *sm* trognon.

torta *sf* gâteau (*m*), tarte; (*salata*) tourte.

tortiera *sf* tourtière.

torto *agg* tordu ◊ *sm* tort; (*offesa*) offense (*f*) ◊ **a torto** à tort.

tórtora *sf* tourterelle.

tortuoso *agg* tortueux.

tortura *sf* torture.

torturare *v tr* torturer; (*fig*) tourmenter.

tosare *v tr* tondre; (*siepi*) tailler.

tosatrice *sf* tondeuse.

toscano *agg* toscan ◊ *sm* Toscan; (*sigaro*) cigare toscan.

tosse *sf* toux.

tòssico (*f* **-a** *pl* **-ci -che**) *agg* toxique.

tossicodipendente *sm/f* toxicomane; toxicodépendant (*m*).

tossicòmane *agg*, *sm/f* toxicomane, drogué (*m*).

tossina *sf* toxine.

tossire *v intr* tousser.

tostapane *sm inv* grille-pain.

tostare *v tr* griller; (*caffè*) torréfier.

totale *agg*, *sm* total ◊ **in totale** au total.

totalità *sf inv* totalité, ensemble (*m*).

totalitàrio *agg* totalitaire.

totalitarismo *sm* totalitarisme.

totalizzare *v tr* totaliser.

totalmente *avv* totalement.

totocàlcio *sm* loto sportif.

tovàglia *sf* nappe.

tovagliòlo *sm* serviette (*f*).

tozzo *agg* trapu, massif ◊ *sm* morceau, quignon (de pain).

tra *prep* (*in mezzo, attraverso, partitivo*) entre, parmi; (*distanza, tempo*) dans; (*distributivo*) entre ◊ **detto tra noi** soit dit entre nous; **tra poco** dans peu de temps.

traballare *v intr* (*di cose*) branler; (*di persone*) chanceler, tituber.

traboccare *v intr* déborder.

trabocchetto *sm* piège, traquenard.

tràccia (*pl* **-ce**) *sf* trace; (*abbozzo*) esquisse; (*tracciato*) tracé (*m*).

tracciare *v tr* tracer (*anche fig*).

tracciato *sm* tracé.

trachèa *sf* trachée.

tracolla *sf* ◊ **a tracolla** en bandoulière.

tracollo *sm* débâcle (*f*).

tradimento *sm* trahison (*f*), traîtrise (*f*) ◊ **a tradimento** en traître.

tradire *v tr* trahir ◊ *v rifl* se trahir.

traditore (**-trice**) *sm* traître.

tradizionale *agg* traditionnel.

tradizione *sf* tradition, usage (*m*).

tradurre *v tr* traduire.

traduttore (**-trice**) *sm* traducteur.

traduzione *sf* traduction.

trafelato *agg* essoufflé, haletant.

trafficante *sm/f* trafiquant (*m*).

trafficare *v intr* trafiquer; (*essere affaccendato*) s'affairer.

tràffico (*pl* **-ci**) *sm* trafic, circulation (*f*).

trafiggere *v tr* transpercer, percer.

trafila *sf* filière.

traforare *v tr* percer, perforer.

traforo *sm* percement; (*galleria*) tunnel.

trafugare *v tr* subtiliser, soustraire.

tragèdia *sf* tragédie.

traghettare *v tr* (*trasportare*) transporter; (*attraversare*) traverser.

traghetto *sm* (*nave*) ferry (-boat), bac.

tràgico (*f* **-a** *pl* **-ci -che**) *agg* tragique.

tragitto *sm* trajet.

traguardo *sm* arrivée (*f*); (*fig*) objectif, but.

traiettòria *sf* trajectoire.

trainare *v tr* traîner.

tralasciare *v tr* négliger, omettre.

traliccio *sm* (*struttura*) treillis; (*di linea elettrica*) pylône.

tram *sm inv* tramway.

trama *sf* trame; (*fig*) intrigue.

tramare *v tr* tramer.

trambusto *sm* confusion (*f*); branle-bas (*m*).

tramezzino *sm* sandwich (triangle).

tràmite *prep* par, par l'intermédiaire ◊ *sm* intermédiaire; liaison (*f*) ◊ **far da tramite** servir d'intermédiaire.

tramontana *sf* tramontane.

tramontare *v intr* se coucher; (*fig*) pâlir, décliner.

tramonto *sm* coucher du soleil; (*fig*) déclin ◊ **dall'alba al tramonto** du matin au soir.

tramortire *v tr* assommer ◊ *v intr* s'évanouir.

tramortito *agg* assommé; sans connaissance.

tràmpoli *sm pl* échasses (*f*).

trampoliere *sm* échassier.

trampolino *sm* tremplin.

tramutare *v tr* (*trasferire*) déplacer, muter; (*trasformare*) changer ◊ *v rifl* se métamorphoser.

tranciare *v tr* découper; cisailler.

tràncio *sm* tranche (*f*).

tranello *sm* piège, embûches (*f pl*).

trangugiare *v tr* engloutir, avaler d'un trait.

tranne *prep* sauf, excepté, hormis.

tranquillante *agg*, *sm* tranquillisant.

tranquillità *sf inv* tranquillité.

tranquillizzare 482

tranquillizzare *v tr* tranquilliser ◊ *v rifl* se tranquilliser.
tranquillo *agg* tranquille.
transalpino *agg* transalpin.
transatlàntico (*f* -a *pl* -ci -che) *agg*, *sm* transatlantique.
transazione *sf* transaction.
transenna *sf* barrière.
transessuale *agg*, *sm/f* transsexuel (*m*).
transetto *sm* transept.
transìgere *v intr* transiger.
transitàbile *agg* praticable.
transitabilità *sf inv* viabilité.
transitare *v intr* passer; (*merci*) transiter.
transitivo *agg* transitif.
trànsito *sm* passage; (*comm*) transit ◊ **divieto di transito** passage interdit.
transitòrio *agg* transitoire, temporaire.
transizione *sf* transition.
tranviàrio *agg* de tramway.
trapanare *v tr* percer; (*med*) trépaner.
tràpano *sm* perceuse (*f*); (*med*) trépan; (*da dentista*) fraise (*f*).
trapassare *v tr* transpercer, percer ◊ *v intr* (*morire*) trépasser.
trapasso *sm* passage; (*morte*) trépas.
trapelare *v intr* suinter, filtrer.
trapèzio *sm* trapèze.
trapiantare *v tr* transplanter ◊ *v rifl* se transplanter.
trapianto *sm* (*organi*) transplantation (*f*), greffe (*f*); (*piante*) repiquage.
tràppola *sf* piège (*m*) ◊ **prendere in trappola** prendre au piège.
trapunta *sf* courtepointe.
trarre *v tr* tirer; (*indurre*) induire ◊ **trarre in inganno** induire en erreur; **trarre origine da** venir de; **trarre vantaggio da** tirer profit de.
trasalire *v intr* tressaillir, sursauter.
trasandato *agg* négligé.
trasbordare *v tr* transborder ◊ *v intr* passer d'un moyen de locomotion à un autre.
trasbordo *sm* transbordement.
trascinare *v tr* traîner (*anche fig*) ◊ *v rifl* se traîner.
trascórrere *v tr/intr* passer.
trascorso *agg* passé ◊ *sm pl* antécédents.
trascrìvere *v tr* transcrire.

trascrizione *sf* transcription.
trascuràbile *agg* négligeable.
trascurare *v tr* négliger ◊ *v rifl* se négliger.
trascuratezza *sf* négligence.
trascurato *agg* négligé.
trasferìbile *agg* transférable.
trasferimento *sm* transfert, déménagement; (*denaro*) transfert; (*cambiamento di sede*) mutation (*f*).
trasferire *v tr* (*persone*) déménager; (*cose, denaro*) transférer ◊ *v rifl* déménager, s'installer.
trasferta *sf* déplacement (*m*).
trasformare *v tr* transformer ◊ *v rifl* se transformer.
trasformatore *sm* transformateur.
trasformazione *sf* transformation.
trasfusione *sf* transfusion.
trasgredire *v tr/intr* transgresser.
trasgressione *sf* transgression.
traslocare *v tr* muter, transférer ◊ *v intr* déménager.
trasloco (*pl* -chi) *sm* déménagement.
trasméttere *v tr* transmettre; (*radio, TV*) émettre, diffuser.
trasmettitore *sm* transmetteur.
trasmissione *sf* transmission; (*radio, TV*) émission.
trasmittente *agg* émetteur ◊ *sf* poste (*m*) émetteur.
trasparente *agg* transparent (*anche fig*).
trasparenza *sf* transparence (*anche fig*).
traspirare *v intr* transpirer (*anche fig*).
traspirazione *sf* transpiration.
trasportare *v tr* transporter.
trasportatore (-**trice**) *sm* transporteur.
trasporto *sm* transport; (*fig*) élan, transport.
trastullarsi *v rifl* s'amuser.
trasversale *agg* transversal.
trattamento *sm* traitement.
trattare *v tr* traiter; (*discutere*) discuter; (*med*) soigner ◊ *v intr* traiter; (*negoziare*) négocier ◊ *v rifl* s'agir de ◊ **ecco di che si tratta** voilà de quoi il s'agit.
trattativa *sf* négociation, pourparlers (*m pl*).
trattato *sm* traité.

trattazione *sf* développement (*m*); exposé (*m*) complet.

tratteggiare *v tr* (*abbozzare*) esquisser; (*penna*) hachurer.

trattéggio *sm* hachure (*f*).

trattenere *v tr* retenir; (*impedire*) empêcher; (*frenare*) contenir; (*tenere con sé*) garder ◊ *v rifl* rester; (*frenarsi*) se retenir.

trattenuta *sf* retenue, prélèvement (*m*).

trattino *sm* trait d'union.

tratto *sm* (*linea*, *lineamento*) trait; (*strada*) bout, tronçon ◊ **ad un tratto** tout d'un coup.

trattore *sm* tracteur.

trattorìa *sf* petit restaurant (*m*).

tràuma (*pl* **-i**) *sm* traumatisme.

traumàtico (*f* **-a** *pl* **-ci -che**) *agg* traumatique.

travàglio *sm* tourment; (*med*) travail (d'accouchement).

travasare *v tr* transvaser.

trave *sf* poutre ◊ **trave maestra** poutre maîtresse.

traveller's cheque *sm* traveller's chèque, chèque de voyage.

traversa *sf* traverse; (*strada*) route transversale; (*lenzuolo*) alèse.

traversata *sf* traversée.

traversina *sf* traverse.

traverso *agg* transversal ◊ *sm* travers, biais ◊ **flauto traverso** flûte traversière; **andare di traverso** avaler de travers.

travertino *sm* travertin.

travestimento *sm* déguisement.

travestire *v tr* déguiser, travestir ◊ *v rifl* se déguiser (en).

travestito *sm* (*omosessuale*) travesti.

traviare *v tr* égarer, dévoyer; (*corrompere*) corrompre ◊ *v rifl* se dévoyer.

travisare *v tr* déformer.

travolgente *agg* irrésistible.

travòlgere *v tr* emporter, renverser; (*trascinare*) entraîner.

trazione *sf* traction.

tre *agg*, *sm inv* trois.

trebbiare *v tr* battre.

trebbiatrice *sf* batteuse.

trebbiatura *sf* battage (*m*).

tréccia (*pl* **-ce**) *sf* tresse, natte.

trecentesco *agg* du quatorzième siècle.

trecentèsimo *agg*, *sm* trois centième (*m/f*).

trecento *agg*, *sm inv* trois cents ◊ *sm* le quatorzième siècle.

tredicenne *agg* âgé de treize ans ◊ *sm/f* garçon/fille de treize ans.

tredicèsima *sf* treizième mois (*m*) de salaire.

trédici *agg*, *sm inv* treize.

trègua *sf* trêve; (*fig*) répit (*m*) ◊ **senza tregua** sans trêve.

trekking *sm inv* trekking.

tremare *v intr* trembler.

tremarella *sf* tremblote, trac (*m*).

tremendo *agg* terrible.

trementina *sf* térébenthine.

tremila *agg*, *sm inv* trois mille.

treno *sm* train ◊ **viaggiare in treno** voyager par le train; **salire sul treno** monter dans le train.

trenta *agg*, *sm inv* trente.

trentennale *agg* de trente ans ◊ *sm* trentième anniversaire.

trentenne *agg* âgé de trente ans ◊ *sm/f* trentenaire.

trentènnio *sm* trente ans (*pl*).

trentèsimo *agg*, *sm* trentième (*m/f*).

trentino *agg* trentin ◊ *sm* Trentin.

treppiede *sm* trépied.

tréspolo *sm* tréteau; (*del pappagallo*) perchoir.

triàngolo *sm* triangle.

tribordo *sm* tribord.

tribù *sf inv* tribu.

tribuna *sf* tribune.

tribunale *sm* tribunal.

tributàrio *agg* fiscal.

tributo *sm* (*imposta*) impôt, contribution (*f*); (*fig*) tribut.

tricheco (*pl* **-chi**) *sm* morse.

triciclo *sm* tricycle.

tricolore *agg*, *sm* tricolore.

tridente *sm* trident.

trielina *sf* trichloréthylène (*m*).

trifòglio *sm* trèfle.

trìfora *sf* fenêtre trilobée.

trìglia *sf* rouget (*m*).

trigonometrìa *sf* trigonométrie.

trillo *sm* trille.

trimestre *sm* trimestre.

trincèa *sf* tranchée.

trincerarsi *v rifl* se retrancher (*anche fig*).
trinità *sf inv* trinité.
trìo *sm* trio.
trionfale *agg* triomphal.
trionfare *v intr* triompher.
trionfo *sm* triomphe.
triplicare *v tr* tripler.
triplo *agg, sm* triple.
trippa *sf* (*cuc*) tripes (*pl*); (*pancia*) bedaine.
triste *agg* triste.
tristezza *sf* tristesse.
tritacarne *sm* hachoir.
tritare *v tr* hacher.
trito *agg* haché; (*fig*) banal, rabâché.
tritolo *sm* tolite (*f*).
tritone *sm* triton.
trìttico (*pl* **-ci**) *sm* triptyque.
trivella *sf* sonde, vrille.
trivellare *v tr* vriller, percer.
triviale *agg* trivial.
trofèo *sm* trophée.
troiano *agg* troyen ◊ *sm* Troyen.
tromba *sf* trompette; (*anat*) trompe ◊ **tromba delle scale** cage d'escalier; **tromba d'aria** tourbillon.
trombone *sm* trombone.
trombosi *sf inv* thrombose.
troncare *v tr* trancher, couper; (*porre fine*) rompre.
tronco (*pl* **-chi**) *sm* tronc; (*tratto di strada*) tronçon.
troncone *sm* (*albero*) souche (*f*); (*strada*) tronçon.
troneggiare *v intr* trôner.
trono *sm* trône.
tropicale *agg* tropical.
tròpico (*pl* **-ci**) *sm* tropique.
troppo *agg* trop de ◊ *avv* trop ◊ *pron* trop ◊ **fa troppo freddo** il fait trop froid; **abbiamo mangiato troppo** nous avons trop mangé; **di troppo** de trop.
trota *sf* truite.
trottare *v intr* trotter.
trotterellare *v intr* trottiner.
trotto *sm* trot ◊ **corsa al trotto** course de trot.
tròttola *sf* toupie.
trovare *v tr* trouver; (*scoprire*) décou-

vrir; (*incontrare*) rencontrer ◊ *v rifl* se rencontrer.
trovata *sf* trouvaille, idée.
truccare *v tr* maquiller; (*falsificare*) truquer; (*mascherare*) déguiser ◊ *v rifl* se maquiller.
truccatore (**-trice**) *sm* maquilleur.
trucco (*pl* **-chi**) *sm* maquillage; (*inganno*) truc, combine (*f*).
truce *agg* farouche.
trùciolo *sm* copeau.
truffa *sf* escroquerie.
truffare *v tr* escroquer.
truppa *sf* troupe.
tu *pron* (*soggetto*) tu; (*complemento*) toi ◊ **dare del tu** tutoyer.
tuba *sf* (*mus*) tuba (*m*); (*cappello a cilindro*) faut-de-forme (*m*); (*anat*) trompe.
tubare *v intr* roucouler.
tubatura *sf* tuyauterie.
tubercolosi *sf inv* tuberculose.
tùbero *sm* tubercule.
tubetto *sm* tube.
tubo *sm* tuyau, tube ◊ **tubo di scarico** tuyau d'échappement.
tuffare *v tr* plonger ◊ *v rifl* se plonger.
tuffatore (**-trice**) *sm* plongeur.
tuffo *sm* plongeon.
tufo *sm* tuf.
tugùrio *sm* taudis.
tulipano *sm* tulipe (*f*).
tulle *sm* tulle.
tumefatto *agg* tuméfié.
tumefazione *sf* tuméfaction.
tumore *sm* tumeur (*f*).
tùmulo *sm* tombeau; (*arch*) tumulus; (*prominenza del terreno*) tertre.
tumulto *sm* tumulte.
tumultuoso *agg* tumultueux.
tundra *sf* toundra.
tùnica (*pl* **-che**) *sf* tunique.
tunisino *agg* tunisien ◊ *sm* Tunisien.
tunnel *sm inv* tunnel.
tuo (*f* **tua** *pl* **tuoi tue**) *agg* ton ◊ *pron* le tien ◊ **la tua valigia** ta valise; **la tua idea** ton idée; **i tuoi amici** tes amis; **i tuoi** tes parents.
tuonare *v intr* tonner, gronder.
tuono *sm* grondement.
tuorlo *sm* jaune d'œuf.
turàcciolo *sm* bouchon.

turbamento *sm* trouble.
turbante *sm* turban.
turbare *v tr* troubler (*anche fig*) ◊ *v rifl* se troubler.
turbina *sf* turbine.
turbinare *v intr* tourbillonner.
tùrbine *sm* tourbillon (*anche fig*).
turbodiesel *agg* turbo diesel.
turbolento *agg* turbulent.
turbolenza *sf* turbulence.
turchese *agg, sm* turquoise ◊ *sf* (*pietra*) turquoise.
turchino *agg, sm* bleu foncé.
turco (*f* -a *pl* -chi -che) *agg* turc ◊ *sm* Turc.
tùrgido *agg* gonflé, enflé.
turismo *sm* tourisme.
turista (*pl* -i -e) *sm/f* touriste.
turìstico (*f* -a *pl* -ci -che) *agg* touristique.
turno *sm* tour; (*servizio*) service, garde (*f*) ◊ **farmacia di turno** pharmacie de garde.
tuta *sf* bleu (*m*) (de travail); (*sport*) survêtement (*m*).
tutela *sf* (*salvaguardia*) sauvegarde, protection; (*giur*) tutelle.
tutelare *v tr* défendre, sauvegarder ◊ *v rifl* se défendre, se prémunir ◊ *agg* tutélaire.
tutore (**-trice**) *sm* tuteur.
tuttavìa *avv* toutefois, cependant.
tutto *agg* tout ◊ *pron* (*ogni cosa*) tout ◊ *pl* tout le monde ◊ **tutto il giorno** toute la journée; **tutte le volte (che)** à chaque fois (que); **questo è tutto** voilà tout; **tutti credono che** tout le monde pense que; **tutto sta** a le tout est de; **a tutt'oggi** jusqu'à ce jour; **tutto sommato** somme toute, tout compte fait; **tutt'al più** tout au plus.
tuttora *avv* encore, toujours.
TV v. **televisione**.

U

ubbidiente *agg* obéissant.
ubbidienza *sf* obéissance.
ubbidire *v intr* obéir.
ubicazione *sf* emplacement (*m*), situation.

ubriacare *v tr* soûler ◊ *v rifl* se soûler.
ubriaco (*f* -a *pl* -chi -che) *agg* ivre ◊ *sm* ivrogne (*m/f*).
uccelliera *sf* volière.
uccello *sm* oiseau.
uccìdere *v tr* tuer, abattre ◊ *v rifl* se tuer.
uccisione *sf* meurtre (*m*); (*di animali*) abattage (*m*).
udienza *sf* audience.
udire *v tr* entendre.
udito *sm* ouïe (*f*).
uditòrio *sm* auditoire.
ufficiale *agg* officiel ◊ *sm/f* officier (*m*).
ufficio *sm* bureau; (*carica*) charge (*f*) ◊ **ufficio postale** bureau de poste; **ufficio stampa** bureau de presse; **difensore d'ufficio** avocat nommé d'office.
ufficioso *agg* officieux.
UFO *sm* OVNI.
ufo ◊ **a ufo** aux frais d'autrui.
uggioso *agg* maussade, ennuyeux.
ùgola *sf* luette.
uguaglianza *sf* égalité.
uguagliare *v tr* égaliser, rendre égal; (*sport*) égaler.
uguale *agg* égal, pareil, même.
ùlcera *sf* ulcère (*m*).
ulivo *sm* olivier.
ulteriore *agg* ultérieur.
ultimamente *avv* dernièrement.
ultimare *v tr* achever, terminer.
ultimàtum *sm inv* ultimatum.
ùltimo *agg, sm* dernier ◊ **all'ultimo minuto** au dernier moment; **da ultimo** en dernier lieu.
ultrasuono *sm* ultrason.
ultravioletto *agg, sm* ultraviolet.
ululare *v intr* hurler.
ululato *sm* hurlement.
umanità *sf inv* humanité.
umanitàrio *agg* humanitaire.
umano *agg, sm* humain.
umbro *agg* ombrien ◊ *sm* Ombrien.
umidità *sf inv* humidité.
ùmido *agg* humide ◊ **in umido** en sauce.
ùmile *agg* humble.
umiliare *v tr* humilier ◊ *v rifl* s'abaisser.
umiliazione *sf* humiliation.

umiltà *sf inv* humilité.
umore *sm* humeur (*f*).
umorismo *sm* humour.
umorista (*pl* **-i -e**) *sm/f* humoriste.
un v. **uno**.
unànime *agg* unanime.
unanimità *sf inv* unanimité.
uncinato *agg* crochu.
uncinetto *sm* crochet.
uncino *sm* croc, crochet.
undicènne *agg* âgé de onze ans ◊ *sm/f* enfant de onze ans.
undicèsimo *agg, sm* onzième (*m/f*).
ùndici *agg, sm inv* onze.
ùngere *v tr* graisser, enduire, huiler ◊ *v rifl* (*macchiarsi*) se tacher.
ungherese *agg* hongrois ◊ *sm/f* Hongrois (*m*).
ùnghia *sf* ongle; (*artiglio*) griffe; (*degli equini*) sabot (*m*).
unghiata *sf* coup (*m*) d'ongle, coup (*m*) de griffe.
unguènto *sm* onguent, pommade (*f*).
ùnico (*f* **-a** *pl* **-ci -che**) *agg, sm* unique, seul ◊ **senso unico** sens unique.
unificare *v tr* unifier; (*standardizzare*) standardiser.
uniformare *v tr* uniformiser, conformer ◊ *v rifl* s'adapter.
uniforme *agg, sf* uniforme (*m*).
uniformità *sf* uniformité.
unilaterale *agg* unilatéral.
unione *sf* union; (*tecn*) assemblage (*m*).
unire *v tr* unir, réunir, joindre; (*tecn*) assembler; (*mettere in comunicazione*) relier ◊ *v rifl* s'unir.
unìsono *agg, sm* unisson ◊ **all'unisono** à l'unisson.
unità *sf inv* unité.
unitàrio *agg* unitaire ◊ **prezzo unitario** prix à l'unité.
unito *agg* uni; (*congiunto*) réuni.
universale *agg* universel.
università *sf inv* université.
universitàrio *agg, sm* universitaire (*m/f*).
universo *sm* univers.
unìvoco (*f* **-a** *pl* **-ci -che**) *agg* univoque.
uno *art* un ◊ *agg, sm inv* un ◊ *pron* un; (*un tale*) quelqu'un; (*chiunque*) on ◊ **una valigia** une valise; **un computer** un ordinateur; **gli uni e gli altri** les uns et les autres; **ad uno ad uno** un à un.
unto *agg* graisseux ◊ *sm* graisse (*f*).
uomo (*pl* **uòmini**) *sm* homme ◊ **da uomo** pour homme; **l'uomo qualunque** l'homme de la rue.
uovo (*pl* **uova** *f*) *sm* œuf ◊ **uova sode** œufs durs; **uova strapazzate** œufs brouillés; **uovo al tegamino** œuf sur le plat.
uragano *sm* ouragan.
urànio *sm* uranium.
urbanìstica (*pl* **-che**) *sf* urbanisme (*m*).
urbanìstico (*f* **-a** *pl* **-ci -che**) *agg* urbanistique, urbain.
urbano *agg* urbain ◊ **nettezza urbana** service de voirie.
urgente *agg* urgent.
urgenza *sf* urgence ◊ **non c'è urgenza** rien ne presse.
urina *sf* urine.
urlare *v tr* hurler, crier.
urlo (*pl* **-i** o **-a** *f*) *sm* hurlement, cri.
urna *sf* urne.
urtare *v tr* heurter; (*tamponare*) tamponner ◊ *v intr* heurter (contre, à) ◊ *v rifl* se heurter ◊ **urtare i nervi** taper sur les nerfs.
urto *sm* coup; (*collisione*) choc, heurt ◊ **mettersi in urto con** se brouiller avec.
usanza *sf* habitude, coutume.
usare *v tr* utiliser, se servir de ◊ *v intr* (*essere in uso*) être en usage; (*essere di moda*) être à la mode ◊ **si usa** c'est l'usage (de).
usato *agg* usagé, usé ◊ **auto usata** voiture d'occasion.
usciere *sm* huissier.
ùscio *sm* porte (*f*).
uscire *v intr* sortir; (*essere pubblicato*) paraître ◊ **uscire di mente** échapper.
uscita *sf* sortie ◊ **strada senza uscita** voie sans issue, cul-de-sac.
usignolo *sm* rossignol.
uso *sm* (*impiego*) emploi; (*uso continuato e abituale*) usage, habitude (*f*); (*usanza*) coutume (*f*), tradition (*f*) ◊ **in uso** en usage; **fuori uso** hors d'usage.
ustione *sf* brûlure.

usuale *agg* usuel.
usufruire *v intr* jouir (de).
usura *sf* usure.
usuràio *sm* usurier.
usurpare *v tr* usurper.
utènsile *sm* ustensile, outil.
utente *sm/f* usager (*m*).
ùtero *sm* utérus.
ùtile *agg* utile ◊ *sm* utile, profit; (*econ*) bénéfice ◊ **rendersi utile** se rendre utile; **unire l'utile al dilettevole** joindre l'utile à l'agréable.
utilità *sf inv* utilité.
utilizzare *v tr* utiliser.
utopìa *sf* utopie.
uva *sf* raisin (*m*) ◊ **uva passa** raisin sec; **uva spina** groseille.

V

vacante *agg* vacant.
vacanza *sf* congé (*m*); (*prolungata*) vacances (*pl*) ◊ **andare in vacanza** aller en vacances; **vacanze estive** grandes vacances.
vacca (*pl* **-che**) *sf* vache.
vaccinare *v tr* vacciner.
vaccinazione *sf* vaccination.
vaccino *agg* de vache ◊ *sm* (*med*) vaccin.
vacillare *v intr* vaciller, chanceler.
vagabondare *v intr* vagabonder.
vagabondo *agg*, *sm* vagabond.
vagare *v intr* errer ◊ **vagare in cerca di** être à la recherche de.
vagina *sf* vagin (*m*).
vaginale *agg* vaginal.
vagito *sm* vagissement.
vàglia *sm inv* mandat ◊ **vaglia postale** mandat postal.
vagliare *v tr* cribler; (*fig*) peser, examiner.
vàglio *sm* crible ◊ **passare al vaglio** passer au crible.
vago (*f* **-a** *pl* **-ghi -ghe**) *agg*, *sm* vague ◊ **rimanere nel vago** rester dans le vague.
vagone *sm* wagon ◊ **vagone letto** wagon-lit; **vagone ristorante** wagon-restaurant.
vaiolo *sm* variole (*f*).

valanga (*pl* **-ghe**) *sf* avalanche (*anche fig*).
valdese *agg* vaudois ◊ *sm/f* Vaudois (*m*).
valdostano *agg* valdôtain ◊ *sm* Valdôtain
valenza *sf* valeur.
valere *v tr* valoir ◊ *v intr* valoir; (*avere valore*) avoir de la valeur; (*essere valido*) être valable ◊ **valere la pena** valoir la peine.
valévole *agg* valable.
valicare *v tr* franchir.
vàlico (*pl* **-chi**) *sm* passage, franchissement; (*montagna*) col.
validità *sf inv* validité.
vàlido *agg* valide; (*valevole*) valable; (*efficace*) efficace.
valigerìa *sf* maroquinerie.
valigetta *sf* mallette.
valìgia (*pl* **-gie**) *sf* valise.
vallata *sf* vallée.
valle *sf* vallée, vallon (*m*).
vallese *agg* du Valais ◊ *sm/f* Valais (*m*).
valligiano *sm* habitant d'une vallée.
vallone *agg* wallon ◊ *sm/f* Wallon (*m*).
valore *sm* valeur (*f*); (*eroismo*) courage ◊ *pl* (*gioielli*) objets de valeur; (*ideali*) valeurs.
valorizzare *v tr* valoriser.
valoroso *agg* valeureux, vaillant.
valuta *sf* devise, monnaie.
valutare *v tr* estimer, évaluer; (*soppesare*) peser.
valutazione *sf* évaluation, estimation.
vàlvola *sf* (*meccanica*) soupape, clapet (*m*); (*elettr*) plomb (*m*); (*anat*) valvule.
valzer *sm inv* valse (*f*).
vampata *sf* (*rossore*) bouffée; (*fuoco*) flambée.
vampiro *sm* vampire.
vandalismo *sm* vandalisme.
vàndalo *sm* vandale.
vanga (*pl* **-ghe**) *sf* bêche.
vangare *v tr* bêcher.
vangelo *sm* évangile.
vanìglia *sf* vanille.
vanità *sf inv* vanité.
vanitoso *agg* vaniteux.
vano *agg* vain ◊ *sm* (*stanza*) pièce (*f*); (*finestra, porta*) embrasure (*f*).

vantàggio *sm* avantage; (*sport*) avance (*f*).

vantaggioso *agg* avantageux.

vantare *v tr* vanter, louer ◊ *v rifl* se vanter ◊ **vantare diritti** faire valoir des droits.

vanterìa *sf* vantardise.

vanto *sm* orgueil; vantardise (*f*) ◊ **essere il vanto di** être l'orgueil de.

vànvera ◊ **a vanvera** à tort et à travers.

vapore *sm* vapeur (*f*).

vaporetto *sm* bateau-mouche.

vaporizzare *v tr* vaporiser.

vaporizzatore *sm* vaporisateur, atomiseur.

vaporoso *agg* vaporeux.

varare *v tr* lancer; (*mar*) mettre à l'eau; (*legge*) approuver.

varcare *v tr* franchir, dépasser.

varco (*pl* **-chi**) *sm* passage ◊ **aspettare al varco** attendre au tournant; **aprirsi un varco** se frayer un chemin.

variàbile *agg* variable.

variante *sf* variation, changement (*m*).

variare *v tr/intr* varier, changer.

variaziòne *sf* variation.

varicella *sf* varicelle.

variegato *agg* bigarré, bariolé.

varietà *sf inv* variété ◊ *sm inv* variétés (*f pl*).

vàrio *agg* varié; (*mutevole*) changeant; (*differenziato*) différent ◊ *pl* (*parecchi*) plusieurs ◊ **da vari anni** depuis plusieurs années.

variopinto *agg* bigaré.

varo *sm* lancement.

vasàio *sm* potier.

vasca (*pl* **-che**) *sf* bassin (*m*); (*da bagno*) baignoire.

vascello *sm* navire, vaisseau.

vaselina *sf* vaseline.

vasellame *sm* vaisselle (*f*).

vaso *sm* (*fiori*) vase; (*piante*) pot; (*barattolo*) bocal; (*anat*) vaisseau.

vassóio *sm* plateau.

vastità *sf inv* étendue.

vasto *agg* vaste, spacieux.

vaticano *agg* du Vatican ◊ *sm* Vatican.

ve *pron* v. **vi** ◊ *avv* (*luogo*) y, là.

vecchiàia *sf* vieillesse.

vècchio *agg* vieux; (*antico*) ancien ◊ *sm* vieux, vieillard.

vedere *v tr* voir ◊ *v rifl* se voir ◊ **dare a vedere** laisser voir; **avere a che vedere con** avoir (quelque chose) à voir avec; **non vedere l'ora di** avoir hâte de, être impatient de; **si vede che** c'est que.

vedetta *sf* vedette.

védovo *agg*, *sm* veuf.

veduta *sf* vue ◊ *pl* (*opinione*) idées.

vegetale *agg*, *sm* végétal.

vegetalista *agg*, *sm/f* végétalien (*m*).

vegetariano *agg*, *sm* végétarien.

vegetazione *sf* végétation.

vègeto *agg* ◊ **essere vivo e vegeto** avoir bon pied bon œil.

veggente *agg*, *sm/f* voyant (*m*).

veggenza *sf* voyance.

véglia *sf* veille, veillée ◊ **veglia funebre** veillée funèbre.

vegliare *v tr* veiller.

veglione *sm* réveillon.

veìcolo *sm* vehicule.

vela *sf* voile.

velato *agg* voilé (*anche fig*).

veleggiare *v intr* naviguer à la voile; (*aliante*) planer.

veleno *sm* poison; (*animali*) venin.

velenoso *agg* empoisonné; (*animali*) venimeux; (*piante*) vénéneux; (*fig*) venimeux.

veliero *sm* voilier.

velina *sf* papier (*m*) vélin; (*copia*) double (*m*).

velìvolo *sm* avion.

velleità *sf inv* velléité.

vellutato *agg* velouté.

velluto *sm* velours.

velo *sm* voile; (*strato*) couche (*f*); (*superficie di un liquido*) peau (*f*).

veloce *agg* rapide.

velocemente *avv* vite, rapidement.

velocista (*pl* **-i -e**) *sm/f* sprinter.

velocità *sf inv* vitesse; (*mente, mano*) rapidité.

velòdromo *sm* vélodrome.

vena *sf* veine; (*miner*) veine, filon (*m*).

venale *agg* vénal.

venato *agg* veiné.

venatòrio *agg* de la chasse.

venatura *sf* veinure.

vendémmia *sf* vendanges (*pl*).

vendemmiare *v tr/intr* vendanger.

véndere *v tr* vendre ◊ *v rifl* se vendre.
vendetta *sf* vengeance.
vendicare *v tr* venger ◊ *v rifl* se venger.
vendicativo *agg* vindicatif.
véndita *sf* vente; *(negozio)* magasin ◊
  vendita al minuto vente au détail;
  vendita a rate vente à tempérament;
  vendita all'asta vente aux enchères.
venditore (-trice) *sm* vendeur, marchand.
venerare *v tr* vénérer.
venerazione *sf* vénération.
venerdì *sm inv* vendredi.
venèreo *agg* vénérien.
veneziana *sf (persiana)* store (*m*) vénitien.
veneziano *agg* vénitien ◊ *sm* Vénitien.
venezuelano *agg* vénézuélien ◊ *sm* Vénézuélien.
veniale *agg* véniel.
venire *v intr* venir; *(arrivare)* arriver; *(costare)* coûter; *(riuscire)* réussir; *(tornare a casa)* rentrer ◊ **venire in possesso** entrer en possession; **venire a sapere** apprendre; **venirne a capo** en venir à bout; **venire a mancare** faire défaut, *(persona)* mourir.
ventàglio *sm* éventail *(anche fig)*.
ventata *sf* rafale de vent.
ventennale *agg* vicennal ◊ *sm* vingtième anniversaire.
ventenne *agg* âgé de vingt ans ◊ *sm/f* jeune homme/fille de vingt ans.
ventènnio *sm* période (*f*) de vingt ans; *(storia)* les vingt années du fascisme en Italie.
ventèsimo *agg, sm* vingtième *(m/f)*.
venti *agg, sm inv* vingt.
ventilare *v tr* ventiler; *(fig)* proposer.
ventilatore *sm* ventilateur.
ventilazione *sf* ventilation, aération.
ventina *sf* vingtaine.
vento *sm* vent.
vèntola *sf (meccanica)* ventilateur (*m*).
ventosa *sf* ventouse.
ventoso *agg* venteux.
ventre *sm* ventre.
ventrìcolo *sm* ventricule.
ventunèsimo *agg, sm* vingt et unième *(m/f)*.
venturo *agg* prochain, à venir.
venuta *sf* venue, arrivée.

vera *sf (fede nuziale)* alliance.
veramente *avv* vraiment.
veranda *sf* véranda.
verbale *agg* verbal ◊ *sm* procès-verbal.
verbalizzare *v tr* verbaliser.
verbena *sf* verveine.
verbo *sm* verbe.
verde *agg* vert ◊ *sm* vert; *(vegetazione)* verdure (*f*) ◊ **essere al verde** être fauché; **benzina verde** super sans plomb.
verdetto *sm* verdict.
verdura *sf* légumes (*m pl*).
vérgine *agg* vierge ◊ *sf* Vierge ◊ (**il segno della**) **Vergine** (le signe de la) Vierge.
verginità *sf inv* virginité.
vergogna *sf* honte.
vergognarsi *v rifl* avoir honte; *(essere timido)* ne pas oser, être gêné.
vergognoso *agg* honteux; *(timido)* timide, confus.
verìfica *(pl -che)* *sf* vérification, contrôle (*m*).
verificare *v tr* vérifier, contrôler ◊ *v rifl* se produire.
verità *sf inv* vérité.
verme *sm* ver.
vermut *sm inv* vermouth.
vernice *sf* vernis (*m*); *(colorata)* peinture; *(pelle)* cuir (*m*) verni; *(fig)* vernis (*m*), apparence.
verniciare *v tr* vernir ◊ **verniciare a smalto** émailler.
vero *agg* vrai; *(sincero)* véritable ◊ *sm* vrai, vérité (*f*) ◊ **a dire il vero** à vrai dire.
verosimigliànza *sf* vraisemblance.
verosìmile *agg* vraisemblable.
verruca *(pl -che)* *sf* verrue.
versamento *sm (denaro)* versement; *(med)* épanchement.
versante *sm* versant.
versare *v tr* verser; *(rovesciare)* renverser; *(spargere)* répandre; *(comm)* déposer, verser ◊ *v rifl* se renverser.
versàtile *agg (persona)* doué pour tout; *(mente)* éclectique.
versato *agg* versé; *(fig)* doué, calé.
versetto *sm* verset.
versificare *v tr/intr* versifier.
versificazione *sf* versification.

versione *sf* version; (*traduzione*) traduction; (*lingua straniera*) thème (*m*).

verso *sm* (*poesia*) vers; (*direzione*) direction (*f*); (*grido*) cri ◊ *prep* vers; (*nei confronti di*) envers, à l'égard de; (*circa*) environ, vers ◊ **non c'è verso di** il n'y a pas moyen de; **verso dove andate?** de quel côté allez-vous?

vèrtebra *sf* vertèbre.

vertebrale *agg* vertébral.

vertebrato *agg, sm* vertébré.

vertenza *sf* différend (*m*).

vèrtere *v intr* porter sur, se rapporter à.

verticale *agg* vertical.

vèrtice *sm* sommet, cime (*f*).

vertìgine *sf* vertige (*m*).

vertiginoso *agg* vertigineux.

verza *sf* chou (*m*) vert.

vescìca (*pl* **-che**) *sf* vessie; (*della pelle*) ampoule.

véscovo *sm* évêque.

vespa *sf* guêpe; (*motorino*) vespa.

vespàio *sm* guêpier.

vestàglia *sf* robe de chambre.

veste *sf* robe, vêtement (*m*); (*fig*) aspect (*m*), apparence ◊ **in veste di** en qualité de.

vestiàrio *sm* garde-robe (*f*), vestiaire.

vestìbolo *sm* vestibule.

vestire *v tr* habiller; (*indossare*) porter ◊ *v intr/rifl* s'habiller.

vestito *agg* habillé, vêtu ◊ *sm* vêtement, habit; (*da donna*) robe (*f*); (*da uomo*) costume.

veterano *sm* vétéran.

veterinària *sf* médecine vétérinaire.

veterinàrio *sm* vétérinaire (*m/f*).

veto *sm* veto.

vetràio *sm* vitrier; (*soffiatore*) verrier.

vetrata *sf* baie vitrée; (*chiesa*) vitrail (*m*).

vetrato *agg* vitré ◊ **carta vetrata** papier de verre.

vetrina *sf* vitrine.

vetrinista (*pl* **-i -e**) *sm/f* décorateur (*m*) de vitrines.

vetriolo *sm* vitriol.

vetro *sm* verre; (*lastra*) vitre (*f*).

vetta *sf* sommet (*m*).

vettore *sm* vecteur.

vettovàglie *sf pl* vivres (*m*), victuailles.

vettura *sf* voiture; (*treno*) wagon (*m*).

vezzeggiativo *agg* câlin ◊ *sm* (*gramm*) diminutif.

vezzo *sm* habitude (*f*) ◊ *pl* minauderies (*f*).

vi *pron* vous ◊ *avv* y; (*luogo*) par là ◊ **vi seguo, ragazzi** je vous suis les enfants; **non vi ho fatto caso** je n'y ai pas prêté attention.

via *sf* route, voie; (*città*) rue; (*percorso*) chemin (*m*); (*modo, mezzo*) manière, moyen (*m*) ◊ *prep* via ◊ *inter* va-t-en!, allez-vous-en!; (*incoraggiamento*) allons!, allez! ◊ **per via di** à cause de; **in via provvisoria** provisoirement; **in via di guarigione** en voie de guérison; **in via amichevole** à l'amiable; **andare via** partir; **e così via** et ainsi de suite.

viabilità *sf inv* viabilité.

viadotto *sm* viaduc.

viaggiare *v intr* voyager.

viaggiatore (**-trice**) *sm* voyageur.

viàggio *sm* voyage.

viale *sm* allée (*f*); (*città*) avenue (*f*), boulevard.

viavài *sm inv* va-et-vient.

vibrare *v intr* vibrer ◊ *v tr* (*colpo*) assener, donner.

vibrazione *sf* vibration.

vicàrio *sm* vicaire.

vice *sm/f inv* adjoint (*m*).

vicecònsole *sm* vice-consul.

vicedirettore (**-trice**) *sm* sous-directeur.

vicenda *sf* événement (*m*), aventure.

viceversa *avv* vice versa.

vicinanza *sf* voisinage (*m*), proximité ◊ *pl* alentours (*m*), parages (*m*).

vicinato *sm* voisinage.

vicino *agg* voisin, proche; (*circostante*) avoisinant ◊ *sm* voisin ◊ *avv* tout près ◊ *prep* près de, à côté de ◊ **da vicino** de près; **qui vicino** tout près d'ici.

vìcolo *sm* ruelle (*f*) ◊ **vicolo cieco** impasse.

vìdeo *sm inv* (*schermo*) écran; (*filmato*) (vidéo-)clip.

videocàmera *sf* caméra vidéo.

videocassetta *sf* vidéocassette, cassette vidéo.

videocitòfono *sm* visiophone; portier vidéo.

videogioco (*pl* -chi) *sm* jeu vidéo.

videoregistratore *sm* magnétoscope.

videotel *sm* vidéotex.

videotelefono *sm* visiophone, vidéophone.

videoterminale *sm* terminal vidéo.

vidimare *v tr* viser.

viennese *agg* viennois ◊ *sm/f* Viennois (*m*).

vietare *v tr* défendre, interdire.

vietato *agg* interdit.

vigente *agg* en vigueur.

vigilanza *sf* vigilance, surveillance.

vigilare *v tr* surveiller ◊ *v intr* veiller (à).

vìgile *agg* vigilant ◊ *sm/f* agent (*m*) de police.

vigìlia *sf* veille; (*relig*) vigile.

vigliaccherìa *sf* lâcheté.

vigliacco (*f* -a *pl* -chi -che) *agg*, *sm* lâche.

vigna *sf* vigne.

vigneto *sm* vignoble.

vignetta *sf* dessin (*m*), illustration.

vigogna *sf* vigogne.

vigore *sm* vigueur (*f*).

vigoroso *agg* vigoureux.

vile *agg* lâche.

villa *sf* villa.

villàggio *sm* village ◊ **villaggio turistico** village de vacances.

villano *agg* rustre, grossier ◊ *sm* malotru, rustre.

villeggiante *sm/f* estivant (*m*), vacancier (*m*).

villeggiatura *sf* villégiature, vacances (*pl*).

villetta *sf* petite villa, pavillon (*m*).

viltà *sf inv* lâcheté.

vìmine *sm* osier.

vìncere *v tr* vaincre, battre; (*difficoltà*) surmonter ◊ *v rifl* se contrôler.

vìncita *sf* victoire; (*premio*) gain (*m*), prix (*m*).

vincitore (-trice) *agg* gagnant ◊ *sm* vainqueur.

vincolare *v tr* lier; (*impedire*) entraver, gêner.

vìncolo *sm* lien, liaison (*f*).

vinìcolo *agg* vinicole.

vino *sm* vin ◊ **vino frizzante** vin pétillant.

vinto *agg*, *sm* vaincu.

viola *agg inv*, *sm* violet ◊ *sf* (*bot*) violette; (*mus*) viole (*f*).

violare *v tr* violer.

violazione *sf* violation.

violentare *v tr* violer.

violento *agg* violent.

violenza *sf* violence ◊ **violenza sessuale** viol.

violetta *sf* violette.

violinista (*pl* -i -e) *sm/f* violoniste.

violino *sm* violon.

violoncello *sm* violoncelle.

viòttolo *sm* sentier.

vìpera *sf* vipère.

virare *v intr* virer.

virata *sf* virage (*m*).

vìrgola *sf* virgule.

virgolette *sf pl* guillemets (*m*).

virile *agg* viril.

virilità *sf inv* virilité.

virtù *sf inv* vertu.

virtuale *agg* virtuel.

virtuoso *agg* vertueux ◊ *sm* virtuose.

virulento *agg* virulent.

virus *sm inv* virus.

vìscere *sf pl* entrailles.

vìschio *sm* gui.

vischioso *agg* gluant, visqueux.

vìscido *agg* visqueux.

visìbile *agg* visible.

visibilità *sf inv* visibilité.

visiera *sf* visière.

visionàrio *agg*, *sm* visionnaire.

visione *sf* vision ◊ **prendere visione** prendre connaissance; **in prima visione** en avant-première.

vìsita *sf* visite.

visitare *v tr* visiter; (*fare visita*) rendre visite à.

visitatore (-trice) *sm* visiteur.

visivo *agg* visuel.

viso *sm* visage, figure (*f*).

visone *sm* vison.

vispo *agg* vif, alerte.

vista *sf* vue.

vistare *v tr* viser.

visto *sm* visa.

vistoso *agg* voyant.

visuale *agg* visuel ◊ *sf* vue; (*punto di vista*) point (*m*) de vue.
vita *sf* vie; (*anat*) taille.
vitale *agg* vital.
vitalità *sf inv* vitalité.
vitamina *sf* vitamine.
vite *sf* vigne; (*meccanica*) vis.
vitello *sm* veau.
vitùccio *sm* vrille (*f*).
viticoltore (-trice) *sm* viticulteur.
viticoltura *sf* viticulture.
vìttima *sf* victime.
vitto *sm* nourriture (*f*) ◊ **vitto e alloggio** le vivre et le couvert.
vittòria *sf* victoire.
vittorioso *agg* victorieux.
viva *inter* vive.
vivace *agg* vif.
vivacità *sf inv* vivacité.
vivàio *sm* (*pesci*) vivier; (*piante*) pépinière.
vivanda *sf* plat (*m*), mets (*m pl*).
vivente *agg*, *sm/f* vivant (*m*).
vìvere *v tr/intr* vivre ◊ *sm* vie (*f*).
vìveri *sm pl* vivres.
vivisezione *sf* vivisection.
vivo *agg* vivant; (*vivace*) vif; (*animato*) animé ◊ **farsi vivo** donner signe de vie.
viziare *v tr* gâter; (*corrompere*) vicier, corrompre.
viziato *agg* gâté; (*aria*) vicié.
vìzio *sm* vice; (*cattiva abitudine*) mauvaise habitude (*f*); (*difetto*) défaut.
vizioso *agg* vicieux.
vocabolàrio *sm* vocabulaire, dictionnaire.
vocàbolo *sm* terme, mot.
vocale *agg* vocal ◊ *sf* voyelle.
vocazione *sf* vocation.
voce *sf* voix; (*animale*) cri (*m*); (*diceria*) bruit (*m*), rumeur; (*dizionario*) mot (*m*) ◊ **a voce** de vive voix.
vodka *sf inv* vodka.
voga (*pl* -**ghe**) *sf* vogue, mode.
vogare *v intr* ramer.
vòglia *sf* envie ◊ **contro voglia** à contre cœur.
voi *pron* vous ◊ **dare del voi** vouvoyer.
volante *agg*, *sm* volant ◊ **disco volante** soucoupe volante.
volantino *sm* prospectus, tract.

volare *v intr* voler ◊ **volar via** s'envoler.
volata *sf* volée; (*sport*) sprint (*m*) ◊ **di volata** en vitesse.
volàtile *sm* volatile.
volentieri *avv* volontiers.
volere *v tr* vouloir ◊ *sm* volonté (*f*) ◊ **voler bene** aimer; **senza volere** sans le vouloir.
volgare *agg* vulgaire, grossier ◊ *sm* langue (*f*) vulgaire.
volgarità *sf inv* vulgarité.
vòlgere *v tr* tourner; (*lo sguardo*) lever, diriger ◊ *v rifl* se tourner, se retourner; (*fig, dedicarsi*) se consacrer.
volgo (*pl* -**ghi**) *sm* peuple.
voliera *sf* volière.
volo *sm* vol ◊ **prendere il volo** s'envoler; **prendere, capire al volo** saisir au vol.
volontà *sf inv* volonté ◊ **di sua spontanea volontà** de son plein gré.
volontariato *sm* volontariat.
volontàrio *agg*, *sm* volontaire (*m/f*).
volonteroso *agg* plein de bonne volonté.
volpe *sf* renard (*m*).
volta *sf* fois ◊ **c'era una volta** il était une fois; **una volta che** une fois que; **alla volta** à la fois; **ogni volta** à chaque fois.
voltafàccia *sm inv* volte-face (*f*).
voltàggio *sm* voltage.
voltare *v tr* tourner, retourner ◊ *v rifl* retourner.
volteggiare *v intr* voltiger.
voltéggio *sm* voltige (*f*).
volto *sm* visage.
volùbile *agg* changeant.
volume *sm* volume ◊ **volume d'affari** chiffre d'affaires.
voluminoso *agg* volumineux.
vomitare *v tr* vomir.
vòmito *sm* vomissement.
vóngola *sf* palourde.
vorace *agg* vorace.
voràgine *sf* gouffre (*m*).
vòrtice *sm* tourbillon.
vorticoso *agg* tourbillonnant; (*fig*) frénétique.
vostro *agg* votre ◊ *pron* le vôtre ◊ **la vostra casa** votre maison; **i vostri libri**

vos livres; **sono vostri questi dischi?**
ces disques sont à vous?
votare *v tr* voter; (*dedicare*) vouer ◊ *v
intr* voter ◊ *v rifl* se vouer.
votazione *sf* vote (*m*), scrutin (*m*).
votivo *agg* votif.
voto *sm* (*relig*) vœu; (*polit*) vote, voix
(*f*); (*scolastico*) note (*f*).
voucher *sm inv* (*turismo*) bon d'échange.
vulcànico (*f* -a *pl* -ci -che) *agg* volcanique.
vulcano *sm* volcan.
vulneràbile *agg* vulnérable.
vulva *sf* vulve.
vuotare *v tr* vider ◊ *v rifl* se vider ◊
vuotare il sacco vider son sac.
vuoto *agg* vide; (*cavo*) creux ◊ *sm* vide
◊ **vuoto d'aria** trou d'air; **vuoto a
perdere** verre non consigné; **vuoto a
rendere** verre consigné; **a, nel vuoto**
dans le vide.

W-X-Y

wafer *sm inv* gaufrette (*f*).
walkman *sm inv* walkman, baladeur.
water *sm inv* W-C.
watt *sm inv* watt.
week-end *sm inv* week-end.
western *agg, sm inv* western.
whisky *sm inv* whisky.
windsurf *sm inv* (*sport*) planche (*f*) à
voile.
würstel *sm inv* saucisse (*f*) de Strasbourg.

xenofobìa *sf* xénophobie.
xenòfobo *agg, sm* xénophobe (*m/f*).
xerografìa *sf* xérographie.
xilòfono *sm* xilophone.
xilografìa *sf* xylographie.

yacht *sm inv* yacht.
yankee *agg, sm/f inv* yankee.
yiddish *sm inv* yiddish.
yoga *agg, sm inv* yoga.
yogurt *sm inv* yaourt, yogourt.
yogurtiera *sf* yaourtière.
yo-yo *sm inv* yo-yo.

Z

zabaione *sm* sabayon.
zaffata *sf* bouffée.
zafferano *sm* safran.
zaffiro *sm* saphir.
zàino *sm* sac à dos.
zampa *sf* patte.
zampata *sf* coup (*m*) de patte.
zampillare *v intr* jaillir.
zampillo *sm* jet.
zampogna *sf* cornemuse.
zampone *sm* pied de porc farci.
zanna *sf* défense; (*cinghiale*) dague.
zanzara *sf* moustique (*m*).
zanzariera *sf* moustiquaire.
zappa *sf* houe, pioche ◊ **darsi la zappa
sui piedi** donner le bâton pour se faire battre.
zappare *v tr* piocher.
zar *sm inv* tsar.
zàttera *sf* radeau (*m*).
zavorra *sf* lest (*m*); (*fig*) boulet (*m*).
zebra *sf* zèbre (*m*).
zecca (*pl* -che) *sf* Hôtel (*m*) de la Monnaie; (*zool*) tique ◊ **nuovo di zecca**
flambant neuf.
zèfiro *sm* zéphyr.
zenit *sm inv* zénith.
zénzero *sm* gingembre.
zeppa *sf* cale; (*scarpa*) semelle compensée.
zeppo *agg* plein, bourré.
zerbino *sm* paillasson.
zero *sm* zéro.
zeta *sf* ◊ **dalla a alla zeta** de a à z.
zia *sf* tante.
zibellino *sm* zibeline (*f*).
zìgomo *sm* pommette (*f*).
zinco (*pl* -chi) *sm* zinc.
zìngaro *sm* tsigane (*m/f*), bohémien.
zio *sm* oncle.
zip *sf* (*cerniera*) zip.
zippare *v tr* (*inform*) zipper.
zitella *sf* vieille fille.
zittire *v tr* faire taire.
zitto *agg* silencieux ◊ **zitto zitto** en
douce; **zitti!** silence!; **stai zitto** taistoi!
zòccolo *sm* sabot; (*edilizia*) socle, soubassement.

zodìaco *sm* zodiaque.
zolfo *sm* soufre.
zolla *sf* motte.
zolletta *sf* morceau (*m*).
zona *sf* zone ◊ **zona residenziale** quartier résidenteil.
zonzo ◊ **a zonzo** en balade.
zoo *sm inv* zoo.
zoologìa *sf* zoologie.
zoològico (*f* -a *pl* -ci -che) *agg* zoologique.
zoppicare *v intr* boiter, clopiner; (*fig*) clocher.
zoppo *agg, sm* boiteux.
zucca (*pl* -che) *sf* courge, citrouille; (*testa*) caboche.

zuccherare *v tr* sucrer.
zuccheriera *sf* sucrier (*m*).
zuccherino *agg* sucré ◊ *sm* morceau de sucre.
zùcchero *sm* sucre ◊ **zucchero filato** barbe à papa; **zucchero a velo** sucre glace.
zucchina *sf,* **zucchino** *sm* courgette (*f*).
zuccone *sm* (*persona caparbia*) cabochard.
zuffa *sf* mêlée, bagarre.
zuppa *sf* soupe; (*fig*) salade.
zuppiera *sf* soupière.
zuppo *agg* trempé.
zurighese *agg* zurichois ◊ *sm/f* Zurichois (*m*)

Prononciation de l'italien
Voyelles et diphtongues

a	acqua	/'akkwa/
e	ecco	/'ekko/
ɛ	erba	/'ɛrba/
i	italiano	/ital'jano/
o	ora	/'ora/
ɔ	otto	/'ɔtto/
u	uno	/'uno/
ai	mai	/'mai/
ɛi	lei	/lɛi/
oi	noi	/'noi/

Semi-voyelles

ja	piano	/'pjano/
jɛ	ieri	/'jɛri/
wa	qua	/kwa/
we	questo	/'kwɛsto/
wi	qui	/kwi/
wo	suonare	/swo'nare/

suite au verso

Prononciation de l'italien
Consonnes

p	pane	/'pane/
t	tanto	/'tanto/
ts	zuppa	/'tsuppa/
k	chi	/ki/
b	bocca	/'bokka/
d	dire	/'dire/
dz	zona	/'dzona/
dʒ	giro	/'dʒiro/
f	fare	/'fare/
g	grande	/'grande/
s	salute	/'salute/
m	male	/'male/
n	notte	/'nɔtte/
ɲ	bagno	/'baɲɲo/
l	locanda	/lo'kanda/
ʎ	figlio	/'fiʎʎo/
r	regalo	/re'galo/
v	viso	/'vizo/
ʃ	sciare	/ʃi'are/

Imprimé en Espagne par
LIBERDÚPLEX
Barcelona
Dépôt légal éditeur n° 86455-05/2007
Collection 58 - Edition 04
28/0573/7